L'ASTROLOGIE
PRATIQUE

L'ASTROLOGIE PRATIQUE

Nicholas Campion

PML
EDITIONS

ISBN 2 8 7628 741 2

Imprimé et relié en Slovénie

SOMMAIRE

CHAPITRE 1
INTRODUCTION

La position des étoiles et des planètes lors de la naissance informe sur le caractère d'un enfant et les grandes lignes de son existence à venir. Mais ni la personnalité ni les événements ne sont pour autant sévèrement déterminés.
Les cycles terrestres s'harmonisent avec ceux de l'Univers et la naissance coïncide avec un moment astronomique significatif. Les configurations célestes sont une clé pour comprendre les potentialités futures d'un être.
Le rôle de l'astrologue consiste à interpréter ces possibilités dans toute leur richesse et à mettre l'accent sur les moyens de les développer avec bonheur.

L'astrologie a deux buts essentiels. D'abord, celui de comprendre les situations du passé et du présent, ensuite, celui d'appréhender les données du futur afin d'aider le consultant à s'adapter à toutes les éventualités et à en tirer tous les avantages possibles.

Certes, tenter de prédire l'avenir soulève le problème crucial de la destinée et du libre arbitre. Mais il faut souligner que, dans de nombreuses sphères de l'activité humaine, il est utile, sinon nécessaire, de pouvoir anticiper sur les événements, même en tenant compte des calculs de probabilité. C'est ce que l'on fait quotidiennement en météorologie, en sociologie et en économie. Le mérite de l'astrologie est d'avoir formulé le problème philosophique inhérent à cette projection dans l'inconnu : si le futur peut être décrit, cela signifie-t-il qu'il se déroulera de façon immuable, quoi que l'on fasse ?

Les astrologues pensent que les êtres humains naissent avec des potentialités de développement et d'évolution révélées par la position des planètes dans leur ciel. Cependant, rien n'est fixe ou éternel. La liberté peut s'exercer et changer le cours ou le style du destin individuel. L'astrologie est là pour clarifier ces possibilités de changement et permettre leur éclosion à travers la liberté de choix. Même lorsqu'un événement semble inévitable, l'astrologue peut préparer la personne concernée à l'*accueillir* et par conséquent à transformer la qualité des implications et des résonances que cet événement aurait ordinairement sur son vécu.

CROYANCES ET COUTUMES

L'astrologie étudie le mouvement des étoiles et des planètes pour comprendre la vie humaine et terrestre. Tout ce qui se produit dans le ciel astrologique a sa *correspondance* dans les changements qui s'opèrent sur terre. « Ce qui est en Haut est comme ce qui est en Bas », dit la tradition.

Le fondement de cette vision du monde est la croyance philosophique et spirituelle que l'Univers entier forme un Tout gigantesque et que chaque partie qui le compose entretient des relations de résonance avec l'ensemble. Cette corrélation intime dessine une unité parfaite, régie par des lois précises dont la découverte forme le travail et le chemin du prétendant à l'initiation. L'astrologue lui-même fait partie intégrante de cette Totalité vivante et vibrante, et remplit son rôle comme chaque être, chaque chose et chaque fait dans l'Univers. D'ailleurs, les astrologues remarquent souvent des coïncidences admirables qui président à leur recherche et, généralement, ils y voient un signe de bienvenue pour eux-mêmes comme un élargissement de sens pour le reste du monde.

Il ne faudrait pas croire, cependant, que les planètes affectent l'existence sur terre selon un principe de cause à effet purement physique, même s'il est reconnu, de nos jours, que certains phénomènes dépendent directement de l'action cosmique des astres de notre système solaire, comme par exemple les climats et les marées liés à l'action du Soleil et de la Lune.

En fait, les planètes, grâce à leur symbolique, indiquent la *nature* des phénomènes et, en astrologie, les événements peuvent surgir avant même que les configurations qui les expriment ne se mettent en place.

Une notion importante de l'astrologie moderne est celle du *temps,* qui ne serait pas d'ordre quantitatif (heures, minutes, secondes), mais d'ordre qualitatif : le temps pourrait être ou bien concentré, ou bien étiré. L'idée n'est pas neuve. L'expérience humaine nous incite en effet à penser que le temps est vécu, éprouvé différemment selon nos humeurs ou nos sentiments. C'est le temps « subjectif », par opposition au temps « objectif » des horloges.

Ajoutons à cela que l'astrologie possède divers systèmes pour mesurer le temps selon les planètes auxquelles on se réfère. Nous parlerons alors des « rythmes » des planètes, chacune ayant son cycle propre dans le cosmos.

Nous pouvons en déduire que la multiplicité et la complexité des combinaisons possibles des corps célestes en mouvement et en interaction sont telles que les calculs astrologiques atteignent aujourd'hui un degré de sophistication étonnant. Mais on doit s'en réjouir et y voir une plus grande richesse de significations pour l'interprétation des thèmes.

En étendant le concept d'unité au temps, englobant dans un même mouvement passé, présent et avenir, l'astrologie tisse un réseau de connexions subtiles et éclairantes entre ces trois modes du vécu, en provoquant du même coup d'intenses controverses entre les traditions spirituelles orientales et les croyances occidentales. Il faut noter, pourtant, que certains scientifiques contemporains reprennent ces idées à leur compte comme hypothèses de travail.

LES DIFFÉRENTES APPROCHES DE L'ASTROLOGIE

Beaucoup d'astrologues prétendent que l'astrologie est une science parce qu'elle est fondée sur l'expérience. Mais, longtemps assimilée aux autres sciences dites « occultes », l'astrologie a du mal, de nos jours, à échapper à cette odeur de soufre. Certains chercheurs modernes y voient pourtant un intérêt majeur et n'hésitent pas à passer au crible des méthodes statistiques actuelles les données astrologiques et leurs définitions des divers moments de l'âme humaine. Aussi trouve-t-on deux écoles de pensée concernant l'étude et l'emploi de l'astrologie : il y a, d'une part, les adeptes qui pensent que seule l'astrologie traditionnelle est une science, et, d'autre part, ceux qui affirment que seule une astrologie moderne, vidée de son contenu imagé et folklorique, pourrait prétendre à ce qualificatif. Mais pourra-t-on jamais convaincre du caractère scientifique de l'astrologie quelqu'un qui, obstinément, ne voudrait y voir qu'une rêverie irrationnelle ? Certains auteurs, il est vrai, l'ont parfois comparée à un art, mais différent des autres arts connus. Bref, chaque astrologue doit former son esprit à sa propre dialectique et à sa propre symbolique. Il doit créer son alphabet et y obéir, en prenant appui sur son expérience personnelle. Devant un même horoscope, chaque astrologue offrira une interprétation qui, en fin de compte, se présentera comme individuelle et unique en soi.

Les grands systèmes d'approche de la psychologie humaine ont été reliés avec bonheur, depuis quelques années, au travail en astrologie. Les recherches magistrales de Jung, par exemple, ont apporté un éclairage foudroyant sur les pulsions de l'inconscient collectif et la psyché des êtres. La description de la personnalité prend une acuité qu'on n'avait jamais connue auparavant. Nombreux sont les psychologues qui se penchent désormais sur les symboles de l'astrologie pour compléter leur connaissance de l'âme humaine, et nombreux sont les astrologues qui font de la psychologie une branche nécessaire de leurs études.

Remarquons au passage que l'astrologie permet parfois, à travers l'intuition qu'elle présuppose, d'envisager la divination comme une interprétation particulièrement correcte et précise de l'anticipation.

Enfin, beaucoup d'astrologues modernes trouvent, dans cette étude des planètes et de leur influence en ce monde, un sujet de réflexion spirituel, même s'ils mettent volontairement de côté l'aspect mystique ou religieux traditionnel de l'astrologie ancienne. En effet, sous la Renaissance en Europe, par exemple, chaque planète, outre ses significations psychologiques, représentait un degré dans l'évolution de l'âme vers le Divin.

Dans la Genèse, il est écrit que les étoiles faisaient office de « signes » dans le firmament, et l'Antiquité a toujours reconnu les positions planétaires comme autant de symboles des événements terrestres. Les trois Rois Mages, dans l'Évangile selon saint Matthieu, étaient des astrologues qui surent interpréter l'apparition de l'Étoile de Bethléem comme étant le signe de la naissance du Messie attendu. La plupart des astronomes pensent que la fameuse étoile était une conjonction Jupiter-Saturne, bien qu'une théorie affirme qu'il s'agissait de la Comète de Halley, de passage dans notre espace une douzaine d'années avant Jésus-Christ.

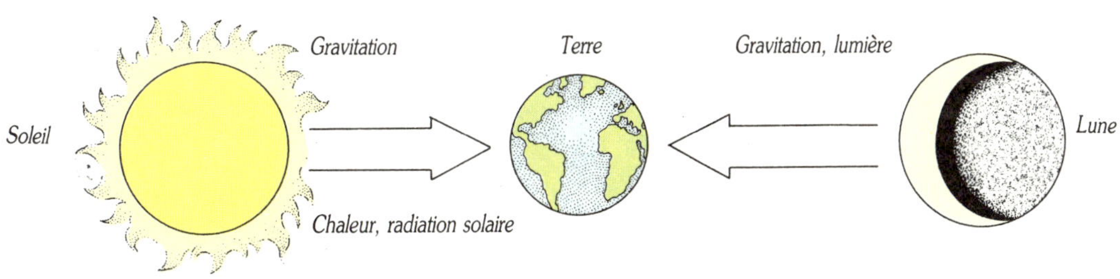

Si le Soleil et la Lune exercent une influence évidente sur les phénomènes physiques à la surface de la Terre, le doute subsiste en ce qui concerne les autres planètes. On a pourtant toutes les raisons de penser que le système planétaire tout entier est relié d'une façon ou d'une autre à l'intensité des radiations solaires. Mais les données astrologiques essentielles ne traitent pas des effets physiques directs que produisent les astres.

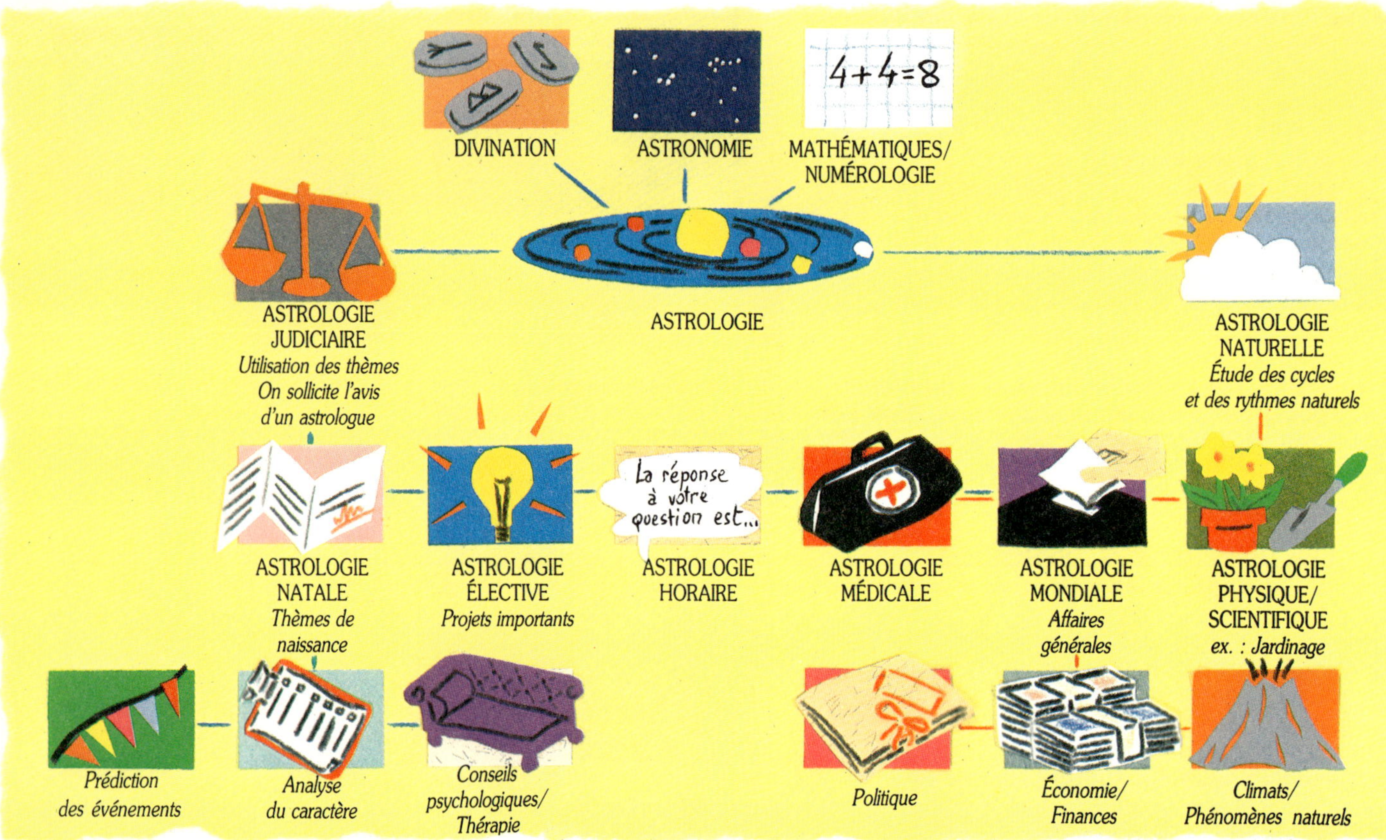

LES DIFFÉRENTES APPLICATIONS DE L'ASTROLOGIE

L'astrologie peut être amenée à analyser soit des individus dans leur personnalité et leur existence, soit des faits et des événements, soit de grands courants qui influencent la marche d'une planète, d'un peuple ou d'une idée.

Le champ d'application le plus répandu, parce que le plus connu du grand public, de l'astrologie actuelle est l'*horoscope de naissance,* établi à partir de la date, de l'heure et du lieu de naissance d'une personne. Le travail de l'astrologue consiste à dessiner la carte du ciel du natif et à mettre l'accent sur les tendances essentielles et les moments forts de son existence. En effet, le thème de naissance contient en germe l'avenir potentiel de l'être. En principe, l'étude du caractère est longue et minutieuse et rejoint les travaux des psychologues et des sociologues. Décrypter la personnalité profonde d'un être humain et mettre au jour ses motivations secrètes sont des apports à la connaissance psychologique absolument passionnants. C'est souvent ce qui séduit en premier lieu le débutant en astrologie.

Dans un deuxième temps, l'astrologie tend à devenir *prévisionnelle* en s'appliquant à considérer les grands carrefours d'une existence et en essayant d'en situer l'avènement d'une part, et le style d'autre part (carrière, mariage, enfants, etc.).

L'analyse des tendances d'un individu, inconscientes la plupart du temps, permet à l'astrologue de remarquer un certain *type* de propositions du destin, et c'est à ce niveau précis que s'exerce la liberté du sujet. En effet, l'être humain attire à lui les événements qui trouvent un écho analogique dans ses fibres naturelles profondes. Un même comportement peut donc aimanter des faits événementiels différents, mais de style semblable. Au sujet de faire un choix parmi cet éventail de possibilités sœurs. Les

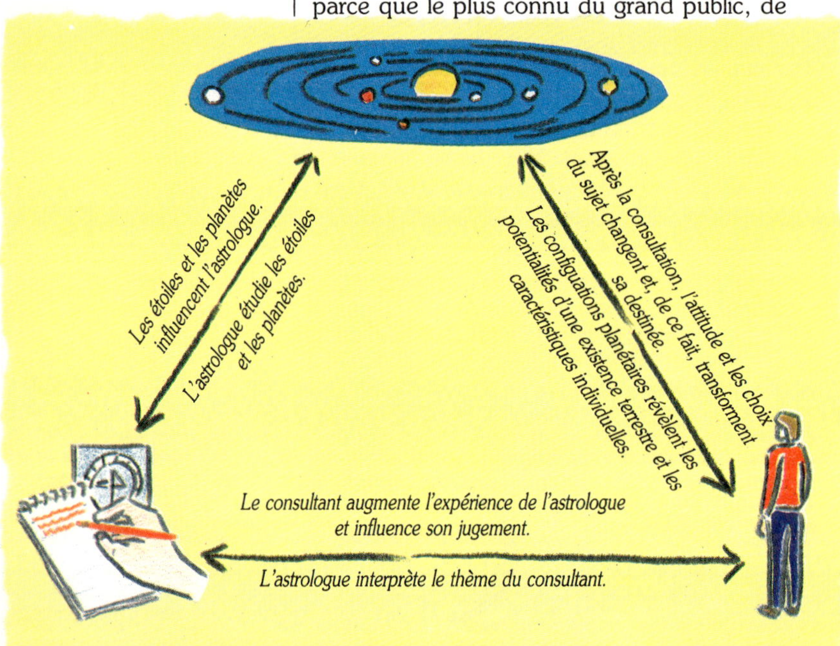

conséquences du choix ne seront pas les mêmes selon l'option adoptée, mais celle-ci entraînera à son tour une série d'événements nécessaires et de même couleur qui exigeront également des sélections à tel ou tel niveau. Ainsi semblerait s'exprimer le libre arbitre.

Une application remarquable de l'astrologie contemporaine est représentée par les *psychologues-astrologues-conseils.* Leur travail est à rapprocher de celui de la psychanalyse. Leur but est d'aider le consultant à voir clair dans les composantes de sa personnalité et à apprendre à s'en servir, pour son propre épanouissement et celui de son environnement. Ici, aucune tentative prévisionnelle n'est admise. Bien au contraire, il est primordial de faire comprendre au consultant que rien n'est définitif, qu'un changement de comportement peut amener un changement équivalent dans son entourage et son existence.

De même qu'on établit la carte du ciel à l'instant d'une naissance pour présumer des chances d'une vie à venir, de même l'astrologie peut se pencher sur les coordonnnées d'un fait ou d'un événement (création d'entreprise, construction d'un édifice, voyage, association, moment historique, etc.) et en monter le thème afin d'en tracer les grandes lignes de force.

Une autre discipline consiste à établir un horoscope sur une question particulière que pose le consultant, en dessinant la carte du ciel à l'heure où la question est posée : « Obtiendrai-je ce travail ? », « Vendrai-je cette maison ? » Il semblerait que ce type d'astrologie, dite *horaire,* ait le mérite, selon certains auteurs, de donner des prédictions plus justes que les autres méthodes employées en astrologie divinatoire.

L'*astrologie mondiale* demeure cependant la plus convoitée et la plus fascinante pour les adeptes passionnés. Plus question de destins individuels avec leur cohorte de « petites misères ». Cette fois, l'analyse s'applique à mettre en évidence les grands soubresauts qui agitent les masses humaines, l'inconscient collectif, les courants de pensée, et qui, finalement, changent la face du monde. Cette approche exige, sinon des prédictions, du moins une analyse prévisionnelle extrêmement poussée dont s'informent, officiellement ou non, les gens d'affaires et les chefs d'État. Car il est bien évident que la politique décrite n'aura rien de commun avec les querelles de clocher. Il sera en fait question des idéologies, des guerres, des changements culturels radicaux et des finances internationales. Seuls sont concernés les groupes entiers, les multinationales, les organismes d'État, les courants de civilisation, les cours mondiaux de la Bourse et l'économie qui peut soit enrichir une nation, soit la mettre à genoux. Le nombre croissant d'industriels qui viennent consulter est révélateur à cet égard.

Ajoutons que l'astrologie prévisionnelle s'intéresse également à tous les phénomènes naturels tels les grandes catastrophes, les tremblements de terre, les raz de marée, le volcanisme, les climats, etc.

Enfin, notons qu'il existe une *astrologie médicale* qui, depuis Paracelse, essaie d'aborder la maladie sous des auspices différents de ceux de la médecine traditionnelle, notamment dans l'établissement de ses diagnostics. Quant à ses remèdes, ils se rapprochent de ceux proposés actuellement par les homéopathes et les naturopathes.

En conclusion, l'astrologie, dans toutes ses applications, manifeste son souci d'être un outil au service de la connaissance et de la réalisation des êtres en harmonie avec leur environnement. Elle n'est l'expression d'aucune religion ni d'aucune morale particulière, mais nous devons nous attendre à ce que chaque astrologue soit le reflet involontaire de son époque et de sa propre culture. Aussi le consultant devra-t-il en tenir compte.

L'idée de synchronicité a été conçue par C.G. Jung et est fréquemment utilisée pour expliquer l'astrologie moderne. Principes de la synchronicité : 1. un événement n'en entraîne pas nécessairement un autre ; 2. deux événements indépendants peuvent être reliés de façon « non causale » par le seul fait qu'ils se produisent au même moment. L'astrologie applique cette règle : un événement astrologique tisse des correspondances avec un événement terrestre s'il se produit en même temps que celui-ci.

ÉVÉNEMENT ASTROLOGIQUE — TEMPS — ÉVÉNEMENT TERRESTRE

Le système solaire
Dans sa course à travers l'espace, le Soleil entraîne les planètes avec lui. L'orbite des planètes dessine une série de spirales. Le temps astrologique a donc une structure spiralée qui se répète par cycles analogues, mais toujours différents. Les saisons se succèdent dans un ordre strict et, pourtant, chaque année possède un caractère qui fait qu'elle ne ressemble à aucune autre.

En bas, à droite : *l'astrologie est née du désir des hommes de comprendre et de mesurer le mouvement des étoiles. Dans les premières sociétés agraires, le culte essentiel était centré sur le Soleil et les divinités lunaires, responsables du cycle des saisons et des rythmes naturels. Des monuments comme Stonehenge (environ 2 800 ans avant J.-C.) ont certainement été érigés pour établir un calendrier des solstices et des équinoxes. Un phénomène comme l'éclipse a de tout temps créé des frayeurs superstitieuses. Stonehenge semble avoir servi de temple et d'observatoire : à chaque solstice d'été, le Soleil se lève au-dessus de la même pierre, marquant ainsi le jour le plus long de l'année.*

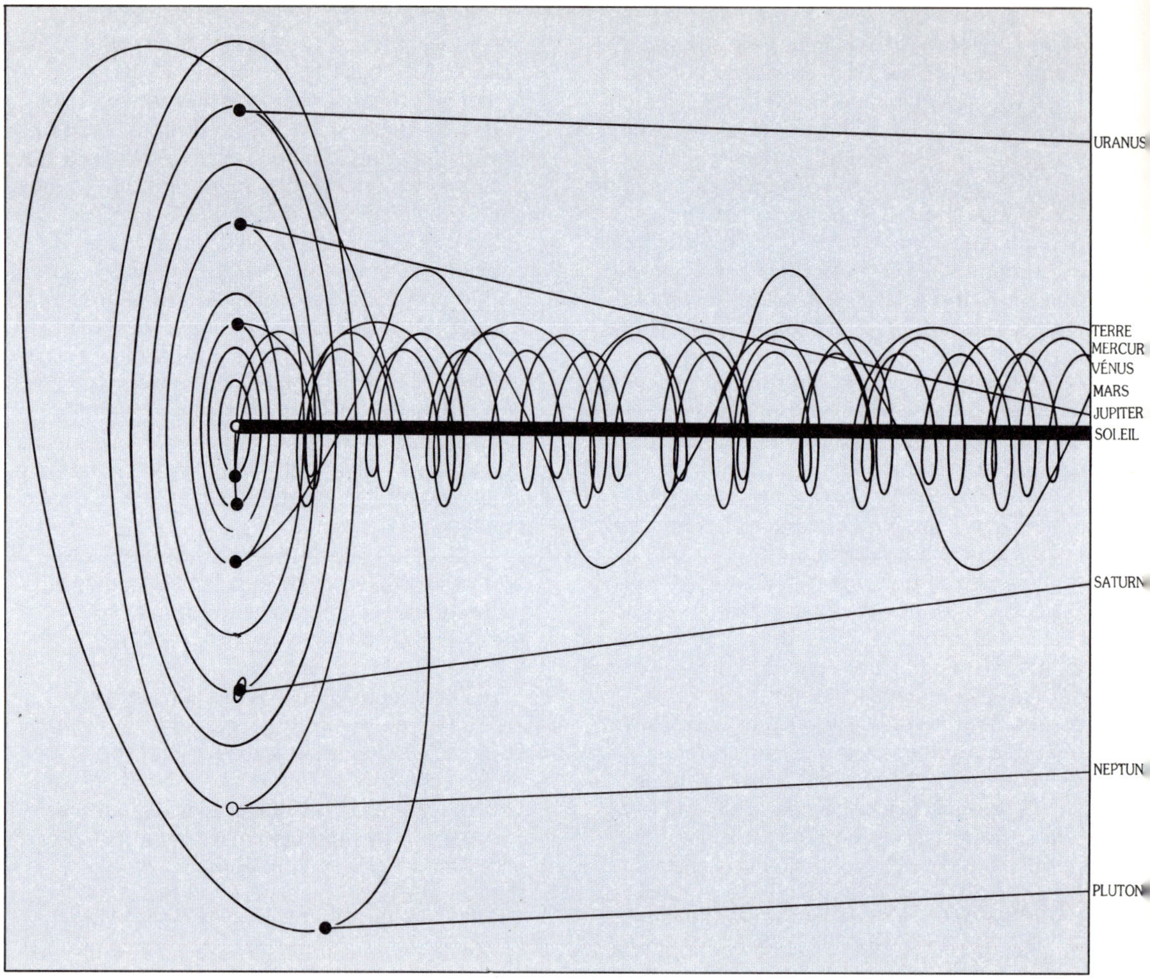

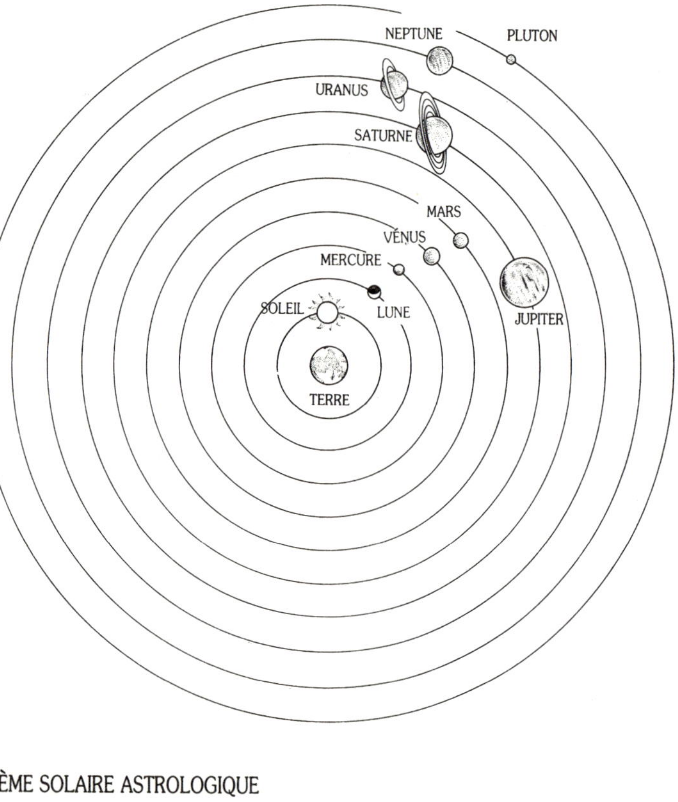

LE SYSTÈME SOLAIRE ASTROLOGIQUE

ASTROLOGIE ET ASTRONOMIE

Ces deux termes furent longtemps indissociables. Mais, à partir du XVIIe siècle et de la révolution scientifique, on établit une distinction sévère, souvent hostile, entre ces deux disciplines.

L'astronomie se livre à une observation purement physique et mathématique de l'Univers, tandis que l'astrologie en donne des interprétations symboliques. L'astronomie démontre que notre système solaire se déplace en spirale au sein d'une galaxie, elle-même évoluant dans un espace en expansion ; l'astrologie utilise un modèle qui semble statique et où la planète Terre serait le centre d'un monde en révolution autour d'elle, selon une loi géocentrique « aberrante » pour les astrophysiciens modernes.

LE SYSTÈME GÉOCENTRIQUE

Les astrologues se servent d'un système composé de grands cercles qui définissent la structure et les divisions mathématiques d'un horoscope, et dont le centre est la Terre.

L'équateur « terrestre » est une ligne imaginaire qui sépare les hémisphères Nord et Sud. L'équateur « céleste » est sa projection dans l'espace.

L'écliptique est le nom donné à la course apparente du Soleil autour de la Terre durant un cycle annuel. L'axe de la Terre étant légèrement penché, l'intersection du plan de l'écliptique avec l'équateur céleste (parfaitement horizontal par définition) forme un angle de 23° et demi. Cette obliquité de l'écliptique est responsable du changement des saisons. Une fois par an, le Soleil atteint successivement un point maximum au sud, un point d'intersection avec l'équateur, un point maximum au nord et un deuxième passage sur l'équateur : ces quatre points sont dits « cardinaux ». Ils définissent les quatre saisons.

Le 21 ou le 22 décembre de chaque année, lorsque le Soleil culmine au sud, c'est le début de l'hiver en hémisphère Nord et de l'été en hémisphère Sud : c'est le jour du solstice d'hiver.

Le 21 ou le 22 mars, le Soleil traverse l'équateur à midi, amenant le début du printemps en hémisphère Nord et de l'automne en hémisphère Sud : c'est l'équinoxe de printemps.

Le 21 ou le 22 juin, quand le Soleil atteint son point Nord extrême, l'été commence en hémisphère Nord et l'hiver en hémisphère Sud : c'est le solstice d'été.

Le 22 ou le 23 septembre, le Soleil coupe à nouveau la ligne d'équateur, annonçant en même temps l'automne pour l'hémisphère Nord et le printemps pour l'hémisphère Sud : c'est l'équinoxe d'automne.

Ce grand ruban développé par la trajectoire annuelle du Soleil (écliptique) forme ce que l'on nomme le Zodiaque. Il est divisé en douze parties égales (les douze signes), et il constitue la base des calculs astrologiques avec les points cardinaux, l'emplacement des planètes et celui des Maisons.

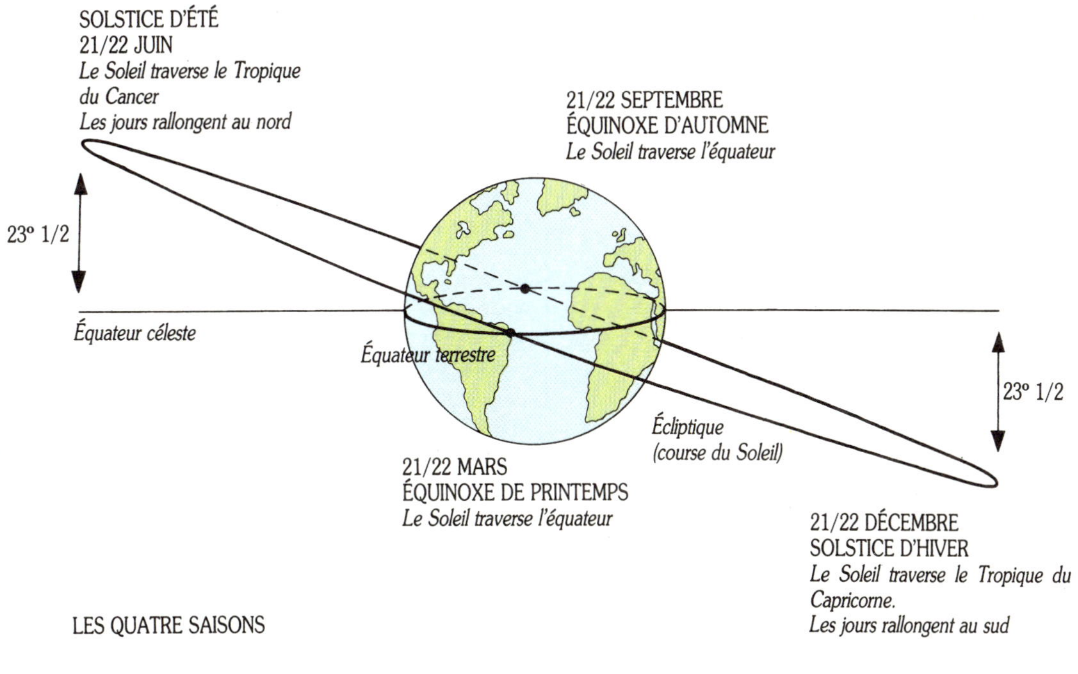

LES QUATRE SAISONS

CHAPITRE 2
LES PLANÈTES

Les planètes sont les dix corps célestes principaux qui évoluent dans notre système solaire et tracent des orbites apparentes autour de notre Terre : le Soleil, la Lune, Mercure, Vénus, Mars, Jupiter, Saturne, Uranus, Neptune et Pluton.

Chaque planète représente un principe de base qui se manifeste de mille façons possibles selon les aspects auxquels il peut être soumis, et il appartiendra à l'astrologue de définir et d'interpréter ces manifestations.

Dans un thème de naissance, chaque planète indique le type de circonstances que le natif sera le plus souvent amené à rencontrer, ainsi que ses inclinations psychologiques fondamentables. Dans une approche plus dynamique, nous dirons que les planètes, par leurs configurations, révèlent les processus par lesquels une personne peut grandir, évoluer, apprendre, changer. Les planètes, présidant également au devenir physique, livrent des renseignements sur la marche et la nature des faits et des événements.

Les astrologues modernes énoncent la liste des planètes en commençant par les deux « luminaires », considérés comme les planètes les plus importantes pour un horoscope : Soleil et Lune. Puis ils les font suivre, selon leur ordre d'éloignement par rapport au Soleil, de Mercure, Vénus, Mars, Jupiter, Saturne, Uranus, Neptune et Pluton.

Il existait traditionnellement un ordre « chaldéen » des planètes, qui prenait en compte leur rapidité dans la traversée du ciel zodiacal du point de vue de la Terre : Lune, Mercure, Vénus, Soleil, Mars, Jupiter, Saturne, Uranus, Neptune. Pluton n'était pas inclus dans la série, car sa découverte est contemporaine. Nous ne parlons ici du système chaldéen que parce qu'un certain symbolisme courant ne serait pas compréhensible sans faire référence à cette classification : les jours de la semaine, ou bien les heures du jour, ou encore les planètes gouvernant les signes, autant de notions calculées sur l'ancien système chaldéen.

LA CLASSIFICATION DES PLANÈTES

Les *luminaires,* le Soleil et la Lune, sont des symboles puissants de source de vie et de lumière.

Les planètes Mercure, Vénus et Mars sont appelées les planètes « intérieures » : astronomiquement, elles se situent le plus près du Soleil. Par conséquent, leur révolution est plus rapide que celle des planètes éloignées. On les nommera donc les planètes *rapides.* Ce sont elles qui sont les plus « personnelles », car elles sont responsables des caractéristiques individuelles des êtres.

Jupiter, Saturne, Uranus, Neptune et Pluton sont les planètes « extérieures » (entendons les plus éloignées du Soleil), donc *lentes.* Jupiter et Saturne sont qualifiées d'« impersonnelles » parce qu'elles établissent des connexions entre nous et nos semblables.

Uranus, Neptune et Pluton sont des planètes « transpersonnelles », ainsi appelées en raison de leur influence spécifique qui s'étend bien au-delà d'une génération ou d'un pays.

Les sept premières planètes (du Soleil à Saturne) sont traditionnellement présentes, depuis l'Antiquité, dans tous les documents astrologiques. Uranus, Neptune et Pluton sont des découvertes modernes.

Chaque planète peut se manifester de deux façons : soit positive, soit négative. Par exemple : Mercure peut être soit intelligent et cultivé, soit superficiel et mensonger. Vénus peut être amoureuse et artistique, ou bien paresseuse et vénale. Mars peut être courageux et fonceur, ou encore agressif et violent. Dans notre société, les attributs positifs sont toujours considérés comme plus souhaitables que les autres. Aussi l'étude des

Planète	Symbole	Signe correspondant	Sexe	Métal	Couleur
SOLEIL	☉	♌ Lion	♂	Or	Or
LUNE	☽	♋ Cancer	♀	Argent	Argent
MERCURE	☿	♊ ♍ Gémeaux Vierge	○	Mercure	Irisée
VÉNUS	♀	♉ ♎ Taureau Balance	♀	Cuivre	Bleu/vert
MARS	♂	♈ ♏ Bélier Scorpion	♂	Fer	Rouge
JUPITER	♃	♐ ♓ Sagittaire Poissons	♂	Étain	Pourpre
SATURNE	♄	♑ ♒ Capricorne Verseau	♂	Plomb	Gris/brun/ couleurs tristes
URANUS	♅	♒ Verseau (deuxième Gouverneur)		Uranium	Bleu électrique
NEPTUNE	♆	♓ Poissons (deuxième Gouverneur)		Neptunium	Bleu/gris/ tons pastel
PLUTON	♇	♏ Scorpion (deuxième Gouverneur)		Plutonium	Noir/rouge sombre
CHIRON	⚷				
NŒUD NORD	☊				
NŒUD SUD	☋				

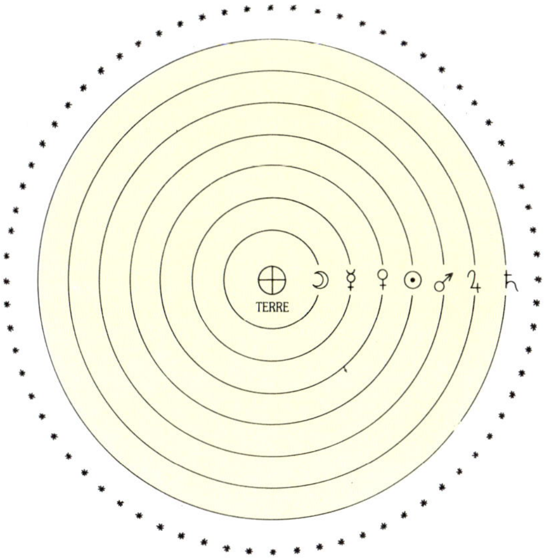

Ordre chaldéen des planètes

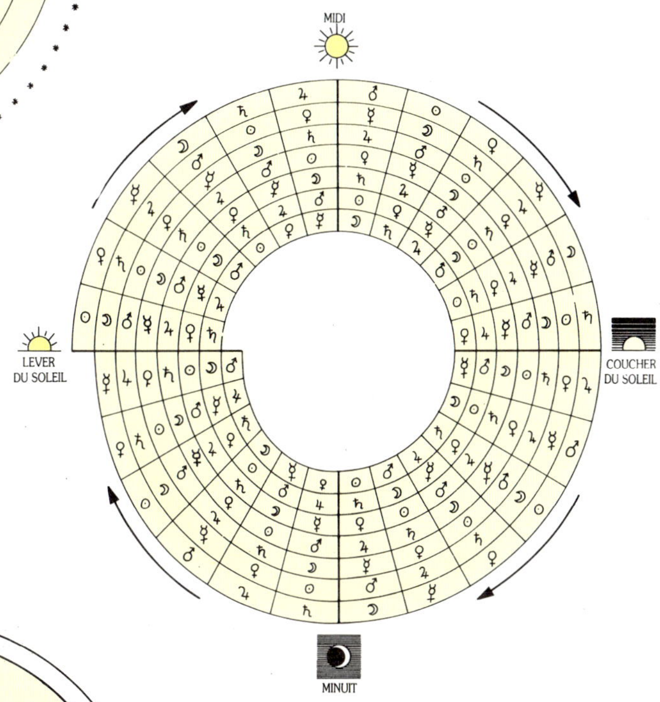

Les planètes et les jours de la semaine
Dans le système chaldéen, les planètes se succèdent sur des cercles concentriques. Cette structure a donné naissance aux sept jours de la semaine : en anglais, dimanche, lundi et samedi portent respectivement les noms du Soleil, de la Lune et de Saturne (Sunday, Sun = Soleil ; Monday, Moon = Lune ; Saturday = jour de Saturne). En français, lundi est le jour de la Lune, mardi celui de Mars, mercredi celui de Mercure, jeudi celui de Jupiter, et vendredi celui de Vénus. Chaque jour prend les caractéristiques de la planète qui le gouverne.

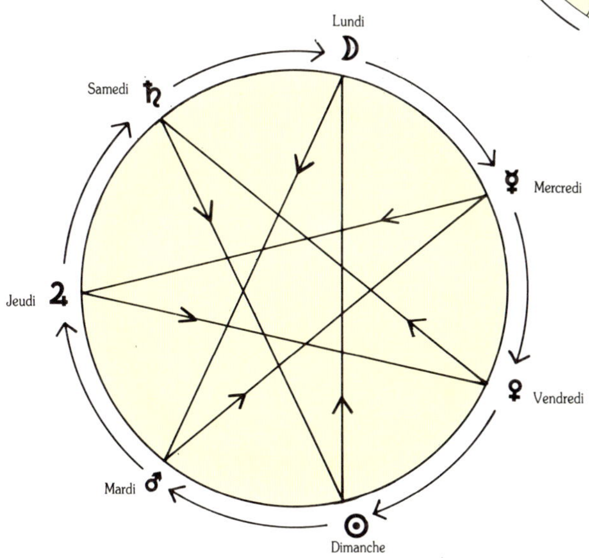

Les heures planétaires
Chacune des vingt-quatre heures d'une journée est gouvernée par une des sept planètes traditionnelles et en exprime le symbolisme. Les anciens astrologues en tenaient compte dans l'établissement d'un horoscope.
La série des planètes qui gouvernent les heures, à l'inverse des jours de la semaine, commence par Saturne et se termine par la Lune. Contrairement à nos heures actuelles, les heures planétaires sont d'une durée variable selon la saison : une heure de jour (ou de nuit) correspond au douzième du temps qui sépare le lever du coucher du Soleil (ou le coucher du lever du Soleil). Ces moments précis de la vie solaire sont donnés dans les éphémérides ou les calendriers de marine, que l'on trouve partout. Chaque planète gouvernant l'heure qui suit l'aube est le Gouverneur du jour entier. Par exemple, l'heure qui suit l'aurore de dimanche est le Soleil, de lundi la Lune, etc. L'heure suivante sera gouvernée par la planète suivante, selon l'ordre chaldéen inversé. On peut ainsi déterminer les qualités des heures : la meilleure heure pour voyager est celle de Mercure, la plus favorable à l'amour, celle de Vénus, etc.

influences planétaires sera-t-elle utile pour mettre l'accent sur les possibilités qui sont à la disposition du sujet, sans pour autant tenir un discours moralisateur qui sera toujours malvenu.

On divise généralement les planètes en trois catégories : les planètes maléfiques (Mars et Saturne, qui amènent oppositions, conflits et embûches), les planètes bénéfiques (Vénus, Jupiter et la Lune, qui apportent joie, harmonie, bonheur et récompense) et les planètes neutres (Soleil et Mercure, ouvertes aux influences des autres planètes en aspect avec elles). Uranus, Neptune et Pluton n'entrent pas dans cette classification. Psychologiquement, les planètes maléfiques provoquent des tensions, des angoisses, des névroses et des inadaptations. Elles expriment généralement un conflit ou une difficulté auxquels le sujet doit faire face en toute conscience. Inversement, les planètes bénéfiques créent des situations moins urgentes et faciles à dominer.

Les sept planètes traditionnelles ont été

sexuellement personnalisées : Soleil, Mars, Jupiter et Saturne sont mâles, la Lune et Vénus femelles, Mercure hermaphrodite.

Toutes ces données de base sont importantes pour l'interprétation astrologique, à condition de ne pas se référer à des stéréotypes culturels limités dans le temps et l'espace. Par exemple, contrairement à la majorité des civilisations qui ont entretenu la scission dans les rapports homme-femme, l'astrologie a de tout temps évoqué l'égalité complète des sexes. Elle fait de Mars le maître d'un signe féminin (Scorpion) et donne à Vénus la maîtrise d'un signe masculin (Balance). Nous devons voir dans cette sagesse le symbole de l'échange d'énergie entre signes et planètes, où toute différenciation de polarité s'évanouit. D'ailleurs, la psychologie moderne nous a familiarisés avec l'idée que toute femme porte en elle des composantes masculines (au même titre qu'elle possède des planètes mâles dans son thème astral), et inversement pour un homme.

LES PLANÈTES RÉTROGRADES

On nomme ainsi les planètes qui, à un moment donné de leur course dans le ciel, commencent

LES PLANÈTES RÉTROGRADES

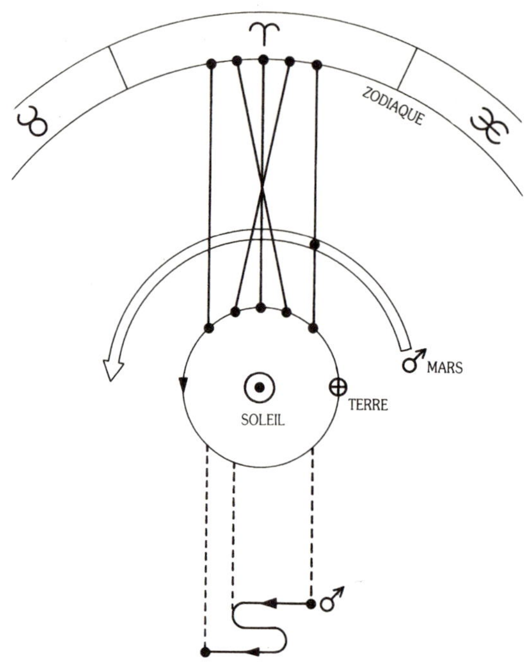

Les planètes rétrogrades
Dans cet exemple, Mars se déplace à reculons sur le cercle du Zodiaque vu de la Terre.

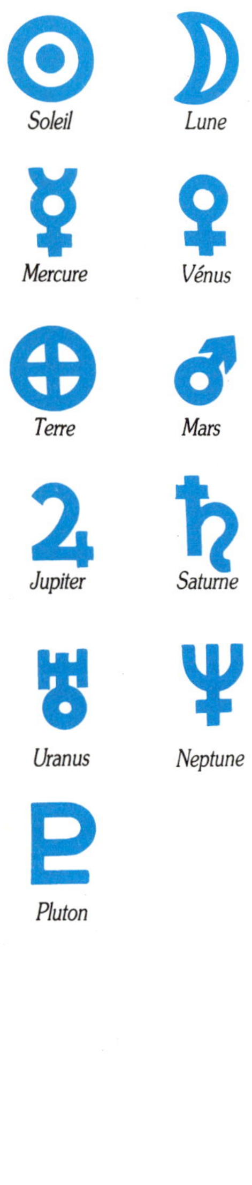

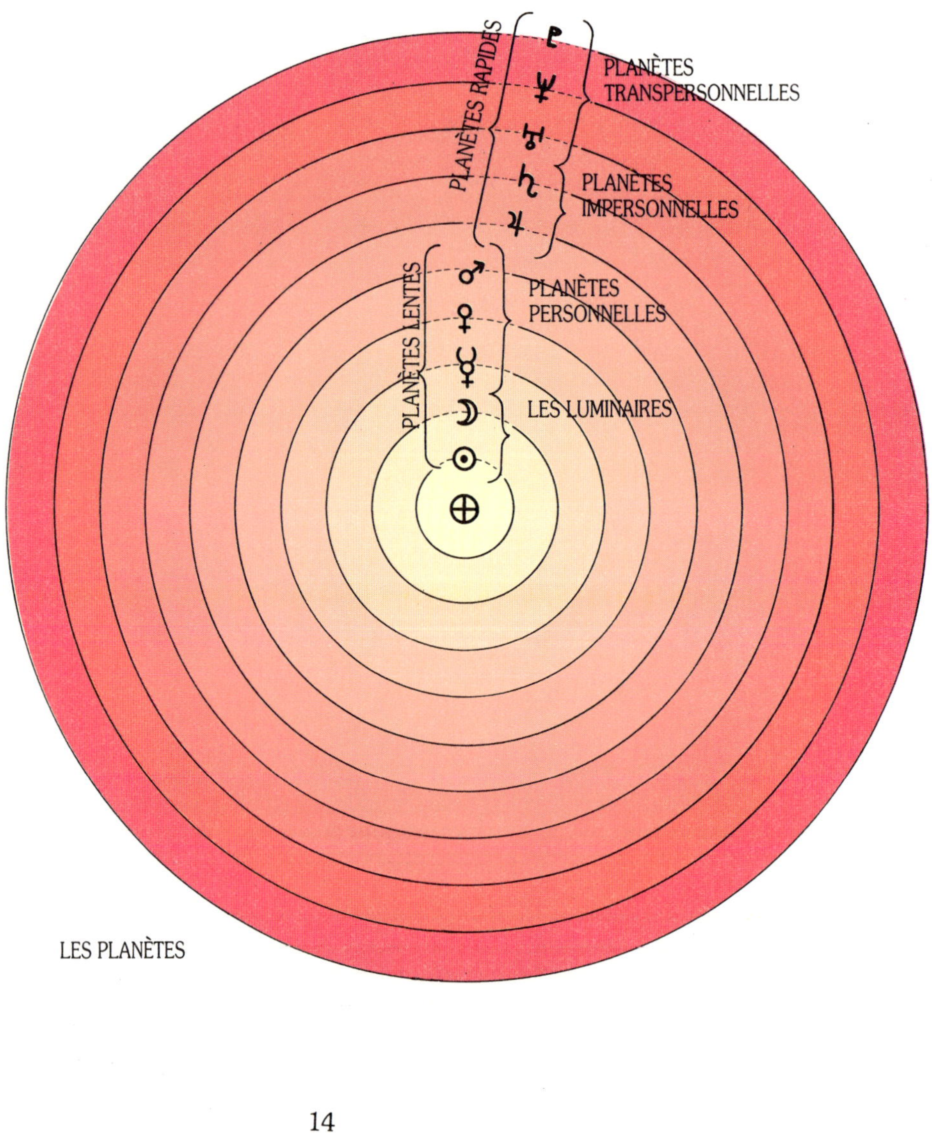

LES PLANÈTES

Chaque planète peut également symboliser un moment de l'existence d'un individu :
Le Soleil — le premier stade de la vie où l'enfant n'a conscience que de lui-même.
La Lune — l'enfant prend conscience de la présence maternelle et de l'environnement affectif familial. Il commence à avoir des besoins et des exigences.
Mercure — l'enfant apprend à communiquer, à ramper, à marcher et à parler, en élargissant sa conscience du monde extérieur.
Vénus — l'enfant découvre les relations sociales à travers ses premières amitiés.
Mars — l'adolescent devient un adulte qui doit affirmer sa personnalité en luttant pour ses intérêts personnels.
Jupiter — l'épanouissement de la maturité, le succès, la carrière, la réalisation de soi, la fortune, l'expérience, le foyer, la famille.
Saturne — le troisième âge, la sagesse, les honneurs, la mort.

à aller à reculons. On inscrit alors la lettre « R » à côté du symbole de la planète. Le Soleil et la Lune ne sont jamais rétrogrades. Les cinq planètes lourdes (Jupiter, Saturne, Uranus, Neptune et Pluton), au contraire, le sont la plupart du temps, à tel point qu'on n'en tient plus compte dans l'interprétation d'un thème de naissance. Le fait d'être rétrograde n'altère en rien les significations de Mercure, de Vénus ou de Mars. Sachons simplement que ce phénomène suggère, pour la période concernée, une intériorisation des caractéristiques psychologiques ou événementielles.

Lorsque Mercure est rétrograde, l'individu peut connaître une phrase d'introversion, avec manque de confiance, difficultés à communiquer et à exprimer ses idées. Quand Vénus rétrograde, le natif peut renoncer momentanément à sa vie sociale habituelle, préférer le foyer et la relation de couple. Enfin, lorsque Mars rétrograde, la personne peut avoir quelque mal à rassembler ses énergies et à se concentrer.

LE SYMBOLISME DES PLANÈTES

Le but d'un thème astral est de permettre au consultant de contrôler les effets de son ciel de naissance et, par là même, d'avoir prise sur sa propre existence. Ou bien l'existence est pour un individu une structure qui permet un perpétuel devenir, ou bien elle se transforme en destin qui s'impose comme une chape de plomb. Par exemple, imaginons un sujet qui vivrait dans l'ignorance — ou le refus de reconnaître — ses instincts martiens particulièrement agressifs. Un jour, une situation peut surgir et provoquer ces instincts chez le sujet qui, en raison d'une réaction inconsidérée, peut devenir « victime » de sa propre violence. Il commettra un acte dit répréhensible qui pèsera sur le reste de sa vie.

Le symbolisme des planètes indique un processus, une possibilité, une tendance, et non des caractéristiques immuables. Cela est un principe essentiel que le débutant en astrologie doit avant tout assimiler, car c'est un mode de pensée et de réflexion nécessaire pour appréhender avec succès un thème natal. La seconde étape consistera à mettre en relation le thème du sujet avec les configurations représentatives de son environnement et des événements qui président à sa destinée. Le symbolisme des planètes, on le voit, servira aussi bien à exprimer les processus de formation et d'évolution des êtres que les manifestations extérieures qui forment le décor sur lequel s'inscrivent les existences individuelles.

Les comportements humains, dans leur grande richesse et leur grande variété, trouvent un écho remarquable dans la symbolique astrologique : aspirations, besoins, peurs, manières de faire, idéaux, motivations... Jupiter a besoin/aspire au succès, Saturne craint/souhaite l'échec, Mars agit de manière brusque et Uranus de façon inopinée.

Quelques planètes agissent par couple et en complémentarité. Citons Jupiter et Mercure, régulant tous les deux, mais sur deux modes différents, la sphère mentale et intellectuelle des êtres ; Vénus et Mars régissent de façon comparable la vie émotionnelle et les relations sexuelles.

Certaines planètes sont associables à d'autres, selon les domaines concernés. Par exemple, on rapproche Vénus de Neptune pour circonscrire les capacités artistiques d'un sujet, ou de Mars pour définir les liens sociaux qu'entretient le sujet avec ses congénères.

L'astrologie se plaît également à évaluer les rapports qui existent entre des planètes radicalement opposées dans leurs significations (telles que Jupiter, « le grand bénéfique », et Saturne, « le grand maléfique »), pour obtenir une meilleure compréhension de leur interaction et découvrir à quel niveau ces planètes hostiles peuvent devenir nécessaires l'une à l'autre : Jupiter, qui veille sur le développement d'un être, réclame Saturne pour structurer et consolider la forme.

Pour conclure, nous devons mettre en garde le lecteur. Les significations des planètes ne sont pas à prendre à la lettre. Ces énoncés ne sont pas des vérités absolues, mais des propositions vers une réflexion personnelle et une approche des individus et des phénomènes de ce monde.

LE SOLEIL

Le Soleil gouverne le signe du Lion.
C'est la planète la plus importante du Zodiaque. Elle marque de son empreinte le destin du natif. Depuis la plus haute Antiquité, le Soleil, déifié, a été objet de culte et de vénération (Apollon en Grèce, Râ en Égypte). Les souverains ont toujours porté des bijoux et des couronnes en or (métal solaire), et les saints des auréoles de lumière, à l'image du rayonnement solaire, dispensateur de vie, de pouvoir et d'énergie.

L'emplacement du Soleil dans un signe zodiacal définit le thème natal de base, en indiquant les traits dominants de la personnalité, les forces cachées et les failles du sujet. La position du Soleil à la naissance renseigne également sur la façon dont le sujet peut évoluer et sur le type d'expériences qu'il sera amené à vivre. Le Soleil est la planète du MOI, de l'ego dans son élaboration.

LA LUNE

La Lune gouverne le signe du Cancer.
Après le Soleil, c'est la deuxième planète importante dans un thème natal. Sa rapidité de mouvement laisse soupçonner que son influence portera essentiellement sur les événements au jour le jour, le détail, l'anecdote, les sentiments et leurs fluctuations. C'est donc la Lune qui interviendra le plus souvent dans les applications de l'astrologie médicale, horaire ou événementielle.

Dans un thème individuel, la Lune représente le principe de la mère. Par conséquent, elle donne des indications sur les relations qu'entretient le sujet avec sa mère et sur ses propres qualités maternelles. Pour des raisons culturelles évidentes, les femmes sont plus concernées que les hommes par les aspects lunaires et leur action sur l'être profond.

La Lune symbolise également le foyer, la famille et la vie domestique. Un thème à forte composante lunaire donne au natif des instincts chaleureux et le sens de l'accueil, ainsi qu'un goût prononcé pour les professions qui ont trait au service social.

L'argent est le métal lunaire par excellence. Le froid et l'humidité sont aussi des attributs de l'astre de la nuit.

En physique, la Lune est responsable du flux et du reflux des marées. En astrologie, elle régit de la même façon le monde émotionnel. Elle incarne ce que les psychologues appellent la « persona », le masque que l'on se crée pour cacher sa sensibilité et faire face au reste du monde considéré comme ennemi.

MERCURE

Mercure gouverne le signe des Gémeaux et celui de la Vierge.
Dans la mythologie classique, Mercure est le messager des dieux de l'Olympe. En astrologie, il devient le maître de toutes les formes de communication, physique ou mentale, mondaine ou philosophique (prendre l'autobus pour rendre visite à un ami ou entamer une psychanalyse sont deux expériences typiquement mercuriennes).

Mercure combine en même temps les qualités mâles et femelles, et souligne la réconciliation possible entre les deux composantes d'une personnalité. Sous des apparences dites « superficielles », Mercure a en fait pour tâche de faciliter l'évolution de l'être par le « connais-toi toi-même ».

Par ailleurs, Mercure intervient dans la connaissance que l'on peut acquérir du monde extérieur : il régit en effet les voyages de courte distance, l'enseignement, l'acquisition du savoir, les moyens de communication tels que les livres, les trains, les journaux, le téléphone, la télévision, les plumes et les crayons, etc. Les machines modernes comme les ordinateurs sont le signe d'une époque colorée par les influences de Mercure.

Dans un thème individuel, Mercure indique la manière dont un être pense et parle, les sujets d'étude privilégiés du natif et ses moyens d'expression.

Les carrières mercuriennes sont celles qui concernent le contact : professeur, journaliste, chauffeur de taxi, homme d'affaires, secrétaire, acteur, etc.

VÉNUS

Vénus gouverne le signe du Taureau et celui de la Balance.
Pour les Romains, Vénus était la déesse de la beauté, de l'amour et des arts. En astrologie, elle régit la part féminine qui vibre en chaque être, quel que soit son sexe, et dispense des qualités de douceur, d'amour, de sensibilité, de diplomatie et de créativité. Vénus entraîne dans certains cas des interprétations plus énergiques : en astrologie politique, par exemple, Vénus annonce généralement une victoire militaire.

Mais les principales influences de Vénus se situent dans le domaine des relations affectives, amicales ou amoureuses, et celui des associations, y compris le mariage. Elle renseigne, selon les aspects qu'elle forme avec les autres planètes, sur la nature des échanges, que ce soit de la tendresse ou, au contraire, de l'agressivité et de la jalousie.

Dans un horoscope féminin, Vénus décrit le comportement idéal auquel la consultante se réfère inconsciemment. Dans un horoscope masculin, Vénus révèle les aspirations de l'homme en matière de compagne rêvée.

Enfin, Vénus symbolise la grâce et les plaisirs dans toutes leurs manifestations. Elle a donc souvent une place prépondérante dans les thèmes d'artistes, d'épicuriens et de ce que l'on nomme les « natures heureuses » en général.

MARS

Mars gouverne le signe du Bélier et celui du Scorpion.
Pour les peuples anciens, Mars a toujours figuré le dieu de la guerre, symbolisant l'énergie, l'esprit d'entreprise, le courage, le dynamisme, l'action, la volonté, la chaleur brûlante et la violence (les armes blanches, les fusils, les explosifs, le feu, etc.).

En astrologie médicale, Mars est relié à toute notion de haute température, de fièvre, d'accident et de chirurgie.

Dans un thème natal, Mars exprime le type d'énergie et le comportement actif dont bénéficie le sujet, par conséquent la façon dont celui-ci abordera ses problèmes dans la vie et ses relations avec les autres.

Mars exerce une influence particulière dans les relations humaines : si Vénus est la force d'attraction, Mars est l'impulsion qui pousse les individus les uns vers les autres. Mars et Vénus, ensemble, forment le discours intelligible sur les possibilités de rencontre et d'échange émotionnel ou sexuel.

Psychologiquement, Mars régit l'image intérieure que nous avons tous de l'homme idéal. Dans un thème masculin, cette image devient le modèle subconscient vers lequel l'homme tend. Dans un thème féminin, Mars montre, d'une part, la manière dont la consultante assume la composante masculine de sa personnalité, et, d'autre part, comment elle visualise son idéal masculin.

La couleur de Mars est le rouge ou le jaune vif.

JUPITER

Jupiter gouverne le signe du Sagittaire et celui des Poissons.
Jupiter possède deux visages : il est à la fois le dieu des dieux, dispensant sagesse et justice, et le jouisseur-séducteur.

En astrologie, Jupiter représente l'épanouissement et l'expansion, dans quelque domaine que ce soit (spirituel, émotionnel, mental ou matériel), selon sa position dans le thème. En effet, Jupiter fait tout avec faste et grandeur. Il est indulgent, protecteur, bon et généreux, et même souvent prodigue et extravagant.

Jupiter a des rapports spécifiques avec la religion, la loi et la philosophie. Il partage avec Mercure la domination sur tout ce qui concerne la raison et l'intellect. Si Mercure apporte la connaissance et la communication, Jupiter pourvoit en entendement, en sagesse et en savoir-faire. Comme Mercure, Jupiter régit les voyages (de longue distance), les explorations et les aventures (y compris spirituelles). Le travail de Jupiter, c'est la croissance et la réalisation.

Enfin, Jupiter est connu pour ses influences positives dans le domaine de la fortune, du succès, des récompenses et des opportunités heureuses. Mais il faut se souvenir que Jupiter a toujours besoin de Saturne pour affirmer ses conquêtes.

SATURNE

Saturne gouverne le signe du Capricorne et celui du Verseau.
En opposition complète avec Jupiter, Saturne régit les principes de limitation et de restriction, de consolidation et de structuration. Il représente l'autodiscipline et, à l'extrême, la répression et l'inhibition. Saturne a des implications psychologiques très complexes. On l'a parfois appelé le « Soleil noir », parce qu'il tient le rôle de l'« ombre », c'est-à-dire les recoins de la psyché que l'on juge toujours inacceptables. Ces composantes de l'âme, en effet, ne disparaissent jamais totalement dans l'inconscient. Elles se révèlent, au cours de l'existence de chacun d'entre nous, par des chemins sinueux, inattendus, malvenus et généralement mal vécus.

Saturne amène fréquemment des difficultés et des situations conflictuelles, soit créées par le subconscient du sujet, soit assenées par un destin mystérieux et vengeur. Saturne semble alors être le gardien de la Tragédie ! Devant des circonstances saturniennes, l'être se trouve invariablement dans l'obligation de changer son comportement intérieur fondamental s'il veut sortir du gouffre. De façon plus générale, Saturne entraîne des obstructions et des retards. Il symbolise aussi la tradition, le conservatisme, les institutions, l'État, l'autorité, la religion, la police et les tabous sociaux. Dans ses aspects positifs, Saturne représente l'effort de longue haleine, le travail acharné, la capacité d'organisation et la loyauté.

URANUS

Uranus gouverne, comme Saturne, le signe du Verseau.
Si Saturne est la planète de l'ordre, de la stabilité et de la structuration, Uranus est celle qui bouscule tous les systèmes. Astronomiquement, contrairement aux autres planètes, Uranus tourne sur un axe est-ouest. De plus, sa découverte à la fin du XVIIIe siècle coïncide avec plusieurs révolutions (celles de France, d'Amérique et d'Angleterre, cette dernière étant à caractère industriel). Tous ces faits historiques ont contribué à faire d'Uranus une planète surprenante, reine des bouleversements.

Uranus représente la révolution, le radicalisme, l'individualisme, l'indépendance, le progrès, l'humanisme, la philanthropie, le chaos, la terreur. Cette planète électrisante peut, à la limite, devenir antisociale et égoïste en diable. Sa fonction principale est de culbuter tous les ordres établis, les conventions, les croyances traditionnelles et les comportements surannés. Les individus fortement aspectés par Uranus sont souvent motivés par le désir de se distinguer du reste de la masse et le rêve de changer la société.

Uranus exprime les transformations soudaines et les nouvelles possibilités, chez les êtres comme dans les faits. Ces mutations peuvent être heureuses ou traumatisantes. A cet égard, Uranus implique parfois un climat d'insécurité, une cassure, une mise en danger momentanée, ce qui n'est pas nécessairement facile à assumer.

Uranus, on le devine, est le symbole moderne des nouvelles technologies : électronique, nucléaire, satellites, ordinateurs, télévision, etc.

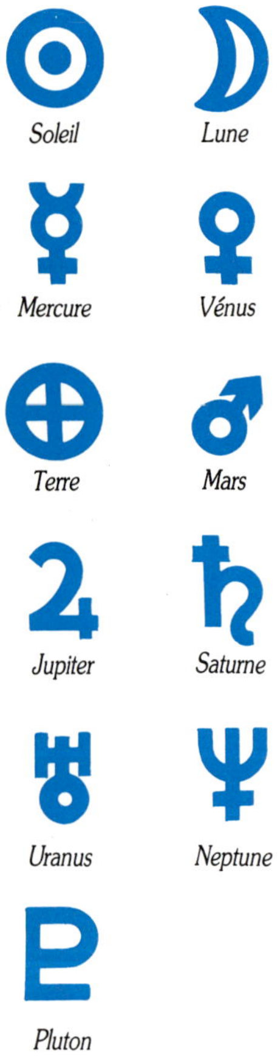

NEPTUNE

Neptune, comme Jupiter, gouverne le signe des Poissons.
Dans la mythologie, Neptune est le dieu des océans. En astrologie, c'est la planète des transformations et des transmutations, celle qui estompe les limites physiques du monde visible et les contours de nos certitudes. Les lents changements de notre vie terrestre (la mort de certaines croyances, l'évolution des styles de vie, l'oubli des modes et des idées) sont sous l'influence du roi de la mer mouvante.

En politique, Neptune représente le socialisme, en économie, le pétrole. Dans sa forme la plus élaborée, Neptune induit au mysticisme et à la communion avec le Divin. Dans la vie quotidienne, il organise les rêves et les visions, l'inspiration et la poésie. Il encourage la charité, la sensibilité et l'esprit de sacrifice. Dans ses aspects négatifs, Neptune apporte la rapacité, la fraude, la déception, la désillusion et le cynisme.

Dans ses attributions comme dans ses influences symboliques, Neptune demeure vague, secret, flou, fluctuant. Les personnes aspectées par cette planète sont très changeantes et adoptent facilement des visages différents. On trouve beaucoup d'acteurs parmi les neptuniens, ou bien des gourous, des gens qui font la mode, des mystiques, et, au pire, des gens qui sombrent dans l'alcoolisme ou la drogue.

PLUTON

Pluton, comme Mars, gouverne le signe du Scorpion.
C'est la planète la plus éloignée dans notre système solaire, même si l'on sait qu'il reste d'autres planètes à découvrir. Cette distance lui confère des caractéristiques d'obscurité et de mystère qui lui assignent d'emblée les domaines de l'inconscient et du monde souterrain. Pluton est la planète maîtresse des transformations profondes, des révolutions irréversibles, des instincts ancestraux, des obsessions, des pulsions et des possessions, des crimes, et par là même de la psychologie moderne.

Les individus sous influence plutonienne manifestent un intérêt passionné pour les mystères de la vie et de la mort. Ils sont dévoués, patients et obstinés. Parmi eux, on trouve souvent des occultistes, des magnétiseurs, des mystiques, des chercheurs scientifiques. Ce sont toujours des réformateurs et des innovateurs.

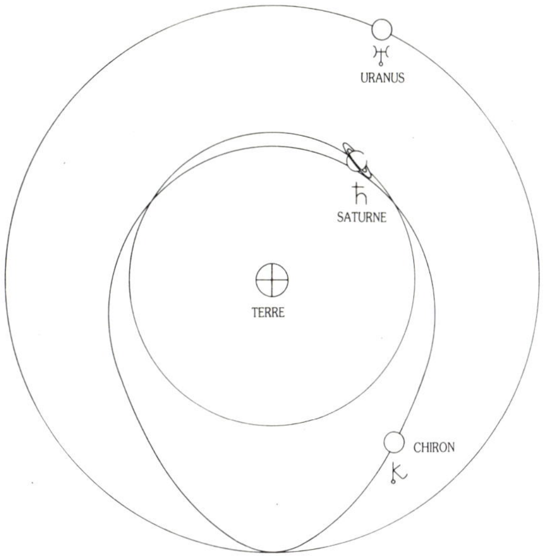

CHIRON

En 1977, on découvrait une nouvelle planète. Les astrologues ne sont pas tous d'accord pour faire appartenir Chiron à notre système solaire. Certains pensent que ce n'est qu'un corps céleste happé par la gravitation exercée par notre système ; d'autres affirment qu'il s'agit d'un astéroïde géant de passage dans notre espace. Les astrologues qui souhaitent prendre Chiron en considération dans l'étude des thèmes commencent seulement à essayer d'en déterminer les éléments symboliques.

Dans la mythologie grecque, Chiron était un centaure plein de sagesse qui introduisit l'art de la prophétie parmi les héros. Chiron serait donc la planète qui donne des leçons, mais des leçons peu communes (l'errance serait une des clés de cette planète), surprenantes et inopinées, parfois dérangeantes, mais toujours éclairantes pour les êtres sincères qui cherchent le vrai sens de la vie.

Chiron serait aussi un guérisseur du cœur, du corps et de l'esprit, parce qu'il ouvre à des réalités nouvelles.

LES NŒUDS DE LA LUNE

La Lune a deux « nœuds », nord et sud. Ce ne sont pas des planètes, mais les points fictifs où, chaque mois, la Lune traverse l'écliptique. Les astrologues leur accordent une importance égale à celle des planètes. Ces nœuds sont inséparables. Chacun possède une signification particulière, mais, ensemble, ils forment cependant un seul et même principe. Ils tiennent toujours des positions exactement opposées l'une par rapport à l'autre. La ligne droite qui les relie traverse l'horoscope et est considérée comme le symbole du cheminement de l'âme à travers une existence.

Le Nœud nord, appelé « Tête du Dragon », indique la direction qu'a choisie le sujet. La route peut être difficile, jonchée de luttes, mais elle permet de développer de nouvelles qualités.

Le Nœud sud, ou « Queue du Dragon », indique d'où vient le sujet, et quels sont les traits de caractère ou les comportements auxquels il doit renoncer en cours de route. En cas de crise, l'individu a la possibilité de régresser vers les qualités énoncées par le Nœud sud, comme pour reprendre haleine et assurance. Mais il ne doit rien ignorer des appels du Nœud nord, sous peine de ne jamais quitter le stade infantile de son évolution et de passer à côté de toute réalisation personnelle.

En pratique, peu d'astrologues savent vraiment interpréter les nœuds de la Lune. Leurs significations psychologiques sont plus délicates à définir que celles des autres planètes.

Pour les personnes attirées par les théories sur la réincarnation, ajoutons que certains auteurs font du Nœud nord la représentation de la vie présente, tandis que le Nœud sud symboliserait les vies antérieures et leurs vestiges actuels.

L'orbite de Chiron est si irrégulière que lorsqu'il est le plus proche de la Terre, c'est à l'intérieur de l'orbite de Saturne qu'il gravite, et lorsqu'il est le plus éloigné de notre planète, c'est chez Uranus qu'il continue sa course capricieuse. Astrologiquement, il crée une sorte de pont entre deux planètes antithétiques : Saturne (stabilité, restriction) et Uranus (anarchie, individualisme). Sa découverte, en 1977, est associée au développement spectaculaire de la psychothérapie. Chiron prend les idées révolutionnaires d'Uranus et leur trouve une application pratique grâce à Saturne.

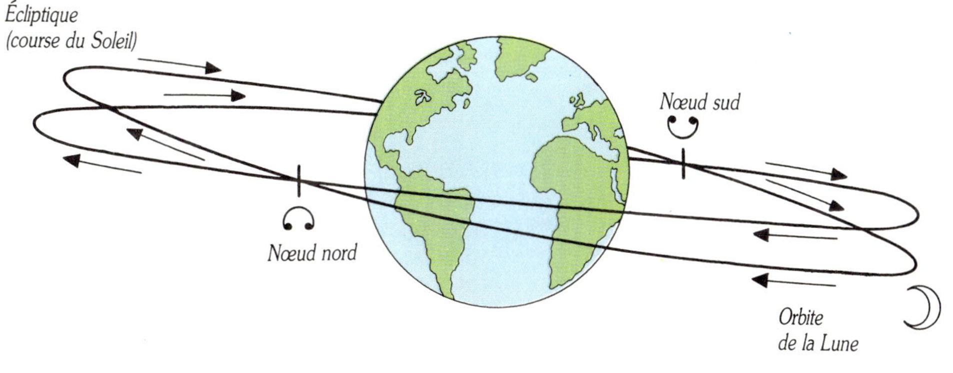

Les nœuds de la Lune
Les nœuds sont les points où la course de la Lune traverse celle du Soleil. Seuls les nœuds de la Lune sont communément utilisés en astrologie. Le Nœud sud se situe sur le trajet effectué par la Lune lorsqu'elle plonge vers le sud ; le Nœud nord, sur celui qui remonte vers le nord.

CHAPITRE 3
LES SIGNES

Le Zodiaque, rappelons-le, est ce grand ruban circulaire qui entoure la Terre en s'inscrivant sur l'écliptique du Soleil. Il est divisé en douze parties égales, les signes, qui donnent, à l'image du changement des saisons, la représentation du cycle de l'expérience humaine. Chaque signe incarne un principe, possède une signification particulière et symbolise toute une catégorie de traits psychologiques, de comportements et d'objets matériels. Là se situe le fondement même de l'interprétation astrologique.

Les signes du Zodiaque sont : le Bélier, le Taureau, les Gémeaux, le Cancer, le Lion, la Vierge, la Balance, le Scorpion, le Sagittaire, le Capricorne, le Verseau et les Poissons. Personne ne se limite jamais à son signe natal pur (c'est-à-dire celui qui accueillait le Soleil au moment de la naissance). Chaque horoscope inclut obligatoirement les douze signes et leurs potentialités à des degrés divers selon la position des planètes. Mais on note généralement une dominante de trois ou quatre signes majeurs, les autres signes jouant un rôle moindre.

Les signes du Zodiaque et les saisons

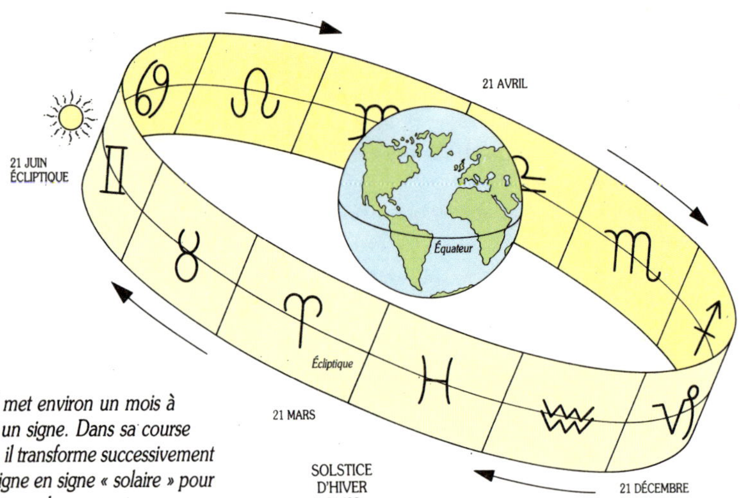

Le Soleil met environ un mois à traverser un signe. Dans sa course annuelle, il transforme successivement chaque signe en signe « solaire » pour les naissances du moment.

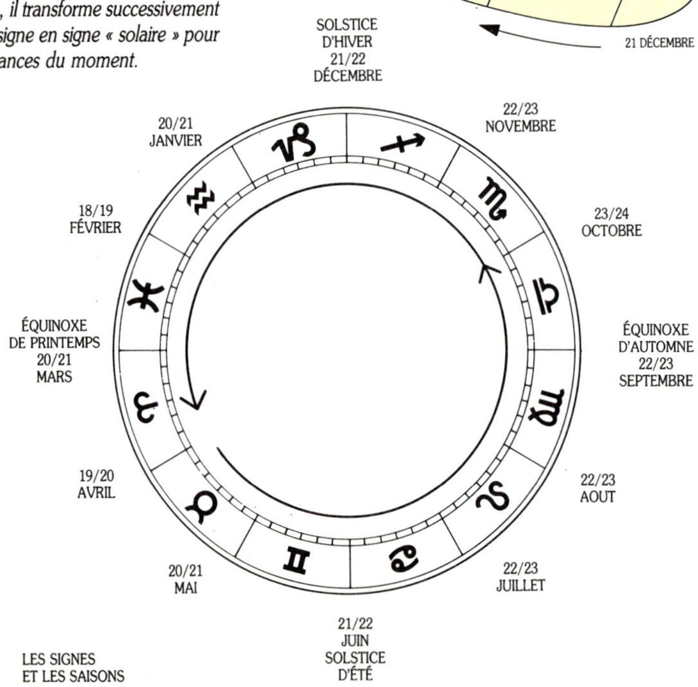

LES SIGNES ET LES SAISONS

LES POLARITÉS

Tout comme les planètes, les signes ont des polarités soit mâles (activité, extraversion, yang, lumière), soit femelles (sensibilité, introversion, yin, ombre).

Les signes masculins sont : le Bélier, les Gémeaux, le Lion, la Balance, le Sagittaire et le Verseau. Les signes féminins sont : le Taureau, le Cancer, la Vierge, le Scorpion, le Capricorne et les Poissons.

On observe que ces polarités alternent de façon régulière. Elles sont d'une grande richesse pour l'interprétation. Par exemple, elles permettent de percevoir plus précisément pourquoi et comment tel homme, Cancer, possédant de ce fait une forte émotivité de type féminin, peut entrer en conflit avec le stéréotype masculin inculqué par son éducation et son entourage familial.

Les expériences qui découleront de cette situation pénible seront à la fois l'expression du conflit et les causes des problèmes à venir. C'est ce que le travail de l'astrologue devra mettre en évidence, en même temps que les possibilités de dépasser le facteur traumatique et douloureux en étudiant les tendances offertes par la totalité de l'horoscope.

LES QUADRUPLICITÉS

On appelle « quadruplicités » des qualités particulières accordées aux signes, et qui influencent les relations de l'individu avec son environnement.

LES SIGNES CARDINAUX : Bélier, Cancer, Balance, Capricorne. Ce sont les signes les plus actifs. Ils créent les rénovateurs, des chefs, des meneurs, des fonceurs. Le Bélier donne souvent des chefs de guerre, des lutteurs, des champions, des dirigeants. Le Cancer est le maître en matière de sentiments, de vie familiale et d'aménagement du foyer. La Balance exerce un pouvoir certain dans le monde social et amoureux. Le Capricorne est un conquérant austère qui applique ses idéaux dans la vie matérielle sans que rien ne puisse l'arrêter.

LES SIGNES FIXES : Taureau, Lion, Scorpion, Verseau. Ce sont les signes les plus stables et les plus disciplinés. Ils sont généralement beaucoup plus concernés par leurs propres affaires que par la marche du monde. Ils sont par conséquent peu influençables par le milieu environnant. Leur faiblesse tient surtout à ce qu'ils demeurent souvent maladivement

Signe	Symbole	Sexe/Polarité	Qualité	Élément	Gouverneur	
BÉLIER	♈	+	Cardinal	Feu	Mars ♂	
TAUREAU	♉	−	Fixe	Terre	Vénus ♀	
GÉMEAUX	♊	+	Mutable	Air	Mercure ☿	
CANCER	♋	−	Cardinal	Eau	Lune ☽	
LION	♌	+	Fixe	Feu	Soleil ☉	
VIERGE	♍	−	Mutable	Terre	Mercure ☿	
BALANCE	♎	+	Cardinal	Air	Vénus ♀	
SCORPION	♏	−	Fixe	Eau	Mars ♂ Pluton ♇	(premier) (deuxième)
SAGITTAIRE	♐	+	Mutable	Feu	Jupiter ♃	
CAPRICORNE	♑	−	Cardinal	Terre	Saturne ♄	
VERSEAU	♒	+	Fixe	Air	Saturne ♄ Uranus ♅	(premier) (deuxième)
POISSONS	♓	−	Mutable	Eau	Jupiter ♃ Neptune ♆	(premier) (deuxième)

attachés au passé. Le Taureau affiche un comportement sans surprise, une humeur égale, un rythme régulier et des idées suivies. Le Lion a pour souci majeur la quête de sa propre image et de sa propre gloire. Le Scorpion ne se départit jamais de ce feu intérieur qui le dévore et qui le motive en toute chose. Le Verseau connaît régulièrement des périodes de dépression, parce qu'il est très désincarné et que la vie matérielle ne l'aide en rien pour lui renvoyer une image flatteuse de lui-même.

LES SIGNES MUTABLES : Gémeaux, Vierge, Sagittaire, Poissons. Ce sont les signes les plus instables, donc les plus malmenés par le milieu ambiant. Ils se résignent facilement, renoncent à lutter à la moindre occasion et laissent faire le destin. S'il réagissent, c'est en recherchant de façon forcenée une certaine sécurité matérielle. Les Gémeaux changent très souvent d'idées. La Vierge est perpétuellement victime des avis de son entourage. Le Sagittaire découvre tous les jours de nouvelles possibilités de carrière ou de passion. Les Poissons s'adaptent à tout et à tous, avec une facilité telle qu'ils s'y perdent eux-mêmes.

L'ACTION DES SIGNES MASCULINS ET FÉMININS

LES ÉLÉMENTS

Les éléments (ou triplicités) sont des qualités qui confèrent aux signes une source d'images riches en informations psychologiques.

Le signes de feu : Bélier, Lion, Sagittaire.
Ce sont des signes énergiques, énergétiques, explosifs, volcaniques. Ils sont enthousiastes, confiants dans leur avenir. Ce sont souvent des aventuriers, des chefs et des innovateurs. Ils ont tendance à brûler leur vie par les deux bouts et à négliger leur santé ou leur sécurité. Ils sont bouillants et impatients. Les obstacles et les retards les rendent furieux. Leur manque de sens pratique les fait dépendre des signes de terre en ce qui concerne les nécessités de la vie quotidienne.

Les signes de terre : Taureau, Vierge, Capricorne.
Ce sont les signes les plus attachés au matériel. Ils ont développé un grand sens pratique. Ils sont prudents et on peut compter totalement sur eux. En revanche, ils manquent d'imagination. Ils savent appliquer les ordres des signes de feu, mettre en œuvre les idées des signes d'air et réaliser les rêves des signes d'eau.

Les signes d'air : Gémeaux, Balance, Verseau.
Ce sont les signes de l'intellect, de la pensée et de la communication. Sans eux, aucune application des facultés mentales ne serait possible : ni discours, ni mémoire, ni encore la possibilité de critiquer les différentes catégories de l'entendement lui-même. Comme les signes de feu et d'eau, les signes d'air ont besoin des signes de terre pour réaliser leurs projets.

Les signes d'eau : Cancer, Scorpion, Poissons.
Ce sont des signes émotionnels, capables d'amour, de compassion ou de haine avec une égale intensité. Leur sensibilité peut intervenir pour modérer les idées audacieuses des signes d'air, le trop grand sens pratique et matérialiste des signes de terre et les enthousiasmes démesurés des signes de feu. Grâce à leurs capacités imaginatives et oniriques, les signes d'eau alimentent l'humanité en poésie, en mysticisme et en données nouvelles pour l'inconscient collectif.

LES QUATRE FONCTIONS DE LA CONSCIENCE SELON JUNG

L'intuition : elle est responsable des idées neuves et des potentialités qui naissent à partir des situations existantes. Astrologiquement, elle correspond aux signes de feu.

La sensation : elle donne la conscience du corps et des problèmes concrets. Les signes de terre en sont largement pourvus.

La pensée : ce sont l'intellect et l'esprit critique, caractéristiques des signes d'air.

Le sentiment : c'est le monde de l'émotion, catégorie privilégiée des signes d'eau.

Ces fonctions de base de la conscience et du comportement sont les moyens dont dispose l'être humain pour percevoir et s'adapter à la réalité. Par exemple, un juge de paix de type « pensée » sera plus sévère, car obéissant de façon plus rigide que d'autres à la nécessité d'appliquer la loi ; alors qu'un juge de type « sentiment » aura tendance à prendre en considération de façon plus large les circonstances dites « atténuantes ».

LES COMBINAISONS

On trouve rarement des êtres dont la position des planètes n'aboutirait qu'à la représentation d'un seul de ces principes. Généralement les planètes se répartissent sur tout ou partie du Zodiaque, combinant la plupart des éléments que nous venons d'étudier.

Feu-air : résultat particulièrement volatil et explosif. Coups de cœur et engouements soudains. Grande dépense d'énergie et épuisement.

Feu-terre : immense puissance, énergie et stabilité, volonté et endurance. Mais si le principe de terre comprime trop celui du feu, il faut s'attendre à des explosions destructrices.

Feu-air : l'intuition soutenant l'imagination. Mais l'esprit risque de se perdre dans les brumes opaques du délire. Nécessité de bien canaliser, par quelques aspects terre (ou par un Saturne fort), l'inspiration créatrice qui peut alors effectuer de véritables performances. Danger également à cause des émotions qui pourraient venir saper la source de la vitalité.

Air-terre : ces deux éléments ne se conjuguent que très difficilement. Combinaison délicate qui, cependant, dans ses meilleurs aspects, peut amener à une solide réalisation des idéaux du sujet.

Air-eau : atmosphère de brouillard. Les individus gardent la tête dans les nuages. Poésie et onirisme.

Terre-eau : le résultat en est la boue. Les buts ne sont ni élevés ni facilement atteints mais, d'envergure modeste, ils peuvent être nombreux.

Ces combinaisons peuvent se multiplier en intégrant trois éléments ou plus. Mais il est recommandé de les ramener à deux tendances principales (majoritaires) pour en faciliter l'interprétation.

LES SIGNES EN OPPOSITION

Ce type de classification apporte, lui aussi, des possibilités enrichissantes pour interpréter un thème astral. Les signes se composent de six paires qui s'opposent dans leurs significations générales.

Le Bélier est préoccupé par ses intérêts personnels ; la Balance aime faire partager ses centres d'intérêt.

Le Taureau recherche la sécurité matérielle ; le Scorpion travaille à rencontrer la sécurité émotionnelle.

Les Gémeaux sont en quête de connaissances ; le Sagittaire aspire à la sagesse.

Le Cancer structure ses émotions ; le Capricorne refait le monde.

Le Lion ne croit qu'en des valeurs individuelles ; le Verseau travaille pour la collectivité.

La Vierge sait faire le sacrifice de sa personne ; les Poissons sont prêts à souffrir un martyre sentimental.

LES QUATRE FONCTIONS DE LA CONSCIENCE SELON JUNG

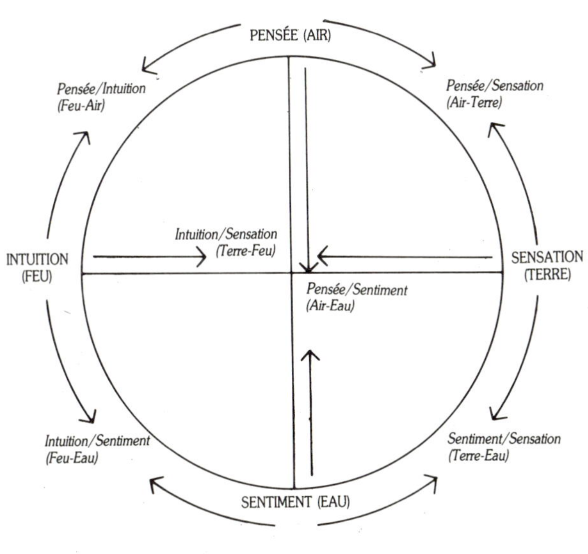

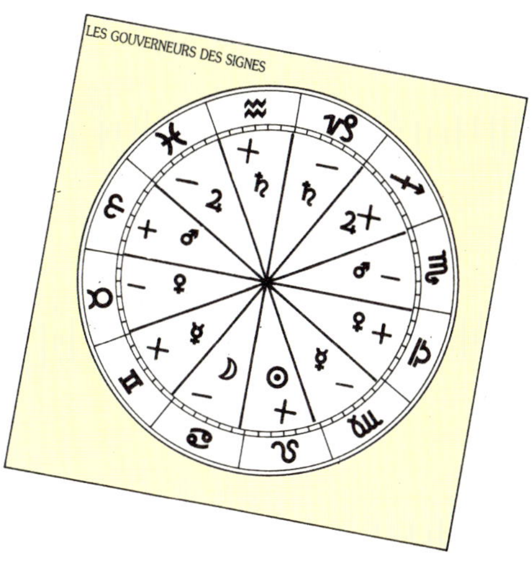

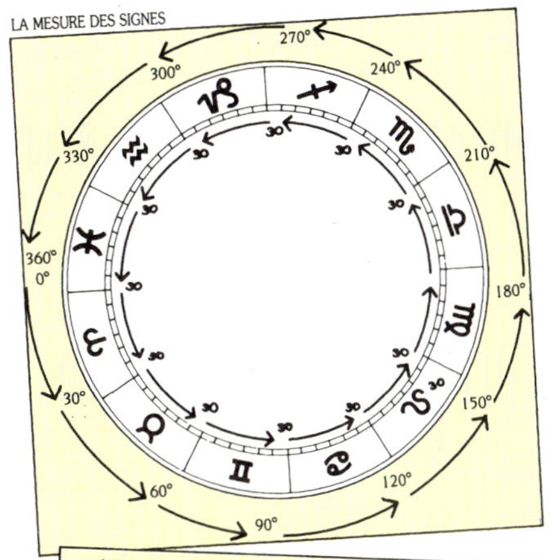

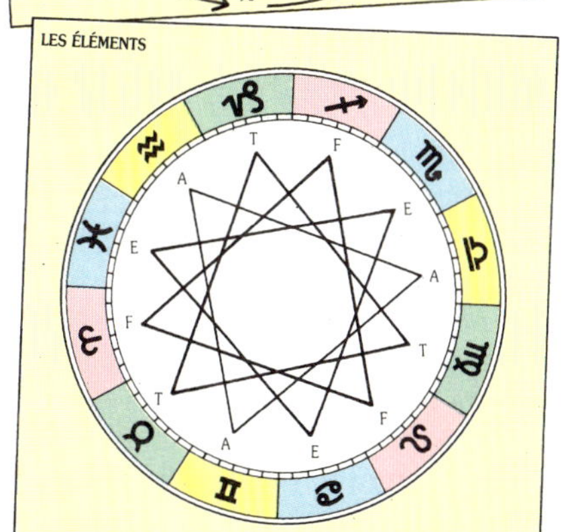

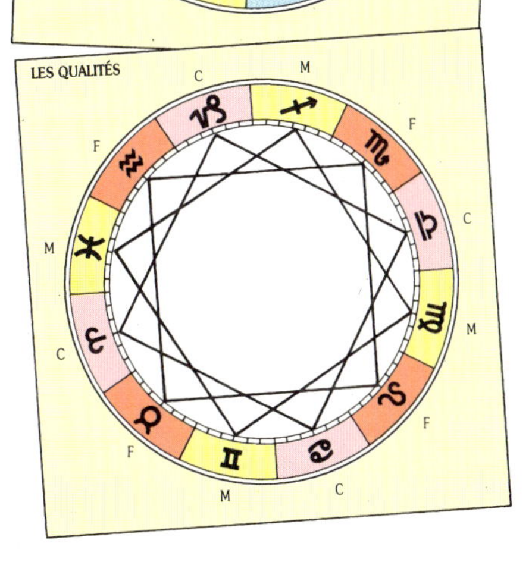

La mesure des signes

La roue d'un horoscope comporte, comme tout cercle parfait, 360°, divisés en douze parties égales de 30° représentant les douze signes du Zodiaque. Chacun reçoit des subdivisions de 5° et 1°. C'est ce que l'on appelle mesurer la « longitude céleste » d'un signe. Parfois, on peut situer un point sur l'horoscope par rapport à la « longitude absolue », c'est-à-dire en comptant les degrés à partir de 0° (du Bélier) jusqu'à 360° (30° des Poissons).

Les Gouverneurs des signes

L'ancien système des Gouverneurs suit l'ordre chaldéen des planètes : le Soleil et la Lune sont chacun le Gouverneur d'un signe, et les cinq autres planètes traditionnelles gouvernent chacune deux signes : un signe masculin, positif, diurne, et un signe féminin, négatif, nocturne. Le Soleil, dieu du jour, et la Lune, déesse de la nuit, étant eux-mêmes des luminaires, gouvernent toutes les autres planètes. Chaque planète possède deux visages : Mercure est purement intellectuel en Gémeaux, mais travailleur et guérisseur en Vierge ; Vénus est heureuse et sensuelle en Taureau, mais a besoin de compagnie pour partager ses plaisirs en Balance ; Mars est direct, affirmatif et agressif en Bélier, mais profond et intense en Scorpion ; Jupiter est philosophe et voyageur en Sagittaire, mais renfermé et mystique en Poissons ; Saturne est matériellement ambitieux en Capricorne, mais dévoué à la création d'un nouvel ordre intellectuel en Verseau.

Les trois planètes modernes — Uranus, Neptune et Pluton — sont les Gouverneurs « secondaires » du Verseau, des Poissons et du Scorpion : elles viennent compléter l'ancien système.

♈ Bélier
♉ Taureau
♊ Gémeaux
♋ Cancer
♌ Lion
♍ Vierge
♎ Balance
♏ Scorpion
♐ Sagittaire
♑ Capricorne
♒ Verseau
♓ Poissons

LE BÉLIER

Élément : feu
Gouverneur : Mars
Quadruplicité : cardinal
Symbole : le bélier

Sa réputation d'égotisme, de vitalité et d'enthousiasme n'est pas seulement fondée sur son ardeur proverbiale (qualité cardinale), mais aussi sur sa situation de premier signe du Zodiaque : c'est la naissance, le commencement, la semence, le germe de toute vie. Le Bélier est un être entreprenant, courageux, impulsif, motivé par de hautes aspirations. C'est un chef, un ambitieux, un aventurier. Esprit d'entreprise et impatience sont de règle dans l'exécution de ses projets.

Il ne faudrait pas croire pour autant que le Bélier soit un personnage bruyant. Il reste souvent silencieux et peu démonstratif. Son Maître, Mars, est en effet plus concerné par le commandement et l'efficacité que par le charme persuasif et la recherche des honneurs.

L'animal bélier, agressif et têtu, manque, on s'en doute, de subtilité. Il fonce droit sur l'obstacle, sans autre forme de diplomatie. Le natif, de la même façon, a tendance à venir buter la tête contre les murs érigés sur sa route.

Le Bélier ne s'économise pas. Il brûle son énergie et sa violence tous azimuts. Il peut aller jusqu'à l'épuisement.

En astrologie médicale, le Bélier régit la tête et le visage.

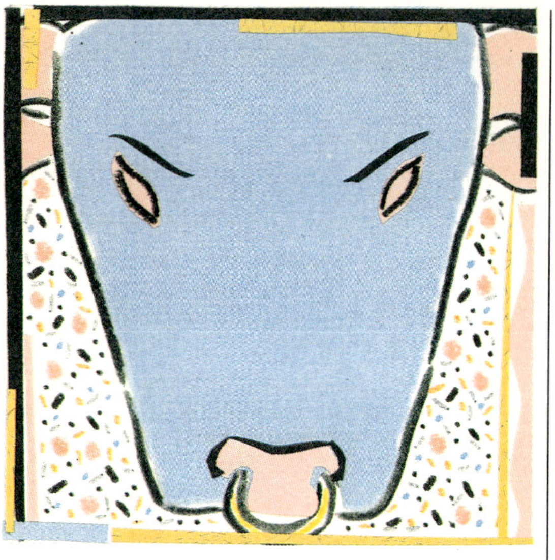

LE TAUREAU

Élément : terre
Gouverneur : Vénus
Quadruplicité : fixe
Symbole : le taureau

En contraste total avec le Bélier, le Taureau est un être stable, conservateur, sensuel, en accord avec ses qualités de signe fixe et terrien. Il recherche le confort, la sécurité et l'environnement harmonieux. Il est très attaché au passé, à la famille, aux enfants et au patrimoine. Il possède un grand sens pratique et il aime les choses de la vie. C'est un signe très productif (l'animal taureau est un symbole ancestral de fertilité). Le natif adore s'occuper constamment et se rendre utile. Il aime les formes et la beauté, la matière et la créativité. Il est souvent doué pour les arts : peinture, sculpture, poterie, artisanat, musique, chant (le Taureau régit la zone de la gorge), le jardinage et toutes les activités en rapport avec la campagne.

Le Taureau est fidèle, constant, obstiné. Il déteste le changement. C'est là parfois sa faiblesse : il est lent (c'est un ruminant) à s'adapter à de nouvelles situations. Il est passif et jouisseur. Cependant, il peut avoir, tel son animal totem, des colères soudaines si on le provoque.

Le natif du Taureau est généralement assez petit, trapu. Il aime les beaux vêtements, la parure et les parfums. Il est attiré par la paresse et le luxe.

LES GÉMEAUX

Élément : air — Quadruplicité : mutable
Gouverneur : Mercure — Symbole : les jumeaux

C'est le signe de l'esprit, de la pensée logique et de l'acquisition des connaissances. L'air étant combiné à la mutabilité, on devine que le natif des Gémeaux sera difficile à saisir et à décrire. C'est en effet le signe même de la liberté.

Les Gémeaux sont généralement d'une inconstance névrotique, changeant de point de vue d'un jour à l'autre. En fait, ils évitent consciencieusement d'aboutir à une conclusion qui serait fatalement ressentie comme limitative et emprisonnante. Le natif devient souvent écrivain, orateur, journaliste, professeur, secrétaire, avocat, programmateur d'ordinateurs, ou embrasse toute autre profession qui valorise sa vivacité mentale exceptionnelle.

La nervosité du natif des Gémeaux peut affecter son état physique tout entier. Il doit donc apprendre à se relaxer, à respirer et à faire du sport pour conserver son équilibre.

L'animal totem qui a souvent été comparé aux Gémeaux (notamment par l'astrologie chinoise) est le singe, tout en mouvements et en curiosité. Mais le symbole occidental des jumeaux résume bien la dualité de ce signe : un divorce entre l'esprit et les émotions. Le natif a du mal à exprimer ses sentiments car il les raisonne et les étudie sous tous leurs aspects. Ce conflit de base provoque chez le sujet des changements d'humeur inattendus.

Les Gémeaux sont versatiles, ils peuvent faire dix choses à la fois, d'où un manque d'approfondissement. Ils lâchent souvent leur ouvrage avant de l'avoir terminé. Ce sont de merveilleux touche-à-tout.

LE CANCER

Élément : eau — Quadruplicité : cardinal
Gouverneur : la Lune — Symbole : le crabe

Deuxième signe cardinal et premier signe d'eau : affirmation et passion, douceur et sensibilité (comme le crabe à la chair tendre protégée par une carapace protectrice).

Le Cancer est un signe de bonté, d'attention, d'affection, d'instinct maternel. Mais il cache le plus souvent ses émotions derrière un masque, car il se sait vulnérable émotionnellement. On le heurte et on le blesse facilement : il se retire alors dans sa coquille, en attendant que la tempête s'apaise. Il peut aussi, comme le crabe, tendre une pince hors de son antre et frapper cruellement un ennemi.

Le monde affectif du Cancer est plein de remous et de fluctuations. Mais, dans l'ensemble, le natif est tenace, audacieux et même impitoyable lorsqu'il s'agit de défendre sa famille, ses amis et sa maison. Le Cancer excelle dans la vie domestique. Il sait créer un foyer chaud et accueillant. Il aime le bonheur. Il doit toujours se réserver une retraite possible pour ses périodes de dépression, de mauvaise humeur et ses bouderies. Il y reprendra les forces nécessaires pour retourner combattre courageusement le reste du monde.

En astrologie médicale, le Cancer régit l'appareil digestif, le froid et l'humidité.

Traditionnellement, le Cancer gouverne les points d'eau et leurs rivages.

LE LION

Élément : feu — Quadruplicité : fixe
Gouverneur : le Soleil — Symbole : le lion

Signe de feu par excellence, dont le maître n'est rien moins que le Soleil lui-même, et le symbole le roi triomphant de la jungle. C'est le signe le plus fier, le plus personnel, le plus démonstratif. Le natif est généralement très créatif, artiste de bon goût, théâtral, honnête, chaleureux et généreux. C'est un chef-né. Parfois, il peut verser dans la vanité ridicule, l'extravagance ou la tyrannie. Il a toujours besoin d'un public ou d'un moiroir flatteur, même pendant la sieste. Il est conscient de ses devoirs et de ses responsabilités. Son égocentrisme cède toujours devant la nécessité de se donner, à laquelle il obtempère avec faste et ostentation.

On peut avoir du mal à se faire aimer ou à travailler avec un Lion car celui-ci admet difficilement les limites d'autrui. Il faut lui laisser les coudées franches et respecter son indépendance. Les carrières du Lion sont plus particulièrement celles qui touchent au théâtre ou au cinéma, aux arts en général et aux métiers où les actions d'éclat sont possibles.

On reconnaît un Lion de loin, à son allure et à sa tenue vestimentaire flamboyante (il affectionne le rouge et l'or). Le natif est en principe bien bâti, et il est doté d'une abondante et remarquable chevelure.

En astrologie médicale, ce signe régit le dos, la moelle épinière, le cœur et la circulation.

LA VIERGE

Élément : terre — Quadruplicité : mutable
Gouverneur : Mercure — Symbole : la vierge

Le symbole n'est pas celui d'une jeune fille passive et faible, mais plutôt celui d'une représentation de la terre mère, de la déesse de la fertilité. Elle est pure, certes, mais robuste. Le signe est un des plus pratiques, matérialistes et productifs du Zodiaque. Le natif a le sens du travail et du sacrifice de soi. C'est un être de « service ».

Mercure apporte à la Vierge son esprit d'analyse, ce qui lui procure un énorme avantage pour la réalisation de ses projets.

Le natif de la Vierge est très « soupe au lait », maniaque et pointilleux pour tout ce qui concerne la propreté, la précision, l'ordre, l'économie. Il manque de spontanéité et de fantaisie. Sa bonne volonté légendaire peut faire de lui la victime d'exploiteurs peu scrupuleux. Les paresseux parviennent aisément à le faire travailler à leur place. Le sujet a naturellement la mentalité rêvée pour être bureaucrate. Il est timide en amour et en société. Il manque de confiance en lui et exprime rarement ses sentiments. Il a peur de ce qui dérange la belle ordonnance de ses certitudes. Tout ce qui est marqué du sceau de l'extravagance le fait fuir. Ses idéaux, cependant, sont très élevés, et il peut avoir la dent dure et la critique acerbe. C'est un perfectionniste.

LA BALANCE

Élément : air — Quadruplicité : cardinal
Gouverneur : Vénus — Symbole : la balance

Chez les Égyptiens, les deux plateaux de la balance servaient à peser les âmes des défunts. La Balance, sous nos cieux, est un signe qui passe l'essentiel de son existence à soupeser les différentes possibilités qui s'offrent à lui. Peu de signes sont à même de pouvoir être aussi conscients des choix qui se présentent. Une certaine indécision affecte donc l'esprit du natif, qui résout le dilemme en optant au hasard, sans être vraiment persuadé d'avoir tiré le bon numéro. Mais il s'y tiendra, pour ne pas être obligé de devoir prendre de nouvelles décisions !

La fonction symbolique du signe de la Balance est de résoudre le conflit des oppositions en trouvant un troisième terme salvateur. Et ce signe d'air a toutes les qualités mentales requises pour y parvenir.

La Balance a Vénus pour Gouverneur. Son rôle est donc d'établir des rapports harmonieux entre les êtres. Le natif a le don de lier des amitiés durables, et une grande part de son existence est régulée par sa vie sociale et amoureuse.

Le natif de la Balance est naturellement doué pour la diplomatie, les arts et la séduction. Il sait embellir son environnement. Il souffre de la mouvance du monde qui désagrège ses beaux réseaux d'entente et de sociabilité. Le natif, cela est sûr, gagnerait à développer en lui plus de souplesse et à admettre que le monde n'est pas fait que de Balances...

LE SCORPION

Élément : eau — Quadruplicité : fixe
Gouverneurs : Mars et Pluton — Symbole : le scorpion

Signe des grandes profondeurs, du caché et de l'ombre. Si on le provoque, il pique. Ses émotions sont particulièrement intenses et violentes, envenimées par Mars et par Pluton, puis canalisées, tel un laser, par le caractère fixe du signe. Ses intérêts sont toujours d'ordre passionnel. Il se dévoue corps et âme à des causes pour lesquelles il peut lutter jusqu'à la mort. Il brave le destin. Le natif a une intuition très développée. Il sait ce qu'il est juste de faire, même si c'est en complète contradiction avec la morale établie. Farouche dans ses options, il est hautement motivé. En amour, il ne connaît que des fascinations dévorantes. Il est jaloux et ombrageux. S'il est déçu ou trompé, il peut ruminer des vengeances redoutables. Généralement, le natif du Scorpion s'intéresse à tout ce qui est souterrain, mystérieux, noir, voilé. Il devient psychologue, psychanalyste, archéologue, accoucheur, historien, guérisseur, mineur, astronome, astrologue, détective, membre de sociétés secrètes ou de groupes politiques clandestins.

Devant un problème, le Scorpion est invariablement amené à effectuer de profonds changements dans son comportement. Il adore le rouge et le noir (couleurs du drapeau anarchiste). Son inflexibilité lui joue des tours, mais sa force tient dans sa capacité à s'investir totalement dans tout ce qu'il entreprend.

LE SAGITTAIRE

Élément : feu — Quadruplicité : mutable
Gouverneur : Jupiter — Symbole : l'archer

L'archer, qui représente le Sagittaire, est en fait un centaure, moitié cheval, moitié homme. C'est donc un signe double, comme les Gémeaux et la Balance : instinct et raison, corps et esprit. Le signe du Sagittaire aura pour tâche de réconcilier les opposés. Les manifestations extérieures de ce conflit de base prendront l'allure de changements soudains dans les enthousiasmes du sujet.

La mutabilité, combinée au feu, rend ce signe très instable. Il ne finit pas toujours ce qu'il a commencé. Telle la flèche, il préfère le voyage et ses aléas au but, qui est perçu comme une retombée sans intérêt. En effet, le natif est souvent un voyageur, dans son corps comme dans son esprit. Jupiter, maître de la sagesse, colore ces expériences de motivations philosophiques, spirituelles, religieuses ou artistiques. Le Sagittaire a perpétuellement le désir de s'élever et de progresser. En cas de voyage d'ordre matériel, le sujet est alors animé par un idéal de merveilleux et de plaisirs fantastiques. Il est toujours en quête de vérité et de savoir.

Les atouts majeurs du Sagittaire : l'optimisme et l'enthousiasme. Sa faiblesse réside dans son manque de sens pratique et son désintéressement.

LE CAPRICORNE

Élément : terre — Quadruplicité : cardinal
Gouverneur : Saturne — Symbole : le capricorne

Le capricorne est un animal mythique dont la tête et les antérieurs sont ceux d'une chèvre, alors que la queue est celle d'un poisson (autre signe double).

La chèvre, alliée à Saturne et à la Terre, donne naissance à un être sévère, matérialiste, pratique, peu imaginatif, sérieux et précautionneux. C'est le portrait type d'un industriel ou d'un marchand. Le natif laisse peu de place à la vie sentimentale. Le travail (ou l'œuvre) est la grande affaire de son existence.

On connaît deux sortes de chèvres : il y a celle qui reste attachée à son piquet (on aura alors un Capricorne qui s'usera au labeur en vue de hautes responsabilités qu'il obtiendra sur le tard), mais aussi la chèvre sauvage qui grimpe en solitaire au sommet de la montagne escarpée (on aura cette fois un Capricorne capitaine d'industrie et rénovateur, qui deviendra multimilliardaire dans les sociétés occidentales).

Mais la queue de poisson de notre animal fabuleux trempe dans l'eau, révélant une autre dimension de ce signe. Le Capricorne est en effet profondément secoué par ses émotions et ses sentiments profonds, qu'il a du mal, en signe de terre qu'il est, à extérioriser. L'élément eau apporte également au Capricorne des tendances à la déception, une certaine habileté à la manipulation et des possibilités plus insolites pour cet être austère (dons de guérisseur ou de visionnaire).

LE VERSEAU

Élément : air
Gouverneurs : Saturne et Uranus
Quadruplicité : fixe
Symbole : le porteur d'eau

Signe énigmatique entre tous, gouverné par deux planètes incompatibles (l'ordre et le désordre).

Le porteur d'eau penche sa cruche, d'où sort une onde abondante. Le Verseau peut de même répandre des idées nouvelles. Il est obsédé par le souci de se différencier du reste des mortels. Il devient pour cela excentrique et réclame une indépendance totale.

Le natif, par son aspect uranien, fait souvent figure d'anarchiste. Or, Saturne est le symbole de l'autorité. Ce paradoxe trouve sa résolution dans le fait que le Verseau tente d'imposer ses propres lois et ses propres points de vue aux autres ! Entre-temps, il a généralement su canaliser ses instincts et ses idées extravagantes selon des règles personnelles, hors de toute convention reconnue.

Comme c'est un signe fixe, le Verseau se crée la plupart du temps un style de vie et une série d'attitudes dont il a du mal à se départir. Le Verseau, s'il ne ressemble pas aux autres, ressemble à lui-même de façon presque maladive.

Le Verseau est un inventeur. Mais, comme il manque du plus élémentaire sens pratique, il a besoin des autres signes pour réaliser ses rêves.

LES POISSONS

Élément : eau
Gouverneurs : Jupiter et Neptune
Quadruplicité : mutable
Symbole : deux poissons

C'est le signe le plus flou et le plus évanescent du Zodiaque. Les deux Gouverneurs représentent respectivement la religion et le mysticisme. Cette combinaison, on le devine, n'encourage pas le succès dans le domaine matériel. De plus, ce signe hypersensible a très fréquemment besoin de se réfugier dans un monde idéal et brumeux pour se protéger ou se consoler des blessures que le monde lui inflige.

Émotif, sensible et vulnérable, le natif des Poissons n'a aucune carapace, contrairement aux autres signes d'eau (Cancer et Scorpion). Alors, il se déguise et se transforme selon les circonstances et les situations, en cachant l'essentiel de ses sentiments. C'est un véritable caméléon.

Le natif des Poissons est un imaginatif exceptionnel. Il possède une acuité de perception qui tourne parfois aux dons de voyance, comme le Scorpion. S'il lui arrive d'être matérialiste et adapté à la vie physique, il révèle alors des dons artistiques certains. Il aspire toujours à remplir un rôle et à être utile. Il est très dévoué et charitable. Il se laisse facilement exploiter.

C'est un signe qui a parfois la science de la manipulation, d'où ses succès en scène, en religion ou en politique : il sait créer l'illusion et le spectacle. La faiblesse du natif réside dans son indécision chronique.

CHAPITRE 4
LES PLANÈTES DANS LES SIGNES

Dans un horoscope, les planètes se répartissent de façon inégale et unique parmi tous les signes du Zodiaque. L'interprétation de cette distribution, qui suit les lois astronomiques du moment de la naissance du sujet, est essentielle pour la compréhension d'un thème. Il existe des schémas de base qui rendent possible une interprétation psychologique du symbolisme des planètes dans les signes et qui, une fois bien assimilés, permettent à l'astrologue de travailler sans le secours des manuels. Ce type de compréhension vient naturellement avec la pratique et le débutant a intérêt à suivre, dans un premier temps, les définitions standards.
La planète représente une fonction de base, et le signe un principe : l'entremêlement de leurs significations donne les clés d'une personnalité et des grandes tendances de son existence, la fonction représentée par la planète se manifestant en complémentarité avec le principe figuré par le signe dans lequel elle se situe. Nous donnons ici les lignes directrices qui permettent cette approche. Chaque astrologue devra, bien évidemment, préciser et enrichir ses définitions au fur et à mesure de l'élargissement de son expérience.

SCHÉMAS DE BASE

Les planètes en Bélier agissent avec affirmation et puissance.
Les planètes en Taureau deviennent stables et pratiques.
Les planètes en Gémeaux deviennent mobiles et intellectuelles.
Les planètes en Cancer deviennent plus émotives et plus attentives.
Les planètes en Lion deviennent plus audacieuses et plus expressives.
Les planètes en Vierge deviennent plus matérialistes et plus analytiques.
Les planètes en Balance se préoccupent plus des relations humaines et des apparences sociales.
Les planètes en Scorpion deviennent plus sensibles, plus déterminées et plus émotives.
Les planètes en Sagittaire deviennent plus instables et plus préoccupées par l'expression de leur propre liberté.
Les planètes en Capricorne deviennent plus pratiques et plus attentives.
Les planètes en Verseau deviennent plus vagabondes et ont besoin d'indépendance.
Les planètes en Poissons deviennent sensitives et émotives.

DIGNITÉS ET DÉBILITÉS

Chaque planète, selon le signe où elle se trouve, connaît un renforcement ou un affaiblissement de sa puissance.

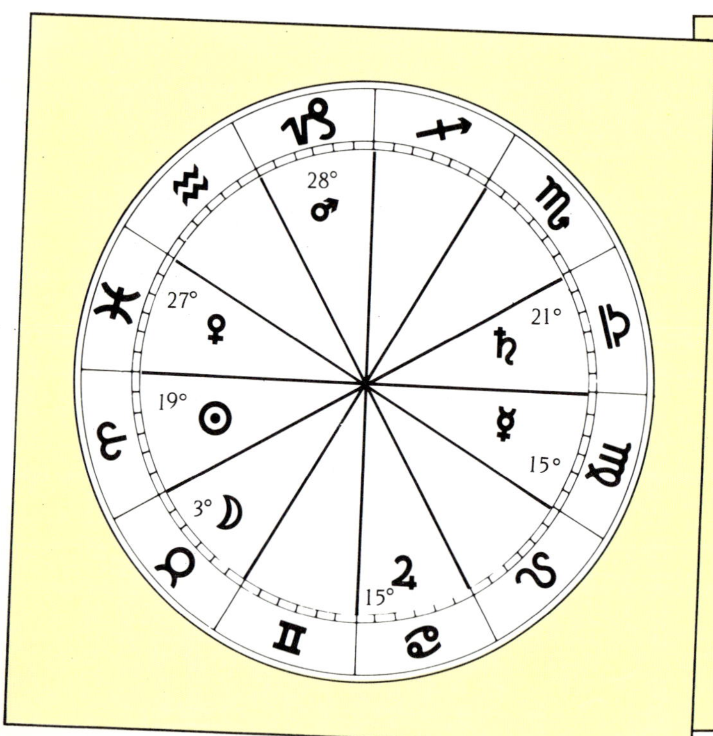

A gauche : les planètes en exaltation
Chaque planète est exaltée dans un signe particulier qui accroît considérablement sa puissance. En revanche, elle se trouve en chute dans le signe exactement opposé.

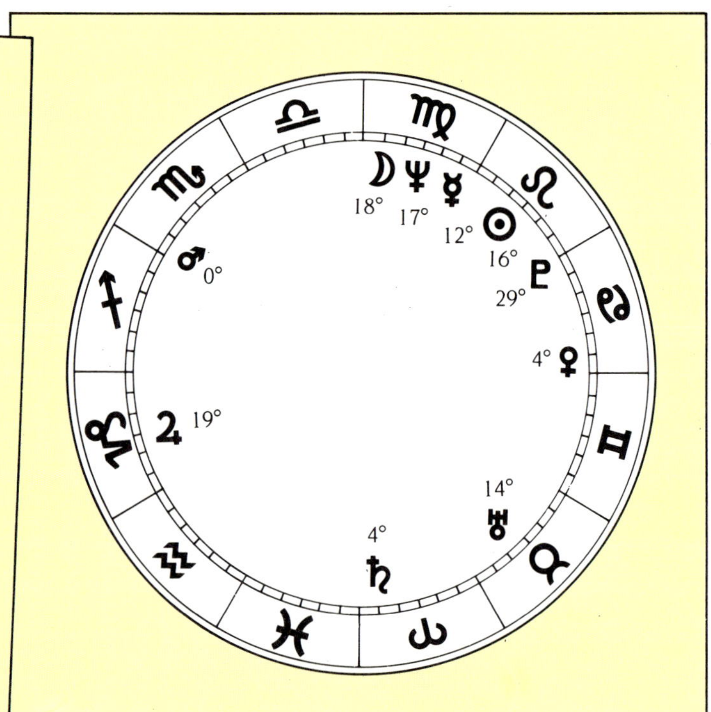

A droite : comment placer les planètes sur un horoscope
Sur une charte vierge, on inscrit le symbole de la planète juste au niveau de son degré dans un signe. On indique à côté les degrés et les minutes de sa position, calculée spécialement pour cet horoscope (voir chapitre 7). Dans notre exemple, le Soleil se trouve en Lion ; la Lune, Mercure et Neptune en Vierge ; Vénus et Pluton en Cancer ; Mars en Sagittaire ; Jupiter en Capricorne ; Saturne en Bélier et Uranus en Taureau.

PLANÈTE SIGNE MANIFESTATION

LE TRÔNE (OU DOMICILE) : la planète a une puissance maximale.

L'EXALTATION : la planète acquiert une plus grande puissance.

L'EXIL : la planète voit son activité ralentie ou perturbée. Si elle est bienfaisante, son action diminue ; si elle est maléfique, ses qualités négatives sont amplifiées.

LA CHUTE : affaiblissement de la puissance planétaire.

Action des planètes dans les signes
Une planète s'exprime à travers la nature du signe où elle se situe. Chaque planète a 12 manifestations de base, correspondant à sa position possible dans les 12 signes. Dans notre exemple, Vénus, qui régit la vie émotionnelle, prend 12 couleurs différentes selon le signe où elle apparaît.

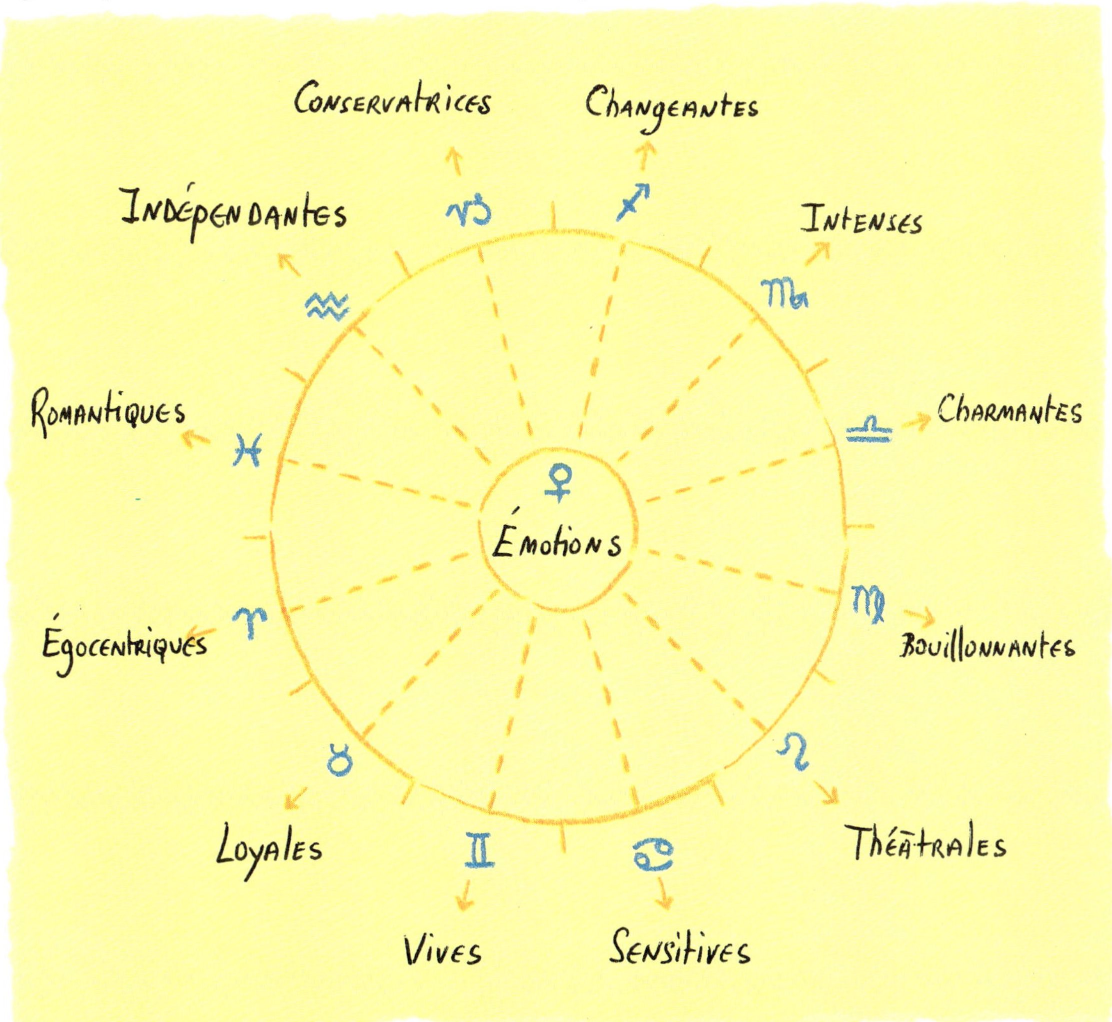

LE SOLEIL

Le Soleil représente la personnalité de base du sujet et son potentiel énergétique. Il indique ses points de force ou de faiblesse, les leçons qu'il doit entendre et les talents qu'il doit s'attacher à développer.
Le Soleil représente également l'aspect mâle d'un être (quel que soit son sexe réel), au même titre que la Lune en symbolise l'aspect femelle. La série d'interprétations qui suit, même succincte, demeure très importante pour la compréhension ultérieure des êtres.

Le Soleil en Bélier (exaltation) : affirmation de soi ; le sujet manifeste de l'ambition et un grand sens de l'initiative ; on remarque facilement son audace, son impulsivité, parfois même son agressivité, sa violence ou son sans-gêne. Le natif du Bélier est réputé pour son enthousiasme et ses dépenses d'énergie ; idée de direction.

Le Soleil en Taureau : le sujet possède un esprit essentiellement conservateur et quelque peu passéiste. Il brille par sa stabilité et sa persévérance, son goût pour le confort et tous les plaisirs qui s'attachent à l'existence. Le natif du Taureau est souvent un épicurien, et il ne s'en cache pas. Il le manifeste d'ailleurs naturellement par son attirance pour les beaux-arts et ses propres talents dans le domaine de la créativité. Le sujet est aimable, sensuel, fidèle, légèrement entêté, parfois lent, et il manque généralement d'ambition mondaine.

Le Soleil en Gémeaux : intellect, curiosité, moyens d'expression, parole et écriture ; le sujet est assoiffé de connaissances, nourrit une passion non dissimulée pour les voyages et le contact humain (ce qu'on appelle aujourd'hui la « communication ») ; goût pour l'information, la relation et l'enseignement. Il faut dire que le natif des Gémeaux est doué d'une adaptabilité exceptionnelle. Risques de nervosité et de dispersion des énergies. Esprit changeant !

Le Soleil en Cancer : le sujet, très émotif, très sensible, recherche inlassablement la sécurité, matérielle et affective. Il est tenace, malgré des aspects indolents et une grande

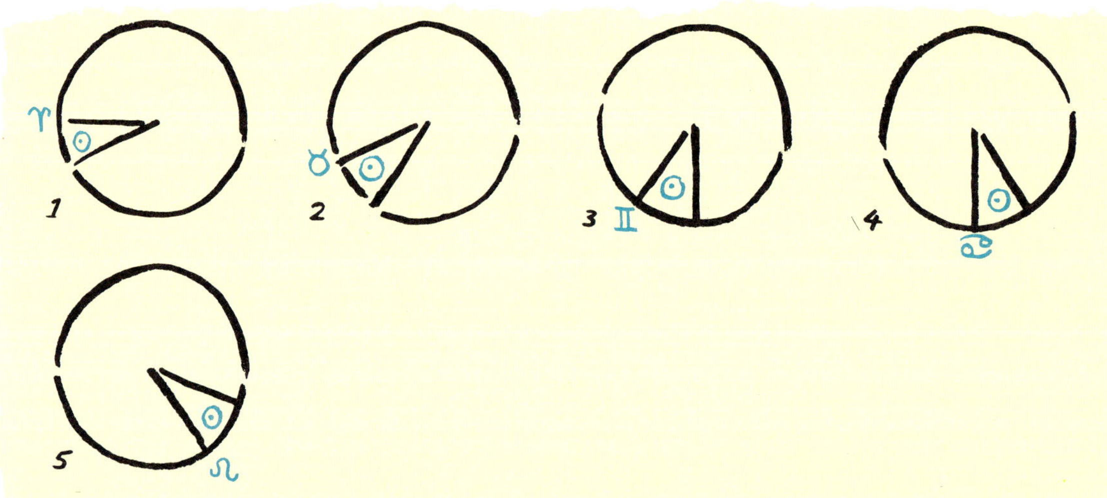

1 : Soleil en Bélier
2 : Soleil en Taureau
3 : Soleil en Gémeaux
4 : Soleil en Cancer
5 : Soleil en Lion

influençabilité. Instinct maternel développé et goût pour la vie familiale. Le natif du Cancer peut manifester une certaine amertume ou même du cynisme devant les faits de l'existence.

Le Soleil en Lion (domicile) : cette position du Soleil indique tout ce qui touche à la créativité et au spectacle ; autorité, honneur, ambition, magnanimité, fierté, grandeur, générosité, mais aussi vanité, égocentrisme, prodigalité, sensibilité à la flatterie, inflexibilité. Cependant, le natif est toujours remarquable pour sa maîtrise et sa fiabilité, même s'il manque de ponctualité.

Le Soleil en Vierge : idéalisme, perfectionnisme, sens pratique, esprit de sacrifice et de service, besoin d'agir et de réaliser concrètement des objectifs, critique et acuité, manque de confiance en soi, habileté, précision, vision du détail, ingéniosité, esprit tâtillon.

Le Soleil en Balance (chute) : recherche de l'harmonie et de la beauté, des rapports sociaux agréables et satisfaisants, de la justice et des bonnes manières, charme et douceur, séduction et vie amoureuse, dépendance sentimentale, dilettantisme et légèreté.

Le Soleil en Scorpion : émotion, passion, intensité, sens de la tragédie, instinct de force de l'inconscient, compassion, pouvoir de guérison, dépression, tempête intérieure, obsessions. Le natif du Scorpion est bien connu pour être extrêmement concerné par la vie sexuelle ; certains sujets manifestent des idées extrémistes et une jalousie féroce.

Le Soleil en Sagittaire : esprit de recherche et goût pour l'aventure, amour des voyages et quête de la vérité ; intellectualisme et philosophie ; le natif est attiré par le monde de la spiritualité et s'enthousiasme pour le merveilleux ; tendances idéalistes et indépendance (souvent la rébellion).

Le Soleil en Capricorne : conservatisme, esprit pratique et matérialiste, jugement et avarice, recherche du prestige et prédominance de l'œuvre personnelle sur la vie affective, honnêteté, intégrité, prudence, persévérance.

Le Soleil en Verseau (exil) : le natif du Verseau adore la différenciation, l'originalité, la nouveauté, la mode, le futurisme. C'est un esprit progressif. On rencontre souvent des précurseurs parmi les Verseau. Ils sont remarquables pour leur esprit indépendant et leur libéralisme radical. L'excentricité est un de leurs péchés mignons.

Le Soleil en Poissons : sensibilité, émotion, imagination, intuition, inspiration, vulnérabilité, rêverie, peur du réel, manque de sens pratique et de décision, retraite, créativité et dons artistiques, charité, esprit de sacrifice, lymphatisme, dépression.

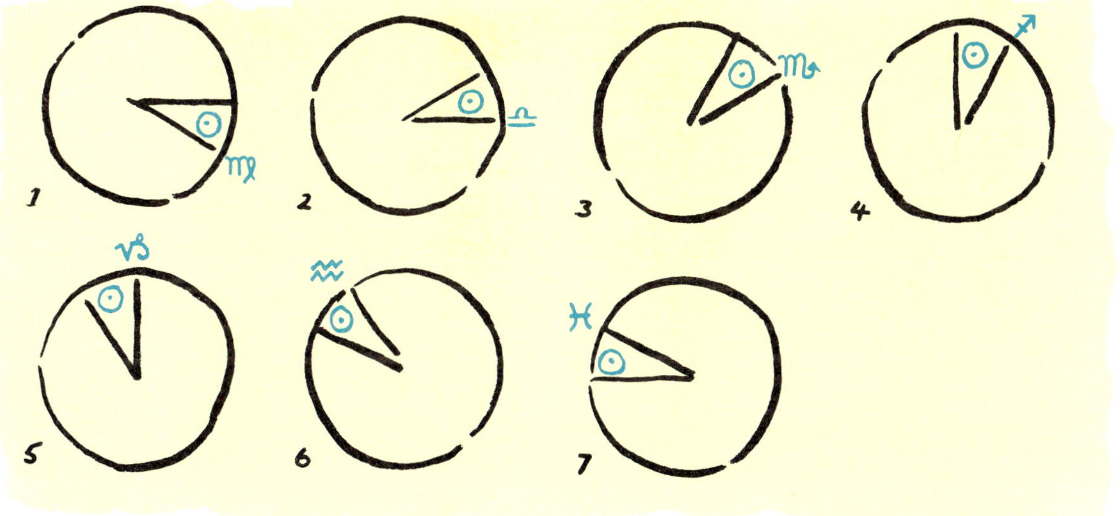

1 : Soleil en Vierge
2 : Soleil en Balance
3 : Soleil en Scorpion
4 : Soleil en Sagittaire
5 : Soleil en Capricorne
6 : Soleil en Verseau
7 : Soleil en Poissons

LA LUNE

La Lune indique dans un thème l'état émotionnel du sujet, la part féminine de sa nature profonde, la mère, les instincts maternels, le foyer, la famille et le visage présenté à la société.

La Lune en Bélier : affirmation et puissance émotionnelle, courage, action, énergie, commandement, ascendant sur l'entourage familial, générosité, exigence ; les femmes veulent une place prépondérante ; les hommes recherchent une compagne à forte personnalité ; argumentation et conflit, agressivité, domination, instabilité du caractère.

La Lune en Taureau (exaltation) : épicurisme, confort, amabilité, confiance, fertilité, maternité, sexualité, vie familiale. Le natif qui possède la Lune en Taureau est particulièrement attiré par les arts et le monde des plaisirs ; il aime paresser, rêvasser et profiter des jouissances de la vie.

La Lune en Gémeaux : raison, rationalisme, analyse, intellect, nervosité, manque de sentiment, instabilité, adaptabilité, communication et expression, voyages et travaux de l'esprit, curiosité, amour de la foule, enseignement.

La Lune en Cancer (domicile) : émotion, affection, tendresse, maternité, besoin de sécurité, vie familiale, stabilité, confort, retraite, détente, chaleur, accueil, sociabilité. Le sujet peut également manifester une certaine apathie qui indispose son entourage ; cet aspect de la Lune indique aussi la susceptibilité, l'esprit « soupe-au-lait ».

La Lune en Lion : expression, extraversion, goût du théâtre, vie sociale, spectacle, apparence, honnêteté, chaleur, générosité, désir de se situer au premier plan, ambition, force, commandement. Le sujet a pleinement confiance en lui-même ; il recherche avec force la reconnaissance et les honneurs ; il n'est pas exempt parfois d'une fatuité qui peut attirer sur lui les moqueries.

La Lune en Vierge : ordre, propreté, rangement, politesse, mémoire, documentation, compilation, sciences, études, comptes, médecine, discrétion, service, circonspection. Cet aspect de la Lune lui confère des qualités de sérieux et de gravité qu'elle ne rencontrera que dans ce signe du « devoir ».

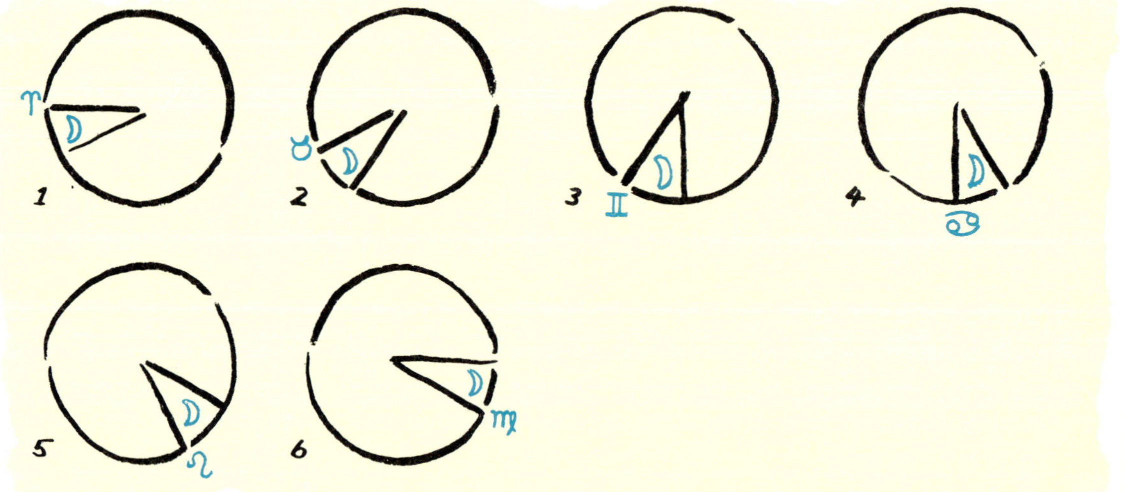

1 : *Lune en Bélier*
2 : *Lune en Taureau*
3 : *Lune en Gémeaux*
4 : *Lune en Cancer*
5 : *Lune en Lion*
6 : *Lune en Vierge*

La Lune en Balance : désir d'harmonie et d'amitié, pacifisme, diplomatie, beauté de l'environnement, dons artistiques, jugement, intellect, passion de la vie amoureuse, infidélité. Le sujet aime jouir des plaisirs de l'existence et se trouve choqué par les agressions du monde moderne.

La Lune en Scorpion (chute) : secret, passion, désir, mystère, besoin de stabilité mais amour du drame et du conflit, brusquerie, courage, détermination, dons occultes, sensualité, sexualité. Le sujet possède un magnétisme troublant dont il connaît le pouvoir et l'efficacité. Il est lui-même attiré irrésistiblement par tout ce qui a trait au monde invisible et à l'inconscient.

La Lune en Sagittaire : esprit d'indépendance, amour des voyages, esprit aventureux ; le sujet est attiré par les sports en général, la contestation, la rébellion ; en contrepartie, cet aspect lunaire provoque des tendances à l'errance, au mauvais jugement, à l'imprudence et aux changements d'humeur sans raison valable.

La Lune en Capricorne (exil) : conservatisme, esprit pratique, timidité sentimentale, sens de la mesure, retraite, succès social et matériel, passion retenue, restriction.

La Lune en Verseau : esprit libre, révolution, anarchisme, libération de la femme, intuition, vie amicale riche, popularité, attrait pour les moyens modernes de communication (avion, télévision, etc.), originalité, esprit d'avant-garde, excentricité, instabilité.

La Lune en Poissons : sensibilité, réceptivité, timidité, refuge, compassion, générosité, charité, vulnérabilité, rêveries, imagination, inspiration, médiumnité, paresse, alcoolisme, angoisse, dépression.

MERCURE

Mercure renseigne sur la façon dont le sujet pense, étudie, s'exprime et communique.

Mercure en Bélier : volonté, confiance en soi, combativité, conviction, esprit vif, langue redoutable, humour, arrogance, argumentation, répartie, dons pour le dessin, débrouillardise, impatience.

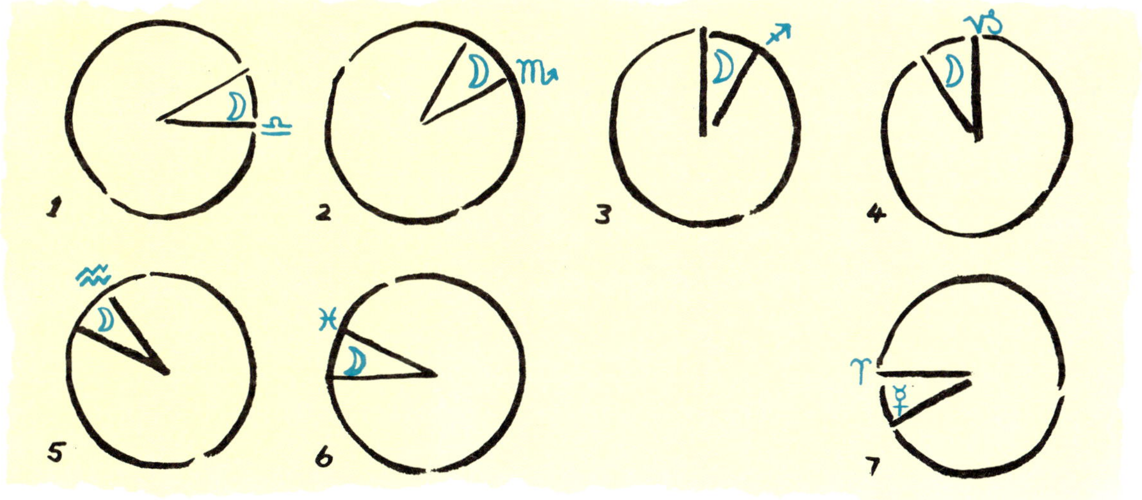

1 : Lune en Balance
2 : Lune en Scorpion
3 : Lune en Sagittaire
4 : Lune en Capricorne
5 : Lune en Verseau
6 : Lune en Poissons
7 : Mercure en Bélier

Mercure en Taureau : le sujet manifeste un sens pratique très développé et un goût du conservatisme ; c'est un esprit plutôt lent qu'il ne faut pas brusquer, mais qui, de ce fait, demeure fiable et stable. Obstination. Amour de la vie, des plaisirs et de l'indolence.

Mercure en Gémeaux (domicile) : connaissance, communication, clarté, logique, curiosité, discussion, adaptabilité, tension nerveuse, amour des voyages et de la nouveauté, du mouvement et des échanges.

Mercure en Cancer : compréhension, mémoire, motivations sentimentales, générosité, poésie, superficialité des études, manque d'objectivité, instabilité, difficultés à se concentrer, entourage influent.

Mercure en Lion : haute opinion de soi-même, goût du théâtre et du spectacle, idéaux et ambition, désir du faste, vantardise, enseignement, recherche des divertissements, grandiose, ridicule, démesure.

Mercure en Vierge (domicile et exaltation) : pédantisme, esprit critique, analyse, haine de la frivolité, bureaucratie, ordre, un certain épicurisme discret, sciences, discernement, mathématiques, irritabilité, manies et maladies imaginaires.

Mercure en Balance : stratégie, diplomatie, habileté intellectuelle et grande adaptabilité sociale. Le sujet est doté d'un jugement sûr, d'une intelligence vive ; il est même particulièrement astucieux, pour ne pas dire roublard ; dans le domaine affectif, le natif brille par son goût pour l'infidélité et sa légèreté de comportement et de mœurs.

Mercure en Scorpion : instincts et croyances, dévouement, fascination pour les choses mystérieuses et le monde de la nuit ; intérêt pour la spiritualité, la magie, les conspirations politiques, le roman policier et la recherche scientifique ; perspicacité, critique, courage, astuce, esprit chicanier, cynisme, possibilités de renaissance.

Mercure en Sagittaire (exil) : philosophie, étude des civilisations et des idées étrangères, esprit libre, goût des voyages et de l'aventure, désir de s'instruire et d'aborder des disciplines nouvelles.

Mercure en Capricorne : esprit pratique et adapté au réel, mental d'ingénieur ou de mathématicien, compréhension et recherche, méthode et application, persévérance, froideur, rigueur, rancœur.

Mercure en Verseau : indépendance, esprit radical, libre penseur, clarté, originalité, innovation, humanitarisme, amitié. Le sujet possède des goûts marqués pour toutes les excentricités possibles avec des intentions provocatrices évidentes ; il baigne souvent dans la contradiction sans s'en émouvoir.

Mercure en Poissons (exil et chute) : poésie, imagination, arts, confusion, illusion, rêverie, médiumnité, superficialité, faiblesse d'esprit, occultisme, mélancolie, dépression, neurasthénie, superstition, angoisses.

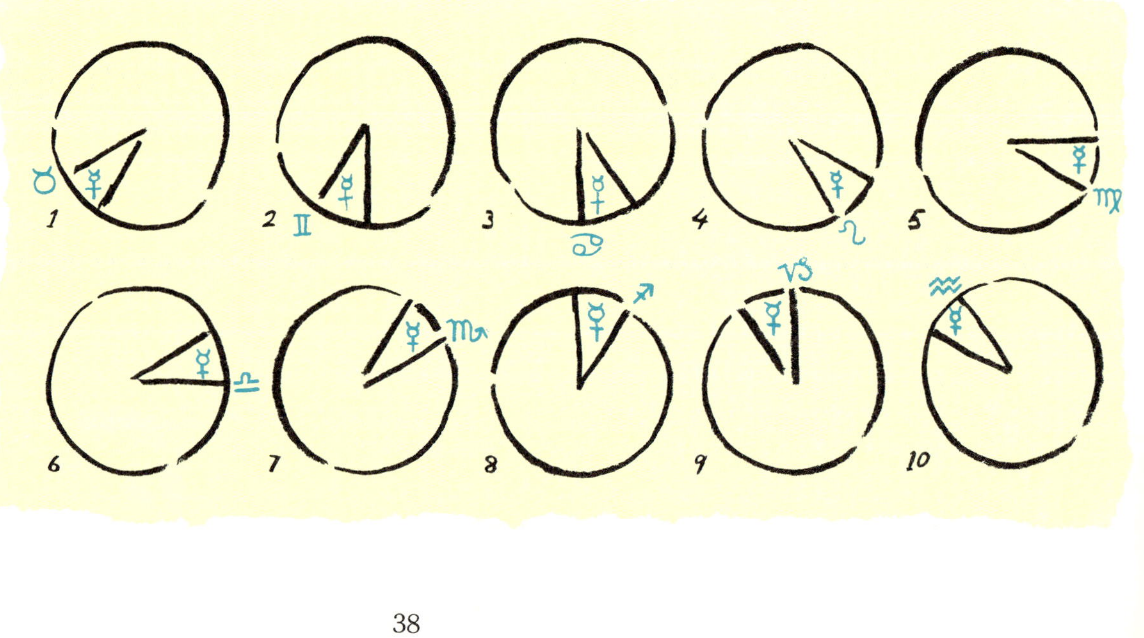

1 : *Mercure en Taureau*
2 : *Mercure en Gémeaux*
3 : *Mercure en Cancer*
4 : *Mercure en Lion*
5 : *Mercure en Vierge*
6 : *Mercure en Balance*
7 : *Mercure en Scorpion*
8 : *Mercure en Sagittaire*
9 : *Mercure en Capricorne*
10 : *Mercure en Verseau*

VÉNUS

Vénus est la part de féminité que chaque être porte en soi. Elle renseigne également sur les relations affectives du sujet avec son entourage, ses passions amoureuses, son mariage et son attirance pour les arts et les plaisirs.

Vénus en Bélier (exil) : besoin d'attention et d'affection, amoureux à la fois égoïste et passionné, discussion, argumentation, ardeur, impulsion, prodigalité, infidélité, coups de foudre.

Vénus en Taureau (domicile) : sexualité, tendresse, fidélité et pourtant attirance pour les plaisirs multiples, dons artistiques et pour les travaux manuels, générosité, amour du beau et du décor, paresse, luxe.

Vénus en Gémeaux : analyse, parole, rythme, poésie, raffinement, goût du flirt, dissociation de l'esprit et des sentiments, inconstance. Le sujet adore faire de l'humour et des farces ; il serait facilement attiré par l'esprit de libertinage, au sens où on l'entendait au XVIIIe siècle ; il aime l'érotisme, même si son approche demeure le plus souvent située au niveau du langage. Sociabilité, échanges et goût de la séduction.

Vénus en Cancer : besoin de sécurité affective, attention, sympathie, possessivité, esprit libre et indépendant, facilité de rupture, richesse d'imagination, amour du foyer et de la nature, frivolité et papillonnage.

Vénus en Lion : vivacité et luminosité, tourbillon social, amitié, spectacle, attraction, réalisation de l'ego, ignorance des sentiments d'autrui, loyauté, éducation, divertissements, influence, coquetterie, fatuité.

Vénus en Vierge (chute) : timidité, idéalisme, sélectivité, esprit critique, manque de confiance en soi, dévouement, charité, désintéressement, froideur en amour. Le sujet est attiré par les choses de l'amour, mais il ne possède aucune imagination pour séduire. En fait, les gens lui font peur.

Vénus en Balance (domicile) : superficialité, vie sociale, position, affectation, goût de la mode, désir d'être aimé, refus de discuter, manque de confiance en soi, idéal insaisissable, dons artistiques, charme, vanité, amour des flatteries, inconstance.

Vénus en Scorpion (exil) : amour passionnel ou fatal, amertume, jalousie, drame, sacrifice, possessivité, conflit émotionnel, désir sexuel, morbidité, déviations. Le sujet est fasciné par

1 : *Mercure en Poissons*
2 : *Vénus en Bélier*
3 : *Vénus en Taureau*
4 : *Vénus en Gémeaux*
5 : *Vénus en Cancer*
6 : *Vénus en Lion*
7 : *Vénus en Vierge*
8 : *Vénus en Balance*
9 : *Vénus en Scorpion*

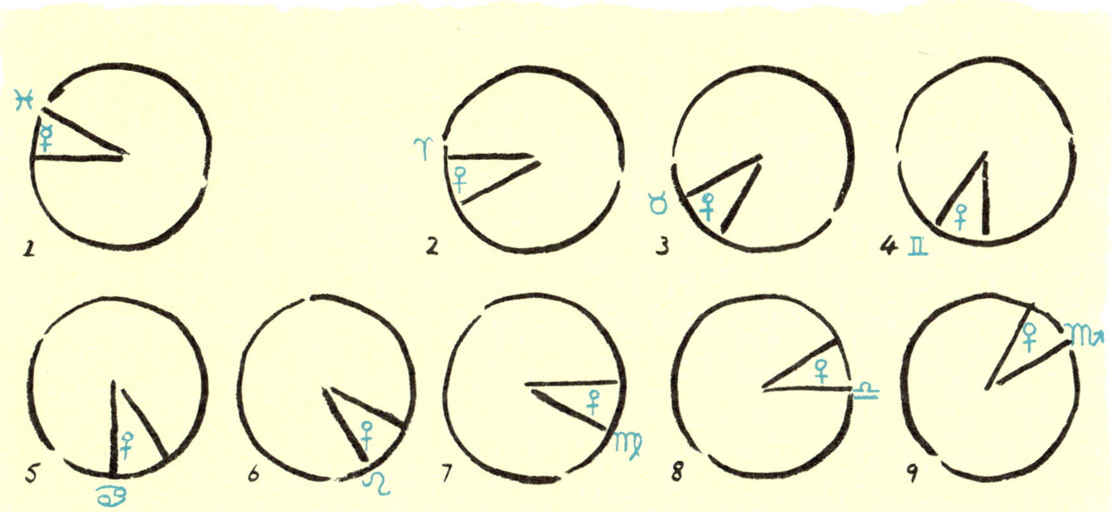

tout ce qui touche à la sexualité et aux histoires d'amour romanesques, de préférence tragiques.

Vénus en Sagittaire : indépendance, culture, idéal, aventure, enthousiasme, joie, voyages, risques, imprudence, amours multiples. Le sujet ne veut pas s'embarrasser d'une vie affective qui serait comme un boulet à sa cheville ; il est prêt à tout casser à tout moment.

Vénus en Capricorne : bon sens, froideur de sentiments, tradition, rigueur, sécurité, mélancolie, moralité, attachement solide, sérieux, mariage de convenance ou de raison, désillusion, prestige, tristesse, méfiance.

Vénus en Verseau : amour du changement, curiosité, stimulation, haine des conventions sociales, indépendance forcenée, rébellion, amitié, idéaux incertains et buts lointains, esprit de sacrifice, franchise, sincérité, rupture, discrétion des sentiments, extravagance.

Vénus en Poissons (exaltation) : irréalisme, rêve, romantisme, flou artistique, fantaisie et illusion, dévouement, émotivité, charité, inspiration, amour maladif des arts et de la musique en particulier, amours secrètes, confusion de l'esprit, déception, influençabilité.

MARS

Dans un thème natal, Mars est l'indicateur d'énergie du sujet. Il montre de quelle façon celui-ci fait face à ses problèmes de la vie courante. Il est également l'expression de la masculinité.

Mars en Bélier (domicile) : énergie, affirmation, commandement, impulsion, audace, courage, ferveur, impatience, conquête, enthousiasme, agressivité, aventure, dépense physique, violence, accidents (notamment à la tête).

Mars en Taureau (exil) : le sujet bénéficie d'un très grand sens pratique et d'une capacité de réalisation remarquable. Il est bien connu pour sa constance dans l'effort et son caractère obstiné. Il serait même parfois parfaitement inflexible s'il n'y prenait garde. Il est dépensier et agit souvent avec une certaine hargne injustifiée.

Mars en Gémeaux : esprit pointu, sens pratique et appliqué, versatilité, superficialité, ingéniosité, astuce, discussion, goût de la critique et de la moquerie, dispersion des énergies.

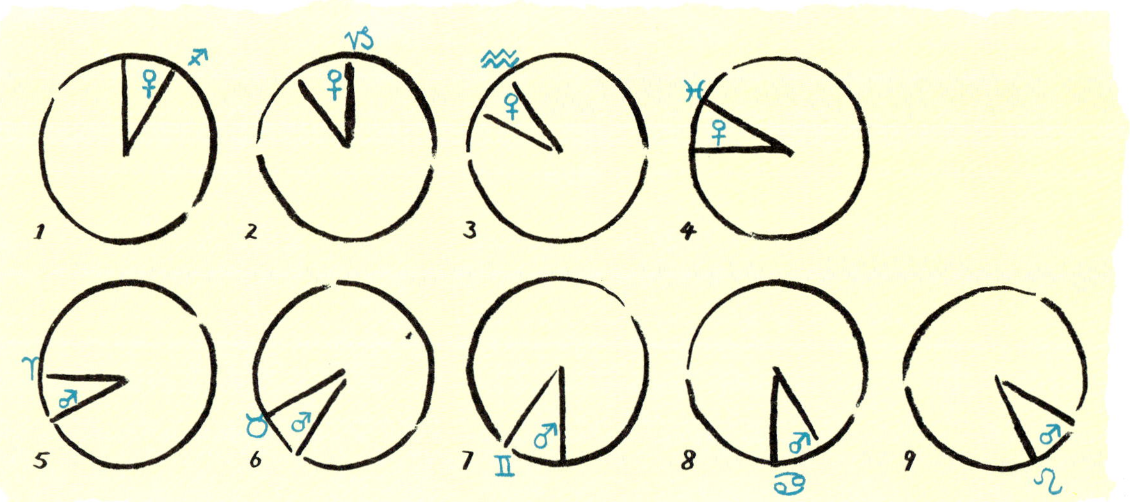

1 : Vénus en Sagittaire
2 : Vénus en Capricorne
3 : Vénus en Verseau
4 : Vénus en Poissons
5 : Mars en Bélier
6 : Mars en Taureau
7 : Mars en Gémeaux
8 : Mars en Cancer
9 : Mars en Lion

Mars en Cancer (chute) : l'action est dominée ou motivée par les sentiments et l'imagination, manque de sens pratique, explosion, soumission au foyer et à la famille, querelles domestiques.

Mars en Lion : théâtral, dramatique, création et impression, manque de substance et de sens pratique, honneur, audace, énergie, flamme, passion, indépendance, franchise, ardeur, violence, despotisme et querelles amoureuses.

Mars en Vierge : vie pratique, artisanat, habileté manuelle, efficacité, détail mécanique, spécialisation, critique, tracasseries, querelles. Le sujet s'adonne à l'effort avec précision et constance. On le reconnaît à son sérieux : il est parfois qualifié de « bonnet de nuit ».

Mars en Balance (exil) : activités artistiques, relations publiques, stratégie, amour passionnel et démonstratif, infidélité, conflits sentimentaux.

Mars en Scorpion (domicile) : amour du mystère et des énigmes, passion en toutes choses, fortes motivations, combativité, volonté, décision, énergie, sexualité, querelles, violences.

Mars en Sagittaire : hautes ambitions, idéaux élevés, aucun sens du détail, voyages, débats et argumentations, sincérité, sport, danger physique, aventure, esprit de compétition, amour de la vitesse, imprudence, excès, impatience.

Mars en Capricorne (exaltation) : sens pratique très prononcé, mécanique et génie civil, ingéniosité, dons manuels, contrôle, responsabilité, ténacité, volonté, réussite avec le temps, dépassement de soi, paroles cassantes.

Mars en Verseau : le sujet possède l'esprit d'un théoricien ; il pense de façon radicale et idéaliste, en manquant le plus souvent de sens pratique ; il n'est pas matérialiste et manifeste son ingéniosité au niveau d'inventions extraordinaires ou futuristes. Personnage totalement indépendant, impulsif, pressé et fatalement querelleur.

Mars en Poissons : c'est l'univers de l'intuition, de l'imagination et de la sensibilité ; le sujet joue de son charme et aime être lui-même séduit ; risques d'inconfort et d'inadaptation sociale ; isolement possible, clandestinité et passions secrètes.

JUPITER

Dans chaque horoscope, Jupiter donne des indications sur le développement de l'être et son évolution potentielle. En outre, cette planète influence la destinée dans son ensemble, exprimant les points forts d'une existence et ses chances de réussite.

Jupiter en signe de feu : personnalité d'envergure, vastes ambitions, réussite de carrière, popularité sociale. En Bélier : mêmes tendances tournées vers une vie plus personnelle du sujet. En Lion : les ambitions prennent une tournure grandiose et se réalisent avec optimisme et ostentation. En Sagittaire (domicile) : les ambitions s'attachent plus particulièrement à la sphère intellectuelle, à une expérience religieuse, ou à un voyage lointain.

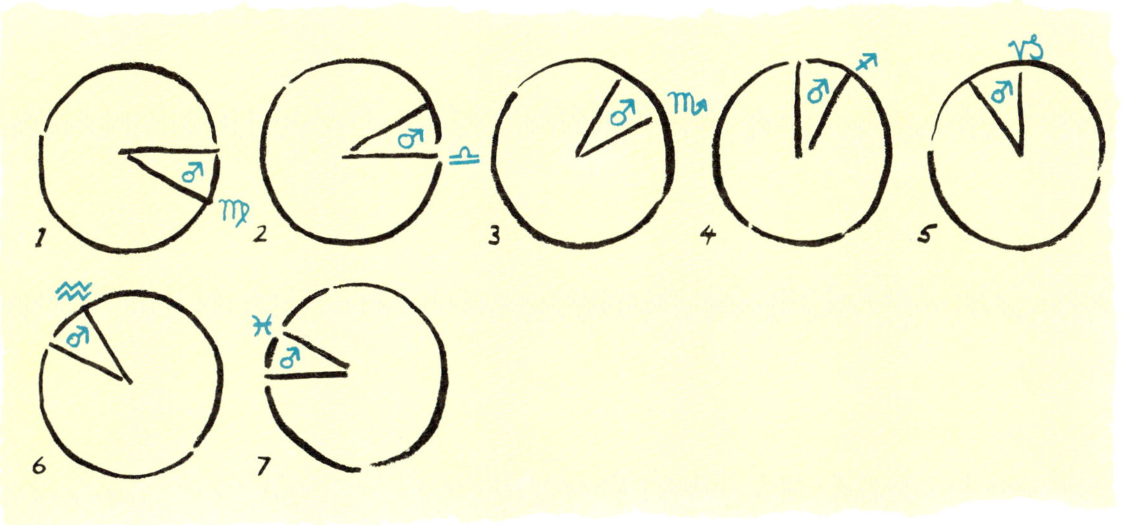

1 : Mars en Vierge
2 : Mars en Balance
3 : Mars en Scorpion
4 : Mars en Sagittaire
5 : Mars en Capricorne
6 : Mars en Verseau
7 : Mars en Poissons

1 : *Jupiter en Bélier*
2 : *Jupiter en Taureau*
3 : *Jupiter en Gémeaux*
4 : *Jupiter en Cancer*
5 : *Jupiter en Lion*
6 : *Jupiter en Vierge*
7 : *Jupiter en Balance*
8 : *Jupiter en Scorpion*
9 : *Jupiter en Sagittaire*
10 : *Jupiter en Capricorne*
11 : *Jupiter en Verseau*
12 : *Jupiter en Poissons*
13 : *Saturne en Bélier*
14 : *Saturne en Taureau*
15 : *Saturne en Gémeaux*
16 : *Saturne en Cancer*
17 : *Saturne en Lion*
18 : *Saturne en Vierge*
19 : *Saturne en Balance*
20 : *Saturne en Scorpion*
21 : *Saturne en Sagittaire*
22 : *Saturne en Capricorne*
23 : *Saturne en Verseau*
24 : *Saturne en Poissons*

Jupiter en signe de terre : recherche de la réussite matérielle à tout prix. En Vierge (exil) : le but est idéaliste, mais structuré. En Capricorne (chute) : priorité au gain. En Taureau : amour du luxe et des plaisirs sensuels.

Jupiter en signe d'air : l'analyse et l'intellect amènent des contraintes au développement du sujet ; introspection et échange des idées. En Gémeaux (exil) : la communication des informations peut devenir un but en soi. En Balance : la connaissance au service de la paix et de l'harmonie, à condition de trouver des associés. En Verseau : la connaissance se met au service de la création et de la promotion de nouvelles idées.

Jupiter en signe d'eau : grande émotivité, besoin absolu d'amour, romantisme, dévouement, apitoiement sur soi-même. En Cancer (exaltation) : élargissement des vertus de charité ; laisser-aller, confort et luxe domestique. En Scorpion : guérison, sexualité, recherches mystérieuses. En Poissons : religiosité, rêve, fantaisie imaginative, drogue, mysticisme et amour du fantastique.

SATURNE

Saturne est le symbole de la limitation et de la restriction. Il renseigne sur le type de contrôle que le sujet parvient à exercer sur lui-même, et la façon dont le milieu crée en lui des inhibitions. Tandis que Jupiter met environ une année pour traverser un signe (12 ans pour traverser tout le Zodiaque), Saturne demeure 2 ans et 6 mois dans chaque signe (et par conséquent demande 29 ans et 6 mois pour revenir à son point de départ sur l'écliptique). Autant dire que Saturne exerce une influence très générale, qui concerne plus les époques que les individus.

Saturne en signe de feu : affaiblissement du niveau d'énergie, réduction des ambitions et du contrôle de soi-même. Doute et peur de l'échec. L'individu évite de prendre des risques et manque des opportunités. Travail rude et pénible, obstacles nombreux. Conservatisme qui influence le style des créations ou des affaires amoureuses (en Lion, où Jupiter est en exil), de la philosophie, des croyances et des comportements devant les cultures étrangères (en Sagittaire), des attitudes devant l'autorité (en Bélier, où Jupiter se trouve en chute).

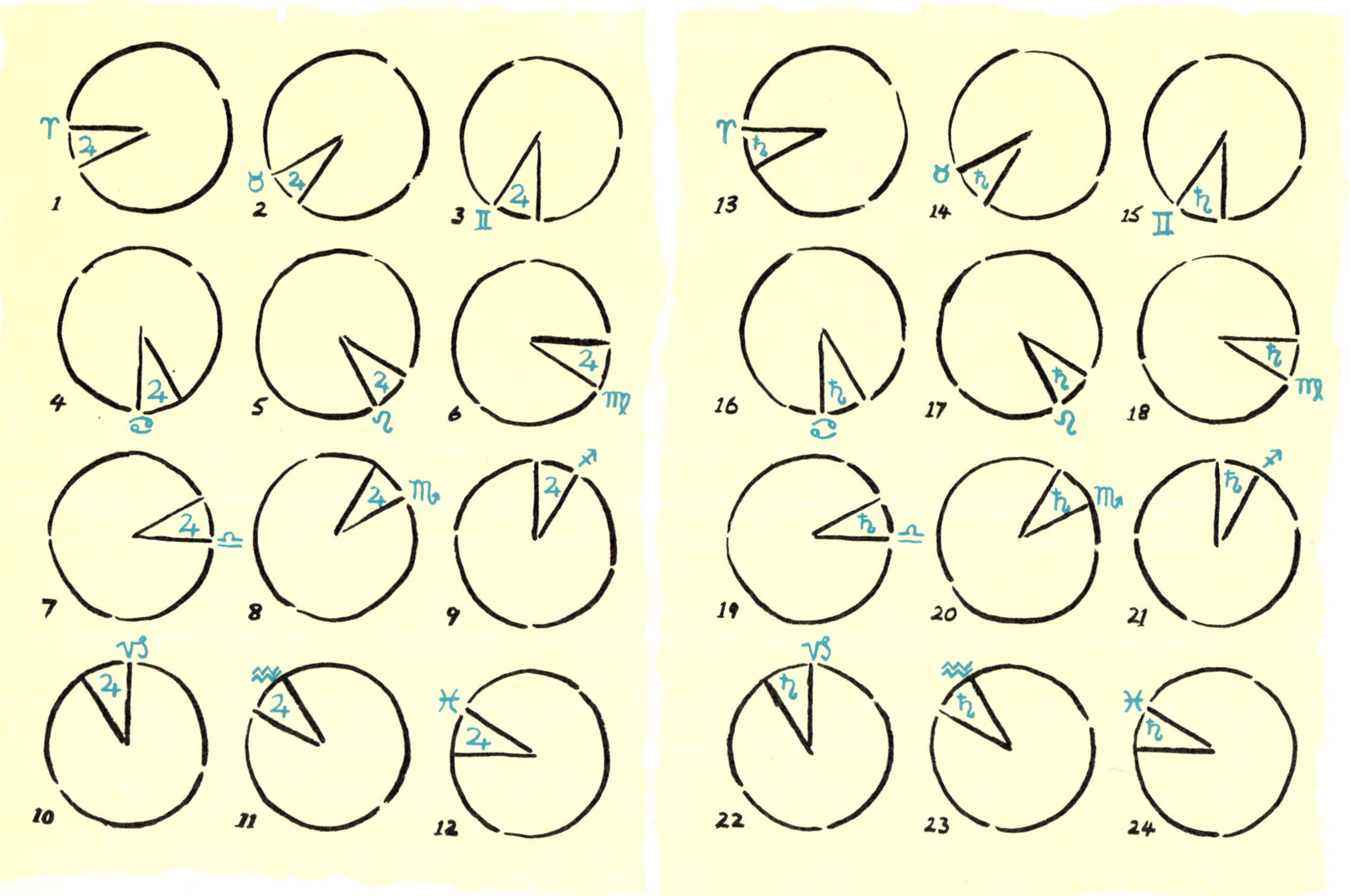

Saturne en signe de terre : difficultés et retards dans la vie matérielle et financière. En Vierge : diminution de la confiance en soi, augmentation de la force de travail. En Capricorne (domicile) : distinction et promotion de l'individualisme et du matérialisme. En Taureau : amplification du conservatisme et de l'entêtement.

Saturne en signe d'air : introduction d'une discipline mentale ou d'une inhibition intellectuelle. Conservatisme des idées et compassion des attitudes. En Gémeaux : difficulté à communiquer. En Balance (exaltation) : emphase des rapports à la recherche d'une plus grande stabilité sentimentale ou d'une nouvelle harmonie dans les points de vue. En Verseau (domicile) : les idées et les opinions prennent un tour autoritaire.

Saturne en signe d'eau : inhibition émotionnelle. En Cancer (exil) : souci de se créer un foyer protecteur, malgré les difficultés de ce signe à exprimer ses sentiments. En Scorpion : les émotions deviennent obsessionnelles, les blessures plus brûlantes. En Poissons : le sujet devient plus vulnérable que jamais.

CHIRON, URANUS, NEPTUNE ET PLUTON

Chiron effectue sa course dans le ciel en 49, 50 ou 51 ans, Uranus en 84 ans, Neptune en 164 ans environ et Pluton en plus de 245 ans. Uranus passe à peu près 7 années dans chaque signe ; Neptune, 14 années et Pluton une moyenne de 21 années. Leur influence, on le comprend, s'exerce donc, pour les existences individuelles, comme une toile de fond, un décor de théâtre, une ambiance, une coloration générale, un « signe des temps ». Pour situer les grandes lignes, disons qu'Uranus amène des événements inattendus, Neptune une délicate sensibilité doublée d'inspiration, et que Pluton accorde détermination et pouvoir.

Psychologiquement, ces planètes affectent le caractère des générations. On les étudie notamment en astrologie mondiale (voir chapitre XVII).

LES NŒUDS

L'astrologie considère que l'individu peut changer son destin en agissant. Les nœuds montrent comment agir, dans quel sens se diriger, ce qu'il faut laisser derrière soi et ce qu'il faut développer en soi.

Nœud nord en Bélier/Nœud sud en Balance : le sujet doit mieux s'affirmer et cesser de compter sur autrui.

Nœud nord en Taureau/Nœud sud en Scorpion : le sujet doit être plus matérialiste et moins émotif.

Nœud nord en Gémeaux/Nœud sud en Sagittaire : le sujet doit éclaircir ses idées pour devenir moins idéaliste.

Nœud nord en Cancer/Nœud sud en Capricorne : le sujet doit développer ses qualités de cœur et de compassion et cesser de tout voir d'un point de vue trop matérialiste.

Nœud nord en Lion/Nœud sud en Verseau : le sujet doit développer son autorité et raisonner de façon moins anarchique.

Nœud nord en Vierge/Nœud sud en Poissons : le sujet doit être plus réaliste, renoncer à ses rêveries et s'organiser.

Nœud nord en Balance/Nœud sud en Bélier : le sujet doit être plus attentif à l'opinion d'autrui et se départir de son égocentrisme.

Nœud nord en Scorpion/Nœud sud en Taureau : le sujet doit donner libre cours à ses sentiments et ne plus regarder le monde sous un angle exclusivement matérialiste.

Nœud nord en Sagittaire/Nœud sud en Gémeaux : le sujet doit oublier le détail pour s'attacher à l'ensemble.

Nœud nord en Capricorne/Nœud sud en Cancer : le sujet doit devenir plus pratique et moins sentimental.

Nœud nord en Verseau/Nœud sud en Lion : le sujet doit apprendre à partager.

Nœud nord en Poissons/Nœud sud en Vierge : le sujet doit développer sa sensibilité et vivre pleinement ses émotions. Parallèlement, il doit se départir de son esprit critique qui blesse son entourage et le déprime lui-même.

CHAPITRE 5
LES DOUZE MAISONS

L'interprétation des signes et des planètes permet à l'astrologue de décrire le caractère d'un individu en termes de psychologie, ainsi que les grands événements qui jalonnent son existence. Mais cette description reste vague sans l'interprétation du symbolisme des Maisons. En effet, celles-ci renseignent sur les différents secteurs de l'activité humaine. Chaque Maison représente, en interaction avec les signes et les planètes, une zone d'influence, un département de la vie pratique.

Les Maisons se dispersent de façon inégale et originale pour chaque être sur toute l'étendue du Zodiaque. On calcule les « cuspides » (point de départ de chaque Maison) avec des tables spéciales, en fonction des systèmes horaires. La cuspide I, ouvrant la première Maison, est appelée Ascendant (AS). En vingt-quatre heures, les douze Maisons prennent leur place sur tout le pourtour de l'écliptique, c'est-à-dire que le mouvement même de la cuspide I met deux heures pour traverser un signe zodiacal. C'est la raison pour laquelle des individus nés un même jour peuvent avoir des Ascendants différents selon leur heure de naissance, et par conséquent une répartition de leurs Maisons différente.

Les quatre angles

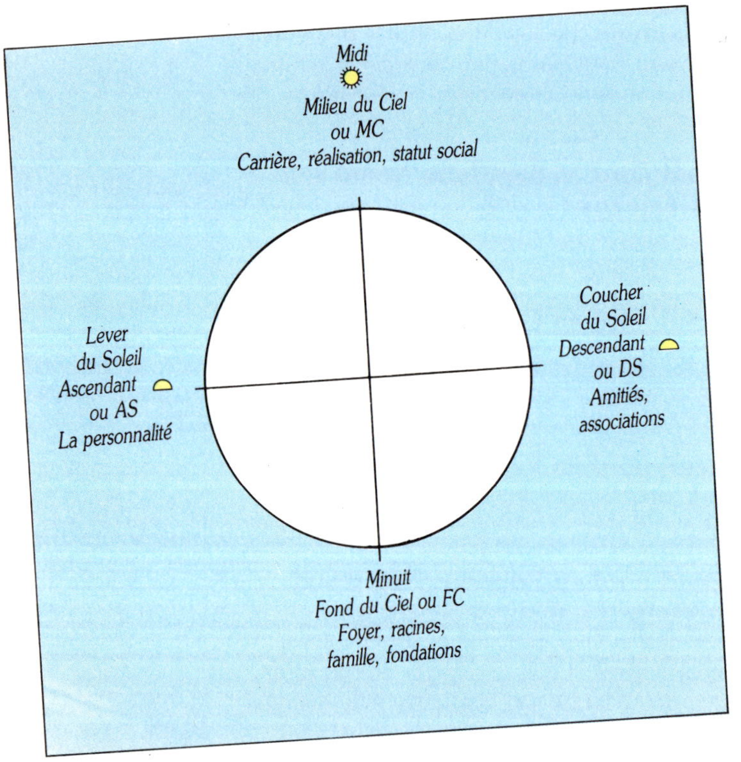

LES QUATRE ANGLES

L'Ascendant (AS), ou cuspide I, est le premier degré de l'écliptique dans un thème donné, calculé à partir de l'horizon Est. Il démarre la Maison I. C'est un point de l'horoscope aussi important que la position du Soleil pour préciser la personnalité d'un être et ses possibilités.

Le Fond du Ciel (FC), ou cuspide IV, est le point le plus bas sous l'horizon. Ce point gouverne la vie privée, le cercle familial, le foyer et les besoins du sujet de se créer des racines.

Le Descendant (DS), ou cuspide VII, est l'opposé exact de l'Ascendant, le degré à l'extrême ouest de l'écliptique. Ce point détermine les comportements de l'être dans la vie sociale et ses aspirations dans les relations humaines.

Le Milieu du Ciel (MC), ou cuspide X, est le point culminant au-dessus de l'horizon. Ce point décrit les rapports qu'entretient le natif avec l'opinion d'autrui, ses besoins de reconnaissance par la société, ses soucis de gloire et ses chances de réussite.

Ces quatre angles forment un tout. Ils expriment schématiquement le processus de l'expérience humaine dans sa totalité : l'AS symbolise la naissance et la petite enfance, le FC l'adolescence et la découverte de l'identité individuelle, le DS commente les rapports de l'âge adulte, le MC représente la culmination des réalisations reconnues.

Les Maisons intermédiaires ont chacune une signification abondant dans le sens de cette même évolution, depuis la naissance jusqu'à la dissolution.

LES MAISONS ET LES ÉLÉMENTS

Les Maisons, grâce à leur remarquable analogie avec les signes, tissent des liens avec la symbolique des éléments.

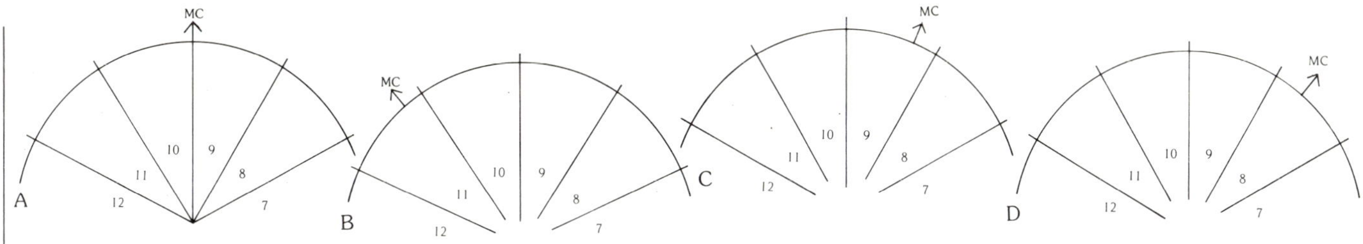

Maisons de feu : I, V et IX.

Maisons d'air : III, VII et XI.

Maisons de terre : II, VI et X.

Maisons d'eau : IV, VIII et XII.

Lorsque les planètes occupent des positions dans les Maisons d'un élément et aucune dans les signes de ce même élément (ou inversement), l'interprétation astrologique peut s'enrichir de données psychologiques non négligeables. Par exemple, imaginons un sujet qui posséderait des planètes en Maisons d'eau, mais pas en signes d'eau : il risque d'être amené, de gré ou de force, à vivre des expériences émotionnellement intenses dans les secteurs de l'activité humaine représentés par les Maisons concernées, mais, partout ailleurs, il manquera de sensibilité en général, par défaut de « talent » naturel pour l'émotivité. Autre exemple : un sujet possède des planètes dans les signes de terre mais aucune dans les Maisons de terre ; on pourra décrire ce natif comme quelqu'un de particulièrement énergique, mais qui, malheureusement, souffre de ne pouvoir trouver des champs d'application qui conviendraient à l'expression de cette énergie, d'où des frustrations et des inadaptations sociales.

LES DIFFÉRENTS SYSTÈMES DE DOMIFICATION

On appelle domification la répartition des Maisons sur le Zodiaque. Au cours des siècles, les systèmes astrologiques se sont succédé. Un des premiers connus remonte à 2 000 ans et segmentait l'écliptique en parts égales pour situer la succession des Maisons. Il indiquait toujours l'AS comme le début de la Maison I, et le DS comme celui de la Maison VII. Mais la faiblesse de ce système tient au fait que le FC et le MC ne tombent pas toujours exactement sur la cuspide des Maisons IV et X.

Les astrologues se réfèrent actuellement, le plus souvent, aux calculs des savants Campanus (XIIIe siècle), Regiomontanus (XVe siècle) ou encore, emportant de loin la préférence, Placidus (XVIIe siècle).

Dans ce volume, nous utiliserons le système égalitaire et, dans certains cas que nous vous signalerons, celui de Placidus.

LA CLASSIFICATION DES MAISONS

Les Maisons angulaires (ou cardinales) : I, IV, VII et X ; elles correspondent analogiquement aux signes cardinaux. Elles

Le MC dans le système égalitaire et le système des secteurs
Dans le système des secteurs selon Placidus, Campanus ou Regiomontanus, le Milieu du Ciel (MC) et la cuspide de la Maison X occupent toujours exactement le même degré (fig. A).
Dans le système égalitaire, le MC peut tomber sur la IIe, la IXe ou même la VIIIe Maison (fig. B, C et D).
Dans la première partie de cet ouvrage, seul le système égalitaire est utilisé, excepté au cours des derniers chapitres, où quelques horoscopes sont interprétés selon les autres systèmes.

Les Maisons selon Placidus
Le système des secteurs selon Placidus est celui qui est le plus employé. On peut tracer les limites des Maisons de deux manières : la première (fig. A) est la plus connue ; la seconde (fig. B) rappelle le système égalitaire, chaque planète prenant sa place exacte sur la charte. Le système des secteurs place les planètes dans leurs Maisons, mais seulement approximativement par rapport à leur position dans le signe, et le signe qui reçoit la planète est indiqué à l'extérieur de cercle pour éviter toute confusion.

Les signes interceptés
Si un signe ne reçoit aucune cuspide de Maison, il est dit « intercepté ». Une planète qui se trouve en signe intercepté voit sa puissance diminuée. Si l'on considère que la cuspide d'une Maison est le ferment qui anime le principe d'un signe appliqué aux circonstances de la vie réelle, il faut alors penser qu'en l'absence de cette connexion (signe/cuspide), le signe et les planètes qui s'y trouvent perdent de leur influence. Mais seuls les astrologues expérimentés peuvent interpréter les subtilités psychologiques que cette configuration implique. Dans notre exemple, le Taureau et le Scorpion sont des signes interceptés et la Lune occupe le Scorpion.

A. Le système des secteurs

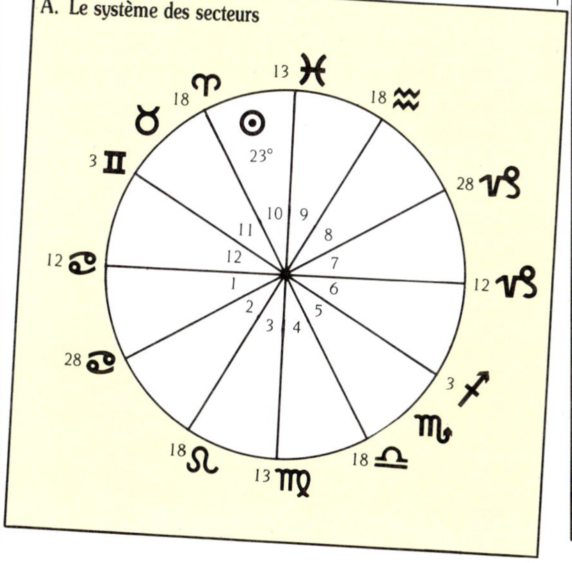

B. Le système européen

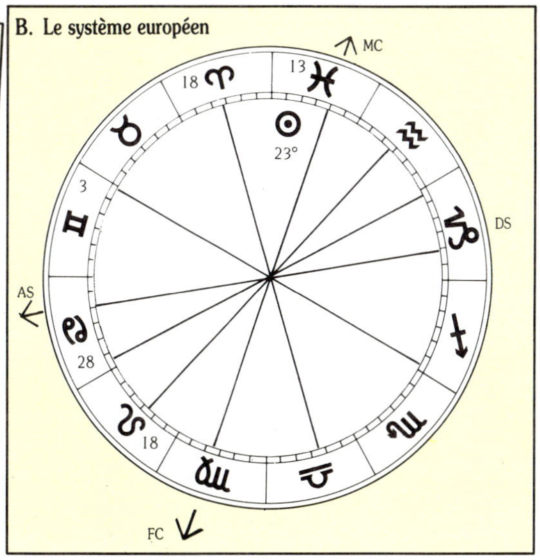

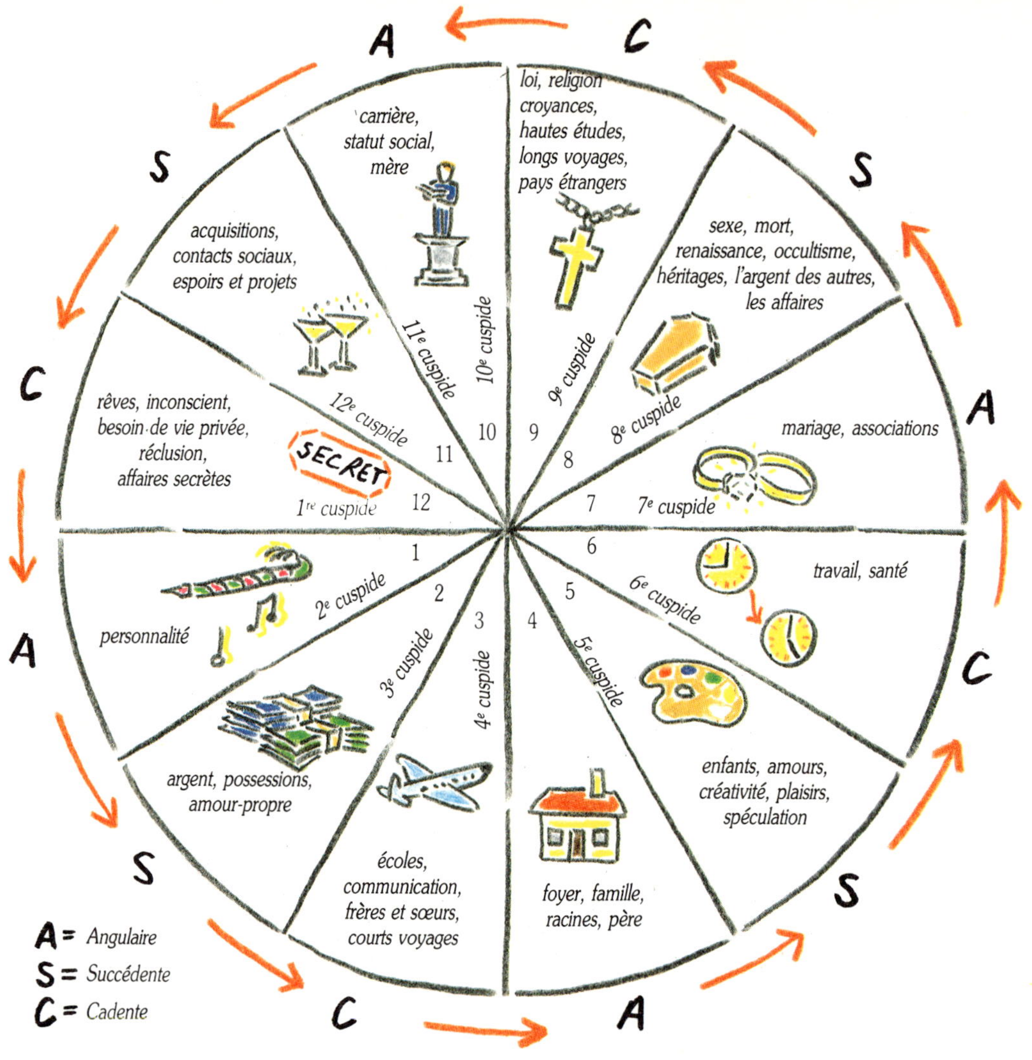

symbolisent la création des nouvelles idées et des nouveaux projets.

Les Maisons succédentes : II, V, VIII et XI ; analogie avec les signes fixes. Elles symbolisent la stabilité nécessaire pour mener à bien la réalisation de ses objectifs.

Les Maisons cadentes : III, VI, IX et XII ; analogies avec les signes mutables. Elles symbolisent l'accomplissement et la disponibilité pour un renouvellement.

Les planètes sont plus positives en Maison angulaire, plus stables en Maison succédente, et plus instables en Maison cadente.

LES COUPLES DE MAISONS

Tout comme les signes, les Maisons peuvent être regroupées en six couples au symbolisme à la fois opposé et complémentaire. Chaque Maison garde une signification incomplète sans son associée.

La Maison I parle de la personnalité du sujet et de ses centres d'intérêt ; la Maison VII indique les capacités et les désirs du natif à faire partager, enseigner ou apprendre.

La Maison II représente la stabilité, la possibilité de « tenir le coup » ; la Maison VIII représente le « lâcher prise », le changement et les risques.

La Maison III préside à l'acquisition des connaissances, des informations et des faits ; la Maison IX apporte la sagesse qui seule permet la bonne utilisation du savoir.

La Maison IV gouverne la création de la personnalité profonde ; la Maison X, celle des fondements de la société.

La Maison V commente les possibilités de créativité individuelle ; la Maison XI décrit les rapports de coopération et les prises de conscience du collectif.

La Maison VI exprime l'esprit de service ou de sacrifice ; la Maison XII, celui de service essentiellement spirituel.

LA SIGNIFICATION DES MAISONS

Maison I : elle correspond analogiquement au signe du Bélier. Elle représente la personnalité première du sujet, sa vie en général, son apparence physique et ses tendances morales principales. La Maison I, rappelons-le, contient l'Ascendant.

Maison II : elle correspond au Taureau, et par conséquent gouverne les possessions matérielles et l'argent du sujet, ses attitudes envers les richesses de ce monde et ses acquisitions. Psychologiquement, cette Maison révèle la façon dont le sujet se considère lui-même.

Maison III : elle correspond aux Gémeaux. Elle décrit le type d'intellect dont bénéficie le natif, ses façons de communiquer et son éducation. Cette maison symbolise les moyens techniques de mise en relation et les courts voyages, les frères et les sœurs.

Maison IV : elle correspond au Cancer. Elle gouverne la maison, l'environnement familial de l'enfance et le foyer que le sujet crée à son tour à l'âge adulte. Elle révèle les besoins affectifs du natif, ses aspirations à s'établir solidement dans la vie de couple et les moyens dont il dispose pour y parvenir. Cette maison symbolise également les parents, notamment le père.

Maison V : elle correspond au Lion. Elle régit la créativité, les dons artistiques, le désir de laisser des traces en ce monde. Elle symbolise les plaisirs, les jeux, la vie amoureuse, le romanesque, les enfants, le sport, la spéculation et le théâtre.

Maison VI : elle correspond à la Vierge. Elle gouverne le principe du travail, du service, du don de soi à la communauté ou à des causes supérieures, de la santé et de l'hygiène.

Maison VII : elle correspond à la Balance. Elle agit sur le mariage et les associations, le conjoint et les contrats, la vie sociale et les grands-parents du natif.

Maison VIII : elle correspond au Scorpion. Elle symbolise le déroulement complet de l'existence, depuis la naissance jusqu'à la mort. Elle est la représentation du sexe et de la conception, de la mort, de la dissolution et de la régénération. Cette Maison a une signification d'ordre métaphysique car elle touche aux notions de réincarnation et d'occultisme. Enfin, elle gouverne l'argent du partenaire, les testaments et les héritages, les investissements et les affaires financières.

Maison IX : elle correspond au Sagittaire et, en tant que telle, au désir d'évolution spirituelle du sujet. C'est la maison des croyances, de la religion et de la philosophie, des voyages à l'étranger, de la curiosité pour les autres cultures que la sienne propre, des aspirations supérieures, des hautes études, de la loi, de l'Église, de la publication des informations et du mental abstrait.

Maison X : elle correspond au Capricorne et décrit le natif dans son souci de réussite sociale. Elle représente donc la carrière, le pouvoir, l'identité reconnue, la gloire. Elle symbolise également les parents, notamment la mère.

Maison XI : elle correspond au Verseau et exprime les tendances du sujet à se fondre dans la communauté et à la servir. C'est la Maison des amitiés, des collaborations, des relations, des vastes ambitions, des espoirs et des projets, de l'activité associative ou politique.

Maison XII : elle correspond aux Poissons et gouverne le mysticisme, l'occulte, le sacrifice, la fatalité, les soucis, les ennuis, les épreuves, la prison, l'asile, la trahison, les erreurs et les choses cachées, les rêves et l'inconscient.

CHAPITRE 6
LES PLANÈTES DANS LES MAISONS

Le principe de l'interprétation des planètes dans les Maisons est relativement simple. Le secteur d'activité représenté par une Maison verra son importance renforcée si cette Maison contient une ou plusieurs planètes. L'astrologue pourra préciser la nature de cette influence en examinant l'identité des planètes présentes et des signes recouverts.

LES MAISONS VIDES

Les planètes se définissent comme des fonctions qui permettent aux Maisons de s'exprimer. Lorsque aucune planète ne figure dans l'espace d'une Maison, celle-ci ne peut prendre que deux significations possibles : ou bien le sujet ignore (n'est pas concerné par) les manifestations de cette zone, ou bien il fait des efforts immenses pour y rencontrer le succès.

Prenons un exemple : admettons qu'un sujet ne possède aucune planète en Maison V. Nous pourrons dire alors que ce natif n'a pas beaucoup de talents artistiques, ou qu'il met tout en œuvre pour acquérir ces mêmes talents qu'il convoite. Le reste du thème autorisera l'astrologue à opter pour l'une ou l'autre interprétation.

Notons cependant qu'une Maison sans planète peut accueillir d'autres éléments significatifs tels que l'Ascendant, les nœuds de la Lune ou tout autre facteur.

L'AMAS

Inversement, une Maison peut être le lieu de rencontre de plusieurs planètes. Elle prend alors une importance remarquable dans l'ensemble d'un horoscope. L'astrologue aura pour tâche de démêler l'écheveau complexe des influences de chaque planète dans ce secteur et d'en établir la synthèse.

LES MAITRES DES MAISONS

Le signe où se situe la cuspide d'une Maison est un élément important à considérer dans l'interprétation d'un thème natal. Par exemple, le signe où se trouve la cuspide de la Maison I est prioritaire, car c'est le signe ascendant du thème. De même, les signes des cuspides IV, VII et X sont à étudier tout particulièrement car ces Maisons symbolisent le foyer, le mariage et la carrière, autant de jalons essentiels qui ponctuent une existence.

Un natif dont la cuspide II tombe en Taureau sera attentif (Taureau) à l'argent (Maison II) ; si la cuspide IV arrive en Poissons, le sujet sera un être désorganisé (Poissons) dans son foyer (Maison IV) ; la cuspide VII en Bélier rendra le natif énergique et conquérant (Bélier) dans ses relations avec les autres (Maison VII) ; le Capricorne recevant la cuspide X poussera le sujet à choisir les affaires et les finances (Capricorne) plutôt que toute autre branche pour faire carrière (Maison X).

On peut multiplier les possibilités d'interprétation en tenant compte de la planète qui gouverne le signe qui reçoit la cuspide d'une Maison. Un natif Gémeaux, ayant la cuspide de sa Maison I en Bélier, sera défini comme un Gémeaux/Ascendant Bélier, avec Mercure comme Gouverneur de son signe de naissance et Mars comme Maître de l'Ascendant.

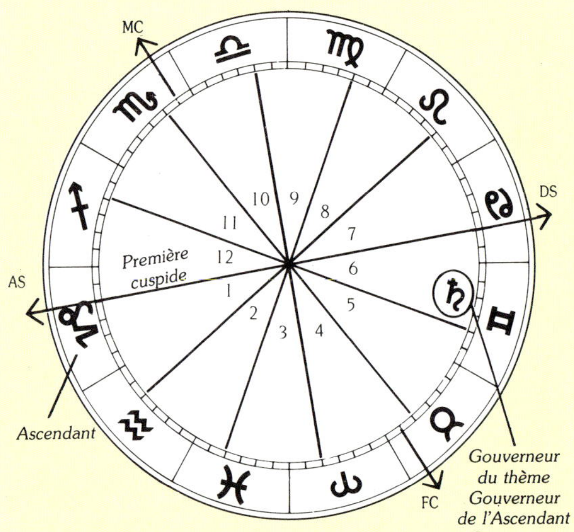

Le Gouverneur du thème

Le Gouverneur du thème
Le Gouverneur du thème, appelé également Maître de l'Ascendant, est la planète qui gouverne le signe qui reçoit l'AS (le lever du Soleil au moment de la naissance). C'est la planète la plus importante d'un horoscope. Dans notre exemple, l'AS se trouve en Capricorne, dont le Maître est Saturne. Saturne est, par conséquent, le Gouverneur du thème, et sa position en Maison VI souligne l'influence primordiale de tout ce qui touche au travail et à la santé.

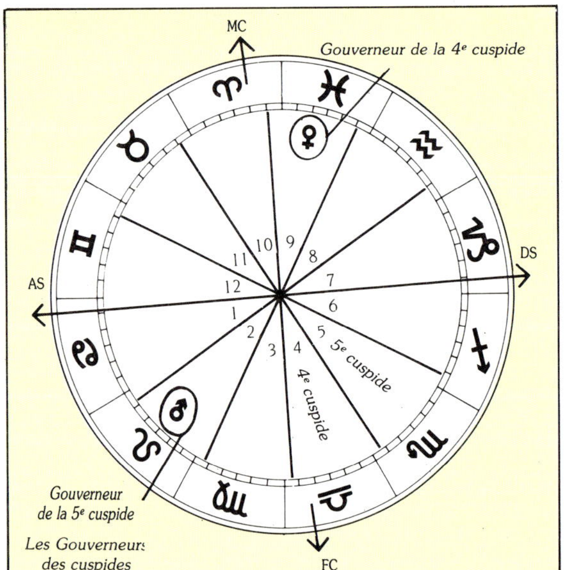

Les Gouverneurs des cuspides

En bas : les Gouverneurs des cuspides
Le Gouverneur d'une Maison est la planète qui gouverne le signe dans lequel tombe la cuspide. Le signe et la Maison contenant cette planète étendent les significations et le champ d'action de la Maison gouvernée par la planète.
Dans notre exemple, la cuspide IV est en Balance (gouvernée par Vénus). Vénus est donc le Gouverneur de la Maison IV et prend une importance toute particulière dans les domaines concernés (maison, famille). Vénus elle-même se situe en Maison IX (les pays lointains). Aussi peut-on s'attendre à ce que le sujet aille s'établir à l'étranger.
Mars, Gouverneur de la cuspide V, se trouve en Maison II. La Maison V régit les arts et la Maison II l'argent. Une combinaison des deux secteurs peut amener l'astrologue à penser que les revenus du sujet proviendront d'une activité artistique.
Si le Gouverneur d'une Maison est une planète masculine (Soleil, Mars, Jupiter, Saturne et l'hermaphrodite Mercure), on l'appellera le « Maître » de la Maison ; si elle est féminine (Lune, Vénus), ce sera la planète « Maîtresse » de la Maison.

LE SOLEIL DANS LES MAISONS

Soleil en Maison I : cette position du Soleil indique l'ambition, l'autorité, l'exercice de la volonté et les aptitudes au commandement ; solitude et individualisme. Le signe zodiacal, qui reçoit donc à la fois le Soleil et l'Ascendant, voit ses significations renforcées.

Soleil en Maison II : c'est le domaine des affaires financières, des possessions et des avantages matériels ; c'est aussi l'indication d'une indépendance d'ordre professionnel, d'une possibilité de fortune ; l'amour du gain qu'on observe chez le sujet est souvent motivé par un profond sentiment d'insécurité.

Soleil en Maison III : succès dans les voyages, les échanges, les rencontres, la communication et ses activités. Cette position du Soleil crée souvent des écrivains, des intellectuels, des enseignants, des philosophes, des chercheurs, des postiers, des conducteurs d'autobus.

Soleil en Maison IV : création du foyer et recherche de la sécurité matérielle et affective. Amour du passé et sens des valeurs traditionnelles.

Soleil en Maison V : spontanéité et ingénuité, qualités de l'enfance conservées à l'âge adulte. Dons pour se créer une vie amoureuse intéressante. Amour des plaisirs et des arts.

Soleil en Maison VI : travail, service, sacrifice, routine dans l'intérêt de la famille ou de la collectivité. On trouve souvent des médecins possédant cette configuration, ou bien encore des personnes s'occupant d'œuvres charitables. Idéalisme du sujet, qui risque d'être exploité.

Soleil en Maison VII : succès dans les associations, le mariage (d'argent), les amitiés. Cette position du Soleil est l'indication de protections, de réussite, de réalisation et de considération sociale.

Soleil en Maison VIII : secret, spiritualité, ésotérisme. Le sujet a des dons pour devenir médium, occultiste, thérapeute, guérisseur, financier, homme d'affaires, mystique ou conquérant forcené de la richesse et de la gloire.

Soleil en Maison IX : voyages au loin, pays étrangers, idéal élevé, curiosité intellectuelle, succès dans les hautes études, missions ambitieuses. Cette position du Soleil est très convoitée des explorateurs, des inventeurs et des aventuriers !

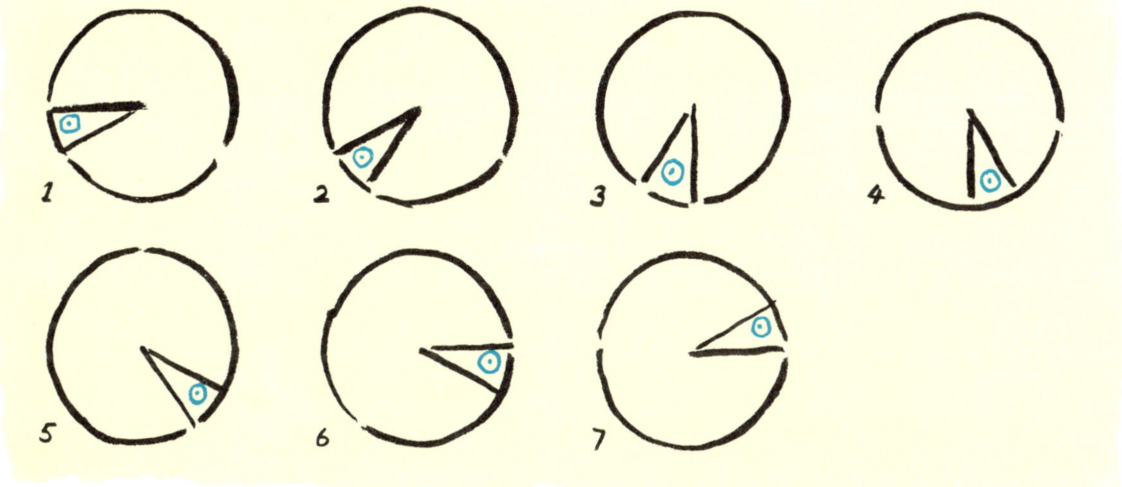

1 : Soleil en Maison I
2 : Soleil en Maison II
3 : Soleil en Maison III
4 : Soleil en Maison IV
5 : Soleil en Maison V
6 : Soleil en Maison VI
7 : Soleil en Maison VII

Soleil en Maison X : c'est l'indication d'une position sociale élevée, du prestige, de la renommée et de l'honorabilité reconnue de tous. Cette position révèle également une grande influence de la mère sur le sujet.

Soleil en Maison XI : intérêt pour la communauté humaine, les relations constructives et les amitiés puissantes. Clubs et sociétés, politique et vie associative. Le sujet aime s'impliquer dans des actions d'intérêt général et faire œuvre de militantisme. Esprit de service et de générosité. Tendances au sacrifice.

Soleil en Maison XII : mystère, discrétion isolement et sensibilité. Succès dans les activités qui réclament recueillement et abnégation. Ésotérisme, psychologie, religiosité.

LA LUNE DANS LES MAISONS

La Maison occupée par la Lune devient le centre d'expression des qualités lunaires : aspirations, besoins émotionnels, sens maternel.

Lune en Maison I : instincts maternels puissants, possessivité. Besoin de donner et de recevoir la sécurité. Vulnérabilité, humeur changeante, affectivité fluctuante et douloureuse. Le sujet est d'une sensibilité presque maladive, un « écorché vif » ; l'entourage peut abuser de sa faiblesse.

Lune en Maison II : sécurité par l'argent et les possessions matérielles. Inversement, parfois, puritanisme et idéologie. Fortune changeante. L'argent est lié aux femmes.

Lune en Maison III : imagination sensible et poétique, expression et communication, enseignement, exploration des sentiments, curiosité intellectuelle. Le sujet est attiré par les arts et la littérature, et bénéficie souvent dans ces domaines de dons personnels qu'il sait exploiter avec bonheur.

Lune en Maison IV : besoin impérieux de sécurité matérielle, de racines et d'identité. Installation du foyer et de la famille comme structure d'équilibre. Instinct de protection maternelle.

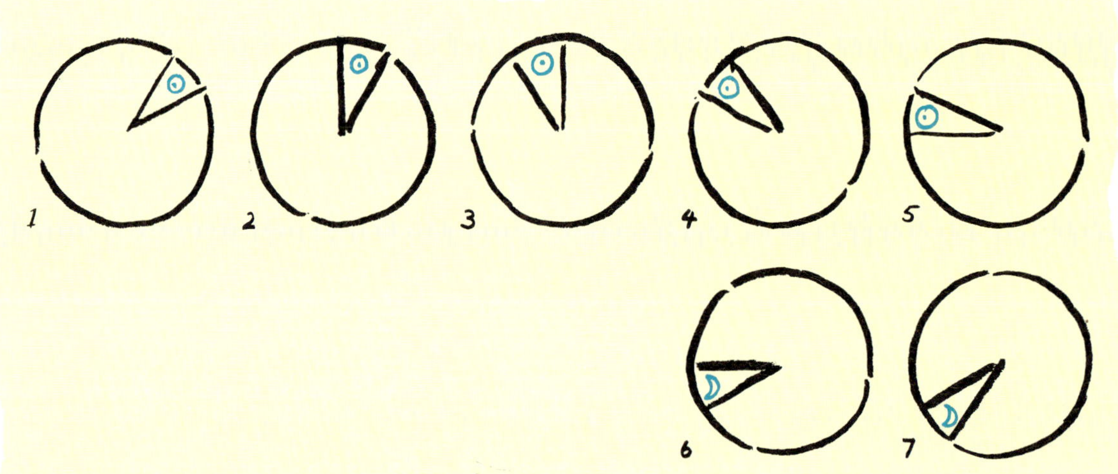

1 : Soleil en Maison VIII
2 : Soleil en Maison IX
3 : Soleil en Maison X
4 : Soleil en Maison XI
5 : Soleil en Maison XII
6 : Lune en Maison I
7 : Lune en Maison II

Lune en Maison V : tendances portées sur la vie émotive, les plaisirs et la créativité, une vie sociale riche et des amours romanesques. Amour des enfants. Le sujet a le cœur pour seul critère et pour seule référence. Son jugement ne tient compte que de cet aspect dans les relations humaines.

Lune en Maison VI : cette position de la Lune est l'indication des emplois subalternes, du service, de l'administration en général, et de tout ce qui a trait aux œuvres de charité ; le sujet risque d'avoir une santé fragile : beaucoup de choses l'atteignent et parfois le font souffrir.

Lune en Maison VII : indication d'une vie sociale riche et intense. Le sujet jouit d'une grande popularité. Il possède un esprit d'entraide, mais il peut également se manifester de façon caricaturalement lunatique : son affectivité est changeante.

Lune en Maison VIII : position marquant de puissants besoins sexuels et émotionnels ; goût pour le secret et le mystère ; le sujet connaît des passions mouvementées et des remous en profondeur ; il possède un grand sens des affaires.

Lune en Maison IX : fascination pour les peuples étrangers, possibilités de rencontrer ses partenaires ou son conjoint au-delà des mers. Hautes études, religion, institutions, académies, universités, enseignement et sciences. Recherche fondamentale, expériences nouvelles, découvertes, amour de la connaissance.

Lune en Maison X : carrière qui requiert des qualités féminines, service public, administration, assistance. Le foyer est négligé au profit de l'activité professionnelle.

Lune en Maison XI : commandement, popularité au sein de groupes. Engagement politique, vie associative, création de mouvements de pensée. Le sujet devient facilement un militant, et le plus souvent de ses propres idées. Esprit de meneur et d'organisateur.

Lune en Maison XII : timidité, sensibilité, compassion, imagination, autant de qualités mises au service de la communauté. Discrétion, secret, emplois subalternes, anonymat. Vie privée, réclusion.

1 : Lune en Maison III
2 : Lune en Maison IV
3 : Lune en Maison V
4 : Lune en Maison VI
5 : Lune en Maison VII
6 : Lune en Maison VIII
7 : Lune en Maison IX
8 : Lune en Maison X
9 : Lune en Maison XI
10 : Lune en Maison XII

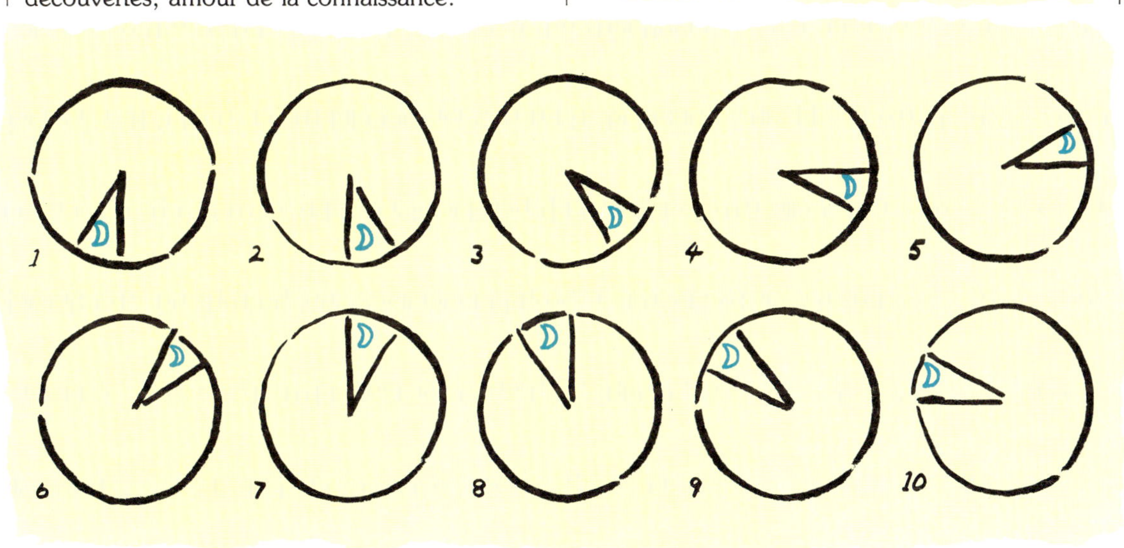

MERCURE DANS LES MAISONS

La Maison qui accueille Mercure décrit les sujets d'intérêt du natif et la façon dont ses facultés mentales s'y attachent.

Mercure en Maison I : esprit fort, grandes facultés pour apprendre et s'exprimer, don du langage, bavardage, écriture, nouvelles idées, nervosité.

Mercure en Maison II : l'esprit s'applique essentiellement aux questions d'argent et de vie matérielle. Grande imagination pour gagner ou dépenser sa fortune. Une carrière libérale est préférable dans ce cas, soit dans les domaines de la communication, soit dans l'industrie du tourisme et des voyages.

Mercure en Maison III : esprit actif dans les secteurs typiquement mercuriens : les études, l'enseignement, la communication, les voyages. Grande difficulté à demeurer en place.

Mercure en Maison IV : autodidacte ; amour du passé, de la famille, de l'Histoire, de l'environnement et de ses propres racines.

Mercure en Maison V : aptitudes intellectuelles et grande créativité. Le thème des écrivains, musiciens et attachés de presse est souvent masqué par Mercure dans cette position. Théâtre, relations publiques, éloquence. Dons de conteur.

Mercure en Maison VI : esprit méthodique et travailleur, curiosité intellectuelle, discipline, effort, précision, employé modèle. Intérêt pour les activités médicales. La santé du sujet peut être affectée par la tension nerveuse.

Mercure en Maison VII : associations, relations, mariage, désir de partage et d'amitié, de rencontres et de liens. Attention portée sur les autres.

Mercure en Maison VIII : esprit profond et secret, fascination pour tout ce qui mystérieux : psychologie, psychanalyse, sexologie, occultisme, le monde des affaires et les dessous cachés de la politique ou de l'économie.

Mercure en Maison IX : désir d'apprendre et de comprendre, haute études et ambitions intellectuelles élevées. Configuration que l'on retrouve parfois chez ceux que l'on nomme les « éternels étudiants ». Philosophie, religion, loi et civilisations du monde.

Mercure en Maison X : besoin de stimulation mentale et de communication. La passion pour une profession est plus importante que la rémunération. Enseignement, journalisme, secrétariat et voyages.

Mercure en Maison XI : sociabilité, amitiés et relations, clubs et associations d'intérêt commun, groupes politiques.

Mercure en Maison XII : timidité et pensée secrète, intérêt pour la psychologie, le mysticisme et l'occultisme. Le sujet a besoin de s'exprimer s'il veut reprendre confiance en lui-même.

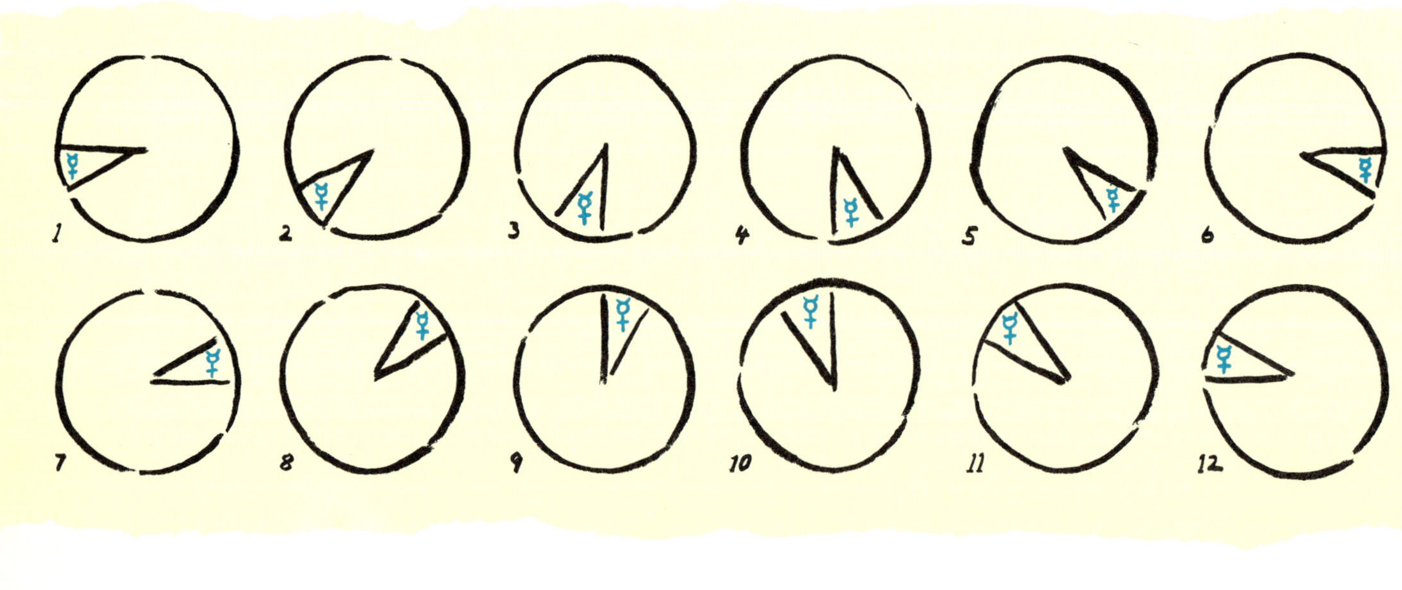

1 : Mercure en Maison I
2 : Mercure en Maison II
3 : Mercure en Maison III
4 : Mercure en Maison IV
5 : Mercure en Maison V
6 : Mercure en Maison VI
7 : Mercure en Maison VII
8 : Mercure en Maison VIII
9 : Mercure en Maison IX
10 : Mercure en Maison X
11 : Mercure en Maison XI
12 : Mercure en Maison XII

VÉNUS DANS LES MAISONS

La Maison qui reçoit la planète Vénus voit ses activités traditionnelles colorées des qualités

vénusiennes, c'est-à-dire le sens artistique et celui de créer des rapports harmonieux entre les êtres.

Vénus en Maison I : importance de l'amitié, souci de se faire aimer, manières douces, attirance pour les arts et la mode.

Vénus en Maison II : l'argent peut être gagné grâce à des activités artistiques, ou grâce à la fortune du partenaire (notamment une femme). Il peut être dépensé dans la poursuite d'objectifs d'ordre social, ou en achetant des produits de luxe. Le sujet ne trouve de sécurité que dans le mariage et la fortune.

Vénus en Maison III : charme persuasif et don du langage. Excellent vendeur ou démarcheur. Amitié, sociabilité, affabilité, dons artistiques.

Vénus en Maison IV : foyer paisible, maison plaisante et accueillante, perfectionnisme domestique, haine des conflits, atmosphère chaleureuse et amicale.

Vénus en Maison V : grande sociabilité, quête de la faveur d'autrui, créativité intense, entente avec les enfants.

Vénus en Maison VI : recherche de conditions harmonieuses dans le travail, esprit de coopération, sociabilité, refus de la compétition. Profession liée aux femmes, aux arts, aux plaisirs et aux distractions.

Vénus en Maison VII : esprit amène, charmant, diplomate, attirant, populaire. Souci d'être approuvé par la société et grandes exigences affectives avec les partenaires sentimentaux.

Vénus en Maison VIII : vie sexuelle importante pour le sujet, qui y développe une grande part de son expérience émotionnelle intense. Possessivité, jalousie, secret, malentendus.

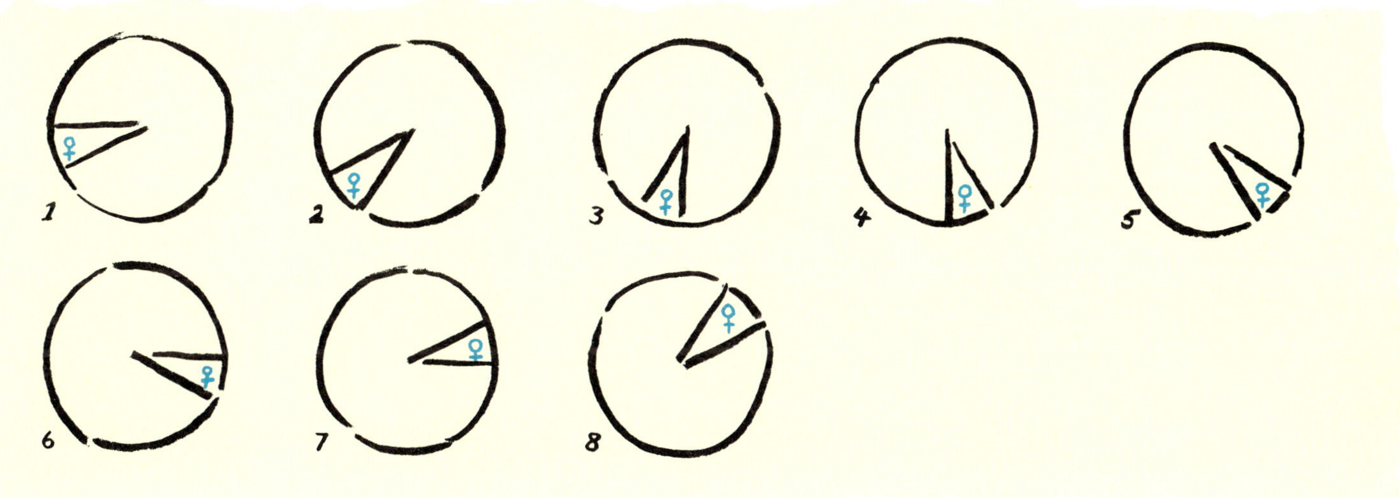

1 : Vénus en Maison I
2 : Vénus en Maison II
3 : Vénus en Maison III
4 : Vénus en Maison IV
5 : Vénus en Maison V
6 : Vénus en Maison VI
7 : Vénus en Maison VII
8 : Vénus en Maison VIII

Vénus en Maison IX : attirance pour les civilisations lointaines, possibilités de mariage à l'étranger, amitiés venant de tous les horizons, intérêt pour les religions et les arts, la philosophie et la spiritualité.

Vénus en Maison X : habileté sociale, relations, activités artistiques, échanges, popularité.

Vénus en Maison XI : satisfaction du sujet lorsqu'il est mêlé à des activités de groupe ou qui réunissent des amis et des relations.

Vénus en Maison XII : timidité et sélectivité. Le sujet devrait s'efforcer d'exprimer plus souvent ses sentiments, il y gagnerait en confiance.

MARS DANS LES MAISONS

La Maison qui reçoit Mars révèle un renforcement des énergies de la planète guerrière dans les secteurs d'activité qui sont les siens.

Mars en Maison I : esprit d'entreprise, énergie, volonté, audace, conquête, robustesse.

Mars en Maison II : l'énergie s'applique aux gains et aux dépenses d'argent. Le sujet aime se sentir les coudées franches. Il lui est recommandé de choisir une profession indépendante. Esprit de compétition, amour du risque.

Mars en Maison III : esprit vif, don du discours, idées qui fusent, manque de tact et dispute. Goût des voyages impromptus, exploration, instabilité.

Mars en Maison IV : énergie appliquée aux affaires domestiques, aux tâches quotidiennes à effectuer et aux problèmes relationnels à résoudre. Le sujet devrait trouver un partenaire à forte personnalité.

Mars en Maison V : vigueur et courage dans les domaines sociaux, artistiques et sentimentaux. Le sujet a tendance à talonner ses enfants pour les pousser vers la réussite.

Mars en Maison VI : labeur, conscience, compétition, sérieux. Configuration du bon employé sur qui on peut compter. Impatience.

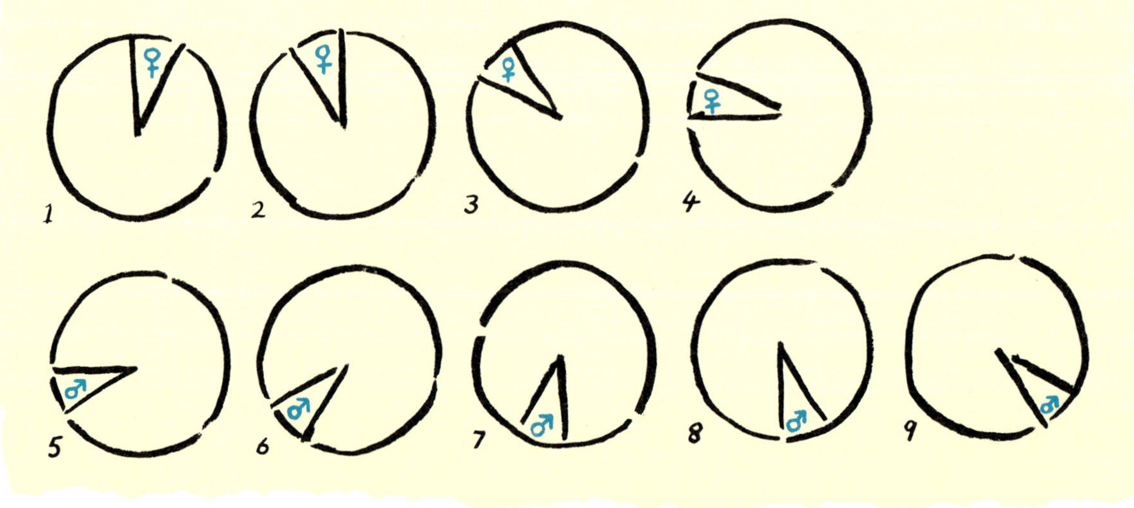

1 : Vénus en Maison IX
2 : Vénus en Maison X
3 : Vénus en Maison XI
4 : Vénus en Maison XII
5 : Mars en Maison I
6 : Mars en Maison II
7 : Mars en Maison III
8 : Mars en Maison IV
9 : Mars en Maison V

Les délais et les obstacles mettent le sujet en fureur. Conflits avec les collègues lents. Le système nerveux n'est jamais en repos.

Mars en Maison VII : sociabilité, serviabilité, esprit d'ouverture et de service, popularité. Trop grande franchise pouvant blesser les esprits moins audacieux. Impulsivité dans la vie affective, d'où liens et ruptures nombreux.

Mars en Maison VIII : motivations profondes, mysticisme, occultisme, expériences sexuelles multiples, monde des affaires et des hautes finances.

Mars en Maison IX : voyages, idéal élevé, désir passionné d'accomplissement à la mesure des ambitions.

Mars en Maison X : ambition et compétitivité, carrières où l'avancement est possible, esprit de chef, commandement, direction, responsabilité, dureté.

Mars en Maison XI : relations humaines nombreuses et superficielles. Attirance pour la politique, l'organisation de groupes de travail ou d'étude. Risques de se fâcher avec ses partenaires sociaux par manque de douceur ou de compréhension.

Mars en Maison XII : travail anonyme, emploi subalterne ou derrière le décor de scène, dévouement à une cause, conspiration, complot, secret, mystère. Le sujet doit s'efforcer de ne pas exprimer cette colère innée, qui est comme une seconde nature.

JUPITER DANS LES MAISONS

Jupiter apporte au secteur représenté par la Maison où il se trouve : développement, expansion, sagesse et chances d'accomplissement.

Jupiter en Maison I : enthousiasme, audace, optimisme, création de possibilités nouvelles, contrôle de son propre destin et de son environnement. Complexe de supériorité.

Jupiter en Maison II : soit le sujet est idéaliste et considère les richesses matérielles comme dégradantes, soit, au contraire, il travaille comme un forçat pour acquérir puissance et fortune. Dans tous les cas, il demeure généreux,

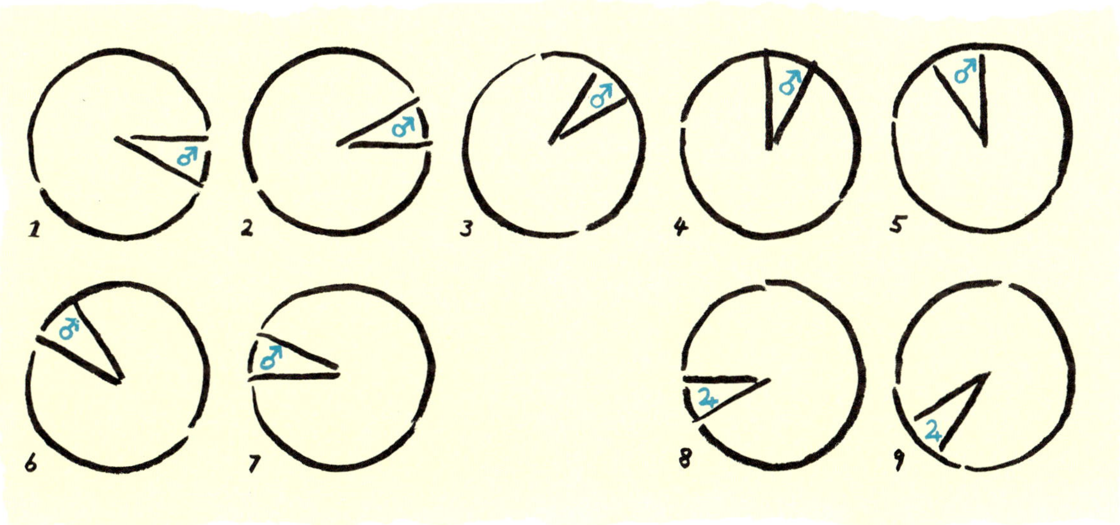

1 : Mars en Maison VI
2 : Mars en Maison VII
3 : Mars en Maison VIII
4 : Mars en Maison IX
5 : Mars en Maison X
6 : Mars en Maison XI
7 : Mars en Maison XII
8 : Jupiter en Maison I
9 : Jupiter en Maison II

prodigue et extravagant. L'argent est rarement un problème.

Jupiter en Maison III : le sujet nourrit de grandes idées qu'il cherche à imposer aux autres. Art de la communication, carrière dans les médias, les voyages et l'industrie du tourisme. Commerce.

Jupiter en Maison IV : amour de la maison richement décorée, luxueuse et confortable. Déménagements fréquents, même à l'étranger. Le sujet veut être fier de sa famille et de son habitat.

Jupiter en Maison V : confiance, idéalisme, créativité, succès dans les arts, les plaisirs et les métiers de distraction. Les réceptions et les amours du sujet sont théâtrales et grandioses. La pourpre et l'or...

Jupiter en Maison VI : travail, effort, serviabilité, dévouement à des causes élevées. La satisfaction apportée par le travail choisi est plus importante que la rémunération reçue. Pour conserver la santé, le sujet ne doit pas s'écouter.

Jupiter en Maison VII : amitié, initiative dans les relations, générosité, mais également attirance pour les gens qui peuvent être de quelque profit. Popularité.

Jupiter en Maison VIII : certains sujets sont exclusivement attirés par les expériences sexuelles ; d'autres seront fascinés par les études d'occultisme ; d'autres encore concentreront leur énergie sur les affaires et le gain. Si Jupiter est mal aspecté (voir Chapitre 9), perte d'argent.

Jupiter en Maison IX : soit le sujet possède un intellect tourné vers les hautes études et la religion, soit il met des distances entre lui et ses problèmes existentiels en passant sa vie en voyages. Danger de dogmatisme.

Jupiter en Maison X : le sujet se trouve devant un choix à effectuer concernant sa carrière : ou bien il se consacre à la poursuite de son idéal et de la sagesse, ou bien il travaille à acquérir honneurs et pouvoir. Il faut accorder à ces sujets respect et considération, sous peine de ne pas en obtenir le meilleur.

Jupiter en Maison XI : sociable et grégaire, le sujet multiplie des amitiés qui demeurent superficielles. Vastes ambitions, besoin de se faire des alliés.

Jupiter en Maison XII : insatisfaction par la vie matérielle ordinaire, aspirations spirituelles et mystiques, entrée possible en religion, idéalisme, vie intérieure ou privée, imagination, rêve.

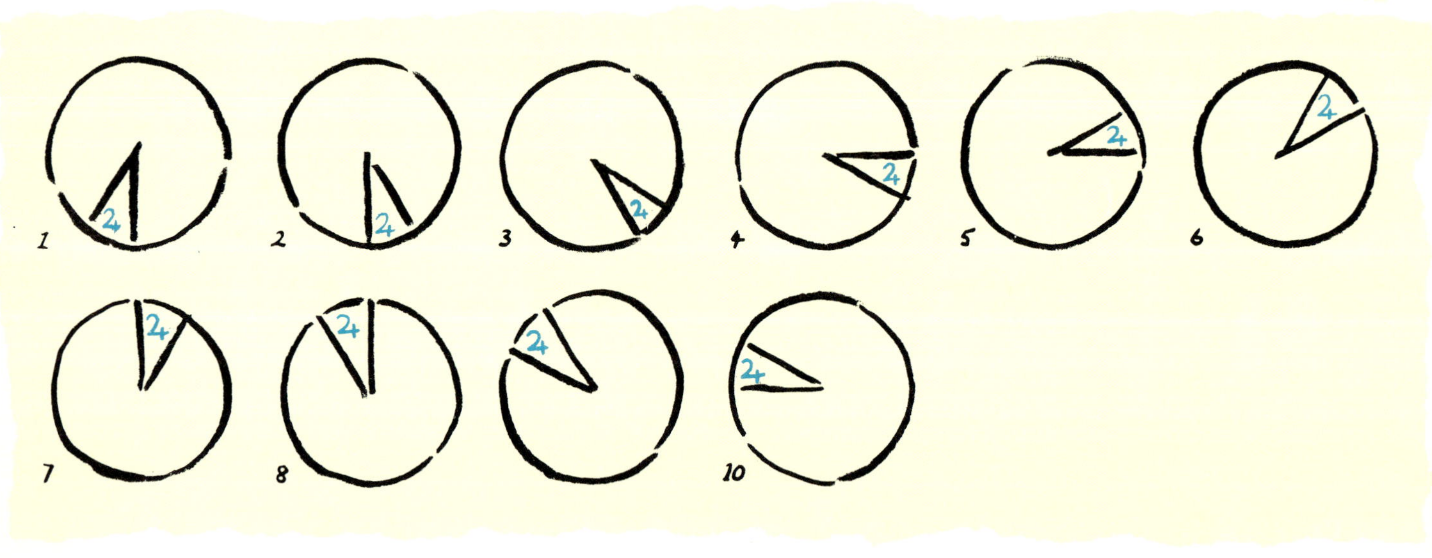

1 : Jupiter en Maison III
2 : Jupiter en Maison IV
3 : Jupiter en Maison V
4 : Jupiter en Maison VI
5 : Jupiter en Maison VII
6 : Jupiter en Maison VIII
7 : Jupiter en Maison IX
8 : Jupiter en Maison X
9 : Jupiter en Maison XI
10 : Jupiter en Maison XII

SATURNE DANS LES MAISONS

Les domaines de la Maison qui accueille Saturne rencontrent obstacles, difficultés et retards dans leur réalisation. Le sujet doit toujours en tirer une leçon profitable.

Saturne en Maison I : instinctivement conservateur, obéissant à l'autorité et acceptant volontiers les restrictions nécessaires, le sujet finit parfois par perdre la confiance qu'il avait en lui-même. Esprit d'échec, dur labeur et dévouement. Le succès vient avec le développement, chez le sujet, d'une autodiscipline rigoureuse.

Saturne en Maison II : peur de la pauvreté, prudence, avarice, occasions ratées par manque d'audace.

Saturne en Maison III : esprit structuré, méthodique, appliqué aux problème pratiques. Manque de confiance qui restreint les pouvoirs imaginatifs et mène à des réalisations purement académiques.

Saturne en Maison IV : le sujet a l'art de se créer des difficultés domestiques et des responsabilités ennuyeuses. Son besoin de sécurité ne sait pas éviter les pièges et les prisons des sentiments.

Saturne en Maison V : le sujet ne croit pas en ses talents de créativité et manque de sociabilité. Il devra donc s'attacher à acquérir une technique et à développer son potentiel artistique. Formalisme.

Saturne en Maison VI : sécurité par le travail acharné. Ambitions élevées et projets de grande envergure, mais retards et difficultés dans leur réalisation. L'effort sera récompensé lentement mais sûrement. Le sujet devra veiller à sa santé.

Saturne en Maison VII : désir de stabilité affective avec le partenaire sentimental, mais retards dans le mariage (opposition des parents ou difficultés financières). Idéaux et objectifs élevés. Attirance pour les personnes plus âgées et plus expérimentées, même si elles sont engagées par ailleurs. Sélectivité en amitié.

Saturne en Maison VIII : intérêt pour l'occultisme. Sexualité grave et parfois inhibée. Responsabilité financière, mais imprudence dans les investissements.

Saturne en Maison IX : le sujet est très influencé par la tradition, la religion, le conservatisme, les valeurs du passé. S'il semble parfois se rebeller, ce ne peut être qu'en apparence, aucune lame de fond ne venant déranger ses structures et ses certitudes profondes. Succès dans le travail lorsque celui-ci impose d'effectuer des voyages à l'étranger.

Saturne en Maison X : difficultés pour choisir une carrière, mais, ensuite, grande stabilité d'emploi pour le sujet. Travail, responsabilité, effort, promotion, esprit pratique, honorabilité, autorité.

Saturne en Maison XI : soit le sujet se renferme sur lui-même, soit il surmonte sa timidité naturelle pour se joindre à des associations et participer à des travaux communs d'ordre social ou politique. Recherche d'amis plus âgés et plus expérimentés.

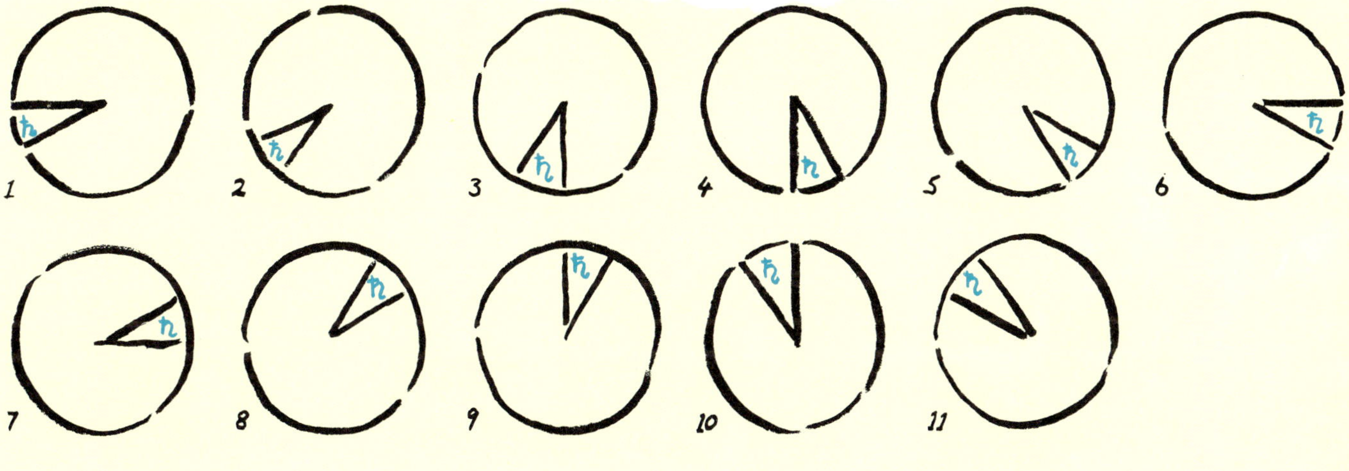

1 : Saturne en Maison I
2 : Saturne en Maison II
3 : Saturne en Maison III
4 : Saturne en Maison IV
5 : Saturne en Maison V
6 : Saturne en Maison VI
7 : Saturne en Maison VII
8 : Saturne en Maison VIII
9 : Saturne en Maison IX
10 : Saturne en Maison X
11 : Saturne en Maison XI

Saturne en Maison XII : le sujet a besoin d'être spirituellement motivé et d'organiser ses actions dans le secret. Peur névrotique de l'autorité ou de l'avenir. Nécessité, pour ce natif, de développer par tous les moyens sa confiance en soi.

URANUS DANS LES MAISONS

Le secteur que représente la Maison où se situe Uranus subit généralement des transformations inattendues, des changements impromptus, et est le théâtre de l'expression de la liberté personnelle.

Uranus en Maison I : le sujet déteste se sentir enfermé, coincé, emprisonné. Individualisme et peur de la foule. Innovation, invention, compétition.

Uranus en Maison II : gains subits ou pertes imprévisibles dans les affaires financières. Revenus grâce à un travail original et inventif. Idées insolites pour dépenser son pécule.

Uranus en Maison III : esprit farfelu qui ne supporte pas une éducation traditionnelle. Les talents sont mis au service d'idéaux tels que l'enseignement, les technologies nouvelles et les moyens modernes de communication ou de publicité.

Uranus en Maison IV : la vie familiale du sujet n'est pas ordinaire et manque de stabilité. Le sujet préfère le chaos à la routine, et les liens astreignants sont mal accueillis. Irresponsabilité familiale.

Uranus en Maison V : grand sens artistique soutenu par les moyens d'expression les plus modernes : art abstrait, théâtre expérimental, musique électronique, etc. Les relations amoureuses empruntent des chemins inhabituels sur la carte du tendre. Les enfants du sujet seront des êtres originaux et très stimulants pour leur entourage.

Uranus en Maison VI : attirance pour le travail inventif, technique ou insolite. Idéalisme et passion désintéressée. Les difficultés ne peuvent naître que de conditions de travail ennuyeuses. Tension nerveuse pouvant affecter la santé.

Uranus en Maison VII : amitiés rares et étranges, mariage bizarre et peu orthodoxe. Peur de perdre son indépendance affective. Le

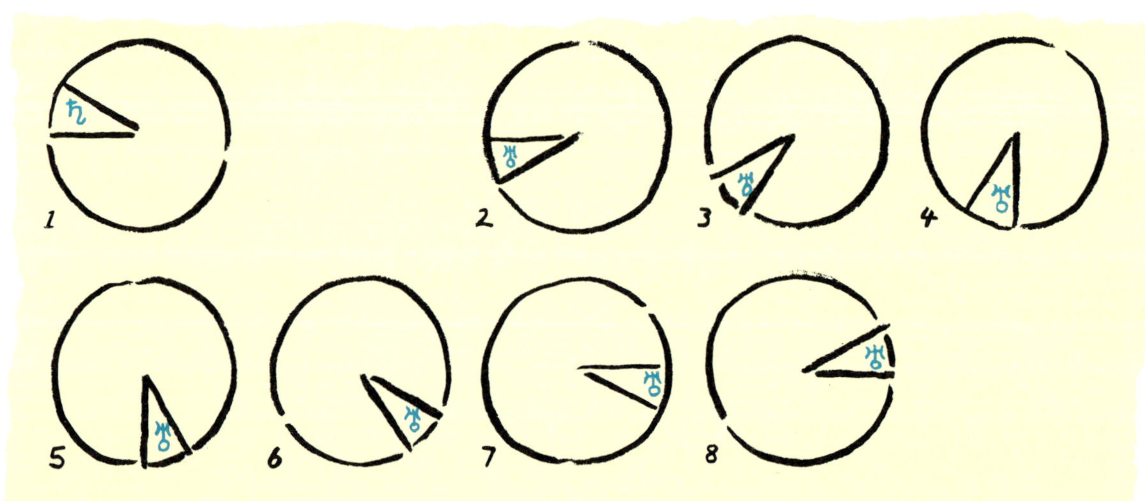

1 : Saturne en Maison XII
2 : Uranus en Maison I
3 : Uranus en Maison II
4 : Uranus en Maison III
5 : Uranus en Maison IV
6 : Uranus en Maison V
7 : Uranus en Maison VI
8 : Uranus en Maison VII

partenaire du sujet doit savoir respecter son jardin secret et sa liberté de mouvement. Le sujet est capable de rompre à tout instant, et sans se retourner.

Uranus en Maison VIII : goût pour les choses cachées, occultes, et les réponses fantastiques aux mystères de l'existence. Amours multiples. Moyens peu conventionnels pour gagner de l'argent.

Uranus en Maison IX : croyances étranges ou tournées vers l'Orient. Intérêt pour les cultes nouveaux. Voyages par amour des aventures insolites.

Uranus en Maison X : le sujet redoute de s'enfermer dans une carrière, sauf s'il peut exploiter ses talents originaux ou travailler pour un idéal. Il peut prendre des décisions et des responsabilités s'il se trouve bien quelque part.

Uranus en Maison XI : les ambitions à long terme ne sont pas pour ce natif, qui préfère se retrouver en groupe pour coopérer à une œuvre commune. Invention, idéalisme, vie amicale riche, échanges.

Uranus en Maison XII : imagination merveilleuse, goût pour des disciplines comme le yoga, la psychologie, ou bien attirance pour le mysticisme ou toute autre technique d'élargissement de la conscience.

NEPTUNE DANS LES MAISONS

La Maison d'accueil de Neptune montre dans quels domaines le sujet applique son idéalisme et où la confusion peut naître.

Neptune en Maison I : sensibilité, imagination, arts et mode, crédulité, mais aussi tromperie, idéalisme, philanthropie, mysticisme.

Neptune en Maison II : confusion, dépense, tromperie, générosité et âpreté dans les questions financières. Le sujet peut aussi bien adorer l'argent pour les biens qu'il procure, ou le mépriser comme une infamie de ce monde matérialiste. Le sujet devrait utiliser ses talents artistiques pour gagner de l'argent.

Neptune en Maison III : imagination poétique, fantaisie, fiction, dons de conteur, enseignement, journalisme. Difficultés à se concentrer sur des faits concrets ou des théories arides.

Neptune en Maison IV : l'environnement familial reste confus ou mystérieux. Le sujet

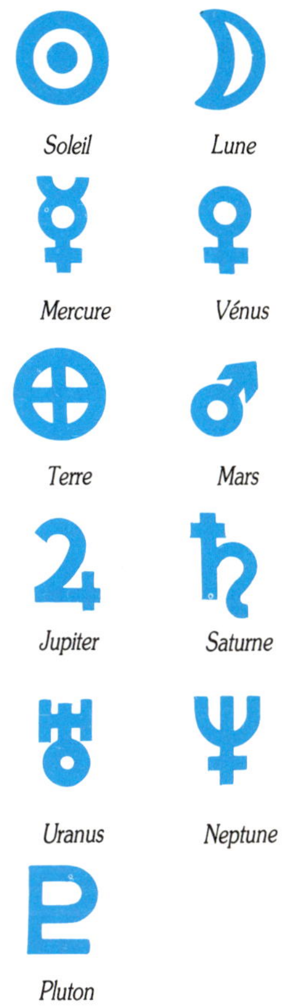

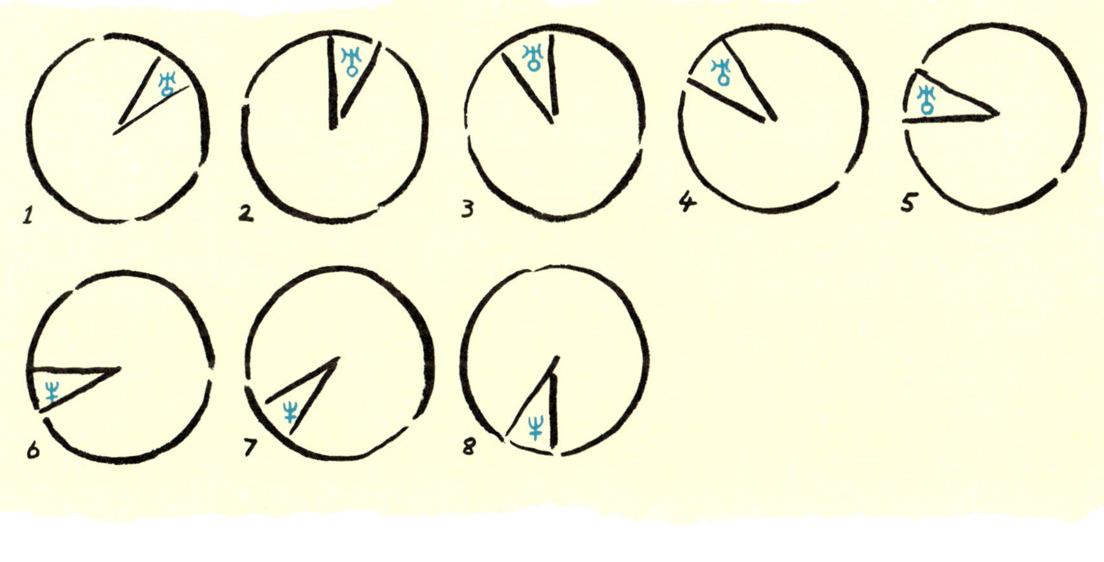

1 : Uranus en Maison VIII
2 : Uranus en Maison IX
3 : Uranus en Maison X
4 : Uranus en Maison XI
5 : Uranus en Maison XII
6 : Neptune en Maison I
7 : Neptune en Maison II
8 : Neptune en Maison III

garde dans son imaginaire le modèle d'un foyer idéal, d'un havre de paix et de quiétude, et il préfère un confortable chaos à une existence routinière.

Neptune en Maison V : imagination vive et talents artistiques certains. Le sujet aime faire des rencontres amoureuses. Bonnes relations avec les enfants.

Neptune en Maison VI : sens grandiose du sacrifice qui amène souvent le sujet à être exploité et sous-payé. Œuvres charitables et activités paramédicales, vie artistique et professions liées au spectacle. Dans des carrières sans intérêt, le sujet s'étiole, paresse et se désorganise. Sa santé peut être complètement minée par une trop grande sensibilité aux dures conditions de l'existence.

Neptune en Maison VII : le sujet idéalise ses partenaires et, par conséquent, connaît de nombreuses déceptions. Il aime la superficialité et ignore les nécessités des situations.

Neptune en Maison VIII : la vie sexuelle du sujet est teintée de fantaisie et d'aspirations irréalistes. Fascination pour le mystère, la magie, l'occulte. Dans le travail, il déborde d'idées originales, mais manque de sens pratique pour passer à la réalisation effective.

Neptune en Maison IX : goût pour le mysticisme, les croyances, les civilisations étrangères et les rêveries. Le sujet est impressionnable par les rituels et influençable par les dogmes. Il devrait éviter de s'occuper de législation.

Neptune en Maison X : dans un travail inintéressant, le sujet peut entretenir, par compensation, des idéaux parfaitement irréalistes et finir par perdre tout sens de l'organisation. Dans un métier qui le passionne et où il peut exprimer ses facultés imaginatives, le sujet manifeste un étonnant dévouement : œuvre charitable ou humanitaire, service social, cinéma, mode, arts et publicité.

Neptune en Maison XI : grandes ambitions et idéaux qui restent flous, donc passibles de changer avec les modes. Timidité en public.

Neptune en Maison XII : rêverie, sensibilité, mysticisme, psychologie, inconscient.

PLUTON DANS LES MAISONS

La Maison où se trouve Pluton révèle une zone d'activité soumise à des changements profonds, des pulsions violentes, et à une activité sourde et volcanique.

1 : Neptune en Maison IV
2 : Neptune en Maison V
3 : Neptune en Maison VI
4 : Neptune en Maison VII
5 : Neptune en Maison VIII
6 : Neptune en Maison IX
7 : Neptune en Maison X
8 : Neptune en Maison XI
9 : Neptune en Maison XII

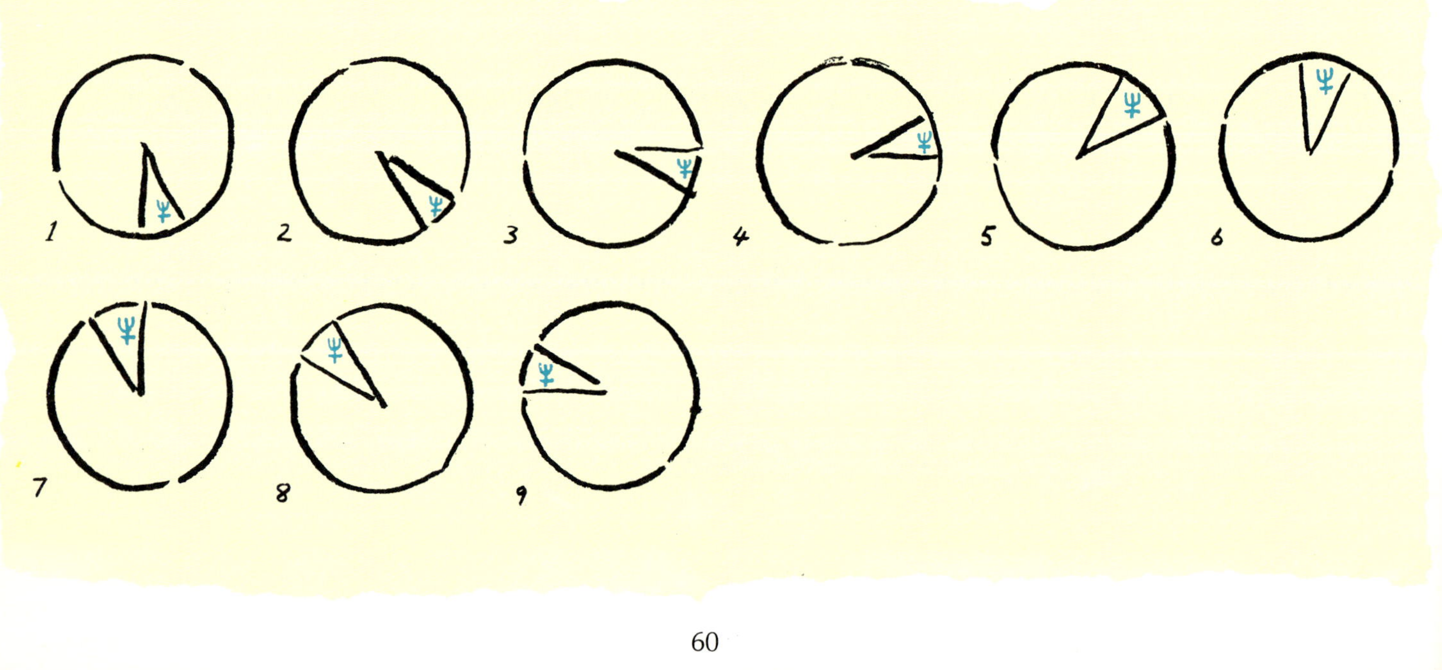

Pluton en Maison I : intensité, détermination, dur labeur, ambitions sans défaillance. Le sujet sait faire taire ses turbulences intérieures mais provoque souvent de véritables révolutions dans son existence.

Pluton en Maison II : l'argent et les possessions matérielles importent au sujet, non pas tant en eux-mêmes que comme catalyseurs de transformations personnelles. Fluctuations dans les finances, selon les risques assumés par le sujet.

Pluton en Maison III : l'esprit du sujet nourrit des intérêts pour des objectifs sombres, profonds, secrets et étranges. Grande réceptivité. Il faut éviter de donner à ce natif une éducation traditionnelle.

Pluton en Maison IV : conflits domestiques, révolutions de palais, soit par la faute du sujet, soit à cause de circonstances extérieures. Si la querelle ne trouve pas de solution, le sujet ira jusqu'à la rupture.

Pluton en Maison V : désir maladif d'être artiste et d'être reconnu en tant que tel. Le sujet peut aussi bien concentrer son énergie sur des activités sociales. Relations difficiles avec les enfants.

Pluton en Maison VI : le sujet dépense une énergie colossale dans son travail et ne tolère aucun laxisme de la part d'associés ou de collègues. Raison, discipline, adaptation à toutes les situations, responsabilité. Le stress et l'épuisement peuvent finir par abattre cette force de la nature.

Pluton en Maison VII : le sujet attend beaucoup trop, affectivement, de ses partenaires et a tendance à leur tendre des pièges pour tester leurs sentiments à son égard. Si le sujet se sent aimé, ce sera un modèle de passion et de dévotion.

Pluton en Maison VIII : émerveillé par les mystères du monde, les problèmes de réincarnation et la vie spirituelle, le sujet se lance à corps perdu dans les études ésotériques et les pratiques mystiques. Les esprits plus matérialistes auront une approche de l'inconnu qui passera par des expériences sexuelles multiples, ou bien ils se lanceront dans des aventures financières de haut vol.

Pluton en Maison IX : le sujet s'attache à des croyances qu'il est prêt à défendre de sa vie. Moralité, intégrité, chevalerie. Voyages au long cours.

Pluton en Maison X : la carrière devient un moyen d'expression et le chemin des acquisitions et du pouvoir. Paradoxalement, le sujet aspire à servir la communauté. Avec cette configuration, nous rencontrons nombre de médecins, de psychologues, d'hommes de religion, de politiciens ou de policiers.

Pluton en Maison XI : le sujet trouve de quoi satisfaire ses désirs de pouvoir en participant à des travaux de groupe. Il est souvent attiré par la carrière politique, soit pour résoudre des problèmes généraux, soit pour mettre fin à ses difficultés personnelles.

Pluton en Maison XII : le sujet se passionne pour l'inconscient, la psychologie, l'occultisme et les possibilités de l'âme humaine de fusionner avec le grand Tout.

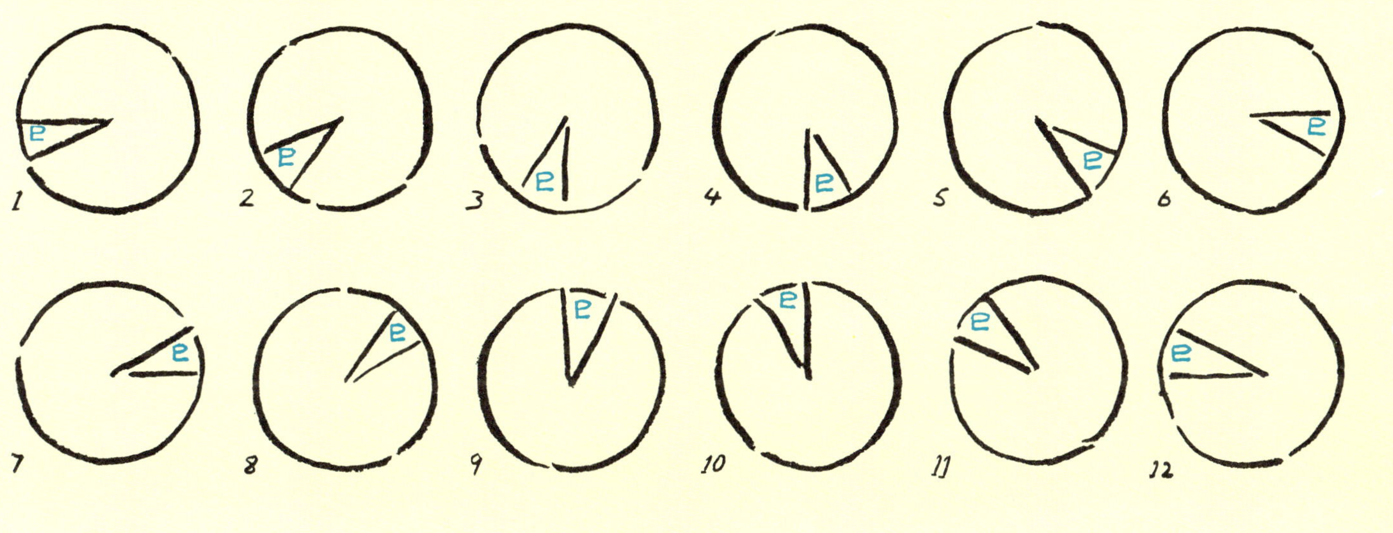

1 : Pluton en Maison I
2 : Pluton en Maison II
3 : Pluton en Maison III
4 : Pluton en Maison IV
5 : Pluton en Maison V
6 : Pluton en Maison VI
7 : Pluton en Maison VII
8 : Pluton en Maison VIII
9 : Pluton en Maison IX
10 : Pluton en Maison X
11 : Pluton en Maison XI
12 : Pluton en Maison XII

CHAPITRE 7
LE CALCUL DE L'HOROSCOPE

Pour dresser une carte du ciel, il faut procéder en deux étapes. Avec la date, l'heure et le lieu de naissance du sujet, on calcule la position des planètes dans les signes du Zodiaque, et ensuite on détermine celle des Maisons et de l'Ascendant. Le premier travail consiste à convertir l'heure de naissance en heure de Greenwich.

Le vocabulaire employé lors des calculs en astrologie peut sembler de prime abord un peu technique et compliqué. Mais les calculs eux-mêmes demeurent assez simples, pour peu que le néophyte s'y consacre. L'aide des calculatrices de poche est actuellement très appréciée des astrologues. Notons que ces calculs se résument à des mathématiques primaires. C'est la raison pour laquelle nous recommandons toutefois au débutant d'apprendre à effectuer ces opérations de base, car il ne disposera pas toujours d'un ordinateur.

Tous les astrologues peuvent commettre des erreurs au cours de leurs calculs. Il en est de même pour les ordinateurs si ceux-ci ont été programmés avec des informations erronées. Ces éventualités mettent l'accent sur l'importance d'une minutieuse vérification des données de base (date, heure et lieu de naissance) avant de procéder à l'étude d'un thème. Si l'on n'est pas sûr de ses informations, il est inutile d'entamer des travaux astrologiques.

L'horoscope — éléments de base
L'horoscope est basé sur des données précises : l'heure, la date et le lieu de naissance.

Lieu

Temps/Pendule

Calendrier

LES INSTRUMENTS DE TRAVAIL

L'astrologue a tout intérêt à se munir de crayons de différentes couleurs pour garder une vision claire de son schéma. Il peut dessiner la roue du Zodiaque avec un compas et une règle d'écolier, mais on trouve facilement en librairie des chartes imprimées.

Les éphémérides : c'est la liste (ou table) des positions planétaires. Généralement, les éphémérides fournissent ces renseignements soit pour une période d'une cinquantaine d'années, soit de façon plus détaillée pour une année déterminée. Le lecteur trouvera à la fin de ce volume les tables nécessaires pour calculer les positions des planètes et les répartir sur le Zodiaque.

Les Tables des Maisons : elles donnent la liste des positions des cuspides des Maisons. Il existe plusieurs éditions de ces tables selon le système adopté. En fin de volume, le lecteur pourra consulter la Table des Maisons qui observe le système égalitaire.

Un atlas : il est nécessaire pour repérer les longitude et latitude du lieu de naissance du consultant.

Une calculatrice électronique : beaucoup d'astrologues modernes simplifient leurs calculs en utilisant les techniques actuelles. Cette calculatrice « astrologique » devra faire figurer les degrés / minutes / secondes et les heures / minutes / secondes.

LES ÉLÉMENTS DE BASE : DATE, HEURE ET LIEU DE NAISSANCE

Il est essentiel d'obtenir du consultant ses date, heure et lieu précis de naissance. Il n'est cependant pas utile de localiser à un arrondissement près une naissance dans une grande cité telle que Paris ou Londres, même s'il peut y avoir une minute ou deux de différence d'un bout à l'autre d'une métropole. Cela ne changerait rien fondamentalement à l'établissement de l'horoscope et à son interprétation. Si la naissance a eu lieu dans

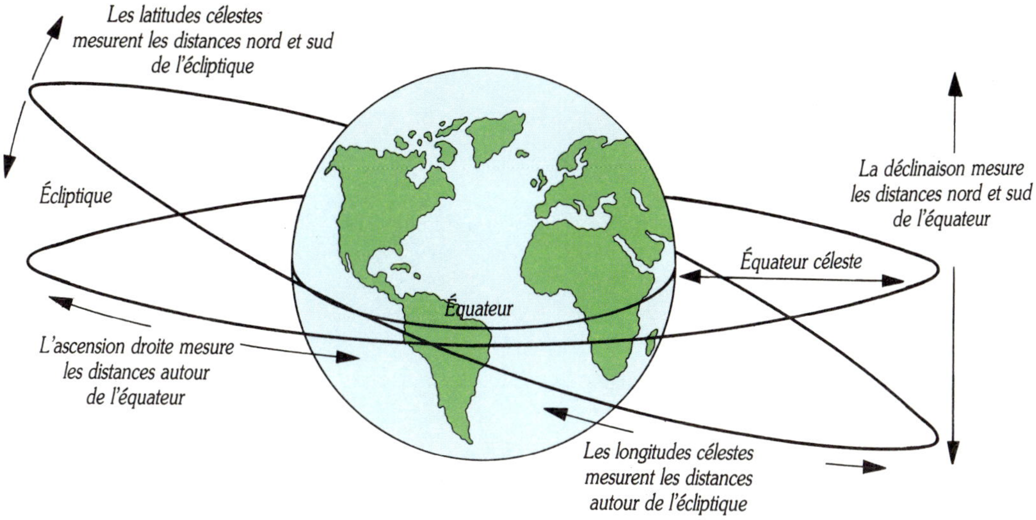

un petit village, il faut se référer à la grande ville la plus proche, celle qui a des chances d'apparaître sur les cartes de l'atlas.

L'heure de naissance pose souvent des problèmes. Pendant longtemps, l'enregistrement ne donnait jamais le temps exact : 15 ou 30 minutes, parfois 1 ou 2 heures, voire 1 ou 2 jours, pouvaient séparer le moment réel d'une naissance des renseignements effectifs inscrits sur les registres administratifs. D'autre part, on observe que les gens, bien souvent, donnent leur heure de naissance au quart ou à la demie. Or la nature n'a pas cette régularité !

Lorsque l'heure de naissance n'est qu'approximative ou même parfaitement inconnue, l'astrologue se trouve devant un dilemme. Si le consultant donne un éventail n'excédant pas une heure, l'astrologue devra établir l'horoscope en choisissant le temps moyen entre les deux points extrêmes proposés. Mais il lui faudra être très prudent dans ses interprétations et surveiller les réactions du sujet : si ce dernier désapprouvait véhémentement une affirmation, il serait nécessaire de réviser le choix de l'heure.

D'autres personnes situent le moment de leur naissance « dans les premières heures du jour », ou bien « à la tombée de la nuit ». L'astrologue établit alors un horoscope spéculatif passible de changements au cours de l'interprétation.

S'il n'existe aucune heure officielle de la naissance du consultant, l'astrologue est contraint d'établir un thème « solaire » pour minuit, l'aube, ou plus généralement pour midi, selon sa préférence. Dans ce cas également, l'horoscope est spéculatif, mais il laisse la possibilité d'une bonne approche du sujet, malgré tout.

Ajoutons cependant que l'expérience est à même de pallier ces manques d'information.

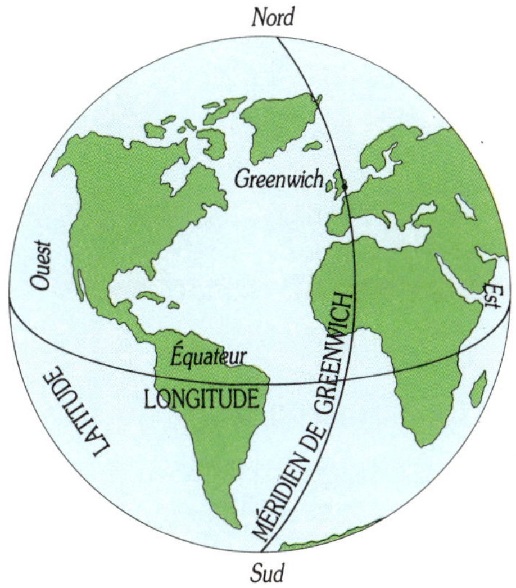

LATITUDE ET LONGITUDE

Un astrologue chevronné peut, en comparant les événements d'une existence et le mouvement des planètes, parvenir à situer une heure de naissance jusqu'alors inconnue. Il peut également rectifier l'horoscope en soumettant son interprétation à l'approbation du consultant.

Comment mesurer l'espace
On utilise quatre coordonnées pour déterminer la position d'une planète dans l'espace. Parmi celles-ci, la plus importante est la longitude céleste qui permet de situer la planète par rapport à l'écliptique (ou course apparente du Soleil à travers le ciel). Cette mesure s'inscrit sur la succession des signes autour de la roue du Zodiaque, en commençant par 0° du Bélier et en terminant par 30° des Poissons.

Au centre : *les latitudes sont des lignes qui font le tour de la Terre d'est en ouest et qui servent à mesurer les distances au nord et au sud de l'équateur. Les longitudes sont des lignes qui, comme des tranches de melon, vont du pôle Nord au pôle Sud et qui servent à mesurer les distances à l'est et à l'ouest du méridien de Greenwich.*
Le Soleil met 4 minutes pour parcourir 1° de longitude. Le temps mis par le Soleil pour voyager du méridien de Greenwich à un point donné sur la Terre est appelé équivalence longitudinale.

En bas : temps sidéral et temps local
Le jour « local » ordinaire est divisé en 24 heures et correspond à une rotation complète de la Terre en relation avec le Soleil. Le jour sidéral est basé sur la rotation de la Terre en relation avec les étoiles, et il est plus court de 4 minutes.
Si le temps local et le temps sidéral sont synchronisés au début d'une journée, lorsqu'il est minuit en temps local, l'heure sidérale sera exactement de 23 h 56' 06". Après 17 jours, la différence entre les deux systèmes correspond à environ 1 heure. Le temps local doit toujours être converti en temps sidéral lors des calculs de l'Ascendant et de la position des Maisons.

TEMPS SIDÉRAL TEMPS LOCAL

Une convention internationale reconnaît comme référence standard le méridien de Greenwich (la ligne de longitude qui passe par l'observatoire de Greenwich, près de Londres), pour définir l'est et l'ouest par rapport au temps 0.
L'heure de Greenwich (GMT) est l'heure normale de Grande-Bretagne. Tous les territoires à l'est de Greenwich ont une à douze heures d'avance, et tous les territoires à l'ouest de Greenwich ont une à douze heures de retard sur celle de Greenwich.

Les frontières horaires aux États-Unis
Les USA sont divisés en 4 zones. Quand il est midi à Greenwich, il est 7 heures à l'Est, 4 heures à l'Ouest, et respectivement 5 et 6 heures dans les deux zones centrales.

LES MESURES

L'ESPACE : le Zodiaque est divisé en 360 degrés, c'est-à-dire en 12 espaces (les signes) de 30 degrés chacun. Chaque degré (°) est composé de 60 minutes ('), et chaque minute est composée de 60 secondes ("). Les secondes sont rarement utilisées. Par exemple, on décrit comme suit une position de la Lune qui se trouverait à 1 degré 16 minutes et 28 secondes des Gémeaux : ☽ à 1° 16' 28" ♊, ou encore ☽ à 1° 16' ♊, ou encore ☽ à 1° ♊ 16', ou enfin, sous une forme simplifiée, ☽ à 1° ♊.

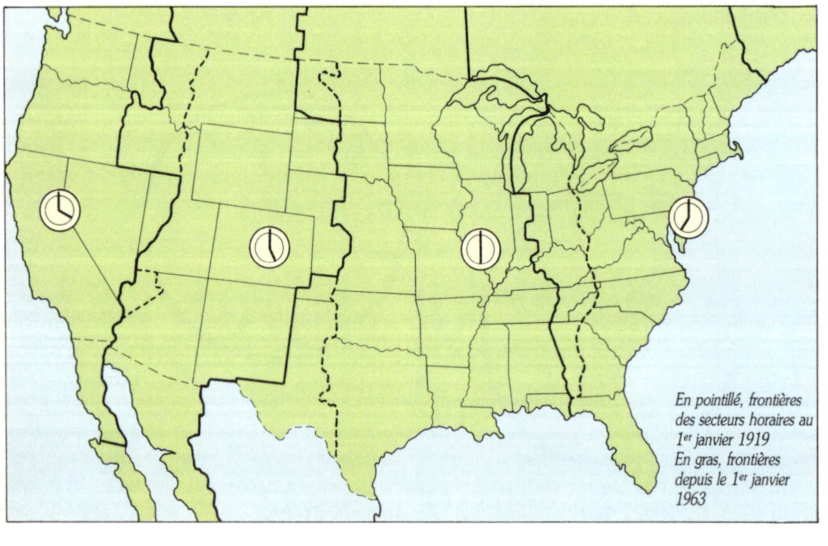

En pointillé, frontières des secteurs horaires au 1er janvier 1919
En gras, frontières depuis le 1er janvier 1963

C'est ce que l'on nomme, en astrologie, la *longitude céleste,* calculée en suivant le ruban de l'écliptique du Soleil.

LE TEMPS : l'astrologie utilise deux méthodes séparées et complémentaires pour mesurer le temps. La première nous est familière et divise le temps en secondes, minutes, heures, jours de 24 heures et années de 365 jours (ou 366 pour les années bissextiles). Les événements terrestres dépendent de ce système, qui définit l'année comme l'*année solaire*.

Le second système est celui qui tient compte du *temps sidéral,* fondé sur la rotation de la Terre en relation non plus avec le Soleil, mais cette fois avec les étoiles. L'année sidérale dure 365 jours 6 heures 9 minutes et 9,5 secondes. Un jour sidéral est plus court qu'un jour solaire : 23 heures 56 minutes et 4,09 secondes. La conversion des données en temps sidéral est essentielle aux calculs astrologiques.

LA TERRE : tout lieu se définit par sa latitude et par sa longitude. La latitude mesure les distances vers le nord et vers le sud à partir de l'équateur, et la longitude mesure les distances vers l'est et vers l'ouest à partir du méridien de Greenwich. Ces calculs emploient les degrés, les minutes et quelquefois les secondes. Par exemple, la latitude de Los Angeles est de 34° 03′ nord et sa longitude de 118° 15′ ouest. Melbourne, en Australie, a une latitude de 37° 47′ sud et une longitude de 144° 58′ est.

Année

1960

Mois	Date	1	2	3	4	5	6	7	8	9	10	11	12	13	14	15	16	17	18	19	20	21	22	23	24	25	26	27	28	29	30	31
JANVIER	☉	♑ 10	11	12	13	14	15	16	17	18	19	20	21	22	23	24	25	26	27	28	29	♒ 0	1	2	3	4	5	6	7	8	9	♒ 10
	☽	♒ 10	25	♓ 8	22	♈ 5	17	29	♉ 11	23	♊ 5	17	29	♋ 11	23	♌ 5	17	♍ 0	13	26	♎ 9	22	♏ 6	20	♐ 4	19	♑ 4	19	♒ 3	18	♓ 2	♓ 16
	☿	♐ 25	26	28	29	♑ 1	3	4	6	7	9	10	12	13	15	17	18	20	21	23	25	26	28	♒ 0	1	3	5	6	8	10	11	♒ 13
	♀	♏ 28	♐ 0	1	2	3	4	6	7	8	9	10	12	13	14	15	16	18	19	20	21	22	24	25	26	27	29	♑ 0	1	2	3	♑ 5
	♂	♐ 20	21	22	22	23	24	25	25	26	27	28	28	29	♑ 0	1	1	2	3	4	4	5	6	7	7	8	9	10	10	11	12	♑ 12

Date	1	6	12	18	24	30		1	6	12	18	24	30		1	15	30		1	15	30		1	15	30		1	15	30
♃	♐ 19	20	21	22	24	25	♄	♑ 9	10	11	11	12	13	♅	♌ 21	20	19	♆	♏ 9	9	9	♇	♍ 6	6	6	☊	♍ 28	27	25
	Jupiter							Saturne							Uranus				Neptune				Pluton				Nœud nord		

Positions en degrés

CALCUL N° 1 LA CONVERSION DU TEMPS EN HEURE DE GREENWICH

L'heure natale du consultant doit avant tout être convertie en *heure de Greenwich* (appelée GMT = Temps Moyen de Greenwich, ou TU = Temps Universel), qui est la référence standard pour établir la position des fuseaux horaires du monde entier.

En effet, la planète Terre, telle une orange, est divisée en tranches d'égale distance qui relient les deux pôles et qui répartissent les 24 heures du cadran sur toute la surface de la mappemonde, en accord avec la marche du Soleil.

Tous les pays à l'est de Greenwich ont de 1 à 12 heures d'avance par rapport à l'heure de Greenwich ; tous les pays à l'ouest du méridien étalon ont entre 1 et 12 heures de retard par rapport à l'heure GMT. Donnons un exemple : New York se trouve à 5 heures à l'ouest de Greenwich, tandis que Berlin se situe à 1 heure à l'est de Greenwich. Quand l'heure GMT marque midi, il est 7 heures du matin à New York et 13 heures à Berlin.

Dans de nombreux pays, les pendules indiquent 1 heure d'avance par rapport à l'heure solaire durant tous les mois d'été, et cela pour des raisons de commodités liées à l'ensoleillement et, plus récemment, par souci d'économies d'énergie. C'est ce que l'on appelle l'*heure d'été.* Parfois même, certains gouvernements s'autorisent une double heure d'été, en avançant les pendules de 2 heures.

L'*heure locale* est l'heure solaire réelle. Dans la plupart des pays, durant certaines périodes historiques répertoriées, l'heure locale a été remplacée par une *heure légale* ou officielle, qui ne correspondait plus à l'heure solaire exacte, mais qui imposait conventionnellement une même heure à toute une nation en se référant le plus souvent à l'heure locale de la capitale. Dans ce cas, on ne tenait plus compte, aux frontières éloignées, des variations de longitude pour définir une heure de naissance. Or, c'est l'heure locale solaire qui nous importe, notamment pour situer les cuspides des Maisons d'un thème.

Le processus est le suivant :

Vérifier d'abord si le sujet est né en heure d'été (voir les tables en fin de volume) : ôter 1 ou 2 heures, selon les cas, à l'heure de naissance.

Ensuite, si l'heure de naissance est donnée en heure locale, il faut la convertir en heure de Greenwich. Si le lieu de naissance (voir l'atlas) est à l'ouest de Greenwich, ajouter l'heure locale

CALCUL DU MOUVEMENT JOURNALIER D'UNE PLANÈTE

Position à la fin du jour	18° 13′
Position au début du jour	– 16° 23′
Mouvement journalier	1° 50′
Position à la fin du jour	18°
Position au début du jour	– 12°
Mouvement journalier	6°
Si la planète est rétrograde, on inverse les calculs	
Position au début du jour	12° 41′
Position à la fin du jour	– 11° 43′
Mouvement journalier	0° 58′

CONVERSION D'UNE HEURE DE NAISSANCE EN HEURE DE GREENWICH (GMT)

Date de naissance	21 décembre 1980		
Lieu de naissance	New York		
	h	m	s
Heure de naissance	23	0	0
Fuseau horaire (Est– ; Ouest+)	+ 5	0	0
Heure d'été ? Non	–	–	–
Heure de naissance GMT	4	0	0
Date de naissance GMT	22 décembre 1980		

CONVERSION D'UNE HEURE DE NAISSANCE EN HEURE DE GREENWICH (GMT)

Date de naissance	20 août 1976		
Lieu de naissance	Londres		
	h	m	s
Heure de naissance	16	0	0
Fuseau horaire (Est– ; Ouest+)	–	–	–
Heure d'été ? Oui	– 1	0	0
Heure de naissance GMT	15	0	0

Lecture des éphémérides

Les éphémérides sont un guide simple des positions planétaires. La position de chaque planète est toujours donnée pour minuit (0 heure) de Greenwich. Les positions du Soleil, de la Lune, de Mercure, de Vénus et de Mars sont données pour chaque jour ; celles de Jupiter et de Saturne pour six jours ; celles d'Uranus, de Neptune, de Pluton et du Nœud nord pour quinze jours. En étudiant la table ci-contre, il est facile de voir qu'à minuit, le 1er janvier 1960, le Soleil était à 10° du Capricorne, ou bien qu'à minuit le 5 janvier, la Lune était à 5° du Bélier.

La dernière ligne donne les positions des cinq planètes lentes et du Nœud nord. Le 1er janvier, Jupiter était à 19° du Sagittaire, Saturne à 9° du Capricorne, Uranus à 21° du Lion.

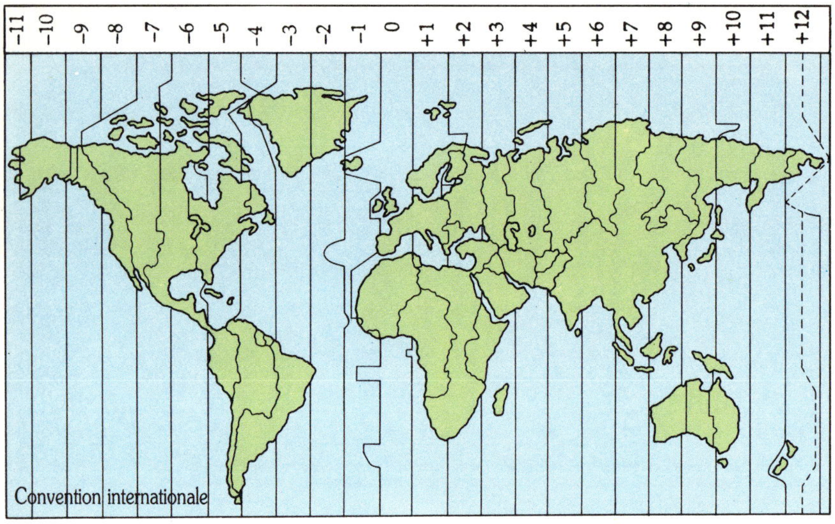

La Terre est divisée en 24 zones (les fuseaux horaires) correspondant chacun à 15 ° de longitude. Le méridien de Greenwich forme la ligne de changement non seulement de l'heure, mais aussi de la date, selon une convention internationale.

à celle de naissance ; si le lieu de naissance est à l'est de Greenwich, retrancher l'heure locale de celle de naissance. On obtient ainsi l'heure de Greenwich au moment de la naissance du sujet.

Convertir l'heure de naissance en heure GMT peut parfois amener le moment de la naissance à changer de date. Ce sera la date GMT de la naissance, base de l'horoscope.

CALCUL N° 2 LONGITUDE ZODIACALE DES PLANÈTES

La position des planètes est calculée principalement en degrés et en minutes. Une variation de quelques minutes n'a pas beaucoup d'influence sur l'interprétation d'un thème.

Cette position est donnée dans les éphémérides pour minuit GMT et arrondie au degré le plus proche. Ce qui signifie qu'aucun calcul complexe n'est demandé pour trouver la position approximative d'une planète, excepté pour la Lune.

La méthode proportionnelle est celle utilisée pour calculer la position de la Lune par rapport au degré le plus proche, et la position des autres planètes par rapport à la minute la plus proche.

On procède de la façon suivante :

1. Convertir l'heure de naissance en heure de naissance GMT.
2. Calculer l'intervalle qui sépare minuit GMT (0 h 0 mn) de l'heure de naissance. Par exemple, si la naissance a eu lieu à 3 heures de l'après-midi GMT, l'intervalle sera de 15 heures.
3. Calculer le mouvement journalier de la planète, c'est-à-dire le trajet effectué par celle-ci durant la journée de la naissance. Pour cela, on soustrait la position au début du jour de celle à la fin du jour.
4. Diviser le mouvement journalier par 24 pour obtenir la distance parcourue par la planète en 1 heure.
5. Multiplier ce résultat par l'intervalle. On peut simplifier en arrondissant l'intervalle à l'heure la plus proche.
6. Ajouter ce résultat à la position de la planète au début du jour. Si la planète est rétrograde, soustraire ce même résultat de la position de la planète au début du jour.
7. Le résultat final est la position approximative de la planète au moment de la naissance. La même méthode peut être employée pour trouver la position la plus précise de la planète, c'est-à-dire au degré et à la minute près.

CALCUL RAPIDE D'UNE POSITION PLANÉTAIRE APPROXIMATIVE

Naissance à 3 h 15 GMT, le 1er juillet 1986. L'heure est ramenée à 3 heures pour simplifier le calcul de la position de la Lune.

Méthode porportionnelle

	h	m	s
Intervalle entre naissance et minuit GMT	3	0	0
Position de la planète à la fin du jour (X)	13°	0′	0″ ♉
Position de la planète au début du jour	− 1°	0′	0″ ♉
Mouvement journalier de la planète	12°	0′	0″
Mouvement horaire de la planète (mouvement journalier : 24) 12°:24 = 1/2° = 0° 30′	0°	30′	0″
Mouvement journalier × intervalle (3 × 0° 30′)	1°	30′	0″
Position de la planète au début du jour	+ 1°	0′	0″
Position de la planète au moment de la naissance	2°	30′	0″ ♉

CALCUL RAPIDE D'UNE POSITION PLANÉTAIRE APPROXIMATIVE

Dans cet exemple, la Lune change de signe durant la journée.
Naissance à 21 heures, le 3 juillet 1986.

Méthode porportionnelle

	h	m	s
Intervalle entre naissance et minuit GMT	21	0	0
Position de la planète à la fin du jour	37°	0′	0″ ♊
Position de la planète au début du jour	− 25°	0′	0″ ♉
Mouvement journalier de la planète	12°	0′	0″
Mouvement horaire de la planète (mouvement journalier : 24)	0°	30′	0″
Mouvement journalier × intervalle (21° × 0° 30′)	10°	30′	0″
Position de la planète au début du jour	+ 25°	0′	0″ ♉
Position de la planète au moment de la naissance	35°	30′	0′
donc :	5°	30′	0″ ♊

CALCUL N° 3 LA POSITION DES MAISONS ET DE L'ASCENDANT

Pour calculer la position des Maisons, il faut tenir compte de la longitude et de la latitude du lieu de naissance, d'une part, et du temps sidéral, d'autre part. Le système de référence est la Table des Maisons pour la latitude nord. Un ajustement est nécessaire dans les calculs pour situer les Maisons dans le cas de naissances en latitude sud.

Le processus est le suivant :

1. Convertir l'heure de naissance en heure de naissance GMT.
2. Repérer sur un bon atlas la longitude et la latitude du lieu de naissance.
3. Noter le temps sidéral de minuit GMT (0 heure) pour le jour de la naissance, en se

souvenant que la date peut avoir changé lors des calculs de conversion de l'heure de naissance en heure de naissance GMT (voir tables en fin de volume).
4. Prendre l'intervalle entre minuit GMT (0 heure) et l'heure GMT de naissance.
5. Ajouter cet intervalle au temps sidéral pour minuit.
6. Trouver l'accélération sur l'intervalle et ajouter celle-ci au chiffre précédent (voir tableaux en fin de volume). Le résultat donne le temps sidéral à Greenwich au moment de la naissance.
7. Calculer l'équivalent en temps de la longitude du lieu de naissance (voir tables en fin de volume). Si la longitude se trouve à l'est de Greenwich, il faut ajouter cette équivalence au temps sidéral de Greenwich à la naissance. Si la longitude se situe à l'ouest du méridien étalon, il faut soustraire cette même équivalence du temps sidéral à Greenwich au moment de la naissance.
8. Si le résultat excède 24 heures, retirer 24 heures.
9. Prendre les Tables des Maisons pour la latitude nord. Chercher la colonne correspondant à la latitude du lieu de naissance et pointer la colonne du temps sidéral jusqu'à l'apparition de l'heure la plus proche de l'heure sidérale locale au moment de la naissance. Lire la position de l'Ascendant et du Milieu du Ciel.

Pour les latitudes sud, il faut procéder comme suit :
1. Calculer l'heure sidérale locale du moment de la naissance comme pour les latitudes nord.
2. Ajouter 2 heures.
3. Si le résultat dépasse 24 heures, retrancher 24 heures.
4. Utiliser les Tables des Maisons pour trouver l'équivalent des latitudes nord. Par exemple, pour 43° sud, chercher dans les tables 43° nord.
5. Lire la position de l'Ascendant et du Milieu du Ciel.
6. Inverser les signes. Par exemple, le Bélier devient la Balance et le Scorpion devient le Taureau.

CALCUL N° 4 LA POSITION EXACTE DE L'ASCENDANT ET DU MILIEU DU CIEL

Après avoir déterminé la position approximative de l'Ascendant et du Milieu du Ciel, il est possible de dresser une carte du ciel et d'interpréter un horoscope, mais il est recommandé de préciser l'emplacement exact des angles d'une charte. Ces compléments d'information sont importants pour une astrologie prévisionnelle.

Méthode pour calculer les positions exactes de l'AS et du MC :

1. Calculer l'heure sidérale locale de la naissance du sujet, puis consulter les Tables des Maisons pour repérer le temps sidéral qui précède et celui qui suit le moment de la naissance. Noter l'AS et le MC pour ces deux temps.
2. Soustraire le premier de ces temps du second. Convertir le résultat obtenu en secondes. Par exemple, 3' 10" = 190". Appelons ce chiffre A.
3. Soustraire le premier temps sidéral du temps sidéral local de la naissance. Convertir le résultat en secondes et nommer ce chiffre B.
4. Soustraire le MC du premier temps sidéral du MC du dernier temps sidéral. Convertir le résultat en minutes. Par exemple, 1° 0' = 60'. Appelons ce chiffre C.
5. Soustraire l'AS du premier temps sidéral de l'AS du dernier temps sidéral. Convertir le résultat en minutes et nommer ce chiffre D.
6. Multiplier B par D et diviser le résultat par A. On obtient un total en minutes et en secondes. Y ajouter l'AS du premier temps sidéral. On obtient l'AS exact au moment de la naissance.
7. Multiplier B par C et diviser le résultat par A. On obtient un total en minutes et en secondes. Y ajouter le MC du premier temps sidéral. On obtient le MC exact au moment de la naissance.

CALCUL DE L'ASCENDANT ET DU MILIEU DU CIEL (SYSTÈME ÉGALITAIRE)

Date de naissance GMT	4 juillet 1986			
	h	m	s	
Heure de naissance GMT	3	30	0	
Lieu de naissance	Los Angeles			
Latitude	34°	03'	0"	N
Longitude	118°	15'	0"	O

	h	m	s
Temps sidéral de minuit GMT	18	46	50
Intervalle entre minuit et heure GMT de naissance	+ 3	30	0
Résultat	22	16	50
Accélération sur l'intervalle	+ 0	0	34
Temps sidéral à Greenwich au moment de la naissance	22	17	24
Équivalence longitudinale (Est + ; Ouest —)	— 7	53	
Heure sidérale locale à la naissance	14	24	24
Oter 24 heures si nécessaire : non	—	—	—
Résultat	14	24	24

Sur les Tables des Maisons pour la latitude 34° nord, on lit :
AS 19° ♑ approximativement
MC 8° ♏ approximativement

CALCUL RAPIDE D'UNE POSITION PLANÉTAIRE EXACTE

En utilisant des Tables très détaillées et une calculatrice de poche, il est possible de donner la position d'une planète à la minute près. Calcul de la position de la Lune pour une naissance donnée le 4 juillet 1986 à 3 heures et 36 minutes GMT.

Méthode proportionnelle

	h	m	s
Intervalle entre minuit et heure GMT de naissance	3	46	0
Position de la planète à la fin du jour	18°	27'	0" ♊
Position de la planète au début du jour	— 6°	37'	0" ♊
Mouvement journalier de la planète	11°	50'	0"
Mouvement horaire de la planète (mouvement journalier : 24)	0°	9'	35"
Mouvement horaire × intervalle	1°	51'	0"
Position planétaire au début du jour	+ 6°	37'	0"
Position planétaire au moment de la naissance	8°	28'	0" ♊

CALCUL DE L'ASCENDANT, DU MILIEU DU CIEL ET DES CUSPIDES (SYSTÈME ÉGALITAIRE) POUR UNE NAISSANCE EN HÉMISPHÈRE SUD

Date de naissance GMT	5 août 1974			
	h	m	s	
Heure de naissance GMT	22	10	0pm	
Lieu de naissance	Melbourne			
Latitude	37°	47′	0″	S
Longitude	144°	58′	0″	E

		h	m	s
Temps sidéral de minuit GMT		20	52	40
Intervalle entre minuit et heure GMT de naissance	+	10	10	0
Résultat		31	02	40
Accélération sur l'intervalle	+		1	40
Temps sidéral à Greenwich au moment de la naissance		31	04	20
Équivalence longitudinale (Est + ; Ouest —)	+	9	39	52
Heure sidérale locale à la naissance		40	44	12
Oter 24 heures si nécessaire : oui	—	24	0	0
Résultat		16	44	12

Sur la Table des Maisons, pour la lattitude 37° nord, on lit :
AS 1° ♓
MC 13° ♐

CALCUL DE L'ASCENDANT ET DU MILIEU DU CIEL APPROXIMATIFS

		h	m	s
Temps sidéral de minuit GMT		18	45	44
Intervalle entre minuit et heure GMT de naissance	+	21	25	0
Résultat		40	10	44
Accélération sur l'intervalle	+	0	3	31
Temps sidéral à Greenwich au moment de la naissance		40	14	15
Équivalence longitudinale (Est + ; Ouest —)	—	0	0	52
Heure sidérale locale à la naissance		40	13	23
Oter 24 heures si nécessaire : oui	—	24	0	0
Résultat		16	13	23

Sur la Table des Maisons, pour la lattitude 51° nord, on lit :
AS 5° ♒ approximativement
MC 5° ♐ approximativement

AJUSTEMENT POUR LE CALCUL DES MAISONS EN HÉMISPHÈRE SUD

		h	m	s
Heure sidérale locale à la naissance		16	44	12
Ajouter 12 heures		28	44	12
Oter 24 heures si nécessaire : oui	—	24	0	0
Résultat		4	44	12

Sur la Table des Maisons, pour la latitude 37° nord, on lit :
AS 14° ♍ signe opposé = 14° ♓
MC 12° ♊ signe opposé = 12° ♐

CALCUL DE L'ASCENDANT ET DU MILIEU DU CIEL EXACTS

		h	m	s
(1) Heure sidérale locale à la naissance		16	13	23
Temps sidéral précédent		16	12	13
Temps sidéral suivant		16	16	26
(2) Temps sidéral suivant		16	16	26
Temps sidéral précédent	—	16	12	13
Résultat		0	4	13
Conversion en secondes		0°	0′	253″
C'est le résultat A				
(3) Heure sidérale locale à la naissance		16	13	23
Temps sidéral précédent	—	16	12	13
Résultat		0	1	10
Conversion en secondes		0°	0′	70″
C'est le résultat B				
(4) MC du temps sidéral suivant		6	0	0
MC du temps sidéral précédent	—	5	0	0
Résultat		1	0	0
Conversion en minutes		0°	60′	0″
C'est le résultat C				
(5) AS du temps sidéral suivant		6	32	0
AS du temps sidéral précédent	—	4	53	0
Résultat		1	39	0
Conversion en minutes		0°	99′	0″
C'est le résultat D				
(6) $\frac{B \times D}{A}$		$\frac{70 \times 99}{253}$		
Résultat		0°	27′	23″
AS du temps sidéral précédent	+	4°	53′	0″ ♒
AS pour le moment de la naissance		5°	20′	23″ ♒
(7) $\frac{B \times C}{A}$		$\frac{70 \times 60}{253}$		
Résultat		0	16	36
MC du temps sidéral précédent	+	5°	0′	0″ ♐
MC pour le moment de la naissance		5°	16′	36″ ♐

CONVERSION DE L'HEURE DE NAISSANCE EN HEURE DE GREENWICH (GMT)

Date de naissance	4 juillet 1950			
Lieu de naissance	Londres			
Latitude	51°	28′	0″	N
Longitude	0°	13′	0″	O
	h	m	s	
Heure de naissance	22	25	0pm	
Fuseau horaire (Est— Ouest+)	—	—	—	
Heure d'été ? Oui	— 1	0	0	
Heure de naissance GMT	21	25	0pm	

Calcul de position planétaire par la méthode proportionnelle

		h	m	s
Intervalle entre minuit et heure GMT de naissance		21	25	0
Position de la planète à la fin du jour (☽)		18°	22′	0″ ♓
Position de la planète au début du jour	—	5°	33′	0″ ♓
Mouvement journalier de la planète		12°	49′	0″
Mouvement horaire de la planète (mouvement journalier : 24)		0°	32′	0″
Mouvement horaire × intervalle		11°	26′	0″
Position planétaire au début du jour	+	5°	33′	0″
Position planétaire au moment de la naissance		16°	59′	0″ ♓

Les calculs

L'exemple présenté montre comment procéder à tous les calculs nécessaires à l'établissement d'un horoscope. Les données de base sont celles d'Alexandra, danseuse et écrivain, née à Fulham, à l'ouest de Londres, à 22 h 25, le 4 juillet 1950. D'habitude, on garde l'heure de la capitale lorsque la naissance a eu lieu dans la proche banlieue. Dans notre cas, nous avons pris les positions très exactes des planètes avant de procéder aux calculs, afin d'obtenir une plus grande précision. De même pour les heures, qui figurent avec leurs minutes. Nous avons utilisé une calculatrice pour effectuer les premières opérations. Pour des raisons d'espace, seule la position de la Lune a été entièrement calculée. Cet horoscope est une base pour l'interprétation de l'exemple du chapitre 10.

COMMENT DESSINER UN HOROSCOPE

La plupart des astrologues utilisent des chartes, ou cartes du ciel, imprimées où figure un double cercle dans lequel apparaissent les divisions qui forment les signes du Zodiaque. Chaque signe est divisé en degrés, du moins cinq par cinq, l'astrologue devant indiquer à côté de chaque position planétaire les degrés, et éventuellement les minutes, exacts. Des espaces suffisants sont réservés pour toutes les informations nécessaires.

La plus grande netteté est recommandée aux débutants afin de conserver une vision claire de l'ensemble du thème. En haut de la page, l'astrologue inscrit les données de naissance du consultant, et en bas il note les points essentiels qui rendent l'horoscope remarquable, ou les détails dont il a besoin pour l'interprétation (par exemple, le système de référence pour calculer la position des Maisons ; ou bien telle planète qui gouverne tel type de signe ; ou bien encore un amas de planètes dans tel secteur, etc.).

Il est intéressant de faire la liste des planètes qui tombent en Maison angulaire, succédente ou cadente, sauf si on utilise le système égalitaire (le MC ne tombant pas sur la dixième cuspide).

PREMIÈRE ÉTAPE (figure n° 1)

Le premier travail consiste à placer les signes successivement sur les espaces qui leur sont réservés sur le pourtour de la roue. Puis indiquer l'AS, le MC et les cuspides des Maisons. L'« horizon » de l'horoscope devra être dessiné aussi longitudinalement que possible, en partant de la première cuspide et en rejoignant la septième. Noter au crayon rouge l'AS juste à côté de la cuspide I, avec ses degrés et ses minutes. Puis, dans le sens contraire des aiguilles d'une montre, remplir le reste des cases du symbole des signes, du FC, du DS et enfin du MC.

Dans notre exemple, nous nous servons du système égalitaire : toutes les Maisons auront donc exactement 30° chacune. Cela veut dire que si l'AS est à 5° 20' ♒ , toutes les autres cuspides des autres Maisons seront invariablement à 5° 20' de chaque signe suivant. On tire, par conséquent, une ligne droite entre deux cuspides opposées, en passant par le centre du cercle. Le DS se situe sur la septième cuspide, en opposition à l'AS. Le FC et le MC, dans ce système, sont décalés par rapport aux cuspides IV et X.

On inscrit le numéro de la Maison à l'intérieur de celle-ci en se rapprochant le plus possible du centre de la roue.

A ce stade, l'astrologue peut embrasser cet horoscope d'un simple coup d'œil et visualiser immédiatement dans quelles Maisons se rencontrent les signes, et inversement.

DEUXIÈME ÉTAPE (figure n° 2)

L'astrologue peut à présent placer les planètes avec leurs positions exactes en degrés et minutes sur l'ensemble de la charte. On inscrit les symboles planétaires de préférence à l'intérieur du cercle zodiacal. Ne pas oublier d'indiquer la lettre « R » à côté d'une planète si celle-ci est rétrograde.

Dans notre exemple, seul Jupiter est rétrograde. On note cette précision juste après la position en degrés et minutes. On remarquera que le Soleil est un peu décalé par rapport à la place qu'il devrait occuper sur l'horoscope. La faute en incombe au manque d'espace. Le problème se répète en cas d'amas important ou de conjonction de planètes : on dessine le symbole des planètes concernées le plus près possible du lieu idéal.

TROISIÈME ÉTAPE (figure n° 3)

A présent, l'astrologue complète son information en notant ce qui lui paraît pertinent dans le thème. Par exemple, comme ici, il peut signaler que le Verseau possède deux Gouverneurs, Saturne et Uranus. Mais, comme Uranus est le second Gouverneur, parce que intervenu tardivement dans l'Histoire, il est préférable de le mettre entre parenthèses, ainsi que la Maison où il se trouve. Dans notre cas, on ne tiendra pas compte des aspects angulaires, succédents ou cadents des Maisons, car on est en système égalitaire. Enfin, la grille des aspects formés entre les planètes ne pourra être remplie qu'après étude du chapitre 8 de ce livre. La charte complète est donnée au chapitre 10.

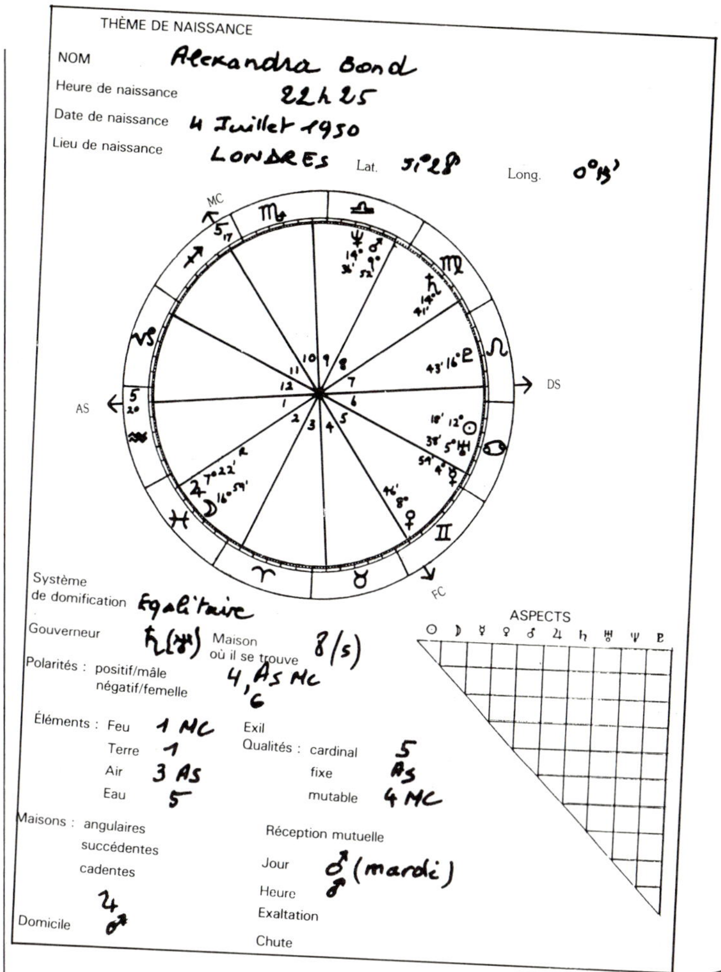

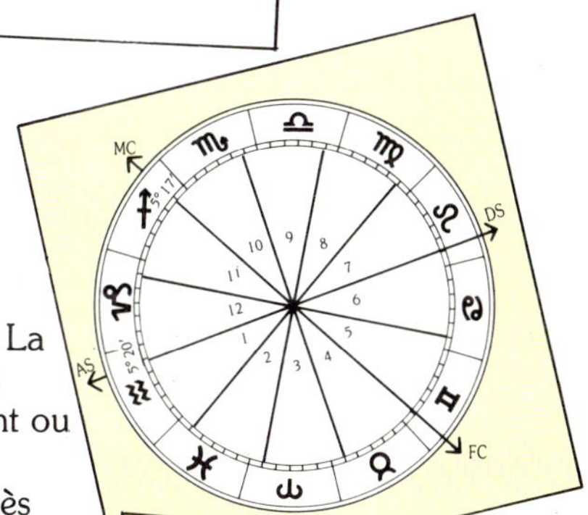

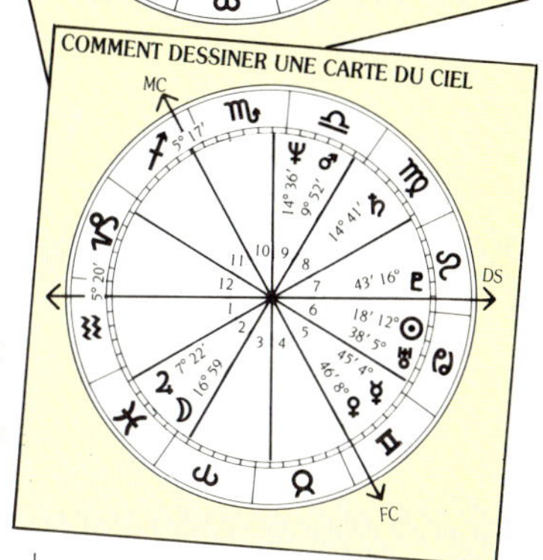

Comment dessiner une charte
En haut — 3
Au centre — 1
En bas — 2

CHAPITRE 8
LES ASPECTS

On appelle « aspect » la distance précise qui existe entre deux points sur la roue de l'horoscope. Habituellement, les aspects relient deux planètes, mais l'on prend en considération également les aspects possibles formés entre des planètes et des angles (Ascendant, Fond du Ciel, Descendant et Milieu du Ciel).

L'aspect sert à indiquer comment ces points se combinent pour se stimuler ou, au contraire, annuler leurs influences respectives.

On divise les aspects en deux catégories : les aspects majeurs et les aspects mineurs d'une part, les aspects « harmoniques » et les aspects « dissonants » d'autre part. D'une manière générale les aspects majeurs sont plus puissants.

Les aspects, « harmoniques » ou « dissonants », s'inscrivent sur le cercle zodiacal de 360° et, selon certaines lois numérologiques, est dite harmonique toute division de ce cercle par 3, 6 ou 12, alors qu'elle est dissonante par 2, 4 ou 8 (parce que rigide, difficile et structurée).

Les aspects harmoniques sont réputés bons, aisés, positifs, doux et bénéfiques ; les aspects dissonants sont reçus comme mauvais, difficiles, négatifs, durs et maléfiques.

Les aspects harmoniques permettent un rapport heureux avec les planètes concernées. Ils créent un environnement propice à l'épanouissement des capacités naturelles du sujet, sans que celles-ci soient pour autant entièrement développées.

Les aspects dissonants provoquent entre les planètes concernées des conflits et des problèmes. Le sujet peut rencontrer l'échec et il doit le plus souvent faire appel à ses autres potentialités pour surmonter l'épreuve.

Les aspects ont donc deux faces : l'aspect harmonique offre des conditions avantageuses qui peuvent amollir le sujet et lui faire manquer des opportunités ; l'aspect dissonant érige des barrières qui peuvent forcer le sujet à se surpasser.

L'idéal est bien évidemment d'avoir dans son thème un juste équilibre des aspects harmoniques et dissonants. Les personnes qui ne posséderaient que des aspects harmoniques risqueraient fort d'être douées de tous les talents du monde et dotées des chances les plus extraordinaires sans pour autant développer les uns ou mettre à profit les autres. Et, contre toute attente, des êtres dont l'horoscope n'abriterait que des aspects dissonants parviendraient au sommet en pulvérisant tous les obstacles, y compris le manque de foi et d'optimisme.

Nom	Symbole	Distance entre planètes	Orbe	Zone d'influence	Puissance	Nature
Conjonction	☌	0° (360 : 1)	8°	0°–8°	Majeure	Neutre
Semi-sextile	⚺	30° (360 : 12)	2°	28°–32°	Mineure	Harmonique
Semi-carré	∠	45° (360 : 8)	2°	43°–47°	Mineure	Dissonant
Sextile	⚹	60° (360 : 6)	4°	56°–64°	Majeure	Harmonique
Carré	□	90° (360 : 4)	8°	82°–98°	Majeure	Dissonant
Trigone	△	120° (360 : 3)	8°	112°–128°	Majeure	Harmonique
Sesqui-carré	⚼	135°	2°	133°–137°	Mineure	Dissonant
Quinconce	⚻	150°	2°	148°–152°	Mineure	Dissonant
Opposition	☍	180° (360 : 2)	8°	172°–188°	Majeure	Dissonant

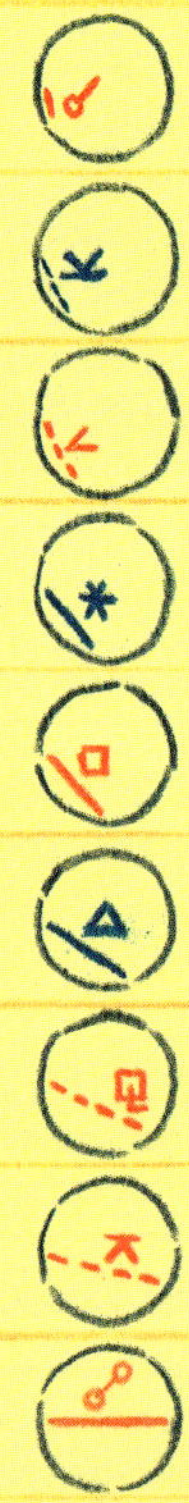

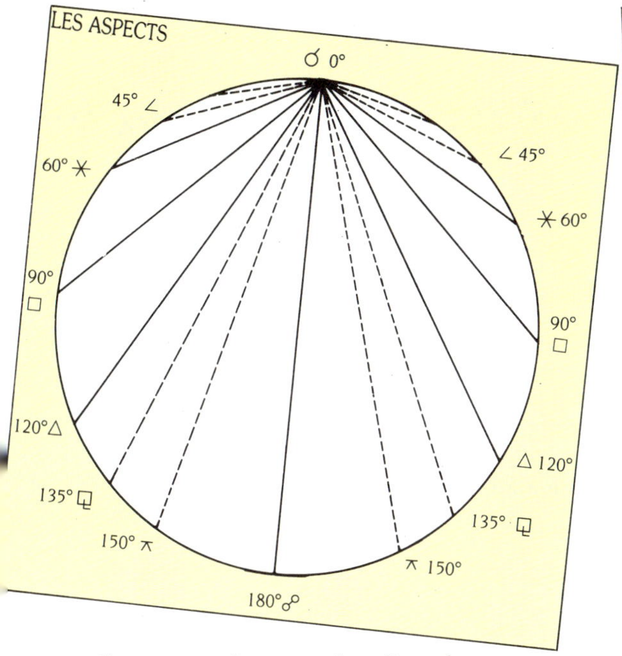

Il existe neuf aspects dont l'astrologue se sert habituellement : d'abord, les cinq aspects majeurs — conjonction, opposition, trigone, carré et sextile —, puis les quatre aspects mineurs — semi-sextile, semi-carré, sesqui-carré et quinconce. Voici, résumée, la signification générale de ces aspects :

LES ASPECTS MAJEURS

Conjonction : aspect le plus puissant, qui combine la force de deux planètes.

Opposition : aspect puissant qui met en conflit deux planètes provoquant des difficultés importantes, mais augmentant dans le même temps l'éventail des possibilités offertes à l'individu.

Trigone : aspect harmonique numéro un, qui mêle avec bonheur l'influence de deux planètes.

Carré : aspect dissonant redouté, mais moins agissant que l'opposition qui crée des frictions entre les planètes.

Sextile : aspect harmonique moins influent que le trigone.

LES ASPECTS MINEURS

Semi-sextile : version affaiblie du sextile.

Semi-carré, sesqui-carré et quinconce : aspects légèrement dissonants. Psychologiquement, leurs effets peuvent s'apparenter, mais de façon plus modérée, à ceux du carré. Certains astrologues leur accordent cependant une certaine importance pour tout ce qui concerne la prédiction événementielle.

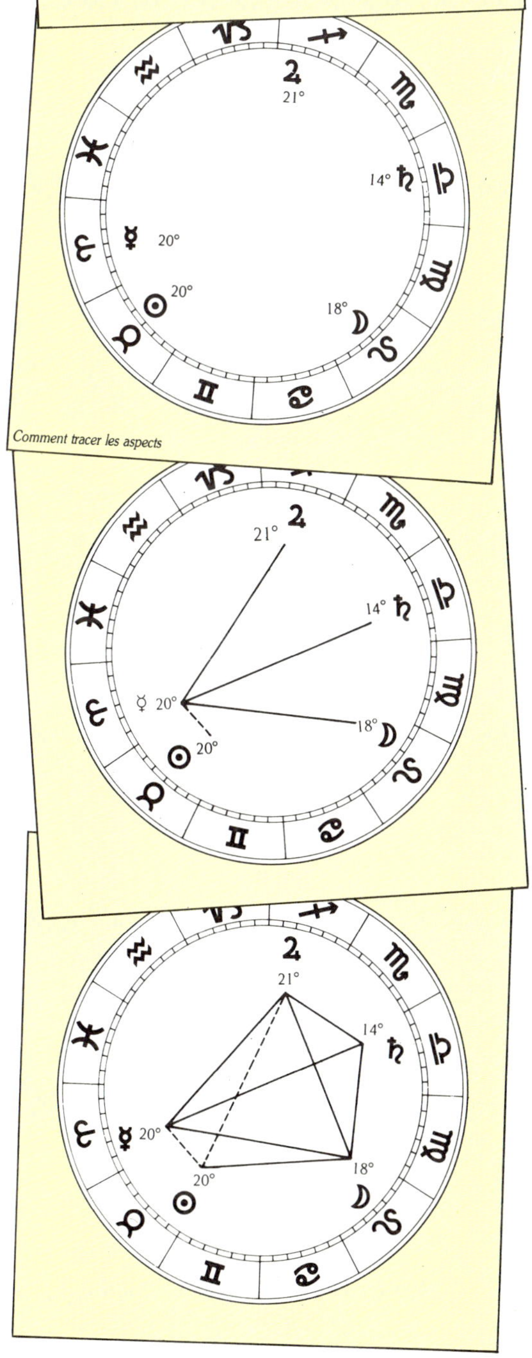

Aspects appliquants et séparants
Dans notre exemple, la Lune, qui est la plus rapide des planètes, est décrite dans toutes ses phases possibles lors d'une opposition à Uranus.
Au point a, la Lune est à 2° du Cancer et entre en opposition à Uranus, lui-même à 10° du Capricorne. Depuis ce point jusqu'à 10° du Cancer, l'aspect est appliquant. Au point b) la Lune atteint 10° du Cancer : l'aspect est exact. Ensuite, l'aspect devient séparant jusqu'à ce que la Lune quitte l'orbe à 18° du Cancer.

Comment tracer les aspects
Avec une certaine habitude, l'astrologue arrive à repérer au premier coup d'œil l'ordonnance des aspects, une fois que la charte est dessinée. Un principe sûr est que deux planètes ayant des degrés similaires dans leurs signes respectifs forment un aspect. Pour l'astrologue débutant, définir les aspects est une opération qui consiste à compter patiemment les degrés qui séparent les planètes. Pour cela, il est recommandé d'utiliser les chartes imprimées, car elles sont divisées avec précision en degrés (30°, 5° et 1°). Lorsqu'un aspect est défini, son symbole est inscrit dans la grille dessinée sous la charte.

ASPECTS

	☽	☿	♀	♂	♃	♄	♅	♆	♇
☉		⊻			⚻				
☽		△			△	✱			
☿					△	☍			
♀									
♂									
♃						✱			
♄									
♅									
♆									
♇									

ASPECTS HARMONIQUES

Succès, facilité, occasions favorables A

Manque de motivation B

Occasions manquées C

ASPECTS DISSONANTS

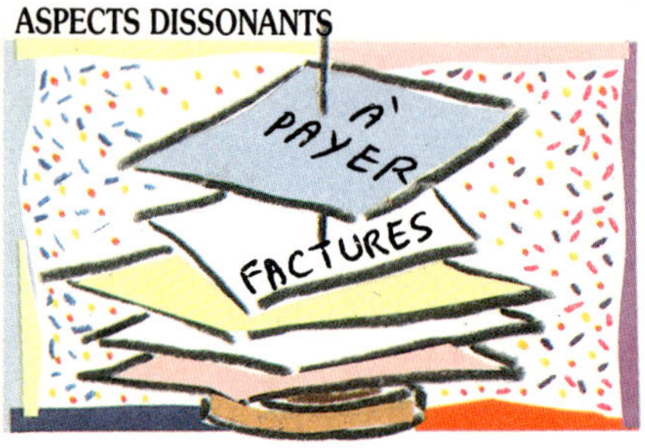

Échec, tension nerveuse, obstacles D

Motivation, énergie E

Réalisation possible F

Processus dynamique des aspects
Les aspects harmoniques engendrent des avantages, des capacités et des opportunités, mais pas nécessairement le succès final. Les aspects dissonants apportent des difficultés, des conflits et des débuts d'échec, mais, en revanche, ils conduisent souvent le sujet à se dépasser et par conséquent à réaliser plus de choses qu'on n'aurait pu l'imaginer. Il est donc souhaitable pour un thème, de présenter autant d'aspects harmoniques que d'aspects dissonants : ils forment, ensemble, un seul et même processus d'évolution et de création. Dans notre exemple, la phase C mène aussi bien à la phase D que la phase F mène à la phase A.
Dans cet exemple, nous observons des aspects entre Mars et Saturne ; la phase A est un trigone ou un sextile ; la phase D est un carré ou une opposition. Un sujet possédant dans son thème de naissance une configuration Mars-Saturne peut, au cours de son expérience vécue, en éprouver toutes les possibilités.

En haut, à droite : les orbes
Dans notre exemple, Mars et Jupiter ne sont pas en aspect exact avec Vénus. Cependant, ils sont dans les limites de l'orbe. Par conséquent, l'opposition Mars-Vénus et le trigone Jupiter-Vénus restent valables.

LES ASPECTS APPLIQUANTS ET SÉPARANTS

Lorsque deux planètes se rejoignent pour venir former un aspect exact, on dit que cet aspect est appliquant. Inversement, lorsque deux planètes, en s'éloignant l'une de l'autre, désagrègent un aspect exact, on dit que cet aspect est séparant. L'aspect appliquant a beaucoup plus de force, psychologiquement, que l'aspect séparant, le premier indiquant le futur et le second faisant référence aux événements passés.

L'ORBE

C'est la distance autorisée entre l'aspect exact et la position effective des planètes, au-delà de laquelle l'aspect se dissout et perd son identité en même temps que son influence. Généralement, cette distance tourne autour de 8°. Plus l'aspect est exact, plus il exerce sa puissance ; plus l'aspect est « lâche », plus son influence sera faible. Les aspects majeurs peuvent se permettre un orbe de plus grande dimension que les aspects mineurs, sans pour cela perdre de leur énergie.

LES PLANÈTES NON ASPECTÉES

D'une manière générale, lorsqu'un thème possède suffisamment d'aspects majeurs pour fournir une interprétation même détaillée, on s'en tient là et on laisse de côté les aspects mineurs. Mais si les aspects majeurs sont peu nombreux et que l'on veuille s'attacher à expliciter des points précis de l'horoscope, il est recommandé d'étudier les aspects mineurs.

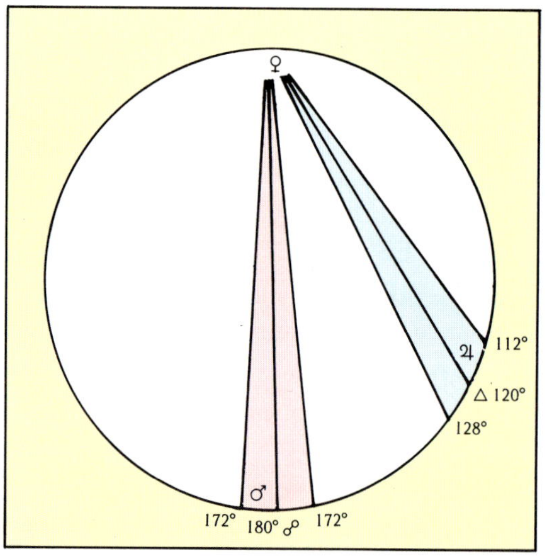

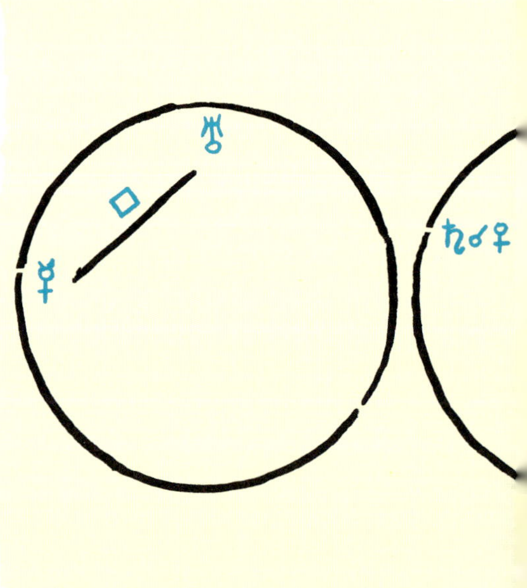

Cependant, un problème se pose dans le cas de planètes non aspectées. Une planète non aspectée, qui n'est donc reliée à rien dans le thème, peut être difficile à interpréter. Le principe dont elle est la représentation a du mal à être intégré à l'ensemble d'une personnalité : certains auteurs la considèrent, par conséquent, comme négligeable. D'autres, au contraire, estiment que la froide solitude dans laquelle se retrouve cette planète lui confère des qualités tout à fait privilégiées : elle suit un destin qu'aucune influence extérieure ne peut restreindre et exerce un pouvoir exagéré sur le sujet.

Soleil non aspecté : le sujet a peu conscience de lui-même et, cependant, il vit de façon très personnelle.

Lune non aspectée : le sujet se sent étranger, isolé, déraciné, mais il fait des efforts surhumains pour trouver une stabilité.

Mercure non aspecté : le sujet a des difficultés pour exprimer sa pensée, mais travaille avec acharnement à développer ses facultés intellectuelles.

Vénus non aspectée : le sujet éprouve des tiraillements dans ses rapports avec autrui, mais s'exerce avec application à devenir plus sociable.

Mars non aspecté : le sujet a du mal à se motiver bien qu'il ait de l'énergie à revendre.

Jupiter non aspecté : le sujet ne sait pas saisir les occasions, même si, avec la meilleure volonté du monde, il reste à l'affût.

Saturne non aspecté : le sujet refuse de reconnaître ses limites, mais, devant les problèmes, sait faire appel à une autodiscipline de fer.

Uranus non aspecté : le sujet ne trouve pas d'attitude équilibrée : soit il est négligent, soit il exagère tout.

Neptune non aspecté : le sujet ne sait comment employer ses talents imaginatifs ni comment satisfaire ses élans mystiques. L'art ou la religion deviennent souvent sa seule expression.

Pluton non aspecté : le sujet canalise mal ses émotions intenses et provoque, plus souvent qu'à son tour, des étincelles.

LES PRINCIPES DE L'INTERPRÉTATION

Il faut d'abord isoler les différents niveaux de l'influence d'un aspect :

1. Manifestation psychologique chez le sujet.
2. Manifestation dans le comportement du sujet.
3. Circonstances extérieures et événements créés par la personne ou imposés par le destin.

Trois exemples nous aideront à mieux comprendre le raisonnement astrologique :

Saturne conjoint à Vénus : Saturne, discipliné, lent et structuré, se combine fortement avec l'émotion, l'affectivité et le besoin d'amour de Vénus.

1. Émotionnellement, le sujet éprouve un sentiment de limitation et de restriction.
2. Dans les relations humaines, le sujet a un comportement loyal, réservé, quelque peu intéressé, qui le pousse vers les personnes plus âgées.
3. Retards et obstacles dans les affaires amoureuses et les associations.

Mercure carré à Uranus : friction entre l'intellect de Mercure et les besoins d'indépendance d'Uranus.

1. Besoin de liberté dans la pensée et la parole.
2. Disputes fréquentes, manque de souplesse et prises de position extravagantes.
3. Événements inattendus et ruptures soudaines dans les domaines de l'éducation et des voyages.

Soleil trigone à Jupiter : la personnalité et l'existence du sujet connaissent harmonie et expansion.

1. Désir de progrès continuel et de perfectionnement.
2. Attitudes généreuses, fierté, douceur et chaleur du cœur.
3. Le sujet est né sous une bonne étoile. Réalisations et succès sans gros efforts.

LES ASPECTS ET LES SIGNES

L'interprétation des aspects sera différente selon la nature des signes dans lesquels se situent les planètes. Par exemple, un trigone Soleil-Jupiter annoncera un voyage en pays lointain si Jupiter

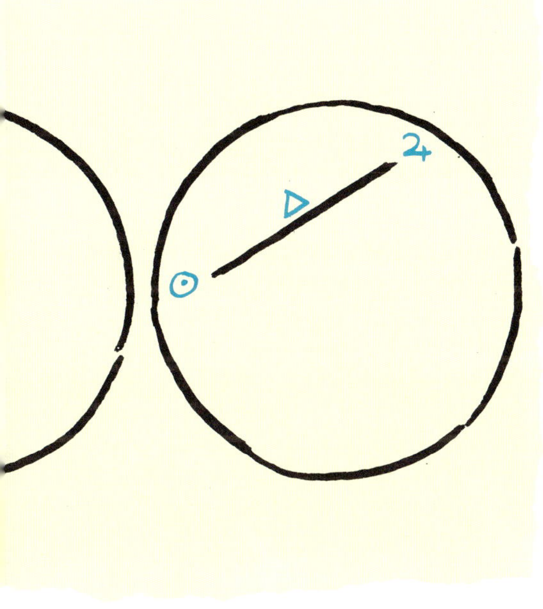

***A gauche :** carré Mercure-Uranus.*
***Au centre :** conjonction Saturne-Vénus.*
***A droite :** trigone Soleil-Jupiter.*

Solutions pour réduire les effets néfastes du double carré
A. Relier le double carré à des aspects harmoniques.
La tension qu'exerce le double carré peut être relâchée ou exprimée de façon positive en reliant la configuration à la planète formant le sextile ou le trigone le plus proche par une des planètes formant le double carré. Dans cet exemple, le conflit émotionnel représenté par le double carré Lune-Saturne-Uranus peut être adouci par le sextile Lune-Mars (en Lion).
B. Développer les caractéristiques opposées. *La tension de notre double carré se concentre sur Vénus, qui se situe au sommet de la figure. Le point exactement opposé à cette planète peut représenter une proposition de solution dans le thème. Ici, Vénus en Maison VIII, carré à Uranus et à Saturne, suggère des difficultés dans le travail et les affaires. Cela peut entraîner des problèmes dans la Maison II (soucis financiers personnels avec inaptitudes à garder ou à gagner de l'argent). En apprenant à faire face à ces deux situations, la Maison VIII ainsi que le double carré peuvent être positivés.*

se trouve en Sagittaire, ou bien un intérêt soudain pour la religion si celui-ci se trouve en Poissons.

Les relations entre les aspects suivent celles que les signes entretiennent entre eux :
Les planètes en conjonction sont dans un même signe.
Les planètes en sextile sont dans des signes de même polarité.
Les planètes en carré sont dans des signes de même qualité.
Les planètes en trigone sont dans des signes de même élément.
Les planètes en opposition sont dans des signes opposés.

La permissivité des orbes peut amener les planètes à casser ces structures parfaites et à former des aspects dans des signes dits « associés ». Par exemple, deux planètes peuvent être en conjonction et cependant dans deux signes différents adjacents ; une planète en début de Scorpion peut être trigone à une autre planète en fin de Verseau, etc.

LES ASPECTS ET LES MAISONS

Tout aspect exerce une influence générale sur la personnalité du sujet, et plus particulièrement dans les domaines de l'existence gouvernés par les Maisons qui accueillent les planètes. Par exemple : une conjonction Saturne-Vénus en Maison X touchera plus spécifiquement la carrière du sujet, tandis qu'une opposition Mercure-Saturne (Maison V-Maison XI) concernera les désirs de créativité (Maison V) et les activités publiques (Maison XI) du sujet.

LES FIGURES

Lorsque trois planètes, ou plus, forment des aspects, il se crée des figures que certains astrologues aiment à définir comme les « marques » particulières du destin.

Le double carré : deux planètes en opposition, toutes deux en carré avec une troisième planète. Tension et conflits redoublés, en même temps qu'une énergie décuplée pour des réalisations plus grandioses. Quand le double carré se produit en signes cardinaux : dynamisme exceptionnel ; en signes fixes : entêtement et aveuglement ; en signes mutables : le sujet doit résoudre ses problèmes en adoptant une attitude plus flexible.

Le grand carré : quatre planètes formant deux oppositions et quatre carrés. En signes cardinaux : les difficultés, plus nombreuses, doivent être abordées avec un attitude ferme et énergique ; en signes fixes : le sujet, borné, a du mal à effectuer les transformations nécessaires ; en signes mutables : le sujet, adaptable, laisse cependant la situation se dégrader.

Le grand triangle : trois planètes formant trois trigones. Les influences planétaires, dans cette figure, circulent librement, encourageant les talents naturels indiqués par les signes et les Maisons qui reçoivent les planètes. En signes de feu : enthousiasme et recherche de nouvelles ouvertures ; en signes de terre : talent essentiellement pratique, fondé sur l'expérience ; en signes d'air : intellect développé et sens de la communication ; en signes d'eau : pouvoir de sympathie, de compassion et d'intuition.

A
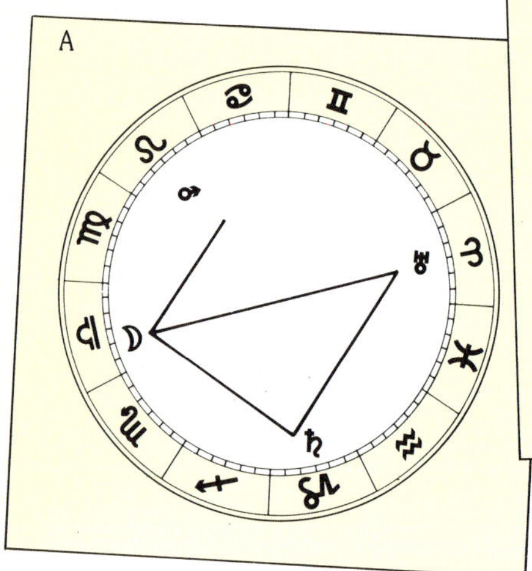

DOUBLE CARRÉ
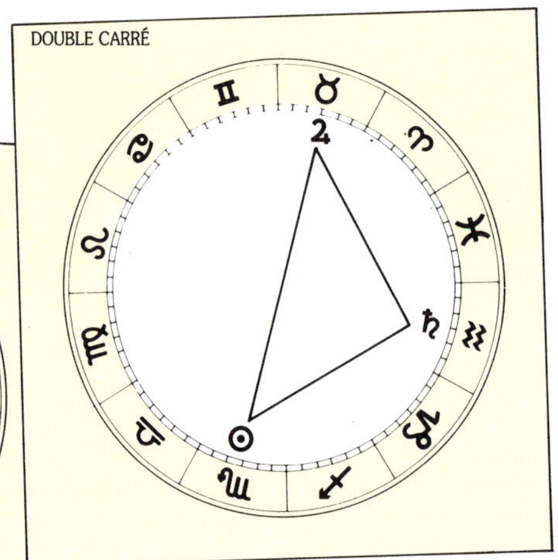

B
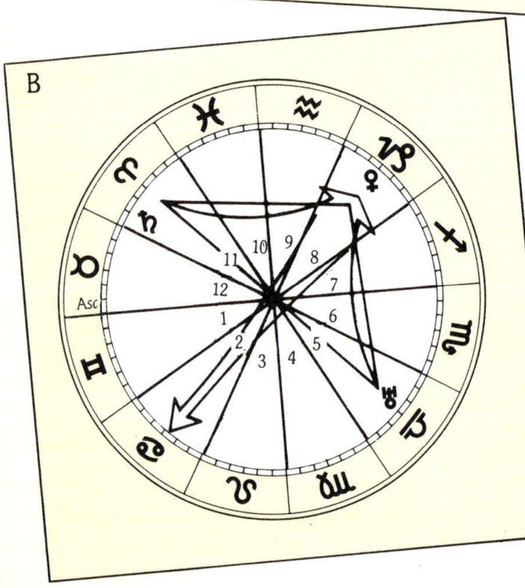

GRAND CARRÉ
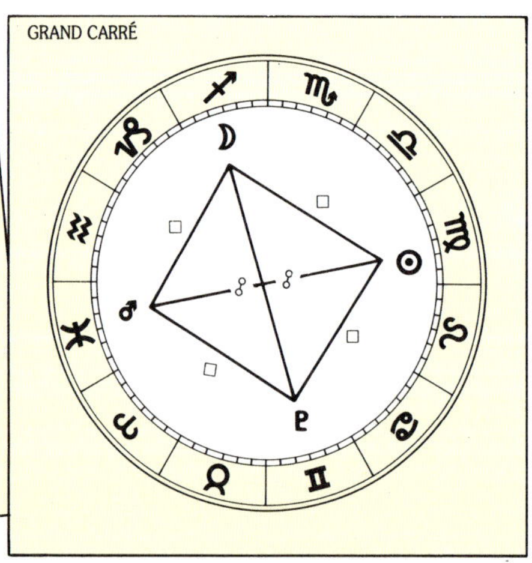

Le yod (ou doigt du Destin, ou encore doigt de Dieu) : deux planètes en opposition reliées à deux autres planètes, l'une en semi-sextile et l'autre en quinconce. Ces deux dernières planètes représenteraient les voies possibles offertes au sujet pour sortir de l'impasse symbolisée par l'opposition.

Le rectangle mystique : quatre planètes formant deux carrés et deux trigones, reliées entre elles par deux oppositions. Cette figure, malgré le nom, n'a rien de mystique. Cette combinaison complète, mêlant aspects harmoniques et dissonants, exprime les meilleures possibilités pour un sujet d'utiliser de façon constructive ses talents naturels.

Le cerf-volant : les trois planètes d'un grand triangle sont reliées à une quatrième planète, l'une par une opposition, les deux autres par des sextiles. Les planètes formant les trigones et les sextiles sont censées proposer des solutions au conflit exprimé par l'opposition.

LA RÉCEPTION MUTUELLE

Lorsque deux planètes se trouvent chacune dans un signe gouverné par l'autre, on dit qu'elles sont en réception mutuelle (par exemple : Vénus en Scorpion et Mars en Balance). Ce phénomène relie les deux planètes comme si elles se présentaient en conjonction dans un même signe. L'interprétation est sujette à variations selon le principe de dignité ou de débilité des planètes dans les signes : Jupiter en Balance et Saturne en Cancer. Cette approche est surtout utilisée en astrologie horaire.

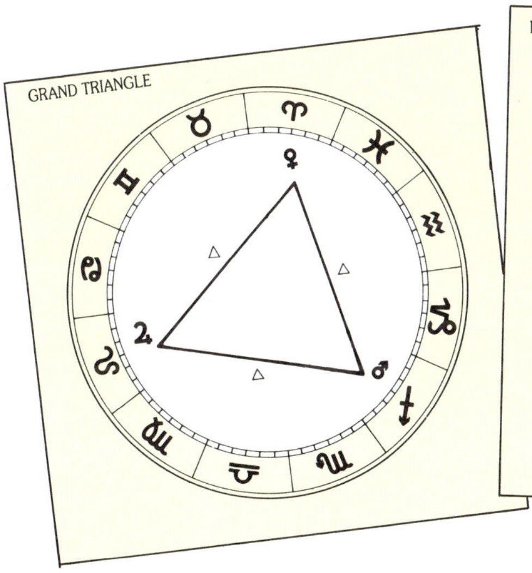

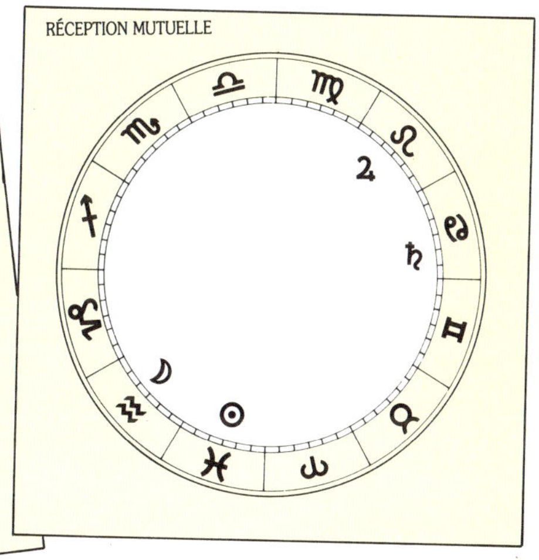

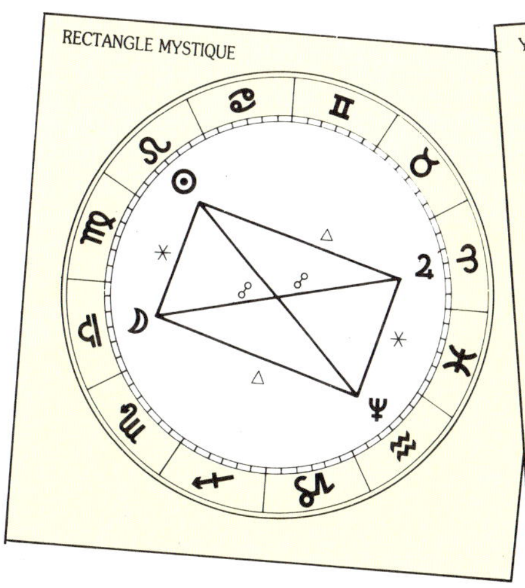

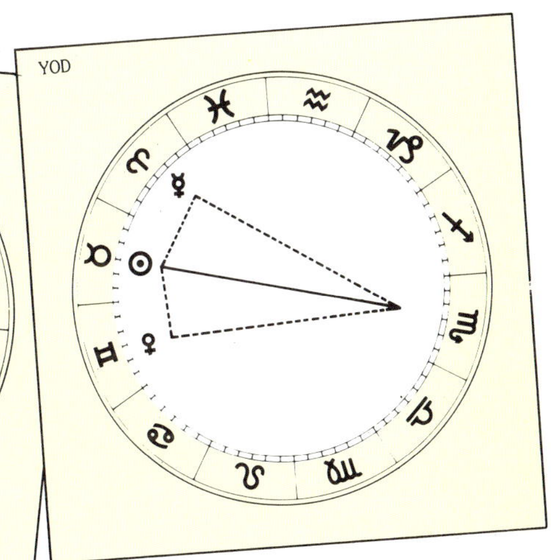

Réception mutuelle
Le Soleil en Poissons (gouverné par Jupiter) est en réception mutuelle avec Jupiter en Lion (gouverné par le Soleil).
La Lune en Verseau (gouverné par Saturne) est en réception mutuelle avec Saturne en Cancer (gouverné par la Lune).

CHAPITRE 9

INTERPRÉTATION DES ASPECTS PLANÉTAIRES

L'aspect est le fil qui relie deux planètes et qui, en passant par le centre du cercle zodiacal, forme un écart angulaire particulier. L'aspect est donc le *rapport* de deux planètes entre elles. Cette mise en relation tisse un réseau associatif de significations, tant des planètes elles-mêmes que des signes et des Maisons où elles se situent. L'interprétation de ces aspects est vitale pour la compréhension approfondie d'un thème astrologique. Mais les débutants pourront utiliser avec profit les interprétations classiques que nous donnons dans cet ouvrage.

Nous diviserons les aspects en trois catégories principales : les aspects harmoniques (trigone et sextile), les conjonctions et les aspects dissonants (opposition et carré). En fait, nous observons le plus souvent des interférences de significations, et il est utile d'envisager toutes les possibilités d'interprétation pour obtenir une plus large approche du sens des combinaisons des planètes. Par exemple, le semi-sextile doit être compris comme un aspect harmonique, alors que le semi-carré, le sesqui-carré et le quinconce sont conçus comme des aspects dissonants. Mais il est évident que ces aspects mineurs n'exercent qu'une faible influence sur le thème astral.

Pour bien saisir l'importance de l'influence d'une planète dans un aspect, il est recommandé d'examiner tous les aspects que cette planète entretient avec ses sœurs. Par exemple, en étudiant précisément les aspects d'Uranus avec Vénus et la Lune, on obtiendra une vision plus complète des effets d'Uranus sur la sphère émotionnelle du sujet que si l'on ne considérait que les aspects Uranus-Vénus.

Chaque aspect planétaire possède une personnalité propre qui peut être décrite en termes de psychologie humaine. On dira, par exemple, que Mercure opposé à Jupiter est extrémiste, ou bien que la Lune en trigone à Vénus est aimable.

Dans la plupart des cas, le langage utilisé est extrêmement simple et général, ce qui permet d'englober une plus large possibilité de sens. La tâche de l'astrologue sera par conséquent de préciser, d'affiner et de personnaliser les interprétations en se servant de ses connaissances psychologiques et de son expérience en tant qu'astrologue. Donnons un exemple : Mercure en opposition à Mars est très impatient. L'astrologue pourra en conclure que cet aspect amène le sujet à se hâter de façon inconsidérée, à prendre des décisions irréfléchies et à courir des risques d'accident, autant de problèmes qui pourraient être amoindris sinon évités par un effort d'attention, de précision et de patience. Ce type d'interprétation vaut pour tous les cas de figure. En effet, l'astrologue doit s'efforcer d'élargir le sens d'une interprétation, d'une part en soulignant les potentialités positives des aspects dissonants, et d'autre part en mettant en garde contre les potentialités négatives des aspects harmoniques.

Signes et planètes sont à la fois positifs et négatifs, bénéfiques et maléfiques. Les aspects maléfiques d'une planète en stimulent les qualités négatives, de même que les aspects bénéfiques

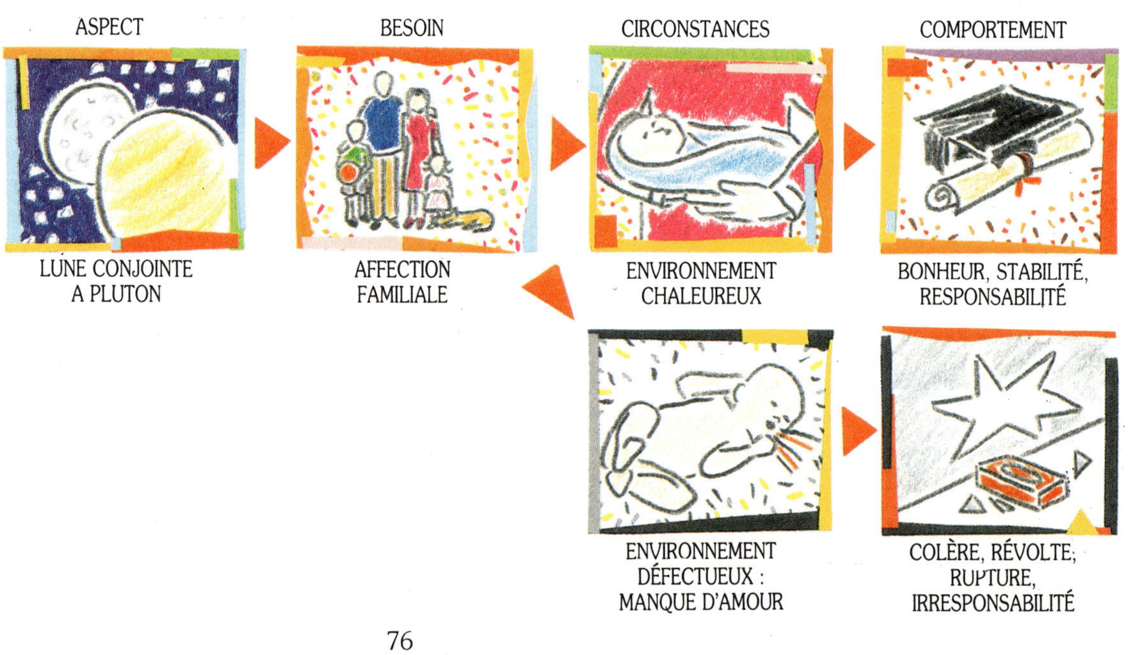

Besoins et circonstances
Bien que les aspects harmoniques ou dissonants soient respectivement profitables et difficiles à vivre, chacun de ces aspects contient les qualités et les défauts de l'autre. La synthèse finale ne peut donc se fonder que sur les circonstances qui président à la vie personnelle du sujet. La conjonction en est l'illustration la plus pertinente. La clé de l'interprétation est souvent dans les « besoins » que chaque aspect exprime. Par exemple, l'inconstance, représentée par la conjonction Lune-Pluton, a besoin de rencontrer une certaine stabilité chez les partenaires familiaux ou amoureux. Si c'est le cas, le sujet pourra connaître le bonheur en dépit des crises domestiques occasionnelles provoquées par la présence de Pluton. Au contraire, si aucun partenaire responsable et solide ne se présente, le sujet ne vivra que des confrontations, des déceptions et des ruptures.

ASPECT	MOUVEMENT ASTROLOGIQUE	CONSÉQUENCES PSYCHOLOGIQUES	SOLUTION
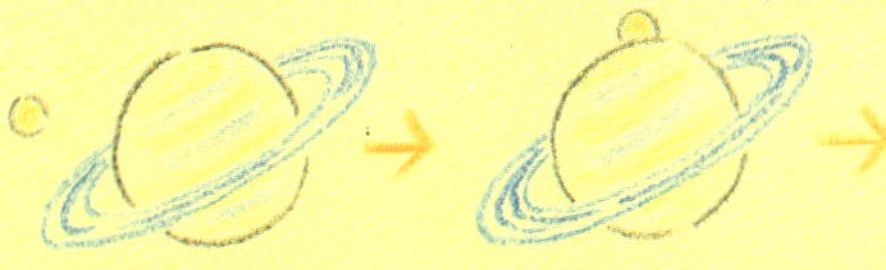 MERCURE OPPOSÉ A SATURNE	SATURNE INHIBE MERCURE	MANQUE DE CONFIANCE DANS SES PROPRES IDÉES ASPECT HARMONIQUE HABILETÉ ET RAISON PRATIQUE	L'HABILETÉ ET LA RAISON PRATIQUE PEUVENT PERMETTRE DE COMPRENDRE CE MANQUE DE CONFIANCE
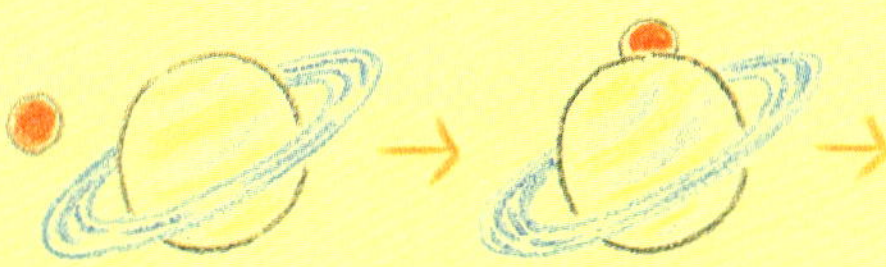 MARS OPPOSÉ A SATURNE	SATURNE INHIBE MARS	MANQUE DE CONFIANCE, DIFFICULTÉS, RETARDS, ÉCHECS ASPECT HARMONIQUE AUTODISCIPLINE	UN TRAVAIL ACHARNÉ PEUT VENIR A BOUT DES OBSTACLES

Problèmes et solutions
Les aspects dissonants engendrent des problèmes dont les solutions sont souvent figurées par les aspects harmoniques des mêmes planètes. Par exemple, une opposition Mercure-Saturne donne naissance, chez le sujet, à un grave manque de confiance en soi d'où peut résulter l'échec (scolaire, professionnel ou affectif). Pourtant, une voie est ouverte vers une possible résolution du conflit par le développement des qualités de clarté et de logique suggérées par le trigone Mercure-Saturne. Une opposition Mars-Saturne apporte souvent des défaites par manque d'énergie et de continuité (le sujet abandonne régulièrement son travail avant de l'avoir terminé). Les personnes qui souffrent de ce type de comportement peuvent tirer bénéfice de l'étude des aspects positifs de ces mêmes planètes et de leurs implications, notamment le trigone Mars-Saturne, qui renvoie à l'autodiscipline.

exaltent les qualités positives de cette même planète ainsi que de la Maison ou du signe où elle se trouve. Par exemple, Mercure en Poissons peut indiquer soit l'intuition, soit la confusion de l'esprit. Un aspect harmonique à Mercure renforcera l'interprétation dans le sens de l'intuition, tandis qu'un aspect dissonant le fera dans le sens de la confusion mentale. Jupiter en Maison IV invite à conclure soit à l'orgueil, soit à l'égocentrisme au sein du foyer. Un aspect harmonique permettra d'orienter l'interprétation vers la fierté et la générosité, alors qu'un aspect dissonant sera l'indication du développement, chez le sujet, d'un égoïsme à tendance tyrannique.

LES ASPECTS ENTRE LES PLANÈTES LENTES

Les aspects entre les planètes lentes — Jupiter, Saturne, Neptune, Pluton — sont moins spécifiques dans un thème individuel que ne le sont les aspects entre les planètes rapides — Soleil, Lune, Mercure, Mars, Vénus. Leur interprétation dans un thème natal reste vague, car leur influence essentielle porte sur les grands événements de l'Histoire et les changements à long terme de l'inconscient collectif.

L'astrologue demeure donc seul à décider si ces aspects prennent une certaine valeur psychologique dans tel ou tel cas de thème natal.

Cependant, les aspects formés entre les planètes lentes *et* les planètes rapides ont des implications sur le thème de naissance. Et ce n'est que dans ce cas que les planètes lentes et impersonnelles peuvent influer sur le caractère et le destin du sujet. Par exemple, des millions de gens naissent un jour sous une conjonction Neptune-Pluton. Cela n'aura pas beaucoup d'importance dans la plupart des thèmes. Pourtant, certaines personnes qui auront ces deux planètes conjointes au Soleil, à la Lune, à l'Ascendant ou au Milieu du Ciel en éprouveront les effets remarquables sur leur existence.

LES PLANÈTES EN ASPECT AVEC LES ANGLES

Les planètes peuvent former des aspects avec les quatre angles (ou cuspides) principaux de la roue du Zodiaque et influencer de façon générale les secteurs concernés : le foyer, la famille, les associations et la carrière. L'aspect le plus important reste la conjonction, toujours vitale pour l'interprétation d'un thème. Des exemples d'interprétation sont donnés au chapitre 6 (Les Planètes dans les Maisons). En effet, les planètes en conjonction avec l'Ascendant renvoient à l'interprétation des planètes dans la Maison I, les planètes en Fond du Ciel à celle des planètes en Maison IV, les conjonctions avec le Descendant et le Milieu du Ciel reviennent à étudier respectivement la signification des planètes en Maison VII et en Maison X.

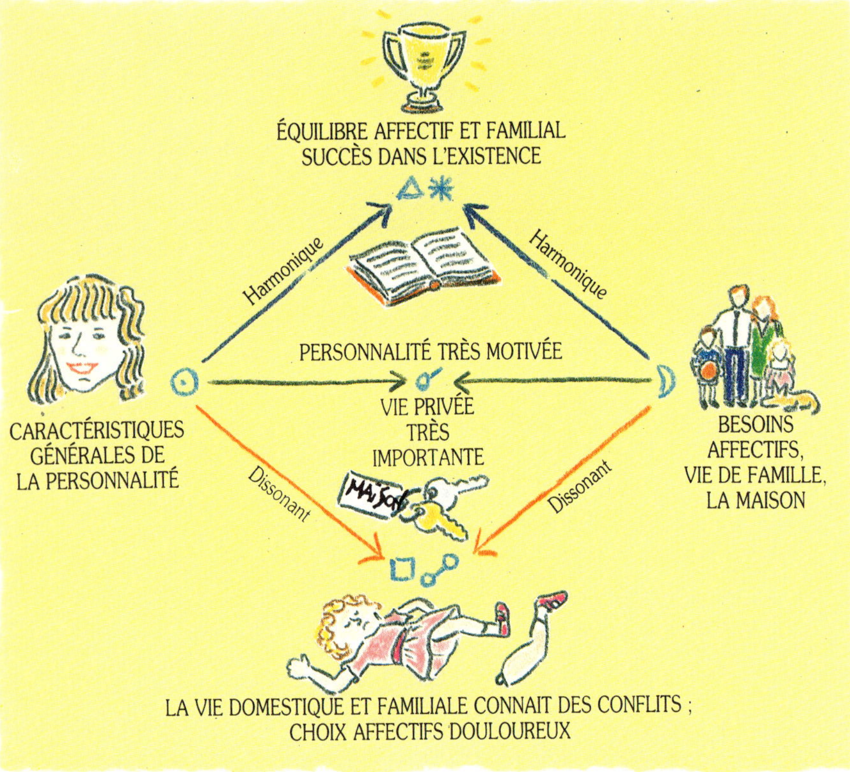

Les aspects Soleil-Lune
Toutes les combinaisons des planètes entre elles aboutissent à trois résultats principaux que l'on nommera : aspect harmonique, conjonction et aspect dissonant. Les aspects que forment le Soleil et la Lune ont d'une part une influence générale sur la personnalité du sujet, d'autre part un effet spécifique sur sa sphère émotionnelle et sa vie familiale.

LES ASPECTS PLANÉTAIRES SOLEIL-LUNE

Aspects harmoniques : équilibre général, nature sereine, continuité intérieure, autant de qualités qui augmentent les chances de satisfaction et de succès dans l'existence du sujet. Bonnes relations affectives avec l'entourage et le sexe opposé.

Conjonction : individualisme. Difficultés par des changements dans les circonstances extérieures. Liens serrés avec la famille et le foyer, au point qu'il est difficile au sujet d'échapper à cette influence.

Aspects dissonants : conflit fondamental entre les parents, entre les parents et les enfants, entre la carrière (ou la vie publique) et les intérêts domestiques (ou privés). La sphère émotionnelle est très vibrante et parfois incontrôlable.

SOLEIL-MERCURE

Ces deux planètes ne sont jamais séparées de plus de 28°. Aussi leur seul aspect possible est-il la conjonction.

Conjonction : subjectivité et créativité, dons d'expression et talents artistiques. En revanche, manque sensible de logique, négligence des détails et faiblesse de la technique. Parfois, arrogance intellectuelle et préjugé. Cet aspect entre dans de nombreux thèmes d'acteurs, d'orateurs, d'écrivains et d'artistes.

SOLEIL-VÉNUS

L'éloignement de ces deux planètes n'excède jamais 48°. Le seul aspect majeur qui puisse intervenir entre elles est donc la conjonction.

Conjonction : cet aspect renforce les qualités féminines chez tous les êtres, hommes ou femmes, et confère des vertus essentielles propices à la création artistique. Esprit de raffinement et amour des plaisirs sensuels. Besoin de liens affectifs et amicaux. Sens développé pour le style, la mode, le charme, la séduction et la mondanité. Vie sociale intense. Tendances à la vanité et à l'égocentrisme.

SOLEIL-MARS

Aspects harmoniques : ambition, courage, esprit d'aventure et de compétition, énergie, décision, impatience. Le sujet peut devenir un pionnier, un inventeur ou un chercheur de vérités cachées.

Conjonction : aspect typique de l'explorateur et du guerrier. Immense dépense d'énergie qui peut aller jusqu'à l'épuisement.

Aspects dissonants : tendances à l'excitation, à l'exagération et au surmenage. Le sujet est ce qu'on appelle une « bonne nature », qui se donne sans compter, avec un cœur généreux, mais il est aussi très impulsif, coléreux, tête brûlée et égoïste.

SOLEIL-JUPITER

Aspects harmoniques : le sujet est un être sensible, optimiste et d'humeur égale. Deux tendances possibles : ou bien le sujet reçoit son inspiration d'une vie d'action et de voyages, ou bien il recherche l'aventure intérieure dans la religion, la spiritualité ou les études intellectuelles. Un grand idéalisme anime l'être et attire les opportunités dans ces domaines.

Conjonction : sagesse intellectuelle et profit matériel. Fierté et mondanité. Même le sujet qui suit un chemin ascétique ou religieux a tendance à conserver une certaine image flatteuse de lui-même.

Aspects dissonants : fort idéalisme. Militantisme. Le sujet est capable de lutter pour des causes, même impopulaires ou perdues, et d'aller jusqu'au sacrifice. Cet être a une foi sans réserve en son propre destin, un profond besoin de liberté et une haine farouche pour l'ordre et la routine. Il devient souvent aventurier ou globe-trotter.

SOLEIL-SATURNE

Aspects harmoniques : travail consciencieux, sens des obligations et des responsabilités. Inhibition.

Conjonction : autodiscipline et amour de la routine, ordre et méthode. Le sujet se heurte aux événements, aux représentants de l'autorité ; il rencontre des obstacles et voit ses projets retardés. La dureté de l'existence peut finir par émousser la confiance que le sujet avai en lui-même ; seul un travail acharné peut devenir sa sauvegarde.

Aspects dissonants : soit le sujet renonce, soit il soulève des montagnes pour braver le mauvais destin.

SOLEIL-URANUS

Aspects harmoniques : indépendance, originalité, idéalisme, engagement dans des mouvements, lutte pour des causes. Le sujet peut devenir un phare du militantisme, admiré de tous pour ses conceptions peu ordinaires.

Conjonction : indépendance, invention, radicalisme, originalité, refus des conventions établies. L'entourage du sujet évolue grâce à son influence dynamisante.

Aspects dissonants : individualisme, excentricité, originalité, sens aigu de la liberté ; attitudes téméraires et désorganisées, épuisement nerveux par négligence de ses propres intérêts.

SOLEIL-NEPTUNE

Aspects harmoniques : sentimentalisme, bonté, amabilité, douceur, charité, imagination créatrice, amour des arts, mysticisme, goût pour les plaisirs.

Conjonction : intuition, imagination, sensibilité, sacrifice, compassion, manque de sens pratique. Soit le sujet s'adonne à des ascétismes et à des actes humanitaires, soit il se consacre à la mode, à l'art, au stylisme et à la séduction.

Aspects dissonants : trop de bonté et d'innocence, qui peuvent amener le sujet à se faire exploiter. Déception. Le sujet peut alors compenser en se lançant dans la mode, la religion, la boisson ou la drogue.

SOLEIL-PLUTON

Aspects harmoniques : puissance et détermination, obstination, secret, intérêt pour les mystères de la vie.

Conjonction : aspect particulièrement intense et émotionnellement volcanique. La vie du sujet connaît des transformations radicales, soit à l'occasion d'une psychanalyse, soit par la découverte de la religion, de la magie ou de la politique.

Aspects dissonants : conflits affectifs redoutables. Le sujet, retranché sur ses positions, voudrait imposer son point de vue à autrui.

LUNE-MERCURE

Aspects harmoniques : excellente mémoire, esprit poétique, bon sens. Journalisme, enseignement. Amour du passé et attention portée sur la qualité de l'environnement.

Conjonction : poésie et bon sens paysan, pensée claire. L'analyse sereine peut résoudre les problèmes affectifs. Bavardage. Liens très forts avec la famille.

Aspects dissonants : tension nerveuse, malentendus familiaux, tendance à la précipitation. Vision rapide et précise de la vérité.

Les processus psychologiques
Chaque aspect représente un processus psychologique qui peut être mis en évidence en considérant la nature de chaque planète et la façon dont elle se combine avec les autres planètes sous forme d'aspects, harmoniques ou dissonants. De cette façon, l'astrologue peut émettre des avis et donner des conseils. Par exemple, si une difficulté réside dans une opposition Soleil-Uranus, le sujet doit s'attendre à ce que son existence soit momentanément perturbée par des pertes et des ruptures qui semblent se produire sans qu'aucun contrôle soit possible. Pourtant, l'astrologue pourra expliquer que ces problèmes sont créés par l'individu lui-même, que son comportement provoque des situations conflictuelles et des cassures parce qu'il a un profond désir d'indépendance, ce désir étant lui-même motivé par une angoisse viscérale qui reste à déterminer. Si les pulsions jusque-là inconscientes sont comprises du sujet, celui-ci peut tirer avantage de ce nœud problématique.

LE GOUVERNEUR DE LA PERSONNALITÉ ET DE L'EXISTENCE EN GÉNÉRAL — EST OPPOSÉ À — URANUS, GOUVERNEUR DES CHANGEMENTS SOUDAINS, ET PARFOIS IMPORTANTS, ET DES FORCES INCONTRÔLABLES DE L'INCONSCIENT — LE SUJET EST CONSCIENT QU'IL RISQUE D'ÊTRE TRÈS PERTURBÉ — POUR ÉVITER LE CHAOS PROVOQUÉ PAR LES AUTRES, LE SUJET DÉVELOPPE TRÈS TÔT UN GRAND BESOIN D'INDÉPENDANCE — RÉSULTAT : MANQUE DE COOPÉRATION ET AVÈNEMENT DU CHAOS TANT REDOUTÉ

LUNE-VÉNUS

Aspects harmoniques : humeur égale, manières distinguées, élégance vestimentaire, succès social, décor charmant et accueillant.

Conjonction : le charme naturel contribue plus à la réussite que le travail ou le talent réel. Amour des belles choses, goûts de luxe. Le sujet a besoin de vivre dans un cadre agréable et confortable, en ce qui concerne son environnement familial et domestique.

Aspects dissonants : confusion dans les sentiments et les besoins affectifs. Le sujet a du mal à effectuer des choix dans sa vie domestique. Rivalités amoureuses.

LUNE-MARS

Aspects harmoniques : esprit pratique et constructif, bonne appréhension des problèmes quotidiens, volonté, positivisme, sentiments honnêtes, chaleur, hospitalité.

Conjonction : émotivité, courage, audace, esprit d'aventure et de risque. Le sujet sait exactement ce qu'il veut dans le domaine privé, notamment la première place au foyer. Entrepreneur, explorateur, voyageur.

Aspects dissonants : sphère affective tendue et douloureuse, impulsivité, audace ; le sujet est prêt à faire face à toutes les situations au sein du cercle familial car il a besoin de s'établir, ou bien alors il renonce complètement à créer un foyer et préfère rester un éternel vagabond.

LUNE-JUPITER

Aspects harmoniques : sympathie, générosité, amour du prochain, optimisme. Le sujet attire la chance par son ouverture d'esprit. Idéalisme et goût de la maison confortable. Affaires juridiques avantagées, ainsi que les hautes études.

Conjonction : ou bien le sujet est généreux, spontané, chaleureux et accueillant tout en étant très exigeant (il aime les grandes passions, les familles nombreuses, les maisons luxueuses, les longs voyages, les expériences mystiques délirantes et les études de haut niveau), ou bien il se recroqueville sur son égoïsme en conservant les mêmes ambitions, mais en rapetissant tout.

Aspects dissonants : le sujet « en veut toujours plus » : plus d'émotion, d'amour, de luxe, de spiritualité, etc.

LUNE-SATURNE

Aspects harmoniques : le sujet dirige sa vie affective et familiale selon ce qu'il considère comme bon, juste, pratique et opportun.

Conjonction : loyauté, responsabilité. Le sujet reste cependant vulnérable au plan affectif. L'homme risque d'être attiré par des femmes plus âgées. Vie amoureuse tardive mais stable.

Aspects dissonants : difficultés à exprimer ses sentiments. Le sujet se compose un masque. Pourtant, il aspire à fonder un foyer harmonieux et sécurisant. Mais les responsabilités familiales risquent de l'étouffer.

LUNE-URANUS

Aspects harmoniques : besoin d'indépendance par rapport à la famille et aux amours.

Conjonction : résistance à toutes les pressions domestiques ou affectives. Le sujet coopère difficilement avec des partenaires sociaux. Il a besoin de varier les rencontres. Ses sentiments s'expriment superficiellement : le sujet mettra du temps avant d'en explorer toute la richesse.

Aspects dissonants : mauvaise tête et manque d'esprit de coopération, colères au sein du foyer, chaos qui évite la routine ; le sujet est tenté par des expériences « alternatives » : vie en communauté, retour à la terre, etc. Mais il est trop individualiste pour mener jusqu'au bout ce type d'aventure.

LUNE-NEPTUNE

Aspects harmoniques : bonté, compassion ; foyer plaisant et accueillant, même s'il est quelque peu désorganisé. Romantisme.

Conjonction : aspirations vers quelque chose de plus grand que la personne, ouverture au mysticisme, à la religion, à l'amour-passion, à la vie familiale. Esprit de sacrifice qui peut être exploité par des gens sans scrupules. Attirance pour les arts et la mode. Le foyer peut avoir un décor exotique ou mystérieux, en tout cas désordonné.

Aspects dissonants : mêmes tendances que pour la conjonction, avec accentuation de la confusion, notamment au sein de la vie domestique. Fantaisie, manque de sens des réalités, imagination fantastique, talents artistiques, goût sûr en matière de style et de mode.

LUNE-PLUTON

Aspects harmoniques : grande émotivité, désir de changement et d'amélioration de l'habitat. Le sujet n'hésite pas à exposer ses problèmes, même si cela doit engendrer des disputes familiales.

Conjonction : obstination, refus du compromis, conflits, explosions, révolutions dans la maison ou le style de vie. Énergie constructive ou destructrice, selon les choix du sujet.

Aspects dissonants : émotions profondes, rapports sentimentaux complexes et délicats, conflits domestiques incontrôlables. Le sujet se passionne pour la psychologie, l'ésotérisme, les moyens de guérison et les nouvelles valeurs de l'existence.

MERCURE-VÉNUS

Mercure et Vénus ne forment que deux aspects possibles :

Sextile : harmonie, bon sens, manières plaisantes et charmantes. Les sphères émotionnelles et sociales, l'éducation et la communication bénéficient de cet aspect.

Conjonction : éloquence, charme, dons pour l'enseignement, persuasion, opinions sensées. Le sujet a conscience de ses sentiments.

MERCURE-MARS

Aspects harmoniques : esprit solide, nature énergique, capacités de perception. Goût pour la recherche, les expériences sur le terrain, et tout ce qui demande bon sens et précision.

Conjonction : esprit vif, humoriste, sarcastique et satirique. Le sujet aime la discussion, la recherche dans les sciences appliquées, et peut même s'y épuiser à force de passion. Impatience.

Aspects dissonants : esprit fort et grande énergie, impatience, amour de la dialectique. Le sujet se bat pour des causes méritoires et contre des injustices sociales. Réformateur, journaliste, enquêteur.

MERCURE-JUPITER

Aspects harmoniques : optimisme, philosophie, nature aimable, ouverture d'esprit. Les intérêts intellectuels passent avant les considérations matérielles. Amour des voyages, instabilité.

Conjonction : le sujet aime brasser les idées et a soif de connaissance : il compile les informations, ou bien il se plonge dans les études philosophiques, ou encore il fait quinze fois le tour du monde.

Aspects dissonants : extrémisme oscillant entre le scepticisme et la croyance aveugle. Le sujet éprouve des difficultés à concilier les faits et la théorie, ou à mettre au clair ses propres idées. Curiosité et instabilité. Le sujet voyage ou vit à l'étranger. Conflits avec la loi.

MERCURE-SATURNE

Aspects harmoniques : routine, conservatisme, vues claires et esprit pratique, travail acharné, effort, logique, succès académique.

Conjonction : sérieux, conservatisme, esprit pratique, manque de confiance en soi et en son imagination. Le sujet n'est rassuré que dans la précision ou le détail. Labeur qui ne sort jamais des sentiers battus. Difficultés à s'exprimer qui peuvent retarder la réussite.

Aspects dissonants : conservatisme, études pratiques tout comme dans la conjonction, avec une accentuation du manque de confiance. Forte tête, matérialisme, type de l'homme d'affaires.

MERCURE-URANUS

Aspects harmoniques : esprit pétillant, humour caustique, invention, subtilité, finesse, astuce. Haute technologie, nouvelles idées et prises de conscience contemporaines. Amour du duel intellectuel.

Conjonction : esprit libre qui aime la provocation. Lutte contre les valeurs établies, excentricités réactionnaires ou anarchisme radical. Nouvelles technologies. Tension nerveuse.

Aspects dissonants : opinions extrémistes, vanité et arrogance, idées originales, ignorance des nécessités pratiques, croyances insolites. Le sujet peut devenir membre d'une secte ou d'un groupe politique marginal. Avant-gardisme.

MERCURE-NEPTUNE

Aspects harmoniques : imagination, idéalisme, raffinement, esthétisme, peu de sens pratique. Le sujet se plaît à rester chez lui et à

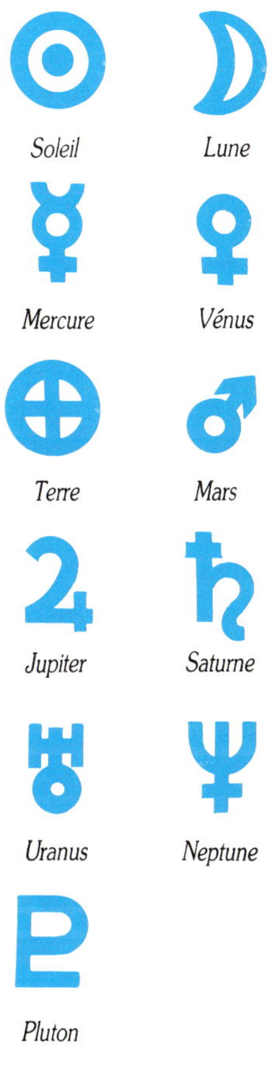

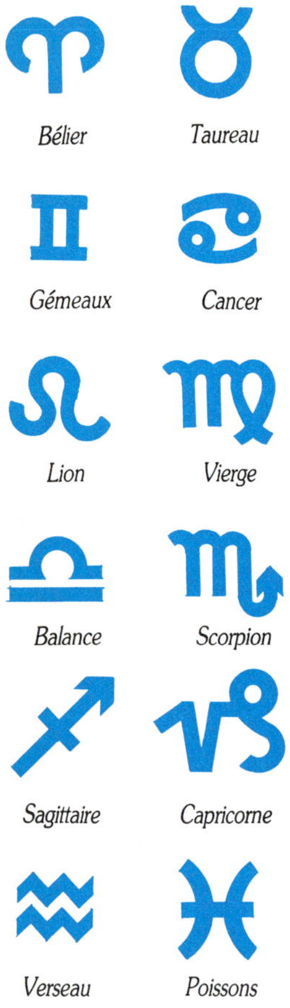

se livrer à des travaux de photo, à créer des modèles de mode ou à s'épanouir dans le mysticisme. Crédulité.

Conjonction : intuition, imagination, mysticisme, sensibilité intellectuelle, ouverture d'esprit, vie artistique, travail pour des causes élevées. Inaptitude aux études pratiques. Le sujet a du mal à effectuer des choix et préfère souvent se retrancher dans un monde de rêves.

Aspects dissonants : hautes motivations, vie artistique, mysticisme. Opinions changeantes, mais croyances ancrées profondément et avec sincérité. Tous les moyens sont bons pour fuir les situations compliquées.

MERCURE-PLUTON

Aspects harmoniques : obstination, capacités de perception, investigation, amour du mystère, de la psychologie, de la magie, de la criminologie et de la physique atomique. Le sujet aime à débattre.

Conjonction : entremêlement du conscient et de l'inconscient, des croyances et des idées rationnelles. Obstination, opiniâtreté, argumentation. Astronomie et sciences physiques, occultisme, psychothérapie, guérison.

Aspects dissonants : l'esprit du sujet est soumis à l'influence des instincts et des croyances. Préjugés. Explosion de l'intérêt, bientôt suivie par un grand épuisement des énergies. Désir de vérité, sans que la réalité des faits soit prise en considération.

VÉNUS-MARS

Aspects harmoniques : passion amoureuse, chaleur amicale, amour des plaisirs du cœur, de l'esprit et de la chair. Énergie formidable. Le sujet sait garder une attitude décontractée, même dans le travail.

Conjonction : vie affective intense, besoin de contacts sociaux, d'expériences sexuelles et de conquêtes matérielles. Énergie, affirmation de soi, égocentrisme, popularité, colères qui ne durent pas. Le sujet sait faire amende honorable.

Aspects dissonants : mêmes indications que pour la conjonction, mais le sujet risque d'être plus pointilleux et lunatique. Impatience, impulsivité, exigences affectives irréalistes. Enthousiasmes soudains qui retombent très vite.

VÉNUS-JUPITER

Aspects harmoniques : affection, manières gracieuses. Le sujet est intuitif, sait identifier une atmosphère sociale, s'habille toujours à la dernière mode. Hospitalité, générosité. Chance dans les affaires juridiques et financières.

Conjonction : générosité exceptionnelle, amour, tendresse. En retour, le sujet requiert beaucoup d'attention. Il a besoin d'être stimulé et parfois entretenu par le partenaire. Confiance et optimisme, succès social.

Aspects dissonants : spontanéité, vivacité, grands besoins affectifs. Les amitiés du sujet peuvent être rompues à cause de ses activités : religion, voyages, dévouement à une cause humanitaire. Ambitions artistiques, même si le talent est absent. Le sujet devrait opter pour une carrière indépendante afin d'éviter les conflits et la compétition.

VÉNUS-SATURNE

Aspects harmoniques : tranquillité, responsabilité, foi dans l'avenir (social ou sentimental). Attitudes conventionnelles, relations stables, sécurité, autant de maîtres mots qui forment le credo du sujet pour lutter contre son manque de confiance en soi et sa peur d'être rejeté. Attirance pour les gens plus âgés. Sens de l'économie.

Conjonction : mêmes indications que précédemment, mais amplifiées. Lenteur à se créer des liens affectifs, mais ceux-ci sont solides. Fidélité, même si l'amour est mort. Le sujet doit développer sa confiance en lui-même.

Aspects dissonants : mêmes indications que plus haut, mais avec des obstacles et des retards supplémentaires (à cause des parents, du manque d'argent ou de travail). Loyauté, sens pratique, recherche de la sécurité. Crainte de la pauvreté. Esprit économe.

VÉNUS-URANUS

Aspects harmoniques : esprit de changement, besoin de renouveler ses amitiés. Le sujet sait préserver son indépendance, même au sein du mariage. Comportement original, succès social.

Conjonction : l'indépendance affective est vitale pour le sujet. Peur panique des responsabilités et des obligations. Esprit direct, apparemment superficiel : le sujet garde ses sentiments pour lui. Si quelqu'un tente de l'emprisonner, il devient froid et distant, et peut quitter la place sans crier gare ! S'il demeure libre, il est au contraire loyal et dévoué. Talents artistiques pleins d'originalité et goût pour la technologie de pointe.

Aspects dissonants : tout lien social est ressenti comme une entrave. Les sentiments sont fluctuants. Aventures amoureuses nombreuses par recherche de l'idéal. Le sujet préfère le conflit ouvert plutôt qu'une relation médiocre. Excentricité et originalité artistiques. Gains et pertes en dents de scie.

VÉNUS-NEPTUNE

Aspects harmoniques : passion amoureuse, compassion, intuition, imagination inventive, talents artistiques pour l'image, le style et la mode.

Conjonction : grande sensibilité, romantisme, idéalisme, parfois idées confuses et brouillées. Timidité. Goût prononcé pour les fantasmes au détriment de la réalité. Avec un partenaire idéal, le sujet est très dévoué. Vive imagination artistique. Fascination pour le cinéma, la photographie et la mode. Affaires financières compliquées.

Aspects dissonants : grand romantisme, confusion et malentendus, fantasmes, mysticisme, esthétisme. Le sujet doit s'employer à garder des idées claires.

VÉNUS-PLUTON

Aspects harmoniques : esprit sérieux, engagement loyal ; grandes exigences envers le partenaire, même au prix de graves confrontations.

Conjonction : émotions intenses et profondes, inflexibilité, désir de vie passionnelle, jalousie féroce, secret.

Aspects dissonants : le sujet aime ou hait avec la même intensité. Passions secrètes. Imagination généreuse qui s'exprime souvent dans les arts ou la conquête de la fortune.

MARS-JUPITER

Aspects harmoniques : énergie, activité, désir de perfectionnement par les exercices physiques, l'éducation ou les voyages.

Conjonction : le sujet part en croisade et ouvre de nouveaux horizons pour lui ou les siens. Athlétisme, aventure, exploration. Complexe de supériorité, recherche du pouvoir et de la fortune.

Aspects dissonants : instabilité, audace, amour du gain et de la puissance, ou, au contraire, renoncement pour se dévouer gratuitement à des causes idéalistes. Amour des voyages et de l'aventure.

MARS-SATURNE

Aspects harmoniques : travailleur acharné, le sujet fait un très bon entrepreneur, avisé et cependant audacieux. Manque d'imagination.

Conjonction : dur labeur, organisation, esprit pratique, économie, intelligence des situations et adaptabilité, sécurité, stabilité, prudence.

Aspects dissonants : enthousiasmes soudains pour des aventures, mais abandon en cours de route (par manque d'argent ou interdiction des autorités, par fatigue ou défaut de volonté). Le sujet n'a pas de résistance.

MARS-URANUS

Aspects harmoniques : individualisme,

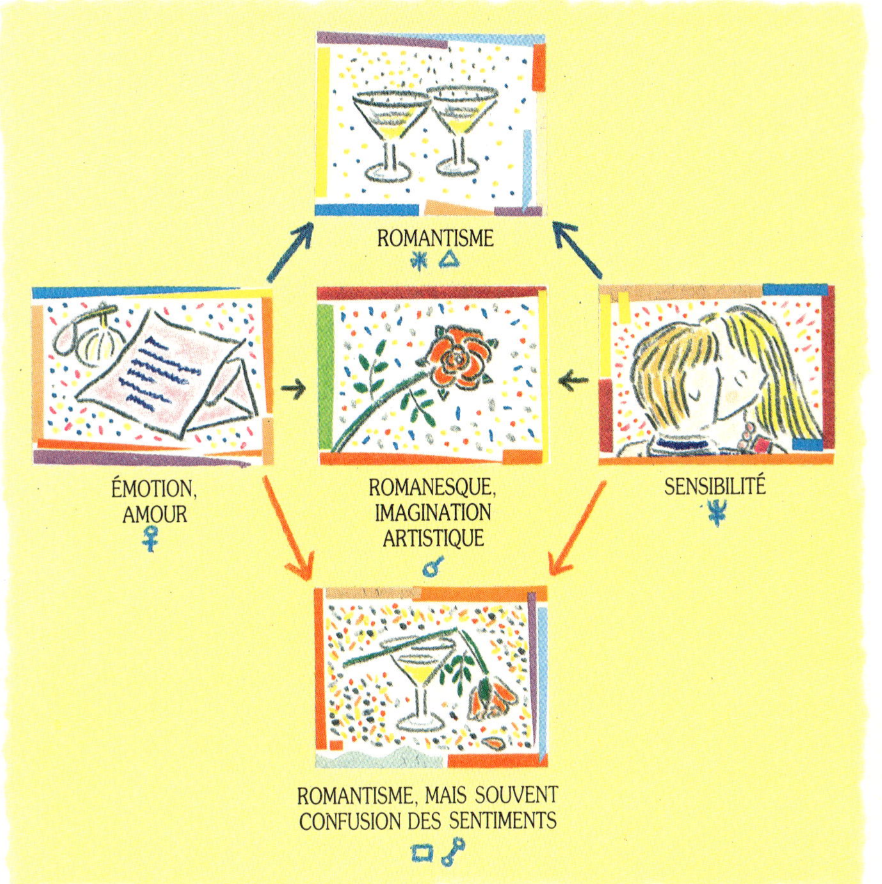

Les aspects Vénus-Neptune
Les aspects entre Vénus et Neptune sont ceux qui amènent le vrai romantisme dans la vie des êtres et créent les talents artistiques.

originalité, marginalité, politique réformiste, mouvements de pensée nouvelle, habileté à inventer des technologies révolutionnaires.

Conjonction : indépendance, individualisme, invention et dernière mode. Le sujet déteste la routine et peut difficilement se plier aux exigences d'un travail en groupe.

Aspects dissonants : excentricité, individualisme, religions et cultes marginaux, groupements politiques clandestins ou insolites. Le sujet ne s'engage qu'à moitié. Il devrait cependant développer ses capacités s'il veut réaliser ses rêves.

MARS-NEPTUNE

Aspects harmoniques : manque de sens pratique, imagination, art, idéalisme.

Conjonction : désir de haute motivation et de concrétisation des rêves. Imagination et idéalisme, art, mode ou cinéma. Si le sujet ne parvient pas à se réaliser dans l'un de ces domaines, il risque de sombrer dans la confusion des idées.

Aspects dissonants : musique, arts, fantaisie, fantasmes, mysticisme, manque de sens du réel. Le sujet peut devenir un révolutionnaire en lutte contre la société matérialiste, et sacrifier sa vie à son idéal.

Les aspects Jupiter-Uranus
C'est sous des aspects entre Jupiter et Uranus que l'humanité a atteint les étoiles. Le premier homme qui a posé le pied sur la Lune en 1969 l'a fait en harmonie avec une conjonction exacte de Jupiter avec Uranus.

MARS-PLUTON

Aspects harmoniques : dévouement, esprit de sérieux dans le travail comme dans les affaires de cœur. Obstination.

Conjonction : volonté, détermination. Le sujet n'écoute pas les avis d'autrui. S'il est attiré par la politique ou la religion, il peut y exercer un poste de commandement.

Aspects dissonants : conflits majeurs et révolutions dans la vie du sujet. Détermination, obstination, intelligence et sensibilité. Croyance irréaliste en une vérité absolue. Foi en son propre destin.

JUPITER-SATURNE

Aspects harmoniques : cet aspect développe avec bonheur toutes les potentialités positives de la charte.

Conjonction : le sujet doit soit restreindre Saturne, soit développer Jupiter. S'il trouve un équilibre, de grandes réalisations sont à espérer.

Aspects dissonants : possibilités contraires et donc conflictuelles. Le sujet se demandera s'il doit changer ou rester le même, prendre des risques ou refuser telle occasion, etc. Il lui faudra réconcilier les deux extrêmes pour réaliser ses projets et trouver des satisfactions.

JUPITER-URANUS

Aspects harmoniques : idéalisme, réflexion, indépendance.

Conjonction : optimisme, expansivité, esprit d'aventure, grandes ambitions, désirs incontrôlables et difficiles à contenter. Le sujet a foi en son originalité et en son avenir.

Aspects dissonants : besoin absolu d'expériences, de variété dans les rencontres et d'indépendance. Invention, originalité, mais croyances dogmatiques.

JUPITER-NEPTUNE

Aspects harmoniques : compassion, idéalisme, réformisme, goûts artistiques, esprit d'émerveillement, vision mystique du monde. Une idée force peut en remplacer une autre.

Conjonction : sensibilité, idéalisme exceptionnel, religiosité. Fascination pour les voyages, les arts et la mode.

Aspects dissonants : hypersensibilité, esprit flou, autosacrifice, fantasmes, fuite dans l'imaginaire, divagations.

JUPITER-PLUTON

Aspects harmoniques : ténacité, détermination, désir de perfectionnement.

Conjonction : le sujet combat pour la vérité... et le pouvoir personnel. Arts, religion, politique, psychologie et tours du monde.

Aspects dissonants : le sujet se cherche lui-même à travers des aventures et des expériences : voyages, révolutions, religion. Obstination, militantisme.

SATURNE-URANUS

Aspects harmoniques : sens pratique combiné à des capacités originales et innovatrices. Aspect utile et heureux.

Conjonction : travail, détermination, invention et originalité. Idées démocratiques mais, en pratique, grande autorité.

Aspects dissonants : hésitations entre une attitude autoritaire qui réclame l'ordre et la croyance en l'anarchie.

SATURNE-NEPTUNE

Aspects harmoniques : rêves, imagination et inspiration sont les trois piliers de la réalisation. Croyances conservatrices.

Conjonction : si le sujet parvient à réconcilier les valeurs opposées des deux planètes, il bénéficiera d'une grande discipline et réalisera ses rêves. Sinon, ses ambitions se perdront dans la confusion et la déception. Conservatisme religieux.

Aspects dissonants : l'imagination ne peut pas s'exprimer et la vie quotidienne est embrouillée. Idées réactionnaires.

SATURNE-PLUTON

Aspects harmoniques : idéaux et projets, souci de progrès et de perfectionnement, désir de passion.

Conjonction : désir profond de changement et de développement. Entêtement et ambition, autodiscipline.

Aspects dissonants : le sujet désire transformer radicalement son existence, réforme la société, mais ses aspirations gardent des structures confuses.

URANUS-NEPTUNE

Aspects harmoniques : grande imagination, désir de trouver un sens à la vie. Cet aspect n'a qu'une influence très subtile.

Conjonction : profond désir de changement qui s'étend bien au-delà de la personne humaine (révolution politique ou spirituelle). Avant-gardisme des idées. Le sujet peut être amené à vivre des événements peu communs.

Aspects dissonants : tendances au chaos et aux chocs révolutionnaires. Recherche de la nouveauté.

URANUS-PLUTON

Aspects harmoniques : désir de changement et de transformation personnelle.

Conjonction : la vie du sujet connaîtra de profondes mutations. Cette conjonction coïncide souvent avec des périodes historiques de soulèvement populaire ou de changement culturel.

Aspects dissonants : mêmes indications que pour la conjonction. Psychologiquement : tension et transmutation.

NEPTUNE-PLUTON

Aspects harmoniques : les deux planètes forment un sextile permanent entre 1945 et 1995. Cet aspect correspond aux profonds bouleversements que le monde connaît depuis la dernière guerre.

Conjonction : carrefours historiques. Les natifs de 1890 avaient cet aspect dans leur thème et ce sont eux qui connurent la Première Guerre mondiale. Dans une charte individuelle, l'aspect indique l'hypersensibilité, le mysticisme et les transformations intérieures.

Aspects dissonants : période historique à cause de nouvelles idées religieuses ou de changements de culture. Dans un thème individuel : extrémisme et incertitude des croyances personnelles.

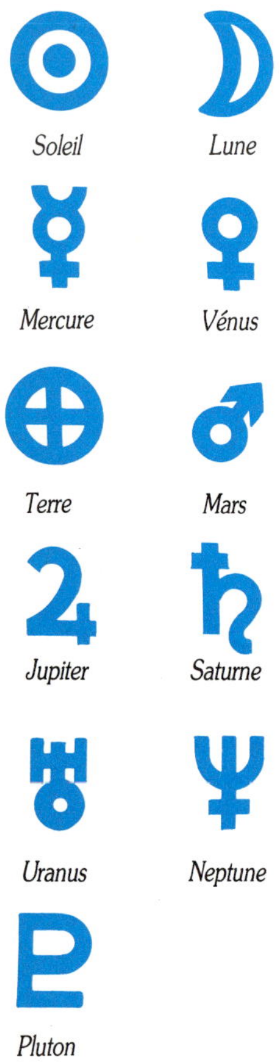

CHAPITRE 10
PREMIÈRE APPROCHE D'UNE INTERPRÉTATION ASTROLOGIQUE

Le but essentiel de l'astrologie est l'interprétation de l'horoscope, processus qui apparaît souvent comme mystérieux aux non-initiés, mais qui devient une seconde nature pour l'astrologue expérimenté. Seule la pratique donne aisance et rapidité.

Au début, il est recommandé d'inscrire à côté de la charte le plus d'indications possible et les interprétations qu'elles suggèrent. C'est la seule façon de se familiariser avec l'entremêlement des significations, tant des signes et des planètes que des Maisons et des aspects. Au fur et à mesure, on éprouvera moins le besoin de tout inscrire, et quelques symboles suffiront pour interpréter le thème spontanément.

Les trois étapes de l'interprétation astrologique sont les suivantes :

L'analyse : noter, par ordre de priorité, les symboles les plus importants de l'horoscope, avec une brève interprétation (voir les exemples d'interprétation sommaire, chapitres 4 à 9).

L'intégration : noter les grands thèmes de la vie du consultant, les rassembler et les mettre en évidence.

La synthèse : incorporer la deuxième étape à la première.

L'ANALYSE

Les « significateurs » doivent être indiqués dans l'ordre suivant :

1. Facteurs donnant les tendances principales :
   (a) équilibre des éléments — y a-t-il une prédominance d'un des éléments ?
   (b) équilibre des qualités — y a-t-il une prédominance de l'une d'elles ?
   (c) figures — y a-t-il un grand carré, un double carré, un grand triangle, etc. ?
2. L'Ascendant : position de l'AS dans un signe, une Maison ; son Gouverneur et les aspects qu'il entretient avec lui. Le Gouverneur de l'AS, ne l'oublions pas, est aussi celui de toute la charte.
3. Le signe solaire : celui qui reçoit le Soleil, la Maison et les aspects du Soleil avec les autres planètes.
4. Le Gouverneur du signe solaire (c'est-à-dire la planète gouvernant le signe qui reçoit le Soleil) : le signe où il se situe, sa Maison et ses aspects.
5. Le signe lunaire : celui qui accueille la Lune ; la Maison et les aspects de la Lune avec les autres planètes.
6. Les autres planètes, dans l'ordre (de Mercure à Pluton) : leurs Maisons, leurs signes et leurs aspects.
7. Les nœuds et les autres facteurs.

Il est conseillé de lire l'ensemble des notes que l'on aura prises pour l'analyse et d'insérer chaque nouvelle interprétation dans la précédente. Chaque nouveau paragraphe prendra naturellement une signification par rapport à celui ou ceux qui l'auront précédé.

Quand on regarde une Maison, il faut prendre en considération les planètes qui s'y trouvent, puis le signe de la cuspide, enfin le Gouverneur de la Maison (= la planète qui gouverne le signe sur lequel tombe la cuspide de la Maison). On ne remarque le Gouverneur qu'à la fin car, s'il donne beaucoup d'informations, il peut aussi être source de confusion pour le débutant : son interprétation devient plus urgente lorsque la Maison n'est occupée par aucune planète.

Les grands thèmes suivants sont utiles pour établir un guide succinct de l'interprétation, bien que plusieurs de ces thèmes puissent être combinés ou additionnés (par exemple, les émotions et les relations sociales peuvent être étudiées soit ensemble, soit séparément).

1. Le caractère général : l'AS ; les planètes en Maison I ; le Soleil et la Lune ; les figures ; les facteurs tels que les prédominances d'élément ou de qualité ; le Gouverneur de l'AS ; les autres facteurs.

2. La famille : les planètes en Maison IV ; le Gouverneur de la Maison IV ; la Maison V (les enfants) ; la Maison III (les frères et sœurs) ; la Maison X et son Gouverneur ; la Lune (la mère) ; la Maison IV par rapport au Soleil et à Saturne (le père).

3. Les émotions : la Lune, Vénus, les planètes en signe d'eau.

4. Les relations sociales : le DS, les planètes en Maison VII ; le gouverneur de la Maison VII (amitié-mariage) ; les planètes en Maison V (amour) et le Gouverneur de la Maison V ; les planètes en Maison XI (les groupes et les rencontres) et le Gouverneur de la Maison XI ; les planètes en Balance (les associations) ; Mars (énergie sociale) ; la Lune, Vénus et les planètes en signes d'eau.

5. L'esprit, l'intellect et l'éducation : Mercure ; les planètes en Maison III (facilité de communication, l'école, les intérêts généraux du sujet et ses facultés mentales) ; le Gouverneur de la Maison III ; Jupiter ; les planètes en Maison IX (hautes études, philosophie) et le Gouverneur de la Maison IX ; Maisons VIII et XII (intuition) ; Neptune (imagination) ; les planètes en Gémeaux et en Vierge.

6. Les talents artistiques, la créativité : les planètes en Maison V ; le Gouverneur de la Maison V ; Mercure, Vénus, Mars et Neptune ; les planètes en signes de terre (habileté pratique).

7. Le travail, la carrière : MC ; les planètes en Maison X et le Gouverneur de la Maison X (la carrière) ; les planètes en Maison VI (les conditions de travail, le métier) et le Gouverneur de la Maison VI ; Mars (énergie appliquée) ; Saturne (organisation et autodiscipline).

8. Les finances : les planètes en Maison II et le Gouverneur de la Maison II ; les planètes en Maison VIII et le Gouverneur de la Maison VIII.

9. Les voyages : les planètes en Maison III (courts voyages) et en Maison IX (longs voyages).

10. La santé : les planètes en Maison VI et le Gouverneur de la Maison VI ; voir les autres significateurs.

Pour toutes les informations supplémentaires que le débutant souhaite obtenir, il suffit de se reporter à la Maison concernée et d'examiner les planètes qui s'y trouvent, le signe où tombe la cuspide, le Gouverneur de ce signe et le Gouverneur général planétaire. Exemples : pour une question juridique, on doit se référer à la Maison IX (la loi), aux planètes contenues dans cette Maison, à la planète qui gouverne le signe de la cuspide IX, et enfin à Jupiter (Gouverneur général de la loi). Pour les plaisirs, il faudra étudier Vénus, la Maison V et des facteurs généraux tels que le Soleil et le signe qui le reçoit.

APPLICATION DE LA CHARTE D'ALEXANDRA

Alexandra est née à 22 h 25 en heure d'été britannique (21 h 25 GMT), le 4 juillet 1950, à Londres.

PRÉDOMINANCE EAU : émotivité, sensibilité, imagination.

PRÉDOMINANCE CARDINALE/MUTABLE : instabilité, amour du changement.

DOUBLE CARRÉ EN SIGNE MUTABLE : tension, énergie concentrée sur la recherche du changement, désir de nouvelles conditions d'existence.

AS ≈ **AS-VERSEAU :** besoin d'indépendance et de liberté, désir de se singulariser, intellect, idéalisme, manque de sens pratique, sentiment de restriction.

♄♍ **MAITRE DE L'AS-SATURNE EN VIERGE :** besoin d'ordre.

♄8 **SATURNE EN MAISON VIII :** besoin de se donner à fond dans le travail ; possibilités de pertes ou de retards dans les affaires.

♄✶☉ **SEXTILE SATURNE-SOLEIL :** autodiscipline, sens de l'ordre, responsabilité, routine.

♄☍☽ **OPPOSITION SATURNE-LUNE :** réserve, timidité, difficultés à exprimer ses sentiments, besoin de stabilité affective, problèmes matériels au foyer (manque d'argent, désaccord avec les parents, opposition des membres de la famille).

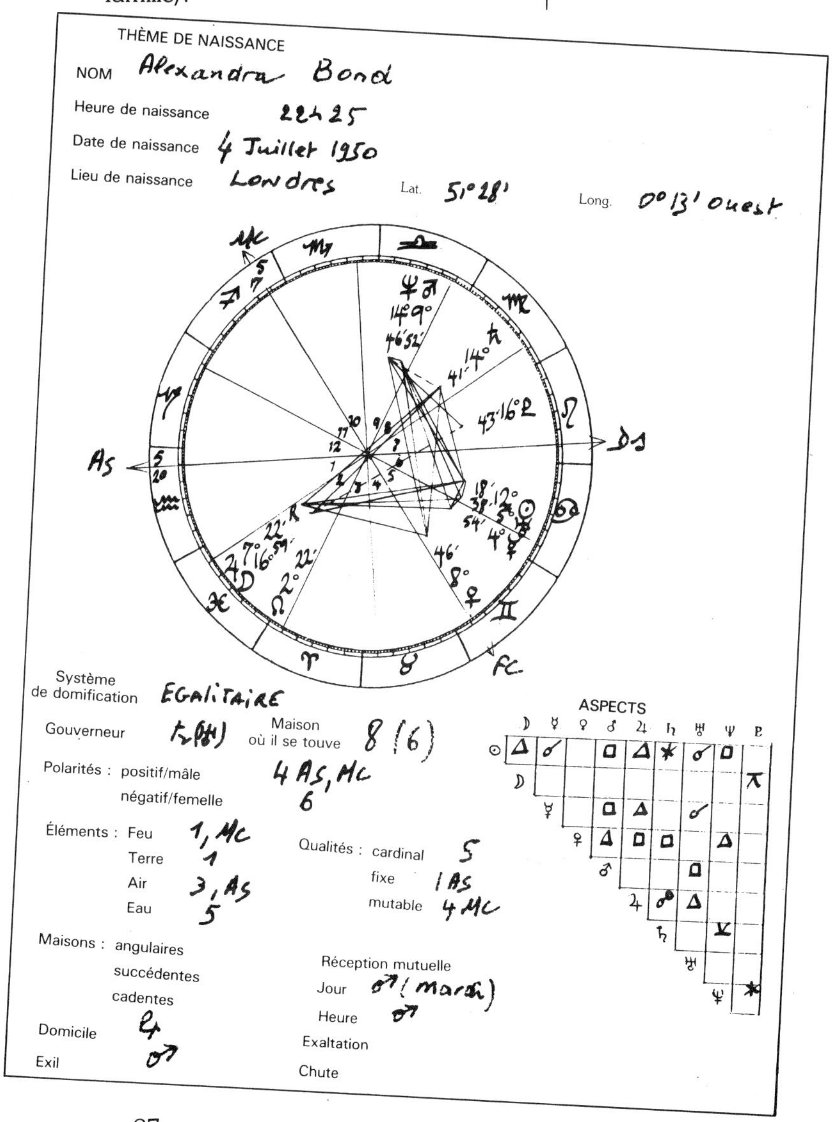

♄□♀ **CARRÉ SATURNE-VÉNUS :** retard de la vie amoureuse, timidité, difficultés, besoin de sécurité affective, crédulité, attitudes artistiques conservatrices, manque d'argent.

♄☍♃ **OPPOSITION SATURNE-JUPITER :** le besoin d'ordre et de limitation se heurte au désir d'expansion et de réalisation ; conflits permanents entre stabilité et changement.

♄⚺♆ **SEMI-SEXTILE SATURNE-NEPTUNE :** l'imagination s'exprime à travers des aptitudes pratiques.

♅♋ **URANUS, SECOND GOUVERNEUR DE L'AS, EN CANCER :** recherche d'indépendance sentimentale et de changement domestique. Généralement, Uranus n'a qu'une influence psychologique globale sur un signe qu'il occupe, mais, ici, il est soutenu par sa conjonction avec le Soleil.

♅5 **URANUS EN MAISON V :** besoin d'indépendance dans les activités artistiques, les plaisirs et les affaires de cœur ; originalité imaginative ; relations inhabituelles avec les enfants, qui, eux-mêmes, seront indépendants très tôt.

♅☌6th cusp **URANUS SUR LA CUSPIDE VI :** techniquement, Uranus se situe en Maison V, mais il est en exacte conjonction avec la cuspide VI. Il joue donc un rôle dans les domaines de la Maison VI : le travail est original ; le sujet a intérêt à travailler de façon indépendante ; la routine est à fuir ; la santé peut souffrir de la tension nerveuse.

♅☌☉ **CONJONCTION URANUS-SOLEIL :** l'orbe s'élargit et l'aspect est séparant, mais la conjonction garde toute sa valeur, à cause de l'influence prépondérante du Soleil sur tout le thème. Désir d'indépendance et volonté de suivre des voies peu communes, résistance aux conventions et à la routine.

♅☌☿ **CONJONCTION URANUS-MERCURE :** l'orbe étant inférieur de 1°, l'aspect est donc très puissant. Force, originalité, idées nouvelles, indépendance d'esprit, besoin de stimulation mentale, goût de la discussion.

♅□♂ **CARRÉ URANUS-MARS :** individualisme, désobéissance, impatience, innovation.

♅△♃ **TRIGONE URANUS-JUPITER :** croyances originales.

♅⚻ AS **QUINCONCE URANUS-AS :** esprit indépendant.

♅⚻ MC **QUINCONCE URANUS-MC :** besoin d'indépendance et de changement dans la carrière.

☉♋ **SOLEIL EN CANCER :** le signe solaire (celui qui accueille le Soleil) est extrêmement important dans un thème. Émotion, sensibilité, compassion, sens maternel, besoin de foyer stable et de vie familiale ; les humeurs sont fluctuantes.

☉6 **SOLEIL EN MAISON VI :** travail consciencieux, esprit d'entraide et de soins ; les variations d'humeur agissent sur la santé du sujet.

☉△☽ **TRIGONE SOLEIL-LUNE :** équilibre, vie harmonieuse au foyer, personnalité généralement bien intégrée.

☉☌☿ **CONJONCTION SOLEIL-MERCURE :** l'orbe est très large, mais appliquant, donc important. Esprit solide, volonté, subjectivité, idées personnelles, impatience et manque de logique.

☉□♂ **CARRÉ SOLEIL-MARS :** esprit aventureux et vindicatif, courage et sacrifice, provocation, impatience, audace.

☉△♃ **TRIGONE SOLEIL-JUPITER :** optimisme, expansivité, confiance en soi.

☉□♆ **CARRÉ SOLEIL-NEPTUNE :** vive imagination, mais tendance à la confusion et manque de sens pratique.

☽♓ **LUNE EN POISSONS :** sensibilité extrême, grande imagination, esprit changeant, rêve, manque de sens pratique ; le foyer et la vie familiale ont besoin de connaître le calme et la stabilité, mais des facteurs mystérieux peuvent rapidement tout désorganiser.

☽2 **LUNE EN MAISON II :** fluctuations dans les affaires financières ; l'argent vient des femmes ; attitudes émotionnelles envers l'argent et les possessions, qui n'ont rien à voir avec les besoins réels du sujet.

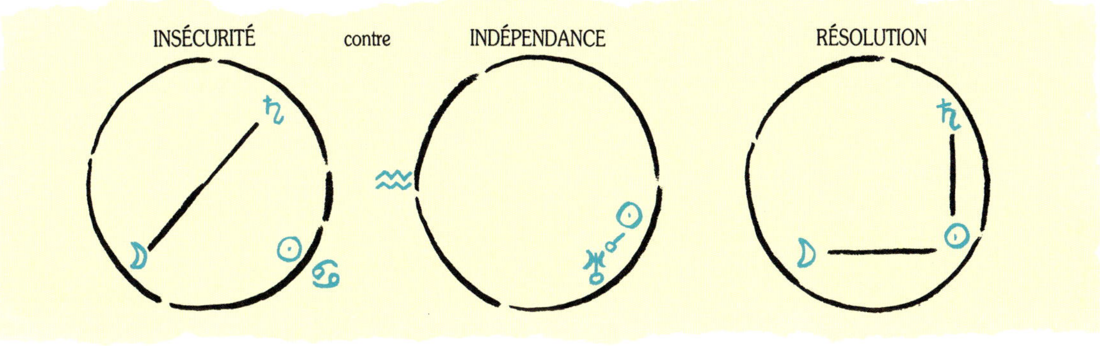

Les contradictions
Dans un thème, les facteurs de contradiction peuvent être d'un grand secours pour l'interprétation, car ils sont la manifestation de choix conflictuels qui sont souvent à l'origine d'une consultation astrologique. Alexandra est tiraillée entre son besoin de sécurité, indiqué par le Soleil en Cancer et l'opposition Lune-Saturne, et son grand désir d'indépendance, symbolisé par la conjonction Soleil-Uranus et l'AS en Verseau. Le trigone Soleil-Lune et le sextile Soleil-Saturne montrent qu'Alexandra sait trouver un équilibre ; le Soleil en Maison VI indique que cet équilibre est largement établi au sein de ses activités professionnelles.

☽⚻♇ **QUINCONCE LUNE-PLUTON :** besoin de changement dans la vie affective et domestique.

☿♋ **MERCURE EN CANCER :** l'esprit, les idées et les idéaux sont dominés par les émotions ; intuition plutôt que raison, bonne mémoire.

☿5 **MERCURE EN MAISON V :** les facultés mentales et les aptitudes devraient être au service de la créativité dans les domaines de la communication.

☿☌6 cusp **MERCURE SUR LA CUSPIDE VI :** comme Uranus, Mercure est en exacte conjonction avec la cuspide VI. Il a donc un rôle à jouer en Maison VI. Besoin de stimulation mentale dans le travail ; besoin de communiquer.

☿□♂ **CARRÉ MERCURE-MARS :** impatience, discussion, recherche de la vérité, langage acerbe, besoin de stimulation intellectuelle, instabilité, amour des voyages, tension nerveuse.

☿△♃ **TRIGONE MERCURE-JUPITER :** bon sens, harmonie des idées et des croyances.

☿⚻ AS **QUINCONCE MERCURE-AS :** angoisses qui augmentent le souci de se réaliser intellectuellement.

☿⚻ MC **QUINCONCE MERCURE-MC :** tension mentale qui réclame une stimulation intellectuelle au sein du travail.

♀♊ **VÉNUS EN GÉMEAUX :** sociabilité, vivacité, rationalisation des émotions, expression des sentiments, approche intellectuelle des arts.

♀5 **VÉNUS EN MAISON V :** l'énergie émotionnelle est canalisée sur des activités artistiques, capacité de distraire les autres, sens de l'amitié et des rapports mentaux avec les êtres, affection pour les enfants.

♀△♂ **TRIGONE VÉNUS-MARS :** chaleur, hospitalité, sociabilité, équilibre affectif et social, charme permettant de réaliser les ambitions, finances saines.

♀□♃ **CARRÉ VÉNUS-JUPITER :** grand besoin d'affection, amour du confort et du luxe, hautes ambitions artistiques, perfectionnisme.

♀△♆ **TRIGONE VÉNUS-NEPTUNE :** romantisme, idéalisme, imagination, goûts artistiques.

♀△ AS **TRIGONE VÉNUS-AS :** sens de la beauté, charme social, grâce.

♀☍ MC **OPPOSITION VÉNUS-MC :** désaccords avec les collègues dans le milieu du travail, besoin d'avoir un foyer plaisant et confortable.

♂♎ **MARS EN BALANCE :** indécision dans les affaires pratiques, énergie qui s'exprime de préférence dans le domaine artistique, création d'un environnement agréable, habileté diplomatique, sens social.

♂9 **MARS EN MAISON IX :** fortes croyances, sens de la lutte pour ce qui est juste, travail et voyages à l'étranger.

♂☌♆ **CONJONCTION MARS-NEPTUNE :** confusion dans les affaires pratiques ; le sujet a tout bénéfice à occuper des postes qui requièrent imagination, inspiration, sens artistique (théâtre, cinéma) ; ambitions élevées.

♂△ AS **TRIGONE MARS-AS :** bonne énergie pratique.

♂⚹ MC **SEXTILE MARS-MC :** attitudes pratiques saines concernant le travail et la carrière.

♃♓ **JUPITER EN POISSONS :** sens de la justice, sensibilité, sagesse.

♃2 **JUPITER EN MAISON II :** extravagance, idéalisme, désintéressement, préférence pour les objets esthétiques plutôt que pratiques ; possibilités de faillite.

♃□ MC **CARRÉ JUPITER-MC :** désir de statut social, de succès et de reconnaissance publique au sein d'une carrière ; hautes ambitions.

♆♎ **NEPTUNE EN BALANCE :** foi en la justice ; recherche de l'équité et de la loyauté. Le sujet nourrit un certain idéalisme dans le domaine des rapports sociaux. Sauf si elle est particulièrement renforcée par d'autres aspects, cette position de Neptune dans le signe de la Balance a peu de retentissements d'ordre psychologique. Autrement, Neptune est le co-Gouverneur des Poissons, signe lunaire, sans pour autant jouer un rôle important.

♆9 **NEPTUNE EN MAISON IX :** croyances mystiques, idéalisme, inspiration intense par l'étude des cultures étrangères et les voyages.

♆⚹♇ **SEXTILE NEPTUNE-PLUTON :** le sujet cherche à comprendre ce qu'il est et ce pour quoi il est fait. Cet aspect est en place depuis 1942 et durera une soixantaine d'années, mais il a peu d'influence psychologique sur les individus.

♇♌ **PLUTON EN LION :** Pluton était en Lion entre 1939 et 1957. Peu d'influence individuelle.

♇7 **PLUTON EN MAISON VII :** les relations humaines sont dominées par de profonds espoirs nés des expériences passées ; besoins personnels très forts, perfectionnisme et engagement personnel.

L'INTÉGRATION

L'intégration ne consiste pas à « redistribuer » les interprétations de l'analyse sous divers titres de chapitre. Il est nécessaire d'établir des liens entre les différents éléments, de rassembler les notions qui se marient et, surtout, de tenter de réconcilier les contradictions, ce qui est l'opération la plus délicate.

La charte d'Alexandra contient plusieurs contradictions remarquables qui se manifestent dans son existence sous forme de choix difficiles ou de conflits d'intérêt. La plus évidente réside dans le besoin de sécurité (Soleil en Cancer ; opposition Lune-Saturne) en lutte contre le désir d'indépendance et de changement (AS en Verseau ; conjonction Soleil-Uranus). D'autres facteurs de l'horoscope vont venir étayer l'un ou l'autre aspect du conflit, notamment Saturne qui joue double jeu (il apporte la sécurité tout en encourageant l'indépendance du Verseau). L'astrologue, même débutant, peut immédiatement voir quelle tension cette opposition provoque dans le caractère du consultant. L'ensemble de la charte illustre généralement cette tension. Comme le Cancer et la Lune symbolisent le foyer, la tension se fera plus violemment sentir à ce niveau : désir d'avoir un foyer stable et harmonieux, opposé au besoin vital de liberté. Une résolution est astrologiquement proposée par le trigone Lune-Uranus et le sextile Soleil-Saturne : pratiquement, cela signifie que le meilleur compromis consisterait à posséder une maison fixe tout en conservant une grande liberté individuelle.

Vénus fait également l'objet de contradictions. D'une part, elle occupe les Gémeaux et forme un carré avec Jupiter (vivacité, bavardage, expression des sentiments) ; d'autre part, elle forme également un carré avec Saturne (réserve, timidité), caractéristique renforcée par le Soleil en Cancer (naturel réservé) et la Lune opposée à Saturne. Les indications de « réserve » sont de loin les plus fortes. Aussi, bien que très enjouée en société, Alexandra demeure plutôt une personne tranquille et timide.

L'astrologue doit également tisser des liens entre les planètes, les signes, les Maisons et les aspects qui ne sont pas relevés dans l'analyse. Par exemple, le Soleil en Maison VI indique un travail consciencieux, mais le Soleil en Cancer révèle une grande aspiration à vivre intensément les émotions. Le résultat est qu'Alexandra travaille avec sérieux et application aussi longtemps que son travail la passionne.

De même, l'opposition Saturne-Jupiter reflète un conflit général qui renforce le besoin de sécurité opposé au désir de renouvellement (Soleil en Cancer et AS en Verseau). Cependant, comme on remarque que Jupiter est en Maison II et Saturne en Maison VIII, l'aspect peut être interprété en termes d'affaires financières : Alexandra connaît des fluctuations dans ce domaine selon que les deux planètes incriminées observent une dominance alternée (Jupiter = désir de dépense ; Saturne = possibilités financières réelles). Ce problème est d'autant plus cruellement ressenti qu'Alexandra mène une vie artistique, donc difficile sur le plan de l'argent.

Au cours de cette interprétation, les Gouverneurs des cuspides ont été peu utilisés. Seul exemple : la Maison XI (les relations sociales), dont la cuspide tombe en Sagittaire (gouverné par Jupiter). En étudiant Jupiter, sa position et ses aspects, des informations ont été rassemblées sur la vie sociale d'Alexandra, informations essentiellement contradictoires (Jupiter opposé à Saturne = réserve ; Jupiter carré à Vénus = vivacité). L'astrologue ajoute ces indications au reste de ses notes.

DÉDUCTIONS APRÈS ÉTUDE DE LA CHARTE D'ALEXANDRA

CARACTÈRE GÉNÉRAL : ☉♋ VI et aspects ; ☽♓ II et aspects ; AS ♒ et aspects ; les Gouverneurs de la charte ; ♄ et ♅ ; dominante eau-cardinale-mutable.

Le sujet est une personne très émotive (☉♋□♆ ; ☽♓) qui a un immense besoin d'indépendance (☉☌♅ ; AS ♒). Elle éprouve de nombreuses difficultés à effectuer des choix entre son goût du changement et des voyages (☉☌♅ ; ☉□♂ IX) et son besoin de sécurité (☉♋ ; ☽☍♄ ; ♃☍♄). Elle est naturellement courageuse et elle travaille très dur (☉ VI ⚹♄), mais elle a besoin d'être motivée et passionnée par ce qu'elle entreprend (☉♋ VI ; ☽♓). Elle manque de sens pratique (☉□♆ ; ♂☌♆) et ses énergies se dispersent souvent au gré des fluctuations de ses émotions (☉♋□♂).

La tension qui résulte de ce conflit (♃☍♄) est canalisée vers une activité artistique (♀ V au sommet du double carré). Malgré son hypersensibilité, Alexandra est remarquablement dure et résistante (dominante cardinale) et sait s'adapter à tous les changements (double carré en signe mutable).

FAMILLE : ☽♓ et aspects ; Maison IV et ♀ (son Gouverneur) ; Maison V et ☿ (son Gouverneur) ; la ☽ est le significateur le plus important de la vie domestique.

Alexandra éprouve une attirance très forte pour un environnement plaisant, paisible et original (☽♓), malgré les indices de conflit, de manque d'argent ou de désaccord avec la famille (☽☍♄), notamment avec le père (Alexandra, symbolisée par la ☽ , est opposée à ♄, le père). Cependant, tout laisse croire que les problèmes trouveront des solutions et que l'harmonie régnera à nouveau (☽△☉). Le foyer sera stable (cuspide IV en ♉), malgré les désirs de changement (♀, Gouverneur de IV, en ♊). Alexandra souhaiterait avoir une famille nombreuse (♀ V □♃), mais elle manifeste du dégoût pour les responsabilités (♀ V □♄). L'astrologue doit découvrir qui est le plus puissant de ♃ ou de ♄, chacun avançant des arguments : ♃ est fort car il est chez lui en ♓, mais ♄ exerce une puissante opposition sur la ☽.

ÉMOTIONS ET RELATIONS SOCIALES : les planètes en signes d'eau ; ♀ et ♂ ; les planètes en ♎, les Maisons VII et XI. Alexandra est excessivement émotive et sensible (☉♋□♆ ; ☽♓), mais elle domine bien ses sentiments passionnés (☉△☽). Elle a besoin de sécurité et de stabilité, tout en aimant son indépendance, sa liberté, la diversité et des stimulations (AS ♒ ; ☉☌♅ ; ♀♊). Elle est extrêmement romantique (☉♋□♆ ; ☽♓) et ses humeurs sont changeantes (☉□♂ ; ☉□♆). En public, elle reste discrète (☉☍♄ ; ☉♋).

Dans ses relations sociales, Alexandra est une personne vive et enjouée (♃, Gouverneur de XI □♀ V ; △☉ Gouverneur de cuspide VII), même si elle demeure timide et réservée la plupart du temps (☽☍♄ ; ☉♋). Elle est d'autant plus timorée qu'elle se trouve dans une foule nombreuse (♃, Gouverneur de la Maison XI ☍♄). Elle recherche des rapports affectifs profonds avec les êtres, elle est très confiante (☽☍♄ ; ♇ VII ; ☉♋) et peu formaliste (☉☌♅ ; AS♒).

ESPRIT/INTELLECT/ÉDUCATION : l'esprit est entièrement dominé par les émotions, et l'imagination (☿♋☌☉) est originale, indépendante et inventive (☿☌♅). Idées fermes et refus du compromis (☿☌☉ ; ☿□♂). Derrière la sensibilité, on découvre bon sens et intelligence (☿△♃).

Les certitudes d'Alexandra sont bien assises et équilibrées (♂, Gouverneur de III en ♎ ; IX) ; imagination créatrice et activités artistiques (♀ Gouverneur de IX en V) et littéraires (♀♊ V △♂ , Gouverneur de III). Attitudes conservatrices en art (♀V □♄), pensée originale (♅☌☿, Gouverneur de V), grand enthousiasme (♀V □♃). Ambition et désir de réussite (♀V □♃ ; ♃□ MC).

Grâce à son intuition et à ses talents artistiques, Alexandra aura toujours intérêt à choisir des branches d'activité touchant à la création plutôt qu'aux sciences appliquées.

TRAVAIL/CARRIÈRE : Alexandra travaille avec conscience et ardeur (☉ VI ⚹♄) et préfère un métier qui lui donne des satisfactions tout en apportant quelque chose à autrui (☉♋ VI, Gouverneur de VI en ♓). Elle est foncièrement idéaliste, imaginative, mais sans grand sens pratique (☉ VI □♆ ; ☽ Gouverneur de VI en ♓). Elle lutte pour ce qui lui paraît juste, même parfois au détriment de ses propres intérêts (☉ VI □♆) ou jusqu'à épuisement (☉ VI □♂). Elle donne beaucoup de ses facultés intellectuelles et de ses talents pour la communication. Sa tension nerveuse risque d'altérer sa santé (☿☌♅ sur la cuspide VI ; travail et santé). Sa carrière peut

l'amener à partir pour l'étranger (♂ Gouverneur du MC en IX), à pratiquer des arts ou les relations publiques (♂ Gouverneur du MC en ♎△♀).

Rapport final
La plupart des astrologues préparent un rapport final de leur analyse astrologique. Ce rapport se présente sous forme écrite ou enregistrée sur magnétophone. Le jargon astrologique est exclu d'un tel document. Tous les facteurs d'interprétation doivent être rassemblés et synthétisés afin que le consultant en ait une compréhension facile et immédiate.

FINANCES : l'argent viendra des femmes (☽, significateur des femmes, en II), des arts ou de l'imagination (☽ II ♓). Alexandra a peur de la pauvreté. Des périodes de travail succéderont à des périodes de chômage : l'argent suivra ces fluctuations (☽ II ☌♃ ; ☍♄). Goûts extravagants tempérés par la prudence (♃ II ☍ ♄ VIII), mais, de façon générale, Alexandra est une fonceuse (♄ VIII).

SANTÉ : les problèmes dans ce domaine proviennent essentiellement de la tension nerveuse (☿☌♅ sur la cuspide VI) et des angoisses (typiquement Cancer), des changements affectifs et de l'hypersensibilité (☽ Gouverneur de VI en ♓).

LA SYNTHÈSE

La synthèse est la forme écrite de l'analyse astrologique, telle qu'elle puisse être facilement compréhensible par le consultant.

Actuellement, beaucoup d'astrologues donnent une synthèse verbale, enregistrée sur magnétophone. La version écrite est en effet laborieuse à rédiger et ne permet pas de dialoguer. Mais, pour le débutant, la rédaction de la synthèse reste un excellent exercice de mise au clair de sa propre pensée, de manipulation des symboles et de familiarisation avec les procédés d'interprétation : peu à peu, il développe ainsi sa confiance en lui-même en tant qu'astrologue.

Le jargon astrologique doit être exclu de ce document. Il est préférable d'essayer de se faire comprendre par des exemples, des croquis ou des métaphores, même si les positions planétaires doivent être répertoriées séparément. Il appartient à l'astrologue d'user d'images représentatives et de mettre l'accent sur les points importants afin que son client le suive dans sa démonstration pas à pas.

Dans notre cas, Alexandra est danseuse et écrivain. Dans son thème, on voit nettement son intérêt pour la littérature (Vénus en Gémeaux et en Maison V ; Vénus trigone à Mars qui se trouve en Balance, signe de Vénus, et en Maison IX, celle des hautes études : Alexandra, en effet, est universitaire). Les travaux qu'elle y a publiés ont été bien reçus du public. Le succès est indiqué par le trigone à Mars en Balance et en Maison IX (Maison de l'édition). Les talents d'Alexandra en tant que danseuse sont, en revanche, moins évidents dans le thème. Cependant, pour un astrologue féru de symbolisme, la danse est représentée par les Poissons, le signe qui gouverne les pieds. La Lune en Poissons renforce le signe et gouverne le Cancer (signe qui reçoit la cuspide VI et ouvre la Maison qui représente le travail). On peut dont effectuer un rapprochement entre le travail d'Alexandra et son goût pour la danse.

On remarque également, dans ce thème, une contradiction entre des tendances conservatrices et un souci d'originalité dans le domaine de l'art. Alexandra, selon ses propres informations, est spécialisée dans des numéros de danse en solo de style traditionnel et folklorique. Elle est la première (une pionnière) à avoir fait admettre ce genre de répertoire sur les scènes. L'innovation est représentée par la conjonction Soleil-Uranus (le Soleil étant le Gouverneur naturel de la Maison V, celle de la créativité) et la conjonction Mercure-Uranus (Mercure gouvernant de fait la Maison V du thème). L'art ancien est reflété par le carré Saturne-Vénus en Maison V. De son côté, Mars, Maître du MC (carrière) en Maison IX (l'étranger), indique le type d'inspiration dont bénéficie Alexandra (ses danses sont d'origine américaine) et la fréquence de ses déplacements dans divers pays.

Les revenus d'Alexandra sont très fluctuants. C'est le lot commun de tous les artistes. La charte suggère en effet des périodes fastes, où l'argent abonde, et d'autres, au contraire, où la bourse reste désespérément vide. Une chose est particulièrement remarquable dans ce thème, à cause de la Lune en Maison II : l'argent n'afflue que par l'intermédiaire des femmes. Alexandra reconnaît que ses chorégraphies ne sont traditionnellement exécutées que par des éléments féminins et son public est essentiellement composé de femmes.

Alexandra est une travailleuse acharnée, oubliant souvent ses intérêts pour se consacrer au perfectionnement de son art. Cette tendance est manifeste dans la position du Soleil, qui se trouve en conjonction avec Uranus, mais, d'autre part, en carré avec Neptune et Mars. Pour dire le vrai, Alexandra commet des imprudences et peut travailler jusqu'à l'épuisement (carré Soleil-Mars). De plus, elle rumine constamment ses angoisses en ce qui concerne l'avenir (conjonction Mercure-Uranus = tension nerveuse, stress, inquiétude). A plusieurs reprises, elle a tenté de s'associer avec d'autres danseuses, mais ces collaborations ont toujours été de courte durée (carré Mars-Soleil ; le Soleil gouverne la cuspide VII qui ouvre la Maison des associations ; ce carré annule tous les effets heureux du trigone Mars-Vénus).

Il est intéressant de voir comment une activité, la danse, est finalement symbolisée par de multiples facteurs répartis dans les Maisons II, V, VI, VII, VIII, IX et X.

Avant d'être danseuse, Alexandra s'occupait des relations publiques (Mars en Balance) d'une coopérative artistique. Mais elle était trop indépendante pour supporter une stricte organisation. Jupiter, Maître de VII (la coopérative), forme un carré avec Vénus (en Gémeaux = les relations publiques, les idées, et, en Maison V, les arts).

Alexandra est une personne très romantique, même si elle ne se formalise de rien (signe de sa profonde indépendance). Sa vie actuelle subit énormément l'influence de sa petite enfance et des conditions financières difficiles qui furent celles de sa famille (opposition Lune-Saturne). Aussi, bien qu'elle ait une attitude plutôt idéaliste envers l'argent (Jupiter en II), elle aspire à trouver enfin un certain confort matériel, ne serait-ce que pour la paix de l'esprit.

Un choix délicat reste à faire pour Alexandra : la stabilité ou le vagabondage incessant. Elle aimerait avoir un lieu fixe, une maison accueillante (cuspide IV en Taureau ; Soleil en Cancer ; opposition Lune-Saturne), mais elle souhaite continuer à vivre son art et à voyager dans le monde entier (conjonction Soleil-Uranus ; carré Soleil-Mars en IX). Elle a en partie résolu ce conflit en prenant un appartement modeste en Angleterre. N'ayant que peu de responsabilités, elle s'autorise ainsi à accepter tous les contrats qui l'éloignent de ce foyer.

A ce stade de la consultation, un dialogue s'engage entre l'astrologue et Alexandra. Celle-ci appréhende mieux ses contradictions intérieures et peut donc envisager des solutions qui ménagent ses tendances opposées et rendent sa vie beaucoup plus harmonieuse et moins stressée.

On a compris qu'au cours de toute l'analyse, l'astrologue avait consulté Alexandra afin de vérifier le sens de ses interprétations et si, réellement, les faits donnaient raison à l'analyse. La synthèse finale est donc le résultat d'une étroite et parfaite collaboration entre le sujet et l'astrologue.

Un astrologue n'est pas Dieu le père. Il doit écouter le consultant et rectifier au besoin son interprétation en fonction des critiques et des informations que celui-ci apporte. En revanche, lorsque l'astrologue sent que le consultant refuse inconsciemment de faire face à certains problèmes, c'est son rôle de l'aider à comprendre le conflit qui l'habite et d'envisager des attitudes nouvelles. L'astrologue doit posséder avant tout de la sensibilité, du tact, beaucoup d'humilité et d'humanité. Il doit manifester du respect pour tous les problèmes et toutes les circonstances de la vie de son consultant. L'astrologue doit se doubler d'un psychologue, d'un ami et d'un confident.

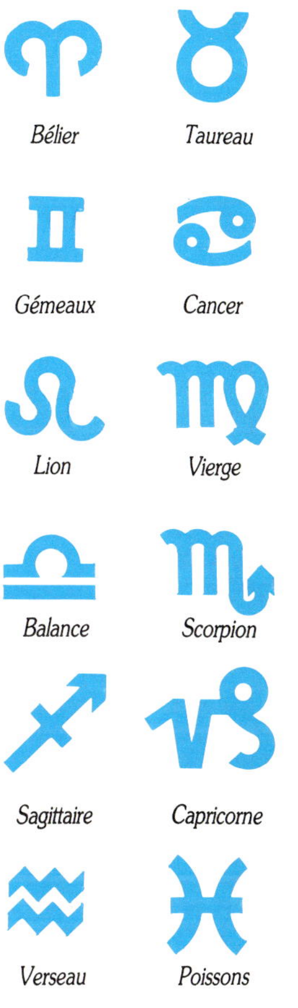

CHAPITRE 11
PRÉDICTION : LES TRANSITS

Nouvelle Lune et pleine Lune – Les cycles solaires et lunaires
Les phases de la Lune sont des phénomènes extrêmement importants. Elles ont permis d'établir le calendrier de 12 mois tel que nous le connaissons. On observe 12 cycles complets Soleil-Lune durant une année, chacun de ces cycles atteignant deux points culminants qui sont la nouvelle Lune (en conjonction avec le Soleil) et la pleine Lune (en opposition avec le Soleil).
La nouvelle Lune représente le temps de l'ensemencement, celui où les énergies sont revitalisées et croissantes (Lune montante) jusqu'à leur maturation à la pleine Lune ; ensuite (Lune descendante), l'énergie décroît jusqu'à la nouvelle Lune suivante.
Les aspects majeurs que forment nouvelle et pleine Lune avec les positions planétaires de naissance sont toujours à considérer car ils annoncent les événements principaux de l'existence durant l'année à venir.
Si le Soleil ou la Lune subissent une éclipse, l'effet de ces aspects est renforcé. On dénombre environ trois à six éclipses par an.

Prédire le futur était le but originel des astrologues de l'Antiquité. Mais, à notre époque, avec les progrès de l'astrologie psychologique, la prédiction a quelque peu perdu de son importance. Pourtant, aucune analyse astrologique ne serait complète sans considérations sur l'avenir, car l'astrologue est censé comprendre le type d'expérience vécue par le consultant actuellement et, par conséquent, dans un futur proche.

Après analyse d'un horoscope, l'astrologue doit pouvoir donner des avis et des conseils. Il peut commencer, par exemple, par les fluctuations de l'humeur et prévoir les moments d'optimisme ou de pessimisme, d'émotion ou d'effort. Il peut aussi annoncer les changements de circonstances, anticiper sur les périodes de restriction ou de chance, les plages de stabilité ou de mouvance.

L'astrologue peut également prédire les événements les plus marquants d'une existence. Généralement, il est aisé de définir quel métier exerce le sujet, les principaux changements de partenaire professionnel, les transformations domestiques et, éventuellement, les dates de ces événements. Au cours d'une année, il y a environ trois ou quatre dates qui correspondent à un changement majeur. Mais il est très difficile d'en définir une précisément dans le temps, l'espace, et d'en décrire la nature. Seule l'intuition, pour ne pas dire la clairvoyance, peut y parvenir.

Prudence, bon sens et tact sont de règle dans une pareille entreprise, car les gens s'affolent souvent devant de tels propos. L'astrologue n'est pas là pour alarmer ou déprimer en annonçant des désastres qui n'arrivent que rarement. Au contraire, il doit encourager et éclairer le consultant afin qu'il puisse faire des choix judicieux qui prépareront mieux son avenir.

La plupart du temps, le client a un problème, une question précise qui le tourmente. L'astrologue constate que, bien souvent, le consultant lui-même a du mal à formuler ce trouble profond. Étudier les transits permet de clarifier la nature du problème et de circonscrire les moyens possibles d'en venir à bout.

Les transits ne nécessitent aucun calcul. C'est le mouvement d'une planète sur la roue du Zodiaque au jour le jour. Il suffit pour cela de consulter les éphémérides et de lire les positions planétaires. On inscrit le transit d'une planète autour de la charte de naissance en écrivant la lettre « T » à côté de la planète (Soleil en transit = T⊙), en remarquant la Maison dans laquelle le transit échoue ainsi que les aspects qu'il forme avec les planètes natales. Seuls les transits de la Lune nécessitent des calculs (qui peuvent d'ailleurs demeurer approximatifs) : la méthode est la même que pour calculer la Lune natale.

LES TRANSITS ET LA CHARTE NATALE

Les transits « déclenchent » le potentiel d'une charte natale. Ce sont des indications sur le sens dans lequel l'avenir s'engage. L'interprétation d'un transit en rapport avec ses aspects, sa Maison et son signe doit tenir compte du signe, de la Maison et des aspects natals de la planète concernée. Par exemple, imaginons un sujet possédant Mars en Poissons en Maison V (imagination + créativité) ; quels que soient la Maison ou le signe par lequel Mars transite, les caractéristiques essentielles de naissance seront freinées, restreintes, affaiblies. Si Mars transitait en Maison VI en Bélier (efforts démultipliés dans le travail), l'intuition des Poissons et la créativité de la Maison VI garderaient toute leur vigueur.

Le même principe s'applique aux aspects. Par exemple, si Mercure est opposé à Mars en charte natale, le sujet a tendance à prendre des décisions inconsidérées ; cependant, à un moment ou à un autre, le sujet peut recevoir un trigone de Mercure en transit avec Mars, aspect qui indique des décisions fermes et positives. En dépit de cet aspect harmonique du transit, la tendance à l'impatience reste très marquée par l'aspect natal.

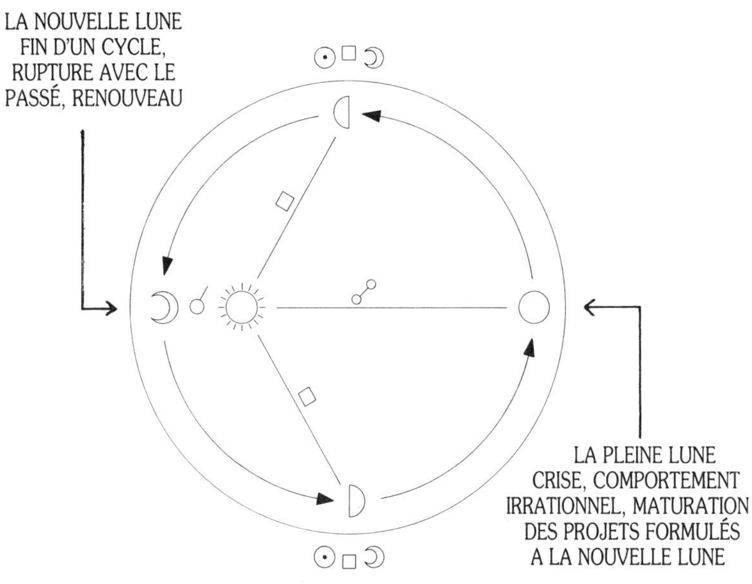

L'astrologue devra donc, par sagesse, s'exprimer en termes de « tendances » plutôt que d'événements spécifiques. Il devra aussi tenir compte, après analyse du thème natal, de la façon dont le sujet réagit en général à l'annonce des événements futurs. Donnons un exemple : deux sujets peuvent avoir Uranus en transit formant une opposition avec le Soleil de naissance. Le premier peut être un Capricorne, qui a horreur des changements, alors que le second peut être un natif des Poissons, qui baigne avec bonheur dans le flou et les incertitudes du lendemain. Le Capricorne connaîtra une période déprimante, avec le sentiment d'un écroulement général de ses structures, tandis que le sujet Poissons profitera de l'occasion pour explorer les nouvelles opportunités que lui envoie Uranus.

Les planètes rétrogrades retournent en aspect avec une planète sur laquelle elles avaient transité peu de temps auparavant. Lorsqu'elles changent à nouveau de direction, elles aspectent la planète natale une troisième fois. La durée du transit est alors considérablement augmentée, et l'aspect observe une position « exacte » à trois reprises. Mais, à chaque fois, l'aspect pourra être ressenti d'une manière différente selon les circonstances du moment. On dit que, la première fois, les données du problème sont associées à l'aspect ; la deuxième fois, le sujet apprend à faire face au problème ; la troisième fois, une solution est trouvée et la vie s'achemine vers une nouvelle phase.

Les transits n'entraînent pas uniquement des changements d'humeur ou de circonstances. Ils fournissent les leçons de l'existence (surtout si la planète est rétrograde), rendant les individus plus mûrs, plus expérimentés et plus sages. L'astrologie devient alors non plus simplement une technique de prédiction, mais un guide pour le développement personnel.

LA VITESSE DES TRANSITS

Les transits s'effectuent à des vitesses différentes selon les planètes. Un transit de Pluton peut durer 18 mois ; un transit de la Lune, environ 1 heure. Plus l'aspect entre planète en transit et planète natale est exact, plus cet aspect a un impact psychologique et événementiel puissant.

On observe qu'un certain nombre de planètes en transit formant des aspects avec une fraction particulière de la charte de naissance entraînent fatalement des changements majeurs. Par exemple : Pluton en transit, formant un carré avec la Lune natale, un trigone avec Saturne en transit et une conjonction avec Mars en transit ; une telle configuration indique à coup sûr un déménagement (la Lune = le foyer), alors qu'un seul de ces aspects n'aurait apporté que des changements mineurs.

Les transits des planètes les plus éloignées (Uranus, Neptune et Pluton) indiquent des périodes d'environ 6 à 18 mois, durant lesquelles des tendances générales mais profondes engendrent des événements et des directions nouvelles. Les transits de Saturne (qui peuvent durer de 1 à 9 mois) amènent restriction et difficultés, tandis que les transits de Jupiter (1 semaine à 9 mois) apportent des occasions et des chances renouvelées. Les transits de Mercure, Vénus et Mars (1 jour à plusieurs semaines) ont une influence psychologique superficielle. Les événements auxquels ils donnent naissance restent anecdotiques, mais peuvent être considérés comme révélateurs des lames de fond qui ébranleront les bases de l'existence et qui seront le résultat de l'influence des planètes lentes. Les transits du Soleil durent 2 jours et, s'ils sont combinés aux transits d'autres planètes, indiquent les jours où les événements majeurs se produisent.

Les transits de la Lune ne durent que 1 ou 2 heures et indiquent souvent le moment où un événement va se produire. Nouvelle Lune et pleine Lune ont une grande importance et, lorsqu'elles forment des aspects puissants avec

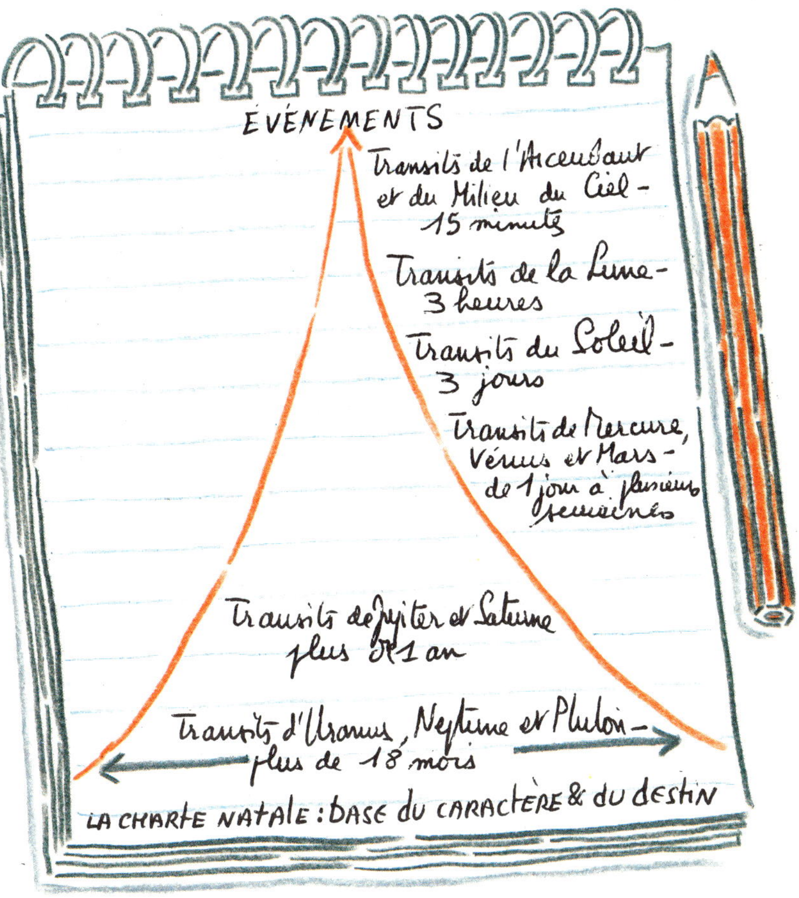

Vitesse, caractéristiques et événements
Plus une planète est lente, plus ses effets psychologiques se feront profondément sentir et plus les événements qu'elle provoque dureront longtemps. Les planètes rapides exercent une influence plus superficielle. Pourtant, les changements majeurs s'effectuent lorsque des planètes lentes et des planètes rapides en transit forment des aspects puissants.

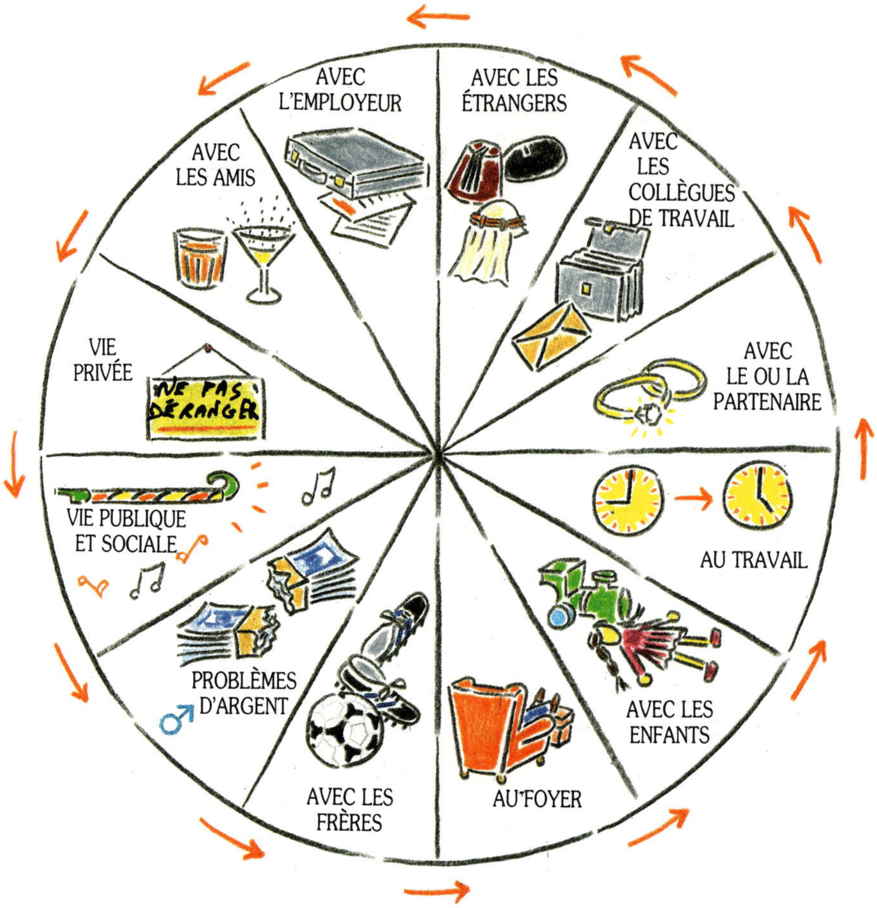

Les transits dans les Maisons
En horoscope natal, une Maison occupée par une planète indiquera toujours l'importance du domaine de l'existence qu'elle symbolise. Mais, lorsque cette planète transite vers d'autres Maisons, elle joue alors le rôle d'un kaléidoscope. Par exemple, supposons un sujet né avec Mars en Maison II et qui argumente pour de l'argent ; le passage de Mars dans d'autres Maisons voisines peut amener un changement dans les circonstances qui provoquaient l'âpre discussion.

Les cycles planétaires
Excepté pour Uranus, Neptune et Pluton, deux planètes natales, en aspect ou non, formeront tôt ou tard, par le phénomène des transits, toute une variété d'aspects durant l'existence d'un sujet.
Une personne née sous un carré Mars-Saturne aura les caractéristiques de cet aspect, mais, au cours des deux ans et demi qui suivront, elle subira les influences de toute une combinaison d'aspects que créera Mars en transit sur Saturne. Vers l'âge de 29 ans, Saturne en transit aura connu tous les aspects possibles avec le Mars natal.
Bien que la charte de naissance reste la base d'une personnalité et d'une destinée, chacun a la chance, durant sa vie, de saisir les opportunités offertes par tous les aspects des planètes entre elles, grâce à leurs transits. Ce mouvement est comparable à une vague immense, composée d'aspects particuliers qui sont autant de rythmes toujours différents et toujours recommencés. L'analyse des transits permet de savoir comment suivre ces rythmes avec bonheur.

la charte de naissance, indiquent que les événements prévus vont arriver dans quelques jours.

La nouvelle Lune représente le début d'un nouveau cycle, la pleine Lune le point culminant d'un cycle passé. La Lune montante (période entre nouvelle et pleine Lune) est considérée comme une période d'énergie croissante ; la Lune descendante (période entre pleine et nouvelle Lune) comme une période d'énergie décroissante.

Les éclipses renforcent la signification d'une pleine ou d'une nouvelle Lune. Il se produit plusieurs éclipses par an. Elles apportent souvent l'explosion de crises qui couvaient depuis un certain temps.

Il est possible d'utiliser l'AS et le MC en transit, calculables pour n'importe quel moment. Les aspects qu'ils forment avec la charte natale indiquent l'instant exact où un événement va se produire.

LES TRANSITS DANS LES MAISONS ET LES SIGNES

Le principe de l'interprétation est le même que pour les planètes natales, à condition de garder à l'esprit qu'un transit planétaire dans une Maison ou un signe ne peut représenter qu'une phase dans l'existence du sujet (voir chapitres 4 et 6). Généralement, le transit sur le signe modifie assez peu la force des positions natales. En revanche, le transit sur une Maison est très important, car il peut transformer complètement certaines circonstances.

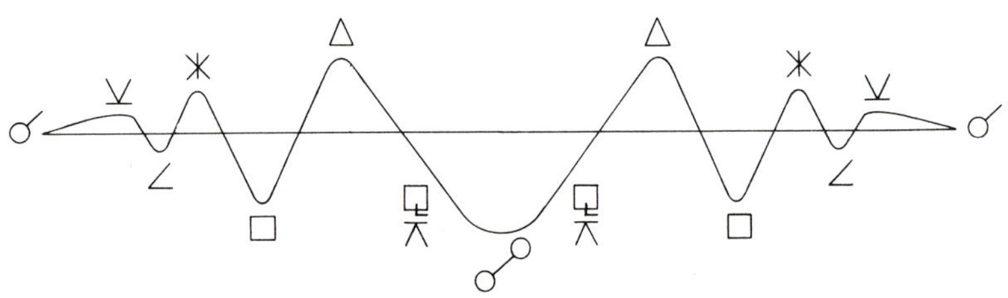

LES TRANSITS ET LES ASPECTS : INTERPRÉTATION

Il faut distinguer les transits des planètes lourdes (ou lentes) sur des planètes natales rapides, et les transits de planètes rapides sur des planètes natales lentes. L'effet des premiers est profond et durable, celui des seconds sera superficiel et court. Par exemple, la conjonction Soleil-Pluton crée une grande intensité émotionnelle et psychologique en même temps que des éventualités de bouleversement. Si le Soleil en transit forme une conjonction avec Pluton natal, comme cela se produit une fois par an, l'humeur ne sera affectée que deux jours, et les événements advenus seront significatifs mais non révolutionnaires. En revanche, si Pluton en transit forme une conjonction avec le Soleil natal, le sujet peut entamer une période de 18 mois faite d'incertitudes, d'obsessions, de passions et de conflits affectifs, de joies et de dépressions ; dans le même temps, le sujet peut faire prendre un tournant décisif à son existence.

Il est conseillé de n'utiliser que les aspects majeurs pour étudier les transits : conjonction, sextile, carré, trigone et opposition. Les orbes doivent être aussi resserrés que possible (1°).

LA PRÉDICTION DES ÉVÉNEMENTS

Les événements ne peuvent être prédits avec quelque certitude que lorsqu'une combinaison de transits augmente sensiblement le taux de probabilité. Les événements se produisent aussi bien sous des aspects harmoniques que dissonants, mais il est primordial de comprendre la nature des planètes en jeu.

Les aspects harmoniques annoncent des avantages, mais pas forcément le succès ; les aspects dissonants indiquent des difficultés, mais pas forcément l'échec. Pour prédire un événement particulier, il faut repérer le moment où un nombre remarquable de transits sont réunis.

Changements généraux : transits sur AS natal, Soleil et Lune.

Changements de domicile : transits sur la Lune natale et le FC, sur fond de Maison IV.

Mariage : même chose que pour les changements de domicile + transits sur Vénus natale, DS et planètes en Maison VII.

Carrière : transits sur le MC natal et en Maison X natale.

Argent : transits en Maison II et VIII natales et leurs planètes.

Santé : transits en Maison VI natale et ses planètes.

Éducation : transits sur Mercure natal et la Maison III (l'école), Jupiter natal et la Maison IX (hautes études).

Signature de contrats : transits sur Mercure et Maison III natals.

Voyages : transits sur Mercure et Maison III natals (courts voyages) et sur Jupiter et Maison IX natals (longs voyages).

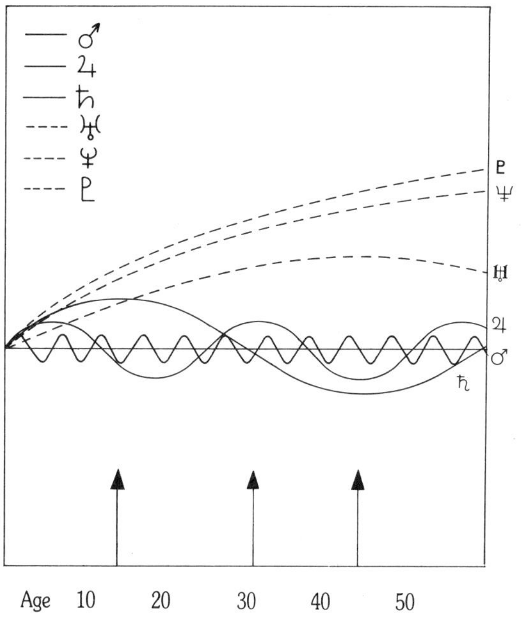

Vers 12-14 ans Premier retour de Jupiter ♃ T♄☍♄n Adolescence

A 29 ans Premier retour de Saturne ♄

Vers 40/42 ans T♃☍♄n T♅☍♅n T♆□♆nT■□

Les cycles de la vie planétaire
Les aspects formés par les transits des planètes lentes par rapport à leurs positions à la naissance indiquent les phases majeures d'une existence et la façon dont le sujet devient adulte. L'adolescence est le premier de ces carrefours vitaux : elle correspond approximativement au retour de Jupiter à sa position de départ, et à l'opposition de Saturne en transit sur le Saturne natal. Les aspirations de Jupiter à un renouvellement et à une plus grande expansion, ajoutées à celles de Saturne, qui recherche un accroissement de structuration, ne sont pas étrangères aux conflits et aux difficultés que rencontre l'adulte à la moitié de sa vie.
Des changements importants se produisent souvent vers l'âge de 29 ans, lorsque Saturne revient sur sa position de naissance. Cet aspect provoque des insatisfactions et des remises en question parfois dramatiques. La crise passée, l'être atteint généralement une plus grande maturité et une plus grande stabilité. Après la rébellion (contre le cercle familial et le travail), l'espoir est donné avec le développement de potentialités nouvelles. Certaines personnes, malheureusement, créent des ruptures sans rémission.

Les planètes rétrogrades
Lorsqu'une planète en transit commence à rétrograder, elle revient sur la planète qu'elle a déjà visitée, puis repart, formant ainsi par trois fois le même aspect. Cet aspect prend alors une intensité toute particulière : les problèmes s'enveniment, mais les chances s'accroissent de façon remarquable.

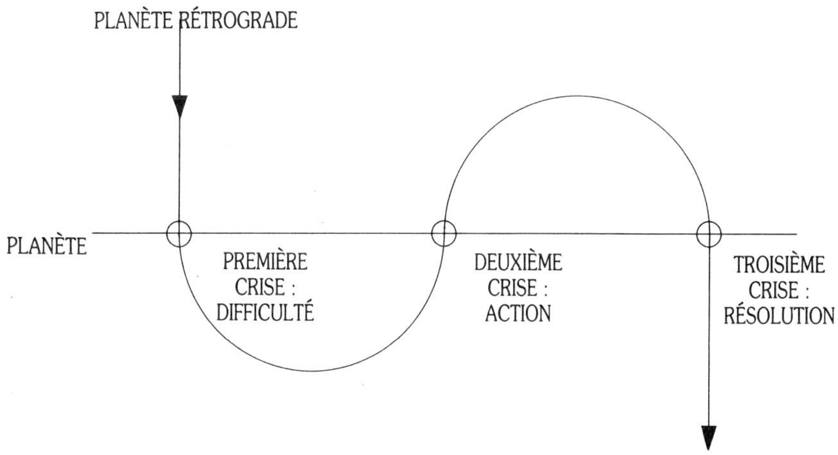

LES TRANSITS DU SOLEIL

T☉ – ☉r

⚹ △ Généralement avantageux, confère le succès.

□ ☍ Possibilité d'une légère tension ou difficulté.

☌ C'est l'anniversaire, le retour du Soleil à son point de départ : le moment d'établir une nouvelle charte du sujet.

T☉ – ☽n

⚹ △ Généralement avantageux pour démarrer une nouvelle entreprise ; profitable pour la vie affective et domestique.

□ ☍ Tension générale et difficultés au foyer et en famille. L'opposition est la pleine Lune, moment de crise.

☌ Nouvelle Lune, moment propice au renouvellement.

T☉ – ☿n

⚹ △ Bénéfique aux communications, aux prises de décision, aux courts voyages.

□ ☍ Difficultés dans la communication, tension mentale.

☌ Volonté, confiance.

T☉ – ♀n

⚹ △ Bonne humeur, vie sociale intéressante, associations positives, pratique des arts.

□ ☍ Tension émotionnelle et friction entre les partenaires.

☌ Énergie affective et sociale culminante.

T☉ – ♂

⚹ △ Harmonie des énergies, aspect profitable à toutes les activités.

□ ☍ Tension, impatience, difficultés, accidents.

☌ Dynamisme et énergie.

T☉ – ♃n

⚹ △ Profitable aux voyages, aux hautes études et aux affaires juridiques ; apporte optimisme et chance.

□ ☍ Besoin de liberté personnelle et d'aventure, comportement audacieux ; problèmes avec la législation, l'éducation et les déplacements.

☌ Énergie vitale, désir de liberté, chances qui se présentent, récompense pour le travail passé ; longs voyages.

T☉ – ♄n

⚹ △ Énergie constructive, autodiscipline, nouvelles responsabilités bien accueillies.

□ ☍ Obstacles, retards, difficultés matérielles, sentiment de restriction, responsabilités ennuyeuses, travail pénible.

☌ Sérieux, sens des responsabilités, effort, limitation, besoin d'une autorité supérieure, d'une autodiscipline et d'un encadrement.

T☉ – ♅n

⚹ △ Changements intéressants probables, ouvertures, possibilités alternatives.

□ ☍ Agitation, changements remarquables, besoin de liberté individuelle, explosions soudaines, rébellion, haine de la routine et de l'ordre établi, désir de tout bouleverser.

☌ Changement important, besoin d'indépendance, individualisme, instabilité, nouvelles possibilités.

T☉ – ♆n

⚹ △ Bénéfique pour l'imagination, augmente le pouvoir de créativité, apporte de subtils changements.

□ ☍ Ambitions démesurées et irréalistes, désir de transcender les limites du concret, imagination artistique, manque de sens pratique, confusion.

☌ Sensibilité, bonté, idéalisme, irréalisme, changements subtils mais souvent profonds dans le style de vie.

T☉-♇n

⚹△ Puissance émotive, renouveau personnel.

□☍ Besoin de se renouveler et de se réaliser ; conflit, confrontation, changements profonds et traumatisants.

☌ Engagement, intensité, révolution personnelle, besoin de se connaître, changements profonds et de longue durée.

T☉– AS, DS

⚹△ Généralement bénéfique.

□ Friction avec les partenaires.

☌ AS, ☍ DS Intérêt personnel, collaboration difficile.

☍ AS, ☌ DS Affaires sociales favorisées.

T☉–MC, FC n

⚹△ Carrière et foyer favorisés.

□ Conflits dans la carrière et le foyer.

☌MC, ☍FC Grande énergie dans la vie professionnelle, conflits à la maison.

☍MC, ☌ FC Harmonie dans les affaires domestiques, problèmes professionnels.

LES TRANSITS DE LA LUNE

T☽–☽n

⚹△ Généralement favorable, notamment pour la vie de famille.

☍□ Tension affective pouvant provoquer des ruptures au sein du foyer.

☌ Renouveau affectif.

T☽–☿n

⚹△ Aspect excellent pour prendre des décisions ; bon sens, communication, courts voyages (surtout en rapport avec le foyer et la famille).

☍□ Tension nerveuse ; éventuel malentendu sentimental et domestique.

☌ Besoin de faire des choix concernant la maison et les sentiments.

T☽–♀n

⚹△ Équilibre des émotions ; excellent moment pour les affaires sociales.

☌ Emphase de toutes les affaires sentimentales et sociales.

□☍ Conflits sentimentaux et sociaux.

T☽–♂n

⚹△ Bonnes énergies équilibrées, dont bénéficient la vie sociale et le foyer.

☍□ Tension, colère, disputes (surtout avec les membres de la famille), impulsions, accidents.

☌ Passions, volonté, surtout dans le domaine sentimental et domestique.

T☽–♃n

⚹△ Espoir, optimisme, chance, expansion, changements de situation dans la maison, contacts avec l'étranger.

☍□ Besoin de changement (notamment au sein du foyer), agitation, nervosité, malchances, longs voyages, problèmes avec la législation.

☌ Optimisme, chances diverses, développement et transformations dans les affaires sentimentales et domestiques. Déplacements.

T☽–♄n

⚹△ Détermination, autodiscipline, amour de l'ordre, spécialement dans les affaires sentimentales et domestiques.

□☍ Besoin de stabilité affective, mais obstacles, retards et difficultés matérielles.

☌ Besoin de sécurité sentimentale et de stabilité du foyer, manque de sociabilité, inhibition ; c'est le moment de poser de nouvelles bases pour l'avenir.

T☽–♅n

⚹△ Changements intéressants et inhabituels dans le foyer, la famille et les affaires sentimentales.

□☍ Événements inattendus qui brisent la routine domestique et sentimentale, profond besoin de liberté amoureuse ; changements qui peuvent être soudains et dramatiques.

☌ Instabilité du foyer et des sentiments, changements impromptus ; c'est la fin d'une ancienne situation ; renaissance, nouveau style de vie.

T☽–♆n

⚹△ Exaltation de l'intuition, sensibilité, imagination, désirs irréalistes de changement familial.

□☍ Grand romantisme, hypersensibilité, esprit parfois confus, manque de sens pratique.

☌ Les rêves sentimentaux pourraient bien se réaliser ; romantisme, idéalisme, fantasmes, bonté, compassion, manque de sens pratique.

T☽–♇n

⚹△ Émotions vives, désir de changement et de renouveau dans la vie privée.

□☍ Émotions intenses, conflits domestiques, cassures dans les structures établies et changements dans la situation.

☌ Tension sentimentale, désir de changement dans le foyer, conflits, détermination et révolution personnelle.

T☽–AS, DSn

⚹△ Favorable à la vie familiale.

□ Tension émotionnelle.

☌AS, ☍DS Émotions fortes, désaccords avec les partenaires.

☍AS, ☌DS Excellent pour les associations et les relations familiales.

T☽–MC–FC

⚹△ Carrière et associations favorisées.

□ Conflits dans le travail.

☌MC, ☍FC Les intérêts professionnels sont dominés par les pulsions émotionnelles ; tension au foyer.

☍MC, ☌FC Les sentiments harmonisent le foyer, mais freinent la carrière.

LES TRANSITS DE MERCURE

T☿–☿n

⚹△ Bénéfique pour la communication, les décisions, les courts déplacements.

□☍ Tension nerveuse qui restreint la communication, empêche les décisions et annule les voyages.

☌ Le mental est plein d'énergie, de nouvelles idées et de volonté ferme.

T☿–♀n

⚹△ Favorable aux affaires sociales, aux associations, aux décisions, à la communication et aux courts voyages.

□☍ Tension mentale et affective qui mène à des décisions erronées et à des malentendus.

☌ Énergie mentale et sentimentale, vie sociale enrichissante et collaborations fructueuses, bons contacts.

T☿–♂n

⚹△ Grande énergie mentale qui s'applique avec bonheur à toutes les activités.

□☍ Forte volonté mais impatience, discussions, accidents, mauvais choix, changements soudains d'opinion.

☌ Idées fortes, esprit aiguisé, détermination, impatience, décisions rapides, disputes.

T☿–♃n

⚹△ Excellent pour l'éducation, le contact, les décisions, les voyages et les affaires juridiques.

□☍ Confusion de l'esprit, décisions hâtives et embrouillées, mésentente ; idéalisme.

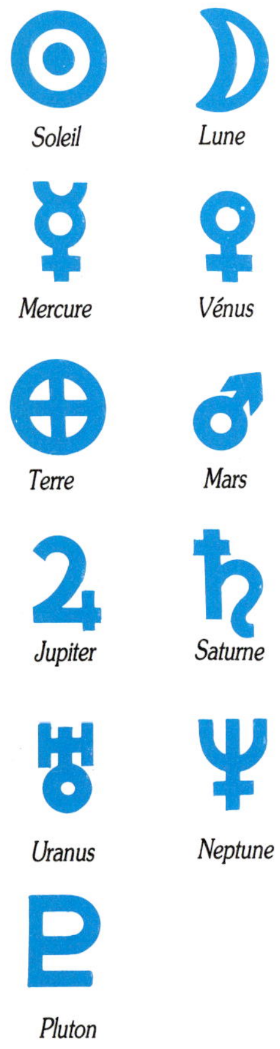

☌ Idéalisme, volonté ; nouveaux centres d'intérêt, nouveaux sujets d'étude ; nervosité ; voyages.

T☿–♄n

⚹△ Idées, décisions et contacts sérieux, choix contructifs, respect grâce aux études.

□☍ Mauvais moral, obstacles, retards dans les études, les contacts, les décisions et les voyages.

☌ Esprit sérieux, lent et réfléchi ; les décisions doivent être repoussées mais, une fois prises, elles constitueront des fondations pour une vie future.

T☿–♅n

⚹△ Intérêts inhabituels, idées originales, nouvelles attitudes.

□☍ Nervosité ; besoin de trouver de nouveaux sujets de passion, personnels et originaux ; déception et désaccord ; changements d'attitude inopinés, voyages interrompus.

☌ Formation de projets, études peu conventionnelles, petits voyages insolites, volonté, changement d'attitude.

T☿–♆n

⚹△ Idées et décisions influencées par les rêves et l'imagination.

□☍ L'esprit est rempli d'images et de rêves romantiques ; idéalisme, idées changeantes et irréalistes ; déception.

☌ Esprit dominé par l'imagination, l'intuition, l'idéalisme ; talent artistique mais confus et ne trouvant pas d'application pratique ; voyages pour affaires de cœur.

T☿–♇

⚹△ Idées, curiosité, recherche de la connaissance, discipline dans les études.

□☍ Désir de trouver la vérité, quête du savoir, volonté, décisions difficiles, conflits et disputes.

☌ Volonté de puissance, idées solides, opinions changeantes, ardeur à l'étude, intérêts profonds et sincères.

T☿–AS, DSn

⚹△ Favorable à la communication, à la réflexion, aux décisions.

□ Difficultés dans les contacts, la réflexion et les décisions.

☌AS, ☍DS Idées qui s'imposent, mais désaccords avec les partenaires.

☌AS, ☍DS Favorable à toutes les formes de communication.

T☿–MC, FCn

⚹△ Favorable à toutes les formes de communication et à toute décision concernant le foyer et la carrière.

□ Malentendus concernant le foyer et la carrière.

☌MC, ☍FC Stimulation mentale dans le travail ; les choix affecteront la carrière ; déplaisir au foyer.

☍MC, ☌FC Les affaires domestiques réclament des décisions.

LES TRANSITS DE VÉNUS

T♀–♀n

⚹△ Bénéfique pour les domaines sociaux, affectifs, artistiques et financiers.

□☍ Angoisses, nervosité ; conflits avec les partenaires ; mauvaises affaires.

☌ Bonne humeur, cœur léger, rencontres romantiques.

T♀–♂n

⚹△ Affaires sociales, sentimentales et quotidiennes avantagées.

□☍ Dynamisme physique et bon moral ; discussions, disputes et rencontres passionnelles.

☌ Culmination de l'énergie physique et mentale.

T♀–♃n

⚹△ Humeur égale bénéficiant à toutes les affaires : vie sociale, sentimentale, artistique, affaires, voyages.

□☍ Besoin puissant de liberté et de satisfaction ; égocentrisme ; malentendus ; malchance dans les voyages et les problèmes juridiques ; pertes d'argent.

T♀–♄n

☌ Bonne humeur, optimisme, enthousiasme ; nouveaux compagnons de voyage.

⚹△ Sentiments stables et sérieux ; vie sociale sécurisante ; chance dans les affaires financières.

□☍ Restriction au niveau social et sentimental ; stabilité, formalisme, retards.

☌ Stabilité affective ; projets d'avenir avec un partenaire ; vieilles amitiés retrouvées.

T♀–♅

⚹△ Besoin de changement, de variété, dans le domaine social et sentimental.

□☍ Les vieux liens sont brisés, de nouveaux se forment ; les changements peuvent prendre une tournure dramatique ; fluctuations financières.

☌ Nervosité, tension, changements soudains.

T♀–♆

⚹△ Vie amoureuse et artistique favorisée.

□☍ Hypersensibilité, idéalisme romantique, inspiration artistique, manque total de sens pratique.

☌ Romantisme, inspiration, rêverie, idéalisme, déception, manque de sens pratique, changement d'attitude envers les amis, et ce, pour longtemps.

T♀–♇

⚹△ Sentiments intenses pouvant amener le sujet à rechercher un autre type de partenaire.

□☍ Conflits sentimentaux ; changement de partenaire.

☌ Changement profond des sentiments ; confrontation.

T♀– AS, DS n

⚹△ Chance en général.

□ Tension.

☌AS ☍DS Favorable aux affaires sociales et sentimentales ; égocentrisme.

☍AS ☌DS Rencontres agréables.

T♀–MC, FC n

⚹△ Chance dans la carrière et dans la vie familiale.

□ Les partenaires s'opposent aux intérêts domestiques ou professionnels.

☌MC ☍FC Chance dans les associations professionnelles.

☍MC ☌FC Plaisantes conditions d'existence au foyer.

LES TRANSITS DE MARS

T♂–♂n

⚹△ Effort équilibré et constructif bénéficiant à toutes les entreprises.

□☍ Énergie, dynamisme, mais qui peuvent déboucher sur des conflits.

☌ Force, rapidité ; risque de confrontation.

T♂–♃n

⚹△ Enthousiasme, optimisme, esprit d'aventure.

□☍ Audace, impatience, esprit d'entreprise, conflits, accidents, problèmes durant des voyages, batailles légales.

☌ Optimisme, idéalisme, nouvelles entreprises, déplacements, aventures.

T♂–♄n

⚹△ Autodiscipline, organisation, dur labeur, prudence, esprit pratique.

□☍ Les affaires pratiques sont affligées par des difficultés matérielles, des retards et des obstacles ; labeur.

☌ La vie pratique se trouve à un carrefour : de nouvelles bases sont établies ; désir de stabilité, recherche de l'ordre ; dur travail et peu d'énergie.

T♂–♅n

⚹△ Comportement inhabituel, nouvelles activités.

□☍ Besoin de liberté brisant certains secteurs de la vie quotidienne ; impatience, sans-gêne, accidents.

☌ Volonté, individualisme, errance, activités originales ; indépendance au détriment des nécessités pratiques.

T♂–♆n

⚹△ La vie pratique est étayée par l'intuition et l'imagination.

□☍ Toutes les activités souffrent d'ambitions irréalistes et de confusion dans les idées.

☌ Chance dans les affaires artistiques, mais aucun sens pratique en général.

T♂–♇

⚹△ Patience, obstination, dévouement, désir de perfectionnement.

□☍ Conflit, confrontation, révolution personnelle, explosion, accidents.

☌ Attitudes légères et changeantes ; désir de se réaliser.

T♂– AS, DS n

⚹△ Équilibre des énergies.

□ Conflit général.

☌AS ☍DS Intérêt pour soi, conflit avec les autres.

☍AS ☌DS Énergie dépensée dans les affaires sociales et les associations.

T♂–MC, FC n

⚹△ Chance dans la carrière et la vie domestique.

□ Tension.

☌AS ☍DS Efforts au travail, conflits au foyer.

☍AS ☌DS Frictions au travail, bonne humeur au foyer.

LES TRANSITS DE JUPITER

T♃–♃ n

⚹△ Optimisme, chances et récompenses.

□☍ Désir de changement, insatisfaction, aspirations, occasions manquées.

☌ C'est le grand retour de Jupiter sur le degré de naissance. Cet aspect se produit une fois tous les 12 ans et coïncide avec un besoin de renouvellement de toutes les énergies vitales, un désir de liberté et de conquête. Le premier retour de Jupiter correspond à peu près à la puberté ; le deuxième, vers 24 ans, symbolise le développement de l'âge adulte ; les suivants sont moins marqués, mais apportent toujours croissance, expansion, optimisme et chance dans les réalisations.

T♃–♄ n

⚹△ Persévérance et autodiscipline, succès social et chances diverses.

□–☍ Changements substantiels dans les affaires courantes, mais quelques difficultés matérielles.

☌ Changements majeurs dans le style de vie, nouvelles bases.

T♃–♅n

⚹△ Changements heureux, nouveaux horizons, développement des aptitudes personnelles.

□☍ Changements soudains, parfois conflictuels, dans le style de vie ; chances inattendues et perdues.

☌ Optimisme, croissance, expansion, chances délicates à saisir, nouvelles possibilités, changement.

T♃–♆n

⚹△ Renforcement de l'intuition, de l'imagination et des aspirations.

□☍ Aspiration au transcendantal difficile à satisfaire ; possibilité de confusion de l'esprit, déception.

☌ Les rêves se réalisent ; imagination artistique de haut niveau.

T♃-♇n

⚹△ Besoin de trouver un sens à l'existence, désir de spiritualité et de renouvellement affectif ; régénération.

□☍ Besoin vital de transformer ses conditions de vie et de placer les valeurs sur un plus haut plan spirituel.

☌ Changements remarquables dans le style de vie ; rejet des anciennes habitudes et nouvelles passions.

T♃–AS, DSn

⚹△ Chance en général.

□☍ Hautes ambitions, mais occasions perdues.

☌ Opportunités, récompenses, bénéfices, croissance personnelle et réalisation ; chance au niveau des collaborations et des amitiés.

T♃-MC, FCn

⚹△ Chance dans la carrière et le foyer.

□ Malchance dans la carrière et le foyer.

☌MC, ☍FC Chance professionnelle ; changements possibles dans la carrière avec avancement, promotion, etc. ; négligence des affaires domestiques.

☍MC, ☌FC Changement, chance et expansion au sein du foyer et de la famille.

LES TRANSITS DE SATURNE

T♄-♄

⚹△ Changements constructifs, chances offertes grâce aux efforts passés et à l'expérience.

□☍ Difficultés, stress, dur labeur, responsabilités, pertes matérielles, recul général ; si le sujet sait faire face, il gagnera en maturité.

☌ Les retours de Saturne sont des points névralgiques qui annoncent des changements majeurs. Le premier retour (vers l'âge de 28 ou 29 ans) coïncide habituellement avec une période d'introspection et de remise en question. Le sujet qui sait prendre les leçons de Saturne devient plus fort.

T♄–♅n

⚹△ Moment favorable pour saisir la chance et s'ouvrir de nouvelles possibilités, mais il faut faire des efforts.

□☍ Changements difficiles, attitudes hésitantes, actions contradictoires, conflits entre le désir de se stabiliser et la nécessité de s'adapter à de nouvelles conditions d'existence.

☌ Période de remise en question ; bouleversement du mode de vie ; les changements doivent trouver à s'harmoniser avec le besoin de stabilité.

T♄–♆n

⚹△ Imagination et intuition apportent chance et bénéfice dans la vie pratique.

□☍ Changements pratiques motivés par une imagination débordante et romanesque ; confusion et désordre.

☌ Imagination et intuition se combinent avec bonheur pour soutenir les ambitions, l'effort et le travail ; ouverture sur une phase nouvelle.

T♄-♇n

⚹△ Changement et perfectionnement individuel.

□☍ Conflit, dispute, changement important dans le mode de vie, difficultés matérielles.

☌ Bouleversements profonds du mode de vie, confrontations ; recherche.

T♄–AS, DSn

⚹△ Énergie positive et constructive.

□ Difficultés, obstacles, retards.

☌AS, ☍DS Période d'autocritique et de remise en question, de vaches maigres et d'isolement ; travail pénible ; le prestige du sujet peut en bénéficier ; plus grande maturité.

☍AS, ☌DS Formalisme qui profite aux associations ; nouvelles responsabilités ; besoin d'amitiés sérieuses et stables.

T♄–MC, FCn

⚹△ Stabilité professionnelle et familiale.

□ Difficultés et retards au travail et au foyer.

☌MC, ☍FC Retards et difficultés dans la carrière, mais le travail acharné est récompensé par un plus grand prestige et une autorité accrue.

☍MC, ☌FC Difficultés et nouvelles responsabilités dans la maison ; sécurité et stabilité de la vie privée.

LES TRANSITS D'URANUS

T♅–♅n

⚹△ Nouvelles possibilités et nouveaux horizons.

□☍ Période de rébellion et d'affirmation de soi ; individualisme, indépendance. Le premier carré se forme lorsque le sujet a environ 14 ans, moment critique où l'être passe de l'adolescence à l'âge adulte. Le carré se renouvelle vers 42 ans, amenant souvent avec lui une « crise » qui exprime toutes les insatisfactions et toutes les fatigues : c'est parfois le temps de chercher à vivre une « seconde jeunesse ».

☌ Le retour d'Uranus s'effectue vers l'âge de 84 ans, au moment où l'être est censé songer à sa disparition.

T♅–♇n

⚹△ Changements progressifs, développement de l'imaginaire, désir de trouver un sens à sa propre histoire.

□☍ Besoin de renouveau ou de renaissance, mais de façon irréaliste.

☌ Irréalisme, imagination, inspiration poétique ; hautes ambitions sans rapport avec la réalité ; changements par nécessité.

T♅–♇ n

⚹△ Transformations dues à une recherche des buts de l'existence.

□☍ Bouleversement, crise majeure ; le mode de vie peut changer radicalement ; les ambitions ignorent les nécessités pratiques.

☌ Changements profonds ; découverte d'une nouvelle voie ou départ pour une autre existence.

T♅-AS, DS n

⚹△ Optimisme, adaptation, esprit d'aventure et d'ouverture.

□☍ Bouleversements qui peuvent être mal vécus, occasions soudaines, ruptures et nouveaux départs avec changement de partenaires.

☌ AS, ☍ DS Changements conflictuels, événements tristes ou traumatisants ; chances nouvelles et inattendues.

☍ AS, ☌ DS Changement soudain de partenaire ; les vieilles amitiés se brisent.

T♅ Mc, FC n

⚹△ Nouvelles possibilités au travail et au foyer.

□ Difficultés au travail et au foyer ; déménagement.

☌ MC, ☍ FC Bouleversements professionnels malheureux.

☍ MC, ☌ FC Déménagements pénibles.

LES TRANSITS DE NEPTUNE

T♆–♅ n

⚹△ Le sextile se produit vers l'âge de 27 ans et le trigone vers 55 ans. Tous deux sont associés au besoin qu'éprouve le sujet de trouver des buts plus spirituels et un développement de son imagination.

□☍ Le carré se forme vers l'âge de 41 ans et coïncide avec une frustration et un désir de donner un sens nouveau à son existence. C'est une crise de « ménopause ».

☌ Cet aspect revient tous les 164 ans.

T♆–♇ n

⚹△ Désir de trouver un sens à la vie et une nouvelle direction.

□☍ Ambitions irréalistes, déception dans la vie courante.

☌ Bouleversement profond, changements dans les besoins, les comportements et les attitudes.

T♆– AS, DS n

⚹△ Bénéfique à l'imagination, aux désirs romantiques.

□ Ambitions sans rapport avec la réalité, rêveries.

☌ AS, ☍ DS Période de transformation éveillant l'imagination et l'inspiration, mais les idéaux restent irréalistes.

☍ AS, ☌ DS Romanesque et idéalisme dans les rapports humains (confus).

T♆–MC, FC n

⚹△ Changements au sein du foyer et stimulation professionnelle, grâce à une vive imagination ; rêves.

□ Confusion au travail et au foyer.

☌ MC, ☍ FC Changement et confusion au travail ; chance dans les domaines artistiques et le « service social ».

☍ MC, ☌ FC Déménagement possible.

LES TRANSITS DE PLUTON

T♇–♇ n

⚹△ Le sextile se produit vers l'âge de 41 ans et correspond à une phase de rébellion qui ponctue généralement le milieu de l'existence. Le trigone se forme vers 82 ans et contribue à développer des aspirations spirituelles.

□☍ Le carré marque les 61 ans du sujet et encourage celui-ci à se retirer de la vie active. L'opposition ne se concrétise qu'une fois tous les 123 ans.

☌ Cet aspect ne se produit qu'une fois tous les 245 ans.

T♇– AS, DS n

⚹△ Période de détermination et de réalisation.

□ Tension, difficultés, conflits, bouleversements.

☌ AS, ☍ DS Bouleversements profonds et parfois spectaculaires dans le mode de vie.

☍ AS, ☌ DS Changements dans les associations, conflit, confrontation, attachements.

T♇–MC, FC n

⚹△ Besoin de renouveau et de réalisation professionnelle, familiale et domestique.

□ Confrontation et changements au sein du foyer, de la famille et du travail.

☌ MC, ☍ FC Conflits et transformations au sein du travail ; autorité accrue.

☍ MC, ☌ FC Disputes au foyer, déménagement.

CHAPITRE 12
PRÉDICTION : LES PROGRESSIONS

Le temps cyclique
Toute unité de temps complète possède les mêmes qualités symboliques qu'une autre unité de temps complète, même si leur durée diffère. Aussi deux unités de temps peuvent-elles être utilisées comme base pour développer le système des progressions. Les astrologues se servent d'un jour pour représenter une semaine, un mois lunaire, un mois du calendrier dans le calcul des progressions, de la même façon qu'ils prennent « un jour pour une année ».

Les progressions, connues aussi sous le nom de directions, sont basées sur les mouvements symboliques des planètes, alors que les transits le sont sur le mouvement réel des planètes. Derrière le principe de progression, on retrouve l'ancienne croyance selon laquelle toutes les unités de temps complètes, même de durées différentes, partagent la même qualité. Ainsi 1 jour, 1 semaine, 1 mois ou 1 année représentent, chacun à leur manière, le même cycle vital : le jour, dans son mouvement ininterrompu, symbolise une phase de la vie du Soleil ; les sept jours de la semaine représentent un voyage parmi les planètes traditionnelles ; le mois est basé sur les phases de la Lune ; l'année englobe l'ensemble du cycle des saisons.

LES PROGRESSIONS SECONDAIRES

Les progressions sont multiples. Les plus utilisées sont les progressions secondaires, appelées « Un jour pour une année ». Dans ce système, chaque jour est considéré comme l'équivalent d'une année de l'existence. Les positions planétaires de chaque jour servent à faire des prédictions pour l'année équivalente. Si, par exemple, un enfant a dans son horoscope une configuration majeure 10 jours après sa naissance, cela signifie que cette configuration prendra tout son sens vers la dixième année. Cette méthode est simple car elle ne nécessite ni calcul particulier ni interprétations sophistiquées au-delà de celles des transits.

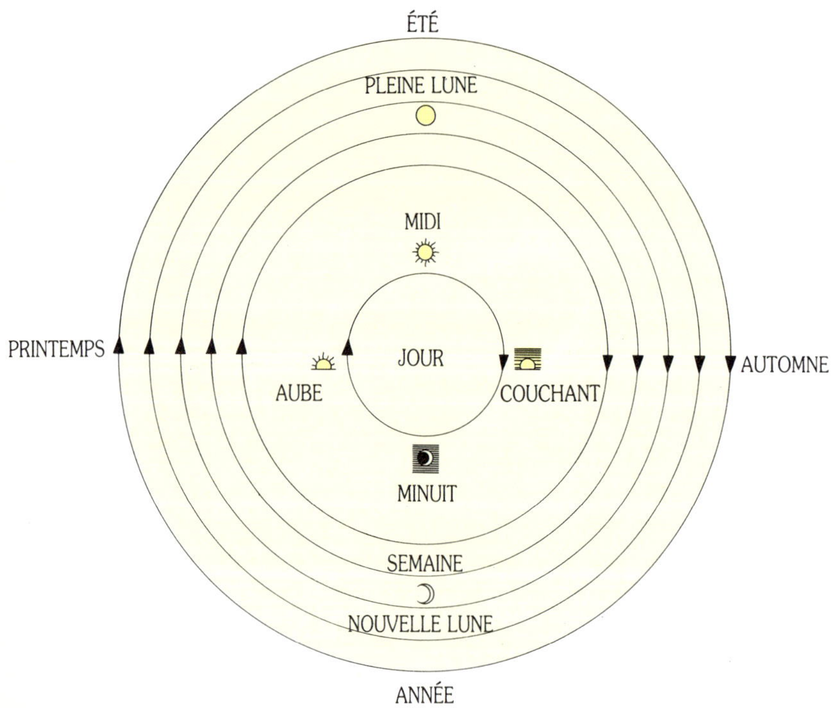

LE CALCUL DES PROGRESSIONS « UN JOUR POUR UNE ANNÉE »

Il faut d'abord définir le jour pour lequel le calcul des progressions doit être fait. Si la date de naissance du sujet est le 4 mars 1953 et que l'on désire rechercher les progressions pour l'âge de 17 ans, il suffit d'additionner ce nombre au jour de naissance : 4 + 17 = 21. Les positions planétaires du 21 mars 1953 représentent les progressions planétaires pour 1970, quand le sujet atteindra ses 17 ans.

Il est fréquent que la date des progressions tombe sur le mois qui suit celui de la naissance, ou même deux mois après. On résout le problème en ôtant du résultat ci-dessus le nombre de jours qu'il y a dans le mois qui précède celui où tombe la date de progression.

Donnons un exemple : si, pour le même sujet, on recherche les progressions à l'âge de 30 ans, on aura les calculs suivants : 4 + 30 = 34 ;34-31 (il y a 31 jours dans le mois de mars) = 3. Les positions planétaires du 3 avril (le mois suivant le mois de naissance) correspondent aux progressions planétaires pour 1983, le sujet ayant 30 ans. On regarde alors dans les éphémérides les positions des planètes de la façon habituelle : les planètes d'une journée représentent les planètes de l'année correspondante. Ce calcul est suffisant pour toutes les planètes, sauf pour la Lune, et il est possible de calculer les positions exactes des progressions pour n'importe quel jour.

Les progressions planétaires et angulaires (AS et MC) devraient être calculées à chaque anniversaire. Pour cela, il faut suivre la procédure normale pour établir un horoscope, en utilisant le lieu et l'heure GMT de naissance, le temps sidéral et les positions planétaires pour le jour dont on veut connaître les progressions.

En recherchant les progressions de l'horoscope pour deux anniversaires successifs (c'est-à-dire deux jours qui se suivent dans les éphémérides), on peut connaître la rapidité d'une planète ou d'un angle à progresser au cours d'une année. On divise alors le mouvement annuel par 12 : on obtient le mouvement mensuel. Il est facile ensuite d'aboutir aux progressions exactes pour n'importe quel jour de l'année.

Si Alexandra est née	à 21 h 25 GMT le 4 juillet 1950		
Les positions planétaires	à 21 h 25 GMT le 5 juillet 1950	correspondent aux progressions pour le	4 juillet 1951 (âge : 1 an)
"	21 h 25 GMT le 6 juillet 1950	"	4 juillet 1952 (âge : 2 ans)
"	21 h 25 GMT le 7 juillet 1950	"	4 juillet 1953 (âge : 3 ans)
"	21 h 25 GMT le 7 août 1950	"	4 juillet 1984 (âge : 34 ans)
"	21 h 25 GMT le 8 août 1950	"	4 juillet 1985 (âge : 35 ans)

Calcul des progressions d'Alexandra
Si les progressions sont calculées pour l'heure de naissance GMT, cela signifie qu'elles sont exactes à chaque anniversaire de chaque année.

Pour trouver le jour « progressé » qui correspond à 1984 dans l'horoscope d'Alexandra (voir chapitre 10), on effectue les opérations suivantes :

L'INTERPRÉTATION DES PROGRESSIONS

Le principe est le même que celui qui prévaut pour les transits. Habituellement, on ne se sert que des cinq premières planètes (Soleil, Lune, Mercure, Vénus et Mars), de l'AS et du MC. Les planètes lentes progressent si peu qu'elles semblent parfois presque immobiles.

Les progressions planétaires forment avec les planètes de naissance des aspects qu'il convient d'interpréter comme on le fait pour des transits, à cette différence près que les progressions s'effectuent plus lentement et ont, par conséquent, une action plus profonde. Par exemple, un aspect du Soleil progressé par rapport à l'horoscope dure deux ans. L'orbe des aspects, comme pour les transits, ne doit pas excéder 1°. Les aspects mineurs peuvent être pris en considération.

Les aspects avec l'AS et le MC progressés rendent toujours compte de moments importants dans l'existence du sujet et tirent leur caractère de la nature des planètes qui les composent, au même titre que les aspects entre AS et MC natals et les transits.

Le mouvement qui amène une planète en progression à changer de signe ou de Maison marque toujours un changement dans le psychisme d'un être ou une nouvelle direction de sa vie.

Les interprétations de toutes les progressions peuvent s'appuyer sur celles des positions natales et des transits telles qu'elles ont été données dans les chapitres précédents. Par exemple, une conjonction Mercure progressé sur Soleil natal = conjonction Mercure natal sur Soleil natal = conjonction Mercure en transit sur Soleil natal, à ceci près que la durée des effets est variable selon le cas. Les aspects de Mercure natal au Soleil donnent des indications sur le caractère de base (valable pour l'existence entière) ; Mercure progressé ne représente qu'une phase du développement mental (qui s'étale sur un an ou deux) ; Mercure en transit ne concerne qu'une journée qui risque d'être particulièrement intéressante !

LES TECHNIQUES ADDITIONNELLES

LES PROGRESSIONS DE L'ARC SOLAIRE. Les planètes et les angles progressant à la même vitesse que le Soleil (progressé), cela signifie qu'il suffit de calculer la position du Soleil. Comme celui-ci parcourt 0° 59' en une journée, on peut dire que tous les points de l'horoscope progressent d'environ 0° 59' également par jour.

LES PROGRESSIONS RÉCIPROQUES. Aussi étrange que cela puisse paraître, l'astrologue peut consulter les éphémérides en remontant le temps par rapport à la date de naissance. Par exemple, en utilisant à rebours la méthode de « Un jour pour une année », il regarde le dixième jour avant la naissance pour découvrir ce qu'il adviendra le dixième jour après la naissance. Les sceptiques ont du mal à admettre une telle proposition, mais l'expérience prouve qu'elle possède une certaine efficacité.

LES DIRECTIONS PRIMAIRES. Elles sont fondées sur la rotation de la Terre. Elles sont très peu utilisées car leurs calculs sont extrêmement complexes. L'avènement des ordinateurs, sans nul doute, verra se développer la pratique de cette technique complémentaire.

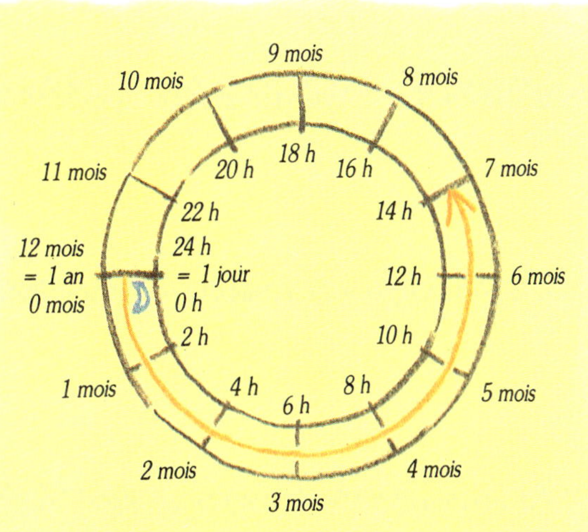

Les progressions « un jour pour une année »
L'échelle du temps pour un jour et pour une année est symboliquement la même, de sorte que deux heures du temps normal correspondent à un mois de temps progressé, et un jour du temps normal équivaut à une année du temps progressé. Le mouvement d'une planète qui s'étalerait sur, disons, quatorze heures de temps normal constituerait la base pour sa progression durant sept mois.

CHAPITRE 13
PRÉDICTION : L'ASSOCIATION DES PROGRESSIONS ET DES TRANSITS

***Ci-contre :** les progressions d'Alexandra calculées pour le 4 juillet 1984 (référence : 7 août 1950) et pour le 4 juillet 1985 (référence : 8 août 1950).*
En pratique, seules les positions mensuelles de la Lune sont calculées, car les progressions de Jupiter, Saturne, Uranus, Neptune et Pluton sont si insignifiantes qu'on peut les ignorer.

Deux systèmes valent mieux qu'un dans le domaine de la prédiction. Si deux techniques d'approche mènent au même résultat, l'astrologue pourra s'exprimer avec d'autant plus de conviction. La combinaison des deux calculs consiste à inclure 30 planètes dans l'horoscope, chacune ayant sa position natale, progressée et de transit. La situation peut être simplifiée en réduisant le nombre de planètes considérées : on ignore les progressions d'Uranus, de Neptune et de Pluton, à cause de leur grande lenteur, tandis que celles de Jupiter et de Saturne sont (parfois) étudiées. D'autre part, les transits des cinq planètes rapides (Soleil, Lune, Mercure, Vénus et Mars) s'effectuent à une telle vitesse qu'ils ne peuvent devenir remarquables pour l'astrologue que s'ils se combinent avec des planètes natales ou progressées dans des figures significatives telles que le double carré ou une puissante conjonction. Donc, sauf en cas de recherche précise sur une date ou un événement, on ne prend habituellement en considération que les conjonctions et les oppositions que ces planètes forment avec les planètes natales et progressées.

La Lune en transit crée des aspects si nombreux que, normalement, l'astrologue ne fait attention qu'aux pleines et aux nouvelles Lunes ainsi qu'aux aspects qu'elles forment avec la charte de naissance : les conjonctions et les

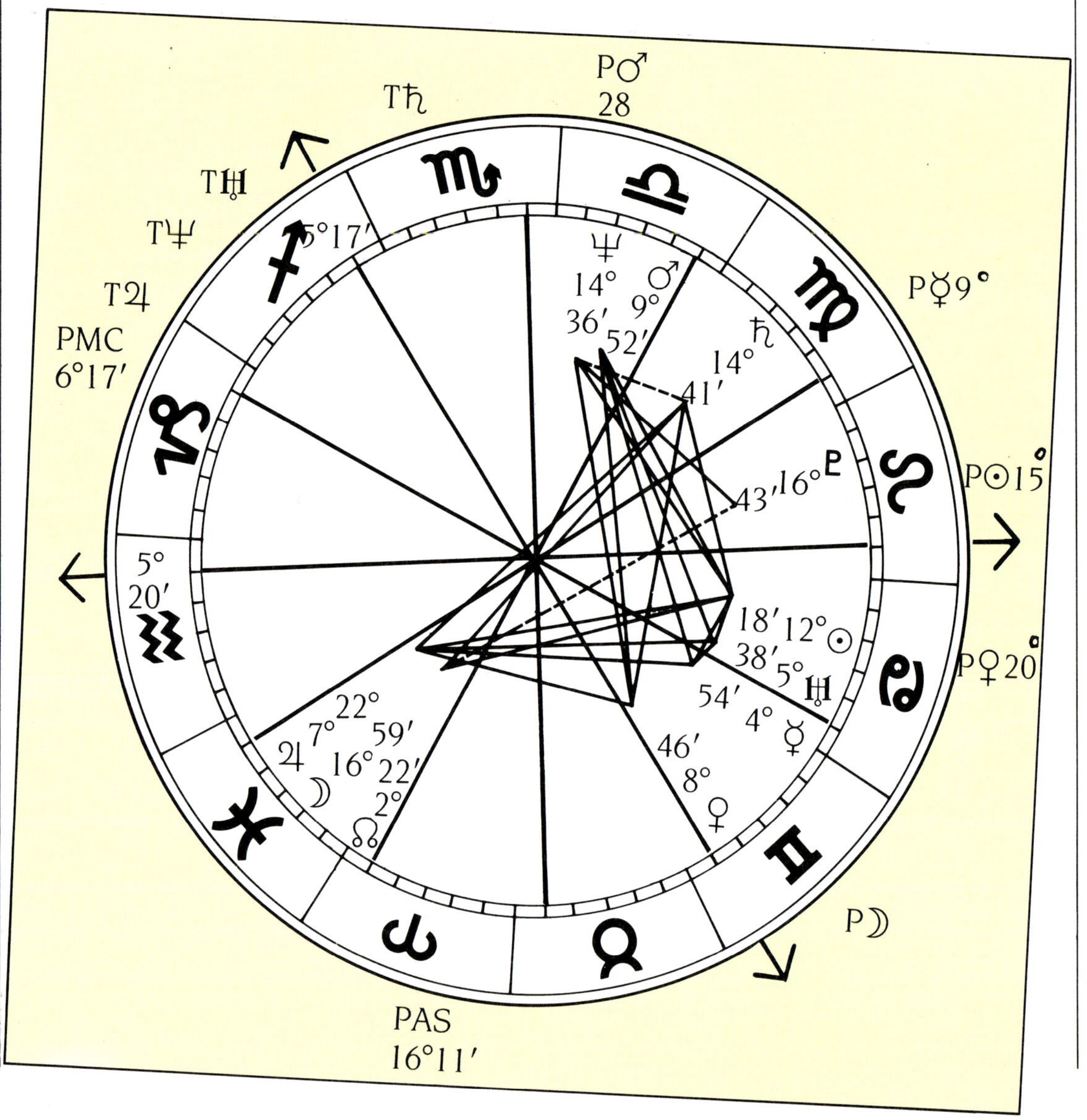

La charte d'Alexandra avec transits et progressions pour 1984
Plutôt que de dessiner la charte progressée complète, les positions progressées sont de préférence tracées au crayon tout autour du Zodiaque, à leur place approximative. Les positions progressées (pour l'AS, le MC et les planètes rapides) sont indiquées par la lettre « P » ; les transits des planètes lentes le sont par la lettre « T ».

	AS	MC	☉	☽	☿	♀	♂	♃	♄	♅	♆	
4 juillet 1984	16°12'	6°18'	14°47'	7°18'	8°44'	19°26'	28°19'	4°48'	17°57'	7°33'	15°3'	17°44'
	♈	♑	♌	♊	♍	♋	♎	♓	♍	♋	♎	♌
4 juillet 1985	18°27'	7°12'	15°45'	19°20'	10°9'	20°39'	28°55'	4°42'	18°4'	7°36'	15°36'	17°45'
	♈	♑	♌	♊	♍	♋	♎	♓	♍	♋	♎	♌
Mouvement annuel	2°15'	0°54'	0°58'	12°2'	1°25'	1°13'	0°36'	0°6'	0°7'	0°3'	0°1'	0°1'
Mouvement mensuel	0°11'	0°5'	0°5'	1°0'	0°7'	0°6'	0°3'					

oppositions de la Lune en transit sur des planètes natales apportent généralement des changements.

Il n'existe en fait pas de différence fondamentale entre la nature d'une planète progressée et celle d'une planète en transit. L'intérêt d'utiliser ensemble les deux systèmes est de donner à l'astrologue une plus grande latitude et une plus grande variété d'interprétation.

Outre les rapports existant entre progressions/transits et planètes natales, on peut étudier les rapports d'aspect mutuel entre les planètes progressées elles-mêmes. Ces aspects sont rares, excepté pour la Lune. De même, les aspects entre les progressions et les transits peuvent parfois être utiles.

Les aspects entre deux planètes en transit ont assez peu d'importance pour la personne, mais ils ont une signification générale. Ce sont d'ailleurs ces aspects qui servent de base aux horoscopes quotidiens publiés dans les journaux, et qui annoncent les mêmes prédictions pour des millions de gens à la fois. Cependant, ces transits seraient importants pour l'individu s'ils étaient en aspects puissants avec la charte de naissance.

Généralement, lorsqu'un astrologue compose des prédictions, il le fait mois par mois pour l'année à venir, puis il résume année par année pour les cinq ans à venir. Pour les prédictions mensuelles, il faut dégager les grands thèmes de l'existence et les changements de situation possibles. L'astrologue donne des vues d'ensemble des conditions futures. Il n'étudiera précisément l'enchevêtrement des aspects de tel ou tel mois que si le consultant a une question particulière à lui poser. L'exemple que nous donnons recouvre six mois.
Conventionnellement, nous situerons l'anniversaire au 4 juillet 1984. Les symboles en marge sont ici présents pour faciliter la compréhension du lecteur, mais n'apparaissent pas dans le compte rendu lors d'une consultation.

PRÉDICTIONS POUR ALEXANDRA JUILLET-DÉCEMBRE 1984

TENDANCES GÉNÉRALES POUR L'ANNÉE

Vous sortez d'une période extrêmement positive pour votre carrière, et les changements principaux attendus dans les mois à venir seront d'ordre essentiellement domestique. Ces changements ont été amorcés durant le printemps et notamment depuis mai. Ils s'effectueront en octobre, où un déménagement est à envisager.

T ♃ ☌ T ♅ ☌ MCn 1983.
☽ P IV.
T ♅ . T ♃ ☍ ♀. Gouverneur de IV, depuis novembre 1983 ; ☽ p ☌ FC.
P ☽ ☍ T ♅ . ☍ P ♀ ;
T ♄ △ ☽ n. □ ☉ p ;
T ♃ ☌ MC P. ☍ ☿ n.

JUILLET

Les espoirs sont grands ; vous êtes impatiente et nourrissez de hautes ambitions pour votre carrière ; de nouvelles possibilités se profilent. Votre énergie trouve son équilibre et vous rencontrez le succès.
Cependant, votre vitalité et votre enthousiasme peuvent être sapés par manque de logique et d'organisation.
Des problèmes de santé peuvent également surgir à cause du manque de repos.
Les relations avec les partenaires risquent d'être orageuses, surtout autour du 16. Ennuis vers le 28.

P ☽ □ ♃ n ; T ♃ ☌ MC P, ☍ ☿ n. ☍ ♅ n (☿. ♀ n sur cuspide VI).
T ♂ △ ☉ n. △ ☽ n.
Pas d'aspects de ♄ :– T ♄ ⚺ ♂ n seulement.
T ♃ ☍ ☿ ♅ VI.
T ♂ □ ♇ n. T ☿ ☌ ♇ VII.
T ♀ ☌ ♇ VII. Nouvelle ☽ ☌ DS □ T ♄.

AOÛT

Un mois clé pour les transformations domestiques. Vous êtes nerveuse et vous pourriez éventuellement provoquer une dispute ou une rupture avec quelqu'un au foyer, un ami ou un collaborateur.
Décisions difficiles à prendre autour du 4 et qui peuvent traîner jusque vers le 24.
Ennuis avec les associés ou le partenaire durant la deuxième semaine. Vous attendrez un soutien inconditionnel de la part de vos amis et de vos collègues.
Préparez-vous à des dépenses imprévues vers le 26, peut-être pour régler des factures oubliées.
Engagements, contacts et contrats supplémentaires possibles vers la fin du mois.

P ☽ ☌ ♀, Gouverneur du FC ; ♊.
T ☿ ☌ ☿ P. P ☽ □ ☿ n.
T ☉ ☌ ☉ p. ☌ ♇ n en VII ; pleine ☽ ☍ ☉ p, ♇ n ; T ♀ ☌ ☿ p.
Nouv. ☽ sur cusp. VIII ☍ ♃ n sur cusp. II ;
T ♂ ☍ FC n T ♀ ☌ ♄ n
T ♀ ☍ ☽ n. T ♂ ☌ MC n.

SEPTEMBRE
Les problèmes domestiques sont encore à l'honneur sur votre agenda. Ils prennent toute votre énergie et risquent d'entraîner des conflits, surtout autour du 3, du 9, du 12 et du 15.
La nouvelle Lune du 10 apporte une rupture avec le passé et les sentiments qui y sont liés ; vous envisagez désormais la vie de façon pratique et financière. On vous demandera de payer, et vous le ferez à contrecœur.
Attendez-vous à recevoir des nouvelles importantes concernant vos situations financière et immobilière aux alentours du 22.
En général, votre énergie est équilibrée durant ce mois. Positivisme. Esprit constructif.

P☽☍T♂; P☽△♂n.
T☉☍☽n; T♂□☽n.
□♄n; (♄n□☽n).
Nouvelle ☽ ☌ ☽ ♓n en II.
T☿☌♄n, ☍☽n du 21 au 24.
T♄△☉n; P☽△♂n;
T♄⚹♄P; T♂△ASp.

OCTOBRE
Ce mois apparaît comme celui du stress et de la fatigue, des changements structurels dans votre vie, des nouvelles bases à formuler, des problèmes domestiques et sentimentaux à régler.
Vers le milieu du mois, chance considérable au niveau professionnel. Vous serez au meilleur de vous-même. Votre carrière connaîtra un sommet qui ouvrira sur d'autres opportunités. Soyez prête à innover.
Pourtant, vous serez distraite de votre travail par les conflits de la vie privée. Confusion et désorganisation.
Conflit d'intérêt entre la carrière et la vie domestique, spécialement les 1er, 9, 12, 13, 14, 16 et 22.

T♄□☉p, □♇n;
T♃☍☿n, ☍♅n;
P☽☍T♅.
T♃, T♂☌MC P.
T♃; T♂☍FC P, ☍☿♅n en VI.
T♃☍☿n, ☍♅n, ☌MC P;
T♂☍☿n, ☍♅n ☌MC P;
T☉☌♂P.

NOVEMBRE
Ce mois apporte quelques changements astrologiques et pourrait bien être le mois de la consolidation. Après les efforts épuisants d'octobre, vous vous installez.
Vous n'aurez pas encore résolu le conflit d'intérêt qui oppose votre carrière à votre vie privée : vous devrez effectuer ce choix difficile entre le 10 et le 14. Cependant, la question risque de demeurer en suspens jusqu'à la fin du mois.
Les partenaires et associés seront source de désagréments et de perte d'énergie vers le 8.

T☿☌MCn, ☍♀n, ☍☽p.
T♀☍☿p, ☍♅p,
☌MC P☍☉n, ☍♀p.
Éclipse solaire ☌MC
Éclipse □♇n, ☉P.

DÉCEMBRE
Décembre ramène l'espoir. Vos conditions d'existence semblent s'améliorer et vous devriez enfin poser vos valises.
Vous serez attentive à toutes les propositions nouvelles du destin et cette attitude positive colorera toutes vos activités, avec une pointe d'impatience.
Les 26 et 28, initiative et renouveau dans votre carrière. Vous avez besoin de travailler dur, mais d'avoir l'esprit en paix. Attention à votre santé.

☽p⚺☉n;
T♃△♄n⚹☽n.
T♅△☉p.
T☉☍☿n, ☍♅n, ☌MC P

Après vérification auprès d'Alexandra, les problèmes domestiques ont en effet été prédominants à cette période : en mai, quand la Lune progressée était en conjonction exacte avec le FC, Alexandra a décidé de quitter Londres, où elle avait passé presque toute son existence, pour aller à Bristol, à l'ouest de l'Angleterre. En août, lorsque la Lune progressée était en conjonction avec la Vénus natale, elle a trouvé un appartement à Bristol, où elle a emménagé le 22 octobre.

L'opposition Lune progressée-Uranus en transit, d'octobre à novembre, n'est jamais devenue « exacte » en 1984. En fait, ce point d'exactitude apparaît seulement en avril-mai 1985, où il coïncide avec une décision de déménager encore une fois.

La conjonction de Jupiter et d'Uranus en transit avec le MC natal en 1983 avait été liée à un avancement spectaculaire de la carrière d'Alexandra : la publication d'un livre et son succès à l'échelle nationale ; de même, la conjonction de Jupiter en transit avec le MC progressé en juillet 1984 coïncide avec une production théâtrale. Le transit sur le MC natal était en quelque sorte plus extraordinaire que celui sur le MC progressé, notamment parce que le MC natal se trouve en Sagittaire et le MC progressé en Capricorne, qui est un signe plus stable.

GRILLE DES ASPECTS POUR ALEXANDRA, JUILLET-DÉCEMBRE 1984

Si tous les aspects sont clairement inscrits mois par mois, l'astrologue visualise tout de suite la qualité et la couleur de chaque période. Notre exemple montre :

1) La position progressée de la Lune chaque mois, tous ses aspects par rapport aux planètes natales et progressées ainsi que les conjonctions ou oppositions aux planètes en transit.

2) Tous les aspects d'Uranus, de Neptune et de Pluton avec les planètes natales et progressées.

3) Les aspects majeurs que forment Mars, Jupiter et Saturne avec les planètes natales et progressées. Un aspect à un autre transit est noté : la conjonction de Mars avec Jupiter en octobre 1984 était intensifiée par la conjonction de Mars avec le MC progressé et son opposition à la puissante conjonction natale Mercure-Uranus.

4) Les conjonctions et les oppositions entre le Soleil, Mercure et Vénus, d'une part, et les planètes natales et progressées, d'autre part. La date de l'aspect exact est indiquée.

5) Les dates de la pleine et de la nouvelle Lune, en précisant s'il y a éclipse. Les positions

et les aspects ne sont marqués que s'ils entretiennent des aspects majeurs avec la charte de naissance.

Dans notre grille, la lettre « f » indique qu'un aspect est faible (non exact) ; la lettre « n » veut dire que la planète est natale ; « p » symbolise la progression et « T » le transit. On constate qu'octobre est de loin le mois qui reçoit le plus d'aspects, y compris quelques puissantes configurations : le 22 octobre, le Soleil en transit était conjoint au Mars progressé et Mars en transit était opposé au Soleil natal. Comme les faits l'ont prouvé, c'est ce jour-là qu'Alexandra a déménagé.

DATE	☽ p LONGITUDE	☽ p SUR PLANÈTES NATALES	☽ p SUR TRANSITS	☽ p SUR PROGRES-SIONS	T♇	T♆	T♅	T♄	T♃	T♂	T♀	T☿	T☉	T☽ LUNAISONS
JUIL.	7♊ 7 (4 juil.)	□♃		⚻♅	f☌♂ p	f✶♂ p	☍♀ n	f⚺♂ n	⚺♃ MCn ☌ MCp ☍☿ n ☍♅ n	△☉ n △☽ n □♇ n	1☌☉ n 6☌♀ n 18☍ ASn 28☌♆ n	1☌♀ p 9☌ DSn 15☌☉ p 16☌♇ p	13☌☉ p 28☌ DSn	13 Pleine ☽ ♑ 28 Nouv. ☽ ☌ f□T♄
AOÛT	8♊ 17 (4 août)	☌☿		□☿				f□☿ p	✶♃ p	☌ MC	7☌☉ p 13☍♃ n 14☌☿ p 19☌♄ n 21☍☽ n	2☍♃ n 4☌☿ p 24☌☿ p 27☍♃ n	7☌☉ p 9☌♇ n 30☍♃ n	11 Pleine ☽ ☍☉ p ♇ n 26 Nouv. ☽ ☍♃ n
SEPT.	9♊ 17 (4 sept.)	△♂	3☍♂					△☉ n ✶♄ n		☍♀ n □☽ n □♄ n △♇ n △ ASp	9☌♂ n 13 ☌♆ n 15 ☍ ASp 24 ☌♂ p	17☍♃ n 18☌☿ p 22☌♄ n 23☍☽ n	1☌☿ p 7☌♄ n 9☍☽ n	10 Nouv. ☽ 25 Pleine ☽ ♎
OCT.	10♊ 17 (4 oct.)		4☍♅ 28☍♀					△☽ n □☉ p □♇ n ✶♆ n ✶♄ p	✶♃ p ☌ MCp ☍☿ n ☍♅ n □☿ p	☌ T♃ ☌ MCp ☍☿ n ☍♅ n ☍☉ n	24☌ MC 27☍♀ n 30☍☽ n	6☌♂ n 9☌♆ n 10☍ ASp 22☌♂ p	2☌♂ n 7☌♆ n 11☍ ASp 22☌♂ p	9 Pleine ☽ ☌ ASp 24 Nouv. ☽ ♏
NOV.	11♊ 17 (4 nov.)		☍♅ 14☍ T☿				⚻☉ n	△♀ n	⚻♀ n ☍☉ n	⚻♀ p ☌ ASn	17☍☿ n 18☍♅ n 19☌ MCp 24☍☉ n 30☍♀ p	10☌ MCn 12☍♀ n 14☍☽ p	27☌ MC 30☍♀ n	8 Pleine ☽ éclipse □♇ n☉ p 22 Nouv. ☽ éclipse f☌ MC
DÉC.	12♊ 17 (4 déc.)	⚺☉					△☉ p ✶♆ n		△♄ n ✶☽ n □♆ n ⚻♇ n ☍♀ p	☍♇ n ✶ MCn	13☌ ASn 22☍☉ p 23☍♇ n	R du 4 au 24	4☍☽ p 26☍☿ n 27☍♅ n 28☌ MCp	8 Pleine ☽ ♊ 22 Nouv. ☽ ♑ ☍☿

CHAPITRE 14
LA COMPARAISON DES HOROSCOPES

La nature des relations sociales d'un sujet et les circonstances qui y président peuvent être très simplement décrites en étudiant l'horoscope de naissance, et plus particulièrement la Maison VII, Vénus et les facteurs associés. Il existe aussi des techniques qui permettent d'examiner le type de rapport qu'entretient une personne avec sa ou son partenaire, ses parents ou ses enfants, ses frères et sœurs, ses employés ou ses employeurs, et tout autre individu avec lequel elle peut entrer en contact. Il suffit pour cela de comparer les thèmes de naissance.

Au niveau le plus simple, l'astrologue procède à des combinaisons entre les signes solaires, fondées sur des classifications traditionnelles et relativement connues du grand public. La plus commune est celle qui met en relation les signes d'un même élément, ou bien les signes diamétralement opposés, quoique l'expérience démontre que deux signes adjacents opèrent souvent une remarquable attraction l'un sur l'autre ! En somme, toutes ces combinaisons apportent autant de difficultés que d'avantages, mais il est intéressant que le débutant en soit informé.

Feu-feu : les deux sujets partagent le même enthousiasme, la même énergie et le même esprit d'aventure. Mais leur refus du compromis et leur inaptitude à coopérer peuvent engendrer leur désaccord à long terme.

Feu-terre : combinaison intéressante puisque, ironiquement, l'attraction entre ces deux signes réside dans leur profonde différence. L'élément feu, énergique par excellence, donne d'autant plus libre cours à ses instincts aventureux qu'il se sent secondé et sécurisé par le partenaire terre, prince de la continuité et de la stabilité. Mais ce même partenaire terre peut être ressenti à la longue comme un boulet qui compte un peu trop sur le feu pour créer la vie, le changement et les chances nouvelles. La terre peut finir par prendre en grippe les besoins impulsifs du feu, et le feu s'irriter du manque d'ambition de la terre.

Feu-air : cette relation est souvent très vivante et très fructueuse puisque l'intellect de l'air reçoit les étincelles du feu et que, ensemble, ils créent des idées intéressantes et une volonté commune de changement. Les différences ne sont, la plupart du temps, ressenties que superficiellement. Les difficultés naîtront du manque d'expression des sentiments et de l'ignorance dont font preuve les sujets vis-à-vis des nécessités matérielles.

Feu-eau : ces deux éléments partagent de puissantes émotions, mais leurs sentiments sont souvent de nature extrêmement différente. Les malentendus sont courants entre ces deux êtres. L'eau est perturbée par le total manque de sensibilité du feu, et le feu ne comprend rien à l'âme secrète et introvertie de l'eau, non plus qu'à son manque d'ambition. L'amitié est un domaine qui convient mieux à ces deux éléments que les relations amoureuses.

Terre-terre : les deux sujets ont la même vision du monde et recherchent pareillement la stabilité et une vie structurée. Leur association peut être de longue durée. Pourtant, on peut facilement imaginer que le manque de stimulation mutuelle, de chocs émotionnels et d'ambition révèle une absence de réels sentiments.

Terre-air : ces deux éléments peuvent être amenés à se rencontrer par intérêt mutuel. La terre bénéficie des idées de l'air, et l'air profite des aptitudes pratiques de la terre. Le résultat est une relation fondée sur le bon sens. Mais, en fait, les sujets réunis n'ont rien qui puisse solliciter une quelconque profondeur émotionnelle ou une ambition bien comprise.

Terre-eau : la terre et l'eau forment souvent des amitiés qui défient le temps. Ils se sentent bien ensemble. L'eau admire les talents de la terre et la terre est fascinée par le labyrinthe émotionnel et la sensibilité de l'eau. Mais si les rapports se font trop intenses, l'irritation peut naître : la terre perd patience devant le manque de sens pratique de l'eau, et l'eau s'endort par ennui devant l'ordre et l'esprit de routine de la terre.

Air-air : les deux sujets éprouvent la même curiosité devant la vie et sont capables de se stimuler mutuellement. Grande communication, mais peu de profondeur dans les sentiments. Aussi des problèmes à long terme peuvent-ils surgir. Les deux partenaires manquent de façon égale de sens pratique, même si cela n'est pas véritablement un handicap pour ces deux êtres.

Air-eau : cette combinaison peut être hautement stimulante. La clarté de pensée de l'air et l'intuition de l'eau produisent un mélange détonnant qui alimente les imaginations des partenaires. Mais les relations amoureuses souffrent de malentendus et de manque de sens pratique.

Eau-eau : entente mutuelle et profonde. Possibilités de vivre un grand amour romantique qui tient les partenaires loin du monde réel. Rêves et fantaisies partagés. Lorsque les choses vont mal, ces êtres ont tendance à se complaire dans leurs difficultés. D'autre part, ils ont du mal à échafauder des projets d'avenir.

D'une manière générale, la présence du Soleil dans le même signe ne présume pas nécessairement d'une entente de longue durée, car les partenaires possèdent à la fois les mêmes forces et les mêmes faiblesses. Ils peuvent, par conséquent, difficilement se stimuler ou se compléter. Les personnes nées sous des signes voisins (Taureau et Gémeaux, par exemple) ou opposés (tels que Taureau et Scorpion) sont souvent très proches car chacun apporte quelque chose dont l'autre a besoin. Mais les différences, qui sont également importantes, mènent presque toujours à d'âpres disputes. Les signes en sextile (Verseau et Bélier, par exemple) peuvent être à l'origine de merveilleuses amitiés, mais des liens plus serrés deviendraient des sources de conflit et de désenchantement. Les signes en carré (Bélier et Capricorne, par exemple) sont généralement très stimulants, mais, là aussi, l'amitié est préférable à l'amour si l'on cherche des relations de longue durée. Les meilleures relations sembleraient naître de la rencontre de deux signes en trigone (Balance et Gémeaux, par exemple), parce qu'ils ont assez de similitudes pour se comprendre en profondeur et assez de différences pour créer intérêt et stimulation réciproques.

Soleil dans	*Harmonique*	*Dissonant*	
Mêmes signes	*Relation intense et immédiate ; compréhension et admiration mutuelles.*	*Manque de stimulation ; faiblesses et habitudes négatives renforcées.*	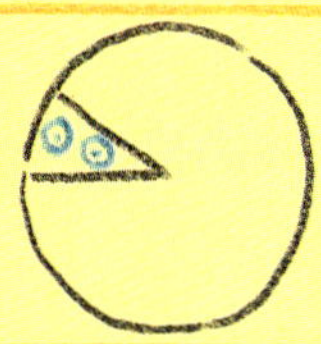
Signes adjacents	*Profondes différences dans la personnalité et le style de vie, ce qui peut entraîner une fascination mutuelle.*	*Totale antipathie. Rien en commun.*	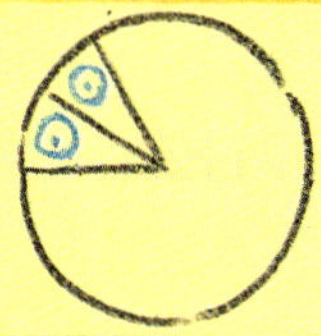
Signes alternés	*Similitudes suffisantes pour créer des liens amicaux. Différences suffisantes pour créer stimulation et intérêt réciproques.*	*Quelques difficultés : les désagréments ne sont pas catastrophiques, mais personne ne veut s'engager véritablement et pour longtemps.*	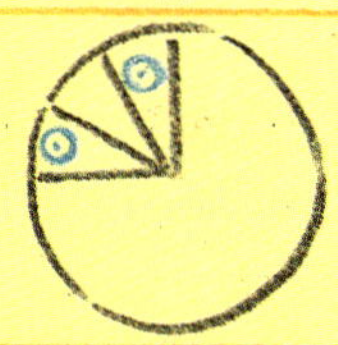
Signes de même qualité (cardinal, fixe ou mutable)	*Différences suffisantes pour provoquer une fascination mutuelle. Aspect créateur de profonde amitié.*	*Attitudes fondamentalement différentes en face de l'existence, qui entraînent le désaccord dans les relations intimes.*	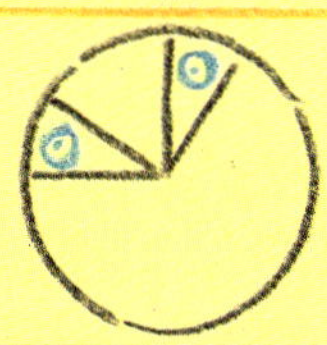
Signes de même élément (feu, air, terre, eau)	*La meilleure combinaison pour une compatibilité dans les amitiés et les relations affectives de toutes sortes.*	*Les faiblesses des deux partenaires sont renforcées.*	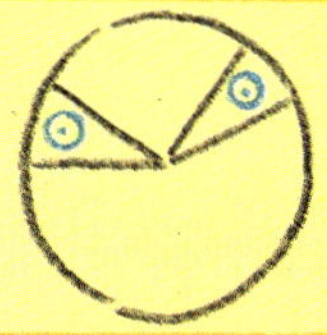
Signes en quinconce	*Même chose que pour les signes adjacents.*	*Même chose que pour les signes adjacents.*	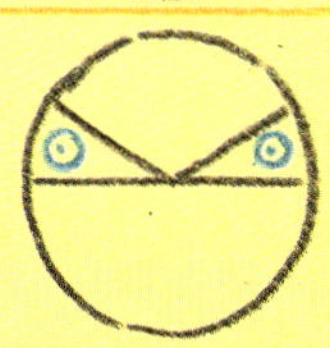
Signes opposés	*Produit souvent une forte attirance. Chaque partenaire complète parfaitement l'autre, compense ses manques et apporte une nouvelle dimension à son existence.*	*Dans les relations très intenses ou très intimes, cet aspect crée une profonde attraction, mais aussi parfois de l'irritation et des désaccords à cause des différences essentielles dans les comportements de base.*	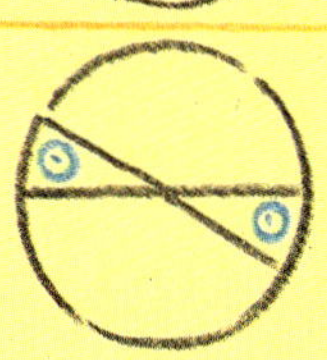

Les relations astrologiques des signes
Ce tableau montre les relations qui peuvent exister entre les signes. C'est un guide utile pour établir les compatibilités possibles entre les individus selon leur signe solaire.

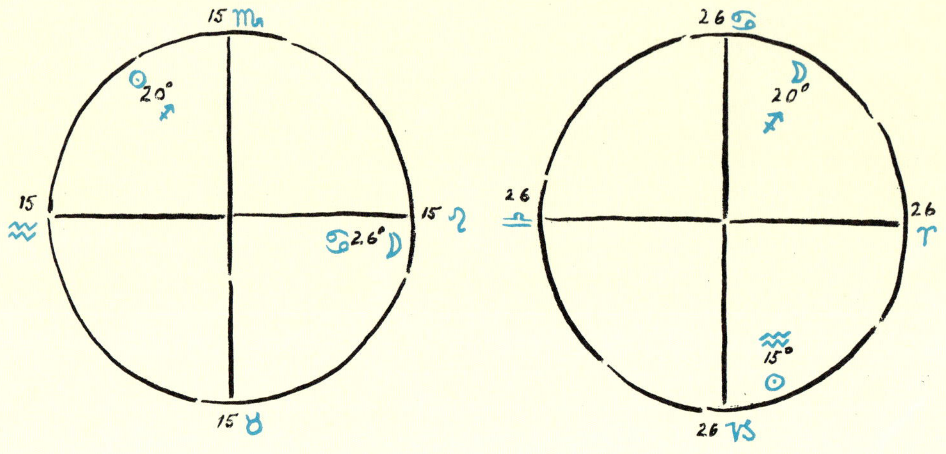

Aspects comparatifs des thèmes
Une entente exceptionnelle entre deux signes solaires cache souvent des aspects plus complexes de compatibilité, que l'on peut déceler dans les thèmes de deux sujets grâce à une étude comparative. Dans notre cas, l'aspect formé entre le Soleil en Sagittaire de la première charte et le Soleil en Verseau de l'autre n'est pas habituellement considéré comme un élément déterminant pour un attachement affectif. Pourtant, la conjonction Soleil-Lune-angles dans chaque thème tend à créer les conditions requises pour que naisse une relation intense.
Une conjonction Soleil-Lune est peut-être l'aspect le plus fort et le plus agissant lorsque l'on veut comparer deux thèmes, surtout si la Lune se trouve en charte féminine et le Soleil en charte masculine.

LA COMPARAISON DES THÈMES. Comparer deux horoscopes consiste essentiellement à comparer les aspects formés entre les planètes d'une charte et celles de l'autre charte. Ces aspects peuvent être classés en cinq catégories :

1. Les aspects entre le Soleil, la Lune et les angles (AS et MC) d'une charte et ceux de l'autre charte sont extrêmement importants. La conjonction entre la Lune d'une personne et le Soleil de l'autre révèle une forte attraction ; la conjonction entre le Soleil ou la Lune d'une personne avec l'AS ou le DS de l'autre indique souvent une relation durable.
2. Les aspects entre le Soleil, la Lune et les angles d'une personne, et Mercure, Vénus ou Mars de l'autre personne ne provoquent pas à coup sûr un rapprochement entre les deux êtres, mais expriment une compatibilité dans un certain nombre de domaines.
3. Les aspects entre Mercure, Vénus et Mars dans les deux thèmes sont d'importantes indications de compatibilité. Ils le sont d'autant plus si les aspects impliquent la présence d'une même planète dans les deux cas. Par exemple, les aspects entre deux Mercure sont le signe d'une entente ou d'une mésentente intellectuelle ; les aspects entre deux Vénus indiquent affection ou antipathie mutuelles ; les aspects entre deux Mars révèlent une harmonie dans la collaboration ou bien des antagonismes radicaux.
4. Les aspects entre les planètes rapides d'une charte et les planètes lentes de l'autre ont peu d'importance dans les relations purement individuelles. Ils prennent tout leur sens dans les rapports plus larges que l'individu entretient avec ses congénères. Par exemple, l'enfant qui naît avec le Soleil en carré à Pluton aura son Soleil en carré avec le Pluton de tous les autres enfants de son âge. Les rapports de ces enfants entre eux seront colorés par cet aspect. Ce type de rapport, soutenu par des courants valables pour une génération, est à considérer également dans les problèmes parents-enfants.
5. Les aspects entre les planètes lentes des deux chartes ont encore moins de signification au niveau strictement individuel. Ils interviennent dans les comparaisons d'horoscopes entre des sujets de générations différentes. Par exemple, des gens nés à vingt-neuf ans d'intervalle ont leurs deux Saturne en conjonction. Tous les enfants nés en 1966 possèdent Pluton en carré au Pluton des gens nés en 1900, et ceux nés en 1982 ont Saturne en conjonction avec le Pluton des gens nés en 1979. Ces aspects expriment des rapports « de masse ».

En général, seuls les aspects majeurs sont étudiés dans ce type de travail. Cela réduit considérablement le nombre d'informations à manipuler et permet de dégager les grandes lignes plus aisément.

Le principe est le suivant : plus le nombre d'aspects puissants entre des planètes significatives et des angles dans les deux thèmes est important, plus la probabilité d'une relation étroite et durable sera grande. Il peut arriver qu'une planète dans une des chartes aspecte une configuration détonnante, telle que le double carré dans l'autre charte. Il faut alors s'attendre à ce que cette relation se développe de façon particulièrement spectaculaire.

LA FONCTION DES ORBES. Il n'existe aucun consensus concernant la largeur des orbes dans les comparaisons d'aspects entre deux thèmes individuels. Cependant, on s'accorde sur un plus large écart permis aux aspects entre les planètes les plus significatives. D'autre part, on prendra davantage en considération les aspects puissants tels que la conjonction (de préférence au sextile, par exemple). Sur la grille présentée ci-contre, en haut, on peut lire une liste d'orbes qui autorise l'astrologue à concentrer son attention sur les aspects les plus significatifs.

QUELQUES CONSIDÉRATIONS AVANT L'INTERPRÉTATION. L'astrologue ne devrait jamais perdre de vue les facteurs humains. Il doit avant tout faire preuve de bon

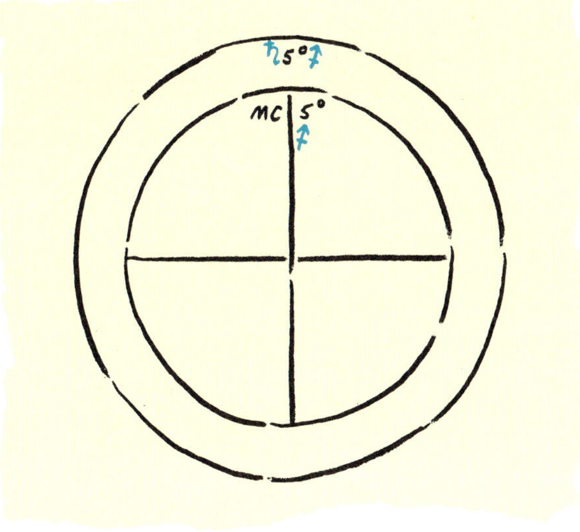

	☉ ☽	☿ ♀ ♂	♃ ♄	♅ ♆ ♇	AS MC	☊
☉, ☽	8	6	4	2	8	8
☿, ♀, ♂		4	2	2	8	8
♃, ♄			2	2	4	4
♅, ♆, ♇				2	4	4
AS, MC					8	8
☊						8

sens. Deux thèmes peuvent rendre compte d'une attirance, mais il se peut que seul un sujet sur deux réponde à cette sollicitation du destin. L'autre être peut parfaitement aimer ailleurs et ne manifester aucun intérêt pour une nouvelle relation, ou tout simplement ne pas éprouver les mêmes sentiments. L'astrologue peut rechercher les indicateurs de cette situation en remontant dans l'analyse des horoscopes des deux personnes. Parfois, lors de comparaisons de thèmes, on peut en déduire quel sujet répondra et de quelle manière, mais il semble impossible de donner des certitudes à plus ou moins brève échéance. Prenons un exemple : un sujet a Saturne conjoint au MC d'un autre sujet, apportant limitation et discipline dans le travail. Les possibilités d'interprétation ne sont pas claires. On peut s'attendre à ce que le sujet saturnien bloque la carrière de l'autre. Une alternative plus positive consiste à penser que le sujet saturnien aide le sujet MC à s'organiser dans son travail. Peut-être encore le sujet saturnien restera-t-il parfaitement inconscient du fait que l'autre apprend, à son contact, les vertus de l'autodiscipline. L'autre personne, en échange, peut représenter les chances de la carrière du saturnien.

En bref, il existe une osmose entre deux êtres et le travail de l'astrologue consiste à mettre en évidence les grands points qui peuvent les rapprocher.

De la même façon, il est pratiquement impossible pour un astrologue de dire si deux personnes s'aimeront ou non. Il est bien connu que, parfois, des gens vivent un véritable enfer sentimental sans pour autant se décider à se quitter, chacun étant une composante nécessaire à l'existence de l'autre. L'astrologue peut seulement décrire la force et la nature de l'attirance.

LES NŒUDS. Un facteur supplémentaire à prendre en considération est le Nœud nord de la Lune, qui indique généralement une forte attraction entre deux sujets. La raison astrologique en est simple. Dans un thème de naissance, le Nœud nord représente la direction qui a été prise dans l'existence du sujet, les combats qu'il entreprend et les leçons qu'il reçoit afin d'évoluer. Les personnes ayant le Soleil, la Lune ou l'AS en conjonction avec le Nœud nord d'une autre personne deviennent les alliés (ou les adversaires) des combats et les maîtres (involontaires) qui dispensent l'enseignement vital. Par exemple, imaginons quelqu'un ayant son Nœud nord en Verseau : il éprouve le besoin de devenir plus indépendant ; il apprendra à se libérer au contact de gens qui posséderont le Soleil, la Lune ou l'AS en Verseau.

LES MAISONS. Examiner les positions des planètes au cours des comparaisons de thèmes permet d'approfondir l'analyse. Lorsque les planètes d'une charte se superposent aux Maisons de l'autre charte, l'astrologue peut faire des déductions sur les domaines précis de l'existence dans lesquels la relation des partenaires se fera sentir avec le plus d'intensité. Pour illustrer notre propos, prenons un sujet A dont les planètes tombent dans la Maison II d'un sujet B : B sera concerné par des questions financières et de sécurité. Si les planètes de B tombent dans la Maison V de A, les rapports pourront devenir plus piquants et illuminer la vie de A. Un aspect classique dans les chartes des couples mariés : le Soleil de l'un des partenaires se trouve en Maison VII de l'autre partenaire. Cela explique souvent l'entente d'un couple, alors que ni leur Soleil ni leur Lune ne forment des aspects quelconques.

LES SIGNES. Comme pour les Maisons, les signes apportent des possibilités d'interprétation aussi nombreuses que subtiles. Ce n'est que graduellement que l'astrologue, formant son expérience personnelle, parvient à tirer toutes les possibilités de ces techniques dans les comparaisons de thèmes.

En haut, à gauche : les aspects de Saturne
Les associations de longue durée sont souvent le théâtre d'un aspect majeur de Saturne dans une des chartes, par rapport au Soleil, à la Lune ou à un angle de l'autre charte. Le plus commun est une conjonction Saturne-MC. Comme tous les autres aspects de Saturne, il représente un facteur de stabilité, mais les partenaires ne doivent pas pour autant oublier les tendances restrictives et inhibitrices du même Saturne. Si cette influence n'est pas contrôlée par les deux individus, il peut très vite arriver qu'un des partenaires se sente frustré. Généralement, l'équilibre idéal est fourni par les aspects d'Uranus, qui introduit dans la relation une grande spontanéité et évite que l'ennui ne s'installe.

En haut, à droite : les orbes dans les comparaisons de thèmes
Il n'existe aucun consensus concernant la valeur des orbes admise dans les aspects comparatifs de thèmes. On admet que les orbes entre Soleil, Lune, AS et MC soient assez larges, alors qu'on exige qu'ils soient réduits au minimum dans les aspects formés par les planètes lentes. Le tableau ci-dessus indique les degrés des orbes selon les aspects observés.

☉ Soleil
☽ Lune
☿ Mercure
♀ Vénus
⊕ Terre
♂ Mars
♃ Jupiter
♄ Saturne
♅ Uranus
♆ Neptune
♇ Pluton

LES ASPECTS ENTRE LES THÈMES

☉–☉

☌	Contact immédiat, mais relation assez peu stimulante.
⚹△	Relations bonnes et aisées.
□☍	Désagréments, mais stimulation.

☉–☽

☌	Relations émotionnelles très intenses. C'est l'indicateur classique du mariage, surtout lorsque la Lune est en thème féminin et en conjonction avec le Soleil du thème masculin.
⚹△	Compréhension totale, forte attirance ; bases solides pour une formidable amitié.
□☍	Les buts de l'existence sont différents, mais peuvent se stimuler mutuellement.

☉– AS DS

☌	Fortes amitiés.
⚹△	Relations harmonieuses.
□	Petits désagréments.

☉–MC FC

☌ MC	Grands rapprochements, qui peuvent inclure la vie professionnelle.
☌ FC	Entente profonde ; renforcement des bons rapports.
⚹△	Harmonie.
□	Dissension.

☉–☿

☌	Relations fondées sur des intérêts communs.
⚹△	Compréhension mutuelle.
□☍	Désagréments divers.

☉–♀

☌	Attraction sentimentale et sensuelle.
⚹△	Aspect qui contribue à harmoniser les rapports.
□☍	Mésentente sur le plan émotionnel.

☉–♂

☌	Relation intense et très active, avec risques de disputes.
⚹△	Harmonie dans les activités communes.
□☍	Disputes dans les activités communes.

☉–♃

☌	Relation profitable, soit pour l'un des partenaires, soit pour les deux.
⚹△	Harmonie.
□☍	Impatience, nervosité, manque de considération.

☉ ♄

☌	Discipline et contrôle : l'un des partenaires peut soit restreindre les pulsions de l'autre, soit apporter aide et stabilité au couple.
⚹△	Aspect généralement bénéfique et stabilisateur.
□☍	Sentiment de frustration ou de répression.

☉–♅

☌	Conditions inhabituelles ; l'un des partenaires entraîne l'autre.
⚹△	Intérêt et variété.
□☍	Risques de rupture.

☉–♆

☌	Attirance sentimentale.
⚹△	Imagination et harmonie.
□☍	Confusion.

☉–♇

☌	Légèreté, inconstance, explosions.
⚹△	Engagement utile.
□☍	Rupture.

☽–☽

☌	Liens étroits d'ordre émotionnel.
⚹△	Harmonie. Amitiés solides.
□☍	Différences au niveau affectif et domestique.

☽– AS DS

☌	Relations affectives durables.
⚹△	Harmonie sentimentale.
□	Différences sentimentales.

☽–MC FC

☌	Aspect indiquant souvent des relations intéressantes et durables. Un des partenaires assume un rôle maternel. Le cas peut se présenter même au sein de relations professionnelles.
☌FC	Fondations solides pour des relations intenses et durables.
⚹△	Harmonie émotionnelle.
□	Aspect qui contribue à créer des différences sur le plan émotionnel.

☽–☿

☌	Bonne entente sentimentale.
⚹△	Accord général.
□☍	Mésentente sur le plan émotionnel.

☽–♀

☌	Affection.
⚹△	Affection.
□☍	Conflit émotionnel.

☽–♂

☌	Forte attraction ; les partenaires ont plaisir à avoir des activités ensemble.
⚹△	Harmonie dans les activités partagées.
□☍	Attirance physique, mais désaccords dans les activités communes.

☽–♃

☌	Relations profitables, surtout du point

de vue domestique ; cet aspect peut entraîner un établissement à l'étranger.
⚹△ Relation optimiste et amicale.
□☍ Insouciance, manque d'attention, surtout au foyer.

☽–♄
☌ Stabilité affective, mais l'un des partenaires risque de se sentir à l'étroit.
⚹△ Amplifie la stabilité affective.
□☍ Restriction dans le domaine sentimental, soit pour l'un des partenaires, soit pour les deux.

☽–♅
☌ Rapports émotionnels très vivants ; changements soudains possibles.
⚹△ Intérêt et circonstances changeantes.
□☍ Rupture possible.

☽–♆
☌ Attirance romantique.
⚹△ Harmonie générale.
□☍ Confusion.

☽–♇
☌ Puissante attraction qui peut devenir explosive.
⚹△ Renforcement d'un engagement.
□☍ Ruptures au sein de la vie émotionnelle et domestique.

☿–☿
☌ Les partenaires ont des attitudes similaires et toutes les chances de bien s'entendre.
⚹△ Entente et compréhension.
□☍ Désaccords, mais échanges d'idées stimulants.

☿–AS DS
☌ Rapprochement des esprits.
⚹△ Compréhension mutuelle.
□ Désaccords.

☿–MC FC
☌ MC Aspect qui contribue à la bonne compréhension mutuelle ; aspect très utile dans les relations professionnelles.
☌ FC Accord et compréhension dans la maison.
⚹△ Harmonie générale.
□ Désaccords.

☿–♀
☌ Aspect qui pose les bases d'une compréhension de l'autre.
⚹△ Accord général.
□☍ Désaccords possibles.

☿–♂
☌ Relation qui peut devenir productive : l'un des partenaires met ses idées au service de l'autre dans le domaine professionnel, et vice versa.
⚹△ Entente dans les activités communes.
□☍ Désaccords, mais stimulation.

☿–♃
☌ Compatibilité intellectuelle ; bon compagnonnage pour les voyages.
⚹△ Entente générale.
□☍ Désaccords.

☿–♄
☌ Relations utiles en raison d'intérêts communs : l'un des partenaires peut canaliser les idées de l'autre.
⚹△ Accords de longue durée.
□☍ Sentiment de limitation dans les idées et les intérêts.

☿–♅
☌ Échange d'idées et stimulation.
⚹△ Intérêts et idées nouvelles partagés.
□☍ Désagréments, mais les différences d'opinion offrent des possibilités de stimulation réciproque.

☿–♆
☌ L'imagination de l'un, combinée aux idées de l'autre, peut devenir un mélange détonnant.
⚹△ Entente générale.
□☍ Confusion, mésentente.

☿–♇
☌ L'échange des points de vue peut amener les partenaires à des relations profondes.
⚹△ Engagement sur des intérêts à long terme.
□☍ Désaccords explosifs, mais les disputes ne durent pas.

♀–♀
☌ Indication d'une forte attirance sentimentale.
⚹△ Accord et harmonie.
□☍ Différences sur le plan émotionnel.

♀–AS DS
☌ Bases solides pour une grande affection partagée.
⚹△ Aspect bénéfique pour les deux partenaires.
□ Différences au niveau affectif.

♀–MC FC
☌ MC Aspect formidable pour les collaborations professionnelles.
☌ FC Chance dans les relations domestiques.
⚹△ Harmonie générale.
□ Différences sur le plan sentimental.

♀–♂
☌ Attirance physique ou sentimentale.

✶△ Amitié fructueuse.
□☍ Attirance physique et sentimentale profonde, mais disputes sévères.

♀-♃
☌ Encouragement mutuel et optimisme, partage des émotions.
✶△ Chance dans les relations affectives de longue durée.
□☍ Besoins émotionnels insatisfaits.

♀-♄
☌ Stabilité et sécurité affective.
✶△ Bases solides pour une association à long terme.
□☍ Un des partenaires se sent limité dans sa vie émotionnelle par la présence de l'autre.

♀-♅
☌ Échange sentimental, variété des contacts sociaux.
✶△ Amitié très vivante et très intéressante.
□☍ Rupture.

♀-♆
☌ Attachement romantique profond.
✶△ Harmonie.
□☍ Confusion des sentiments, déception.

♀-♇
☌ Puissante attirance sentimentale, mais inconstance.
✶△ Engagement pour une longue période.
□☍ Bouleversement, rupture.

♂-♂
☌ Activités et comportements similaires, mais pas nécessairement souhaitables ou tolérables dans une coopération.
✶△ Amitié constructive.
□☍ Différences fondamentales dans les opinions entre partenaires.

♂-AS DS
☌ Relation forte et active ; les possibilités d'accord ou de désaccord sont indiquées par les autres facteurs astrologiques.
✶△ Harmonie des activités partagées.
□ Différence des points de vue : stimulation et disputes.

♂- MC FC
☌ MC Aspect excellent pour les partenaires professionnels si d'autres facteurs indiquent l'entente.
☌ FC Activités domestiques pratiquées en commun.
✶△ Amitié active et constructive.
□ Les différences surgissent au niveau des activités exercées en commun.

♂-♃
☌ Bénéfique aux actions communes.
✶△ Bonnes bases pour les collaborations professionnelles.
□☍ Insouciance dans les activités communes.

♂-♄
☌ Stabilité et organisation au sein des activités communes.
✶△ Chance pour les associations et les collaborations.
□☍ Obstructions, retards dans les activités partagées.

♂-♅
☌ Activités partagées peu ordinaires ; possibilités de différences durement ressenties.
✶△ Collaboration vivante.
□☍ Disputes et ruptures.

♂-♆
☌ Attirance physique.
✶△ Harmonie générale.
□☍ Déception possible, confusion.

♂-♇
☌ Relation volage, inconsistante et explosive.
✶△ Engagement dans une collaboration à long terme sur des activités communes.
□☍ Disputes, désaccords.

♃-♃
☌ Relation profitable pour les deux partenaires.
✶△ Influences bénéfiques générales.
□☍ Les partenaires doivent veiller à ne pas dépenser inutilement énergie et argent dans leurs affaires communes.

♃- AS DS
☌ Les deux partenaires gagneront beaucoup à cette relation.
✶△ Harmonie des buts et des projets.
□ Pertes dans les activités partagées.

♃-MC FC
☌ MC Chance pour les collaborations professionnelles.
☌ FC Avantages dans la vie domestique.
✶△ Chance en général.
□ Opportunités perdues.

♃-♄
☌ Relation importante, utile pour la collaboration au niveau professionnel.
✶△ Influence positive et constructive.
□☍ Différences fondamentales dans les objectifs à long terme.

♃-♅
☌ Changement dans les relations.
✶△ Possibilités inattendues.

□ ☍ Rupture.

♃ – ♆

☌ Compréhension mutuelle profonde fondée sur l'intuition.

⚹ △ Attirance sentimentale.

□ ☍ Sujets de mésentente.

♃ – ♇

☌ Passion, engagement affectif ; mais cette situation peut exacerber les difficultés déjà existantes.

⚹ △ Positivisme, productivité.

□ ☍ Conflit essentiel, éventuellement à propos d'idéologies ou de croyances.

LES PLANÈTES LENTES ET LES ANGLES

Les aspects entre Saturne, Uranus, Neptune et Pluton indiquent des contacts, des connexions entre des gens de générations différentes, et ne doivent pas être étudiés dans le cadre des comparaisons ordinaires de thèmes. Les aspects que ces mêmes planètes forment avec les angles restent cependant chargés de sens.

♄ – AS DS

☌ Stabilité ; un des partenaires peut devenir une source de restriction pour l'autre ; avantage aux associations professionnelles.

⚹ △ Stabilité et constance dans toutes les relations.

□ Sentiment de frustration chez l'un, ou même les deux partenaires ; retards dans les activités communes.

♄ – MC FC

☌ MC Stabilité avec une pointe de frustration ; chance dans les collaborations professionnelles.

☌ Responsabilités domestiques nouvelles.

⚹ △ Stabilité.

□ ☍ Retards, problèmes matériels, frustration, limitation.

♅ – AS DS

☌ Rapports intéressants, mais qui n'encouragent pas les liaisons sentimentales ; attirance ou dégoût immédiats.

⚹ △ Situations inaccoutumées.

□ ☍ Rupture.

♅ – MC FC

☌ MC Circonstances inhabituelles, surtout pour les collaborations professionnelles.

☌ FC Situations domestiques déconcertantes.

⚹ △ Mille étincelles rendent plus variée la vie au travail et au foyer.

□ Rupture au travail ou au foyer.

♆ - AS DS

☌ Attirance romantique et mystérieuse.

⚹ △ Harmonie générale.

□ Confusion, déception.

♆ – MC FC

☌ MC Attraction pleine de romanesque ; exaltation des collaborations professionnelles.

☌ FC Attirance romantique, mais, en contrepartie, situations confuses ou mystérieuses au sein du foyer.

⚹ △ Harmonie générale.

□ Confusion, déception.

♇ – AS DS

☌ Attirance profonde et exaltée, mais aussi sérieuses disputes.

⚹ △ Engagement à long terme.

□ Disputes et désagréments.

♇ – MC FC

☌ MC Rapports émotionnels profonds, qui peuvent engendrer aussi bien l'amour que la haine.

☌ FC Conditions favorables à l'inconstance, surtout pour les couples mariés.

⚹ △ Relations profondes et de longue durée.

□ Désagréments, mésentente.

LES ASPECTS ENTRE LES PLANÈTES LENTES

Les aspects entre les planètes lentes montrent la façon dont des êtres de générations différentes entrent en relation ; ils témoignent également du changement des modes, des comportements et des attitudes. Ces aspects relatent les grands bouleversements qui secouent cycliquement l'humanité (voir chapitre 17).

♄ – ♄

☌ Cet aspect relie souvent les thèmes des parents et des enfants ; lorsque des gens sont de générations différentes, ces aspects rendent compte du type de rapports qu'ils entretiennent au sein de leur activité professionnelle ou dans l'exercice de leurs responsabilités.

⚹ △ Relations solides et d'ordre essentiellement pratique.

□ ☍ Difficultés matérielles ou pratiques dans les associations ; conflits avec l'autorité.

♄ – ♅

☌ Deux visions du monde opposées, mais qui peuvent apporter une certaine stimulation.

⚹ △ Chance en général.

□ ☍ Lutte ouverte entre deux attitudes.

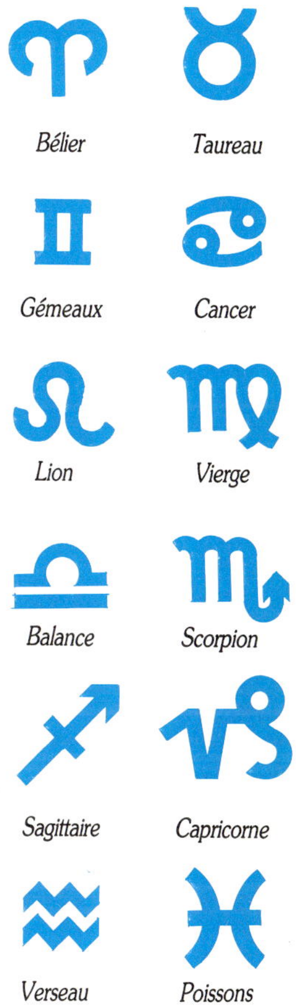

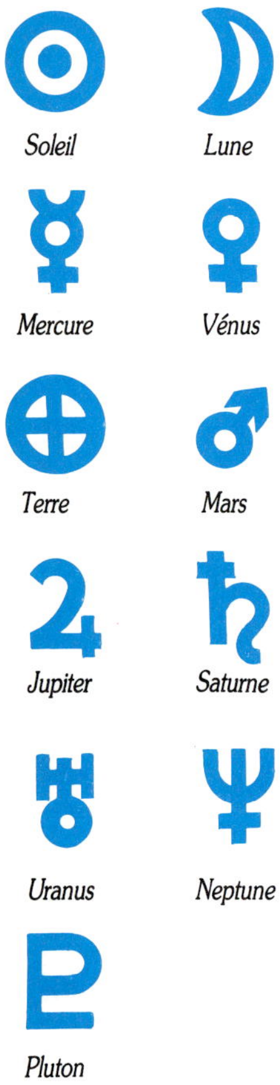

♄–♆

☌ Réconciliation de deux points de vue divergents ; association professionnelle pouvant devenir productive.

⚹△ Chance en général.

□☍ Lutte contre l'autorité ; lutte de générations ; déception entre individus.

♄–♇

☌ Rapports intenses, puissants, vivifiants ; une génération veut faire échec à ses prédécesseurs ; crises chez les couples formés.

⚹△ Engagement et identité de vue.

□☍ Choc des générations, disputes ; friction entre les individus.

♅–♅

☌ Cet aspect ne se produit qu'entre des sujets du même âge, ou bien séparés par 84 ans d'intervalle.

⚹△ Harmonie générale dans les intérêts.

□☍ Conflit. Indicateur classique du « conflit des générations ».

♅–♆

☌ Rapprochement heureux de deux mondes, deux systèmes philosophiques ou deux idéologies.

⚹△ Harmonie des goûts et des croyances.

□☍ Différences dans les croyances, qui opposent deux générations.

♅–♇

☌ Aspect potentiellement explosif ; conflit d'autorité entre des générations.

⚹△ Harmonie générale.

□☍ Conflits d'autorité entre générations.

♆–♆

☌ Cet aspect ne peut se produire qu'entre des personnes du même âge.

⚹△ Sympathie entre les générations.

□☍ Différences dans le style, les modes et les convictions : les générations creusent un fossé infranchissable.

♆–♇

☌ Rapports profonds fondés sur des sympathies communes pour des idées, des croyances ou des convictions.

⚹△ Chance en général ; réconciliation des générations au niveau des croyances.

□☍ Croyances divergentes.

♇–♇

☌ Aspect valable uniquement pour des gens du même âge.

⚹△ Chance en général.

□ Différences fondamentales dans les attitudes et les comportements.

LA CHARTE COMPOSITE

La charte composite consiste en un horoscope unique, qui peut se révéler particulièrement efficace par une mise en valeur des points stratégiques qui président aux relations humaines. Alors que la comparaison de thèmes complique substantiellement les choses par ses possibilités presque illimitées d'interprétation, la charte composite fournit une vision claire de la situation entre deux partenaires.

Il existe deux types de charte composite. La première est appelée charte des Amitiés, ou de l'Amour. Elle est basée sur l'étude du point exact, dans l'espace comme dans le temps, qui se situe à mi-chemin entre les lieux et les moments de la naissance de deux sujets. Les calculs sont compliqués. Aussi les astrologues préfèrent-ils le plus souvent travailler sur la charte du second type.

Cette charte est formée en additionnant la position de chaque paire de planètes (les AS, les MC, les Soleils, les Lunes, etc.), et en divisant ensuite le résultat par deux. La position de chaque planète doit alors être convertie en longitude absolue (de 0° à 360°, c'est-à-dire la totalité du Zodiaque), puis additionnée à sa planète jumelle. La division du résultat par deux donne la position composite. Si le système égalitaire des Maisons est utilisé, seuls l'AS et le MC composites ont besoin d'être calculés ; toutes les autres cuspides suivront automatiquement l'ordre de 30° d'intervalle après l'AS.

Les horoscopes composites supportent le même type d'interprétation que n'importe quelle charte natale. Il faut seulement garder en mémoire que les commentaires astrologiques s'appliquent non plus à une personne, mais à une relation. Aspects, signes et Maisons servent à faire la description de la relation, ses points de force et ses faiblesses, ainsi que ce que peut en attendre chacun des partenaires. Les transits qui passent sur la charte composite indiquent les paliers et les phases principales qui ponctueront cette relation (en principe, on observe la présence de transits extrêmement puissants au moment de la rencontre).

Autre variante : on peut tracer une charte composite basée sur les chartes progressées des deux partenaires pour un même moment. Par exemple, la charte composite progressée pour le jour d'un mariage sera la résultante des progressions des deux fiancés dans le domaine de l'amour et du mariage.

EXEMPLE D'ANALYSE : LE PRINCE CHARLES ET LA PRINCESSE DIANA

Le premier travail de l'astrologue, en pareille circonstance, est de mettre en évidence les aspirations des deux sujets en étudiant de façon classique les chartes de naissance individuelles. Puis il comparera les thèmes, en remarquant d'abord les aspects formés entre les planètes des deux chartes. Il dessinera ensuite la charte composite qui sera interprétée comme un horoscope de naissance.

Le point le plus frappant de ce document est la conjonction de Mars et de Neptune ; cette conjonction forme un sextile avec Pluton, un carré avec Uranus et un quinconce avec la Lune. Chacun de ces aspects doit être interprété séparément, mais l'effet final rend compte d'une relation fondée sur une stimulation mutuelle, des activités communes et très diversifiées, des intérêts en perpétuelle évolution et qui ne manquent pas d'originalité. La combinaison AS en Balance et Lune en Poissons apporte aux partenaires de la bonne volonté dans les compromis nécessaires à une vie de couple, ainsi qu'un amour sincère de la paix et de la tranquillité au sein du foyer. Le trigone Soleil-Jupiter est très bénéfique, surtout si Jupiter est en conjonction avec le FC (Gouverneur du foyer), comme c'est le cas.

Les transits passant sur la charte composite indiquent les grandes étapes que connaîtra la vie des conjoints. Quelques-uns se situent autour de la date du mariage, en 1981. On remarque tout particulièrement Uranus, qui forme des aspects avec cinq planètes de la charte composite.

Les aspects entre charte composite et charte natale révèlent le type de rôle que tiendra chacun des partenaires et quel bénéfice chacun peut attendre d'une telle union. L'opposition Saturne de la princesse Diana-Uranus composite montre son aptitude à s'établir (Saturne), le potentiel intéressant qu'il y a dans ce mariage (Uranus) ainsi que les vertus de cet engagement (Uranus) qui lui fait quitter son ancien mode de vie (Saturne).

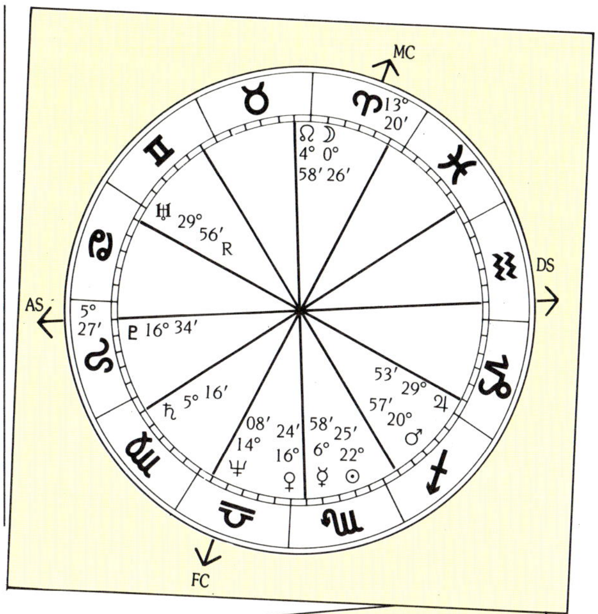

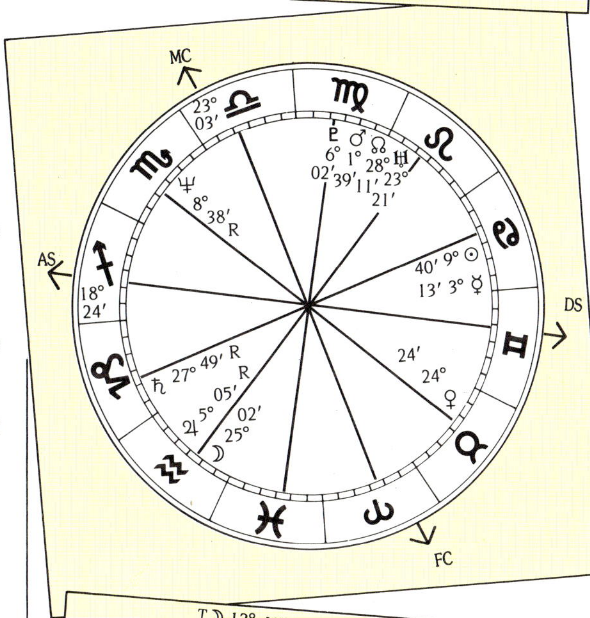

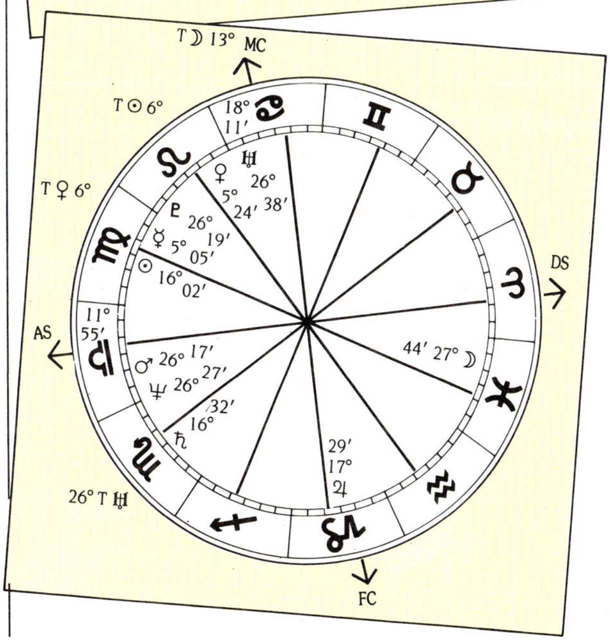

En haut : le prince Charles
Charte établie pour 21 h 14 GMT, 14 novembre 1948, Londres.

Au centre : la princesse Diana
Charte établie pour 18 h 45 GMT, 1er juillet 1961, Sandringham, Angleterre.

En bas : *charte composite pour le prince Charles et Lady Di.*

Calcul des positions composites
Soleil de Charles :
22° 25′ Scorpion = 232° 25′ en longitude absolue

Soleil de Diana :
9° 40′ Cancer = 99° 40′ en longitude absolue

332° 05′

332° 05′ : 2 = 166° 02′
Longitude = 16° 02′ Vierge composite
Soleil = 16° 02′ Vierge
(Note : si la somme de la longitude absolue dépasse les 360°, il faut retrancher 360° au total obtenu)

Les parallèles
Il existe deux sortes de parallèles. Le parallèle de déclinaison est formé par deux planètes occupant exactement le même degré de part et d'autre de l'équateur ; le parallèle de latitude est formé par deux planètes se trouvant exactement à la même distance de l'écliptique. On symbolise cet aspect soit par la lettre « P », soit par ∥. Le Soleil parallèle à Mercure sera écrit ainsi :☉P☿ ou bien ☉∥☿. L'orbe admis est de 1°.

A gauche : parallèle de déclinaison
Le Soleil est parallèle à la fois à Mercure et à Mars. Le parallèle avec Mercure équivaut à une conjonction, car ils se trouvent tous deux du même côté de l'équateur, et le parallèle avec Mars correspond à une opposition, car ils se situent de chaque côté de l'équateur. Mercure et Mars se retrouvent également en aspect de parallèle.

A droite : parallèle de latitude
La Lune est en parallèle avec Jupiter et Vénus. Le parallèle avec Vénus est l'équivalent d'une conjonction, car les deux planètes occupent le même côté de l'écliptique. Le parallèle avec Jupiter revient à une opposition, car Jupiter est au sud de l'écliptique, alors que la Lune est au nord.

CHAPITRE 15
INTERPRÉTATION PLUS AVANCÉE DES HOROSCOPES

LES TECHNIQUES ADDITIONNELLES

Il existe des dizaines de techniques complémentaires qui permettent d'étendre les possibilités d'interprétation astrologique. Certaines sont d'origine ancienne, d'autres d'invention récente. Chacune a sa valeur propre, et les astrologues optent pour telle ou telle selon leurs affinités particulières.

Nous présentons ici les principales techniques afin que le lecteur puisse procéder à de fructueuses expérimentations. Rappelons cependant que de trop nombreuses méthodes appliquées à une seule charte risquent d'embrouiller l'analyse. Il est nécessaire de conserver un esprit sélectif.

LES ASPECTS ADDITIONNELS

Au cours du XVIIe siècle, de grands astrologues, y compris Kepler, inventèrent une série d'aspects mineurs, dont nous conservons aujourd'hui encore le semi-sextile, le semi-carré, le sesqui-carré et le quinconce. Ces aspects tirent leur importance de ce qu'ils indiquent des types de relations entre planètes que l'astrologie néglige la plupart du temps. D'autres aspects encore s'inscrivent hors du Zodiaque : ce sont les parallèles.

LES POINTS INTERMÉDIAIRES
(ou mi-points)

L'usage des points intermédiaires étend de façon illimitée le principe des aspects, car tout couple de planètes peut ainsi trouver une relation. Mais cette relation n'existe que potentiellement, jusqu'à ce qu'une troisième planète (ou angle) vienne prendre place sur la position exacte du point intermédiaire. L'interprétation de ce point est assez subtile, mais suit celle qu'on pourrait avancer dans le cas du double carré, par exemple.

Les points intermédiaires les plus significatifs sont ceux qui mettent en jeu le Soleil, la Lune, l'AS et le MC. Ils renvoient bien évidemment aux secteurs spécifiques (foyer, famille, carrière, etc.), mais aussi à l'existence en général. D'autres points intermédiaires ont des applications

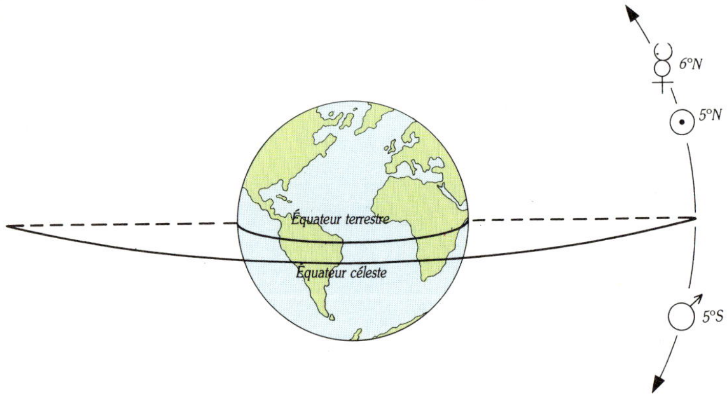

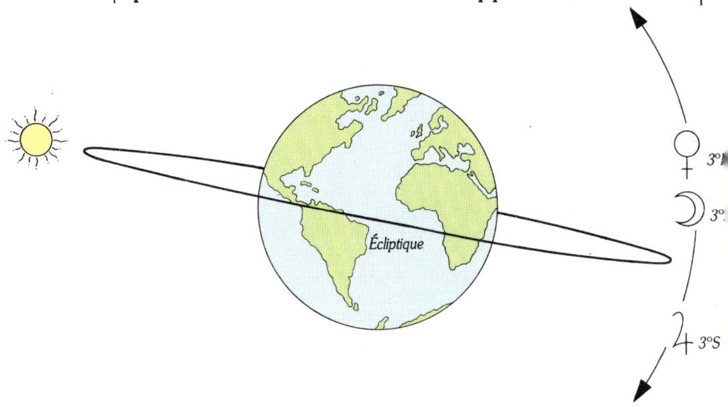

Aspect	Symbole	Distance	Orbe	Signification	Commentaire
Biquintile	BQ	144 °	2 °	Créativité	Deux des neuf aspects généralement utilisés
Quintile	Q	72 °	2 °	Créativité	
Parallèle de déclinaison	P ou ∥	0 °	1 °	AS ☌	Planètes du même côté de l'équateur céleste
		Variable	1 °	AS ☍	Planètes de chaque côté de l'équateur céleste
Parallèle de latitude	P ou ∥	0 °	1 °	AS ☌	Planètes du même côté de l'écliptique
		Variable	1 °	AS ☍	Planètes de chaque côté de l'écliptique
Aspects terrestres	Identiques aux aspects ordinaires	—	–	Identiques aux aspects ordinaires	Aspects entre planètes sur des cuspides de Maison

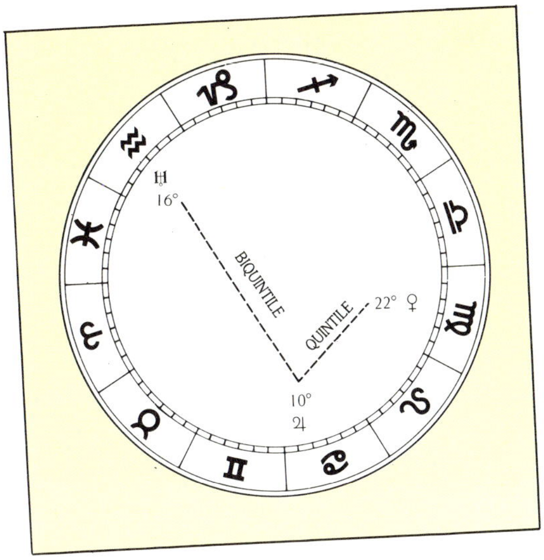

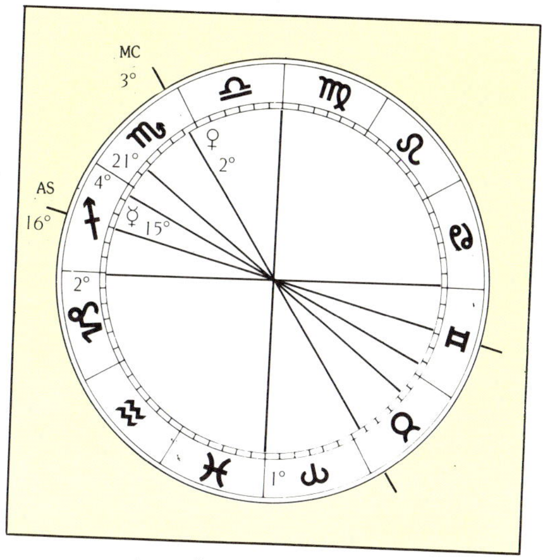

particulières : le point intermédiaire Lune-Vénus se réfère à la nature féminine de l'être, aux dons artistiques, au foyer, à la sensibilité, à l'émotion ; le point intermédiaire Mars-Saturne commente le besoin de lutter, le dur travail, la réussite matérielle ; le même aspect Soleil-Mars décrit l'archétype « mâle », l'affirmation de soi, l'impulsivité, l'agressivité ; Mercure et Jupiter, connaissant le même rapport, concernent l'intellect, la connaissance et la sagesse. Chaque point intermédiaire peut être facilement compris si l'on regarde la conjonction entre deux planètes et si l'on considère qu'une troisième planète vient activer ce point intermédiaire tout en entrant elle-même en conjonction avec les deux autres.

Chaque couple de planètes possède deux points intermédiaires : l'un est proche et est souvent utilisé ; l'autre se situe au degré exactement opposé sur le Zodiaque. On symbolise un point intermédiaire par un trait oblique « / ». Par exemple, le point intermédiaire entre Mars et Jupiter s'écrira : ♂/♃.

Un point intermédiaire peut devenir significatif de trois manières :

1. Une troisième planète occupe le point intermédiaire dans la limite d'un orbe de 1°. On écrit alors la configuration comme ceci :
   Jupiter natal sur point intermédiaire entre Mars et Saturne ♃ = ♂/♄.
   Pluton en transit sur le point intermédiaire entre le Soleil et la Lune T♇ = ☉/☽.
   Lune progressée sur le point intermédiaire entre le Soleil et Pluton ☽P = ☉/♇.

Ci-contre
En haut, à gauche : *le quintile et le biquintile sont deux aspects mineurs et correspondent à des divisions du Zodiaque par cinq. Ils se rapportent à la créativité. Les planètes en quintile sont séparées par 72°, et en biquintile par 144°. L'orbe admis est de 2°.*

En haut, à droite : *le plus important des aspects terrestres est le carré terrestre, formé de deux planètes en conjonction exacte avec des angles (AS, DS, MC ou FC). Sa signification est sensiblement la même que pour le carré classique, mais fait référence tout particulièrement à des circonstances difficiles. Dans notre exemple (système de Placidus), Vénus conjointe au MC forme un carré terrestre avec Mercure sur l'AS.*

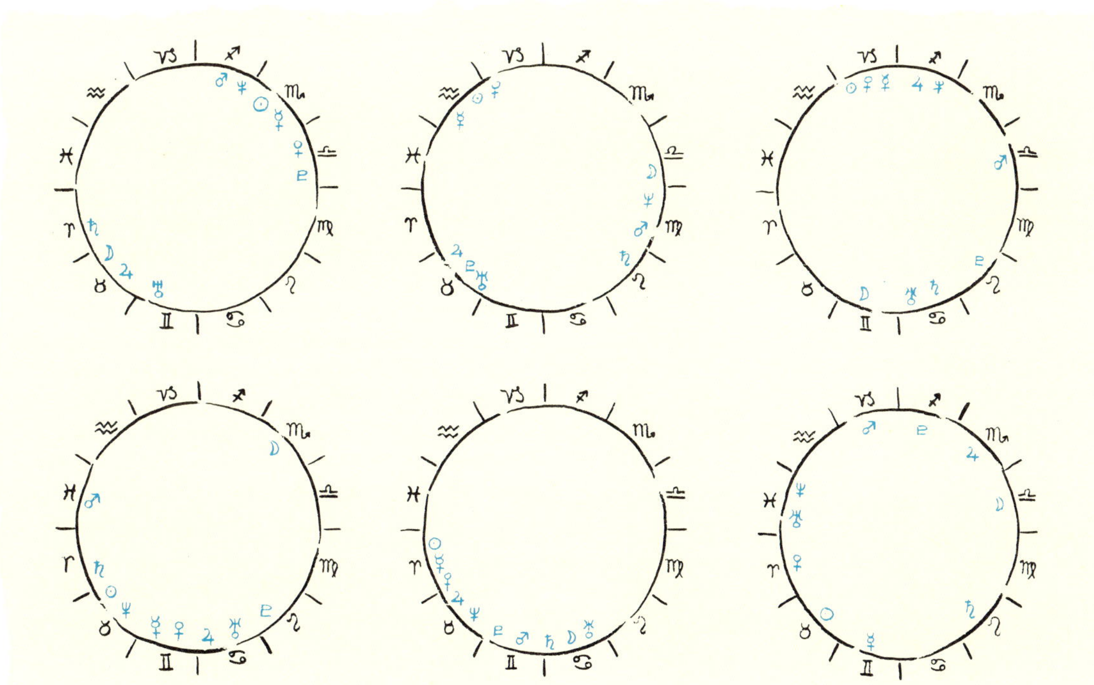

Ci-dessous
En haut, à gauche : la bascule
Les planètes sont rassemblées en deux groupes et suggèrent une personne attirée vers deux directions complètement différentes, vers des possibilités diamétralement opposées.

En haut, au centre : l'éclatement
Les planètes sont regroupées en divers tas serrés, mettant en valeur seulement quelques signes et quelques Maisons. Cette configuration évoque une personne hautement motivée par plusieurs projets totalement différents.

En haut, à droite : la locomotive
Toutes les planètes se situent à l'intérieur d'un espace de 240°. Les secteurs de la charte qui demeurent inoccupés tendent à ne pas concerner le sujet.

En bas, à gauche : le panier
Toutes les planètes se placent sur une moitié seulement du pourtour du Zodiaque, à l'exception d'une planète qui fait face à toutes les autres dans la moitié opposée : cette dernière est l'anse du panier et possède une importance particulière.

En bas, au centre : le fagot
Toutes les planètes prennent position dans un espace qui ne dépasse pas 120°. L'individu tend à n'exploiter qu'une partie de ses possibilités et à ignorer les autres. Cette configuration peut être particulièrement puissante si toutes les planètes se situent d'un seul côté de l'axe AS-DS ou de l'axe MC-FC.

En bas, à droite : la dispersion
Les planètes sont distribuées tout autour de la roue du Zodiaque. L'individu possède un vaste éventail de possibilités, mais peut manquer de la concentration suffisante pour faire aboutir un projet précis.

2. Deux points intermédiaires coïncident. Cas très rare qui engendre des possibilités assez complexes :

Point intermédiaire entre Lune et Jupiter sur point intermédiaire entre Mercure et Mars : ☽/♃ = ☿/♂

3. Activation du point intermédiaire par un aspect dissonant envoyé par une tierce planète (carré, semi-carré et sesqui-carré) dans les limites d'un orbe de 1/2 à 2°. Si une planète est en opposition au point intermédiaire, elle se trouve de ce fait en conjonction avec le deuxième point intermédiaire, le plus éloigné, soit le point intermédiaire « opposé » :

Jupiter en carré avec le point intermédiaire entre le Soleil et Uranus : ♃□⊙/♅

Cependant, on fait rarement la distinction entre les différents aspects dissonants et on écrit de la même façon Jupiter en conjonction, en semi-carré, en carré ou en opposition avec le point intermédiaire entre le Soleil et Uranus ; dans chaque cas, les symboles seront les suivants : ♃ = ⊙/♅.

L'interprétation des points intermédiaires est influencée par celle des aspects dissonants qui, de façon caractéristique, renforcent la personnalité et provoquent les événements. Par conséquent, les points intermédiaires sont associés à toutes les réalisations importantes, au travail d'envergure et aux ponctuations remarquables des destins individuels.

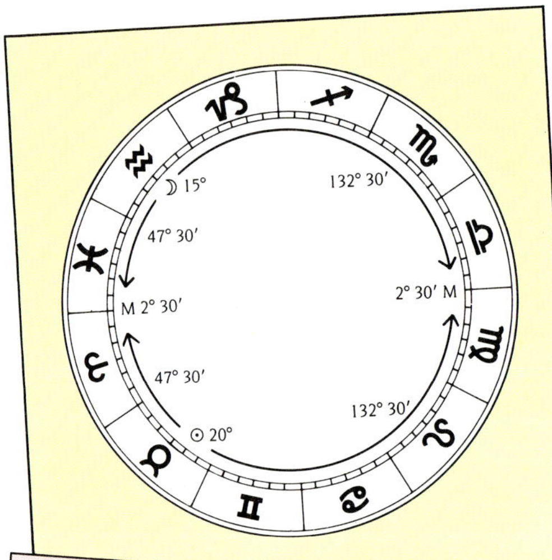

Soleil = 20° du Taureau = 50° de longitude absolue
Lune = 15° du Verseau = 315°de longitude absolue
= 365°
365° : 2 = 182° 30' de longitude absolue
Le point intermédiaire Soleil-Lune est donc à 2°30' de la Balance et le point opposé à 2°30' du Bélier.

Les points intermédiaires
Chaque couple de planètes a un point intermédiaire, l'un proche, l'autre à l'exact opposé. En pratique, il n'existe pas de différence entre les deux. On calcule le point intermédiaire en convertissant la position des deux planètes (ou de l'AS, ou du MC) en longitude absolue ; on additionne ces positions et on divise ce résultat par deux.

LES CHARTES HARMONIQUES. Il est possible de diviser les signes, et le Zodiaque lui-même, par n'importe quel nombre (10, 15, ou 25 si l'on veut). Cette technique est une synthèse entre des données anciennes venues des Indes et des travaux de statistiques occidentaux. La division du Zodiaque par 2 donne naissance à la « deuxième harmonique » ; la division par 3, à la « troisième harmonique », etc.

L'interprétation de chaque harmonique correspond approximativement à celle des Maisons équivalentes. Ainsi, la deuxième harmonique gouverne les richesses terrestres, la troisième les frères et sœurs, etc. La neuvième harmonique semble être la plus importante car elle révèle, d'une part, le partenaire du mariage et, d'autre part, le destin supérieur de l'individu. Mais, d'une manière générale, ce système demeure encore au stade expérimental, du moins en Occident. Le débutant peut tout de même s'exercer en dessinant douze harmoniques et en leur attribuant des significations apparentées à celles des Maisons. Prenons un exemple : imaginons un sujet qui aurait des difficultés à exprimer ses aspirations et sa créativité, et dont le thème de naissance ne jetterait pas beaucoup de lumière sur ce problème particulier ; la cinquième harmonique pourrait révéler l'existence d'un grand carré fixe, qui serait l'indication d'un effort important et nécessaire pour acquérir une technique. En terme astrologique, cela veut dire que le sujet doit travailler avec constance (fixe) malgré les tensions exercées par la présence du grand carré.

Le système égalitaire des Maisons devra toujours être utilisé dans ces schémas. Il est même bon de marquer les Maisons dans leur totalité. Par exemple, en quatrième harmonique (foyer/famille), la deuxième Maison peut apporter l'idée de ressources familiales et de gain financier.

Pour calculer les chartes harmoniques, il faut procéder ainsi :

1. Convertir la position de la planète, de l'AS et du MC en longitude absolue. Par exemple, si la planète se trouve à 0° des Gémeaux, cela veut dire qu'elle se situe à 60° de longitude absolue sur le pourtour du Zodiaque.
2. Multiplier ce chiffre par le numéro de l'harmonique. Pour la cinquième harmonique, on multiplie par 5, etc.
3. Le résultat dépasse généralement les 360°. Soustraire autant de fois 360° qu'il le faut pour retomber à un total inférieur à ce chiffre.
4. Convertir la longitude absolue en position ordinaire dans les signes. Par exemple, si le résultat est 340°, il correspond à 10° du Verseau.

Exemple de calcul, celui de la neuvième harmonique :
Position du Soleil natal : 24° 28′

Longitude absolue : 294° 28′ (24° 28′ + 270°)
9 × 294° 28′ = 2 650° 12′
Soustraire 7 fois 360° = 130° 12′ de longitude absolue
Position du Soleil dans la neuvième harmonique : 10° 12′ du Lion.

	1re harmonique	2e harmonique	3e harmonique	4e harmonique	5e harmonique
☉	2° ♉	4° ♊	6° ♋	8° ♌	10° ♍
☽	28° ♊	26° ♍	24° ♐	22° ♓	20° ♊
☿	17° ♈	4° ♉	21° ♉	8° ♊	25° ♊

LES ÉTOILES FIXES. Dans l'Antiquité, on appelait les planètes « les vagabondes », à cause de leur course étrange à travers le ciel. En revanche, les masses d'étoiles, qui entretiennent constamment les mêmes rapports, furent baptisées « étoiles fixes ». On pensait qu'elles exerçaient une influence déterminante sur les destins et sur la Terre. Ces étoiles se dénombrent par centaines, mais une dizaine seulement sont utilisées en astrologie. Ces étoiles tendent à posséder une seule signification : bonne ou mauvaise. Aussi sont-elles peu prises en compte en astropsychologie.

L'interprétation des étoiles fixes est souvent liée aux planètes auxquelles elles sont approximativement comparées.

On ne fait intervenir les étoiles fixes que si elles sont en conjonction avec des planètes ou des angles de l'horoscope, et lorsque les orbes ne dépassent pas 1°. Généralement, on n'indique pas une étoile fixe sur la charte, mais on la signale dans la liste des données à considérer.

Même si ces étoiles restent fixes les unes par rapport aux autres, elles se déplacent à travers le Zodiaque à raison de 1° tous les 72 ans. Nous donnons ici leur position pour 1986, après quoi elles avancent de 50′ par année.

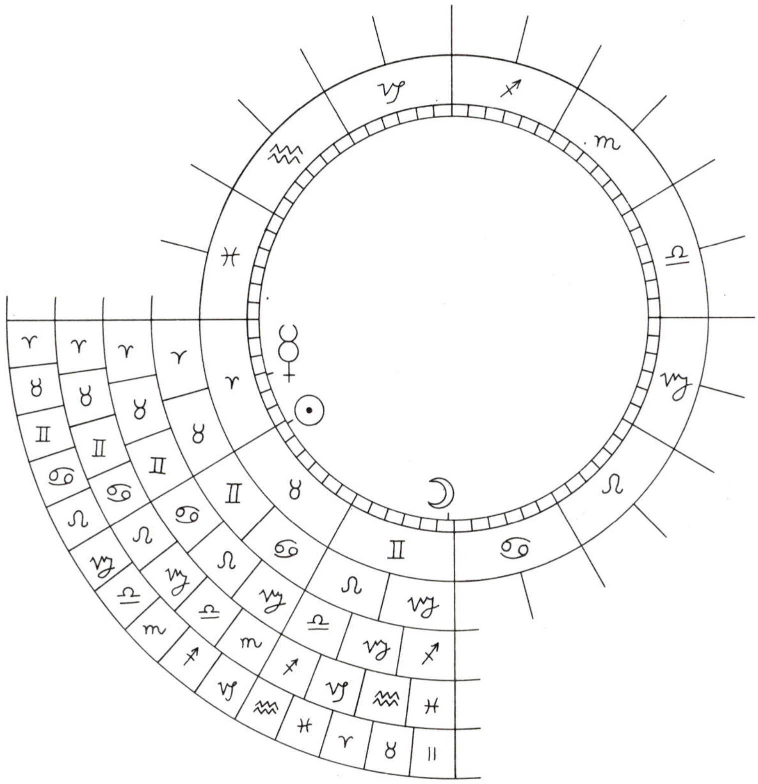

En haut : les harmoniques
Les harmoniques sont des subdivisions des signes zodiacaux. La deuxième harmonique est une division par 2, la troisième harmonique une division par 3, etc. Dans la Grèce antique, on n'utilisait que la troisième et la treizième harmonique, mais les autres harmoniques ont récemment été introduites en Occident, via des traditions indiennes.
Dans cet exemple, le Soleil, la Lune et Mercure changent de signe en changeant d'harmonique. Dans la cinquième harmonique (domaine de la créativité), la Lune et Mercure forment une conjonction, c'est-à-dire une relation qui ne pouvait pas apparaître dans la charte natale. Cet aspect suggère habileté et sensibilité dans les secteurs de la communication et de l'imagination, pour ne pas dire de la poésie.

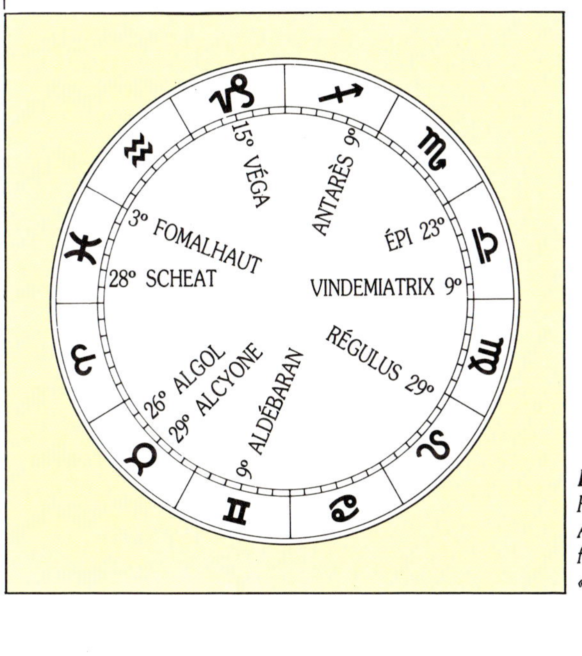

En bas : les principales étoiles fixes
Fomalhaut, Antarès, Régulus et Aldébaran forment un grand carré et furent longtemps appelées les « Maîtres du Ciel ».

	Position	Planètes correspondantes	Chartes mondiales, électives ou horaires	Chartes natales
Algol	26 ° 6' ♉	♂♄	*Difficultés sévères, échec*	*Problèmes résultant de la négligence. L'astrologue doit recommander l'attention*
Alcyone	29 ° 51' ♉	☽♂	*Compassion, émotion, échec, désillusion*	*Émotivité, apitoiement ; l'astrologue engage à la clarification de la pensée*
Aldébaran	9 ° 35' ♊	♂	*Violence, victoire et héroïsme au combat*	*Confiance, énergie, qualités de chef*
Régulus	29 ° 37' ♌	☉	*Royauté, chance, succès*	*Fierté, chance, succès*
Vindemiatrix	9 ° 46' ♎	♄☿	*Guerre, malchance*	*Manque de confiance, martyre, peut-être pour des raisons d'ordre spirituel*
Épi	23 ° 38' ♎	♀♂	*Succès, prospérité, chance majeure*	*Succès, prospérité*
Antarès	9 ° 38' ♐	♂♃	*Guerre, conflit, violence*	*Confiance et affirmation de soi*
Véga	15 ° 07' ♑	♀☿	*Succès politique et financier*	*Chance pour les ambitions d'ordre matériel*
Fomalhaut	3 ° 29' ♓	☿♀	*Peut apporter chance ou échec, selon les aspects*	*Bénéfique si aspecté avec le Soleil, Vénus ou Jupiter*
Scheat	28 ° 58' ♓	♂☿	*Difficultés, échec, souvent associé aux accidents de la mer*	*Peut engendrer des difficultés*

LA PART DE FORTUNE, appelée aussi Fortuna, est un point de l'horoscope dont la distance à la Lune est égale à celle du Soleil par rapport à l'AS. Le calcul consiste à additionner les positions combinées de la Lune et de l'AS en longitude absolue, et à en soustraire celle du Soleil.

Lune = 20° Poissons = 350° de longitude absolue
\+ AS = 10° Gémeaux = 70° de longitude absolue
420°

— Soleil = 15° Cancer = 105° de longitude absolue
Donc : Part de Fortune = 315° de longitude absolue = 15° Verseau

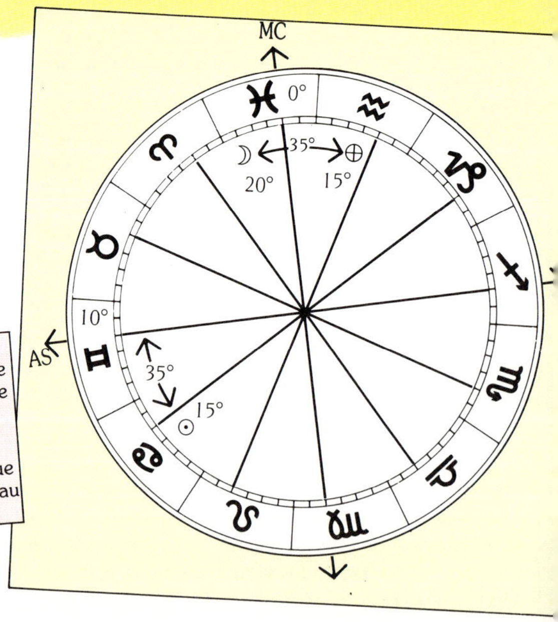

La Part de Fortune est symbolisée par ⊕. Ce point indique où réside la possibilité de fortune d'un individu. Le mot fortune peut signifier soit les richesses matérielles, soit la bonne fortune ou la chance en général. Par exemple, Fortuna en Maison III indique qu'une personne peut découvrir son destin dans l'écriture ou l'enseignement ; en Maison VII, que le sujet peut découvrir sa voie à travers ses contacts sociaux et les relations humaines en général.

Dans un thème, Fortuna prend du relief selon les aspects qu'elle subit. Elle est, bien sûr, plus puissante si elle se trouve en conjonctions, alors que carrés ou oppositions contrarient ses effets bénéfiques ; trigones et sextiles lui confèrent de l'aisance. Les planètes qui se retrouvent elles-mêmes en trigone ou en sextile avec Fortuna sont soutenues de façon tout à fait jupitérienne (elles reçoivent chance et récompense sans effort apparent). Le Soleil ou la Lune en trigone à Fortuna représentent des aspects très prometteurs. Mais, finalement, les aspects dissonants pourraient bien être les plus productifs, car ils poussent traditionnellement les individus à se dépasser.

RECTIFICATION DU THÈME PAR LA PRÉCISION DE L'HEURE DE NAISSANCE. Nous avons déjà vu que, lorsque l'heure de la naissance est inconnue, l'astrologue est obligé d'établir une charte solaire, soit pour minuit, soit pour le lever du soleil, soit enfin pour midi, selon sa préférence. Mais il existe une technique, dite de « rectification », qui permettrait de trouver l'heure précise de la naissance. La procédure n'est pas uniformément acceptée par tous les astrologues, mais on admet généralement qu'il faut prendre en considération les événements majeurs de la vie d'un sujet et les mettre en relation avec les transits prévisibles sur l'AS et le MC. Ce système est relativement simple si l'on connaît l'heure approximative de la naissance et s'il suffit de situer l'AS. Mais, dans le cas contraire, l'astrologue doit faire appel à d'autres moyens.

L'astrologue peut spéculer sur l'identité de l'AS en observant des caractéristiques comportementales qui n'appartiennent pas à l'influence du Soleil ou de la Lune. L'apparence physique elle-même est souvent signifiée par l'AS. Des cheveux roux, par exemple, peuvent situer l'AS dans des signes de feu (Bélier, Lion ou Sagittaire), des yeux noirs au regard intense dans des signes tels que le Cancer ou le Scorpion. Lorsqu'un AS présumé a pu être établi, on installe les Maisons et on distribue les planètes dans ces Maisons, en respectant les intérêts de l'individu et les circonstances qui émaillent sa destinée.

Les premiers éléments à considérer sont les événements marquants qui se sont produits pendant l'enfance (les maladies graves, les accidents, les incidents traumatiques, etc., repérables par des transits majeurs sur l'AS, ou bien par des aspects majeurs entretenus par l'AS progressé). Par exemple, si l'astrologue suppose que l'AS se trouve en Vierge et s'il découvre qu'à l'âge de 3 ans (quand Mars et Uranus étaient conjoints à 10° de la Vierge), l'enfant a failli mourir à la suite d'un accident, il pourra tenir comme fort probable que l'AS se situe à 10° de la Vierge.

Les événements plus tardifs, comme le mariage, peuvent également servir de repère pour trouver la position d'un AS inconnu. Le mariage de Lady Diana et du Prince Charles est un exemple probant. L'heure officielle de naissance de Diana donne un AS à 18° du Sagittaire et un MC à 23° de la Balance. Mais, au moment du mariage, Vénus progressée (l'amour) était à 16° des Gémeaux, se rapprochant du même coup d'un point en opposition avec l'AS de naissance ; et Pluton en transit (transformation du style de vie) était à 21° de la Balance, se rapprochant du point de conjonction avec le MC natal. Un astrologue qui voudrait procéder à une rectification de thème pourrait très bien décider qu'au moment du mariage, la Vénus progressée comme Pluton en transit « devraient » se trouver en aspect exact avec la charte de naissance, ce qui donnerait un AS non plus à 18° du Sagittaire, mais à 16° de Sagittaire, et un MC non plus à 23°, mais à 21° de la Balance ; la naissance aurait eu lieu 8 minutes plus tôt que l'heure indiquée.

On comprend que la rectification soit une technique subtile, qui n'a rien de scientifique, et qui dépend beaucoup des impressions de son auteur. En effet, on trouve toujours de bonnes raisons pour penser qu'« objectivement », telle heure de naissance devrait être rectifiée. Dans le cas de Diana, Neptune en transit au moment de son mariage était à 22° du Sagittaire, suggérant un AS à 22° du Sagittaire et, par conséquent, une heure de naissance 16 minutes plus tard que celle indiquée, etc.

LES VOYAGES, L'ASTROCARTOGRAPHIE ET LA RECTIFICATION DES CHARTES. L'horoscope de naissance décrit les possibilités, les potentialités d'un être, mais les calculs sont effectués pour un lieu précis de naissance. Que se passe-t-il si l'individu voyage, émigre et s'installe aux antipodes ? Souvent, les gens se sentent attirés par un pays particulier et éprouvent une répulsion irrationnelle pour tel autre ; ils ne connaissent que la chance dans telle contrée, et que des ennuis dans telle autre. Ces faits d'observation ne trouvent pas d'explication logique. Seule l'astrologie apporte quelque lumière sur ce

phénomène, incompréhensible autrement, grâce à la « relocalisation des chartes ».

L'horoscope est établi pour la date et l'heure GMT de naissance, comme d'habitude, mais pour un autre lieu que celui de la naissance. Une personne née à Los Angeles peut, par exemple, souhaiter bénéficier d'une relocalisation de son thème pour Le Caire, une autre née à New York pour Bombay. Dans tous les cas, la nouvelle charte devra contenir exactement les même configurations planétaires dans les mêmes signes (caractère de base), mais toutes les positions des Maisons (les circonstances) devront être changées. L'astrologue a alors cette possibilité de faire bouger certains secteurs d'activité jusqu'à la Maison qui est la plus forte, et de voir à quelle latitude cette adéquation correspond. Par exemple, il peut rechercher dans quelle contrée la « carrière » d'un individu doit être remplie pour se situer dans une Maison X exaltée.

Évidemment, les choses deviennent absurdes dans le cas de personnes qui passent leur temps à faire le tour de monde. Un homme d'affaires ambitieux peut en effet découvrir par ce moyen que sa seconde Maison (celle des richesses) est la plus forte et la plus bénéfique lorsqu'elle se situe en plein océan Atlantique !

Cependant, il est remarquable d'observer que les destins peuvent parfois être reliés à d'autres endroits du globe, de façon parfaitement inattendue, et qu'il n'est pas nécessaire pour cela de faire ses valises.

Fondée sur le principe que les planètes angulaires (celles qui sont en conjonction avec l'AS, le DS, le FC ou le MC) sont particulièrement puissantes, l'astrocartographie a connu un développement important ces dernières années. La base de la théorie repose sur l'idée qu'au moment de la naissance, chaque planète se trouve sur l'un des quatre angles, quelque part dans le monde. En fait, on a

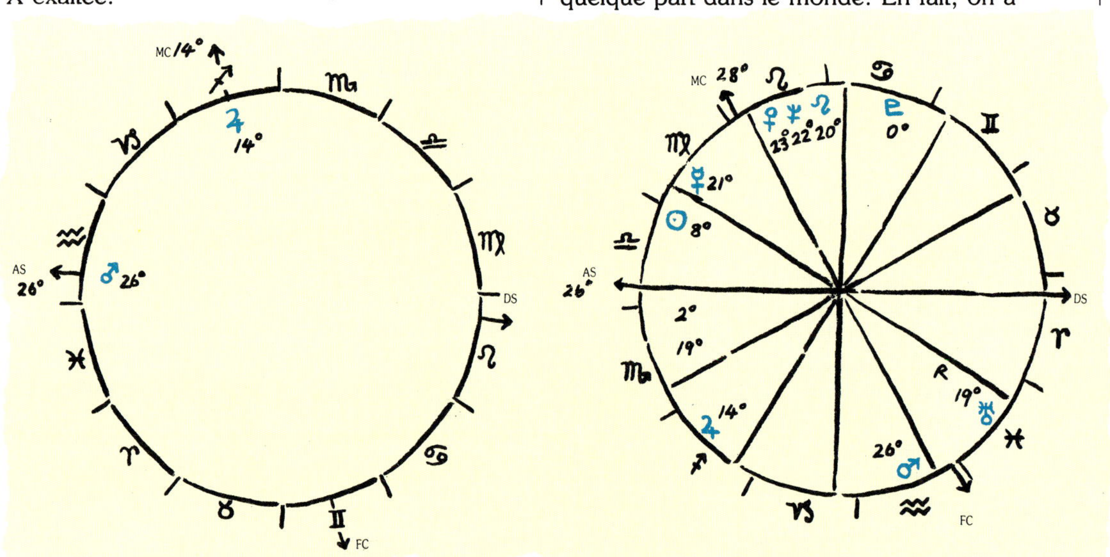

Charte natale et astrocartographie de Jimmy Carter

A droite : *charte natale de Jimmy Carter né à Plains, en Georgie, qui donne peu d'indications sur les difficultés qui attendent le futur Président avec l'Iran. Lorsque la relocalisation de sa charte a été effectuée pour l'heure exacte de sa naissance, mais cette fois sur la latitude de Téhéran, on constate que Jupiter tombe exactement sur le MC et Mars sur l'AS, formant un carré terrestre particulièrement dissonant et éprouvant.*

A gauche : *la charte de Jimmy Carter relocalisée pour Téhéran montrant le carré terrestre entre Mars et Jupiter.*

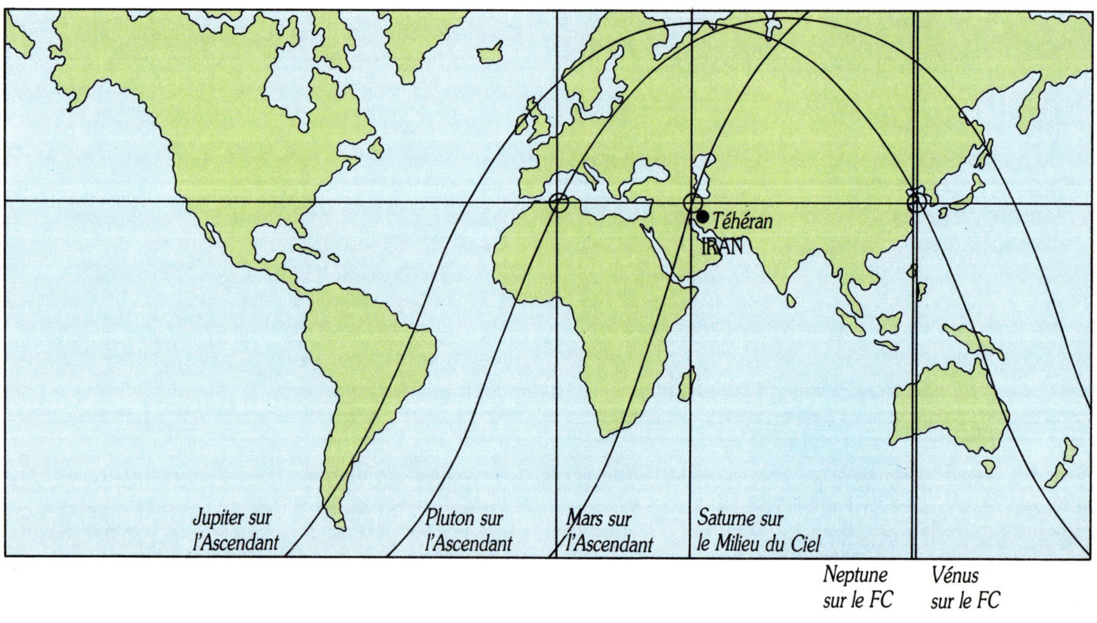

Jimmy Carter, ancien président des États-Unis, est né à 13 heures GMT le 1er octobre 1924 dans la ville de Plains, en Georgie. Au moment de sa naissance, Jupiter était exactement sur le MC et Mars sur l'AS de Téhéran. Lorsqu'une planète se trouve sur le MC et une autre sur l'AS, elles forment ce qu'on appelle un carré terrestre. Sa signification est la même que celle des carrés ordinaires, mais ses effets tendent à s'appliquer tout particulièrement aux circonstances, et non plus au caractère du sujet. L'astrologue britannique Charles Carter a écrit que cet aspect amène des tendances « extrémistes » en politique. Le fait est que ce sont des extrémistes islamiques d'Iran qui prirent en otages des Américains et occasionnèrent la chute du Président.

découvert que chaque planète occupe les quatre angles simultanément, mais à différents endroits. Uranus peut être sur le MC à Tokyo, sur l'AS en Iran, sur le FC au beau milieu de l'Atlantique et sur le DS du côté d'Hawaii. Lorsque l'on projette sur une carte tous les endroits où une planète occupe un angle, cela forme une ligne continue qui fait le tour de la Terre. Le MC et le FC sont représentés par des lignes nord-sud, tandis que l'AS et le DS le sont par des lignes incurvées, courant généralement du nord-ouest vers le sud-est. Chaque point situé sous une ligne particulière tombe sous l'influence de cette ligne. Par exemple, toutes les régions traversées par la ligne Jupiter-MC tendent à être bénéfiques pour la carrière, alors que toutes celles qui se trouvent sous l'influence de la ligne Uranus-DS seront pourvoyeuses de rencontres insolites et d'associations intéressantes.

On remarque des faits étranges sur les atlas de l'astrocartographie, qui n'apparaissent pas sur des horoscopes ordinaires, notamment l'importance de certaines latitudes où s'entrecroisent les lignes planétaires (ce qui signifie que chaque planète se trouve exactement conjointe à l'un des angles). Lorsque plusieurs points de croisement sont réunis sous une même latitude, on peut penser que cette latitude est particulièrement chargée d'un potentiel événementiel digne d'attention, même si personne n'y met jamais les pieds ! Quand l'astrocartographie du président Jimmy Carter a été établie, on a trouvé que ses lignes Jupiter-MC et Mars-AC croisaient exactement celle de Téhéran. Sur la même latitude se rencontraient les lignes Saturne-MC et Pluton-DS, Jupiter-AS, Neptune-FC et Vénus-FC. Cela représente une combinaison exceptionnelle, qui indique une grande confiance, un conflit, des déceptions, une crise, et même si Carter ne s'est jamais rendu à Téhéran, on peut dire que c'est l'affaire des otages Américains détenus par la révolution iranienne qui est à l'origine de sa chute.

L'astrocartographie explique en partie le destin d'un autre président. A la naissance de John Kennedy, Pluton était à quelques degrés du MC à Dallas, avec pour résultat que la ligne Pluton-MC traverse exactement cette ville. De plus, on constate qu'il y a quatre autres croisements sur la même latitude : Mars-MC et Uranus-DS, Uranus-FC et Mars-DS, Mars-AS et Neptune-FC, Uranus-AS et Soleil-FC. Cette combinaison est frappante et indique des menaces et des violences (Mars et Uranus), avec déceptions (Neptune). Le point d'intersection de ces lignes avec celle de Pluton est l'endroit où le Président a été assassiné.

En utilisant les transits et les progressions, les principes de l'astrocartographie peuvent être appliqués à des horoscopes autres que ceux des individus, tels que, par exemple, la création d'une nation. On établit également des atlas astrocartographiques pour les périodes de nouvelle Lune, de pleine Lune ou d'éclipse, afin de découvrir si leurs effets seront conséquents ou non. Le seul problème est que les calculs sont alors si complexes qu'il faut recourir à un ordinateur.

ASTROLOGIE, PSYCHOLOGIE ET MYTHOLOGIE

Pour le débutant, l'interprétation peut connaître une phase fastidieuse, celle qui lui demande de se familiariser avec les notions de base. Mais avec l'expérience, cet exercice devient une seconde nature. L'astrologue rompu à ce type de dialectique commence à teinter son analyse de sa personnalité, de sa culture et de ses préférences intellectuelles ou psychologiques.

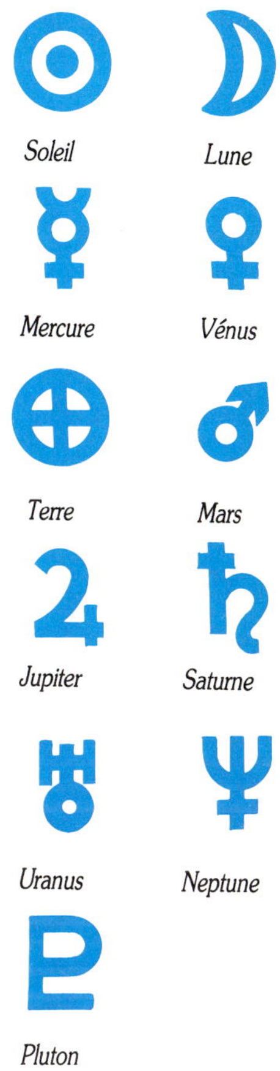

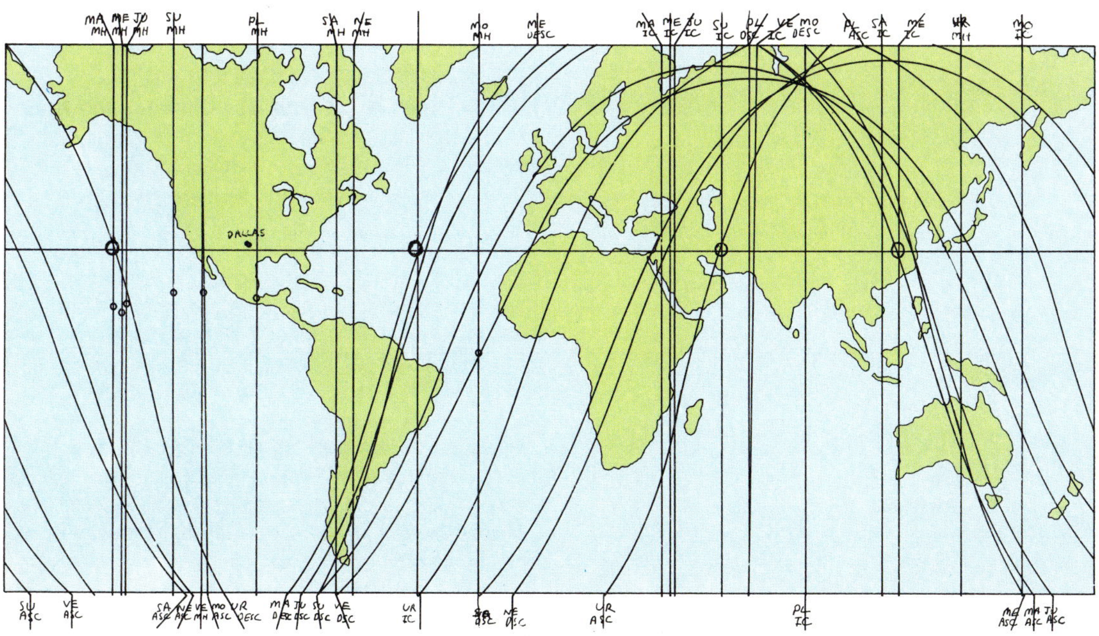

Astrocartographie pour John Kennedy
Astrocartographie du président John Kennedy, établie pour sa naissance à 20 heures GMT, le 29 mai 1917 : elle montre Pluton sur le MC de Dallas, le décor de son assassinat en 1963. Quatre autres points de croisement se situent sur la même latitude, dont trois concernent Mars. Cette carte est reproduite avec l'autorisation d'Astro Carto* Graphy*, la marque déposée de l'astrologue californien Jim Lewis.*

Le voyage astrologique
De nombreuses traditions ont perpétué l'idée que les signes du Zodiaque et les planètes invitaient à un voyage spirituel. A Rome, l'adepte commençait son voyage sur la Terre et, à force de discipline religieuse et d'obéissance aux rituels, pouvait progresser vers les autres planètes pour finalement atteindre Saturne. Comme Saturne était alors la planète la plus éloignée, on pensait qu'on se rapprochait d'autant des étoiles de la Voie lactée. Les alchimistes du Moyen Age renversèrent la proposition. Au cours de leurs expériences, ils tentèrent de transmuter les vils métaux en or glorieux en utilisant le mercure. Astrologiquement, cela équivaut à un voyage qui commencerait par Saturne, Gouverneur du plomb, pour finir par le Soleil, Maître de l'or, en passant par Mercure, Professeur de sagesse. Tout ce symbolisme représente le désir de lumière et de transcendance : quitter les chaînes de la vie physique.
Des traditions plus anciennes estimaient que le voyage n'avait pas de destination finale, car il était éternel. Des mythes décrivent le mouvement circulaire et perpétuel du Soleil à travers les 12 signes (ou parfois les 13 mois lunaires).
Les astrologues ont remplacé la dimension spirituelle par une approche psychologique approfondie. Mais, dans tous les cas, la motivation de l'homme est d'aboutir à une plus grande expérience et à une plus grande sagesse.

Certains optent pour la tradition, d'autres pour les techniques de pointe. Mais la plupart sont fascinés par la mythologie et les applications de la psychologie moderne. Les notions de compensation ou de projection ont éclairé d'un jour nouveau les recherches astrologiques. Lorsque la compensation intervient, il se produit un inconscient besoin de développer les qualités opposées à celles qui figurent dans le thème de naissance (l'intuitif Poissons, par exemple, essaie de devenir un Gémeaux intellectuel, ou une Vierge pratique ; ou encore une Balance diplomate tente de se transformer en farouche Bélier).

La projection consiste à transférer ses propres qualités natives sur autrui. Imaginons le cas d'un homme qui accepte mal les tendances féminines et maternelles que lui confère sa Lune en Cancer : il peut passer sa vie sous la domination de femmes maternelles très aspectées par la Lune et le Cancer.

En pareil cas, le travail de l'astrologue consiste à aider l'individu à comprendre ce processus et à le contrôler en pleine conscience. Beaucoup d'astrologues deviennent de ce fait des psychothérapeutes, utilisant les techniques de l'analyse junguienne, la gestalt-thérapie ou tout autre apport moderne à la psychologie.

Avant tout, l'astrologue doit continuellement se poser des questions : comment tel signe répond-il à certaines conditions ? A quoi correspondent cette colère ou cette frustration ? Quels sont les idéaux du sujet et comment supporte-t-il le succès ou l'échec ? Ces questions peuvent paraître évidentes, mais l'astrologue qui cesse de se les poser commence à stagner.

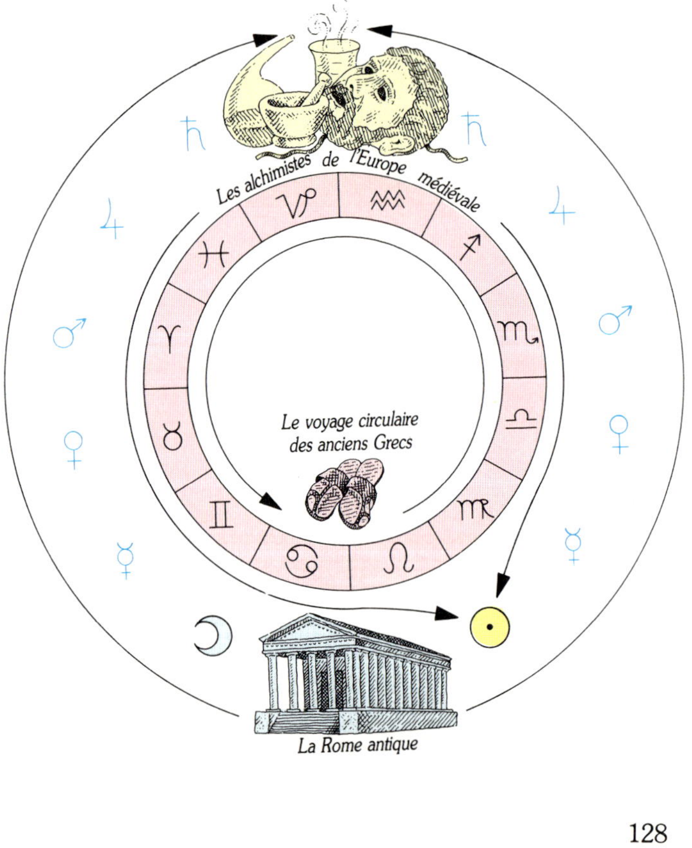

La valeur psychologique de l'astrologie est fondée sur les anciens mythes qu'elle recouvre et qui décrivent, sous forme de métaphores, la trajectoire de la vie à travers le cosmos et les étoiles. Parfois, ces mythes s'appuient sur la course du Soleil parmi les signes du Zodiaque ou, dans des temps plus reculés, à travers les 13 mois lunaires. Les travaux d'Hercule constituent un de ces mythes. Chaque prouesse représente pour Hercule une victoire, et la façon dont il l'obtient prend une signification astrologique. L'essence de cette signification se trouve dans la découverte du « but supérieur » qui réside en chaque signe zodiacal. Cette attitude permet de dépasser la conception du signe solaire comme simple définition : il devient le fondement d'une interprétation beaucoup plus complexe, une fois relié aux autres planètes, aspects, etc. Le signe solaire joue un rôle plus profond qu'on ne pourrait le penser : la tâche de chaque individu est de découvrir et de développer en lui les projets « supérieurs » impliqués dans le signe solaire, ainsi que tous les autres facteurs subordonnés à ce signe dans son horoscope. La découverte du signe solaire peut être représentée par la culmination d'un voyage autour de l'horoscope. L'excursion complète autour du Zodiaque implique la découverte des 12 signes solaires, c'est-à-dire le cycle total de l'expérience psychologique et spirituelle.

Les vieilles mythologies relatent des voyages, d'ordre spirituel, parmi les planètes vers lesquelles on se hisse comme sur des échelles. En partant de la Terre, l'échelle emmène l'aventurier vers la Lune, puis Mercure, Vénus, le Soleil, Jupiter, et enfin Saturne, le gardien du Temps, le dieu de la Sagesse, le grand Soleil nocturne. Si l'initié traverse toutes les épreuves imposées par Saturne, il connaîtra la lumière et sera sauvé.

LES MODÈLES ASTROLOGIQUES DE LA PSYCHÉ. Parmi les nombreux modèles que l'esprit humain a créés pour comprendre la psyché et le comportement de ses frères, certains possèdent des corrélations avec le symbolisme astrologique. On ne peut pas parler d'analogies scientifiquement mesurables, car la psychologie aussi bien que l'astrologie sont des sciences humaines, donc sujettes à l'interprétation subjective. On peut seulement établir des parallèles entre les données de l'astrologie et les événements répertoriés, d'une part, et entre les définitions psychologiques et les comportements humains, d'autre part. Mais comparer psychologie et astrologie reviendrait à comparer deux systèmes de jugement différents. Cette comparaison demeure cependant passionnante car elle fonctionne à merveille, et l'interaction des deux disciplines apporte de nouvelles dimensions à l'astrologie natale moderne.

Un chercheur prestigieux tel que Jung a même été à l'origine d'une branche spécialisée de l'astrologie : l'astrologie junguienne. C'est une approche psychologique des données astrologiques dont la valeur d'investigation est de premier ordre. Mais comme il n'existe pas à proprement parler de corrélation standard entre le système de Jung et les significations astrologiques traditionnelles, les astrologues usent, selon leurs affinités personnelles, aussi bien de ces dernières découvertes sur l'âme humaine que des définitions approuvées sur les configurations planétaires.

La corrélation suivante a été établie d'après les travaux de Liz Greene, astrologue réputée doublée d'une analyste junguienne, et qui a beaucoup contribué à un élargissement des connaissances dans ce domaine.

Si l'on figure la psyché humaine par un cercle, forme tout à fait appropriée au travail astrologique, le centre est alors occupé par le Moi. C'est le noyau d'une existence humaine, et qui n'est contenu dans aucun des symboles propres à l'astrologie classique. Cette notion correspond spirituellement à celle d'« âme ».

La moitié supérieure du cercle contient l'esprit conscient. Le Soleil représente l'ego, la personnalité reconnaissable. La Lune est la persona, c'est-à-dire le masque socialement acceptable que les gens portent en public. Vénus est l'anima, la part de féminité chez l'homme, et Mars, l'animus, la part de masculinité chez la femme. Mercure est apparenté à divers archétypes mais, d'une manière générale, il est considéré comme la force qui préside à la communication entre toutes les autres planètes. Son rôle vital est merveilleusement illustré par les alchimistes du Moyen Age : Mercure était le métal qui devait, selon les espérances de cette époque, accomplir la transmutation du plomb en or (mythologiquement : la conversion du Soleil noir de la nuit en Soleil étincelant à vocation diurne).

Traversant le cercle de part en part, depuis la gauche jusqu'à l'extrémité droite, s'étend le royaume de l'inconscient individuel, occupé par Jupiter et Saturne. Habituellement, on considère ces planètes comme des planètes « impersonnelles », qui gouvernent le caractère des nations entières. Mais, dans le modèle junguien, leur définition est sensiblement altérée : Saturne fait office d'« ombre », c'est-à-dire tout ce qui a été occulté, pour des raisons personnelles ou sociales. Cette idée est retrouvée dans la mythologie grecque, où Saturne est appelé « Soleil de la nuit ». Ce rôle est parfaitement approprié à Saturne : psychologiquement, il crée les structures entraînant la naissance de difficultés, que l'on peut circonscrire dans le thème astrologique.

La partie inférieure du cercle est le monde de l'inconscient collectif, l'eau trouble dans laquelle toutes les créatures humaines sont sœurs. Au niveau le plus bas et le plus mystérieux flottent les planètes transpersonnelles (Uranus, Neptune et Pluton), symboles des bouleversements sociaux et des transformations des êtres.

En pratique, l'apport de Jung, en astrologie psychologique, est d'avoir mis l'accent sur les pressions inconscientes qui poussent les individus à sentir et à agir. Ce fait est clairement décrit par les aspects formés par les planètes « conscientes » et les planètes « inconscientes ». Ainsi, une opposition Saturne-Vénus entraîne ordinairement des difficultés en amour et dans le mariage. C'est ce que dira tout astrologue traditionnel qui veut s'en tenir là. Pourtant, l'astrologue ayant étudié Jung peut voir immédiatement les pressions qu'exerce l'« ombre » non intégrée (Saturne), provoquant des difficultés (opposition) chez l'individu, concernant l'expression de ses désirs et de ses sentiments (Vénus). Il conclura qu'un conflit psychologique profond peut résulter d'une relation frustrante. Par ses conseils et ses techniques en tant que thérapeute, l'astrologue informé et expérimenté peut toucher au nœud du problème et aider la personne à renoncer aux comportements négatifs qui la confinaient jusqu'alors dans une impasse. Le consultant a enfin la possibilité d'envisager le développement des qualités positives de la relation Vénus-Saturne, à savoir la stabilité, la responsabilité, la fidélité, la loyauté.

Lorsque les planètes transpersonnelles sont puissamment renforcées (peut-être par des aspects avec des planètes personnelles), cela indique que le sujet se trouve à la charnière de sa génération, à l'avant-garde des nouvelles idées, des modes et des styles de vie, qu'il est poussé par l'Histoire.

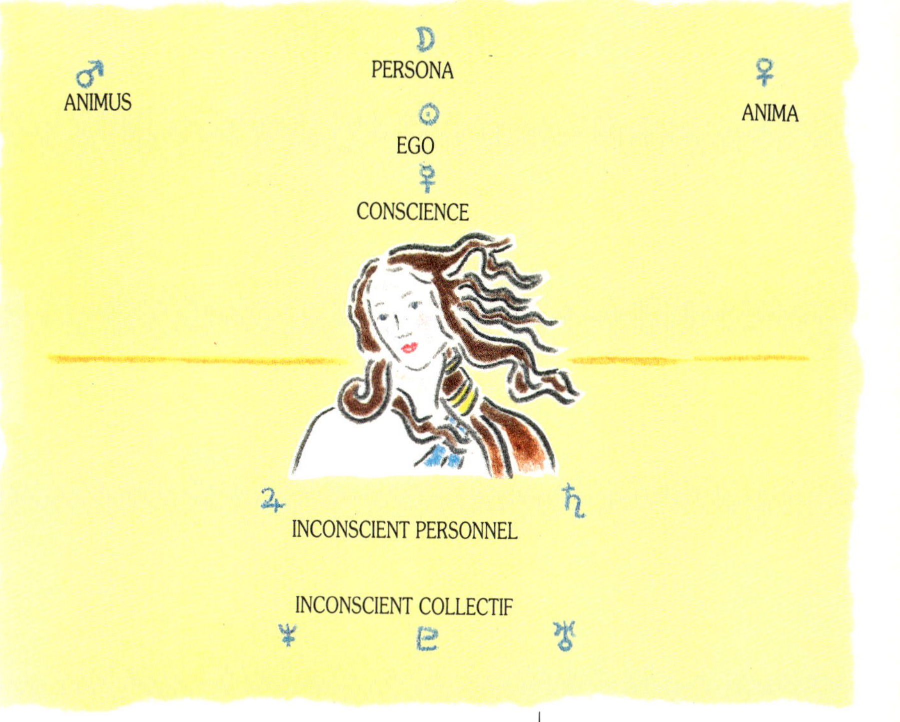

Modèle astrologique de la psyché humaine mettant en comparaison les planètes et les théories de C.G. Jung.

CHAPITRE 16
L'ASTROLOGIE HORAIRE : POSER DES QUESTIONS

Dans le passé, alors que les naissances étaient rarement enregistrées, les astrologues étaient consultés pour des questions précises au cours de l'existence, ce qui donnait lieu à l'établissement d'horoscopes ponctuels qui avaient le mérite d'être aussi détaillés qu'un thème natal : les horoscopes horaires.

Les chartes horaires présentent un intérêt, que ce soit seules ou en complément d'un thème natal. Parfois la charte horaire permet de prévoir un événement, ce que n'autorise pas toujours le thème de naissance. Mais la prédiction n'est pas la vocation unique de cette discipline. On préfère souvent travailler sur des questions très ciblées à propos du futur afin d'en extraire une sorte de guide des actions à suivre : la charte horaire, en effet, met en évidence les conséquences des différentes options possibles.

Localisation des significateurs
En astrologie horaire, les gouverneurs des cuspides de Maison prennent une importance toute particulière. La planète qui gouverne le signe où se trouve la cuspide d'une Maison devient le significateur du secteur d'activité régi par cette Maison. L'astrologue, dans ce type d'analyse, ne prend en considération que les significateurs qui se rapportent à la question.

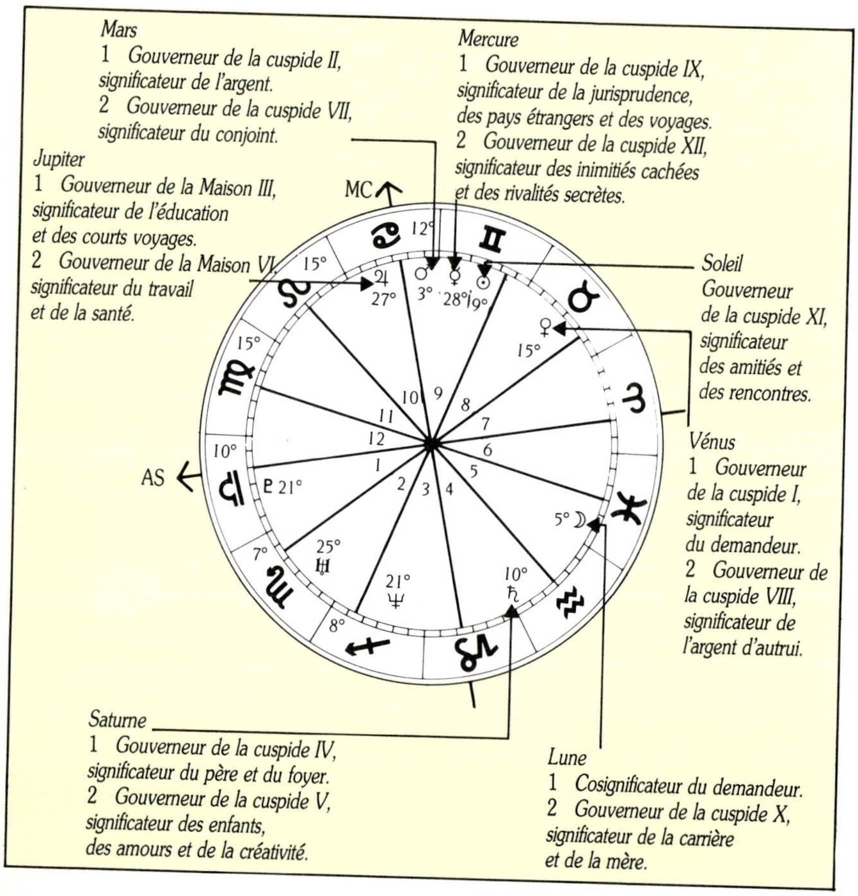

Il peut arriver également que l'on pose des questions sur des événements passés, sur l'identité de gens inconnus ou sur des problèmes purement philosophiques.

L'astrologie horaire requiert un plus haut degré de précision et de clarté que la pratique de l'astrologie psychologique. Bien compris, les principes de cette technique peuvent être appliqués aux autres branches de l'astrologie.

LES CALCULS. Ce sont les mêmes que ceux employés pour établir une charte de naissance. Le lieu est toujours celui de l'astrologie, et l'heure celle à laquelle l'astrologue formule la question : si la question est posée dans une lettre envoyée de Londres à un astrologue habitant Paris, la charte sera établie pour Paris et au moment où l'astrologue prendra connaissance de la lettre.

LOCALISATION DES SIGNIFICATEURS. Contrairement à l'astrologie natale, l'astrologie horaire n'utilise, dans un horoscope, que les secteurs qui se rapportent directement à la question posée. Si le problème a des ramifications complexes, toute la charte peut bien évidemment être mise en jeu. Parfois, deux planètes ou seulement deux Maisons suffisent.

La première étape de l'interprétation consiste à mettre en relation la question et l'horoscope : l'astrologue doit avant tout situer le demandeur et la question dans les Maisons adéquates et sur les planètes qui les symbolisent.

Le demandeur est la personne qui pose la question. Il est toujours représenté par la première Maison. La planète qui gouverne le signe où se trouve la cuspide I (l'AS) est le significateur du demandeur. La Lune est systématiquement le cosignificateur du demandeur et révèle généralement l'issue d'une situation alors que le significateur du demandeur ne le fait pas nécessairement.

La question est représentée par la Maison qui gouverne le même type de sujet : finances = Maison II ; santé = Maison VI, etc. La planète qui gouverne le signe où se trouve la cuspide de cette Maison devient le significateur de la question. Les débutants ont intérêt à n'utiliser comme significateurs que les sept planètes traditionnelles.

LES PLANÈTES

Par leur maîtrise des cuspides, les planètes jouent un rôle spécifique en astrologie horaire. Par exemple, si la cuspide de la Maison VI (la santé) tombe en Bélier, alors Mars (le Maître du Bélier) deviendra le significateur de la santé.

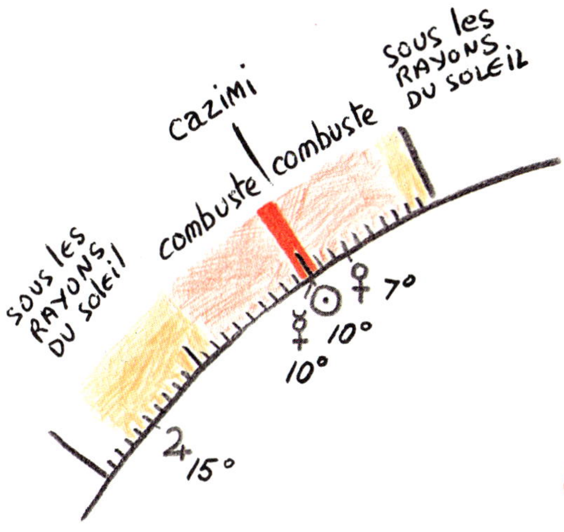

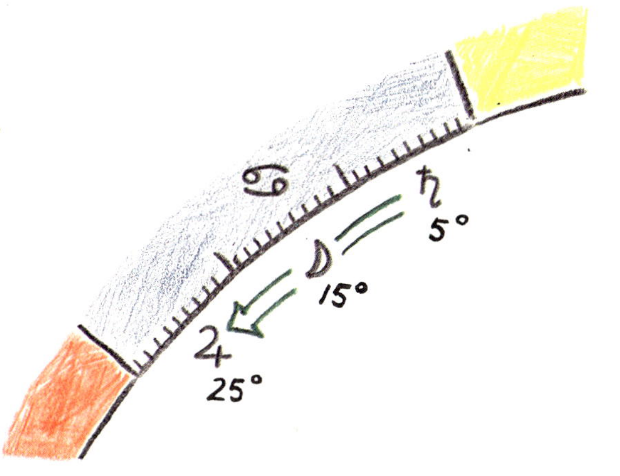

A gauche : les aspects solaires
Ces trois aspects possibles avec le Soleil (Cazimi, Combuste ou Sous les rayons du Soleil) ne s'appliquent qu'à des planètes se situant dans le même signe que le Soleil. Dans cet exemple, Mercure est Cazimi (puissance renforcée), Vénus est Combuste (très affaiblie) et Jupiter est Sous les rayons du Soleil (légèrement affaibli).

A droite : les aspects appliquants et séparants
Les aspects séparants représentent les circonstances passées et les aspects appliquants des situations futures. Dans notre exemple, la Lune « se sépare » de sa conjonction avec Saturne et se dirige (devient appliquante) vers une conjonction avec Jupiter. En astrologie horaire, l'interprétation de cette configuration mettra l'accent sur le demandeur (la Lune) : celui-ci devrait normalement quitter des conditions difficiles et restrictives (Saturne) pour connaître une période de chance (Jupiter).

Les bénéfiques et les maléfiques. Ces désignations sont strictement observées en astrologie horaire. Jupiter (le grand bénéfique) et Vénus sont généralement les planètes les plus positives, apportant avec elles des circonstances heureuses ; Saturne (le grand maléfique) et Mars sont, en revanche, les planètes les plus pénalisantes, engendrant retards, obstacles et conflits. Cependant, cette notion de bénéfique/maléfique est abandonnée si la planète concernée sert de significateur soit du demandeur, soit de la question. Par exemple, si le Capricorne est à l'Ascendant, le significateur du demandeur est alors Saturne (Gouverneur du Capricorne). Cela implique que le demandeur peut se trouver dans des dispositions « saturniennes », prudent et conscient de ses responsabilités, mais on ne doit y voir aucune connotation maléfique. Les degrés d'influence des planètes varient aussi selon leur position dans les Maisons et leur débilité ou dignité. Par exemple, si Saturne est rétrograde (ce qui affaiblit toujours une planète en charte horaire) et en Cancer (signe de l'exil pour Saturne), on peut imaginer que sa puissance obstructive est considérablement diminuée.

Le Soleil, la Lune et Mercure sont neutres à cet égard. Le Soleil, cependant, peut être soit bénéfique soit maléfique selon les aspects additionnels qu'il peut entretenir (voir plus loin). Les trois planètes modernes (Uranus, Neptune et Pluton) n'ont pas d'action bien définie, même si la majorité des astrologues les regardent plutôt comme maléfiques.

La Part de Fortune et le Nœud nord sont considérés comme bénéfiques, le Nœud sud comme maléfique. Les étoiles fixes comme l'Épi (*Spica*) et Régulus sont réputées très bénéfiques, alors qu'Algol, Vindemiatrix et Scheat seraient redoutablement maléfiques.

Les aspects entre les significateurs (demandeur ou question) et les bénéfiques indiquent des réponses positives ; avec les maléfiques des solutions négatives.

Dignités et débilités. Ces notions sont vitales en astrologie horaire. Si un significateur est en trône ou en exaltation, il est extrêmement renforcé et une issue heureuse est à prévoir. Si un significateur se trouve en chute ou en exil, il est affaibli et les risques d'aboutissement malheureux sont accrus.

LES ASPECTS. Si les aspects, en astrologie natale, aident considérablement à débrouiller des situations, en astrologie horaire ils ne font que semer la confusion. Par conséquent, seuls les aspects majeurs seront utilisés (conjonction, sextile, carré, trigone et opposition). Il existe pourtant trois aspects supplémentaires qui sont des variantes de conjonctions avec le Soleil :

1. Sous les rayons du Soleil : cet aspect intervient lorsqu'une planète se trouve dans le même signe que le Soleil et à moins de 17°. Cette planète est légèrement affaiblie.

2. Combuste : se dit d'une planète en conjonction régulière avec le Soleil dans un orbe de moins de 8° (certains astrologues réduisent cet orbe à 3°). On dit que la planète est « brûlée » par le Soleil et qu'elle est sérieusement affaiblie.

3. Cazimi : ce terme décrit le renforcement de l'influence d'une planète qui se situe à moins de 0° 17′ du Soleil.

On se souvient que le Soleil symbolise la vie et l'énergie. Aussi les deux premiers de ces aspects additionnels méritent-ils quelques explications. Il faut garder à l'esprit que, dans les pays brûlés par le rayonnement solaire qui donnèrent naissance à l'astrologie, le Soleil n'était pas toujours considéré comme un ami mais plutôt comme un pourvoyeur de soif, de famine et de mort.

Les aspects séparants et les aspects appliquants. Les aspects appliquants annoncent les événements à venir, les développements et les circonstances ; les aspects séparants indiquent les choses du passé. Cela est une distribution très importante qui peut permettre de comprendre comment s'organise le cours de l'Histoire. Si une question est posée à propos d'un événement passé, c'est l'aspect séparant qui donnera la réponse ; si la question porte sur le futur, c'est à l'aspect appliquant qu'il faut se référer.

Quand on vérifie les conditions d'un aspect, il est nécessaire de voir un peu plus loin dans le temps pour être sûr que l'aspect séparant ne redevient pas rétrograde et ne revient pas à sa position initiale pour la seconde et même, parfois, la troisième fois.

Lorsque deux planètes forment un aspect exact, cela signifie que l'événement va se produire, la nature de cet événement étant décrite par les planètes. Les éphémérides donnent généralement les temps exacts où les aspects planétaires se rencontrent.

Les aspects de la Lune. La Lune est la planète la plus rapide et ses aspects sont extrêmement importants, car ils dissertent sur les circonstances aussi bien passées que futures. Les seuls aspects à étudier sont les aspects exacts lorsque la Lune transite dans le signe qu'elle occupe au moment où la question a été posée. L'aspect majeur final de la Lune avant qu'elle ne quitte le signe révèle l'issue du problème. Les meilleurs résultats, en principe, sont indiqués par des sextiles ou des trigones avec des planètes bénéfiques (Vénus ou Jupiter) et l'issue la plus heureuse est donnée par un trigone au Soleil. Les aspects maléficiés à Mars ou à Saturne annoncent généralement des conséquences négatives.

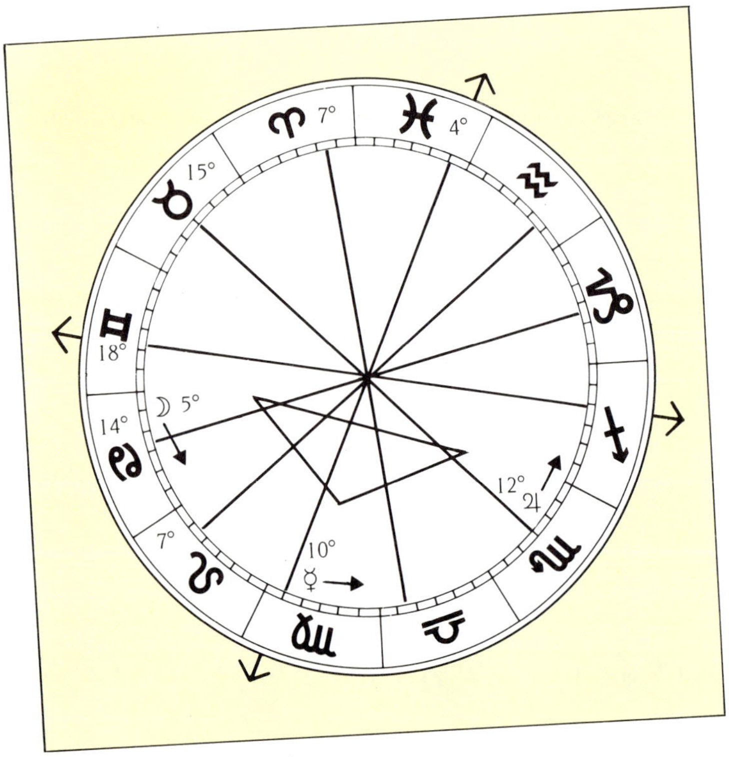

Réponses positives : les aspects appliquants
Une indication certaine de dénouement favorable est donnée lorsque les significateurs se trouvent en aspects appliquants. Dans cette charte, élaborée à propos d'un mariage éventuel, le demandeur est symbolisé par Mercure (Gouverneur de la Maison I) et la Lune ; le mariage est figuré par Jupiter (Gouverneur de la Maison VII). Les trois planètes sont en aspects harmoniques appliquants, offrant par conséquent la réponse « oui » à la question : « Me marierai-je ? »

Les aspects harmoniques et dissonants. Les aspects traditionnellement harmoniques (sextile et trigone) facilitent l'enchaînement des événements ; les aspects dissonants (carré et opposition) engendrent des conditions difficiles qui font obstacle au bon déroulement des faits. La conjonction a un rôle neutre.

L'astrologie jongle avec des structures cosmiques de la réalité qui dépassent l'étendue des aspirations humaines, et il est possible de rencontrer un aspect harmonique qui génère des événements qui, eux, seront reçus comme des malheurs par l'être humain. Ou bien, si une question concerne le lancement d'un navire et si la charte indique un naufrage, on pourra remarquer des aspects bénéfiques… qui signifieront que le bateau coulera « facilement » !

Les étoiles fixes. Le seul aspect utilisé dans leur cas est la conjonction avec un orbe de 1° maximum.

LES MAISONS. Il est nécessaire de bien s'assurer du symbolisme des Maisons afin de choisir la bonne pour représenter la question.

Faire tourner la charte. Cette pratique est abandonnée en astrologie natale, surtout à notre époque. Mais elle est essentielle en astrologie horaire. Le principe est que chacune des 12 Maisons peut revêtir n'importe laquelle des significations de n'importe quelle Maison. C'est plus simple qu'il n'y paraît à première vue.

Une question souvent posée concerne le ou la partenaire. Le conjoint, d'une manière générale, est indiqué par la Maison VII. Cette Maison VII devient alors la première Maison du partenaire. La Maison VIII de la charte est sa Maison II, et ainsi de suite. Par conséquent, la Maison VIII de la charte sera la Maison des possessions matérielles du partenaire.

Si la question concerne le père (Maison IV de la charte), la Maison V devient alors la Maison II du père et gouverne ses finances.

Faire tourner la charte augmente considérablement les possibilités d'un horoscope. Seules les harmoniques (non utilisées en astrologie horaire) avaient ce pouvoir.

Le système des Maisons. On n'utilise pas le système égalitaire en astrologie horaire. Le système de Placidus est généralement préféré

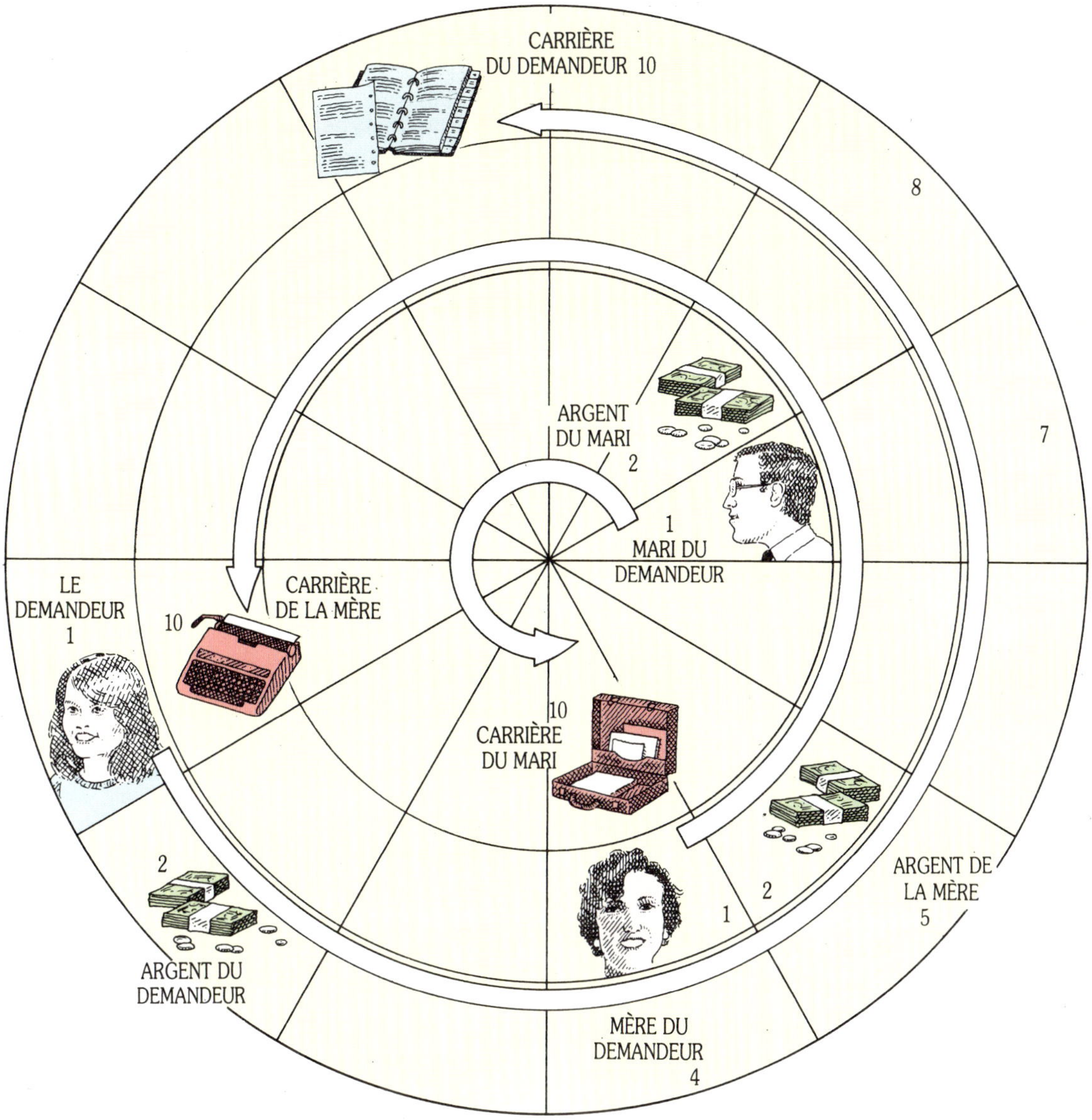

Faire tourner la charte
Dans cet exemple, établi pour une question incluant une femme (le demandeur), sa mère et son époux, ainsi que la carrière et les finances de chacun, sept Maisons sont concernées. Si la Maison IV représente la mère, la Maison V (c'est-à-dire la Maison II pour la mère) sera la Maison des finances pour la mère et la Maison I (c'est-à-dire la Maison X pour la mère) sera la carrière de la mère. La Maison VII gouverne le mari de la consultante, la Maison VIII (Maison II du mari) est par conséquent celle de l'argent du mari et la Maison IV (Maison X du mari), celle de la carrière du mari.

dans cette discipline. Les calculs sont les mêmes, mais il faut se procurer une table des Maisons supplémentaire en librairie.

QUELQUES CONSIDÉRATIONS AVANT LE JUGEMENT

On dit que certains horoscopes ne doivent pas être interprétés, sinon le jugement risque d'être faux. Il existe un rituel des « critiques » du jugement pour éviter cet inconvénient. L'astrologue peut alors convenir que si son jugement n'est pas faux, du moins tout l'assigne à discrétion ou même au silence.

Une exception : lorsque la Lune est « vide », la charte ne devrait pas être interprétée du tout. Expliquons-nous. Une planète est dite « vide » quand elle quitte le signe où elle se trouvait sans former d'aspect majeur exact. Elle peut se situer encore dans l'orbe d'un aspect avec une autre planète (l'aspect étant séparant). Pourtant, certains astrologues considèrent que la Lune vide apporte une réponse standard : « Rien ne se produira à propos de la question posée ». Une réponse négative en quelque sorte. Donc, si la question est : « Achèterai-je cette maison ? » la réponse sera « non » et si la question est : « Échouerai-je à cet examen ? » la réponse sera également « non ». Dans la plupart des cas, cette réponse est satisfaisante. Mais chaque astrologue doit former sa propre expérience sur ce délicat sujet. Voir dans le tableau page 134 la liste des « critiques » du jugement autres que « la Lune vide ».

LA RÉPONSE A LA QUESTION. L'astrologue a besoin de toute sa subtilité pour démêler les

Réponses négatives
1) Deux significateurs formant un aspect exact indiquent le succès de l'entreprise, mais si l'un d'eux crée prioritairement un aspect avec une tierce planète, les chances de dénouement heureux s'estompent ou même disparaissent complètement. Dans ce cas-ci, les deux significateurs, Mercure et Jupiter, sont en aspect appliquant (conjonction). Cependant, avant que Mercure n'atteigne Jupiter, il forme une conjonction avec Saturne. Symbole d'une puissante restriction, Saturne bloque les effets mercuriens et engendre une réponse négative au problème posé.
2) Si les significateurs sont en aspect séparant ou bien ne forment aucun aspect, l'indication immédiate est négative.
3) Si l'un des significateurs devient rétrograde avant qu'un aspect exact n'ait eu le temps de se former, la réponse est négative. Dans notre cas, Mercure arrive en conjonction avec Vénus (indice de succès), mais devient rétrograde avant d'avoir formé l'aspect exact avec celle-ci.

indications contraires que donnent souvent les analyses et pour en extraire la synthèse.

1. Réponse positive - Perfection. Une réponse positive peut être donnée si l'un des significateurs du demandeur se trouve en aspect majeur exact avec le significateur de la question avant qu'aucune planète ne change de signe. La conjonction est la meilleure marque de succès ; trigones et sextiles annoncent une issue favorable. Les carrés et les oppositions indiquent une réponse positive si les significateurs sont renforcés par un signe, une Maison ou un aspect. En revanche, si les significateurs sont faibles, le succès peut s'envoler, ou n'être atteint qu'après beaucoup de difficultés, ou bien encore la victoire peut arriver en dépit des circonstances adverses.

Lorsque les significateurs ne sont pas en aspect, ils peuvent être en Transmission ou en Collection de Lumière. Dans la Transmission de Lumière, une planète plus rapide que les autres quitte un aspect majeur avec un significateur pour rejoindre l'autre significateur et former avec lui un nouvel aspect majeur, et ce avant que les trois éléments aient changé de signe. La Collection de Lumière se produit quand deux significateurs forment un aspect majeur avec une planète plus lente, avant que les trois éléments ne changent de signe. Ces deux situations suggèrent une réponse positive.

Réponse positive également si le significateur de la question se trouve en Maison I. Cela veut dire que le demandeur contrôle la situation et que le succès est assuré.

Les chances de réponse positive sont augmentées si les significateurs sont en domicile (ou trône), en exaltation, ou bien aspectés avec la Part de Fortune ou des étoiles fixes bénéfiques.

2. Réponse négative - Manque de perfection. Si la perfection dépend des deux significateurs devant atteindre à l'exactitude dans leurs aspects et si l'un d'eux forme tout seul un aspect exact avec une tierce planète, alors la perfection ne vaut plus. Si, pourtant, l'aspect en question est bénéfique et appliqué à une planète elle-même bénéfique (par exemple un trigone à Jupiter ou un sextile à Vénus), cela signifie que les circonstances risquent de changer et d'amener, ensuite, une réponse positive. Les aspects maléfiques à des planètes bénéfiques ou des aspects bénéfiques à des planètes maléfiques n'annoncent que des difficultés.

Les aspects maléfiques formés avec des planètes bénéfiques, ou bien encore l'inverse, c'est-à-dire des aspects bénéfiques formés avec

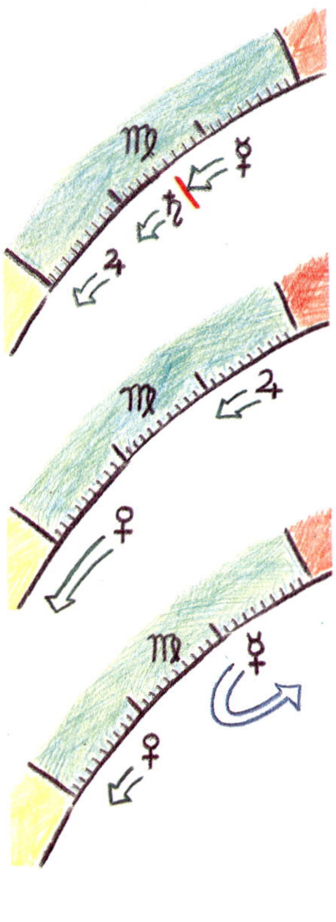

CRITIQUES DU JUGEMENT

Critique		*Exception*
La charte ne doit pas être interprétée si :		*La critique ne vaut pas si :*
l'AS est entre 0° et 3°		*l'AS du demandeur est entre 0° et 3°*
l'AS est entre 27° et 30°		*l'AS du demandeur est entre 27° et 30°*
la Lune est dans la Voie Combuste (entre 15° ♎ et 15° ♏)		*la Lune du demandeur est dans la Voie Combuste*
Saturne est en Maison VII		*la question a été posée par l'astrologue*
Saturne est en Maison I		*la question n'a pas été posée par l'astrologue*

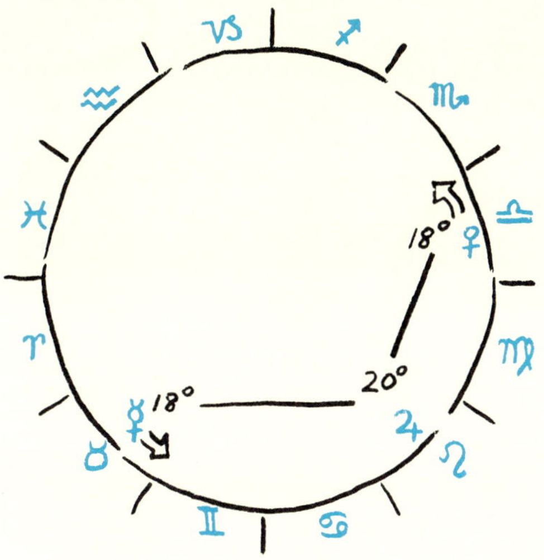

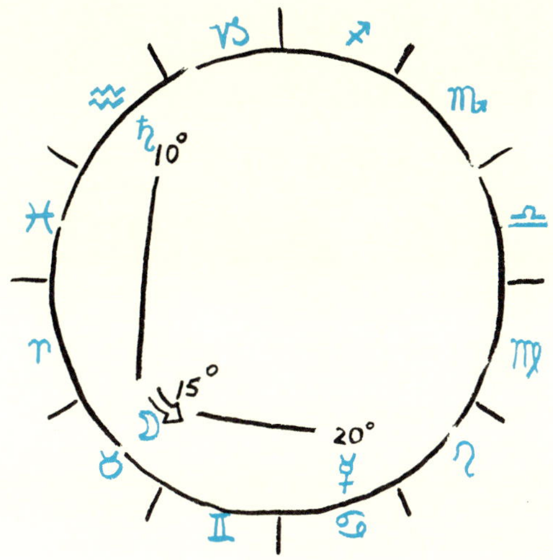

des planètes cette fois maléfiques, n'annoncent que l'éventualité de blocages et de difficultés.

Les aspects maléfiques qui se dessinent avec des planètes également maléfiques apportent invariablement des réponses négatives. La pire situation, dans ce cas, est l'opposition à Saturne qui assombrit tous les horizons et crée toutes les barrières intérieures, d'où retards, problèmes, stagnation, écroulement, refroidissement, ralentissement, mésentente.

Les risques d'obtenir une réponse négative sont multipliés au cas où les significateurs sont affaiblis pour une raison ou pour une autre. On observera, par exemple, ce type de résultat lorsque les significateurs se trouvent soit en exil, soit en chute, ou bien encore rétrogrades, ou même en conjonction avec une étoile fixe au pouvoir réputé maléfique.

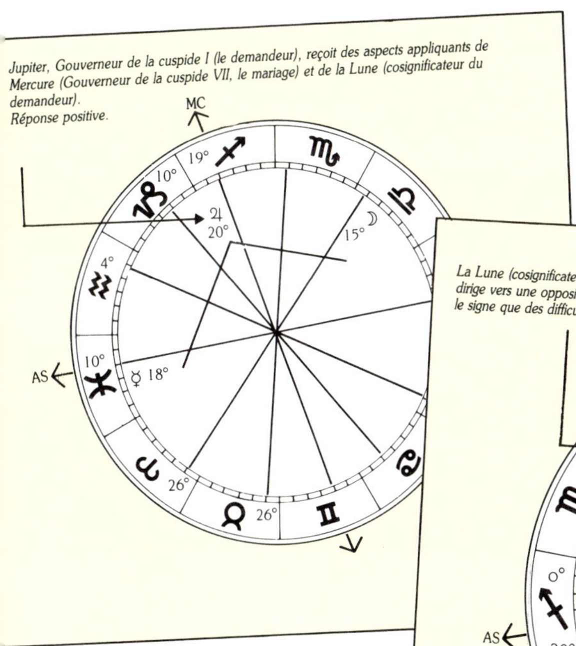

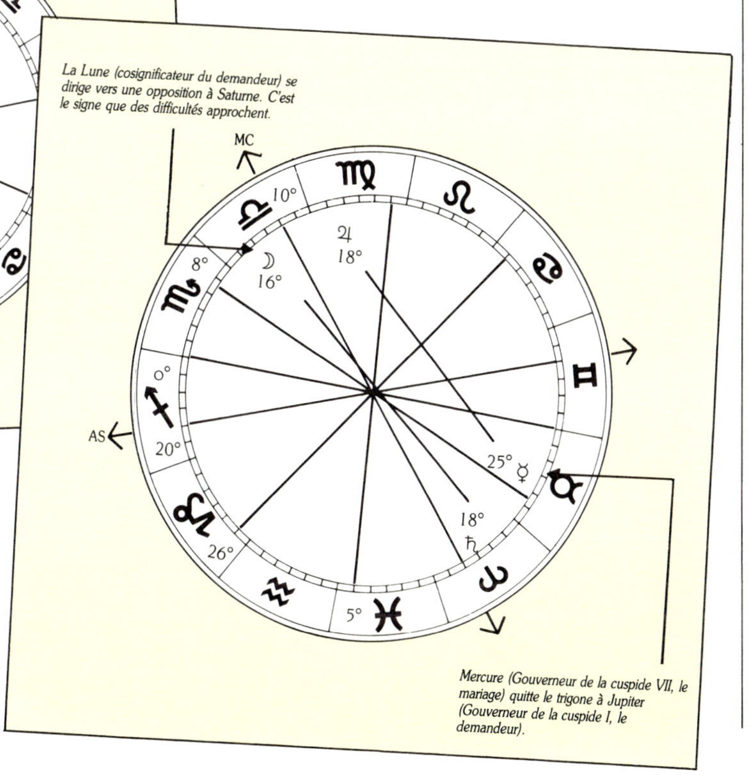

A gauche : Collection de Lumière
Dans cet exemple, les deux significateurs, Vénus et Mercure, ne sont pas en aspect. Cette situation suggère une réponse négative. Pourtant, Jupiter « collecte la lumière », ce qui veut dire que Mercure se dirige vers un carré et Vénus vers un sextile. Les deux significateurs sont rassemblés par Jupiter, et le résultat est une solution positive au problème.

A droite : Transmission de Lumière
Dans cet exemple, les deux significateurs, Mercure et Saturne, ne sont pas en aspect. Normalement, cela devrait indiquer une réponse négative. Mais la Lune « transmet la lumière » de Saturne à Mercure, ce qui correspond à l'abandon d'un carré avec Saturne pour aller former un sextile avec Mercure. Étant donné qu'on n'observe aucune difficulté majeure dans le thème, cette situation a l'avantage de réunir les deux significateurs et d'engendrer une réponse positive.

En bas, à gauche : *la question du mariage est gouvernée par la Maison VII. Dans cette charte (« Me marierai-je ? »), le demandeur est symbolisé par Jupiter (Gouverneur de la cuspide I). Le demandeur est en position forte (Jupiter est dans son signe, le Sagittaire). Le partenaire éventuel est représenté par Mercure (Gouverneur de la cuspide VII). Mercure se trouve dans la Maison du demandeur (montrant une relation intense) et se dirige vers un carré à Jupiter : les significateurs se rencontrent, donc le mariage doit se faire. En outre, la Lune (cosignificateur du demandeur) est en Balance (signe des associations), en Maison VII (Maison du mariage), et forme des aspects appliquants avec les deux significateurs. La réponse est doublement « oui ».*

En bas, à droite : *cette charte correspond à la même question. Mais, dans ce cas, la réponse est « non ». En effet, le demandeur est symbolisé par Jupiter (Gouverneur de la Maison I) et le partenaire par Mercure (Gouverneur de la cuspide VII). Les deux planètes forment un trigone (rapprochement des êtres). Mais comme Mercure est rapide, il se sépare de l'aspect. Les chances de mariage diminuent de ce fait. La réponse négative est confirmée par l'approche de la Lune (cosignificateur du demandeur) vers une opposition à Saturne : le déroulement des événements sera bloqué.*

CHAPITRE 17
L'ASTROLOGIE MONDIALE : LA POLITIQUE ET LES AFFAIRES

L'astrologie mondiale étudie les affaires de ce monde. Son sujet principal est l'Histoire, la naissance et la chute des nations ou des religions. Son intérêt s'étend aux êtres humains dans leurs manifestations sociales (politique, économie, mode, arts, guerres et révolutions), à l'environnement sous toutes ses formes (de la croissance des végétaux jusqu'aux climats, en passant par les catastrophes naturelles comme les éruptions volcaniques et les tremblements de terre).

Les planètes en astrologie mondiale

Le Soleil	*L'autorité, la monarchie, le chef, la puissance, le gouvernement.*
La Lune	*Le public, le peuple, les masses, la démocratie, l'opinion publique, les femmes, la vie familiale, le sens communautaire, l'agriculture.*
Mercure	*L'éducation, la littérature, la propagande, les médias, la communication.*
Vénus	*Les arts, la mode, la musique, le théâtre, les plaisirs, les loisirs, la victoire guerrière.*
Mars	*L'agression, la violence, la guerre, les soldats.*
Jupiter	*La religion, la philosophie, les prêtres ; la prospérité, les banques, l'expansion ; les œuvres de charité ; l'aristocratie et les classes dominantes ; les éditeurs.*
Saturne	*L'ordre, l'autorité, la limitation, les tabous, le conservatisme, la stabilité, les traditions ; la police, l'administration et les lois.*
Uranus	*L'innovation, les changements soudains, la révolution, l'anarchie, l'autocratie, le radicalisme, les nouvelles idéologies ; les technologies avancées, y compris l'énergie nucléaire.*
Neptune	*L'idéalisme, la réforme, la philanthropie ; la mode, le style, les arts (comme Vénus).*
Pluton	*La rupture, la violence, le crime, déclin et renaissance nationale.*

En pratique, le sujet est si vaste qu'il a fallu créer des subdivisions à cette discipline astrologique. On distingue aujourd'hui l'astrologie politique de l'astrologie financière et de l'astrologie naturelle (les phénomènes physiques).

On établit des chartes mondiales pour des événements ou pour des groupes d'individus : batailles ou guerres, lancement d'un navire ou d'une fusée, indépendance d'un pays, élections, couronnement, organisations syndicales ou formation d'un parti politique. La forme la plus simple d'horoscope mondial est la charte composite semblable à celle que l'on trace pour étudier les rapports entre deux partenaires, et qui se recoupe avec les thèmes de naissance. La seule différence est qu'on se retrouve à l'extrême opposé sur cette échelle : cette fois, il ne s'agit plus de deux personnes, mais de centaines de millions de gens (si l'on étudie la Chine, par exemple), ou même de la terre tout entière (dans le cas d'un travail sur les Nations unies).

L'astrologie mondiale diffère des autres branches de l'astrologie par le fait que les horoscopes ne sont pas établis uniquement pour les affaires humaines, mais aussi pour des événements astronomiques qui annoncent les tendances générales pour les semaines, les mois ou les années à venir. La recherche sur thème se fait principalement pour les « ingrès », c'est-à-dire pour trouver l'heure exacte de l'entrée des planètes dans un nouveau signe, et pour déterminer les lunaisons.

L'astrologie politique utilise les techniques des autres secteurs de l'astrologie, par exemple en étudiant les chartes natales des chefs d'État, ou bien en faisant intervenir l'astrologie horaire sur des situations précises.

HISTOIRE ET MYTHOLOGIE

De même qu'un historien donne un sens à certains événements en considérant l'ensemble d'une époque, l'astrologue étudie un horoscope pour trouver une signification à plusieurs facteurs épars. Une « évidence » historique est souvent extrêmement floue et sujette à diverses interprétations. Même un fait avéré peut donner lieu à des explications différentes. Ces divergences de points de vue tiennent essentiellement aux mythes et aux modes qui forment la culture d'un pays et une époque particulière.

L'astrologie mondiale exige deux grandes qualités. D'abord, prudence et bon sens. Ensuite, respect. En effet, manipulée avec précaution et ouverture d'esprit, cette discipline offre finalement une vision mythique des structures du monde, et ce qui paraissait un flot

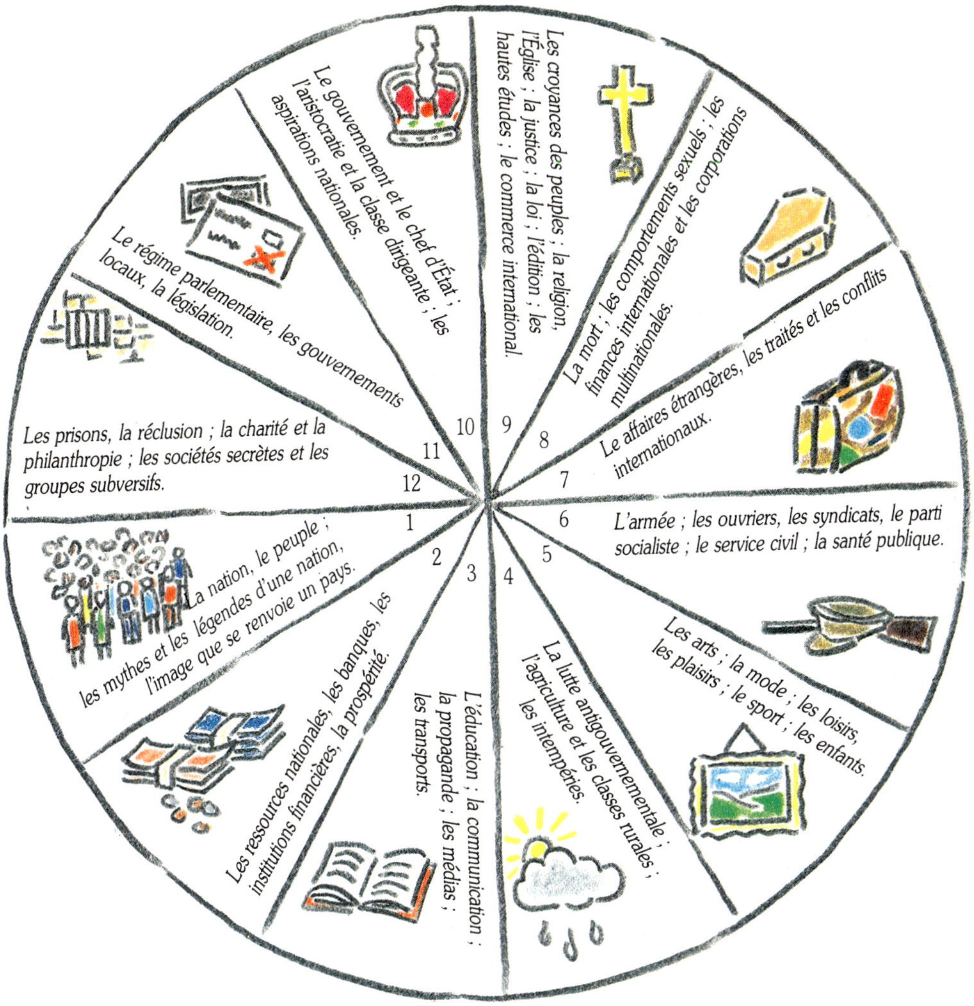

Les Maisons en astrologie mondiale
Les significations des Maisons sont essentiellement les mêmes qu'en astrologie natale, mais l'interprétation est adaptée aux circonstances de la vie politique.

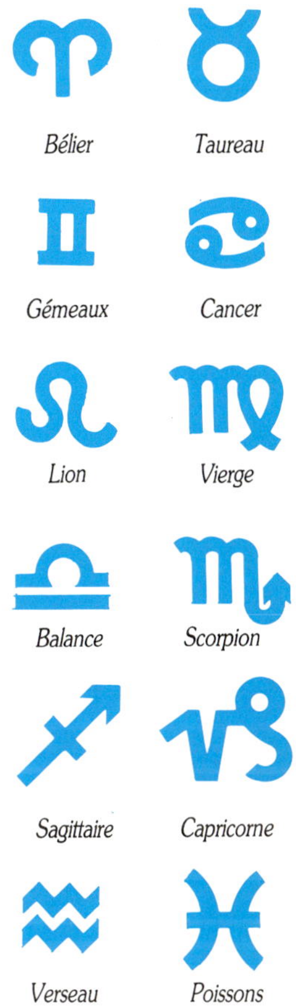

bouillonnant et incompréhensible d'événements s'éclaire et prend un sens. Les archétypes, les croyances et les images de l'inconscient collectif qui créent les sociétés humaines se révèlent et forment un tout homogène.

LES PLANÈTES DANS LES SIGNES. Les signes du Zodiaque conservent exactement les mêmes significations qu'en astrologie natale (voir chapitre 4). Par exemple, Vénus en Capricorne en thème natal indique que l'individu est timide, conservateur et a l'esprit pratique. Dans l'horoscope de l'Allemagne nazie, Vénus était en Capricorne : les relations humaines cédaient le pas devant les intérêts de l'État. La signature de Vénus en Capricorne se retrouve dans ce slogan nazi : « La joie dans le travail ! » Psychologiquement, cela correspond à la suppression (Capricorne) du principe féminin (Vénus) dans la psyché allemande, et la place libre pour l'existence excessive du principe masculin (la guerre).

L'approche peut se situer à plusieurs niveaux, comme en astrologie natale.

LES PLANÈTES TRANSPERSONNELLES. Uranus, Neptune et Pluton symbolisent les changements qui s'opèrent d'une génération à l'autre. Leurs mouvements s'appliquent à l'analyse du thème natal puisque ces planètes font et défont continuellement des aspects avec les planètes personnelles. Par exemple, le passage d'Uranus dans le signe du Cancer a produit toute une génération d'individus Soleil-Cancer qui différait de celles qui l'avaient précédée et de celles qui lui succédèrent par le fait qu'elle vivait difficilement ses qualités cancériennes (amour du foyer) : en effet, Uranus conférait des soucis d'indépendance qui entraient en conflit ouvert avec les instincts familiaux et domestiques. Ce phénomène était encore plus ressenti par les sujets qui possédaient une conjonction Soleil-Uranus.

Durant le passage de Pluton dans le signe du Lion, la génération des Soleil-Lion qui vit le jour était dotée d'une intense émotivité qui la rendait souvent victime des Scorpions. Évidemment, cette situation était renforcée pour les individus qui voyaient leur Pluton conjoint à leur Soleil. Mais ceux qui avaient l'AS et la

Lune en Lion portaient également la marque de Pluton.

LE PASSAGE D'URANUS DANS LES SIGNES

Bélier (1927-35) : création de nouvelles formes d'autorité. Naissance du fascisme.

Taureau (1934-42) : révolution dans l'environnement physique, le commerce et les affaires.

Gémeaux (1941-49) : nouvelles idées humanitaires ; crises de la pensée et des idéologies.

Cancer (1948-56) : révolution dans la vie domestique et familiale.

Lion (1955-62) : rébellion contre l'autorité ; rejet des traditions ; renouveau artistique.

Vierge (1962-69) : révolution technique dans le travail ; la pensée rejette le matérialisme.

Balance (1969-75) : nouvelles expérimentations dans le domaine de la communication et des relations humaines.

Scorpion (1974-81) : recherche de nouvelles réponses aux problèmes affectifs ; étude des mystères de la vieillesse.

Sagittaire (1897-1904 ; 1981-89) : expansion, innovation, exploration ; conflit avec les conventions religieuses.

Capricorne (1904-12 ; 1988-96) : crise dans toutes les structures traditionnelles et tous les ordres établis.

Verseau (1912-19 ; 1995-2003) : révolution des idées, radicalisme ; nouvelles formes de communication.

Poissons (1919-28) : quête de la vérité et du sens des choses ; nouvelles formes de mysticisme.

LE PASSAGE DE NEPTUNE DANS LES SIGNES

Bélier : foi dans les valeurs individuelles ; culte de l'agression.

Taureau : foi dans les valeurs matérielles, dans la beauté artistique et la conquête de la richesse et du luxe.

Gémeaux (1887-1902) : exploration de la pensée humaine ; recherche de nouvelles formes de communication.

Cancer (1901-15) : romantisme, nostalgie, crédit accordé au passé et aux traditions.

Lion (1914-29) : foi dans l'individu et l'expression personnelle.

Vierge (1928-43) : matérialisme ; conservatisme au niveau des modes.

Balance (1942-56) : recherche de la paix et de l'harmonie ; mode de goût et de beauté ; idéalisme dans les rapports humains.

Scorpion (1955-70) : luttes dans les modes ; intensité émotionnelle dans les domaines de la foi.

Sagittaire (1970-84) : optimisme, expansion ; mysticisme en religion et dans les modes.

Capricorne (1984-98) : modes conservatrices ; croyances matérialistes.

Verseau (1998-2012) : idéaux humanitaires ; naissance d'un nouveau courant de pensée et d'un nouveau mysticisme.

Poissons : romantisme ; profond mysticisme.

LE PASSAGE DE PLUTON DANS LES SIGNES

Bélier : conflit international ; culte du héros et de l'homme d'action.

Taureau : révolution économique, transformation des valeurs matérielles.

Gémeaux (1882-1914) : révolution dans les idées.

Cancer (1914-39) : révolution dans le foyer et la vie familiale.

Lion (1938-58) : combat contre l'ordre établi ; l'individualisme entre en lutte ouverte contre l'autorité.

Vierge (1957-72) : crise dans l'environnement ; révolution dans le travail.

Balance (1971-84) : bouleversement dans les relations humaines.

Scorpion (1984-95) : révolution sexuelle ; conflits émotionnels ; besoin de connaître et d'explorer les mystères de la vie.

Sagittaire (1995-2008) : révolution dans le domaine de l'espace et des voyages intersidéraux ; importance des mouvements philosophiques et religieux.

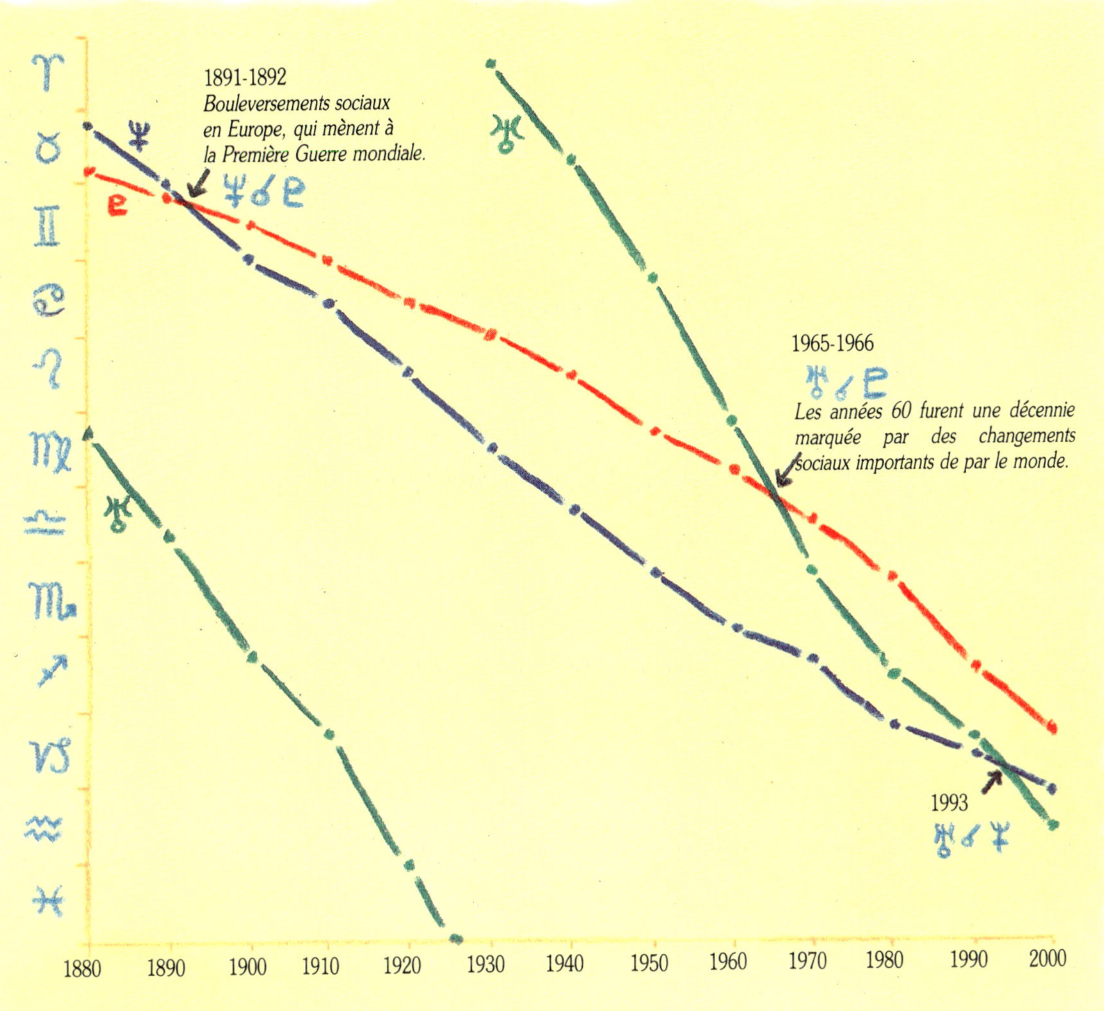

Les cycles planétaires
Les planètes lentes ont des effets combinés qui créent des cycles à long terme et qui illustrent les mouvements de la pensée et des comportements humains.

Cycle	*Moyenne*	*Signification*
Jupiter-Saturne	*20 ans*	*Variable, selon le signe, mais cycle typique des changements historiques.*
Jupiter-Uranus	*14 ans*	*Esprit d'entreprise, innovation, expansion, découvertes, explorations.*
Jupiter-Neptune	*13 ans*	*Religion, mysticisme, spéculation, inflation.*
Jupiter-Pluton	*12 ans*	*Luttes pour le pouvoir, violents conflits.*
Saturne-Uranus	*45 ans*	*Politique autoritaire, les partis de droite, innovations dans le domaine matériel.*
Saturne-Neptune	*36 ans*	*Démocratie et socialisme.*
Saturne-Pluton	*33 ans*	*Restructuration politique, conflit.*
Uranus-Neptune	*172 ans*	*Révolution dans les croyances.*
Uranus-Pluton	*127 ans*	*Soulèvements sociaux, révolution.*
Neptune-Pluton	*492 ans*	*Bouleversement historique majeur.*

1848 et 1968 se révélèrent comme des années de bouleversement. De nombreux pays ont en effet connu des révolutions ou des changements sociaux importants. Les historiens ne trouvent aucune relation entre ces deux dates, mais les astrologues savent que ces mêmes types d'événements se produisent sous l'influence d'une conjonction Uranus-Pluton et sur une étendue de deux années (le temps nécessaire pour que l'aspect devienne exact).

Le France napoléonienne
Cet horoscope a été établi pour 2 heures, le 11 novembre 1799, à Paris, lorsque Napoléon prêta serment comme consul. Dès ce moment, il tenait le destin du pays entre ses mains. L'horoscope couvre toute la période de son pouvoir. Uranus, en conjonction parfaite avec l'AS, exprime le changement historique, tandis que Jupiter en Maison X (le gouvernement) semble devenir le symbole même de l'Empereur. L'opposition exacte entre Lune et Mars (la guerre) indique la violence de cette époque : c'est en effet un coup d'État qui mena Napoléon à la tête du pouvoir. D'autre part, son règne fut essentiellement marqué par des conquêtes militaires. Notons que Napoléon commença à gouverner sous un trigone exact Jupiter-Pluton. Le général de Gaulle, qui lui fut souvent comparé, arriva à la direction de l'État sous un sextile entre ces deux mêmes planètes. Le cycle Jupiter-Pluton semble marquer l'histoire de France.

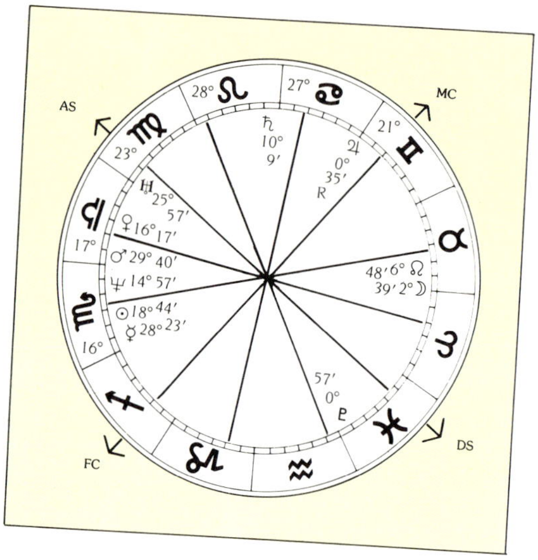

Capricorne : révolution matérielle ; profond conservatisme.

Verseau : grandes émotions autour d'idéaux humanitaires ; révolution intellectuelle ; intolérance.

Poissons : croyances mystiques et engouement concernant les expériences émotionnelles et les conflits affectifs.

LE CYCLE SOLAIRE : THÈMES D'INGRÈS. Parmi tous les thèmes d'ingrès (horoscopes pour établir l'heure d'entrée des planètes dans les signes), les ingrès solaires sont les plus importants, notamment les quatre ingrès cardinaux qui portent en eux les secrets de l'année tout entière.

La charte est établie pour l'heure exacte où le Soleil entre dans le signe en question et pour le lieu qui réclame une interprétation. Lorsque la charte est dessinée pour un pays, on utilise généralement la capitale. On calcule et on interprète l'horoscope de la façon habituelle, avec toutes les techniques de l'astrologie natale ajoutées aux techniques additionnelles de l'astrologie horaire.

La charte d'ingrès du Capricorne révèle les tendances générales de l'année à venir, mais ne précise pas quand les événements doivent se produire. Cependant, les transits sur toute l'année peuvent donner à l'astrologue des indices sur des dates critiques.

LE CYCLE SOLEIL-LUNE : LES CHARTES DE LUNAISONS.
L'enchaînement exact des événements sur une année est illustré par les chartes de lunaisons (pleines et nouvelles Lunes) établies pour l'heure précise où la Lune entre en conjonction (pleine Lune) ou en opposition (nouvelle Lune) avec le Soleil, et pour le lieu qui demande une interprétation. Comme pour les thèmes d'ingrès, on choisit de préférence la capitale si toute une nation est concernée. Il semble difficile de faire des prédictions avec ces chartes, mais elles ont le mérite de définir les grandes lignes des événements futurs.

Les pleines et les nouvelles Lunes ordinaires, dans ce type de charte, ne sont révélatrices que de la quinzaine à venir, mais les éclipses peuvent être lourdes de sens pour les mois, voire les années qui suivent. La règle générale est que les éclipses en signes fixes auront des effets à très long terme ; celles en signes mutables auront également des effets à longue échéance, mais de moindre intensité ; celles en signes cardinaux auront une influence de courte durée. Les éclipses coïncident souvent avec des événements irrationnels, parfois des bouleversements violents. Parfois également, il semble n'y avoir aucune corrélation entre l'éclipse et les événements, mais un transit se produit peu après sur le degré de l'éclipse, et les effets peuvent se déclencher. Par exemple, si l'éclipse apporte des potentialités de violence, cette violence peut se manifester lorsque Mars effectue un transit sur le lieu de l'éclipse.

LES CHARTES NATIONALES. Les thèmes nationaux sont établis pour le lieu, la date et l'heure des événements historiques majeurs (déclaration d'indépendance, élection, couronnement, etc.). Ces chartes ont l'avantage de décrire le « caractère national » du pays concerné et de prédire les événements les plus importants avec une remarquable exactitude.

LA CHARTE NATALE EN ASTROLOGIE MONDIALE. On pourrait penser que l'astrologie natale et l'astrologie mondiale regardent dans deux directions complètement opposées : l'astrologie natale renseigne l'individu pour l'aider à développer ses potentialités naturelles et l'astrologie mondiale commente des événements sur lesquels l'être humain n'a pas le sentiment

Le chemin des éclipses
Une éclipse solaire peut durer suffisamment longtemps pour affecter une part importante de la surface terrestre. Cette carte montre le chemin que suivit l'éclipse du 1er août 566, comparée à la naissance du prophète Mahomet (étude de l'astrologue américain Charles Emmerson). Le tracé couvre approximativement celui de l'islam dans son développement depuis l'Ouest africain jusqu'en Indonésie.

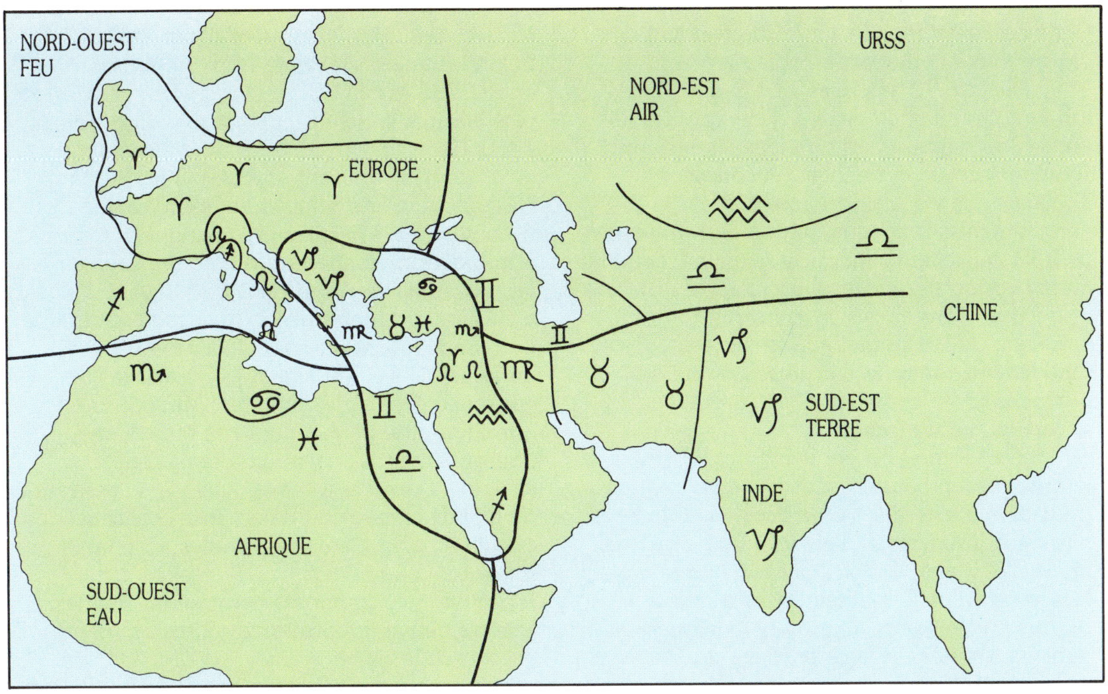

Les zodiaques terrestres
Il y a plus de 2 000 ans, le mathématicien et astrologue grec Ptolémée divisa le monde en quartiers, chacun étant sous l'influence d'un élément. Chaque quartier était lui-même subdivisé en régions que symbolisaient les signes du Zodiaque. Au centre existait une contrée privilégiée qui rassemblait toutes les influences. Il est remarquable de constater que ce schéma est encore en usage de nos jours, bien que beaucoup d'astrologues modernes préfèrent se référer aux chartes nationales pour travailler avec plus de précision.

d'avoir de contrôle. En fait, il n'existe pas de contradiction, car la croyance en la liberté individuelle passe par la prise de conscience des conditions matérielles et de la dépendance des personnes à leur environnement.

L'astrologie mondiale étudie l'environnement, l'infrastructure dans laquelle s'inscrit le vécu individuel avec toutes ses potentialités originales. La comparaison des chartes natales avec des chartes nationales (ou toute autre charte mondiale) révèle souvent pourquoi le succès arrive dans tel endroit et l'échec dans tel autre. A un niveau plus simple, tous les thèmes de naissance prennent l'astrologie mondiale en considération à travers l'étude des transits et des lunaisons. Projetés sur une charte natale, ces phénomènes indiquent les tournants cruciaux auxquels toute existence devra se plier, même si les positions des planètes en transit sont exactement semblables pour tout le monde.

LES HOROSCOPES ÉVÉNEMENTIELS. Des horoscopes peuvent être établis pour des événements soit passés, soit futurs. Ce travail peut être utile pour choisir une attitude adaptée, ou bien, s'il s'agit d'un incident très ancien, pour développer sa compréhension des techniques et du symbolisme astrologiques.

Bien sûr, ces horoscopes se rapportent aux chartes des pays où les incidents ont eu lieu et aux chartes natales des principaux personnages. La comparaison des chartes permet de clarifier la nature des fils qui les relient. Notons cependant que les horoscopes événementiels ont souvent plus de signification s'ils sont lus sans avoir été trop comparés à d'autres chartes. La disposition générale des planètes indique la plupart du temps la nature de l'événement, mais comme l'astrologue recherche généralement un indice de résultat final et une raison d'être de l'événement, il doit faire appel aux techniques de l'astrologie horaire. Interprétée de façon traditionnelle, la charte du naufrage du Titanic montre clairement la menace d'un désastre.

LES CYCLES HISTORIQUES
L'ÈRE DU VERSEAU. L'avènement de l'Ère du Verseau a été une des idées-forces des années 60. La conviction que le monde aborde un « nouvel âge », plus glorieux que les précédents, remonte à la plus haute Antiquité.

L'Ère du Verseau fait partie de cette série des 12 « Grands Mois » (un pour chaque signe du Zodiaque), qui durent chacun 2 160 années.

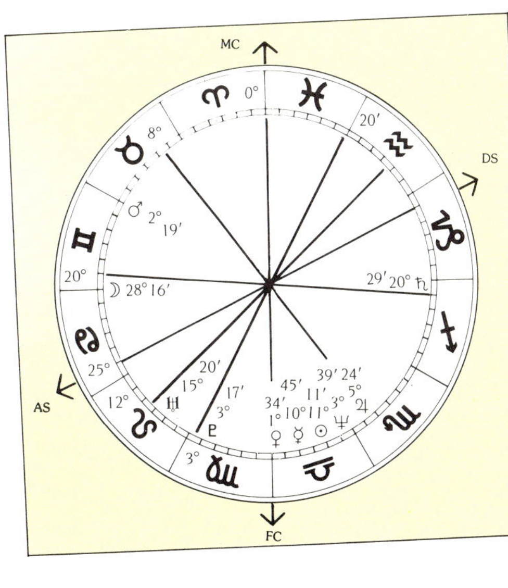

La Ve République en France
Cet horoscope a été dessiné au moment de la fondation de la Ve République, à 0 heure, le 5 octobre 1958. Comme la plupart des chartes nationales, celle-ci a été établie selon les coordonnées de la capitale. Les transits que l'on observe durant cette période s'accordent bien avec les événements historiques français. En 1968, Saturne en transit s'opposait au Soleil, provoquant les émeutes estudiantines qui faillirent renverser le gouvernement, et le général de Gaulle renonça à ses fonctions de chef d'État le jour même (le 29 avril 1969) où Uranus en transit (significateur privilégié des changements radicaux) entrait en opposition avec le Milieu du Ciel (symbole du pouvoir).

Cette durée est fondée sur le mouvement des étoiles en relation avec le Zodiaque : 1° équivaut à 72 ans. Ces 12 Grands Mois forment une Grande Année d'environ 25 900 années normales, et les Grandes Années se succèdent en un cycle infini. A l'ouest, le Zodiaque (dit tropical) est basé sur le déroulement des saisons, mais à l'est on utilise un Zodiaque alternatif (appelé sidéral) dépendant de la position des étoiles (voir chapitre 15).

Comme les étoiles se meuvent, tout le Zodiaque sidéral se met également en mouvement contre le Zodiaque tropical et, graduellement, les systèmes est et ouest s'écartent l'un de l'autre.

Chaque mois est gouverné par le signe que le Soleil occupe au moment de l'équinoxe de printemps. Dans le système occidental, le Soleil entre en Bélier, mais, dans le système oriental, après 2 160 ans, le Soleil fait son entrée dans le signe suivant. En général, l'équinoxe se produit en Poissons, mais, dans quelques dizaines d'années, elle se produira en Verseau. A ce moment-là, on passera de l'Ère des Poissons à l'Ère du Verseau. On ne peut pas situer exactement à quelle période ce changement s'opérera car il n'existe aucun consensus sur les limites des signes sidéraux. Selon les auteurs, la date fatidique se situerait entre 1762 et l'an 3000, bien que les esprits les plus brillants la définissent aux alentours de 2360-70.

Les comparaisons littérales entre les ères et l'histoire humaine semblent n'apporter que des déconvenues. Par exemple, quelques astrologues prétendent que l'Ère du Taureau (approximativement 4000 à 2000 avant J.-C.) a été l'ère des monuments gigantesques, comme les pyramides, et du culte du Taureau ; l'Ère du Bélier (2000 à 0 avant J.-C.) assiste à la naissance des grands empires. Mais ces mêmes astrologues ne parviennent pas à expliquer pourquoi d'autres animaux-totems étaient également vénérés à ces époques-là, et pourquoi de grands empires ou d'immenses constructions existèrent aussi bien au cours des millénaires suivants.

Pourtant, comprises comme des mythes, les ères peuvent fournir des cadres à un type de pensée inspirée. Il existe en effet des connexions remarquables entre le début de l'Ère des Poissons (il y a environ 2 000 ans) et l'utilisation du poisson comme symbole du Christ par les premiers chrétiens.

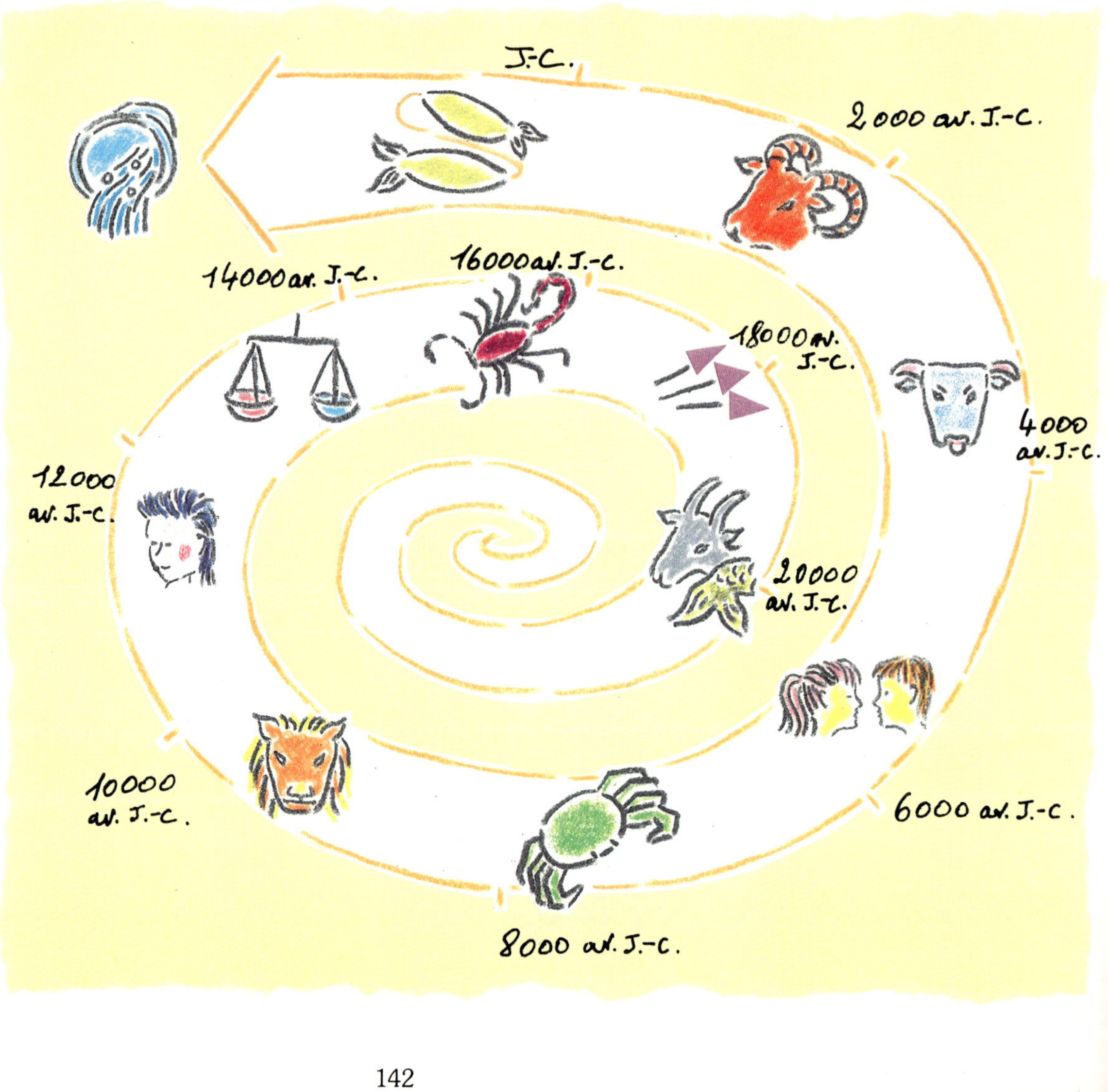

Les grandes Ères
Les astrologues ont une image du temps historique qui s'apparente à une immense spirale progressant à travers des Ères sans fin. A chacune de ces Ères correspond une structure. identique, mais les circonstances diffèrent.

Les mythes qui entourent l'avènement de l'Ère du Verseau suggèrent l'arrivée d'un âge d'or, fait de paix et d'équité et, aussi idéaliste que cela puisse paraître, il est dit que les individus travailleront essentiellement dans ce but.

LES CYCLES NATURELS : COSMOBIOLOGIE. Il est évident que les mouvements du système solaire ont une influence sur la vie terrestre, à travers des mécanismes naturels dont nous n'avons pas encore percé tous les mystères. La recherche dans ce domaine promet des surprises substantielles. La situation actuelle pourrait être comparée à une scie dont il manquerait, ici et là, une dent. Pourtant, nombreux sont les savants qui soupçonnent, derrière leurs connaissances limitées, une réalité prodigieuse. Une telle approche astrologique élimine toute tentative de divination, ou de lecture symbolique, ou même de conception de l'astrologie comme un langage. Cette recherche devient une branche des sciences naturelles, baptisée cosmobiologie.

Le cycle céleste le plus remarquable est celui de la Lune, dont les effets physiques sur la Terre sont très prononcés et compris depuis les temps les plus reculés. Ironiquement, lorsque l'astrologie passa de mode au XVIIe siècle, beaucoup de gens eurent des doutes concernant l'influence de la Lune sur les marées ! Ce que les scientifiques modernes tiennent pour exact actuellement vient en fait d'un enseignement astrologique extrêmement ancien.

Il est bien connu que le cycle lunaire a des relations avec le cycle de fertilité féminin, mais les connexions entre les rythmes lunaires et les comportements humains devraient être plus systématiquement étudiées. La croyance qui tisse des liens de cause à effet entre la pleine Lune et les pulsions « lunatiques » trouve sa forme dans le mythe du loup-garou, mais la fiction n'est pas nécessairement plus étrange ou plus fantastique que la réalité. En 1961, l'Institut américain de climatologie médicale confirmait l'existence d'une réalité derrière un apparent folklore.

La police de Philadelphie a rapporté que des crimes qui semblaient sans motifs et le fait d'individus « dérangés » se produisaient de préférence à la période de la pleine Lune. Cela n'a jamais étonné les astrologues, qui avaient déjà depuis longtemps effectué des rapprochements entre la pleine Lune et la violence. La question est de savoir s'il existe une connexion « naturelle » entre ces phénomènes, autre qu'un symbolisme astrologique.

Un événement majeur associé au Soleil est l'apparition d'un cycle de taches solaires. On ignore tout des causes et des effets de ces traces sombres qui maculent la surface du Soleil et possèdent un champ magnétique extrêmement puissant. Leur fréquence suit un rythme étonnamment régulier, atteignant un maximum tous les 11 ans. On pense que ces taches sont le produit d'un phénomène chimique et atomique interne au Soleil et que le système planétaire dépend beaucoup, dans sa structure, de leur apparition périodique. Le fait est qu'elles bombardent la Terre de radiations qui ont des conséquences (pense-t-on) sur la marche des affaires terrestres, même s'il demeure difficile d'établir des relations entre elles et les destins humains.

Pourtant, au début de ce siècle, le scientifique soviétique A.L. Tchijevsky a publié une analyse s'appliquant à l'histoire des guerres. Il a découvert que le cycle d'« excitabilité » humaine était de 11 années. On sait en effet que la période où les taches solaires atteignent leur amplitude maximale coïncide avec une recrudescence de la rébellion ou de la violence : c'est le moment où les crises politiques et les guerres éclatent.

La dernière période d'intense activité solaire était en 1979, année qui vit naître la révolution en Iran et au Nicaragua, l'invasion de l'Afghanistan par les Russes et l'élection de Ronald Reagan comme président des États-Unis ; ajoutons à cela que la tension Est-Ouest connut des moments dramatiques avec l'affaire des missiles de Cuba.

La précession des équinoxes
Actuellement, l'équinoxe de printemps est fixée à 0 ° du Bélier dans le Zodiaque tropical, mais elle se situe à 5 ° des Poissons dans le Zodiaque sidéral, qui dérive en permanence. Lorsque l'équinoxe se trouvera à 0 ° du Verseau, ce qui ne se produira que dans 300 ou 400 ans, commencera l'Ère du Verseau.

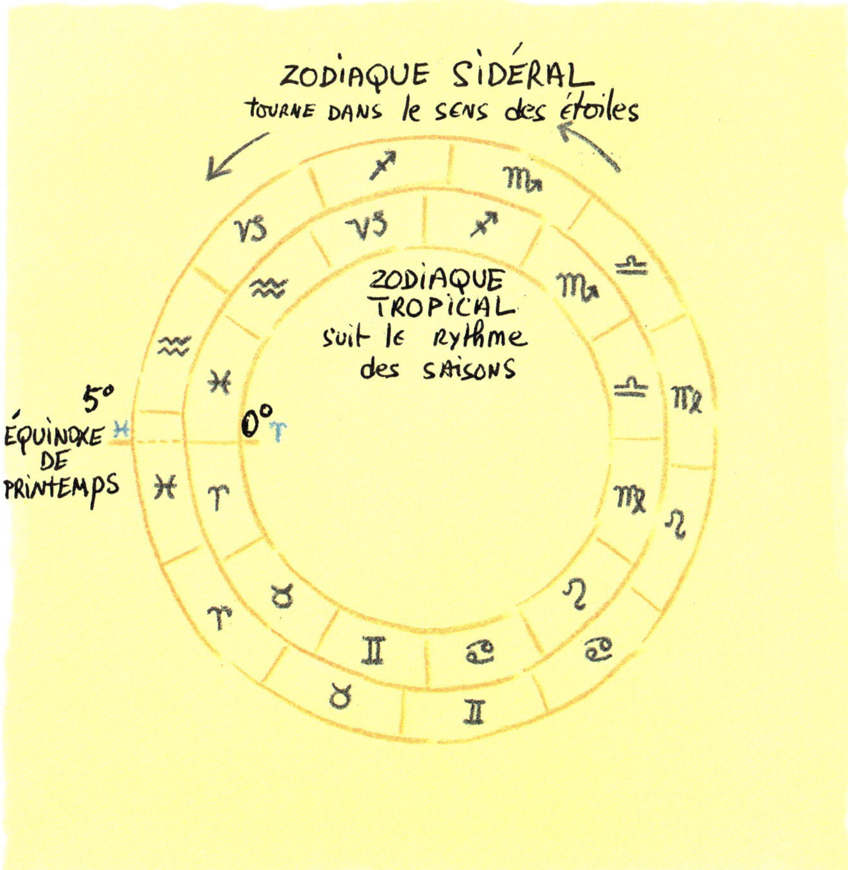

CHAPITRE 18
L'ASTROLOGIE ÉCONOMIQUE ET FINANCIÈRE

C'est une branche de l'astrologie mondiale, bien que beaucoup d'astrologues soient amenés à l'utiliser en astrologie natale, à la demande de leur clientèle. Les risques économiques sont grands, de nos jours, et les conseils d'un astrologue sont de plus en plus sollicités par les gens d'affaires. Il est évident que de nombreuses opérations profitables ont été réalisées avec le concours des calculs astrologiques. Pourtant, il n'existe pas de méthode infaillible, sinon tous les astrologues seraient déjà eux-mêmes milliardaires. La situation est la même que celle d'un joueur qui aurait découvert une « martingale » qui fonctionnerait pour lui, mais pas pour les autres. Chaque astrologue élabore une méthode, selon sa propre expérience, qui, en principe, lui procure quelques succès dans le domaine des conseils financiers.

PRINCIPES GÉNÉRAUX

Les conseillers astrologiques en matière d'économie rencontrent les mêmes difficultés que les astrologues qui se penchent sur un thème natal pour en tirer une orientation psychologique, ou sur une charte mondiale pour commenter les événements historiques. Toutes ces disciplines n'ont pas la rigueur scientifique souhaitée ; elles restent vagues et soumises à la culture et à l'opinion des personnes qui s'y adonnent. En économie, c'est le chercheur qui combine les éléments de l'information et interprète les résultats, au point que le grand économiste John Maynard Keynes décrivait les sciences économiques comme une branche de la théologie !

Le problème de fond est que ce qui est bon pour une personne ne l'est pas forcément pour une autre. Un déclin dans un secteur peut entraîner un développement favorable dans un autre. Par conséquent, l'astrologie financière offre des possibilités précises, principalement par le jeu des comparaisons entre les mouvements planétaires et les fluctuations monétaires sur les marchés.

Bien que l'astrologie ait permis à beaucoup de personnes de réaliser des profits, il faut se souvenir qu'elle est conçue avant tout pour révéler les différents moments ou les niveaux de l'activité économique, et pour tenter, si possible, d'envisager un système économique global qui bénéficierait à tous.

LES CYCLES PLANÉTAIRES. L'analyse économique moderne se fonde essentiellement sur le concept de « cycles ». Les activités économiques suivraient des schémas alternatifs de croissance et de récession. On a identifié des cycles de durées dissemblables, et quoiqu'on observe des constantes qui touchent aux phénomènes économiques, il est évident que les facteurs psychologiques jouent un rôle déterminant.

La base des comparaisons de ce type d'astrologie repose sur les mouvements

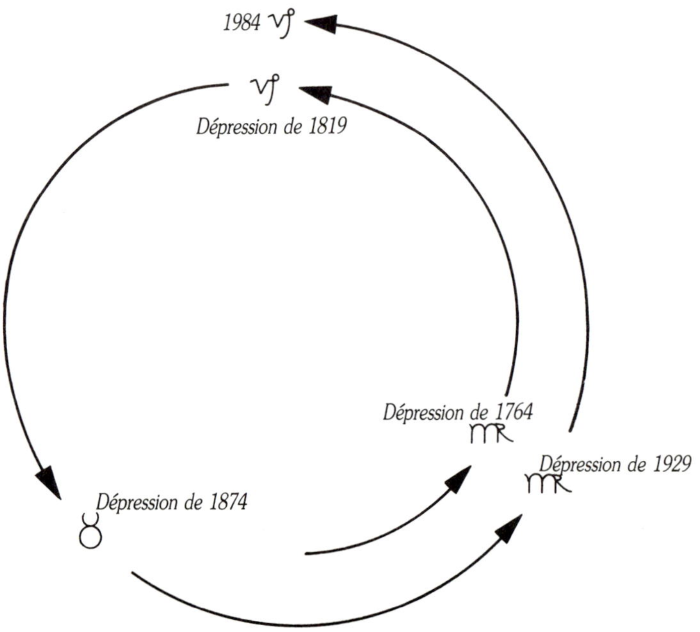

En bas, à gauche : ***Neptune et les cycles économiques***
Le passage des planètes dans les signes a des significations d'ordre économique. On dit habituellement que l'entrée de Neptune (planète associée au concept d'inflation) en signe de terre (stabilité) annonce un écroulement du marché. Les économistes eux-mêmes reconnaissent que les chutes financières appartiennent à un cycle plus large (le cycle de Kondratief), qui dure environ 52 ans : croissance, sommet, écroulement puis récession. Les quatre dernières récessions se sont produites sur des périodes de 3 ans au moment de l'entrée de Neptune en signe de terre. Les circonstances précises de chacun de ces avènements sont données par les aspects de Saturne et les autres cycles planétaires.

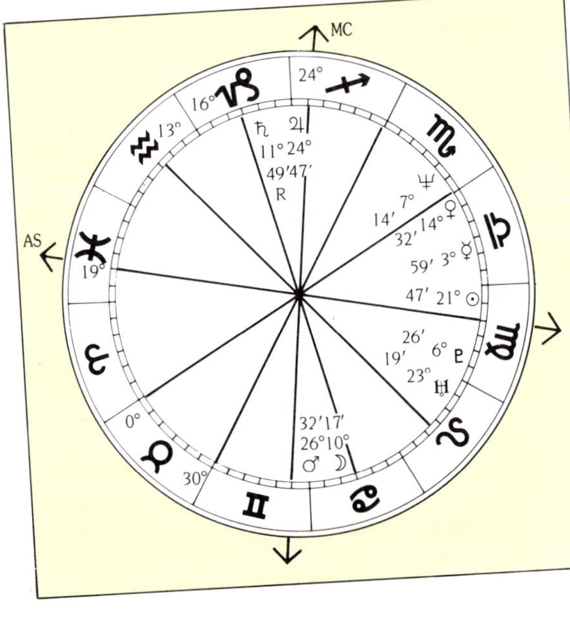

En bas, à droite : l'OPEP
Horoscope au moment de l'annonce de la formation de l'OPEP (organisation des pays exportateurs de pétrole), à 15 heures GMT, le 14 septembre 1960 à Bagdad. Jupiter conjoint au MC est dans son signe, le Sagittaire. C'est un excellent symbole de succès et de prospérité. Pourtant, le carré Jupiter-Soleil et l'opposition Jupiter-Mars indiquent des attitudes irréfléchies.

journaliers des planètes en transit. L'étude des cycles planétaires ignore généralement les signes et la place des Maisons, et se concentre exclusivement sur les relations interplanétaires. Les aspects sont au cœur du problème. Quant aux harmoniques et aux mi-points (points intermédiaires), ils servent à des analyses plus poussées.

Étant donné que c'est la configuration dans sa totalité qui est importante, l'astrologue a besoin de comprendre les potentialités de chaque combinaison de planètes. Les aspects entre les planètes rapides sont tellement communs et courts dans le temps qu'ils sont un peu mis de côté. En revanche, les aspects d'Uranus, de Neptune et de Pluton sont si longs qu'ils apportent nécessairement des changements profonds et durables dans la vie économique (mais révèlent peu de chose concernant les fluctuations quotidiennes du marché). Les planètes cruciales sont Jupiter et Saturne, car leurs mouvements sont assez lents pour indiquer les changements majeurs, et assez rapides pour produire des effets sur un jour ou une semaine. Les aspects que forment les planètes rapides avec les autres planètes (rapides ou lentes) renforcent généralement la tendance du jour.

Les principes planétaires sont adaptés de l'astrologie natale. Saturne indique le pessimisme, la récession, la baisse des prix, la stabilité ; Jupiter exprime l'optimisme, la croissance, l'inflation et la montée des prix ; Neptune est associé à des espoirs irréalistes et hors de proportion, et Uranus à des chocs inattendus.

Les aspects majeurs sont le signe de tournants critiques. Les conjonctions et les oppositions sont les aspects les plus puissants ; les sextiles, les carrés et les trigones ont un rôle moindre. Les aspects dissonants indiquent les moments où le marché est tombé et recommence à monter ; les aspects harmoniques marquent le point culminant qui entraînera, peu après, une chute. Évidemment, les choses se compliquent lorsque des cycles contradictoires coïncident. Par exemple, un aspect de Jupiter à Neptune peut indiquer une inflation en même temps qu'un aspect de Jupiter à Saturne promet la déflation. La situation doit être prudemment pesée et interprétée.

Le cycle Jupiter-Uranus, significateur suprême de l'entreprise privée, est considéré comme le « patron » du capitalisme. En 1983, quand ces deux planètes étaient en conjonction, le monde occidental, avec en tête les États-Unis, réussit à se sortir du marasme et de la récession qui sévissaient depuis 1979. Sous la pression des cours du marché monétaire, les prix atteignirent des sommets jamais égalés. Le 8 janvier 1986, les deux planètes connurent une nouvelle phase de leur cycle : le sextile. Le cours de l'argent s'écroula d'une manière spectaculaire, qui fit penser au krach de Wall Street, en 1929.

LES HOROSCOPES. Ce sont les horoscopes que l'on utilise pour mettre en équation les affaires et les cycles planétaires. Leur interprétation est la même qu'en astrologie natale, mondiale ou horaire, avec seulement des adaptations au langage économique. Les chartes sont établies pour la fondation ou l'inauguration des banques, des bourses, des entreprises ou des systèmes financiers. Les chartes mondiales (pour les pays, les gouvernements ; ingrès et lunaisons) peuvent servir à donner des informations sur les perspectives générales. Les chartes natales des personnes concernées sont également importantes, surtout si l'opération s'effectue autour de ces personnes. Lorsqu'une question spécifique surgit (vendre ou acheter une propriété, par exemple), une charte horaire permet de fournir une réponse claire.

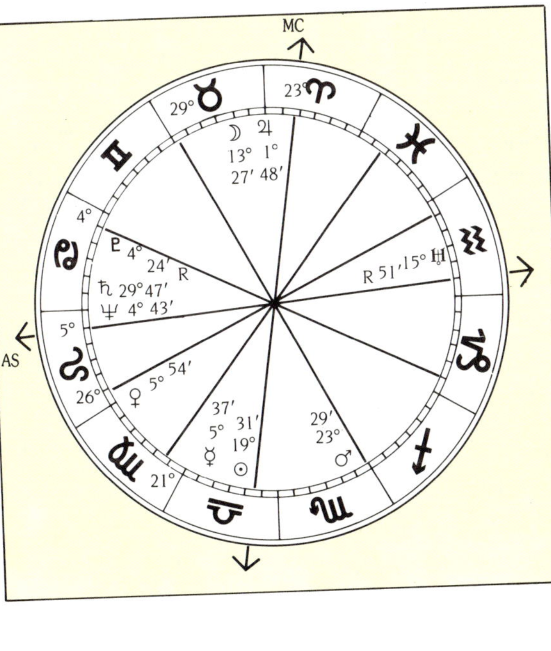

En bas, à gauche : la General Motors
La grande compagnie américaine General Motors est une des multinationales les plus puissantes dans le monde actuel. Cet horoscope a été établi pour l'inauguration, le 13 octobre 1916, à Delaware. Comme l'heure exacte n'est pas connue, l'astrologue a opté pour minuit.
On remarque un certain nombre de « signatures » qui décrivent la destination de la compagnie (la fabrication de voitures automobiles). Une réception mutuelle entre Mercure et Vénus depuis la Maison II (argent) vers la Maison III (communication) donne l'idée des transports. Le trigone Mars-Saturne indique le génie civil, et le carré Lune-Uranus les effets pernicieux que la multiplication des voitures a sur le mode de vie des gens, en même temps que son impact révolutionnaire.

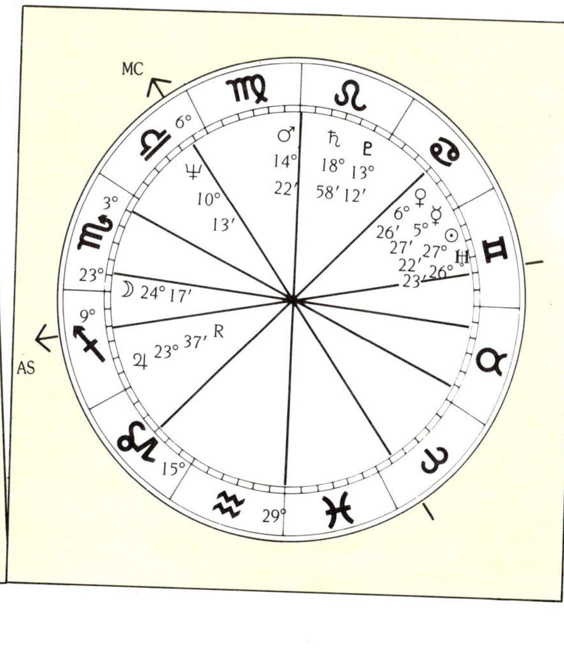

En bas, à droite : le deutsche mark
L'horoscope des monnaies est possible à condition de connaître la date de leur première émission. Cette charte a été établie au moment de la réforme monétaire en Allemagne de l'Ouest, lorsque le mark a été lancé sur le marché, à 20 heures, le 18 juin 1948, à Francfort.
Remarquons l'opposition Jupiter-Uranus. Le cycle Jupiter-Uranus est associé à l'esprit de libre concurrence, et l'Allemagne de l'Ouest est un modèle de réussite capitaliste. Jupiter est d'autant plus important dans cette charte qu'il est le Maître de l'Ascendant, en domicile dans le Sagittaire et en Maison I.

CHAPITRE 19
L'ASTROLOGIE ÉLECTIVE : ORGANISER LE FUTUR

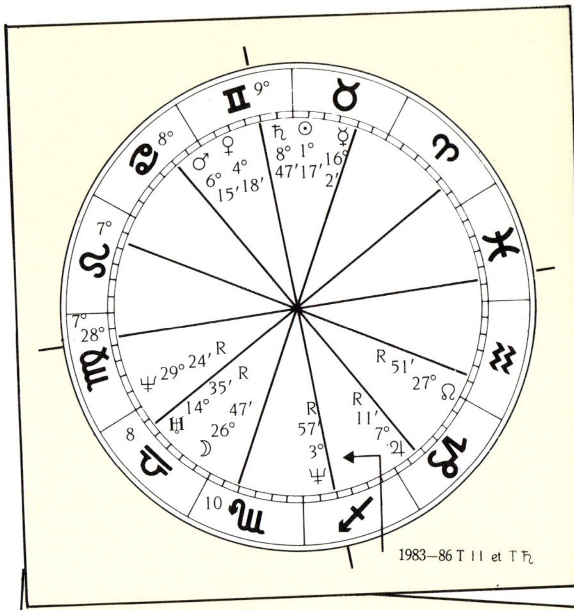

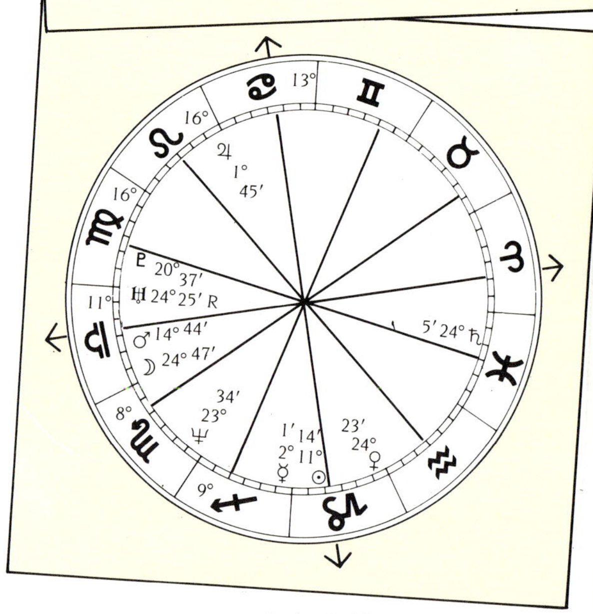

En haut : les chartes politiques
Dans les pays asiatiques, l'astrologie est régulièrement consultée pour établir l'heure favorable d'un événement politique. Nous voyons ici l'horoscope de la proclamation de la république du Sri Lanka (anciennement Ceylan), à l'occasion de la grande cérémonie qui eut lieu à 12 h 34 le 22 mai 1972. Tous les détails de la cérémonie avaient été préparés par les astrologues du gouvernement. Lorsque Saturne en transit entra en conjonction avec Uranus et le FC (1983-86), des troubles raciaux se produisirent, au point de tourner à la guerre civile. L'Inde, Burma, la Thaïlande et le Népal possèdent également des horoscopes choisis par des astrologues.

En bas : Ronald Reagan devient gouverneur de la Californie
Lorsque Ronald Reagan fut élu gouverneur de Californie, à 0 h 16, le 1er janvier 1967 à Sacramento, tous les journaux américains s'étonnèrent de l'étrangeté de l'heure, étant donné que la plupart des nominations de ce genre ont plutôt lieu vers la mi-journée. On n'ignorait pas l'intérêt que Reagan portait à la science astrologique et l'on conclut bien vite que le moment avait été choisi comme le plus favorable pour inaugurer un mandat heureux. Un des traits remarquables de cette charte est l'ensemble d'aspects serrés entre la Lune, Vénus, Saturne, Neptune et Uranus. La Lune sort à peine d'une conjonction exacte avec l'Épi.

L'astrologie élective n'a rien à voir avec les élections politiques. En harmonie avec les astrologies natale, horaire et mondiale, elle permet de situer précisément le moment favorable pour un événement ou une action : elle « élit », c'est-à-dire sélectionne, d'où son nom.

Si le but de l'astrologie est de multiplier les possibilités de choix, l'astrologie élective considère l'œuvre accomplie. Elle recherche une harmonie avec le reste de l'Univers, non pas pour exercer un quelconque contrôle, mais pour profiter des moments propices à la réalisation des projets humains en utilisant la mouvance du temps, tel l'oiseau qui cherche les courants afin d'économiser ses forces tout en rejoignant son nid dans les meilleures conditions.

Gardons à l'esprit, cependant, qu'il existe un niveau d'existence d'ordre spirituel qui transcende tout ce que pourra jamais décrire l'astrologie elle-même, et la meilleure des analyses ne peut garantir à coup sûr le succès des entreprises, sujettes à fluctuations par définition. En revanche, une mauvaise charte peut être améliorée par un travail acharné et adapté, et un succès inattendu peut en résulter.

CONSIDÉRATIONS PRATIQUES

Il arrive souvent que l'astrologue soit obligé de commencer son travail par une prise en compte des circonstances plutôt que des positions planétaires. La raison en est simple : la nuit ou le jour, la guerre ou la paix, bref le bon sens peut déjà déterminer en partie si un événement est dans l'ordre du possible ou non. Par exemple, il est peu probable qu'un rassemblement politique ait lieu au beau milieu de la nuit, ou qu'un livre soit lancé avant même d'avoir été imprimé. Cependant, il y a des cas où seule l'astrologie permet d'agir : dans l'État de Burma (Sud-Est asiatique), les astrologues insistèrent particulièrement pour que l'indépendance soit proclamée à 4 h 20 du matin. On dit aussi que Ronald Reagan a programmé sa nomination en tant que gouverneur de la Californie à une heure inhabituelle (conseillée par son astrologue privé) : 0 h 16 !

LOCALISATION DES SIGNIFICATEURS

LES MAISONS. Selon la nature de l'événement à étudier, l'astrologue choisit les Maisons. Par exemple, les Maisons II et VIII gouvernent le monde des affaires, la Maison III les courts voyages, la Maison VII le mariage, etc. Il est important que ces Maisons sélectionnées contiennent des planètes bénéfiques comme Jupiter ou Vénus et que leurs Gouverneurs soient bien situés (domicile ou exaltation), tout en formant de préférence des aspects harmoniques, et non pas dissonants. Un trigone à Jupiter est toujours préférable à une opposition de Saturne. Les aspects appliquants sont également plus importants que les aspects séparants.

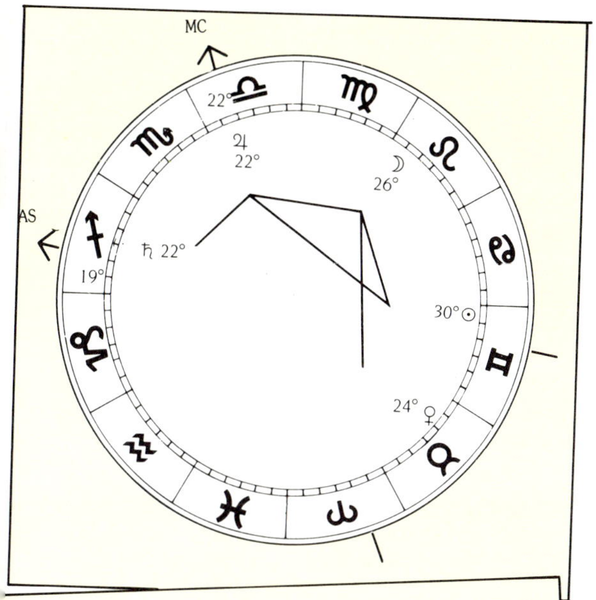

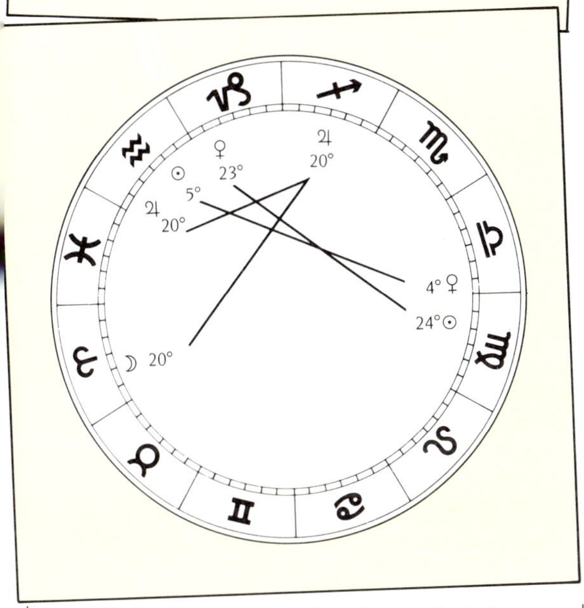

LA LUNE. La vitesse et les phases de la Lune exercent une très forte influence. Selon une vieille tradition, aucune entreprise ne devrait voir le jour sous la nouvelle Lune (le noir total de la nuit symbolisait la mort pour les Anciens). La pleine Lune semble également à éviter, ainsi que la Lune descendante. Seule la Lune montante aurait la réputation d'aider la formation et la réalisation des projets, notamment entre trois jours après la nouvelle Lune et jusqu'à trois jours avant la pleine Lune.

L'ASCENDANT. L'AS et son Maître doivent être bien aspectés.

LES PLANÈTES. Jupiter et Vénus doivent être aussi forts que possible, grâce à leurs aspects, Maisons et signes. Sauf si le sujet se rapporte spécifiquement à Mars (une guerre, une bataille) ou à Saturne (de nouvelles responsabilités), ces deux planètes doivent être en position de faiblesse autant que faire se peut. En tout cas, il est exclu qu'elles forment des carrés appliquants ou des oppositions avec les autres planètes significatives (Gouverneur de l'AS, Lune, Gouverneurs des Maisons concernées, Uranus, Neptune et Pluton).

LES PLANÈTES RÉTROGRADES. Elles devraient être évitées. Mais ce n'est guère possible avec les planètes lentes qui passent un temps infini en situation rétrograde. Sachons que Mercure rétrograde signifie des difficultés en général.

LA CHARTE NATALE. Les thèmes de naissance devraient toujours être pris en considération. Cela semble difficile pour le lancement d'un paquebot, par exemple, mais il n'est pas inutile d'étudier le thème natal du commandant du navire. Pour déterminer le moment le plus favorable à un mariage, l'astrologue a intérêt à dresser la charte composite des deux fiancés.

Idéalement, les transits devraient être les mieux aspectés possible avec les planètes natales des sujets : les trigones et les sextiles annoncent toujours un déroulement heureux.

INDICATION DES DIFFICULTÉS. Aucune charte élective ne présente la perfection rêvée. Il se trouve toujours, ici ou là, des indices de difficultés. L'astrologue doit donc effectuer une analyse équilibrée afin de faire voir comment les données positives peuvent se mêler harmonieusement aux accrocs inévitables de l'existence humaine. Il faut se souvenir que les obstacles et les épreuves sont des circonstances nécessaires à l'évolution. Les faveurs du destin, en revanche, apportent à l'être l'optimisme et la chance dont il a besoin pour réaliser ses projets.

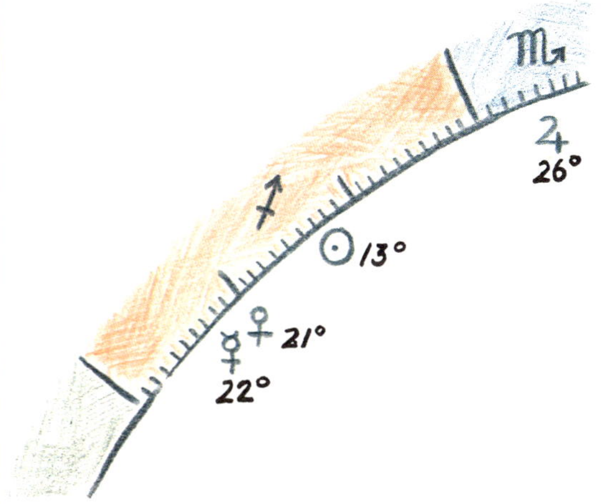

En haut : la société astrologique
Lorsque les astrologues britanniques fondèrent la Société astrologique à 19 h 22 GMT, le 21 juin 1958, à Londres, il est évident qu'ils avaient attentivement choisi une heure propice. Cinq planètes forment une configuration particulière. La signification de cette journée est double. On observe un sextile exact entre Jupiter (l'expansion) et Saturne (la structure) : aspect excellent pour la création d'un organisme public. De plus, le Soleil entre en Cancer, marquant le solstice d'été.
Jupiter et Saturne se trouvent sur l'AS et le MC. L'étoile fixe bénéfique Spica (l'Épi) est sur le MC. La Lune quitte un carré à Vénus (Gouverneur du MC) et se dirige vers un sextile au Soleil.
Toutes les lois de l'astrologie élective sont respectées, sauf une : Saturne est à l'Ascendant. Mais on considère que Saturne fait ici partie d'un ensemble bénéfique, étant à la fois en sextile et en réception mutuelle avec Jupiter.

En bas : le couronnement d'Elizabeth Ire
C'est un des événements astrologiquement organisés qui connut le plus de succès, Elizabeth Ire demeurant la plus importante souveraine d'Angleterre. L'instant du couronnement avait été calculé par son astrologue, John Dee, pour que Vénus et Jupiter (bénéfiques), le Soleil et la Lune (les luminaires) forment à ce moment-là des aspects harmoniques avec les mêmes planètes dans la charte natale de la future reine. Les planètes à gauche dans le cercle sont celles du couronnement ; celles de droite sont les planètes natales de la souveraine.

L'astrologie des affaires
Les hommes d'affaires demandent souvent conseil aux astrologues. Voici un exemple : la Brasserie de Bombay (célèbre restaurant de Londres). L'heure choisie était 11 heures, le 5 décembre 1982. L'élément déterminant était qu'une fois toutes les huit semaines, Mercure, Vénus et Jupiter étaient visibles dans le ciel. L'astrologue, d'origine indienne, a travaillé selon des critères anciens et traditionnels : lorsque les planètes sont invisibles, elles sont combustes au Soleil et par conséquent affaiblies.

***En bas, à gauche :* les courses de chevaux**
Le « Grand National » est une course importante dans le calendrier des turfistes. Cette charte a été établie pour le 5 avril 1986 et illustre bien la spécificité de la Maison V à désigner le vainqueur. La course partait à 14 h 28 sur l'hippodrome d'Aintree. Le significateur du gagnant est la Lune en Poissons sur le DS parce que c'est la planète la plus angulaire. Une confirmation est donnée par la conjonction Lune-Jupiter (Gouverneur de la Maison V et significateur des jeux, des compétitions et des sports). Avant la course, beaucoup d'astrologues se penchèrent sur les noms qui pouvaient évoquer les poissons, les arts, les déguisements, les masques et l'illusion. En fait, le vainqueur s'appelait West Tip (Pointe Ouest), signifié par le DS, c'est-à-dire l'angle ouest de l'horizon. Mais les couleurs que portait le jockey étaient le bleu pâle des Poissons...

En bas, à droite : *horoscope de la coupe de Melbourne 1985. Le vainqueur, Casse-Pied, avait été désigné par les astrologues parce que Mercure était la planète la plus angulaire de la charte. Mercure, Gouverneur des voleurs et des menteurs, était le significateur exact du type d'agacement qu'engendrent les personnages décrits. Le nom du cheval en était une illustration comique. La puissance de Mercure s'avéra par son trigone exact à la Lune (Gouverneur de la Maison V).*

CHAPITRE 20 LES JEUX, LES COURSES ET LES COMPÉTITIONS

Les compétitions sportives sont une occasion bénie pour les astrologues : ils se détendent agréablement tout en élargissant leur expérience, car ils ne sont pas tenus de résoudre les situations problématiques des individus.

On peut dresser l'horoscope de n'importe quelle rencontre ou course, qu'il s'agisse d'une partie d'échecs ou d'un match de boxe.

Ici non plus, il n'existe pas de méthode infaillible, et l'astrologue qui se double d'un parieur doit posséder un humour à toute épreuve.

Les principes sont les mêmes que pour les autres secteurs de l'astrologie, mais il est évident que l'astrologie horaire entrera pour une bonne part dans cette analyse, puisqu'une réponse précise en est l'enjeu. La psychologie est accessoire lorsque l'on désire trouver le nom du gagnant. Les « chartes de concours » peuvent être prises en considération dans le cadre d'une astrologie mondiale, afin de connaître à l'avance le résultat d'élections ou l'issue d'une bataille.

LES CHARTES DE CONCOURS

Lorsqu'une épreuve se déroule entre deux individus ou deux équipes, la charte est établie pour l'heure et le lieu du début de la rencontre. Dans la plupart des cas, il existe un champion, un favori, le tenant du titre ou encore une équipe locale avec, en face, la partie adverse, le « challenger », l'équipe invitée. La vedette est toujours figurée par la Maison I et l'AS. Le significateur de l'équipe est le Gouverneur de l'AS. L'adversaire est représenté par la Maison VII et le DS, et son significateur est le Gouverneur du DS.

LES MAISONS. La Maison X gouverne la réputation et le statut de champion. La Maison V régit les loisirs, les plaisirs et la spéculation ; elle est très importante, car elle indique les chances qu'a un champion de remporter la victoire.

Pour l'adversaire, la charte est « tournée » comme en astrologie horaire : la Maison VII devient la Maison I et la Maison XI devient la Maison V. La Maison XI de la charte (la VII pour l'adversaire) indique les chances de succès. Cette Maison est analysée avec une grande attention, portée notamment sur la puissance du Gouverneur. Si le Gouverneur de l'AS forme une conjonction, un trigone ou un sextile avec le Gouverneur de la Maison XI, l'adversaire risque de gagner le match. Mais il est rare qu'une charte soit aussi clairement expressive, et l'astrologue est obligé de considérer d'autres facteurs.

LA LUNE. Les aspects appliquants de la Lune sont très importants, notamment les conjonctions, les trigones et les sextiles avec les Gouverneurs de l'AS et de la Maison V (victoire du champion). Mais les mêmes aspects appliquants aux Gouverneurs du DS et de la Maison XI favorisent le succès de l'adversaire.

DIGNITÉS ET DÉBILITÉS. Si l'on a du mal à déterminer la planète la plus puissante (le

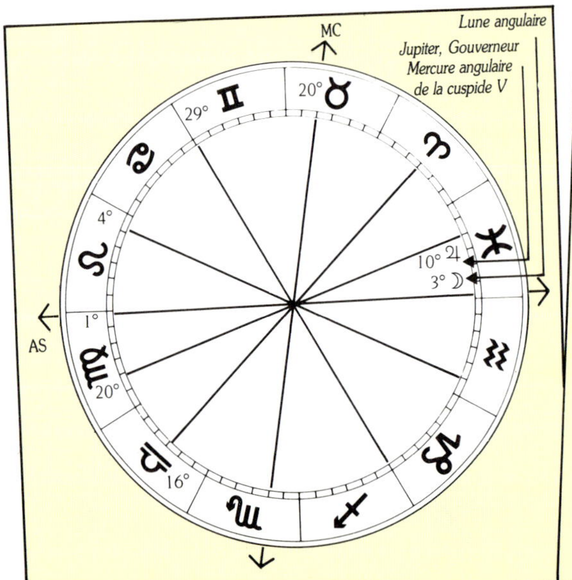

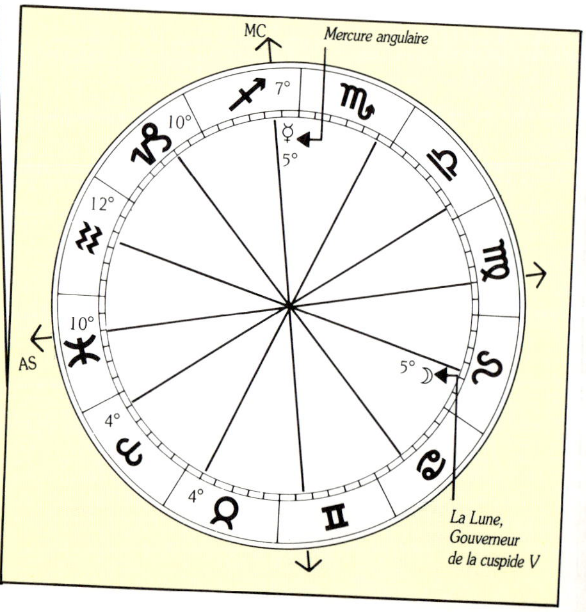

Gouverneur de l'AS ou le Gouverneur du DS), il faut faire intervenir les notions de débilité et de dignité, comme en astrologie horaire : domicile, exaltation, exil et chute, outre les aspects aux autres planètes ou étoiles. Par exemple, une planète est renforcée par des trigones appliquants à Jupiter et affaiblie par des oppositions appliquantes à Saturne.

LES COURSES DE CHEVAUX

L'horoscope d'une course est toujours dressé pour le lieu et l'heure du départ de la course. En raison du nombre de participants, l'interprétation de ce type de charte peut être plus compliquée que dans le cas d'autres compétitions.

LES PLANÈTES ANGULAIRES. A moins d'aspects très maléfiques ou d'une sévère débilité, la planète qui forme la conjonction la plus exacte avec l'un des quatre angles représente le gagnant. Elle peut même être un indice pour connaître le nom du vainqueur, une fois publiée la liste des participants, des jockeys et des couleurs portées. Par exemple, Neptune sur un angle indique que le nom du gagnant fait référence à l'alcool, au cinéma fantastique, au mysticisme et à la couleur bleu pâle ; Mars indique un nom lié aux notions d'énergie, d'agression, de chef, de guerre et de pourpre. Une planète conjointe à l'AS ou au MC est normalement plus puissante qu'une planète conjointe au DS ou au FC. La planète angulaire est le significateur du gagnant. S'il n'y a pas de planète angulaire, il faut utiliser d'autres facteurs de puissance, mais le jugement n'aura pas le même caractère de certitude.

Selon certaines règles, le Soleil, Jupiter et Vénus angulaires favoriseraient les champions ; Saturne, Mars, Uranus, Neptune et Pluton soutiendraient l'effort des « outsiders ». Certains astrologues pensent, d'autre part, qu'une planète conjointe au MC ou au FC favorise les chevaux auxquels personne ne pense ! Il n'est pas utile, cependant, de faire des recherches savantes dans les horoscopes des jockeys ou des chevaux. Dans tous les cas, l'expérience des uns et des autres demeure un facteur de chance supplémentaire.

LES JEUX D'ARGENT

Dans le cas des jeux d'argent, il ne s'agit pas de trouver un vainqueur précis, mais de déterminer si le jour de la mise est un jour favorable pour les gains. Les jeux sont gouvernés par la Maison V et des transits bénéfiques ne peuvent être qu'encourageants. Il est conseillé d'étudier la Maison II (l'argent du consultant) et la Maison VIII (l'argent des autres) pour repérer des indices de succès. Les lois du gain ont été maintes fois publiées, mais elles semblent, hélas, ne fonctionner que pour leurs auteurs !

L'expérience démontre qu'il est parfois possible de déterminer l'identité d'un gagnant, et que, d'autres fois, les résultats peuvent se révéler de façon étrange. En 1983, une course eut lieu. Elle commença sous les auspices d'une Lune « vide ». Les astrologues augurèrent d'une annulation pure et simple de la compétition. Mais on s'aperçut qu'un des chevaux portait ce nom insolite : Ma Dernière Chance, qui donnait une description assez cocasse de l'état de la Lune. On paria sur ce cheval. En fait, peu avant le départ, Jupiter et Uranus (les orages impromptus) étaient sur le FC (l'issue finale) : une pluie torrentielle s'abattit et la course dut être annulée…

Le destin peut toujours jouer des tours… imprévisibles, même par l'astrologie !

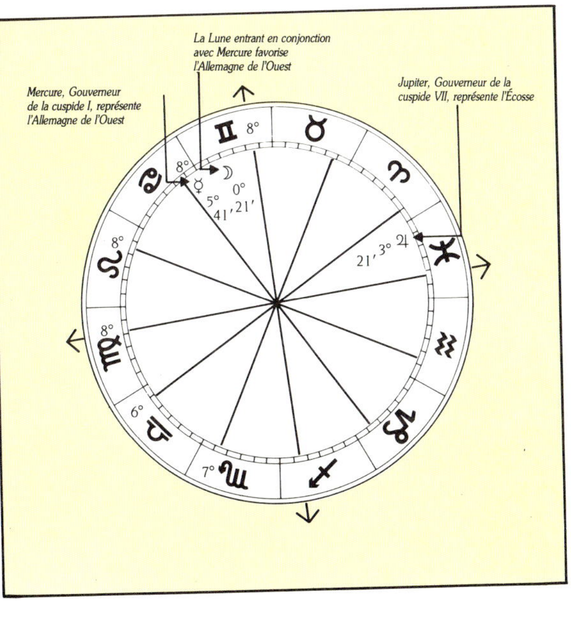

A gauche : les matchs de football

Ici, le gagnant est évident. Le match se déroulait au Mexique pour la Coupe du monde et opposait l'Allemagne de l'Ouest à l'Écosse. La charte fut établie pour le 8 juin 1986. Les significateurs furent distribués selon les paris : les favoris, les Allemands, étaient représentés par la Maison I ; l'Écosse par la Maison VII. Par conséquent, l'Allemagne était symbolisée par Mercure, Gouverneur de la Vierge, et l'Écosse par Jupiter, Gouverneur des Poissons. La Lune formait des aspects appliquants avec les deux planètes, mais sa conjonction à Mercure était plus puissante que son trigone à Jupiter. On paria donc sur l'Allemagne. En effet, l'Allemagne battit les Écossais par 2 à 1. Malheureusement, toutes les chartes n'ont pas cette clarté !

CHAPITRE 21
L'ASTROLOGIE MÉDICALE : LA GUÉRISON DU CORPS

L'astrologie médicale a une longue histoire, qui la distingue des autres branches de l'astrologie. De nos jours, ses principes se recoupent avec ce qu'on appelle les « médecines douces », comme l'homéopathie ou l'acupuncture.

La théorie qui a donné naissance, depuis les temps les plus reculés, à une médecine astrologique était que la Terre se présentait comme le miroir exact des configurations stellaires, et qu'un Zodiaque « interne » vivait en chaque être, à l'image de celui qui s'inscrivait dans le ciel. Dresser l'horoscope d'un individu permettait de visualiser son état de santé, aussi bien au plan du corps qu'à celui de l'âme. Et, dans l'Antiquité, des études médicales spécifiques faisaient partie intégrante de l'entraînement des astrologues.

La santé est un équilibre, un état d'harmonie avec la nature. Quand cette harmonie se détériore, la santé se dégrade. Le travail du médecin astrologue consiste à maintenir l'équilibre salvateur. Il semblerait que ce soit là une tâche désespérée, étant donné que le cosmos est en perpétuel mouvement.

Les quatre qualités, humeurs et éléments
Chaque élément est une combinaison de deux qualités : chaud, froid, humide et sec. Les humeurs sont des extensions des propriétés psychologiques des éléments, appliquées aux caractéristiques physiques.

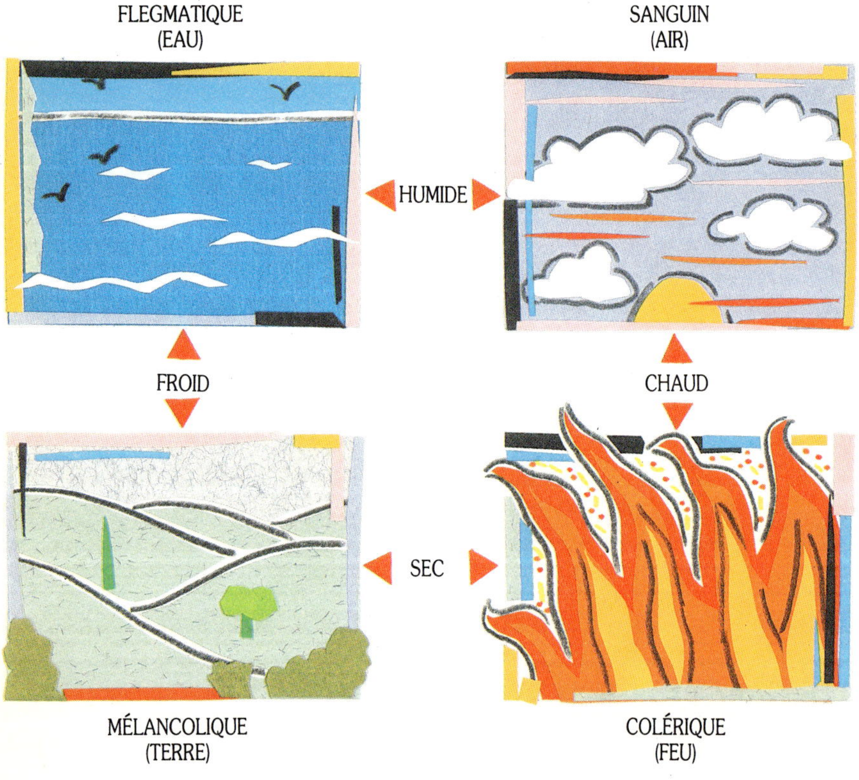

L'être humain est, de ce fait, obligé de « réajuster » sempiternellement son rapport avec l'espace « d'en haut », de la même manière que l'on court après un mirage dans le désert. En effet, la vision astrologique des choses implique une quête sans fin du perfectionnement, et donc de l'état de santé conçu comme ur état précaire.

La pratique médicale orthodoxe traite séparément les différentes parties du corps. La médecine astrologique, comme toutes les médecines « parallèles » (douces), traite au contraire l'ensemble de la personne.

Même lorsqu'il se produit des symptômes physiques évidents, l'astrologue considère toujours que les symptômes mentaux et émotionnels (nous résumerons en disant « psychologiques ») sont d'une importance vitale. Donnons un exemple : deux personnes ont un accident grave, mais la première va se paniquer tandis que la seconde va supporter stoïquement sa douleur. Dans chacun des cas, la médecine courante agira exactement de la même façon, appliquant ses remèdes selon les symptômes observés. Le médecin astrologue, lui, tiendra compte des comportements différents des deux patients.

L'astrologie a une attitude controversée en ce qui concerne les germes et les virus, bien que certains médecins actuels partagent ses opinions : si les causes (et les symptômes) d'une maladie pouvaient être attribuées à d'autres facteurs que les facteurs physiques (c'est-à-dire microbres ou virus), cela voudrait dire que les microbes et les virus ne seraient pas toujours responsables des maladies, mais qu'il faudrait rechercher l'origine de la souffrance dans le mental des gens. En effet, tous les corps entrent en contact avec des germes pernicieux et tout le monde ne tombe pas malade. L'affirmation astrologique est alors que le germe ne devient pathologique que lorsque l'état physique a été préalablement amoindri par un faiblesse mentale, émotionnelle ou spirituelle.

LES QUATRE HUMEURS

Chacun des quatre éléments correspond à une « humeur », ou type physique. Cette conception forme la base du diagnostic. Le médecin doit déterminer à quelle humeur appartient le malade, puis rechercher les remèdes appropriés, qu'il harmonisera dans un troisième temps. Les quatre qualités physiques fondamentales sont : chaud, froid, sec, humide. Le feu, qui correspond à l'humeur colérique, est chaud et sec ; l'air, qui correspond à l'humeur sanguine, est chaud et humide ; l'eau, qui correspond à l'humeur flegmatique, est froide et humide ; enfin la terre, qui correspond à l'humeur mélancolique, est froide et sèche.

Les caractéristiques psychologiques des humeurs sont les mêmes que celles des éléments, mais elles introduisent des propriétés physiques supplémentaires. Disons grossièrement que les personnes colériques et mélancoliques (feu et terre) ont tendance à être minces ; les flegmatiques et les sanguins (air et eau) sont souvent plus arrondis. La logique est simple : les premiers ont des humeurs sèches et ont donc moins d'eau que les seconds.

Même à ce niveau, la subtilité n'est pas absente du raisonnement astrologique. Par exemple, une fièvre chaude et sèche ou un trouble colérique ne ressemblent en rien à une fièvre chaude et humide ou à un malaise sanguin. La combinaison de frissons glacés et de sueur implique le flegme, alors que le simple froid signifie la mélancolie.

Les planètes traditionnelles ont des qualités physiques qui entrent dans le diagnostic astrologique. Le Soleil et Mars sont chauds et secs, Jupiter chaud et humide ; Mercure et Saturne sont froids et secs, la Lune et Vénus froides et humides.

LES PLANÈTES

LE SOLEIL. Le Soleil est relié à la force vitale qui maintient le corps en vie, le fait croître et lui donne son équilibre. Il correspond, dans les maladies ou les malaises, au cœur et aux fièvres chaudes. La partie du corps gouvernée par le signe où se situe le Soleil natal devient, pour l'individu, sa force et par conséquent sa plus grande faiblesse éventuelle. Par exemple, les Taureaux sont sujets à des maux de gorge, les Lions ont souvent mal au dos et les Capricornes des genoux à problèmes.

LA LUNE. La Lune régule les fluides du corps (sang, eau) et tous les ennuis qui y sont associés lorsque ceux-ci font défaut ou sont en excès. Cette planète gouverne également la sphère émotionnelle et ses changements, ce qui laisserait à penser qu'il pourrait y avoir un lien direct entre les « sautes d'humeur » et l'état des fluides dans le corps.

MERCURE. C'est le Gouverneur du système nerveux et de tous les désordres qui s'y rattachent : épuisement, migraines, perte de mémoire, excitabilité, dépression.

VÉNUS. Vénus est associée à toutes les maladies dites vénériennes et aux ennuis nés d'un excès de plaisirs. C'est une planète émotionnelle, froide et humide : elle est par conséquent liée aux problèmes de rétention d'eau et de fonctionnement rénal.

Les signes et les parties du corps
Chaque signe gouverne une région du corps avec les viscères, les os et les tissus qui s'y rapportent, même si ces derniers bénéficient parfois de sous-Gouverneurs.

Bélier
La tête. Le natif du Bélier souffre fréquemment de maux de tête provoqués par la fatigue.

Taureau
La gorge.

Gémeaux
Les poumons, le système nerveux, les épaules, les bras, les mains et les doigts. Le natif connaît souvent des problèmes nerveux.

Cancer
La poitrine et l'estomac. Ce signe, anxieux pour son avenir, subit souvent des troubles digestifs.

Lion
Le cœur et la moelle épinière.

Vierge
Les intestins. Troubles digestifs possibles, comme le Cancer et pour les mêmes raisons.

Balance
Les reins. Le souci de perfection du signe se retrouve dans cette fonction « éliminatrice » du corps.

Scorpion
Le sexe et les fonctions d'excrétion.

Sagittaire
Les hanches.

Capricorne
Les genoux.

Verseau
Les chevilles.

Poissons
Les pieds.

MARS. Mars, symbole de feu et d'agression, gouverne les maladies à fièvre brûlante, avec inflammation, hémorragie, tension élevée, douleurs, éruptions, contagion, ou qui nécessitent une intervention chirurgicale. Les problèmes superficiels regroupent les piqûres d'insectes, les morsures, les brûlures, les accidents dus à l'inattention. Il est clair que les maladies chroniques aussi bien que les ennuis ponctuels régis par la planète Mars sont souvent causés par le patient lui-même, soit par

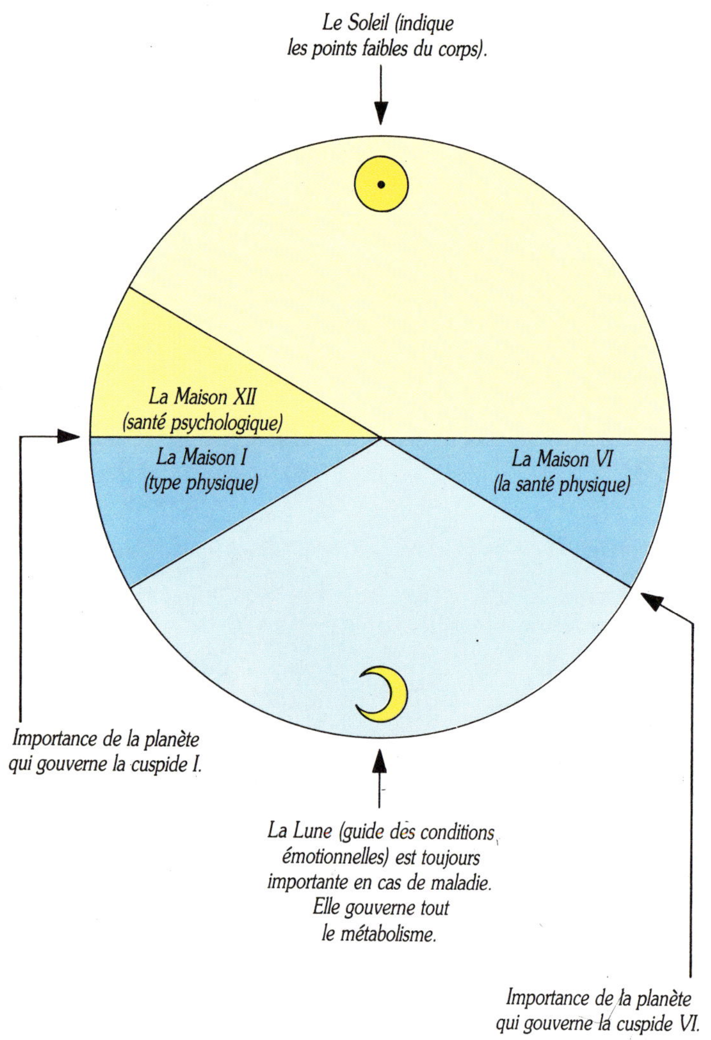

La santé en charte natale
On peut juger de la santé d'un individu en examinant sa charte natale. Les indications majeures sont données principalement par le Soleil, l'Ascendant et la Maison VI. La Lune et la Maison XII sont importantes également, car elles donnent des précisions sur les dimensions émotionnelles et psychologiques du sujet.

imprudence, soit par violence, ou même excès divers et incoordination comportementale.

JUPITER. Jupiter domine le foie et son fonctionnement. Son rôle consiste à accélérer les échanges à l'intérieur du corps, à régler la croissance et la circulation sanguine. Il gouverne les tumeurs et toutes les excroissances, malignes ou non, les problèmes de poids et les excès alimentaires (nourriture, alcool ou drogue).

SATURNE. Gouverneur de la peau et de toute l'ossature, on peut dire que Saturne représente un principe essentiel qui maintient les corps physiques. Cette planète ralentit tout, effectuant des blocages dans les fonctions ; elle retarde la croissance et endort les organes.

URANUS. Uranus est la planète des événements inopinés et spectaculaires. Dans notre domaine, cela peut signifier des ruptures violentes, des hémorragies, ou encore des guérisons inattendues. On associe encore Uranus aux accidents, aux problèmes nerveux, aux fonctions accélérées ou dérangées.

NEPTUNE. Neptune préside à l'usure graduelle des forces physiques, à l'état de léthargie et aux maladies de langueur. Les types fortement neptuniens risquent de sombrer dans l'alcool ou la drogue (prescrite ou non).

PLUTON. On associe généralement Pluton aux problèmes du système de reproduction ou d'élimination ; l'influence plutonienne amène souvent des changements profonds, soudains ou à long terme, dans l'état physique.

LA CHARTE NATALE

La charte natale doit être lue en fonction des dispositions physiques du malade, mais aussi en essayant de comprendre les schémas psychologiques qui alimentent les états de santé. Dans de nombreux cas, on observe qu'un problème physique trouve une amélioration substantielle par un changement d'habitudes ou de comportement.

Configuration générale. La configuration générale de la charte montre les prédispositions du sujet à tel type de maladie. Par exemple, un double carré implique une tendance à l'angoisse et à la tension physique ; les sextiles et les trigones une facilité naturelle à se relaxer ; les signes fixes (obstinés) se complaisent dans leurs maladies et s'y accrochent ; les signes cardinaux s'épuisent eux-mêmes et les signes mutables sont réputés pour se sortir tout seuls des situations déprimantes.

Le Signe solaire et l'Ascendant. L'AS représente la naissance physique et, de ce fait, gouverne l'ensemble du corps qui, très souvent, prend les caractéristiques de l'AS : un corps gracile et élégant est la marque d'un AS en Balance ; une apparence sombre et brûlante celle d'un AS en Scorpion ; une chevelure flamboyante celle d'un AS en Lion, etc. En fait, c'est la charte tout entière qui répond d'un type physique, l'AS ou le signe solaire n'étant que des éléments parmi d'autres. Le Soleil, souvenons-nous-en, marque invariablement le point faible d'un individu, et en cela il est intéressant de noter cet exceptionnel aspect « maléfique » du dieu Soleil...

La Maison VI. Elle gouverne la santé des individus. Son Gouverneur (le signe où tombe sa cuspide) ainsi que les planètes qu'il contient décrivent les possibilités de santé et de maladie du sujet. Le signe de la cuspide indique souvent la partie du corps qui court le plus de risques, et le Gouverneur de ce signe (par sa position dans le Zodiaque, sa Maison et ses aspects) donne des indications supplémentaires selon l'analyse astrologique habituelle. Par exemple, un carré serré entre le Gouverneur de la Maison VI et Mars annonce l'éventualité d'un accident, probablement par négligence. Les planètes en Maison VI donnent parfois des indices sur la cause du problème : Mercure signifie de la tension nerveuse, Jupiter des excès et Saturne le pessimiste des maladies associées à l'autopunition, la solitude ou la dépression.

Les aspects. Les combinaisons des planètes spécifient et précisent les caractères. L'aspect Mars-Saturne est un aspect classique des accidents : l'impatience alliée à l'obstacle soudain. Uranus engendre les mêmes situations. La combinaison Jupiter-Vénus revient souvent dans les cas d'excès (plaisirs, nourriture, boisson, sexe) avec manque d'exercice. Saturne le triste et Neptune le fantaisiste donnent naissance au type hypochondriaque (angoisse permanente à propos de sa propre santé). Mercure allié à Mars ou à Uranus provoque toujours de la nervosité chez le sujet, une impossibilité à se reposer, et tous les troubles qui en découlent.

La charte « décumbiture ». C'est le nom donné au type de charte que l'astrologue peut établir lorsque l'heure du début d'une maladie est connue. Cette charte est comparée à la charte natale du patient et permet de faire un diagnostic et de prescrire un traitement. Les mouvements de la Lune et de ses aspects servent à situer les périodes les plus favorables pour la prise des médicaments.

LES FORMES DE TRAITEMENT

En médecine astrologique, il existe deux approches possibles. L'une consiste à donner un remède qui possède les qualités contraires à celles des symptômes observés : par exemple, dans le cas d'une affection vénusienne, un médicament martien sera administré. Plus complexe est le traitement par « sympathie » : dans le même cas, on appliquera un remède vénusien. On se doute bien que les choses sont malaisées lorsque les symptômes s'entremêlent et que les causes de la maladies restent obscures.

Le changement de style de vie. Il arrive parfois que le fait de changer ses habitudes d'existence suffise à résoudre un problème, sans qu'il soit besoin de prendre des médicaments. Par exemple, une personne paresseuse (Vénus-Jupiter) aura tout bénéfice à développer des qualités martiennes (exercice physique régulier) ; l'individu nerveux (Mars-Mercure), au contraire, aura intérêt à se détendre et à apprendre à se laisser vivre (Vénus-Jupiter). Le philosophe italien de la Renaissance, Marsilio Ficino, prétendait que la meilleure façon pour un type saturnien (intellect et réclusion) de trouver l'équilibre était de s'enivrer et de courir après tous les jupons (influence Vénus-Jupiter) !

Les talismans. Dans les temps anciens, on avait coutume de fabriquer des talismans planétaires pour corriger une défectuosité dans l'équilibre général astrologique d'un individu. C'étaient généralement des objets de petites dimensions, découpés dans le métal correspondant à la planète choisie, au jour et à l'heure de cette même planète (voir chapitre 2). Par exemple, si les symptômes étaient martiens (fièvre intense, migraine ou saignements), ils devaient être contrecarrés par un talisman vénusien en cuivre, fabriqué à l'heure de Vénus

En bas, à gauche : les décumbitures
Les chartes dites « décumbitures » sont des chartes établies au moment où une maladie se déclare. Cet exemple fait partie de la collection du grand herboriste anglais du XVIIe siècle, Nicholas Culpeper. Les calculs ont été effectués pour 20 heures, le 12 janvier 1641, à Paris. Notons que seules les sept planètes traditionnelles figurent sur ce schéma, les autres (Uranus, Neptune et Pluton) n'ayant pas encore été découvertes. Les principaux symptômes révélés ici sont de la fièvre accompagnée de toux sèche. Le diagnostic de Culpeper : problème colérique (feu). Mercure, Gouverneur de l'AS, est en signe de feu (Sagittaire) et combuste au Soleil. Les deux planètes quittent le trigone qu'elles formaient avec Mars en Bélier (autre signe de feu). L'origine du problème venait d'un grand épuisement : la Lune sur la cuspide VI gouverne la santé et forme une conjonction appliquante avec Saturne (l'épuisement), en Verseau (signe saturnien). Culpeper ne nous dit rien de ce qu'aura été le traitement, mais il est fort probable qu'il se résumait à du repos (Saturne) et à des plantes « froides » vénusiennes (Balance en feu).

Les signes du Zodiaque et les sels biochimiques

Signe	Sel
♈ Bélier	Kali Phos.
♉ Taureau	Nat. Sulph.
♊ Gémeaux	Kali Mur.
♋ Cancer	Calc. Chlor.
♌ Lion	Mag. Phos.
♍ Vierge	Kali Sulph.
♎ Balance	Nat. Phos.
♏ Scorpion	Calc. Sulph.
♐ Sagittaire	Silica
♑ Capricorne	Calc. Phos.
♒ Verseau	Nat. Mur.
♓ Poissons	Ferrum Phos.

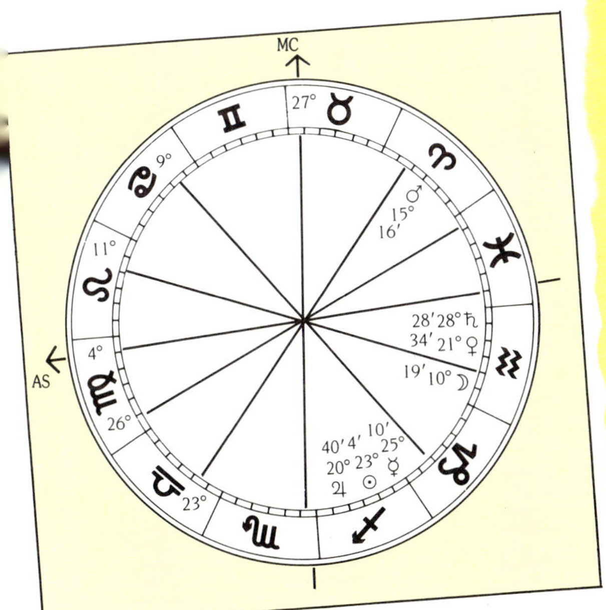

un vendredi et avec une Vénus en position de force dans le thème. Ces pratiques rappellent les techniques appliquées en guérison spirituelle et ne sont pas couramment employées dans notre monde occidental moderne.

Les plantes. L'usage des « simples » a toujours existé, dans toutes les sociétés, avec ou sans appui astrologique. Chaque plante, en astrologie médicale, est gouvernée par une des sept planètes traditionnelles. Le traitement en tient compte : une plante régie par Vénus (froid-humide) sera conseillée dans le cas de problèmes causés par Mars (chaud-sec).

L'homéopathie. Cette discipline, qui connaît actuellement un grand succès, est indépendante de l'astrologie aussi bien dans ses diagnostics que dans ses prescriptions. Mais les deux systèmes présentent des affinités remarquables et leur association donne souvent des résultats étonnants. L'homéopathie soigne par « sympathie » ; on prescrit un remède similaire au symptôme. Par exemple, le café, qui provoque des états de nervosité (gouvernés par Mars et, peut-être, par Mercure), sera utilisé pour guérir l'agitation ou l'insomnie. Dans le cas de cassure (Saturne), le remède est « symphitum » (l'oreille d'âne ou consoude officinale), plante elle-même gouvernée par Saturne. En résumé, l'herbe de Saturne vient résoudre le problème de Saturne.

La corrélation entre homépathie et astrologie n'est pas systématique. Les praticiens des deux disciplines observent simplement des séries de correspondances très enrichissantes. Il est intéressant de noter, par exemple, que l'homéopathie fait appel à douze remèdes (les sels biochimiques) qui, de toute évidence, sont un rappel éloquent des douze signes zodiacaux. Ces sels servent de tonique et sont remarquablement appropriés s'ils sont en relation avec l'Ascendant, le signe solaire ou le signe lunaire du patient.

Dans le diagnostic homéopathique, de nombreux praticiens se servent du système des quatre éléments pour évoquer quatre niveaux possibles de l'existence humaine. Le feu correspond à l'esprit ou âme, l'air au cerveau et à l'intellect, l'eau aux émotions et la terre au corps physique. Ces éléments obéissent à une stricte hiérarchie qui place le feu au sommet et se termine par la terre comme base. En principe, un homéopathe se livre à un long interrogatoire de son patient, qui lui permet de saisir l'origine profonde de son mal. Les causes purement spirituelles sont invariablement impossibles à cerner. D'autre part, il n'est pertinent de se fier aux causes physiques ou mécaniques que dans les cas d'intervention urgente (les accidents). L'effort est en fait porté sur la source du mal, pour savoir s'il est d'ordre mental (air) ou émotionnel (eau).

Les remèdes floraux de Bach. Edward Bach a inventé une pharmacopée apparentée à celle de l'homéopathie et fondée sur des macérations de fleurs. Chaque remède correspond à un type émotionnel ou spirituel (colère, froideur, nature distante ou peureuse, etc.) et est prescrit aux patients dont l'état psychologique ressemble au « portrait symptomatique » du remède. Là non plus, on ne trouve pas de corrélation absolue avec les données astrologiques, mais l'attitude est la même que celle du médecin astrologue analysant les dispositions générales d'un individu et prescrivant le médicament approprié au tempérament. Par exemple, un remède associé à la peur sera effectivement donné par le médecin astrologue à un malade très saturnien.

Un remède très courant est celui extrait de la fleur d'olivier, généralement prescrit pour les cas d'épuisement mental. Ce remède est gouverné par le signe de la Vierge ; l'arbre lui-même est sous l'influence de Jupiter. C'est avec succès que le remède de Bach a été maintes fois administré à des patients des Poissons qui étaient exténués, à la fois physiquement et mentalement.

L'acupuncture. Cette médecine millénaire dont l'Occident découvre depuis peu les vertus est reliée à une astrologie traditionnelle chinoise. Le praticien tient compte du caractère natal de la personne, de la saison, du temps, etc. L'astrologie chinoise ne correspond pas exactement à notre astrologie occidentale, mais de nombreux chercheurs se penchent sur les corrélations possibles entre ces deux systèmes afin de les associer et de les utiliser parallèlement.

L'ENVIRONNEMENT COSMIQUE

Les cycles lunaires. Les études de folklore et d'ethnographie qui ont été faites dans le monde entier révèlent des traditions et des croyances très diversifiées concernant l'effet des phases de la Lune. Ainsi, « on dit » que les cheveux coupés en Lune montante poussent plus vite, mais qu'ils épaississent davantage s'ils le sont en Lune descendante. En fait, ces dictons recèlent plus de vérité qu'il n'y paraît à première vue. Il est bien connu que de nombreux règnes animaux (si ce n'est tous) harmonisent leurs rythmes biologiques avec le passage de la Lune dans le ciel, le métabolisme ralentissant lorsque la Lune est au FC et s'accélérant lorsque celle-ci se trouve au MC. On a observé également que les plaies et les ulcères, ainsi que les malaises cardiaques, connaissaient une recrudescence aux environs de la pleine Lune, renforçant l'idée populaire selon laquelle les gens « saignent » plus à cette période. Les décès des tuberculeux suivent le cycle lunaire avec une régularité remarquable. On a pensé, à ce sujet, que le sang pouvait être affecté par des variations d'ordre magnétique.

Les statistiques fournies par les hôpitaux démontrent que de nombreuses tentatives de suicide se produisent à la pleine Lune.

Les cycles solaires. Certaines recherches sont arrivées à la conclusion que l'année et le mois de naissance avaient des incidences sur les éventualités de maladies, y compris la poliomyélite et le cancer. Une telle évidence serait d'un secours exceptionnel dans la prévention et mériterait d'être sérieusement étudiée et vérifiée. Or, l'ensemble du corps médical veut ignorer ces travaux.

On a également observé que le cycle des taches solaires était en étroite relation avec le retour périodique des épidémies, des maladies cardiaques et des accidents. Il est certain que les troubles atmosphériques et cosmiques ont des effets immédiats sur le système nerveux. Le simple cycle solaire (jour-nuit) correspond à des changements radicaux du métabolisme du corps humain, notamment du sang, dont la constitution se transforme juste après le coucher du Soleil.

Les comètes. Les comètes sont généralement ignorées par les astrologues modernes. Dans l'Antiquité et au Moyen Age, au contraire, on épiloguait beaucoup sur les conséquences du passage d'une comète. Traditionnellement, les comètes ont toujours été annonciatrices de désastres et de mort. Seuls les Romains et les Grecs de l'Antiquité pensaient qu'elles étaient les âmes de héros qui allaient rejoindre leur place parmi les étoiles de la Voie Lactée. Actuellement, des recherches sont effectuées pour établir des rapports entre le passage d'une comète et l'apparition de certaines maladies. Des savants comme Fred Hoyle et Chandra Wickramsinghe défendent la théorie selon laquelle les comètes sont porteuses de micro-organismes qui sont happés par la Terre et qui provoquent des épidémies, notamment de grippe (comète de Enke). On a tenu les comètes pour responsables de la grande peste d'Athènes (429 avant J.-C.), de la vague de grippe de 1918-19 qui tua des milliers de gens, et à présent de l'apparition du SIDA.

FERTILITÉ, CONCEPTION ET NAISSANCE

En 1968, une remarquable expérience fut faite en Tchécoslovaquie : le Dr Eugen Jonas avait mis au point un nouveau système de contrôle des naissances et il l'appliqua sur 1 252 femmes volontaires. La méthode se révéla efficace à 98 % : 28 femmes seulement se retrouvèrent enceintes à la fin de l'expérience.

Jonas avait trouvé que la distance exacte entre le Soleil et la Lune à la naissance semblait être un facteur critique et que la période la plus fertile du cycle féminin se situait dans les 24 heures qui précédaient le retour du Soleil et de la Lune à cet aspect exact (ce qui ne se produit qu'environ 13 fois par an). Jonas considéra que 85 % des conceptions se réalisaient durant ces périodes. Il avisa alors ses patientes de s'abstenir de rapports sexuels quatre jours avant et quatre jours après l'aspect Soleil-Lune décrit.

Jonas estimait également que les conceptions au moment de la pleine ou de la nouvelle Lune engendraient des problèmes de grossesse. Mais beaucoup de ses confrères considérèrent ces conclusions avec scepticisme. Ces recherches n'ont pas été poursuivies en Europe occidentale, et nous recommandons aux femmes qui voudraient suivre les conseils de Jonas de prendre des précautions supplémentaires, par simple prudence !

L'astrologie a longtemps effectué des rapprochements entre les configurations planétaires de la charte de naissance et celles du moment de la conception. Il fut une époque où l'on étudiait aussi bien le thème de conception des individus. Mais, on s'en doute, la précision devient un sujet problématique dans ce type d'étude. Une tradition prétend que la position de la Lune à la naissance est celle de l'Ascendant lors de la conception et inversement. Ce principe a été appliqué par des astrologues modernes dans ce qu'on appelle les chartes de l'« époque prénatale » : ce ne sont pas des chartes de conception à proprement parler, mais des équivalents symboliques établis pour environ neuf mois avant la mise au monde.

D'une manière générale, les connexions astrologiques entre conception et naissance sont suggérées par celles qui existent entre parents et enfants. L'arrivée d'un enfant se produit toujours lorsque le ou les parents ont des transits significatifs dans leur horoscope. La logique astrologique veut que la conception ait également eu lieu sous l'influence de transits notables.

Le scientifique français Michel Gauquelin a tenté d'établir des rapports entre les chartes des parents et celles des enfants. Il a constaté que les parents nés sous certaines planètes angulaires (conjointes à l'AS ou au DS), que ce soit la Lune, Vénus, Mars, Jupiter ou Saturne, tendaient à avoir des enfants présentant les mêmes planètes angulaires. On observe aussi qu'il existe un cycle des naissances : les statistiques démontrent qu'une majorité d'enfants naissent à la fin de la nuit et au petit jour, ou bien lorsque la Lune est proche du MC. Gauquelin suggéra l'idée que bébé, parents et planètes étaient reliés à un rythme ou à une horloge cosmique, et que la naissance s'effectuait lorsque les trois éléments se trouvaient en synchronisation.

Mais ces résultats, bien que passionnants, furent brouillés à cause de la multiplication des naissances prématurées, provoquées ou par césarienne.

CHAPITRE 22
L'ASTROLOGIE AGRICOLE : LES PLANTES ET LES ÉTOILES

L'Univers tout entier bat comme un cœur gigantesque. Les rythmes de ce cœur commencent seulement à être partiellement entendus par les scientifiques. En fait, on ignore encore les formidables potentialités du système complexe et parfait qui a donné naissance à la vie sur terre. Mais les chercheurs de pointe soupçonnent qu'il serait possible de faire des miracles, notamment en agriculture, si on parvenait à agir en harmonie avec les mouvements cosmiques.

LA TRADITION. L'astrologie donne des règles, qui se sont toujours révélées exactes, en ce qui concerne les semences, la croissance des végétaux et les récoltes. La vie d'une plante, comme celle des hommes, bénéficie de périodes favorables pour les différents stades de son évolution. Le principe de base est que chaque plante est gouvernée par une planète et en partage la nature. Par exemple, le gingembre (épice chaude gouvernée par Mars) doit être planté de préférence lorsque Mars se trouve en dignité (domicile ou exaltation) — soit dans le Bélier soit dans le Scorpion, ou encore en Capricorne ou en Maison VI — et qu'il forme de bons aspects (trigone appliquant, par exemple) avec la Lune, Jupiter et Vénus. De la même façon, les plantes gouvernées par le Soleil demandent à être semées sous un Soleil puissant, etc.

L'agriculture et le jardinage, soumis à une telle précision, ont valeur de rituel : actuellement, des recherches tendent à démontrer qu'il existe des liens entre la santé des plantes et leur environnement, physique ou spirituel. Il est admis depuis longtemps que les plantes apprécient certaines musiques, qui encouragent leur croissance harmonieuse. On peut donc penser qu'une attitude de déférence et d'amour de la part du jardinier crée un type de vibrations autour d'une plante, qui la rend plus belle et plus forte.

Outre leurs planètes maîtresses spécifiques, les plantes sont toutes influencées par la Lune et ses phases. La tradition conseille, par exemple, de planter une salade à la pleine Lune pour que la Lune descendante la fasse « pommer », ou bien à la nouvelle Lune pour que la Lune montante (accélérante) la fasse monter en graines. Au moment de la pleine Lune, l'absorption d'eau par les plantes est à son maximum, et aux alentours de la nouvelle Lune à son minimum. C'est la raison pour laquelle il est conseillé d'effectuer les récoltes à la nouvelle Lune, lorsque les tiges sont sèches et ne risquent pas de pourrir. Au contraire, il est préférable de cueillir les éléments du potager que l'on souhaite manger frais au moment de la pleine Lune, car les végétaux sont alors gorgés de sève et de sels minéraux. En France, de 1669 à la Révolution, il existait une loi qui interdisait aux bûcherons de couper du bois de charpente à un autre moment qu'à la nouvelle Lune.

LES ÉVIDENCES. Des études récentes montrent que les plantes réagissent aux changements de champ magnétique terrestre sous l'influence des cycles solaires et lunaires. La plante accélère sa croissance en Lune montante et, au moment de la pleine Lune, parvient à absorber jusqu'à 35 % d'eau en plus de la quantité moyenne normale. Une simple pomme de terre voit son métabolisme augmenter de 15 % sous l'effet de la nouvelle Lune.

Certains cycles connaissent des phases extrêmes à la fois à la pleine Lune et à la nouvelle Lune : c'est le cas du potentiel électrique des arbres et de la quantité d'oxygène

Le jardinage en accord avec le Calendrier lunaire

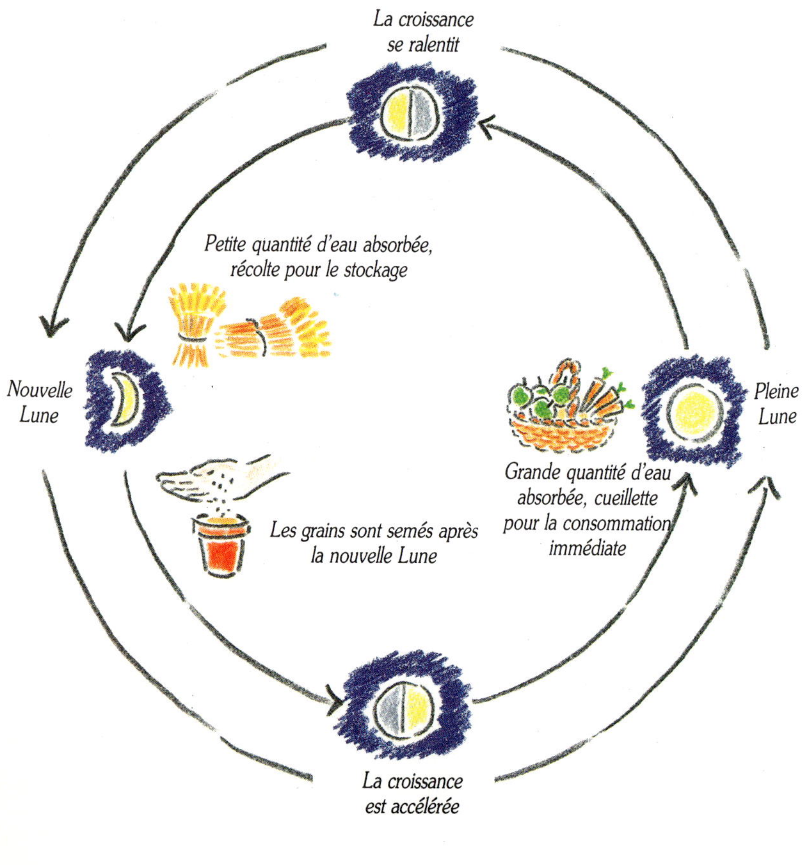

absorbée par les graines. D'autres cycles dépendent plus directement des besoins spécifiques de la plante : par exemple, à la nouvelle Lune, les végétaux absorbent plus de potassium, et, à la pleine Lune, c'est le phosphore qui est emmagasiné. Ces données devraient d'ailleurs être prises en compte pour éviter les abus de fertilisants ou d'engrais.

D'autres recherches révèlent encore que l'effet de certaines plantes médicinales décroît aux deux changements de Lune, ce qui corroborerait l'intérêt des pratiques traditionnelles qui consistent à prévoir astrologiquement l'instant propice pour la préparation des remèdes.

Les éclipses, de leur côté, ont le pouvoir d'inhiber la germination, même si celle-ci est en période favorable. La distance qui sépare la Lune de la Terre semble également avoir une certaine importance : la proximité maximale engendre une croissance déséquilibrée.

Les taches solaires, outre leur influence sur les intempéries, représentent un cycle critique et à long terme, et on a constaté que la croissance des légumineuses suivait l'intensité des taches.

LE JARDINAGE BIODYNAMIQUE.

C'est dans les années 50 qu'un système de jardinage en accord avec les lunaisons fut mis au point par Maria Thun, une disciple de Rudolf Steiner.

L'innovation principale de Maria Thun fut de relier la structure de la plante aux quatre éléments. Auparavant, on associait traditionnellement les signes d'eau à la semence et à la germination, les signes de terre (surtout Taureau et Capricorne) aux racines et aux organes souterrains ; les signes d'air restaient indifférents et les signes de feu chaud-sec représentaient la famine.

Maria Thun divisa la plante en quatre sections : le racine (terre), la feuille (eau), la fleur (air) et le fruit ou la graine (feu). Puis elle classifia les végétaux comme, par exemple, les pommes de terre (racine-terre) ou les choux (feuille-eau).

La pratique devint simple : les semences ou les récoltes devaient se faire lorsque la Lune se trouvait dans l'élément correspondant. Ajoutons cependant que Maria Thun étayait son travail par l'utilisation du Zodiaque sidéral de l'astrologie indienne qui, seul, donnait les résultats escomptés dans le domaine qui l'intéressait. Malheureusement, les éphémérides ne donnent que les signes tropicaux et la conversion d'un système dans l'autre est très longue et fastidieuse. Mais, pour le bonheur des jardiniers astrologues, deux experts britanniques, Simon Best et Nick Kollerstrom, ont résolu le problème en publiant un calendrier annuel à destination des amateurs et qui donne toutes les instructions pour les cultures.

Des tests ont révélé que, grâce à ce système, les récoltes dépassaient de 54 % les moyennes habituelles, à condition de n'employer aucun engrais chimique. Ce type de culture, dit « biodynamique », est évidemment un argument en faveur des tendances écologiques actuelles et un bon point pour l'astrologie et ses applications.

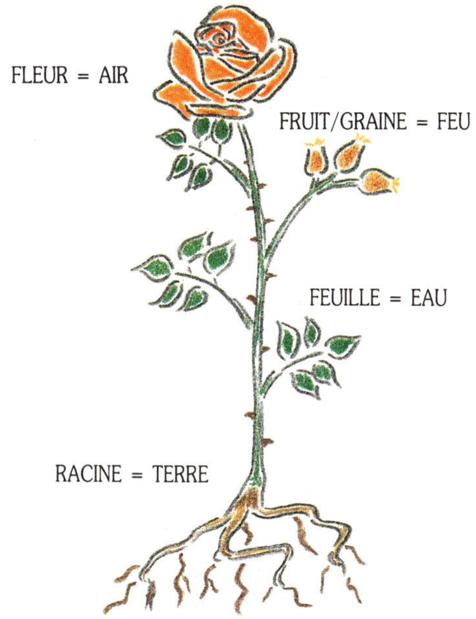

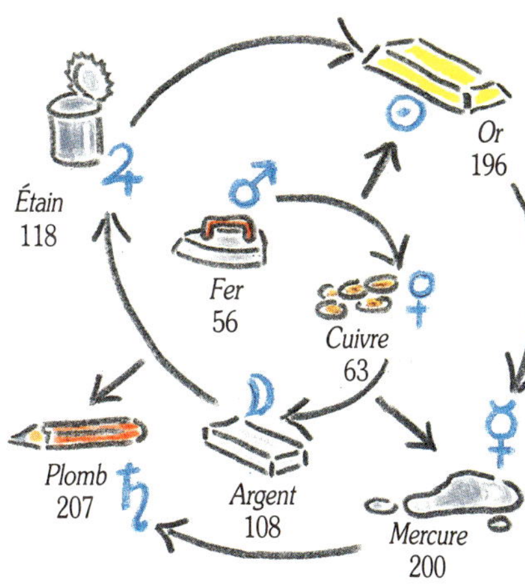

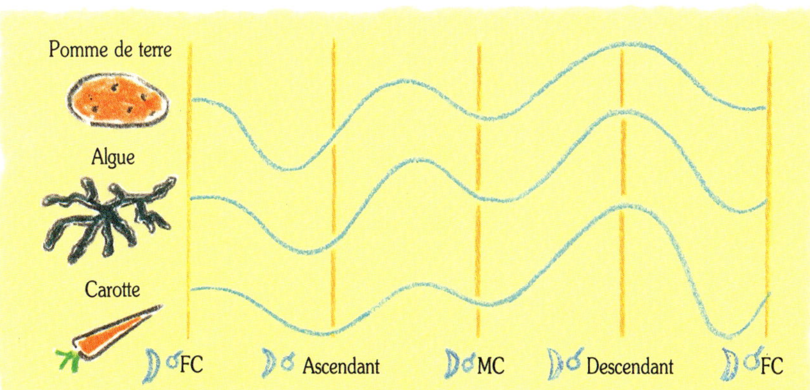

En haut : les quatre divisions des plantes et les quatre éléments
L'expérience a prouvé que de nombreuses espèces végétales se montrent plus productives si elles ont été plantées lorsque la Lune se trouvait dans l'élément favorable du Zodiaque sidéral.

Au centre : les réactions chimiques
Il existe des connexions astrologiques entre la croissance des plantes et les cycles cosmiques. On a observé que de meilleures récoltes advenaient en même temps qu'une recrudescence des taches solaires, ce qui signifierait que les végétaux ont, à ces périodes, des réactions chimiques différentes, même si au centre de tels phénomènes subsistent des croyances magiques qui remontent à la naissance de l'astrologie.
Les planètes en ordre chaldéen font apparaître un fait étonnant ; si l'on déplace le Soleil, Mercure et Saturne pour former une spirale, l'ordre final des planètes dans la spirale (qui commence par Mars) suit l'ordre des métaux planétaires, établi selon leur poids moléculaire.
En astrologie moderne, les sciences physiques aboutissent aux mêmes résultats que la sagesse antique. Les trois planètes que nous venons de déplacer (Soleil, Mercure et Saturne) sont trois éléments cruciaux en alchimie médiévale (voir chapitre 15).

En bas : les rythmes lunaires
Le métabolisme, mesuré par la consommation d'oxygène, de toute une variété d'espèces végétales diffère selon les positions de la Lune. Cette consommation augmente sensiblement au moment où la Lune se lève, diminue lorsqu'elle se trouve au MC, puis s'accroît à nouveau lorsque la Lune se perd à l'horizon. Le jardinage biodynamique conseille de semer quand la Lune est en Maison X, XI ou XII (cf. l'ouvrage de Michel Gauquelin : Les horloges cosmiques*).*

CHAPITRE 23
L'ASTROLOGIE MÉTÉOROLOGIQUE
PRÉVOIR LES INTEMPÉRIES

Les quatre saisons jouent un rôle considérable dans le déroulement de l'existence humaine. Par ailleurs, elles déterminent notre système de Zodiaque tropical avec ses douze signes. C'est avec les saisons qu'apparaissent les climats et les cycles stellaires.

La corrélation la plus évidente entre le temps et les cycles cosmiques est donnée par la Lune, dont les phases sont reliées aux précipitations. A une plus grande échelle de calcul, notamment en étudiant les cycles de 18 ans qui mesurent les éclipses, il semble qu'il y ait un rapport entre ces cycles et les vagues de sécheresse qui s'abattent sur l'Amérique du Nord tous les 18 ou 20 ans. Les grands vents de poussière brûlante qui ravagèrent ces contrées dans les années 30 seraient le résultat de cette configuration, et, si la théorie est exacte, il faudrait s'attendre à un même type de désastre pour 1990-91. Quand on sait que les États-Unis sont un des greniers du monde, on imagine les conséquences politiques que de telles catastrophes pourraient engendrer.

Les taches solaires correspondent régulièrement, au contraire, à des périodes de fortes précipitations. Comme on peut prévoir ce cycle, on remarque que la prochaine période pluvieuse se situe également dans les années 1990, ce qui laisse espérer un certain équilibre entre sécheresse et humidité.

Il existe d'autres cycles de plus grande portée, comme celui qui régule les taches solaires et qui s'étale sur 180 années, ou encore cet autre qui comprend approximativement 25 000 ans et qui régit les grands mouvements de la Voie lactée et des Ères astrologiques.

Prédire le temps qu'il fera au jour le jour est un domaine complètement différent de l'étude des fluctuations climatiques du globe, et dépend beaucoup plus de l'observation planétaire traditionnelle. D'ailleurs, en astro-météorologie, on ne tient pas compte des signes ni des Maisons. La prédiction se fait toujours par localisation et se prête mieux aux climats tempérés, en raison de leurs grandes variations possibles.

Les cycles climatiques
Un des cycles moyens les plus courants est celui qui s'étale sur 11 ans et qui correspond à l'existence des taches solaires. Les températures moyennes relevées ici pour la ville de Paris remontent en même temps que s'effectue une augmentation de l'activité des taches solaires.

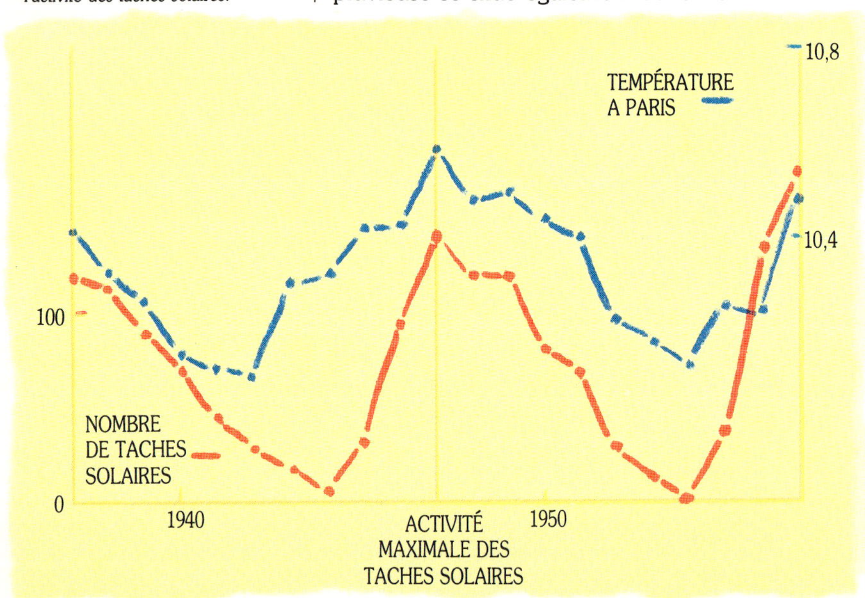

LES PLANÈTES

LE SOLEIL. Traditionnellement chaud et sec, il accroît la puissance des planètes avec lesquelles il se trouve en aspect. Par exemple, une conjonction Soleil-Jupiter donnera un temps chaud, mais une conjonction Soleil-Saturne apportera un grand rafraîchissement.

LA LUNE. Nature froide et humide mais qui, comme le Soleil, n'exerce une influence qu'en aspect avec d'autres planètes. Par exemple, un trigone à Mars produira un temps chaud et sec, et un trigone à Vénus un temps froid et humide. Les phases lunaires interviennent pour beaucoup dans les changements de temps à la surface de la Terre, même si elles sont moins importantes que celles du Soleil.

MERCURE. Planète froide et sèche, Mercure est responsable des vents et des temps dits « variables ».

VÉNUS. Planète froide et humide, elle apporte les ondées et les temps doux.

MARS. Montée rapide des températures, temps chaud et sec.

JUPITER. Planète chaude et humide, qui fait monter le baromètre.

SATURNE. Temps frisquet, souvent humide.

URANUS. Temps variable qui passe d'un extrême à un autre ; chutes de température et sautes de vent.

NEPTUNE. Douceur et humidité, climat tempéré.

PLUTON. Cette planète joue un rôle encore incertain. On l'associe parfois aux violents orages et aux ouragans.

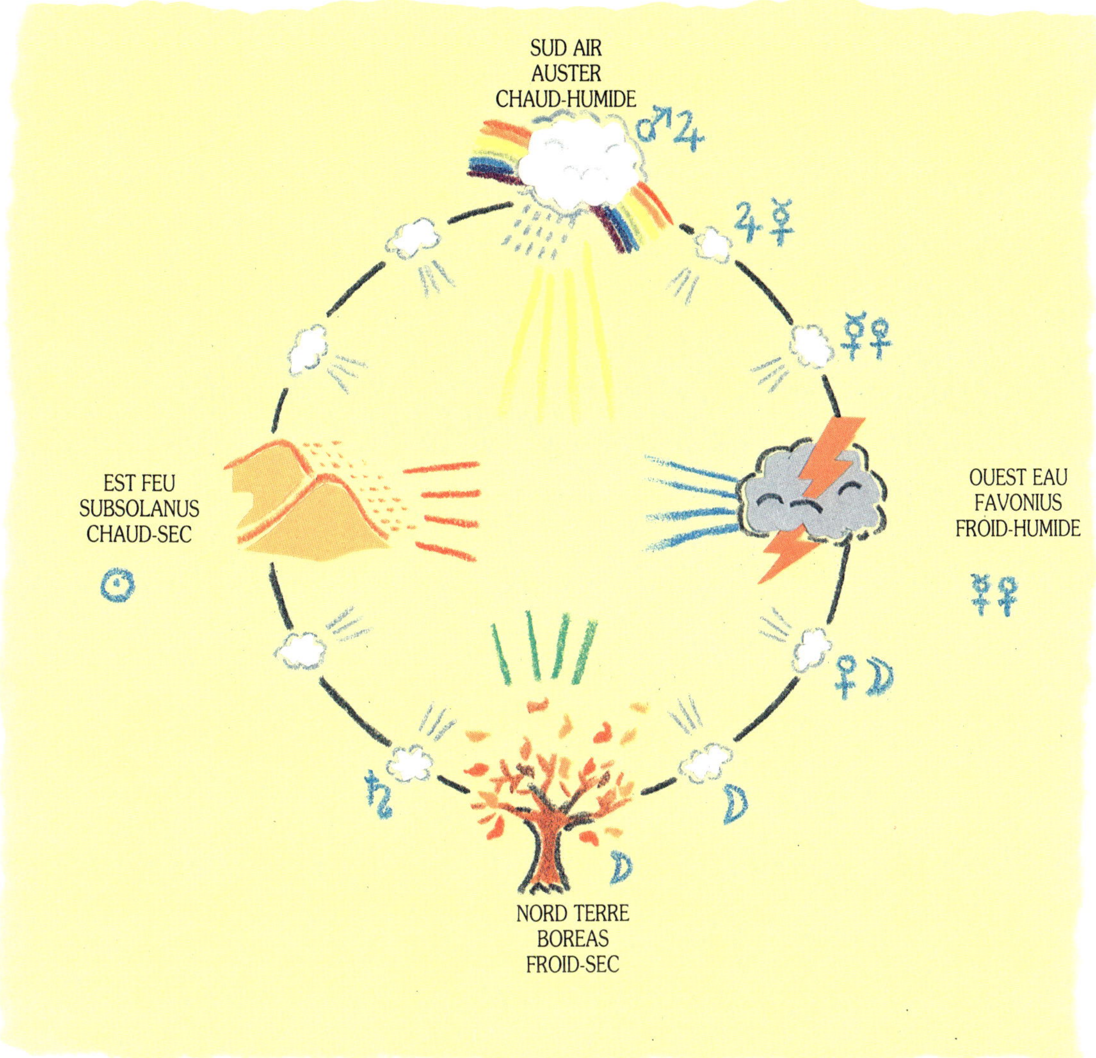

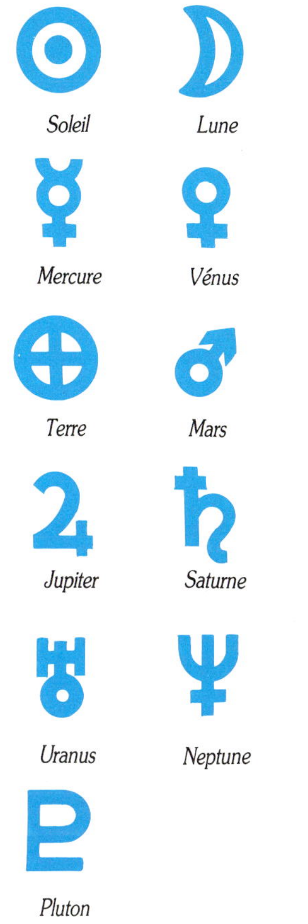

Les quatre vents
On compte traditionnellement quatre sortes de vents responsables des changements climatiques. Elles correspondent aux quatre éléments : le vent d'est, Subsolanus, est le frère du feu ; le vent d'ouest, Favonius, celui de l'eau ; le vent du sud, Auster, celui de l'air ; et le vent du nord, Boreas, celui de la terre. Les qualités de ces vents (chaud, froid, humide ou sec) dérivent de ces éléments. Il existe d'autre part huit vents mineurs. Ces douze vents au total entretiennent des relations avec les douze signes zodiacaux et parfois avec certaines planètes.

LES ASPECTS

D'une manière générale, on n'utilise que les aspects majeurs dans ce type d'étude. Les aspects avec le Soleil doivent être considérés comme les plus importants, ceux entre les autres planètes comme importants, et ceux avec la Lune comme plus négligeables. Si deux aspects se contredisent, c'est l'aspect le plus puissant qui l'emporte. Si le doute subsiste, la clé se situera dans l'exacte position des planètes dans les signes, leur dignité, etc.

Il faut dire que cette application de l'astrologie en est encore au stade expérimental. En effet, les conditions climatiques ne sont jamais les mêmes, et l'astrologue se trouve chaque fois confronté à un test nouveau. Comme, d'autre part, le temps est un phénomène qu'on aura du mal à traiter en laboratoire, il existe peu de chances de voir un jour prochain les prédictions météorologiques mises en équation. La signification des aspects est claire : Mercure-Vénus annoncent un temps clément avec un peu de pluie et de vent ; Mercure-Saturne amènent une pluie glacée, etc. La combinaison Mars-Saturne est la plus contradictoire (chaude et froide), mais le résultat généralement observé est une violente perturbation atmosphérique avec des vents forts.

LES SIGNES

Les signes interviennent très peu en astro-météorologie, si ce n'est à travers leurs qualités : chaud, froid, humide et sec.

LES HOROSCOPES

En principe, il n'est pas nécessaire de dresser un horoscope pour prédire le temps. Il suffit de regarder les transits quotidiens. Cependant, les ingrès solaires et les phases lunaires donnent les schémas climatiques de la saison ou de la quinzaine à venir. Les horoscopes nationaux indiquent généralement les conditions exceptionnelles telles que les risques de grande sécheresse ou bien les trombes d'eau.

CHAPITRE 24 L'ASTROLOGIE ET LES ORDINATEURS

L'informatique représente une profonde révolution dans la communication humaine et sa rivalité avec le phénomène écrit n'est plus à démontrer. En astrologie, même si l'on ne possède pas d'ordinateur, on utilise des éphémérides qui ont été établies par calculs électroniques.

Choisir un ordinateur revient souvent aujourd'hui à une question de budget personnel. La concurrence est grande actuellement, et le choix qui s'offre à l'amateur est vaste. Il est par conséquent possible de trouver sur le marché des modèles très simples et cependant performants pour environ 1 000 ou 2 000 F. Il faudra, bien sûr, compléter le système par l'acquisition d'un écran de télévision et d'un lecteur-enregistreur de cassettes. Il existe des modèles extrêmement sophistiqués qui peuvent atteindre 20 000 ou 30 000 F.

Les horoscopes par ordinateur
Ils sont de qualité variable. Le meilleur à ce jour a été fabriqué par l'Astro Computing Services de San Diego, qui inclut la possibilité d'options complémentaires (voir le texte ci-contre).

Sachons que les progrès dans ce domaine s'effectuent à une telle vitesse que ce qui paraît le sommet du modernisme aujourd'hui sera demain considéré comme complètement démodé.

Lorsque les ordinateurs domestiques apparurent pour la première fois, dans les années 70, il n'existait alors pratiquement aucun programme astrologique. Les seuls disponibles étaient destinés à des appareils spéciaux, conçus exclusivement pour les recevoir. Mais, à présent, tous les programmes proposés peuvent entrer dans n'importe quelle machine, du moment que celle-ci possède une capacité suffisante.

En effet, un ordinateur se définit par sa capacité de mémorisation, la mémoire nécessaire à un programme astrologique normal est de 8 cassettes. Comme la plupart des ordinateurs peuvent recevoir un minimum de 32 cassettes, on voit qu'il n'y a pas de danger à prendre chez soi le plus modeste des modèles.

Il est intéressant de savoir qu'il existe déjà tout un marché des ordinateurs de seconde main, dont le prix d'achat est largement moitié moindre que celui du neuf. Cependant, nous préférons tout de même conseiller à nos lecteurs d'opter pour un appareil neuf, afin de bénéficier de la garantie.

Avant tout achat d'ordinateur, nous ne saurions trop souligner l'utilité qu'il y a à se renseigner sur les différentes fonctions possibles de l'appareil : calculatrice, imprimante, jeux électroniques divers, programmation, traitement de texte, etc.

Dans le cas de l'astrologie, il est généralement important de se procurer un programme faisant partie de toute une série. On a ainsi la possibilité de compléter, selon ses besoins, ce programme en le combinant avec d'autres tels que les transits, les progressions ou les comparaisons de chartes.

Une pièce essentielle de l'équipement est l'imprimante. La plupart des programmes astrologiques peuvent actuellement dresser des horoscopes de façon standard, c'est-à-dire sur une charte circulaire. Ensuite, l'ordinateur remplit sa fonction principale : les calculs compliqués et fastidieux deviennent l'affaire de quelques minutes. L'astrologue est libéré de cette tâche et peut se consacrer à l'art de l'interprétation. Les programmes additionnés recouvrent toutes les opérations astrologiques, des plus simples aux plus subtiles : transits, harmoniques, mi-points, phases solaires ou lunaires, directions primaires, etc. Tous les systèmes des Maisons sont également représentés.

Il existe aussi des programmes qui proposent des interprétations selon les configurations enregistrées. Ces données s'appuient essentiellement sur les Maisons, les signes et les aspects planétaires, et peuvent s'appliquer à des comparaisons de thèmes, incluant transits et progressions. Mais ces interprétations demeurent assez rudimentaires, même si elles font le succès des horoscopes électroniques qui attirent le grand public.

Le troisième type de programme que l'on peut trouver dans le commerce concerne plus les chercheurs. Par exemple, il est possible de demander à l'ordinateur de produire tous les horoscopes qui possèdent Mars en Maison I, ou Vénus en sesqui-carré avec Uranus. Certaines cassettes peuvent donner des analyses statistiques de toutes les chartes mémorisées.

Mais la merveille actuelle dans le domaine astrologique a été proposée par la compagnie Matrix (Illinois, USA). Cette société a créé deux programmes (le Blue Star, ou Étoile Bleue 64, coûtant environ 1 500 francs, et le M65A, d'une valeur approximative de 2 500 francs). Le M65A permet de jongler avec toutes les techniques astrologiques déjà connues, avec, en plus, la possibilité de les appliquer à 40 branches d'activité différentes. Ce programme peut entrer dans tous les appareils Apple, IBM ou Commodore. La société Matrix édite également un magazine appelé « Astrotalk », qui donne toutes les informations sur les derniers développements en matière d'astrologie sur ordinateur.

Mais il est certain que l'amateur d'astrologie qui se double d'un informaticien préfère composer ses propres programmes.

Signalons le livre de Michael Erlewine (fondateur de Matrix) comme bible de tous les indépendants.

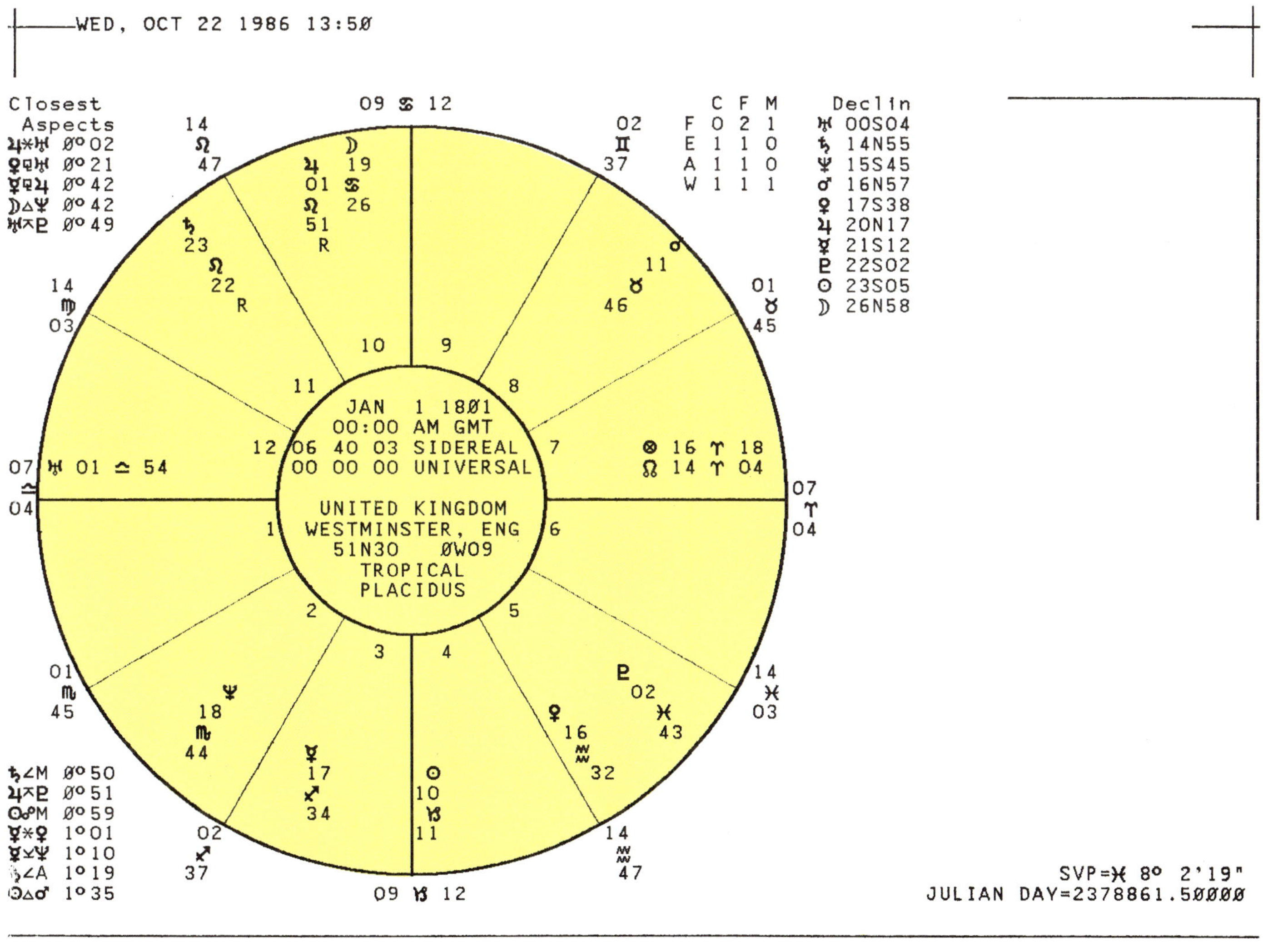

1938

JANVIER

	1	2	3	4	5	6	7	8	9	10	11	12	13	14	15	16	17	18	19	20	21	22	23	24	25	26	27	28	29	30	31
☉	♑10	11	12	13	14	15	16	17	18	19	20	21	22	23	24	25	26	27	28	29	♒0	1	2	3	4	5	6	7	8	9	♒10
☽	♑1	13	25	♒7	20	♓2	15	28	♈11	24	♉8	22	♊7	22	♋7	22	♌7	21	♍6	20	♎3	16	29	♏11	23	♐4	16	28	♑10	22	♒4
☿	♑5	4	3	2	1	0	0	0	♐29	29	29	♑0	0	0	1	2	2	3	4	5	6	7	8	9	10	12	13	14	15	17	♑18
♀	♑2	3	4	6	7	8	9	11	12	13	14	16	17	18	19	21	22	23	24	26	27	28	29	♒1	2	3	4	6	7	8	♒9
♂	♓8	9	9	10	11	12	12	13	14	15	15	16	17	18	18	19	20	21	21	22	23	24	24	25	26	27	27	28	29	♈0	♈0

	1	6	12	18	24	30
♃	♒3	4	5	7	8	9
♄	♓29	29	♈0	0	1	1

	1	15	30
♅	♉10	10	10
♆	♍21	21	21
♇	♋29	29	29
☊	♐6	5	4

FÉVRIER

	1	2	3	4	5	6	7	8	9	10	11	12	13	14	15	16	17	18	19	20	21	22	23	24	25	26	27	28
☉	♒11	12	14	15	16	17	18	19	20	21	22	23	24	25	26	27	28	29	♓0	1	2	3	4	5	6	7	8	♓9
☽	♒16	29	♓12	25	♈8	21	♉5	18	♊2	16	♋1	16	♌0	15	29	♍14	27	♎11	24	♏6	19	♐1	13	24	♑6	18	♒0	♒13
☿	♑19	21	22	23	25	26	28	29	♒1	2	4	5	7	8	10	11	13	15	16	18	20	21	23	25	26	28	♓0	♓2
♀	♒11	12	13	14	16	17	18	20	21	22	23	25	26	27	28	♓0	1	2	3	5	6	7	8	10	11	12	13	♓15
♂	♈1	2	3	3	4	5	6	6	7	8	9	9	10	11	11	12	13	14	14	15	16	17	17	18	19	20	20	♈21

	1	6	12	18	24	28
♃	♒10	11	13	14	15	16
♄	♈1	2	3	3	4	4

	1	15	28
♅	♉10	10	10
♆	♍21	20	20
♇	♋29	28	28
☊	♐4	2	1

MARS

	1	2	3	4	5	6	7	8	9	10	11	12	13	14	15	16	17	18	19	20	21	22	23	24	25	26	27	28	29	30	31
☉	♓10	11	12	13	14	15	16	17	18	19	20	21	22	23	24	25	26	27	28	29	♈0	1	2	3	4	5	6	7	8	9	♈10
☽	♒25	♓8	21	♈4	18	♉1	15	29	♊13	27	♋11	26	♌10	24	♍8	22	♎6	19	♏2	14	26	♐8	20	♑2	14	26	♒8	21	♓3	16	♈0
☿	♓3	5	7	9	11	13	14	16	18	20	22	24	26	28	♈0	2	4	6	8	10	12	14	16	17	19	21	22	24	25	27	♈28
♀	♓16	17	18	20	21	22	23	25	26	27	28	♈0	1	2	3	4	6	7	8	9	11	12	13	14	16	17	18	19	21	22	♈23
♂	♈22	23	23	24	25	25	26	27	28	28	29	♉0	0	1	2	3	3	4	5	6	6	7	8	8	9	10	11	11	12	13	♉13

	1	6	12	18	24	30
♃	♒16	18	19	20	21	23
♄	♈4	5	6	7	7	8

	1	15	30
♅	♉10	11	12
♆	♍20	20	19
♇	♋28	28	28
☊	♐1	♏0	28

AVRIL

	1	2	3	4	5	6	7	8	9	10	11	12	13	14	15	16	17	18	19	20	21	22	23	24	25	26	27	28	29	30
☉	♈11	12	13	14	15	16	17	18	18	19	20	21	22	23	24	25	26	27	28	29	♉0	1	2	3	4	5	6	7	8	♉9
☽	♈13	27	♉11	26	♊10	24	♋8	22	♌6	20	♍4	18	♎1	14	27	♏10	22	♐4	16	28	♑10	22	♒4	16	28	♓11	24	♈8	22	♉6
☿	♈29	♉0	1	2	3	4	4	5	5	5	6	6	6	5	5	5	4	4	3	2	2	1	0	0	♈29	28	28	27	27	♈26
♀	♈24	26	27	28	29	♉1	2	3	4	5	7	8	9	10	12	13	14	15	17	18	19	20	21	23	24	25	26	28	29	♊0
♂	♉14	15	15	16	17	18	18	19	20	20	21	22	23	23	24	25	25	26	27	27	28	29	29	♊0	1	2	2	3	4	♊4

	1	6	12	18	24	30
♃	♒23	24	25	26	27	28
♄	♈8	9	10	10	11	12

	1	15	30
♅	♉12	13	13
♆	♍19	19	19
♇	♋28	28	28
☊	♏28	27	27

MAI

	1	2	3	4	5	6	7	8	9	10	11	12	13	14	15	16	17	18	19	20	21	22	23	24	25	26	27	28	29	30	31
☉	♉10	11	12	13	14	15	16	17	18	19	20	21	22	23	24	24	25	26	27	28	29	♊0	1	2	3	4	5	6	7	8	♊9
☽	♉20	♊5	20	♋4	19	♌3	17	♍1	14	28	♎11	24	♏6	18	♐1	13	25	♑6	18	♒0	12	24	♓7	19	♈2	16	♉0	14	29	♊14	♊29
☿	♈26	26	25	25	25	25	25	25	26	26	26	27	27	28	29	29	♉0	1	2	3	4	5	6	7	8	10	11	12	14	15	♉17
♀	♊1	2	4	5	6	7	9	10	11	12	13	15	16	17	18	20	21	22	23	24	26	27	28	29	♋0	2	3	4	5	6	♋8
♂	♊5	6	6	7	8	8	9	10	10	11	12	12	13	14	15	15	16	17	17	18	19	19	20	21	21	22	23	23	24	25	♊25

	1	6	12	18	24	30
♃	♒28	29	♓0	0	1	1
♄	♈12	13	13	14	14	15

	1	15	30
♅	♉13	14	15
♆	♍19	18	18
♇	♋28	28	28
☊	♏27	27	27

JUIN

	1	2	3	4	5	6	7	8	9	10	11	12	13	14	15	16	17	18	19	20	21	22	23	24	25	26	27	28	29	30
☉	♊10	11	12	13	14	15	16	17	18	18	19	20	21	22	23	24	25	26	27	28	29	♋0	1	2	3	4	5	6	7	♋8
☽	♋14	29	♌13	27	♍11	25	♎8	21	♏3	15	28	♐10	21	♑3	15	27	♒9	21	♓3	15	28	♈11	24	♉8	22	♊7	22	♋7	23	♌8
☿	♉18	20	21	23	25	26	28	♊0	2	4	6	8	10	12	14	16	18	20	22	24	27	29	♋1	3	5	8	10	12	14	♋16
♀	♋9	10	11	12	14	15	16	17	18	20	21	22	23	24	26	27	28	29	♌0	2	3	4	5	6	7	9	10	11	12	♌13
♂	♊26	27	27	28	29	29	♋0	1	1	2	3	3	4	5	5	6	7	7	8	9	9	10	11	11	12	12	13	14	14	♋15

	1	6	12	18	24	30
♃	♓2	2	2	2	2	2
♄	♈15	16	16	17	17	17

	1	15	30
♅	♉15	16	17
♆	♍18	18	19
♇	♋28	29	29
☊	♏27	27	26

JUILLET

	1	2	3	4	5	6	7	8	9	10	11	12	13	14	15	16	17	18	19	20	21	22	23	24	25	26	27	28	29	30	31
☉	♋9	9	10	11	12	13	14	15	16	17	18	19	20	21	22	23	24	25	26	27	28	29	29	♌0	1	2	3	4	5	6	♌7
☽	♌22	♍7	21	♎4	17	♏0	12	25	♐7	18	♑0	12	24	♒6	18	♓0	12	25	♈7	20	♉4	17	♊1	16	♋1	16	♌1	16	♍1	16	♎0
☿	♋18	20	22	24	26	28	♌0	2	3	5	7	9	10	12	13	15	17	18	20	21	22	24	25	26	28	29	♍0	1	2	3	♍4
♀	♌15	16	17	18	19	20	22	23	24	25	26	27	29	♍0	1	2	3	4	5	7	8	9	10	11	12	14	15	16	17	18	♍19
♂	♋16	16	17	18	18	19	20	20	21	22	22	23	24	24	25	26	26	27	27	28	29	29	♌0	1	1	2	3	3	4	5	♌5

	1	6	12	18	24	30
♃	♓2	2	2	1	1	0
♄	♈17	18	18	18	18	18

	1	15	30
♅	♉17	17	18
♆	♍19	19	19
♇	♋29	29	♌29
☊	♏26	25	24

AOÛT

	1	2	3	4	5	6	7	8	9	10	11	12	13	14	15	16	17	18	19	20	21	22	23	24	25	26	27	28	29	30	31
☉	♌8	9	10	11	12	13	14	15	16	17	18	19	20	21	22	22	23	24	25	26	27	28	29	♍0	1	2	3	4	5	6	♍7
☽	♎13	26	♏9	21	♐3	15	27	♑9	21	♒3	15	27	♓9	22	♈4	17	♉0	14	27	♊11	25	♋10	25	♌10	25	♍9	24	♎8	21	♏5	♏17
☿	♍5	6	7	8	9	9	10	11	11	11	12	12	12	12	12	12	12	12	11	11	10	10	9	8	7	7	6	5	4	3	♍2
♀	♍20	21	23	24	25	26	27	28	29	♎0	1	3	4	5	6	7	8	9	10	11	12	13	14	16	17	18	19	20	21	22	♎23
♂	♌6	6	7	8	8	9	10	10	11	12	12	13	14	14	15	15	16	17	17	18	19	19	20	21	21	22	22	23	24	24	♌25

	1	6	12	18	24	30
♃	♓0 ♒29	28	28	27	26	
♄	♈18	18	18	18	18	17

	1	15	30
♅	♉18	18	18
♆	♍19	20	20
♇	♌0	0	1
☊	♏24	22	21

SEPTEMBRE

	1	2	3	4	5	6	7	8	9	10	11	12	13	14	15	16	17	18	19	20	21	22	23	24	25	26	27	28	29	30
☉	♍8	9	10	11	12	13	14	15	16	17	18	19	20	21	21	22	23	24	25	26	27	28	29	♎0	1	2	3	4	5	♎6
☽	♐0	12	24	♑6	18	29	♒11	24	♓6	19	♈1	14	27	♉11	24	♊8	22	♋6	20	♌5	19	♍4	18	♎2	16	29	♏13	25	♐8	♐20
☿	♍1	1	0	0	♌29	29	29	29	29	♍0	0	1	2	3	4	5	6	7	9	10	12	14	15	17	19	21	22	24	26	♍28
♀	♎24	25	26	27	28	29	♏0	1	2	3	4	5	6	7	8	9	10	10	11	12	13	14	15	16	17	17	18	19	20	♏21
♂	♌26	26	27	28	28	29	29	♍0	1	1	2	3	3	4	5	5	6	6	7	8	8	9	10	10	11	12	12	13	13	♍14

	1	6	12	18	24	30
♃	♒26	25	25	24	23	23
♄	♈17	17	17	16	16	15

	1	15	30
♅	♉18	18	17
♆	♍20	21	21
♇	♌1	1	1
☊	♏21	19	19

OCTOBRE

	1	2	3	4	5	6	7	8	9	10	11	12	13	14	15	16	17	18	19	20	21	22	23	24	25	26	27	28	29	30	31
☉	♎7	8	9	10	11	12	13	14	15	16	17	18	19	20	21	22	23	24	25	26	27	28	29	♏0	1	2	3	4	5	6	♏7
☽	♑2	14	26	♒7	20	♓2	14	27	♈10	23	♉7	21	♊5	19	♋3	17	♌1	15	29	♍13	27	♎11	24	♏8	21	♐3	16	28	♑10	22	♒3
☿	♎0	1	3	5	7	9	10	12	14	16	17	19	21	22	24	26	27	29	♏1	2	4	6	7	9	10	12	13	15	17	18	♏20
♀	♏22	22	23	24	24	25	26	27	27	28	28	29	♐0	0	1	1	2	2	2	3	3	4	4	4	4	5	5	5	5	5	♐5
♂	♍15	15	16	17	17	18	18	19	20	20	21	22	22	23	24	24	25	25	26	27	27	28	29	29	♎0	0	1	2	2	3	♎4

	1	6	12	18	24	30
♃	♒23	23	22	22	22	23
♄	♈15	15	14	14	13	13

	1	15	30
♅	♉17	17	16
♆	♍21	22	22
♇	♌1	1	2
☊	♏19	18	18

NOVEMBRE

	1	2	3	4	5	6	7	8	9	10	11	12	13	14	15	16	17	18	19	20	21	22	23	24	25	26	27	28	29	30
☉	♏8	9	10	11	12	13	14	15	16	17	18	19	20	21	22	23	24	25	26	27	28	29	♐0	1	2	3	4	5	6	♐7
☽	♒15	27	♓10	22	♈5	18	♉2	16	♊0	14	29	♋13	28	♌12	26	♍10	24	♎7	21	♏4	16	29	♐11	24	♑6	18	♒0	11	23	♓5
☿	♏21	23	24	26	27	29	♐0	1	3	4	6	7	9	10	11	13	14	15	17	18	19	20	22	23	24	25	26	27	27	♐28
♀	♐5	5	5	5	4	4	4	4	3	3	2	2	1	1	0	0	♏29	29	28	27	27	26	26	25	24	24	23	23	22	♏22
♂	♎4	5	6	6	7	7	8	9	9	10	11	11	12	12	13	14	14	15	16	16	17	17	18	19	19	20	21	21	22	♎22

	1	6	12	18	24	30
♃	♒23	23	23	24	24	25
♄	♈13	13	12	12	12	11

	1	15	30
♅	♉16	16	15
♆	♍23	23	23
♇	♌2	1	1
☊	♏18	18	18

DÉCEMBRE

	1	2	3	4	5	6	7	8	9	10	11	12	13	14	15	16	17	18	19	20	21	22	23	24	25	26	27	28	29	30	31
☉	♐8	9	10	11	12	13	14	15	16	17	18	19	20	21	22	23	24	25	26	27	28	29	♑0	2	3	4	5	6	7	8	♑9
☽	♓17	♈0	13	26	♉10	24	♊8	23	♋8	23	♌8	22	♍7	21	♎4	17	♏0	13	26	♐8	20	♑2	14	26	♒8	20	♓2	14	26	♈8	♈21
☿	♐29	29	♑0	0	0	0	♐29	29	28	27	26	25	24	22	21	20	18	17	16	15	14	14	14	13	13	14	14	14	15	16	♐16
♀	♏22	21	21	21	20	20	20	20	20	20	20	20	20	20	20	20	20	21	21	21	22	22	22	23	23	24	24	25	25	26	♏27
♂	♎23	24	24	25	26	26	27	28	28	29	29	♏0	1	1	2	3	3	4	4	5	6	6	7	8	8	9	9	10	11	11	♏12

	1	6	12	18	24	30
♃	♒25	26	27	28	29	♓0
♄	♈11	11	11	11	11	11

	1	15	30
♅	♉15	14	14
♆	♍23	23	23
♇	♌1	1	1
☊	♏18	17	16

1939

JANVIER

	1	2	3	4	5	6	7	8	9	10	11	12	13	14	15	16	17	18	19	20	21	22	23	24	25	26	27	28	29	30	31
☉	♑10	11	12	13	14	15	16	17	18	19	20	21	22	23	24	25	26	27	28	29	♒0	1	2	3	4	5	6	7	8	9	♒10
☽	♉4	18	♊2	16	♋1	16	♌2	17	♍2	16	♎0	14	27	♏10	23	♐5	17	29	♑11	23	♒5	17	29	♓11	23	♈5	17	♉0	13	26	♊10
☿	♐17	18	19	20	21	22	23	25	26	27	28	♑0	1	2	4	5	6	8	9	11	12	14	15	17	18	20	21	23	24	26	♑27
♀	♏27	28	29	29	♐0	1	2	2	3	4	5	6	6	7	8	9	10	11	12	13	14	15	15	16	17	18	19	20	21	22	♐23
♂	♏12	13	14	14	15	16	16	17	17	18	19	19	20	21	21	22	22	23	24	24	25	25	26	27	27	28	29	29	♐0	0	♐1

	1	6	12	18	24	30	1	6	12	18	24	30	1	15	30	1	15	30	1	15	30	1	15	30
	♃ ♓0	1	3	4	5	7	♄ ♈11	12	12	12	13	13	♅ ♉14	14	14	♆ ♍23	23	23	♇ ♌1	1	0	☊ ♏16	15	14

FÉVRIER

	1	2	3	4	5	6	7	8	9	10	11	12	13	14	15	16	17	18	19	20	21	22	23	24	25	26	27	28
☉	♒11	12	13	14	15	16	17	18	19	20	21	22	23	24	25	26	27	28	29	♓0	1	2	3	4	5	6	8	♓9
☽	♊24	♋9	24	♌10	25	♍10	25	♎9	23	♏6	19	♐2	14	26	♑8	20	♒2	14	26	♓8	20	♈2	14	27	♉9	22	♊6	♊19
☿	♑29	♒0	2	4	5	7	9	10	12	14	15	17	19	20	22	24	26	28	29	♓1	3	5	7	9	11	12	14	♓16
♀	♐24	25	26	28	29	♑0	1	2	3	4	5	6	7	8	9	10	11	13	14	15	16	17	18	19	20	21	23	♑24
♂	♐2	2	3	3	4	5	5	6	6	7	8	8	9	9	10	11	11	12	12	13	14	14	15	15	16	17	17	♐18

	1	6	12	18	24	28	1	6	12	18	24	28	1	15	28	1	15	28	1	15	28	1	15	28
	♃ ♓7	8	10	11	12	13	♄ ♈13	14	14	15	15	16	♅ ♉14	14	14	♆ ♍23	23	22	♇ ♌0	0	0	☊ ♏13	12	11

MARS

	1	2	3	4	5	6	7	8	9	10	11	12	13	14	15	16	17	18	19	20	21	22	23	24	25	26	27	28	29	30	31
☉	♓10	11	12	13	14	15	16	17	18	19	20	21	22	23	24	25	26	27	27	28	29	♈0	1	2	3	4	5	6	7	8	♈9
☽	♋3	18	♌3	18	♍3	18	♎3	17	♏1	15	28	♐10	23	♑5	17	29	♒10	22	♓4	16	29	♈11	24	♉6	19	♊3	16	♋0	14	28	♌13
☿	♓18	20	22	24	26	28	29	♈1	3	4	6	8	9	10	12	13	14	15	16	16	17	17	17	18	18	17	17	17	16	16	♈15
♀	♑25	26	27	28	29	♒1	2	3	4	5	6	7	9	10	11	12	13	14	16	17	18	19	20	21	23	24	25	26	27	28	♓0
♂	♐18	19	20	20	21	21	22	22	23	24	24	25	25	26	26	27	28	28	29	29	♑0	0	1	1	2	3	3	4	4	5	♑5

	1	6	12	18	24	30	1	6	12	18	24	30	1	15	30	1	15	30	1	15	30	1	15	30
	♃ ♓14	15	16	18	19	21	♄ ♈16	17	17	18	19	19	♅ ♉14	15	16	♆ ♍22	22	22	♇ ♌0	♋0	29	☊ ♏10	10	9

AVRIL

	1	2	3	4	5	6	7	8	9	10	11	12	13	14	15	16	17	18	19	20	21	22	23	24	25	26	27	28	29	30
☉	♈10	11	12	13	14	15	16	17	18	19	20	21	22	23	24	25	26	27	28	29	♉0	1	2	3	4	5	6	7	8	♉9
☽	♌27	♍12	26	♎11	25	♏9	22	♐6	18	♑1	13	25	♒7	19	♓0	13	25	♈7	20	♉3	16	29	♊13	27	♋11	25	♌9	23	♍7	♍22
☿	♈15	14	13	12	11	11	10	9	8	8	7	7	6	6	6	6	6	6	6	6	6	7	7	8	8	9	10	10	11	♈12
♀	♓1	2	3	4	5	7	8	9	10	11	13	14	15	16	17	19	20	21	22	23	25	26	27	28	29	♈0	2	3	4	♈5
♂	♑6	6	7	7	8	9	9	10	10	11	11	12	12	13	13	14	14	15	15	16	16	17	17	18	18	19	19	19	20	♑20

	1	6	12	18	24	30	1	6	12	18	24	30	1	15	30	1	15	30	1	15	30	1	15	30
	♃ ♓21	22	24	25	26	28	♄ ♈20	20	21	22	23	23	♅ ♉16	16	17	♆ ♍21	21	21	♇ ♋29	29	29	☊ ♏9	8	8

MAI

	1	2	3	4	5	6	7	8	9	10	11	12	13	14	15	16	17	18	19	20	21	22	23	24	25	26	27	28	29	30	31
☉	♉10	11	12	13	14	15	16	17	17	18	19	20	21	22	23	24	25	26	27	28	29	♊0	1	2	3	4	5	6	7	8	♊9
☽	♎6	20	♏4	17	♐0	13	26	♑8	21	♒3	15	26	♓8	20	♈3	15	28	♉11	25	♊9	23	♋7	21	♌6	20	♍4	18	♎2	16	♏0	♏13
☿	♈13	14	15	16	17	18	20	21	22	23	25	26	28	29	♉1	2	4	5	7	9	11	12	14	16	18	20	22	24	26	28	♊0
♀	♈6	8	9	10	11	12	14	15	16	17	18	20	21	22	23	24	26	27	28	29	♉0	2	3	4	5	7	8	9	10	11	♉13
♂	♑21	21	22	22	23	23	23	24	24	25	25	25	26	26	27	27	27	28	28	28	29	29	29	♒0	0	0	1	1	1	1	♒2

	1	6	12	18	24	30	1	6	12	18	24	30	1	15	30	1	15	30	1	15	30	1	15	30
	♃ ♓28	29	♈0	1	2	3	♄ ♈23	24	25	25	26	27	♅ ♉17	18	19	♆ ♍21	21	21	♇ ♋29	29	♌29	☊ ♏8	8	8

JUIN

	1	2	3	4	5	6	7	8	9	10	11	12	13	14	15	16	17	18	19	20	21	22	23	24	25	26	27	28	29	30
☉	♊10	11	12	12	13	14	15	16	17	18	19	20	21	22	23	24	25	26	27	28	29	♋0	1	2	3	4	4	5	6	♋7
☽	♏26	♐9	22	♑4	17	29	♒11	23	♓4	16	28	♈11	23	♉6	19	♊3	17	♋2	16	♌1	16	♍1	15	29	♎13	26	♏10	23	♐5	♐18
☿	♊2	4	6	8	10	13	15	17	19	21	24	26	28	♋0	2	4	6	8	10	12	14	16	18	20	21	23	25	26	28	♌0
♀	♉14	15	16	17	19	20	21	22	23	25	26	27	28	29	♊1	2	3	4	6	7	8	9	10	12	13	14	15	16	18	♊19
♂	♒2	2	2	3	3	3	3	3	4	4	4	4	4	4	4	4	4	5	5	5	5	5	5	5	5	5	5	5	4	♒4

	1	6	12	18	24	30	1	6	12	18	24	30	1	15	30	1	15	30	1	15	30	1	15	30
	♃ ♈4	4	5	6	7	7	♄ ♈27	27	28	29	29	♉0	♅ ♉19	20	21	♆ ♍21	21	21	♇ ♌0	0	0	☊ ♏8	8	7

JUILLET

	1	2	3	4	5	6	7	8	9	10	11	12	13	14	15	16	17	18	19	20	21	22	23	24	25	26	27	28	29	30	31
☉	♋8	9	10	11	12	13	14	15	16	17	18	19	20	21	22	23	24	24	25	26	27	28	29	♌0	1	2	3	4	5	6	♌7
☽	♑1	13	25	♒7	19	♓1	13	25	♈7	19	♉1	14	28	♊11	26	♋10	25	♌10	26	♍10	25	♎9	23	♏7	20	♐3	15	28	♑10	22	♒4
☿	♌1	3	4	5	7	8	9	11	12	13	14	15	16	17	18	19	20	21	21	22	22	23	23	24	24	24	24	24	24	24	♌24
♀	♊20	21	23	24	25	26	27	29	♋0	1	2	4	5	6	7	8	10	11	12	13	15	16	17	18	19	21	22	23	24	26	♋27
♂	♒4	4	4	4	4	4	3	3	3	3	3	2	2	2	2	2	1	1	1	0	0	0	0	♑29	29	29	29	28	28	28	♑27

	1	6	12	18	24	30	1	6	12	18	24	30	1	15	30	1	15	30	1	15	30	1	15	30
	♃ ♈7	8	8	9	9	9	♄ ♉0	0	0	1	1	1	♅ ♉21	21	22	♆ ♍21	21	21	♇ ♌0	1	1	☊ ♏7	5	4

AOÛT

	1	2	3	4	5	6	7	8	9	10	11	12	13	14	15	16	17	18	19	20	21	22	23	24	25	26	27	28	29	30	31
☉	♌8	9	10	11	12	13	14	15	16	16	17	18	19	20	21	22	23	24	25	26	27	28	29	♍0	1	2	3	4	5	6	♍7
☽	♒16	28	♓10	21	♈3	15	28	♉10	23	♊6	20	♋4	19	♌4	19	♍4	19	♎4	19	♏3	16	29	♐12	25	♑7	19	♒1	13	25	♓7	♓18
☿	♌23	23	23	22	21	21	20	19	18	18	17	16	15	15	14	13	13	13	12	12	12	12	12	13	13	14	15	16	17	18	♌19
♀	♋28	29	♌1	2	3	4	5	7	8	9	10	12	13	14	15	17	18	19	20	21	23	24	25	26	28	29	♍0	1	3	4	♍5
♂	♑27	27	27	26	26	26	26	26	25	25	25	25	25	25	24	24	24	24	24	24	24	24	24	24	24	24	24	24	24	24	♑24

	1	6	12	18	24	30	1	6	12	18	24	30	1	15	30	1	15	30	1	15	30	1	15	30
	♃ ♈9	9	9	8	8	7	♄ ♉1	1	1	1	1	1	♅ ♉22	22	22	♆ ♍21	22	22	♇ ♌1	2	2	☊ ♏3	2	1

SEPTEMBRE

	1	2	3	4	5	6	7	8	9	10	11	12	13	14	15	16	17	18	19	20	21	22	23	24	25	26	27	28	29	30
☉	♍8	9	10	11	12	13	13	14	15	16	17	18	19	20	21	22	23	24	25	26	27	28	29	♎0	1	2	3	4	5	♎6
☽	♈0	12	24	♉7	19	♊2	15	29	♋13	27	♌12	27	♍13	28	♎13	27	♏11	25	♐8	21	♑4	16	28	♒10	22	♓3	15	27	♈9	♈22
☿	♌20	22	23	25	26	28	♍0	1	3	5	7	9	11	13	15	16	18	20	22	24	26	28	29	♎1	3	5	7	8	10	♎12
♀	♍6	8	9	10	11	13	14	15	16	18	19	20	21	22	24	25	26	27	29	♎0	1	2	4	5	6	7	9	10	11	♎12
♂	♑24	24	25	25	25	25	25	25	26	26	26	26	27	27	27	27	28	28	28	29	29	29	♒0	0	0	1	1	2	2	♒2

	1	6	12	18	24	30	1	6	12	18	24	30	1	15	30	1	15	30	1	15	30	1	15	30
	♃ ♈7	7	6	5	4	3	♄ ♉1	1	1	0	0	♈29	♅ ♉22	22	22	♆ ♍22	23	24	♇ ♌2	2	3	☊ ♏0	0	♎0

OCTOBRE

	1	2	3	4	5	6	7	8	9	10	11	12	13	14	15	16	17	18	19	20	21	22	23	24	25	26	27	28	29	30	31
☉	♎7	8	9	10	11	12	13	14	15	16	17	18	19	20	21	22	23	24	25	26	27	28	29	♏0	1	2	3	4	5	6	♏7
☽	♉4	16	29	♊12	25	♋9	23	♌7	22	♍6	21	♎6	21	♏5	19	♐3	16	29	♑12	24	♒6	18	♓0	12	24	♈6	18	♉0	13	26	♊9
☿	♎13	15	17	18	20	22	23	25	27	28	♏0	1	3	4	6	7	9	10	12	13	15	16	18	19	20	22	23	24	26	27	♏28
♀	♎14	15	16	17	19	20	21	22	24	25	26	27	29	♏0	1	2	4	5	6	7	9	10	11	12	14	15	16	17	19	20	♏21
♂	♒3	3	4	4	4	5	5	6	6	7	7	8	8	9	9	10	10	11	11	12	12	13	14	14	15	15	16	16	17	17	♒18

	1	6	12	18	24	30	1	6	12	18	24	30	1	15	30	1	15	30	1	15	30	1	15	30
	♃ ♈3	3	2	1	1	0	♄ ♈29	29	29	28	28	27	♅ ♉22	21	21	♆ ♍24	24	25	♇ ♌3	3	3	☊ ♎29	29	29

NOVEMBRE

	1	2	3	4	5	6	7	8	9	10	11	12	13	14	15	16	17	18	19	20	21	22	23	24	25	26	27	28	29	30
☉	♏8	9	10	11	12	13	14	15	16	17	18	19	20	21	22	23	24	25	26	27	28	29	♐0	1	2	3	4	5	6	♐7
☽	♊22	♋6	20	♌3	18	♍2	16	♎1	15	29	♏13	27	♐11	24	♑7	20	♒2	14	26	♓8	20	♈2	14	26	♉9	22	♊5	18	♋2	♋16
☿	♐0	1	2	3	4	6	7	8	9	10	10	11	12	13	13	14	14	14	14	14	13	13	12	11	10	9	8	7	5	♐4
♀	♏22	24	25	26	27	29	♐0	1	2	4	5	6	7	9	10	11	12	14	15	16	17	19	20	21	22	24	25	26	27	♐29
♂	♒19	19	20	20	21	22	22	23	23	24	25	25	26	26	27	28	28	29	♓0	0	1	1	2	3	3	4	5	5	6	♓7

	1	6	12	18	24	30	1	6	12	18	24	30	1	15	30	1	15	30	1	15	30	1	15	30
	♃ ♈0	♓29	29	29	29	29	♄ ♈27	27	26	26	25	25	♅ ♉20	20	19	♆ ♍25	25	25	♇ ♌3	3	3	☊ ♎29	29	29

DÉCEMBRE

	1	2	3	4	5	6	7	8	9	10	11	12	13	14	15	16	17	18	19	20	21	22	23	24	25	26	27	28	29	30	31
☉	♐8	9	10	11	12	13	14	15	16	17	18	19	20	21	22	23	24	25	26	27	28	29	♑0	1	2	3	4	5	6	7	♑8
☽	♌0	14	29	♍13	27	♎11	25	♏9	22	♐6	19	♑2	15	28	♒10	22	♓4	16	28	♈9	22	♉4	17	♊0	13	27	♋11	26	♌10	25	♍9
☿	♐3	1	0	♏29	29	28	28	28	28	28	28	29	29	♐0	1	2	3	4	5	6	7	9	10	11	12	14	15	16	18	19	♐21
♀	♑0	1	2	3	5	6	7	8	10	11	12	13	15	16	17	18	20	21	22	23	25	26	27	28	♒0	1	2	3	5	6	♒7
♂	♓7	8	9	9	10	11	11	12	13	13	14	15	15	16	17	17	18	19	19	20	21	21	22	23	23	24	25	25	26	27	♓27

	1	6	12	18	24	30	1	6	12	18	24	30	1	15	30	1	15	30	1	15	30	1	15	30
	♃ ♓29	29	29	♈0	0	1	♄ ♈25	25	25	25	24	24	♅ ♉19	19	18	♆ ♍25	25	26	♇ ♌3	3	2	☊ ♎29	28	26

1940

JANVIER	1	2	3	4	5	6	7	8	9	10	11	12	13	14	15	16	17	18	19	20	21	22	23	24	25	26	27	28	29	30	31
☉	♑9	10	11	12	13	15	16	17	18	19	20	21	22	23	24	25	26	27	28	29	♒0	1	2	3	4	5	6	7	8	9	♒10
☽	♍24	♎8	22	♏5	19	♐2	15	28	♑11	23	♒6	18	♓0	12	24	♈5	17	29	♉12	24	♊7	21	♋5	19	♌4	19	♍4	19	♎4	18	♏2
☿	♐22	24	25	27	28	♑0	1	3	4	6	7	9	10	12	13	15	16	18	20	21	23	24	26	28	29	♒1	3	4	6	8	♒9
♀	♒8	10	11	12	13	14	16	17	18	19	21	22	23	24	26	27	28	29	♓1	2	3	4	5	7	8	9	10	12	13	14	♓15
♂	♓28	29	29	♈0	1	1	2	3	3	4	5	5	6	7	7	8	9	10	10	11	12	12	13	14	14	15	16	16	17	18	♈18

	1	6	12	18	24	30		1	6	12	18	24	30		1	15	30		1	15	30		1	15	30		1	15	30
♃	♈1	2	3	4	5	6	♄	♈24	24	25	25	25	25	♅	♉18	18	18	♆	♍26	25	25	♇	♌2	2	2	☊	♎26	24	23

FÉVRIER	1	2	3	4	5	6	7	8	9	10	11	12	13	14	15	16	17	18	19	20	21	22	23	24	25	26	27	28	29
☉	♒11	12	13	14	15	16	17	18	19	20	21	22	23	24	25	26	27	28	29	♓0	1	2	3	4	5	6	7	8	♓9
☽	♏16	29	♐12	25	♑8	20	♒2	15	27	♓8	20	♈2	14	26	♉8	20	♊3	16	29	♋13	27	♌12	27	♍13	28	♎13	27	♏12	♏26
☿	♒11	13	15	16	18	20	22	24	25	27	29	♓1	3	4	6	8	10	12	13	15	17	18	20	21	23	24	25	26	♓27
♀	♓16	18	19	20	21	22	24	25	26	27	29	♈0	1	2	3	5	6	7	8	9	10	12	13	14	15	16	18	19	♈20
♂	♈19	20	20	21	22	22	23	24	25	25	26	27	27	28	29	29	♉0	1	1	2	3	3	4	5	5	6	7	7	♉8

	1	6	12	18	24	29		1	6	12	18	24	29		1	15	29		1	15	29		1	15	29		1	15	29
♃	♈6	7	8	9	11	12	♄	♈26	26	26	27	27	28	♅	♉18	18	18	♆	♍25	25	25	♇	♌2	1	1	☊	♎23	22	21

MARS	1	2	3	4	5	6	7	8	9	10	11	12	13	14	15	16	17	18	19	20	21	22	23	24	25	26	27	28	29	30	31
☉	♓10	11	12	13	14	15	16	17	18	19	20	21	22	23	24	25	26	27	28	29	♈0	1	2	3	4	5	6	7	8	9	♈10
☽	♐9	22	♑5	17	29	♒12	23	♓5	17	29	♈11	23	♉5	17	29	♊12	25	♋8	22	♌6	20	♍5	21	♎6	21	♏6	20	♐4	18	♑1	♑14
☿	♓28	29	29	♈0	0	0	0	0	0	♓29	29	28	27	26	25	24	24	23	22	21	20	19	19	18	18	17	17	17	17	17	♓17
♀	♈21	22	23	25	26	27	28	29	♉0	2	3	4	5	6	7	8	9	11	12	13	14	15	16	17	18	20	21	22	23	24	♉25
♂	♉9	9	10	11	11	12	13	13	14	15	15	16	17	17	18	19	19	20	21	21	22	23	23	24	25	25	26	27	27	28	♉29

	1	6	12	18	24	30		1	6	12	18	24	30		1	15	30		1	15	30		1	15	30		1	15	30
♃	♈12	13	14	16	17	19	♄	♈28	28	29	♉0	0	1	♅	♉18	19	20	♆	♍25	24	24	♇	♌1	1	1	☊	♎21	20	20

AVRIL	1	2	3	4	5	6	7	8	9	10	11	12	13	14	15	16	17	18	19	20	21	22	23	24	25	26	27	28	29	30
☉	♈11	12	13	14	15	16	17	18	19	20	21	22	23	24	25	26	27	28	29	♉0	1	2	3	4	5	6	7	8	9	♉9
☽	♑26	♒8	20	♓2	14	26	♈8	20	♉2	14	26	♊9	21	♋4	18	♌1	15	♍0	14	29	♎14	29	♏14	28	♐12	26	♑9	22	♒5	♒17
☿	♓17	18	18	18	19	19	20	21	22	23	23	24	25	26	27	29	♈0	1	2	3	5	6	8	9	10	12	13	15	17	♈18
♀	♉26	27	28	29	♊0	1	2	3	4	5	6	7	8	9	10	11	12	13	14	15	16	17	18	19	20	21	22	23	24	♊24
♂	♉29	♊0	1	1	2	3	3	4	5	5	6	7	7	8	9	9	10	11	11	12	13	13	14	15	15	16	17	17	18	♊19

	1	6	12	18	24	30		1	6	12	18	24	30		1	15	30		1	15	30		1	15	30		1	15	30
♃	♈19	20	22	23	25	26	♄	♉1	2	3	4	4	5	♅	♉20	20	21	♆	♍24	23	23	♇	♌1	1	1	☊	♎20	20	20

MAI	1	2	3	4	5	6	7	8	9	10	11	12	13	14	15	16	17	18	19	20	21	22	23	24	25	26	27	28	29	30	31
☉	♉10	11	12	13	14	15	16	17	18	19	20	21	22	23	24	25	26	27	28	29	♊0	1	2	3	4	5	6	7	7	8	♊9
☽	♒29	♓11	23	♈4	16	28	♉11	23	♊5	18	♋1	15	28	♌12	26	♍10	24	♎9	23	♏8	22	♐7	21	♑4	17	♒0	13	25	♓7	19	♈1
☿	♈20	21	23	25	27	28	♉0	2	4	6	8	10	12	14	16	18	20	22	24	27	29	♊1	3	5	7	10	12	14	16	18	♊20
♀	♊25	26	27	28	29	29	♋0	1	2	2	3	4	4	5	6	6	7	8	8	9	9	10	10	11	11	11	12	12	12	13	♋13
♂	♊19	20	21	21	22	22	23	24	24	25	26	26	27	28	28	29	♋0	0	1	2	2	3	3	4	5	5	6	7	7	8	♋9

	1	6	12	18	24	30		1	6	12	18	24	30		1	15	30		1	15	30		1	15	30		1	15	30
♃	♈26	28	29	♉0	2	3	♄	♉5	6	7	7	8	9	♅	♉21	22	23	♆	♍23	23	23	♇	♌1	1	1	☊	♎20	20	19

JUIN	1	2	3	4	5	6	7	8	9	10	11	12	13	14	15	16	17	18	19	20	21	22	23	24	25	26	27	28	29	30
☉	♊10	11	12	13	14	15	16	17	18	19	20	21	22	23	24	25	26	27	28	29	29	♋0	1	2	3	4	5	6	7	♋8
☽	♈13	25	♉7	19	♊2	15	28	♋11	25	♌9	23	♍7	21	♎5	19	♏3	17	♐1	15	29	♑12	26	♒8	21	♓3	15	27	♈9	21	♉3
☿	♊22	24	26	28	♋0	2	4	6	7	9	11	12	14	15	17	18	19	21	22	23	24	26	27	28	29	29	♌0	1	2	♌3
♀	♋13	13	13	13	13	13	13	13	13	13	13	12	12	12	11	11	11	10	10	9	9	8	7	7	6	6	5	4	4	♋3
♂	♋9	10	11	11	12	12	13	14	14	15	16	16	17	18	18	19	20	20	21	21	22	23	23	24	25	25	26	27	27	♋28

	1	6	12	18	24	30		1	6	12	18	24	30		1	15	30		1	15	30		1	15	30		1	15	30
♃	♉3	5	6	7	8	9	♄	♉9	10	10	11	11	12	♅	♉23	24	25	♆	♍23	23	23	♇	♌1	1	2	☊	♎19	18	16

JUILLET	1	2	3	4	5	6	7	8	9	10	11	12	13	14	15	16	17	18	19	20	21	22	23	24	25	26	27	28	29	30	31
☉	♋9	10	11	12	13	14	15	16	17	18	19	19	20	21	22	23	24	25	26	27	28	29	♌0	1	2	3	4	5	6	7	♌8
☽	♉15	27	♊10	23	♋7	21	♌5	19	♍3	17	♎2	16	♏0	14	28	♐11	25	♑8	21	♒4	17	29	♓11	23	♈5	17	29	♉11	23	♊5	♊18
☿	♌3	4	4	4	5	5	5	5	5	5	5	5	5	4	4	3	3	2	1	1	0	♋29	29	28	27	27	26	26	25	25	♋25
♀	♋3	2	1	1	0	0	♊29	29	29	28	28	28	27	27	27	27	27	27	27	27	27	27	27	27	28	28	28	28	29	29	♋0
♂	♋28	29	♌0	0	1	2	2	3	4	4	5	5	6	7	7	8	9	9	10	11	11	12	12	13	14	14	15	16	16	17	♌18

	1	6	12	18	24	30		1	6	12	18	24	30		1	15	30		1	15	30		1	15	30		1	15	30
♃	♉9	10	11	12	13	14	♄	♉12	13	13	13	14	14	♅	♉25	25	26	♆	♍23	23	24	♇	♌2	2	3	☊	♎16	15	14

AOÛT	1	2	3	4	5	6	7	8	9	10	11	12	13	14	15	16	17	18	19	20	21	22	23	24	25	26	27	28	29	30	31
☉	♌9	10	10	11	12	13	14	15	16	17	18	19	20	21	22	23	24	25	26	27	28	29	♍0	1	2	3	4	5	5	6	♍7
☽	♋1	15	29	♌14	28	♍13	28	♎12	27	♏11	25	♐8	22	♑5	18	♒0	13	25	♓7	19	♈1	13	25	♉7	19	♊1	13	26	♋10	23	♌7
☿	♋25	25	25	25	25	26	26	27	27	28	29	♌0	1	3	4	5	7	9	10	12	14	16	17	19	21	23	25	27	29	♍1	♍3
♀	♋0	0	1	1	2	2	3	4	4	5	6	6	7	8	8	9	10	11	11	12	13	14	15	15	16	17	18	19	20	21	♋22
♂	♌18	19	19	20	21	21	22	23	23	24	24	25	26	26	27	28	28	29	♍0	0	1	1	2	3	3	4	5	5	6	7	♍7

	1	6	12	18	24	30		1	6	12	18	24	30		1	15	30		1	15	30		1	15	30		1	15	30
♃	♉14	14	15	15	15	16	♄	♉14	14	15	15	15	15	♅	♉26	26	26	♆	♍24	24	25	♇	♌3	3	3	☊	♎13	12	12

SEPTEMBRE	1	2	3	4	5	6	7	8	9	10	11	12	13	14	15	16	17	18	19	20	21	22	23	24	25	26	27	28	29	30
☉	♍8	9	10	11	12	13	14	15	16	17	18	19	20	21	22	23	24	25	26	27	28	29	♎0	1	2	3	4	5	6	♎7
☽	♌22	♍7	22	♎7	22	♏7	21	♐5	18	♑2	15	27	♒10	22	♓4	16	28	♈10	22	♉4	15	27	♊10	22	♋5	18	♌2	16	♍0	♍15
☿	♍5	7	9	11	13	15	17	18	20	22	24	26	27	29	♎1	3	4	6	8	9	11	13	14	16	17	19	20	22	23	♎25
♀	♋23	24	24	25	26	27	28	29	♌0	1	2	3	4	5	6	7	8	9	11	12	13	14	15	16	17	18	19	20	21	♌22
♂	♍8	8	9	10	10	11	12	12	13	14	14	15	16	16	17	17	18	19	19	20	21	21	22	23	23	24	24	25	26	♍26

	1	6	12	18	24	30		1	6	12	18	24	30		1	15	30		1	15	30		1	15	30		1	15	30
♃	♉16	16	16	15	15	15	♄	♉15	15	15	14	14	14	♅	♉26	26	26	♆	♍25	25	26	♇	♌3	4	4	☊	♎11	11	11

OCTOBRE	1	2	3	4	5	6	7	8	9	10	11	12	13	14	15	16	17	18	19	20	21	22	23	24	25	26	27	28	29	30	31
☉	♎8	9	10	11	12	13	14	15	16	17	18	19	20	20	21	22	23	24	25	26	27	28	29	♏0	1	2	3	4	5	6	♏7
☽	♎0	15	♏0	15	♐0	14	28	♑11	24	♒7	19	♓1	13	25	♈7	19	♉1	12	24	♊7	19	♋1	14	27	♌11	25	♍9	23	♎8	23	♏9
☿	♎26	28	29	♏1	2	4	5	6	8	9	10	12	13	14	15	16	18	19	20	21	22	23	24	24	25	26	27	27	28	28	♏28
♀	♌23	25	26	27	28	29	♍0	1	2	4	5	6	7	8	9	10	12	13	14	15	16	17	19	20	21	22	23	24	26	27	♍28
♂	♍27	28	28	29	♎0	0	1	2	2	3	3	4	5	5	6	7	7	8	9	9	10	11	11	12	13	13	14	14	15	16	♎16

	1	6	12	18	24	30		1	6	12	18	24	30		1	15	30		1	15	30		1	15	30		1	15	30
♃	♉15	14	13	13	12	11	♄	♉14	13	13	13	12	12	♅	♉26	25	25	♆	♍26	26	27	♇	♌4	4	4	☊	♎11	11	11

NOVEMBRE	1	2	3	4	5	6	7	8	9	10	11	12	13	14	15	16	17	18	19	20	21	22	23	24	25	26	27	28	29	30
☉	♏8	9	10	11	12	13	14	15	16	17	18	19	20	21	22	23	24	26	27	28	29	♐0	1	2	3	4	5	6	7	♐8
☽	♏24	♐8	23	♑7	20	♒3	16	28	♓10	22	♈4	16	27	♉9	21	♊4	16	28	♋11	24	♌7	21	♍4	18	♎3	17	♏2	17	♐2	♐16
☿	♏28	28	28	27	27	26	25	24	23	22	21	19	18	17	16	15	14	13	12	12	12	12	12	13	13	14	15	16	17	♏18
♀	♍29	♎0	2	3	4	5	6	8	9	10	11	12	14	15	16	17	18	20	21	22	23	24	26	27	28	29	♏1	2	3	♏4
♂	♎17	18	18	19	20	20	21	22	22	23	24	24	25	26	26	27	28	28	29	♏0	0	1	2	2	3	3	4	5	5	♏6

	1	6	12	18	24	30		1	6	12	18	24	30		1	15	30		1	15	30		1	15	30		1	15	30
♃	♉11	10	9	9	8	7	♄	♉12	11	11	10	10	9	♅	♉25	24	24	♆	♍27	27	27	♇	♌4	4	4	☊	♎11	10	9

DÉCEMBRE	1	2	3	4	5	6	7	8	9	10	11	12	13	14	15	16	17	18	19	20	21	22	23	24	25	26	27	28	29	30	31
☉	♐9	10	11	12	13	14	15	16	17	18	19	20	21	22	23	24	25	26	27	28	29	♑0	1	2	3	4	5	6	7	8	♑9
☽	♑1	15	28	♒11	24	♓6	18	♈0	12	24	♉6	18	♊0	12	25	♋8	21	♌4	18	♍1	15	29	♎13	27	♏12	26	♐10	25	♑9	23	♒6
☿	♏19	20	21	22	24	25	26	28	29	♐1	2	4	5	7	8	9	11	12	14	16	17	19	20	22	23	25	26	28	29	♑1	♑3
♀	♏5	7	8	9	10	12	13	14	15	17	18	19	20	22	23	24	25	27	28	29	♐0	1	3	4	5	6	8	9	10	11	♐13
♂	♏7	7	8	9	9	10	11	11	12	13	13	14	15	15	16	17	17	18	19	19	20	21	21	22	23	23	24	25	25	26	♏27

	1	6	12	18	24	30		1	6	12	18	24	30		1	15	30		1	15	30		1	15	30		1	15	30
♃	♉7	7	6	6	6	6	♄	♉9	9	9	8	8	8	♅	♉24	23	23	♆	♍27	28	28	♇	♌4	4	4	☊	♎9	8	6

1941

JANVIER

	1	2	3	4	5	6	7	8	9	10	11	12	13	14	15	16	17	18	19	20	21	22	23	24	25	26	27	28	29	30	31
☉	♑10	11	12	13	14	15	16	17	18	19	20	21	22	23	24	25	26	28	29	♒0	1	2	3	4	5	6	7	8	9	10	♒11
☽	♒19	♓2	14	26	♈8	20	♉2	14	26	♊8	21	♋3	17	♌0	14	28	♍12	26	♎10	24	♏8	22	♐6	20	♑4	18	♒1	14	27	♓10	♓22
☿	♑4	6	7	9	10	12	14	15	17	18	20	22	23	25	27	28	♒0	2	3	5	7	9	10	12	14	16	17	19	21	22	♒24
♀	♐14	15	16	18	19	20	21	23	24	25	26	28	29	♑0	1	3	4	5	6	8	9	10	11	13	14	15	16	18	19	20	♑21
♂	♏27	28	29	29	♐0	1	1	2	3	3	4	5	6	6	7	8	8	9	10	10	11	12	12	13	14	14	15	16	16	17	♐18

	1	6	12	18	24	30
♃	♉6	6	6	6	7	7
♄	♉8	8	8	8	8	8

	1	15	30
♅	♉23	22	22
♆	♍28	28	27
♇	♌4	3	3
☊	♎6	4	3

FÉVRIER

	1	2	3	4	5	6	7	8	9	10	11	12	13	14	15	16	17	18	19	20	21	22	23	24	25	26	27	28
☉	♒12	13	14	15	16	17	18	19	20	21	22	23	24	25	26	27	28	29	♓0	1	2	3	4	5	6	7	8	♓9
☽	♈4	16	28	♉10	21	♊3	16	28	♋11	25	♌9	23	♍7	21	♎6	20	♏5	19	♐3	17	♑1	14	27	♒10	23	♓6	18	♈0
☿	♒26	27	29	♓1	2	4	5	7	8	9	10	11	12	12	13	13	13	13	13	13	12	12	11	10	9	8	7	♓6
♀	♑23	24	25	26	28	29	♒0	1	3	4	5	6	8	9	10	11	13	14	15	16	18	19	20	21	23	24	25	♒26
♂	♐18	19	20	20	21	22	22	23	24	25	25	26	27	27	28	29	29	♑0	1	1	2	3	3	4	5	6	6	♑7

	1	6	12	18	24	28
♃	♉7	8	9	10	10	11
♄	♉8	9	9	9	10	10

	1	15	28
♅	♉22	22	23
♆	♍27	27	27
♇	♌3	3	2
☊	♎3	2	2

MARS

	1	2	3	4	5	6	7	8	9	10	11	12	13	14	15	16	17	18	19	20	21	22	23	24	25	26	27	28	29	30	31
☉	♓10	11	12	13	14	15	16	17	18	19	20	21	22	23	24	25	26	27	28	29	♈0	1	2	3	4	5	6	7	8	9	♈10
☽	♈12	24	♉6	18	29	♊11	24	♋6	19	♌3	16	♍1	15	♎0	15	♏0	15	29	♐14	27	♑11	24	♒7	20	♓2	15	27	♈9	21	♉2	♉14
☿	♓5	4	3	2	1	1	0	0	♒29	29	29	29	29	29	29	♓0	0	1	1	2	3	4	4	5	6	7	8	9	10	12	♓13
♀	♒28	29	♓0	1	3	4	5	6	8	9	10	11	13	14	15	16	18	19	20	21	22	24	25	26	27	29	♈0	1	2	4	♈5
♂	♑8	8	9	10	10	11	12	12	13	14	14	15	16	17	17	18	19	19	20	21	21	22	23	23	24	25	26	26	27	28	♑28

	1	6	12	18	24	30
♃	♉11	12	13	14	16	17
♄	♉10	11	11	12	12	13

	1	15	30
♅	♉23	23	24
♆	♍27	26	26
♇	♌2	2	2
☊	♎2	2	2

AVRIL

	1	2	3	4	5	6	7	8	9	10	11	12	13	14	15	16	17	18	19	20	21	22	23	24	25	26	27	28	29	30
☉	♈11	12	13	14	15	16	17	18	19	20	21	22	23	24	25	26	27	28	29	♉0	0	1	2	3	4	5	6	7	8	♉9
☽	♉26	♊8	20	♋2	15	28	♌11	25	♍9	23	♎8	23	♏9	24	♐9	23	♑7	21	♒4	17	29	♓12	24	♈6	18	29	♉11	23	♊5	♊17
☿	♓14	15	17	18	19	21	22	23	25	26	28	♈0	1	3	4	6	8	9	11	13	15	17	18	20	22	24	26	28	♉0	♉2
♀	♈6	7	9	10	11	12	14	15	16	17	19	20	21	22	24	25	26	27	28	♉0	1	2	3	5	6	7	8	10	11	♉12
♂	♑29	♒0	0	1	2	2	3	4	4	5	6	7	7	8	9	9	10	11	11	12	13	13	14	15	16	16	17	18	18	♒19

	1	6	12	18	24	30
♃	♉17	18	20	21	22	24
♄	♉13	14	15	15	16	17

	1	15	30
♅	♉24	24	25
♆	♍26	26	25
♇	♌2	2	2
☊	♎2	2	1

MAI

	1	2	3	4	5	6	7	8	9	10	11	12	13	14	15	16	17	18	19	20	21	22	23	24	25	26	27	28	29	30	31
☉	♉10	11	12	13	14	15	16	17	18	19	20	21	22	23	24	25	26	27	28	29	♊0	1	1	2	3	4	5	6	7	8	♊9
☽	♊29	♋11	24	♌7	20	♍3	17	♎2	16	♏2	17	♐2	17	♑2	16	♒0	13	26	♓9	21	♈3	15	26	♉8	20	♊2	14	26	♋8	21	♌4
☿	♉4	6	8	10	13	15	17	19	21	23	26	28	♊0	2	4	6	8	10	12	14	16	18	19	21	23	24	26	28	29	♋0	♋2
♀	♉13	15	16	17	18	19	21	22	23	24	26	27	28	29	♊1	2	3	4	5	7	8	9	10	12	13	14	15	17	18	19	♊20
♂	♒20	20	21	22	22	23	24	24	25	26	26	27	28	29	29	♓0	1	1	2	3	3	4	5	5	6	7	7	8	9	9	♓10

	1	6	12	18	24	30
♃	♉24	25	27	28	29	♊1
♄	♉17	18	18	19	20	21

	1	15	30
♅	♉25	26	27
♆	♍25	25	25
♇	♌2	2	2
☊	♎1	0	♍1

JUIN

	1	2	3	4	5	6	7	8	9	10	11	12	13	14	15	16	17	18	19	20	21	22	23	24	25	26	27	28	29	30
☉	♊10	11	12	13	14	15	16	17	18	19	20	21	22	23	23	24	25	26	27	28	29	♋0	1	2	3	4	5	6	7	♋8
☽	♌16	♍0	13	27	♎11	26	♏10	25	♐10	25	♑10	24	♒8	22	♓4	17	29	♈11	23	♉5	17	29	♊11	23	♋5	18	♌1	14	27	♍10
☿	♋3	4	5	7	8	9	10	10	11	12	13	13	14	14	15	15	15	16	16	16	16	16	15	15	15	14	14	13	13	♋12
♀	♊21	23	24	25	26	28	29	♋0	1	2	4	5	6	7	9	10	11	12	13	15	16	17	18	20	21	22	23	24	26	♋27
♂	♓11	11	12	12	13	14	14	15	16	16	17	18	18	19	20	20	21	21	22	23	23	24	25	25	26	26	27	28	28	♓29

	1	6	12	18	24	30
♃	♊1	2	4	5	7	8
♄	♉21	22	22	23	24	24

	1	15	30
♅	♉27	28	29
♆	♍25	25	25
♇	♌2	3	3
☊	♍29	28	26

JUILLET

	1	2	3	4	5	6	7	8	9	10	11	12	13	14	15	16	17	18	19	20	21	22	23	24	25	26	27	28	29	30	31
☉	♋9	10	11	12	13	14	14	15	16	17	18	19	20	21	22	23	24	25	26	27	28	29	♌0	1	2	3	4	5	5	6	♌7
☽	♍24	♎7	21	♏6	20	♐5	19	♑4	18	♒3	16	♓0	13	25	♈7	19	♉1	13	25	♊7	19	♋1	14	27	♌10	23	♍7	20	♎4	18	♏2
☿	♋12	11	10	10	9	9	8	8	7	7	7	6	6	6	6	6	7	7	7	8	8	9	10	11	12	13	14	15	16	18	♋19
♀	♋28	29	♌1	2	3	4	5	7	8	9	10	12	13	14	15	16	18	19	20	21	23	24	25	26	27	29	♍0	1	2	3	♍5
♂	♓29	♈0	0	1	2	2	3	3	4	4	5	5	6	7	7	8	8	9	9	10	10	11	11	12	12	13	13	13	14	14	♈15

	1	6	12	18	24	30
♃	♊8	9	10	12	13	14
♄	♉24	25	25	26	27	27

	1	15	30
♅	♉29	29	♊29
♆	♍25	25	26
♇	♌3	4	4
☊	♍26	25	24

AOÛT

	1	2	3	4	5	6	7	8	9	10	11	12	13	14	15	16	17	18	19	20	21	22	23	24	25	26	27	28	29	30	31
☉	♌8	9	10	11	12	13	14	15	16	17	18	19	20	21	22	23	24	25	26	27	28	29	29	♍0	1	2	3	4	5	6	♍7
☽	♏16	♐1	15	29	♑13	27	♒11	25	♓8	20	♈3	15	27	♉9	21	♊3	15	27	♋10	22	♌5	19	♍2	16	♎0	15	29	♏13	27	♐12	♐26
☿	♋21	22	24	26	28	♌0	1	3	5	7	9	11	13	15	17	20	22	24	26	28	♍0	2	3	5	7	9	11	13	15	16	♍18
♀	♍6	7	8	9	11	12	13	14	16	17	18	19	20	22	23	24	25	26	28	29	♎0	1	2	4	5	6	7	8	10	11	♎12
♂	♈15	16	16	16	17	17	18	18	18	19	19	19	20	20	20	21	21	21	21	22	22	22	22	22	23	23	23	23	23	23	♈23

	1	6	12	18	24	30
♃	♊14	15	16	17	18	19
♄	♉27	27	28	28	28	28

	1	15	30
♅	♊0	0	0
♆	♍26	26	27
♇	♌4	4	5
☊	♍24	23	23

SEPTEMBRE

	1	2	3	4	5	6	7	8	9	10	11	12	13	14	15	16	17	18	19	20	21	22	23	24	25	26	27	28	29	30
☉	♍8	9	10	11	12	13	14	15	16	17	18	19	20	21	22	23	24	25	26	27	28	29	♎0	1	2	3	3	4	5	♎6
☽	♑10	23	♒7	20	♓3	16	29	♈11	23	♉5	17	29	♊11	23	♋5	17	♌0	13	27	♍11	25	♎10	24	♏9	24	♐8	23	♑7	20	♒4
☿	♍20	22	23	25	27	28	♎0	2	3	5	6	8	9	11	12	14	15	17	18	19	21	22	23	25	26	27	28	♏0	1	♏2
♀	♎13	14	16	17	18	19	20	21	23	24	25	26	27	29	♏0	1	2	3	5	6	7	8	9	10	12	13	14	15	16	♏17
♂	♈23	24	24	24	24	24	24	24	24	24	24	24	23	23	23	23	23	23	23	22	22	22	22	22	21	21	21	21	20	♈20

	1	6	12	18	24	30
♃	♊19	20	20	21	21	21
♄	♉28	29	29	29	28	28

	1	15	30
♅	♊0	0	0
♆	♍27	27	28
♇	♌5	5	5
☊	♍23	23	23

OCTOBRE

	1	2	3	4	5	6	7	8	9	10	11	12	13	14	15	16	17	18	19	20	21	22	23	24	25	26	27	28	29	30	31
☉	♎7	8	9	10	11	12	13	14	15	16	17	18	19	20	21	22	23	24	25	26	27	28	29	♏0	1	2	3	4	5	6	♏7
☽	♒17	♓0	13	25	♈7	20	♉2	13	25	♊7	19	♋1	13	26	♌8	21	♍5	19	♎3	18	♏3	18	♐3	18	♑3	17	♒1	14	27	♓10	♓22
☿	♏3	4	5	6	7	8	8	9	10	11	11	11	12	12	12	12	12	12	11	11	10	9	8	7	6	5	3	2	1	0	♎29
♀	♏19	20	21	22	23	24	26	27	28	29	♐0	1	3	4	5	6	7	8	9	11	12	13	14	15	16	17	18	20	21	22	♐23
♂	♈20	19	19	19	19	18	18	18	17	17	17	16	16	16	15	15	15	15	14	14	14	14	13	13	13	13	12	12	12	12	♈12

	1	6	12	18	24	30
♃	♊21	21	21	21	21	21
♄	♉28	28	28	27	27	27

	1	15	30
♅	♊0	0	♉0
♆	♍28	28	29
♇	♌5	6	6
☊	♍23	22	22

NOVEMBRE

	1	2	3	4	5	6	7	8	9	10	11	12	13	14	15	16	17	18	19	20	21	22	23	24	25	26	27	28	29	30
☉	♏8	9	10	11	12	13	14	15	16	17	18	19	20	21	22	23	24	25	26	27	28	29	♐0	1	2	3	4	5	6	♐7
☽	♈4	16	28	♉10	22	♊4	16	28	♋10	22	♌4	17	♍0	13	27	♎11	26	♏11	26	♐12	27	♑12	26	♒10	23	♓6	19	♈1	13	♈25
☿	♎28	27	27	26	26	26	27	27	28	28	29	♏0	1	2	4	5	6	7	9	10	12	13	15	16	18	19	21	22	24	♏25
♀	♐24	25	26	27	28	♑0	1	2	3	4	5	6	7	8	9	10	11	12	13	14	15	16	17	19	20	21	21	22	23	♑24
♂	♈12	12	11	11	11	11	11	11	11	11	11	11	11	11	11	11	11	11	12	12	12	12	12	12	12	13	13	13	13	♈13

	1	6	12	18	24	30
♃	♊21	20	20	19	18	18
♄	♉26	26	26	25	25	24

	1	15	30
♅	♉29	29	28
♆	♍29	29	♎29
♇	♌6	6	6
☊	♍22	21	20

DÉCEMBRE

	1	2	3	4	5	6	7	8	9	10	11	12	13	14	15	16	17	18	19	20	21	22	23	24	25	26	27	28	29	30	31
☉	♐8	9	10	11	12	13	14	16	17	18	19	20	21	22	23	24	25	26	27	28	29	♑0	1	2	3	4	5	6	7	8	♑9
☽	♉7	19	♊1	13	25	♋7	19	♌1	14	26	♍9	22	♎6	20	♏4	19	♐4	20	♑5	20	♒4	18	♓2	15	28	♈10	22	♉4	16	28	♊10
☿	♏27	28	♐0	2	3	5	6	8	9	11	12	14	16	17	19	20	22	23	25	27	28	♑0	1	3	5	6	8	9	11	13	♑14
♀	♑25	26	27	28	29	♒0	1	2	3	4	4	5	6	7	8	9	9	10	11	11	12	13	14	14	15	15	16	17	17	18	♒18
♂	♈14	14	14	14	15	15	15	16	16	16	17	17	17	18	18	18	19	19	19	20	20	21	21	21	22	22	23	23	24	24	♈24

	1	6	12	18	24	30
♃	♊17	17	16	15	14	14
♄	♉24	24	23	23	22	22

	1	15	30
♅	♉28	27	27
♆	♎0	0	0
♇	♌6	5	5
☊	♍19	18	16

1942

JANVIER

	1	2	3	4	5	6	7	8	9	10	11	12	13	14	15	16	17	18	19	20	21	22	23	24	25	26	27	28	29	30	31
☉	♑10	11	12	13	14	15	16	17	18	19	20	21	22	23	24	25	26	27	28	29	♒0	1	2	3	4	5	6	7	8	9	♒10
☽	♊22	♋4	16	28	♌11	23	♍6	19	♎2	16	♏0	14	28	♐13	28	♑13	28	♒12	26	♓10	23	♈6	18	♉0	12	24	♊6	18	♋0	12	♋24
☿	♑16	17	19	21	22	24	26	27	29	♒1	2	4	6	7	9	10	12	13	15	16	18	19	21	22	23	24	25	26	26	27	♒27
♀	♒18	19	19	20	20	20	20	21	21	21	21	21	21	21	21	21	21	21	20	20	20	20	19	19	18	18	17	17	16	16	♒15
♂	♈25	25	26	26	27	27	28	28	29	29	♉0	0	1	1	2	2	3	3	4	4	5	5	6	6	7	7	8	8	9	9	♉10

	1	6	12	18	24	30		1	6	12	18	24	30		1	15	30		1	15	30		1	15	30		1	15	30
♃	♊13	13	12	12	12	11	♄	♉22	22	22	22	22	22	♅	♉27	27	26	♆	♎0	0	0	♇	♌5	5	5	☊	♍16	15	14

FÉVRIER

	1	2	3	4	5	6	7	8	9	10	11	12	13	14	15	16	17	18	19	20	21	22	23	24	25	26	27	28
☉	♒12	13	14	15	16	17	18	19	20	21	22	23	24	25	26	27	28	29	♓0	1	2	3	4	5	6	7	8	♓9
☽	♌7	20	♍3	16	29	♎13	27	♏11	25	♐9	23	♑8	22	♒6	20	♓4	18	♈1	13	26	♉8	20	♊2	14	26	♋8	20	♌3
☿	♒27	27	27	26	26	25	24	23	22	21	19	18	17	16	15	14	13	13	12	12	12	12	12	12	12	12	13	♒13
♀	♒14	14	13	12	12	11	11	10	10	9	9	8	8	7	7	7	6	6	6	6	6	6	6	6	6	6	6	♒6
♂	♉10	11	12	12	13	13	14	14	15	15	16	17	17	18	18	19	19	20	21	21	22	22	23	23	24	25	25	♉26

	1	6	12	18	24	28		1	6	12	18	24	28		1	15	28		1	15	28		1	15	28		1	15	28
♃	♊11	11	11	12	12	12	♄	♉22	22	22	22	23	23	♅	♉26	26	27	♆	♎0	♍0	29	♇	♌4	4	4	☊	♍14	13	13

MARS

	1	2	3	4	5	6	7	8	9	10	11	12	13	14	15	16	17	18	19	20	21	22	23	24	25	26	27	28	29	30	31
☉	♓10	11	12	13	14	15	16	17	18	19	20	21	22	23	24	25	26	27	28	29	♈0	1	2	3	4	5	6	7	8	9	♈10
☽	♌15	28	♍12	25	♎9	23	♏7	21	♐6	20	♑4	18	♒2	16	29	♓13	26	♈9	21	♉4	16	28	♊10	22	♋4	16	28	♌10	23	♍6	♍20
☿	♒14	14	15	16	17	18	18	19	20	22	23	24	25	26	27	29	♓0	1	3	4	5	7	8	10	11	13	14	16	18	19	♓21
♀	♒6	6	7	7	7	8	8	8	9	9	10	10	11	12	12	13	13	14	15	15	16	17	18	18	19	20	21	22	22	23	♒24
♂	♉26	27	27	28	29	29	♊0	0	1	2	2	3	3	4	5	5	6	6	7	8	8	9	9	10	10	11	12	12	13	13	♊14

	1	6	12	18	24	30		1	6	12	18	24	30		1	15	30		1	15	30		1	15	30		1	15	30
♃	♊12	13	13	14	15	16	♄	♉23	23	24	24	25	25	♅	♉27	27	28	♆	♍29	29	28	♇	♌4	4	4	☊	♍13	13	13

AVRIL

	1	2	3	4	5	6	7	8	9	10	11	12	13	14	15	16	17	18	19	20	21	22	23	24	25	26	27	28	29	30
☉	♈11	12	13	14	15	16	17	18	19	19	20	21	22	23	24	25	26	27	28	29	♉0	1	2	3	4	5	6	7	8	♉9
☽	♎4	18	♏2	17	♐2	16	♑1	15	29	♒13	26	♓9	22	♈5	17	♉0	12	24	♊6	18	♋0	12	24	♌6	18	♍1	14	28	♎12	♎26
☿	♓23	24	26	28	29	♈1	3	5	7	9	11	13	14	16	18	20	23	25	27	29	♉1	3	5	7	9	12	14	16	18	♉20
♀	♒25	26	27	28	29	29	♓0	1	2	3	4	5	6	7	8	9	10	11	12	13	14	15	16	17	18	19	20	21	22	♓23
♂	♊15	15	16	16	17	18	18	19	20	20	21	21	22	23	23	24	24	25	26	26	27	27	28	29	29	♋0	0	1	2	♋2

	1	6	12	18	24	30		1	6	12	18	24	30		1	15	30		1	15	30		1	15	30		1	15	30
♃	♊16	17	18	19	20	21	♄	♉26	26	27	27	28	29	♅	♉28	28	29	♆	♍28	28	27	♇	♌4	3	4	☊	♍13	13	12

MAI

	1	2	3	4	5	6	7	8	9	10	11	12	13	14	15	16	17	18	19	20	21	22	23	24	25	26	27	28	29	30	31
☉	♉10	11	12	13	14	15	16	17	18	19	20	21	22	23	24	24	25	26	27	28	29	♊0	1	2	3	4	5	6	7	8	♊9
☽	♏11	26	♐11	26	♑11	25	♒9	23	♓6	19	♈2	14	27	♉9	21	♊3	15	27	♋8	20	♌2	14	27	♍9	23	♎6	20	♏5	19	♐5	♐20
☿	♉22	24	26	28	♊0	1	3	5	7	8	10	11	12	14	15	16	17	18	19	20	21	22	23	23	24	24	25	25	25	26	♊26
♀	♓25	26	27	28	29	♈0	1	2	3	4	5	6	8	9	10	11	12	13	14	15	16	18	19	20	21	22	23	24	25	27	♈28
♂	♋3	3	4	5	5	6	7	7	8	8	9	10	10	11	11	12	13	13	14	15	15	16	16	17	18	18	19	19	20	21	♋21

	1	6	12	18	24	30		1	6	12	18	24	30		1	15	30		1	15	30		1	15	30		1	15	30
♃	♊21	22	24	25	26	27	♄	♉29	♊0	0	1	2	3	♅	♉29	♊29	1	♆	♍27	27	27	♇	♌4	4	4	☊	♍12	11	9

JUIN

	1	2	3	4	5	6	7	8	9	10	11	12	13	14	15	16	17	18	19	20	21	22	23	24	25	26	27	28	29	30
☉	♊10	11	12	13	14	15	16	17	18	18	19	20	21	22	23	24	25	26	27	28	29	♋0	1	2	3	4	5	6	7	♋8
☽	♑5	20	♒5	19	♓3	16	29	♈11	24	♉6	18	♊0	12	24	♋6	17	29	♌11	24	♍6	19	♎2	15	29	♏13	28	♐13	28	♑14	♑29
☿	♊26	26	25	25	25	25	24	24	23	23	22	22	21	21	20	20	19	19	18	18	18	17	17	17	17	17	17	17	18	♊18
♀	♈29	♉0	1	2	3	5	6	7	8	9	10	11	13	14	15	16	17	18	20	21	22	23	24	25	27	28	29	♊0	1	♊2
♂	♋22	23	23	24	24	25	26	26	27	27	28	29	29	♌0	1	1	2	2	3	4	4	5	5	6	7	7	8	9	9	♌10

	1	6	12	18	24	30		1	6	12	18	24	30		1	15	30		1	15	30		1	15	30		1	15	30
♃	♊28	29	♋0	2	3	4	♄	♊3	4	4	5	6	7	♅	♊1	2	3	♆	♍27	27	27	♇	♌4	4	5	☊	♍9	7	6

JUILLET

	1	2	3	4	5	6	7	8	9	10	11	12	13	14	15	16	17	18	19	20	21	22	23	24	25	26	27	28	29	30	31
☉	♋9	9	10	11	12	13	14	15	16	17	18	19	20	21	22	23	24	25	26	27	28	29	♌0	0	1	2	3	4	5	6	♌7
☽	♒13	28	♓12	25	♈8	21	♉3	15	27	♊9	21	♋3	14	26	♌8	21	♍3	16	28	♎11	25	♏9	23	♐7	22	♑7	22	♒7	22	♓6	♓20
☿	♊19	19	20	20	21	22	23	24	25	26	28	29	♋0	2	3	5	6	8	10	12	13	15	17	19	21	23	25	28	♌0	2	♌4
♀	♊4	5	6	7	8	9	11	12	13	14	15	17	18	19	20	21	23	24	25	26	27	28	♋0	1	2	3	4	6	7	8	♋9
♂	♌10	11	12	12	13	14	14	15	15	16	17	17	18	19	19	20	20	21	22	22	23	24	24	25	25	26	27	27	28	29	♌29

	1	6	12	18	24	30		1	6	12	18	24	30		1	15	30		1	15	30		1	15	30		1	15	30
♃	♋5	6	7	9	10	11	♄	♊7	7	8	9	9	10	♅	♊3	3	4	♆	♍27	27	28	♇	♌5	5	5	☊	♍6	5	4

AOÛT

	1	2	3	4	5	6	7	8	9	10	11	12	13	14	15	16	17	18	19	20	21	22	23	24	25	26	27	28	29	30	31
☉	♌8	9	10	11	12	13	14	15	16	17	18	19	20	21	22	23	23	24	25	26	27	28	29	♍0	1	2	3	4	5	6	♍7
☽	♈3	16	29	♉11	24	♊6	17	29	♋11	23	♌5	17	♍0	13	25	♎8	22	♏5	19	♐3	17	♑2	17	♒1	16	♓0	14	28	♈11	24	♉7
☿	♌6	8	10	12	14	16	18	20	22	24	26	28	♍0	2	4	5	7	9	11	12	14	16	17	19	20	22	24	25	27	28	♍29
♀	♋10	12	13	14	15	17	18	19	20	21	23	24	25	26	27	29	♌0	1	2	3	5	6	7	8	10	11	12	13	14	16	♌17
♂	♍0	0	1	2	2	3	4	4	5	5	6	7	7	8	9	9	10	11	11	12	12	13	14	14	15	16	16	17	18	18	♍19

	1	6	12	18	24	30		1	6	12	18	24	30		1	15	30		1	15	30		1	15	30		1	15	30
♃	♋12	13	14	15	16	17	♄	♊10	10	11	11	12	12	♅	♊4	4	5	♆	♍28	28	29	♇	♌5	6	6	☊	♍4	4	4

SEPTEMBRE

	1	2	3	4	5	6	7	8	9	10	11	12	13	14	15	16	17	18	19	20	21	22	23	24	25	26	27	28	29	30
☉	♍8	9	10	11	12	13	14	15	16	17	18	19	20	21	22	22	23	24	25	26	27	28	29	♎0	1	2	3	4	5	♎6
☽	♉20	♊2	14	26	♋7	19	♌1	14	26	♍9	22	♎5	18	♏2	16	♐0	14	28	♑13	27	♒11	25	♓9	23	♈6	19	♉2	15	27	♊10
☿	♎1	2	4	5	6	8	9	10	11	13	14	15	16	17	18	19	20	21	22	22	23	24	24	25	25	26	26	26	26	♎26
♀	♌18	19	21	22	23	24	26	27	28	29	♍0	2	3	4	5	7	8	9	10	12	13	14	15	17	18	19	20	22	23	♍24
♂	♍19	20	21	21	22	23	23	24	25	25	26	26	27	28	28	29	♎0	0	1	2	2	3	4	4	5	6	6	7	8	♎8

	1	6	12	18	24	30		1	6	12	18	24	30		1	15	30		1	15	30		1	15	30		1	15	30
♃	♋18	19	20	21	22	22	♄	♊12	12	12	12	13	13	♅	♊5	5	4	♆	♍29	29	♎29	♇	♌6	7	7	☊	♍4	4	4

OCTOBRE

	1	2	3	4	5	6	7	8	9	10	11	12	13	14	15	16	17	18	19	20	21	22	23	24	25	26	27	28	29	30	31
☉	♎7	8	9	10	11	12	13	14	15	16	17	18	19	20	21	22	23	24	25	26	27	28	29	♏0	1	2	3	4	5	6	♏7
☽	♊22	♋3	15	27	♌9	22	♍4	17	♎0	14	28	♏12	26	♐11	25	♑9	24	♒8	21	♓5	19	♈2	15	28	♉11	23	♊5	18	♋0	11	♋23
☿	♎26	25	25	24	24	23	22	21	20	18	17	16	15	14	13	12	11	11	11	11	11	11	11	12	13	14	15	16	17	18	♎19
♀	♍25	27	28	29	♎0	2	3	4	5	7	8	9	10	11	13	14	15	17	18	19	20	22	23	24	25	27	28	29	♏0	2	♏3
♂	♎9	9	10	11	11	12	13	13	14	15	15	16	17	17	18	19	19	20	21	21	22	23	23	24	25	25	26	27	27	28	♎29

	1	6	12	18	24	30		1	6	12	18	24	30		1	15	30		1	15	30		1	15	30		1	15	30
♃	♋22	23	24	24	25	25	♄	♊12	12	12	12	12	11	♅	♊4	4	4	♆	♎0	0	1	♇	♌7	7	7	☊	♍4	3	2

NOVEMBRE

	1	2	3	4	5	6	7	8	9	10	11	12	13	14	15	16	17	18	19	20	21	22	23	24	25	26	27	28	29	30
☉	♏8	9	10	11	12	13	14	15	16	17	18	19	20	21	22	23	24	25	26	27	28	29	♐0	1	2	3	4	5	6	♐7
☽	♌5	17	29	♍12	25	♎8	22	♏6	21	♐6	21	♑5	20	♒4	18	♓2	15	29	♈12	24	♉7	19	♊2	14	26	♋8	20	♌1	13	♌25
☿	♎21	22	24	25	27	28	♏0	1	3	5	6	8	9	11	13	14	16	18	19	21	22	24	25	27	29	♐0	2	3	5	♐7
♀	♏4	5	7	8	9	10	12	13	14	15	17	18	19	20	22	23	24	25	27	28	29	♐0	2	3	4	5	7	8	9	♐10
♂	♎29	♏0	1	1	2	3	3	4	5	5	6	7	7	8	9	10	10	11	12	12	13	14	14	15	16	16	17	18	18	♏19

	1	6	12	18	24	30		1	6	12	18	24	30		1	15	30		1	15	30		1	15	30		1	15	30
♃	♋25	25	25	25	25	25	♄	♊11	11	11	10	10	9	♅	♊4	3	2	♆	♎1	1	2	♇	♌7	7	7	☊	♍2	0	♌1

DÉCEMBRE

	1	2	3	4	5	6	7	8	9	10	11	12	13	14	15	16	17	18	19	20	21	22	23	24	25	26	27	28	29	30	31
☉	♐8	9	10	11	12	13	14	15	16	17	18	19	20	21	22	23	24	25	26	27	28	♑0	1	2	3	4	5	6	7	8	♑9
☽	♍7	20	♎3	16	♏0	14	29	♐14	29	♑14	29	♒14	28	♓12	26	♈9	21	♉4	16	29	♊11	23	♋5	16	28	♌10	22	♍4	16	29	♎11
☿	♐8	10	11	13	14	16	18	19	21	22	24	25	27	29	♑0	2	3	5	6	8	10	11	13	14	16	17	19	21	22	24	♑25
♀	♐12	13	14	15	17	18	19	21	22	23	24	26	27	28	29	♑1	2	3	4	6	7	8	9	11	12	13	14	16	17	18	♑19
♂	♏20	20	21	22	23	23	24	25	25	26	27	27	28	29	♐0	0	1	2	2	3	4	4	5	6	7	7	8	9	9	10	♐11

	1	6	12	18	24	30		1	6	12	18	24	30		1	15	30		1	15	30		1	15	30		1	15	30
♃	♋25	24	24	23	23	22	♄	♊9	9	8	8	7	7	♅	♊2	2	1	♆	♎2	2	2	♇	♌7	7	7	☊	♌29	27	26

1943

JANVIER

	1	2	3	4	5	6	7	8	9	10	11	12	13	14	15	16	17	18	19	20	21	22	23	24	25	26	27	28	29	30	31
☉	♑10	11	12	13	14	15	16	17	18	19	20	21	22	23	24	25	26	27	28	29	♒0	1	2	3	4	5	6	7	8	9	♒10
☽	♎25	♏8	22	♐7	22	♑7	23	♒8	23	♓7	21	♈5	18	♉1	13	26	♊8	20	♋2	13	25	♌7	19	♍1	13	25	♎8	21	♏4	17	♐1
☿	♑27	28	♒0	1	2	4	5	6	7	8	9	10	10	11	11	11	11	10	10	9	8	7	6	5	4	2	1	0	♑29	28	♑27
♀	♑21	22	23	24	26	27	28	29	♒1	2	3	4	6	7	8	10	11	12	13	15	16	17	18	20	21	22	23	25	26	27	♒28
♂	♐11	12	13	14	14	15	16	16	17	18	19	19	20	21	21	22	23	24	24	25	26	27	27	28	29	29	♑0	1	2	2	♑3

	1	6	12	18	24	30
♃	♋22	21	20	19	19	18
♄	♊7	6	6	6	6	6

	1	15	30
♅	♊1	1	1
♆	♎2	2	2
♇	♌7	6	6
☊	♌26	25	25

FÉVRIER

	1	2	3	4	5	6	7	8	9	10	11	12	13	14	15	16	17	18	19	20	21	22	23	24	25	26	27	28
☉	♒11	12	13	14	15	16	17	18	19	20	21	22	23	24	25	26	27	28	29	♓0	1	2	3	5	6	7	8	♓9
☽	♐16	♑0	15	♒1	16	♓1	15	29	♈13	27	♉10	22	♊4	16	28	♋10	22	♌4	16	28	♍10	22	♎5	18	♏1	14	28	♐12
☿	♑26	26	25	25	25	25	25	25	26	26	27	27	28	29	29	♒0	1	2	3	4	5	6	8	9	10	11	12	♒14
♀	♓0	1	2	3	5	6	7	8	10	11	12	13	14	16	17	18	19	21	22	23	24	26	27	28	29	♈1	2	♈3
♂	♑4	5	5	6	7	7	8	9	10	10	11	12	13	13	14	15	16	16	17	18	18	19	20	21	21	22	23	♑24

	1	6	12	18	24	28
♃	♋18	17	16	16	16	15
♄	♊6	6	6	6	6	6

	1	15	28
♅	♊1	1	1
♆	♎2	2	1
♇	♌6	6	5
☊	♌25	25	25

MARS

	1	2	3	4	5	6	7	8	9	10	11	12	13	14	15	16	17	18	19	20	21	22	23	24	25	26	27	28	29	30	31
☉	♓10	11	12	13	14	15	16	17	18	19	20	21	22	23	24	25	26	27	28	29	♈0	0	1	2	3	4	5	6	7	8	♈9
☽	♐26	♑10	25	♒9	24	♓9	23	♈7	21	♉4	18	♊0	13	25	♋7	18	♌0	12	24	♍6	19	♎1	14	28	♏11	25	♐8	22	♑6	21	♒5
☿	♒15	16	18	19	21	22	24	25	27	28	♓0	1	3	4	6	8	9	11	13	15	16	18	20	22	23	25	27	29	♈1	3	♈5
♀	♈4	6	7	8	9	10	12	13	14	15	17	18	19	20	22	23	24	25	26	28	29	♉0	1	3	4	5	6	7	9	10	♉11
♂	♑24	25	26	27	27	28	29	♒0	0	1	2	3	3	4	5	6	6	7	8	9	9	10	11	12	12	13	14	15	15	16	♒17

	1	6	12	18	24	30
♃	♋15	15	15	15	15	16
♄	♊6	6	7	7	7	8

	1	15	30
♅	♊1	1	2
♆	♎1	1	0
♇	♌5	5	5
☊	♌25	25	24

AVRIL

	1	2	3	4	5	6	7	8	9	10	11	12	13	14	15	16	17	18	19	20	21	22	23	24	25	26	27	28	29	30
☉	♈10	11	12	13	14	15	16	17	18	19	20	21	22	23	24	25	26	27	28	29	♉0	1	2	3	4	5	6	7	8	♉9
☽	♒19	♓3	17	♈2	15	29	♉12	25	♊8	20	♋2	14	26	♌8	20	♍2	14	27	♎10	23	♏7	21	♐5	19	♑3	17	♒2	16	♓0	♓14
☿	♈7	9	11	13	15	17	19	21	23	25	28	♉0	2	4	6	8	10	11	13	15	17	19	20	22	23	25	26	27	28	♉29
♀	♉12	13	15	16	17	18	19	21	22	23	24	25	27	28	29	♊0	1	3	4	5	6	7	8	10	11	12	13	14	16	♊17
♂	♒18	18	19	20	21	21	22	23	24	24	25	26	27	27	28	29	♓0	0	1	2	3	3	4	5	6	6	7	8	9	♓9

	1	6	12	18	24	30
♃	♋16	16	17	17	18	19
♄	♊8	9	9	10	10	11

	1	15	30
♅	♊2	2	3
♆	♎0	0	0
♇	♌5	5	5
☊	♌24	23	22

MAI

	1	2	3	4	5	6	7	8	9	10	11	12	13	14	15	16	17	18	19	20	21	22	23	24	25	26	27	28	29	30	31
☉	♉10	11	12	13	14	15	16	17	18	18	19	20	21	22	23	24	25	26	27	28	29	♊0	1	2	3	4	5	6	7	8	♊9
☽	♓27	♈11	24	♉8	21	♊4	16	28	♋10	22	♌4	16	28	♍10	22	♎5	18	♏2	15	♐0	14	29	♑13	28	♒12	27	♓10	24	♈8	21	♉4
☿	♊0	1	2	3	3	4	5	5	5	6	6	6	6	6	5	5	5	4	4	4	3	2	2	1	1	0	0	♉29	29	28	♉28
♀	♊18	19	20	21	23	24	25	26	27	28	29	♋1	2	3	4	5	6	7	9	10	11	12	13	14	15	16	17	19	20	21	♋22
♂	♓10	11	12	12	13	14	15	16	16	17	18	19	19	20	21	22	22	23	24	24	25	26	27	27	28	29	♈0	0	1	2	♈3

	1	6	12	18	24	30
♃	♋19	20	20	21	22	24
♄	♊11	12	13	13	14	15

	1	15	30
♅	♊3	4	5
♆	♎0	♍0	29
♇	♌5	5	5
☊	♌22	20	19

JUIN

	1	2	3	4	5	6	7	8	9	10	11	12	13	14	15	16	17	18	19	20	21	22	23	24	25	26	27	28	29	30
☉	♊10	11	12	13	13	14	15	16	17	18	19	20	21	22	23	24	25	26	27	28	29	♋0	1	2	3	4	4	5	6	♋7
☽	♉17	♊0	12	25	♋7	19	♌0	12	24	♍6	18	♎0	13	26	♏10	24	♐8	23	♑8	23	♒8	22	♓7	21	♈5	18	♉1	14	27	♊9
☿	♉28	27	27	27	27	27	27	27	28	28	28	29	29	♊0	1	1	2	3	4	5	6	7	9	10	11	12	14	15	17	♊19
♀	♋23	24	25	26	27	28	29	♌1	2	3	4	5	6	7	8	9	10	11	12	13	14	15	16	17	18	19	20	21	22	♌23
♂	♈3	4	5	6	6	7	8	9	9	10	11	11	12	13	14	14	15	16	17	17	18	19	19	20	21	22	22	23	24	♈24

	1	6	12	18	24	30
♃	♋24	25	26	27	29	♌0
♄	♊15	16	17	17	18	19

	1	15	30
♅	♊5	6	7
♆	♍29	29	29
♇	♌5	6	6
☊	♌19	17	17

JUILLET

	1	2	3	4	5	6	7	8	9	10	11	12	13	14	15	16	17	18	19	20	21	22	23	24	25	26	27	28	29	30	31
☉	♋8	9	10	11	12	13	14	15	16	17	18	19	20	21	22	23	24	25	25	26	27	28	29	♌0	1	2	3	4	5	6	♌7
☽	♊21	♋3	15	27	♌9	21	♍3	14	27	♎9	22	♏5	18	♐2	16	♑1	16	♒1	17	♓2	16	♈1	14	28	♉11	24	♊6	18	♋0	12	♋24
☿	♊20	22	24	25	27	29	♋1	3	5	7	9	11	14	16	18	20	22	24	26	29	♌1	3	5	7	9	11	13	15	17	19	♌20
♀	♌24	25	26	26	27	28	29	♍0	1	2	3	3	4	5	6	7	7	8	9	10	10	11	12	12	13	14	14	15	15	16	♍16
♂	♈25	26	27	27	28	29	29	♉0	1	1	2	3	3	4	5	6	6	7	8	8	9	10	10	11	12	12	13	14	14	15	♉15

	1	6	12	18	24	30
♃	♌0	1	2	4	5	6
♄	♊19	20	20	21	22	22

	1	15	30
♅	♊7	7	8
♆	♍29	♎29	0
♇	♌6	6	7
☊	♌16	16	16

AOÛT

	1	2	3	4	5	6	7	8	9	10	11	12	13	14	15	16	17	18	19	20	21	22	23	24	25	26	27	28	29	30	31
☉	♌8	9	10	11	12	13	14	15	16	17	17	18	19	20	21	22	23	24	25	26	27	28	29	♍0	1	2	3	4	5	6	♍7
☽	♌6	18	♍0	12	24	♎6	18	♏1	14	27	♐11	25	♑10	25	♒10	25	♓10	25	♈9	23	♉7	20	♊3	15	27	♋9	21	♌3	15	27	♍9
☿	♌22	24	26	28	29	♍1	3	4	6	7	9	11	12	13	15	16	18	19	20	22	23	24	25	27	28	29	♎0	1	2	3	♎4
♀	♍17	17	18	18	18	19	19	19	20	20	20	20	20	20	21	21	21	20	20	20	20	20	20	19	19	18	18	18	17	17	♍16
♂	♉16	17	17	18	19	19	20	21	21	22	22	23	24	24	25	25	26	27	27	28	28	29	29	♊0	1	1	2	2	3	3	♊4

	1	6	12	18	24	30
♃	♌7	8	9	11	12	13
♄	♊23	23	24	24	25	25

	1	15	30
♅	♊8	8	9
♆	♎0	0	1
♇	♌7	7	8
☊	♌16	16	16

SEPTEMBRE

	1	2	3	4	5	6	7	8	9	10	11	12	13	14	15	16	17	18	19	20	21	22	23	24	25	26	27	28	29	30
☉	♍8	9	10	11	12	13	14	14	15	16	17	18	19	20	21	22	23	24	25	26	27	28	29	♎0	1	2	3	4	5	♎6
☽	♍21	♎3	15	28	♏10	24	♐7	21	♑5	19	♒3	18	♓3	18	♈3	17	♉2	15	29	♊11	24	♋6	18	♌0	11	23	♍5	17	♎0	♎12
☿	♎5	5	6	7	7	8	8	9	9	9	9	9	9	9	9	8	8	7	7	6	5	4	3	2	0	♍29	28	27	27	♍26
♀	♍16	15	14	14	13	13	12	11	11	10	10	9	8	8	7	7	7	6	6	5	5	5	5	5	4	4	4	4	4	♍4
♂	♊4	5	5	6	6	7	7	8	8	9	9	10	10	11	11	12	12	13	13	13	14	14	15	15	15	16	16	16	17	♊17

	1	6	12	18	24	30
♃	♌14	15	16	17	18	19
♄	♊25	26	26	26	26	27

	1	15	30
♅	♊9	9	9
♆	♎1	1	2
♇	♌8	8	8
☊	♌16	16	15

OCTOBRE

	1	2	3	4	5	6	7	8	9	10	11	12	13	14	15	16	17	18	19	20	21	22	23	24	25	26	27	28	29	30	31
☉	♎7	8	9	10	11	12	13	14	15	16	17	18	19	20	21	22	23	24	25	26	27	28	29	♏0	1	2	3	4	5	6	♏7
☽	♎25	♏7	21	♐4	17	♑1	15	29	♒13	28	♓12	27	♈11	26	♉10	23	♊7	19	♋2	14	26	♌8	20	♍1	13	26	♎8	21	♏4	17	♐0
☿	♍25	25	25	25	25	25	26	26	27	28	29	♎0	1	3	4	5	7	8	10	12	13	15	17	18	20	22	23	25	27	28	♏0
♀	♍5	5	5	5	5	6	6	6	7	7	8	8	9	9	10	10	11	11	12	13	13	14	15	16	16	17	18	19	20	20	♍21
♂	♊17	18	18	18	19	19	19	20	20	20	20	20	21	21	21	21	21	21	22	22	22	22	22	22	22	22	22	22	22	22	♊22

	1	6	12	18	24	30
♃	♌19	20	21	22	23	24
♄	♊27	27	27	27	26	26

	1	15	30
♅	♊9	8	8
♆	♎2	3	3
♇	♌8	9	9
☊	♌15	13	12

NOVEMBRE

	1	2	3	4	5	6	7	8	9	10	11	12	13	14	15	16	17	18	19	20	21	22	23	24	25	26	27	28	29	30
☉	♏8	9	10	11	12	13	14	15	16	17	18	19	20	21	22	23	24	25	26	27	28	29	♐0	1	2	3	4	5	6	♐7
☽	♐14	28	♑12	26	♒10	24	♓8	22	♈6	20	♉4	18	♊1	14	27	♋10	22	♌4	16	27	♍9	21	♎3	16	29	♏12	26	♐10	24	♑8
☿	♏2	3	5	7	8	10	12	13	15	16	18	20	21	23	24	26	28	29	♐1	2	4	5	7	8	10	12	13	15	16	♐18
♀	♍22	23	24	25	26	26	27	28	29	♎0	1	2	3	4	5	6	7	8	9	10	11	12	13	14	15	16	18	19	20	♎21
♂	♊22	22	22	22	22	22	22	21	21	21	21	21	20	20	20	20	19	19	19	19	18	18	18	17	17	16	16	16	15	♊15

	1	6	12	18	24	30
♃	♌24	25	25	26	26	27
♄	♊26	26	26	25	25	24

	1	15	30
♅	♊8	7	7
♆	♎3	3	4
♇	♌9	9	9
☊	♌12	10	9

DÉCEMBRE

	1	2	3	4	5	6	7	8	9	10	11	12	13	14	15	16	17	18	19	20	21	22	23	24	25	26	27	28	29	30	31
☉	♐8	9	10	11	12	13	14	15	16	17	18	19	20	21	22	23	24	25	26	27	28	29	♑0	1	2	3	4	5	6	7	♑8
☽	♑22	♒7	21	♓5	19	♈3	17	♉0	14	27	♊10	23	♋5	18	♌0	12	23	♍5	17	29	♎11	24	♏7	20	♐4	18	♑2	17	♒2	16	♓1
☿	♐19	21	22	24	25	27	28	♑0	1	3	4	6	7	9	10	12	13	14	16	17	18	19	20	21	22	23	24	24	25	25	♑25
♀	♎22	23	24	25	26	27	29	♏0	1	2	3	4	5	6	8	9	10	11	12	13	14	16	17	18	19	20	21	23	24	25	♏26
♂	♊15	14	14	13	13	13	12	12	12	11	11	10	10	10	9	9	9	8	8	8	8	7	7	7	7	6	6	6	6	6	♊6

	1	6	12	18	24	30
♃	♌27	27	27	27	27	27
♄	♊24	24	23	23	22	22

	1	15	30
♅	♊7	6	6
♆	♎4	4	4
♇	♌9	8	8
☊	♌9	7	7

1944

JANVIER

	1	2	3	4	5	6	7	8	9	10	11	12	13	14	15	16	17	18	19	20	21	22	23	24	25	26	27	28	29	30	31
☉	♑9	10	11	13	14	15	16	17	18	19	20	21	22	23	24	25	26	27	28	29	♒0	1	2	3	4	5	6	7	8	9	♒10
☽	♓15	♈0	14	27	♉11	24	♊7	19	♋2	14	26	♌8	20	♍2	13	25	♎7	19	♏2	15	28	♐11	26	♑10	25	♒10	25	♓10	25	♈9	♈24
☿	♑25	24	24	23	22	21	20	19	17	16	15	13	12	11	11	10	9	9	9	9	9	9	9	10	10	11	11	12	13	14	♑15
♀	♏27	29	♐0	1	2	3	5	6	7	8	9	11	12	13	14	15	17	18	19	20	21	23	24	25	26	27	29	♑0	1	2	♑3
♂	♊5	5	5	5	5	5	5	5	5	5	5	5	5	5	5	5	5	5	5	5	6	6	6	6	6	6	7	7	7	7	♊7

1	6	12	18	24	30	1	6	12	18	24	30	1	15	30	1	15	30	1	15	30	1	15	30
♃ ♌27	26	26	25	24	24	♄ ♊22	21	21	21	20	20	♅ ♊6	5	5	♆ ♎4	4	4	♇ ♌8	8	8	☊ ♌7	7	7

FÉVRIER

	1	2	3	4	5	6	7	8	9	10	11	12	13	14	15	16	17	18	19	20	21	22	23	24	25	26	27	28	29
☉	♒11	12	13	14	15	16	17	18	19	20	21	22	23	24	25	26	27	28	29	♓0	1	2	3	4	5	6	7	8	♓9
☽	♉7	21	♊4	16	29	♋11	23	♌5	17	28	♍10	22	♎4	16	28	♏11	23	♐6	20	♑4	18	♒3	18	♓3	18	♈3	18	♉3	♉17
☿	♑16	17	18	19	20	21	23	24	25	27	28	29	♒1	2	3	5	6	8	9	11	12	14	15	17	18	20	22	23	♒25
♀	♑5	6	7	8	10	11	12	13	14	16	17	18	19	21	22	23	24	25	27	28	29	♒0	2	3	4	5	7	8	♒9
♂	♊8	8	8	8	9	9	9	9	10	10	10	11	11	11	12	12	12	13	13	13	14	14	15	15	15	16	16	17	♊17

1	6	12	18	24	29	1	6	12	18	24	29	1	15	29	1	15	29	1	15	29	1	15	29
♃ ♌24	23	22	21	21	20	♄ ♊20	20	20	20	20	20	♅ ♊5	5	5	♆ ♎4	4	4	♇ ♌8	7	7	☊ ♌7	7	6

MARS

	1	2	3	4	5	6	7	8	9	10	11	12	13	14	15	16	17	18	19	20	21	22	23	24	25	26	27	28	29	30	31
☉	♓10	11	12	13	14	15	16	17	18	19	20	21	22	23	24	25	26	27	28	29	♈0	1	2	3	4	5	6	7	8	9	♈10
☽	♊0	13	26	♋8	20	♌2	14	25	♍7	19	♎1	13	25	♏8	20	♐3	16	29	♑13	27	♒12	26	♓11	26	♈11	26	♉11	25	♊8	22	♋4
☿	♒26	28	♓0	2	3	5	7	9	10	12	14	16	18	20	22	23	25	27	29	♈1	3	5	7	9	11	13	15	17	19	21	♈23
♀	♒10	11	13	14	15	16	18	19	20	21	22	24	25	26	27	29	♓0	1	2	4	5	6	7	8	10	11	12	13	15	16	♓17
♂	♊17	18	18	19	19	19	20	20	21	21	22	22	23	23	24	24	24	25	25	26	26	27	27	28	28	29	29	♋0	0	1	♋1

1	6	12	18	24	30	1	6	12	18	24	30	1	15	30	1	15	30	1	15	30	1	15	30
♃ ♌20	19	19	18	18	17	♄ ♊20	20	20	20	21	21	♅ ♊5	5	6	♆ ♎3	3	3	♇ ♌7	7	6	☊ ♌6	5	4

AVRIL

	1	2	3	4	5	6	7	8	9	10	11	12	13	14	15	16	17	18	19	20	21	22	23	24	25	26	27	28	29	30
☉	♈11	12	13	14	15	16	17	18	19	20	21	22	23	24	25	26	27	28	29	♉0	1	2	3	4	5	6	7	8	9	♉10
☽	♋16	29	♌10	22	♍4	16	28	♎10	22	♏5	17	♐0	13	26	♑10	23	♒7	21	♓6	20	♈5	20	♉5	19	♊3	16	♋0	12	25	♌7
☿	♈25	27	29	♉0	2	4	5	7	8	9	10	11	12	13	14	15	15	16	16	16	16	16	16	16	16	16	15	15	14	♉14
♀	♓18	20	21	22	23	24	26	27	28	29	♈1	2	3	4	6	7	8	9	10	12	13	14	15	17	18	19	20	22	23	♈24
♂	♋2	2	3	3	4	4	5	5	6	6	7	8	8	9	9	10	10	11	11	12	12	13	13	14	14	15	16	16	17	♋17

1	6	12	18	24	30	1	6	12	18	24	30	1	15	30	1	15	30	1	15	30	1	15	30
♃ ♌17	17	17	17	17	17	♄ ♊21	22	22	23	23	24	♅ ♊6	6	7	♆ ♎3	2	2	♇ ♌6	6	6	☊ ♌4	3	1

MAI

	1	2	3	4	5	6	7	8	9	10	11	12	13	14	15	16	17	18	19	20	21	22	23	24	25	26	27	28	29	30	31
☉	♉10	11	12	13	14	15	16	17	18	19	20	21	22	23	24	25	26	27	28	29	♊0	1	2	3	4	5	6	7	7	8	♊9
☽	♌19	♍0	12	24	♎6	18	♏1	14	26	♐10	23	♑6	20	♒4	18	♓2	16	♈1	15	29	♉13	27	♊11	25	♋8	20	♌3	15	27	♍8	♍20
☿	♉13	13	12	11	11	10	10	9	8	8	8	7	7	7	7	7	7	7	7	7	8	8	9	9	10	11	11	12	13	14	♉15
♀	♈25	26	28	29	♉0	1	3	4	5	6	7	9	10	11	12	14	15	16	17	19	20	21	22	23	25	26	27	28	♊0	1	♊2
♂	♋18	18	19	19	20	21	21	22	22	23	23	24	25	25	26	26	27	27	28	29	29	♌0	0	1	1	2	3	3	4	4	♌5

1	6	12	18	24	30	1	6	12	18	24	30	1	15	30	1	15	30	1	15	30	1	15	30
♃ ♌18	18	18	19	19	20	♄ ♊24	24	25	26	27	27	♅ ♊7	8	9	♆ ♎2	2	2	♇ ♌6	7	7	☊ ♌1	0	♋0

JUIN

	1	2	3	4	5	6	7	8	9	10	11	12	13	14	15	16	17	18	19	20	21	22	23	24	25	26	27	28	29	30
☉	♊10	11	12	13	14	15	16	17	18	19	20	21	22	23	24	25	26	27	28	29	29	♋0	1	2	3	4	5	6	7	♋8
☽	♎2	14	27	♏9	22	♐5	19	♑2	16	♒0	15	29	♓13	27	♈11	25	♉9	23	♊7	20	♋3	16	28	♌10	23	♍4	16	28	♎10	♎22
☿	♉16	17	18	19	21	22	23	25	26	28	29	♊1	2	4	6	8	9	11	13	15	17	19	21	23	25	28	♋0	2	4	♋6
♀	♊3	4	6	7	8	9	11	12	13	14	16	17	18	19	20	22	23	24	25	27	28	29	♋0	1	3	4	5	6	8	♋9
♂	♌5	6	7	7	8	8	9	10	10	11	11	12	12	13	14	14	15	15	16	17	17	18	18	19	20	20	21	21	22	♌23

1	6	12	18	24	30	1	6	12	18	24	30	1	15	30	1	15	30	1	15	30	1	15	30
♃ ♌20	21	22	23	24	25	♄ ♊28	28	29	♋0	0	1	♅ ♊9	10	11	♆ ♎1	1	2	♇ ♌7	7	7	☊ ♋29	28	28

JUILLET

	1	2	3	4	5	6	7	8	9	10	11	12	13	14	15	16	17	18	19	20	21	22	23	24	25	26	27	28	29	30	31
☉	♋9	10	11	12	13	14	15	16	17	18	19	20	20	21	22	23	24	25	26	27	28	29	♌0	1	2	3	4	5	6	7	♌8
☽	♏5	17	♐0	14	27	♑11	26	♒10	25	♓9	24	♈8	22	♉6	20	♊3	16	29	♋12	24	♌7	19	♍1	13	25	♎6	18	♏0	13	25	♐8
☿	♋8	11	13	15	17	19	21	23	25	27	29	♌1	3	5	7	9	11	12	14	16	18	19	21	23	24	26	27	29	♍0	1	♍3
♀	♋10	11	13	14	15	16	17	19	20	21	22	24	25	26	27	29	♌0	1	2	3	5	6	7	8	10	11	12	13	15	16	♌17
♂	♌23	24	24	25	26	26	27	27	28	29	29	♍0	1	1	2	2	3	4	4	5	5	6	7	7	8	9	9	10	10	11	♍12

1	6	12	18	24	30	1	6	12	18	24	30	1	15	30	1	15	30	1	15	30	1	15	30
♃ ♌25	26	27	28	♍0	1	♄ ♋1	2	3	4	4	5	♅ ♊11	11	12	♆ ♎2	2	2	♇ ♌7	8	8	☊ ♋28	28	28

AOÛT

	1	2	3	4	5	6	7	8	9	10	11	12	13	14	15	16	17	18	19	20	21	22	23	24	25	26	27	28	29	30	31
☉	♌9	10	11	11	12	13	14	15	16	17	18	19	20	21	22	23	24	25	26	27	28	29	♍0	1	2	3	4	5	6	6	♍7
☽	♐22	♑5	20	♒4	19	♓4	19	♈4	18	♉3	17	♊0	13	26	♋9	21	♌3	16	28	♍9	21	♎3	15	27	♏9	21	♐4	17	♑0	14	♑28
☿	♍4	5	7	8	9	10	11	13	14	15	16	16	17	18	19	20	20	21	21	22	22	22	22	22	22	22	22	22	21	21	♍20
♀	♌18	19	21	22	23	24	26	27	28	29	♍1	2	3	4	5	7	8	9	10	12	13	14	15	17	18	19	20	22	23	24	♍25
♂	♍12	13	14	14	15	15	16	17	17	18	19	19	20	20	21	22	22	23	24	24	25	26	26	27	27	28	29	29	♎0	1	♎1

1	6	12	18	24	30	1	6	12	18	24	30	1	15	30	1	15	30	1	15	30	1	15	30
♃ ♍1	2	4	5	6	7	♄ ♋5	6	6	7	8	8	♅ ♊12	13	13	♆ ♎2	2	3	♇ ♌8	9	9	☊ ♋28	28	27

SEPTEMBRE

	1	2	3	4	5	6	7	8	9	10	11	12	13	14	15	16	17	18	19	20	21	22	23	24	25	26	27	28	29	30
☉	♍8	9	10	11	12	13	14	15	16	17	18	19	20	21	22	23	24	25	26	27	28	29	♎0	1	2	3	4	5	6	♎7
☽	♒12	27	♓13	28	♈13	28	♉12	26	♊10	23	♋6	18	♌1	13	25	♍6	18	♎0	12	24	♏6	18	♐0	13	26	♑9	22	♒6	21	♓6
☿	♍20	19	18	17	16	15	14	13	12	11	11	10	9	9	9	9	9	9	9	10	10	11	12	13	14	15	17	18	20	♍21
♀	♍26	28	29	♎0	1	3	4	5	6	8	9	10	11	12	14	15	16	17	19	20	21	22	24	25	26	27	28	♏0	1	♏2
♂	♎2	3	3	4	5	5	6	6	7	8	8	9	10	10	11	12	12	13	14	14	15	16	16	17	18	18	19	20	20	♎21

1	6	12	18	24	30	1	6	12	18	24	30	1	15	30	1	15	30	1	15	30	1	15	30
♃ ♍8	9	10	12	13	14	♄ ♋8	9	9	10	10	10	♅ ♊13	13	13	♆ ♎3	4	4	♇ ♌9	10	10	☊ ♋27	26	25

OCTOBRE

	1	2	3	4	5	6	7	8	9	10	11	12	13	14	15	16	17	18	19	20	21	22	23	24	25	26	27	28	29	30	31
☉	♎8	9	10	11	12	13	14	15	16	17	18	19	20	21	22	23	23	24	25	26	27	28	29	♏0	1	2	3	4	5	6	♏7
☽	♓21	♈6	21	♉6	21	♊5	19	♋2	15	27	♌10	22	♍3	15	27	♎9	21	♏3	15	27	♐10	23	♑5	19	♒2	16	♓0	15	29	♈14	♉0
☿	♍23	25	26	28	♎0	2	3	5	7	9	10	12	14	16	17	19	21	22	24	26	28	29	♏1	3	4	6	7	9	11	12	♏14
♀	♏3	5	6	7	8	10	11	12	13	14	16	17	18	19	21	22	23	24	25	27	28	29	♐0	2	3	4	5	6	8	9	♐10
♂	♎22	22	23	24	24	25	26	26	27	28	28	29	♏0	0	1	2	2	3	4	4	5	6	6	7	8	9	9	10	11	11	♏12

1	6	12	18	24	30	1	6	12	18	24	30	1	15	30	1	15	30	1	15	30	1	15	30
♃ ♍14	15	17	18	19	20	♄ ♋10	11	11	11	11	11	♅ ♊13	13	12	♆ ♎4	5	5	♇ ♌10	10	10	☊ ♋25	23	22

NOVEMBRE

	1	2	3	4	5	6	7	8	9	10	11	12	13	14	15	16	17	18	19	20	21	22	23	24	25	26	27	28	29	30
☉	♏8	9	10	11	12	13	14	15	16	17	18	19	20	21	23	24	25	26	27	28	29	♐0	1	2	3	4	5	6	7	♐8
☽	♉14	29	♊13	27	♋10	23	♌6	18	♍0	12	24	♎6	18	♏0	12	24	♐7	20	♑3	16	29	♒13	26	♓10	25	♈9	24	♉8	23	♊7
☿	♏15	17	19	20	22	23	25	26	28	29	♐1	2	4	5	7	8	10	11	13	14	16	17	18	20	21	23	24	25	27	♐28
♀	♐11	13	14	15	16	17	19	20	21	22	24	25	26	27	28	♑0	1	2	3	4	6	7	8	9	11	12	13	14	15	♑17
♂	♏13	13	14	15	15	16	17	18	18	19	20	20	21	22	22	23	24	25	25	26	27	27	28	29	♐0	0	1	2	2	♐3

1	6	12	18	24	30	1	6	12	18	24	30	1	15	30	1	15	30	1	15	30	1	15	30
♃ ♍20	21	22	23	24	25	♄ ♋11	11	10	10	10	10	♅ ♊12	12	11	♆ ♎5	6	6	♇ ♌10	10	10	☊ ♋21	20	19

DÉCEMBRE

	1	2	3	4	5	6	7	8	9	10	11	12	13	14	15	16	17	18	19	20	21	22	23	24	25	26	27	28	29	30	31
☉	♐9	10	11	12	13	14	15	16	17	18	19	20	21	22	23	24	25	26	27	28	29	♑0	1	2	3	4	5	6	7	8	♑9
☽	♊21	♋5	18	♌1	14	26	♍8	20	♎2	14	26	♏8	20	♐3	16	29	♑12	26	♒9	23	♓7	21	♈5	20	♉4	18	♊2	16	♋0	13	♋26
☿	♐29	♑0	2	3	4	5	6	7	7	8	8	9	9	9	9	8	8	7	6	5	4	3	1	0	♐29	27	26	25	24	24	♐23
♀	♑18	19	20	21	23	24	25	26	27	29	♒0	1	2	3	5	6	7	8	9	10	12	13	14	15	16	18	19	20	21	22	♒23
♂	♐4	5	5	6	7	7	8	9	10	10	11	12	12	13	14	15	15	16	17	18	18	19	20	21	21	22	23	23	24	25	♐26

1	6	12	18	24	30	1	6	12	18	24	30	1	15	30	1	15	30	1	15	30	1	15	30
♃ ♍25	25	26	27	27	27	♄ ♋9	9	9	8	8	7	♅ ♊11	11	10	♆ ♎6	6	6	♇ ♌10	10	10	☊ ♋19	19	18

1945

JANVIER

	1	2	3	4	5	6	7	8	9	10	11	12	13	14	15	16	17	18	19	20	21	22	23	24	25	26	27	28	29	30	31
☉	♑10	11	12	13	14	15	16	17	18	19	20	21	22	23	24	26	27	28	29	♒0	1	2	3	4	5	6	7	8	9	10	♒11
☽	♌9	21	♍4	16	28	♎10	21	♏3	16	28	♐11	24	♑7	21	♒5	19	♓3	18	♈2	17	♉1	15	29	♊12	26	♋9	22	♌4	17	29	♍12
☿	♐23	23	23	23	23	23	24	25	25	26	27	28	29	♑0	1	2	3	4	6	7	8	9	11	12	13	15	16	18	19	20	♑22
♀	♒24	26	27	28	29	♓0	1	3	4	5	6	7	8	9	10	11	13	14	15	16	17	18	19	20	21	22	23	24	26	27	♓28
♂	♐26	27	28	29	29	♑0	1	2	2	3	4	5	5	6	7	8	8	9	10	11	11	12	13	14	14	15	16	17	17	18	♑19

	1	6	12	18	24	30		1	6	12	18	24	30		1	15	30		1	15	30		1	15	30		1	15	30
♃	♍27	27	27	27	27	27	♄	♋7	7	6	6	5	5	♅	♊10	10	9	♆	♎6	6	6	♇	♌10	9	9	☊	♋18	18	18

FÉVRIER

	1	2	3	4	5	6	7	8	9	10	11	12	13	14	15	16	17	18	19	20	21	22	23	24	25	26	27	28
☉	♒12	13	14	15	16	17	18	19	20	21	22	23	24	25	26	27	28	29	♓0	1	2	3	4	5	6	7	8	♓9
☽	♍24	♎6	17	29	♏11	23	♐6	18	♑1	15	29	♒13	28	♓12	27	♈12	27	♉11	25	♊9	22	♋6	18	♌1	14	26	♍8	♍20
☿	♑23	25	26	28	29	♒1	2	4	6	7	9	10	12	14	15	17	19	20	22	24	26	27	29	♓1	3	5	6	♓8
♀	♓29	♈0	1	2	3	4	5	6	7	8	9	9	10	11	12	13	14	15	16	17	17	18	19	20	21	21	22	♈23
♂	♑20	20	21	22	23	24	24	25	26	27	27	28	29	♒0	0	1	2	3	4	4	5	6	7	7	8	9	10	♒10

	1	6	12	18	24	28		1	6	12	18	24	28		1	15	28		1	15	28		1	15	28		1	15	28
♃	♍27	27	26	25	25	24	♄	♋5	5	4	4	4	4	♅	♊9	9	9	♆	♎6	6	6	♇	♌9	9	8	☊	♋18	18	17

MARS

	1	2	3	4	5	6	7	8	9	10	11	12	13	14	15	16	17	18	19	20	21	22	23	24	25	26	27	28	29	30	31
☉	♓10	11	12	13	14	15	16	17	18	19	20	21	22	23	24	25	26	27	28	29	♈0	1	2	3	4	5	6	7	8	9	♈10
☽	♎2	14	26	♏8	20	♐2	14	26	♑9	23	♒7	21	♓6	21	♈6	21	♉6	21	♊5	19	♋2	15	28	♌11	23	♍5	17	29	♎11	23	♏5
☿	♓10	12	14	16	18	20	22	24	26	28	29	♈1	3	5	7	9	11	12	14	16	17	19	20	21	23	24	25	25	26	27	♈27
♀	♈24	24	25	26	26	27	28	28	29	29	♉0	0	1	1	2	2	2	3	3	3	3	3	3	4	4	4	4	3	3	3	♉3
♂	♒11	12	13	14	14	15	16	17	17	18	19	20	21	21	22	23	24	24	25	26	27	28	28	29	♓0	1	1	2	3	4	♓5

	1	6	12	18	24	30		1	6	12	18	24	30		1	15	30		1	15	30		1	15	30		1	15	30
♃	♍24	24	23	22	21	20	♄	♋4	4	4	4	4	4	♅	♊9	9	10	♆	♎6	5	5	♇	♌8	8	8	☊	♋17	16	14

AVRIL

	1	2	3	4	5	6	7	8	9	10	11	12	13	14	15	16	17	18	19	20	21	22	23	24	25	26	27	28	29	30
☉	♈11	12	13	14	15	16	17	18	19	20	21	22	23	24	25	26	27	28	29	♉0	1	1	2	3	4	5	6	7	8	♉9
☽	♏16	28	♐11	23	♑5	18	♒1	15	29	♓14	29	♈14	♉0	15	♊0	14	28	♋12	25	♌7	20	♍2	14	26	♎8	20	♏2	13	26	♐8
☿	♈28	28	28	28	28	28	27	27	26	26	25	24	24	23	22	22	21	20	19	19	18	18	18	17	17	17	17	17	17	♈17
♀	♉3	2	2	2	1	1	0	0	♈29	29	28	28	27	26	26	25	25	24	23	23	22	22	21	20	20	20	19	19	18	♈18
♂	♓5	6	7	8	8	9	10	11	12	12	13	14	15	15	16	17	18	19	19	20	21	22	22	23	24	25	25	26	27	♓28

	1	6	12	18	24	30		1	6	12	18	24	30		1	15	30		1	15	30		1	15	30		1	15	30
♃	♍20	20	19	19	18	18	♄	♋4	5	5	5	6	6	♅	♊10	11	11	♆	♎5	5	4	♇	♌8	8	8	☊	♋14	12	11

MAI

	1	2	3	4	5	6	7	8	9	10	11	12	13	14	15	16	17	18	19	20	21	22	23	24	25	26	27	28	29	30	31
☉	♉10	11	12	13	14	15	16	17	18	19	20	21	22	23	24	25	26	27	28	29	♊0	1	1	2	3	4	5	6	7	8	♊9
☽	♐20	♑2	15	28	♒11	25	♓9	23	♈8	23	♉8	23	♊8	22	♋6	20	♌3	16	28	♍11	23	♎5	16	28	♏10	22	♐4	17	29	♑12	♑25
☿	♈17	18	18	19	19	20	21	21	22	23	24	25	26	27	28	29	♉0	2	3	4	6	7	9	10	12	13	15	16	18	20	♉22
♀	♈18	18	17	17	17	17	17	17	17	17	18	18	18	18	18	19	19	19	20	20	21	21	22	22	23	23	24	25	25	26	♈26
♂	♓29	29	♈0	1	2	2	3	4	5	5	6	7	8	9	9	10	11	12	12	13	14	15	15	16	17	18	18	19	20	21	♈21

	1	6	12	18	24	30		1	6	12	18	24	30		1	15	30		1	15	30		1	15	30		1	15	30
♃	♍18	18	18	18	18	18	♄	♋7	7	8	8	9	10	♅	♊11	12	13	♆	♎4	4	4	♇	♌8	8	8	☊	♋11	10	9

JUIN

	1	2	3	4	5	6	7	8	9	10	11	12	13	14	15	16	17	18	19	20	21	22	23	24	25	26	27	28	29	30
☉	♊10	11	12	13	14	15	16	17	18	19	20	21	22	23	24	24	25	26	27	28	29	♋0	1	2	3	4	5	6	7	♋8
☽	♒8	21	♓5	19	♈3	18	♉2	17	♊2	16	♋1	15	28	♌11	24	♍7	19	♎1	13	25	♏7	19	♐1	13	26	♑8	21	♒5	18	♓2
☿	♉23	25	27	29	♊1	3	5	7	9	11	14	16	18	20	22	24	27	29	♋1	3	5	7	10	12	14	16	18	20	22	♋23
♀	♈27	28	29	29	♉0	1	2	2	3	4	5	6	6	7	8	9	10	11	12	13	14	15	15	16	17	18	19	20	21	♉22
♂	♈22	23	24	24	25	26	27	27	28	29	♉0	0	1	2	3	3	4	5	6	6	7	8	8	9	10	11	11	12	13	♉14

	1	6	12	18	24	30		1	6	12	18	24	30		1	15	30		1	15	30		1	15	30		1	15	30
♃	♍18	18	19	19	20	21	♄	♋10	10	11	12	13	13	♅	♊13	14	15	♆	♎4	4	4	♇	♌8	9	9	☊	♋9	9	9

JUILLET

	1	2	3	4	5	6	7	8	9	10	11	12	13	14	15	16	17	18	19	20	21	22	23	24	25	26	27	28	29	30	31
☉	♋9	10	11	12	13	14	15	15	16	17	18	19	20	21	22	23	24	25	26	27	28	29	♌0	1	2	3	4	5	6	6	♌7
☽	♓16	♈0	14	28	♉12	27	♊11	25	♋9	23	♌6	19	♍2	15	27	♎9	21	♏3	15	27	♐9	21	♑4	17	♒0	14	28	♓12	26	♈11	♈25
☿	♋25	27	29	♌1	2	4	6	7	9	10	12	13	15	16	17	19	20	21	22	24	25	26	27	28	29	29	♍0	1	2	2	♍3
♀	♉23	24	25	26	27	28	29	♊0	1	2	3	4	6	7	8	9	10	11	12	13	14	15	16	17	18	20	21	22	23	24	♊25
♂	♉14	15	16	16	17	18	19	19	20	21	21	22	23	23	24	25	26	26	27	28	28	29	♊0	0	1	2	2	3	4	5	♊5

	1	6	12	18	24	30		1	6	12	18	24	30		1	15	30		1	15	30		1	15	30		1	15	30
♃	♍21	21	22	23	24	25	♄	♋14	14	15	16	17	17	♅	♊15	16	16	♆	♎4	4	4	♇	♌9	9	10	☊	♋9	9	9

AOÛT

	1	2	3	4	5	6	7	8	9	10	11	12	13	14	15	16	17	18	19	20	21	22	23	24	25	26	27	28	29	30	31
☉	♌8	9	10	11	12	13	14	15	16	17	18	19	20	21	22	23	24	25	26	27	28	29	29	♍0	1	2	3	4	5	6	♍7
☽	♉9	23	♊7	21	♋5	18	♌2	15	28	♍10	23	♎5	17	29	♏11	23	♐5	17	29	♑12	25	♒9	23	♓7	22	♈6	21	♉6	20	♊4	♊18
☿	♍3	4	4	4	5	5	5	5	5	4	4	4	3	2	2	1	0	♌29	29	28	27	26	25	24	24	23	23	22	22	22	♌22
♀	♊26	27	28	29	♋1	2	3	4	5	6	7	9	10	11	12	13	14	15	17	18	19	20	21	22	24	25	26	27	28	29	♌1
♂	♊6	7	7	8	9	9	10	11	11	12	13	13	14	14	15	16	16	17	18	18	19	20	20	21	22	22	23	23	24	25	♊25

	1	6	12	18	24	30		1	6	12	18	24	30		1	15	30		1	15	30		1	15	30		1	15	30
♃	♍25	26	27	29	♎0	1	♄	♋18	18	19	20	20	21	♅	♊16	17	17	♆	♎4	5	5	♇	♌10	10	11	☊	♋9	8	7

SEPTEMBRE

	1	2	3	4	5	6	7	8	9	10	11	12	13	14	15	16	17	18	19	20	21	22	23	24	25	26	27	28	29	30
☉	♍8	9	10	11	12	13	14	15	16	17	18	19	20	21	22	23	24	25	26	27	28	29	♎0	1	2	3	4	4	5	♎6
☽	♋2	15	28	♌11	24	♍6	19	♎1	13	25	♏7	19	♐1	13	25	♑7	20	♒3	17	♓1	16	♈1	16	♉1	16	♊0	15	28	♋12	♋25
☿	♌22	22	23	23	24	25	26	27	28	♍0	1	2	4	6	7	9	11	13	14	16	18	20	22	24	25	27	29	♎1	3	♎5
♀	♌2	3	4	5	6	8	9	10	11	12	14	15	16	17	18	20	21	22	23	24	26	27	28	29	♍0	2	3	4	5	♍6
♂	♊26	26	27	28	28	29	29	♋0	1	1	2	2	3	4	4	5	5	6	6	7	8	8	9	9	10	10	11	11	12	♋12

	1	6	12	18	24	30		1	6	12	18	24	30		1	15	30		1	15	30		1	15	30		1	15	30
♃	♎1	2	4	5	6	8	♄	♋21	22	22	23	23	24	♅	♊17	17	17	♆	♎5	6	6	♇	♌11	11	11	☊	♋7	6	5

OCTOBRE

	1	2	3	4	5	6	7	8	9	10	11	12	13	14	15	16	17	18	19	20	21	22	23	24	25	26	27	28	29	30	31
☉	♎7	8	9	10	11	12	13	14	15	16	17	18	19	20	21	22	23	24	25	26	27	28	29	♏0	1	2	3	4	5	6	♏7
☽	♌8	21	♍3	16	28	♎10	22	♏4	16	27	♐9	21	♑3	16	28	♒11	25	♓9	24	♈9	24	♉9	24	♊9	24	♋8	22	♌5	18	♍0	♍13
☿	♎6	8	10	12	13	15	17	18	20	22	23	25	27	28	♏0	2	3	5	6	8	9	11	12	14	16	17	18	20	21	23	♏24
♀	♍8	9	10	11	13	14	15	16	17	19	20	21	22	24	25	26	27	29	♎0	1	2	3	5	6	7	8	10	11	12	13	♎15
♂	♋13	13	14	14	15	15	16	16	17	17	18	18	19	19	20	20	21	21	22	22	22	23	23	24	24	24	25	25	26	26	♋26

	1	6	12	18	24	30		1	6	12	18	24	30		1	15	30		1	15	30		1	15	30		1	15	30
♃	♎8	9	10	11	13	14	♄	♋24	24	24	25	25	25	♅	♊17	17	17	♆	♎6	7	7	♇	♌11	12	12	☊	♋5	3	2

NOVEMBRE

	1	2	3	4	5	6	7	8	9	10	11	12	13	14	15	16	17	18	19	20	21	22	23	24	25	26	27	28	29	30
☉	♏8	9	10	11	12	13	14	15	16	17	18	19	20	21	22	23	24	25	26	27	28	29	♐0	1	2	3	4	5	6	♐7
☽	♍25	♎7	19	♏1	13	24	♐6	18	♑0	12	25	♒7	20	♓4	18	♈2	17	♉2	17	♊3	18	♋2	17	♌0	14	27	♍9	22	♎4	♎16
☿	♏26	27	29	♐0	1	3	4	6	7	8	9	11	12	13	14	15	17	18	19	19	20	21	22	22	23	23	23	23	23	♐23
♀	♎16	17	18	20	21	22	23	25	26	27	28	♏0	1	2	3	5	6	7	8	10	11	12	13	15	16	17	18	20	21	♏22
♂	♋27	27	27	28	28	28	29	29	29	29	♌0	0	0	1	1	1	1	1	2	2	2	2	2	2	3	3	3	3	3	♌3

	1	6	12	18	24	30		1	6	12	18	24	30		1	15	30		1	15	30		1	15	30		1	15	30
♃	♎14	15	17	18	19	20	♄	♋25	25	25	25	25	24	♅	♊17	16	16	♆	♎7	8	8	♇	♌12	12	12	☊	♋2	1	0

DÉCEMBRE

	1	2	3	4	5	6	7	8	9	10	11	12	13	14	15	16	17	18	19	20	21	22	23	24	25	26	27	28	29	30	31
☉	♐8	9	10	11	12	14	15	16	17	18	19	20	21	22	23	24	25	26	27	28	29	♑0	1	2	3	4	5	6	7	8	♑9
☽	♎28	♏9	21	♐3	15	27	♑9	22	♒4	17	♓0	14	28	♈12	26	♉11	26	♊11	25	♋10	24	♌8	22	♍5	18	♎0	12	24	♏6	18	♐0
☿	♐22	21	20	19	18	17	16	14	13	12	10	9	8	8	7	7	7	7	7	7	8	8	9	10	11	12	13	14	15	16	♐17
♀	♏23	25	26	27	28	♐0	1	2	3	5	6	7	9	10	11	12	14	15	16	17	19	20	21	22	24	25	26	27	29	♑0	♑1
♂	♌3	3	3	3	3	3	3	3	3	3	3	3	3	3	3	2	2	2	2	2	1	1	1	1	0	0	0	0	♋29	29	♋29

	1	6	12	18	24	30		1	6	12	18	24	30		1	15	30		1	15	30		1	15	30		1	15	30
♃	♎20	21	22	23	24	25	♄	♋24	24	24	23	23	23	♅	♊16	15	15	♆	♎8	8	9	♇	♌12	12	11	☊	♋0	0	0

1946

JANVIER

	1	2	3	4	5	6	7	8	9	10	11	12	13	14	15	16	17	18	19	20	21	22	23	24	25	26	27	28	29	30	31
☉	♑10	11	12	13	14	15	16	17	18	19	20	21	22	23	24	25	26	27	28	29	♒0	1	2	3	4	5	6	7	8	9	♒11
☽	♐12	24	♑6	19	♒1	14	27	♓11	24	♈8	22	♉6	21	♊5	19	♋4	18	♌2	16	♍0	13	26	♎8	20	♏2	14	26	♐8	20	♑2	♑14
☿	♐18	20	21	22	24	25	26	28	29	♑1	2	3	5	6	8	9	11	12	14	15	17	18	20	22	23	25	26	28	♒0	1	♒3
♀	♑2	4	5	6	7	9	10	11	12	14	15	16	18	19	20	21	23	24	25	26	28	29	♒0	1	3	4	5	6	8	9	♒10
♂	♋28	28	28	27	27	26	26	26	25	25	24	24	24	23	23	22	22	22	21	21	21	20	20	19	19	19	18	18	18	18	♋17

	1	6	12	18	24	30		1	6	12	18	24	30		1	15	30		1	15	30		1	15	30		1	15	30
♃	♎25	25	26	26	27	27	♄	♋22	22	21	21	20	20	♅	♊14	14	14	♆	♎9	9	9	♇	♌11	11	11	☊	♋0	0	♊0

FÉVRIER

	1	2	3	4	5	6	7	8	9	10	11	12	13	14	15	16	17	18	19	20	21	22	23	24	25	26	27	28
☉	♒12	13	14	15	16	17	18	19	20	21	22	23	24	25	26	27	28	29	♓0	1	2	3	4	5	6	7	8	♓9
☽	♑27	♒10	23	♓7	21	♈5	19	♉3	17	♊1	15	29	♋13	27	♌11	24	♍8	21	♎3	16	28	♏10	22	♐4	15	27	♑10	♑22
☿	♒4	6	8	9	11	13	15	16	18	20	22	23	25	27	29	♓1	2	4	6	8	10	12	14	16	17	19	21	♓23
♀	♒11	13	14	15	16	18	19	20	21	23	24	25	26	28	29	♓0	1	3	4	5	6	8	9	10	11	13	14	♓15
♂	♋17	17	16	16	16	16	16	15	15	15	15	15	15	15	14	14	14	14	14	14	14	14	14	14	14	14	14	♋14

	1	6	12	18	24	28		1	6	12	18	24	28		1	15	28		1	15	28		1	15	28		1	15	28
♃	♎27	27	27	27	27	27	♄	♋20	20	19	19	18	18	♅	♊14	13	13	♆	♎8	8	8	♇	♌11	10	10	☊	♊29	29	27

MARS

	1	2	3	4	5	6	7	8	9	10	11	12	13	14	15	16	17	18	19	20	21	22	23	24	25	26	27	28	29	30	31
☉	♓10	11	12	13	14	15	16	17	18	19	20	21	22	23	24	25	26	27	28	29	♈0	1	2	3	4	5	6	7	8	9	♈10
☽	♒5	18	♓2	16	♈0	15	29	♉14	28	♊12	26	♋10	24	♌7	20	♍4	16	29	♎12	24	♏6	18	♐0	12	23	♑5	18	♒0	13	26	♓10
☿	♓25	26	28	29	♈1	2	4	5	6	7	8	9	9	10	10	10	10	10	10	10	9	8	8	7	6	5	5	4	3	2	♈1
♀	♓16	18	19	20	21	23	24	25	26	28	29	♈0	1	3	4	5	6	8	9	10	11	13	14	15	16	18	19	20	21	23	♈24
♂	♋14	15	15	15	15	15	15	15	15	16	16	16	16	16	17	17	17	17	18	18	18	18	19	19	19	19	20	20	20	21	♋21

	1	6	12	18	24	30		1	6	12	18	24	30		1	15	30		1	15	30		1	15	30		1	15	30
♃	♎27	27	26	26	25	24	♄	♋18	18	18	18	18	18	♅	♊13	14	14	♆	♎8	8	7	♇	♌10	10	10	☊	♊27	26	24

AVRIL

	1	2	3	4	5	6	7	8	9	10	11	12	13	14	15	16	17	18	19	20	21	22	23	24	25	26	27	28	29	30
☉	♈11	12	13	14	15	16	17	18	19	20	21	21	22	23	24	25	26	27	28	29	♉0	1	2	3	4	5	6	7	8	♉9
☽	♓24	♈9	24	♉9	24	♊8	23	♋7	21	♌4	17	♍0	13	26	♎8	20	♏2	14	26	♐8	20	♑2	14	26	♒8	21	♓5	18	♈3	♈17
☿	♈1	0	♓29	29	28	28	28	28	28	28	28	28	28	29	29	♈0	0	1	2	2	3	4	5	6	7	8	9	10	12	♈13
♀	♈25	26	27	29	♉0	1	2	4	5	6	7	9	10	11	12	14	15	16	17	18	20	21	22	23	25	26	27	28	29	♊1
♂	♋21	22	22	22	23	23	24	24	24	25	25	25	26	26	27	27	28	28	28	29	29	♌0	0	1	1	1	2	2	3	♌3

	1	6	12	18	24	30		1	6	12	18	24	30		1	15	30		1	15	30		1	15	30		1	15	30
♃	♎24	23	23	22	21	20	♄	♋18	18	18	19	19	19	♅	♊14	15	15	♆	♎7	7	6	♇	♌10	9	9	☊	♊24	22	22

MAI

	1	2	3	4	5	6	7	8	9	10	11	12	13	14	15	16	17	18	19	20	21	22	23	24	25	26	27	28	29	30	31
☉	♉10	11	12	13	14	15	16	17	18	19	20	21	22	23	24	25	25	26	27	28	29	♊0	1	2	3	4	5	6	7	8	♊9
☽	♉2	17	♊2	17	♋2	17	♌1	14	27	♍10	23	♎5	17	29	♏11	23	♐5	17	29	♑11	23	♒5	17	♓0	13	27	♈11	26	♉11	26	♊11
☿	♈14	16	17	18	20	21	23	24	26	27	29	♉1	2	4	6	8	10	11	13	15	17	19	21	23	25	27	♊0	2	4	6	♊8
♀	♊2	3	4	6	7	8	9	10	12	13	14	15	16	18	19	20	21	23	24	25	26	27	29	♋0	1	2	3	5	6	7	♋8
♂	♌4	4	5	5	6	6	7	7	8	8	8	9	9	10	10	11	11	12	13	13	14	14	15	15	16	16	17	17	18	18	♌19

	1	6	12	18	24	30		1	6	12	18	24	30		1	15	30		1	15	30		1	15	30		1	15	30
♃	♎20	20	19	19	18	18	♄	♋19	20	20	21	21	22	♅	♊15	16	17	♆	♎6	6	6	♇	♌9	10	10	☊	♊21	21	21

JUIN

	1	2	3	4	5	6	7	8	9	10	11	12	13	14	15	16	17	18	19	20	21	22	23	24	25	26	27	28	29	30
☉	♊10	11	12	13	14	15	16	17	18	19	19	20	21	22	23	24	25	26	27	28	29	♋0	1	2	3	4	5	6	7	♋8
☽	♊26	♋11	25	♌10	23	♍7	20	♎2	14	26	♏8	20	♐2	14	26	♑8	20	♒2	14	27	♓10	23	♈7	21	♉5	19	♊4	19	♋4	♋19
☿	♊11	13	15	17	19	21	24	26	28	♋0	2	4	6	8	10	11	13	15	17	18	20	22	23	25	26	28	29	♌0	2	♌3
♀	♋9	11	12	13	14	15	17	18	19	20	21	23	24	25	26	27	29	♌0	1	2	3	4	6	7	8	9	10	12	13	♌14
♂	♌19	20	20	21	21	22	23	23	24	24	25	25	26	26	27	28	28	29	29	♍0	0	1	2	2	3	3	4	4	5	♍6

	1	6	12	18	24	30		1	6	12	18	24	30		1	15	30		1	15	30		1	15	30		1	15	30
♃	♎18	18	17	17	18	18	♄	♋22	23	24	24	25	26	♅	♊17	18	19	♆	♎6	6	6	♇	♌10	10	10	☊	♊21	21	21

JUILLET

	1	2	3	4	5	6	7	8	9	10	11	12	13	14	15	16	17	18	19	20	21	22	23	24	25	26	27	28	29	30	31
☉	♋9	10	10	11	12	13	14	15	16	17	18	19	20	21	22	23	24	25	26	27	28	29	♌0	0	1	2	3	4	5	6	♌7
☽	♌4	18	♍2	15	28	♎11	23	♏5	17	29	♐11	22	♑4	17	29	♒11	24	♓7	20	♈3	17	♉1	15	29	♊14	28	♋13	28	♌12	26	♍10
☿	♌4	5	6	7	8	9	10	11	12	13	13	14	15	15	15	16	16	16	16	16	16	16	16	16	15	15	14	14	13	12	♌12
♀	♌15	16	17	19	20	21	22	23	24	26	27	28	29	♍0	1	3	4	5	6	7	8	9	11	12	13	14	15	16	17	18	♍20
♂	♍6	7	7	8	8	9	10	10	11	11	12	13	13	14	14	15	16	16	17	17	18	19	19	20	20	21	22	22	23	23	♍24

	1	6	12	18	24	30		1	6	12	18	24	30		1	15	30		1	15	30		1	15	30		1	15	30
♃	♎18	18	19	19	20	20	♄	♋26	26	27	28	29	♌0	♅	♊19	20	20	♆	♎6	6	6	♇	♌10	11	11	☊	♊21	21	20

AOÛT

	1	2	3	4	5	6	7	8	9	10	11	12	13	14	15	16	17	18	19	20	21	22	23	24	25	26	27	28	29	30	31
☉	♌8	9	10	11	12	13	14	15	16	17	18	19	20	21	22	23	23	24	25	26	27	28	29	♍0	1	2	3	4	5	6	♍7
☽	♍23	♎6	19	♏1	13	25	♐7	19	♑1	13	25	♒8	20	♓3	17	♈0	14	28	♉12	26	♊10	24	♋8	23	♌7	21	♍5	18	♎1	14	♎27
☿	♌11	10	9	9	8	7	7	6	6	5	5	5	5	5	5	5	6	6	7	8	9	10	11	12	14	15	16	18	20	21	♌23
♀	♍21	22	23	24	25	26	27	29	♎0	1	2	3	4	5	6	7	8	9	10	12	13	14	15	16	17	18	19	20	21	22	♎23
♂	♍25	25	26	27	27	28	28	29	♎0	0	1	2	2	3	3	4	5	5	6	7	7	8	9	9	10	10	11	12	12	13	♎14

	1	6	12	18	24	30		1	6	12	18	24	30		1	15	30		1	15	30		1	15	30		1	15	30
♃	♎21	21	22	23	24	25	♄	♌0	0	1	2	3	3	♅	♊20	21	21	♆	♎6	7	7	♇	♌11	12	12	☊	♊20	19	17

SEPTEMBRE

	1	2	3	4	5	6	7	8	9	10	11	12	13	14	15	16	17	18	19	20	21	22	23	24	25	26	27	28	29	30
☉	♍8	9	10	11	12	13	14	15	16	17	18	19	20	21	22	23	23	24	25	26	27	28	29	♎0	1	2	3	4	5	♎6
☽	♏9	21	♐3	15	27	♑9	21	♒3	16	29	♓12	26	♈10	24	♉8	22	♊7	21	♋5	19	♌3	17	♍0	14	27	♎10	23	♏5	17	♏29
☿	♌25	27	29	♍1	3	4	6	8	10	12	14	16	18	20	22	23	25	27	29	♎1	2	4	6	8	9	11	13	14	16	♎18
♀	♎24	25	26	27	28	29	♏0	1	2	3	4	5	6	7	8	8	9	10	11	12	13	14	15	15	16	17	18	19	19	♏20
♂	♎14	15	16	16	17	18	18	19	20	20	21	22	22	23	24	24	25	26	26	27	28	28	29	♏0	0	1	2	2	3	♏4

	1	6	12	18	24	30		1	6	12	18	24	30		1	15	30		1	15	30		1	15	30		1	15	30
♃	♎25	26	27	29	♏0	1	♄	♌4	4	5	5	6	7	♅	♊21	22	22	♆	♎7	8	8	♇	♌12	13	13	☊	♊17	16	14

OCTOBRE

	1	2	3	4	5	6	7	8	9	10	11	12	13	14	15	16	17	18	19	20	21	22	23	24	25	26	27	28	29	30	31
☉	♎7	8	9	10	11	12	13	14	15	16	17	18	19	20	21	22	23	24	25	26	27	28	29	♏0	1	2	3	4	5	6	♏7
☽	♐11	23	♑5	17	29	♒11	24	♓7	21	♈5	19	♉3	18	♊3	17	♋2	16	♌0	13	27	♍10	23	♎6	19	♏1	13	25	♐7	19	♑1	♑13
☿	♎19	21	22	24	26	27	29	♏0	2	3	5	6	8	9	10	12	13	15	16	17	19	20	21	22	24	25	26	27	28	♐0	♐1
♀	♏21	22	22	23	24	24	25	26	26	27	27	28	28	29	29	♐0	0	1	1	1	2	2	2	2	2	2	2	2	2	2	♐2
♂	♏4	5	6	6	7	8	8	9	10	10	11	12	13	13	14	15	15	16	17	17	18	19	20	20	21	22	22	23	24	24	♏25

	1	6	12	18	24	30		1	6	12	18	24	30		1	15	30		1	15	30		1	15	30		1	15	30
♃	♏1	2	3	5	6	7	♄	♌7	7	7	8	8	8	♅	♊22	22	21	♆	♎8	9	9	♇	♌13	13	13	☊	♊14	13	12

NOVEMBRE

	1	2	3	4	5	6	7	8	9	10	11	12	13	14	15	16	17	18	19	20	21	22	23	24	25	26	27	28	29	30
☉	♏8	9	10	11	12	13	14	15	16	17	18	19	20	21	22	23	24	25	26	27	28	29	♐0	1	2	3	4	5	6	♐7
☽	♑25	♒7	19	♓2	15	29	♈13	27	♉12	27	♊12	27	♋11	26	♌10	24	♍7	20	♎3	16	28	♏10	22	♐4	16	28	♑9	21	♒3	♒15
☿	♐2	2	3	4	5	6	6	7	7	7	7	7	7	7	6	5	5	4	2	1	0	♏28	27	26	25	24	23	22	22	♏21
♀	♐2	2	2	2	1	1	1	0	0	♏29	29	28	28	27	27	26	25	25	24	24	23	22	22	21	21	20	20	19	19	♏19
♂	♏26	27	27	28	29	29	♐0	1	2	2	3	4	4	5	6	7	7	8	9	10	10	11	12	13	13	14	15	15	16	♐17

	1	6	12	18	24	30		1	6	12	18	24	30		1	15	30		1	15	30		1	15	30		1	15	30
♃	♏8	9	10	12	13	14	♄	♌9	9	9	9	9	9	♅	♊21	21	20	♆	♎9	10	10	♇	♌13	13	13	☊	♊12	12	12

DÉCEMBRE

	1	2	3	4	5	6	7	8	9	10	11	12	13	14	15	16	17	18	19	20	21	22	23	24	25	26	27	28	29	30	31
☉	♐8	9	10	11	12	13	14	15	16	17	18	19	20	21	22	23	24	25	26	27	29	♑0	1	2	3	4	5	6	7	8	♑9
☽	♒28	♓10	23	♈7	21	♉5	20	♊5	20	♋5	20	♌5	19	♍3	17	♎0	13	25	♏7	19	♐1	13	25	♑6	18	♒0	12	24	♓7	20	♈2
☿	♏21	21	21	22	22	23	24	25	26	27	28	29	♐0	1	2	4	5	6	8	9	11	12	14	15	16	18	19	21	22	24	♐25
♀	♏18	18	18	18	17	17	17	17	17	17	17	17	18	18	18	18	19	19	19	20	20	21	21	22	22	23	23	24	24	25	♏26
♂	♐18	18	19	20	21	21	22	23	24	24	25	26	27	27	28	29	♑0	0	1	2	3	3	4	5	6	6	7	8	9	10	♑10

	1	6	12	18	24	30		1	6	12	18	24	30		1	15	30		1	15	30		1	15	30		1	15	30
♃	♏14	15	17	18	19	20	♄	♌9	9	8	8	8	8	♅	♊20	20	19	♆	♎10	11	11	♇	♌13	13	13	☊	♊12	12	11

1947

JANVIER

	1	2	3	4	5	6	7	8	9	10	11	12	13	14	15	16	17	18	19	20	21	22	23	24	25	26	27	28	29	30	31
☉	♑ 10	11	12	13	14	15	16	17	18	19	20	21	22	23	24	25	26	27	28	29	♒ 0	1	2	3	4	5	6	7	8	9	♒ 10
☽	♈ 16	29	♉ 13	28	♊ 13	28	♋ 13	28	♌ 13	28	♍ 12	26	♎ 9	22	♏ 4	16	28	♐ 10	22	♑ 3	15	27	♒ 9	22	♓ 4	17	29	♈ 12	26	♉ 9	♉ 23
☿	♐ 27	28	♑ 0	1	3	4	6	8	9	11	12	14	15	17	19	20	22	24	25	27	29	♒ 0	2	4	5	7	9	10	12	14	♒ 16
♀	♏ 27	27	28	29	29	♐ 0	1	2	3	4	4	5	6	7	8	9	10	11	12	13	13	14	15	16	17	18	19	20	21	22	♐ 23
♂	♑ 11	12	13	13	14	15	16	16	17	18	19	20	20	21	22	23	23	24	25	26	27	27	28	29	♒ 0	0	1	2	3	4	♒ 4

1	6	12	18	24	30	1	6	12	18	24	30	1	15	30	1	15	30	1	15	30	1	15	30
♃ ♏ 20	21	22	23	24	25	♄ ♌ 7	7	7	6	6	5	♅ ♊ 19	18	18	♆ ♎ 11	11	11	♇ ♌ 13	13	12	☊ ♊ 11	11	10

FÉVRIER

	1	2	3	4	5	6	7	8	9	10	11	12	13	14	15	16	17	18	19	20	21	22	23	24	25	26	27	28
☉	♒ 11	12	13	14	15	16	17	18	19	20	21	22	23	24	25	26	27	28	♓ 0	1	2	3	4	5	6	7	8	♓ 9
☽	♊ 7	22	♋ 6	21	♌ 6	21	♍ 6	20	♎ 4	17	♏ 0	12	24	♐ 6	18	♑ 0	12	24	♒ 6	18	♓ 1	13	26	♈ 9	23	♉ 6	20	♊ 4
☿	♒ 17	19	21	23	25	26	28	♓ 0	2	3	5	7	8	10	12	13	15	16	17	19	20	21	21	22	23	23	23	♓ 23
♀	♐ 24	26	27	28	29	♑ 0	1	2	3	4	5	6	7	8	9	11	12	13	14	15	16	17	18	20	21	22	23	♑ 24
♂	♒ 5	6	7	7	8	9	10	11	11	12	13	14	14	15	16	17	18	18	19	20	21	22	22	23	24	25	26	♒ 26

1	6	12	18	24	28	1	6	12	18	24	28	1	15	28	1	15	28	1	15	28	1	15	28
♃ ♏ 25	26	26	27	27	27	♄ ♌ 5	5	4	4	3	3	♅ ♊ 18	18	18	♆ ♎ 11	11	10	♇ ♌ 12	12	12	☊ ♊ 10	9	7

MARS

	1	2	3	4	5	6	7	8	9	10	11	12	13	14	15	16	17	18	19	20	21	22	23	24	25	26	27	28	29	30	31
☉	♓ 10	11	12	13	14	15	16	17	18	19	20	21	22	23	24	25	26	27	28	29	♈ 0	1	2	3	4	4	5	6	7	8	♈ 9
☽	♊ 18	♋ 2	16	♌ 1	15	♍ 0	14	28	♎ 11	25	♏ 8	20	♐ 2	14	26	♑ 8	20	♒ 2	14	26	♓ 9	22	♈ 5	19	♉ 3	16	♊ 0	14	29	♋ 13	♋ 27
☿	♓ 23	23	22	22	21	20	19	18	17	16	15	14	14	13	12	11	11	10	10	9	9	9	9	9	10	10	10	11	11	12	♓ 12
♀	♑ 25	26	27	29	♒ 0	1	2	3	4	6	7	8	9	10	11	12	14	15	16	17	18	19	21	22	23	24	25	27	28	29	♓ 0
♂	♒ 27	28	29	29	♓ 0	1	2	3	3	4	5	6	7	7	8	9	10	10	11	12	13	14	14	15	16	17	18	18	19	20	♓ 21

1	6	12	18	24	30	1	6	12	18	24	30	1	15	30	1	15	30	1	15	30	1	15	30
♃ ♏ 27	27	28	28	27	27	♄ ♌ 3	3	2	2	2	2	♅ ♊ 18	18	18	♆ ♎ 10	10	9	♇ ♌ 12	11	11	☊ ♊ 7	5	4

AVRIL

	1	2	3	4	5	6	7	8	9	10	11	12	13	14	15	16	17	18	19	20	21	22	23	24	25	26	27	28	29	30
☉	♈ 10	11	12	13	14	15	16	17	18	19	20	21	22	23	24	25	26	27	28	29	♉ 0	1	2	3	4	5	6	7	8	♉ 9
☽	♌ 11	25	♍ 9	23	♎ 6	20	♏ 3	15	28	♐ 10	22	♑ 4	16	28	♒ 10	22	♓ 4	17	♈ 0	14	28	♉ 12	26	♊ 11	25	♋ 9	24	♌ 8	22	♍ 6
☿	♓ 13	14	15	16	17	18	19	20	21	22	23	24	26	27	28	♈ 0	1	3	4	6	7	9	10	12	13	15	17	19	20	♈ 22
♀	♓ 1	2	4	5	6	7	8	10	11	12	13	14	16	17	18	19	20	21	23	24	25	26	27	29	♈ 0	1	2	3	5	♈ 6
♂	♓ 21	22	23	24	25	25	26	27	28	28	29	♈ 0	1	2	2	3	4	5	5	6	7	8	9	9	10	11	12	12	13	♈ 14

1	6	12	18	24	30	1	6	12	18	24	30	1	15	30	1	15	30	1	15	30	1	15	30
♃ ♏ 27	27	26	26	25	24	♄ ♌ 2	2	2	2	2	3	♅ ♊ 18	19	19	♆ ♎ 9	9	9	♇ ♌ 11	11	11	☊ ♊ 4	3	3

MAI

	1	2	3	4	5	6	7	8	9	10	11	12	13	14	15	16	17	18	19	20	21	22	23	24	25	26	27	28	29	30	31
☉	♉ 10	11	12	13	14	15	16	17	18	19	19	20	21	22	23	24	25	26	27	28	29	♊ 0	1	2	3	4	5	6	7	8	♊ 9
☽	♍ 19	♎ 3	16	29	♏ 11	24	♐ 6	18	♑ 0	12	24	♒ 6	18	♓ 0	12	25	♈ 8	22	♉ 6	20	♊ 5	20	♋ 5	19	♌ 4	18	♍ 2	16	♎ 0	13	♎ 25
☿	♈ 24	26	28	♉ 0	1	3	5	7	9	12	14	16	18	20	22	24	27	29	♊ 1	3	5	7	10	12	14	16	18	20	22	24	♊ 25
♀	♈ 7	8	9	11	12	13	14	15	17	18	19	20	21	23	24	25	26	27	29	♉ 0	1	2	4	5	6	7	8	10	11	12	♉ 13
♂	♈ 15	15	16	17	18	19	19	20	21	22	22	23	24	25	25	26	27	28	28	29	♉ 0	1	1	2	3	4	4	5	6	7	♉ 7

1	6	12	18	24	30	1	6	12	18	24	30	1	15	30	1	15	30	1	15	30	1	15	30
♃ ♏ 24	24	23	22	21	21	♄ ♌ 3	3	3	4	4	5	♅ ♊ 19	20	21	♆ ♎ 9	8	8	♇ ♌ 11	11	11	☊ ♊ 3	3	3

JUIN

	1	2	3	4	5	6	7	8	9	10	11	12	13	14	15	16	17	18	19	20	21	22	23	24	25	26	27	28	29	30
☉	♊ 10	11	12	13	14	14	15	16	17	18	19	20	21	22	23	24	25	26	27	28	29	♋ 0	1	2	3	4	5	5	6	♋ 7
☽	♏ 8	20	♐ 3	15	27	♑ 8	20	♒ 2	14	26	♓ 8	21	♈ 3	17	♉ 0	14	29	♊ 13	28	♋ 14	29	♌ 14	28	♍ 12	26	♎ 9	22	♏ 5	17	♐ 0
☿	♊ 27	29	♋ 1	2	4	6	7	9	10	11	13	14	15	16	18	19	20	21	21	22	23	24	24	25	26	26	26	27	27	♋ 27
♀	♉ 14	16	17	18	19	20	22	23	24	25	26	28	29	♊ 0	1	3	4	5	6	7	9	10	11	12	13	15	16	17	18	♊ 20
♂	♉ 8	9	10	10	11	12	13	13	14	15	15	16	17	18	18	19	20	21	21	22	23	23	24	25	26	26	27	28	28	♉ 29

1	6	12	18	24	30	1	6	12	18	24	30	1	15	30	1	15	30	1	15	30	1	15	30
♃ ♏ 21	20	19	19	18	18	♄ ♌ 5	5	6	7	7	8	♅ ♊ 21	22	23	♆ ♎ 8	8	8	♇ ♌ 11	12	12	☊ ♊ 3	2	2

JUILLET

	1	2	3	4	5	6	7	8	9	10	11	12	13	14	15	16	17	18	19	20	21	22	23	24	25	26	27	28	29	30	31
☉	♋ 8	9	10	11	12	13	14	15	16	17	18	19	20	21	22	23	24	25	25	26	27	28	29	♌ 0	1	2	3	4	5	6	♌ 7
☽	♐ 12	24	♑ 5	17	29	♒ 11	23	♓ 5	17	♈ 0	12	25	♉ 9	23	♊ 7	22	♋ 7	22	♌ 7	22	♍ 7	22	♎ 5	19	♏ 2	14	27	♐ 9	21	♑ 2	♑ 14
☿	♋ 27	27	27	27	27	26	26	26	25	24	24	23	23	22	21	21	20	19	19	18	18	18	17	17	17	17	17	17	18	18	♋ 18
♀	♊ 21	22	23	24	26	27	28	29	♋ 1	2	3	4	5	7	8	9	10	12	13	14	15	16	18	19	20	21	23	24	25	26	♋ 27
♂	♊ 0	1	1	2	3	3	4	5	6	6	7	8	8	9	10	10	11	12	13	13	14	15	15	16	17	17	18	19	19	20	♊ 21

1	6	12	18	24	30	1	6	12	18	24	30	1	15	30	1	15	30	1	15	30	1	15	30
♃ ♏ 18	18	18	18	18	18	♄ ♌ 8	9	9	10	11	12	♅ ♊ 23	24	24	♆ ♎ 8	8	8	♇ ♌ 12	12	13	☊ ♊ 2	1	1

AOÛT

	1	2	3	4	5	6	7	8	9	10	11	12	13	14	15	16	17	18	19	20	21	22	23	24	25	26	27	28	29	30	31
☉	♌ 8	9	10	11	12	13	14	15	16	17	17	18	19	20	21	22	23	24	25	26	27	28	29	♍ 0	1	2	3	4	5	6	♍ 7
☽	♑ 26	♒ 8	20	♓ 2	14	27	♈ 9	22	♉ 5	18	♊ 2	16	♋ 1	16	♌ 1	16	♍ 1	16	♎ 0	14	27	♏ 10	23	♐ 5	17	29	♑ 11	23	♒ 5	17	♒ 29
☿	♋ 19	20	21	21	22	24	25	26	27	29	♌ 0	2	4	5	7	9	11	13	15	17	19	21	23	25	27	29	♍ 1	3	5	7	♍ 9
♀	♋ 29	♌ 0	1	2	4	5	6	7	9	10	11	12	13	15	16	17	18	20	21	22	23	25	26	27	28	♍ 0	1	2	3	5	♍ 6
♂	♊ 21	22	23	23	24	25	25	26	27	27	28	29	29	♋ 0	1	1	2	3	3	4	5	5	6	7	7	8	9	9	10	10	♋ 11

1	6	12	18	24	30	1	6	12	18	24	30	1	15	30	1	15	30	1	15	30	1	15	30
♃ ♏ 18	18	19	19	20	21	♄ ♌ 12	12	13	14	15	16	♅ ♊ 25	25	26	♆ ♎ 8	9	9	♇ ♌ 13	13	14	☊ ♊ 0	♉ 29	27

SEPTEMBRE

	1	2	3	4	5	6	7	8	9	10	11	12	13	14	15	16	17	18	19	20	21	22	23	24	25	26	27	28	29	30
☉	♍ 8	9	10	11	12	13	14	14	15	16	17	18	19	20	21	22	23	24	25	26	27	28	29	♎ 0	1	2	3	4	5	♎ 6
☽	♓ 11	24	♈ 6	19	♉ 2	15	29	♊ 12	26	♋ 11	25	♌ 10	25	♍ 9	24	♎ 8	22	♏ 5	18	♐ 1	13	26	♑ 7	19	♒ 1	13	25	♓ 7	20	♈ 3
☿	♍ 10	12	14	16	18	20	22	23	25	27	29	♎ 0	2	4	5	7	8	10	12	13	15	16	18	19	21	22	24	25	26	♎ 28
♀	♍ 7	8	9	11	12	13	14	16	17	18	19	21	22	23	24	26	27	28	29	♎ 1	2	3	4	6	7	8	9	11	12	♎ 13
♂	♋ 12	12	13	14	14	15	15	16	17	17	18	19	19	20	20	21	22	22	23	23	24	25	25	26	26	27	28	28	29	♋ 29

1	6	12	18	24	30	1	6	12	18	24	30	1	15	30	1	15	30	1	15	30	1	15	30
♃ ♏ 21	21	22	23	24	25	♄ ♌ 16	16	17	18	18	19	♅ ♊ 26	26	26	♆ ♎ 9	10	10	♇ ♌ 14	14	14	☊ ♉ 27	26	24

OCTOBRE

	1	2	3	4	5	6	7	8	9	10	11	12	13	14	15	16	17	18	19	20	21	22	23	24	25	26	27	28	29	30	31
☉	♎ 7	8	9	10	11	12	13	14	15	16	17	18	19	20	21	22	23	24	25	26	27	28	29	♏ 0	1	2	3	4	5	6	♏ 7
☽	♈ 16	29	♉ 12	26	♊ 9	23	♋ 7	21	♌ 6	20	♍ 4	18	♎ 3	17	♏ 0	13	26	♐ 9	21	♑ 3	15	27	♒ 9	21	♓ 3	16	28	♈ 11	24	♉ 8	♉ 22
☿	♎ 29	♏ 0	2	3	4	6	7	8	9	10	12	13	14	15	16	17	17	18	19	20	20	21	21	21	21	21	21	21	21	20	♏ 19
♀	♎ 14	16	17	18	19	21	22	23	24	26	27	28	29	♏ 1	2	3	4	6	7	8	9	11	12	13	14	15	17	18	19	20	♏ 22
♂	♌ 0	1	1	2	2	3	3	4	5	5	6	6	7	7	8	8	9	9	10	11	11	12	12	13	13	14	14	15	15	16	♌ 16

1	6	12	18	24	30	1	6	12	18	24	30	1	15	30	1	15	30	1	15	30	1	15	30
♃ ♏ 25	26	28	29	♐ 0	1	♄ ♌ 19	20	20	21	21	22	♅ ♊ 26	26	26	♆ ♎ 10	11	11	♇ ♌ 14	15	15	☊ ♉ 24	24	23

NOVEMBRE

	1	2	3	4	5	6	7	8	9	10	11	12	13	14	15	16	17	18	19	20	21	22	23	24	25	26	27	28	29	30
☉	♏ 8	9	10	11	12	13	14	15	16	17	18	19	20	21	22	23	24	25	26	27	28	29	♐ 0	1	2	3	4	5	6	♐ 7
☽	♊ 5	20	♋ 4	18	♌ 2	17	♍ 1	15	28	♎ 12	26	♏ 9	22	♐ 4	17	29	♑ 11	23	♒ 5	17	29	♓ 11	23	♈ 6	19	♉ 2	16	♊ 0	14	♊ 29
☿	♏ 19	18	16	15	14	13	11	10	9	8	7	6	6	6	5	6	6	6	7	8	8	9	10	11	13	14	15	16	18	♏ 19
♀	♏ 23	24	25	27	28	29	♐ 0	2	3	4	5	7	8	9	10	12	13	14	15	17	18	19	20	22	23	24	25	27	28	♐ 29
♂	♌ 17	17	18	18	19	19	20	20	21	21	22	22	22	23	23	24	24	25	25	26	26	26	27	27	28	28	28	29	29	♌ 29

1	6	12	18	24	30	1	6	12	18	24	30	1	15	30	1	15	30	1	15	30	1	15	30
♃ ♐ 2	3	4	5	7	8	♄ ♌ 22	22	22	22	23	23	♅ ♊ 26	25	25	♆ ♎ 12	12	12	♇ ♌ 15	15	15	☊ ♉ 23	23	23

DÉCEMBRE

	1	2	3	4	5	6	7	8	9	10	11	12	13	14	15	16	17	18	19	20	21	22	23	24	25	26	27	28	29	30	31
☉	♐ 8	9	10	11	12	13	14	15	16	17	18	19	20	21	22	23	24	25	26	27	28	29	♑ 0	1	2	3	4	5	6	7	♑ 8
☽	♋ 14	28	♌ 13	27	♍ 11	25	♎ 9	22	♏ 5	18	♐ 1	13	25	♑ 7	19	♒ 1	13	25	♓ 7	19	♈ 1	14	27	♉ 10	24	♊ 8	23	♋ 7	23	♌ 8	♌ 23
☿	♏ 20	22	23	25	26	28	29	♐ 1	2	4	5	7	8	10	11	13	14	16	18	19	21	22	24	25	27	28	♑ 0	2	3	5	♑ 6
♀	♑ 0	2	3	4	5	7	8	9	10	12	13	14	15	17	18	19	20	22	23	24	25	27	28	29	♒ 0	1	3	4	5	6	♒ 8
♂	♍ 0	0	1	1	1	2	2	2	2	3	3	3	4	4	4	4	5	5	5	5	6	6	6	6	6	7	7	7	7	7	♍ 7

1	6	12	18	24	30	1	6	12	18	24	30	1	15	30	1	15	30	1	15	30	1	15	30
♃ ♐ 8	9	11	12	13	15	♄ ♌ 23	23	23	23	22	22	♅ ♊ 25	24	24	♆ ♎ 12	13	13	♇ ♌ 15	15	15	☊ ♉ 23	23	23

1948

JANVIER

	1	2	3	4	5	6	7	8	9	10	11	12	13	14	15	16	17	18	19	20	21	22	23	24	25	26	27	28	29	30	31
☉	♑9	10	12	13	14	15	16	17	18	19	20	21	22	23	24	25	26	27	28	29	♒0	1	2	3	4	5	6	7	8	9	♒10
☽	♍7	22	♎6	19	♏2	15	28	♐10	22	♑4	16	28	♒10	22	♓4	16	28	♈10	22	♉5	18	♊2	16	♋0	15	♌1	16	♍1	16	♎1	♎15
☿	♑8	10	11	13	14	16	18	19	21	23	24	26	28	29	♒1	3	4	6	8	9	11	13	15	16	18	20	21	23	24	26	♒27
♀	♒9	10	11	13	14	15	16	18	19	20	21	23	24	25	26	27	29	♓0	1	2	4	5	6	7	8	10	11	12	13	15	♓16
♂	♍7	7	7	7	8	8	8	8	8	8	8	8	7	7	7	7	7	7	7	7	7	6	6	6	6	6	5	5	5	5	♍4

	1	6	12	18	24	30
♃	♐15	16	17	19	20	21
♄	♌22	22	21	21	21	20

	1	15	30
♅	♊24	23	23
♆	♎13	13	13
♇	♌15	14	14
☊	♉22	21	20

FÉVRIER

	1	2	3	4	5	6	7	8	9	10	11	12	13	14	15	16	17	18	19	20	21	22	23	24	25	26	27	28	29
☉	♒11	12	13	14	15	16	17	18	19	20	21	22	23	24	25	26	27	28	29	♓0	1	2	3	4	5	6	7	8	♓9
☽	♎29	♏12	25	♐7	19	♑1	13	25	♒7	19	♓1	13	25	♈7	19	♉1	14	27	♊11	25	♋9	24	♌9	24	♍9	24	♎9	23	♏7
☿	♒29	♓0	1	2	3	4	5	6	6	6	7	6	6	6	5	4	4	3	2	1	♒29	28	27	26	25	24	24	23	♒22
♀	♓17	18	19	21	22	23	24	25	27	28	29	♈0	1	3	4	5	6	7	9	10	11	12	13	15	16	17	18	19	♈20
♂	♍4	4	3	3	3	2	2	2	1	1	1	0	0	♌29	29	29	28	28	27	27	27	26	26	25	25	25	24	24	♌24

	1	6	12	18	24	29
♃	♐21	22	23	24	25	26
♄	♌20	19	19	19	18	18

	1	15	29
♅	♊22	22	22
♆	♎13	13	12
♇	♌14	14	13
☊	♉20	18	16

MARS

	1	2	3	4	5	6	7	8	9	10	11	12	13	14	15	16	17	18	19	20	21	22	23	24	25	26	27	28	29	30	31
☉	♓10	11	12	13	14	15	16	17	18	19	20	21	22	23	24	25	26	27	28	29	♈0	1	2	3	4	5	6	7	8	9	♈10
☽	♏20	♐3	16	28	♑10	22	♒4	16	28	♓10	22	♈4	16	29	♉11	24	♊7	21	♋4	19	♌3	18	♍3	18	♎2	17	♏1	15	28	♐11	♐24
☿	♒22	22	22	22	22	22	22	22	23	23	24	25	25	26	27	28	29	♓0	1	2	3	4	5	6	8	9	10	12	13	14	♓16
♀	♈22	23	24	25	26	27	29	♉0	1	2	3	4	5	7	8	9	10	11	12	13	14	15	17	18	19	20	21	22	23	24	♉25
♂	♌23	23	23	22	22	22	21	21	21	21	20	20	20	20	19	19	19	19	19	19	19	18	18	18	18	18	18	18	18	18	♌18

	1	6	12	18	24	30
♃	♐26	27	27	28	28	29
♄	♌18	17	17	17	16	16

	1	15	30
♅	♊22	22	22
♆	♎12	12	12
♇	♌13	13	13
☊	♉16	15	15

AVRIL

	1	2	3	4	5	6	7	8	9	10	11	12	13	14	15	16	17	18	19	20	21	22	23	24	25	26	27	28	29	30
☉	♈11	12	13	14	15	16	17	18	19	20	21	22	23	24	25	26	27	28	29	♉0	1	2	3	4	5	6	7	8	9	♉10
☽	♑6	18	♒0	12	24	♓6	18	♈0	13	25	♉8	21	♊4	18	♋1	15	29	♌13	28	♍12	27	♎11	25	♏9	23	♐6	19	♑2	14	♑26
☿	♓17	19	20	22	23	25	27	28	♈0	2	3	5	7	9	10	12	14	16	18	20	22	24	26	28	♉0	2	4	6	8	♉10
♀	♉26	27	28	29	♊0	2	3	4	5	6	7	8	9	10	11	12	13	13	14	15	16	17	18	19	20	21	22	23	23	♊24
♂	♌18	18	18	18	18	18	19	19	19	19	19	19	19	19	20	20	20	20	20	21	21	21	21	22	22	22	22	23	23	♌23

	1	6	12	18	24	30
♃	♐29	29	29	29	29	29
♄	♌16	16	16	16	16	16

	1	15	30
♅	♊23	23	24
♆	♎12	11	11
♇	♌13	13	13
☊	♉15	14	14

MAI

	1	2	3	4	5	6	7	8	9	10	11	12	13	14	15	16	17	18	19	20	21	22	23	24	25	26	27	28	29	30	31
☉	♉11	11	12	13	14	15	16	17	18	19	20	21	22	23	24	25	26	27	28	29	♊0	1	2	3	4	5	6	7	8	8	♊9
☽	♒8	20	♓2	14	26	♈8	21	♉4	17	♊0	14	28	♋12	26	♌10	25	♍9	23	♎7	21	♏5	18	♐1	15	27	♑10	22	♒4	16	28	♓10
☿	♉13	15	17	19	21	23	25	28	♊0	2	4	6	7	9	11	13	15	16	18	19	21	22	24	25	26	27	28	♋0	1	1	♋2
♀	♊25	26	27	27	28	29	♋0	0	1	2	3	3	4	4	5	6	6	7	7	8	8	9	9	9	10	10	10	10	11	11	♋11
♂	♌24	24	24	25	25	25	26	26	26	27	27	27	28	28	28	29	29	♍0	0	0	1	1	2	2	3	3	3	4	4	5	♍5

	1	6	12	18	24	30
♃	♐29	28	28	27	27	26
♄	♌16	16	16	17	17	17

	1	15	30
♅	♊24	24	25
♆	♎11	11	10
♇	♌13	13	13
☊	♉14	14	14

JUIN

	1	2	3	4	5	6	7	8	9	10	11	12	13	14	15	16	17	18	19	20	21	22	23	24	25	26	27	28	29	30
☉	♊10	11	12	13	14	15	16	17	18	19	20	21	22	23	24	25	26	27	28	29	♋0	0	1	2	3	4	5	6	7	♋8
☽	♓22	♈4	16	29	♉12	25	♊9	23	♋7	22	♌7	21	♍5	20	♎4	18	♏1	14	28	♐11	23	♑6	18	♒0	12	24	♓6	18	♈0	♈12
☿	♋3	4	5	5	6	6	7	7	7	7	7	7	7	7	7	7	6	6	5	5	4	4	3	3	2	1	1	0	0	♊29
♀	♋11	11	11	11	11	11	11	11	10	10	10	10	9	9	8	8	7	7	6	6	5	5	4	3	3	2	1	1	0	♋0
♂	♍6	6	7	7	8	8	9	9	9	10	10	11	11	12	12	13	13	14	14	15	16	16	17	17	18	18	19	19	20	♍20

	1	6	12	18	24	30
♃	♐26	25	24	24	23	22
♄	♌17	18	18	19	19	20

	1	15	30
♅	♊25	26	27
♆	♎10	10	10
♇	♌13	13	13
☊	♉14	13	12

JUILLET

	1	2	3	4	5	6	7	8	9	10	11	12	13	14	15	16	17	18	19	20	21	22	23	24	25	26	27	28	29	30	31
☉	♋9	10	11	12	13	14	15	16	17	18	19	20	20	21	22	23	24	25	26	27	28	29	♌0	1	2	3	4	5	6	7	♌8
☽	♈24	♉7	20	♊4	17	♋2	16	♌1	16	♍1	16	♎0	14	28	♏11	25	♐7	20	♑2	15	27	♒9	21	♓3	15	27	♈8	21	♉3	15	♉28
☿	♊29	29	29	28	28	28	28	29	29	29	♋0	0	1	1	2	3	4	5	6	7	8	10	11	13	14	16	18	19	21	23	♋25
♀	♊29	29	28	28	27	27	26	26	26	25	25	25	25	25	25	25	25	25	25	25	25	25	25	26	26	26	27	27	28	28	♊28
♂	♍21	21	22	23	23	24	24	25	25	26	26	27	28	28	29	29	♎0	0	1	2	2	3	3	4	5	5	6	6	7	8	♎8

	1	6	12	18	24	30
♃	♐22	22	21	20	20	20
♄	♌20	21	21	22	23	24

	1	15	30
♅	♊27	28	29
♆	♎10	10	11
♇	♌14	14	14
☊	♉12	11	10

AOÛT

	1	2	3	4	5	6	7	8	9	10	11	12	13	14	15	16	17	18	19	20	21	22	23	24	25	26	27	28	29	30	31
☉	♌9	10	11	12	12	13	14	15	16	17	18	19	20	21	22	23	24	25	26	27	28	29	♍0	1	2	3	4	5	6	7	♍7
☽	♊12	26	♋10	25	♌10	25	♍10	25	♎10	24	♏8	21	♐4	17	♑0	12	24	♒6	18	♓0	12	24	♈5	17	29	♉12	24	♊7	21	♋4	♋19
☿	♋27	29	♌1	3	5	7	9	11	13	15	17	19	21	23	25	27	29	♍1	3	5	7	9	11	12	14	16	18	19	21	23	♍24
♀	♊29	29	♋0	1	1	2	2	3	4	4	5	6	6	7	8	9	9	10	11	12	13	14	14	15	16	17	18	19	20	21	♋22
♂	♎9	9	10	11	11	12	12	13	14	14	15	16	16	17	17	18	19	19	20	21	21	22	22	23	24	24	25	26	26	27	♎28

	1	6	12	18	24	30
♃	♐19	19	19	19	19	19
♄	♌24	24	25	26	27	28

	1	15	30
♅	♊29	29	♋29
♆	♎11	11	11
♇	♌14	15	15
☊	♉10	9	7

SEPTEMBRE

	1	2	3	4	5	6	7	8	9	10	11	12	13	14	15	16	17	18	19	20	21	22	23	24	25	26	27	28	29	30
☉	♍8	9	10	11	12	13	14	15	16	17	18	19	20	21	22	23	24	25	26	27	28	29	♎0	1	2	3	4	5	6	♎7
☽	♌3	18	♍4	19	♎4	19	♏3	17	♐1	14	26	♑9	21	♒3	15	27	♓9	21	♈2	14	27	♉9	21	♊4	17	♋0	14	28	♌12	♌27
☿	♍26	27	29	♎1	2	4	5	7	8	9	11	12	14	15	16	18	19	20	21	22	24	25	26	27	28	29	♏0	1	1	♏2
♀	♋23	24	25	25	26	27	28	29	♌0	1	2	3	4	6	7	8	9	10	11	12	13	14	15	16	17	18	19	20	22	♌23
♂	♎28	29	♏0	0	1	2	2	3	4	4	5	6	6	7	8	8	9	10	10	11	12	12	13	14	14	15	16	16	17	♏18

	1	6	12	18	24	30
♃	♐19	20	20	21	21	22
♄	♌28	28	29	♍0	1	1

	1	15	30
♅	♋0	0	1
♆	♎11	12	13
♇	♌15	16	16
☊	♉7	6	5

OCTOBRE

	1	2	3	4	5	6	7	8	9	10	11	12	13	14	15	16	17	18	19	20	21	22	23	24	25	26	27	28	29	30	31
☉	♎8	9	10	11	12	13	14	15	16	17	18	19	20	21	22	23	24	25	26	27	27	28	29	♏0	1	2	3	4	5	6	♏7
☽	♍12	27	♎12	27	♏11	25	♐9	22	♑5	17	♒0	12	24	♓5	17	29	♈11	23	♉6	18	♊1	14	27	♋10	24	♌8	22	♍7	21	♎6	♎21
☿	♏3	3	4	5	5	5	5	5	5	5	5	4	4	3	2	1	0	♎29	28	27	25	24	23	22	21	21	20	20	20	20	♎20
♀	♌24	25	26	27	28	29	♍1	2	3	4	5	6	7	9	10	11	12	13	14	15	17	18	19	20	21	23	24	25	26	27	♍28
♂	♏19	19	20	21	21	22	23	23	24	25	26	26	27	28	28	29	♐0	1	1	2	3	3	4	5	6	6	7	8	8	9	♐10

	1	6	12	18	24	30
♃	♐22	23	24	25	26	27
♄	♍1	2	3	3	4	4

	1	15	30
♅	♋1	1	0
♆	♎13	13	14
♇	♌16	16	16
☊	♉5	5	5

NOVEMBRE

	1	2	3	4	5	6	7	8	9	10	11	12	13	14	15	16	17	18	19	20	21	22	23	24	25	26	27	28	29	30
☉	♏8	9	10	11	12	13	14	15	17	18	19	20	21	22	23	24	25	26	27	28	29	♐0	1	2	3	4	5	6	7	♐8
☽	♏5	19	♐3	17	♑0	13	26	♒8	20	♓2	14	25	♈7	20	♉2	14	27	♊10	24	♋7	21	♌5	19	♍3	17	♎1	16	♏0	14	♏28
☿	♎21	21	22	23	24	25	26	27	29	♏0	1	3	4	6	7	9	10	12	13	15	16	18	20	21	23	24	26	27	29	♐1
♀	♎0	1	2	3	4	6	7	8	9	10	12	13	14	15	17	18	19	20	21	23	24	25	26	28	29	♏0	1	2	4	♏5
♂	♐11	11	12	13	14	14	15	16	17	17	18	19	20	20	21	22	23	23	24	25	26	26	27	28	29	29	♑0	1	2	♑2

	1	6	12	18	24	30
♃	♐27	28	29	♑1	2	3
♄	♍4	5	5	5	6	6

	1	15	30
♅	♋0	0	♊0
♆	♎14	14	15
♇	♌16	17	17
☊	♉5	5	5

DÉCEMBRE

	1	2	3	4	5	6	7	8	9	10	11	12	13	14	15	16	17	18	19	20	21	22	23	24	25	26	27	28	29	30	31
☉	♐9	10	11	12	13	14	15	16	17	18	19	20	21	22	23	24	25	26	27	28	29	♑0	1	2	3	4	5	6	7	8	♑9
☽	♐11	25	♑8	21	♒3	16	28	♓10	21	♈3	15	27	♉10	23	♊6	19	♋3	17	♌1	15	♍0	14	28	♎12	26	♏10	24	♐7	20	♑3	♑16
☿	♐2	4	5	7	8	10	12	13	15	16	18	19	21	23	24	26	27	29	♑0	2	4	5	7	8	10	12	13	15	17	18	♑20
♀	♏6	7	9	10	11	12	14	15	16	17	18	20	21	22	23	25	26	27	28	♐0	1	2	3	5	6	7	8	10	11	12	♐13
♂	♑3	4	5	5	6	7	8	8	9	10	11	12	12	13	14	15	15	16	17	18	18	19	20	21	22	22	23	24	25	26	♑26

	1	6	12	18	24	30
♃	♑3	4	6	7	9	10
♄	♍6	6	6	6	6	6

	1	15	30
♅	♊29	29	28
♆	♎15	15	15
♇	♌17	16	16
☊	♉5	4	3

1949

JANVIER

	1	2	3	4	5	6	7	8	9	10	11	12	13	14	15	16	17	18	19	20	21	22	23	24	25	26	27	28	29	30	31
☉	♑ 10	11	12	13	14	15	16	17	18	19	20	21	22	24	25	26	27	28	29	♒ 0	1	2	3	4	5	6	7	8	9	10	♒ 11
☽	♑ 29	♒ 11	23	♓ 5	17	29	♈ 11	23	♉ 5	17	♊ 0	13	27	♋ 11	26	♌ 10	25	♍ 10	25	♎ 9	23	♏ 7	20	♐ 4	17	♑ 0	13	25	♒ 7	20	♓ 2
☿	♑ 21	23	25	26	28	29	♒ 1	3	4	6	7	9	10	11	13	14	15	16	17	18	19	19	20	20	20	20	20	19	19	18	♒ 17
♀	♐ 15	16	17	18	20	21	22	23	25	26	27	28	♑ 0	1	2	3	5	6	7	8	10	11	12	13	15	16	17	18	20	21	♑ 22
♂	♑ 27	28	29	29	♒ 0	1	2	3	3	4	5	6	6	7	8	9	10	10	11	12	13	14	14	15	16	17	18	18	19	20	♒ 21

	1	6	12	18	24	30		1	6	12	18	24	30		1	15	30		1	15	30		1	15	30		1	15	30
♃	♑ 10	12	13	14	16	17	♄	♍ 6	6	6	5	5	5	♅	♊ 28	27	27	♆	♎ 15	15	15	♇	♌ 16	16	16	☊	♉ 2	1	♈ 1

FÉVRIER

	1	2	3	4	5	6	7	8	9	10	11	12	13	14	15	16	17	18	19	20	21	22	23	24	25	26	27	28
☉	♒ 12	13	14	15	16	17	18	19	20	21	22	23	24	25	26	27	28	29	♓ 0	1	2	3	4	5	6	7	8	♓ 9
☽	♓ 14	26	♈ 7	19	♉ 1	13	25	♊ 8	21	♋ 5	19	♌ 4	19	♍ 4	19	♎ 4	19	♏ 3	17	♐ 1	14	27	♑ 10	22	♒ 4	17	29	♓ 10
☿	♒ 16	14	13	12	11	10	9	8	7	6	6	5	5	5	5	5	5	5	5	6	6	7	8	9	9	10	11	♒ 12
♀	♑ 23	25	26	27	28	♒ 0	1	2	3	5	6	7	8	10	11	12	13	15	16	17	18	20	21	22	23	25	26	♒ 27
♂	♒ 21	22	23	24	25	25	26	27	28	29	29	♓ 0	1	2	3	3	4	5	6	7	7	8	9	10	10	11	12	♓ 13

	1	6	12	18	24	28		1	6	12	18	24	28		1	15	28		1	15	28		1	15	28		1	15	28
♃	♑ 17	19	20	21	22	23	♄	♍ 4	4	4	3	3	2	♅	♊ 27	27	27	♆	♎ 15	15	15	♇	♌ 15	15	15	☊	♈ 29	28	27

MARS

	1	2	3	4	5	6	7	8	9	10	11	12	13	14	15	16	17	18	19	20	21	22	23	24	25	26	27	28	29	30	31
☉	♓ 10	11	12	13	14	15	16	17	18	19	20	21	22	23	24	25	26	27	28	29	♈ 0	1	2	3	4	5	6	7	8	9	♈ 10
☽	♓ 22	♈ 4	16	28	♉ 10	22	♊ 4	17	♋ 0	13	27	♌ 12	27	♍ 12	27	♎ 12	27	♏ 12	26	♐ 10	23	♑ 6	19	♒ 1	14	26	♓ 8	19	♈ 1	13	♈ 25
☿	♒ 13	14	15	16	18	19	20	21	23	24	25	27	28	29	♓ 1	2	4	5	7	8	10	12	13	15	17	18	20	22	23	25	♓ 27
♀	♒ 28	29	♓ 1	2	3	4	6	7	8	9	11	12	13	14	16	17	18	19	21	22	23	24	26	27	28	29	♈ 1	2	3	4	♈ 6
♂	♓ 14	14	15	16	17	18	18	19	20	21	21	22	23	24	25	25	26	27	28	29	29	♈ 0	1	2	2	3	4	5	5	6	♈ 7

	1	6	12	18	24	30		1	6	12	18	24	30		1	15	30		1	15	30		1	15	30		1	15	30
♃	♑ 23	24	25	26	27	28	♄	♍ 2	2	1	1	1	0	♅	♊ 27	27	27	♆	♎ 15	14	14	♇	♌ 15	15	14	☊	♈ 26	26	26

AVRIL

	1	2	3	4	5	6	7	8	9	10	11	12	13	14	15	16	17	18	19	20	21	22	23	24	25	26	27	28	29	30
☉	♈ 11	12	13	14	15	16	17	18	19	20	21	22	23	24	25	26	27	28	29	♉ 0	1	2	3	3	4	5	6	7	8	♉ 9
☽	♉ 7	19	♊ 1	13	26	♋ 9	23	♌ 6	21	♍ 5	20	♎ 5	20	♏ 5	20	♐ 5	19	♑ 2	15	28	♒ 10	22	♓ 4	16	28	♈ 10	22	♉ 4	16	♉ 28
☿	♓ 29	♈ 1	2	4	6	8	10	12	14	16	18	20	22	24	27	29	♉ 1	3	5	7	9	11	13	15	17	19	21	23	25	♉ 27
♀	♈ 7	8	9	11	12	13	14	16	17	18	19	20	22	23	24	25	27	28	29	♉ 0	2	3	4	5	7	8	9	10	11	♉ 13
♂	♈ 8	9	9	10	11	12	12	13	14	15	16	16	17	18	19	19	20	21	22	22	23	24	25	25	26	27	28	28	29	♉ 0

	1	6	12	18	24	30		1	6	12	18	24	30		1	15	30		1	15	30		1	15	30		1	15	30
♃	♑ 29	29	♒ 0	1	1	2	♄	♍ 0	0	0	♌ 29	29	29	♅	♊ 27	27	28	♆	♎ 14	14	13	♇	♌ 14	14	14	☊	♈ 26	26	26

MAI

	1	2	3	4	5	6	7	8	9	10	11	12	13	14	15	16	17	18	19	20	21	22	23	24	25	26	27	28	29	30	31
☉	♉ 10	11	12	13	14	15	16	17	18	19	20	21	22	23	24	25	26	27	28	29	♊ 0	1	2	2	3	4	5	6	7	8	♊ 9
☽	♊ 11	23	♋ 6	19	♌ 3	16	♍ 0	15	29	♎ 14	29	♏ 14	28	♐ 13	27	♑ 10	23	♒ 6	19	♓ 1	13	25	♈ 6	18	♉ 0	12	25	♊ 7	20	♋ 3	♋ 16
☿	♉ 28	♊ 0	1	3	4	6	7	8	9	10	11	12	13	14	15	15	16	16	17	17	17	17	17	17	17	17	17	16	16	16	♊ 15
♀	♉ 14	15	16	18	19	20	21	23	24	25	26	28	29	♊ 0	1	2	4	5	6	7	9	10	11	12	13	15	16	17	18	20	♊ 21
♂	♉ 1	1	2	3	4	4	5	6	7	7	8	9	10	10	11	12	13	13	14	15	15	16	17	18	18	19	20	21	21	22	♉ 23

	1	6	12	18	24	30		1	6	12	18	24	30		1	15	30		1	15	30		1	15	30		1	15	30
♃	♒ 2	2	2	2	2	2	♄	♌ 29	29	29	♍ 0	0	0	♅	♊ 28	29	29	♆	♎ 13	13	13	♇	♌ 14	14	14	☊	♈ 26	25	25

JUIN

	1	2	3	4	5	6	7	8	9	10	11	12	13	14	15	16	17	18	19	20	21	22	23	24	25	26	27	28	29	30
☉	♊ 10	11	12	13	14	15	16	17	18	19	20	21	22	23	24	25	25	26	27	28	29	♋ 0	1	2	3	4	5	6	7	♋ 8
☽	♌ 0	13	27	♍ 11	25	♎ 10	24	♏ 8	23	♐ 7	21	♑ 5	18	♒ 1	14	27	♓ 9	21	♈ 3	14	26	♉ 8	20	♊ 3	16	29	♋ 12	26	♌ 10	♌ 24
☿	♊ 15	14	14	13	12	12	11	11	10	10	10	9	9	9	9	9	9	9	9	9	10	10	11	11	12	12	13	14	15	♊ 16
♀	♊ 22	23	25	26	27	28	29	♋ 1	2	3	4	6	7	8	9	10	12	13	14	15	17	18	19	20	21	23	24	25	26	♋ 28
♂	♉ 24	24	25	26	26	27	28	29	29	♊ 0	1	1	2	3	4	4	5	6	6	7	8	8	9	10	11	11	12	13	13	♊ 14

	1	6	12	18	24	30		1	6	12	18	24	30		1	15	30		1	15	30		1	15	30		1	15	30
♃	♒ 2	2	1	1	0	0	♄	♍ 0	0	1	1	2	2	♅	♊ 29	♋ 0	1	♆	♎ 13	12	12	♇	♌ 14	15	15	☊	♈ 25	24	22

JUILLET

	1	2	3	4	5	6	7	8	9	10	11	12	13	14	15	16	17	18	19	20	21	22	23	24	25	26	27	28	29	30	31
☉	♋ 9	10	11	12	13	14	15	15	16	17	18	19	20	21	22	23	24	25	26	27	28	29	♌ 0	1	2	3	4	5	6	6	♌ 7
☽	♍ 8	22	♎ 6	20	♏ 4	19	♐ 2	16	♑ 0	13	27	♒ 10	22	♓ 5	17	29	♈ 10	22	♉ 4	16	28	♊ 11	24	♋ 7	21	♌ 5	19	♍ 4	18	♎ 3	♎ 17
☿	♊ 17	18	20	21	22	24	25	27	28	♋ 0	1	3	5	7	9	11	13	15	17	19	21	23	25	27	♌ 0	2	4	6	8	10	♌ 12
♀	♋ 29	♌ 0	1	2	4	5	6	7	9	10	11	12	13	15	16	17	18	19	21	22	23	24	26	27	28	29	♍ 0	2	3	4	♍ 5
♂	♊ 15	15	16	17	18	18	19	20	20	21	22	22	23	24	24	25	26	26	27	28	28	29	♋ 0	1	1	2	3	3	4	5	♋ 5

	1	6	12	18	24	30		1	6	12	18	24	30		1	15	30		1	15	30		1	15	30		1	15	30
♃	♒ 0	♑ 29	28	28	27	26	♄	♍ 2	3	3	4	5	5	♅	♋ 1	2	3	♆	♎ 12	13	13	♇	♌ 15	15	16	☊	♈ 22	21	19

AOÛT

	1	2	3	4	5	6	7	8	9	10	11	12	13	14	15	16	17	18	19	20	21	22	23	24	25	26	27	28	29	30	31
☉	♌ 8	9	10	11	12	13	14	15	16	17	18	19	20	21	22	23	24	25	26	27	28	29	♍ 0	0	1	2	3	4	5	6	♍ 7
☽	♏ 1	15	29	♐ 13	26	♑ 10	23	♒ 6	18	♓ 1	13	25	♈ 7	19	♉ 0	12	24	♊ 6	19	♋ 2	15	29	♌ 14	28	♍ 13	28	♎ 13	27	♏ 12	26	♐ 10
☿	♌ 14	16	18	20	22	24	26	28	29	♍ 1	3	5	6	8	10	11	13	15	16	18	19	21	22	24	25	26	28	29	♎ 0	2	♎ 3
♀	♍ 6	8	9	10	11	13	14	15	16	17	19	20	21	22	23	25	26	27	28	29	♎ 1	2	3	4	5	7	8	9	10	11	♎ 13
♂	♋ 6	7	7	8	9	9	10	11	11	12	12	13	14	14	15	16	16	17	18	18	19	20	20	21	22	22	23	24	24	25	♋ 25

	1	6	12	18	24	30		1	6	12	18	24	30		1	15	30		1	15	30		1	15	30		1	15	30
♃	♑ 26	25	25	24	23	23	♄	♍ 6	6	7	8	8	9	♅	♋ 3	4	4	♆	♎ 13	13	14	♇	♌ 16	16	17	☊	♈ 19	18	17

SEPTEMBRE

	1	2	3	4	5	6	7	8	9	10	11	12	13	14	15	16	17	18	19	20	21	22	23	24	25	26	27	28	29	30
☉	♍ 8	9	10	11	12	13	14	15	16	17	18	19	20	21	22	23	24	25	26	27	28	29	♎ 0	1	2	3	4	5	6	♎ 6
☽	♐ 23	♑ 7	20	♒ 2	15	27	♓ 9	21	♈ 3	15	27	♉ 9	21	♊ 3	15	27	♋ 10	24	♌ 7	22	♍ 6	21	♎ 7	22	♏ 7	21	♐ 6	20	♑ 3	♑ 16
☿	♎ 4	5	7	8	9	10	11	12	13	14	15	15	16	17	17	18	18	19	19	19	19	19	19	19	18	18	17	16	16	♎ 15
♀	♎ 14	15	16	17	18	20	21	22	23	24	26	27	28	29	♏ 0	2	3	4	5	6	7	9	10	11	12	13	14	16	17	♏ 18
♂	♋ 26	27	27	28	29	29	♌ 0	1	1	2	2	3	4	4	5	6	6	7	7	8	9	9	10	10	11	12	12	13	13	♌ 14

	1	6	12	18	24	30		1	6	12	18	24	30		1	15	30		1	15	30		1	15	30		1	15	30
♃	♑ 23	23	22	22	22	23	♄	♍ 9	10	11	12	12	13	♅	♋ 4	5	5	♆	♎ 14	14	15	♇	♌ 17	17	18	☊	♈ 17	17	17

OCTOBRE

	1	2	3	4	5	6	7	8	9	10	11	12	13	14	15	16	17	18	19	20	21	22	23	24	25	26	27	28	29	30	31
☉	♎ 7	8	9	10	11	12	13	14	15	16	17	18	19	20	21	22	23	24	25	26	27	28	29	♏ 0	1	2	3	4	5	6	♏ 7
☽	♑ 29	♒ 12	24	♓ 6	18	♈ 0	12	24	♉ 6	18	29	♊ 12	24	♋ 6	19	♌ 2	16	♍ 0	15	29	♎ 15	♏ 0	15	♐ 0	15	29	♑ 12	26	♒ 9	21	♓ 3
☿	♎ 13	12	11	10	9	8	7	6	5	5	4	4	4	4	4	5	5	6	7	8	9	10	12	13	15	16	18	19	21	22	♎ 24
♀	♏ 19	20	21	23	24	25	26	27	28	♐ 0	1	2	3	4	5	6	8	9	10	11	12	13	14	15	17	18	19	20	21	22	♐ 23
♂	♌ 15	15	16	17	17	18	18	19	20	20	21	21	22	22	23	24	24	25	25	26	27	27	28	28	29	29	♍ 0	1	1	2	♍ 2

	1	6	12	18	24	30		1	6	12	18	24	30		1	15	30		1	15	30		1	15	30		1	15	30
♃	♑ 23	23	23	24	24	25	♄	♍ 13	14	14	15	16	16	♅	♋ 5	5	5	♆	♎ 15	15	16	♇	♌ 18	18	18	☊	♈ 17	17	17

NOVEMBRE

	1	2	3	4	5	6	7	8	9	10	11	12	13	14	15	16	17	18	19	20	21	22	23	24	25	26	27	28	29	30
☉	♏ 8	9	10	11	12	13	14	15	16	17	18	19	20	21	22	23	24	25	26	27	28	29	♐ 0	1	2	3	4	5	6	♐ 7
☽	♓ 15	27	♈ 9	21	♉ 3	15	27	♊ 9	21	♋ 3	16	29	♌ 12	26	♍ 9	24	♎ 8	23	♏ 8	23	♐ 8	23	♑ 7	21	♒ 4	17	♓ 0	12	24	♈ 6
☿	♎ 25	27	29	♏ 0	2	4	5	7	9	10	12	13	15	17	18	20	21	23	25	26	28	29	♐ 1	3	4	6	7	9	10	♐ 12
♀	♐ 24	25	27	28	29	♑ 0	1	2	3	4	5	6	7	8	9	10	11	12	13	15	16	17	18	19	20	20	21	22	23	♑ 24
♂	♍ 3	3	4	4	5	6	6	7	7	8	8	9	9	10	10	11	12	12	13	13	14	14	15	15	16	16	17	17	18	♍ 18

	1	6	12	18	24	30		1	6	12	18	24	30		1	15	30		1	15	30		1	15	30		1	15	30
♃	♑ 25	26	27	28	29	♒ 0	♄	♍ 16	17	17	18	18	19	♅	♋ 5	5	4	♆	♎ 16	16	17	♇	♌ 18	18	18	☊	♈ 17	16	16

DÉCEMBRE

	1	2	3	4	5	6	7	8	9	10	11	12	13	14	15	16	17	18	19	20	21	22	23	24	25	26	27	28	29	30	31
☉	♐ 8	9	10	12	13	14	15	16	17	18	19	20	21	22	23	24	25	26	27	28	29	♑ 0	1	2	3	4	5	6	7	8	♑ 9
☽	♈ 18	29	♉ 11	23	♊ 5	18	♋ 0	13	26	♌ 9	22	♍ 6	20	♎ 4	18	♏ 2	17	♐ 2	16	♑ 1	15	29	♒ 12	25	♓ 8	20	♈ 2	14	26	♉ 7	♉ 19
☿	♐ 14	15	17	18	20	21	23	24	26	28	29	♑ 1	2	4	5	7	8	10	12	13	15	16	18	19	20	22	23	25	26	27	♑ 28
♀	♑ 25	26	27	28	29	♒ 0	1	2	2	3	4	5	6	6	7	8	9	9	10	11	11	12	13	13	14	14	15	15	16	16	♒ 17
♂	♍ 19	19	20	20	21	21	22	22	23	23	23	24	24	25	25	26	26	27	27	27	28	28	29	29	♎ 0	0	0	1	1	1	♎ 2

	1	6	12	18	24	30		1	6	12	18	24	30		1	15	30		1	15	30		1	15	30		1	15	30
♃	♒ 0	1	2	3	5	6	♄	♍ 19	19	19	19	19	19	♅	♋ 4	3	3	♆	♎ 17	17	17	♇	♌ 18	18	18	☊	♈ 16	14	13

1950

JANVIER

	1	2	3	4	5	6	7	8	9	10	11	12	13	14	15	16	17	18	19	20	21	22	23	24	25	26	27	28	29	30	31
☉	♑10	11	12	13	14	15	16	17	18	19	20	21	22	23	24	25	26	27	28	29	♒0	1	2	3	4	5	6	8	9	10	♒11
☽	♊1	14	26	♋9	22	♌6	19	♍3	17	♎0	14	29	♏13	27	♐11	25	♑9	23	♒7	20	♓3	15	28	♈10	22	♉3	15	27	♊9	22	♋4
☿	♑29	♒0	1	2	3	3	4	4	4	4	4	3	2	1	0	♑29	28	27	25	24	23	22	21	20	19	19	18	18	18	18	♑18
♀	♒17	17	18	18	18	18	18	19	19	19	19	19	19	18	18	18	18	18	17	17	17	16	16	15	15	14	13	13	12	12	♒11
♂	♎2	3	3	3	4	4	4	5	5	5	6	6	6	6	7	7	7	8	8	8	8	9	9	9	9	9	10	10	10	10	♎10

	1	6	12	18	24	30
♃	♒7	8	9	10	12	13
♄	♍19	19	19	19	19	19

	1	15	30
♅	♋3	2	2
♆	♎17	17	17
♇	♌18	18	17
☊	♈13	11	9

FÉVRIER

	1	2	3	4	5	6	7	8	9	10	11	12	13	14	15	16	17	18	19	20	21	22	23	24	25	26	27	28
☉	♒12	13	14	15	16	17	18	19	20	21	22	23	24	25	26	27	28	29	♓0	1	2	3	4	5	6	7	8	♓9
☽	♋17	♌1	15	28	♍13	27	♎11	25	♏10	24	♐8	22	♑5	19	♒2	15	28	♓11	23	♈6	18	29	♉11	23	♊5	17	29	♋12
☿	♑19	19	19	20	21	21	22	23	24	25	26	27	28	29	♒0	1	3	4	5	6	8	9	11	12	13	15	16	♒18
♀	♒10	10	9	9	8	7	7	6	6	5	5	5	4	4	4	4	3	3	3	3	3	3	3	3	3	4	4	♒4
♂	♎10	10	11	11	11	11	11	11	11	11	11	11	11	11	11	11	11	11	11	11	11	10	10	10	10	10	10	♎9

	1	6	12	18	24	28
♃	♒14	15	16	18	19	20
♄	♍18	18	18	17	17	17

	1	15	28
♅	♋2	1	1
♆	♎17	17	17
♇	♌17	17	16
☊	♈9	8	8

MARS

	1	2	3	4	5	6	7	8	9	10	11	12	13	14	15	16	17	18	19	20	21	22	23	24	25	26	27	28	29	30	31
☉	♓10	11	12	13	14	15	16	17	18	19	20	21	22	23	24	25	26	27	28	29	♈0	1	2	3	4	5	6	7	8	9	♈10
☽	♋25	♌9	23	♍7	21	♎6	21	♏6	20	♐4	18	♑2	16	29	♒12	25	♓7	20	♈2	14	26	♉8	19	♊1	13	25	♋8	20	♌3	17	♍1
☿	♒19	21	22	24	25	27	29	♓0	2	3	5	7	9	10	12	14	16	17	19	21	23	25	27	29	♈1	3	5	7	9	11	♈13
♀	♒4	5	5	5	6	6	7	7	8	8	9	9	10	11	11	12	13	13	14	15	16	16	17	18	19	20	20	21	22	23	♒24
♂	♎9	9	9	9	8	8	8	7	7	7	7	6	6	6	5	5	4	4	4	3	3	3	2	2	1	1	1	0	0	♍29	♍29

	1	6	12	18	24	30
♃	♒20	22	23	24	26	27
♄	♍17	16	16	15	15	14

	1	15	30
♅	♋1	1	1
♆	♎17	17	16
♇	♌16	16	16
☊	♈8	7	7

AVRIL

	1	2	3	4	5	6	7	8	9	10	11	12	13	14	15	16	17	18	19	20	21	22	23	24	25	26	27	28	29	30
☉	♈11	12	13	14	15	16	17	18	19	20	21	22	22	23	24	25	26	27	28	29	♉0	1	2	3	4	5	6	7	8	♉9
☽	♍15	♎0	15	♏0	15	♐0	14	29	♑12	26	♒9	22	♓4	17	29	♈11	23	♉4	16	28	♊10	22	♋4	16	29	♌12	25	♍9	23	♎8
☿	♈15	17	19	21	23	25	27	29	♉1	3	5	7	8	10	12	13	15	16	18	19	20	21	22	23	24	25	25	26	27	♉27
♀	♒25	26	27	28	28	29	♓0	1	2	3	4	5	6	7	8	9	10	11	12	13	14	15	16	17	18	19	21	22	23	♓24
♂	♍29	28	28	28	27	27	27	26	26	26	25	25	25	25	24	24	24	24	23	23	23	23	23	23	22	22	22	22	22	♍22

	1	6	12	18	24	30
♃	♒27	28	29	♓0	2	3
♄	♍14	14	14	13	13	13

	1	15	30
♅	♋1	2	2
♆	♎16	16	15
♇	♌16	16	16
☊	♈7	7	7

MAI

	1	2	3	4	5	6	7	8	9	10	11	12	13	14	15	16	17	18	19	20	21	22	23	24	25	26	27	28	29	30	31
☉	♉10	11	12	13	14	15	16	17	18	19	20	21	22	23	24	25	26	26	27	28	29	♊0	1	2	3	4	5	6	7	8	♊9
☽	♎23	♏8	23	♐8	23	♑8	22	♒5	19	♓1	14	26	♈8	20	♉1	13	25	♊7	19	♋1	13	26	♌8	21	♍5	18	♎2	16	♏1	16	♐1
☿	♉27	27	28	28	27	27	27	27	26	26	25	25	24	24	23	23	22	21	21	20	20	20	19	19	19	19	19	19	19	19	♉19
♀	♓25	26	27	28	29	♈0	1	2	3	5	6	7	8	9	10	11	12	13	15	16	17	18	19	20	21	22	24	25	26	27	♈28
♂	♍22	22	22	22	22	22	22	22	22	22	22	22	23	23	23	23	23	23	23	24	24	24	24	24	25	25	25	25	26	26	♍26

	1	6	12	18	24	30
♃	♓3	3	4	5	6	6
♄	♍13	13	13	13	13	13

	1	15	30
♅	♋2	3	4
♆	♎15	15	15
♇	♌16	16	16
☊	♈7	7	6

JUIN

	1	2	3	4	5	6	7	8	9	10	11	12	13	14	15	16	17	18	19	20	21	22	23	24	25	26	27	28	29	30
☉	♊10	11	12	13	14	15	16	17	18	19	20	20	21	22	23	24	25	26	27	28	29	♋0	1	2	3	4	5	6	7	♋8
☽	♐17	♑2	16	♒0	14	27	♓10	23	♈5	17	28	♉10	22	♊4	16	28	♋10	23	♌5	18	♍1	15	28	♎12	26	♏11	25	♐10	25	♑10
☿	♉19	20	20	21	21	22	23	23	24	25	26	27	28	29	♊0	2	3	4	6	7	9	10	12	14	15	17	19	21	23	♊25
♀	♈29	♉0	2	3	4	5	6	7	9	10	11	12	13	14	15	17	18	19	20	21	22	24	25	26	27	28	29	♊1	2	♊3
♂	♍26	27	27	27	28	28	28	29	29	29	♎0	0	0	1	1	2	2	2	3	3	4	4	4	5	5	6	6	7	7	♎8

	1	6	12	18	24	30
♃	♓6	7	7	7	7	7
♄	♍13	13	13	14	14	14

	1	15	30
♅	♋4	4	5
♆	♎15	15	15
♇	♌16	16	17
☊	♈5	4	2

JUILLET

	1	2	3	4	5	6	7	8	9	10	11	12	13	14	15	16	17	18	19	20	21	22	23	24	25	26	27	28	29	30	31
☉	♋9	10	11	11	12	13	14	15	16	17	18	19	20	21	22	23	24	25	26	27	28	29	♌0	1	1	2	3	4	5	6	♌7
☽	♑24	♒9	22	♓6	18	♈1	13	25	♉7	19	♊0	12	25	♋7	19	♌2	15	28	♍12	25	♎9	23	♏7	21	♐5	20	♑4	19	♒3	17	♓0
☿	♊27	29	♋1	3	5	7	9	11	14	16	18	20	22	24	26	29	♌1	3	5	7	9	11	12	14	16	18	20	21	23	25	♌27
♀	♊4	5	7	8	9	10	11	12	14	15	16	17	18	20	21	22	23	24	26	27	28	29	♋0	2	3	4	5	6	8	9	♋10
♂	♎8	8	9	9	10	10	11	11	12	12	13	13	14	14	15	15	16	17	17	18	18	19	19	20	20	21	21	22	23	23	♎24

	1	6	12	18	24	30
♃	♓7	7	7	7	6	6
♄	♍14	15	15	16	16	17

	1	15	30
♅	♋5	6	7
♆	♎15	15	15
♇	♌17	17	17
☊	♈2	1	0

AOÛT

	1	2	3	4	5	6	7	8	9	10	11	12	13	14	15	16	17	18	19	20	21	22	23	24	25	26	27	28	29	30	31
☉	♌8	9	10	11	12	13	14	15	16	17	18	19	20	21	22	23	24	24	25	26	27	28	29	♍0	1	2	3	4	5	6	♍7
☽	♓14	26	♈9	21	♉3	15	27	♊9	21	♋3	15	28	♌11	24	♍8	22	♎6	20	♏4	18	♐2	16	♑0	14	28	♒12	26	♓9	22	♈4	♈17
☿	♌28	♍0	1	3	4	6	7	9	10	12	13	14	16	17	18	19	20	22	23	24	25	26	27	27	28	29	♎0	0	1	1	♎2
♀	♋11	12	14	15	16	17	18	20	21	22	23	24	26	27	28	29	♌0	2	3	4	5	7	8	9	10	11	13	14	15	16	♌18
♂	♎24	25	25	26	27	27	28	28	29	♏0	0	1	1	2	3	3	4	4	5	6	6	7	8	8	9	9	10	11	11	12	♏13

	1	6	12	18	24	30
♃	♓6	5	4	4	3	2
♄	♍17	18	18	19	20	21

	1	15	30
♅	♋7	8	9
♆	♎15	15	16
♇	♌18	18	18
☊	♓29	29	28

SEPTEMBRE

	1	2	3	4	5	6	7	8	9	10	11	12	13	14	15	16	17	18	19	20	21	22	23	24	25	26	27	28	29	30
☉	♍8	9	10	11	12	13	14	15	16	17	18	19	20	21	22	23	24	25	25	26	27	28	29	♎0	1	2	3	4	5	♎6
☽	♈29	♉11	23	♊5	16	29	♋11	23	♌6	19	♍3	17	♎1	15	♏0	14	29	♐13	27	♑11	25	♒8	22	♓5	18	♈0	13	25	♉7	♉19
☿	♎2	2	2	2	2	2	2	2	1	1	0	♍29	28	27	26	25	24	23	22	21	20	20	19	18	18	18	18	18	18	♍19
♀	♌19	20	21	23	24	25	26	27	29	♍0	1	2	4	5	6	7	9	10	11	12	14	15	16	17	18	20	21	22	23	♍25
♂	♏13	14	15	15	16	17	17	18	19	19	20	21	21	22	23	23	24	25	25	26	27	27	28	29	29	♐0	1	2	2	♐3

	1	6	12	18	24	30
♃	♓2	1	0	0 ♒29	29	
♄	♍21	21	22	23	24	24

	1	15	30
♅	♋9	9	9
♆	♎16	16	17
♇	♌18	19	19
☊	♓28	28	28

OCTOBRE

	1	2	3	4	5	6	7	8	9	10	11	12	13	14	15	16	17	18	19	20	21	22	23	24	25	26	27	28	29	30	31
☉	♎7	8	9	10	11	12	13	14	15	16	17	18	19	20	21	22	23	24	25	26	27	28	29	♏0	1	2	3	4	5	6	♏7
☽	♊1	13	25	♋7	19	♌1	14	27	♍11	25	♎9	24	♏9	24	♐9	23	♑8	22	♒5	19	♓2	14	27	♈9	21	♉3	15	27	♊9	21	♋3
☿	♍20	20	21	22	24	25	26	28	29	♎1	2	4	5	7	9	11	12	14	16	17	19	21	22	24	26	28	29	♏1	3	4	♏6
♀	♍26	27	28	♎0	1	2	3	5	6	7	8	10	11	12	13	15	16	17	18	20	21	22	23	25	26	27	28	♏0	1	2	♏3
♂	♐4	4	5	6	6	7	8	9	9	10	11	11	12	13	14	14	15	16	16	17	18	19	19	20	21	22	22	23	24	25	♐25

	1	6	12	18	24	30
♃	♒28	28	28	28	28	28
♄	♍25	25	26	27	27	28

	1	15	30
♅	♋9	9	9
♆	♎17	17	18
♇	♌19	20	20
☊	♓28	28	28

NOVEMBRE

	1	2	3	4	5	6	7	8	9	10	11	12	13	14	15	16	17	18	19	20	21	22	23	24	25	26	27	28	29	30
☉	♏8	9	10	11	12	13	14	15	16	17	18	19	20	21	22	23	24	25	26	27	28	29	♐0	1	2	3	4	5	6	♐7
☽	♋15	27	♌10	22	♍5	19	♎3	17	♏2	17	♐3	18	♑3	17	♒2	15	29	♓11	24	♈6	18	♉0	12	24	♊6	18	♋0	12	24	♌6
☿	♏8	9	11	12	14	16	17	19	20	22	24	25	27	28	♐0	1	3	4	6	7	9	11	12	14	15	17	18	20	21	♐23
♀	♏5	6	7	8	10	11	12	14	15	16	17	19	20	21	22	24	25	26	27	29	♐0	1	2	4	5	6	7	9	10	♐11
♂	♐26	27	28	28	29	♑0	1	1	2	3	4	4	5	6	7	7	8	9	10	10	11	12	13	13	14	15	16	17	17	♑18

	1	6	12	18	24	30
♃	♒28	28	28	29	29	♓0
♄	♍28	29	29	♎0	0	1

	1	15	30
♅	♋9	9	9
♆	♎18	18	19
♇	♌20	20	20
☊	♓27	27	25

DÉCEMBRE

	1	2	3	4	5	6	7	8	9	10	11	12	13	14	15	16	17	18	19	20	21	22	23	24	25	26	27	28	29	30	31
☉	♐8	9	10	11	12	13	14	15	16	17	18	19	20	21	22	23	24	25	27	28	29	♑0	1	2	3	4	5	6	7	8	♑9
☽	♌18	♍1	14	27	♎11	26	♏10	25	♐11	26	♑11	26	♒10	24	♓8	21	♈3	15	27	♉9	21	♊3	15	27	♋9	21	♌3	16	28	♍11	♍24
☿	♐24	26	27	28	♑0	1	3	4	5	7	8	9	11	12	13	14	15	16	16	17	18	18	18	18	18	18	17	16	15	14	♑13
♀	♐12	14	15	16	17	19	20	21	22	24	25	26	27	29	♑0	1	3	4	5	6	8	9	10	11	13	14	15	16	18	19	♑20
♂	♑19	20	20	21	22	23	23	24	25	26	27	27	28	29	♒0	0	1	2	3	4	4	5	6	7	8	8	9	10	11	11	♒12

	1	6	12	18	24	30
♃	♓0	1	1	2	3	4
♄	♎1	1	1	2	2	2

	1	15	30
♅	♋9	8	7
♆	♎19	19	19
♇	♌20	20	20
☊	♓25	24	22

1951

JANVIER

	1	2	3	4	5	6	7	8	9	10	11	12	13	14	15	16	17	18	19	20	21	22	23	24	25	26	27	28	29	30	31
☉	♑10	11	12	13	14	15	16	17	18	19	20	21	22	23	24	25	26	27	28	29	♒0	1	2	3	4	5	6	7	8	9	♒10
☽	♎7	21	♏5	19	♐4	19	♑4	19	♒4	18	♓2	16	29	♈12	24	♉6	18	♊0	12	23	♋5	18	♌0	12	25	♍8	21	♎4	17	♏1	♏15
☿	♑12	10	9	8	7	5	4	4	3	2	2	2	2	2	2	3	3	4	4	5	6	7	8	9	10	11	12	13	14	15	♑17
♀	♑21	23	24	25	26	28	29	♒0	1	3	4	5	6	8	9	10	11	13	14	15	16	18	19	20	21	23	24	25	26	28	♒29
♂	♒13	14	15	15	16	17	18	19	19	20	21	22	22	23	24	25	26	26	27	28	29	♓0	0	1	2	3	4	4	5	6	♓7

	1	6	12	18	24	30		1	6	12	18	24	30		1	15	30		1	15	30		1	15	30		1	15	30
♃	♓5	6	7	8	9	11	♄	♎2	2	2	2	2	2	♅	♋7	7	6	♆	♎19	20	20	♇	♌19	19	19	☊	♓22	21	20

FÉVRIER

	1	2	3	4	5	6	7	8	9	10	11	12	13	14	15	16	17	18	19	20	21	22	23	24	25	26	27	28
☉	♒11	12	13	14	15	16	17	18	19	20	21	22	23	24	25	27	28	29	♓0	1	2	3	4	5	6	7	8	♓9
☽	♏29	♐14	28	♑13	28	♒12	26	♓10	24	♈7	19	♉2	14	26	♊8	20	♋2	14	26	♌8	21	♍4	17	♎1	14	28	♏12	♏26
☿	♑18	19	21	22	23	25	26	27	29	♒0	2	3	5	6	8	9	11	13	14	16	17	19	21	22	24	26	27	♒29
♀	♓0	1	3	4	5	6	8	9	10	11	13	14	15	16	18	19	20	21	23	24	25	26	28	29	♈0	1	2	♈4
♂	♓7	8	9	10	11	11	12	13	14	14	15	16	17	18	18	19	20	21	22	22	23	24	25	25	26	27	28	♓29

	1	6	12	18	24	28		1	6	12	18	24	28		1	15	28		1	15	28		1	15	28		1	15	28
♃	♓11	12	14	15	17	17	♄	♎2	2	2	1	1	1	♅	♋6	6	5	♆	♎20	19	19	♇	♌19	18	18	☊	♓20	19	19

MARS

	1	2	3	4	5	6	7	8	9	10	11	12	13	14	15	16	17	18	19	20	21	22	23	24	25	26	27	28	29	30	31
☉	♓10	11	12	13	14	15	16	17	18	19	20	21	22	23	24	25	26	27	28	29	♈0	1	2	3	4	5	6	7	7	8	♈9
☽	♐10	24	♑9	23	♒7	21	♓5	18	♈1	14	27	♉10	22	♊4	16	27	♋9	21	♌4	16	29	♍12	26	♎10	24	♏8	22	♐7	21	♑5	♑20
☿	♓1	3	4	6	8	10	12	14	15	17	19	21	23	25	27	29	♈1	3	5	7	9	11	13	15	17	19	20	22	24	25	♈27
♀	♈5	6	7	9	10	11	12	14	15	16	17	18	20	21	22	23	25	26	27	28	29	♉1	2	3	4	6	7	8	9	10	♉12
♂	♓29	♈0	1	2	2	3	4	5	5	6	7	8	9	9	10	11	12	12	13	14	15	15	16	17	18	18	19	20	21	21	♈22

	1	6	12	18	24	30		1	6	12	18	24	30		1	15	30		1	15	30		1	15	30		1	15	30
♃	♓18	19	20	22	23	25	♄	♎0	0	0	♍29	29	28	♅	♋5	5	6	♆	♎19	19	18	♇	♌18	18	18	☊	♓19	19	19

AVRIL

	1	2	3	4	5	6	7	8	9	10	11	12	13	14	15	16	17	18	19	20	21	22	23	24	25	26	27	28	29	30
☉	♈10	11	12	13	14	15	16	17	18	19	20	21	22	23	24	25	26	27	28	29	♉0	1	2	3	4	5	6	7	8	♉9
☽	♒3	17	♓1	14	27	♈10	23	♉5	18	♊0	12	24	♋5	17	29	♌12	24	♍7	20	♎4	18	♏2	17	♐2	17	♑2	16	♒0	14	♒28
☿	♈28	♉0	1	2	3	4	5	6	7	7	8	8	8	9	9	8	8	8	8	7	7	6	6	5	4	4	3	2	2	♉1
♀	♉13	14	15	16	18	19	20	21	22	24	25	26	27	28	♊0	1	2	3	4	5	7	8	9	10	11	13	14	15	16	♊17
♂	♈23	24	24	25	26	27	27	28	29	♉0	0	1	2	3	3	4	5	6	6	7	8	9	9	10	11	12	12	13	14	♉14

	1	6	12	18	24	30		1	6	12	18	24	30		1	15	30		1	15	30		1	15	30		1	15	30
♃	♓25	26	28	29	♈1	2	♄	♍28	28	27	27	27	26	♅	♋6	6	6	♆	♎18	18	18	♇	♌18	17	17	☊	♓19	18	18

MAI

	1	2	3	4	5	6	7	8	9	10	11	12	13	14	15	16	17	18	19	20	21	22	23	24	25	26	27	28	29	30	31
☉	♉10	11	12	13	14	15	16	17	18	19	20	20	21	22	23	24	25	26	27	28	29	♊0	1	2	3	4	5	6	7	8	♊9
☽	♓11	24	♈7	19	♉2	14	26	♊8	20	♋2	14	26	♌8	20	♍2	15	28	♎12	26	♏11	26	♐11	26	♑11	26	♒10	24	♓8	21	♈4	♈16
☿	♉0	0	0	♈29	29	29	28	28	28	28	29	29	29	♉0	0	0	1	2	2	3	4	5	6	7	8	9	10	11	13	14	♉15
♀	♊18	20	21	22	23	24	25	26	28	29	♋0	1	2	3	4	6	7	8	9	10	11	12	13	15	16	17	18	19	20	21	♋22
♂	♉15	16	17	17	18	19	20	20	21	22	22	23	24	25	25	26	27	27	28	29	♊0	0	1	2	2	3	4	4	5	6	♊7

	1	6	12	18	24	30		1	6	12	18	24	30		1	15	30		1	15	30		1	15	30		1	15	30
♃	♈2	3	4	6	7	8	♄	♍26	26	26	26	26	26	♅	♋6	7	8	♆	♎18	17	17	♇	♌17	17	18	☊	♓18	17	15

JUIN

	1	2	3	4	5	6	7	8	9	10	11	12	13	14	15	16	17	18	19	20	21	22	23	24	25	26	27	28	29	30
☉	♊10	11	12	13	14	14	15	16	17	18	19	20	21	22	23	24	25	26	27	28	29	♋0	1	2	3	4	5	6	6	♋7
☽	♈29	♉11	23	♊5	17	29	♋11	22	♌4	16	29	♍11	24	♎7	20	♏5	19	♐4	19	♑5	20	♒5	19	♓4	17	♈0	13	26	♉8	♉20
☿	♉17	18	20	21	23	24	26	28	29	♊1	3	5	7	9	11	13	15	17	19	21	23	25	28	♋0	2	4	6	8	11	♋13
♀	♋23	24	25	27	28	29	♌0	1	2	3	4	5	6	7	8	9	10	11	12	13	14	15	16	17	18	19	20	21	22	♌23
♂	♊7	8	9	9	10	11	11	12	13	14	14	15	16	16	17	18	18	19	20	20	21	22	23	23	24	25	25	26	27	♊27

	1	6	12	18	24	30		1	6	12	18	24	30		1	15	30		1	15	30		1	15	30		1	15	30
♃	♈8	9	10	11	12	12	♄	♍26	26	26	26	26	26	♅	♋8	9	10	♆	♎17	17	17	♇	♌18	18	18	☊	♓15	14	12

JUILLET

	1	2	3	4	5	6	7	8	9	10	11	12	13	14	15	16	17	18	19	20	21	22	23	24	25	26	27	28	29	30	31
☉	♋8	9	10	11	12	13	14	15	16	17	18	19	20	21	22	23	24	25	26	26	27	28	29	♌0	1	2	3	4	5	6	♌7
☽	♊2	14	26	♋8	20	♌1	13	26	♍8	20	♎3	16	♏0	14	28	♐13	28	♑13	28	♒13	28	♓12	26	♈9	22	♉5	17	29	♊11	23	♋5
☿	♋15	17	19	21	23	25	27	29	♌1	3	4	6	8	10	11	13	15	16	18	19	21	22	24	25	27	28	29	♍0	2	3	♍4
♀	♌24	25	25	26	27	28	29	♍0	1	1	2	3	4	5	5	6	7	8	8	9	10	10	11	12	12	13	13	14	14	15	♍15
♂	♊28	29	29	♋0	1	1	2	3	3	4	5	5	6	7	7	8	9	9	10	11	11	12	13	13	14	15	15	16	17	17	♋18

	1	6	12	18	24	30		1	6	12	18	24	30		1	15	30		1	15	30		1	15	30		1	15	30
♃	♈12	13	13	14	14	14	♄	♍26	27	27	28	28	29	♅	♋10	10	11	♆	♎17	17	17	♇	♌18	19	19	☊	♓12	11	10

AOÛT

	1	2	3	4	5	6	7	8	9	10	11	12	13	14	15	16	17	18	19	20	21	22	23	24	25	26	27	28	29	30	31
☉	♌8	9	10	11	12	13	14	15	16	17	18	18	19	20	21	22	23	24	25	26	27	28	29	♍0	1	2	3	4	5	6	♍7
☽	♋16	28	♌10	23	♍5	18	♎0	13	26	♏10	24	♐8	22	♑7	22	♒7	22	♓6	20	♈4	17	♉0	13	25	♊7	19	♋1	13	25	♌7	♌19
☿	♍5	6	7	8	9	10	11	11	12	13	13	14	14	15	15	15	15	15	15	15	15	14	14	13	13	12	11	10	9	8	♍7
♀	♍16	16	16	17	17	17	18	18	18	18	18	18	18	18	18	18	18	18	18	17	17	17	16	16	16	15	15	14	14	13	♍13
♂	♋19	19	20	21	21	22	23	23	24	25	25	26	26	27	28	28	29	♌0	0	1	2	2	3	4	4	5	5	6	7	7	♌8

	1	6	12	18	24	30		1	6	12	18	24	30		1	15	30		1	15	30		1	15	30		1	15	30
♃	♈14	14	14	14	14	13	♄	♍29	29	♎0	0	1	2	♅	♋11	12	13	♆	♎17	17	18	♇	♌19	20	20	☊	♓10	10	10

SEPTEMBRE

	1	2	3	4	5	6	7	8	9	10	11	12	13	14	15	16	17	18	19	20	21	22	23	24	25	26	27	28	29	30
☉	♍8	9	10	11	12	13	14	15	16	16	17	18	19	20	21	22	23	24	25	26	27	28	29	♎0	1	2	3	4	5	♎6
☽	♍2	14	27	♎10	23	♏7	21	♐5	19	♑3	17	♒2	16	♓0	15	28	♈12	25	♉8	21	♊3	15	27	♋9	21	♌3	15	27	♍10	♍23
☿	♍7	6	5	4	3	3	2	2	2	2	2	2	2	3	4	4	5	7	8	9	10	12	13	15	17	18	20	22	24	♍25
♀	♍12	11	11	10	9	9	8	8	7	7	6	5	5	5	4	4	3	3	3	3	2	2	2	2	2	2	2	2	2	♍3
♂	♌9	9	10	11	11	12	12	13	14	14	15	16	16	17	18	18	19	19	20	21	21	22	23	23	24	24	25	26	26	♌27

	1	6	12	18	24	30		1	6	12	18	24	30		1	15	30		1	15	30		1	15	30		1	15	30
♃	♈13	12	12	11	10	10	♄	♎2	3	3	4	5	6	♅	♋13	13	14	♆	♎18	18	19	♇	♌20	20	21	☊	♓10	10	10

OCTOBRE

	1	2	3	4	5	6	7	8	9	10	11	12	13	14	15	16	17	18	19	20	21	22	23	24	25	26	27	28	29	30	31
☉	♎7	8	9	10	11	12	13	14	15	16	17	18	19	20	21	22	23	24	25	26	27	28	29	♏0	1	2	3	4	5	6	♏7
☽	♎6	19	♏3	17	♐1	15	♑0	14	28	♒12	26	♓10	24	♈7	20	♉3	16	29	♊11	23	♋5	17	29	♌11	23	♍5	18	♎1	14	28	♏12
☿	♍27	29	♎1	3	4	6	8	10	11	13	15	17	18	20	22	23	25	27	28	♏0	2	3	5	7	8	10	11	13	15	16	♏18
♀	♍3	3	3	4	4	4	5	5	6	6	7	7	8	8	9	9	10	11	11	12	13	14	14	15	16	17	18	18	19	20	♍21
♂	♌28	28	29	29	♍0	1	1	2	2	3	4	4	5	6	6	7	7	8	9	9	10	10	11	12	12	13	13	14	15	15	♍16

	1	6	12	18	24	30		1	6	12	18	24	30		1	15	30		1	15	30		1	15	30		1	15	30
♃	♈9	9	8	7	7	6	♄	♎6	6	7	8	8	9	♅	♋14	14	14	♆	♎19	19	20	♇	♌21	21	21	☊	♓10	9	8

NOVEMBRE

	1	2	3	4	5	6	7	8	9	10	11	12	13	14	15	16	17	18	19	20	21	22	23	24	25	26	27	28	29	30
☉	♏8	9	10	11	12	13	14	15	16	17	18	19	20	21	22	23	24	25	26	27	28	29	♐0	1	2	3	4	5	6	♐7
☽	♏27	♐11	26	♑10	25	♒9	23	♓7	20	♈3	16	29	♉12	25	♊7	19	♋1	13	25	♌7	19	♍1	13	26	♎9	22	♏6	21	♐5	♐20
☿	♏19	21	22	24	25	27	28	♐0	1	3	4	6	7	8	10	11	13	14	15	17	18	19	21	22	23	24	25	26	27	♐28
♀	♍22	23	24	25	25	26	27	28	29	♎0	1	2	3	4	5	6	7	8	9	10	11	12	13	15	16	17	18	19	20	♎21
♂	♍16	17	18	18	19	19	20	21	21	22	22	23	23	24	25	25	26	26	27	28	28	29	29	♎0	0	1	2	2	3	♎3

	1	6	12	18	24	30		1	6	12	18	24	30		1	15	30		1	15	30		1	15	30		1	15	30
♃	♈6	5	5	5	4	4	♄	♎9	10	11	11	12	12	♅	♋14	14	13	♆	♎20	20	21	♇	♌21	22	22	☊	♓8	7	5

DÉCEMBRE

	1	2	3	4	5	6	7	8	9	10	11	12	13	14	15	16	17	18	19	20	21	22	23	24	25	26	27	28	29	30	31
☉	♐8	9	10	11	12	13	14	15	16	17	18	19	20	21	22	23	24	25	26	27	28	29	♑0	1	2	3	4	5	6	7	♑8
☽	♑5	20	♒5	19	♓3	17	♈0	13	26	♉9	21	♊4	16	28	♋10	22	♌3	15	27	♍9	21	♎4	17	♏0	14	29	♐13	28	♑14	29	♒14
☿	♐29	♑0	1	1	2	2	2	2	2	2	1	0	0	♐28	27	26	25	23	22	21	19	18	18	17	16	16	16	16	16	17	♐17
♀	♎22	23	24	25	27	28	29	♏0	1	2	3	5	6	7	8	9	10	11	13	14	15	16	17	18	20	21	22	23	24	26	♏27
♂	♎4	4	5	6	6	7	7	8	8	9	9	10	11	11	12	12	13	13	14	14	15	15	16	16	17	18	18	19	19	20	♎20

	1	6	12	18	24	30		1	6	12	18	24	30		1	15	30		1	15	30		1	15	30		1	15	30
♃	♈4	4	4	5	5	6	♄	♎12	13	13	14	14	14	♅	♋13	13	12	♆	♎21	21	22	♇	♌22	21	21	☊	♓5	3	2

1952

JANVIER

	1	2	3	4	5	6	7	8	9	10	11	12	13	14	15	16	17	18	19	20	21	22	23	24	25	26	27	28	29	30	31
☉	♑10	11	12	13	14	15	16	17	18	19	20	21	22	23	24	25	26	27	28	29	♒0	1	2	3	4	5	6	7	8	9	♒10
☽	♒29	♓13	27	♈10	23	♉6	18	♊1	13	25	♋7	19	♌0	12	24	♍6	18	♎0	13	26	♏9	23	♐7	22	♑6	22	♒7	22	♓7	21	♈5
☿	♐18	18	19	20	21	22	23	24	25	26	27	28	♑0	1	2	4	5	6	8	9	10	12	13	15	16	18	19	21	22	24	♑25
♀	♏28	29	♐0	1	3	4	5	6	7	9	10	11	12	13	15	16	17	18	19	21	22	23	24	26	27	28	29	♑0	2	3	♑4
♂	♎21	21	22	22	23	23	24	24	25	25	26	26	27	27	28	28	29	29	♏0	0	0	1	1	2	2	3	3	4	4	4	♏5

♃	1	6	12	18	24	30	♄	1	6	12	18	24	30	♅	1	15	30	♆	1	15	30	♇	1	15	30	☊	1	15	30
	♈6	6	7	8	9	10		♎14	15	15	15	15	15		♋12	11	11		♎22	22	22		♌21	21	21		♓2	1	1

FÉVRIER

	1	2	3	4	5	6	7	8	9	10	11	12	13	14	15	16	17	18	19	20	21	22	23	24	25	26	27	28	29
☉	♒11	12	13	14	15	16	17	18	19	20	21	22	23	24	25	26	27	28	29	♓0	1	2	3	4	5	6	7	8	♓9
☽	♈19	♉2	15	27	♊10	22	♋4	15	27	♌9	21	♍3	15	27	♎10	23	♏6	19	♐2	16	♑1	15	♒0	15	♓0	15	29	♈13	♈27
☿	♑27	28	♒0	1	3	5	6	8	10	11	13	15	16	18	20	21	23	25	27	29	♓0	2	4	6	8	10	12	13	♓15
♀	♑5	7	8	9	10	11	13	14	15	16	17	19	20	21	22	24	25	26	27	29	♒0	1	2	3	5	6	7	8	♒10
♂	♏5	6	6	7	7	7	8	8	8	9	9	10	10	10	11	11	11	12	12	12	13	13	13	14	14	14	14	15	♏15

♃	1	6	12	18	24	29	♄	1	6	12	18	24	29	♅	1	15	29	♆	1	15	29	♇	1	15	29	☊	1	15	29
	♈10	11	12	14	15	16		♎15	15	15	14	14	14		♋11	10	10		♎22	22	21		♌21	20	20		♓1	1	1

MARS

	1	2	3	4	5	6	7	8	9	10	11	12	13	14	15	16	17	18	19	20	21	22	23	24	25	26	27	28	29	30	31
☉	♓10	11	12	13	14	15	16	17	18	19	20	21	22	23	24	25	26	27	28	29	♈0	1	2	3	4	5	6	7	8	9	♈10
☽	♉10	23	♊6	18	♋0	12	24	♌6	18	♍0	12	24	♎7	20	♏3	16	29	♐13	27	♑11	25	♒10	24	♓9	23	♈7	21	♉5	18	♊1	♊14
☿	♓17	19	21	23	25	27	29	♈1	2	4	6	7	9	11	12	13	15	16	17	18	18	19	20	20	20	20	20	20	20	20	♈19
♀	♒11	12	13	15	16	17	18	19	21	22	23	24	26	27	28	29	♓0	2	3	4	5	7	8	9	10	12	13	14	15	17	♓18
♂	♏15	15	16	16	16	16	17	17	17	17	17	17	18	18	18	18	18	18	18	18	18	18	18	18	18	18	18	18	18	18	♏18

♃	1	6	12	18	24	30	♄	1	6	12	18	24	30	♅	1	15	30	♆	1	15	30	♇	1	15	30	☊	1	15	30
	♈16	17	19	20	21	23		♎14	14	13	13	12	12		♋10	10	10		♎21	21	21		♌20	20	19		♓1	0	0

AVRIL

	1	2	3	4	5	6	7	8	9	10	11	12	13	14	15	16	17	18	19	20	21	22	23	24	25	26	27	28	29	30
☉	♈11	12	13	14	15	16	17	18	19	20	21	22	23	24	25	26	27	28	29	♉0	1	2	3	4	5	6	7	8	9	♉10
☽	♊26	♋8	20	♌2	14	26	♍8	20	♎3	16	29	♏12	26	♐10	24	♑8	22	♒6	20	♓4	18	♈2	16	♉0	13	26	♊9	22	♋4	♋16
☿	♈19	18	17	17	16	15	14	14	13	12	11	11	10	10	9	9	9	9	9	9	9	9	9	10	10	11	11	12	13	♈13
♀	♓19	20	21	23	24	25	26	28	29	♈0	1	2	4	5	6	7	9	10	11	12	14	15	16	17	18	20	21	22	23	♈25
♂	♏18	18	18	18	18	18	17	17	17	17	17	17	16	16	16	16	15	15	15	14	14	14	13	13	13	12	12	12	11	♏11

♃	1	6	12	18	24	30	♄	1	6	12	18	24	30	♅	1	15	30	♆	1	15	30	♇	1	15	30	☊	1	15	30
	♈23	25	26	27	29	♉0		♎12	11	11	10	10	10		♋10	10	11		♎21	20	20		♌19	19	19		♓0	♒0	28

MAI

	1	2	3	4	5	6	7	8	9	10	11	12	13	14	15	16	17	18	19	20	21	22	23	24	25	26	27	28	29	30	31
☉	♉11	12	13	13	14	15	16	17	18	19	20	21	22	23	24	25	26	27	28	29	♊0	1	2	3	4	5	6	7	8	9	♊9
☽	♋28	♌10	22	♍4	16	28	♎11	24	♏7	21	♐5	20	♑4	19	♒3	17	♓1	15	29	♈12	26	♉9	22	♊5	18	♋0	12	24	♌6	18	♍0
☿	♈14	15	16	17	18	19	20	21	22	24	25	26	28	29	♉1	2	4	5	7	8	10	12	13	15	17	19	21	23	25	27	♉29
♀	♈26	27	28	♉0	1	2	3	4	6	7	8	9	11	12	13	14	16	17	18	19	20	22	23	24	25	27	28	29	♊0	1	♊3
♂	♏11	10	10	10	9	9	8	8	8	7	7	7	6	6	6	5	5	5	4	4	4	4	3	3	3	3	3	2	2	2	♏2

♃	1	6	12	18	24	30	♄	1	6	12	18	24	30	♅	1	15	30	♆	1	15	30	♇	1	15	30	☊	1	15	30
	♉1	2	3	5	6	7		♎10	9	9	9	8	8		♋11	11	12		♎20	19	19		♌19	19	19		♒27	26	25

JUIN

	1	2	3	4	5	6	7	8	9	10	11	12	13	14	15	16	17	18	19	20	21	22	23	24	25	26	27	28	29	30
☉	♊10	11	12	13	14	15	16	17	18	19	20	21	22	23	24	25	26	27	28	29	♋0	1	1	2	3	4	5	6	7	♋8
☽	♍11	24	♎6	19	♏2	16	♐0	14	29	♑14	28	♒13	28	♓12	26	♈9	23	♉6	19	♊2	14	26	♋9	21	♌2	14	26	♍8	20	♎2
☿	♊1	3	5	7	9	11	14	16	18	20	22	25	27	29	♋1	3	5	7	9	11	13	15	17	19	21	23	24	26	28	♋29
♀	♊4	5	6	8	9	10	11	13	14	15	16	17	19	20	21	22	24	25	26	27	28	♋0	1	2	3	5	6	7	8	♋10
♂	♏2	2	2	1	1	1	1	1	1	1	1	1	1	1	1	1	1	2	2	2	2	2	2	2	3	3	3	3	3	♏4

♃	1	6	12	18	24	30	♄	1	6	12	18	24	30	♅	1	15	30	♆	1	15	30	♇	1	15	30	☊	1	15	30
	♉8	9	10	11	12	14		♎8	8	8	8	8	9		♋12	13	14		♎19	19	19		♌19	20	20		♒25	23	22

JUILLET

	1	2	3	4	5	6	7	8	9	10	11	12	13	14	15	16	17	18	19	20	21	22	23	24	25	26	27	28	29	30	31
☉	♋9	10	11	12	13	14	15	16	17	18	19	20	21	21	22	23	24	25	26	27	28	29	♌0	1	2	3	4	5	6	7	♌8
☽	♎14	27	♏10	24	♐8	23	♑7	23	♒8	23	♓7	22	♈6	20	♉3	16	29	♊11	23	♋5	17	29	♌11	23	♍5	17	29	♎11	23	♏6	♏19
☿	♌1	2	4	5	7	8	10	11	12	14	15	16	17	18	19	20	21	22	23	23	24	25	25	26	26	27	27	27	27	27	♌27
♀	♋11	12	13	14	16	17	18	19	21	22	23	24	26	27	28	29	♌0	2	3	4	5	7	8	9	10	12	13	14	15	16	♌18
♂	♏4	4	4	5	5	5	6	6	6	6	7	7	7	8	8	9	9	9	10	10	11	11	11	12	12	13	13	14	14	15	♏15

♃	1	6	12	18	24	30	♄	1	6	12	18	24	30	♅	1	15	30	♆	1	15	30	♇	1	15	30	☊	1	15	30
	♉14	15	16	17	17	18		♎9	9	9	9	10	10		♋14	15	16		♎19	19	19		♌20	20	21		♒22	22	22

AOÛT

	1	2	3	4	5	6	7	8	9	10	11	12	13	14	15	16	17	18	19	20	21	22	23	24	25	26	27	28	29	30	31
☉	♌9	10	11	12	13	13	14	15	16	17	18	19	20	21	22	23	24	25	26	27	28	29	♍0	1	2	3	4	5	6	7	♍8
☽	♐3	17	♑1	16	♒1	16	♓1	16	♈1	15	29	♉12	25	♊8	20	♋3	15	26	♌8	20	♍2	14	26	♎8	20	♏3	15	28	♐12	26	♑10
☿	♌27	27	26	26	26	25	24	24	23	22	21	21	20	19	18	17	17	16	16	15	15	15	15	15	15	16	16	17	17	18	♌19
♀	♌19	20	21	23	24	25	26	28	29	♍0	1	2	4	5	6	7	9	10	11	12	14	15	16	17	18	20	21	22	23	25	♍26
♂	♏15	16	16	17	17	18	18	19	19	20	21	21	22	22	23	23	24	24	25	25	26	27	27	28	28	29	♐0	0	1	1	♐2

♃	1	6	12	18	24	30	♄	1	6	12	18	24	30	♅	1	15	30	♆	1	15	30	♇	1	15	30	☊	1	15	30
	♉19	19	20	20	21	21		♎10	11	11	12	12	13		♋16	16	17		♎19	19	20		♌21	21	22		♒22	22	21

SEPTEMBRE

	1	2	3	4	5	6	7	8	9	10	11	12	13	14	15	16	17	18	19	20	21	22	23	24	25	26	27	28	29	30
☉	♍8	9	10	11	12	13	14	15	16	17	18	19	20	21	22	23	24	25	26	27	28	29	♎0	1	2	3	4	5	6	♎7
☽	♑24	♒9	24	♓9	24	♈9	24	♉8	21	♊4	17	29	♋11	23	♌5	17	29	♍11	23	♎5	17	♏0	12	25	♐9	22	♑6	20	♒4	♒18
☿	♌20	22	23	24	26	28	29	♍1	3	4	6	8	10	12	14	16	17	19	21	23	25	27	29	♎0	2	4	6	8	9	♎11
♀	♍27	28	♎0	1	2	3	4	6	7	8	9	11	12	13	14	16	17	18	19	20	22	23	24	25	27	28	29	♏0	2	♏3
♂	♐3	3	4	4	5	6	6	7	8	8	9	9	10	11	11	12	13	13	14	15	15	16	17	17	18	19	19	20	21	♐21

♃	1	6	12	18	24	30	♄	1	6	12	18	24	30	♅	1	15	30	♆	1	15	30	♇	1	15	30	☊	1	15	30
	♉21	21	21	21	21	20		♎13	14	14	15	16	17		♋17	18	18		♎20	20	21		♌22	22	23		♒21	21	21

OCTOBRE

	1	2	3	4	5	6	7	8	9	10	11	12	13	14	15	16	17	18	19	20	21	22	23	24	25	26	27	28	29	30	31
☉	♎8	9	10	11	12	13	14	15	16	17	18	19	20	21	22	23	24	25	26	27	28	29	♏0	1	2	3	4	5	6	7	♏8
☽	♓3	18	♈3	17	♉2	16	29	♊12	25	♋8	20	♌2	13	25	♍7	19	♎1	14	26	♏9	22	♐5	19	♑3	16	♒0	14	29	♓13	27	♈12
☿	♎13	14	16	18	19	21	23	24	26	28	29	♏1	2	4	5	7	8	10	11	13	14	16	17	19	20	22	23	24	26	27	♏28
♀	♏4	5	6	8	9	10	11	13	14	15	16	18	19	20	21	22	24	25	26	27	29	♐0	1	2	3	5	6	7	8	10	♐11
♂	♐22	23	24	24	25	26	26	27	28	28	29	♑0	1	1	2	3	3	4	5	6	6	7	8	9	9	10	11	11	12	13	♑14

♃	1	6	12	18	24	30	♄	1	6	12	18	24	30	♅	1	15	30	♆	1	15	30	♇	1	15	30	☊	1	15	30
	♉20	20	19	19	18	17		♎17	17	18	19	19	20		♋18	18	19		♎21	21	22		♌23	23	23		♒21	20	18

NOVEMBRE

	1	2	3	4	5	6	7	8	9	10	11	12	13	14	15	16	17	18	19	20	21	22	23	24	25	26	27	28	29	30
☉	♏9	10	11	12	13	14	15	16	17	18	19	20	21	22	23	24	25	26	27	28	29	♐0	1	2	3	4	5	6	7	♐8
☽	♈26	♉10	24	♊7	20	♋3	15	28	♌9	21	♍3	15	27	♎9	22	♏5	18	♐1	15	29	♑13	27	♒11	25	♓9	23	♈7	21	♉5	♉19
☿	♐0	1	2	4	5	6	7	8	9	10	11	12	13	14	15	15	16	16	16	17	16	16	16	15	15	14	13	11	10	♐9
♀	♐12	13	14	16	17	18	19	20	22	23	24	25	27	28	29	♑0	1	3	4	5	6	7	9	10	11	12	14	15	16	♑17
♂	♑14	15	16	17	17	18	19	20	20	21	22	23	23	24	25	26	26	27	28	29	29	♒0	1	2	2	3	4	5	5	♒6

♃	1	6	12	18	24	30	♄	1	6	12	18	24	30	♅	1	15	30	♆	1	15	30	♇	1	15	30	☊	1	15	30
	♉17	16	15	15	14	13		♎20	21	22	22	23	24		♋19	18	18		♎22	23	23		♌23	23	23		♒18	17	15

DÉCEMBRE

	1	2	3	4	5	6	7	8	9	10	11	12	13	14	15	16	17	18	19	20	21	22	23	24	25	26	27	28	29	30	31
☉	♐9	10	11	12	13	14	15	16	17	18	19	20	21	22	23	24	25	26	27	28	29	♑0	1	2	3	4	5	6	7	8	♑9
☽	♊2	15	28	♋11	23	♌5	17	29	♍11	23	♎5	17	♏0	13	26	♐10	24	♑8	23	♒7	22	♓6	20	♈4	18	♉2	15	28	♊11	24	♋7
☿	♐7	6	5	4	3	2	1	1	0	0	0	1	1	1	2	3	4	5	6	7	8	9	10	11	12	14	15	16	18	19	♐21
♀	♑18	20	21	22	23	24	26	27	28	29	♒0	1	3	4	5	6	7	9	10	11	12	13	14	16	17	18	19	20	21	23	♒24
♂	♒7	8	9	9	10	11	12	12	13	14	15	15	16	17	18	19	19	20	21	22	22	23	24	25	25	26	27	28	29	29	♓0

♃	1	6	12	18	24	30	♄	1	6	12	18	24	30	♅	1	15	30	♆	1	15	30	♇	1	15	30	☊	1	15	30
	♉13	13	12	12	11	11		♎24	24	25	25	26	26		♋18	17	17		♎23	23	24		♌23	23	23		♒15	14	13

1953

JANVIER

	1	2	3	4	5	6	7	8	9	10	11	12	13	14	15	16	17	18	19	20	21	22	23	24	25	26	27	28	29	30	31
☉	♑10	11	12	13	14	15	16	17	18	19	20	21	23	24	25	26	27	28	29	♒0	1	2	3	4	5	6	7	8	9	10	♒11
☽	♋19	♌1	13	25	♍7	19	♎1	13	25	♏8	20	♐4	18	♑2	16	♒1	16	♓1	16	♈1	15	29	♉12	25	♊8	21	♋4	16	28	♌10	♌22
☿	♐22	23	25	26	28	29	♑1	2	4	5	7	8	10	11	13	14	16	17	19	21	22	24	25	27	29	♒0	2	4	5	7	♒9
♀	♒25	26	27	28	29	♓1	2	3	4	5	6	7	8	10	11	12	13	14	15	16	17	18	19	20	22	23	24	25	26	27	♓28
♂	♓1	2	2	3	4	5	5	6	7	8	9	9	10	11	12	12	13	14	15	15	16	17	18	19	19	20	21	22	22	23	♓24

	1	6	12	18	24	30
♃	♉11	11	11	11	12	12
♄	♎26	27	27	27	27	27

	1	15	30
♅	♋17	16	16
♆	♎24	24	24
♇	♌23	23	22
☊	♒13	12	12

FÉVRIER

	1	2	3	4	5	6	7	8	9	10	11	12	13	14	15	16	17	18	19	20	21	22	23	24	25	26	27	28
☉	♒12	13	14	15	16	17	18	19	20	21	22	23	24	25	26	27	28	29	♓0	1	2	3	4	5	6	7	8	♓9
☽	♍4	15	27	♎9	21	♏3	16	29	♐12	26	♑10	24	♒9	24	♓10	25	♈10	24	♉8	22	♊5	18	♋1	13	25	♌7	19	♍1
☿	♒10	12	14	16	17	19	21	23	25	26	28	♓0	2	4	5	7	9	11	13	15	16	18	20	21	23	24	26	♓27
♀	♓29	♈0	1	2	3	4	5	6	7	8	8	9	10	11	12	13	14	15	16	16	17	18	19	19	20	21	22	♈22
♂	♓25	25	26	27	28	28	29	♈0	1	1	2	3	4	5	5	6	7	8	8	9	10	11	11	12	13	14	14	♈15

	1	6	12	18	24	28
♃	♉12	13	13	14	15	16
♄	♎27	27	27	27	27	27

	1	15	28
♅	♋15	15	15
♆	♎24	24	24
♇	♌22	22	22
☊	♒12	12	12

MARS

	1	2	3	4	5	6	7	8	9	10	11	12	13	14	15	16	17	18	19	20	21	22	23	24	25	26	27	28	29	30	31
☉	♓10	11	12	13	14	15	16	17	18	19	20	21	22	23	24	25	26	27	28	29	♈0	1	2	3	4	5	6	7	8	9	♈10
☽	♍12	24	♎6	18	♏0	13	25	♐8	21	♑4	18	♒3	17	♓2	18	♈3	18	♉3	17	♊1	14	27	♋10	22	♌4	16	28	♍9	21	♎3	♎15
☿	♓28	29	♈0	1	2	2	3	3	3	3	3	2	2	1	1	0	♓29	28	27	26	25	25	24	23	22	22	21	21	20	20	♓20
♀	♈23	24	24	25	26	26	27	27	28	28	29	29	29	♉0	0	0	1	1	1	1	1	1	1	1	1	1	1	1	1	0	♉0
♂	♈16	17	17	18	19	19	20	21	22	22	23	24	25	25	26	27	28	28	29	♉0	1	1	2	3	3	4	5	6	6	7	♉8

	1	6	12	18	24	30
♃	♉16	16	18	19	20	21
♄	♎27	27	26	26	26	25

	1	15	30
♅	♋15	14	14
♆	♎24	23	23
♇	♌22	21	21
☊	♒12	12	11

AVRIL

	1	2	3	4	5	6	7	8	9	10	11	12	13	14	15	16	17	18	19	20	21	22	23	24	25	26	27	28	29	30
☉	♈11	12	13	14	15	16	17	18	19	20	21	22	23	24	25	26	27	28	29	♉0	1	2	3	4	4	5	6	7	8	♉9
☽	♎27	♏10	22	♐5	18	♑1	14	28	♒12	26	♓11	26	♈11	26	♉11	25	♊9	22	♋5	18	♌0	12	24	♍6	18	♎0	12	24	♏6	♏19
☿	♓20	20	20	20	20	21	21	22	22	23	24	25	25	26	27	28	29	♈0	1	3	4	5	6	8	9	10	12	13	15	♈16
♀	♉0	♈29	29	28	28	27	27	26	26	25	25	24	23	23	22	21	21	20	20	19	19	18	18	17	17	16	16	16	16	♈15
♂	♉9	9	10	11	11	12	13	14	14	15	16	16	17	18	19	19	20	21	21	22	23	24	24	25	26	26	27	28	28	♉29

	1	6	12	18	24	30
♃	♉21	22	24	25	26	28
♄	♎25	25	24	24	23	23

	1	15	30
♅	♋14	15	15
♆	♎23	22	22
♇	♌21	21	21
☊	♒10	9	7

MAI

	1	2	3	4	5	6	7	8	9	10	11	12	13	14	15	16	17	18	19	20	21	22	23	24	25	26	27	28	29	30	31
☉	♉10	11	12	13	14	15	16	17	18	19	20	21	22	23	24	25	26	27	28	29	♊0	1	2	3	3	4	5	6	7	8	♊9
☽	♐2	15	28	♑11	25	♒8	22	♓7	21	♈6	20	♉5	19	♊3	17	♋0	13	26	♌8	20	♍2	14	26	♎8	20	♏2	15	28	♐11	24	♑8
☿	♈18	19	21	23	24	26	28	♉0	1	3	5	7	9	11	13	15	17	19	21	23	25	27	♊0	2	4	6	8	11	13	15	♊17
♀	♈15	15	15	15	15	15	15	15	15	16	16	16	16	17	17	17	18	18	19	19	20	20	21	21	22	23	23	24	24	25	♈26
♂	♊0	1	1	2	3	3	4	5	5	6	7	7	8	9	10	10	11	12	12	13	14	14	15	16	16	17	18	18	19	20	♊20

	1	6	12	18	24	30
♃	♉28	29	♊1	2	3	5
♄	♎23	22	22	22	21	21

	1	15	30
♅	♋15	16	16
♆	♎22	22	21
♇	♌21	21	21
☊	♒7	6	5

JUIN

	1	2	3	4	5	6	7	8	9	10	11	12	13	14	15	16	17	18	19	20	21	22	23	24	25	26	27	28	29	30
☉	♊10	11	12	13	14	15	16	17	18	19	20	21	22	23	24	25	26	26	27	28	29	♋0	1	2	3	4	5	6	7	♋8
☽	♑21	♒5	19	♓3	18	♈2	16	♉0	14	28	♊12	25	♋9	21	♌4	16	28	♍10	22	♎4	16	28	♏10	23	♐6	19	♑3	17	♒1	♒16
☿	♊19	21	23	25	27	29	♋1	3	5	7	9	10	12	14	15	17	18	20	21	22	24	25	26	27	28	♌0	1	2	2	♌3
♀	♈27	27	28	29	♉0	0	1	2	3	4	5	5	6	7	8	9	10	11	12	13	14	15	16	17	17	18	19	20	21	♉22
♂	♊21	22	22	23	24	25	25	26	27	27	28	29	29	♋0	1	1	2	3	3	4	5	5	6	7	7	8	9	9	10	♋11

	1	6	12	18	24	30
♃	♊5	6	8	9	11	12
♄	♎21	21	21	21	21	21

	1	15	30
♅	♋16	17	18
♆	♎21	21	21
♇	♌21	21	22
☊	♒4	4	3

JUILLET

	1	2	3	4	5	6	7	8	9	10	11	12	13	14	15	16	17	18	19	20	21	22	23	24	25	26	27	28	29	30	31
☉	♋9	10	11	12	13	14	15	16	16	17	18	19	20	21	22	23	24	25	26	27	28	29	♌0	1	2	3	4	5	6	7	♌7
☽	♓0	14	29	♈13	27	♉11	25	♊8	21	♋4	17	♌0	12	24	♍6	18	♎0	12	24	♏6	18	♐1	14	28	♑12	26	♒10	25	♓10	25	♈9
☿	♌4	5	5	6	7	7	8	8	8	8	8	8	8	8	8	8	7	7	6	6	5	5	4	3	2	2	1	0	0	♋29	♋29
♀	♉23	24	25	26	27	29	♊0	1	2	3	4	5	6	7	8	9	10	11	12	13	14	16	17	18	19	20	21	22	23	24	♊25
♂	♋11	12	13	13	14	14	15	16	16	17	18	18	19	20	20	21	22	22	23	24	24	25	26	26	27	28	28	29	29	♌0	♌1

	1	6	12	18	24	30
♃	♊12	13	14	16	17	18
♄	♎21	21	21	21	21	22

	1	15	30
♅	♋18	19	20
♆	♎21	21	21
♇	♌22	22	22
☊	♒3	3	3

AOÛT

	1	2	3	4	5	6	7	8	9	10	11	12	13	14	15	16	17	18	19	20	21	22	23	24	25	26	27	28	29	30	31
☉	♌8	9	10	11	12	13	14	15	16	17	18	19	20	21	22	23	24	25	26	27	28	29	♍0	1	1	2	3	4	5	6	♍7
☽	♈24	♉8	21	♊5	18	♋1	14	26	♌9	21	♍3	15	26	♎8	20	♏2	14	27	♐9	22	♑6	20	♒4	19	♓4	19	♈4	19	♉4	18	♊2
☿	♋28	28	28	28	28	28	28	28	28	29	♌0	0	1	2	3	4	6	7	8	10	12	13	15	17	19	20	22	24	26	28	♍0
♀	♊27	28	29	♋0	1	2	3	4	6	7	8	9	10	11	12	14	15	16	17	18	19	21	22	23	24	25	26	28	29	♌0	♌1
♂	♌1	2	3	3	4	5	5	6	7	7	8	9	9	10	10	11	12	12	13	14	14	15	16	16	17	17	18	19	19	20	♌21

	1	6	12	18	24	30
♃	♊18	19	20	21	22	23
♄	♎22	22	22	23	23	24

	1	15	30
♅	♋20	21	22
♆	♎21	22	22
♇	♌22	23	23
☊	♒3	3	3

SEPTEMBRE

	1	2	3	4	5	6	7	8	9	10	11	12	13	14	15	16	17	18	19	20	21	22	23	24	25	26	27	28	29	30
☉	♍8	9	10	11	12	13	14	15	16	17	18	19	20	21	22	23	24	25	26	27	28	29	♎0	1	2	3	4	5	6	♎7
☽	♊15	28	♋11	23	♌6	18	♍0	12	23	♎5	17	29	♏11	23	♐5	18	♑1	14	28	♒12	27	♓12	27	♈12	28	♉13	27	♊11	25	♋8
☿	♍2	4	6	8	10	12	14	16	17	19	21	23	25	27	28	♎0	2	4	5	7	9	10	12	14	15	17	18	20	21	♎23
♀	♌2	3	5	6	7	8	9	11	12	13	14	15	17	18	19	20	21	23	24	25	26	27	29	♍0	1	2	3	5	6	♍7
♂	♌21	22	23	23	24	24	25	26	26	27	28	28	29	♍0	0	1	1	2	3	3	4	5	5	6	6	7	8	8	9	♍10

	1	6	12	18	24	30
♃	♊23	24	25	25	26	26
♄	♎24	25	25	26	27	27

	1	15	30
♅	♋22	22	23
♆	♎22	22	23
♇	♌23	24	24
☊	♒3	2	1

OCTOBRE

	1	2	3	4	5	6	7	8	9	10	11	12	13	14	15	16	17	18	19	20	21	22	23	24	25	26	27	28	29	30	31
☉	♎8	9	9	10	11	12	13	14	15	16	17	18	19	20	21	22	23	24	25	26	27	28	29	♏0	1	2	3	4	5	6	♏7
☽	♋20	♌3	15	27	♍9	20	♎2	14	26	♏8	20	♐2	15	27	♑10	23	♒7	21	♓6	20	♈5	21	♉6	21	♊5	20	♋3	16	29	♌11	♌23
☿	♎25	26	28	29	♏0	2	3	5	6	8	9	10	12	13	14	15	17	18	19	20	21	22	23	24	25	26	27	28	29	29	♐0
♀	♍8	10	11	12	13	14	16	17	18	19	21	22	23	24	26	27	28	29	♎0	2	3	4	5	7	8	9	10	12	13	14	♎15
♂	♍10	11	12	12	13	13	14	15	15	16	17	17	18	18	19	20	20	21	22	22	23	23	24	25	25	26	27	27	28	28	♍29

	1	6	12	18	24	30
♃	♊26	26	26	26	26	26
♄	♎27	28	29	29	♏0	1

	1	15	30
♅	♋23	23	23
♆	♎23	24	24
♇	♌24	25	25
☊	♒1	♑1	28

NOVEMBRE

	1	2	3	4	5	6	7	8	9	10	11	12	13	14	15	16	17	18	19	20	21	22	23	24	25	26	27	28	29	30
☉	♏8	9	10	11	12	13	14	15	16	17	18	19	20	21	22	23	24	25	26	27	28	29	♐0	1	2	3	4	5	6	♐7
☽	♍5	17	29	♎11	23	♏5	17	29	♐12	25	♑7	20	♒4	17	♓1	15	♈0	14	29	♉14	29	♊13	27	♋11	24	♌7	19	♍2	14	♍26
☿	♐0	0	1	1	1	0	0	♏29	29	28	27	26	24	23	22	20	19	18	17	16	15	15	15	15	15	15	15	16	17	♏17
♀	♎17	18	19	20	22	23	24	25	27	28	29	♏0	2	3	4	5	7	8	9	10	12	13	14	15	17	18	19	20	22	♏23
♂	♎0	0	1	1	2	3	3	4	5	5	6	6	7	8	8	9	10	10	11	11	12	13	13	14	14	15	16	16	17	♎18

	1	6	12	18	24	30
♃	♊26	26	25	25	24	23
♄	♏1	2	2	3	4	4

	1	15	30
♅	♋23	23	23
♆	♎24	25	25
♇	♌25	25	25
☊	♑28	26	25

DÉCEMBRE

	1	2	3	4	5	6	7	8	9	10	11	12	13	14	15	16	17	18	19	20	21	22	23	24	25	26	27	28	29	30	31
☉	♐9	10	11	12	13	14	15	16	17	18	19	20	21	22	23	24	25	26	27	28	29	♑0	1	2	3	4	5	6	7	8	♑9
☽	♎7	19	♏1	13	26	♐8	21	♑4	17	♒1	14	28	♓12	26	♈10	24	♉9	23	♊7	22	♋5	19	♌2	15	27	♍9	21	♎3	15	27	♏9
☿	♏18	19	20	21	23	24	25	26	28	29	♐1	2	3	5	6	8	9	11	12	14	15	17	18	20	21	23	24	26	27	29	♑0
♀	♏24	25	27	28	29	♐0	2	3	4	5	7	8	9	10	12	13	14	15	17	18	19	21	22	23	24	26	27	28	29	♑1	♑2
♂	♎18	19	19	20	21	21	22	22	23	24	24	25	25	26	27	27	28	29	29	♏0	0	1	2	2	3	3	4	5	5	6	♏6

	1	6	12	18	24	30
♃	♊23	22	22	21	20	19
♄	♏5	5	6	6	7	7

	1	15	30
♅	♋23	22	22
♆	♎25	26	26
♇	♌25	25	25
☊	♑25	24	24

1954

JANVIER

	1	2	3	4	5	6	7	8	9	10	11	12	13	14	15	16	17	18	19	20	21	22	23	24	25	26	27	28	29	30	31
☉	♑10	11	12	13	14	15	16	17	18	19	20	21	22	23	24	25	26	27	28	29	♒0	1	2	3	4	5	7	8	9	10	♒11
☽	♏21	♐4	17	♑0	13	26	♒10	24	♓8	23	♈7	21	♉5	19	♊3	17	♋1	14	27	♌10	23	♍5	17	29	♎11	23	♏5	17	29	♐12	♐24
☿	♑2	4	5	7	8	10	11	13	15	16	18	20	21	23	24	26	28	29	♒1	3	5	6	8	10	11	13	15	17	18	20	♒22
♀	♑3	4	6	7	8	9	11	12	13	14	16	17	18	19	21	22	23	24	26	27	28	♒0	1	2	3	5	6	7	8	10	♒11
♂	♏7	8	8	9	9	10	10	11	12	12	13	13	14	15	15	16	16	17	18	18	19	19	20	20	21	22	22	23	23	24	♏24

♃	1	6	12	18	24	30	♄	1	6	12	18	24	30	♅	1	15	30	♆	1	15	30	♇	1	15	30	☊	1	15	30
	♊19	18	18	17	17	17		♏7	8	8	9	9	9		♋22	21	20		♎26	26	26		♌25	24	24		♑24	24	24

FÉVRIER

	1	2	3	4	5	6	7	8	9	10	11	12	13	14	15	16	17	18	19	20	21	22	23	24	25	26	27	28
☉	♒12	13	14	15	16	17	18	19	20	21	22	23	24	25	26	27	28	29	♓0	1	2	3	4	5	6	7	8	♓9
☽	♑7	21	♒5	19	♓4	18	♈3	17	♉2	16	♊0	14	27	♋10	23	♌6	19	♍1	13	25	♎7	19	♏1	13	25	♐7	19	♑2
☿	♒24	25	27	29	♓0	2	4	5	7	8	9	11	12	13	14	15	15	16	16	16	16	16	16	15	14	14	13	♓12
♀	♒12	13	15	16	17	18	20	21	22	23	25	26	27	28	♓0	1	2	3	5	6	7	8	10	11	12	13	15	♓16
♂	♏25	26	26	27	27	28	28	29	♐0	0	1	1	2	2	3	3	4	5	5	6	6	7	7	8	8	9	9	♐10

♃	1	6	12	18	24	28	♄	1	6	12	18	24	28	♅	1	15	28	♆	1	15	28	♇	1	15	28	☊	1	15	28
	♊17	16	16	17	17	17		♏9	9	9	9	9	9		♋20	20	19		♎26	26	26		♌24	24	23		♑24	24	23

MARS

	1	2	3	4	5	6	7	8	9	10	11	12	13	14	15	16	17	18	19	20	21	22	23	24	25	26	27	28	29	30	31
☉	♓10	11	12	13	14	15	16	17	18	19	20	21	22	23	24	25	26	27	28	29	♈0	1	2	3	4	5	6	7	8	9	♈10
☽	♑15	29	♒13	27	♓12	27	♈12	27	♉12	26	♊10	24	♋7	20	♌3	15	28	♍10	22	♎4	16	28	♏10	22	♐4	16	28	♑11	24	♒7	♒21
☿	♓11	10	9	8	7	6	5	4	3	3	2	2	2	2	2	2	2	2	3	3	4	4	5	6	6	7	8	9	10	11	♓12
♀	♓17	18	20	21	22	23	25	26	27	28	♈0	1	2	3	5	6	7	8	10	11	12	13	15	16	17	18	19	21	22	23	♈24
♂	♐10	11	11	12	12	13	14	14	15	15	16	16	17	17	17	18	18	19	19	20	20	21	21	22	22	23	23	24	24	24	♐25

♃	1	6	12	18	24	30	♄	1	6	12	18	24	30	♅	1	15	30	♆	1	15	30	♇	1	15	30	☊	1	15	30
	♊17	17	18	18	19	20		♏9	9	9	9	8	8		♋19	19	19		♎26	26	25		♌23	23	23		♑23	22	21

AVRIL

	1	2	3	4	5	6	7	8	9	10	11	12	13	14	15	16	17	18	19	20	21	22	23	24	25	26	27	28	29	30
☉	♈11	12	13	14	15	16	17	18	19	20	21	22	23	24	24	25	26	27	28	29	♉0	1	2	3	4	5	6	7	8	♉9
☽	♓5	20	♈5	21	♉6	21	♊6	20	♋4	17	♌0	13	25	♍7	19	♎1	13	25	♏7	19	♐1	13	25	♑7	20	♒3	16	♓0	14	♓29
☿	♓13	14	16	17	18	19	21	22	23	25	26	28	29	♈1	2	4	6	7	9	11	12	14	16	18	19	21	23	25	27	♈29
♀	♈26	27	28	29	♉1	2	3	4	6	7	8	9	10	12	13	14	15	17	18	19	20	22	23	24	25	26	28	29	♊0	♊1
♂	♐25	26	26	27	27	27	28	28	29	29	29	♑0	0	0	1	1	2	2	2	3	3	3	3	4	4	4	5	5	5	♑5

♃	1	6	12	18	24	30	♄	1	6	12	18	24	30	♅	1	15	30	♆	1	15	30	♇	1	15	30	☊	1	15	30
	♊20	21	22	23	24	25		♏8	8	7	7	6	6		♋19	19	19		♎25	25	24		♌23	23	23		♑20	19	17

MAI

	1	2	3	4	5	6	7	8	9	10	11	12	13	14	15	16	17	18	19	20	21	22	23	24	25	26	27	28	29	30	31
☉	♉10	11	12	13	14	15	16	17	18	19	20	21	22	23	24	25	26	27	27	28	29	♊0	1	2	3	4	5	6	7	8	♊9
☽	♈14	29	♉14	29	♊14	29	♋12	26	♌9	22	♍4	16	28	♎10	22	♏4	16	28	♐10	22	♑4	17	♒0	13	26	♓10	24	♈8	23	♉8	♉23
☿	♉1	3	5	7	9	11	14	16	18	20	22	24	27	29	♊1	3	5	7	9	11	13	15	17	19	21	22	24	26	27	29	♋0
♀	♊3	4	5	6	7	9	10	11	12	14	15	16	17	18	20	21	22	23	24	26	27	28	29	♋0	2	3	4	5	6	8	♋9
♂	♑6	6	6	6	7	7	7	7	7	7	8	8	8	8	8	8	8	8	8	8	8	9	9	9	9	8	8	8	8	8	♑8

♃	1	6	12	18	24	30	♄	1	6	12	18	24	30	♅	1	15	30	♆	1	15	30	♇	1	15	30	☊	1	15	30
	♊25	26	27	29	♋0	1		♏6	5	5	4	4	4		♋20	20	21		♎24	24	24		♌23	23	23		♑17	16	15

JUIN

	1	2	3	4	5	6	7	8	9	10	11	12	13	14	15	16	17	18	19	20	21	22	23	24	25	26	27	28	29	30
☉	♊10	11	12	13	14	15	16	17	18	19	20	20	21	22	23	24	25	26	27	28	29	♋0	1	2	3	4	5	6	7	♋8
☽	♊8	22	♋7	21	♌4	17	♍0	12	24	♎6	18	♏0	12	24	♐6	19	♑1	14	27	♒10	23	♓6	20	♈4	19	♉3	17	♊2	16	♋1
☿	♋2	3	5	6	7	8	10	11	12	13	13	14	15	16	16	17	17	18	18	18	19	19	19	19	19	19	18	18	18	♋17
♀	♋10	11	12	14	15	16	17	18	20	21	22	23	24	26	27	28	29	♌0	2	3	4	5	6	7	9	10	11	12	13	♌14
♂	♑8	8	8	8	8	7	7	7	7	7	6	6	6	6	5	5	5	5	4	4	4	3	3	3	3	2	2	2	1	♑1

♃	1	6	12	18	24	30	♄	1	6	12	18	24	30	♅	1	15	30	♆	1	15	30	♇	1	15	30	☊	1	15	30
	♋2	3	4	5	7	8		♏4	3	3	3	3	3		♋21	21	22		♎24	23	23		♌23	23	23		♑15	15	15

JUILLET

	1	2	3	4	5	6	7	8	9	10	11	12	13	14	15	16	17	18	19	20	21	22	23	24	25	26	27	28	29	30	31
☉	♋9	10	11	11	12	13	14	15	16	17	18	19	20	21	22	23	24	25	26	27	28	29	♌0	1	2	2	3	4	5	6	♌7
☽	♋15	29	♌12	25	♍8	20	♎3	15	26	♏8	20	♐2	15	27	♑10	23	♒6	19	♓3	17	♈1	15	29	♉14	28	♊12	26	♋10	24	♌7	♌20
☿	♋17	16	16	15	14	14	13	12	12	11	11	10	10	10	10	9	9	9	9	10	10	10	11	11	12	13	14	15	16	17	♋18
♀	♌16	17	18	19	20	21	23	24	25	26	27	28	♍0	1	2	3	4	5	6	8	9	10	11	12	13	14	16	17	18	19	♍20
♂	♑1	0	0	0	0	♐29	29	29	28	28	28	28	27	27	27	27	27	27	26	26	26	26	26	26	26	26	26	26	26	26	♐26

♃	1	6	12	18	24	30	♄	1	6	12	18	24	30	♅	1	15	30	♆	1	15	30	♇	1	15	30	☊	1	15	30
	♋8	10	11	12	14	15		♏3	3	3	3	3	3		♋22	23	24		♎23	23	23		♌23	24	24		♑15	15	15

AOÛT

	1	2	3	4	5	6	7	8	9	10	11	12	13	14	15	16	17	18	19	20	21	22	23	24	25	26	27	28	29	30	31
☉	♌8	9	10	11	12	13	14	15	16	17	18	19	20	21	22	23	24	25	25	26	27	28	29	♍0	1	2	3	4	5	6	♍7
☽	♍3	16	28	♎11	23	♏4	16	28	♐10	23	♑5	18	♒1	15	29	♓13	27	♈12	26	♉11	25	♊9	23	♋6	20	♌3	16	29	♍12	24	♎7
☿	♋19	21	22	24	25	27	29	♌1	3	4	6	8	10	12	14	16	18	20	23	25	27	29	♍1	2	4	6	8	10	12	14	♍16
♀	♍21	22	23	24	26	27	28	29	♎0	1	2	3	4	5	6	8	9	10	11	12	13	14	15	16	17	18	19	20	21	22	♎23
♂	♐26	26	26	26	26	26	26	26	26	26	27	27	27	27	27	28	28	28	28	29	29	29	♑0	0	0	0	1	1	2	2	♑2

♃	1	6	12	18	24	30	♄	1	6	12	18	24	30	♅	1	15	30	♆	1	15	30	♇	1	15	30	☊	1	15	30
	♋15	16	18	19	20	21		♏3	3	4	4	4	5		♋24	25	26		♎23	24	24		♌24	25	25		♑15	14	13

SEPTEMBRE

	1	2	3	4	5	6	7	8	9	10	11	12	13	14	15	16	17	18	19	20	21	22	23	24	25	26	27	28	29	30
☉	♍8	9	10	11	12	13	14	15	16	17	18	19	20	21	22	23	24	25	26	26	27	28	29	♎0	1	2	3	4	5	♎6
☽	♎19	♏1	12	24	♐6	18	♑0	13	26	♒9	23	♓7	22	♈7	21	♉6	21	♊5	20	♋3	17	♌0	13	26	♍8	21	♎3	15	27	♏9
☿	♍17	19	21	23	24	26	28	29	♎1	3	4	6	7	9	10	12	13	15	16	18	19	21	22	23	25	26	27	29	♏0	♏1
♀	♎24	25	26	27	28	29	♏0	1	2	3	4	5	6	7	7	8	9	10	11	12	13	13	14	15	16	17	17	18	19	♏20
♂	♑3	3	3	4	4	5	5	6	6	6	7	7	8	8	9	9	10	10	11	11	12	12	13	14	14	15	15	16	16	♑17

♃	1	6	12	18	24	30	♄	1	6	12	18	24	30	♅	1	15	30	♆	1	15	30	♇	1	15	30	☊	1	15	30
	♋22	23	24	25	26	26		♏5	6	6	7	7	8		♋26	27	27		♎24	25	25		♌25	26	26		♑13	12	10

OCTOBRE

	1	2	3	4	5	6	7	8	9	10	11	12	13	14	15	16	17	18	19	20	21	22	23	24	25	26	27	28	29	30	31
☉	♎7	8	9	10	11	12	13	14	15	16	17	18	19	20	21	22	23	24	25	26	27	28	29	♏0	1	2	3	4	5	6	♏7
☽	♏21	♐3	14	26	♑9	21	♒4	17	♓1	15	♈0	15	♉0	15	♊1	15	♋0	13	27	♌10	23	♍5	18	♎0	12	24	♏6	18	♐0	11	♐23
☿	♏2	3	4	6	7	8	9	9	10	11	12	13	13	14	14	14	15	15	15	15	14	14	13	13	12	11	10	8	7	6	♏5
♀	♏20	21	22	22	23	24	24	25	25	26	26	27	27	28	28	28	29	29	29	29	♐0	0	0	0	0	0	0	0	0	0	♏29
♂	♑17	18	19	19	20	20	21	22	22	23	23	24	25	25	26	26	27	28	28	29	♒0	0	1	2	2	3	4	4	5	6	♒6

♃	1	6	12	18	24	30	♄	1	6	12	18	24	30	♅	1	15	30	♆	1	15	30	♇	1	15	30	☊	1	15	30
	♋27	27	28	29	29	29		♏8	9	9	10	11	11		♋27	28	28		♎25	26	26		♌26	26	27		♑10	9	7

NOVEMBRE

	1	2	3	4	5	6	7	8	9	10	11	12	13	14	15	16	17	18	19	20	21	22	23	24	25	26	27	28	29	30
☉	♏8	9	10	11	12	13	14	15	16	17	18	19	20	21	22	23	24	25	26	27	28	29	♐0	1	2	3	4	5	6	♐7
☽	♑5	17	♒0	13	26	♓9	24	♈8	23	♉8	24	♊9	24	♋8	23	♌6	19	♍2	15	27	♎9	21	♏3	15	27	♐8	20	♑2	14	♑27
☿	♏3	2	1	0	0	♎29	29	29	29	29	♏0	0	1	2	3	4	5	6	8	9	10	12	13	14	16	17	19	20	22	♏23
♀	♏29	29	29	28	28	28	27	27	26	26	25	24	24	23	23	22	21	21	20	20	19	19	18	18	17	17	16	16	16	♏15
♂	♒7	8	8	9	10	10	11	12	12	13	14	14	15	16	16	17	18	19	19	20	21	21	22	23	23	24	25	26	26	♒27

♃	1	6	12	18	24	30	♄	1	6	12	18	24	30	♅	1	15	30	♆	1	15	30	♇	1	15	30	☊	1	15	30
	♌0	0	0	0	0	0		♏12	12	13	14	14	15		♋28	28	27		♎26	27	27		♌27	27	27		♑7	6	6

DÉCEMBRE

	1	2	3	4	5	6	7	8	9	10	11	12	13	14	15	16	17	18	19	20	21	22	23	24	25	26	27	28	29	30	31
☉	♐8	9	10	11	12	13	14	15	16	17	18	19	20	21	22	23	25	26	27	28	29	♑0	1	2	3	4	5	6	7	8	♑9
☽	♒9	22	♓5	19	♈3	17	♉2	17	♊2	17	♋2	16	♌1	15	28	♍11	23	♎6	18	♏0	11	23	♐5	17	29	♑11	24	♒6	19	♓2	♓15
☿	♏25	26	28	♐0	1	3	4	6	7	9	10	12	14	15	17	18	20	21	23	24	26	28	29	♑1	2	4	6	7	9	10	♑12
♀	♏15	15	15	15	15	15	15	15	15	15	15	15	16	16	16	17	17	17	18	18	19	19	20	20	21	22	22	23	24	24	♏25
♂	♒28	28	29	♓0	0	1	2	3	3	4	5	5	6	7	8	8	9	10	10	11	12	13	13	14	15	15	16	17	18	18	♓19

♃	1	6	12	18	24	30	♄	1	6	12	18	24	30	♅	1	15	30	♆	1	15	30	♇	1	15	30	☊	1	15	30
	♌0	♋29	29	28	28	27		♏15	16	16	17	18	18		♋27	27	26		♎27	28	28		♌27	27	27		♑6	6	6

1955

JANVIER

	1	2	3	4	5	6	7	8	9	10	11	12	13	14	15	16	17	18	19	20	21	22	23	24	25	26	27	28	29	30	31
☉	♑10	11	12	13	14	15	16	17	18	19	20	21	22	23	24	25	26	27	28	29	♒0	1	2	3	4	5	6	7	8	9	♒10
☽	♓29	♈13	27	♉11	26	♊10	25	♋10	24	♌8	22	♍6	19	♎1	14	26	♏8	20	♐1	13	25	♑8	20	♒3	16	29	♓12	26	♈10	24	♉8
☿	♑14	15	17	18	20	22	23	25	27	28	♒0	2	3	5	7	8	10	12	13	15	16	18	19	21	22	23	25	26	27	28	♒28
♀	♏26	27	27	28	29	♐0	1	1	2	3	4	5	6	7	8	9	10	11	11	12	13	14	15	16	17	18	19	20	21	23	♐24
♂	♓20	21	21	22	23	23	24	25	26	26	27	28	28	29	♈0	1	1	2	3	3	4	5	6	6	7	8	8	9	10	11	♈11

	1	6	12	18	24	30		1	6	12	18	24	30		1	15	30		1	15	30		1	15	30		1	15	30
♃	♋27	26	25	25	24	23	♄	♏18	19	19	20	20	20	♅	♋26	26	25	♆	♎28	28	28	♇	♌27	26	26	☊	♑6	5	5

FÉVRIER

	1	2	3	4	5	6	7	8	9	10	11	12	13	14	15	16	17	18	19	20	21	22	23	24	25	26	27	28
☉	♒11	12	13	14	15	16	17	18	19	20	21	22	24	25	26	27	28	29	♓0	1	2	3	4	5	6	7	8	♓9
☽	♉22	♊6	20	♋4	19	♌3	17	♍0	13	27	♎9	22	♏4	16	27	♐9	21	♑3	16	28	♒11	24	♓8	22	♈6	20	♉4	♉19
☿	♒29	29	♓0	0	0	♒29	29	28	27	26	25	24	23	22	21	20	19	18	17	16	16	15	15	14	14	14	14	♒15
♀	♐25	26	27	28	29	♑0	1	2	3	4	5	6	8	9	10	11	12	13	14	15	16	18	19	20	21	22	23	♑24
♂	♈12	13	13	14	15	16	16	17	18	18	19	20	21	21	22	23	23	24	25	25	26	27	28	28	29	♉0	0	♉1

	1	6	12	18	24	28		1	6	12	18	24	28		1	15	28		1	15	28		1	15	28		1	15	28
♃	♋23	22	22	21	21	20	♄	♏20	21	21	21	21	21	♅	♋25	24	24	♆	♎28	28	28	♇	♌26	26	25	☊	♑5	4	3

MARS

	1	2	3	4	5	6	7	8	9	10	11	12	13	14	15	16	17	18	19	20	21	22	23	24	25	26	27	28	29	30	31
☉	♓10	11	12	13	14	15	16	17	18	19	20	21	22	23	24	25	26	27	28	29	♈0	1	2	3	4	5	6	7	8	9	♈10
☽	♊3	17	♋1	15	28	♌12	25	♍9	22	♎5	17	29	♏12	23	♐5	17	29	♑11	23	♒6	19	♓2	16	♈1	15	♉0	14	29	♊13	28	♋12
☿	♒15	15	16	16	17	18	19	19	20	21	22	23	24	25	27	28	29	♓0	1	3	4	5	7	8	10	11	13	14	16	17	♓19
♀	♑26	27	28	29	♒0	1	2	4	5	6	7	8	9	11	12	13	14	15	16	18	19	20	21	22	24	25	26	27	28	29	♓1
♂	♉2	2	3	4	5	5	6	7	7	8	9	9	10	11	12	12	13	14	14	15	16	16	17	18	18	19	20	20	21	22	♉23

	1	6	12	18	24	30		1	6	12	18	24	30		1	15	30		1	15	30		1	15	30		1	15	30
♃	♋20	20	20	20	20	20	♄	♏21	21	21	21	21	20	♅	♋24	24	24	♆	♎28	28	27	♇	♌25	25	25	☊	♑3	2	0

AVRIL

	1	2	3	4	5	6	7	8	9	10	11	12	13	14	15	16	17	18	19	20	21	22	23	24	25	26	27	28	29	30
☉	♈10	11	12	13	14	15	16	17	18	19	20	21	22	23	24	25	26	27	28	29	♉0	1	2	3	4	5	6	7	8	♉9
☽	♋25	♌9	22	♍5	18	♎1	13	26	♏8	20	♐2	13	25	♑7	19	♒1	14	27	♓10	24	♈9	23	♉8	23	♊8	23	♋8	22	♌6	♌19
☿	♓20	22	24	25	27	29	♈1	2	4	6	8	10	12	14	15	17	19	21	23	26	28	♉0	2	4	6	8	10	13	15	♉17
♀	♓2	3	4	5	7	8	9	10	11	12	14	15	16	17	18	20	21	22	23	24	26	27	28	29	♈0	2	3	4	5	♈6
♂	♉23	24	25	25	26	27	27	28	29	29	♊0	1	1	2	3	3	4	5	5	6	7	7	8	9	9	10	11	11	12	♊13

	1	6	12	18	24	30		1	6	12	18	24	30		1	15	30		1	15	30		1	15	30		1	15	30
♃	♋20	21	21	21	22	23	♄	♏20	20	20	19	19	19	♅	♋24	24	24	♆	♎27	27	27	♇	♌25	24	24	☊	♑0	♐29	28

MAI

	1	2	3	4	5	6	7	8	9	10	11	12	13	14	15	16	17	18	19	20	21	22	23	24	25	26	27	28	29	30	31
☉	♉10	11	12	13	14	15	16	17	18	19	20	21	21	22	23	24	25	26	27	28	29	♊0	1	2	3	4	5	6	7	8	♊9
☽	♍2	15	28	♎10	22	♏4	16	28	♐10	22	♑4	16	28	♒10	23	♓6	19	♈3	17	♉2	17	♊2	17	♋2	17	♌1	15	29	♍12	25	♎7
☿	♉19	21	23	25	27	29	♊1	3	4	6	8	10	11	13	14	15	17	18	19	20	21	22	23	24	25	26	26	27	27	28	♊28
♀	♈8	9	10	11	12	14	15	16	17	18	20	21	22	23	24	26	27	28	29	♉1	2	3	4	5	7	8	9	10	11	13	♉14
♂	♊13	14	15	15	16	17	17	18	19	19	20	21	21	22	23	23	24	25	25	26	27	27	28	29	29	♋0	1	1	2	3	♋3

	1	6	12	18	24	30		1	6	12	18	24	30		1	15	30		1	15	30		1	15	30		1	15	30
♃	♋23	24	24	25	26	27	♄	♏18	18	18	17	17	16	♅	♋24	24	25	♆	♎27	26	26	♇	♌24	24	24	☊	♐28	27	27

JUIN

	1	2	3	4	5	6	7	8	9	10	11	12	13	14	15	16	17	18	19	20	21	22	23	24	25	26	27	28	29	30
☉	♊10	11	12	13	14	15	15	16	17	18	19	20	21	22	23	24	25	26	27	28	29	♋0	1	2	3	4	5	6	6	♋7
☽	♎19	♏2	14	25	♐7	19	♑1	13	25	♒7	19	♓2	15	28	♈12	26	♉10	25	♊10	25	♋10	25	♌10	24	♍8	21	♎4	16	28	♏10
☿	♊29	29	29	29	29	29	29	28	28	28	27	27	26	26	25	24	24	23	23	22	22	21	21	21	20	20	20	20	20	♊20
♀	♉15	16	17	19	20	21	22	24	25	26	27	28	♊0	1	2	3	4	6	7	8	9	10	12	13	14	15	17	18	19	♊20
♂	♋4	5	5	6	7	7	8	8	9	10	10	11	12	12	13	14	14	15	16	16	17	18	18	19	19	20	21	21	22	♋23

	1	6	12	18	24	30		1	6	12	18	24	30		1	15	30		1	15	30		1	15	30		1	15	30
♃	♋28	29	♌0	1	2	3	♄	♏16	16	16	15	15	15	♅	♋25	26	27	♆	♎26	26	25	♇	♌24	25	25	☊	♐26	26	26

JUILLET

	1	2	3	4	5	6	7	8	9	10	11	12	13	14	15	16	17	18	19	20	21	22	23	24	25	26	27	28	29	30	31
☉	♋8	9	10	11	12	13	14	15	16	17	18	19	20	21	22	23	24	25	26	27	27	28	29	♌0	1	2	3	4	5	6	♌7
☽	♏22	♐4	16	28	♑10	22	♒4	16	29	♓12	25	♈8	22	♉6	20	♊4	19	♋4	19	♌4	18	♍2	16	29	♎12	25	♏7	19	♐1	13	♐24
☿	♊21	21	21	22	22	23	23	24	25	26	27	28	29	♋0	2	3	5	6	8	9	11	13	15	16	18	20	22	24	26	28	♌1
♀	♊21	23	24	25	26	28	29	♋0	1	2	4	5	6	7	9	10	11	12	13	15	16	17	18	20	21	22	23	24	26	27	♋28
♂	♋23	24	25	25	26	27	27	28	28	29	♌0	0	1	2	2	3	4	4	5	6	6	7	7	8	9	9	10	11	11	12	♌13

	1	6	12	18	24	30		1	6	12	18	24	30		1	15	30		1	15	30		1	15	30		1	15	30
♃	♌4	5	6	7	9	10	♄	♏15	15	15	15	15	15	♅	♋27	28	28	♆	♎25	25	26	♇	♌25	25	26	☊	♐26	26	26

AOÛT

	1	2	3	4	5	6	7	8	9	10	11	12	13	14	15	16	17	18	19	20	21	22	23	24	25	26	27	28	29	30	31
☉	♌8	9	10	11	12	13	14	15	16	17	18	19	19	20	21	22	23	24	25	26	27	28	29	♍0	1	2	3	4	5	6	♍7
☽	♑6	18	♒1	13	26	♓9	22	♈5	19	♉2	16	♊0	15	29	♋13	28	♌12	26	♍10	24	♎7	20	♏3	15	27	♐9	21	♑2	14	27	♒9
☿	♌3	5	7	9	11	13	15	17	19	21	23	25	27	29	♍1	3	5	6	8	10	12	13	15	17	18	20	22	23	25	26	♍28
♀	♋29	♌1	2	3	4	6	7	8	9	10	12	13	14	15	17	18	19	20	22	23	24	25	27	28	29	♍0	2	3	4	5	♍6
♂	♌13	14	14	15	16	16	17	18	18	19	20	20	21	21	22	23	23	24	25	25	26	27	27	28	28	29	♍0	0	1	2	♍2

	1	6	12	18	24	30		1	6	12	18	24	30		1	15	30		1	15	30		1	15	30		1	15	30
♃	♌10	11	13	14	15	17	♄	♏15	15	15	15	16	16	♅	♋29	29	♌29	♆	♎26	26	26	♇	♌26	26	27	☊	♐26	25	24

SEPTEMBRE

	1	2	3	4	5	6	7	8	9	10	11	12	13	14	15	16	17	18	19	20	21	22	23	24	25	26	27	28	29	30
☉	♍8	9	10	11	12	13	14	15	16	17	17	18	19	20	21	22	23	24	25	26	27	28	29	♎0	1	2	3	4	5	♎6
☽	♒22	♓5	18	♈1	15	29	♉13	27	♊11	25	♋9	24	♌8	22	♍5	19	♎2	16	28	♏11	23	♐5	17	29	♑10	22	♒5	17	♓0	♓13
☿	♍29	♎1	2	4	5	6	8	9	10	12	13	14	15	16	18	19	20	21	22	23	24	24	25	26	26	27	28	28	28	♎28
♀	♍8	9	10	11	13	14	15	16	18	19	20	21	23	24	25	26	28	29	♎0	1	3	4	5	6	8	9	10	11	13	♎14
♂	♍3	4	4	5	5	6	7	7	8	9	9	10	11	11	12	12	13	14	14	15	16	16	17	18	18	19	19	20	21	♍21

	1	6	12	18	24	30		1	6	12	18	24	30		1	15	30		1	15	30		1	15	30		1	15	30
♃	♌17	18	19	21	22	23	♄	♏16	16	17	17	18	18	♅	♌0	1	2	♆	♎26	27	27	♇	♌27	27	28	☊	♐24	22	20

OCTOBRE

	1	2	3	4	5	6	7	8	9	10	11	12	13	14	15	16	17	18	19	20	21	22	23	24	25	26	27	28	29	30	31
☉	♎7	8	9	10	11	12	13	14	15	16	17	18	19	20	21	22	23	24	25	26	27	28	29	♏0	1	2	3	4	5	6	♏7
☽	♓27	♈11	25	♉9	23	♊8	22	♋6	20	♌4	18	♍2	15	28	♎11	24	♏7	19	♐1	13	25	♑6	18	♒0	12	25	♓8	21	♈5	19	♉3
☿	♎29	29	29	28	28	27	27	26	25	24	23	22	21	20	18	17	16	15	15	14	13	13	13	13	14	14	15	15	16	17	♎18
♀	♎15	16	18	19	20	21	22	24	25	26	27	29	♏0	1	2	4	5	6	7	9	10	11	12	14	15	16	17	19	20	21	♏22
♂	♍22	23	23	24	25	25	26	26	27	28	28	29	♎0	0	1	2	2	3	4	4	5	5	6	7	7	8	9	9	10	11	♎11

	1	6	12	18	24	30		1	6	12	18	24	30		1	15	30		1	15	30		1	15	30		1	15	30
♃	♌23	24	25	26	27	28	♄	♏19	19	20	20	21	22	♅	♌2	2	2	♆	♎27	28	28	♇	♌28	28	28	☊	♐20	19	18

NOVEMBRE

	1	2	3	4	5	6	7	8	9	10	11	12	13	14	15	16	17	18	19	20	21	22	23	24	25	26	27	28	29	30
☉	♏8	9	10	11	12	13	14	15	16	17	18	19	20	21	22	23	24	25	26	27	28	29	♐0	1	2	3	4	5	6	♐7
☽	♉18	♊3	18	♋2	17	♌1	15	29	♍12	25	♎8	21	♏3	15	27	♐9	21	♑3	15	27	♒8	21	♓3	16	29	♈13	27	♉11	26	♊11
☿	♎20	21	22	24	25	27	28	♏0	1	3	4	6	7	9	11	12	14	15	17	19	20	22	23	25	27	28	♐0	1	3	♐4
♀	♏24	25	26	27	29	♐0	1	2	4	5	6	7	9	10	11	12	14	15	16	17	19	20	21	22	24	25	26	27	29	♑0
♂	♎12	13	13	14	14	15	16	16	17	18	18	19	20	20	21	22	22	23	23	24	25	25	26	27	27	28	29	29	♏0	♏1

	1	6	12	18	24	30		1	6	12	18	24	30		1	15	30		1	15	30		1	15	30		1	15	30
♃	♌28	29	29	♍0	1	1	♄	♏22	22	23	24	25	25	♅	♌2	2	2	♆	♎28	29	29	♇	♌28	29	29	☊	♐18	17	17

DÉCEMBRE

	1	2	3	4	5	6	7	8	9	10	11	12	13	14	15	16	17	18	19	20	21	22	23	24	25	26	27	28	29	30	31
☉	♐8	9	10	11	12	13	14	15	16	17	18	19	20	21	22	23	24	25	26	27	28	29	♑0	1	2	3	4	5	6	8	♑9
☽	♊26	♋11	26	♌11	25	♍9	22	♎5	18	♏0	12	24	♐6	18	♑0	12	23	♒5	17	29	♓12	25	♈8	21	♉5	19	♊4	19	♋4	20	♌5
☿	♐6	8	9	11	12	14	15	17	19	20	22	23	25	26	28	♑0	1	3	4	6	8	9	11	12	14	15	17	19	20	22	♑23
♀	♑1	2	4	5	6	7	9	10	11	12	13	15	16	17	18	20	21	22	23	25	26	27	28	♒0	1	2	3	5	6	7	♒8
♂	♏1	2	3	3	4	4	5	6	6	7	8	8	9	10	10	11	12	12	13	14	14	15	16	16	17	18	18	19	19	20	♏21

	1	6	12	18	24	30		1	6	12	18	24	30		1	15	30		1	15	30		1	15	30		1	15	30
♃	♍1	1	1	2	1	1	♄	♏25	26	27	27	28	29	♅	♌2	2	1	♆	♎29	♏0	0	♇	♌29	29	28	☊	♐17	17	17

1956

JANVIER

	1	2	3	4	5	6	7	8	9	10	11	12	13	14	15	16	17	18	19	20	21	22	23	24	25	26	27	28	29	30	31
☉	♑10	11	12	13	14	15	16	17	18	19	20	21	22	23	24	25	26	27	28	29	♒0	1	2	3	4	5	6	7	8	9	♒10
☽	♌19	♍4	18	♎1	14	27	♏9	21	♐3	15	27	♑9	20	♒2	14	27	♓9	21	♈4	17	♉0	14	28	♊13	27	♋12	27	♌12	27	♍12	♍26
☿	♑25	26	28	29	♒1	2	4	5	6	8	9	10	11	12	12	13	13	13	13	13	13	12	12	11	10	9	7	6	5	4	♒2
♀	♒10	11	12	13	14	16	17	18	19	21	22	23	24	26	27	28	29	♓0	2	3	4	5	7	8	9	10	11	13	14	15	♓16
♂	♏21	22	23	23	24	25	25	26	27	27	28	29	29	♐0	1	1	2	3	3	4	5	5	6	6	7	8	8	9	10	10	♐11

	1	6	12	18	24	30		1	6	12	18	24	30		1	15	30		1	15	30		1	15	30		1	15	30
♃	♍1	1	1	0♌29	29		♄	♏29	29	♐0	0	1	1	♅	♌1	1	0	♆	♏0	0	0	♇	♌28	28	28	☊	♐17	17	16

FÉVRIER

	1	2	3	4	5	6	7	8	9	10	11	12	13	14	15	16	17	18	19	20	21	22	23	24	25	26	27	28	29
☉	♒11	12	13	14	15	16	17	18	19	20	21	22	23	24	25	26	27	28	29	♓0	1	2	3	4	5	6	7	8	♓9
☽	♎10	23	♏5	18	♐0	12	24	♑5	17	29	♒11	23	♓6	18	♈1	14	27	♉11	24	♊8	22	♋7	21	♌6	21	♍5	20	♎4	♎17
☿	♒1	0	0	♑29	28	28	28	28	28	28	28	28	29	29	♒0	0	1	2	3	4	5	6	7	8	9	10	11	13	♒14
♀	♓18	19	20	21	22	24	25	26	27	28	♈0	1	2	3	4	6	7	8	9	10	12	13	14	15	16	17	19	20	♈21
♂	♐12	12	13	14	14	15	16	16	17	18	18	19	20	20	21	22	22	23	24	24	25	26	26	27	27	28	29	29	♑0

	1	6	12	18	24	29		1	6	12	18	24	29		1	15	29		1	15	29		1	15	29		1	15	29
♃	♌28	28	27	26	26	25	♄	♐1	2	2	2	3	3	♅	♌0	♋0	29	♆	♏0	0	0	♇	♌28	27	27	☊	♐16	14	13

MARS

	1	2	3	4	5	6	7	8	9	10	11	12	13	14	15	16	17	18	19	20	21	22	23	24	25	26	27	28	29	30	31
☉	♓10	11	12	13	14	15	16	17	18	19	20	21	22	23	24	25	26	27	28	29	♈0	1	2	3	4	5	6	7	8	9	♈10
☽	♏1	13	26	♐8	20	♑2	13	25	♒7	20	♓2	15	28	♈11	24	♉8	21	♊5	19	♋3	17	♌1	16	♍0	14	28	♎12	25	♏9	21	♐4
☿	♒15	16	18	19	21	22	23	25	26	28	29	♓1	2	4	6	7	9	10	12	14	16	17	19	21	23	24	26	28	♈0	2	♈4
♀	♈22	23	24	26	27	28	29	♉0	1	2	4	5	6	7	8	9	10	11	13	14	15	16	17	18	19	20	21	22	23	24	♉26
♂	♑1	1	2	3	3	4	5	5	6	7	7	8	9	9	10	11	11	12	13	13	14	14	15	16	16	17	18	18	19	20	♑20

	1	6	12	18	24	30		1	6	12	18	24	30		1	15	30		1	15	30		1	15	30		1	15	30
♃	♌25	24	23	23	22	22	♄	♐3	3	3	3	3	3	♅	♋29	28	28	♆	♏0	0	0	♇	♌27	27	26	☊	♐13	11	10

AVRIL

	1	2	3	4	5	6	7	8	9	10	11	12	13	14	15	16	17	18	19	20	21	22	23	24	25	26	27	28	29	30
☉	♈11	12	13	14	15	16	17	18	19	20	21	22	23	24	25	26	27	28	29	♉0	1	2	3	4	5	6	7	8	9	♉10
☽	♐16	28	♑10	21	♒3	15	28	♓10	23	♈6	20	♉3	17	♊1	16	♋0	14	28	♌12	26	♍10	24	♎8	21	♏4	17	29	♐12	24	♑6
☿	♈6	8	10	12	14	16	18	20	22	24	26	29	♉1	3	5	7	9	11	13	15	16	18	20	22	23	25	26	28	29	♊0
♀	♉27	28	29	♊0	1	2	3	4	5	6	7	8	9	10	11	12	13	14	14	15	16	17	18	19	20	21	22	22	23	♊24
♂	♑21	22	22	23	24	24	25	26	26	27	27	28	29	29	♒0	1	1	2	3	3	4	4	5	6	6	7	8	8	9	♒10

	1	6	12	18	24	30		1	6	12	18	24	30		1	15	30		1	15	30		1	15	30		1	15	30
♃	♌22	22	22	21	22	22	♄	♐2	2	2	2	1	1	♅	♋28	28	28	♆	♏0 ♎29	29		♇	♌26	26	26	☊	♐10	9	8

MAI

	1	2	3	4	5	6	7	8	9	10	11	12	13	14	15	16	17	18	19	20	21	22	23	24	25	26	27	28	29	30	31
☉	♉11	12	13	13	14	15	16	17	18	19	20	21	22	23	24	25	26	27	28	29	♊0	1	2	3	4	5	6	7	8	9	♊10
☽	♑17	29	♒11	23	♓6	18	♈1	14	28	♉12	26	♊11	26	♋10	25	♌9	23	♍7	21	♎4	17	♏0	13	25	♐8	20	♑2	14	26	♒7	♒19
☿	♊1	2	3	4	5	6	7	7	8	8	8	9	9	9	9	9	9	8	8	8	7	7	6	6	5	5	4	4	3	3	♊2
♀	♊25	26	26	27	28	29	29	♋0	1	1	2	2	3	4	4	5	5	6	6	7	7	7	8	8	8	8	9	9	9	9	♋9
♂	♒10	11	11	12	13	13	14	14	15	16	16	17	18	18	19	19	20	21	21	22	22	23	24	24	25	25	26	26	27	28	♒28

	1	6	12	18	24	30		1	6	12	18	24	30		1	15	30		1	15	30		1	15	30		1	15	30
♃	♌22	22	22	23	23	24	♄	♐1	1	0	0♏29	29		♅	♋29	29	29	♆	♎29	28	28	♇	♌26	26	26	☊	♐8	8	8

JUIN

	1	2	3	4	5	6	7	8	9	10	11	12	13	14	15	16	17	18	19	20	21	22	23	24	25	26	27	28	29	30
☉	♊10	11	12	13	14	15	16	17	18	19	20	21	22	23	24	25	26	27	28	29	♋0	1	1	2	3	4	5	6	7	♋8
☽	♓1	14	26	♈9	22	♉6	20	♊5	20	♋5	20	♌4	19	♍4	18	♎1	14	27	♏10	22	♐5	17	29	♑11	22	♒4	16	28	♓10	♓22
☿	♊2	1	1	1	0	0	0	0	0	0	1	1	1	2	2	3	4	4	5	6	7	8	9	10	11	13	14	15	17	♊18
♀	♋9	9	9	9	9	8	8	8	8	7	7	7	6	6	5	5	4	3	3	2	2	1	0	0	♊29	28	28	27	27	♊26
♂	♒29	29	♓0	0	1	1	2	3	3	4	4	5	5	6	6	7	7	8	8	9	9	10	10	11	11	12	12	13	13	♓13

	1	6	12	18	24	30		1	6	12	18	24	30		1	15	30		1	15	30		1	15	30		1	15	30
♃	♌24	25	26	27	28	29	♄	♏29	28	28	28	27	27	♅	♌0	0	1	♆	♎28	28	28	♇	♌26	26	27	☊	♐8	8	8

JUILLET

	1	2	3	4	5	6	7	8	9	10	11	12	13	14	15	16	17	18	19	20	21	22	23	24	25	26	27	28	29	30	31
☉	♋9	10	11	12	13	14	15	16	17	18	19	20	21	22	22	23	24	25	26	27	28	29	♌0	1	2	3	4	5	6	7	♌8
☽	♈5	18	♉1	14	29	♊13	28	♋13	28	♌13	28	♍13	27	♎11	24	♏7	19	♐2	14	26	♑8	19	♒1	13	25	♓7	19	♈2	14	27	♉10
☿	♊20	22	23	25	27	29	♋0	2	4	6	8	10	12	15	17	19	21	23	25	27	♌0	2	4	6	8	10	12	14	16	18	♌20
♀	♊26	25	25	24	24	24	23	23	23	23	23	23	23	23	23	23	23	23	23	23	23	24	24	24	25	25	26	26	26	27	♊27
♂	♓14	14	15	15	16	16	16	17	17	17	18	18	18	19	19	19	20	20	20	21	21	21	21	22	22	22	22	22	23	23	♓23

	1	6	12	18	24	30		1	6	12	18	24	30		1	15	30		1	15	30		1	15	30		1	15	30
♃	♌29	♍0	1	2	3	4	♄	♏27	27	26	26	26	26	♅	♌1	2	3	♆	♎28	28	28	♇	♌27	27	28	☊	♐8	7	6

AOÛT

	1	2	3	4	5	6	7	8	9	10	11	12	13	14	15	16	17	18	19	20	21	22	23	24	25	26	27	28	29	30	31
☉	♌9	10	11	12	13	13	14	15	16	17	18	19	20	21	22	23	24	25	26	27	28	29	♍0	1	2	3	4	5	6	7	♍8
☽	♉24	♊7	22	♋6	21	♌7	22	♍7	22	♎6	20	♏3	16	28	♐11	23	♑5	16	28	♒10	22	♓4	16	29	♈11	24	♉7	20	♊3	17	♋1
☿	♌21	23	25	27	29	♍0	2	4	5	7	9	10	12	13	15	16	18	19	20	22	23	24	26	27	28	29	♎0	2	3	4	♎5
♀	♊28	29	29	♋0	0	1	2	2	3	4	5	5	6	7	8	8	9	10	11	12	13	13	14	15	16	17	18	19	20	21	♋22
♂	♓23	23	23	23	23	24	24	24	24	24	24	24	24	24	24	23	23	23	23	23	23	23	23	22	22	22	22	22	22	21	♓21

	1	6	12	18	24	30		1	6	12	18	24	30		1	15	30		1	15	30		1	15	30		1	15	30
♃	♍5	6	7	8	10	11	♄	♏26	26	26	26	27	27	♅	♌3	4	5	♆	♎28	28	28	♇	♌28	28	29	☊	♐6	5	3

SEPTEMBRE

	1	2	3	4	5	6	7	8	9	10	11	12	13	14	15	16	17	18	19	20	21	22	23	24	25	26	27	28	29	30
☉	♍9	9	10	11	12	13	14	15	16	17	18	19	20	21	22	23	24	25	26	27	28	29	♎0	1	2	3	4	5	6	♎7
☽	♋16	♌0	15	♍0	15	♎0	14	28	♏11	24	♐7	19	♑1	13	25	♒7	19	♓1	13	25	♈8	21	♉4	17	♊0	14	28	♋12	26	♌10
☿	♎6	7	7	8	9	10	10	11	11	12	12	12	12	12	12	12	12	11	11	10	9	8	7	6	5	4	3	2	1	♎0
♀	♋23	24	25	26	27	28	29	♌0	1	2	3	4	5	6	7	8	9	10	11	12	13	14	15	16	18	19	20	21	22	♌23
♂	♓21	21	20	20	20	19	19	19	19	18	18	18	18	17	17	17	17	16	16	16	16	15	15	15	15	15	14	14	14	♓14

	1	6	12	18	24	30		1	6	12	18	24	30		1	15	30		1	15	30		1	15	30		1	15	30
♃	♍11	12	14	15	16	18	♄	♏27	27	28	28	29	29	♅	♌5	6	6	♆	♎28	29	29	♇	♌29	29♍29		☊	♐3	2	1

OCTOBRE

	1	2	3	4	5	6	7	8	9	10	11	12	13	14	15	16	17	18	19	20	21	22	23	24	25	26	27	28	29	30	31
☉	♎8	9	10	11	12	13	14	15	16	17	18	19	20	21	22	23	24	25	26	27	28	29	♏0	1	2	3	4	5	6	7	♏8
☽	♌25	♍9	24	♎8	22	♏6	19	♐2	15	27	♑9	21	♒3	15	27	♓9	21	♈4	17	♉0	13	27	♊11	25	♋9	23	♌7	21	♍5	19	♎3
☿	♍29	28	28	28	27	27	27	28	28	29	♎0	1	2	3	4	5	7	8	10	11	13	14	16	18	19	21	23	24	26	28	♎29
♀	♌24	25	26	28	29	♍0	1	2	3	4	6	7	8	9	10	11	12	14	15	16	17	18	20	21	22	23	24	25	27	28	♍29
♂	♓14	14	14	13	13	13	13	13	13	13	13	13	13	13	13	13	13	14	14	14	14	14	14	14	15	15	15	15	15	16	♓16

	1	6	12	18	24	30		1	6	12	18	24	30		1	15	30		1	15	30		1	15	30		1	15	30
♃	♍18	19	20	21	22	23	♄	♏29	♐0	0	1	1	2	♅	♌6	7	7	♆	♎29	♏0	0	♇	♍0	0	0	☊	♐0	0	♏0

NOVEMBRE

	1	2	3	4	5	6	7	8	9	10	11	12	13	14	15	16	17	18	19	20	21	22	23	24	25	26	27	28	29	30
☉	♏9	10	11	12	13	14	15	16	17	18	19	20	21	22	23	24	25	26	27	28	29	♐0	1	2	3	4	5	6	7	♐8
☽	♎17	♏1	14	27	♐10	23	♑5	17	29	♒11	23	♓5	17	29	♈12	25	♉8	22	♊6	20	♋5	19	♌3	18	♍2	16	♎0	14	27	♏10
☿	♏1	3	4	6	8	9	11	13	14	16	17	19	21	22	24	25	27	29	♐0	2	3	5	6	8	10	11	13	14	16	♐17
♀	♎0	1	3	4	5	6	7	9	10	11	12	13	15	16	17	18	20	21	22	23	24	26	27	28	29	♏1	2	3	4	♏5
♂	♓16	16	17	17	17	17	18	18	18	19	19	19	20	20	21	21	21	22	22	23	23	23	24	24	25	25	26	26	26	♓27

	1	6	12	18	24	30		1	6	12	18	24	30		1	15	30		1	15	30		1	15	30		1	15	30
♃	♍24	25	26	27	28	28	♄	♐2	3	4	4	5	6	♅	♌7	7	7	♆	♏0	1	1	♇	♍0	0	0	☊	♏29	29	29

DÉCEMBRE

	1	2	3	4	5	6	7	8	9	10	11	12	13	14	15	16	17	18	19	20	21	22	23	24	25	26	27	28	29	30	31
☉	♐9	10	11	12	13	14	15	16	17	18	19	20	21	22	23	24	25	26	27	28	29	♑0	1	2	3	4	5	6	7	8	♑9
☽	♏23	♐6	18	♑1	13	25	♒7	19	♓1	12	25	♈7	20	♉3	16	♊0	14	29	♋14	29	♌14	28	♍13	27	♎10	24	♏7	20	♐2	15	♐27
☿	♐19	20	22	23	25	26	28	♑0	1	3	4	6	7	9	10	11	13	14	16	17	18	20	21	22	23	24	25	26	26	27	♑27
♀	♏7	8	9	10	12	13	14	15	17	18	19	20	22	23	24	25	27	28	29	♐0	1	3	4	5	6	8	9	10	11	13	♐14
♂	♓27	28	28	29	29	♈0	0	1	1	2	2	3	3	4	4	5	5	6	6	7	8	8	9	9	10	10	11	11	12	13	♈13

	1	6	12	18	24	30		1	6	12	18	24	30		1	15	30		1	15	30		1	15	30		1	15	30
♃	♍29	29	♎0	0	1	1	♄	♐6	6	7	8	8	9	♅	♌7	7	6	♆	♏2	2	2	♇	♍0	0	0	☊	♏29	29	29

1957

JANVIER

	1	2	3	4	5	6	7	8	9	10	11	12	13	14	15	16	17	18	19	20	21	22	23	24	25	26	27	28	29	30	31
☉	♑10	11	12	13	14	15	16	17	18	19	21	22	23	24	25	26	27	28	29	♒0	1	2	3	4	5	6	7	8	9	10	♒11
☽	♑9	21	♒3	15	27	♓9	21	♈3	15	28	♉11	24	♊8	22	♋7	22	♌7	22	♍7	22	♎7	20	♏4	17	♐0	12	24	♑6	18	♒0	♒12
☿	♑27	27	27	27	26	26	25	23	22	21	20	18	17	16	15	14	13	12	12	11	11	11	11	12	12	12	13	13	14	15	♑16
♀	♐15	16	18	19	20	21	23	24	25	26	28	29	♑0	1	3	4	5	6	8	9	10	11	13	14	15	16	18	19	20	21	♑23
♂	♈14	14	15	15	16	17	17	18	18	19	19	20	21	21	22	22	23	24	24	25	25	26	27	27	28	28	29	♉0	0	1	♉1

	1	6	12	18	24	30		1	6	12	18	24	30		1	15	30		1	15	30		1	15	30		1	15	30
♃	♎1	2	2	2	2	2	♄	♐9	10	10	11	12	12	♅	♌6	5	5	♆	♏2	2	3	♇	♍0	0	0	☊	♏28	27	26

FÉVRIER

	1	2	3	4	5	6	7	8	9	10	11	12	13	14	15	16	17	18	19	20	21	22	23	24	25	26	27	28
☉	♒12	13	14	15	16	17	18	19	20	21	22	23	24	25	26	27	28	29	♓0	1	2	3	4	5	6	7	8	♓9
☽	♒24	♓6	18	♈0	12	24	♉6	19	♊2	16	♋0	15	♌0	15	♍0	16	♎1	15	29	♏13	26	♐9	21	♑3	15	27	♒9	♒21
☿	♑17	18	19	20	21	22	23	24	25	27	28	29	♒1	2	3	5	6	7	9	10	12	13	15	16	18	19	21	♒23
♀	♑24	25	26	28	29	♒0	1	3	4	5	6	8	9	10	11	13	14	15	16	18	19	20	21	23	24	25	26	♒28
♂	♉2	3	3	4	5	5	6	6	7	8	8	9	9	10	11	11	12	13	13	14	14	15	16	16	17	18	18	♉19

	1	6	12	18	24	28		1	6	12	18	24	28		1	15	28		1	15	28		1	15	28		1	15	28
♃	♎1	1	1	0	0	♍29	♄	♐12	13	13	13	14	14	♅	♌5	4	4	♆	♏3	3	2	♇	♍0	♌0	29	☊	♏26	24	23

MARS

	1	2	3	4	5	6	7	8	9	10	11	12	13	14	15	16	17	18	19	20	21	22	23	24	25	26	27	28	29	30	31
☉	♓10	11	12	13	14	15	16	17	18	19	20	21	22	23	24	25	26	27	28	29	♈0	1	2	3	4	5	6	7	8	9	♈10
☽	♓3	15	27	♈9	21	♉3	16	29	♊12	26	♋9	24	♌8	23	♍9	24	♎9	23	♏7	21	♐4	17	♑0	12	24	♒6	18	♓0	11	23	♈6
☿	♒24	26	28	29	♓1	3	4	6	8	10	11	13	15	17	19	21	23	24	26	28	♈0	2	4	6	8	10	12	14	17	19	♈21
♀	♒29	♓0	1	3	4	5	6	8	9	10	11	13	14	15	16	18	19	20	21	23	24	25	26	28	29	♈0	1	3	4	5	♈6
♂	♉19	20	21	21	22	23	23	24	24	25	26	26	27	28	28	29	29	♊0	1	1	2	3	3	4	4	5	6	6	7	8	♊8

	1	6	12	18	24	30		1	6	12	18	24	30		1	15	30		1	15	30		1	15	30		1	15	30
♃	♍29	28	28	27	26	25	♄	♐14	14	14	14	14	14	♅	♌4	3	3	♆	♏2	2	2	♇	♌29	29	28	☊	♏23	21	20

AVRIL

	1	2	3	4	5	6	7	8	9	10	11	12	13	14	15	16	17	18	19	20	21	22	23	24	25	26	27	28	29	30
☉	♈11	12	13	14	15	16	17	18	19	20	21	22	23	24	25	26	27	28	29	♉0	1	2	3	4	5	5	6	7	8	♉9
☽	♈18	♉0	13	26	♊9	22	♋6	20	♌4	18	♍3	18	♎2	17	♏1	15	29	♐12	25	♑8	20	♒2	14	26	♓8	20	♈2	14	27	♉9
☿	♈22	24	26	28	♉0	2	3	5	7	8	10	11	12	13	14	15	16	17	18	18	19	19	19	19	19	19	19	19	19	♉18
♀	♈8	9	10	11	12	14	15	16	17	19	20	21	22	24	25	26	27	29	♉0	1	2	4	5	6	7	8	10	11	12	♉13
♂	♊9	9	10	11	11	12	13	13	14	15	15	16	16	17	18	18	19	20	20	21	21	22	23	23	24	25	25	26	26	♊27

	1	6	12	18	24	30		1	6	12	18	24	30		1	15	30		1	15	30		1	15	30		1	15	30
♃	♍25	24	24	23	23	22	♄	♐14	14	14	14	14	13	♅	♌3	3	3	♆	♏2	1	1	♇	♌28	28	28	☊	♏20	20	20

MAI

	1	2	3	4	5	6	7	8	9	10	11	12	13	14	15	16	17	18	19	20	21	22	23	24	25	26	27	28	29	30	31
☉	♉10	11	12	13	14	15	16	17	18	19	20	21	22	23	24	25	26	27	28	29	♊0	1	2	3	4	4	5	6	7	8	♊9
☽	♉22	♊6	19	♋3	17	♌1	15	29	♍13	28	♎12	26	♏10	24	♐7	20	♑3	16	28	♒10	22	♓4	16	28	♈10	22	♉5	18	♊1	15	♊29
☿	♉18	18	17	16	16	15	15	14	13	13	12	12	11	11	11	10	10	10	10	10	10	10	11	11	11	12	12	13	14	14	♉15
♀	♉15	16	17	18	20	21	22	23	25	26	27	28	29	♊1	2	3	4	6	7	8	9	10	12	13	14	15	17	18	19	20	♊22
♂	♊28	28	29	♋0	0	1	1	2	3	3	4	5	5	6	6	7	8	8	9	10	10	11	12	12	13	13	14	15	15	16	♋17

	1	6	12	18	24	30		1	6	12	18	24	30		1	15	30		1	15	30		1	15	30		1	15	30
♃	♍22	22	22	22	22	22	♄	♐13	13	13	12	12	11	♅	♌3	3	4	♆	♏1	1	0	♇	♌28	28	28	☊	♏20	20	20

JUIN

	1	2	3	4	5	6	7	8	9	10	11	12	13	14	15	16	17	18	19	20	21	22	23	24	25	26	27	28	29	30
☉	♊10	11	12	13	14	15	16	17	18	19	20	21	22	23	24	25	26	26	27	28	29	♋0	1	2	3	4	5	6	7	♋8
☽	♋13	27	♌11	26	♍10	24	♎8	22	♏6	19	♐3	16	29	♑11	24	♒6	18	♓0	12	24	♈6	18	♉0	13	26	♊10	23	♋8	22	♌7
☿	♉16	17	18	19	20	21	22	24	25	26	28	29	♊1	2	4	5	7	9	11	12	14	16	18	20	22	24	26	28	♋1	♋3
♀	♊23	24	25	26	28	29	♋0	1	3	4	5	6	7	9	10	11	12	14	15	16	17	18	20	21	22	23	25	26	27	♋28
♂	♋17	18	18	19	20	20	21	22	22	23	23	24	25	25	26	27	27	28	28	29	♌0	0	1	2	2	3	3	4	5	♌5

	1	6	12	18	24	30		1	6	12	18	24	30		1	15	30		1	15	30		1	15	30		1	15	30
♃	♍22	22	23	23	24	24	♄	♐11	11	10	10	9	9	♅	♌4	5	5	♆	♏0	0	0	♇	♌28	28	29	☊	♏20	19	19

JUILLET

	1	2	3	4	5	6	7	8	9	10	11	12	13	14	15	16	17	18	19	20	21	22	23	24	25	26	27	28	29	30	31
☉	♋9	10	11	12	13	14	15	16	17	17	18	19	20	21	22	23	24	25	26	27	28	29	♌0	1	2	3	4	5	6	7	♌8
☽	♌22	♍6	21	♎5	19	♏3	16	29	♐12	25	♑8	20	♒2	14	26	♓8	20	♈2	14	26	♉8	21	♊4	18	♋2	16	♌1	16	♍1	16	♎1
☿	♋5	7	9	11	14	16	18	20	22	24	26	28	♌0	2	4	6	8	10	12	14	15	17	19	20	22	24	25	27	28	♍0	♍1
♀	♋29	♌1	2	3	4	6	7	8	9	10	12	13	14	15	16	18	19	20	21	23	24	25	26	27	29	♍0	1	2	3	5	♍6
♂	♌6	7	7	8	8	9	10	10	11	12	12	13	13	14	15	15	16	17	17	18	19	19	20	20	21	22	22	23	24	24	♌25

	1	6	12	18	24	30		1	6	12	18	24	30		1	15	30		1	15	30		1	15	30		1	15	30
♃	♍24	25	26	27	28	29	♄	♐9	9	8	8	8	8	♅	♌6	6	7	♆	♏0	0	0	♇	♌29	29	29	☊	♏18	17	16

AOÛT

	1	2	3	4	5	6	7	8	9	10	11	12	13	14	15	16	17	18	19	20	21	22	23	24	25	26	27	28	29	30	31
☉	♌8	9	10	11	12	13	14	15	16	17	18	19	20	21	22	23	24	25	26	27	28	29	♍0	1	2	2	3	4	5	6	♍7
☽	♎15	29	♏13	26	♐9	22	♑4	17	29	♒11	23	♓5	17	29	♈10	22	♉5	17	♊0	13	26	♋10	25	♌9	25	♍10	25	♎10	25	♏9	♏23
☿	♍3	4	6	7	8	9	11	12	13	14	15	16	17	18	19	20	21	22	22	23	23	24	24	25	25	25	25	25	25	25	♍25
♀	♍7	8	10	11	12	13	14	16	17	18	19	20	22	23	24	25	26	28	29	♎0	1	2	4	5	6	7	8	10	11	12	♎13
♂	♌25	26	27	27	28	29	29	♍0	0	1	2	2	3	4	4	5	6	6	7	7	8	9	9	10	11	11	12	13	13	14	♍14

	1	6	12	18	24	30		1	6	12	18	24	30		1	15	30		1	15	30		1	15	30		1	15	30
♃	♍29	♎0	1	2	3	4	♄	♐8	8	8	8	8	8	♅	♌7	8	9	♆	♏0	0	0	♇	♌29	♍0	0	☊	♏16	14	13

SEPTEMBRE

	1	2	3	4	5	6	7	8	9	10	11	12	13	14	15	16	17	18	19	20	21	22	23	24	25	26	27	28	29	30
☉	♍8	9	10	11	12	13	14	15	16	17	18	19	20	21	22	23	24	25	26	27	28	29	♎0	1	2	3	4	5	6	♎7
☽	♐6	19	♑2	14	26	♒8	20	♓2	14	26	♈8	19	♉2	14	26	♊9	22	♋5	19	♌3	18	♍3	18	♎3	18	♏3	18	♐1	15	♐28
☿	♍24	24	23	22	22	21	20	19	18	17	16	15	14	13	12	12	12	11	11	11	11	12	12	13	14	15	16	17	18	♍20
♀	♎14	15	17	18	19	20	21	23	24	25	26	27	29	♏0	1	2	3	4	6	7	8	9	10	11	13	14	15	16	17	♏18
♂	♍15	16	16	17	18	18	19	20	20	21	22	22	23	23	24	25	25	26	27	27	28	29	29	♎0	1	1	2	2	3	♎4

	1	6	12	18	24	30		1	6	12	18	24	30		1	15	30		1	15	30		1	15	30		1	15	30
♃	♎5	6	7	8	10	11	♄	♐8	8	8	9	9	10	♅	♌9	10	11	♆	♏1	1	1	♇	♍0	1	1	☊	♏13	12	11

OCTOBRE

	1	2	3	4	5	6	7	8	9	10	11	12	13	14	15	16	17	18	19	20	21	22	23	24	25	26	27	28	29	30	31
☉	♎8	9	10	11	11	12	13	14	15	16	17	18	19	20	21	22	23	24	25	26	27	28	29	♏0	1	2	3	4	5	6	♏7
☽	♑11	23	♒5	17	29	♓11	23	♈4	16	29	♉11	23	♊6	19	♋2	15	29	♌13	27	♍12	27	♎12	27	♏11	26	♐10	23	♑6	19	♒1	♒13
☿	♍21	23	24	26	28	29	♎1	3	4	6	8	10	11	13	15	17	18	20	22	23	25	27	29	♏0	2	4	5	7	8	10	♏12
♀	♏20	21	22	23	24	25	26	28	29	♐0	1	2	3	5	6	7	8	9	10	11	12	14	15	16	17	18	19	20	21	22	♐24
♂	♎4	5	6	6	7	8	8	9	10	10	11	12	12	13	14	14	15	16	16	17	17	18	19	19	20	21	21	22	23	23	♎24

	1	6	12	18	24	30		1	6	12	18	24	30		1	15	30		1	15	30		1	15	30		1	15	30
♃	♎11	12	14	15	16	17	♄	♐10	10	11	11	12	12	♅	♌11	11	12	♆	♏1	2	2	♇	♍1	2	2	☊	♏11	11	11

NOVEMBRE

	1	2	3	4	5	6	7	8	9	10	11	12	13	14	15	16	17	18	19	20	21	22	23	24	25	26	27	28	29	30
☉	♏8	9	10	11	12	13	14	15	16	17	18	19	20	21	22	23	24	25	26	27	28	29	♐0	1	2	3	4	5	7	♐8
☽	♒25	♓7	19	♈1	13	25	♉7	20	♊3	16	29	♋12	26	♌9	23	♍8	22	♎6	21	♏5	19	♐4	17	♑1	14	27	♒9	21	♓3	♓15
☿	♏13	15	16	18	20	21	23	24	26	27	29	♐0	2	3	5	6	8	9	11	12	14	15	17	18	20	21	23	24	25	♐27
♀	♐25	26	27	28	29	♑0	1	2	3	4	5	6	7	8	9	10	12	13	14	15	16	17	18	18	19	20	21	22	23	♑24
♂	♎25	25	26	27	27	28	29	29	♏0	1	1	2	3	3	4	5	5	6	7	7	8	9	9	10	11	12	12	13	14	♏14

	1	6	12	18	24	30		1	6	12	18	24	30		1	15	30		1	15	30		1	15	30		1	15	30
♃	♎18	19	20	21	22	24	♄	♐12	13	14	14	15	16	♅	♌12	12	12	♆	♏3	3	4	♇	♍2	2	2	☊	♏11	10	10

DÉCEMBRE

	1	2	3	4	5	6	7	8	9	10	11	12	13	14	15	16	17	18	19	20	21	22	23	24	25	26	27	28	29	30	31
☉	♐9	10	11	12	13	14	15	16	17	18	19	20	21	22	23	24	25	26	27	28	29	♑0	1	2	3	4	5	6	7	8	♑9
☽	♓27	♈9	21	♉3	16	28	♊11	25	♋8	22	♌6	20	♍4	19	♎3	17	♏1	15	29	♐12	26	♑9	22	♒5	17	29	♓11	23	♈5	17	♈29
☿	♐28	29	♑1	2	3	4	5	7	7	8	9	10	11	11	11	12	12	11	11	10	10	9	8	6	5	4	2	1	0	♐29	♐28
♀	♑25	26	27	28	29	29	♒0	1	2	3	4	4	5	6	7	7	8	9	9	10	10	11	12	12	13	13	14	14	14	15	♒15
♂	♏15	16	16	17	18	18	19	20	20	21	22	22	23	24	24	25	26	27	27	28	29	29	♐0	1	1	2	3	3	4	5	♐5

	1	6	12	18	24	30		1	6	12	18	24	30		1	15	30		1	15	30		1	15	30		1	15	30
♃	♎24	25	26	27	27	28	♄	♐16	16	17	18	19	19	♅	♌12	11	11	♆	♏4	4	4	♇	♍2	2	2	☊	♏10	10	9

1958

JANVIER

	1	2	3	4	5	6	7	8	9	10	11	12	13	14	15	16	17	18	19	20	21	22	23	24	25	26	27	28	29	30	31
☉	♑10	11	12	13	14	15	16	17	18	19	20	21	22	23	24	25	26	27	28	29	♒0	1	2	3	5	6	7	8	9	10	♒11
☽	♉11	23	♊6	20	♋3	17	♌2	16	♍1	15	29	♎14	28	♏11	25	♐8	22	♑5	18	♒0	13	25	♓7	19	♈1	13	25	♉7	19	♊1	♊14
☿	♐27	26	26	25	25	25	25	26	26	27	27	28	29	♑0	1	2	3	4	5	6	7	8	10	11	12	13	15	16	17	19	♑20
♀	♒15	16	16	16	16	16	16	16	16	16	16	16	16	16	15	15	15	14	14	13	13	12	12	11	11	10	10	9	8	8	♒7
♂	♐6	7	8	8	9	10	10	11	12	12	13	14	15	15	16	17	17	18	19	20	20	21	22	22	23	24	24	25	26	27	♐27

	1	6	12	18	24	30
♃	♎29	29	♏0	0	1	1
♄	♐19	20	21	21	22	22

	1	15	30
♅	♌11	10	10
♆	♏4	5	5
♇	♍2	2	2
☊	♏9	7	6

FÉVRIER

	1	2	3	4	5	6	7	8	9	10	11	12	13	14	15	16	17	18	19	20	21	22	23	24	25	26	27	28
☉	♒12	13	14	15	16	17	18	19	20	21	22	23	24	25	26	27	28	29	♓0	1	2	3	4	5	6	7	8	♓9
☽	♊27	♋11	25	♌10	25	♍10	25	♎10	24	♏8	22	♐5	19	♑2	14	27	♒9	22	♓4	16	28	♈9	21	♉3	15	27	♊9	♊22
☿	♑22	23	25	26	28	29	♒1	2	4	5	7	8	10	12	13	15	16	18	20	21	23	25	27	28	♓0	2	4	♓6
♀	♒6	6	5	5	4	4	3	3	2	2	2	1	1	1	1	1	1	1	1	1	1	1	1	1	2	2	2	♒2
♂	♐28	29	29	♑0	1	2	2	3	4	4	5	6	7	7	8	9	9	10	11	12	12	13	14	15	15	16	17	♑17

	1	6	12	18	24	28
♃	♏1	2	2	2	2	1
♄	♐23	23	24	24	24	25

	1	15	28
♅	♌10	9	8
♆	♏5	5	5
♇	♍2	1	1
☊	♏5	4	3

MARS

	1	2	3	4	5	6	7	8	9	10	11	12	13	14	15	16	17	18	19	20	21	22	23	24	25	26	27	28	29	30	31
☉	♓10	11	12	13	14	15	16	17	18	19	20	21	22	23	24	25	26	27	28	29	♈0	1	2	3	4	5	6	7	8	9	♈10
☽	♋5	19	♌3	18	♍3	18	♎3	19	♏3	18	♐2	15	29	♑11	24	♒6	19	♓1	13	24	♈6	18	♉0	12	24	♊6	18	♋1	14	28	♌12
☿	♓7	9	11	13	15	17	19	21	23	25	27	29	♈1	2	4	6	8	10	12	14	15	17	19	20	22	23	24	25	27	27	♈28
♀	♒3	3	4	4	5	5	6	6	7	7	8	9	9	10	11	11	12	13	14	14	15	16	17	18	18	19	20	21	22	23	♒24
♂	♑18	19	20	20	21	22	22	23	24	25	25	26	27	28	28	29	♒0	1	1	2	3	3	4	5	6	6	7	8	9	9	♒10

	1	6	12	18	24	30
♃	♏1	1	1	0	0	♎29
♄	♐25	25	25	25	26	26

	1	15	30
♅	♌8	8	8
♆	♏5	4	4
♇	♍1	1	0
☊	♏3	2	1

AVRIL

	1	2	3	4	5	6	7	8	9	10	11	12	13	14	15	16	17	18	19	20	21	22	23	24	25	26	27	28	29	30
☉	♈11	12	13	14	15	16	17	18	19	20	21	22	23	24	25	26	26	27	28	29	♉0	1	2	3	4	5	6	7	8	♉9
☽	♌26	♍11	26	♎11	27	♏12	26	♐11	24	♑8	21	♒3	16	28	♓10	21	♈3	15	27	♉9	21	♊3	15	28	♋11	24	♌8	21	♍6	♍20
☿	♈29	♉0	0	0	1	1	1	1	1	0	0	♈29	29	28	28	27	26	25	25	24	23	23	22	22	21	21	20	20	20	♈20
♀	♒25	26	27	27	28	29	♓0	1	2	3	4	5	6	7	8	9	10	11	12	13	14	16	17	18	19	20	21	22	23	♓24
♂	♒11	12	12	13	14	14	15	16	17	17	18	19	20	20	21	22	23	23	24	25	26	26	27	28	28	29	♓0	1	1	♓2

	1	6	12	18	24	30
♃	♎29	28	27	27	26	25
♄	♐26	26	26	26	25	25

	1	15	30
♅	♌8	8	8
♆	♏4	4	3
♇	♍0	0	0
☊	♏1	1	1

MAI

	1	2	3	4	5	6	7	8	9	10	11	12	13	14	15	16	17	18	19	20	21	22	23	24	25	26	27	28	29	30	31
☉	♉10	11	12	13	14	15	16	17	18	19	20	21	22	23	24	25	26	27	28	28	29	♊0	1	2	3	4	5	6	7	8	♊9
☽	♎5	20	♏5	20	♐4	19	♑3	16	29	♒12	24	♓6	18	♈0	12	24	♉6	18	♊0	12	25	♋8	21	♌4	18	♍2	16	♎0	14	29	♏14
☿	♈20	20	20	21	21	21	22	22	23	24	24	25	26	27	28	29	♉0	1	2	3	5	6	7	9	10	12	13	15	16	18	♉19
♀	♓25	26	27	28	29	♈1	2	3	4	5	6	7	8	9	11	12	13	14	15	16	17	18	20	21	22	23	24	25	26	28	♈29
♂	♓3	4	4	5	6	7	7	8	9	9	10	11	12	12	13	14	15	15	16	17	18	18	19	20	20	21	22	23	23	24	♓25

	1	6	12	18	24	30
♃	♎25	24	24	23	23	22
♄	♐25	25	25	24	24	24

	1	15	30
♅	♌8	8	8
♆	♏3	3	3
♇	♍0	0	0
☊	♏1	1	1

JUIN

	1	2	3	4	5	6	7	8	9	10	11	12	13	14	15	16	17	18	19	20	21	22	23	24	25	26	27	28	29	30
☉	♊10	11	12	13	14	15	16	17	18	19	20	21	21	22	23	24	25	26	27	28	29	♋0	1	2	3	4	5	6	7	♋8
☽	♏28	♐13	27	♑11	24	♒7	20	♓2	14	26	♈8	20	♉2	14	26	♊9	21	♋4	18	♌1	15	29	♍13	27	♎11	25	♏9	23	♐8	♐22
☿	♉21	23	25	26	28	♊0	2	4	6	8	10	12	15	17	19	21	23	25	28	♋0	2	4	6	8	11	13	15	17	19	♋21
♀	♉0	1	2	3	4	6	7	8	9	10	11	13	14	15	16	17	18	19	21	22	23	24	25	27	28	29	♊0	1	2	♊4
♂	♓26	26	27	28	28	29	♈0	1	1	2	3	3	4	5	6	6	7	8	8	9	10	10	11	12	12	13	14	15	15	♈16

	1	6	12	18	24	30
♃	♎22	22	22	22	22	22
♄	♐23	23	23	22	22	21

	1	15	30
♅	♌8	9	10
♆	♏2	2	2
♇	♍0	0	0
☊	♏1	0	♎0

JUILLET

	1	2	3	4	5	6	7	8	9	10	11	12	13	14	15	16	17	18	19	20	21	22	23	24	25	26	27	28	29	30	31
☉	♋9	10	11	12	12	13	14	15	16	17	18	19	20	21	22	23	24	25	26	27	28	29	♌0	1	2	3	3	4	5	6	♌7
☽	♑5	19	♒2	15	28	♓10	22	♈4	16	28	♉10	22	♊4	17	♋0	13	27	♌11	25	♍9	23	♎8	22	♏6	20	♐4	18	♑1	15	28	♒11
☿	♋23	25	26	28	♌0	2	4	5	7	8	10	12	13	15	16	18	19	20	22	23	24	25	26	28	29	♍0	1	1	2	3	♍4
♀	♊5	6	7	8	9	11	12	13	14	15	17	18	19	20	21	23	24	25	26	27	29	♋0	1	2	3	5	6	7	8	9	♋11
♂	♈17	17	18	19	19	20	21	21	22	23	23	24	25	25	26	27	27	28	29	29	♉0	0	1	2	2	3	4	4	5	5	♉6

	1	6	12	18	24	30
♃	♎22	22	23	23	24	24
♄	♐21	21	20	20	20	20

	1	15	30
♅	♌10	11	12
♆	♏2	2	2
♇	♍0	1	1
☊	♎29	27	26

AOÛT

	1	2	3	4	5	6	7	8	9	10	11	12	13	14	15	16	17	18	19	20	21	22	23	24	25	26	27	28	29	30	31
☉	♌8	9	10	11	12	13	14	15	16	17	18	19	20	21	22	23	24	25	26	26	27	28	29	♍0	1	2	3	4	5	6	♍7
☽	♒24	♓6	18	♈0	12	24	♉6	18	♊0	12	25	♋8	22	♌5	20	♍4	19	♎3	18	♏2	17	♐1	14	28	♑11	24	♒7	20	2	♓15	♓27
☿	♍5	5	6	6	7	7	7	8	8	8	8	7	7	7	6	6	5	5	4	3	2	1	1	0	♌29	28	27	27	26	25	♌25
♀	♋12	13	14	15	17	18	19	20	21	23	24	25	26	27	29	♌0	1	2	4	5	6	7	8	10	11	12	13	15	16	17	♌18
♂	♉7	7	8	8	9	10	10	11	11	12	12	13	13	14	15	15	16	16	17	17	18	18	19	19	20	20	21	21	22	22	♉22

	1	6	12	18	24	30
♃	♎24	25	26	27	28	29
♄	♐20	19	19	19	19	19

	1	15	30
♅	♌12	13	14
♆	♏2	2	3
♇	♍1	2	2
☊	♎25	24	23

SEPTEMBRE

	1	2	3	4	5	6	7	8	9	10	11	12	13	14	15	16	17	18	19	20	21	22	23	24	25	26	27	28	29	30
☉	♍8	9	10	11	12	13	14	15	16	17	18	19	20	21	22	23	24	25	26	27	28	28	29	♎0	1	2	3	4	5	♎6
☽	♈9	20	♉2	14	26	♊8	20	♋3	16	♌0	14	28	♍13	28	♎13	28	♏12	27	♐11	25	♑8	21	♒4	17	29	♓11	23	♈5	17	♈29
☿	♌25	25	25	25	25	26	26	27	28	29	♍0	1	2	4	5	7	9	10	12	14	15	17	19	21	23	25	26	28	♎0	♎2
♀	♌19	21	22	23	24	26	27	28	29	♍1	2	3	4	6	7	8	9	10	12	13	14	15	17	18	19	20	22	23	24	♍25
♂	♉23	23	24	24	25	25	25	26	26	27	27	27	28	28	28	29	29	29	29	♊0	0	0	0	1	1	1	1	1	2	♊2

	1	6	12	18	24	30
♃	♎29	♏0	1	2	3	4
♄	♐19	19	19	20	20	20

	1	15	30
♅	♌14	14	15
♆	♏3	3	3
♇	♍2	3	3
☊	♎23	23	22

OCTOBRE

	1	2	3	4	5	6	7	8	9	10	11	12	13	14	15	16	17	18	19	20	21	22	23	24	25	26	27	28	29	30	31
☉	♎7	8	9	10	11	12	13	14	15	16	17	18	19	20	21	22	23	24	25	26	27	28	29	♏0	1	2	3	4	5	6	♏7
☽	♉11	23	♊5	17	29	♋12	25	♌8	22	♍6	21	♎6	21	♏6	21	♐6	20	♑4	18	♒1	14	26	♓8	20	♈2	14	26	♉8	20	♊2	♊14
☿	♎4	6	7	9	11	13	14	16	18	19	21	23	24	26	28	29	♏1	3	4	6	7	9	10	12	14	15	17	18	20	21	♏23
♀	♍27	28	29	♎0	2	3	4	5	7	8	9	10	12	13	14	15	17	18	19	20	22	23	24	25	27	28	29	♏0	2	3	♏4
♂	♊2	2	2	2	2	2	2	2	3	3	3	3	2	2	2	2	2	2	2	2	2	2	1	1	1	1	1	0	0	0	♉29

	1	6	12	18	24	30
♃	♏5	6	7	8	9	11
♄	♐20	21	21	21	22	22

	1	15	30
♅	♌15	16	16
♆	♏4	4	5
♇	♍3	4	4
☊	♎22	22	22

NOVEMBRE

	1	2	3	4	5	6	7	8	9	10	11	12	13	14	15	16	17	18	19	20	21	22	23	24	25	26	27	28	29	30
☉	♏8	9	10	11	12	13	14	15	16	17	18	19	20	21	22	23	24	25	26	27	28	29	♐0	1	2	3	4	5	6	♐7
☽	♊26	♋8	21	♌4	17	♍1	15	29	♎14	29	♏14	29	♐14	29	♑13	27	♒10	23	♓5	17	29	♈11	23	♉5	17	28	♊11	23	♋5	♋18
☿	♏24	26	27	28	♐0	1	3	4	5	7	8	10	11	12	13	15	16	17	18	19	20	21	22	23	24	24	25	25	26	♐26
♀	♏5	7	8	9	10	12	13	14	15	17	18	19	20	22	23	24	25	27	28	29	♐1	2	3	4	6	7	8	9	11	♐12
♂	♉29	29	29	28	28	28	27	27	27	26	26	25	25	25	24	24	24	23	23	23	22	22	21	21	21	21	20	20	20	♉19

	1	6	12	18	24	30
♃	♏11	12	14	15	16	18
♄	♐23	23	24	24	25	26

	1	15	30
♅	♌16	16	16
♆	♏5	5	6
♇	♍4	4	4
☊	♎22	22	21

DÉCEMBRE

	1	2	3	4	5	6	7	8	9	10	11	12	13	14	15	16	17	18	19	20	21	22	23	24	25	26	27	28	29	30	31
☉	♐8	9	10	11	12	13	14	15	16	17	18	19	20	21	23	24	25	26	27	28	29	♑0	1	2	3	4	5	6	7	8	♑9
☽	♌1	14	27	♍11	24	♎9	23	♏8	23	♐7	22	♑7	21	♒5	18	♓1	13	26	♈8	19	♉1	13	25	♊7	19	♋2	15	28	♌11	24	♍8
☿	♐26	25	25	24	24	23	22	20	19	18	16	15	14	13	12	11	10	10	10	9	9	10	10	11	11	12	13	14	14	15	♐17
♀	♐13	14	16	17	18	19	21	22	23	24	26	27	28	29	♑1	2	3	4	6	7	8	9	11	12	13	15	16	17	18	20	♑21
♂	♉19	19	19	18	18	18	18	18	17	17	17	17	17	17	17	17	17	17	17	17	17	17	17	17	17	17	17	17	17	17	♉17

	1	6	12	18	24	30
♃	♏18	19	20	21	22	24
♄	♐26	26	27	28	29	29

	1	15	30
♅	♌16	16	16
♆	♏6	6	7
♇	♍4	4	4
☊	♎21	20	18

1959

JANVIER

	1	2	3	4	5	6	7	8	9	10	11	12	13	14	15	16	17	18	19	20	21	22	23	24	25	26	27	28	29	30	31
☉	♑ 10	11	12	13	14	15	16	17	18	19	20	21	22	23	24	25	26	27	28	29	♒ 0	1	2	3	4	5	6	7	8	9	♒ 10
☽	♍ 21	♎ 5	19	♏ 3	17	♐ 2	16	♑ 1	15	29	♒ 13	26	♓ 9	21	♈ 3	15	27	♉ 9	21	♊ 3	15	27	♋ 10	23	♌ 7	20	♍ 4	18	♎ 2	16	♏ 0
☿	♐ 18	19	20	21	22	24	25	26	28	29	♑ 0	2	3	5	6	8	9	10	12	13	15	16	18	20	21	23	24	26	27	29	♒ 1
♀	♑ 22	23	25	26	27	28	♒ 0	1	2	3	5	6	7	8	10	11	12	13	15	16	17	18	20	21	22	23	25	26	27	28	♓ 0
♂	♉ 17	18	18	18	18	18	18	19	19	19	19	20	20	20	20	21	21	21	22	22	22	23	23	23	24	24	24	25	25	25	♉ 26

	1	6	12	18	24	30
♃	♏ 24	25	26	27	28	29
♄	♐ 29	♑ 0	1	1	2	3

	1	15	30
♅	♌ 16	15	15
♆	♏ 7	7	7
♇	♍ 4	4	4
☊	♎ 18	17	15

FÉVRIER

	1	2	3	4	5	6	7	8	9	10	11	12	13	14	15	16	17	18	19	20	21	22	23	24	25	26	27	28
☉	♒ 11	12	13	14	15	16	17	18	19	21	22	23	24	25	26	27	28	29	♓ 0	1	2	3	4	5	6	7	8	♓ 9
☽	♏ 14	28	♐ 12	26	♑ 10	24	♒ 8	21	♓ 4	17	29	♈ 11	23	♉ 5	17	29	♊ 11	23	♋ 5	18	♌ 1	15	29	♍ 13	27	♎ 12	26	♏ 11
☿	♒ 2	4	5	7	9	10	12	14	16	17	19	21	23	24	26	28	♓ 0	2	4	5	7	9	11	13	15	17	18	♓ 20
♀	♓ 1	2	3	5	6	7	8	10	11	12	13	15	16	17	18	20	21	22	23	24	26	27	28	29	♈ 1	2	3	♈ 4
♂	♉ 26	26	27	27	28	28	28	29	29	♊ 0	0	1	1	1	2	2	3	3	4	4	5	5	6	6	7	7	8	♊ 8

	1	6	12	18	24	28
♃	♏ 29	29	♐ 0	1	1	1
♄	♑ 3	3	4	4	5	5

	1	15	28
♅	♌ 14	14	13
♆	♏ 7	7	7
♇	♍ 4	3	3
☊	♎ 15	14	13

MARS

	1	2	3	4	5	6	7	8	9	10	11	12	13	14	15	16	17	18	19	20	21	22	23	24	25	26	27	28	29	30	31
☉	♓ 10	11	12	13	14	15	16	17	18	19	20	21	22	23	24	25	26	27	28	29	♈ 0	1	2	3	4	5	6	7	8	9	♈ 10
☽	♏ 25	♐ 9	23	♑ 7	20	♒ 4	17	♓ 0	12	25	♈ 7	19	♉ 1	13	25	♊ 7	19	♋ 1	13	26	♌ 9	23	♍ 7	21	♎ 6	21	♏ 6	20	♐ 5	20	♑ 4
☿	♓ 22	24	26	27	29	♈ 1	2	4	5	7	8	9	10	11	11	12	12	13	13	13	13	13	12	12	11	11	10	9	8	7	♈ 7
♀	♈ 6	7	8	9	11	12	13	14	15	17	18	19	20	22	23	24	25	26	28	29	♉ 0	1	3	4	5	6	7	9	10	11	♉ 12
♂	♊ 9	9	10	10	11	11	12	12	13	13	14	14	15	15	16	16	17	17	18	18	19	19	20	20	21	22	22	23	23	24	♊ 24

	1	6	12	18	24	30
♃	♐ 1	2	2	2	2	2
♄	♑ 5	6	6	6	7	7

	1	15	30
♅	♌ 13	13	12
♆	♏ 7	7	6
♇	♍ 3	2	2
☊	♎ 14	13	13

AVRIL

	1	2	3	4	5	6	7	8	9	10	11	12	13	14	15	16	17	18	19	20	21	22	23	24	25	26	27	28	29	30
☉	♈ 11	12	12	13	14	15	16	17	18	19	20	21	22	23	24	25	26	27	28	29	♉ 0	1	2	3	4	5	6	7	8	♉ 9
☽	♑ 17	♒ 1	14	27	♓ 9	22	♈ 4	16	28	♉ 10	21	♊ 3	15	27	♋ 9	22	♌ 4	17	♍ 1	15	29	♎ 14	29	♏ 14	29	♐ 14	29	♑ 13	27	♒ 11
☿	♈ 6	5	4	4	3	2	2	1	1	1	1	1	1	1	1	1	2	2	3	3	4	5	5	6	7	8	9	10	11	♈ 12
♀	♉ 13	15	16	17	18	19	21	22	23	24	25	27	28	29	♊ 0	1	3	4	5	6	7	8	10	11	12	13	14	15	17	♊ 18
♂	♊ 25	25	26	26	27	28	28	29	29	♋ 0	0	1	1	2	3	3	4	4	5	5	6	7	7	8	8	9	9	10	11	♋ 11

	1	6	12	18	24	30
♃	♐ 2	1	1	1	0	♏ 29
♄	♑ 7	7	7	7	7	7

	1	15	30
♅	♌ 12	12	12
♆	♏ 6	6	6
♇	♍ 2	2	2
☊	♎ 13	13	13

MAI

	1	2	3	4	5	6	7	8	9	10	11	12	13	14	15	16	17	18	19	20	21	22	23	24	25	26	27	28	29	30	31
☉	♉ 10	11	12	13	14	15	16	17	18	19	20	21	22	22	23	24	25	26	27	28	29	♊ 0	1	2	3	4	5	6	7	8	♊ 9
☽	♒ 24	♓ 6	19	♈ 1	13	25	♉ 7	18	♊ 0	12	24	♋ 6	18	♌ 1	13	26	♍ 10	23	♎ 8	22	♏ 7	22	♐ 8	23	♑ 8	22	♒ 6	20	♓ 3	15	♓ 28
☿	♈ 13	15	16	17	18	20	21	23	24	26	27	29	♉ 0	2	4	5	7	9	11	12	14	16	18	20	22	24	26	28	♊ 1	3	♊ 5
♀	♊ 19	20	21	22	24	25	26	27	28	29	♋ 0	2	3	4	5	6	7	8	9	11	12	13	14	15	16	17	18	19	20	22	♋ 23
♂	♋ 12	12	13	13	14	15	15	16	16	17	18	18	19	19	20	20	21	22	22	23	23	24	25	25	26	26	27	28	28	29	♋ 29

	1	6	12	18	24	30
♃	♏ 29	29	28	27	26	26
♄	♑ 7	7	7	6	6	6

	1	15	30
♅	♌ 12	12	13
♆	♏ 5	5	5
♇	♍ 2	2	2
☊	♎ 13	12	11

JUIN

	1	2	3	4	5	6	7	8	9	10	11	12	13	14	15	16	17	18	19	20	21	22	23	24	25	26	27	28	29	30
☉	♊ 10	11	12	13	14	15	16	16	17	18	19	20	21	22	23	24	25	26	27	28	29	♋ 0	1	2	3	4	5	6	7	♋ 7
☽	♈ 10	22	♉ 4	15	27	♊ 9	21	♋ 3	15	28	♌ 10	23	♍ 6	19	♎ 3	17	♏ 1	16	♐ 1	16	♑ 1	16	♒ 1	15	28	♓ 11	24	♈ 6	18	♉ 0
☿	♊ 7	9	11	14	16	18	20	22	25	27	29	♋ 1	3	5	7	9	11	13	14	16	18	20	21	23	24	26	28	29	♌ 0	♌ 2
♀	♋ 24	25	26	27	28	29	♌ 0	1	2	3	4	5	6	7	8	9	10	11	12	13	14	15	16	17	18	19	20	21	22	♌ 23
♂	♌ 0	1	1	2	2	3	4	4	5	5	6	7	7	8	8	9	10	10	11	11	12	13	13	14	14	15	16	16	17	♌ 17

	1	6	12	18	24	30
♃	♏ 25	25	24	24	23	23
♄	♑ 6	5	5	4	4	3

	1	15	30
♅	♌ 13	14	14
♆	♏ 5	4	4
♇	♍ 2	2	2
☊	♎ 12	10	9

JUILLET

	1	2	3	4	5	6	7	8	9	10	11	12	13	14	15	16	17	18	19	20	21	22	23	24	25	26	27	28	29	30	31
☉	♋ 8	9	10	11	12	13	14	15	16	17	18	19	20	21	22	23	24	25	26	27	28	28	29	♌ 0	1	2	3	4	5	6	♌ 7
☽	♉ 12	24	♊ 6	18	♋ 0	12	25	♌ 7	20	♍ 3	16	♎ 0	13	27	♏ 12	26	♐ 11	25	♑ 10	25	♒ 9	23	♓ 6	19	♈ 2	15	27	♉ 9	20	♊ 2	♊ 14
☿	♌ 3	4	6	7	8	9	10	11	12	13	14	15	16	16	17	18	18	18	19	19	19	19	19	19	19	19	19	18	18	17	♌ 17
♀	♌ 24	24	25	26	27	28	29	♍ 0	0	1	2	3	4	4	5	6	6	7	8	8	9	10	10	11	11	12	12	13	13	14	♍ 14
♂	♌ 18	19	19	20	20	21	22	22	23	24	24	25	25	26	27	27	28	28	29	♍ 0	0	1	2	2	3	3	4	5	5	6	♍ 7

	1	6	12	18	24	30
♃	♏ 23	22	22	22	22	22
♄	♑ 3	3	3	2	2	2

	1	15	30
♅	♌ 14	15	16
♆	♏ 4	4	4
♇	♍ 2	3	3
☊	♎ 9	7	6

AOÛT

	1	2	3	4	5	6	7	8	9	10	11	12	13	14	15	16	17	18	19	20	21	22	23	24	25	26	27	28	29	30	31
☉	♌ 8	9	10	11	12	13	14	15	16	17	18	19	20	20	21	22	23	24	25	26	27	28	29	♍ 0	1	2	3	4	5	6	♍ 7
☽	♊ 26	♋ 8	21	♌ 4	17	♍ 0	13	27	♎ 10	24	♏ 8	22	♐ 7	21	♑ 5	19	♒ 4	17	♓ 1	14	27	♈ 10	22	♉ 5	16	28	♊ 10	22	♋ 4	17	♋ 29
☿	♌ 16	15	15	14	13	12	12	11	10	10	9	9	8	8	8	8	8	8	8	9	9	10	11	12	13	14	15	16	18	19	♌ 21
♀	♍ 14	15	15	15	15	16	16	16	16	16	16	16	16	16	16	16	15	15	15	15	14	14	13	13	12	12	11	11	10	9	♍ 9
♂	♍ 7	8	8	9	10	10	11	12	12	13	13	14	15	15	16	17	17	18	19	19	20	20	21	22	22	23	24	24	25	26	♍ 26

	1	6	12	18	24	30
♃	♏ 22	23	23	23	24	25
♄	♑ 1	1	1	1	1	0

	1	15	30
♅	♌ 16	17	18
♆	♏ 4	4	5
♇	♍ 3	4	4
☊	♎ 6	5	4

SEPTEMBRE

	1	2	3	4	5	6	7	8	9	10	11	12	13	14	15	16	17	18	19	20	21	22	23	24	25	26	27	28	29	30
☉	♍ 8	9	10	11	12	13	14	15	16	17	18	18	19	20	21	22	23	24	25	26	27	28	29	♎ 0	1	2	3	4	5	♎ 6
☽	♌ 12	25	♍ 9	22	♎ 6	21	♏ 5	19	♐ 3	18	♑ 2	16	♒ 0	13	27	♓ 10	23	♈ 6	18	♉ 0	12	24	♊ 6	18	♋ 0	12	24	♌ 7	20	♍ 3
☿	♌ 23	24	26	28	♍ 0	2	4	5	7	9	11	13	15	17	19	21	23	24	26	28	♎ 0	2	3	5	7	9	10	12	14	♎ 15
♀	♍ 8	8	7	6	6	5	5	4	4	3	3	2	2	1	1	1	1	0	0	0	0	0	0	0	0	0	0	0	1	♍ 1
♂	♍ 27	27	28	29	29	♎ 0	1	1	2	3	3	4	5	5	6	7	7	8	8	9	10	10	11	12	12	13	14	14	15	♎ 16

	1	6	12	18	24	30
♃	♏ 25	25	26	27	28	29
♄	♑ 0	0	0	1	1	1

	1	15	30
♅	♌ 18	19	20
♆	♏ 5	5	6
♇	♍ 4	5	5
☊	♎ 4	4	4

OCTOBRE

	1	2	3	4	5	6	7	8	9	10	11	12	13	14	15	16	17	18	19	20	21	22	23	24	25	26	27	28	29	30	31
☉	♎ 7	8	9	10	11	12	13	14	15	16	17	18	19	20	21	22	23	24	25	26	27	28	29	♏ 0	1	2	3	4	5	6	♏ 7
☽	♍ 17	♎ 1	15	♏ 0	15	29	♐ 14	28	♑ 13	26	♒ 10	23	♓ 6	19	♈ 2	14	27	♉ 9	21	♊ 3	14	26	♋ 8	20	♌ 3	15	28	♍ 11	25	♎ 9	♎ 24
☿	♎ 17	19	20	22	24	25	27	28	♏ 0	1	3	4	6	7	9	10	12	13	14	16	17	19	20	21	23	24	25	26	28	29	♐ 0
♀	♍ 1	1	2	2	3	3	4	4	5	5	6	6	7	7	8	9	9	10	11	12	12	13	14	15	16	16	17	18	19	20	♍ 21
♂	♎ 16	17	18	18	19	20	20	21	22	22	23	24	24	25	26	26	27	28	28	29	♏ 0	0	1	2	2	3	4	4	5	6	♏ 7

	1	6	12	18	24	30
♃	♏ 29	♐ 0	1	2	4	5
♄	♑ 1	1	2	2	2	3

	1	15	30
♅	♌ 20	20	21
♆	♏ 6	6	7
♇	♍ 5	5	6
☊	♎ 4	4	4

NOVEMBRE

	1	2	3	4	5	6	7	8	9	10	11	12	13	14	15	16	17	18	19	20	21	22	23	24	25	26	27	28	29	30
☉	♏ 8	9	10	11	12	13	14	15	16	17	18	19	20	21	22	23	24	25	26	27	28	29	♐ 0	1	2	3	4	5	6	♐ 7
☽	♏ 9	24	♐ 9	24	♑ 8	23	♒ 7	20	♓ 3	16	29	♈ 11	23	♉ 5	17	29	♊ 11	23	♋ 5	17	29	♌ 11	24	♍ 6	19	♎ 3	17	♏ 2	17	♐ 2
☿	♐ 1	2	3	4	5	6	7	8	8	9	9	10	10	10	10	10	9	9	8	7	6	5	3	2	1	♏ 29	28	27	26	♏ 25
♀	♍ 22	23	24	24	25	26	27	28	29	♎ 0	1	2	3	4	5	6	7	8	9	11	12	13	14	15	16	17	18	19	20	♎ 21
♂	♏ 7	8	9	9	10	11	11	12	13	13	14	15	15	16	17	18	18	19	20	20	21	22	22	23	24	25	25	26	27	♏ 27

	1	6	12	18	24	30
♃	♐ 5	6	8	9	10	12
♄	♑ 3	3	4	5	5	6

	1	15	30
♅	♌ 21	21	21
♆	♏ 7	7	8
♇	♍ 6	6	6
☊	♎ 4	3	2

DÉCEMBRE

	1	2	3	4	5	6	7	8	9	10	11	12	13	14	15	16	17	18	19	20	21	22	23	24	25	26	27	28	29	30	31
☉	♐ 8	9	10	11	12	13	14	15	16	17	18	19	20	21	22	23	24	25	26	27	28	29	♑ 0	1	2	3	4	5	7	8	♑ 9
☽	♐ 17	♑ 2	17	♒ 2	16	♓ 0	13	26	♈ 8	20	♉ 3	14	26	♊ 8	20	♋ 2	14	26	♌ 8	20	♍ 3	16	29	♎ 12	26	♏ 10	25	♐ 10	25	♑ 10	♑ 25
☿	♏ 24	24	24	24	24	24	24	25	26	26	27	28	29	♐ 0	2	3	4	5	6	8	9	11	12	13	15	16	18	19	21	22	♐ 23
♀	♎ 22	24	25	26	27	28	29	♏ 0	1	3	4	5	6	7	8	10	11	12	13	14	15	17	18	19	20	21	22	24	25	26	♏ 27
♂	♏ 28	29	29	♐ 0	1	2	2	3	4	4	5	6	7	7	8	9	9	10	11	12	12	13	14	14	15	16	17	17	18	19	♐ 20

	1	6	12	18	24	30
♃	♐ 12	13	14	16	17	18
♄	♑ 6	6	7	8	9	9

	1	15	30
♅	♌ 21	21	21
♆	♏ 8	8	9
♇	♍ 6	6	6
☊	♎ 2	0	♍ 1

1960

JANVIER

	1	2	3	4	5	6	7	8	9	10	11	12	13	14	15	16	17	18	19	20	21	22	23	24	25	26	27	28	29	30	31
☉	♑ 10	11	12	13	14	15	16	17	18	19	20	21	22	23	24	25	26	27	28	29	♒ 0	1	2	3	4	5	6	7	8	9	♒ 10
☽	♒ 10	25	♓ 8	22	♈ 5	17	29	♉ 11	23	♊ 5	17	29	♋ 11	23	♌ 5	17	♍ 0	13	26	♎ 9	22	♏ 6	20	♐ 4	19	♑ 4	19	♒ 3	18	♓ 2	♓ 16
☿	♐ 25	26	28	29	♑ 1	3	4	6	7	9	10	12	13	15	17	18	20	21	23	25	26	28	♒ 0	1	3	5	6	8	10	11	♒ 13
♀	♏ 28	♐ 0	1	2	3	4	6	7	8	9	10	12	13	14	15	16	18	19	20	21	22	24	25	26	27	29	♑ 0	1	2	3	♑ 5
♂	♐ 20	21	22	22	23	24	25	25	26	27	28	28	29	♑ 0	1	1	2	3	4	4	5	6	7	7	8	9	10	10	11	12	♑ 12

♃	1	6	12	18	24	30	♄	1	6	12	18	24	30	♅	1	15	30	♆	1	15	30	♇	1	15	30	☊	1	15	30
	♐ 19	20	21	22	24	25		♑ 9	10	11	11	12	13		♌ 21	20	19		♏ 9	9	9		♍ 6	6	6		♍ 28	27	25

FÉVRIER

	1	2	3	4	5	6	7	8	9	10	11	12	13	14	15	16	17	18	19	20	21	22	23	24	25	26	27	28	29
☉	♒ 11	12	13	14	15	16	17	18	19	20	21	22	23	24	25	26	27	28	29	♓ 0	1	2	3	4	5	6	7	8	♓ 9
☽	♈ 0	13	25	♉ 8	20	♊ 1	13	25	♋ 7	19	♌ 1	14	27	♍ 9	22	♎ 6	19	♏ 3	16	♐ 0	15	29	♑ 13	28	♒ 12	26	♓ 10	24	♈ 7
☿	♒ 15	17	18	20	22	24	26	27	29	♓ 1	3	5	6	8	10	11	13	15	16	18	19	20	21	22	23	24	25	25	♓ 26
♀	♑ 6	7	8	10	11	12	13	14	16	17	18	19	21	22	23	24	25	27	28	29	♒ 0	2	3	4	5	7	8	9	♒ 10
♂	♑ 13	14	15	15	16	17	18	19	19	20	21	22	22	23	24	25	25	26	27	28	28	29	♒ 0	1	1	2	3	4	♒ 4

♃	1	6	12	18	24	29	♄	1	6	12	18	24	29	♅	1	15	29	♆	1	15	29	♇	1	15	29	☊	1	15	29
	♐ 25	26	27	28	29	♑ 0		♑ 13	14	14	15	15	16		♌ 19	19	18		♏ 9	9	9		♍ 5	5	5		♍ 25	25	25

MARS

	1	2	3	4	5	6	7	8	9	10	11	12	13	14	15	16	17	18	19	20	21	22	23	24	25	26	27	28	29	30	31
☉	♓ 10	11	12	13	14	15	16	17	18	19	20	21	22	23	24	25	26	27	28	29	♈ 0	1	2	3	4	5	6	7	8	9	♈ 10
☽	♈ 20	♉ 3	15	27	♊ 9	21	♋ 3	15	27	♌ 10	22	♍ 5	18	♎ 2	15	29	♏ 13	27	♐ 11	26	♑ 10	24	♒ 8	22	♓ 6	19	♈ 2	16	28	♉ 11	♉ 23
☿	♓ 26	26	26	25	25	24	24	23	22	21	20	19	18	17	16	16	15	14	14	13	13	12	12	12	12	12	12	13	13	14	♓ 14
♀	♒ 11	13	14	15	16	18	19	20	21	23	24	25	26	27	29	♓ 0	1	2	4	5	6	7	9	10	11	12	13	15	16	17	♓ 18
♂	♒ 5	6	7	7	8	9	10	11	11	12	13	14	14	15	16	17	17	18	19	20	21	21	22	23	24	24	25	26	27	27	♒ 28

♃	1	6	12	18	24	30	♄	1	6	12	18	24	30	♅	1	15	30	♆	1	15	30	♇	1	15	30	☊	1	15	30
	♑ 0	1	1	2	2	3		♑ 16	16	17	17	17	18		♌ 18	18	17		♏ 9	9	9		♍ 5	4	4		♍ 25	25	25

AVRIL

	1	2	3	4	5	6	7	8	9	10	11	12	13	14	15	16	17	18	19	20	21	22	23	24	25	26	27	28	29	30
☉	♈ 11	12	13	14	15	16	17	18	19	20	21	22	23	24	25	26	27	28	29	♉ 0	1	2	3	4	5	6	7	8	9	♉ 10
☽	♊ 5	17	29	♋ 11	23	♌ 5	17	♍ 0	13	26	♎ 10	24	♏ 8	23	♐ 8	22	♑ 7	21	♒ 5	19	♓ 2	16	29	♈ 12	24	♉ 7	19	♊ 1	13	♊ 25
☿	♓ 15	15	16	17	18	19	19	20	22	23	24	25	26	27	29	♈ 0	1	3	4	5	7	8	10	11	13	15	16	18	20	♈ 21
♀	♓ 20	21	22	23	25	26	27	28	29	♈ 1	2	3	4	6	7	8	9	11	12	13	14	15	17	18	19	20	22	23	24	♈ 25
♂	♒ 29	♓ 0	1	1	2	3	4	4	5	6	7	8	8	9	10	11	11	12	13	14	14	15	16	17	18	18	19	20	21	♓ 21

♃	1	6	12	18	24	30	♄	1	6	12	18	24	30	♅	1	15	30	♆	1	15	30	♇	1	15	30	☊	1	15	30
	♑ 3	3	4	4	4	3		♑ 18	18	18	18	18	18		♌ 17	17	17		♏ 8	8	8		♍ 4	4	4		♍ 25	24	24

MAI

	1	2	3	4	5	6	7	8	9	10	11	12	13	14	15	16	17	18	19	20	21	22	23	24	25	26	27	28	29	30	31
☉	♉ 11	12	13	14	15	15	16	17	18	19	20	21	22	23	24	25	26	27	28	29	♊ 0	1	2	3	4	5	6	7	8	9	♊ 10
☽	♋ 7	19	♌ 1	13	25	♍ 8	21	♎ 4	18	♏ 2	17	♐ 2	17	♑ 2	17	♒ 1	15	29	♓ 13	26	♈ 9	21	♉ 4	16	28	♊ 10	22	♋ 4	16	28	♌ 10
☿	♈ 23	25	27	29	♉ 1	2	4	6	8	10	12	15	17	19	21	23	25	27	♊ 0	2	4	6	8	11	13	15	17	19	21	23	♊ 25
♀	♈ 27	28	29	♉ 0	1	3	4	5	6	8	9	10	11	12	14	15	16	17	19	20	21	22	24	25	26	27	28	♊ 0	1	2	♊ 3
♂	♓ 22	23	24	24	25	26	27	27	28	29	♈ 0	1	1	2	3	4	4	5	6	7	7	8	9	10	10	11	12	13	13	14	♈ 15

♃	1	6	12	18	24	30	♄	1	6	12	18	24	30	♅	1	15	30	♆	1	15	30	♇	1	15	30	☊	1	15	30
	♑ 3	3	3	2	2	1		♑ 18	18	18	18	18	18		♌ 17	17	17		♏ 8	7	7		♍ 4	4	4		♍ 23	23	21

JUIN

	1	2	3	4	5	6	7	8	9	10	11	12	13	14	15	16	17	18	19	20	21	22	23	24	25	26	27	28	29	30
☉	♊ 10	11	12	13	14	15	16	17	18	19	20	21	22	23	24	25	26	27	28	29	♋ 0	1	2	2	3	4	5	6	7	♋ 8
☽	♌ 22	♍ 4	16	29	♎ 12	26	♏ 11	25	♐ 10	26	♑ 11	26	♒ 11	25	♓ 9	22	♈ 6	18	♉ 1	13	25	♊ 7	19	♋ 1	13	25	♌ 7	18	♍ 1	♍ 13
☿	♊ 27	28	♋ 0	2	4	5	7	9	10	12	13	14	16	17	18	19	20	22	23	24	24	25	26	27	27	28	29	29	29	♌ 0
♀	♊ 5	6	7	8	10	11	12	13	14	16	17	18	19	21	22	23	24	25	27	28	29	♋ 0	2	3	4	5	7	8	9	♋ 10
♂	♈ 16	16	17	18	19	19	20	21	22	22	23	24	25	25	26	27	28	28	29	♉ 0	0	1	2	3	3	4	5	6	6	♉ 7

♃	1	6	12	18	24	30	♄	1	6	12	18	24	30	♅	1	15	30	♆	1	15	30	♇	1	15	30	☊	1	15	30
	♑ 1	0	0	♐ 29	28	27		♑ 18	17	17	17	16	16		♌ 18	18	19		♏ 7	7	6		♍ 4	4	4		♍ 21	20	18

JUILLET

	1	2	3	4	5	6	7	8	9	10	11	12	13	14	15	16	17	18	19	20	21	22	23	24	25	26	27	28	29	30	31
☉	♋ 9	10	11	12	13	14	15	16	17	18	19	20	21	22	22	23	24	25	26	27	28	29	♌ 0	1	2	3	4	5	6	7	♌ 8
☽	♍ 25	♎ 8	21	♏ 5	19	♐ 4	19	♑ 4	19	♒ 5	19	♓ 4	18	♈ 2	15	27	♉ 10	22	♊ 4	16	28	♋ 10	22	♌ 4	16	28	♍ 10	22	♎ 5	18	♏ 1
☿	♌ 0	0	0	0	0	0	0	♋ 29	29	29	28	28	27	26	26	25	24	24	23	23	22	21	21	21	20	20	20	20	20	20	♋ 20
♀	♋ 11	13	14	15	16	18	19	20	21	23	24	25	26	27	29	♌ 0	1	2	4	5	6	7	9	10	11	12	13	15	16	17	♌ 18
♂	♉ 8	8	9	10	11	11	12	13	13	14	15	15	16	17	18	18	19	20	20	21	22	22	23	24	24	25	26	27	27	28	♉ 29

♃	1	6	12	18	24	30	♄	1	6	12	18	24	30	♅	1	15	30	♆	1	15	30	♇	1	15	30	☊	1	15	30
	♐ 27	27	26	25	25	24		♑ 16	15	15	14	14	14		♌ 19	20	20		♏ 6	6	6		♍ 4	4	5		♍ 18	17	16

AOÛT

	1	2	3	4	5	6	7	8	9	10	11	12	13	14	15	16	17	18	19	20	21	22	23	24	25	26	27	28	29	30	31
☉	♌ 9	10	11	12	13	14	14	15	16	17	18	19	20	21	22	23	24	25	26	27	28	29	♍ 0	1	2	3	4	5	6	7	♍ 8
☽	♏ 15	29	♐ 13	28	♑ 13	28	♒ 13	28	♓ 12	26	♈ 10	23	♉ 6	19	♊ 1	13	25	♋ 7	18	♌ 0	12	25	♍ 7	19	♎ 2	15	28	♏ 12	25	♐ 9	♐ 23
☿	♋ 21	21	22	23	23	24	25	26	28	29	♌ 0	2	3	5	7	8	10	12	14	16	18	20	22	24	26	28	♍ 0	2	4	6	♍ 8
♀	♌ 20	21	22	23	25	26	27	28	29	♍ 1	2	3	4	6	7	8	9	11	12	13	14	15	17	18	19	20	22	23	24	25	♍ 27
♂	♉ 29	♊ 0	1	1	2	3	3	4	4	5	6	6	7	8	8	9	10	10	11	11	12	13	13	14	15	15	16	16	17	18	♊ 18

♃	1	6	12	18	24	30	♄	1	6	12	18	24	30	♅	1	15	30	♆	1	15	30	♇	1	15	30	☊	1	15	30
	♐ 24	24	24	24	24	24		♑ 13	13	13	12	12	12		♌ 21	21	22		♏ 6	7	7		♍ 5	5	6		♍ 16	16	16

SEPTEMBRE

	1	2	3	4	5	6	7	8	9	10	11	12	13	14	15	16	17	18	19	20	21	22	23	24	25	26	27	28	29	30
☉	♍ 9	10	10	11	12	13	14	15	16	17	18	19	20	21	22	23	24	25	26	27	28	29	♎ 0	1	2	3	4	5	6	♎ 7
☽	♑ 8	22	♒ 7	22	♓ 6	20	♈ 4	18	♉ 1	14	27	♊ 9	21	♋ 3	15	27	♌ 9	21	♍ 3	16	28	♎ 11	25	♏ 8	22	♐ 6	20	♑ 4	18	♒ 3
☿	♍ 10	11	13	15	17	19	21	23	24	26	28	♎ 0	1	3	5	6	8	9	11	13	14	16	17	19	20	22	23	25	26	♎ 28
♀	♍ 28	29	♎ 0	1	3	4	5	6	8	9	10	11	13	14	15	16	17	19	20	21	22	24	25	26	27	29	♏ 0	1	2	♏ 3
♂	♊ 19	19	20	21	21	22	22	23	23	24	25	25	26	26	27	27	28	28	29	29	♋ 0	0	1	1	2	2	3	3	4	♋ 4

♃	1	6	12	18	24	30	♄	1	6	12	18	24	30	♅	1	15	30	♆	1	15	30	♇	1	15	30	☊	1	15	30
	♐ 24	24	25	25	26	26		♑ 12	12	12	12	12	12		♌ 23	23	24		♏ 7	7	8		♍ 6	6	7		♍ 16	15	15

OCTOBRE

	1	2	3	4	5	6	7	8	9	10	11	12	13	14	15	16	17	18	19	20	21	22	23	24	25	26	27	28	29	30	31
☉	♎ 8	9	10	11	12	13	14	15	16	17	18	19	20	21	22	23	24	25	26	27	28	29	♏ 0	1	2	3	4	5	6	7	♏ 8
☽	♒ 17	♓ 1	15	29	♈ 13	26	♉ 9	22	♊ 5	17	29	♋ 11	23	♌ 4	16	29	♍ 11	24	♎ 7	20	♏ 4	18	♐ 2	17	♑ 1	15	29	♒ 14	27	♓ 11	♓ 25
☿	♎ 29	♏ 0	2	3	4	6	7	8	10	11	12	13	14	15	16	17	18	19	20	21	22	22	23	23	24	24	24	24	24	24	♏ 23
♀	♏ 5	6	7	8	10	11	12	13	14	16	17	18	19	21	22	23	24	25	27	28	29	♐ 0	2	3	4	5	6	8	9	10	♐ 11
♂	♋ 5	5	6	6	7	7	8	8	8	9	9	10	10	10	11	11	12	12	12	13	13	13	14	14	14	15	15	15	15	16	♋ 16

♃	1	6	12	18	24	30	♄	1	6	12	18	24	30	♅	1	15	30	♆	1	15	30	♇	1	15	30	☊	1	15	30
	♐ 26	27	28	29	♑ 0	1		♑ 12	12	12	13	13	13		♌ 24	25	25		♏ 8	8	9		♍ 7	7	8		♍ 15	15	14

NOVEMBRE

	1	2	3	4	5	6	7	8	9	10	11	12	13	14	15	16	17	18	19	20	21	22	23	24	25	26	27	28	29	30
☉	♏ 9	10	11	12	13	14	15	16	17	18	19	20	21	22	23	24	25	26	27	28	29	♐ 0	1	2	3	4	5	6	7	♐ 8
☽	♈ 8	22	♉ 5	17	♊ 0	13	25	♋ 7	19	♌ 0	12	24	♍ 6	19	♎ 2	15	28	♏ 12	27	♐ 11	26	♑ 11	26	♒ 10	24	♓ 8	22	♈ 5	18	♉ 1
☿	♏ 23	22	21	20	19	18	16	15	14	12	11	10	9	9	8	8	8	8	8	9	9	10	11	12	13	14	15	16	18	♏ 19
♀	♐ 13	14	15	16	17	19	20	21	22	23	25	26	27	28	♑ 0	1	2	3	4	6	7	8	9	10	12	13	14	15	16	♑ 18
♂	♋ 16	16	17	17	17	17	17	18	18	18	18	18	18	18	18	19	19	19	19	19	19	19	19	19	19	18	18	18	18	♋ 18

♃	1	6	12	18	24	30	♄	1	6	12	18	24	30	♅	1	15	30	♆	1	15	30	♇	1	15	30	☊	1	15	30
	♑ 1	2	3	4	6	7		♑ 14	14	14	15	15	16		♌ 25	26	26		♏ 9	9	10		♍ 8	8	8		♍ 14	13	12

DÉCEMBRE

	1	2	3	4	5	6	7	8	9	10	11	12	13	14	15	16	17	18	19	20	21	22	23	24	25	26	27	28	29	30	31
☉	♐ 9	10	11	12	13	14	15	16	17	18	19	20	21	22	23	24	25	26	27	28	29	♑ 0	1	2	3	4	5	6	7	8	♑ 9
☽	♉ 14	26	♊ 9	21	♋ 3	15	27	♌ 9	20	♍ 2	14	27	♎ 9	23	♏ 6	20	♐ 5	20	♑ 5	20	♒ 5	20	♓ 4	18	♈ 2	15	28	♉ 11	23	♊ 6	♊ 18
☿	♏ 20	22	23	25	26	27	29	♐ 0	2	3	5	6	8	9	11	12	14	16	17	19	20	22	23	25	26	28	♑ 0	1	3	4	♑ 6
♀	♑ 19	20	21	22	24	25	26	27	28	♒ 0	1	2	3	4	5	7	8	9	10	11	13	14	15	16	17	18	20	21	22	23	♒ 24
♂	♋ 18	18	18	17	17	17	17	17	16	16	16	15	15	15	15	14	14	14	13	13	12	12	12	11	11	11	10	10	9	9	♋ 9

♃	1	6	12	18	24	30	♄	1	6	12	18	24	30	♅	1	15	30	♆	1	15	30	♇	1	15	30	☊	1	15	30
	♑ 7	8	9	11	12	14		♑ 16	17	17	18	19	19		♌ 26	26	25		♏ 10	10	11		♍ 8	8	8		♍ 11	10	8

1961

JANVIER

	1	2	3	4	5	6	7	8	9	10	11	12	13	14	15	16	17	18	19	20	21	22	23	24	25	26	27	28	29	30	31
☉	♑10	11	12	13	14	15	16	17	18	20	21	22	23	24	25	26	27	28	29	♒0	1	2	3	4	5	6	7	8	9	10	♒11
☽	♋0	12	24	♌5	17	29	♍11	23	♎5	18	♏1	14	28	♐13	28	♑13	28	♒13	28	♓13	27	♈11	25	♉8	20	♊3	15	27	♋9	21	♌2
☿	♑7	9	11	12	14	15	17	19	20	22	24	25	27	29	♒0	2	4	5	7	9	11	12	14	16	17	19	21	22	24	26	♒27
♀	♒25	26	28	29	♓0	1	2	3	4	5	7	8	9	10	11	12	13	14	15	16	17	19	20	21	22	23	24	25	26	27	♓28
♂	♋8	8	7	7	7	6	6	5	5	5	4	4	4	4	3	3	3	2	2	2	2	1	1	1	1	1	1	1	0	0	♋0

	1	6	12	18	24	30
♃	♑14	15	17	18	19	21
♄	♑20	20	21	22	22	23

	1	15	30
♅	♌25	25	24
♆	♏11	11	11
♇	♍8	8	8
☊	♍8	7	6

FÉVRIER

	1	2	3	4	5	6	7	8	9	10	11	12	13	14	15	16	17	18	19	20	21	22	23	24	25	26	27	28
☉	♒12	13	14	15	16	17	18	19	20	21	22	23	24	25	26	27	28	29	♓0	1	2	3	4	5	6	7	8	♓9
☽	♌14	26	♍8	20	♎2	15	27	♏10	24	♐7	22	♑6	21	♒6	21	♓6	21	♈6	20	♉3	16	29	♊11	24	♋6	17	29	♌11
☿	♒29	♓0	2	3	4	5	6	7	8	8	9	9	9	9	9	8	8	7	6	5	4	3	2	1	0	♒29	28	♒27
♀	♓29	♈0	1	2	3	4	5	6	6	7	8	9	10	11	12	13	14	14	15	16	17	17	18	19	20	20	21	♈22
♂	♋0	0	0	0	0	0	0	0	0	0	0	0	0	0	0	1	1	1	1	1	1	1	2	2	2	2	2	♋3

	1	6	12	18	24	28
♃	♑21	22	24	25	26	27
♄	♑23	24	24	25	26	26

	1	15	28
♅	♌24	24	23
♆	♏11	11	11
♇	♍7	7	7
☊	♍6	6	6

MARS

	1	2	3	4	5	6	7	8	9	10	11	12	13	14	15	16	17	18	19	20	21	22	23	24	25	26	27	28	29	30	31
☉	♓10	11	12	13	14	15	16	17	18	19	20	21	22	23	24	25	26	27	28	29	♈0	1	2	3	4	5	6	7	8	9	♈10
☽	♌23	♍5	17	29	♎12	24	♏7	20	♐4	18	♑2	16	♒0	15	♓0	14	29	♈13	27	♉11	24	♊7	20	♋2	14	26	♌7	19	♍1	13	♍26
☿	♒26	26	25	25	25	24	24	24	25	25	25	26	26	27	27	28	29	♓0	1	1	2	3	5	6	7	8	9	10	12	13	♓14
♀	♈22	23	24	24	25	25	26	26	26	27	27	28	28	28	28	29	29	29	29	29	29	29	29	29	29	29	28	28	28	27	♈27
♂	♋3	3	3	4	4	4	4	5	5	5	6	6	6	7	7	7	8	8	8	9	9	9	10	10	11	11	11	12	12	13	♋13

	1	6	12	18	24	30
♃	♑27	28	29	♒0	1	2
♄	♑26	27	27	28	28	29

	1	15	30
♅	♌23	23	22
♆	♏11	11	11
♇	♍7	6	6
☊	♍6	6	6

AVRIL

	1	2	3	4	5	6	7	8	9	10	11	12	13	14	15	16	17	18	19	20	21	22	23	24	25	26	27	28	29	30
☉	♈11	12	13	14	15	16	17	18	19	20	21	22	23	24	25	26	27	28	29	♉0	1	2	3	4	5	6	6	7	8	♉9
☽	♎8	21	♏4	17	♐1	14	28	♑12	26	♒11	25	♓9	24	♈8	22	♉6	19	♊2	15	28	♋10	22	♌4	15	27	♍9	21	♎4	17	♏0
☿	♓16	17	19	20	22	23	25	26	28	29	♈1	3	4	6	8	10	11	13	15	17	19	21	23	25	27	29	♉1	3	5	♉7
♀	♈27	26	26	25	25	24	23	23	22	21	21	20	20	19	18	18	17	17	16	16	15	15	14	14	14	14	13	13	13	♈13
♂	♋13	14	14	15	15	16	16	16	17	17	18	18	19	19	20	20	21	21	22	22	22	23	23	24	24	25	25	26	26	♋27

	1	6	12	18	24	30
♃	♒3	3	4	5	6	6
♄	♑29	29	29	29	♒0	0

	1	15	30
♅	♌22	22	22
♆	♏11	10	10
♇	♍6	6	6
☊	♍6	5	4

MAI

	1	2	3	4	5	6	7	8	9	10	11	12	13	14	15	16	17	18	19	20	21	22	23	24	25	26	27	28	29	30	31
☉	♉10	11	12	13	14	15	16	17	18	19	20	21	22	23	24	25	26	27	28	29	♊0	1	2	3	4	5	5	6	7	8	♊9
☽	♏13	27	♐11	25	♑9	23	♒7	22	♓6	20	♈3	17	♉1	14	28	♊10	23	♋6	18	♌0	11	23	♍5	17	29	♎12	25	♏8	22	♐6	♐20
☿	♉9	11	14	16	18	20	22	24	26	29	♊1	3	5	7	9	10	12	14	16	18	19	21	22	24	25	27	28	29	♋0	1	♋3
♀	♈13	13	13	13	13	13	13	13	14	14	14	15	15	15	16	16	17	17	18	18	19	19	20	21	21	22	23	23	24	25	♈25
♂	♋27	28	28	29	29	♌0	0	1	2	2	3	3	4	4	5	5	6	6	7	7	8	8	9	10	10	11	11	12	12	13	♌13

	1	6	12	18	24	30
♃	♒6	7	7	7	7	7
♄	♒0	0	0	0	0	0

	1	15	30
♅	♌22	22	22
♆	♏10	10	9
♇	♍6	6	6
☊	♍4	3	1

JUIN

	1	2	3	4	5	6	7	8	9	10	11	12	13	14	15	16	17	18	19	20	21	22	23	24	25	26	27	28	29	30
☉	♊10	11	12	13	14	15	16	17	18	19	20	21	22	23	24	25	26	27	27	28	29	♋0	1	2	3	4	5	6	7	♋8
☽	♑5	19	♒4	18	♓2	17	♈0	14	27	♉11	24	♊7	19	♋2	14	26	♌8	20	♍1	13	25	♎7	20	♏3	16	♐0	14	29	♑14	♑29
☿	♋4	4	5	6	7	8	8	9	9	10	10	10	10	10	10	10	10	10	10	9	9	9	8	8	7	6	6	5	5	♋4
♀	♈26	27	28	29	29	♉0	1	2	3	4	4	5	6	7	8	9	10	11	12	13	14	15	16	17	18	19	20	21	22	♉23
♂	♌14	15	15	16	16	17	17	18	18	19	20	20	21	21	22	22	23	24	24	25	25	26	26	27	28	28	29	29	♍0	♍1

	1	6	12	18	24	30
♃	♒7	7	7	6	6	5
♄	♑29	29	29	29	28	28

	1	15	30
♅	♌22	23	23
♆	♏9	9	9
♇	♍6	6	6
☊	♍1	♌0	28

JUILLET

	1	2	3	4	5	6	7	8	9	10	11	12	13	14	15	16	17	18	19	20	21	22	23	24	25	26	27	28	29	30	31
☉	♋9	10	11	12	13	14	15	16	17	17	18	19	20	21	22	23	24	25	26	27	28	29	♌0	1	2	3	4	5	6	7	♌8
☽	♒13	28	♓13	27	♈11	24	♉8	21	♊3	16	28	♋11	23	♌4	16	28	♍10	22	♎4	16	28	♏11	24	♐8	22	♑7	22	♒7	22	♓7	♓22
☿	♋4	3	3	2	2	2	1	1	1	1	2	2	2	3	3	4	4	5	6	7	8	9	10	11	13	14	16	17	19	21	♋22
♀	♉24	25	26	27	28	29	♊0	1	2	3	4	5	6	7	8	9	10	12	13	14	15	16	17	18	19	20	21	23	24	25	♊26
♂	♍1	2	2	3	4	4	5	5	6	7	7	8	8	9	10	10	11	11	12	13	13	14	14	15	16	16	17	17	18	19	♍19

	1	6	12	18	24	30
♃	♒5	5	4	3	2	2
♄	♑28	28	27	27	26	26

	1	15	30
♅	♌23	24	25
♆	♏9	9	9
♇	♍6	6	7
☊	♌28	27	27

AOÛT

	1	2	3	4	5	6	7	8	9	10	11	12	13	14	15	16	17	18	19	20	21	22	23	24	25	26	27	28	29	30	31
☉	♌9	9	10	11	12	13	14	15	16	17	18	19	20	21	22	23	24	25	26	27	28	29	♍0	1	2	3	3	4	5	6	♍7
☽	♈7	21	♉4	18	♊0	13	25	♋8	20	♌1	13	25	♍7	19	♎1	13	25	♏7	20	♐3	17	♑1	16	♒0	15	♓1	16	♈1	15	♉0	♉13
☿	♋24	26	28	♌0	2	4	6	8	10	12	14	16	18	20	22	24	26	28	♍0	2	4	6	8	10	12	13	15	17	19	20	♍22
♀	♊27	28	29	♋0	2	3	4	5	6	7	8	10	11	12	13	14	15	16	18	19	20	21	22	23	25	26	27	28	29	♌0	♌2
♂	♍20	21	21	22	22	23	24	24	25	26	26	27	27	28	29	29	♎0	1	1	2	3	3	4	4	5	6	6	7	8	8	♎9

	1	6	12	18	24	30
♃	♒1	1	0	♑29	29	28
♄	♑26	25	25	25	24	24

	1	15	30
♅	♌25	26	27
♆	♏9	9	9
♇	♍7	7	8
☊	♌27	27	27

SEPTEMBRE

	1	2	3	4	5	6	7	8	9	10	11	12	13	14	15	16	17	18	19	20	21	22	23	24	25	26	27	28	29	30
☉	♍8	9	10	11	12	13	14	15	16	17	18	19	20	21	22	23	24	25	26	27	28	29	♎0	1	2	3	4	5	6	♎7
☽	♉27	♊10	22	♋5	17	29	♌10	22	♍4	16	28	♎10	22	♏4	17	♐0	13	27	♑11	25	♒9	24	♓9	24	♈9	24	♉8	22	♊5	♊18
☿	♍24	25	27	29	♎0	2	3	5	6	8	9	11	12	13	15	16	18	19	20	21	23	24	25	26	27	28	29	♏0	1	♏2
♀	♌3	4	5	6	8	9	10	11	12	14	15	16	17	18	20	21	22	23	24	26	27	28	29	♍0	2	3	4	5	7	♍8
♂	♎10	10	11	12	12	13	13	14	15	15	16	17	17	18	19	19	20	21	21	22	23	23	24	25	25	26	27	27	28	♎29

	1	6	12	18	24	30
♃	♑28	28	28	27	27	27
♄	♑24	24	23	23	23	23

	1	15	30
♅	♌27	28	29
♆	♏9	9	10
♇	♍8	8	9
☊	♌27	27	26

OCTOBRE

	1	2	3	4	5	6	7	8	9	10	11	12	13	14	15	16	17	18	19	20	21	22	23	24	25	26	27	28	29	30	31
☉	♎8	9	10	11	12	12	13	14	15	16	17	18	19	20	21	22	23	24	25	26	27	28	29	♏0	1	2	3	4	5	6	♏7
☽	♋1	13	25	♌7	19	♍1	12	24	♎7	19	♏1	14	27	♐10	24	♑7	21	♒5	19	♓4	18	♈3	17	♉2	16	♊0	13	26	♋9	21	♌3
☿	♏3	4	5	6	6	7	7	8	8	8	8	8	8	7	7	6	6	5	4	3	1	0	♎29	28	26	25	24	24	23	23	♎22
♀	♍9	10	11	13	14	15	16	18	19	20	21	22	24	25	26	27	29	♎0	1	2	4	5	6	7	9	10	11	12	13	15	♎16
♂	♎29	♏0	1	1	2	3	4	4	5	6	6	7	8	8	9	10	10	11	12	12	13	14	15	15	16	17	17	18	19	19	♏20

	1	6	12	18	24	30
♃	♑27	28	28	28	29	29
♄	♑23	23	23	24	24	24

	1	15	30
♅	♌29	29	♍29
♆	♏10	10	11
♇	♍9	9	10
☊	♌26	25	24

NOVEMBRE

	1	2	3	4	5	6	7	8	9	10	11	12	13	14	15	16	17	18	19	20	21	22	23	24	25	26	27	28	29	30
☉	♏8	9	10	11	12	13	14	15	16	17	18	19	20	21	22	23	24	25	26	27	28	29	♐0	1	2	3	5	6	7	♐8
☽	♌15	27	♍9	21	♎3	15	28	♏10	23	♐7	20	♑4	18	♒2	16	♓0	14	28	♈12	26	♉10	24	♊8	21	♋4	17	29	♌11	23	♍5
☿	♎22	22	23	23	24	25	26	27	28	29	♏0	1	3	4	5	7	8	10	11	13	14	16	18	19	21	22	24	25	27	♏29
♀	♎17	18	20	21	22	23	25	26	27	28	♏0	1	2	3	5	6	7	8	10	11	12	13	15	16	17	19	20	21	22	♏24
♂	♏21	22	22	23	24	24	25	26	26	27	28	29	29	♐0	1	1	2	3	4	4	5	6	7	7	8	9	9	10	11	♐12

	1	6	12	18	24	30
♃	♒0	0	1	2	3	4
♄	♑24	24	25	25	26	26

	1	15	30
♅	♍0	0	1
♆	♏11	11	12
♇	♍10	10	10
☊	♌24	23	21

DÉCEMBRE

	1	2	3	4	5	6	7	8	9	10	11	12	13	14	15	16	17	18	19	20	21	22	23	24	25	26	27	28	29	30	31
☉	♐9	10	11	12	13	14	15	16	17	18	19	20	21	22	23	24	25	26	27	28	29	♑0	1	2	3	4	5	6	7	8	♑9
☽	♍17	28	♎11	23	♏6	19	♐2	16	♑0	14	28	♒12	27	♓11	25	♈9	23	♉6	20	♊3	17	♋0	12	25	♌7	19	♍1	13	24	♎6	♎18
☿	♐0	2	3	5	6	8	9	11	13	14	16	17	19	20	22	24	25	27	28	♑0	2	3	5	6	8	10	11	13	14	16	♑18
♀	♏25	26	27	29	♐0	1	2	4	5	6	7	9	10	11	12	14	15	16	17	19	20	21	22	24	25	26	27	29	♑0	1	♑3
♂	♐12	13	14	15	15	16	17	18	18	19	20	20	21	22	23	23	24	25	26	26	27	28	29	29	♑0	1	2	2	3	4	♑5

	1	6	12	18	24	30
♃	♒4	5	6	7	9	10
♄	♑26	27	28	28	29	29

	1	15	30
♅	♍1	1	0
♆	♏12	12	13
♇	♍10	10	10
☊	♌21	20	19

1962

JANVIER

	1	2	3	4	5	6	7	8	9	10	11	12	13	14	15	16	17	18	19	20	21	22	23	24	25	26	27	28	29	30	31
☉	♑10	11	12	13	14	15	16	17	18	19	20	21	22	23	24	25	26	27	28	29	♒0	1	3	4	5	6	7	8	9	10	♒11
☽	♏1	13	26	♐10	24	♑8	23	♒7	22	♓7	21	♈6	20	♉3	17	♊0	13	26	♋9	21	♌3	15	27	♍9	21	♎3	14	26	♏9	21	♐4
☿	♑19	21	22	24	26	27	29	♒1	2	4	5	7	8	10	11	13	14	16	17	18	19	20	21	22	22	23	23	23	23	22	♒22
♀	♑4	5	6	8	9	10	11	13	14	15	16	18	19	20	21	23	24	25	26	28	29	♒0	1	3	4	5	6	8	9	10	♒11
♂	♑5	6	7	8	9	9	10	11	12	12	13	14	15	15	16	17	18	18	19	20	21	22	22	23	24	25	25	26	27	28	♑28

	1	6	12	18	24	30
♃	♒10	12	13	14	16	17
♄	♒0	0	1	2	2	3

	1	15	30
♅	♍0	0	♌0
♆	♏13	13	13
♇	♍10	10	10
☊	♌19	18	18

FÉVRIER

	1	2	3	4	5	6	7	8	9	10	11	12	13	14	15	16	17	18	19	20	21	22	23	24	25	26	27	28
☉	♒12	13	14	15	16	17	18	19	20	21	22	23	24	25	26	27	28	29	♓0	1	2	3	4	5	6	7	8	♓9
☽	♐18	♑2	16	♒1	16	♓1	16	♈1	15	♉0	14	27	♊10	23	♋6	18	♌0	12	24	♍6	18	29	♎11	23	♏5	18	♐0	♐13
☿	♒21	20	19	18	17	16	15	13	12	11	10	9	9	8	8	7	7	7	7	7	8	8	9	9	10	10	11	♒12
♀	♒13	14	15	17	18	19	20	22	23	24	25	27	28	29	♓0	2	3	4	5	7	8	9	10	12	13	14	15	♓17
♂	♑29	♒0	1	2	2	3	4	5	5	6	7	8	9	9	10	11	12	12	13	14	15	16	16	17	18	19	20	♒20

	1	6	12	18	24	28
♃	♒18	19	20	22	23	24
♄	♒3	4	5	5	6	6

	1	15	28
♅	♌29	29	28
♆	♏13	13	13
♇	♍10	9	9
☊	♌18	18	18

MARS

	1	2	3	4	5	6	7	8	9	10	11	12	13	14	15	16	17	18	19	20	21	22	23	24	25	26	27	28	29	30	31
☉	♓10	11	12	13	14	15	16	17	18	19	20	21	22	23	24	25	26	27	28	29	♈0	1	2	3	4	5	6	7	8	9	♈10
☽	♐26	♑10	24	♒9	24	♓9	24	♈9	24	♉9	23	♊6	20	♋2	15	27	♌9	21	♍3	14	26	♎8	20	♏2	15	27	♐10	22	♑6	19	♒3
☿	♒13	14	15	16	17	18	19	20	21	23	24	25	27	28	29	♓1	2	4	5	7	8	10	11	13	14	16	18	19	21	23	♓24
♀	♓18	19	20	22	23	24	25	27	28	29	♈0	2	3	4	5	7	8	9	10	11	13	14	15	16	18	19	20	21	23	24	♈25
♂	♒21	22	23	23	24	25	26	27	27	28	29	♓0	1	1	2	3	4	4	5	6	7	8	8	9	10	11	12	12	13	14	♓15

	1	6	12	18	24	30
♃	♒24	26	27	28	♓0	1
♄	♒7	7	8	8	9	9

	1	15	30
♅	♌28	27	27
♆	♏13	13	13
♇	♍9	8	8
☊	♌18	18	17

AVRIL

	1	2	3	4	5	6	7	8	9	10	11	12	13	14	15	16	17	18	19	20	21	22	23	24	25	26	27	28	29	30
☉	♈11	12	13	14	15	16	17	18	19	20	21	22	23	24	25	26	27	27	28	29	♉0	1	2	3	4	5	6	7	8	♉9
☽	♒17	♓2	17	♈2	17	♉2	17	♊1	15	28	♋11	24	♌6	18	♍0	11	23	♎5	17	29	♏11	24	♐7	19	♑3	16	29	♒13	27	♓12
☿	♓26	28	♈0	2	3	5	7	9	11	13	15	17	19	21	23	25	28	♉0	2	4	6	8	10	12	14	16	18	20	22	♉24
♀	♈26	28	29	♉0	1	3	4	5	6	7	9	10	11	12	14	15	16	17	19	20	21	22	23	25	26	27	28	♊0	1	♊2
♂	♓15	16	17	18	19	19	20	21	22	22	23	24	25	26	26	27	28	29	29	♈0	1	2	3	3	4	5	6	6	7	♈8

	1	6	12	18	24	30
♃	♓1	2	4	5	6	7
♄	♒9	10	10	10	11	11

	1	15	30
♅	♌27	27	26
♆	♏13	13	12
♇	♍8	8	8
☊	♌17	16	14

MAI

	1	2	3	4	5	6	7	8	9	10	11	12	13	14	15	16	17	18	19	20	21	22	23	24	25	26	27	28	29	30	31
☉	♉10	11	12	13	14	15	16	17	18	19	20	21	22	23	24	25	26	27	28	29	29	♊0	1	2	3	4	5	6	7	8	♊9
☽	♓26	♈11	26	♉11	25	♊9	23	♋6	19	♌2	14	26	♍8	20	♎1	13	26	♏8	20	♐3	16	29	♑13	26	♒10	24	♓8	22	♈6	21	♉5
☿	♉26	28	♊0	1	3	4	6	7	9	10	11	12	13	14	15	16	17	18	18	19	19	20	20	20	20	20	20	20	20	20	♊20
♀	♊3	4	6	7	8	9	10	12	13	14	15	17	18	19	20	21	23	24	25	26	27	29	♋0	1	2	3	5	6	7	8	♋9
♂	♈9	9	10	11	12	13	13	14	15	16	16	17	18	19	19	20	21	22	22	23	24	25	25	26	27	28	29	29	♉0	1	♉2

	1	6	12	18	24	30
♃	♓7	8	9	10	10	11
♄	♒11	11	11	11	11	11

	1	15	30
♅	♌26	26	27
♆	♏12	12	11
♇	♍8	8	8
☊	♌14	13	11

JUIN

	1	2	3	4	5	6	7	8	9	10	11	12	13	14	15	16	17	18	19	20	21	22	23	24	25	26	27	28	29	30
☉	♊10	11	12	13	14	15	16	17	18	19	20	21	22	22	23	24	25	26	27	28	29	♋0	1	2	3	4	5	6	7	♋8
☽	♉20	♊4	18	♋1	14	27	♌10	22	♍4	16	28	♎9	22	♏4	16	29	♐12	25	♑9	23	♒7	21	♓5	19	♈3	17	♉1	15	29	♊13
☿	♊19	19	18	18	17	17	16	16	15	15	14	14	13	13	13	12	12	12	12	12	12	12	12	13	13	14	14	15	15	♊16
♀	♋11	12	13	14	15	17	18	19	20	21	23	24	25	26	27	29	♌0	1	2	3	4	6	7	8	9	10	11	13	14	♌15
♂	♉2	3	4	4	5	6	7	7	8	9	10	10	11	12	13	13	14	15	16	16	17	18	18	19	20	21	21	22	23	♉23

	1	6	12	18	24	30
♃	♓11	12	12	12	13	13
♄	♒11	11	11	11	11	10

	1	15	30
♅	♌27	27	28
♆	♏11	11	11
♇	♍8	8	8
☊	♌11	10	9

JUILLET

	1	2	3	4	5	6	7	8	9	10	11	12	13	14	15	16	17	18	19	20	21	22	23	24	25	26	27	28	29	30	31
☉	♋9	10	11	12	13	13	14	15	16	17	18	19	20	21	22	23	24	25	26	27	28	29	♌0	1	2	3	3	4	5	6	♌7
☽	♊26	♋10	23	♌5	18	♍0	12	24	♎6	17	29	♏12	24	♐7	20	♑4	18	♒2	16	♓1	15	♈0	14	28	♉12	26	♊10	23	♋6	19	♌1
☿	♊17	18	19	20	21	22	24	25	26	28	29	♋1	3	4	6	8	10	12	14	16	18	20	22	24	26	28	♌0	3	5	7	♌9
♀	♌16	17	19	20	21	22	23	24	25	27	28	29	♍0	1	2	4	5	6	7	8	9	10	11	13	14	15	16	17	18	19	♍20
♂	♉24	25	26	26	27	28	28	29	♊0	1	1	2	3	3	4	5	5	6	7	8	8	9	10	10	11	12	12	13	14	14	♊15

	1	6	12	18	24	30
♃	♓13	13	13	12	12	11
♄	♒10	10	9	9	9	8

	1	15	30
♅	♌28	28	29
♆	♏11	11	11
♇	♍8	8	9
☊	♌9	9	9

AOÛT

	1	2	3	4	5	6	7	8	9	10	11	12	13	14	15	16	17	18	19	20	21	22	23	24	25	26	27	28	29	30	31
☉	♌8	9	10	11	12	13	14	15	16	17	18	19	20	21	22	23	24	25	26	26	27	28	29	♍0	1	2	3	4	5	6	♍7
☽	♌14	26	♍8	20	♎2	14	26	♏8	20	♐2	15	28	♑12	26	♒10	25	♓10	25	♈10	24	♉9	23	♊7	20	♋3	16	28	♌11	23	♍5	♍17
☿	♌11	13	15	17	19	21	23	25	27	29	♍0	2	4	6	7	9	11	12	14	16	17	19	20	22	23	25	26	28	29	♎0	♎2
♀	♍22	23	24	25	26	27	28	29	♎0	1	2	4	5	6	7	8	9	10	11	12	13	14	15	16	17	18	19	20	21	22	♎23
♂	♊16	16	17	18	18	19	20	21	21	22	22	23	24	24	25	26	26	27	28	28	29	♋0	0	1	2	2	3	4	4	5	♋5

	1	6	12	18	24	30
♃	♓11	11	10	9	9	8
♄	♒8	8	7	7	6	6

	1	15	30
♅	♌29	♍0	1
♆	♏11	11	11
♇	♍9	9	10
☊	♌9	9	9

SEPTEMBRE

	1	2	3	4	5	6	7	8	9	10	11	12	13	14	15	16	17	18	19	20	21	22	23	24	25	26	27	28	29	30
☉	♍8	9	10	11	12	13	14	15	16	17	18	19	20	21	22	23	24	25	26	27	28	29	29	♎0	1	2	3	4	5	♎6
☽	♍29	♎10	22	♏4	16	28	♐11	23	♑6	20	♒4	18	♓3	18	♈3	19	♉4	18	♊3	16	♋0	13	25	♌8	20	♍2	14	25	♎7	♎19
☿	♎3	4	6	7	8	9	10	11	13	14	15	15	16	17	18	19	19	20	20	21	21	22	22	22	22	22	21	21	20	♎20
♀	♎24	25	26	27	28	29	♏0	1	2	3	4	5	5	6	7	8	9	10	11	11	12	13	14	15	15	16	17	18	18	♏19
♂	♋6	7	7	8	9	9	10	10	11	12	12	13	13	14	15	15	16	16	17	18	18	19	19	20	21	21	22	22	23	♋23

	1	6	12	18	24	30
♃	♓8	7	6	6	5	4
♄	♒6	6	5	5	5	5

	1	15	30
♅	♍1	2	3
♆	♏11	11	12
♇	♍10	10	11
☊	♌9	8	7

OCTOBRE

	1	2	3	4	5	6	7	8	9	10	11	12	13	14	15	16	17	18	19	20	21	22	23	24	25	26	27	28	29	30	31
☉	♎7	8	9	10	11	12	13	14	15	16	17	18	19	20	21	22	23	24	25	26	27	28	29	♏0	1	2	3	4	5	6	♏7
☽	♏1	13	25	♐7	20	♑2	15	29	♒12	27	♓11	26	♈12	27	♉12	27	♊11	25	♋9	22	♌4	17	29	♍11	22	♎4	16	28	♏10	22	♐4
☿	♎19	18	17	16	15	14	13	11	10	9	8	8	7	7	7	7	7	7	8	8	9	10	11	12	13	15	16	17	19	20	♎22
♀	♏20	20	21	21	22	23	23	24	24	25	25	25	26	26	26	27	27	27	27	27	28	28	28	28	28	27	27	27	27	27	♏26
♂	♋24	25	25	26	26	27	27	28	28	29	29	♌0	1	1	2	2	3	3	4	4	5	5	6	6	7	7	8	8	9	9	♌9

	1	6	12	18	24	30
♃	♓4	4	3	3	3	3
♄	♒5	5	5	5	5	5

	1	15	30
♅	♍3	4	4
♆	♏12	12	13
♇	♍11	11	12
☊	♌7	6	4

NOVEMBRE

	1	2	3	4	5	6	7	8	9	10	11	12	13	14	15	16	17	18	19	20	21	22	23	24	25	26	27	28	29	30
☉	♏8	9	10	11	12	13	14	15	16	17	18	19	20	21	22	23	24	25	26	27	28	29	♐0	1	2	3	4	5	6	♐7
☽	♐17	29	♑12	25	♒8	22	♓6	20	♈5	20	♉5	20	♊5	20	♋4	17	♌0	13	25	♍7	19	♎1	13	25	♏7	19	♐1	14	26	♑9
☿	♎23	25	27	28	♏0	1	3	5	6	8	10	11	13	14	16	18	19	21	22	24	26	27	29	♐0	2	4	5	7	8	♐10
♀	♏26	26	25	25	24	24	23	23	22	22	21	20	20	19	19	18	17	17	16	16	15	15	14	14	14	13	13	13	13	♏12
♂	♌10	10	11	11	12	12	13	13	13	14	14	15	15	15	16	16	17	17	17	18	18	18	19	19	19	20	20	20	21	♌21

	1	6	12	18	24	30
♃	♓3	3	3	3	4	4
♄	♒5	5	6	6	6	7

	1	15	30
♅	♍5	5	5
♆	♏13	14	14
♇	♍12	12	12
☊	♌4	2	1

DÉCEMBRE

	1	2	3	4	5	6	7	8	9	10	11	12	13	14	15	16	17	18	19	20	21	22	23	24	25	26	27	28	29	30	31
☉	♐8	9	10	11	12	13	14	15	16	17	18	19	20	22	23	24	25	26	27	28	29	♑0	1	2	3	4	5	6	7	8	♑9
☽	♑22	♒5	19	♓2	16	♈0	15	29	♉14	29	♊13	27	♋11	25	♌8	21	♍3	15	27	♎9	21	♏3	15	27	♐10	22	♑5	18	♒2	15	♒29
☿	♐11	13	15	16	18	19	21	22	24	26	27	29	♑0	2	3	5	6	8	10	11	13	14	16	17	19	20	22	23	25	26	♑27
♀	♏12	12	12	12	12	12	12	13	13	13	13	14	14	14	15	15	16	16	17	17	18	18	19	20	20	21	22	22	23	24	♏24
♂	♌21	21	22	22	22	22	23	23	23	23	23	24	24	24	24	24	24	24	24	25	25	25	25	25	25	25	25	25	25	25	♌25

	1	6	12	18	24	30
♃	♓5	5	6	7	8	9
♄	♒7	7	8	8	9	10

	1	15	30
♅	♍5	5	5
♆	♏14	15	15
♇	♍12	12	12
☊	♌1	0	0

1963

JANVIER

	1	2	3	4	5	6	7	8	9	10	11	12	13	14	15	16	17	18	19	20	21	22	23	24	25	26	27	28	29	30	31
☉	♑10	11	12	13	14	15	16	17	18	19	20	21	22	23	24	25	26	27	28	29	♒0	1	2	3	4	5	6	7	8	9	♒10
☽	♓13	27	♈11	26	♉10	24	♊8	22	♋6	19	♌3	16	28	♍11	23	♎5	17	29	♏11	23	♐5	17	♑0	13	27	♒11	25	♓9	24	♈8	♈22
☿	♑29	♒0	1	2	3	4	5	6	6	6	7	7	6	6	6	5	4	3	2	0	♑29	28	26	25	24	23	22	22	21	21	♑21
♀	♏25	26	27	28	29	29	♐0	1	2	3	4	5	6	7	8	8	9	10	11	12	13	14	15	16	17	18	20	21	22	23	♐24
♂	♌25	24	24	24	24	24	24	24	24	23	23	23	23	22	22	22	22	21	21	21	20	20	20	19	19	19	18	18	18	17	♌17

	1	6	12	18	24	30		1	6	12	18	24	30		1	15	30		1	15	30		1	15	30		1	15	30
♃	♓9	10	11	12	14	15	♄	♒10	10	11	12	13	13	♅	♍5	5	4	♆	♏15	15	16	♇	♍12	12	12	☊	♌0	0	0

FÉVRIER

	1	2	3	4	5	6	7	8	9	10	11	12	13	14	15	16	17	18	19	20	21	22	23	24	25	26	27	28
☉	♒11	12	13	14	15	16	17	18	20	21	22	23	24	25	26	27	28	29	♓0	1	2	3	4	5	6	7	8	♓9
☽	♉7	21	♊5	18	♋2	15	28	♌11	24	♍6	19	♎1	13	25	♏7	19	♐1	13	25	♑8	21	♒5	19	♓3	18	♈3	18	♉3
☿	♑21	21	21	21	22	22	23	23	24	25	26	27	27	28	♒0	1	2	3	4	5	7	8	9	10	12	13	15	♒16
♀	♐25	26	27	28	29	♑0	1	2	3	5	6	7	8	9	10	11	12	13	15	16	17	18	19	20	21	23	24	♑25
♂	♌16	16	16	15	15	14	14	14	13	13	12	12	12	11	11	11	10	10	10	9	9	9	8	8	8	8	7	♌7

	1	6	12	18	24	28		1	6	12	18	24	28		1	15	28		1	15	28		1	15	28		1	15	28
♃	♓15	16	18	19	21	22	♄	♒14	14	15	16	16	17	♅	♍4	4	3	♆	♏16	16	16	♇	♍12	11	11	☊	♌0	♋0	29

MARS

	1	2	3	4	5	6	7	8	9	10	11	12	13	14	15	16	17	18	19	20	21	22	23	24	25	26	27	28	29	30	31
☉	♓10	11	12	13	14	15	16	17	18	19	20	21	22	23	24	25	26	27	28	29	♈0	1	2	3	4	5	6	7	8	9	♈10
☽	♉17	♊1	15	29	♋12	25	♌8	20	♍3	15	27	♎9	21	♏3	15	27	♐9	21	♑3	16	29	♒13	27	♓12	26	♈12	27	♉12	27	♊11	♊25
☿	♒17	19	20	22	23	25	26	28	♓0	1	3	5	6	8	10	11	13	15	17	18	20	22	24	26	28	♈0	2	4	6	8	♈10
♀	♑26	27	28	29	♒1	2	3	4	5	6	8	9	10	11	12	13	15	16	17	18	19	20	22	23	24	25	26	28	29	♓0	♓1
♂	♌7	7	7	6	6	6	6	6	6	6	6	5	5	5	5	5	5	5	5	5	5	6	6	6	6	6	6	6	6	6	♌7

	1	6	12	18	24	30		1	6	12	18	24	30		1	15	30		1	15	30		1	15	30		1	15	30
♃	♓22	23	24	26	27	29	♄	♒17	17	18	19	19	20	♅	♍3	2	2	♆	♏16	15	15	♇	♍11	11	10	☊	♋29	28	27

AVRIL

	1	2	3	4	5	6	7	8	9	10	11	12	13	14	15	16	17	18	19	20	21	22	23	24	25	26	27	28	29	30
☉	♈11	12	13	14	14	15	16	17	18	19	20	21	22	23	24	25	26	27	28	29	♉0	1	2	3	4	5	6	7	8	♉9
☽	♋9	22	♌5	17	♍0	12	24	♎6	18	♏0	12	24	♐6	18	♑0	12	25	♒8	21	♓5	20	♈5	20	♉5	20	♊6	20	♋4	18	♌1
☿	♈12	14	16	18	20	22	24	26	28	♉0	2	4	6	8	10	11	13	15	16	18	19	21	22	23	24	25	26	27	28	♉28
♀	♓2	4	5	6	7	8	9	11	12	13	14	15	17	18	19	20	21	23	24	25	26	27	29	♈0	1	2	3	5	6	♈7
♂	♌7	7	7	7	7	8	8	8	8	9	9	9	9	10	10	10	10	11	11	11	12	12	12	13	13	13	14	14	14	♌15

	1	6	12	18	24	30		1	6	12	18	24	30		1	15	30		1	15	30		1	15	30		1	15	30
♃	♓29	♈0	2	3	5	6	♄	♒20	20	21	21	22	22	♅	♍2	1	1	♆	♏15	15	14	♇	♍10	10	10	☊	♋27	25	24

MAI

	1	2	3	4	5	6	7	8	9	10	11	12	13	14	15	16	17	18	19	20	21	22	23	24	25	26	27	28	29	30	31
☉	♉10	11	12	13	14	15	16	17	18	19	20	21	22	22	23	24	25	26	27	28	29	♊0	1	2	3	4	5	6	7	8	♊9
☽	♌14	27	♍9	21	♎3	15	27	♏9	21	♐3	15	27	♑9	22	♒4	17	♓1	15	29	♈14	29	♉14	29	♊14	29	♋13	27	♌10	23	♍6	♍18
☿	♉29	♊0	0	0	0	1	1	1	0	0	0	0	♉29	29	28	28	27	27	26	25	25	24	24	23	23	23	22	22	22	22	♉22
♀	♈8	9	11	12	13	14	15	17	18	19	20	21	23	24	25	26	28	29	♉0	1	2	4	5	6	7	8	10	11	12	13	♉14
♂	♌15	16	16	16	17	17	18	18	18	19	19	20	20	20	21	21	22	22	23	23	24	24	25	25	25	26	26	27	27	28	♌28

	1	6	12	18	24	30		1	6	12	18	24	30		1	15	30		1	15	30		1	15	30		1	15	30
♃	♈6	7	9	10	11	12	♄	♒22	22	23	23	23	23	♅	♍1	1	1	♆	♏14	14	14	♇	♍10	10	10	☊	♋24	22	21

JUIN

	1	2	3	4	5	6	7	8	9	10	11	12	13	14	15	16	17	18	19	20	21	22	23	24	25	26	27	28	29	30
☉	♊10	11	12	13	14	15	16	17	17	18	19	20	21	22	23	24	25	26	27	28	29	♋0	1	2	3	4	5	6	7	♋8
☽	♎0	12	24	♏6	18	29	♐12	24	♑6	19	♒1	14	28	♓11	25	♈9	23	♉8	23	♊8	22	♋7	21	♌5	18	♍1	14	26	♎8	♎20
☿	♉22	22	22	22	23	23	24	24	25	26	26	27	28	29	♊0	1	2	3	5	6	7	9	10	12	13	15	17	18	20	♊22
♀	♉16	17	18	19	21	22	23	24	25	27	28	29	♊0	1	3	4	5	6	7	9	10	11	12	14	15	16	17	18	20	♊21
♂	♌29	29	♍0	0	1	1	2	2	3	3	4	4	5	6	6	7	7	8	8	9	9	10	10	11	11	12	13	13	14	♍14

	1	6	12	18	24	30		1	6	12	18	24	30		1	15	30		1	15	30		1	15	30		1	15	30
♃	♈12	13	14	15	16	17	♄	♒23	23	23	23	23	23	♅	♍1	2	2	♆	♏14	13	13	♇	♍10	10	10	☊	♋21	21	21

JUILLET

	1	2	3	4	5	6	7	8	9	10	11	12	13	14	15	16	17	18	19	20	21	22	23	24	25	26	27	28	29	30	31
☉	♋8	9	10	11	12	13	14	15	16	17	18	19	20	21	22	23	24	25	26	27	28	28	29	♌0	1	2	3	4	5	6	♌7
☽	♏2	14	26	♐8	20	♑3	15	28	♒11	24	♓8	22	♈6	20	♉4	18	♊3	17	♋1	15	29	♌13	26	♍9	22	♎4	16	28	♏10	22	♐4
☿	♊24	26	28	♋0	2	4	6	8	10	12	15	17	19	21	23	25	27	29	♌2	4	6	8	10	12	13	15	17	19	21	23	♌24
♀	♊22	23	25	26	27	28	29	♋1	2	3	4	6	7	8	9	10	12	13	14	15	17	18	19	20	21	23	24	25	26	28	♋29
♂	♍15	15	16	16	17	18	18	19	19	20	20	21	22	22	23	23	24	25	25	26	26	27	27	28	29	29	♎0	0	1	2	♎2

	1	6	12	18	24	30		1	6	12	18	24	30		1	15	30		1	15	30		1	15	30		1	15	30
♃	♈17	18	18	19	19	19	♄	♒23	22	22	22	21	21	♅	♍2	3	4	♆	♏13	13	13	♇	♍10	10	11	☊	♋21	20	20

AOÛT

	1	2	3	4	5	6	7	8	9	10	11	12	13	14	15	16	17	18	19	20	21	22	23	24	25	26	27	28	29	30	31
☉	♌8	9	10	11	12	13	14	15	16	17	18	19	20	20	21	22	23	24	25	26	27	28	29	♍0	1	2	3	4	5	6	♍7
☽	♐16	28	♑11	24	♒7	20	♓4	18	♈2	17	♉1	15	29	♊13	27	♋11	25	♌8	21	♍4	17	♎0	12	24	♏6	18	♐0	12	24	♑6	♑19
☿	♌26	28	29	♍1	3	4	6	7	9	10	12	13	14	16	17	18	20	21	22	23	24	25	26	27	28	29	♎0	1	2	2	♎3
♀	♌0	1	3	4	5	6	7	9	10	11	12	14	15	16	17	19	20	21	22	24	25	26	27	28	♍0	1	2	3	5	6	♍7
♂	♎3	4	4	5	5	6	7	7	8	8	9	10	10	11	12	12	13	13	14	15	15	16	17	17	18	19	19	20	21	21	♎22

	1	6	12	18	24	30		1	6	12	18	24	30		1	15	30		1	15	30		1	15	30		1	15	30
♃	♈19	19	19	19	19	19	♄	♒21	20	20	19	19	19	♅	♍4	5	6	♆	♏13	13	13	♇	♍11	11	12	☊	♋20	20	20

SEPTEMBRE

	1	2	3	4	5	6	7	8	9	10	11	12	13	14	15	16	17	18	19	20	21	22	23	24	25	26	27	28	29	30
☉	♍8	9	10	11	12	13	14	15	16	17	18	19	19	20	21	22	23	24	25	26	27	28	29	♎0	1	2	3	4	5	♎6
☽	♒2	15	29	♓13	28	♈12	27	♉12	26	♊10	24	♋8	21	♌5	18	♍1	13	26	♎8	20	♏2	14	26	♐8	20	♑2	14	27	♒10	♒23
☿	♎4	4	4	5	5	5	5	5	5	5	4	4	3	2	2	1	0	♍29	28	27	26	25	24	23	22	21	21	21	21	♍21
♀	♍8	10	11	12	13	15	16	17	18	20	21	22	23	25	26	27	28	29	♎1	2	3	4	6	7	8	9	11	12	13	♎14
♂	♎23	23	24	24	25	26	26	27	28	28	29	♏0	0	1	2	2	3	4	4	5	6	6	7	8	9	9	10	11	11	♏12

	1	6	12	18	24	30		1	6	12	18	24	30		1	15	30		1	15	30		1	15	30		1	15	30
♃	♈19	18	18	17	16	16	♄	♒18	18	18	17	17	17	♅	♍6	7	8	♆	♏13	14	14	♇	♍12	12	13	☊	♋20	19	17

OCTOBRE

	1	2	3	4	5	6	7	8	9	10	11	12	13	14	15	16	17	18	19	20	21	22	23	24	25	26	27	28	29	30	31
☉	♎7	8	9	10	11	12	13	14	15	16	17	18	19	20	21	22	23	24	25	26	27	28	29	♏0	1	2	3	4	5	6	♏7
☽	♓7	22	♈6	21	♉6	21	♊6	21	♋5	18	♌2	15	28	♍10	23	♎5	17	29	♏11	23	♐5	16	28	♑10	23	♒5	18	♓1	15	♈0	♈14
☿	♍21	21	22	22	23	24	25	26	28	29	♎0	2	3	5	7	8	10	12	13	15	17	18	20	22	24	25	27	29	♏0	2	♏4
♀	♎16	17	18	19	21	22	23	24	26	27	28	29	♏1	2	3	4	6	7	8	9	11	12	13	14	16	17	18	19	21	22	♏23
♂	♏13	13	14	15	15	16	17	17	18	19	20	20	21	22	22	23	24	24	25	26	27	27	28	29	29	♐0	1	2	2	3	♐4

	1	6	12	18	24	30		1	6	12	18	24	30		1	15	30		1	15	30		1	15	30		1	15	30
♃	♈15	15	14	13	12	12	♄	♒17	17	17	16	16	17	♅	♍8	8	9	♆	♏14	14	15	♇	♍13	13	14	☊	♋17	16	14

NOVEMBRE

	1	2	3	4	5	6	7	8	9	10	11	12	13	14	15	16	17	18	19	20	21	22	23	24	25	26	27	28	29	30
☉	♏8	9	10	11	12	13	14	15	16	17	18	19	20	21	22	23	24	25	26	27	28	29	♐0	1	2	3	4	5	6	♐7
☽	♉0	15	♊0	15	♋0	14	28	♌11	25	♍7	20	♎2	14	26	♏8	20	♐2	13	25	♑7	19	♒2	14	27	♓10	24	♈8	23	♉8	♉23
☿	♏5	7	9	10	12	13	15	17	18	20	21	23	25	26	28	29	♐1	2	4	5	7	9	10	12	13	15	16	18	19	♐21
♀	♏24	26	27	28	29	♐1	2	3	4	6	7	8	9	11	12	13	14	16	17	18	19	20	22	23	24	25	27	28	29	♑0
♂	♐5	5	6	7	7	8	9	10	10	11	12	13	13	14	15	15	16	17	18	18	19	20	21	21	22	23	24	24	25	♐26

	1	6	12	18	24	30		1	6	12	18	24	30		1	15	30		1	15	30		1	15	30		1	15	30
♃	♈11	11	10	10	10	10	♄	♒17	17	17	17	17	18	♅	♍9	10	10	♆	♏15	16	16	♇	♍14	14	14	☊	♋14	12	12

DÉCEMBRE

	1	2	3	4	5	6	7	8	9	10	11	12	13	14	15	16	17	18	19	20	21	22	23	24	25	26	27	28	29	30	31
☉	♐8	9	10	11	12	13	14	15	16	17	18	19	20	21	22	23	24	25	26	27	28	29	♑0	1	2	3	4	6	7	8	♑9
☽	♊8	23	♋8	23	♌7	20	♍4	16	29	♎11	23	♏5	17	29	♐10	22	♑4	16	29	♒11	24	♓7	20	♈4	18	♉2	16	♊1	16	♋1	♋16
☿	♐22	24	25	27	28	♑0	1	3	4	5	7	8	10	11	12	13	14	16	17	18	18	19	20	20	21	21	21	20	20	19	♑19
♀	♑2	3	4	5	7	8	9	10	12	13	14	15	17	18	19	20	22	23	24	25	27	28	29	♒0	2	3	4	5	6	8	♒9
♂	♐27	27	28	29	♑0	0	1	2	3	4	4	5	6	7	7	8	9	10	10	11	12	13	13	14	15	16	17	17	18	19	♑20

	1	6	12	18	24	30		1	6	12	18	24	30		1	15	30		1	15	30		1	15	30		1	15	30
♃	♈10	10	10	10	10	11	♄	♒18	18	19	19	20	20	♅	♍10	10	10	♆	♏16	17	17	♇	♍14	14	14	☊	♋12	11	11

1964

JANVIER

	1	2	3	4	5	6	7	8	9	10	11	12	13	14	15	16	17	18	19	20	21	22	23	24	25	26	27	28	29	30	31
☉	♑10	11	12	13	14	15	16	17	18	19	20	21	22	23	24	25	26	27	28	29	♒0	1	2	3	4	5	6	7	8	9	♒10
☽	♌1	15	28	♍12	25	♎7	19	♏1	13	25	♐7	19	♑1	13	25	♒8	21	♓4	17	♈0	14	28	♉12	26	♊11	25	♋10	24	♌8	22	♍6
☿	♑18	17	15	14	13	11	10	9	8	7	6	5	5	5	5	5	5	5	5	6	6	7	8	9	9	10	11	12	13	15	♑16
♀	♒10	11	13	14	15	16	18	19	20	21	22	24	25	26	27	29	♓0	1	2	4	5	6	7	8	10	11	12	13	14	16	♓17
♂	♑20	21	22	23	24	24	25	26	27	27	28	29	♒0	1	1	2	3	4	5	5	6	7	8	8	9	10	11	12	12	13	♒14

	1	6	12	18	24	30
♃	♈11	11	12	13	13	14
♄	♒20	21	22	22	23	24

	1	15	30
♅	♍10	10	9
♆	♏17	17	18
♇	♍14	14	14
☊	♋11	11	11

FÉVRIER

	1	2	3	4	5	6	7	8	9	10	11	12	13	14	15	16	17	18	19	20	21	22	23	24	25	26	27	28	29
☉	♒11	12	13	14	15	16	17	18	19	20	21	22	23	24	25	26	27	28	29	♓0	1	2	3	4	5	6	7	8	♓9
☽	♍19	♎2	15	27	♏9	21	♐3	15	27	♑9	21	♒4	17	♓0	13	27	♈11	25	♉9	23	♊7	21	♋5	19	♌3	17	♍1	14	♍27
☿	♑17	18	19	21	22	23	25	26	27	29	♒0	2	3	4	6	7	9	11	12	14	15	17	18	20	22	23	25	27	♒28
♀	♓18	19	21	22	23	24	25	27	28	29	♈0	1	3	4	5	6	7	8	10	11	12	13	14	16	17	18	19	20	♈21
♂	♒15	16	16	17	18	19	19	20	21	22	23	23	24	25	26	27	27	28	29	♓0	1	1	2	3	4	4	5	6	♓7

	1	6	12	18	24	29
♃	♈15	16	17	18	19	20
♄	♒24	24	25	26	27	27

	1	15	29
♅	♍9	9	8
♆	♏18	18	18
♇	♍14	13	13
☊	♋11	10	9

MARS

	1	2	3	4	5	6	7	8	9	10	11	12	13	14	15	16	17	18	19	20	21	22	23	24	25	26	27	28	29	30	31
☉	♓10	11	12	13	14	15	16	17	18	19	20	21	22	23	24	25	26	27	28	29	♈0	1	2	3	4	5	6	7	8	9	♈10
☽	♎10	23	♏5	17	29	♐11	23	♑5	17	29	♒12	25	♓8	22	♈6	21	♉5	20	♊4	18	♋2	16	♌0	13	27	♍10	23	♎6	19	♏1	♏13
☿	♓0	2	4	5	7	9	11	13	14	16	18	20	22	24	26	28	♈0	2	4	6	8	10	12	14	16	18	20	22	23	25	♈27
♀	♈23	24	25	26	27	28	29	♉1	2	3	4	5	6	7	8	10	11	12	13	14	15	16	17	18	19	20	22	23	24	25	♉26
♂	♓8	8	9	10	11	12	12	13	14	15	16	16	17	18	19	19	20	21	22	23	23	24	25	26	27	27	28	29	♈0	0	♈1

	1	6	12	18	24	30
♃	♈20	21	23	24	25	27
♄	♒27	28	29	29	♓0	1

	1	15	30
♅	♍8	7	7
♆	♏18	18	17
♇	♍13	13	12
☊	♋9	8	6

AVRIL

	1	2	3	4	5	6	7	8	9	10	11	12	13	14	15	16	17	18	19	20	21	22	23	24	25	26	27	28	29	30
☉	♈11	12	13	14	15	16	17	18	19	20	21	22	23	24	25	26	27	28	29	♉0	1	2	3	4	5	6	7	8	9	♉10
☽	♏25	♐7	19	♑1	13	25	♒7	20	♓3	16	♈1	15	♉0	14	29	♊14	29	♋13	27	♌10	24	♍7	20	♎3	15	27	♏10	22	♐4	♐15
☿	♈28	♉0	1	3	4	5	6	7	8	9	10	10	11	11	11	11	12	11	11	11	11	10	10	9	9	8	7	7	6	♉5
♀	♉27	28	29	♊0	1	2	3	4	5	6	7	8	9	10	11	12	13	13	14	15	16	17	18	19	20	20	21	22	23	♊24
♂	♈2	3	4	4	5	6	7	7	8	9	10	10	11	12	13	14	14	15	16	17	17	18	19	20	20	21	22	23	23	♈24

	1	6	12	18	24	30
♃	♈27	28	♉0	1	3	4
♄	♓1	1	2	2	3	3

	1	15	30
♅	♍7	6	6
♆	♏17	17	17
♇	♍12	12	12
☊	♋6	5	3

MAI

	1	2	3	4	5	6	7	8	9	10	11	12	13	14	15	16	17	18	19	20	21	22	23	24	25	26	27	28	29	30	31
☉	♉11	12	13	14	15	15	16	17	18	19	20	21	22	23	24	25	26	27	28	29	♊0	1	2	3	4	5	6	7	8	9	♊10
☽	♐27	♑9	21	♒3	15	28	♓11	25	♈9	23	♉8	23	♊8	23	♋8	23	♌7	20	♍4	17	♎0	12	24	♏7	19	♐0	12	24	♑6	18	♒0
☿	♉5	4	4	3	3	2	2	2	2	2	2	2	2	2	2	3	3	4	4	5	5	6	7	8	9	10	11	12	13	14	♉16
♀	♊24	25	26	27	27	28	29	29	♋0	1	1	2	2	3	3	4	4	5	5	5	6	6	6	6	6	7	7	7	7	7	♋7
♂	♈25	26	27	27	28	29	♉0	0	1	2	3	3	4	5	6	6	7	8	9	9	10	11	11	12	13	14	14	15	16	17	♉17

	1	6	12	18	24	30
♃	♉4	6	7	9	10	11
♄	♓3	4	4	4	5	5

	1	15	30
♅	♍6	6	6
♆	♏17	16	16
♇	♍12	12	12
☊	♋3	3	2

JUIN

	1	2	3	4	5	6	7	8	9	10	11	12	13	14	15	16	17	18	19	20	21	22	23	24	25	26	27	28	29	30
☉	♊11	11	12	13	14	15	16	17	18	19	20	21	22	23	24	25	26	27	28	29	♋0	1	2	3	3	4	5	6	7	♋8
☽	♒12	24	♓7	20	♈3	17	♉2	16	♊1	17	♋2	17	♌1	16	♍0	13	26	♎9	21	♏4	16	28	♐9	21	♑3	15	27	♒9	21	♓4
☿	♉17	18	20	21	23	24	26	27	29	♊1	2	4	6	8	10	12	14	16	18	20	22	24	26	28	♋1	3	5	7	9	♋12
♀	♋7	7	6	6	6	6	5	5	5	4	4	3	3	2	2	1	0	0	♊29	29	28	27	27	26	26	25	24	24	23	♊23
♂	♉18	19	20	20	21	22	22	23	24	25	25	26	27	28	28	29	♊0	0	1	2	3	3	4	5	5	6	7	7	8	♊9

	1	6	12	18	24	30
♃	♉12	13	14	15	17	18
♄	♓5	5	5	5	5	5

	1	15	30
♅	♍6	6	7
♆	♏16	16	15
♇	♍12	12	12
☊	♋2	2	2

JUILLET

	1	2	3	4	5	6	7	8	9	10	11	12	13	14	15	16	17	18	19	20	21	22	23	24	25	26	27	28	29	30	31
☉	♋9	10	11	12	13	14	15	16	17	18	19	20	21	22	23	23	24	25	26	27	28	29	♌0	1	2	3	4	5	6	7	♌8
☽	♓16	♈0	13	27	♉11	25	♊10	25	♋10	25	♌10	24	♍8	22	♎5	18	♏0	12	24	♐6	18	♑0	12	24	♒6	18	♓1	13	26	♈10	♈23
☿	♋14	16	18	20	22	24	26	28	♌0	2	4	6	7	9	11	13	14	16	18	19	21	22	24	25	27	28	29	♍1	2	3	♍4
♀	♊23	22	22	21	21	21	21	21	20	20	20	20	20	20	21	21	21	21	21	22	22	22	23	23	24	24	24	25	25	26	♊27
♂	♊10	10	11	12	12	13	14	14	15	16	17	17	18	19	19	20	21	21	22	23	23	24	25	25	26	27	27	28	29	29	♋0

	1	6	12	18	24	30
♃	♉18	19	20	21	22	23
♄	♓5	5	4	4	4	4

	1	15	30
♅	♍7	8	8
♆	♏15	15	15
♇	♍12	12	13
☊	♋2	2	2

AOÛT

	1	2	3	4	5	6	7	8	9	10	11	12	13	14	15	16	17	18	19	20	21	22	23	24	25	26	27	28	29	30	31
☉	♌9	10	11	12	13	14	15	15	16	17	18	19	20	21	22	23	24	25	26	27	28	29	♍0	1	2	3	4	5	6	7	♍8
☽	♉7	21	♊5	20	♋4	19	♌4	18	♍2	16	♎0	13	26	♏9	21	♐3	14	26	♑8	20	♒2	15	27	♓10	23	♈7	20	♉4	18	♊2	♊16
☿	♍6	7	8	9	10	11	12	13	13	14	15	16	16	17	17	17	18	18	18	18	18	18	17	17	17	16	15	15	14	13	♍12
♀	♊27	28	28	29	♋0	0	1	2	3	3	4	5	6	6	7	8	9	10	11	12	12	13	14	15	16	17	18	19	20	21	♋22
♂	♋1	1	2	3	3	4	5	5	6	7	7	8	9	9	10	11	11	12	13	13	14	15	15	16	17	17	18	19	19	20	♋20

	1	6	12	18	24	30
♃	♉23	24	24	25	25	26
♄	♓3	3	3	2	2	1

	1	15	30
♅	♍8	9	10
♆	♏15	15	15
♇	♍13	13	14
☊	♋1	1	0

SEPTEMBRE

	1	2	3	4	5	6	7	8	9	10	11	12	13	14	15	16	17	18	19	20	21	22	23	24	25	26	27	28	29	30
☉	♍9	10	11	11	12	13	14	15	16	17	18	19	20	21	22	23	24	25	26	27	28	29	♎0	1	2	3	4	5	6	♎7
☽	♋0	14	28	♌13	27	♍11	25	♎8	21	♏4	16	29	♐11	22	♑4	16	28	♒10	23	♓6	19	♈2	16	♉0	14	28	♊13	27	♋11	♋25
☿	♍11	10	9	8	7	7	6	5	5	5	4	4	4	5	5	6	6	7	8	9	11	12	13	15	16	18	20	21	23	♍25
♀	♋23	24	25	26	27	28	29	♌0	1	2	3	4	5	6	7	8	9	10	11	12	14	15	16	17	18	19	20	21	22	♌23
♂	♋21	22	22	23	24	24	25	26	26	27	27	28	29	29	♌0	0	1	2	2	3	4	4	5	5	6	7	7	8	8	♌9

	1	6	12	18	24	30
♃	♉26	26	26	26	26	26
♄	♓1	1	0	0	0	♒29

	1	15	30
♅	♍10	11	12
♆	♏15	16	16
♇	♍14	14	15
☊	♋0	♊29	27

OCTOBRE

	1	2	3	4	5	6	7	8	9	10	11	12	13	14	15	16	17	18	19	20	21	22	23	24	25	26	27	28	29	30	31
☉	♎8	9	10	11	12	13	14	15	16	17	18	19	20	21	22	23	24	25	26	27	28	29	♏0	1	2	3	4	5	6	7	♏8
☽	♌9	23	♍6	20	♎3	17	29	♏12	24	♐7	18	♑0	12	24	♒6	18	♓1	14	27	♈11	25	♉9	24	♊8	23	♋7	22	♌6	20	♍3	♍17
☿	♍26	28	♎0	2	4	5	7	9	11	12	14	16	18	19	21	23	25	26	28	♏0	1	3	4	6	8	9	11	12	14	16	♏17
♀	♌25	26	27	28	29	♍0	1	3	4	5	6	7	8	9	11	12	13	14	15	16	18	19	20	21	22	24	25	26	27	28	♎0
♂	♌10	10	11	11	12	13	13	14	14	15	15	16	17	17	18	18	19	19	20	21	21	22	22	23	23	24	25	25	26	26	♌27

	1	6	12	18	24	30
♃	♉26	25	25	24	24	23
♄	♒29	29	29	29	28	28

	1	15	30
♅	♍12	13	14
♆	♏16	17	17
♇	♍15	15	16
☊	♊27	25	24

NOVEMBRE

	1	2	3	4	5	6	7	8	9	10	11	12	13	14	15	16	17	18	19	20	21	22	23	24	25	26	27	28	29	30
☉	♏9	10	11	12	13	14	15	16	17	18	19	20	21	22	23	24	25	26	27	28	29	♐0	1	2	3	4	5	6	7	♐8
☽	♎0	13	26	♏8	20	♐3	15	27	♑8	20	♒2	14	26	♓9	22	♈5	19	♉3	18	♊2	17	♋2	17	♌2	16	♍0	14	27	♎10	♎22
☿	♏19	20	22	23	25	26	28	29	♐1	2	4	5	7	8	10	11	12	14	15	17	18	19	21	22	23	25	26	27	28	♐29
♀	♎1	2	3	4	6	7	8	9	10	12	13	14	15	16	18	19	20	21	23	24	25	26	27	29	♏0	1	2	4	5	♏6
♂	♌27	28	28	29	29	♍0	0	1	1	2	3	3	4	4	5	5	6	6	7	7	8	8	9	9	9	10	10	11	11	♍12

	1	6	12	18	24	30
♃	♉23	22	21	20	20	19
♄	♒28	28	28	29	29	29

	1	15	30
♅	♍14	14	15
♆	♏17	18	18
♇	♍16	16	16
☊	♊24	23	23

DÉCEMBRE

	1	2	3	4	5	6	7	8	9	10	11	12	13	14	15	16	17	18	19	20	21	22	23	24	25	26	27	28	29	30	31
☉	♐9	10	11	12	13	14	15	16	17	18	19	20	21	22	23	24	25	26	27	28	29	♑0	1	2	3	4	5	6	7	8	♑9
☽	♏5	17	29	♐11	23	♑5	17	29	♒10	22	♓5	17	♈0	13	27	♉11	25	♊10	26	♋11	26	♌11	25	♍10	23	♎7	19	♏2	14	26	♐8
☿	♑0	1	2	3	3	4	4	5	5	5	5	4	4	3	2	1	♐29	28	27	25	24	23	22	21	20	19	19	19	19	19	♐19
♀	♏7	9	10	11	12	13	15	16	17	18	20	21	22	23	25	26	27	28	♐0	1	2	3	5	6	7	8	10	11	12	13	♐15
♂	♍12	13	13	14	14	14	15	15	16	16	17	17	17	18	18	18	19	19	20	20	20	21	21	21	22	22	22	23	23	23	♍24

	1	6	12	18	24	30
♃	♉19	18	18	17	17	16
♄	♒29	29	♓0	0	1	1

	1	15	30
♅	♍15	15	15
♆	♏18	19	19
♇	♍16	16	16
☊	♊23	23	23

1965

JANVIER

	1	2	3	4	5	6	7	8	9	10	11	12	13	14	15	16	17	18	19	20	21	22	23	24	25	26	27	28	29	30	31
☉	♑10	11	12	13	14	15	16	18	19	20	21	22	23	24	25	26	27	28	29	♒0	1	2	3	4	5	6	7	8	9	10	♒11
☽	♐20	♑2	14	26	♒7	19	♓1	14	26	♈9	22	♉6	19	♊4	18	♋3	19	♌4	19	♍4	18	♎2	15	28	♏11	23	♐5	17	29	♑11	♑22
☿	♐19	20	20	21	22	22	23	24	25	26	28	29	♑0	1	2	4	5	6	8	9	10	12	13	14	16	17	19	20	22	23	♑25
♀	♐16	17	18	20	21	22	23	25	26	27	28	♑0	1	2	3	5	6	7	8	10	11	12	13	15	16	17	18	20	21	22	♑23
♂	♍24	24	24	25	25	25	25	26	26	26	26	26	27	27	27	27	27	27	27	28	28	28	28	28	28	28	28	28	28	28	♍28

	1	6	12	18	24	30
♃	♉16	16	16	16	16	17
♄	♓1	2	2	3	4	4

	1	15	30
♅	♍15	15	14
♆	♏19	20	20
♇	♍16	16	16
☊	♊23	23	22

FÉVRIER

	1	2	3	4	5	6	7	8	9	10	11	12	13	14	15	16	17	18	19	20	21	22	23	24	25	26	27	28
☉	♒12	13	14	15	16	17	18	19	20	21	22	23	24	25	26	27	28	29	♓0	1	2	3	4	5	6	7	8	♓9
☽	♒4	16	29	♓11	23	♈6	19	♉2	15	29	♊13	27	♋12	27	♌12	27	♍12	26	♎10	24	♏7	19	♐2	14	25	♑7	19	♒1
☿	♑26	28	29	♒1	3	4	6	7	9	11	12	14	16	17	19	21	22	24	26	28	♓0	1	3	5	7	9	11	♓13
♀	♑25	26	27	28	♒0	1	2	3	5	6	7	8	10	11	12	13	15	16	17	18	20	21	22	23	25	26	27	♒28
♂	♍28	28	28	28	28	28	28	27	27	27	27	27	27	26	26	26	26	25	25	25	25	24	24	24	23	23	23	♍22

	1	6	12	18	24	28
♃	♉17	17	18	19	19	20
♄	♓5	5	6	7	7	8

	1	15	28
♅	♍14	14	13
♆	♏20	20	20
♇	♍16	16	15
☊	♊22	21	20

MARS

	1	2	3	4	5	6	7	8	9	10	11	12	13	14	15	16	17	18	19	20	21	22	23	24	25	26	27	28	29	30	31
☉	♓10	11	12	13	14	15	16	17	18	19	20	21	22	23	24	25	26	27	28	29	♈0	1	2	3	4	5	6	7	8	9	♈10
☽	♒13	25	♓7	20	♈3	16	29	♉12	26	♊10	24	♋8	22	♌6	21	♍5	20	♎4	18	♏1	14	27	♐9	21	♑3	15	27	♒9	21	♓3	♓16
☿	♓14	16	18	20	22	24	26	28	♈0	2	4	5	7	9	10	12	14	15	16	17	19	20	20	21	22	22	23	23	23	23	♈23
♀	♓0	1	2	3	5	6	7	8	10	11	12	13	15	16	17	18	20	21	22	23	25	26	27	28	29	♈1	2	3	4	6	♈7
♂	♍22	22	21	21	20	20	20	19	19	19	18	18	17	17	17	16	16	15	15	15	14	14	14	13	13	13	12	12	12	12	♍11

	1	6	12	18	24	30
♃	♉20	21	22	23	24	25
♄	♓8	9	9	10	11	11

	1	15	30
♅	♍13	12	12
♆	♏20	20	20
♇	♍15	15	14
☊	♊20	18	16

AVRIL

	1	2	3	4	5	6	7	8	9	10	11	12	13	14	15	16	17	18	19	20	21	22	23	24	25	26	27	28	29	30
☉	♈11	12	13	14	15	16	17	18	19	20	21	22	23	24	25	26	27	28	29	♉0	1	2	3	4	5	6	7	7	8	♉9
☽	♓29	♈12	25	♉9	23	♊6	20	♋4	19	♌3	17	♍1	15	29	♎13	26	♏9	22	♐5	17	29	♑11	23	♒5	17	29	♓11	24	♈7	♈20
☿	♈23	23	22	22	21	20	20	19	18	17	17	16	15	14	14	13	13	12	12	12	12	12	12	12	12	12	13	13	14	♈14
♀	♈8	9	11	12	13	14	16	17	18	19	21	22	23	24	26	27	28	29	♉0	2	3	4	5	7	8	9	10	12	13	♉14
♂	♍11	11	11	10	10	10	10	10	9	9	9	9	9	9	9	9	9	9	9	9	9	9	9	9	9	9	9	9	9	♍9

	1	6	12	18	24	30
♃	♉25	26	28	29	♊0	2
♄	♓12	12	13	13	14	14

	1	15	30
♅	♍12	11	11
♆	♏20	19	19
♇	♍14	14	14
☊	♊16	15	14

MAI

	1	2	3	4	5	6	7	8	9	10	11	12	13	14	15	16	17	18	19	20	21	22	23	24	25	26	27	28	29	30	31
☉	♉10	11	12	13	14	15	16	17	18	19	20	21	22	23	24	25	26	27	28	29	♊0	1	2	3	4	5	5	6	7	8	♊9
☽	♉4	18	♊2	16	♋1	15	♌0	14	28	♍12	25	♎9	22	♏5	18	♐1	13	25	♑7	19	♒1	13	25	♓7	19	♈2	15	28	♉12	26	♊11
☿	♈15	15	16	17	18	19	20	21	22	23	24	25	27	28	29	♉1	2	3	5	6	8	10	11	13	15	16	18	20	22	24	♉26
♀	♉15	17	18	19	20	21	23	24	25	26	28	29	♊0	1	3	4	5	6	7	9	10	11	12	14	15	16	17	19	20	21	♊22
♂	♍9	10	10	10	10	10	10	11	11	11	11	11	12	12	12	12	13	13	13	14	14	14	14	15	15	15	16	16	17	17	♍17

	1	6	12	18	24	30
♃	♊2	3	4	6	7	9
♄	♓15	15	15	16	16	17

	1	15	30
♅	♍11	11	11
♆	♏19	18	18
♇	♍14	14	14
☊	♊14	14	14

JUIN

	1	2	3	4	5	6	7	8	9	10	11	12	13	14	15	16	17	18	19	20	21	22	23	24	25	26	27	28	29	30
☉	♊10	11	12	13	14	15	16	17	18	19	20	21	22	23	24	25	26	27	27	28	29	♋0	1	2	3	4	5	6	7	♋8
☽	♊26	♋10	25	♌10	24	♍8	22	♎6	19	♏2	15	27	♐10	22	♑4	16	28	♒9	21	♓3	15	28	♈10	23	♉7	20	♊5	19	♋4	♋19
☿	♉28	♊0	2	4	6	8	10	12	14	17	19	21	23	25	28	♋0	2	4	6	8	10	12	14	16	18	20	22	24	25	♋27
♀	♊23	25	26	27	28	♋0	1	2	3	4	6	7	8	9	11	12	13	14	15	17	18	19	20	22	23	24	25	26	28	♋29
♂	♍18	18	18	19	19	20	20	20	21	21	22	22	22	23	23	24	24	25	25	26	26	27	27	28	28	28	29	29	♎0	♎0

	1	6	12	18	24	30
♃	♊9	10	12	13	14	16
♄	♓17	17	17	17	17	17

	1	15	30
♅	♍11	11	11
♆	♏18	18	17
♇	♍14	14	14
☊	♊14	14	14

JUILLET

	1	2	3	4	5	6	7	8	9	10	11	12	13	14	15	16	17	18	19	20	21	22	23	24	25	26	27	28	29	30	31
☉	♋9	10	11	12	13	14	15	16	17	18	18	19	20	21	22	23	24	25	26	27	28	29	♌0	1	2	3	4	5	6	7	♌8
☽	♌4	19	♍4	19	♎2	16	29	♏12	24	♐7	19	♑1	13	25	♒6	18	♓0	12	24	♈7	19	♉2	15	29	♊13	28	♋13	28	♌13	28	♍13
☿	♋29	♌1	2	4	5	7	8	10	11	13	14	15	16	18	19	20	21	22	23	24	25	26	26	27	28	28	29	29	29	♍0	♍0
♀	♌0	1	3	4	5	6	7	9	10	11	12	13	15	16	17	18	20	21	22	23	24	26	27	28	29	♍0	2	3	4	5	♍7
♂	♎1	1	2	3	3	4	4	5	5	6	6	7	7	8	8	9	9	10	11	11	12	12	13	13	14	15	15	16	16	17	♎17

	1	6	12	18	24	30
♃	♊16	17	18	20	21	22
♄	♓17	17	17	17	17	16

	1	15	30
♅	♍12	12	13
♆	♏17	17	17
♇	♍14	14	15
☊	♊14	13	12

AOÛT

	1	2	3	4	5	6	7	8	9	10	11	12	13	14	15	16	17	18	19	20	21	22	23	24	25	26	27	28	29	30	31
☉	♌9	9	10	11	12	13	14	15	16	17	18	19	20	21	22	23	24	25	26	27	28	29	♍0	1	2	3	4	4	5	6	♍7
☽	♍28	♎12	25	♏9	21	♐4	16	28	♑10	22	♒3	15	27	♓9	21	♈4	16	29	♉12	25	♊8	22	♋7	21	♌6	21	♍7	21	♎6	20	♏4
☿	♍0	0	0	0	0	♌29	29	28	28	27	27	26	25	24	23	23	22	21	20	20	19	18	18	18	18	18	18	18	18	19	♌20
♀	♍8	9	10	11	13	14	15	16	17	19	20	21	22	23	25	26	27	28	29	♎1	2	3	4	5	7	8	9	10	11	12	♎14
♂	♎18	19	19	20	20	21	22	22	23	23	24	25	25	26	27	27	28	28	29	♏0	0	1	2	2	3	3	4	5	5	6	♏7

	1	6	12	18	24	30
♃	♊22	23	24	26	26	27
♄	♓16	16	16	15	15	14

	1	15	30
♅	♍13	14	15
♆	♏17	17	17
♇	♍15	15	16
☊	♊12	11	9

SEPTEMBRE

	1	2	3	4	5	6	7	8	9	10	11	12	13	14	15	16	17	18	19	20	21	22	23	24	25	26	27	28	29	30
☉	♍8	9	10	11	12	13	14	15	16	17	18	19	20	21	22	23	24	25	26	27	28	29	♎0	1	2	3	4	5	6	♎7
☽	♏17	♐0	12	25	♑7	18	♒0	12	24	♓6	18	♈1	13	26	♉9	22	♊5	18	♋2	16	♌1	16	♍0	15	♎0	14	28	♏12	25	♐8
☿	♌20	21	22	23	25	26	27	29	♍0	2	4	6	7	9	11	13	15	17	18	20	22	24	26	28	♎0	1	3	5	7	♎9
♀	♎15	16	17	18	20	21	22	23	24	25	27	28	29	♏0	1	3	4	5	6	7	8	10	11	12	13	14	15	17	18	♏19
♂	♏7	8	9	9	10	11	11	12	13	13	14	15	15	16	17	17	18	19	19	20	21	21	22	23	24	24	25	26	26	♏27

	1	6	12	18	24	30
♃	♊28	28	29	♋0	0	1
♄	♓14	14	13	13	13	12

	1	15	30
♅	♍15	16	17
♆	♏18	18	18
♇	♍16	16	17
☊	♊9	8	6

OCTOBRE

	1	2	3	4	5	6	7	8	9	10	11	12	13	14	15	16	17	18	19	20	21	22	23	24	25	26	27	28	29	30	31
☉	♎8	9	10	11	12	13	14	14	15	16	17	18	19	20	21	22	23	24	25	26	27	28	29	♏0	1	2	3	4	5	6	♏7
☽	♐21	♑3	15	27	♒8	20	♓2	15	27	♈9	22	♉5	18	♊2	15	29	♋13	27	♌11	26	♍10	24	♎9	23	♏7	20	♐3	16	28	♑11	♑23
☿	♎10	12	14	15	17	19	20	22	24	25	27	29	♏0	2	3	5	6	8	9	11	12	14	15	17	18	20	21	23	24	26	♏27
♀	♏20	21	22	23	25	26	27	28	29	♐0	1	3	4	5	6	7	8	9	11	12	13	14	15	16	17	18	19	20	22	23	♐24
♂	♏28	28	29	♐0	1	1	2	3	3	4	5	5	6	7	8	8	9	10	11	11	12	13	13	14	15	16	16	17	18	19	♐19

	1	6	12	18	24	30
♃	♋1	1	1	1	1	1
♄	♓12	12	11	11	11	11

	1	15	30
♅	♍17	17	18
♆	♏18	19	19
♇	♍17	17	18
☊	♊6	5	5

NOVEMBRE

	1	2	3	4	5	6	7	8	9	10	11	12	13	14	15	16	17	18	19	20	21	22	23	24	25	26	27	28	29	30
☉	♏8	9	10	11	12	13	14	15	16	17	18	19	20	21	22	23	24	25	26	27	28	29	♐0	1	3	4	5	6	7	♐8
☽	♒5	16	28	♓10	23	♈5	18	♉1	14	28	♊12	26	♋10	24	♌8	22	♍7	21	♎5	18	♏2	15	28	♐11	24	♑6	18	♒0	12	♒24
☿	♏28	♐0	1	2	4	5	6	7	9	10	11	12	13	14	15	16	17	17	18	18	19	19	19	19	19	18	18	17	16	♐15
♀	♐25	26	27	28	29	♑0	1	2	3	4	5	6	7	9	10	11	12	13	14	15	15	16	17	18	19	20	21	22	23	♑24
♂	♐20	21	22	22	23	24	25	25	26	27	28	28	29	♑0	1	1	2	3	4	4	5	6	7	7	8	9	10	10	11	♑12

	1	6	12	18	24	30
♃	♋1	1	0	0♊29	29	
♄	♓11	11	10	10	11	11

	1	15	30
♅	♍18	19	19
♆	♏19	20	20
♇	♍18	18	18
☊	♊5	5	5

DÉCEMBRE

	1	2	3	4	5	6	7	8	9	10	11	12	13	14	15	16	17	18	19	20	21	22	23	24	25	26	27	28	29	30	31
☉	♐9	10	11	12	13	14	15	16	17	18	19	20	21	22	23	24	25	26	27	28	29	♑0	1	2	3	4	5	6	7	8	♑9
☽	♓6	18	♈0	13	26	♉9	22	♊6	20	♋5	20	♌4	19	♍3	17	♎1	15	29	♏12	25	♐7	20	♑2	15	27	♒9	20	♓2	14	26	♈8
☿	♐14	12	11	10	8	7	6	5	4	4	3	3	3	3	3	4	4	5	5	6	7	8	9	10	11	13	14	15	16	18	♐19
♀	♑25	26	27	27	28	29	♒0	1	1	2	3	4	4	5	6	6	7	8	8	9	9	10	10	11	11	12	12	12	13	13	♒13
♂	♑13	13	14	15	16	17	17	18	19	20	20	21	22	23	24	24	25	26	27	27	28	29	♒0	1	1	2	3	4	5	5	♒6

	1	6	12	18	24	30
♃	♊29	28	27	26	25	25
♄	♓11	11	11	11	12	12

	1	15	30
♅	♍19	20	20
♆	♏20	21	21
♇	♍18	18	18
☊	♊5	5	4

1966

JANVIER

	1	2	3	4	5	6	7	8	9	10	11	12	13	14	15	16	17	18	19	20	21	22	23	24	25	26	27	28	29	30	31
☉	♑10	11	12	13	14	15	16	17	18	19	20	21	22	23	24	25	26	27	28	29	♒0	2	3	4	5	6	7	8	9	10	♒11
☽	♈21	♉3	16	♊0	14	28	♋13	28	♌13	28	♍13	28	♎12	25	♏9	22	♐4	17	29	♑11	23	♒5	17	29	♓11	23	♈5	17	29	♉12	♉25
☿	♐20	22	23	25	26	27	29	♑0	2	3	5	6	8	9	11	12	14	15	17	19	20	22	23	25	26	28	♒0	1	3	5	♒6
♀	♒13	14	14	14	14	14	14	14	14	13	13	13	13	12	12	12	11	11	10	10	9	9	8	7	7	6	6	5	4	4	♒3
♂	♒7	8	8	9	10	11	12	12	13	14	15	16	16	17	18	19	19	20	21	22	23	23	24	25	26	27	27	28	29	♓0	♓1

	1	6	12	18	24	30
♃	♊24	24	23	23	22	22
♄	♓12	13	13	14	15	15

	1	15	30
♅	♍20	19	19
♆	♏21	22	22
♇	♍18	18	18
☊	♊4	3	2

FÉVRIER

	1	2	3	4	5	6	7	8	9	10	11	12	13	14	15	16	17	18	19	20	21	22	23	24	25	26	27	28
☉	♒12	13	14	15	16	17	18	19	20	21	22	23	24	25	26	27	28	29	♓0	1	2	3	4	5	6	7	8	♓9
☽	♊8	22	♋6	21	♌6	22	♍7	22	♎7	21	♏5	18	♐1	14	26	♑8	20	♒2	14	26	♓8	20	♈2	14	26	♉8	21	♊4
☿	♒8	10	11	13	15	17	18	20	22	24	26	27	29	♓1	3	5	7	8	10	12	14	16	17	19	21	23	24	♓26
♀	♒3	2	2	1	1	0	0	♑29	29	29	29	29	28	28	28	28	28	28	28	29	29	29	29	♒0	0	0	1	♒1
♂	♓1	2	3	4	5	5	6	7	8	8	9	10	11	12	12	13	14	15	16	16	17	18	19	19	20	21	22	♓23

	1	6	12	18	24	28
♃	♊22	21	21	21	21	22
♄	♓15	16	17	17	18	19

	1	15	28
♅	♍19	19	18
♆	♏22	22	22
♇	♍18	18	17
☊	♊2	1	♉1

MARS

	1	2	3	4	5	6	7	8	9	10	11	12	13	14	15	16	17	18	19	20	21	22	23	24	25	26	27	28	29	30	31
☉	♓10	11	12	13	14	15	16	17	18	19	20	21	22	23	24	25	26	27	28	29	♈0	1	2	3	4	5	6	7	8	9	♈10
☽	♊17	♋1	15	29	♌14	♍0	15	♎0	15	♏0	14	27	♐10	23	♑5	17	29	♒11	23	♓5	17	29	♈11	23	♉5	18	♊1	14	27	♋11	♋25
☿	♓27	29	♈0	1	2	3	4	5	5	5	6	6	6	5	5	5	4	3	3	2	1	0	♓29	28	27	27	26	25	25	24	♓24
♀	♒1	2	2	3	3	4	5	5	6	6	7	8	9	9	10	11	12	12	13	14	15	16	16	17	18	19	20	21	22	23	♒24
♂	♓23	24	25	26	26	27	28	29	♈0	0	1	2	3	3	4	5	6	7	7	8	9	10	10	11	12	13	13	14	15	16	♈17

	1	6	12	18	24	30
♃	♊22	22	22	23	23	24
♄	♓19	19	20	21	21	22

	1	15	30
♅	♍18	17	17
♆	♏22	22	22
♇	♍17	17	17
☊	♉29	28	26

AVRIL

	1	2	3	4	5	6	7	8	9	10	11	12	13	14	15	16	17	18	19	20	21	22	23	24	25	26	27	28	29	30
☉	♈11	12	13	14	15	16	17	18	19	20	21	22	23	24	25	26	27	28	28	29	♉0	1	2	3	4	5	6	7	8	♉9
☽	♌9	24	♍8	23	♎8	23	♏7	22	♐5	18	♑1	13	26	♒8	20	♓1	13	25	♈7	20	♉2	15	28	♊11	24	♋7	21	♌5	19	♍4
☿	♓23	23	23	23	23	23	23	23	24	24	25	25	26	27	27	28	29	♈0	1	2	3	4	5	7	8	9	11	12	13	♈15
♀	♒25	25	26	27	28	29	♓0	1	2	3	4	5	6	7	8	9	10	12	13	14	15	16	17	18	19	20	21	22	23	♓24
♂	♈17	18	19	20	20	21	22	23	23	24	25	26	26	27	28	29	29	♉0	1	2	2	3	4	5	5	6	7	8	8	♉9

	1	6	12	18	24	30
♃	♊24	25	26	27	28	29
♄	♓22	23	24	24	25	26

	1	15	30
♅	♍17	16	16
♆	♏22	22	21
♇	♍17	16	16
☊	♉26	26	25

MAI

	1	2	3	4	5	6	7	8	9	10	11	12	13	14	15	16	17	18	19	20	21	22	23	24	25	26	27	28	29	30	31
☉	♉10	11	12	13	14	15	16	17	18	19	20	21	22	23	24	25	26	27	28	29	29	♊0	1	2	3	4	5	6	7	8	♊9
☽	♍18	♎3	17	♏2	16	♐0	13	26	♑9	21	♒4	16	28	♓9	21	♈3	16	28	♉11	24	♊7	20	♋4	18	♌2	16	♍0	15	29	♎13	♎27
☿	♈16	18	19	21	22	24	26	27	29	♉1	2	4	6	8	10	12	14	16	18	20	22	24	26	28	♊1	3	5	7	9	12	♊14
♀	♓25	26	28	29	♈0	1	2	3	4	5	6	8	9	10	11	12	13	14	15	17	18	19	20	21	22	23	25	26	27	28	♈29
♂	♉10	10	11	12	13	13	14	15	16	16	17	18	19	19	20	21	21	22	23	24	24	25	26	26	27	28	29	29	♊0	1	♊1

	1	6	12	18	24	30
♃	♊29	♋0	1	2	4	5
♄	♓26	26	27	27	28	28

	1	15	30
♅	♍16	16	16
♆	♏21	21	20
♇	♍16	16	16
☊	♉25	25	25

JUIN

	1	2	3	4	5	6	7	8	9	10	11	12	13	14	15	16	17	18	19	20	21	22	23	24	25	26	27	28	29	30
☉	♊10	11	12	13	14	15	16	17	18	19	20	21	22	22	23	24	25	26	27	28	29	♋0	1	2	3	4	5	6	7	♋8
☽	♏11	25	♐8	21	♑4	17	29	♒12	24	♓5	17	29	♈11	24	♉6	19	♊2	15	29	♋14	28	♌12	27	♍11	26	♎10	24	♏7	21	♐4
☿	♊16	18	20	22	24	26	28	♋0	2	4	6	8	10	11	13	15	16	18	20	21	22	24	25	27	28	29	♌0	1	2	♌3
♀	♉0	1	3	4	5	6	7	8	10	11	12	13	14	15	17	18	19	20	21	22	24	25	26	27	28	29	♊1	2	3	♊4
♂	♊2	3	4	4	5	6	6	7	8	9	9	10	11	11	12	13	13	14	15	16	16	17	18	18	19	20	20	21	22	♊22

	1	6	12	18	24	30
♃	♋5	6	8	9	10	12
♄	♓28	29	29	29	29	♈0

	1	15	30
♅	♍16	16	16
♆	♏20	20	20
♇	♍16	16	16
☊	♉25	25	25

JUILLET

	1	2	3	4	5	6	7	8	9	10	11	12	13	14	15	16	17	18	19	20	21	22	23	24	25	26	27	28	29	30	31
☉	♋9	10	11	12	13	13	14	15	16	17	18	19	20	21	22	23	24	25	26	27	28	29	♌0	1	2	3	4	4	5	6	♌7
☽	♐17	♑0	13	25	♒8	20	♓2	14	25	♈7	19	♉2	14	27	♊10	24	♋8	22	♌7	22	♍7	22	♎6	20	♏4	18	♐1	14	27	♑9	♑22
☿	♌4	5	6	7	8	8	9	10	10	11	11	11	11	11	11	11	11	11	11	10	10	9	9	8	8	7	6	5	5	4	♌3
♀	♊5	7	8	9	10	11	12	14	15	16	17	18	20	21	22	23	24	26	27	28	29	♋0	2	3	4	5	6	8	9	10	♋11
♂	♊23	24	24	25	26	27	27	28	29	29	♋0	1	1	2	3	3	4	5	5	6	7	7	8	9	9	10	11	11	12	13	♋13

	1	6	12	18	24	30
♃	♋12	13	15	16	17	19
♄	♈0	0	0	0	0	♓29

	1	15	30
♅	♍16	17	17
♆	♏20	19	19
♇	♍16	16	17
☊	♉25	24	23

AOÛT

	1	2	3	4	5	6	7	8	9	10	11	12	13	14	15	16	17	18	19	20	21	22	23	24	25	26	27	28	29	30	31
☉	♌8	9	10	11	12	13	14	15	16	17	18	19	20	21	22	23	24	25	26	27	27	28	29	♍0	1	2	3	4	5	6	♍7
☽	♒4	16	28	♓10	22	♈4	16	28	♉10	22	♊5	18	♋2	16	♌1	16	♍1	16	♎1	16	♏0	14	28	♐11	24	♑6	19	♒1	13	25	♓7
☿	♌3	2	2	1	1	1	0	0	0	1	1	1	2	2	3	4	5	6	7	9	10	11	13	14	16	18	20	22	23	25	♌27
♀	♋12	14	15	16	17	18	20	21	22	23	24	26	27	28	29	♌1	2	3	4	5	7	8	9	10	12	13	14	15	16	18	♌19
♂	♋14	15	15	16	17	17	18	19	19	20	21	21	22	22	23	24	24	25	26	26	27	28	28	29	♌0	0	1	1	2	3	♌3

	1	6	12	18	24	30
♃	♋19	20	21	23	24	25
♄	♓29	29	29	29	28	28

	1	15	30
♅	♍17	18	19
♆	♏19	19	20
♇	♍17	17	18
☊	♉22	21	19

SEPTEMBRE

	1	2	3	4	5	6	7	8	9	10	11	12	13	14	15	16	17	18	19	20	21	22	23	24	25	26	27	28	29	30
☉	♍8	9	10	11	12	13	14	15	16	17	18	19	20	21	22	23	24	25	26	27	28	29	♎0	1	1	2	3	4	5	♎6
☽	♓19	♈1	13	25	♉7	19	♊1	14	27	♋11	25	♌9	24	♍9	25	♎10	25	♏9	23	♐7	20	♑3	16	28	♒10	22	♓4	16	28	♈10
☿	♌29	♍1	3	5	7	9	11	13	15	17	18	20	22	24	26	28	29	♎1	3	5	6	8	10	11	13	15	16	18	19	♎21
♀	♌20	21	23	24	25	26	28	29	♍0	1	2	4	5	6	7	9	10	11	12	14	15	16	17	19	20	21	22	24	25	♍26
♂	♌4	5	5	6	7	7	8	8	9	10	10	11	12	12	13	14	14	15	15	16	17	17	18	19	19	20	20	21	22	♌22

	1	6	12	18	24	30
♃	♋25	26	27	28	29	♌0
♄	♓28	27	27	26	26	25

	1	15	30
♅	♍19	20	21
♆	♏20	20	20
♇	♍18	18	19
☊	♉19	18	17

OCTOBRE

	1	2	3	4	5	6	7	8	9	10	11	12	13	14	15	16	17	18	19	20	21	22	23	24	25	26	27	28	29	30	31
☉	♎7	8	9	10	11	12	13	14	15	16	17	18	19	20	21	22	23	24	25	26	27	28	29	♏0	1	2	3	4	5	6	♏7
☽	♈22	♉4	16	28	♊11	23	♋6	20	♌4	18	♍3	18	♎3	18	♏3	18	♐2	16	29	♑12	24	♒7	19	♓1	13	25	♈6	18	♉0	13	♉25
☿	♎23	24	26	27	29	♏0	2	3	4	6	7	9	10	11	13	14	15	17	18	19	20	22	23	24	25	26	27	28	29	♐0	♐1
♀	♍27	29	♎0	1	2	4	5	6	7	9	10	11	12	14	15	16	17	19	20	21	22	24	25	26	27	29	♏0	1	2	4	♏5
♂	♌23	23	24	25	25	26	26	27	28	28	29	♍0	0	1	1	2	3	3	4	4	5	6	6	7	7	8	8	9	10	10	♍11

	1	6	12	18	24	30
♃	♌1	1	2	3	3	4
♄	♓25	25	25	24	24	24

	1	15	30
♅	♍21	22	23
♆	♏20	21	21
♇	♍19	19	20
☊	♉17	16	16

NOVEMBRE

	1	2	3	4	5	6	7	8	9	10	11	12	13	14	15	16	17	18	19	20	21	22	23	24	25	26	27	28	29	30
☉	♏8	9	10	11	12	13	14	15	16	17	18	19	20	21	22	23	24	25	26	27	28	29	♐0	1	2	3	4	5	6	♐7
☽	♊8	20	♋3	17	♌0	14	28	♍12	27	♎12	26	♏11	25	♐10	23	♑7	20	♒3	15	27	♓9	21	♈3	15	27	♉9	21	♊4	17	♋0
☿	♐1	2	2	3	3	3	3	3	3	2	2	1	0	♏29	28	27	25	24	23	21	20	19	18	18	17	17	17	17	18	♏18
♀	♏6	7	9	10	11	12	14	15	16	17	19	20	21	22	24	25	26	27	29	♐0	1	2	4	5	6	7	9	10	11	♐13
♂	♍11	12	13	13	14	14	15	15	16	17	17	18	18	19	19	20	21	21	22	22	23	23	24	25	25	26	26	27	27	♍28

	1	6	12	18	24	30
♃	♌4	4	4	4	4	4
♄	♓23	23	23	23	23	23

	1	15	30
♅	♍23	23	24
♆	♏21	22	22
♇	♍20	20	20
☊	♉16	16	16

DÉCEMBRE

	1	2	3	4	5	6	7	8	9	10	11	12	13	14	15	16	17	18	19	20	21	22	23	24	25	26	27	28	29	30	31
☉	♐8	9	10	11	12	13	14	15	16	17	18	20	21	22	23	24	25	26	27	28	29	♑0	1	2	3	4	5	6	7	8	♑9
☽	♋14	27	♌11	25	♍9	23	♎7	22	♏6	20	♐4	18	♑1	15	28	♒10	23	♓5	17	29	♈11	22	♉4	17	29	♊12	26	♋9	23	♌7	♌21
☿	♏19	19	20	21	22	23	24	25	27	28	29	♐0	2	3	5	6	7	9	10	12	13	15	16	18	19	21	22	24	25	27	♐28
♀	♐14	15	16	18	19	20	21	23	24	25	26	28	29	♑0	1	3	4	5	6	8	9	10	11	13	14	15	16	18	19	20	♑21
♂	♍28	29	29	♎0	1	1	2	2	3	3	4	4	5	5	6	6	7	7	8	8	9	9	10	10	11	11	12	12	13	13	♎14

	1	6	12	18	24	30
♃	♌4	4	4	3	3	2
♄	♓23	23	23	23	24	24

	1	15	30
♅	♍24	24	24
♆	♏23	23	23
♇	♍21	21	21
☊	♉16	16	15

1967

JANVIER

	1	2	3	4	5	6	7	8	9	10	11	12	13	14	15	16	17	18	19	20	21	22	23	24	25	26	27	28	29	30	31
☉	♑10	11	12	13	14	15	16	17	18	19	20	21	22	23	24	25	26	27	28	29	♒0	1	2	3	4	5	6	7	8	9	♒10
☽	♍6	20	♎4	18	♏2	16	♐0	13	27	♑10	23	♒6	18	♓1	13	25	♈6	18	♉0	12	24	♊7	20	♋3	17	♌2	16	♍1	16	♎0	♎15
☿	♑0	1	3	5	6	8	9	11	12	14	16	17	19	21	22	24	25	27	29	♒0	2	4	6	7	9	11	12	14	16	18	♒19
♀	♑23	24	25	26	28	29	♒0	1	3	4	5	6	8	9	10	12	13	14	15	17	18	19	20	22	23	24	25	27	28	29	♓0
♂	♎14	15	15	16	16	16	17	17	18	18	19	19	19	20	20	21	21	22	22	22	23	23	23	24	24	25	25	25	26	26	♎26

	1	6	12	18	24	30
♃	♌2	1	1	0	♋29	28
♄	♓24	24	25	25	26	26

	1	15	30
♅	♍24	24	24
♆	♏24	24	24
♇	♍21	21	20
☊	♉15	13	12

FÉVRIER

	1	2	3	4	5	6	7	8	9	10	11	12	13	14	15	16	17	18	19	20	21	22	23	24	25	26	27	28
☉	♒11	12	13	14	15	16	18	19	20	21	22	23	24	25	26	27	28	29	♓0	1	2	3	4	5	6	7	8	♓9
☽	♎29	♏13	27	♐10	23	♑6	19	♒2	14	27	♓9	21	♈3	15	26	♉8	20	♊2	15	28	♋11	25	♌10	24	♍9	24	♎10	♎24
☿	♒21	23	25	26	28	♓0	2	3	5	7	8	10	11	12	14	15	16	17	17	18	18	19	19	19	19	18	18	♓17
♀	♓2	3	4	5	6	8	9	10	11	13	14	15	16	18	19	20	21	23	24	25	26	28	29	♈0	1	3	4	♈5
♂	♎27	27	27	28	28	28	29	29	29	29	♏0	0	0	0	1	1	1	1	1	2	2	2	2	2	2	3	3	♏3

	1	6	12	18	24	28
♃	♋28	27	27	26	25	25
♄	♓27	27	28	28	29	♈0

	1	15	28
♅	♍24	23	23
♆	♏24	24	24
♇	♍20	20	20
☊	♉12	10	9

MARS

	1	2	3	4	5	6	7	8	9	10	11	12	13	14	15	16	17	18	19	20	21	22	23	24	25	26	27	28	29	30	31
☉	♓10	11	12	13	14	15	16	17	18	19	20	21	22	23	24	25	26	27	28	29	♈0	1	2	3	4	5	6	7	8	9	♈10
☽	♏9	23	♐7	20	♑3	16	29	♒11	24	♓6	18	♈0	11	23	♉5	17	29	♊11	24	♋6	20	♌3	18	♍2	17	♎3	18	♏3	18	♐2	♐16
☿	♓16	15	14	13	12	11	10	9	8	8	7	6	6	5	5	5	5	5	5	5	5	5	6	6	7	8	8	9	10	11	♓12
♀	♈6	7	9	10	11	12	14	15	16	17	19	20	21	22	23	25	26	27	28	29	♉1	2	3	4	6	7	8	9	10	12	♉13
♂	♏3	3	3	3	3	3	3	3	3	3	3	3	3	3	3	3	3	3	3	2	2	2	2	2	2	1	1	1	1	0	♏0

	1	6	12	18	24	30
♃	♋25	25	25	24	24	25
♄	♈0	0	1	2	2	3

	1	15	30
♅	♍23	22	22
♆	♏24	24	24
♇	♍20	19	19
☊	♉9	8	7

AVRIL

	1	2	3	4	5	6	7	8	9	10	11	12	13	14	15	16	17	18	19	20	21	22	23	24	25	26	27	28	29	30
☉	♈11	12	13	14	15	16	16	17	18	19	20	21	22	23	24	25	26	27	28	29	♉0	1	2	3	4	5	6	7	8	♉9
☽	♑0	13	26	♒8	21	♓3	15	27	♈8	20	♉2	14	26	♊8	20	♋3	16	29	♌13	27	♍11	26	♎11	26	♏11	26	♐11	25	♑9	♑22
☿	♓13	14	15	16	17	18	20	21	22	23	25	26	28	29	♈1	2	4	5	7	8	10	12	13	15	17	19	21	22	24	♈26
♀	♉14	15	16	18	19	20	21	22	24	25	26	27	28	♊0	1	2	3	4	5	7	8	9	10	11	12	14	15	16	17	♊18
♂	♏0	♎29	29	29	29	28	28	28	27	27	26	26	26	25	25	25	24	24	23	23	23	22	22	22	21	21	21	20	20	♎20

	1	6	12	18	24	30
♃	♋25	25	25	26	26	27
♄	♈3	4	5	6	6	7

	1	15	30
♅	♍22	21	21
♆	♏24	24	23
♇	♍19	18	18
☊	♉7	7	7

MAI

	1	2	3	4	5	6	7	8	9	10	11	12	13	14	15	16	17	18	19	20	21	22	23	24	25	26	27	28	29	30	31
☉	♉10	11	12	13	14	15	16	17	18	19	20	21	22	23	23	24	25	26	27	28	29	♊0	1	2	3	4	5	6	7	8	♊9
☽	♒5	17	♓0	12	24	♈5	17	29	♉11	23	♊5	17	♋0	13	26	♌9	23	♍6	21	♎5	20	♏5	19	♐4	19	♑3	17	♒0	13	26	♓8
☿	♈28	♉0	2	4	6	8	10	12	14	17	19	21	23	25	28	♊0	2	4	6	8	10	12	14	16	18	20	22	24	25	27	♊29
♀	♊19	21	22	23	24	25	26	27	29	♋0	1	2	3	4	5	6	8	9	10	11	12	13	14	15	16	18	19	20	21	22	♋23
♂	♎19	19	19	18	18	18	17	17	17	17	17	16	16	16	16	16	16	15	15	15	15	15	15	15	15	15	15	15	15	15	♎15

	1	6	12	18	24	30
♃	♋27	28	28	29	♌0	1
♄	♈7	8	8	9	9	10

	1	15	30
♅	♍21	20	20
♆	♏23	23	23
♇	♍18	18	18
☊	♉7	7	6

JUIN

	1	2	3	4	5	6	7	8	9	10	11	12	13	14	15	16	17	18	19	20	21	22	23	24	25	26	27	28	29	30
☉	♊10	11	12	13	14	15	16	17	17	18	19	20	21	22	23	24	25	26	27	28	29	♋0	1	2	3	4	5	6	7	♋8
☽	♓20	♈2	14	26	♉7	19	♊2	14	27	♋10	23	♌6	19	♍3	17	♎1	15	♏0	14	29	♐13	27	♑11	25	♒8	21	♓4	16	28	♈10
☿	♋0	2	3	5	6	8	9	10	11	12	14	15	16	16	17	18	19	19	20	20	21	21	22	22	22	22	22	22	22	♋21
♀	♋24	25	26	27	28	29	♌0	1	2	3	4	5	6	7	8	9	10	11	12	13	14	15	16	17	18	19	20	21	22	♌23
♂	♎15	15	15	15	16	16	16	16	16	16	16	17	17	17	17	18	18	18	18	19	19	19	19	20	20	20	21	21	21	♎22

	1	6	12	18	24	30
♃	♌1	2	3	5	6	7
♄	♈10	10	11	11	12	12

	1	15	30
♅	♍20	20	21
♆	♏23	22	22
♇	♍18	18	18
☊	♉6	6	5

JUILLET

	1	2	3	4	5	6	7	8	9	10	11	12	13	14	15	16	17	18	19	20	21	22	23	24	25	26	27	28	29	30	31
☉	♋8	9	10	11	12	13	14	15	16	17	18	19	20	21	22	23	24	25	26	27	28	29	29	♌0	1	2	3	4	5	6	♌7
☽	♈22	♉4	16	28	♊10	23	♋6	19	♌2	16	♍0	14	28	♎12	26	♏10	25	♐9	22	♑6	20	♒3	16	29	♓12	24	♈6	18	♉0	11	♉23
☿	♋21	21	20	20	19	19	18	18	17	16	16	15	15	14	14	13	13	13	12	12	12	12	13	13	13	14	14	15	16	17	♋18
♀	♌23	24	25	26	27	28	28	29	♍0	1	2	2	3	4	4	5	6	6	7	8	8	9	9	10	10	11	11	12	12	12	♍13
♂	♎22	22	23	23	24	24	24	25	25	26	26	26	27	27	28	28	29	29	♏0	0	0	1	1	2	2	3	3	4	4	5	♏6

	1	6	12	18	24	30
♃	♌7	8	9	11	12	13
♄	♈12	12	12	12	12	12

	1	15	30
♅	♍21	21	22
♆	♏22	22	22
♇	♍18	19	19
☊	♉5	4	2

AOÛT

	1	2	3	4	5	6	7	8	9	10	11	12	13	14	15	16	17	18	19	20	21	22	23	24	25	26	27	28	29	30	31
☉	♌8	9	10	11	12	13	14	15	16	17	18	19	20	21	21	22	23	24	25	26	27	28	29	♍0	1	2	3	4	5	6	♍7
☽	♊6	18	♋1	14	27	♌11	25	♍10	24	♎9	23	♏7	21	♐5	19	♑3	16	29	♒12	25	♓8	20	♈2	14	26	♉8	19	♊1	14	26	♋9
☿	♋19	20	21	22	24	25	27	28	♌0	2	4	6	7	9	11	13	15	17	19	21	23	25	27	29	♍1	3	5	7	9	11	♍13
♀	♍13	13	13	14	14	14	14	14	14	14	14	14	14	13	13	13	13	12	12	11	11	10	10	9	9	8	8	7	6	6	♍5
♂	♏6	7	7	8	8	9	9	10	10	11	12	12	13	13	14	14	15	16	16	17	17	18	19	19	20	20	21	22	22	23	♏24

	1	6	12	18	24	30
♃	♌14	15	16	18	19	20
♄	♈12	12	12	12	12	11

	1	15	30
♅	♍22	23	24
♆	♏22	22	22
♇	♍19	19	20
☊	♉2	1	♈1

SEPTEMBRE

	1	2	3	4	5	6	7	8	9	10	11	12	13	14	15	16	17	18	19	20	21	22	23	24	25	26	27	28	29	30
☉	♍8	9	10	11	12	13	14	15	16	17	18	19	20	20	21	22	23	24	25	26	27	28	29	♎0	1	2	3	4	5	♎6
☽	♋22	♌6	20	♍4	19	♎4	18	♏3	18	♐2	16	♑0	13	26	♒9	22	♓4	16	29	♈11	22	♉4	16	28	♊10	22	♋4	17	♌0	♌14
☿	♍15	17	18	20	22	24	25	27	29	♎0	2	4	5	7	9	10	12	13	15	16	18	19	20	22	23	25	26	27	29	♏0
♀	♍5	4	3	3	2	2	1	1	0	0	♌29	29	29	28	28	28	28	28	28	28	28	28	28	28	28	28	28	29	29	♌29
♂	♏24	25	25	26	27	27	28	29	29	♐0	1	1	2	3	3	4	5	5	6	7	7	8	9	9	10	11	11	12	13	♐13

	1	6	12	18	24	30
♃	♌21	22	23	24	25	27
♄	♈11	11	11	10	10	9

	1	15	30
♅	♍24	25	26
♆	♏22	22	22
♇	♍20	20	21
☊	♈29	29	28

OCTOBRE

	1	2	3	4	5	6	7	8	9	10	11	12	13	14	15	16	17	18	19	20	21	22	23	24	25	26	27	28	29	30	31
☉	♎7	8	9	10	11	12	13	14	15	16	17	18	19	20	21	22	23	24	25	26	27	28	29	♏0	1	2	3	4	5	6	♏7
☽	♌28	♍12	27	♎12	27	♏12	27	♐12	26	♑10	23	♒6	19	♓1	13	26	♈7	19	♉1	13	25	♊7	19	♋1	13	26	♌9	22	♍6	21	♎5
☿	♏1	2	4	5	6	7	8	9	10	11	12	13	14	15	15	16	16	17	17	17	17	17	17	17	16	16	15	14	13	12	♏11
♀	♍0	0	1	1	1	2	2	3	4	4	5	5	6	7	7	8	9	10	10	11	12	13	14	14	15	16	17	18	19	20	♍21
♂	♐14	15	16	16	17	18	18	19	20	21	21	22	23	23	24	25	26	26	27	28	28	29	♑0	1	1	2	3	4	4	5	♑6

	1	6	12	18	24	30
♃	♌27	28	29	♍0	1	2
♄	♈9	9	8	8	7	7

	1	15	30
♅	♍26	26	27
♆	♏22	23	23
♇	♍21	22	22
☊	♈28	28	28

NOVEMBRE

	1	2	3	4	5	6	7	8	9	10	11	12	13	14	15	16	17	18	19	20	21	22	23	24	25	26	27	28	29	30
☉	♏8	9	10	11	12	13	14	15	16	17	18	19	20	21	22	23	24	25	26	27	28	29	♐0	1	2	3	4	5	6	♐7
☽	♎20	♏5	21	♐6	21	♑5	19	♒2	15	28	♓10	23	♈4	16	28	♉10	22	♊4	16	28	♋10	23	♌5	18	♍2	15	♎0	14	29	♏14
☿	♏9	8	7	6	4	4	3	2	2	1	1	2	2	2	3	4	5	6	7	8	9	10	12	13	14	16	17	19	20	♏22
♀	♍22	22	23	24	25	26	27	28	29	♎0	1	2	3	4	5	6	8	9	10	11	12	13	14	15	16	17	18	19	21	♎22
♂	♑7	7	8	9	10	10	11	12	13	13	14	15	16	16	17	18	19	19	20	21	22	22	23	24	25	26	26	27	28	♑29

	1	6	12	18	24	30
♃	♍2	3	3	4	5	5
♄	♈7	7	6	6	6	6

	1	15	30
♅	♍27	28	29
♆	♏23	24	25
♇	♍22	22	23
☊	♈28	28	27

DÉCEMBRE

	1	2	3	4	5	6	7	8	9	10	11	12	13	14	15	16	17	18	19	20	21	22	23	24	25	26	27	28	29	30	31
☉	♐8	9	10	11	12	13	14	15	16	17	18	19	20	21	22	23	24	25	26	27	28	29	♑0	1	2	4	5	6	7	8	♑9
☽	♏29	♐14	29	♑13	27	♒11	24	♓7	19	♈1	13	25	♉7	18	♊0	12	25	♋7	20	♌2	15	29	♍12	26	♎10	24	♏8	23	♐7	22	♑7
☿	♏23	25	26	28	29	♐1	2	4	5	7	8	10	11	13	15	16	18	19	21	22	24	25	27	29	♑0	2	3	5	7	8	♑10
♀	♎23	24	25	26	27	28	♏0	1	2	3	4	5	6	8	9	10	11	12	13	15	16	17	18	19	21	22	23	24	25	26	♏28
♂	♑29	♒0	1	2	2	3	4	5	6	6	7	8	9	9	10	11	12	13	13	14	15	16	16	17	18	19	20	20	21	22	♒23

	1	6	12	18	24	30
♃	♍5	5	6	6	6	6
♄	♈6	6	6	6	6	6

	1	15	30
♅	♍29	29	29
♆	♏25	25	26
♇	♍23	23	23
☊	♈27	27	25

1968

JANVIER

	1	2	3	4	5	6	7	8	9	10	11	12	13	14	15	16	17	18	19	20	21	22	23	24	25	26	27	28	29	30	31
☉	♑10	11	12	13	14	15	16	17	18	19	20	21	22	23	24	25	26	27	28	29	♒0	1	2	3	4	5	6	7	8	9	♒10
☽	♑21	♒5	19	♓2	15	27	♈9	21	♉3	15	27	♊9	21	♋3	16	29	♌12	25	♍9	23	♎6	20	♏4	19	♐3	17	♑1	15	29	♒13	♒27
☿	♑11	13	15	16	18	20	21	23	24	26	28	29	♒1	3	5	6	8	10	11	13	14	16	18	19	21	22	24	25	26	27	♒29
♀	♏29	♐0	1	2	4	5	6	7	8	10	11	12	13	15	16	17	18	19	21	22	23	24	25	27	28	29	♑0	2	3	4	♑5
♂	♒23	24	25	26	27	27	28	29	♓0	0	1	2	3	4	4	5	6	7	7	8	9	10	11	11	12	13	14	14	15	16	♓17

	1	6	12	18	24	30		1	6	12	18	24	30		1	15	30		1	15	30		1	15	30		1	15	30
♃	♍6	5	5	5	4	4	♄	♈6	6	7	7	7	8	♅	♍29	29	29	♆	♏26	26	26	♇	♍23	23	23	☊	♈25	23	22

FÉVRIER

	1	2	3	4	5	6	7	8	9	10	11	12	13	14	15	16	17	18	19	20	21	22	23	24	25	26	27	28	29
☉	♒11	12	13	14	15	16	17	18	19	20	21	22	23	24	25	26	27	28	29	♓0	1	2	3	4	5	6	7	8	♓9
☽	♓10	22	♈5	17	29	♉11	23	♊4	16	29	♋11	24	♌7	21	♍5	19	♎3	17	♏1	15	♐0	14	28	♑11	25	♒9	22	♓5	♓18
☿	♓0	0	1	2	2	2	2	2	2	1	1	0	♒29	28	27	26	24	23	22	21	20	19	19	18	18	17	17	17	♒17
♀	♑6	8	9	10	11	13	14	15	16	17	19	20	21	22	24	25	26	27	29	♒0	1	2	3	5	6	7	8	10	♒11
♂	♓18	18	19	20	21	21	22	23	24	25	25	26	27	28	28	29	♈0	1	1	2	3	4	4	5	6	7	8	8	♈9

	1	6	12	18	24	29		1	6	12	18	24	29		1	15	29		1	15	29		1	15	29		1	15	29
♃	♍3	3	2	1	0	0	♄	♈8	9	9	10	10	11	♅	♍29	28	28	♆	♏26	26	27	♇	♍23	22	22	☊	♈21	20	19

MARS

	1	2	3	4	5	6	7	8	9	10	11	12	13	14	15	16	17	18	19	20	21	22	23	24	25	26	27	28	29	30	31
☉	♓10	11	12	13	14	15	16	17	18	19	20	21	22	23	24	25	26	27	28	29	♈0	1	2	3	4	5	6	7	8	9	♈10
☽	♈0	13	25	♉7	19	♊0	12	24	♋6	19	♌2	15	29	♍13	27	♎12	27	♏11	26	♐10	24	♑8	22	♒5	19	♓1	14	27	♈9	21	♉3
☿	♒17	17	18	18	19	19	20	21	21	22	23	24	25	26	27	28	29	♓0	2	3	4	5	7	8	10	11	12	14	15	17	♓18
♀	♒12	13	15	16	17	18	19	21	22	23	24	26	27	28	29	♓1	2	3	4	5	7	8	9	10	12	13	14	15	17	18	♓19
♂	♈10	11	11	12	13	14	14	15	16	17	17	18	19	20	20	21	22	23	23	24	25	26	26	27	28	29	29	♉0	1	1	♉2

	1	6	12	18	24	30		1	6	12	18	24	30		1	15	30		1	15	30		1	15	30		1	15	30
♃	♍0	♌29	28	28	27	27	♄	♈11	12	12	13	14	15	♅	♍28	27	27	♆	♏27	26	26	♇	♍22	21	21	☊	♈19	19	19

AVRIL

	1	2	3	4	5	6	7	8	9	10	11	12	13	14	15	16	17	18	19	20	21	22	23	24	25	26	27	28	29	30
☉	♈11	12	13	14	15	16	17	18	19	20	21	22	23	24	25	26	27	28	29	♉0	1	2	3	4	5	6	7	8	9	♉10
☽	♉15	27	♊9	20	♋2	15	27	♌10	23	♍7	21	♎5	20	♏5	20	♐5	20	♑5	19	♒2	16	29	♓11	24	♈6	18	♉0	12	24	♊5
☿	♓20	22	23	25	27	28	♈0	2	3	5	7	9	11	13	15	16	18	20	22	24	26	29	♉1	3	5	7	9	11	13	♉16
♀	♓20	21	23	24	25	26	28	29	♈0	1	3	4	5	6	7	9	10	11	12	14	15	16	17	19	20	21	22	23	25	♈26
♂	♉3	4	4	5	6	7	7	8	9	10	10	11	12	12	13	14	15	15	16	17	17	18	19	20	20	21	22	22	23	♉24

	1	6	12	18	24	30		1	6	12	18	24	30		1	15	30		1	15	30		1	15	30		1	15	30
♃	♌27	26	26	26	26	26	♄	♈15	15	16	17	18	18	♅	♍27	26	26	♆	♏26	26	26	♇	♍21	21	20	☊	♈19	19	19

MAI

	1	2	3	4	5	6	7	8	9	10	11	12	13	14	15	16	17	18	19	20	21	22	23	24	25	26	27	28	29	30	31
☉	♉11	12	13	14	15	16	16	17	18	19	20	21	22	23	24	25	26	27	28	29	♊0	1	2	3	4	5	6	7	8	9	♊10
☽	♊17	29	♋11	23	♌6	19	♍2	15	29	♎14	28	♏14	29	♐14	29	♑14	28	♒12	25	♓8	21	♈3	15	27	♉9	21	♊2	14	26	♋8	♋20
☿	♉18	20	22	24	26	28	♊0	2	4	6	8	9	11	13	14	16	17	18	20	21	22	23	24	25	26	27	28	29	29	♋0	♋1
♀	♈27	28	♉0	1	2	3	5	6	7	8	9	11	12	13	14	16	17	18	19	21	22	23	24	25	27	28	29	♊0	2	3	♊4
♂	♉25	25	26	27	27	28	29	♊0	0	1	2	2	3	4	4	5	6	7	7	8	9	9	10	11	11	12	13	14	14	15	♊16

	1	6	12	18	24	30		1	6	12	18	24	30		1	15	30		1	15	30		1	15	30		1	15	30
♃	♌26	26	26	27	27	28	♄	♈19	19	20	21	21	22	♅	♍26	25	25	♆	♏26	25	25	♇	♍20	20	20	☊	♈19	18	17

JUIN

	1	2	3	4	5	6	7	8	9	10	11	12	13	14	15	16	17	18	19	20	21	22	23	24	25	26	27	28	29	30
☉	♊11	12	12	13	14	15	16	17	18	19	20	21	22	23	24	25	26	27	28	29	♋0	1	2	3	3	4	5	6	7	♋8
☽	♌3	15	28	♍11	24	♎8	22	♏7	22	♐7	22	♑7	22	♒7	21	♓4	17	♈0	12	24	♉6	18	29	♊11	23	♋5	17	♌0	12	♌25
☿	♋1	1	2	2	2	2	2	2	2	2	1	1	0	0	♊29	29	28	28	27	27	26	26	25	25	24	24	24	23	23	♊23
♀	♊5	6	8	9	10	11	13	14	15	16	18	19	20	21	22	24	25	26	27	29	♋0	1	2	4	5	6	7	8	10	♋11
♂	♊16	17	18	18	19	20	20	21	22	22	23	24	24	25	26	26	27	28	29	29	♋0	1	1	2	3	3	4	5	5	♋6

	1	6	12	18	24	30		1	6	12	18	24	30		1	15	30		1	15	30		1	15	30		1	15	30
♃	♌28	29	♍0	0	1	2	♄	♈22	22	23	23	24	24	♅	♍25	25	25	♆	♏25	24	24	♇	♍20	20	20	☊	♈17	16	14

JUILLET

	1	2	3	4	5	6	7	8	9	10	11	12	13	14	15	16	17	18	19	20	21	22	23	24	25	26	27	28	29	30	31
☉	♋9	10	11	12	13	14	15	16	17	18	19	20	21	22	23	24	24	25	26	27	28	29	♌0	1	2	3	4	5	6	7	♌8
☽	♍8	21	♎4	18	♏2	17	♐1	16	♑1	16	♒1	15	29	♓12	25	♈8	20	♉2	14	26	♊8	20	♋2	14	26	♌9	22	♍5	18	♎1	♎15
☿	♊23	23	24	24	24	25	25	26	26	27	28	29	♋0	1	2	3	5	6	8	9	11	12	14	16	18	20	21	23	25	27	♋29
♀	♋12	13	15	16	17	18	19	21	22	23	24	26	27	28	29	♌1	2	3	4	5	7	8	9	10	12	13	14	15	17	18	♌19
♂	♋7	7	8	9	9	10	11	11	12	13	13	14	15	15	16	16	17	18	18	19	20	20	21	22	22	23	24	24	25	26	♋26

	1	6	12	18	24	30		1	6	12	18	24	30		1	15	30		1	15	30		1	15	30		1	15	30
♃	♍2	3	4	5	7	8	♄	♈24	25	25	25	25	25	♅	♍25	26	26	♆	♏24	24	24	♇	♍20	21	21	☊	♈14	13	12

AOÛT

	1	2	3	4	5	6	7	8	9	10	11	12	13	14	15	16	17	18	19	20	21	22	23	24	25	26	27	28	29	30	31
☉	♌9	10	11	12	13	14	15	16	16	17	18	19	20	21	22	23	24	25	26	27	28	29	♍0	1	2	3	4	5	6	7	♍8
☽	♎29	♏13	27	♐11	26	♑10	25	♒9	23	♓7	20	♈3	16	28	♉10	22	♊4	16	28	♋10	22	♌5	18	♍1	14	28	♎12	26	♏10	24	♐8
☿	♌2	4	6	8	10	12	14	16	18	20	22	24	26	28	♍0	2	4	6	7	9	11	13	14	16	18	19	21	23	24	26	♍27
♀	♌20	21	23	24	25	26	28	29	♍0	1	3	4	5	6	7	9	10	11	12	14	15	16	17	19	20	21	22	24	25	26	♍27
♂	♋27	28	28	29	♌0	0	1	1	2	3	3	4	5	5	6	7	7	8	9	9	10	10	11	12	12	13	14	14	15	16	♌16

	1	6	12	18	24	30		1	6	12	18	24	30		1	15	30		1	15	30		1	15	30		1	15	30
♃	♍8	9	10	12	13	14	♄	♈26	26	26	25	25	25	♅	♍27	27	28	♆	♏24	24	24	♇	♍21	22	22	☊	♈12	11	10

SEPTEMBRE

	1	2	3	4	5	6	7	8	9	10	11	12	13	14	15	16	17	18	19	20	21	22	23	24	25	26	27	28	29	30
☉	♍9	10	11	12	12	13	14	15	16	17	18	19	20	21	22	23	24	25	26	27	28	29	♎0	1	2	3	4	5	6	♎7
☽	♐22	♑6	20	♒4	18	♓2	15	28	♈11	24	♉6	18	♊0	12	24	♋6	18	♌0	13	26	♍9	23	♎7	21	♏6	20	♐4	19	♑3	♑17
☿	♍29	♎0	2	3	5	6	8	9	10	12	13	14	16	17	18	19	20	21	22	23	24	25	26	27	28	28	29	♏0	0	♏1
♀	♍28	♎0	1	2	3	5	6	7	8	9	11	12	13	14	16	17	18	19	21	22	23	24	25	27	28	29	♏0	2	3	♏4
♂	♌17	18	18	19	19	20	21	21	22	23	23	24	24	25	26	26	27	28	28	29	♍0	0	1	1	2	3	3	4	5	♍5

	1	6	12	18	24	30		1	6	12	18	24	30		1	15	30		1	15	30		1	15	30		1	15	30
♃	♍15	16	17	18	20	21	♄	♈25	25	24	24	24	23	♅	♍28	29	♎29	♆	♏24	24	25	♇	♍22	23	23	☊	♈10	10	10

OCTOBRE

	1	2	3	4	5	6	7	8	9	10	11	12	13	14	15	16	17	18	19	20	21	22	23	24	25	26	27	28	29	30	31
☉	♎8	9	10	11	12	13	14	15	16	17	18	19	20	21	22	23	24	25	26	27	28	29	♏0	1	2	3	4	5	6	7	♏8
☽	♒1	15	28	♓11	24	♈7	20	♉2	14	26	♊8	20	♋2	14	26	♌8	21	♍4	17	♎1	15	♏0	15	♐0	15	29	♑14	28	♒12	25	♓8
☿	♏1	1	1	1	1	1	0	0	♎29	29	28	27	26	24	23	22	21	20	19	18	17	16	16	16	16	16	16	17	17	18	♎19
♀	♏5	6	8	9	10	11	13	14	15	16	18	19	20	21	22	24	25	26	27	29	♐0	1	2	3	5	6	7	8	9	11	♐12
♂	♍6	6	7	8	8	9	10	10	11	11	12	13	13	14	14	15	16	16	17	18	18	19	19	20	21	21	22	23	23	24	♍24

	1	6	12	18	24	30		1	6	12	18	24	30		1	15	30		1	15	30		1	15	30		1	15	30
♃	♍21	22	23	25	26	27	♄	♈23	23	22	22	21	21	♅	♎0	1	2	♆	♏25	25	26	♇	♍23	24	24	☊	♈10	10	9

NOVEMBRE

	1	2	3	4	5	6	7	8	9	10	11	12	13	14	15	16	17	18	19	20	21	22	23	24	25	26	27	28	29	30
☉	♏9	10	11	12	13	14	15	16	17	18	19	20	21	22	23	24	25	26	27	28	29	♐0	1	2	3	4	5	6	7	♐8
☽	♓21	♈4	16	28	♉11	23	♊5	16	28	♋10	22	♌4	16	29	♍12	25	♎9	23	♏8	23	♐8	23	♑9	23	♒8	22	♓5	18	♈1	♈13
☿	♎20	21	22	24	25	26	28	29	♏1	2	4	5	7	9	10	12	13	15	16	18	20	21	23	24	26	28	29	♐1	2	♐4
♀	♐13	14	16	17	18	19	20	22	23	24	25	26	28	29	♑0	1	3	4	5	6	7	9	10	11	12	13	15	16	17	♑18
♂	♍25	26	26	27	27	28	29	29	♎0	0	1	2	2	3	3	4	5	5	6	7	7	8	8	9	10	10	11	11	12	♎13

	1	6	12	18	24	30		1	6	12	18	24	30		1	15	30		1	15	30		1	15	30		1	15	30
♃	♍27	28	29	♎0	1	2	♄	♈21	20	20	20	19	19	♅	♎2	3	3	♆	♏26	26	27	♇	♍24	25	25	☊	♈9	9	8

DÉCEMBRE

	1	2	3	4	5	6	7	8	9	10	11	12	13	14	15	16	17	18	19	20	21	22	23	24	25	26	27	28	29	30	31
☉	♐9	10	11	12	13	14	15	16	17	18	19	20	21	22	23	24	25	26	27	28	29	♑0	1	2	3	4	5	6	7	8	♑9
☽	♈25	♉8	20	♊1	13	25	♋7	19	♌1	13	25	♍8	21	♎4	17	♏1	16	♐1	16	♑2	17	♒2	16	♓1	14	27	♈10	22	♉5	17	♉28
☿	♐5	7	9	10	12	13	15	16	18	20	21	23	24	26	27	29	♑1	2	4	5	7	9	10	12	13	15	17	18	20	21	♑23
♀	♑19	21	22	23	24	25	27	28	29	♒0	1	2	4	5	6	7	8	9	11	12	13	14	15	16	18	19	20	21	22	23	♒25
♂	♎13	14	14	15	15	16	17	17	18	18	19	20	20	21	21	22	23	23	24	24	25	25	26	27	27	28	28	29	29	♏0	♏1

	1	6	12	18	24	30		1	6	12	18	24	30		1	15	30		1	15	30		1	15	30		1	15	30
♃	♎2	3	4	4	5	5	♄	♈19	19	19	19	19	19	♅	♎3	4	4	♆	♏27	27	28	♇	♍25	25	25	☊	♈8	6	5

1969

JANVIER

	1	2	3	4	5	6	7	8	9	10	11	12	13	14	15	16	17	18	19	20	21	22	23	24	25	26	27	28	29	30	31
☉	♑10	11	12	13	14	15	17	18	19	20	21	22	23	24	25	26	27	28	29	♒0	1	2	3	4	5	6	7	8	9	10	♒11
☽	♊10	22	♋4	16	28	♌10	22	♍5	17	♎0	13	27	♏11	25	♐10	25	♑10	25	♒10	24	♓9	22	♈6	18	♉1	13	25	♊7	19	♋1	♋13
☿	♑25	26	28	29	♒1	2	4	5	7	8	9	10	12	13	13	14	15	15	16	16	16	16	15	15	14	13	12	11	10	8	♒7
♀	♒26	27	28	29	♓0	1	2	4	5	6	7	8	9	10	11	12	13	14	16	17	18	19	20	21	22	23	24	25	26	27	♓28
♂	♏1	2	2	3	3	4	5	5	6	6	7	7	8	8	9	10	10	11	11	12	12	13	13	14	14	15	16	16	17	17	♏18

	1	6	12	18	24	30
♃	♎5	6	6	6	6	6
♄	♈19	19	19	19	20	20

	1	15	30
♅	♎4	4	4
♆	♏28	28	28
♇	♍25	25	25
☊	♈5	3	2

FÉVRIER

	1	2	3	4	5	6	7	8	9	10	11	12	13	14	15	16	17	18	19	20	21	22	23	24	25	26	27	28
☉	♒12	13	14	15	16	17	18	19	20	21	22	23	24	25	26	27	28	29	♓0	1	2	3	4	5	6	7	8	♓9
☽	♋25	♌7	19	♍2	14	27	♎10	24	♏7	21	♐5	19	♑4	19	♒3	18	♓2	16	♈0	13	26	♉9	21	♊3	15	27	♋9	♋21
☿	♒6	5	4	3	2	2	1	1	0	0	0	0	1	1	1	2	3	3	4	5	6	7	7	8	10	11	12	♒13
♀	♓29	♈0	1	2	3	4	5	5	6	7	8	9	10	11	12	12	13	14	15	15	16	17	18	18	19	20	20	♈21
♂	♏18	19	19	20	20	21	21	22	22	23	23	24	24	25	25	26	26	27	27	28	28	29	29	29	♐0	0	1	♐1

	1	6	12	18	24	28
♃	♎6	6	5	5	4	4
♄	♈20	21	21	22	22	23

	1	15	28
♅	♎4	3	3
♆	♏28	29	29
♇	♍25	24	24
☊	♈1	1	0

MARS

	1	2	3	4	5	6	7	8	9	10	11	12	13	14	15	16	17	18	19	20	21	22	23	24	25	26	27	28	29	30	31
☉	♓10	11	12	13	14	15	16	17	18	19	20	21	22	23	24	25	26	27	28	29	♈0	1	2	3	4	5	6	7	8	9	♈10
☽	♌3	15	28	♍11	24	♎7	20	♏4	18	♐2	16	♑0	14	29	♒13	27	♓11	25	♈8	21	♉4	17	29	♊11	23	♋5	17	29	♌11	23	♍6
☿	♒14	15	17	18	19	21	22	23	25	26	28	29	♓1	2	4	5	7	8	10	12	13	15	17	18	20	22	24	26	27	29	♈1
♀	♈21	22	23	23	24	24	24	25	25	25	26	26	26	26	27	27	27	27	27	27	27	27	26	26	26	26	25	25	25	24	♈24
♂	♐2	2	3	3	3	4	4	5	5	5	6	6	7	7	7	8	8	9	9	9	10	10	10	11	11	11	12	12	12	12	♐13

	1	6	12	18	24	30
♃	♎4	3	2	2	1	0
♄	♈23	23	24	25	25	26

	1	15	30
♅	♎3	2	2
♆	♏29	29	28
♇	♍24	24	23
☊	♈0	0	0

AVRIL

	1	2	3	4	5	6	7	8	9	10	11	12	13	14	15	16	17	18	19	20	21	22	23	24	25	26	27	28	29	30
☉	♈11	12	13	14	15	16	17	18	19	20	21	22	23	24	25	26	27	28	29	♉0	1	2	3	4	5	6	7	8	9	♉9
☽	♍19	♎2	16	♏0	14	28	♐13	27	♑11	25	♒9	23	♓7	20	♈4	17	♉0	12	25	♊7	19	♋1	13	25	♌7	19	♍1	14	27	♎10
☿	♈3	5	7	9	11	13	15	17	19	21	23	25	27	29	♉2	4	6	8	10	12	14	16	18	19	21	23	25	26	28	♉29
♀	♈23	23	22	21	21	20	20	19	18	18	17	17	16	15	15	14	14	13	13	12	12	12	11	11	11	11	11	11	11	♈10
♂	♐13	13	13	14	14	14	14	15	15	15	15	15	16	16	16	16	16	16	16	16	17	17	17	17	17	17	17	17	17	♐17

	1	6	12	18	24	30
♃	♎0	♍29	29	28	27	27
♄	♈26	27	28	28	29	♉0

	1	15	30
♅	♎2	1	0
♆	♏28	28	28
♇	♍23	23	23
☊	♈0	0	0

MAI

	1	2	3	4	5	6	7	8	9	10	11	12	13	14	15	16	17	18	19	20	21	22	23	24	25	26	27	28	29	30	31
☉	♉10	11	12	13	14	15	16	17	18	19	20	21	22	23	24	25	26	27	28	29	♊0	1	2	3	4	5	6	6	7	8	♊9
☽	♎24	♏8	23	♐8	23	♑7	22	♒6	20	♓4	17	♈0	13	26	♉9	21	♊3	15	27	♋9	21	♌3	15	27	♍9	22	♎5	18	♏2	17	♐2
☿	♊0	2	3	4	5	6	7	8	9	10	10	11	11	11	12	12	12	12	12	12	12	11	11	11	10	10	9	9	8	8	♊7
♀	♈11	11	11	11	11	11	11	12	12	12	13	13	14	14	15	15	16	16	17	17	18	19	19	20	21	21	22	23	23	24	♈25
♂	♐17	17	17	16	16	16	16	16	16	16	16	15	15	15	15	15	14	14	14	14	13	13	13	12	12	12	12	11	11	11	♐10

	1	6	12	18	24	30
♃	♍27	27	26	26	26	26
♄	♉0	1	2	2	3	4

	1	15	30
♅	♎0	0	0
♆	♏28	27	27
♇	♍23	22	22
☊	♈0	♓29	28

JUIN

	1	2	3	4	5	6	7	8	9	10	11	12	13	14	15	16	17	18	19	20	21	22	23	24	25	26	27	28	29	30
☉	♊10	11	12	13	14	15	16	17	18	19	20	21	22	23	24	25	26	27	28	28	29	♋0	1	2	3	4	5	6	7	♋8
☽	♐17	♑2	17	♒2	16	♓0	14	27	♈10	23	♉6	18	♊0	12	24	♋6	18	♌0	12	24	♍6	18	♎0	13	27	♏11	25	♐10	25	♑10
☿	♊6	6	5	5	5	4	4	4	4	3	3	3	4	4	4	5	5	5	6	7	7	8	9	10	11	12	13	14	16	♊17
♀	♈26	27	27	28	29	♉0	1	2	3	3	4	5	6	7	8	9	10	11	12	13	14	15	16	17	18	19	20	21	22	♉23
♂	♐10	10	9	9	9	8	8	8	7	7	7	6	6	6	5	5	5	4	4	4	4	4	3	3	3	3	3	2	2	♐2

	1	6	12	18	24	30
♃	♍26	26	27	27	28	28
♄	♉4	4	5	6	6	7

	1	15	30
♅	♎0	0	0
♆	♏27	27	26
♇	♍22	22	23
☊	♓27	26	24

JUILLET

	1	2	3	4	5	6	7	8	9	10	11	12	13	14	15	16	17	18	19	20	21	22	23	24	25	26	27	28	29	30	31
☉	♋9	10	11	12	13	14	15	16	17	18	19	19	20	21	22	23	24	25	26	27	28	29	♌0	1	2	3	4	5	6	7	♌8
☽	♑26	♒11	26	♓10	24	♈7	20	♉3	15	27	♊9	21	♋3	15	27	♌9	21	♍3	15	27	♎10	23	♏6	20	♐4	19	♑4	19	♒4	19	♓4
☿	♊18	20	21	23	25	26	28	♋0	2	3	5	7	9	11	13	16	18	20	22	24	26	28	♌0	3	5	7	9	11	13	15	♌17
♀	♉24	25	26	27	28	29	♊0	1	2	3	4	5	6	8	9	10	11	12	13	14	15	16	17	19	20	21	22	23	24	25	♊26
♂	♐2	2	2	2	2	2	2	2	2	2	2	2	2	2	2	2	2	2	2	3	3	3	3	3	4	4	4	4	5	5	♐5

	1	6	12	18	24	30
♃	♍28	29	♎0	0	1	2
♄	♉7	7	8	8	8	9

	1	15	30
♅	♎0	0	1
♆	♏26	26	26
♇	♍23	23	23
☊	♓24	23	22

AOÛT

	1	2	3	4	5	6	7	8	9	10	11	12	13	14	15	16	17	18	19	20	21	22	23	24	25	26	27	28	29	30	31
☉	♌9	10	10	11	12	13	14	15	16	17	18	19	20	21	22	23	24	25	26	27	28	29	♍0	1	2	3	4	5	5	6	♍7
☽	♓18	♈2	16	29	♉12	24	♊6	18	♋0	12	24	♌6	18	♍0	12	24	♎7	20	♏3	16	♐0	14	28	♑13	28	♒13	28	♓12	26	♈10	♈24
☿	♌19	21	22	24	26	28	♍0	1	3	5	7	8	10	11	13	14	16	17	19	20	22	23	25	26	27	28	♎0	1	2	3	♎4
♀	♊27	29	♋0	1	2	3	4	5	7	8	9	10	11	12	13	15	16	17	18	19	20	22	23	24	25	26	28	29	♌0	1	♌2
♂	♐5	6	6	6	7	7	7	8	8	8	9	9	10	10	10	11	11	12	12	13	13	13	14	14	15	15	16	16	17	17	♐18

	1	6	12	18	24	30
♃	♎2	3	4	5	7	8
♄	♉9	9	9	9	9	9

	1	15	30
♅	♎1	2	3
♆	♏26	26	26
♇	♍23	24	24
☊	♓22	21	21

SEPTEMBRE

	1	2	3	4	5	6	7	8	9	10	11	12	13	14	15	16	17	18	19	20	21	22	23	24	25	26	27	28	29	30
☉	♍8	9	10	11	12	13	14	15	16	17	18	19	20	21	22	23	24	25	26	27	28	29	♎0	1	2	3	4	5	6	♎7
☽	♉7	20	♊2	15	27	♋8	20	♌2	14	26	♍9	21	♎4	17	♏0	13	27	♐11	25	♑9	23	♒8	22	♓6	21	♈5	18	♉2	15	♉28
☿	♎5	6	7	8	9	10	11	12	12	13	13	14	14	15	15	15	15	15	15	14	14	13	12	12	11	10	9	8	7	♎5
♀	♌3	5	6	7	8	9	11	12	13	14	15	17	18	19	20	21	23	24	25	26	27	29	♍0	1	2	3	5	6	7	♍8
♂	♐18	19	19	20	21	21	22	22	23	23	24	24	25	26	26	27	27	28	29	29	♑0	0	1	2	2	3	4	4	5	♑5

	1	6	12	18	24	30
♃	♎8	9	10	12	13	14
♄	♉9	9	9	8	8	8

	1	15	30
♅	♎3	4	5
♆	♏26	26	27
♇	♍24	25	25
☊	♓21	21	21

OCTOBRE

	1	2	3	4	5	6	7	8	9	10	11	12	13	14	15	16	17	18	19	20	21	22	23	24	25	26	27	28	29	30	31
☉	♎8	9	10	11	12	13	14	15	16	17	18	18	19	20	21	22	23	24	25	26	27	28	29	♏0	1	2	3	4	5	6	♏7
☽	♊10	23	♋5	16	28	♌10	22	♍4	17	♎0	13	26	♏9	23	♐7	21	♑6	20	♒4	18	♓2	16	♈0	13	27	♉10	23	♊6	18	♋0	♋12
☿	♎4	3	2	2	1	0	0	0	0	0	0	1	2	2	3	4	6	7	8	10	11	13	14	16	17	19	21	22	24	26	♎27
♀	♍10	11	12	13	14	16	17	18	19	21	22	23	24	26	27	28	29	♎1	2	3	4	5	7	8	9	10	12	13	14	15	♎17
♂	♑6	7	7	8	9	9	10	11	11	12	13	13	14	15	15	16	17	17	18	19	20	20	21	22	22	23	24	24	25	26	♑27

	1	6	12	18	24	30
♃	♎14	16	17	18	19	21
♄	♉8	7	7	6	6	5

	1	15	30
♅	♎5	5	6
♆	♏27	27	28
♇	♍25	26	26
☊	♓21	21	20

NOVEMBRE

	1	2	3	4	5	6	7	8	9	10	11	12	13	14	15	16	17	18	19	20	21	22	23	24	25	26	27	28	29	30
☉	♏8	9	10	11	12	13	14	15	16	17	18	19	20	21	22	23	24	25	26	27	29	♐0	1	2	3	4	5	6	7	♐8
☽	♋24	♌6	18	♍0	12	25	♎8	21	♏4	18	♐3	17	♑2	16	♒1	15	29	♓13	26	♈10	23	♉6	19	♊2	14	26	♋8	20	♌2	♌14
☿	♎29	♏0	2	4	5	7	9	10	12	14	15	17	18	20	22	23	25	26	28	♐0	1	3	4	6	7	9	11	12	14	♐15
♀	♎18	19	20	22	23	24	25	27	28	29	♏0	2	3	4	5	7	8	9	10	12	13	14	15	17	18	19	20	22	23	♏24
♂	♑27	28	29	29	♒0	1	2	2	3	4	4	5	6	7	7	8	9	10	10	11	12	13	13	14	15	15	16	17	18	♒18

	1	6	12	18	24	30
♃	♎21	22	23	25	26	27
♄	♉5	5	4	4	4	3

	1	15	30
♅	♎6	7	8
♆	♏28	28	29
♇	♍26	27	27
☊	♓20	19	17

DÉCEMBRE

	1	2	3	4	5	6	7	8	9	10	11	12	13	14	15	16	17	18	19	20	21	22	23	24	25	26	27	28	29	30	31
☉	♐9	10	11	12	13	14	15	16	17	18	19	20	21	22	23	24	25	26	27	28	29	♑0	1	2	3	4	5	6	7	8	♑9
☽	♌26	♍8	20	♎2	15	29	♏12	27	♐11	26	♑11	26	♒11	25	♓9	23	♈7	20	♉3	16	28	♊11	23	♋5	17	29	♌11	22	♍4	16	♍28
☿	♐17	18	20	21	23	25	26	28	29	♑1	2	4	5	7	8	10	11	13	14	16	17	18	20	21	22	24	25	26	27	28	♑28
♀	♏25	27	28	29	♐0	2	3	4	6	7	8	9	11	12	13	14	16	17	18	19	21	22	23	24	26	27	28	29	♑1	2	♑3
♂	♒19	20	21	21	22	23	24	24	25	26	27	27	28	29	♓0	0	1	2	3	3	4	5	6	6	7	8	9	9	10	11	♓11

	1	6	12	18	24	30
♃	♎27	28	29	♏0	1	2
♄	♉3	3	3	2	2	2

	1	15	30
♅	♎8	8	9
♆	♏29	29	♐29
♇	♍27	27	27
☊	♓17	16	14

1970

JANVIER

	1	2	3	4	5	6	7	8	9	10	11	12	13	14	15	16	17	18	19	20	21	22	23	24	25	26	27	28	29	30	31
☉	♑10	11	12	13	14	15	16	17	18	19	20	21	22	23	24	25	26	27	28	♒0	1	2	3	4	5	6	7	8	9	10	♒11
☽	♎11	23	♏7	20	♐4	19	♑4	19	♒5	20	♓5	19	♈3	17	♉0	13	25	♊8	20	♋2	14	26	♌8	19	♍1	13	25	♎7	20	♏2	♏15
☿	♑29	♒0	0	0	0	0	♑29	29	28	27	26	25	23	22	21	19	18	17	16	15	15	14	14	14	14	14	14	15	15	16	♑16
♀	♑4	6	7	8	9	11	12	13	15	16	17	18	20	21	22	23	25	26	27	28	♒0	1	2	3	5	6	7	8	10	11	♒12
♂	♓12	13	14	14	15	16	17	17	18	19	20	20	21	22	23	23	24	25	26	26	27	28	29	29	♈0	1	2	2	3	4	♈5

	1	6	12	18	24	30
♃	♏2	3	4	4	5	5
♄	♉2	2	2	2	2	3

	1	15	30
♅	♎9	9	9
♆	♐0	0	1
♇	♍27	27	27
☊	♓14	13	12

FÉVRIER

	1	2	3	4	5	6	7	8	9	10	11	12	13	14	15	16	17	18	19	20	21	22	23	24	25	26	27	28
☉	♒12	13	14	15	16	17	18	19	20	21	22	23	24	25	26	27	28	29	♓0	1	2	3	4	5	6	7	8	♓9
☽	♏29	♐13	27	♑12	27	♒12	28	♓13	27	♈12	26	♉9	22	♊4	17	29	♋11	23	♌4	16	28	♍10	22	♎4	17	29	♏12	♏25
☿	♑17	18	18	19	20	21	22	23	25	26	27	28	29	♒1	2	3	5	6	7	9	10	12	13	14	16	18	19	♒21
♀	♒13	15	16	17	18	20	21	22	23	25	26	27	28	♓0	1	2	3	5	6	7	8	10	11	12	13	15	16	♓17
♂	♈5	6	7	7	8	9	10	10	11	12	13	13	14	15	16	16	17	18	18	19	20	21	21	22	23	23	24	♈25

	1	6	12	18	24	28
♃	♏5	6	6	6	6	6
♄	♉3	3	3	4	4	5

	1	15	28
♅	♎9	8	8
♆	♐1	1	1
♇	♍27	27	27
☊	♓12	12	12

MARS

	1	2	3	4	5	6	7	8	9	10	11	12	13	14	15	16	17	18	19	20	21	22	23	24	25	26	27	28	29	30	31
☉	♓10	11	12	13	14	15	16	17	18	19	20	21	22	23	24	25	26	27	28	29	♈0	1	2	3	4	5	6	7	8	9	♈10
☽	♐9	22	♑7	21	♒6	21	♓6	21	♈5	20	♉4	17	♊0	13	25	♋7	19	♌1	13	25	♍7	19	♎1	14	26	♏9	22	♐6	19	♑3	♑17
☿	♒22	24	25	27	29	♓0	2	4	5	7	9	11	12	14	16	18	20	22	24	25	27	29	♈1	3	5	7	9	11	13	16	♈18
♀	♓18	20	21	22	23	25	26	27	28	♈0	1	2	3	5	6	7	8	10	11	12	13	15	16	17	18	20	21	22	23	25	♈26
♂	♈26	26	27	28	29	29	♉0	1	1	2	3	4	4	5	6	6	7	8	9	9	10	11	11	12	13	13	14	15	16	16	♉17

	1	6	12	18	24	30
♃	♏6	6	5	5	4	4
♄	♉5	5	6	7	7	8

	1	15	30
♅	♎8	7	7
♆	♐1	1	1
♇	♍26	26	26
☊	♓12	12	12

AVRIL

	1	2	3	4	5	6	7	8	9	10	11	12	13	14	15	16	17	18	19	20	21	22	23	24	25	26	27	28	29	30
☉	♈11	12	13	14	15	16	17	18	19	20	21	22	23	24	25	26	27	28	29	♉0	0	1	2	3	4	5	6	7	8	♉9
☽	♒1	15	♓0	15	29	♈13	28	♉12	25	♊8	21	♋3	15	27	♌9	21	♍3	15	27	♎10	22	♏5	19	♐2	16	♑0	14	28	♒12	♒26
☿	♈20	22	24	26	27	29	♉1	3	5	7	8	10	11	13	14	15	16	17	18	19	20	21	21	22	22	22	22	22	22	♉22
♀	♈27	28	29	♉1	2	3	4	6	7	8	9	11	12	13	14	15	17	18	19	20	22	23	24	25	27	28	29	♊0	1	♊3
♂	♉18	18	19	20	20	21	22	23	23	24	25	25	26	27	27	28	29	29	♊0	1	2	2	3	4	4	5	6	6	7	♊8

	1	6	12	18	24	30
♃	♏4	3	2	2	1	0
♄	♉8	9	9	10	11	12

	1	15	30
♅	♎7	6	5
♆	♐1	0	0
♇	♍26	25	25
☊	♓12	11	10

MAI

	1	2	3	4	5	6	7	8	9	10	11	12	13	14	15	16	17	18	19	20	21	22	23	24	25	26	27	28	29	30	31
☉	♉10	11	12	13	14	15	16	17	18	19	20	21	22	23	24	25	26	27	28	29	♊0	0	1	2	3	4	5	6	7	8	♊9
☽	♓10	24	♈8	22	♉6	20	♊3	16	29	♋11	23	♌5	17	29	♍11	23	♎5	18	♏1	14	28	♐12	26	♑10	24	♒9	23	♓7	21	♈5	♈19
☿	♉22	22	22	21	21	20	20	19	19	18	17	17	16	16	15	15	14	14	14	13	13	13	13	13	13	14	14	14	15	15	♉16
♀	♊4	5	6	7	9	10	11	12	14	15	16	17	18	20	21	22	23	24	26	27	28	29	♋0	2	3	4	5	6	8	9	♋10
♂	♊8	9	10	10	11	12	12	13	14	14	15	16	16	17	18	18	19	20	20	21	22	22	23	24	24	25	26	26	27	28	♊28

	1	6	12	18	24	30
♃	♏0 ♎29	29	28	27	27	
♄	♉12	13	13	14	15	16

	1	15	30
♅	♎5	5	5
♆	♐0	0	♏0
♇	♍25	25	25
☊	♓10	9	7

JUIN

	1	2	3	4	5	6	7	8	9	10	11	12	13	14	15	16	17	18	19	20	21	22	23	24	25	26	27	28	29	30
☉	♊10	11	12	13	14	15	16	17	18	19	20	21	22	23	23	24	25	26	27	28	29	♋0	1	2	3	4	5	6	7	♋8
☽	♉2	16	29	♊12	25	♋7	19	♌1	13	25	♍7	19	♎1	13	26	♏9	22	♐6	20	♑5	20	♒4	19	♓3	18	♈2	16	29	♉12	♉25
☿	♉17	17	18	19	20	21	22	23	24	25	27	28	29	♊1	2	4	5	7	8	10	12	14	15	17	19	21	23	25	27	♊29
♀	♋11	12	14	15	16	17	18	20	21	22	23	24	26	27	28	29	♌0	1	3	4	5	6	7	9	10	11	12	13	14	♌16
♂	♊29	♋0	0	1	2	2	3	4	4	5	6	6	7	8	8	9	10	10	11	12	12	13	14	14	15	16	16	17	18	♋18

	1	6	12	18	24	30
♃	♎27	27	26	26	26	26
♄	♉16	16	17	18	18	19

	1	15	30
♅	♎5	5	5
♆	♏29	29	29
♇	♍25	25	25
☊	♓7	6	5

JUILLET

	1	2	3	4	5	6	7	8	9	10	11	12	13	14	15	16	17	18	19	20	21	22	23	24	25	26	27	28	29	30	31
☉	♋9	10	11	12	13	14	14	15	16	17	18	19	20	21	22	23	24	25	26	27	28	29	♌0	1	2	3	4	5	5	6	♌7
☽	♊8	21	♋3	16	28	♌10	22	♍3	15	27	♎9	21	♏4	17	♐0	14	29	♑13	28	♒13	28	♓13	28	♈12	26	♉9	23	♊5	18	♋0	♋13
☿	♋2	4	6	8	10	12	15	17	19	21	23	25	27	29	♌1	3	5	7	9	11	13	15	16	18	20	22	23	25	27	28	♍0
♀	♌17	18	19	20	21	23	24	25	26	27	28	29	♍1	2	3	4	5	6	7	9	10	11	12	13	14	15	16	17	19	20	♍21
♂	♋19	19	20	21	21	22	23	23	24	25	25	26	27	27	28	29	29	♌0	0	1	2	2	3	4	4	5	6	6	7	8	♌8

	1	6	12	18	24	30
♃	♎26	26	27	27	27	28
♄	♉19	20	20	21	21	21

	1	15	30
♅	♎5	5	6
♆	♏29	28	28
♇	♍25	25	25
☊	♓4	4	3

AOÛT

	1	2	3	4	5	6	7	8	9	10	11	12	13	14	15	16	17	18	19	20	21	22	23	24	25	26	27	28	29	30	31
☉	♌8	9	10	11	12	13	14	15	16	17	18	19	20	21	22	23	24	25	26	27	28	28	29	♍0	1	2	3	4	5	6	♍7
☽	♋25	♌7	18	♍0	12	24	♎6	18	♏0	13	26	♐9	23	♑7	22	♒7	22	♓7	22	♈7	21	♉5	19	♊2	15	27	♋10	22	♌4	15	♌27
☿	♍1	3	4	6	7	8	10	11	12	13	15	16	17	18	19	20	21	22	23	24	24	25	26	26	27	27	28	28	28	28	♍28
♀	♍22	23	24	25	26	27	28	♎0	1	2	3	4	5	6	7	8	9	10	11	12	13	14	15	16	17	18	19	20	21	22	♎23
♂	♌9	9	10	11	11	12	13	13	14	15	15	16	16	17	18	18	19	20	20	21	22	22	23	24	24	25	25	26	27	27	♌28

	1	6	12	18	24	30
♃	♎28	29	29	♏0	1	2
♄	♉22	22	22	22	23	23

	1	15	30
♅	♎6	6	7
♆	♏28	28	28
♇	♍26	26	26
☊	♓3	3	3

SEPTEMBRE

	1	2	3	4	5	6	7	8	9	10	11	12	13	14	15	16	17	18	19	20	21	22	23	24	25	26	27	28	29	30
☉	♍8	9	10	11	12	13	14	15	16	17	18	19	20	21	22	23	24	25	26	27	28	29	♎0	1	2	2	3	4	5	♎6
☽	♍9	21	♎3	15	27	♏9	22	♐5	18	♑2	16	♒0	15	♓0	15	♈0	15	♉0	14	28	♊11	24	♋6	19	♌1	12	24	♍6	18	♎0
☿	♍28	28	27	27	26	26	25	24	23	22	21	20	19	18	17	17	16	15	15	14	14	14	14	14	15	15	16	17	18	♍19
♀	♎24	25	26	27	28	29	♏0	1	2	3	4	4	5	6	7	8	9	9	10	11	12	13	13	14	15	15	16	17	17	♏18
♂	♌29	29	♍0	1	1	2	2	3	4	4	5	6	6	7	7	8	9	9	10	11	11	12	13	13	14	14	15	16	16	♍17

	1	6	12	18	24	30
♃	♏2	3	4	6	7	8
♄	♉23	23	23	22	22	22

	1	15	30
♅	♎7	8	9
♆	♏28	28	29
♇	♍27	27	28
☊	♓3	3	3

OCTOBRE

	1	2	3	4	5	6	7	8	9	10	11	12	13	14	15	16	17	18	19	20	21	22	23	24	25	26	27	28	29	30	31
☉	♎7	8	9	10	11	12	13	14	15	16	17	18	19	20	21	22	23	24	25	26	27	28	29	♏0	1	2	3	4	5	6	♏7
☽	♎12	24	♏6	19	♐2	15	28	♑12	26	♒10	24	♓9	24	♈9	23	♉8	22	♊6	19	♋2	15	27	♌9	21	♍2	14	26	♎8	21	♏3	♏16
☿	♍20	21	23	24	26	27	29	♎0	2	4	6	7	9	11	12	14	16	18	19	21	23	25	26	28	♏0	1	3	5	6	8	♏9
♀	♏19	19	20	20	21	21	22	22	23	23	23	24	24	24	25	25	25	25	25	25	25	25	25	25	25	25	24	24	24	23	♏23
♂	♍18	18	19	20	20	21	21	22	23	23	24	25	25	26	27	27	28	28	29	♎0	0	1	2	2	3	4	4	5	5	6	♎7

	1	6	12	18	24	30
♃	♏8	9	10	12	13	14
♄	♉22	22	21	21	21	20

	1	15	30
♅	♎9	10	11
♆	♏29	29	♐29
♇	♍28	28	29
☊	♓3	2	1

NOVEMBRE

	1	2	3	4	5	6	7	8	9	10	11	12	13	14	15	16	17	18	19	20	21	22	23	24	25	26	27	28	29	30
☉	♏8	9	10	11	12	13	14	15	16	17	18	19	20	21	22	23	24	25	26	27	28	29	♐0	1	2	3	4	5	6	♐7
☽	♏29	♐12	25	♑9	22	♒6	20	♓4	19	♈3	18	♉2	16	♊0	14	27	♋10	23	♌5	17	29	♍10	22	♎4	16	29	♏11	24	♐8	♐21
☿	♏11	13	14	16	17	19	21	22	24	25	27	28	♐0	1	3	5	6	8	9	11	12	14	15	17	18	19	21	22	24	♐25
♀	♏23	22	22	21	21	20	20	19	18	18	17	17	16	15	15	14	14	13	13	12	12	11	11	11	11	10	10	10	10	♏10
♂	♎7	8	9	9	10	11	11	12	12	13	14	14	15	16	16	17	17	18	19	19	20	21	21	22	23	23	24	24	25	♎26

	1	6	12	18	24	30
♃	♏15	16	17	18	20	21
♄	♉20	20	19	19	18	18

	1	15	30
♅	♎11	12	12
♆	♐0	0	1
♇	♍29	29	29
☊	♓0	♒0	27

DÉCEMBRE

	1	2	3	4	5	6	7	8	9	10	11	12	13	14	15	16	17	18	19	20	21	22	23	24	25	26	27	28	29	30	31
☉	♐8	9	10	11	12	13	14	15	16	18	19	20	21	22	23	24	25	26	27	28	29	♑0	1	2	3	4	5	6	7	8	♑9
☽	♑5	19	♒3	17	♓1	15	29	♈13	27	♉11	25	♊9	22	♋5	18	♌0	13	25	♍6	18	♎0	12	24	♏7	19	♐3	16	♑0	14	29	♒13
☿	♐27	28	29	♑1	2	3	5	6	7	8	9	10	11	12	13	13	14	14	14	14	14	13	13	12	11	10	9	7	6	5	♑3
♀	♏10	10	10	10	10	10	10	11	11	11	12	12	12	13	13	14	14	15	16	16	17	17	18	19	19	20	21	22	22	23	♏24
♂	♎26	27	28	28	29	♏0	0	1	1	2	3	3	4	5	5	6	7	7	8	8	9	10	10	11	12	12	13	14	14	15	♏15

	1	6	12	18	24	30
♃	♏21	22	24	25	26	27
♄	♉18	17	17	17	16	16

	1	15	30
♅	♎13	13	13
♆	♐1	1	2
♇	♍29 ♎29	0	
☊	♒27	25	24

1971

JANVIER

	1	2	3	4	5	6	7	8	9	10	11	12	13	14	15	16	17	18	19	20	21	22	23	24	25	26	27	28	29	30	31
☉	♑10	11	12	13	14	15	16	17	18	19	20	21	22	23	24	25	26	27	28	29	♒0	1	2	3	4	5	6	7	8	9	♒10
☽	♒28	♓12	26	♈10	24	♉8	22	♊5	18	♋1	14	26	♌8	21	♍2	14	26	♎8	20	♏2	14	27	♐10	24	♑8	22	♒7	22	♓7	22	♈6
☿	♑2	1	0	♐29	29	28	28	28	28	28	28	29	29	♑0	1	1	2	3	4	5	6	7	9	10	11	12	13	15	16	17	♑19
♀	♏25	26	26	27	28	29	♐0	1	2	3	4	5	6	6	7	8	9	10	11	12	13	14	15	17	18	19	20	21	22	23	♐24
♂	♏16	17	17	18	19	19	20	20	21	22	22	23	24	24	25	26	26	27	27	28	29	29	♐0	1	1	2	2	3	4	4	♐5

	1	6	12	18	24	30		1	6	12	18	24	30		1	15	30		1	15	30		1	15	30		1	15	30
♃	♏28	29	♐0	1	2	2	♄	♉16	16	16	16	16	16	♅	♎13	14	14	♆	♐2	2	3	♇	♎0	0	♍0	☊	♒24	24	24

FÉVRIER

	1	2	3	4	5	6	7	8	9	10	11	12	13	14	15	16	17	18	19	20	21	22	23	24	25	26	27	28
☉	♒11	12	14	15	16	17	18	19	20	21	22	23	24	25	26	27	28	29	♓0	1	2	3	4	5	6	7	8	♓9
☽	♈21	♉5	18	♊2	15	28	♋10	23	♌5	17	29	♍11	23	♎5	16	28	♏10	23	♐5	18	♑2	16	♒0	15	♓0	15	♈0	♈15
☿	♑20	22	23	24	26	27	29	♒0	2	3	5	6	8	9	11	13	14	16	17	19	21	22	24	26	28	29	♓1	♓3
♀	♐25	26	27	28	29	♑0	2	3	4	5	6	7	8	9	10	12	13	14	15	16	17	18	20	21	22	23	24	♑25
♂	♐6	6	7	7	8	9	9	10	11	11	12	12	13	14	14	15	16	16	17	17	18	19	19	20	21	21	22	♐22

	1	6	12	18	24	28		1	6	12	18	24	28		1	15	28		1	15	28		1	15	28		1	15	28
♃	♐3	3	4	5	5	6	♄	♉16	16	16	17	17	17	♅	♎13	13	13	♆	♐3	3	3	♇	♍29	29	29	☊	♒24	24	24

MARS

	1	2	3	4	5	6	7	8	9	10	11	12	13	14	15	16	17	18	19	20	21	22	23	24	25	26	27	28	29	30	31
☉	♓10	11	12	13	14	15	16	17	18	19	20	21	22	23	24	25	26	27	28	29	♈0	1	2	3	4	5	6	7	8	9	♈10
☽	♉0	14	28	♊12	25	♋7	20	♌2	14	26	♍8	20	♎1	13	25	♏7	19	♐2	15	27	♑11	24	♒9	23	♓8	23	♈8	24	♉9	23	♊7
☿	♓5	7	8	10	12	14	16	18	20	22	24	26	28	♈0	2	4	6	7	9	11	13	15	17	18	20	22	23	25	26	27	♈28
♀	♑26	28	29	♒0	1	2	3	5	6	7	8	9	10	12	13	14	15	16	17	19	20	21	22	23	25	26	27	28	29	♓0	2
♂	♐23	24	24	25	25	26	27	27	28	29	29	♑0	0	1	2	2	3	3	4	5	5	6	6	7	8	8	9	9	10	11	11

	1	6	12	18	24	30		1	6	12	18	24	30		1	15	30		1	15	30		1	15	30		1	15	30
♃	♐6	6	6	6	6	6	♄	♉17	18	18	19	19	20	♅	♎13	12	12	♆	♐3	3	3	♇	♍29	28	28	☊	♒24	23	23

AVRIL

	1	2	3	4	5	6	7	8	9	10	11	12	13	14	15	16	17	18	19	20	21	22	23	24	25	26	27	28	29	30
☉	♈11	12	13	14	15	16	17	18	19	20	21	22	23	24	25	26	27	28	29	♉0	1	2	3	4	5	6	7	8	9	♉9
☽	♊21	♋4	17	29	♌11	23	♍5	17	28	♎10	22	♏4	17	29	♐11	24	♑7	21	♒4	18	♓2	17	♈2	17	♉2	17	♊1	15	29	♋12
☿	♈29	♉0	1	2	3	3	3	4	4	4	4	3	3	3	2	2	1	1	0	♈29	29	28	27	26	26	25	25	24	24	24
♀	♓3	4	5	6	8	9	10	11	12	14	15	16	17	18	20	21	22	23	24	26	27	28	29	♈0	2	3	4	5	6	8
♂	♑12	13	13	14	15	15	16	16	17	17	18	18	19	19	20	20	21	21	22	23	23	24	24	25	25	26	26	27	27	♑28

	1	6	12	18	24	30		1	6	12	18	24	30		1	15	30		1	15	30		1	15	30		1	15	30
♃	♐6	6	6	5	5	4	♄	♉20	21	21	22	23	24	♅	♎12	11	10	♆	♐3	3	2	♇	♍28	28	27	☊	♒22	21	20

MAI

	1	2	3	4	5	6	7	8	9	10	11	12	13	14	15	16	17	18	19	20	21	22	23	24	25	26	27	28	29	30	31
☉	♉10	11	12	13	14	15	16	17	18	19	20	21	22	23	24	24	25	26	27	28	29	♊0	1	2	3	4	5	6	7	8	♊9
☽	♋25	♌7	20	♍1	13	25	♎7	19	♏1	13	26	♐8	21	♑4	18	♒1	15	28	♓13	27	♈11	26	♉11	25	♊9	23	♋7	20	♌3	15	♌28
☿	♈23	23	23	23	23	23	24	24	24	25	25	26	27	27	28	29	♉0	1	2	3	4	5	6	8	9	10	12	13	14	16	♉18
♀	♈9	10	11	12	14	15	16	17	18	20	21	22	23	25	26	27	28	29	♉1	2	3	4	5	7	8	9	10	11	13	14	♉15
♂	♑28	29	♒0	0	1	1	2	2	3	3	4	4	5	5	6	6	7	7	7	8	8	9	9	10	10	11	11	11	12	12	♒13

	1	6	12	18	24	30		1	6	12	18	24	30		1	15	30		1	15	30		1	15	30		1	15	30
♃	♐4	4	3	2	2	1	♄	♉24	24	25	26	27	28	♅	♎10	10	10	♆	♐2	2	2	♇	♍27	27	27	☊	♒20	18	17

JUIN

	1	2	3	4	5	6	7	8	9	10	11	12	13	14	15	16	17	18	19	20	21	22	23	24	25	26	27	28	29	30
☉	♊10	11	12	13	14	15	16	17	18	18	19	20	21	22	23	24	25	26	27	28	29	♋0	1	2	3	4	5	6	7	♋8
☽	♍10	21	♎3	15	27	♏9	22	♐5	17	♑1	14	28	♒11	25	♓9	23	♈8	22	♉6	20	♊4	18	♋2	15	28	♌11	23	♍5	17	♍29
☿	♉19	21	22	24	26	28	29	♊1	3	5	7	9	11	13	15	18	20	22	24	26	28	♋1	3	5	7	9	11	14	16	♋18
♀	♉16	18	19	20	21	22	24	25	26	27	28	♊0	1	2	3	5	6	7	8	9	11	12	13	14	15	17	18	19	20	♊22
♂	♒13	13	14	14	15	15	15	16	16	16	17	17	17	18	18	18	18	19	19	19	19	20	20	20	20	21	21	21	21	♒21

	1	6	12	18	24	30		1	6	12	18	24	30		1	15	30		1	15	30		1	15	30		1	15	30
♃	♐1	0	♏29	29	28	28	♄	♉28	28	29	♊0	1	1	♅	♎10	9	10	♆	♐1	1	1	♇	♍27	27	27	☊	♒17	16	15

JUILLET

	1	2	3	4	5	6	7	8	9	10	11	12	13	14	15	16	17	18	19	20	21	22	23	24	25	26	27	28	29	30	31
☉	♋9	9	10	11	12	13	14	15	16	17	18	19	20	21	22	23	24	25	26	27	28	29	♌0	0	1	2	3	4	5	6	♌7
☽	♎11	23	♏5	17	♐0	13	26	♑10	23	♒7	22	♓6	20	♈4	19	♉3	17	♊1	14	28	♋11	24	♌7	19	♍1	14	25	♎7	19	♏1	♏13
☿	♋20	22	24	26	27	29	♌1	3	5	6	8	10	11	13	14	16	17	19	20	22	23	24	26	27	28	29	♍0	1	2	3	♍4
♀	♊23	24	25	26	28	29	♋0	1	3	4	5	6	7	9	10	11	12	14	15	16	17	18	20	21	22	23	25	26	27	28	♌0
♂	♒21	21	22	22	22	22	22	22	22	22	22	22	22	22	22	22	22	22	22	21	21	21	21	21	21	21	20	20	20	20	♒20

	1	6	12	18	24	30		1	6	12	18	24	30		1	15	30		1	15	30		1	15	30		1	15	30
♃	♏27	27	27	27	27	27	♄	♊1	2	3	3	4	4	♅	♎10	10	10	♆	♐1	1	0	♇	♍27	27	28	☊	♒15	15	15

AOÛT

	1	2	3	4	5	6	7	8	9	10	11	12	13	14	15	16	17	18	19	20	21	22	23	24	25	26	27	28	29	30	31
☉	♌8	9	10	11	12	13	14	15	16	17	18	19	20	21	22	22	23	24	25	26	27	28	29	♍0	1	2	3	4	5	6	♍7
☽	♏25	♐8	21	♑4	18	♒2	16	♓1	16	♈0	15	29	♉14	28	♊11	25	♋8	21	♌3	16	28	♍10	22	♎4	16	27	♏9	21	♐4	16	♐29
☿	♍5	6	7	7	8	9	9	10	10	10	10	11	11	10	10	10	10	9	9	8	8	7	6	5	4	3	2	2	1	0	♌29
♀	♌1	2	3	4	6	7	8	9	11	12	13	14	16	17	18	19	20	22	23	24	25	27	28	29	♍0	2	3	4	5	7	♍8
♂	♒19	19	19	19	18	18	18	18	17	17	17	17	16	16	16	16	15	15	15	15	14	14	14	14	13	13	13	13	13	13	♒12

	1	6	12	18	24	30		1	6	12	18	24	30		1	15	30		1	15	30		1	15	30		1	15	30
♃	♏27	27	27	27	28	29	♄	♊4	5	5	6	6	6	♅	♎10	11	12	♆	♐0	0	0	♇	♍28	28	29	☊	♒15	15	14

SEPTEMBRE

	1	2	3	4	5	6	7	8	9	10	11	12	13	14	15	16	17	18	19	20	21	22	23	24	25	26	27	28	29	30
☉	♍8	9	10	11	12	13	14	15	16	17	18	19	20	21	22	22	23	24	25	26	27	28	29	♎0	1	2	3	4	5	♎6
☽	♑12	26	♒10	25	♓9	24	♈10	25	♉9	24	♊8	21	♋5	18	♌0	13	25	♍7	19	♎1	12	24	♏6	18	♐0	12	25	♑8	21	♒4
☿	♌29	28	28	27	27	27	28	28	28	29	♍0	1	2	3	4	5	7	8	10	11	13	15	17	18	20	22	24	26	27	♍29
♀	♍9	10	12	13	14	15	17	18	19	20	21	23	24	25	26	28	29	♎0	1	3	4	5	6	8	9	10	11	13	14	♎15
♂	♒12	12	12	12	12	12	12	12	12	12	12	12	12	12	12	12	12	12	12	13	13	13	13	13	13	14	14	14	14	♒15

	1	6	12	18	24	30		1	6	12	18	24	30		1	15	30		1	15	30		1	15	30		1	15	30
♃	♏29	29	♐0	1	2	3	♄	♊6	6	6	7	7	6	♅	♎12	13	13	♆	♐0	1	1	♇	♍29	29	♎29	☊	♒14	14	13

OCTOBRE

	1	2	3	4	5	6	7	8	9	10	11	12	13	14	15	16	17	18	19	20	21	22	23	24	25	26	27	28	29	30	31
☉	♎7	8	9	10	11	12	13	14	15	16	17	18	19	20	21	22	23	24	25	26	27	28	29	♏0	1	2	3	4	5	6	♏7
☽	♒18	♓3	18	♈3	18	♉3	18	♊3	17	♋1	14	27	♌10	22	♍4	16	28	♎9	21	♏3	15	27	♐9	22	♑4	17	♒0	13	27	♓11	♓26
☿	♎1	3	5	7	8	10	12	14	15	17	19	20	22	24	25	27	29	♏0	2	4	5	7	8	10	12	13	15	16	18	19	♏21
♀	♎16	18	19	20	21	23	24	25	26	28	29	♏0	1	3	4	5	6	8	9	10	11	13	14	15	16	18	19	20	21	22	♏24
♂	♒15	15	15	16	16	16	17	17	17	18	18	18	19	19	20	20	20	21	21	22	22	22	23	23	24	24	25	25	26	26	♒27

	1	6	12	18	24	30		1	6	12	18	24	30		1	15	30		1	15	30		1	15	30		1	15	30
♃	♐3	4	5	6	7	8	♄	♊6	6	6	6	5	5	♅	♎14	14	15	♆	♐1	1	2	♇	♎0	0	1	☊	♒13	12	10

NOVEMBRE

	1	2	3	4	5	6	7	8	9	10	11	12	13	14	15	16	17	18	19	20	21	22	23	24	25	26	27	28	29	30
☉	♏8	9	10	11	12	13	14	15	16	17	18	19	20	21	22	23	24	25	26	27	28	29	♐0	1	2	3	4	5	6	♐7
☽	♈11	26	♉11	27	♊11	26	♋10	23	♌6	18	♍1	13	25	♎6	18	♏0	12	24	♐6	19	♑1	14	27	♒10	23	♓7	21	♈5	20	♉5
☿	♏22	24	25	27	28	♐0	1	2	4	5	7	8	9	11	12	13	15	16	17	19	20	21	22	23	24	25	26	26	27	♐28
♀	♏25	26	27	29	♐0	1	2	4	5	6	7	9	10	11	12	14	15	16	17	19	20	21	22	24	25	26	27	29	♑0	1
♂	♒27	28	28	29	29	♓0	0	1	1	2	2	3	3	4	5	5	6	6	7	7	8	9	9	10	10	11	12	12	13	♓13

	1	6	12	18	24	30		1	6	12	18	24	30		1	15	30		1	15	30		1	15	30		1	15	30
♃	♐9	10	11	12	14	15	♄	♊5	5	4	4	3	3	♅	♎15	16	17	♆	♐2	2	3	♇	♎1	1	2	☊	♒10	9	7

DÉCEMBRE

	1	2	3	4	5	6	7	8	9	10	11	12	13	14	15	16	17	18	19	20	21	22	23	24	25	26	27	28	29	30	31
☉	♐8	9	10	11	12	13	14	15	16	17	18	19	20	21	22	23	24	25	26	27	28	29	♑0	2	3	4	5	6	7	8	♑9
☽	♉20	♊5	19	♋4	18	♌1	14	27	♍9	21	♎3	15	27	♏8	21	♐3	15	28	♑11	24	♒7	20	♓4	18	♈2	16	♉0	15	29	♊13	♊28
☿	♐28	28	28	28	28	28	27	26	25	24	23	21	20	19	17	16	15	14	13	13	12	12	12	12	12	13	13	14	15	15	♐16
♀	♑2	4	5	6	7	9	10	11	12	14	15	16	17	19	20	21	22	23	25	26	27	28	♒0	1	2	3	5	6	7	8	♒10
♂	♓14	15	15	16	16	17	18	18	19	19	20	21	21	22	23	23	24	24	25	26	26	27	28	28	29	♈0	0	1	1	2	♈3

	1	6	12	18	24	30		1	6	12	18	24	30		1	15	30		1	15	30		1	15	30		1	15	30
♃	♐15	16	18	19	21	22	♄	♊3	2	2	1	1	1	♅	♎17	18	18	♆	♐3	4	4	♇	♎2	2	2	☊	♒7	6	5

1972

JANVIER

	1	2	3	4	5	6	7	8	9	10	11	12	13	14	15	16	17	18	19	20	21	22	23	24	25	26	27	28	29	30	31
☉	♑10	11	12	13	14	15	16	17	18	19	20	21	22	23	24	25	26	27	28	29	♒0	1	2	3	4	5	6	7	8	9	♒10
☽	♋12	25	♌9	22	♍4	17	29	♎11	23	♏4	16	28	♐11	23	♑6	19	♒3	16	♓0	14	28	♈13	27	♉11	25	♊9	23	♋7	20	♌4	♌17
☿	♐17	18	19	20	21	23	24	25	26	28	29	♑0	2	3	4	6	7	9	10	12	13	15	16	18	19	21	22	24	25	27	♑28
♀	♒11	12	13	14	16	17	18	19	21	22	23	24	26	27	28	29	♓0	2	3	4	5	7	8	9	10	11	13	14	15	16	♓17
♂	♈3	4	5	5	6	7	7	8	9	9	10	11	11	12	12	13	14	14	15	16	16	17	18	18	19	20	20	21	22	22	♈23

	1	6	12	18	24	30		1	6	12	18	24	30		1	15	30		1	15	30		1	15	30		1	15	30
♃	♐22	23	25	26	27	28	♄	♊0	0	0	0	0	0	♅	♎18	18	18	♆	♐4	5	5	♇	♎2	2	2	☊	♒5	5	5

FÉVRIER

	1	2	3	4	5	6	7	8	9	10	11	12	13	14	15	16	17	18	19	20	21	22	23	24	25	26	27	28	29
☉	♒11	12	13	14	15	16	17	18	19	20	21	22	23	24	25	26	27	28	29	♓0	1	2	3	4	5	6	7	9	♓10
☽	♍0	12	24	♎6	18	♏0	12	24	♐6	19	♑1	14	27	♒11	25	♓9	24	♈9	23	♉8	22	♊6	20	♋3	17	♌0	13	25	♍8
☿	♒0	2	3	5	7	8	10	11	13	15	17	18	20	22	24	25	27	29	♓1	3	5	6	8	10	12	14	16	18	♓20
♀	♓19	20	21	22	24	25	26	27	28	29	♈1	2	3	4	5	7	8	9	10	11	13	14	15	16	17	18	20	21	♈22
♂	♈24	24	25	26	26	27	28	28	29	♉0	0	1	2	2	3	4	4	5	6	6	7	8	8	9	10	10	11	11	♉12

	1	6	12	18	24	29		1	6	12	18	24	29		1	15	29		1	15	29		1	15	29		1	15	29
♃	♐29	♑0	1	2	3	4	♄	♊0	0	0	0	0	0	♅	♎18	18	18	♆	♐5	5	5	♇	♎2	2	1	☊	♒5	5	5

MARS

	1	2	3	4	5	6	7	8	9	10	11	12	13	14	15	16	17	18	19	20	21	22	23	24	25	26	27	28	29	30	31
☉	♓11	12	13	14	15	16	17	18	19	20	21	22	23	24	25	26	27	27	28	29	♈0	1	2	3	4	5	6	7	8	9	♈10
☽	♍20	♎3	15	27	♏8	20	♐2	14	26	♑9	22	♒5	19	♓3	18	♈3	18	♉3	18	♊2	16	♋0	14	27	♌10	22	♍5	17	29	♎11	♎23
☿	♓21	23	25	27	29	♈1	2	4	5	7	8	10	11	12	13	14	14	15	15	16	16	16	16	16	15	15	14	14	13	12	♈11
♀	♈23	24	25	26	28	29	♉0	1	2	3	4	5	7	8	9	10	11	12	13	14	15	16	18	19	20	21	22	23	24	25	♉26
♂	♉13	13	14	15	15	16	17	17	18	19	19	20	21	21	22	23	23	24	25	25	26	27	27	28	29	29	♊0	1	1	2	♊2

	1	6	12	18	24	30		1	6	12	18	24	30		1	15	30		1	15	30		1	15	30		1	15	30
♃	♑4	5	5	6	7	7	♄	♊0	1	1	2	2	3	♅	♎18	17	17	♆	♐5	5	5	♇	♎1	1	0	☊	♒5	4	3

AVRIL

	1	2	3	4	5	6	7	8	9	10	11	12	13	14	15	16	17	18	19	20	21	22	23	24	25	26	27	28	29	30
☉	♈11	12	13	14	15	16	17	18	19	20	21	22	23	24	25	26	27	28	29	♉0	1	2	3	4	5	6	7	8	9	♉10
☽	♏5	17	29	♐11	23	♑5	17	♒0	13	27	♓11	26	♈11	26	♉12	27	♊12	26	♋10	24	♌7	19	♍2	14	26	♎8	20	♏2	14	♏26
☿	♈10	10	9	8	7	7	6	5	5	4	4	4	4	4	4	4	4	4	5	5	6	6	7	8	8	9	10	11	12	♈13
♀	♉27	28	29	♊0	1	2	3	4	5	6	7	8	9	10	11	12	13	13	14	15	16	17	18	19	19	20	21	22	23	♊23
♂	♊3	4	4	5	6	6	7	8	8	9	10	10	11	12	12	13	14	14	15	15	16	17	17	18	19	19	20	21	21	♊22

	1	6	12	18	24	30		1	6	12	18	24	30		1	15	30		1	15	30		1	15	30		1	15	30
♃	♑7	8	8	8	8	8	♄	♊3	3	4	5	5	6	♅	♎17	16	15	♆	♐5	5	5	♇	♎0	0	0	☊	♒3	1	♑2

MAI

	1	2	3	4	5	6	7	8	9	10	11	12	13	14	15	16	17	18	19	20	21	22	23	24	25	26	27	28	29	30	31
☉	♉11	12	13	14	15	16	17	17	18	19	20	21	22	23	24	25	26	27	28	29	♊0	1	2	3	4	5	6	7	8	9	♊10
☽	♐8	20	♑2	14	27	♒9	22	♓6	20	♈5	19	♉5	20	♊5	20	♋5	19	♌2	16	28	♍11	23	♎5	17	29	♏11	23	♐5	17	29	♑11
☿	♈14	15	16	17	19	20	21	23	24	25	27	28	♉0	2	3	5	7	8	10	12	14	15	17	19	21	23	25	27	29	♊2	♊4
♀	♊24	25	25	26	27	27	28	29	29	♋0	0	1	1	2	2	2	3	3	4	4	4	4	4	5	5	5	5	5	5	5	♋4
♂	♊23	23	24	25	25	26	26	27	28	28	29	♋0	0	1	2	2	3	3	4	5	5	6	7	7	8	9	9	10	11	11	♋12

	1	6	12	18	24	30		1	6	12	18	24	30		1	15	30		1	15	30		1	15	30		1	15	30
♃	♑8	8	8	8	7	6	♄	♊6	7	7	8	9	10	♅	♎15	15	14	♆	♐5	4	4	♇	♎0	♍0	29	☊	♑29	28	27

JUIN

	1	2	3	4	5	6	7	8	9	10	11	12	13	14	15	16	17	18	19	20	21	22	23	24	25	26	27	28	29	30
☉	♊11	12	13	13	14	15	16	17	18	19	20	21	22	23	24	25	26	27	28	29	♋0	1	2	3	4	4	5	6	7	♋8
☽	♑24	♒6	19	♓2	16	♈0	14	29	♉13	28	♊13	28	♋13	27	♌11	24	♍7	19	♎2	14	26	♏8	19	♐1	13	26	♑8	20	♒3	♒16
☿	♊6	8	10	12	15	17	19	21	23	25	28	♋0	2	4	6	8	10	12	14	16	17	19	21	23	24	26	27	29	♌0	♌2
♀	♋4	4	4	4	3	3	2	2	1	1	0	0	♊29	29	28	28	27	26	26	25	24	24	23	23	22	22	21	21	20	♊20
♂	♋12	13	14	14	15	16	16	17	18	18	19	19	20	21	21	22	23	23	24	25	25	26	26	27	28	28	29	♌0	0	♌1

	1	6	12	18	24	30		1	6	12	18	24	30		1	15	30		1	15	30		1	15	30		1	15	30
♃	♑6	6	5	4	4	3	♄	♊10	11	11	12	13	14	♅	♎14	14	14	♆	♐4	3	3	♇	♍29	29	29	☊	♑27	26	26

JUILLET

	1	2	3	4	5	6	7	8	9	10	11	12	13	14	15	16	17	18	19	20	21	22	23	24	25	26	27	28	29	30	31
☉	♋9	10	11	12	13	14	15	16	17	18	19	20	21	22	23	24	25	25	26	27	28	29	♌0	1	2	3	4	5	6	7	♌8
☽	♒29	♓13	26	♈10	24	♉9	23	♊8	22	♋7	21	♌5	19	♍2	15	28	♎10	22	♏4	16	28	♐10	22	♑4	17	29	♒12	26	♓9	23	♈7
☿	♌3	5	6	7	9	10	11	12	13	14	15	16	17	18	19	19	20	20	21	21	22	22	22	22	22	22	22	22	22	21	♌21
♀	♊20	19	19	19	19	18	18	18	18	18	18	18	18	19	19	19	19	20	20	20	21	21	22	22	22	23	24	24	25	25	♊26
♂	♌1	2	3	3	4	5	5	6	7	7	8	8	9	10	10	11	12	12	13	14	14	15	15	16	17	17	18	19	19	20	♌20

	1	6	12	18	24	30		1	6	12	18	24	30		1	15	30		1	15	30		1	15	30		1	15	30
♃	♑3	2	1	1	0	0	♄	♊14	14	15	16	16	17	♅	♎14	14	15	♆	♐3	3	3	♇	♍29	♎0	0	☊	♑26	26	26

AOÛT

	1	2	3	4	5	6	7	8	9	10	11	12	13	14	15	16	17	18	19	20	21	22	23	24	25	26	27	28	29	30	31
☉	♌9	10	11	12	13	14	15	16	16	17	18	19	20	21	22	23	24	25	26	27	28	29	♍0	1	2	3	4	5	6	7	♍8
☽	♈21	♉5	20	♊4	18	♋2	16	♌0	14	27	♍10	23	♎5	18	♏0	12	24	♐6	18	♑0	12	25	♒8	21	♓5	19	♈3	18	♉2	16	♊1
☿	♌20	20	19	18	18	17	16	15	14	14	13	12	12	11	11	11	11	10	11	11	11	11	12	13	14	15	16	17	18	19	♌21
♀	♊26	27	28	29	29	♋0	1	1	2	3	4	5	5	6	7	8	9	10	11	11	12	13	14	15	16	17	18	19	20	21	♋22
♂	♌21	22	22	23	24	24	25	26	26	27	27	28	29	29	♍0	1	1	2	3	3	4	4	5	6	6	7	8	8	9	10	♍10

	1	6	12	18	24	30		1	6	12	18	24	30		1	15	30		1	15	30		1	15	30		1	15	30
♃	♐29	29	29	29	28	29	♄	♊17	18	18	19	19	20	♅	♎15	15	16	♆	♐3	2	3	♇	♎0	0	1	☊	♑26	26	25

SEPTEMBRE

	1	2	3	4	5	6	7	8	9	10	11	12	13	14	15	16	17	18	19	20	21	22	23	24	25	26	27	28	29	30
☉	♍9	10	11	12	13	13	14	15	16	17	18	19	20	21	22	23	24	25	26	27	28	29	♎0	1	2	3	4	5	6	♎7
☽	♊15	29	♋13	26	♌10	23	♍6	19	♎1	14	26	♏8	20	♐2	13	25	♑8	20	♒3	16	29	♓13	28	♈12	27	♉12	27	♊11	26	♋9
☿	♌22	24	26	27	29	♍1	3	5	7	8	10	12	14	16	18	20	22	24	25	27	29	♎1	3	4	6	8	10	11	13	♎15
♀	♋23	24	25	26	27	28	29	♌0	1	2	3	4	5	6	7	8	10	11	12	13	14	15	16	17	18	19	21	22	23	♌24
♂	♍11	11	12	13	13	14	15	15	16	17	17	18	18	19	20	20	21	22	22	23	24	24	25	26	26	27	27	28	29	♍29

	1	6	12	18	24	30		1	6	12	18	24	30		1	15	30		1	15	30		1	15	30		1	15	30
♃	♐29	29	29	29	♑0	0	♄	♊20	20	20	20	21	21	♅	♎16	17	18	♆	♐3	3	3	♇	♎1	2	2	☊	♑25	24	23

OCTOBRE

	1	2	3	4	5	6	7	8	9	10	11	12	13	14	15	16	17	18	19	20	21	22	23	24	25	26	27	28	29	30	31
☉	♎8	9	10	11	12	13	14	15	16	17	18	19	20	21	22	23	24	25	26	27	28	29	♏0	1	2	3	4	5	6	7	♏8
☽	♋23	♌6	20	♍2	15	28	♎10	22	♏4	16	28	♐10	22	♑4	16	28	♒11	24	♓7	21	♈6	21	♉6	21	♊6	21	♋6	20	♌3	17	♌29
☿	♎16	18	20	21	23	25	26	28	29	♏1	2	4	5	7	8	10	11	13	14	16	17	18	20	21	23	24	25	26	28	29	♐0
♀	♌25	26	27	28	♍0	1	2	3	4	5	6	8	9	10	11	12	13	15	16	17	18	19	21	22	23	24	25	27	28	29	♎0
♂	♎0	1	1	2	3	3	4	5	5	6	6	7	8	8	9	10	10	11	12	12	13	14	14	15	16	16	17	18	18	19	♎20

	1	6	12	18	24	30		1	6	12	18	24	30		1	15	30		1	15	30		1	15	30		1	15	30
♃	♑1	1	2	3	4	5	♄	♊21	21	21	20	20	20	♅	♎18	19	20	♆	♐3	3	4	♇	♎2	3	3	☊	♑23	21	20

NOVEMBRE

	1	2	3	4	5	6	7	8	9	10	11	12	13	14	15	16	17	18	19	20	21	22	23	24	25	26	27	28	29	30
☉	♏9	10	11	12	13	14	15	16	17	18	19	20	21	22	23	24	25	26	27	28	29	♐0	1	2	3	4	5	6	7	♐8
☽	♍12	25	♎7	19	♏1	13	25	♐7	19	♑0	12	24	♒7	19	♓2	16	♈0	14	29	♉14	29	♊15	♋0	14	29	♌13	26	♍9	22	♎4
☿	♐1	3	4	5	6	7	8	9	9	10	11	11	12	12	12	12	12	12	12	11	10	9	8	7	6	4	3	2	0	♏29
♀	♎1	3	4	5	6	7	9	10	11	12	13	15	16	17	18	20	21	22	23	24	26	27	28	29	♏1	2	3	4	5	♏7
♂	♎20	21	21	22	23	23	24	25	25	26	27	27	28	29	29	♏0	1	1	2	3	3	4	5	5	6	7	7	8	9	♏9

	1	6	12	18	24	30		1	6	12	18	24	30		1	15	30		1	15	30		1	15	30		1	15	30
♃	♑5	6	7	8	9	11	♄	♊20	20	19	19	18	18	♅	♎20	21	22	♆	♐4	5	5	♇	♎3	4	4	☊	♑20	18	18

DÉCEMBRE

	1	2	3	4	5	6	7	8	9	10	11	12	13	14	15	16	17	18	19	20	21	22	23	24	25	26	27	28	29	30	31
☉	♐9	10	11	12	13	14	15	16	17	18	19	20	21	22	23	24	25	26	27	28	29	♑0	1	2	3	4	5	6	7	8	♑9
☽	♎16	28	♏10	22	♐4	16	27	♑9	21	♒4	16	29	♓12	25	♈9	23	♉7	22	♊7	22	♋8	22	♌7	21	♍4	18	♎0	13	25	♏7	♏19
☿	♏28	27	27	26	26	26	26	27	27	28	28	29	♐0	1	2	3	4	5	7	8	9	10	12	13	15	16	17	19	20	22	♐23
♀	♏8	9	10	12	13	14	15	17	18	19	20	22	23	24	25	27	28	29	♐0	2	3	4	5	7	8	9	10	12	13	14	♐15
♂	♏10	11	11	12	13	13	14	15	15	16	17	17	18	19	19	20	21	21	22	23	23	24	25	25	26	27	28	28	29	♐0	♐0

	1	6	12	18	24	30		1	6	12	18	24	30		1	15	30		1	15	30		1	15	30		1	15	30
♃	♑11	12	13	15	16	17	♄	♊18	17	17	16	16	15	♅	♎22	22	23	♆	♐5	6	6	♇	♎4	4	4	☊	♑18	17	17

1973

JANVIER

	1	2	3	4	5	6	7	8	9	10	11	12	13	14	15	16	17	18	19	20	21	22	23	24	25	26	27	28	29	30	31
☉	♑10	11	12	13	15	16	17	18	19	20	21	22	23	24	25	26	27	28	29	♒0	1	2	3	4	5	6	7	8	9	10	♒11
☽	♐1	12	24	♑6	18	♒1	13	26	♓9	22	♈5	19	♉3	17	♊1	16	♋1	16	♌0	15	29	♍12	26	♎8	21	♏3	15	27	♐9	21	♑3
☿	♐25	26	28	29	♑1	2	4	5	7	8	10	11	13	14	16	18	19	21	22	24	26	27	29	♒1	2	4	6	7	9	11	♒13
♀	♐16	18	19	20	21	23	24	25	26	28	29	♑0	1	3	4	5	7	8	9	10	12	13	14	15	17	18	19	20	22	23	♑24
♂	♐1	2	2	3	4	4	5	6	6	7	8	8	9	10	10	11	12	13	13	14	15	15	16	17	17	18	19	19	20	21	♐21

	1	6	12	18	24	30
♃	♑18	19	20	22	23	25
♄	♊15	15	15	14	14	14

	1	15	30
♅	♎23	23	23
♆	♐6	7	7
♇	♎4	4	4
☊	♑17	17	17

FÉVRIER

	1	2	3	4	5	6	7	8	9	10	11	12	13	14	15	16	17	18	19	20	21	22	23	24	25	26	27	28
☉	♒12	13	14	15	16	17	18	19	20	21	22	23	24	25	26	27	28	29	♓0	1	2	3	4	5	6	7	8	♓9
☽	♑15	27	♒9	22	♓5	19	♈2	16	29	♉13	28	♊12	26	♋10	25	♌9	23	♍7	20	♎3	16	29	♏11	23	♐5	17	28	♑10
☿	♒14	16	18	20	21	23	25	27	29	♓0	2	4	6	8	9	11	13	14	16	18	19	21	22	23	24	25	26	♓27
♀	♑25	27	28	29	♒0	2	3	4	5	7	8	9	10	12	13	14	15	17	18	19	20	22	23	24	25	27	28	♒29
♂	♐22	23	24	24	25	26	26	27	28	28	29	♑0	1	1	2	3	3	4	5	5	6	7	8	8	9	10	10	♑11

	1	6	12	18	24	28
♃	♑25	26	28	29	♒0	1
♄	♊14	14	14	14	14	14

	1	15	28
♅	♎23	23	23
♆	♐7	7	7
♇	♎4	4	4
☊	♑17	16	15

MARS

	1	2	3	4	5	6	7	8	9	10	11	12	13	14	15	16	17	18	19	20	21	22	23	24	25	26	27	28	29	30	31
☉	♓10	11	12	13	14	15	16	17	18	19	20	21	22	23	24	25	26	27	28	29	♈0	1	2	3	4	5	6	7	8	9	♈10
☽	♑23	♒5	18	♓1	14	28	♈12	26	♉10	24	♊9	23	♋7	21	♌5	18	♍2	15	28	♎11	24	♏7	19	♐1	13	24	♑6	18	♒0	13	♒26
☿	♓28	28	28	29	29	28	28	28	27	26	26	25	24	23	22	21	20	19	18	18	17	16	16	16	15	15	15	15	15	15	♓16
♀	♓0	2	3	4	5	7	8	9	10	12	13	14	15	16	18	19	20	21	23	24	25	26	28	29	♈0	1	3	4	5	6	♈8
♂	♑12	12	13	14	15	15	16	17	17	18	19	19	20	21	22	22	23	24	24	25	26	27	27	28	29	29	♒0	1	2	2	♒3

	1	6	12	18	24	30
♃	♒1	2	3	5	6	7
♄	♊14	14	14	15	15	15

	1	15	30
♅	♎23	22	22
♆	♐7	7	7
♇	♎4	3	3
☊	♑15	14	13

AVRIL

	1	2	3	4	5	6	7	8	9	10	11	12	13	14	15	16	17	18	19	20	21	22	23	24	25	26	27	28	29	30
☉	♈11	12	13	14	15	16	17	18	19	20	21	22	23	24	25	26	27	28	29	♉0	1	2	3	4	5	6	7	8	9	♉10
☽	♓9	23	♈7	21	♉5	20	♊5	19	♋4	18	♌1	15	28	♍12	25	♎8	20	♏3	15	27	♐9	21	♑3	14	26	♒8	21	♓4	17	♈1
☿	♓16	16	17	18	18	19	20	21	21	22	23	24	25	27	28	29	♈0	1	3	4	5	7	8	10	11	13	14	16	18	♈19
♀	♈9	10	11	13	14	15	16	18	19	20	21	23	24	25	26	27	29	♉0	1	2	4	5	6	7	9	10	11	12	14	♉15
♂	♒4	4	5	6	6	7	8	9	9	10	11	11	12	13	14	14	15	16	16	17	18	19	19	20	21	21	22	23	24	♒24

	1	6	12	18	24	30
♃	♒7	8	9	9	10	11
♄	♊16	16	17	17	18	18

	1	15	30
♅	♎21	21	20
♆	♐7	7	7
♇	♎3	2	2
☊	♑13	11	10

MAI

	1	2	3	4	5	6	7	8	9	10	11	12	13	14	15	16	17	18	19	20	21	22	23	24	25	26	27	28	29	30	31
☉	♉10	11	12	13	14	15	16	17	18	19	20	21	22	23	24	25	26	27	28	29	♊0	1	2	3	4	5	6	7	7	8	♊9
☽	♈15	29	♉14	29	♊14	29	♋14	28	♌12	25	♍9	22	♎4	17	29	♏12	24	♐6	17	29	♑11	23	♒5	17	29	♓12	25	♈9	23	♉8	♉23
☿	♈21	23	24	26	28	♉0	2	4	5	7	9	11	13	16	18	20	22	24	26	28	♊1	3	5	7	9	12	14	16	18	20	♊22
♀	♉16	17	18	20	21	22	23	25	26	27	28	♊0	1	2	3	4	6	7	8	9	11	12	13	14	16	17	18	19	20	22	♊23
♂	♒25	26	26	27	28	28	29	♓0	1	1	2	3	3	4	5	6	6	7	8	8	9	10	10	11	12	12	13	14	15	15	♓16

	1	6	12	18	24	30
♃	♒11	11	12	12	12	12
♄	♊18	19	20	20	21	22

	1	15	30
♅	♎20	20	19
♆	♐7	6	6
♇	♎2	2	2
☊	♑9	9	8

JUIN

	1	2	3	4	5	6	7	8	9	10	11	12	13	14	15	16	17	18	19	20	21	22	23	24	25	26	27	28	29	30
☉	♊10	11	12	13	14	15	16	17	18	19	20	21	22	23	24	25	26	27	28	29	29	♋0	1	2	3	4	5	6	7	♋8
☽	♊8	23	♋8	23	♌7	21	♍5	18	♎1	14	26	♏9	21	♐3	14	26	♑8	20	♒2	14	26	♓9	21	♈5	18	♉2	16	♊1	16	♋1
☿	♊24	26	28	♋0	1	3	5	7	8	10	12	13	14	16	17	19	20	21	22	23	25	26	27	27	28	29	♌0	0	1	♌2
♀	♊24	25	27	28	29	♋0	1	3	4	5	6	8	9	10	11	12	14	15	16	17	19	20	21	22	23	25	26	27	28	♌0
♂	♓17	17	18	19	19	20	21	21	22	23	23	24	25	25	26	27	27	28	29	29	♈0	1	1	2	3	3	4	5	5	♈6

	1	6	12	18	24	30
♃	♒12	12	12	12	11	11
♄	♊22	23	24	24	25	26

	1	15	30
♅	♎19	19	19
♆	♐6	6	5
♇	♎2	2	2
☊	♑8	8	8

JUILLET

	1	2	3	4	5	6	7	8	9	10	11	12	13	14	15	16	17	18	19	20	21	22	23	24	25	26	27	28	29	30	31
☉	♋9	10	11	12	13	14	15	16	17	18	19	20	20	21	22	23	24	25	26	27	28	29	♌0	1	2	3	4	5	6	7	♌8
☽	♋16	♌1	16	♍0	14	28	♎11	23	♏6	18	♐0	11	23	♑5	17	29	♒11	23	♓6	18	♈1	14	28	♉12	26	♊10	25	♋10	25	♌10	♌24
☿	♌2	2	3	3	3	3	3	3	3	3	3	2	2	1	1	0	0	♋29	28	28	27	26	26	25	24	24	24	23	23	23	♋23
♀	♌1	2	3	4	6	7	8	9	10	12	13	14	15	17	18	19	20	21	23	24	25	26	27	29	♍0	1	2	4	5	6	♍7
♂	♈7	7	8	8	9	10	10	11	12	12	13	13	14	15	15	16	16	17	17	18	19	19	20	20	21	21	22	22	23	23	♈24

	1	6	12	18	24	30
♃	♒11	10	10	9	8	7
♄	♊26	27	28	28	29	♋0

	1	15	30
♅	♎19	19	19
♆	♐5	5	5
♇	♎2	2	2
☊	♑8	8	7

AOÛT

	1	2	3	4	5	6	7	8	9	10	11	12	13	14	15	16	17	18	19	20	21	22	23	24	25	26	27	28	29	30	31
☉	♌9	10	11	11	12	13	14	15	16	17	18	19	20	21	22	23	24	25	26	27	28	29	♍0	1	2	3	4	5	6	6	♍7
☽	♍9	23	♎6	19	♏2	14	26	♐8	20	♑2	14	26	♒8	20	♓3	15	28	♈11	25	♉8	22	♊6	20	♋5	19	♌4	18	♍3	17	♎1	♎14
☿	♋23	23	23	24	24	25	26	26	27	28	29	♌1	2	3	5	6	8	10	11	13	15	17	19	21	23	25	27	29	♍1	3	♍5
♀	♍8	10	11	12	13	14	16	17	18	19	20	22	23	24	25	26	28	29	♎0	1	2	4	5	6	7	8	9	11	12	13	♎14
♂	♈24	25	26	26	26	27	27	28	28	29	29	♉0	0	1	1	1	2	2	3	3	3	4	4	4	5	5	5	6	6	6	♉7

	1	6	12	18	24	30
♃	♒7	6	6	5	4	4
♄	♋0	0	1	2	2	3

	1	15	30
♅	♎19	20	21
♆	♐5	5	5
♇	♎2	3	3
☊	♑7	7	6

SEPTEMBRE

	1	2	3	4	5	6	7	8	9	10	11	12	13	14	15	16	17	18	19	20	21	22	23	24	25	26	27	28	29	30
☉	♍8	9	10	11	12	13	14	15	16	17	18	19	20	21	22	23	24	25	26	27	28	29	♎0	1	2	3	4	5	6	♎7
☽	♎27	♏10	22	♐4	16	28	♑10	22	♒4	16	29	♓11	24	♈8	21	♉5	19	♊3	17	♋1	15	29	♌14	28	♍12	25	♎9	22	♏5	♏18
☿	♍7	9	10	12	14	16	18	20	22	24	25	27	29	♎1	2	4	6	7	9	11	12	14	15	17	18	20	21	23	24	♎26
♀	♎15	17	18	19	20	21	22	24	25	26	27	28	♏0	1	2	3	4	5	7	8	9	10	11	12	14	15	16	17	18	♏19
♂	♉7	7	7	7	8	8	8	8	8	9	9	9	9	9	9	9	9	9	9	9	9	9	9	9	9	9	9	9	9	♉9

	1	6	12	18	24	30
♃	♒3	3	3	2	2	2
♄	♋3	3	4	4	4	4

	1	15	30
♅	♎21	21	22
♆	♐5	5	5
♇	♎3	4	4
☊	♑5	4	3

OCTOBRE

	1	2	3	4	5	6	7	8	9	10	11	12	13	14	15	16	17	18	19	20	21	22	23	24	25	26	27	28	29	30	31
☉	♎8	9	10	11	12	13	14	15	16	17	18	19	20	21	21	22	23	24	25	26	27	28	29	♏0	1	2	3	4	5	6	♏7
☽	♐0	12	24	♑6	18	♒0	12	24	♓7	20	♈3	17	♉1	15	29	♊14	28	♋12	26	♌10	24	♍8	21	♎5	18	♏1	13	26	♐8	20	♑2
☿	♎27	29	♏0	2	3	4	6	7	8	10	11	12	13	15	16	17	18	19	20	21	22	23	23	24	25	25	26	26	26	27	♏27
♀	♏20	22	23	24	25	26	27	28	♐0	1	2	3	4	5	6	8	9	10	11	12	13	14	15	16	17	19	20	21	22	23	♐24
♂	♉8	8	8	8	8	7	7	7	7	6	6	6	6	5	5	5	4	4	4	3	3	3	2	2	2	1	1	1	0	0	♉0

	1	6	12	18	24	30
♃	♒2	2	3	3	3	4
♄	♋5	5	5	5	5	5

	1	15	30
♅	♎22	23	24
♆	♐5	6	6
♇	♎4	5	5
☊	♑2	1	0

NOVEMBRE

	1	2	3	4	5	6	7	8	9	10	11	12	13	14	15	16	17	18	19	20	21	22	23	24	25	26	27	28	29	30
☉	♏8	9	10	11	12	13	14	15	16	17	18	19	20	21	22	23	24	26	27	28	29	♐0	1	2	3	4	5	6	7	♐8
☽	♑14	26	♒7	20	♓2	15	28	♈11	25	♉9	24	♊9	23	♋8	23	♌7	21	♍5	18	♎1	15	27	♏10	22	♐4	17	28	♑10	22	♒4
☿	♏26	26	26	25	24	23	22	21	20	18	17	16	15	14	13	12	11	11	11	11	11	11	12	12	13	14	15	16	17	♏18
♀	♐25	26	27	28	29	♑0	1	2	3	5	6	7	8	9	10	11	12	13	14	14	15	16	17	18	19	20	21	22	23	♑24
♂	♈29	29	29	28	28	28	28	27	27	27	27	27	26	26	26	26	26	26	26	26	25	25	25	25	25	25	25	25	25	♈25

	1	6	12	18	24	30
♃	♒4	5	5	6	7	8
♄	♋5	4	4	4	3	3

	1	15	30
♅	♎24	25	26
♆	♐6	7	7
♇	♎6	6	6
☊	♑0	♐0	29

DÉCEMBRE

	1	2	3	4	5	6	7	8	9	10	11	12	13	14	15	16	17	18	19	20	21	22	23	24	25	26	27	28	29	30	31
☉	♐9	10	11	12	13	14	15	16	17	18	19	20	21	22	23	24	25	26	27	28	29	♑0	1	2	3	4	5	6	7	8	♑9
☽	♒16	28	♓10	23	♈6	19	♉3	17	♊2	17	♋2	17	♌2	17	♍1	15	28	♎12	24	♏7	19	♐1	13	25	♑7	19	♒1	12	24	♓6	♓19
☿	♏19	20	22	23	24	26	27	29	♐0	2	3	5	6	8	9	11	12	14	15	17	18	20	21	23	24	26	27	29	♑1	2	♑4
♀	♑24	25	26	27	28	29	29	♒0	1	2	2	3	4	4	5	5	6	7	7	8	8	9	9	9	10	10	10	11	11	11	♒11
♂	♈25	26	26	26	26	26	26	26	26	27	27	27	27	27	28	28	28	28	28	29	29	29	♉0	0	0	1	1	1	1	2	♉2

	1	6	12	18	24	30
♃	♒8	9	10	11	13	14
♄	♋3	3	2	2	1	1

	1	15	30
♅	♎26	27	27
♆	♐7	8	8
♇	♎6	7	7
☊	♐29	29	29

1974

JANVIER

	1	2	3	4	5	6	7	8	9	10	11	12	13	14	15	16	17	18	19	20	21	22	23	24	25	26	27	28	29	30	31
☉	♑10	11	12	13	14	15	16	17	18	19	20	21	22	23	24	25	26	28	29	♒0	1	2	3	4	5	6	7	8	9	10	♒11
☽	♈1	14	27	♉11	25	♊10	25	♋10	25	♌10	25	♍10	24	♎8	21	♏4	16	28	♐10	22	♑4	16	28	♒9	21	♓4	16	28	♈11	24	♉7
☿	♑5	7	8	10	12	13	15	16	18	20	21	23	25	26	28	♒0	1	3	5	7	8	10	12	13	15	17	19	20	22	24	♒25
♀	♒11	11	11	11	11	11	11	11	11	10	10	10	9	9	9	8	8	7	6	6	5	5	4	3	3	2	2	1	0	0	♑29
♂	♉3	3	3	4	4	4	5	5	6	6	6	7	7	8	8	9	9	9	10	10	11	11	12	12	13	13	14	14	15	15	♉16

	1	6	12	18	24	30		1	6	12	18	24	30		1	15	30		1	15	30		1	15	30		1	15	30
♃	♒14	16	17	18	20	21	♄	♋1	0	0	♊29	29	29	♅	♎27	28	28	♆	♐8	9	9	♇	♎7	7	7	☊	♐28	28	28

FÉVRIER

	1	2	3	4	5	6	7	8	9	10	11	12	13	14	15	16	17	18	19	20	21	22	23	24	25	26	27	28
☉	♒12	13	14	15	16	17	18	19	20	21	22	23	24	25	26	27	28	29	♓0	1	2	3	4	5	6	7	8	♓9
☽	♉20	♊4	18	♋3	18	♌3	18	♍3	18	♎2	16	29	♏12	25	♐7	19	♑1	13	24	♒6	18	♓0	13	25	♈8	21	♉4	♉17
☿	♒27	29	♓0	2	3	4	6	7	8	9	10	11	11	12	12	12	12	11	11	10	10	9	8	7	6	5	4	♓3
♀	♑29	28	28	28	27	27	27	26	26	26	26	26	26	26	26	26	26	26	26	27	27	27	28	28	28	29	29	♒0
♂	♉16	17	17	18	18	19	19	20	20	21	21	22	22	23	23	24	24	25	25	26	26	27	28	28	29	29	♊0	♊0

	1	6	12	18	24	28		1	6	12	18	24	28		1	15	28		1	15	28		1	15	28		1	15	28
♃	♒22	23	24	26	27	28	♄	♊28	28	28	28	28	28	♅	♎28	28	27	♆	♐9	9	10	♇	♎7	6	6	☊	♐28	27	25

MARS

	1	2	3	4	5	6	7	8	9	10	11	12	13	14	15	16	17	18	19	20	21	22	23	24	25	26	27	28	29	30	31
☉	♓10	11	12	13	14	15	16	17	18	19	20	21	22	23	24	25	26	27	28	29	♈0	1	2	3	4	5	6	7	8	9	♈10
☽	♊0	14	28	♋13	27	♌12	27	♍11	26	♎10	24	♏7	20	♐3	15	27	♑9	21	♒3	15	27	♓9	21	♈4	17	♉0	14	27	♊11	25	♋9
☿	♓2	1	0	♒29	28	28	28	27	27	27	27	27	28	28	28	29	29	♓0	1	2	2	3	4	5	6	7	8	10	11	12	♓13
♀	♒0	1	1	2	2	3	4	4	5	6	6	7	8	9	10	10	11	12	13	14	14	15	16	17	18	19	20	21	22	23	♒24
♂	♊1	1	2	3	3	4	4	5	5	6	6	7	8	8	9	9	10	10	11	12	12	13	13	14	15	15	16	16	17	17	♊18

	1	6	12	18	24	30		1	6	12	18	24	30		1	15	30		1	15	30		1	15	30		1	15	30
♃	♒28	29	♓1	2	4	5	♄	♊28	28	28	28	28	29	♅	♎27	27	26	♆	♐10	10	10	♇	♎6	6	5	☊	♐25	24	22

AVRIL

	1	2	3	4	5	6	7	8	9	10	11	12	13	14	15	16	17	18	19	20	21	22	23	24	25	26	27	28	29	30
☉	♈11	12	13	14	15	16	17	18	19	20	21	22	23	24	25	26	27	28	29	♉0	1	1	2	3	4	5	6	7	8	♉9
☽	♋23	♌7	22	♍6	20	♎4	18	♏2	15	28	♐11	23	♑5	17	29	♒11	23	♓5	17	♈0	13	26	♉10	24	♊7	22	♋6	20	♌4	♌18
☿	♓15	16	17	19	20	21	23	24	26	27	29	♈1	2	4	6	7	9	11	12	14	16	18	20	22	24	26	28	♉0	2	♉4
♀	♒25	25	26	27	28	29	♓0	1	2	3	4	5	7	8	9	10	11	12	13	14	15	16	17	18	19	20	21	22	24	♓25
♂	♊19	19	20	20	21	22	22	23	23	24	24	25	26	26	27	27	28	29	29	♋0	0	1	2	2	3	3	4	5	5	♋6

	1	6	12	18	24	30		1	6	12	18	24	30		1	15	30		1	15	30		1	15	30		1	15	30
♃	♓5	6	8	9	10	11	♄	♊29	29	29	♋0	0	1	♅	♎26	26	25	♆	♐10	9	9	♇	♎5	5	5	☊	♐22	21	20

MAI

	1	2	3	4	5	6	7	8	9	10	11	12	13	14	15	16	17	18	19	20	21	22	23	24	25	26	27	28	29	30	31
☉	♉10	11	12	13	14	15	16	17	18	19	20	21	22	23	24	25	26	27	28	29	♊0	1	1	2	3	4	5	6	7	8	♊9
☽	♍2	16	♎0	14	27	♏11	24	♐6	19	♑1	13	25	♒7	18	♓0	13	25	♈8	21	♉4	18	♊2	17	♋1	16	♌0	15	29	♍13	27	♎11
☿	♉6	8	10	12	14	17	19	21	23	25	27	♊0	2	4	6	8	10	12	14	15	17	19	21	22	24	25	27	28	♋0	1	♋2
♀	♓26	27	28	29	♈0	1	2	4	5	6	7	8	9	10	11	12	14	15	16	17	18	19	20	22	23	24	25	26	27	28	♉0
♂	♋6	7	8	8	9	9	10	11	11	12	12	13	14	14	15	15	16	17	17	18	18	19	20	20	21	21	22	23	23	24	♋24

	1	6	12	18	24	30		1	6	12	18	24	30		1	15	30		1	15	30		1	15	30		1	15	30
♃	♓11	12	13	14	15	16	♄	♋1	2	2	3	4	4	♅	♎25	25	24	♆	♐9	9	8	♇	♎5	4	4	☊	♐20	20	19

JUIN

	1	2	3	4	5	6	7	8	9	10	11	12	13	14	15	16	17	18	19	20	21	22	23	24	25	26	27	28	29	30
☉	♊10	11	12	13	14	15	16	17	18	19	20	21	22	23	24	24	25	26	27	28	29	♋0	1	2	3	4	5	6	7	♋8
☽	♎24	♏7	20	♐2	15	27	♑9	21	♒3	15	27	♓9	21	♈3	16	29	♉13	26	♊11	25	♋10	25	♌10	25	♍10	24	♎7	21	♏4	♏17
☿	♋3	4	6	7	7	8	9	10	11	11	12	12	13	13	13	14	14	14	14	13	13	13	13	12	12	11	11	10	10	♋9
♀	♉1	2	3	4	5	7	8	9	10	11	12	14	15	16	17	18	19	21	22	23	24	25	26	28	29	♊0	1	2	4	♊5
♂	♋25	26	26	27	28	28	29	29	♌0	1	1	2	2	3	4	4	5	5	6	7	7	8	9	9	10	10	11	12	12	♌13

	1	6	12	18	24	30		1	6	12	18	24	30		1	15	30		1	15	30		1	15	30		1	15	30
♃	♓16	16	17	17	18	18	♄	♋5	5	6	7	7	8	♅	♎24	24	24	♆	♐8	8	7	♇	♎4	4	4	☊	♐19	19	19

JUILLET

	1	2	3	4	5	6	7	8	9	10	11	12	13	14	15	16	17	18	19	20	21	22	23	24	25	26	27	28	29	30	31
☉	♋9	10	11	12	13	14	15	15	16	17	18	19	20	21	22	23	24	25	26	27	28	29	♌0	1	2	3	4	5	6	6	♌7
☽	♏29	♐12	24	♑6	18	♒0	11	23	♓5	17	29	♈12	24	♉7	21	♊5	19	♋4	19	♌4	19	♍4	19	♎3	17	♏1	14	26	♐9	21	♑3
☿	♋9	8	7	7	6	6	5	5	5	5	4	4	4	5	5	5	5	6	7	7	8	9	10	11	12	13	14	16	17	19	♋20
♀	♊6	7	8	9	11	12	13	14	15	17	18	19	20	21	23	24	25	26	27	29	♋0	1	2	3	5	6	7	8	9	11	♋12
♂	♌13	14	15	15	16	17	17	18	18	19	20	20	21	22	22	23	23	24	25	25	26	27	27	28	28	29	♍0	0	1	2	♍2

	1	6	12	18	24	30		1	6	12	18	24	30		1	15	30		1	15	30		1	15	30		1	15	30
♃	♓18	18	18	18	17	17	♄	♋8	9	10	11	11	12	♅	♎24	24	24	♆	♐7	7	7	♇	♎4	4	5	☊	♐19	19	19

AOÛT

	1	2	3	4	5	6	7	8	9	10	11	12	13	14	15	16	17	18	19	20	21	22	23	24	25	26	27	28	29	30	31
☉	♌8	9	10	11	12	13	14	15	16	17	18	19	20	21	22	23	24	25	26	27	28	29	29	♍0	1	2	3	4	5	6	♍7
☽	♑15	27	♒8	20	♓2	14	26	♈9	21	♉4	17	♊0	14	28	♋12	27	♌12	28	♍13	28	♎12	26	♏10	23	♐5	18	♑0	12	24	♒5	♒17
☿	♋22	24	25	27	29	♌1	3	5	7	9	11	13	15	17	19	21	23	25	27	29	♍1	3	5	7	9	11	13	14	16	18	♍20
♀	♋13	14	15	17	18	19	20	21	23	24	25	26	28	29	♌0	1	2	4	5	6	7	9	10	11	12	13	15	16	17	18	♌20
♂	♍3	3	4	5	5	6	7	7	8	8	9	10	10	11	12	12	13	13	14	15	15	16	17	17	18	19	19	20	20	21	♍22

	1	6	12	18	24	30		1	6	12	18	24	30		1	15	30		1	15	30		1	15	30		1	15	30
♃	♓17	17	16	15	15	14	♄	♋12	13	14	14	15	16	♅	♎24	24	25	♆	♐7	7	7	♇	♎5	5	6	☊	♐19	17	16

SEPTEMBRE

	1	2	3	4	5	6	7	8	9	10	11	12	13	14	15	16	17	18	19	20	21	22	23	24	25	26	27	28	29	30
☉	♍8	9	10	11	12	13	14	15	16	17	18	19	20	21	22	23	24	25	26	27	28	29	♎0	1	2	3	4	4	5	♎6
☽	♒29	♓11	23	♈6	18	♉1	13	26	♊10	23	♋7	22	♌6	21	♍6	21	♎6	20	♏4	18	♐1	14	26	♑8	20	♒2	14	26	♓8	♓20
☿	♍21	23	25	26	28	♎0	1	3	4	6	7	9	10	12	13	15	16	17	19	20	22	23	24	25	27	28	29	♏0	1	♏2
♀	♌21	22	23	25	26	27	28	29	♍1	2	3	4	6	7	8	9	11	12	13	14	16	17	18	19	21	22	23	24	26	♍27
♂	♍22	23	24	24	25	26	26	27	28	28	29	29	♎0	1	1	2	3	3	4	5	5	6	7	7	8	9	9	10	11	♎11

	1	6	12	18	24	30		1	6	12	18	24	30		1	15	30		1	15	30		1	15	30		1	15	30
♃	♓14	13	12	11	11	10	♄	♋16	16	17	17	18	18	♅	♎25	26	27	♆	♐7	7	7	♇	♎6	6	7	☊	♐16	14	13

OCTOBRE

	1	2	3	4	5	6	7	8	9	10	11	12	13	14	15	16	17	18	19	20	21	22	23	24	25	26	27	28	29	30	31
☉	♎7	8	9	10	11	12	13	14	15	16	17	18	19	20	21	22	23	24	25	26	27	28	29	♏0	1	2	3	4	5	6	♏7
☽	♈2	15	28	♉10	23	♊7	20	♋4	18	♌2	16	♍1	15	♎0	14	29	♏12	26	♐9	22	♑4	16	28	♒10	22	♓4	16	28	♈11	24	♉7
☿	♏3	4	5	6	7	7	8	9	9	10	10	10	11	11	11	10	10	9	9	8	7	6	5	4	2	1	0	♎29	28	27	♎26
♀	♍28	29	♎0	2	3	4	5	7	8	9	10	12	13	14	15	17	18	19	20	22	23	24	25	27	28	29	♏1	2	3	4	♏6
♂	♎12	13	13	14	14	15	16	16	17	18	18	19	20	20	21	22	22	23	24	24	25	26	26	27	28	28	29	♏0	0	1	♏2

	1	6	12	18	24	30		1	6	12	18	24	30		1	15	30		1	15	30		1	15	30		1	15	30
♃	♓10	9	9	8	8	8	♄	♋18	18	19	19	19	19	♅	♎27	28	29	♆	♐7	8	8	♇	♎7	7	8	☊	♐12	11	11

NOVEMBRE

	1	2	3	4	5	6	7	8	9	10	11	12	13	14	15	16	17	18	19	20	21	22	23	24	25	26	27	28	29	30
☉	♏8	9	10	11	12	13	14	15	16	17	18	19	20	21	22	23	24	25	26	27	28	29	♐0	1	2	3	4	5	6	♐7
☽	♉20	♊3	17	♋1	14	29	♌13	27	♍11	25	♎9	23	♏7	21	♐4	17	♑0	12	24	♒6	18	♓0	12	24	♈6	19	♉2	15	28	♊12
☿	♎25	25	25	25	25	25	26	27	27	28	29	♏0	2	3	4	5	7	8	10	11	13	14	16	17	19	20	22	23	25	♏26
♀	♏7	8	9	11	12	13	14	16	17	18	19	21	22	23	24	26	27	28	29	♐1	2	3	4	6	7	8	9	11	12	♐13
♂	♏2	3	4	5	5	6	7	7	8	9	9	10	11	11	12	13	13	14	15	15	16	17	18	18	19	20	20	21	22	♏22

	1	6	12	18	24	30		1	6	12	18	24	30		1	15	30		1	15	30		1	15	30		1	15	30
♃	♓8	8	8	8	9	9	♄	♋19	19	19	19	18	18	♅	♎29	♏29	0	♆	♐8	9	9	♇	♎8	8	9	☊	♐10	10	10

DÉCEMBRE

	1	2	3	4	5	6	7	8	9	10	11	12	13	14	15	16	17	18	19	20	21	22	23	24	25	26	27	28	29	30	31
☉	♐8	9	10	11	12	13	14	16	17	18	19	20	21	22	23	24	25	26	27	28	29	♑0	1	2	3	4	5	6	7	8	♑9
☽	♊26	♋10	25	♌9	24	♍8	22	♎6	20	♏3	17	♐0	13	25	♑8	20	♒2	14	26	♓8	20	♈2	14	26	♉9	22	♊6	20	♋5	19	♌4
☿	♏28	♐0	1	3	4	6	7	9	11	12	14	15	17	18	20	21	23	25	26	28	29	♑1	3	4	6	7	9	11	12	14	♑15
♀	♐14	16	17	18	19	21	22	23	24	26	27	28	♑0	1	2	3	5	6	7	8	10	11	12	13	15	16	17	18	20	21	♑22
♂	♏23	24	24	25	26	27	27	28	29	29	♐0	1	1	2	3	4	4	5	6	6	7	8	9	9	10	11	11	12	13	14	♐14

	1	6	12	18	24	30		1	6	12	18	24	30		1	15	30		1	15	30		1	15	30		1	15	30
♃	♓9	10	10	11	12	13	♄	♋18	18	17	17	17	16	♅	♏1	1	2	♆	♐9	10	10	♇	♎9	9	9	☊	♐10	10	10

1975

JANVIER

	1	2	3	4	5	6	7	8	9	10	11	12	13	14	15	16	17	18	19	20	21	22	23	24	25	26	27	28	29	30	31
☉	♑10	11	12	13	14	15	16	17	18	19	20	21	22	23	24	25	26	27	28	29	♒0	1	2	3	4	5	6	7	8	9	♒10
☽	♌19	♍4	18	♎3	17	♏0	13	26	♐9	22	♑4	16	28	♒10	22	♓4	16	28	♈10	22	♉4	17	♊0	14	28	♋13	27	♌13	28	♍13	♍28
☿	♑17	19	20	22	24	25	27	28	♒0	2	3	5	7	8	10	11	13	14	16	17	18	20	21	22	23	24	24	25	25	25	♒25
♀	♑23	25	26	27	28	♒0	1	2	3	5	6	7	8	10	11	12	13	15	16	17	18	20	21	22	23	25	26	27	28	♓0	♓1
♂	♐15	16	16	17	18	19	19	20	21	21	22	23	24	24	25	26	27	27	28	29	29	♑0	1	2	2	3	4	5	5	6	♑7

	1	6	12	18	24	30		1	6	12	18	24	30		1	15	30		1	15	30		1	15	30		1	15	30
♃	♓13	14	15	16	18	19	♄	♋16	15	15	14	14	14	♅	♏2	2	2	♆	♐10	11	11	♇	♎9	9	9	☊	♐10	9	8

FÉVRIER

	1	2	3	4	5	6	7	8	9	10	11	12	13	14	15	16	17	18	19	20	21	22	23	24	25	26	27	28
☉	♒11	13	14	15	16	17	18	19	20	21	22	23	24	25	26	27	28	29	♓0	1	2	3	4	5	6	7	8	♓9
☽	♎13	27	♏10	23	♐6	19	♑1	13	25	♒7	19	♓1	13	25	♈7	19	♉1	13	26	♊9	22	♋6	21	♌5	21	♍6	21	♎6
☿	♒25	25	24	24	23	22	21	19	18	17	16	15	14	13	12	11	11	10	10	10	10	10	10	11	11	11	12	♒13
♀	♓2	3	5	6	7	8	10	11	12	13	15	16	17	18	20	21	22	23	25	26	27	28	29	♈1	2	3	4	♈6
♂	♑7	8	9	10	10	11	12	13	13	14	15	16	16	17	18	19	19	20	21	22	22	23	24	25	25	26	27	♑28

	1	6	12	18	24	28		1	6	12	18	24	28		1	15	28		1	15	28		1	15	28		1	15	28
♃	♓19	20	22	23	25	26	♄	♋13	13	13	12	12	12	♅	♏2	2	2	♆	♐11	12	12	♇	♎9	9	9	☊	♐8	6	5

MARS

	1	2	3	4	5	6	7	8	9	10	11	12	13	14	15	16	17	18	19	20	21	22	23	24	25	26	27	28	29	30	31
☉	♓10	11	12	13	14	15	16	17	18	19	20	21	22	23	24	25	26	27	28	29	♈0	1	2	3	4	5	6	7	8	9	♈10
☽	♎21	♏6	19	♐3	16	28	♑10	22	♒4	16	28	♓10	22	♈4	16	28	♉10	23	♊5	18	♋2	16	♌0	14	29	♍14	29	♎15	29	♏14	♏28
☿	♒13	14	15	16	17	18	19	20	21	22	23	24	25	27	28	29	♓1	2	3	5	6	8	9	11	12	14	16	17	19	20	♓22
♀	♈7	8	9	11	12	13	14	15	17	18	19	20	22	23	24	25	26	28	29	♉0	1	3	4	5	6	7	9	10	11	12	♉13
♂	♑28	29	♒0	1	1	2	3	4	4	5	6	7	7	8	9	10	10	11	12	13	13	14	15	16	16	17	18	19	19	20	♒21

	1	6	12	18	24	30		1	6	12	18	24	30		1	15	30		1	15	30		1	15	30		1	15	30
♃	♓26	27	28	♈0	1	3	♄	♋12	12	12	12	12	12	♅	♏2	2	1	♆	♐12	12	12	♇	♎9	8	8	☊	♐5	3	2

AVRIL

	1	2	3	4	5	6	7	8	9	10	11	12	13	14	15	16	17	18	19	20	21	22	23	24	25	26	27	28	29	30
☉	♈11	12	13	14	15	16	17	18	19	20	20	21	22	23	24	25	26	27	28	29	♉0	1	2	3	4	5	6	7	8	♉9
☽	♐11	24	♑7	19	♒1	13	25	♓7	19	♈1	13	25	♉7	20	♊3	15	29	♋12	26	♌10	24	♍9	23	♎8	23	♏7	22	♐6	19	♑2
☿	♓24	26	27	29	♈1	3	5	6	8	10	12	14	16	18	20	22	24	26	28	♉1	3	5	7	9	11	13	15	17	20	♉22
♀	♉15	16	17	18	19	21	22	23	24	25	27	28	29	♊0	1	2	4	5	6	7	8	9	11	12	13	14	15	16	18	♊19
♂	♒22	23	23	24	25	26	26	27	28	29	29	♓0	1	2	2	3	4	5	5	6	7	8	9	9	10	11	12	12	13	♓14

	1	6	12	18	24	30		1	6	12	18	24	30		1	15	30		1	15	30		1	15	30		1	15	30
♃	♈3	4	6	7	9	10	♄	♋12	12	13	13	13	14	♅	♏1	1	0	♆	♐12	12	11	♇	♎8	7	7	☊	♐2	1	1

MAI

	1	2	3	4	5	6	7	8	9	10	11	12	13	14	15	16	17	18	19	20	21	22	23	24	25	26	27	28	29	30	31
☉	♉10	11	12	13	14	15	16	17	18	19	20	21	22	23	24	25	25	26	27	28	29	♊0	1	2	3	4	5	6	7	8	♊9
☽	♑15	27	♒9	21	♓3	15	27	♈9	21	♉4	16	29	♊12	25	♋9	23	♌7	21	♍5	19	♎4	18	♏2	16	♐0	14	27	♑10	23	♒5	♒17
☿	♉23	25	27	29	♊1	3	4	6	7	9	10	12	13	14	15	16	17	18	19	20	21	21	22	22	23	23	23	23	24	24	♊24
♀	♊20	21	22	23	24	26	27	28	29	♋0	1	2	4	5	6	7	8	9	10	11	12	14	15	16	17	18	19	20	21	22	♋23
♂	♓15	15	16	17	18	18	19	20	21	21	22	23	24	24	25	26	27	27	28	29	♈0	0	1	2	3	3	4	5	6	6	♈7

	1	6	12	18	24	30		1	6	12	18	24	30		1	15	30		1	15	30		1	15	30		1	15	30
♃	♈10	11	13	14	15	16	♄	♋14	14	15	15	16	17	♅	♏0	♎0	29	♆	♐11	11	10	♇	♎7	7	7	☊	♐1	1	1

JUIN

	1	2	3	4	5	6	7	8	9	10	11	12	13	14	15	16	17	18	19	20	21	22	23	24	25	26	27	28	29	30
☉	♊10	11	12	13	14	15	16	17	18	19	19	20	21	22	23	24	25	26	27	28	29	♋0	1	2	3	4	5	6	7	♋8
☽	♒29	♓11	23	♈5	17	29	♉12	25	♊8	21	♋5	19	♌3	17	♍2	16	♎0	14	28	♏12	26	♐9	22	♑5	18	♒1	13	25	♓7	♓19
☿	♊23	23	23	23	22	22	21	21	20	20	19	19	18	17	17	17	16	16	16	15	15	15	15	15	15	15	16	16	17	♊17
♀	♋24	25	26	27	28	♌0	1	2	3	4	5	6	7	8	9	10	11	12	12	13	14	15	16	17	18	19	20	21	22	♌22
♂	♈8	9	9	10	11	12	12	13	14	15	15	16	17	18	18	19	20	21	21	22	23	23	24	25	26	26	27	28	28	♈29

	1	6	12	18	24	30		1	6	12	18	24	30		1	15	30		1	15	30		1	15	30		1	15	30
♃	♈17	18	19	20	21	21	♄	♋17	18	18	19	20	20	♅	♎29	29	28	♆	♐10	10	10	♇	♎7	6	7	☊	♐1	1	0

JUILLET

	1	2	3	4	5	6	7	8	9	10	11	12	13	14	15	16	17	18	19	20	21	22	23	24	25	26	27	28	29	30	31
☉	♋9	10	10	11	12	13	14	15	16	17	18	19	20	21	22	23	24	25	26	27	28	29	♌0	1	1	2	3	4	5	6	♌7
☽	♈1	13	25	♉7	20	♊3	16	♋0	14	28	♌13	28	♍12	27	♎11	25	♏9	22	♐6	19	♑2	14	27	♒9	21	♓4	15	27	♈9	21	♉3
☿	♊18	18	19	20	21	22	23	24	25	27	28	29	♋1	2	4	6	7	9	11	13	15	17	19	21	23	25	27	29	♌1	4	♌6
♀	♌23	24	25	26	27	27	28	29	♍0	0	1	2	2	3	4	4	5	6	6	7	7	8	8	9	9	9	10	10	10	11	♍11
♂	♉0	1	1	2	3	3	4	5	6	6	7	8	8	9	10	10	11	12	12	13	14	14	15	16	17	17	18	19	19	20	♉21

	1	6	12	18	24	30		1	6	12	18	24	30		1	15	30		1	15	30		1	15	30		1	15	30
♃	♈22	22	23	23	24	24	♄	♋21	21	22	23	24	24	♅	♎28	28	29	♆	♐10	9	9	♇	♎7	7	7	☊	♐0	0	♏0

AOÛT

	1	2	3	4	5	6	7	8	9	10	11	12	13	14	15	16	17	18	19	20	21	22	23	24	25	26	27	28	29	30	31
☉	♌8	9	10	11	12	13	14	15	16	17	18	19	20	21	22	23	23	24	25	26	27	28	29	♍0	1	2	3	4	5	6	♍7
☽	♉15	28	♊11	24	♋8	22	♌7	22	♍7	22	♎7	21	♏6	19	♐3	16	29	♑11	24	♒6	18	♓0	12	24	♈6	18	♉0	12	24	♊6	♊19
☿	♌8	10	12	14	16	18	20	22	24	26	28	♍0	1	3	5	7	8	10	12	14	15	17	18	20	22	23	25	26	28	29	♎0
♀	♍11	11	12	12	12	12	12	12	12	11	11	11	11	11	10	10	9	9	9	8	8	7	6	6	5	5	4	3	3	2	♍2
♂	♉21	22	22	23	24	24	25	26	26	27	28	28	29	29	♊0	1	1	2	3	3	4	4	5	6	6	7	7	8	8	9	♊10

	1	6	12	18	24	30		1	6	12	18	24	30		1	15	30		1	15	30		1	15	30		1	15	30
♃	♈24	25	25	25	25	24	♄	♋25	25	26	27	27	28	♅	♎29	29	♏29	♆	♐9	9	9	♇	♎7	7	8	☊	♏28	27	25

SEPTEMBRE

	1	2	3	4	5	6	7	8	9	10	11	12	13	14	15	16	17	18	19	20	21	22	23	24	25	26	27	28	29	30
☉	♍8	9	10	11	12	13	14	15	16	17	18	19	20	21	22	23	23	24	25	26	27	28	29	♎0	1	2	3	4	5	♎6
☽	♋2	16	♌1	15	♍0	16	♎1	16	♏1	15	29	♐13	26	♑8	21	♒3	15	27	♓9	21	♈3	15	27	♉9	21	♊3	15	28	♋12	♋25
☿	♎2	3	4	6	7	8	10	11	12	13	14	15	16	17	18	19	20	21	21	22	23	23	24	24	24	24	24	24	24	♎24
♀	♍1	0	0	♌29	29	28	28	27	27	27	26	26	26	26	26	26	25	25	25	26	26	26	26	26	26	27	27	27	28	♌28
♂	♊10	11	11	12	12	13	13	14	14	15	15	16	17	17	18	18	18	19	19	20	20	21	21	22	22	23	23	23	24	♊24

	1	6	12	18	24	30		1	6	12	18	24	30		1	15	30		1	15	30		1	15	30		1	15	30
♃	♈24	24	23	23	22	21	♄	♋28	29	29	♌0	1	1	♅	♏0	0	1	♆	♐9	9	9	♇	♎8	8	9	☊	♏25	24	23

OCTOBRE

	1	2	3	4	5	6	7	8	9	10	11	12	13	14	15	16	17	18	19	20	21	22	23	24	25	26	27	28	29	30	31
☉	♎7	8	9	10	11	12	13	14	15	16	17	18	19	20	21	22	23	24	25	26	27	28	29	♏0	1	2	3	4	5	6	♏7
☽	♌9	24	♍9	24	♎9	24	♏9	24	♐8	21	♑5	17	♒0	12	24	♓6	18	♈0	12	24	♉6	18	♊0	13	25	♋8	21	♌5	19	♍3	♍18
☿	♎23	23	22	21	21	20	18	17	16	15	14	13	12	11	10	10	9	9	9	9	10	10	11	12	13	14	15	16	17	19	♎20
♀	♌28	29	29	♍0	0	1	2	2	3	3	4	5	5	6	7	8	8	9	10	11	12	12	13	14	15	16	17	18	19	20	♍21
♂	♊25	25	25	26	26	27	27	27	28	28	28	29	29	29	29	♋0	0	0	0	1	1	1	1	1	2	2	2	2	2	2	♋2

	1	6	12	18	24	30		1	6	12	18	24	30		1	15	30		1	15	30		1	15	30		1	15	30
♃	♈21	21	20	19	18	18	♄	♌1	2	2	2	3	3	♅	♏1	2	3	♆	♐9	10	10	♇	♎9	10	10	☊	♏23	22	22

NOVEMBRE

	1	2	3	4	5	6	7	8	9	10	11	12	13	14	15	16	17	18	19	20	21	22	23	24	25	26	27	28	29	30
☉	♏8	9	10	11	12	13	14	15	16	17	18	19	20	21	22	23	24	25	26	27	28	29	♐0	1	2	3	4	5	6	♐7
☽	♎3	17	♏2	17	♐2	16	♑0	13	26	♒8	21	♓3	15	26	♈8	20	♉2	14	27	♊9	22	♋5	18	♌2	15	29	♍13	28	♎12	♎27
☿	♎22	23	25	26	28	29	♏1	3	4	6	7	9	11	12	14	16	17	19	20	22	24	25	27	28	♐0	1	3	5	6	♐8
♀	♍22	22	23	24	25	26	27	28	29	♎0	1	2	4	5	6	7	8	9	10	11	12	13	14	15	16	18	19	20	21	♎22
♂	♋2	3	3	3	3	3	3	3	3	3	3	2	2	2	2	2	2	2	2	1	1	1	1	0	0	0	0	♊29	29	♊29

	1	6	12	18	24	30		1	6	12	18	24	30		1	15	30		1	15	30		1	15	30		1	15	30
♃	♈17	17	16	16	15	15	♄	♌3	3	3	3	3	3	♅	♏3	4	5	♆	♐10	11	11	♇	♎10	11	11	☊	♏22	22	22

DÉCEMBRE

	1	2	3	4	5	6	7	8	9	10	11	12	13	14	15	16	17	18	19	20	21	22	23	24	25	26	27	28	29	30	31
☉	♐8	9	10	11	12	13	14	15	16	17	18	19	20	21	22	23	24	25	26	27	28	♑0	1	2	3	4	5	6	7	8	♑9
☽	♏11	25	♐10	24	♑7	21	♒4	16	29	♓11	23	♈4	16	28	♉10	23	♊5	18	♋1	15	28	♌12	26	♍10	24	♎9	23	♏7	21	♐5	♐18
☿	♐9	11	12	14	16	17	19	20	22	23	25	27	28	♑0	1	3	4	6	8	9	11	12	14	15	17	19	20	22	23	25	♑26
♀	♎23	24	25	27	28	29	♏0	1	2	3	5	6	7	8	9	10	12	13	14	15	16	17	19	20	21	22	23	25	26	27	♏28
♂	♊28	28	28	27	27	27	26	26	26	25	25	24	24	24	23	23	22	22	22	21	21	21	20	20	19	19	19	19	18	18	♊18

	1	6	12	18	24	30		1	6	12	18	24	30		1	15	30		1	15	30		1	15	30		1	15	30
♃	♈15	15	15	15	15	15	♄	♌3	3	2	2	2	1	♅	♏5	6	6	♆	♐11	12	12	♇	♎11	11	12	☊	♏22	22	21

1976

JANVIER

	1	2	3	4	5	6	7	8	9	10	11	12	13	14	15	16	17	18	19	20	21	22	23	24	25	26	27	28	29	30	31
☉	♑10	11	12	13	14	15	16	17	18	19	20	21	22	23	24	25	26	27	28	29	♒0	1	2	3	4	5	6	7	8	9	♒10
☽	♑2	15	29	♒11	24	♓6	18	♈0	12	24	♉6	18	♊0	13	26	♋10	23	♌8	22	♍6	21	♎5	20	♏4	18	♐1	15	28	♑11	24	♒7
☿	♑27	29	♒0	2	3	4	5	6	7	8	8	9	9	9	9	9	9	8	7	6	5	4	3	1	0	♑29	28	27	26	25	♑24
♀	♏29	♐1	2	3	4	5	7	8	9	10	11	13	14	15	16	18	19	20	21	22	24	25	26	27	28	♑0	1	2	3	5	♑6
♂	♊17	17	17	17	16	16	16	16	16	16	15	15	15	15	15	15	15	15	15	15	15	15	15	15	15	15	15	15	15	15	♊15

	1	6	12	18	24	30		1	6	12	18	24	30		1	15	30		1	15	30		1	15	30		1	15	30
♃	♈16	16	17	17	18	19	♄	♌1	1	0	0	♋29	29	♅	♏6	7	7	♆	♐13	13	13	♇	♎12	12	12	☊	♏21	20	18

FÉVRIER

	1	2	3	4	5	6	7	8	9	10	11	12	13	14	15	16	17	18	19	20	21	22	23	24	25	26	27	28	29
☉	♒11	12	13	14	15	16	17	18	19	20	21	22	23	24	25	26	27	28	29	♓0	1	2	3	5	6	7	8	9	♓10
☽	♒20	♓2	14	26	♈8	20	♉2	14	26	♊8	21	♋4	17	♌1	16	♍1	16	♎0	15	♏0	14	28	♐12	25	♑8	21	♒4	16	♒29
☿	♑24	24	23	23	23	24	24	24	25	25	26	27	27	28	29	♒0	1	2	3	4	6	7	8	9	11	12	13	15	♒16
♀	♑7	8	9	11	12	13	14	16	17	18	19	21	22	23	24	25	27	28	29	♒0	2	3	4	5	7	8	9	10	♒11
♂	♊15	16	16	16	16	16	16	17	17	17	17	18	18	18	18	19	19	19	19	20	20	20	21	21	21	22	22	22	♊23

	1	6	12	18	24	29		1	6	12	18	24	29		1	15	29		1	15	29		1	15	29		1	15	29
♃	♈19	20	21	22	23	24	♄	♋29	28	28	27	27	27	♅	♏7	7	7	♆	♐13	14	14	♇	♎12	11	11	☊	♏18	16	15

MARS

	1	2	3	4	5	6	7	8	9	10	11	12	13	14	15	16	17	18	19	20	21	22	23	24	25	26	27	28	29	30	31
☉	♓11	12	13	14	15	16	17	18	19	20	21	22	23	24	25	26	27	28	29	♈0	1	1	2	3	4	5	6	7	8	9	♈10
☽	♓11	23	♈5	17	28	♉10	22	♊4	16	29	♋12	25	♌9	24	♍9	24	♎9	24	♏9	24	♐8	22	♑5	18	♒1	13	26	♓8	20	♈2	♈13
☿	♒17	19	20	22	23	25	26	28	29	♓1	2	4	6	7	9	11	12	14	16	18	19	21	23	25	27	29	♈1	3	5	7	♈9
♀	♒13	14	15	16	18	19	20	21	23	24	25	26	27	29	♓0	1	2	4	5	6	7	9	10	11	12	14	15	16	17	18	♓20
♂	♊23	23	24	24	24	25	25	26	26	26	27	27	28	28	28	29	29	♋0	0	1	1	2	2	2	3	3	4	4	5	5	♋6

	1	6	12	18	24	30		1	6	12	18	24	30		1	15	30		1	15	30		1	15	30		1	15	30
♃	♈24	25	27	28	29	♉1	♄	♋27	26	26	26	26	26	♅	♏7	7	6	♆	♐14	14	14	♇	♎11	11	10	☊	♏15	14	13

AVRIL

	1	2	3	4	5	6	7	8	9	10	11	12	13	14	15	16	17	18	19	20	21	22	23	24	25	26	27	28	29	30
☉	♈11	12	13	14	15	16	17	18	19	20	21	22	23	24	25	26	27	28	29	♉0	1	2	3	4	5	6	7	8	9	♉10
☽	♈25	♉7	19	♊1	13	25	♋8	21	♌4	18	♍2	17	♎2	17	♏2	17	♐2	17	♑1	14	27	♒10	23	♓5	17	29	♈11	22	♉4	♉16
☿	♈11	13	15	17	19	21	23	25	27	29	♉1	3	5	7	9	11	13	15	16	18	19	21	22	24	25	26	27	28	29	♊0
♀	♓21	22	23	25	26	27	28	♈0	1	2	3	4	6	7	8	9	11	12	13	14	16	17	18	19	20	22	23	24	25	♈27
♂	♋6	7	7	8	8	9	9	10	10	11	11	12	12	13	13	14	14	15	15	16	16	17	17	18	18	19	19	20	20	♋21

	1	6	12	18	24	30		1	6	12	18	24	30		1	15	30		1	15	30		1	15	30		1	15	30
♃	♉1	2	4	5	7	8	♄	♋26	26	26	26	27	27	♅	♏6	6	5	♆	♐14	14	13	♇	♎10	10	10	☊	♏13	13	13

MAI

	1	2	3	4	5	6	7	8	9	10	11	12	13	14	15	16	17	18	19	20	21	22	23	24	25	26	27	28	29	30	31
☉	♉11	12	13	14	15	16	17	18	18	19	20	21	22	23	24	25	26	27	28	29	♊0	1	2	3	4	5	6	7	8	9	♊10
☽	♉28	♊10	22	♋5	17	♌0	14	27	♍12	26	♎11	26	♏11	26	♐10	25	♑9	23	♒6	19	♓1	14	25	♈7	19	♉1	13	25	♊7	19	♋2
☿	♊1	1	2	3	3	3	4	4	4	4	4	3	3	3	2	2	2	1	0	0	♉29	29	28	28	27	27	26	26	26	25	♉25
♀	♈28	29	♉0	2	3	4	5	6	8	9	10	11	13	14	15	16	18	19	20	21	22	24	25	26	27	29	♊0	1	2	3	♊5
♂	♋22	22	23	23	24	24	25	25	26	26	27	28	28	29	29	♌0	0	1	1	2	3	3	4	4	5	5	6	7	7	8	♌8

	1	6	12	18	24	30		1	6	12	18	24	30		1	15	30		1	15	30		1	15	30		1	15	30
♃	♉8	10	11	12	14	15	♄	♋27	27	28	28	29	29	♅	♏5	4	4	♆	♐13	13	13	♇	♎10	9	9	☊	♏13	13	12

JUIN

	1	2	3	4	5	6	7	8	9	10	11	12	13	14	15	16	17	18	19	20	21	22	23	24	25	26	27	28	29	30
☉	♊11	12	13	14	14	15	16	17	18	19	20	21	22	23	24	25	26	27	28	29	♋0	1	2	3	4	5	5	6	7	♋8
☽	♋14	27	♌11	24	♍8	22	♎6	20	♏5	20	♐4	19	♑3	17	♒1	14	27	♓9	22	♈4	16	27	♉9	21	♊3	16	28	♋11	24	♌7
☿	♉25	25	25	25	25	26	26	26	27	27	28	29	29	♊0	1	2	3	4	5	6	8	9	10	12	13	15	16	18	20	♊21
♀	♊6	7	8	10	11	12	13	15	16	17	18	19	21	22	23	24	26	27	28	29	♋1	2	3	4	5	7	8	9	10	♋12
♂	♌9	9	10	11	11	12	12	13	13	14	15	15	16	16	17	18	18	19	19	20	20	21	22	22	23	23	24	25	25	♌26

	1	6	12	18	24	30		1	6	12	18	24	30		1	15	30		1	15	30		1	15	30		1	15	30
♃	♉16	17	18	19	21	22	♄	♌0	0	1	1	2	3	♅	♏4	3	3	♆	♐13	12	12	♇	♎9	9	9	☊	♏12	12	11

JUILLET

	1	2	3	4	5	6	7	8	9	10	11	12	13	14	15	16	17	18	19	20	21	22	23	24	25	26	27	28	29	30	31
☉	♋9	10	11	12	13	14	15	16	17	18	19	20	21	22	23	24	25	25	26	27	28	29	♌0	1	2	3	4	5	6	7	♌8
☽	♌21	♍5	19	♎3	17	♏1	15	29	♐14	28	♑12	26	♒9	22	♓5	17	♈0	12	24	♉5	17	29	♊11	24	♋7	20	♌3	17	♍1	15	♍29
☿	♊23	25	27	29	♋1	3	5	7	9	11	13	15	18	20	22	24	26	28	♌0	2	5	7	9	11	12	14	16	18	20	22	♌24
♀	♋13	14	15	16	18	19	20	21	23	24	25	26	28	29	♌0	1	2	4	5	6	7	9	10	11	12	14	15	16	17	18	♌20
♂	♌26	27	28	28	29	29	♍0	1	1	2	2	3	4	4	5	5	6	7	7	8	9	9	10	10	11	12	12	13	13	14	♍15

	1	6	12	18	24	30		1	6	12	18	24	30		1	15	30		1	15	30		1	15	30		1	15	30
♃	♉22	23	24	25	26	27	♄	♌3	4	4	5	6	7	♅	♏3	3	3	♆	♐12	12	11	♇	♎9	9	9	☊	♏11	9	8

AOÛT

	1	2	3	4	5	6	7	8	9	10	11	12	13	14	15	16	17	18	19	20	21	22	23	24	25	26	27	28	29	30	31
☉	♌9	10	11	12	13	14	15	16	17	17	18	19	20	21	22	23	24	25	26	27	28	29	♍0	1	2	3	4	5	6	7	♍8
☽	♎13	28	♏12	26	♐10	24	♑7	21	♒4	18	♓1	13	26	♈8	20	♉1	13	25	♊7	19	♋2	15	28	♌12	26	♍10	25	♎9	24	♏8	♏23
☿	♌25	27	29	♍1	2	4	5	7	8	10	11	13	14	16	17	18	20	21	22	24	25	26	27	28	29	♎0	1	2	3	4	♎4
♀	♌21	22	23	25	26	27	28	♍0	1	2	3	4	6	7	8	9	11	12	13	14	16	17	18	19	20	22	23	24	25	27	♍28
♂	♍15	16	17	17	18	18	19	20	20	21	22	22	23	23	24	25	25	26	27	27	28	29	29	♎0	0	1	2	2	3	4	♎4

	1	6	12	18	24	30		1	6	12	18	24	30		1	15	30		1	15	30		1	15	30		1	15	30
♃	♉27	28	29	29	♊0	1	♄	♌7	8	8	9	10	11	♅	♏3	4	4	♆	♐11	11	11	♇	♎9	10	10	☊	♏8	6	5

SEPTEMBRE

	1	2	3	4	5	6	7	8	9	10	11	12	13	14	15	16	17	18	19	20	21	22	23	24	25	26	27	28	29	30
☉	♍9	10	11	12	13	14	14	15	16	17	18	19	20	21	22	23	24	25	26	27	28	29	♎0	1	2	3	4	5	6	♎7
☽	♐7	21	♑4	18	♒1	14	27	♓9	22	♈4	16	28	♉10	21	♊3	15	27	♋10	23	♌6	20	♍4	19	♎3	18	♏3	18	♐3	17	♑1
☿	♎5	6	6	7	7	7	8	8	8	8	8	7	7	6	6	5	4	3	2	1	0	♍29	28	27	26	25	25	24	24	♍23
♀	♍29	♎0	2	3	4	5	6	8	9	10	11	13	14	15	16	18	19	20	21	22	24	25	26	27	29	♏0	1	2	3	♏5
♂	♎5	6	6	7	8	8	9	10	10	11	11	12	13	13	14	15	15	16	17	17	18	19	19	20	21	21	22	23	23	♎24

	1	6	12	18	24	30		1	6	12	18	24	30		1	15	30		1	15	30		1	15	30		1	15	30
♃	♊1	1	1	1	1	1	♄	♌11	11	12	13	13	14	♅	♏4	5	6	♆	♐11	11	12	♇	♎10	11	11	☊	♏5	4	4

OCTOBRE

	1	2	3	4	5	6	7	8	9	10	11	12	13	14	15	16	17	18	19	20	21	22	23	24	25	26	27	28	29	30	31
☉	♎8	9	10	11	12	13	14	15	16	17	18	19	20	21	22	23	24	25	26	27	28	29	♏0	1	2	3	4	5	6	7	♏8
☽	♑15	28	♒11	24	♓6	18	♈1	13	24	♉6	18	♊0	12	24	♋6	18	♌1	14	28	♍12	27	♎12	27	♏12	27	♐12	26	♑11	24	♒8	♒21
☿	♍23	23	23	24	24	25	26	27	28	29	♎1	2	3	5	6	8	10	11	13	14	16	18	20	21	23	25	26	28	♏0	1	♏3
♀	♏6	7	8	10	11	12	13	14	16	17	18	19	21	22	23	24	25	27	28	29	♐0	2	3	4	5	6	8	9	10	11	♐13
♂	♎25	25	26	27	27	28	29	29	♏0	1	1	2	3	3	4	5	6	6	7	8	8	9	10	10	11	12	12	13	14	15	♏15

	1	6	12	18	24	30		1	6	12	18	24	30		1	15	30		1	15	30		1	15	30		1	15	30
♃	♊1	1	0	0	♉29	29	♄	♌14	14	15	15	16	16	♅	♏6	6	7	♆	♐12	12	12	♇	♎11	12	13	☊	♏4	4	4

NOVEMBRE

	1	2	3	4	5	6	7	8	9	10	11	12	13	14	15	16	17	18	19	20	21	22	23	24	25	26	27	28	29	30
☉	♏9	10	11	12	13	14	15	16	17	18	19	20	21	22	23	24	25	26	27	28	29	♐0	1	2	3	4	5	6	7	♐8
☽	♓3	15	28	♈10	21	♉3	15	27	♊9	21	♋3	15	28	♌10	23	♍7	21	♎5	20	♏5	20	♐5	20	♑5	19	♒3	17	♓0	12	♓24
☿	♏5	6	8	10	11	13	14	16	18	19	21	22	24	26	27	29	♐0	2	3	5	7	8	10	11	13	14	16	17	19	♐20
♀	♐14	15	16	17	19	20	21	22	23	25	26	27	28	29	♑1	2	3	4	5	7	8	9	10	11	13	14	15	16	17	♑19
♂	♏16	17	17	18	19	19	20	21	21	22	23	24	24	25	26	26	27	28	29	29	♐0	1	1	2	3	4	4	5	6	♐6

	1	6	12	18	24	30		1	6	12	18	24	30		1	15	30		1	15	30		1	15	30		1	15	30
♃	♉28	28	27	26	25	25	♄	♌16	16	17	17	17	17	♅	♏8	8	9	♆	♐12	13	13	♇	♎13	13	14	☊	♏4	3	3

DÉCEMBRE

	1	2	3	4	5	6	7	8	9	10	11	12	13	14	15	16	17	18	19	20	21	22	23	24	25	26	27	28	29	30	31
☉	♐9	10	11	12	13	14	15	16	17	18	19	20	21	22	23	24	25	26	27	28	29	♑0	1	2	3	4	5	6	7	8	♑9
☽	♈6	18	♉0	12	24	♊6	18	♋0	12	25	♌7	20	♍3	17	♎0	14	29	♏13	28	♐13	28	♑13	27	♒11	25	♓8	20	♈3	15	27	♉8
☿	♐22	23	25	26	28	29	♑1	2	4	5	7	8	10	11	12	14	15	16	17	18	19	20	21	22	22	23	23	23	23	23	♑23
♀	♑20	21	22	23	25	26	27	28	29	♒1	2	3	4	5	6	8	9	10	11	12	13	15	16	17	18	19	20	21	23	24	♒25
♂	♐7	8	9	9	10	11	12	12	13	14	14	15	16	17	17	18	19	20	20	21	22	23	23	24	25	26	26	27	28	28	♐29

	1	6	12	18	24	30		1	6	12	18	24	30		1	15	30		1	15	30		1	15	30		1	15	30
♃	♉24	24	23	23	22	22	♄	♌17	17	17	17	16	16	♅	♏9	10	11	♆	♐14	14	15	♇	♎14	14	14	☊	♏3	2	1

1977

JANVIER

	1	2	3	4	5	6	7	8	9	10	11	12	13	14	15	16	17	18	19	20	21	22	23	24	25	26	27	28	29	30	31
☉	♑10	11	13	14	15	16	17	18	19	20	21	22	23	24	25	26	27	28	29	♒0	1	2	3	4	5	6	7	8	9	10	♒11
☽	♉20	♊2	14	26	♋9	21	♌4	17	♍0	14	27	♎11	25	♏9	23	♐8	22	♑7	21	♒5	19	♓2	16	28	♈11	23	♉5	16	28	♊10	♊22
☿	♑22	21	20	19	18	16	15	14	12	11	10	9	9	8	7	7	7	7	7	8	8	8	9	10	10	11	12	13	14	15	♑16
♀	♒26	27	28	29	♓1	2	3	4	5	6	7	8	9	10	11	13	14	15	16	17	18	19	20	21	22	23	24	25	26	27	♓28
♂	♑0	1	1	2	3	4	4	5	6	7	7	8	9	10	11	11	12	13	14	14	15	16	17	17	18	19	20	20	21	22	♑23

	1	6	12	18	24	30
♃	♉22	21	21	21	21	22
♄	♌16	16	15	15	14	14

	1	15	30
♅	♏11	11	12
♆	♐15	15	16
♇	♎14	14	14
☊	♏1	0	♎0

FÉVRIER

	1	2	3	4	5	6	7	8	9	10	11	12	13	14	15	16	17	18	19	20	21	22	23	24	25	26	27	28
☉	♒12	13	14	15	16	17	18	19	20	21	22	23	24	25	26	27	28	29	♓0	1	2	3	4	5	6	7	8	♓9
☽	♋4	17	♌0	13	26	♍10	24	♎8	22	♏6	20	♐4	18	♑2	16	♒0	14	27	♓11	23	♈6	18	♉0	12	24	♊6	18	♋0
☿	♑17	18	20	21	22	23	25	26	27	29	♒0	1	3	4	6	7	9	10	12	13	15	16	18	19	21	23	24	♒26
♀	♓29	♈0	1	2	3	3	4	5	6	7	8	9	10	10	11	12	13	13	14	15	16	16	17	18	18	19	19	♈20
♂	♑23	24	25	26	27	27	28	29	♒0	0	1	2	3	3	4	5	6	7	7	8	9	10	10	11	12	13	14	♒14

	1	6	12	18	24	28
♃	♉22	22	22	23	24	24
♄	♌14	13	13	12	12	11

	1	15	28
♅	♏12	12	12
♆	♐16	16	16
♇	♎14	14	14
☊	♎28	26	25

MARS

	1	2	3	4	5	6	7	8	9	10	11	12	13	14	15	16	17	18	19	20	21	22	23	24	25	26	27	28	29	30	31
☉	♓10	11	12	13	14	15	16	17	18	19	20	21	22	23	24	25	26	27	28	29	♈0	1	2	3	4	5	6	7	8	9	♈10
☽	♋12	25	♌8	21	♍5	19	♎3	18	♏2	16	♐1	15	29	♑13	27	♒10	23	♓6	19	♈2	14	26	♉8	20	♊2	14	26	♋8	20	♌3	♌16
☿	♒28	29	♓1	3	5	6	8	10	12	14	15	17	19	21	23	25	27	29	♈1	3	5	7	9	11	13	15	17	19	21	23	♈25
♀	♈20	21	21	22	22	23	23	23	24	24	24	24	24	24	25	25	25	24	24	24	24	24	24	23	23	23	22	22	21	21	♈20
♂	♒15	16	17	17	18	19	20	21	21	22	23	24	24	25	26	27	28	28	29	♓0	1	1	2	3	4	5	5	6	7	8	♓9

	1	6	12	18	24	30
♃	♉24	25	26	27	28	29
♄	♌11	11	11	10	10	10

	1	15	30
♅	♏12	11	11
♆	♐16	16	16
♇	♎14	13	13
☊	♎25	25	24

AVRIL

	1	2	3	4	5	6	7	8	9	10	11	12	13	14	15	16	17	18	19	20	21	22	23	24	25	26	27	28	29	30
☉	♈11	12	13	14	15	16	17	18	19	20	21	22	23	24	25	26	27	28	29	♉0	1	2	3	4	5	6	7	8	9	♉10
☽	♌29	♍13	27	♎12	26	♏11	26	♐11	25	♑10	24	♒7	20	♓3	16	29	♈11	23	♉5	17	29	♊11	22	♋4	16	29	♌11	24	♍7	♍21
☿	♈26	28	♉0	1	3	4	6	7	8	9	10	11	12	13	13	14	14	14	14	15	14	14	14	14	13	13	12	12	11	♉11
♀	♈20	19	18	18	17	17	16	15	15	14	13	13	12	12	11	11	10	10	10	9	9	9	9	8	8	8	8	8	8	♈8
♂	♓9	10	11	12	12	13	14	15	16	16	17	18	19	19	20	21	22	23	23	24	25	26	26	27	28	29	29	♈0	1	♈2

	1	6	12	18	24	30
♃	♉29	♊0	2	3	4	6
♄	♌10	10	10	10	10	10

	1	15	30
♅	♏11	10	10
♆	♐16	16	16
♇	♎13	12	12
☊	♎24	24	24

MAI

	1	2	3	4	5	6	7	8	9	10	11	12	13	14	15	16	17	18	19	20	21	22	23	24	25	26	27	28	29	30	31
☉	♉11	11	12	13	14	15	16	17	18	19	20	21	22	23	24	25	26	27	28	29	♊0	1	2	3	4	5	6	7	8	8	♊9
☽	♎5	20	♏5	20	♐5	20	♑5	19	♒3	17	♓0	13	26	♈8	20	♉2	14	26	♊7	19	♋1	13	25	♌8	20	♍3	16	♎0	14	28	♏13
☿	♉10	9	9	8	8	7	6	6	6	5	5	5	5	5	5	5	5	5	6	6	7	7	8	9	9	10	11	12	13	14	♉15
♀	♈8	9	9	9	9	10	10	10	11	11	12	12	12	13	14	14	15	15	16	17	17	18	19	19	20	21	22	22	23	24	♈25
♂	♈3	3	4	5	6	6	7	8	9	9	10	11	12	13	13	14	15	16	16	17	18	19	19	20	21	22	22	23	24	25	♈25

	1	6	12	18	24	30
♃	♊6	7	8	10	11	12
♄	♌10	10	11	11	12	12

	1	15	30
♅	♏10	9	9
♆	♐16	15	15
♇	♎12	12	12
☊	♎24	24	24

JUIN

	1	2	3	4	5	6	7	8	9	10	11	12	13	14	15	16	17	18	19	20	21	22	23	24	25	26	27	28	29	30
☉	♊10	11	12	13	14	15	16	17	18	19	20	21	22	23	24	25	26	27	28	29	♋0	0	1	2	3	4	5	6	7	♋8
☽	♏28	♐13	29	♑14	28	♒13	26	♓10	22	♈5	17	29	♉11	23	♊5	16	28	♋10	22	♌5	17	♍0	13	26	♎9	23	♏7	22	♐7	♐22
☿	♉16	17	19	20	21	23	24	25	27	29	♊0	2	4	5	7	9	11	13	15	17	19	21	23	25	27	29	♋2	4	6	♋8
♀	♈25	26	27	28	29	♉0	1	2	2	3	4	5	6	7	8	9	10	11	12	13	14	15	16	17	18	19	20	21	22	♉23
♂	♈26	27	28	28	29	♉0	1	1	2	3	4	4	5	6	7	7	8	9	10	10	11	12	12	13	14	15	15	16	17	♉17

	1	6	12	18	24	30
♃	♊13	14	15	17	18	20
♄	♌12	13	13	14	14	15

	1	15	30
♅	♏9	8	8
♆	♐15	15	14
♇	♎12	11	11
☊	♎23	23	21

JUILLET

	1	2	3	4	5	6	7	8	9	10	11	12	13	14	15	16	17	18	19	20	21	22	23	24	25	26	27	28	29	30	31
☉	♋9	10	11	12	13	14	15	16	17	18	19	20	20	21	22	23	24	25	26	27	28	29	♌0	1	2	3	4	5	6	7	♌8
☽	♑7	22	♒7	21	♓5	18	♈1	14	26	♉8	20	♊1	13	25	♋7	19	♌2	14	27	♍10	23	♎6	20	♏3	17	♐2	16	♑1	16	♒1	♒15
☿	♋10	12	15	17	19	21	23	25	27	29	♌1	3	5	7	8	10	12	14	15	17	19	20	22	24	25	27	28	29	♍1	2	♍3
♀	♉24	25	26	27	28	29	♊0	1	3	4	5	6	7	8	9	10	11	12	13	15	16	17	18	19	20	21	22	23	25	26	♊27
♂	♉18	19	20	20	21	22	23	23	24	25	25	26	27	27	28	29	♊0	0	1	2	2	3	4	4	5	6	6	7	8	9	♊9

	1	6	12	18	24	30
♃	♊20	21	22	23	25	26
♄	♌15	16	16	17	18	19

	1	15	30
♅	♏8	8	8
♆	♐14	14	14
♇	♎11	12	12
☊	♎21	20	18

AOÛT

	1	2	3	4	5	6	7	8	9	10	11	12	13	14	15	16	17	18	19	20	21	22	23	24	25	26	27	28	29	30	31
☉	♌9	10	11	12	12	13	14	15	16	17	18	19	20	21	22	23	24	25	26	27	28	29	♍0	1	2	3	4	5	6	7	♍7
☽	♒29	♓13	26	♈9	22	♉4	16	28	♊10	21	♋3	16	28	♌11	23	♍6	20	♎3	16	♏0	14	28	♐12	27	♑11	25	♒10	24	♓8	21	♈4
☿	♍5	6	7	8	10	11	12	13	14	15	15	16	17	18	18	19	19	20	20	20	21	21	21	21	21	20	20	19	19	18	♍17
♀	♊28	29	♋0	1	3	4	5	6	7	8	9	11	12	13	14	15	16	18	19	20	21	22	23	25	26	27	28	29	♌0	2	♌3
♂	♊10	11	11	12	13	13	14	15	15	16	17	17	18	19	19	20	20	21	22	22	23	24	24	25	26	26	27	27	28	29	♊29

	1	6	12	18	24	30
♃	♊26	27	28	♋0	1	2
♄	♌19	19	20	21	22	23

	1	15	30
♅	♏8	8	9
♆	♐14	13	13
♇	♎12	12	13
☊	♎18	17	16

SEPTEMBRE

	1	2	3	4	5	6	7	8	9	10	11	12	13	14	15	16	17	18	19	20	21	22	23	24	25	26	27	28	29	30
☉	♍8	9	10	11	12	13	14	15	16	17	18	19	20	21	22	23	24	25	26	27	28	29	♎0	1	2	3	4	5	6	♎7
☽	♈17	♉0	12	24	♊6	18	29	♋11	24	♌6	19	♍2	15	29	♎13	27	♏11	25	♐9	23	♑8	22	♒6	19	♓3	16	♈0	13	25	♉8
☿	♍17	16	15	14	13	12	11	10	9	9	8	7	7	7	7	7	7	8	8	9	10	11	12	13	15	16	18	19	21	♍22
♀	♌4	5	6	8	9	10	11	12	14	15	16	17	18	20	21	22	23	24	26	27	28	29	♍0	2	3	4	5	7	8	♍9
♂	♋0	1	1	2	2	3	4	4	5	5	6	7	7	8	8	9	10	10	11	11	12	12	13	14	14	15	15	16	16	♋17

	1	6	12	18	24	30
♃	♋2	3	3	4	5	5
♄	♌23	23	24	25	26	26

	1	15	30
♅	♏9	9	10
♆	♐13	13	14
♇	♎13	13	14
☊	♎16	15	15

OCTOBRE

	1	2	3	4	5	6	7	8	9	10	11	12	13	14	15	16	17	18	19	20	21	22	23	24	25	26	27	28	29	30	31
☉	♎8	9	10	11	12	13	14	15	16	17	18	19	20	21	22	23	24	25	25	26	27	28	29	♏0	1	2	3	4	5	6	♏7
☽	♉20	♊2	14	25	♋7	19	♌2	14	27	♍10	23	♎7	21	♏6	21	♐5	20	♑4	19	♒3	16	♓0	13	26	♈9	21	♉4	16	28	♊10	♊22
☿	♍24	26	28	29	♎1	3	5	6	8	10	12	13	15	17	19	20	22	24	26	27	29	♏1	2	4	5	7	9	10	12	13	♏15
♀	♍10	11	13	14	15	16	18	19	20	21	23	24	25	26	27	29	♎0	1	2	4	5	6	7	9	10	11	12	14	15	16	♎17
♂	♋17	18	19	19	20	20	21	21	22	22	23	23	24	24	25	25	26	26	27	27	27	28	28	29	29	♌0	0	1	1	1	♌2

	1	6	12	18	24	30
♃	♋5	6	6	6	6	6
♄	♌26	27	27	28	28	29

	1	15	30
♅	♏10	11	12
♆	♐14	14	14
♇	♎14	14	15
☊	♎15	15	15

NOVEMBRE

	1	2	3	4	5	6	7	8	9	10	11	12	13	14	15	16	17	18	19	20	21	22	23	24	25	26	27	28	29	30
☉	♏8	9	10	11	12	13	14	15	16	17	18	19	20	22	23	24	25	26	27	28	29	♐0	1	2	3	4	5	6	7	♐8
☽	♋4	15	27	♌10	22	♍5	18	♎1	15	♏0	14	29	♐14	29	♑14	29	♒13	27	♓10	23	♈6	18	♉0	13	25	♊7	18	♋0	12	♋24
☿	♏17	18	20	21	23	24	26	27	29	♐0	2	3	5	6	8	9	11	12	14	15	17	18	19	21	22	23	25	26	27	♐28
♀	♎19	20	21	22	24	25	26	27	29	♏0	1	2	4	5	6	7	9	10	11	12	14	15	16	17	19	20	21	22	24	♏25
♂	♌2	3	3	3	4	4	4	5	5	5	6	6	6	7	7	7	8	8	8	8	9	9	9	9	10	10	10	10	10	♌11

	1	6	12	18	24	30
♃	♋6	6	6	5	5	4
♄	♌29	29	♍0	0	0	0

	1	15	30
♅	♏12	13	14
♆	♐15	15	16
♇	♎15	16	16
☊	♎15	15	14

DÉCEMBRE

	1	2	3	4	5	6	7	8	9	10	11	12	13	14	15	16	17	18	19	20	21	22	23	24	25	26	27	28	29	30	31
☉	♐9	10	11	12	13	14	15	16	17	18	19	20	21	22	23	24	25	26	27	28	29	♑0	1	2	3	4	5	6	7	8	♑9
☽	♌6	18	♍0	13	26	♎9	23	♏7	22	♐7	23	♑8	23	♒8	22	♓6	20	♈3	15	28	♉10	22	♊4	15	27	♋9	21	♌3	15	27	♍10
☿	♑0	1	2	3	4	5	5	6	7	7	7	7	7	7	7	6	5	4	3	2	0	♐29	28	26	25	24	23	22	22	21	♐21
♀	♏26	27	29	♐0	1	2	4	5	6	7	9	10	11	12	14	15	16	18	19	20	21	23	24	25	26	28	29	♑0	1	3	♑4
♂	♌11	11	11	11	11	11	11	11	11	12	12	12	12	12	12	11	11	11	11	11	11	11	11	11	11	10	10	10	10	10	♌9

	1	6	12	18	24	30
♃	♋4	3	3	2	1	0
♄	♍0	1	1	1	0	0

	1	15	30
♅	♏14	15	15
♆	♐16	16	17
♇	♎16	16	17
☊	♎13	12	10

1978

JANVIER

	1	2	3	4	5	6	7	8	9	10	11	12	13	14	15	16	17	18	19	20	21	22	23	24	25	26	27	28	29	30	31
☉	♑10	11	12	13	14	15	16	17	18	19	20	21	22	23	24	26	27	28	29	♒0	1	2	3	4	5	6	7	8	9	10	♒11
☽	♍22	♎5	18	♏2	16	♐1	15	♑1	16	♒1	16	♓1	15	28	♈11	24	♉6	18	♊0	12	24	♋6	18	♌0	12	24	♍7	19	♎2	15	♎28
☿	♐21	21	21	22	22	23	24	24	25	26	27	28	29	♑0	1	3	4	5	6	8	9	10	12	13	14	16	17	19	20	21	♑23
♀	♑5	6	8	9	10	11	13	14	15	16	18	19	20	21	23	24	25	27	28	29	♒0	2	3	4	5	7	8	9	10	12	♒13
♂	♌9	9	9	8	8	8	7	7	7	6	6	6	5	5	4	4	4	3	3	2	2	2	1	1	0	0	0	♋29	29	29	♋28

♃ 1	6	12	18	24	30	♄ 1	6	12	18	24	30	♅ 1	15	30	♆ 1	15	30	♇ 1	15	30	☊ 1	15	30
♋0	♊29	28	28	27	27	♍0	0	0	♌29	29	28	♏15	16	16	♐17	17	18	♎17	17	17	♎10	9	7

FÉVRIER

	1	2	3	4	5	6	7	8	9	10	11	12	13	14	15	16	17	18	19	20	21	22	23	24	25	26	27	28
☉	♒12	13	14	15	16	17	18	19	20	21	22	23	24	25	26	27	28	29	♓0	1	2	3	4	5	6	7	8	♓9
☽	♏12	26	♐10	25	♑9	24	♒9	24	♓9	23	♈6	19	♉2	15	27	♊9	21	♋3	14	26	♌9	21	♍3	16	29	♎12	25	♏9
☿	♑24	26	27	29	♒1	2	4	5	7	8	10	12	13	15	17	18	20	22	23	25	27	29	♓1	2	4	6	8	♓10
♀	♒14	15	17	18	19	20	22	23	24	25	27	28	29	♓0	2	3	4	5	7	8	9	10	12	13	14	15	17	♓18
♂	♋28	27	27	27	26	26	26	26	25	25	25	24	24	24	24	24	23	23	23	23	23	23	23	23	22	22	22	♋22

♃ 1	6	12	18	24	28	♄ 1	6	12	18	24	28	♅ 1	15	28	♆ 1	15	28	♇ 1	15	28	☊ 1	15	28
♊27	26	26	26	26	26	♌28	28	27	27	27	26	♏16	16	16	♐18	18	18	♎17	16	16	♎7	7	6

MARS

	1	2	3	4	5	6	7	8	9	10	11	12	13	14	15	16	17	18	19	20	21	22	23	24	25	26	27	28	29	30	31
☉	♓10	11	12	13	14	15	16	17	18	19	20	21	22	23	24	25	26	27	28	29	♈0	1	2	3	4	5	6	7	8	9	♈10
☽	♏22	♐6	20	♑5	19	♒4	18	♓3	17	♈0	14	27	♉10	22	♊5	17	29	♋10	22	♌4	17	29	♍12	25	♎8	21	♏5	19	♐3	17	♑2
☿	♓12	14	15	17	19	21	23	25	27	29	♈1	3	5	7	8	10	12	13	15	16	18	19	20	22	23	23	24	25	25	26	♈26
♀	♓19	20	22	23	24	25	27	28	29	♈0	2	3	4	5	7	8	9	10	12	13	14	15	17	18	19	20	21	23	24	25	♈26
♂	♋22	22	22	22	22	22	22	22	23	23	23	23	23	23	23	23	24	24	24	24	24	24	25	25	25	25	26	26	26	26	♋27

♃ 1	6	12	18	24	30	♄ 1	6	12	18	24	30	♅ 1	15	30	♆ 1	15	30	♇ 1	15	30	☊ 1	15	30
♊26	26	27	27	28	28	♌26	26	25	25	25	24	♏16	16	16	♐18	18	18	♎16	16	16	♎6	6	6

AVRIL

	1	2	3	4	5	6	7	8	9	10	11	12	13	14	15	16	17	18	19	20	21	22	23	24	25	26	27	28	29	30
☉	♈11	12	13	14	15	16	17	18	19	20	21	22	23	24	25	26	27	28	29	♉0	1	2	2	3	4	5	6	7	8	♉9
☽	♑16	♒0	14	28	♓12	26	♈9	22	♉5	18	♊0	12	25	♋6	18	♌0	12	24	♍7	20	♎3	16	♏0	14	29	♐13	28	♑12	27	♒11
☿	♈26	26	26	26	26	25	25	24	23	23	22	21	20	20	19	18	18	17	16	16	16	15	15	15	15	15	15	15	15	♈16
♀	♈28	29	♉0	1	3	4	5	6	8	9	10	11	12	14	15	16	17	19	20	21	22	23	25	26	27	28	♊0	1	2	♊3
♂	♋27	27	27	28	28	28	29	29	29	♌0	0	0	1	1	2	2	2	3	3	3	4	4	5	5	5	6	6	7	7	♌8

♃ 1	6	12	18	24	30	♄ 1	6	12	18	24	30	♅ 1	15	30	♆ 1	15	30	♇ 1	15	30	☊ 1	15	30
♊29	29	♋0	1	2	3	♌24	24	24	24	24	24	♏16	15	15	♐18	18	18	♎15	15	15	♎6	6	5

MAI

	1	2	3	4	5	6	7	8	9	10	11	12	13	14	15	16	17	18	19	20	21	22	23	24	25	26	27	28	29	30	31
☉	♉10	11	12	13	14	15	16	17	18	19	20	21	22	23	24	25	26	27	28	29	♊0	1	2	2	3	4	5	6	7	8	♊9
☽	♒25	♓9	22	♈5	18	♉1	14	26	♊9	21	♋3	15	26	♌8	20	♍2	15	28	♎11	24	♏8	23	♐8	23	♑8	23	♒7	21	♓5	19	♈2
☿	♈16	17	17	18	18	19	20	21	22	23	24	25	26	27	28	♉0	1	2	4	5	6	8	9	11	13	14	16	18	19	21	♉23
♀	♊4	6	7	8	9	11	12	13	14	15	17	18	19	20	21	23	24	25	26	27	29	♋0	1	2	4	5	6	7	8	9	♋11
♂	♌8	8	9	9	10	10	11	11	12	12	13	13	13	14	14	15	15	16	16	17	17	18	18	19	19	20	20	21	21	22	♌22

♃ 1	6	12	18	24	30	♄ 1	6	12	18	24	30	♅ 1	15	30	♆ 1	15	30	♇ 1	15	30	☊ 1	15	30
♋3	4	5	6	7	9	♌24	24	24	24	24	25	♏15	14	13	♐18	18	17	♎15	14	14	♎5	5	4

JUIN

	1	2	3	4	5	6	7	8	9	10	11	12	13	14	15	16	17	18	19	20	21	22	23	24	25	26	27	28	29	30
☉	♊10	11	12	13	14	15	16	17	18	19	20	21	22	23	24	25	25	26	27	28	29	♋0	1	2	3	4	5	6	7	♋8
☽	♈15	28	♉11	23	♊5	17	29	♋11	23	♌5	17	29	♍11	23	♎6	19	♏3	17	♐1	16	♑1	17	♒2	17	♓1	15	29	♈12	25	♉8
☿	♉25	27	29	♊1	3	5	7	9	11	13	15	18	20	22	24	26	29	♋1	3	5	7	9	11	13	15	17	19	21	23	♋25
♀	♋12	13	14	15	17	18	19	20	21	23	24	25	26	27	29	♌0	1	2	3	4	6	7	8	9	10	11	13	14	15	♌16
♂	♌23	24	24	25	25	26	26	27	27	28	28	29	29	♍0	0	1	2	2	3	3	4	4	5	5	6	7	7	8	8	♍9

♃ 1	6	12	18	24	30	♄ 1	6	12	18	24	30	♅ 1	15	30	♆ 1	15	30	♇ 1	15	30	☊ 1	15	30
♋9	10	11	13	14	15	♌25	25	26	26	27	27	♏13	13	13	♐17	17	16	♎14	14	14	♎4	2	1

JUILLET

	1	2	3	4	5	6	7	8	9	10	11	12	13	14	15	16	17	18	19	20	21	22	23	24	25	26	27	28	29	30	31
☉	♋9	10	11	12	13	14	15	15	16	17	18	19	20	21	22	23	24	25	26	27	28	29	♌0	1	2	3	4	5	6	6	♌7
☽	♉20	♊2	14	26	♋8	20	♌2	14	26	♍8	20	♎2	15	28	♏11	25	♐10	25	♑10	25	♒10	25	♓10	24	♈8	21	♉4	17	29	♊11	♊23
☿	♋27	28	♌0	2	3	5	7	8	10	11	13	14	15	17	18	19	20	22	23	24	25	26	27	28	28	29	♍0	0	1	2	♍2
♀	♌17	18	20	21	22	23	24	25	26	28	29	♍0	1	2	3	4	6	7	8	9	10	11	12	13	15	16	17	18	19	20	♍21
♂	♍9	10	11	11	12	12	13	14	14	15	15	16	16	17	18	18	19	19	20	21	21	22	22	23	24	24	25	25	26	27	♍27

♃ 1	6	12	18	24	30	♄ 1	6	12	18	24	30	♅ 1	15	30	♆ 1	15	30	♇ 1	15	30	☊ 1	15	30
♋16	17	18	20	21	22	♌27	28	28	29	♍0	0	♏12	12	12	♐16	16	16	♎14	14	14	♎1	♍0	28

AOÛT

	1	2	3	4	5	6	7	8	9	10	11	12	13	14	15	16	17	18	19	20	21	22	23	24	25	26	27	28	29	30	31
☉	♌8	9	10	11	12	13	14	15	16	17	18	19	20	21	22	23	24	25	26	27	28	29	♍0	0	1	2	3	4	5	6	♍7
☽	♋5	17	29	♌11	23	♍5	17	29	♎12	24	♏8	21	♐5	19	♑4	19	♒4	19	♓4	18	♈3	17	♉0	13	26	♊8	20	♋2	14	26	♌8
☿	♍2	3	3	3	3	3	3	3	2	2	1	1	0	♌29	29	28	27	26	25	25	24	23	22	22	21	21	21	20	20	20	♌21
♀	♍22	23	24	26	27	28	29	♎0	1	2	3	4	5	6	7	8	9	10	11	12	13	14	15	16	17	18	19	20	21	22	♎23
♂	♍28	29	29	♎0	0	1	2	2	3	3	4	5	5	6	7	7	8	9	9	10	10	11	12	12	13	14	14	15	16	16	♎17

♃ 1	6	12	18	24	30	♄ 1	6	12	18	24	30	♅ 1	15	30	♆ 1	15	30	♇ 1	15	30	☊ 1	15	30
♋23	24	25	26	28	29	♍1	1	2	3	4	4	♏12	13	13	♐16	16	16	♎14	15	15	♍28	27	27

SEPTEMBRE

	1	2	3	4	5	6	7	8	9	10	11	12	13	14	15	16	17	18	19	20	21	22	23	24	25	26	27	28	29	30
☉	♍8	9	10	11	12	13	14	15	16	17	18	19	20	21	22	23	24	25	26	27	28	29	♎0	1	2	3	4	5	5	♎6
☽	♌20	♍2	14	26	♎9	22	♏5	18	♐1	15	29	♑14	28	♒13	27	♓12	27	♈11	25	♉8	21	♊4	16	28	♋10	22	♌4	16	28	♍10
☿	♌21	22	22	23	24	25	26	27	29	♍0	2	3	5	7	8	10	12	14	16	18	19	21	23	25	27	29	♎1	2	4	♎6
♀	♎24	25	26	27	28	29	♏0	1	2	2	3	4	5	6	7	7	8	9	10	11	11	12	13	13	14	15	15	16	17	♏17
♂	♎18	18	19	19	20	21	21	22	23	23	24	25	25	26	27	27	28	29	29	♏0	1	1	2	3	3	4	5	5	6	♏7

♃ 1	6	12	18	24	30	♄ 1	6	12	18	24	30	♅ 1	15	30	♆ 1	15	30	♇ 1	15	30	☊ 1	15	30
♋29	♌0	1	2	3	4	♍5	5	6	7	7	8	♏13	14	14	♐16	16	16	♎15	16	16	♍27	27	27

OCTOBRE

	1	2	3	4	5	6	7	8	9	10	11	12	13	14	15	16	17	18	19	20	21	22	23	24	25	26	27	28	29	30	31
☉	♎7	8	9	10	11	12	13	14	15	16	17	18	19	20	21	22	23	24	25	26	27	28	29	♏0	1	2	3	4	5	6	♏7
☽	♍22	♎5	18	♏1	15	28	♐12	26	♑10	24	♒8	23	♓7	21	♈5	19	♉3	16	29	♊12	24	♋6	18	♌0	12	24	♍6	18	♎1	13	♎27
☿	♎8	10	11	13	15	16	18	20	21	23	25	26	28	♏0	1	3	4	6	7	9	11	12	14	15	17	18	20	21	22	24	♏25
♀	♏18	18	19	19	20	20	21	21	21	22	22	22	22	22	23	23	23	23	23	23	23	23	22	22	22	22	21	21	20	20	♏20
♂	♏8	8	9	10	10	11	12	12	13	14	14	15	16	17	17	18	19	19	20	21	21	22	23	24	24	25	26	26	27	28	♏29

♃ 1	6	12	18	24	30	♄ 1	6	12	18	24	30	♅ 1	15	30	♆ 1	15	30	♇ 1	15	30	☊ 1	15	30
♌4	5	6	7	7	8	♍8	9	9	10	11	11	♏14	15	16	♐16	16	17	♎16	17	17	♍27	27	26

NOVEMBRE

	1	2	3	4	5	6	7	8	9	10	11	12	13	14	15	16	17	18	19	20	21	22	23	24	25	26	27	28	29	30
☉	♏8	9	10	11	12	13	14	15	16	17	18	19	20	21	22	23	24	25	26	27	28	29	♐0	1	2	3	4	5	6	♐7
☽	♏10	24	♐8	22	♑7	21	♒5	19	♓3	17	♈1	15	28	♉11	24	♊7	20	♋2	14	26	♌8	20	♍2	14	26	♎8	21	♏5	19	♐3
☿	♏27	28	♐0	1	2	4	5	6	8	9	10	11	12	14	15	16	17	18	18	19	20	21	21	21	22	22	22	21	21	♐20
♀	♏19	19	18	17	17	16	16	15	14	14	13	13	12	12	11	11	10	10	9	9	9	8	8	8	8	7	7	7	7	♏7
♂	♏29	♐0	1	1	2	3	4	4	5	6	6	7	8	9	9	10	11	12	12	13	14	15	15	16	17	17	18	19	20	♐20

♃ 1	6	12	18	24	30	♄ 1	6	12	18	24	30	♅ 1	15	30	♆ 1	15	30	♇ 1	15	30	☊ 1	15	30
♌8	8	9	9	9	9	♍11	12	12	13	13	13	♏16	17	18	♐17	17	18	♎17	18	18	♍26	25	24

DÉCEMBRE

	1	2	3	4	5	6	7	8	9	10	11	12	13	14	15	16	17	18	19	20	21	22	23	24	25	26	27	28	29	30	31
☉	♐8	9	10	11	12	14	15	16	17	18	19	20	21	22	23	24	25	26	27	28	29	♑0	1	2	3	4	5	6	7	8	♑9
☽	♐17	♑2	17	♒1	16	♓0	14	28	♈11	25	♉8	21	♊3	16	28	♋10	22	♌4	16	28	♍10	22	♎4	16	29	♏13	26	♐11	25	♑11	♑26
☿	♐19	18	17	16	15	13	12	11	9	8	7	7	6	6	5	5	6	6	6	7	7	8	9	10	11	12	13	14	15	17	♐18
♀	♏7	8	8	8	8	8	9	9	9	10	10	11	11	12	12	13	13	14	15	15	16	17	17	18	19	20	20	21	22	23	♏24
♂	♐21	22	23	23	24	25	26	26	27	28	29	29	♑0	1	2	2	3	4	5	6	6	7	8	9	9	10	11	12	12	13	♑14

♃ 1	6	12	18	24	30	♄ 1	6	12	18	24	30	♅ 1	15	30	♆ 1	15	30	♇ 1	15	30	☊ 1	15	30
♌9	9	9	8	8	7	♍13	14	14	14	14	14	♏18	19	20	♐18	18	19	♎18	19	19	♍24	22	20

1979

JANVIER

	1	2	3	4	5	6	7	8	9	10	11	12	13	14	15	16	17	18	19	20	21	22	23	24	25	26	27	28	29	30	31
☉	♑10	11	12	13	14	15	16	17	18	19	20	21	22	23	24	25	26	27	28	29	♒0	1	2	3	4	5	6	7	8	9	♒11
☽	♒11	26	♓10	24	♈8	22	♉5	18	♊0	13	25	♋7	19	♌1	13	25	♍6	18	♎0	12	25	♏8	21	♐5	19	♑3	18	♒4	19	♓4	♓19
☿	♐19	20	22	23	24	26	27	29	♑0	2	3	4	6	7	9	10	12	13	15	16	18	20	21	23	24	26	28	29	♒1	2	♒4
♀	♏24	25	26	27	28	29	♐0	1	2	3	4	4	5	6	7	8	9	10	11	12	14	15	16	17	18	19	20	21	22	23	♐24
♂	♑15	15	16	17	18	19	19	20	21	22	22	23	24	25	26	26	27	28	29	29	♒0	1	2	3	3	4	5	6	6	7	♒8

	1	6	12	18	24	30		1	6	12	18	24	30		1	15	30		1	15	30		1	15	30		1	15	30
♃	♌7	6	6	5	4	3	♄	♍14	14	14	13	13	13	♅	♏20	20	21	♆	♐19	19	20	♇	♎19	19	19	☊	♍20	19	18

FÉVRIER

	1	2	3	4	5	6	7	8	9	10	11	12	13	14	15	16	17	18	19	20	21	22	23	24	25	26	27	28
☉	♒12	13	14	15	16	17	18	19	20	21	22	23	24	25	26	27	28	29	♓0	1	2	3	4	5	6	7	8	♓9
☽	♈3	17	♉1	14	27	♊10	22	♋4	16	28	♌10	21	♍3	15	27	♎9	22	♏4	17	♐0	14	28	♑12	27	♒12	27	♓12	♓27
☿	♒6	7	9	11	12	14	16	18	19	21	23	25	27	28	♓0	2	4	6	8	10	11	13	15	17	19	20	22	♓24
♀	♐25	26	27	28	♑0	1	2	3	4	5	6	7	8	10	11	12	13	14	15	16	18	19	20	21	22	23	25	♑26
♂	♒9	10	10	11	12	13	14	14	15	16	17	17	18	19	20	21	21	22	23	24	25	25	26	27	28	29	29	♓0

	1	6	12	18	24	28		1	6	12	18	24	28		1	15	28		1	15	28		1	15	28		1	15	28
♃	♌3	2	2	1	0	0	♄	♍13	12	12	11	11	11	♅	♏21	21	21	♆	♐20	20	20	♇	♎19	19	19	☊	♍18	17	17

MARS

	1	2	3	4	5	6	7	8	9	10	11	12	13	14	15	16	17	18	19	20	21	22	23	24	25	26	27	28	29	30	31
☉	♓10	11	12	13	14	15	16	17	18	19	20	21	22	23	24	25	26	27	28	29	♈0	1	2	3	4	5	6	7	8	9	♈10
☽	♈12	26	♉10	23	♊6	18	♋1	13	25	♌6	18	♍0	12	24	♎6	19	♏1	14	27	♐10	24	♑8	22	♒6	21	♓5	20	♈5	20	♉4	♉18
☿	♓26	27	29	♈0	2	3	4	5	6	7	7	8	8	8	9	8	8	8	7	7	6	6	5	4	3	2	1	0	0	♓29	♓28
♀	♑27	28	29	♒0	1	3	4	5	6	7	9	10	11	12	13	14	16	17	18	19	20	22	23	24	25	26	27	29	♓0	1	♓2
♂	♓1	2	2	3	4	5	6	6	7	8	9	10	10	11	12	13	14	14	15	16	17	17	18	19	20	21	21	22	23	24	♓24

	1	6	12	18	24	30		1	6	12	18	24	30		1	15	30		1	15	30		1	15	30		1	15	30
♃	♌0	0♋29	29	29	29		♄	♍11	10	10	9	9	8	♅	♏21	21	21	♆	♐20	20	20	♇	♎19	19	18	☊	♍17	17	17

AVRIL

	1	2	3	4	5	6	7	8	9	10	11	12	13	14	15	16	17	18	19	20	21	22	23	24	25	26	27	28	29	30
☉	♈11	12	13	14	15	16	17	18	19	20	21	21	22	23	24	25	26	27	28	29	♉0	1	2	3	4	5	6	7	8	♉9
☽	♊1	14	27	♋9	21	♌3	15	27	♍8	20	♎3	15	28	♏11	24	♐7	21	♑4	18	♒2	16	♓1	15	29	♈14	28	♉12	26	♊9	♊22
☿	♓28	27	27	26	26	26	26	26	26	26	26	27	27	28	28	29	♈0	0	1	2	3	4	5	6	7	8	10	11	12	♈13
♀	♓3	5	6	7	8	9	11	12	13	14	15	17	18	19	20	21	23	24	25	26	27	29	♈0	1	2	3	5	6	7	♈8
♂	♓25	26	27	28	28	29	♈0	1	2	2	3	4	5	5	6	7	8	8	9	10	11	12	12	13	14	15	15	16	17	♈18

	1	6	12	18	24	30		1	6	12	18	24	30		1	15	30		1	15	30		1	15	30		1	15	30
♃	♋29	29	29	♌0	0	1	♄	♍8	8	8	7	7	7	♅	♏20	20	19	♆	♐20	20	20	♇	♎18	18	17	☊	♍17	17	16

MAI

	1	2	3	4	5	6	7	8	9	10	11	12	13	14	15	16	17	18	19	20	21	22	23	24	25	26	27	28	29	30	31
☉	♉10	11	12	13	14	15	16	17	18	19	20	21	22	23	24	25	26	26	27	28	29	♊0	1	2	3	4	5	6	7	8	♊9
☽	♋5	17	29	♌11	23	♍5	16	29	♎11	23	♏6	20	♐3	17	♑1	15	29	♒13	27	♓12	26	♈10	23	♉7	21	♊4	17	♋0	13	25	♌7
☿	♈15	16	18	19	21	22	24	25	27	28	♉0	2	4	5	7	9	11	13	15	17	19	21	23	25	27	29	♊1	4	6	8	♊10
♀	♈9	11	12	13	14	15	17	18	19	20	22	23	24	25	26	28	29	♉0	1	2	4	5	6	7	8	10	11	12	13	15	♉16
♂	♈18	19	20	21	22	22	23	24	25	25	26	27	28	28	29	♉0	1	1	2	3	4	4	5	6	7	7	8	9	10	10	♉11

	1	6	12	18	24	30		1	6	12	18	24	30		1	15	30		1	15	30		1	15	30		1	15	30
♃	♌1	2	2	3	4	5	♄	♍7	7	7	7	7	7	♅	♏19	19	18	♆	♐20	20	19	♇	♎17	17	17	☊	♍16	15	13

JUIN

	1	2	3	4	5	6	7	8	9	10	11	12	13	14	15	16	17	18	19	20	21	22	23	24	25	26	27	28	29	30
☉	♊10	11	12	13	14	15	16	17	18	19	19	20	21	22	23	24	25	26	27	28	29	♋0	1	2	3	4	5	6	7	♋8
☽	♌19	♍1	12	24	♎6	19	♏2	15	28	♐12	26	♑11	25	♒10	24	♓8	22	♈6	20	♉4	17	♊0	13	26	♋9	21	♌3	15	27	♍9
☿	♊12	15	17	19	21	23	25	27	29	♋1	3	5	7	9	11	13	14	16	18	19	21	22	24	25	27	28	29	♌1	2	♌3
♀	♉17	18	19	21	22	23	24	25	27	28	29	♊0	2	3	4	5	6	8	9	10	11	12	14	15	16	17	19	20	21	♊22
♂	♉12	13	13	14	15	15	16	17	18	18	19	20	21	21	22	23	23	24	25	26	26	27	28	29	29	♊0	1	1	2	♊3

	1	6	12	18	24	30		1	6	12	18	24	30		1	15	30		1	15	30		1	15	30		1	15	30
♃	♌5	6	7	8	9	11	♄	♍8	8	8	8	9	9	♅	♏18	18	17	♆	♐19	19	19	♇	♎17	16	16	☊	♍13	12	10

JUILLET

	1	2	3	4	5	6	7	8	9	10	11	12	13	14	15	16	17	18	19	20	21	22	23	24	25	26	27	28	29	30	31
☉	♋9	10	10	11	12	13	14	15	16	17	18	19	20	21	22	23	24	25	26	27	28	29	♌0	1	1	2	3	4	5	6	♌7
☽	♍21	♎2	15	27	♏10	23	♐6	20	♑5	19	♒4	19	♓4	19	♈3	17	♉1	14	27	♊10	23	♋5	18	♌0	12	24	♍5	17	29	♎11	♎23
☿	♌4	5	6	7	8	9	10	11	11	12	13	13	13	14	14	14	14	14	14	14	14	14	13	13	12	12	11	11	10	9	♌8
♀	♊23	25	26	27	28	♋0	1	2	3	4	6	7	8	9	11	12	13	14	15	17	18	19	20	22	23	24	25	27	28	29	♌0
♂	♊3	4	5	6	6	7	8	8	9	10	11	11	12	13	13	14	15	15	16	17	17	18	19	20	20	21	22	22	23	24	♊24

	1	6	12	18	24	30		1	6	12	18	24	30		1	15	30		1	15	30		1	15	30		1	15	30
♃	♌11	12	13	14	16	17	♄	♍9	10	10	11	11	12	♅	♏17	17	17	♆	♐19	18	18	♇	♎16	17	17	☊	♍10	10	9

AOÛT

	1	2	3	4	5	6	7	8	9	10	11	12	13	14	15	16	17	18	19	20	21	22	23	24	25	26	27	28	29	30	31
☉	♌8	9	10	11	12	13	14	15	16	17	18	19	20	21	22	23	24	24	25	26	27	28	29	♍0	1	2	3	4	5	6	♍7
☽	♏5	18	♐1	15	29	♑13	28	♒13	28	♓13	28	♈13	27	♉11	24	♊7	20	♋2	15	27	♌9	21	♍2	14	26	♎8	20	♏2	14	27	♐10
☿	♌8	7	6	6	5	4	4	4	3	3	3	3	3	4	4	5	5	6	7	8	9	10	11	13	14	16	17	19	21	23	♌25
♀	♌1	3	4	5	6	8	9	10	11	13	14	15	16	17	19	20	21	22	24	25	26	27	29	♍0	1	2	4	5	6	7	♍9
♂	♊25	26	26	27	28	28	29	♋0	0	1	2	2	3	4	4	5	6	6	7	8	8	9	9	10	11	11	12	13	13	14	♋15

	1	6	12	18	24	30		1	6	12	18	24	30		1	15	30		1	15	30		1	15	30		1	15	30
♃	♌17	18	20	21	22	24	♄	♍12	13	14	14	15	16	♅	♏17	17	17	♆	♐18	18	18	♇	♎17	17	18	☊	♍9	9	8

SEPTEMBRE

	1	2	3	4	5	6	7	8	9	10	11	12	13	14	15	16	17	18	19	20	21	22	23	24	25	26	27	28	29	30
☉	♍8	9	10	11	12	13	14	15	16	17	18	19	20	21	22	23	24	24	25	26	27	28	29	♎0	1	2	3	4	5	♎6
☽	♐23	♑7	21	♒6	21	♓6	21	♈7	21	♉6	20	♊3	17	29	♋12	24	♌6	18	29	♍11	23	♎5	17	29	♏11	24	♐7	20	♑3	♑17
☿	♌26	28	♍0	2	4	6	8	10	12	14	16	18	19	21	23	25	27	29	♎0	2	4	6	7	9	11	12	14	16	17	♎19
♀	♍10	11	12	13	15	16	17	18	20	21	22	23	25	26	27	28	♎0	1	2	3	5	6	7	8	10	11	12	13	15	♎16
♂	♋15	16	17	17	18	18	19	20	20	21	22	22	23	23	24	25	25	26	26	27	28	28	29	29	♌0	1	1	2	2	♌3

	1	6	12	18	24	30		1	6	12	18	24	30		1	15	30		1	15	30		1	15	30		1	15	30
♃	♌24	25	26	28	29	♍0	♄	♍16	17	17	18	19	20	♅	♏17	18	19	♆	♐18	18	18	♇	♎18	18	19	☊	♍8	8	8

OCTOBRE

	1	2	3	4	5	6	7	8	9	10	11	12	13	14	15	16	17	18	19	20	21	22	23	24	25	26	27	28	29	30	31
☉	♎7	8	9	10	11	12	13	14	15	16	17	18	19	20	21	22	23	24	25	26	27	28	29	♏0	1	2	3	4	5	6	♏7
☽	♒1	15	♓0	15	♈0	15	♉0	14	28	♊12	25	♋8	20	♌2	14	26	♍8	20	♎2	14	26	♏8	21	♐4	17	♑0	13	27	♒11	25	♓9
☿	♎20	22	24	25	27	28	♏0	1	3	4	6	7	9	10	11	13	14	15	17	18	19	21	22	23	24	25	27	28	29	♐0	♐1
♀	♎17	18	20	21	22	23	25	26	27	28	29	♏1	2	3	4	6	7	8	9	11	12	13	14	16	17	18	19	21	22	23	♏24
♂	♌4	4	5	5	6	7	7	8	8	9	9	10	11	11	12	12	13	13	14	14	15	16	16	17	17	18	18	19	19	20	♌20

	1	6	12	18	24	30		1	6	12	18	24	30		1	15	30		1	15	30		1	15	30		1	15	30
♃	♍0	1	2	3	4	5	♄	♍20	20	21	22	22	23	♅	♏19	19	20	♆	♐18	18	19	♇	♎19	19	20	☊	♍8	8	7

NOVEMBRE

	1	2	3	4	5	6	7	8	9	10	11	12	13	14	15	16	17	18	19	20	21	22	23	24	25	26	27	28	29	30
☉	♏8	9	10	11	12	13	14	15	16	17	18	19	20	21	22	23	24	25	26	27	28	29	♐0	1	2	3	4	5	6	♐7
☽	♓24	♈8	23	♉8	22	♊6	20	♋3	16	28	♌10	22	♍4	16	28	♎10	22	♏4	17	♐0	13	27	♑10	24	♒8	22	♓6	20	♈4	♈18
☿	♐2	2	3	4	4	5	5	6	6	6	6	5	5	4	3	2	1	0	♏29	28	26	25	24	23	22	21	20	20	20	♏20
♀	♏26	27	28	29	♐1	2	3	4	6	7	8	9	11	12	13	14	16	17	18	19	21	22	23	24	26	27	28	29	♑1	♑2
♂	♌21	21	22	22	23	23	24	24	25	25	26	26	27	27	28	28	29	29	♍0	0	0	1	1	2	2	3	3	4	4	♍4

	1	6	12	18	24	30		1	6	12	18	24	30		1	15	30		1	15	30		1	15	30		1	15	30
♃	♍6	6	7	8	9	9	♄	♍23	24	24	25	25	26	♅	♏20	21	22	♆	♐19	19	20	♇	♎20	20	21	☊	♍7	5	4

DÉCEMBRE

	1	2	3	4	5	6	7	8	9	10	11	12	13	14	15	16	17	18	19	20	21	22	23	24	25	26	27	28	29	30	31
☉	♐8	9	10	11	12	13	14	15	16	17	18	19	20	21	22	23	24	25	26	27	29	♑0	1	2	3	4	5	6	7	8	♑9
☽	♉2	17	♊1	14	28	♋11	24	♌6	18	♍0	12	24	♎6	18	♏0	12	25	♐8	22	♑6	20	♒4	18	♓2	17	♈1	15	29	♉13	26	♊10
☿	♏20	20	21	21	22	23	24	25	26	27	28	29	♐1	2	3	5	6	7	9	10	12	13	14	16	17	19	20	22	23	25	♐26
♀	♑3	4	5	7	8	9	10	12	13	14	15	17	18	19	20	22	23	24	25	27	28	29	♒0	2	3	4	5	6	8	9	♒10
♂	♍5	5	6	6	6	7	7	7	8	8	8	9	9	9	10	10	10	11	11	11	12	12	12	12	13	13	13	13	13	14	♍14

	1	6	12	18	24	30		1	6	12	18	24	30		1	15	30		1	15	30		1	15	30		1	15	30
♃	♍9	10	10	10	10	10	♄	♍26	26	26	27	27	27	♅	♏22	23	24	♆	♐20	20	21	♇	♎21	21	22	☊	♍4	2	1

1980

JANVIER

	1	2	3	4	5	6	7	8	9	10	11	12	13	14	15	16	17	18	19	20	21	22	23	24	25	26	27	28	29	30	31
☉	♑10	11	12	13	14	15	16	17	18	19	20	21	22	23	24	25	26	27	28	29	♒0	1	2	3	4	5	6	7	8	9	♒10
☽	♊23	♋6	19	♌2	14	26	♍8	20	♎2	13	25	♏8	20	♐3	16	♑0	14	29	♒13	28	♓12	27	♈11	26	♉10	23	♊7	20	♋3	15	♋28
☿	♐28	29	♑1	3	4	6	7	9	10	12	14	15	17	18	20	22	23	25	27	28	♒0	2	3	5	7	8	10	12	14	15	♒17
♀	♒11	13	14	15	16	18	19	20	21	22	24	25	26	27	29	♓0	1	2	3	5	6	7	8	10	11	12	13	14	16	17	♓18
♂	♍14	14	14	14	15	15	15	15	15	15	15	15	15	15	15	15	15	15	15	15	15	15	15	15	15	15	15	14	14	14	♍14

	1	6	12	18	24	30
♃	♍10	10	10	9	9	8
♄	♍27	27	27	27	27	27

	1	15	30
♅	♏24	25	25
♆	♐21	21	22
♇	♎22	22	22
☊	♍0	0	♌0

FÉVRIER

	1	2	3	4	5	6	7	8	9	10	11	12	13	14	15	16	17	18	19	20	21	22	23	24	25	26	27	28	29
☉	♒11	12	13	14	15	16	17	18	19	20	21	22	23	24	25	26	27	28	29	♓1	2	3	4	5	6	7	8	9	♓10
☽	♌10	22	♍4	16	28	♎10	22	♏4	16	28	♐11	24	♑8	22	♒6	21	♓6	21	♈6	21	♉6	20	♊3	17	♋0	12	25	♌7	♌19
☿	♒19	21	22	24	26	28	29	♓1	3	5	6	8	9	11	13	14	15	16	18	19	19	20	21	21	21	22	21	21	♓21
♀	♓19	20	22	23	24	25	26	28	29	♈0	1	2	4	5	6	7	8	9	11	12	13	14	15	16	18	19	20	21	♈22
♂	♍14	14	13	13	13	13	12	12	12	11	11	11	10	10	10	9	9	9	8	8	7	7	7	6	6	5	5	5	♍4

	1	6	12	18	24	29
♃	♍8	8	7	6	5	5
♄	♍26	26	26	26	25	25

	1	15	29
♅	♏25	25	26
♆	♐22	22	23
♇	♎22	22	21
☊	♌29	29	29

MARS

	1	2	3	4	5	6	7	8	9	10	11	12	13	14	15	16	17	18	19	20	21	22	23	24	25	26	27	28	29	30	31
☉	♓11	12	13	14	15	16	17	18	19	20	21	22	23	24	25	26	27	28	29	♈0	1	2	3	4	4	5	6	7	8	9	♈10
☽	♍1	13	25	♎7	18	♏0	12	25	♐7	20	♑3	16	♒0	15	29	♓14	♈0	15	♉0	15	29	♊13	26	♋9	22	♌4	16	28	♍10	22	♎4
☿	♓20	20	19	18	17	16	15	14	13	12	11	10	10	9	8	8	8	8	7	7	8	8	8	8	9	9	10	10	11	12	♓13
♀	♈23	25	26	27	28	29	♉0	1	2	4	5	6	7	8	9	10	11	12	14	15	16	17	18	19	20	21	22	23	24	25	♉26
♂	♍4	4	3	3	2	2	2	1	1	1	0	0	0	♌29	29	29	29	28	28	28	28	27	27	27	27	27	27	26	26	26	♌26

	1	6	12	18	24	30
♃	♍5	4	3	3	2	1
♄	♍25	24	24	23	23	22

	1	15	30
♅	♏26	25	25
♆	♐23	23	23
♇	♎21	21	21
☊	♌29	29	29

AVRIL

	1	2	3	4	5	6	7	8	9	10	11	12	13	14	15	16	17	18	19	20	21	22	23	24	25	26	27	28	29	30
☉	♈11	12	13	14	15	16	17	18	19	20	21	22	23	24	25	26	27	28	29	♉0	1	2	3	4	5	6	7	8	9	♉10
☽	♎15	27	♏9	22	♐4	16	29	♑12	25	♒9	23	♓8	23	♈8	23	♉8	23	♊7	21	♋5	18	♌1	13	25	♍7	19	♎0	12	24	♏6
☿	♓14	15	16	17	18	19	20	21	22	24	25	26	28	29	♈0	2	3	5	6	8	10	11	13	15	16	18	20	22	23	♈25
♀	♉27	28	29	♊0	1	2	3	4	5	6	7	8	9	10	11	12	12	13	14	15	16	17	17	18	19	20	21	21	22	♊23
♂	♌26	26	26	26	26	26	26	26	26	26	26	26	26	26	26	26	27	27	27	27	27	27	27	28	28	28	28	28	29	♌29

	1	6	12	18	24	30
♃	♍1	1	1	0	0	0
♄	♍22	22	22	21	21	21

	1	15	30
♅	♏25	25	24
♆	♐23	23	22
♇	♎21	20	20
☊	♌29	28	26

MAI

	1	2	3	4	5	6	7	8	9	10	11	12	13	14	15	16	17	18	19	20	21	22	23	24	25	26	27	28	29	30	31
☉	♉11	12	13	14	15	16	17	18	19	19	20	21	22	23	24	25	26	27	28	29	♊0	1	2	3	4	5	6	7	8	9	♊10
☽	♏18	♐1	13	26	♑9	22	♒6	19	♓3	17	♈2	17	♉2	16	♊1	16	29	♋13	26	♌9	21	♍3	15	27	♎9	21	♏3	15	27	♐10	♐23
☿	♈27	29	♉1	3	5	7	9	11	13	15	18	20	22	24	26	28	♊1	3	5	7	9	11	13	15	17	19	21	23	25	27	♊28
♀	♊23	24	25	25	26	27	27	28	28	29	29	♋0	0	0	1	1	1	2	2	2	2	2	3	3	3	3	2	2	2	2	♋2
♂	♌29	29	♍0	0	0	1	1	1	1	2	2	2	3	3	3	4	4	4	5	5	6	6	6	7	7	8	8	8	9	9	♍10

	1	6	12	18	24	30
♃	♍0	0	1	1	1	2
♄	♍21	20	20	20	20	20

	1	15	30
♅	♏24	24	23
♆	♐22	22	22
♇	♎20	19	19
☊	♌26	25	23

JUIN

	1	2	3	4	5	6	7	8	9	10	11	12	13	14	15	16	17	18	19	20	21	22	23	24	25	26	27	28	29	30
☉	♊11	12	13	14	14	15	16	17	18	19	20	21	22	23	24	25	26	27	28	29	♋0	1	2	3	4	5	5	6	7	♋8
☽	♑6	19	♒3	16	♓0	14	28	♈12	27	♉11	26	♊10	24	♋8	21	♌4	17	29	♍11	23	♎5	17	29	♏11	23	♐6	19	♑2	15	♑29
☿	♋0	2	3	5	6	8	9	11	12	13	14	15	17	18	19	19	20	21	22	22	23	24	24	24	25	25	25	25	25	♋25
♀	♋2	1	1	1	0	0	♊29	29	28	28	27	26	26	25	25	24	23	23	22	21	21	20	20	19	19	18	18	18	17	♊17
♂	♍10	11	11	11	12	12	13	13	14	14	15	15	16	16	17	17	17	18	18	19	19	20	21	21	22	22	23	23	24	♍24

	1	6	12	18	24	30
♃	♍2	3	3	4	5	6
♄	♍20	20	21	21	21	21

	1	15	30
♅	♏23	22	22
♆	♐22	21	21
♇	♎19	19	19
☊	♌23	22	21

JUILLET

	1	2	3	4	5	6	7	8	9	10	11	12	13	14	15	16	17	18	19	20	21	22	23	24	25	26	27	28	29	30	31
☉	♋9	10	11	12	13	14	15	16	17	18	19	20	21	22	23	24	25	26	26	27	28	29	♌0	1	2	3	4	5	6	7	♌8
☽	♒13	27	♓11	25	♈9	23	♉7	21	♊5	19	♋3	16	29	♌12	25	♍7	19	♎1	13	25	♏7	19	♐1	14	27	♑10	24	♒8	22	♓7	♓21
☿	♋25	25	24	24	24	23	23	22	21	21	20	19	19	18	18	17	17	16	16	16	15	15	15	15	15	16	16	17	17	18	♋19
♀	♊17	17	16	16	16	16	16	16	16	16	16	17	17	17	17	18	18	18	19	19	20	20	20	21	22	22	23	23	24	25	♊25
♂	♍25	25	26	26	27	27	28	28	29	♎0	0	1	1	2	2	3	4	4	5	5	6	6	7	8	8	9	9	10	11	11	♎12

	1	6	12	18	24	30
♃	♍6	7	8	9	10	11
♄	♍21	22	22	23	23	24

	1	15	30
♅	♏22	22	21
♆	♐21	20	20
♇	♎19	19	19
☊	♌21	20	20

AOÛT

	1	2	3	4	5	6	7	8	9	10	11	12	13	14	15	16	17	18	19	20	21	22	23	24	25	26	27	28	29	30	31
☉	♌9	10	11	12	13	14	15	16	17	18	18	19	20	21	22	23	24	25	26	27	28	29	♍0	1	2	3	4	5	6	7	♍8
☽	♈5	20	♉4	18	♊2	16	29	♋13	26	♌8	21	♍3	15	27	♎9	21	♏3	15	27	♐9	22	♑5	18	♒2	16	♓1	16	♈1	15	♉0	♉15
☿	♋19	20	22	23	24	25	27	28	♌0	1	3	5	7	9	10	12	14	16	18	20	22	24	26	28	♍0	2	4	6	8	10	♍12
♀	♊26	27	27	28	29	♋0	0	1	2	3	4	4	5	6	7	8	9	10	11	11	12	13	14	15	16	17	18	19	20	21	♋22
♂	♎12	13	14	14	15	15	16	17	17	18	18	19	20	20	21	22	22	23	23	24	25	25	26	27	27	28	29	29	♏0	0	♏1

	1	6	12	18	24	30
♃	♍12	13	14	15	16	18
♄	♍24	25	25	26	27	27

	1	15	30
♅	♏22	22	22
♆	♐20	20	20
♇	♎19	20	20
☊	♌20	20	20

SEPTEMBRE

	1	2	3	4	5	6	7	8	9	10	11	12	13	14	15	16	17	18	19	20	21	22	23	24	25	26	27	28	29	30
☉	♍9	10	11	12	13	14	15	15	16	17	18	19	20	21	22	23	24	25	26	27	28	29	♎0	1	2	3	4	5	6	♎7
☽	♉29	♊13	26	♋9	22	♌5	17	♍0	12	24	♎6	18	29	♏11	23	♐5	18	♑0	13	26	♒10	24	♓9	24	♈9	24	♉9	24	♊9	♊23
☿	♍14	16	18	19	21	23	25	26	28	♎0	2	3	5	6	8	10	11	13	14	16	17	19	20	22	23	24	26	27	29	♏0
♀	♋23	24	25	26	27	28	29	♌0	1	2	3	4	6	7	8	9	10	11	12	13	14	15	16	18	19	20	21	22	23	♌24
♂	♏2	2	3	4	4	5	6	6	7	8	8	9	10	10	11	12	12	13	14	14	15	16	17	17	18	19	19	20	21	♏21

	1	6	12	18	24	30
♃	♍18	19	20	22	23	24
♄	♍27	28	29	♎0	0	1

	1	15	30
♅	♏22	22	23
♆	♐20	20	20
♇	♎20	21	21
☊	♌20	20	19

OCTOBRE

	1	2	3	4	5	6	7	8	9	10	11	12	13	14	15	16	17	18	19	20	21	22	23	24	25	26	27	28	29	30	31
☉	♎8	9	10	11	12	13	14	15	16	17	18	19	20	21	22	23	24	25	26	27	28	29	♏0	1	2	3	4	5	6	7	♏8
☽	♋6	19	♌2	15	27	♍9	21	♎3	15	26	♏8	20	♐2	14	27	♑9	22	♒5	19	♓3	17	♈2	17	♉3	18	♊3	18	♋2	15	29	♌11
☿	♏1	3	4	5	6	7	9	10	11	12	13	14	15	16	16	17	18	18	19	19	20	20	20	20	20	19	19	18	17	16	♏15
♀	♌25	27	28	29	♍0	1	2	3	5	6	7	8	9	10	12	13	14	15	16	18	19	20	21	22	23	25	26	27	28	29	♎1
♂	♏22	23	23	24	25	26	26	27	28	28	29	♐0	1	1	2	3	3	4	5	6	6	7	8	8	9	10	11	11	12	13	♐14

	1	6	12	18	24	30
♃	♍25	26	27	28	29	♎1
♄	♎1	2	3	3	4	5

	1	15	30
♅	♏23	24	25
♆	♐20	20	21
♇	♎21	22	22
☊	♌19	18	17

NOVEMBRE

	1	2	3	4	5	6	7	8	9	10	11	12	13	14	15	16	17	18	19	20	21	22	23	24	25	26	27	28	29	30
☉	♏9	10	11	12	13	14	15	16	17	18	19	20	21	22	23	24	25	26	27	28	29	♐0	1	2	3	4	5	6	7	♐8
☽	♌24	♍6	18	♎0	12	23	♏5	17	29	♐11	24	♑6	19	♒2	15	28	♓12	26	♈11	26	♉11	26	♊11	26	♋10	24	♌7	20	♍2	♍14
☿	♏14	13	12	10	9	8	7	6	5	5	4	4	4	4	5	5	6	6	7	8	9	11	12	13	14	16	17	18	20	♏21
♀	♎2	3	4	5	7	8	9	10	12	13	14	15	16	18	19	20	21	23	24	25	26	27	29	♏0	1	2	4	5	6	♏7
♂	♐14	15	16	16	17	18	19	19	20	21	22	22	23	24	25	25	26	27	28	28	29	♑0	1	1	2	3	4	5	5	♑6

	1	6	12	18	24	30
♃	♎1	2	3	4	5	6
♄	♎5	5	6	7	7	8

	1	15	30
♅	♏25	26	27
♆	♐21	21	22
♇	♎22	23	23
☊	♌17	15	13

DÉCEMBRE

	1	2	3	4	5	6	7	8	9	10	11	12	13	14	15	16	17	18	19	20	21	22	23	24	25	26	27	28	29	30	31
☉	♐9	10	11	12	13	14	15	16	17	18	19	20	21	22	23	24	25	26	27	28	29	♑0	1	2	3	4	5	6	7	8	♑9
☽	♍26	♎8	20	♏2	14	26	♐8	21	♑3	16	29	♒12	25	♓8	22	♈6	21	♉5	20	♊4	19	♋4	18	♌1	15	28	♍10	22	♎4	16	♎28
☿	♏23	24	26	27	29	♐0	2	3	5	6	8	9	11	13	14	16	17	19	20	22	23	25	27	28	♑0	1	3	4	6	8	♑9
♀	♏9	10	11	12	14	15	16	17	18	20	21	22	23	25	26	27	28	♐0	1	2	3	5	6	7	8	10	11	12	13	15	♐16
♂	♑7	8	8	9	10	11	11	12	13	14	14	15	16	17	18	18	19	20	21	21	22	23	24	25	25	26	27	28	28	29	♒0

	1	6	12	18	24	30
♃	♎6	7	8	8	9	9
♄	♎8	8	9	9	9	9

	1	15	30
♅	♏27	27	28
♆	♐22	22	23
♇	♎23	24	24
☊	♌13	12	11

1981

JANVIER

	1	2	3	4	5	6	7	8	9	10	11	12	13	14	15	16	17	18	19	20	21	22	23	24	25	26	27	28	29	30	31
☉	♑10	12	13	14	15	16	17	18	19	20	21	22	23	24	25	26	27	28	29	♒0	1	2	3	4	5	6	7	8	9	10	♒11
☽	♏10	22	♐4	17	29	♑12	25	♒8	22	♓5	19	♈3	17	♉1	16	♊0	14	28	♋12	26	♌9	22	♍5	18	♎0	12	24	♏6	18	♐0	♐12
☿	♑11	12	14	16	17	19	21	22	24	26	27	29	♒1	2	4	6	7	9	11	12	14	16	17	19	21	22	24	25	27	28	♒29
♀	♐17	18	20	21	22	23	25	26	27	28	♑0	1	2	3	5	6	7	8	10	11	12	13	15	16	17	18	20	21	22	23	♑25
♂	♒1	2	2	3	4	5	6	6	7	8	9	9	10	11	12	13	13	14	15	16	17	17	18	19	20	21	21	22	23	24	♒24

	1	6	12	18	24	30
♃	♎10	10	10	10	10	10
♄	♎10	10	10	10	10	10

	1	15	30
♅	♏28	29	♐29
♆	♐23	24	24
♇	♎24	24	24
☊	♌11	11	11

FÉVRIER

	1	2	3	4	5	6	7	8	9	10	11	12	13	14	15	16	17	18	19	20	21	22	23	24	25	26	27	28
☉	♒12	13	14	15	16	17	18	19	20	21	22	23	24	25	26	27	28	29	♓0	1	2	3	4	5	6	7	8	♓9
☽	♐24	♑7	20	♒3	17	♓1	15	29	♈14	28	♉12	27	♊11	24	♋8	22	♌5	18	♍1	13	26	♎8	20	♏2	14	26	♐8	♐20
☿	♓0	1	2	3	4	4	5	5	5	5	4	4	3	2	1	0	♒29	28	27	26	25	24	23	22	21	21	20	♒20
♀	♑26	27	28	♒0	1	2	3	5	6	7	8	10	11	12	13	15	16	17	18	20	21	22	23	25	26	27	28	♓0
♂	♒25	26	27	28	28	29	♓0	1	2	2	3	4	5	6	6	7	8	9	10	10	11	12	13	13	14	15	16	♓17

	1	6	12	18	24	28
♃	♎10	10	10	9	9	9
♄	♎10	9	9	9	9	8

	1	15	28
♅	♐0	0	0
♆	♐24	24	25
♇	♎24	24	24
☊	♌11	11	11

MARS

	1	2	3	4	5	6	7	8	9	10	11	12	13	14	15	16	17	18	19	20	21	22	23	24	25	26	27	28	29	30	31
☉	♓10	11	12	13	14	15	16	17	18	19	20	21	22	23	24	25	26	27	28	29	♈0	1	2	3	4	5	6	7	8	9	♈10
☽	♑2	15	28	♒11	25	♓9	24	♈9	24	♉8	23	♊7	21	♋5	18	♌2	15	27	♍10	22	♎4	16	28	♏10	22	♐4	16	28	♑10	23	♒6
☿	♒20	20	20	20	20	21	21	21	22	23	23	24	25	26	27	28	29	♓0	1	2	3	4	6	7	8	10	11	12	14	15	♓17
♀	♓1	2	3	5	6	7	8	10	11	12	13	15	16	17	18	20	21	22	23	25	26	27	28	♈0	1	2	3	5	6	7	♈8
♂	♓17	18	19	20	21	21	22	23	24	24	25	26	27	28	28	29	♈0	1	1	2	3	4	5	5	6	7	8	8	9	10	♈11

	1	6	12	18	24	30
♃	♎9	8	7	7	6	5
♄	♎8	8	8	7	7	6

	1	15	30
♅	♐0	0	0
♆	♐25	25	25
♇	♎24	24	23
☊	♌11	10	9

AVRIL

	1	2	3	4	5	6	7	8	9	10	11	12	13	14	15	16	17	18	19	20	21	22	23	24	25	26	27	28	29	30
☉	♈11	12	13	14	15	16	17	18	19	20	21	22	23	24	25	26	27	28	29	♉0	1	2	3	4	5	6	7	8	9	♉10
☽	♒19	♓3	17	♈2	17	♉2	18	♊3	17	♋1	15	29	♌12	24	♍7	19	♎1	13	25	♏7	19	♐1	13	25	♑7	19	♒2	14	28	♓12
☿	♓18	20	21	23	24	26	28	29	♈1	3	5	6	8	10	12	14	16	17	19	21	23	25	27	♉0	2	4	6	8	10	♉12
♀	♈10	11	12	13	15	16	17	18	19	21	22	23	24	26	27	28	29	♉1	2	3	4	6	7	8	9	10	12	13	14	♉15
♂	♈12	12	13	14	15	15	16	17	18	18	19	20	21	21	22	23	24	24	25	26	27	28	28	29	♉0	1	1	2	3	♉4

	1	6	12	18	24	30
♃	♎5	4	3	3	2	2
♄	♎6	6	5	5	4	4

	1	15	30
♅	♐0	♏0	29
♆	♐25	25	25
♇	♎23	23	22
☊	♌9	8	6

MAI

	1	2	3	4	5	6	7	8	9	10	11	12	13	14	15	16	17	18	19	20	21	22	23	24	25	26	27	28	29	30	31
☉	♉11	12	12	13	14	15	16	17	18	19	20	21	22	23	24	25	26	27	28	29	♊0	1	2	3	4	5	6	7	8	8	♊9
☽	♓26	♈10	26	♉11	26	♊11	26	♋11	25	♌8	21	♍4	16	28	♎10	22	♏4	16	28	♐10	22	♑4	16	28	♒11	24	♓7	21	♈5	19	♉4
☿	♉14	17	19	21	23	25	27	29	♊1	3	5	7	9	11	12	14	16	17	19	20	21	23	24	25	26	27	28	29	♋0	1	♋2
♀	♉17	18	19	20	22	23	24	25	27	28	29	♊0	1	3	4	5	6	8	9	10	11	13	14	15	16	17	19	20	21	22	♊24
♂	♉4	5	6	6	7	8	9	9	10	11	12	12	13	14	15	15	16	17	18	18	19	20	20	21	22	23	23	24	25	26	♉26

	1	6	12	18	24	30
♃	♎2	1	1	1	0	0
♄	♎4	4	3	3	3	3

	1	15	30
♅	♏29	28	28
♆	♐25	24	24
♇	♎22	22	22
☊	♌6	5	3

JUIN

	1	2	3	4	5	6	7	8	9	10	11	12	13	14	15	16	17	18	19	20	21	22	23	24	25	26	27	28	29	30
☉	♊10	11	12	13	14	15	16	17	18	19	20	21	22	23	24	25	26	27	28	29	♋0	0	1	2	3	4	5	6	7	♋8
☽	♉19	♊5	20	♋5	19	♌3	17	♍0	13	25	♎7	19	♏1	13	25	♐7	19	♑1	13	26	♒8	21	♓4	17	♈1	15	29	♉14	29	♊13
☿	♋2	3	4	4	4	5	5	5	5	5	5	5	5	4	4	4	3	3	2	2	1	1	0	♊29	29	28	28	27	27	♊27
♀	♊25	26	27	28	♋0	1	2	3	5	6	7	8	9	11	12	13	14	16	17	18	19	20	22	23	24	25	27	28	29	♌0
♂	♉27	28	28	29	♊0	1	1	2	3	3	4	5	6	6	7	8	8	9	10	10	11	12	13	13	14	15	15	16	17	♊17

	1	6	12	18	24	30
♃	♎0	1	1	1	2	2
♄	♎3	3	3	3	3	4

	1	15	30
♅	♏28	27	27
♆	♐24	23	23
♇	♎22	22	22
☊	♌3	2	2

JUILLET

	1	2	3	4	5	6	7	8	9	10	11	12	13	14	15	16	17	18	19	20	21	22	23	24	25	26	27	28	29	30	31
☉	♋9	10	11	12	13	14	15	16	17	18	19	20	21	21	22	23	24	25	26	27	28	29	♌0	1	2	3	4	5	6	7	♌8
☽	♊28	♋13	27	♌11	25	♍8	21	♎3	15	27	♏9	21	♐3	15	27	♑10	22	♒5	18	♓1	14	28	♈12	26	♉10	24	♊9	23	♋7	22	♌6
☿	♊27	26	26	26	26	27	27	27	28	28	29	29	♋0	1	2	3	4	5	6	8	9	11	12	14	15	17	19	21	23	24	♋26
♀	♌1	3	4	5	6	7	9	10	11	12	14	15	16	17	18	20	21	22	23	24	26	27	28	29	♍0	2	3	4	5	7	♍8
♂	♊18	19	20	20	21	22	22	23	24	24	25	26	26	27	28	28	29	♋0	0	1	2	2	3	4	4	5	6	6	7	8	♋8

	1	6	12	18	24	30
♃	♎2	3	3	4	5	6
♄	♎4	4	4	4	5	5

	1	15	30
♅	♏27	26	26
♆	♐23	23	22
♇	♎22	22	22
☊	♌2	2	2

AOÛT

	1	2	3	4	5	6	7	8	9	10	11	12	13	14	15	16	17	18	19	20	21	22	23	24	25	26	27	28	29	30	31
☉	♌9	10	11	12	12	13	14	15	16	17	18	19	20	21	22	23	24	25	26	27	28	29	♍0	1	2	3	4	5	6	7	♍7
☽	♌19	♍3	16	29	♎11	23	♏6	17	29	♐11	23	♑5	18	♒1	14	27	♓10	24	♈8	22	♉7	21	♊5	19	♋3	17	♌1	15	28	♍11	♍24
☿	♋28	♌0	3	5	7	9	11	13	15	17	19	21	23	25	27	29	♍1	3	5	7	8	10	12	14	15	17	19	21	22	24	♍25
♀	♍9	10	11	13	14	15	16	17	19	20	21	22	23	25	26	27	28	29	♎1	2	3	4	5	6	8	9	10	11	12	14	♎15
♂	♋9	10	10	11	12	12	13	14	14	15	16	16	17	18	18	19	20	20	21	22	22	23	24	24	25	25	26	27	27	28	♋29

	1	6	12	18	24	30
♃	♎6	7	8	9	10	11
♄	♎6	6	7	7	8	8

	1	15	30
♅	♏26	26	26
♆	♐22	22	22
♇	♎22	22	22
☊	♌2	2	1

SEPTEMBRE

	1	2	3	4	5	6	7	8	9	10	11	12	13	14	15	16	17	18	19	20	21	22	23	24	25	26	27	28	29	30
☉	♍8	9	10	11	12	13	14	15	16	17	18	19	20	21	22	23	24	25	26	27	28	29	♎0	1	2	3	4	5	6	♎7
☽	♎7	19	♏1	13	25	♐7	19	♑1	13	26	♒9	22	♓5	19	♈4	18	♉3	17	♊2	16	♋0	14	28	♌11	24	♍7	20	♎3	15	♎28
☿	♍27	29	♎0	2	3	5	6	7	9	10	12	13	14	16	17	18	19	21	22	23	24	25	26	27	28	29	♏0	0	1	♏2
♀	♎16	17	18	19	21	22	23	24	25	27	28	29	♏0	1	2	4	5	6	7	8	9	11	12	13	14	15	16	17	19	♏20
♂	♋29	♌0	1	1	2	2	3	4	4	5	6	6	7	8	8	9	9	10	11	11	12	12	13	14	14	15	16	16	17	♌17

	1	6	12	18	24	30
♃	♎12	13	14	15	16	18
♄	♎9	9	10	11	11	12

	1	15	30
♅	♏26	27	27
♆	♐22	22	22
♇	♎23	23	24
☊	♌1	1	♋1

OCTOBRE

	1	2	3	4	5	6	7	8	9	10	11	12	13	14	15	16	17	18	19	20	21	22	23	24	25	26	27	28	29	30	31
☉	♎8	9	10	11	12	13	14	15	16	17	18	19	20	21	22	23	24	25	26	27	28	28	29	♏0	1	2	3	4	5	6	♏7
☽	♏10	22	♐3	15	27	♑9	21	♒4	16	♓0	13	28	♈12	27	♉12	27	♊12	26	♋11	25	♌8	21	♍4	17	♎0	12	24	♏6	18	♐0	♐12
☿	♏2	3	3	4	4	4	4	4	3	3	2	2	1	0	♎29	28	27	25	24	23	22	21	20	19	19	18	18	18	18	19	♎19
♀	♏21	22	23	24	25	27	28	29	♐0	1	2	3	4	6	7	8	9	10	11	12	13	14	16	17	18	19	20	21	22	23	♐24
♂	♌18	19	19	20	20	21	22	22	23	23	24	25	25	26	26	27	28	28	29	29	♍0	1	1	2	2	3	3	4	5	5	♍6

	1	6	12	18	24	30
♃	♎18	19	20	22	23	24
♄	♎12	13	14	14	15	16

	1	15	30
♅	♏27	28	29
♆	♐22	23	23
♇	♎24	24	25
☊	♋29	28	26

NOVEMBRE

	1	2	3	4	5	6	7	8	9	10	11	12	13	14	15	16	17	18	19	20	21	22	23	24	25	26	27	28	29	30
☉	♏8	9	10	11	12	13	14	15	16	18	19	20	21	22	23	24	25	26	27	28	29	♐0	1	2	3	4	5	6	7	♐8
☽	♐24	♑6	17	♒0	12	25	♓8	21	♈6	20	♉5	20	♊6	21	♋6	20	♌4	18	♍1	14	27	♎9	21	♏3	15	27	♐9	21	♑3	♑14
☿	♎20	21	22	23	24	25	27	28	29	♏1	2	4	5	7	8	10	11	13	14	16	18	19	21	22	24	25	27	29	♐0	♐2
♀	♐25	26	27	28	29	♑0	2	3	4	5	6	7	8	9	10	11	12	12	13	14	15	16	17	18	19	20	21	22	22	♑23
♂	♍6	7	7	8	9	9	10	10	11	11	12	12	13	14	14	15	15	16	16	17	17	18	18	19	19	20	21	21	22	♍22

	1	6	12	18	24	30
♃	♎25	26	27	28	29	♏1
♄	♎16	17	17	18	18	19

	1	15	30
♅	♏29	♐29	1
♆	♐23	23	24
♇	♎25	25	26
☊	♋26	24	23

DÉCEMBRE

	1	2	3	4	5	6	7	8	9	10	11	12	13	14	15	16	17	18	19	20	21	22	23	24	25	26	27	28	29	30	31
☉	♐9	10	11	12	13	14	15	16	17	18	19	20	21	22	23	24	25	26	27	28	29	♑0	1	2	3	4	5	6	7	8	♑9
☽	♑26	♒9	21	♓4	17	♈0	14	28	♉13	28	♊14	29	♋14	29	♌13	27	♍10	23	♎6	18	♏0	12	24	♐6	18	♑0	11	23	♒6	18	♓1
☿	♐3	5	7	8	10	11	13	14	16	17	19	21	22	24	25	27	29	♑0	2	3	5	6	8	10	11	13	14	16	18	19	♑21
♀	♑24	25	26	26	27	28	29	29	♒0	1	1	2	3	3	4	4	5	5	6	6	7	7	7	8	8	8	8	9	9	9	♒9
♂	♍23	23	24	24	25	25	26	26	27	27	28	28	29	29	♎0	0	0	1	1	2	2	3	3	4	4	5	5	5	6	6	♎7

	1	6	12	18	24	30
♃	♏1	2	3	4	5	6
♄	♎19	20	20	21	21	21

	1	15	30
♅	♐1	2	3
♆	♐24	25	25
♇	♎26	26	27
☊	♋23	23	22

1982

JANVIER

	1	2	3	4	5	6	7	8	9	10	11	12	13	14	15	16	17	18	19	20	21	22	23	24	25	26	27	28	29	30	31
☉	♑10	11	12	13	14	15	16	17	18	19	20	21	22	23	25	26	27	28	29	♒0	1	2	3	4	5	6	7	8	9	10	♒11
☽	♓13	26	♈10	24	♉8	22	♊7	22	♋7	22	♌6	21	♍5	18	♎1	14	27	♏9	21	♐2	14	26	♑8	20	♒2	15	27	♓10	23	♈7	♈20
☿	♑23	24	26	27	29	♒0	2	4	5	7	8	9	11	12	13	14	15	16	17	18	18	18	19	19	18	18	17	17	16	15	♒13
♀	♒9	9	9	9	9	8	8	8	8	7	7	6	6	5	5	4	4	3	3	2	1	1	0	♑29	29	28	28	27	27	26	♑26
♂	♎7	7	8	8	9	9	9	10	10	11	11	11	12	12	12	13	13	13	14	14	14	14	15	15	15	16	16	16	16	17	♎17

	1	6	12	18	24	30		1	6	12	18	24	30		1	15	30		1	15	30		1	15	30		1	15	30
♃	♏6	7	8	8	9	9	♄	♎21	22	22	22	22	22	♅	♐3	3	4	♆	♐25	26	26	♇	♎27	27	27	☊	♋22	22	22

FÉVRIER

	1	2	3	4	5	6	7	8	9	10	11	12	13	14	15	16	17	18	19	20	21	22	23	24	25	26	27	28
☉	♒12	13	14	15	16	17	18	19	20	21	22	23	24	25	26	27	28	29	♓0	1	2	3	4	5	6	7	8	♓9
☽	♉4	18	♊2	17	♋1	16	♌0	14	29	♍13	26	♎9	22	♏4	17	29	♐10	22	♑4	16	28	♒11	23	♓6	20	♈3	17	♉1
☿	♒12	11	10	9	7	6	6	5	4	4	3	3	3	3	3	3	4	4	5	5	6	7	7	8	9	10	11	♒12
♀	♑25	25	25	24	24	24	24	24	23	23	23	23	23	24	24	24	24	24	25	25	25	26	26	27	27	27	28	♑29
♂	♎17	17	17	18	18	18	18	18	18	18	19	19	19	19	19	19	19	19	19	19	19	19	19	19	19	19	19	♎19

	1	6	12	18	24	28		1	6	12	18	24	28		1	15	28		1	15	28		1	15	28		1	15	28
♃	♏9	10	10	10	10	10	♄	♎22	22	22	22	22	22	♅	♐4	4	5	♆	♐26	27	27	♇	♎27	27	27	☊	♋22	22	21

MARS

	1	2	3	4	5	6	7	8	9	10	11	12	13	14	15	16	17	18	19	20	21	22	23	24	25	26	27	28	29	30	31
☉	♓10	11	12	13	14	15	16	17	18	19	20	21	22	23	24	25	26	27	28	29	♈0	1	2	3	4	5	6	7	8	9	♈10
☽	♉15	29	♊13	27	♋11	25	♌9	23	♍7	21	♎4	17	♏0	12	24	♐6	18	♑0	12	24	♒6	19	♓2	15	28	♈12	27	♉11	25	♊10	♊24
☿	♒13	14	16	17	18	19	21	22	23	25	26	27	29	♓0	2	3	5	6	8	9	11	13	14	16	18	19	21	23	25	27	♓28
♀	♑29	♒0	0	1	2	2	3	4	4	5	6	7	7	8	9	10	11	12	12	13	14	15	16	17	18	19	20	21	22	23	♒24
♂	♎19	19	19	18	18	18	18	18	18	17	17	17	17	16	16	16	15	15	15	15	14	14	14	13	13	12	12	12	11	11	♎11

	1	6	12	18	24	30		1	6	12	18	24	30		1	15	30		1	15	30		1	15	30		1	15	30
♃	♏10	10	10	10	9	9	♄	♎22	21	21	21	20	20	♅	♐5	5	4	♆	♐27	27	27	♇	♎27	26	26	☊	♋21	20	19

AVRIL

	1	2	3	4	5	6	7	8	9	10	11	12	13	14	15	16	17	18	19	20	21	22	23	24	25	26	27	28	29	30
☉	♈11	12	13	14	15	16	17	18	19	20	21	22	23	24	25	26	27	28	29	♉0	1	2	3	3	4	5	6	7	8	♉9
☽	♋8	22	♌6	20	♍3	17	♎0	13	26	♏8	20	♐2	14	26	♑8	20	♒2	14	27	♓10	23	♈7	21	♉5	20	♊5	20	♋4	19	♌3
☿	♈0	2	4	6	8	10	12	14	16	18	20	22	24	26	28	♉0	3	5	7	9	11	13	15	17	19	21	22	24	26	♉28
♀	♒25	25	26	27	28	29	♓0	2	3	4	5	6	7	8	9	10	11	12	13	14	15	16	17	18	20	21	22	23	24	♓25
♂	♎10	10	9	9	9	8	8	7	7	7	6	6	6	5	5	5	4	4	4	3	3	3	3	2	2	2	2	2	1	♎1

	1	6	12	18	24	30		1	6	12	18	24	30		1	15	30		1	15	30		1	15	30		1	15	30
♃	♏8	8	7	6	6	5	♄	♎20	19	19	18	18	17	♅	♐4	4	4	♆	♐27	27	27	♇	♎26	26	25	☊	♋19	17	16

MAI

	1	2	3	4	5	6	7	8	9	10	11	12	13	14	15	16	17	18	19	20	21	22	23	24	25	26	27	28	29	30	31
☉	♉10	11	12	13	14	15	16	17	18	19	20	21	22	23	24	25	26	27	28	29	♊0	1	2	3	3	4	5	6	7	8	♊9
☽	♌17	♍0	13	26	♎9	22	♏4	17	29	♐11	23	♑4	16	28	♒10	22	♓5	18	♈1	15	29	♉14	29	♊14	29	♋14	29	♌13	27	♍10	♍23
☿	♉29	♊1	2	3	5	6	7	8	9	10	11	12	13	13	14	14	15	15	15	15	15	15	15	15	15	14	14	13	13	13	♊12
♀	♓26	27	28	29	♈1	2	3	4	5	6	7	8	10	11	12	13	14	15	16	17	19	20	21	22	23	24	26	27	28	29	♉0
♂	♎1	1	1	1	1	1	1	0	0	0	0	0	0	0	0	0	1	1	1	1	1	1	1	1	1	2	2	2	2	2	♎3

	1	6	12	18	24	30		1	6	12	18	24	30		1	15	30		1	15	30		1	15	30		1	15	30
♃	♏5	4	3	3	2	2	♄	♎17	17	17	16	16	16	♅	♐4	3	2	♆	♐27	27	26	♇	♎25	25	24	☊	♋16	15	14

JUIN

	1	2	3	4	5	6	7	8	9	10	11	12	13	14	15	16	17	18	19	20	21	22	23	24	25	26	27	28	29	30
☉	♊10	11	12	13	14	15	16	17	18	19	20	21	22	23	24	25	25	26	27	28	29	♋0	1	2	3	4	5	6	7	♋8
☽	♎6	19	♏1	14	26	♐8	20	♑1	13	25	♒7	19	♓1	14	27	♈10	23	♉8	22	♊7	22	♋7	23	♌7	22	♍6	20	♎3	16	♎28
☿	♊11	11	10	10	9	9	8	8	7	7	7	7	7	7	7	7	7	7	8	8	8	9	10	10	11	12	13	14	15	♊16
♀	♉1	2	4	5	6	7	8	9	11	12	13	14	15	16	18	19	20	21	22	23	25	26	27	28	29	♊1	2	3	4	♊5
♂	♎3	3	3	3	4	4	4	5	5	5	5	6	6	6	7	7	7	8	8	9	9	9	10	10	10	11	11	12	12	♎13

	1	6	12	18	24	30		1	6	12	18	24	30		1	15	30		1	15	30		1	15	30		1	15	30
♃	♏1	1	1	1	0	0	♄	♎16	16	16	15	16	16	♅	♐2	2	1	♆	♐26	26	25	♇	♎24	24	24	☊	♋14	13	13

JUILLET

	1	2	3	4	5	6	7	8	9	10	11	12	13	14	15	16	17	18	19	20	21	22	23	24	25	26	27	28	29	30	31
☉	♋9	10	11	12	13	14	15	16	16	17	18	19	20	21	22	23	24	25	26	27	28	29	♌0	1	2	3	4	5	6	7	♌7
☽	♏11	23	♐5	17	28	♑10	22	♒4	16	28	♓11	23	♈6	19	♉3	17	♊1	16	♋1	16	♌1	16	♍0	15	28	♎12	25	♏7	20	♐2	♐13
☿	♊17	19	20	21	23	24	26	27	29	♋1	3	5	6	8	10	12	14	16	19	21	23	25	27	29	♌1	3	6	8	10	12	♌14
♀	♊7	8	9	10	11	12	14	15	16	17	18	20	21	22	23	24	26	27	28	29	♋0	2	3	4	5	6	8	9	10	11	♋12
♂	♎13	13	14	14	15	15	16	16	17	17	18	18	19	19	20	20	21	21	22	22	23	23	24	24	25	25	26	26	27	27	♎28

	1	6	12	18	24	30		1	6	12	18	24	30		1	15	30		1	15	30		1	15	30		1	15	30
♃	♏0	1	1	1	1	2	♄	♎16	16	16	16	17	17	♅	♐1	1	1	♆	♐25	25	25	♇	♎24	24	24	☊	♋13	13	13

AOÛT

	1	2	3	4	5	6	7	8	9	10	11	12	13	14	15	16	17	18	19	20	21	22	23	24	25	26	27	28	29	30	31
☉	♌8	9	10	11	12	13	14	15	16	17	18	19	20	21	22	23	24	25	26	27	28	29	♍0	1	1	2	3	4	5	6	♍7
☽	♐25	♑7	19	♒1	13	25	♓8	20	♈3	16	29	♉13	27	♊11	25	♋10	25	♌9	24	♍9	23	♎7	20	♏3	16	28	♐10	22	♑4	15	♑27
☿	♌16	18	20	22	23	25	27	29	♍1	2	4	6	8	9	11	13	14	16	17	19	20	22	23	24	26	27	29	♎0	1	2	♎4
♀	♋14	15	16	17	18	20	21	22	23	25	26	27	28	29	♌1	2	3	4	6	7	8	9	10	12	13	14	15	17	18	19	♌20
♂	♎29	29	♏0	0	1	1	2	3	3	4	4	5	6	6	7	7	8	9	9	10	10	11	12	12	13	14	14	15	15	16	♏17

	1	6	12	18	24	30		1	6	12	18	24	30		1	15	30		1	15	30		1	15	30		1	15	30
♃	♏2	3	3	4	5	6	♄	♎17	17	18	18	19	19	♅	♐1	1	1	♆	♐25	24	24	♇	♎24	25	25	☊	♋13	13	12

SEPTEMBRE

	1	2	3	4	5	6	7	8	9	10	11	12	13	14	15	16	17	18	19	20	21	22	23	24	25	26	27	28	29	30
☉	♍8	9	10	11	12	13	14	15	16	17	18	19	20	21	22	23	24	25	26	27	28	29	♎0	1	2	3	4	5	6	♎7
☽	♒9	22	♓4	17	♈0	13	26	♉10	24	♊8	22	♋6	20	♌4	19	♍3	17	♎1	15	28	♏11	24	♐6	18	♑0	12	23	♒5	17	♓0
☿	♎5	6	7	8	9	10	11	12	13	14	14	15	16	16	17	17	17	17	18	18	17	17	17	16	16	15	14	13	12	♎11
♀	♌21	23	24	25	26	28	29	♍0	1	3	4	5	6	8	9	10	11	13	14	15	16	17	19	20	21	22	24	25	26	♍27
♂	♏17	18	19	19	20	21	21	22	23	23	24	25	25	26	27	27	28	29	29	♐0	1	1	2	3	3	4	5	5	6	♐7

	1	6	12	18	24	30		1	6	12	18	24	30		1	15	30		1	15	30		1	15	30		1	15	30
♃	♏6	7	8	9	10	11	♄	♎20	20	21	21	22	23	♅	♐1	1	2	♆	♐24	24	24	♇	♎25	25	26	☊	♋12	11	9

OCTOBRE

	1	2	3	4	5	6	7	8	9	10	11	12	13	14	15	16	17	18	19	20	21	22	23	24	25	26	27	28	29	30	31
☉	♎7	8	9	10	11	12	13	14	15	16	17	18	19	20	21	22	23	24	25	26	27	28	29	♏0	1	2	3	4	5	6	♏7
☽	♓13	26	♈9	22	♉6	20	♊4	18	♋3	17	♌1	15	29	♍13	26	♎10	23	♏6	19	♐2	14	26	♑8	19	♒1	13	25	♓8	20	♈4	♈17
☿	♎10	9	8	7	6	5	4	3	3	3	2	2	3	3	4	4	5	6	7	8	10	11	12	14	15	17	19	20	22	23	♎25
♀	♍29	♎0	1	2	4	5	6	7	9	10	11	12	14	15	16	17	19	20	21	22	24	25	26	27	29	♏0	1	2	4	5	♏6
♂	♐8	8	9	10	10	11	12	13	13	14	15	15	16	17	18	18	19	20	20	21	22	23	23	24	25	26	26	27	28	29	♐29

	1	6	12	18	24	30		1	6	12	18	24	30		1	15	30		1	15	30		1	15	30		1	15	30
♃	♏12	13	14	15	16	18	♄	♎23	24	24	25	26	27	♅	♐2	2	3	♆	♐24	25	25	♇	♎26	27	27	☊	♋9	8	6

NOVEMBRE

	1	2	3	4	5	6	7	8	9	10	11	12	13	14	15	16	17	18	19	20	21	22	23	24	25	26	27	28	29	30
☉	♏8	9	10	11	12	13	14	15	16	17	18	19	20	21	22	23	24	25	26	27	28	29	♐0	1	2	3	4	5	6	♐7
☽	♉1	15	♊0	14	29	♋13	28	♌12	26	♍9	23	♎6	19	♏2	15	27	♐10	22	♑4	16	27	♒9	21	♓3	16	28	♈11	25	♉9	♉24
☿	♎27	28	♏0	2	3	5	7	8	10	11	13	15	16	18	19	21	23	24	26	27	29	♐1	2	4	5	7	8	10	12	♐13
♀	♏7	9	10	11	12	14	15	16	17	19	20	21	23	24	25	26	28	29	♐0	1	3	4	5	6	8	9	10	11	13	♐14
♂	♑0	1	2	2	3	4	5	5	6	7	8	8	9	10	11	11	12	13	14	14	15	16	17	17	18	19	20	21	21	♑22

	1	6	12	18	24	30		1	6	12	18	24	30		1	15	30		1	15	30		1	15	30		1	15	30
♃	♏18	19	21	22	23	24	♄	♎27	27	28	29	29	♏0	♅	♐3	4	5	♆	♐25	26	26	♇	♎27	28	28	☊	♋6	5	4

DÉCEMBRE

	1	2	3	4	5	6	7	8	9	10	11	12	13	14	15	16	17	18	19	20	21	22	23	24	25	26	27	28	29	30	31
☉	♐8	9	10	11	13	14	15	16	17	18	19	20	21	22	23	24	25	26	27	28	29	♑0	1	2	3	4	5	6	7	8	♑9
☽	♊8	23	♋8	23	♌8	22	♍6	20	♎3	16	29	♏12	24	♐6	18	♑0	12	24	♒6	18	♓0	12	24	♈7	20	♉3	17	♊1	16	♋1	♋16
☿	♐15	16	18	19	21	22	24	26	27	29	♑0	2	3	5	6	8	9	11	13	14	15	17	18	20	21	23	24	25	26	27	♑29
♀	♐15	16	18	19	20	21	23	24	25	26	28	29	♑0	1	3	4	5	6	8	9	10	11	13	14	15	17	18	19	20	22	♑23
♂	♑23	24	24	25	26	27	27	28	29	♒0	1	1	2	3	4	4	5	6	7	8	8	9	10	11	12	12	13	14	15	15	♒16

	1	6	12	18	24	30		1	6	12	18	24	30		1	15	30		1	15	30		1	15	30		1	15	30
♃	♏25	26	27	28	♐0	1	♄	♏0	1	1	2	2	3	♅	♐5	6	7	♆	♐26	27	27	♇	♎28	29	29	☊	♋4	4	4

1983

JANVIER

	1	2	3	4	5	6	7	8	9	10	11	12	13	14	15	16	17	18	19	20	21	22	23	24	25	26	27	28	29	30	31
☉	♑10	11	12	13	14	15	16	17	18	19	20	21	22	23	24	25	26	27	28	29	♒0	1	2	3	4	5	6	7	9	10	♒11
☽	♌2	17	♍1	16	♎0	13	26	♏9	21	♐3	15	27	♑9	21	♒3	15	26	♓9	21	♈3	16	29	♉12	26	♊10	24	♋9	24	♌9	25	♍10
☿	♒0	0	1	2	2	2	3	3	2	2	1	0	♑29	28	27	26	24	23	22	21	20	19	18	17	17	17	16	16	17	17	♑17
♀	♑24	25	27	28	29	♒0	2	3	4	5	7	8	9	10	12	13	14	15	17	18	19	20	22	23	24	25	27	28	29	♓0	♓2
♂	♒17	18	19	19	20	21	22	22	23	24	25	26	26	27	28	29	♓0	0	1	2	3	3	4	5	6	7	7	8	9	10	♓11

	1	6	12	18	24	30
♃	♐1	2	3	4	5	6
♄	♏3	3	4	4	4	4

	1	15	30
♅	♐7	8	8
♆	♐27	28	28
♇	♎29	29	♏29
☊	♋4	4	4

FÉVRIER

	1	2	3	4	5	6	7	8	9	10	11	12	13	14	15	16	17	18	19	20	21	22	23	24	25	26	27	28
☉	♒12	13	14	15	16	17	18	19	20	21	22	23	24	25	26	27	28	29	♓0	1	2	3	4	5	6	7	8	♓9
☽	♍24	♎8	22	♏5	18	♐0	12	24	♑6	18	♒0	12	23	♓6	18	♈0	13	25	♉8	22	♊5	19	♋3	18	♌3	18	♍3	♍17
☿	♑18	18	19	20	20	21	22	23	24	25	26	27	28	♒0	1	2	3	5	6	7	9	10	11	13	14	16	17	♒19
♀	♓3	4	5	7	8	9	10	12	13	14	15	17	18	19	20	21	23	24	25	26	28	29	♈0	1	3	4	5	♈6
♂	♓11	12	13	14	14	15	16	17	18	18	19	20	21	21	22	23	24	25	25	26	27	28	28	29	♈0	1	2	♈2

	1	6	12	18	24	28
♃	♐7	7	8	9	9	10
♄	♏4	4	4	4	4	4

	1	15	28
♅	♐8	9	9
♆	♐28	29	29
♇	♏0	♎0	29
☊	♋4	3	2

MARS

	1	2	3	4	5	6	7	8	9	10	11	12	13	14	15	16	17	18	19	20	21	22	23	24	25	26	27	28	29	30	31
☉	♓10	11	12	13	14	15	16	17	18	19	20	21	22	23	24	25	26	27	28	29	♈0	1	2	3	4	5	6	7	8	9	♈10
☽	♎2	16	♏0	13	26	♐9	21	♑3	15	26	♒8	20	♓2	14	27	♈10	22	♉5	19	♊2	16	29	♋14	28	♌12	27	♍11	26	♎10	24	♏8
☿	♒20	22	23	25	26	28	♓0	1	3	5	6	8	10	12	13	15	17	19	21	23	24	26	28	♈0	2	4	6	8	10	12	♈14
♀	♈8	9	10	11	12	14	15	16	17	19	20	21	22	23	25	26	27	28	♉0	1	2	3	4	6	7	8	9	10	12	13	♉14
♂	♈3	4	5	5	6	7	8	8	9	10	11	11	12	13	14	15	15	16	17	18	18	19	20	21	21	22	23	24	24	25	♈26

	1	6	12	18	24	30
♃	♐10	10	11	11	11	11
♄	♏4	4	4	4	3	3

	1	15	30
♅	♐9	9	9
♆	♐29	29	29
♇	♎29	29	29
☊	♋2	0	♊1

AVRIL

	1	2	3	4	5	6	7	8	9	10	11	12	13	14	15	16	17	18	19	20	21	22	23	24	25	26	27	28	29	30
☉	♈11	12	13	14	15	16	17	18	19	20	21	22	23	23	24	25	26	27	28	29	♉0	1	2	3	4	5	6	7	8	♉9
☽	♏21	♐4	17	29	♑11	23	♒4	16	28	♓10	23	♈6	18	♉2	15	29	♊12	26	♋10	24	♌9	23	♍7	21	♎5	19	♏3	16	29	♐12
☿	♈16	19	21	23	25	27	29	♉1	2	4	6	8	10	11	13	14	16	17	18	19	20	21	22	23	23	24	25	25	25	♉25
♀	♉15	16	18	19	20	21	22	24	25	26	27	28	29	♊1	2	3	4	5	6	8	9	10	11	12	13	15	16	17	18	♊19
♂	♈27	27	28	29	♉0	0	1	2	3	3	4	5	5	6	7	8	8	9	10	11	11	12	13	14	14	15	16	16	17	♉18

	1	6	12	18	24	30
♃	♐11	11	11	10	10	9
♄	♏3	2	2	1	1	1

	1	15	30
♅	♐9	9	8
♆	♐29	29	29
♇	♎29	28	28
☊	♊28	27	26

MAI

	1	2	3	4	5	6	7	8	9	10	11	12	13	14	15	16	17	18	19	20	21	22	23	24	25	26	27	28	29	30	31
☉	♉10	11	12	13	14	15	16	17	18	19	20	21	22	23	24	25	26	27	27	28	29	♊0	1	2	3	4	5	6	7	8	♊9
☽	♐24	♑7	19	♒0	12	24	♓6	18	♈1	14	27	♉10	24	♊8	22	♋7	21	♌5	20	♍4	18	♎2	15	29	♏12	25	♐8	20	♑2	15	♑27
☿	♉26	26	25	25	25	25	24	24	23	23	22	22	21	21	20	19	19	18	18	18	17	17	17	17	16	16	16	17	17	17	♉18
♀	♊20	22	23	24	25	26	27	28	29	♋1	2	3	4	5	6	7	8	10	11	12	13	14	15	16	17	18	19	20	21	22	♋24
♂	♉19	19	20	21	22	22	23	24	24	25	26	27	27	28	29	29	♊0	1	1	2	3	4	4	5	6	6	7	8	9	9	♊10

	1	6	12	18	24	30
♃	♐9	9	8	7	7	6
♄	♏0	0	0	♎29	29	29

	1	15	30
♅	♐8	8	7
♆	♐29	29	28
♇	♎28	27	27
☊	♊26	25	25

JUIN

	1	2	3	4	5	6	7	8	9	10	11	12	13	14	15	16	17	18	19	20	21	22	23	24	25	26	27	28	29	30
☉	♊10	11	12	13	14	15	16	17	18	19	20	20	21	22	23	24	25	26	27	28	29	♋0	1	2	3	4	5	6	7	♋8
☽	♒8	20	♓2	14	26	♈9	22	♉5	19	♊3	17	♋1	16	♌1	16	♍0	14	28	♎12	26	♏9	22	♐4	17	29	♑11	23	♒5	17	♒29
☿	♉18	18	19	20	20	21	22	23	24	25	26	27	28	♊0	1	2	4	5	7	8	10	11	13	15	17	18	20	22	24	♊26
♀	♋25	26	27	28	29	♌0	1	2	3	4	5	6	7	8	9	10	11	12	13	13	14	15	16	17	18	19	20	21	21	♌22
♂	♊11	11	12	13	13	14	15	15	16	17	18	18	19	20	20	21	22	22	23	24	24	25	26	26	27	28	28	29	♋0	♋0

	1	6	12	18	24	30
♃	♐6	5	4	4	3	2
♄	♎28	28	28	28	28	28

	1	15	30
♅	♐7	6	6
♆	♐28	28	28
♇	♎27	27	27
☊	♊25	25	25

JUILLET

	1	2	3	4	5	6	7	8	9	10	11	12	13	14	15	16	17	18	19	20	21	22	23	24	25	26	27	28	29	30	31
☉	♋9	10	11	11	12	13	14	15	16	17	18	19	20	21	22	23	24	25	26	27	28	29	♌0	1	2	2	3	4	5	6	♌7
☽	♓10	22	♈5	17	♉0	13	27	♊11	25	♋10	25	♌10	25	♍10	25	♎9	22	♏6	19	♐1	14	26	♑8	20	♒2	14	25	♓7	19	♈1	♈14
☿	♊28	♋0	3	5	7	9	11	13	15	18	20	22	24	26	28	♌0	2	4	6	8	10	12	14	16	18	19	21	23	24	26	♌28
♀	♌23	24	25	25	26	27	28	28	29	♍0	1	1	2	2	3	4	4	5	5	6	6	7	7	7	8	8	8	9	9	9	♍9
♂	♋1	2	3	3	4	5	5	6	7	7	8	9	9	10	11	11	12	13	13	14	15	15	16	16	17	18	18	19	20	20	♋21

	1	6	12	18	24	30
♃	♐2	2	2	1	1	1
♄	♎28	28	28	28	28	28

	1	15	30
♅	♐6	5	5
♆	♐28	27	27
♇	♎27	27	27
☊	♊25	25	24

AOÛT

	1	2	3	4	5	6	7	8	9	10	11	12	13	14	15	16	17	18	19	20	21	22	23	24	25	26	27	28	29	30	31
☉	♌8	9	10	11	12	13	14	15	16	17	18	19	20	21	22	23	24	25	25	26	27	28	29	♍0	1	2	3	4	5	6	♍7
☽	♈26	♉9	22	♊5	19	♋4	18	♌3	19	♍4	19	♎4	18	♏2	15	28	♐11	23	♑5	17	29	♒11	22	♓4	16	28	♈11	23	♉5	18	♊1
☿	♌29	♍1	2	4	5	7	8	10	11	12	14	15	16	17	19	20	21	22	23	24	25	26	26	27	28	28	29	29	♎0	0	♎1
♀	♍9	9	9	9	9	9	9	9	9	9	8	8	8	7	7	7	6	6	5	5	4	3	3	2	2	1	0	0	♌29	28	♌28
♂	♋22	22	23	24	24	25	26	26	27	28	28	29	♌0	0	1	1	2	3	3	4	5	5	6	7	7	8	9	9	10	10	♌11

	1	6	12	18	24	30
♃	♐1	1	1	2	2	3
♄	♎28	29	29	♏0	0	0

	1	15	30
♅	♐5	5	5
♆	♐27	27	26
♇	♎27	27	27
☊	♊24	23	22

SEPTEMBRE

	1	2	3	4	5	6	7	8	9	10	11	12	13	14	15	16	17	18	19	20	21	22	23	24	25	26	27	28	29	30
☉	♍8	9	10	11	12	13	14	15	16	17	18	19	20	21	22	23	24	25	25	26	27	28	29	♎0	1	2	3	4	5	♎6
☽	♊15	28	♋12	27	♌12	27	♍12	27	♎12	27	♏10	24	♐7	19	♑2	14	26	♒8	19	♓1	13	25	♈8	20	♉3	15	28	♊11	25	♋8
☿	♎1	1	1	1	0	0	0	♍29	28	28	27	26	25	24	23	22	21	20	19	18	18	17	17	16	16	16	17	17	18	♍19
♀	♌27	27	26	26	25	25	25	24	24	24	24	23	23	23	23	23	23	23	23	24	24	24	24	24	25	25	26	26	26	♌27
♂	♌12	12	13	14	14	15	16	16	17	17	18	19	19	20	21	21	22	22	23	24	24	25	26	26	27	28	28	29	29	♍0

	1	6	12	18	24	30
♃	♐3	3	4	5	6	7
♄	♏1	1	2	2	3	4

	1	15	30
♅	♐5	5	6
♆	♐26	26	27
♇	♎28	28	29
☊	♊22	21	19

OCTOBRE

	1	2	3	4	5	6	7	8	9	10	11	12	13	14	15	16	17	18	19	20	21	22	23	24	25	26	27	28	29	30	31
☉	♎7	8	9	10	11	12	13	14	15	16	17	18	19	20	21	22	23	24	25	26	27	28	29	♏0	1	2	3	4	5	6	♏7
☽	♋22	♌7	21	♍6	21	♎6	20	♏5	19	♐2	15	28	♑10	22	♒4	16	28	♓10	22	♈4	16	29	♉12	25	♊8	22	♋5	19	♌3	17	♍1
☿	♍19	20	22	23	24	25	27	28	♎0	2	3	5	7	8	10	12	14	15	17	19	20	22	24	26	27	29	♏1	2	4	6	♏7
♀	♌27	28	28	29	♍0	0	1	1	2	3	3	4	5	6	6	7	8	9	10	11	11	12	13	14	15	16	17	18	19	20	♍21
♂	♍1	1	2	2	3	4	4	5	6	6	7	7	8	9	9	10	10	11	12	12	13	14	14	15	15	16	17	17	18	18	♍19

	1	6	12	18	24	30
♃	♐7	8	9	10	11	12
♄	♏4	4	5	6	6	7

	1	15	30
♅	♐6	7	7
♆	♐27	27	27
♇	♎29	29	♏29
☊	♊19	18	17

NOVEMBRE

	1	2	3	4	5	6	7	8	9	10	11	12	13	14	15	16	17	18	19	20	21	22	23	24	25	26	27	28	29	30
☉	♏8	9	10	11	12	13	14	15	16	17	18	19	20	21	22	23	24	25	26	27	28	29	♐0	1	2	3	4	5	6	♐7
☽	♍16	♎0	15	29	♏13	27	♐10	23	♑5	18	♒0	12	24	♓6	18	♈0	12	25	♉7	21	♊4	18	♋2	16	♌0	14	28	♍12	27	♎11
☿	♏9	10	12	14	15	17	18	20	22	23	25	26	28	29	♐1	3	4	6	7	9	10	12	13	15	16	18	19	21	22	♐24
♀	♍21	22	23	24	25	26	27	29	♎0	1	2	3	4	5	6	7	8	9	10	11	12	13	15	16	17	18	19	20	21	♎22
♂	♍20	20	21	21	22	23	23	24	24	25	26	26	27	27	28	29	29	♎0	0	1	2	2	3	3	4	4	5	6	6	♎7

	1	6	12	18	24	30
♃	♐12	13	15	16	17	19
♄	♏7	8	9	9	10	11

	1	15	30
♅	♐8	8	9
♆	♐27	28	28
♇	♏0	0	1
☊	♊17	16	16

DÉCEMBRE

	1	2	3	4	5	6	7	8	9	10	11	12	13	14	15	16	17	18	19	20	21	22	23	24	25	26	27	28	29	30	31
☉	♐8	9	10	11	12	13	14	15	16	17	18	19	20	21	22	23	24	25	26	28	29	♑0	1	2	3	4	5	6	7	8	♑9
☽	♎24	♏8	22	♐5	18	♑1	13	26	♒8	20	♓2	13	25	♈7	20	♉2	15	29	♊12	26	♋11	25	♌10	25	♍9	23	♎7	21	♏5	18	♐1
☿	♐25	26	28	29	♑1	2	3	5	6	7	9	10	11	12	13	14	15	15	16	16	17	17	17	16	16	15	14	13	12	11	♑9
♀	♎24	25	26	27	28	29	♏0	2	3	4	5	6	7	9	10	11	12	13	14	16	17	18	19	20	22	23	24	25	26	27	♏29
♂	♎7	8	8	9	10	10	11	11	12	12	13	14	14	15	15	16	16	17	18	18	19	19	20	20	21	21	22	23	23	24	♎24

	1	6	12	18	24	30
♃	♐19	20	21	23	24	25
♄	♏11	11	12	13	13	14

	1	15	30
♅	♐9	10	11
♆	♐28	29	29
♇	♏1	1	2
☊	♊16	16	16

1984

JANVIER

	1	2	3	4	5	6	7	8	9	10	11	12	13	14	15	16	17	18	19	20	21	22	23	24	25	26	27	28	29	30	31
☉	♑10	11	12	13	14	15	16	17	18	19	20	21	22	23	24	25	26	27	28	29	♒0	1	2	3	4	5	6	7	8	9	♒10
☽	♐14	27	♑9	22	♒4	16	28	♓10	21	♈3	15	28	♉10	23	♊6	20	♋4	19	♌4	19	♍4	19	♎4	18	♏2	15	28	♐11	24	♑6	♑18
☿	♑8	7	6	4	3	2	2	1	1	0	0	0	1	1	1	2	3	3	4	5	6	7	8	9	10	11	12	14	15	16	♑17
♀	♐0	1	2	4	5	6	7	8	10	11	12	13	14	16	17	18	19	20	22	23	24	25	27	28	29	♑0	1	3	4	5	♑6
♂	♎25	25	26	26	27	27	28	28	29	29	♏0	0	1	1	2	2	3	3	4	4	5	5	6	6	7	7	8	8	9	9	♏10

	1	6	12	18	24	30		1	6	12	18	24	30		1	15	30		1	15	30		1	15	30		1	15	30
♃	♐26	27	28	♑0	1	2	♄	♏14	14	15	15	16	16	♅	♐11	12	13	♆	♐29	♑0	0	♇	♏2	2	2	☊	♊16	15	15

FÉVRIER

	1	2	3	4	5	6	7	8	9	10	11	12	13	14	15	16	17	18	19	20	21	22	23	24	25	26	27	28	29
☉	♒11	12	13	14	15	16	17	18	19	20	21	22	23	24	25	26	28	29	♓0	1	2	3	4	5	6	7	8	9	♓10
☽	♒0	12	24	♓6	18	♈0	12	24	♉6	18	♊1	14	28	♋12	27	♌12	27	♍12	28	♎13	27	♏11	25	♐8	21	♑3	15	27	♒9
☿	♑19	20	21	23	24	26	27	28	♒0	1	3	4	6	7	9	11	12	14	15	17	19	20	22	24	25	27	29	♓0	♓2
♀	♑8	9	10	11	13	14	15	16	17	19	20	21	22	24	25	26	27	29	♒0	1	2	3	5	6	7	8	10	11	♒12
♂	♏10	11	11	12	12	12	13	13	14	14	15	15	16	16	16	17	17	18	18	18	19	19	19	20	20	21	21	21	♏22

	1	6	12	18	24	29		1	6	12	18	24	29		1	15	29		1	15	29		1	15	29		1	15	29
♃	♑3	4	5	6	7	8	♄	♏16	16	16	16	16	16	♅	♐13	13	13	♆	♑0	1	1	♇	♏2	2	2	☊	♊14	13	12

MARS

	1	2	3	4	5	6	7	8	9	10	11	12	13	14	15	16	17	18	19	20	21	22	23	24	25	26	27	28	29	30	31
☉	♓11	12	13	14	15	16	17	18	19	20	21	22	23	24	25	26	27	28	29	♈0	1	2	3	4	5	6	7	7	8	9	♈10
☽	♒21	♓3	15	27	♈9	21	♉3	15	28	♊10	23	♋7	21	♌5	20	♍5	21	♎6	21	♏6	20	♐4	17	♑0	12	24	♒6	18	♓0	12	♓24
☿	♓4	6	8	9	11	13	15	17	19	21	23	25	27	29	♈1	3	5	7	9	10	12	14	16	18	20	21	23	25	26	28	♈29
♀	♒13	15	16	17	18	19	21	22	23	24	26	27	28	29	♓1	2	3	4	6	7	8	9	10	12	13	14	15	17	18	19	♓20
♂	♏22	22	23	23	23	23	24	24	24	25	25	25	25	26	26	26	26	26	27	27	27	27	27	27	28	28	28	28	28	28	♏28

	1	6	12	18	24	30		1	6	12	18	24	30		1	15	30		1	15	30		1	15	30		1	15	30
♃	♑8	9	9	10	11	12	♄	♏16	16	16	16	16	15	♅	♐13	14	14	♆	♑1	1	1	♇	♏2	2	1	☊	♊12	10	8

AVRIL

	1	2	3	4	5	6	7	8	9	10	11	12	13	14	15	16	17	18	19	20	21	22	23	24	25	26	27	28	29	30
☉	♈11	12	13	14	15	16	17	18	19	20	21	22	23	24	25	26	27	28	29	♉0	1	2	3	4	5	6	7	8	9	♉10
☽	♈6	18	♉0	12	25	♊7	20	♋3	17	♌1	15	29	♍14	29	♎14	29	♏14	28	♐12	25	♑8	21	♒3	15	27	♓9	21	♈2	14	♈27
☿	♉0	1	2	3	4	5	5	6	6	7	7	7	7	6	6	6	5	5	4	4	3	2	2	1	0	0	♈29	28	28	♈28
♀	♓22	23	24	25	26	28	29	♈0	1	3	4	5	6	8	9	10	11	13	14	15	16	17	19	20	21	22	24	25	26	♈27
♂	♏28	28	28	28	28	28	28	28	28	28	28	28	28	28	28	28	28	27	27	27	27	27	26	26	26	26	25	25	25	♏25

	1	6	12	18	24	30		1	6	12	18	24	30		1	15	30		1	15	30		1	15	30		1	15	30
♃	♑12	12	12	13	13	13	♄	♏15	15	15	14	14	13	♅	♐13	13	13	♆	♑1	1	1	♇	♏1	1	0	☊	♊8	7	7

MAI

	1	2	3	4	5	6	7	8	9	10	11	12	13	14	15	16	17	18	19	20	21	22	23	24	25	26	27	28	29	30	31
☉	♉11	12	13	14	15	16	17	18	19	20	20	21	22	23	24	25	26	27	28	29	♊0	1	2	3	4	5	6	7	8	9	♊10
☽	♉9	22	♊4	17	♋0	14	27	♌11	25	♍10	24	♎9	23	♏8	22	♐6	20	♑3	16	28	♒11	23	♓5	17	29	♈11	23	♉5	18	♊0	♊13
☿	♈27	27	27	26	26	26	26	27	27	27	27	28	28	29	♉0	0	1	2	3	4	5	6	7	8	9	11	12	13	15	16	♉17
♀	♈29	♉0	1	2	3	5	6	7	8	10	11	12	13	15	16	17	18	19	21	22	23	24	26	27	28	29	♊0	2	3	4	♊5
♂	♏24	24	24	23	23	23	22	22	22	21	21	21	20	20	20	19	19	18	18	18	17	17	17	16	16	16	15	15	15	15	♏14

	1	6	12	18	24	30		1	6	12	18	24	30		1	15	30		1	15	30		1	15	30		1	15	30
♃	♑13	13	13	12	12	12	♄	♏13	13	12	12	12	11	♅	♐13	12	12	♆	♑1	1	1	♇	♏0	0	0	☊	♊7	7	7

JUIN

	1	2	3	4	5	6	7	8	9	10	11	12	13	14	15	16	17	18	19	20	21	22	23	24	25	26	27	28	29	30
☉	♊11	12	13	14	15	15	16	17	18	19	20	21	22	23	24	25	26	27	28	29	♋0	1	2	3	4	5	6	6	7	♋8
☽	♊27	♋10	24	♌8	22	♍6	20	♎5	19	♏3	17	♐1	15	28	♑11	24	♒6	19	♓1	13	25	♈7	19	♉1	13	26	♊9	22	♋6	♋20
☿	♉19	20	22	24	25	27	29	♊1	2	4	6	8	10	12	14	16	19	21	23	25	27	29	♋2	4	6	8	10	12	15	♋17
♀	♊7	8	9	10	12	13	14	15	16	18	19	20	21	23	24	25	26	28	29	♋0	1	2	4	5	6	7	9	10	11	♋12
♂	♏14	14	14	13	13	13	13	13	12	12	12	12	12	12	12	12	12	12	12	12	12	12	12	12	12	12	12	12	12	♏12

	1	6	12	18	24	30		1	6	12	18	24	30		1	15	30		1	15	30		1	15	30		1	15	30
♃	♑11	11	10	10	9	8	♄	♏11	11	10	10	10	10	♅	♐12	11	10	♆	♑1	0	0	♇	♏0	♎0	29	☊	♊7	7	6

JUILLET

	1	2	3	4	5	6	7	8	9	10	11	12	13	14	15	16	17	18	19	20	21	22	23	24	25	26	27	28	29	30	31
☉	♋9	10	11	12	13	14	15	16	17	18	19	20	21	22	23	24	25	26	27	27	28	29	♌0	1	2	3	4	5	6	7	♌8
☽	♌4	18	♍3	17	♎2	16	♏0	14	27	♐11	24	♑7	20	♒2	15	27	♓9	21	♈3	15	27	♉9	21	♊4	17	♋0	14	28	♌13	28	♍13
☿	♋19	21	23	25	27	29	♌0	2	4	6	8	9	11	13	14	16	17	19	20	22	23	25	26	27	28	♍0	1	2	3	4	♍5
♀	♋13	15	16	17	18	20	21	22	23	25	26	27	28	29	♌1	2	3	4	6	7	8	9	11	12	13	14	15	17	18	19	♌20
♂	♏13	13	13	13	13	13	14	14	14	14	15	15	15	15	16	16	16	17	17	17	18	18	18	19	19	19	20	20	21	21	♏21

	1	6	12	18	24	30		1	6	12	18	24	30		1	15	30		1	15	30		1	15	30		1	15	30
♃	♑8	7	7	6	5	5	♄	♏10	10	10	10	10	10	♅	♐10	10	10	♆	♑0	♐0	29	♇	♎29	29	29	☊	♊6	6	5

AOÛT

	1	2	3	4	5	6	7	8	9	10	11	12	13	14	15	16	17	18	19	20	21	22	23	24	25	26	27	28	29	30	31
☉	♌9	10	11	12	13	14	15	16	17	18	19	19	20	21	22	23	24	25	26	27	28	29	♍0	1	2	3	4	5	6	7	♍8
☽	♍28	♎12	26	♏10	24	♐7	21	♑4	16	29	♒11	23	♓5	17	29	♈11	23	♉5	17	29	♊12	25	♋8	22	♌7	21	♍7	22	♎7	22	♏6
☿	♍6	7	8	9	10	10	11	11	12	12	13	13	13	13	13	13	13	13	13	12	12	11	10	10	9	8	7	6	5	4	♍3
♀	♌22	23	24	25	27	28	29	♍0	1	3	4	5	6	8	9	10	11	13	14	15	16	17	19	20	21	22	24	25	26	27	♍29
♂	♏22	22	23	23	24	24	25	25	26	26	27	27	28	28	29	29	♐0	0	1	1	2	2	3	3	4	4	5	6	6	7	♐7

	1	6	12	18	24	30		1	6	12	18	24	30		1	15	30		1	15	30		1	15	30		1	15	30
♃	♑4	4	4	3	3	3	♄	♏10	10	10	11	11	11	♅	♐10	10	10	♆	♐29	29	29	♇	♎29	♏0	0	☊	♊4	3	1

SEPTEMBRE

	1	2	3	4	5	6	7	8	9	10	11	12	13	14	15	16	17	18	19	20	21	22	23	24	25	26	27	28	29	30
☉	♍9	10	11	12	13	14	15	16	16	17	18	19	20	21	22	23	24	25	26	27	28	29	♎0	1	2	3	4	5	6	♎7
☽	♏21	♐4	18	♑1	13	26	♒8	20	♓2	14	26	♈8	20	♉2	14	26	♊8	21	♋3	17	♌1	15	♍0	15	♎0	15	♏1	15	♐0	♐14
☿	♍3	2	1	1	0	0	0	0	0	1	1	2	3	3	4	6	7	8	10	11	13	14	16	18	20	21	23	25	27	♍29
♀	♎0	1	2	3	5	6	7	8	10	11	12	13	14	16	17	18	19	21	22	23	24	26	27	28	29	♏0	2	3	4	♏5
♂	♐8	9	9	10	10	11	12	12	13	13	14	15	15	16	17	17	18	18	19	20	20	21	22	22	23	24	24	25	26	♐26

	1	6	12	18	24	30		1	6	12	18	24	30		1	15	30		1	15	30		1	15	30		1	15	30
♃	♑3	3	3	4	4	5	♄	♏12	12	13	13	14	14	♅	♐10	10	10	♆	♐29	29	29	♇	♏0	1	1	☊	♊1	0	♉0

OCTOBRE

	1	2	3	4	5	6	7	8	9	10	11	12	13	14	15	16	17	18	19	20	21	22	23	24	25	26	27	28	29	30	31
☉	♎8	9	10	11	12	13	14	15	16	17	18	19	20	21	22	23	24	25	26	27	28	29	♏0	1	2	3	4	5	6	7	♏8
☽	♐27	♑10	23	♒5	17	29	♓11	23	♈5	17	29	♉11	23	♊5	17	♋0	13	26	♌10	24	♍9	23	♎8	24	♏9	23	♐8	22	♑6	19	♒1
☿	♎0	2	4	6	8	9	11	13	15	16	18	20	21	23	25	26	28	♏0	1	3	5	6	8	9	11	13	14	16	17	19	♏20
♀	♏7	8	9	10	11	13	14	15	16	18	19	20	21	22	24	25	26	27	28	♐0	1	2	3	5	6	7	8	9	11	12	♐13
♂	♐27	28	28	29	♑0	1	1	2	3	3	4	5	5	6	7	8	8	9	10	10	11	12	13	13	14	15	15	16	17	18	♑18

	1	6	12	18	24	30		1	6	12	18	24	30		1	15	30		1	15	30		1	15	30		1	15	30
♃	♑5	5	6	7	8	9	♄	♏14	15	16	16	17	18	♅	♐10	11	12	♆	♐29	29	29	♇	♏1	2	2	☊	♉29	28	28

NOVEMBRE

	1	2	3	4	5	6	7	8	9	10	11	12	13	14	15	16	17	18	19	20	21	22	23	24	25	26	27	28	29	30
☉	♏9	10	11	12	13	14	15	16	17	18	19	20	21	22	23	24	25	26	27	28	29	♐0	1	2	3	4	5	6	7	♐8
☽	♒14	26	♓8	20	♈2	14	26	♉8	20	♊2	14	27	♋10	23	♌6	20	♍4	18	♎3	17	♏2	17	♐1	16	♑0	13	27	♒10	22	♓4
☿	♏22	23	25	26	28	29	♐1	2	4	5	7	8	9	11	12	13	15	16	17	19	20	21	22	23	25	26	27	27	28	♐29
♀	♐14	16	17	18	19	20	22	23	24	25	26	28	29	♑0	1	2	4	5	6	7	8	10	11	12	13	14	16	17	18	♑19
♂	♑19	20	21	21	22	23	23	24	25	26	26	27	28	29	29	♒0	1	2	2	3	4	5	5	6	7	8	8	9	10	♒11

	1	6	12	18	24	30		1	6	12	18	24	30		1	15	30		1	15	30		1	15	30		1	15	30
♃	♑9	10	11	12	13	14	♄	♏18	18	19	20	21	21	♅	♐12	13	13	♆	♐29	♑0	0	♇	♏2	3	3	☊	♉28	27	27

DÉCEMBRE

	1	2	3	4	5	6	7	8	9	10	11	12	13	14	15	16	17	18	19	20	21	22	23	24	25	26	27	28	29	30	31
☉	♐9	10	11	12	13	14	15	16	17	18	19	20	21	22	23	24	25	26	27	28	29	♑0	1	2	3	4	5	6	7	8	♑9
☽	♓16	28	♈10	22	♉4	16	28	♊11	24	♋7	20	♌3	17	♍1	15	29	♎13	27	♏12	26	♐10	24	♑8	21	♒4	17	♓0	12	24	♈6	♈18
☿	♑0	0	1	1	1	1	0	0	♐29	28	27	26	25	24	22	21	20	18	17	16	16	15	15	15	15	15	15	15	16	16	♐17
♀	♑20	22	23	24	25	26	27	29	♒0	1	2	3	5	6	7	8	9	10	12	13	14	15	16	17	18	20	21	22	23	24	♒25
♂	♒11	12	13	14	15	15	16	17	18	18	19	20	21	21	22	23	24	24	25	26	27	27	28	29	♓0	1	1	2	3	4	♓4

	1	6	12	18	24	30		1	6	12	18	24	30		1	15	30		1	15	30		1	15	30		1	15	30
♃	♑15	16	17	18	20	21	♄	♏21	22	23	23	24	25	♅	♐14	14	15	♆	♑0	1	1	♇	♏3	4	4	☊	♉27	27	27

1985

JANVIER

	1	2	3	4	5	6	7	8	9	10	11	12	13	14	15	16	17	18	19	20	21	22	23	24	25	26	27	28	29	30	31
☉	♑11	12	13	14	15	16	17	18	19	20	21	22	23	24	25	26	27	28	29	♒0	1	2	3	4	5	6	7	8	9	10	♒11
☽	♉0	12	24	♊6	19	♋2	15	29	♌13	27	♍11	26	♎10	24	♏8	22	♐6	20	♑3	16	♒0	13	25	♓8	20	♈2	14	26	♉7	19	♊2
☿	♐18	19	20	21	22	23	24	25	26	28	29	♑0	2	3	4	6	7	8	10	11	13	14	16	17	19	20	22	23	25	26	♑28
♀	♒26	27	29	♓0	1	2	3	4	5	6	7	8	10	11	12	13	14	15	16	17	18	19	20	21	22	23	24	25	26	27	♓28
♂	♓5	6	7	7	8	9	10	10	11	12	13	14	14	15	16	17	17	18	19	20	20	21	22	23	23	24	25	26	26	27	♓28

	1	6	12	18	24	30		1	6	12	18	24	30		1	15	30		1	15	30		1	15	30		1	15	30
♃	♑21	23	24	25	27	28	♄	♏25	25	26	26	27	27	♅	♐15	16	17	♆	♑1	2	3	♇	♏4	5	5	☊	♉27	26	24

FÉVRIER

	1	2	3	4	5	6	7	8	9	10	11	12	13	14	15	16	17	18	19	20	21	22	23	24	25	26	27	28
☉	♒12	13	14	15	16	17	18	19	20	21	22	23	24	25	26	27	28	29	♓0	1	2	3	4	5	6	7	8	♓9
☽	♊14	27	♋10	24	♌8	22	♍7	21	♎6	21	♏5	19	♐3	16	♑0	13	26	♒9	21	♓4	16	28	♈10	22	♉4	15	27	♊9
☿	♑29	♒1	3	4	6	8	9	11	13	14	16	18	19	21	23	25	26	28	♓0	2	4	6	7	9	11	13	15	♓17
♀	♓29	♈0	1	2	2	3	4	5	6	7	8	8	9	10	11	11	12	13	14	14	15	16	16	17	17	18	18	♈19
♂	♓29	29	♈0	1	2	2	3	4	5	5	6	7	8	8	9	10	11	11	12	13	14	14	15	16	17	17	18	♈19

	1	6	12	18	24	28		1	6	12	18	24	28		1	15	28		1	15	28		1	15	28		1	15	28
♃	♑29	♒0	1	3	4	5	♄	♏27	27	28	28	28	28	♅	♐17	17	18	♆	♑3	3	3	♇	♏5	5	5	☊	♉24	23	21

MARS

	1	2	3	4	5	6	7	8	9	10	11	12	13	14	15	16	17	18	19	20	21	22	23	24	25	26	27	28	29	30	31
☉	♓10	11	12	13	14	15	16	17	18	19	20	21	22	23	24	25	26	27	28	29	♈0	1	2	3	4	5	6	7	8	9	♈10
☽	♊22	♋5	18	♌1	16	♍0	15	♎0	15	♏0	15	29	♐13	27	♑10	23	♒6	18	♓1	13	25	♈7	19	♉0	12	24	♊6	18	♋0	13	♋26
☿	♓19	21	23	24	26	28	♈0	2	3	5	7	8	10	11	12	14	15	16	16	17	18	18	18	19	19	19	18	18	18	17	♈16
♀	♈19	20	20	20	21	21	21	22	22	22	22	22	22	22	22	22	22	22	22	21	21	21	21	20	20	19	19	18	18	17	♈17
♂	♈20	20	21	22	23	23	24	25	25	26	27	28	28	29	♉0	1	1	2	3	3	4	5	6	6	7	8	9	9	10	11	♉11

	1	6	12	18	24	30		1	6	12	18	24	30		1	15	30		1	15	30		1	15	30		1	15	30
♃	♒5	6	7	8	10	11	♄	♏28	28	28	28	28	28	♅	♐18	18	18	♆	♑3	3	4	♇	♏5	4	4	☊	♉21	20	19

AVRIL

	1	2	3	4	5	6	7	8	9	10	11	12	13	14	15	16	17	18	19	20	21	22	23	24	25	26	27	28	29	30
☉	♈11	12	13	14	15	16	17	18	19	20	21	22	23	24	25	26	27	28	29	♉0	1	2	3	4	5	6	7	8	9	♉10
☽	♌10	24	♍8	23	♎8	24	♏9	24	♐8	23	♑6	20	♒3	15	28	♓10	22	♈4	16	27	♉9	21	♊3	15	27	♋10	22	♌5	19	♍3
☿	♈16	15	14	13	13	12	11	10	10	9	8	8	8	7	7	7	7	7	7	7	7	8	8	9	9	10	10	11	12	♈13
♀	♈16	15	15	14	13	13	12	12	11	10	10	9	9	8	8	8	7	7	7	7	6	6	6	6	6	6	6	6	6	♈6
♂	♉12	13	14	14	15	16	16	17	18	19	19	20	21	21	22	23	23	24	25	26	26	27	28	28	29	♊0	0	1	2	♊3

	1	6	12	18	24	30		1	6	12	18	24	30		1	15	30		1	15	30		1	15	30		1	15	30
♃	♒11	12	13	14	14	15	♄	♏28	27	27	27	26	26	♅	♐18	18	17	♆	♑4	4	3	♇	♏4	4	3	☊	♉19	18	18

MAI

	1	2	3	4	5	6	7	8	9	10	11	12	13	14	15	16	17	18	19	20	21	22	23	24	25	26	27	28	29	30	31
☉	♉11	12	13	13	14	15	16	17	18	19	20	21	22	23	24	25	26	27	28	29	♊0	1	2	3	4	5	6	7	8	9	♊9
☽	♍17	♎2	17	♏2	17	♐2	17	♑1	15	29	♒12	24	♓7	19	♈1	13	24	♉6	18	♊0	12	24	♋7	19	♌2	15	29	♍13	27	♎11	♎26
☿	♈14	15	16	17	18	19	20	22	23	24	26	27	28	♉0	1	3	5	6	8	9	11	13	15	17	18	20	22	24	26	28	♊0
♀	♈7	7	7	7	8	8	9	9	9	10	10	11	11	12	13	13	14	15	15	16	17	17	18	19	20	20	21	22	23	24	♈24
♂	♊3	4	5	5	6	7	7	8	9	9	10	11	11	12	13	14	14	15	16	16	17	18	18	19	20	20	21	22	22	23	♊24

	1	6	12	18	24	30		1	6	12	18	24	30		1	15	30		1	15	30		1	15	30		1	15	30
♃	♒15	16	16	16	17	17	♄	♏26	26	25	25	24	24	♅	♐17	17	16	♆	♑3	3	3	♇	♏3	3	2	☊	♉18	18	18

JUIN

	1	2	3	4	5	6	7	8	9	10	11	12	13	14	15	16	17	18	19	20	21	22	23	24	25	26	27	28	29	30
☉	♊10	11	12	13	14	15	16	17	18	19	20	21	22	23	24	25	26	27	28	29	♋0	1	1	2	3	4	5	6	7	♋8
☽	♏10	25	♐10	25	♑9	23	♒7	20	♓3	15	27	♈9	21	♉3	15	27	♊9	21	♋3	16	29	♌12	26	♍9	23	♎7	21	♏6	20	♐5
☿	♊2	5	7	9	11	13	15	18	20	22	24	26	29	♋1	3	5	7	9	11	13	15	17	18	20	22	24	25	27	29	♌0
♀	♈25	26	27	28	29	♉0	1	1	2	3	4	5	6	7	8	9	10	11	12	13	14	15	16	17	18	19	20	21	22	♉23
♂	♊24	25	26	26	27	28	28	29	♋0	0	1	2	2	3	4	4	5	6	6	7	8	8	9	10	10	11	12	12	13	♋14

	1	6	12	18	24	30		1	6	12	18	24	30		1	15	30		1	15	30		1	15	30		1	15	30
♃	♒17	17	17	17	16	16	♄	♏24	23	23	23	22	22	♅	♐16	16	15	♆	♑3	2	2	♇	♏2	2	2	☊	♉18	18	17

JUILLET

	1	2	3	4	5	6	7	8	9	10	11	12	13	14	15	16	17	18	19	20	21	22	23	24	25	26	27	28	29	30	31
☉	♋9	10	11	12	13	14	15	16	17	18	19	20	21	22	22	23	24	25	26	27	28	29	♌0	1	2	3	4	5	6	7	♌8
☽	♐19	♑3	18	♒1	15	28	♓11	23	♈5	17	29	♉11	23	♊5	17	♋0	12	25	♌9	22	♍6	20	♎4	18	♏2	16	♐0	15	29	♑13	♑26
☿	♌2	3	5	6	8	9	10	11	13	14	15	16	17	18	19	20	21	21	22	23	23	24	24	25	25	25	25	25	25	25	♌25
♀	♉24	25	26	28	29	♊0	1	2	3	4	5	6	7	8	9	11	12	13	14	15	16	17	18	19	21	22	23	24	25	26	♊27
♂	♋14	15	16	16	17	18	18	19	19	20	21	21	22	23	23	24	25	25	26	27	27	28	29	29	♌0	1	1	2	2	3	♌4

	1	6	12	18	24	30		1	6	12	18	24	30		1	15	30		1	15	30		1	15	30		1	15	30
♃	♒16	15	15	14	14	13	♄	♏22	22	22	22	21	21	♅	♐15	15	14	♆	♑2	2	1	♇	♏2	2	2	☊	♉17	16	15

AOÛT

	1	2	3	4	5	6	7	8	9	10	11	12	13	14	15	16	17	18	19	20	21	22	23	24	25	26	27	28	29	30	31
☉	♌9	10	11	12	13	13	14	15	16	17	18	19	20	21	22	23	24	25	26	27	28	29	♍0	1	2	3	4	5	6	7	♍8
☽	♒10	23	♓6	19	♈1	13	25	♉7	19	♊1	13	25	♋8	21	♌4	18	♍2	16	♎0	15	29	♏13	27	♐11	25	♑9	22	♒6	19	♓2	♓15
☿	♌25	24	24	23	23	22	21	21	20	19	18	17	17	16	15	15	14	14	13	13	13	13	13	14	14	15	16	16	17	18	♌20
♀	♊28	♋0	1	2	3	4	5	6	8	9	10	11	12	13	15	16	17	18	19	20	22	23	24	25	26	27	29	♌0	1	2	♌3
♂	♌4	5	6	6	7	8	8	9	10	10	11	11	12	13	13	14	15	15	16	17	17	18	19	19	20	20	21	22	22	23	♌24

	1	6	12	18	24	30		1	6	12	18	24	30		1	15	30		1	15	30		1	15	30		1	15	30
♃	♒12	12	11	10	10	9	♄	♏21	22	22	22	22	22	♅	♐14	14	14	♆	♑1	1	1	♇	♏2	2	3	☊	♉14	13	11

SEPTEMBRE

	1	2	3	4	5	6	7	8	9	10	11	12	13	14	15	16	17	18	19	20	21	22	23	24	25	26	27	28	29	30
☉	♍9	9	10	11	12	13	14	15	16	17	18	19	20	21	22	23	24	25	26	27	28	29	♎0	1	2	3	4	5	6	♎7
☽	♓27	♈9	21	♉3	15	27	♊9	21	♋3	16	29	♌12	26	♍10	25	♎9	24	♏9	24	♐8	22	♑6	19	♒3	16	28	♓11	23	♈6	♈18
☿	♌21	22	24	25	27	29	♍0	2	4	6	8	9	11	13	15	17	19	21	23	25	26	28	♎0	2	4	5	7	9	11	♎12
♀	♌5	6	7	8	9	11	12	13	14	15	17	18	19	20	21	23	24	25	26	27	29	♍0	1	2	4	5	6	7	8	♍10
♂	♌24	25	26	26	27	27	28	29	29	♍0	1	1	2	2	3	4	4	5	6	6	7	8	8	9	9	10	11	11	12	♍13

	1	6	12	18	24	30		1	6	12	18	24	30		1	15	30		1	15	30		1	15	30		1	15	30
♃	♒9	8	8	8	7	7	♄	♏23	23	23	24	24	25	♅	♐14	14	15	♆	♑1	1	1	♇	♏3	3	4	☊	♉11	10	9

OCTOBRE

	1	2	3	4	5	6	7	8	9	10	11	12	13	14	15	16	17	18	19	20	21	22	23	24	25	26	27	28	29	30	31
☉	♎8	9	10	11	12	13	14	15	16	17	18	19	20	21	22	23	24	25	26	27	28	29	♏0	1	2	3	4	5	6	7	♏8
☽	♉0	12	23	♊5	17	29	♋11	24	♌7	20	♍4	18	♎3	18	♏3	18	♐3	18	♑2	16	29	♒13	26	♓8	20	♈3	15	27	♉8	20	♊2
☿	♎14	16	17	19	21	22	24	26	27	29	♏0	2	3	5	6	8	9	11	12	14	15	17	18	20	21	22	24	25	26	28	♏29
♀	♍11	12	13	15	16	17	18	19	21	22	23	24	26	27	28	29	♎1	2	3	4	6	7	8	9	10	12	13	14	15	17	♎18
♂	♍13	14	15	15	16	16	17	18	18	19	20	20	21	21	22	23	23	24	25	25	26	26	27	28	28	29	♎0	0	1	1	♎2

	1	6	12	18	24	30		1	6	12	18	24	30		1	15	30		1	15	30		1	15	30		1	15	30
♃	♒7	7	7	7	8	8	♄	♏25	25	26	27	27	28	♅	♐15	15	16	♆	♑1	1	1	♇	♏4	4	5	☊	♉9	9	9

NOVEMBRE

	1	2	3	4	5	6	7	8	9	10	11	12	13	14	15	16	17	18	19	20	21	22	23	24	25	26	27	28	29	30
☉	♏9	10	11	12	13	14	15	16	17	18	19	20	21	22	23	24	25	26	27	28	29	♐0	1	2	3	4	5	6	7	♐8
☽	♊14	26	♋8	20	♌3	15	29	♍12	26	♎11	26	♏11	26	♐11	26	♑11	25	♒9	22	♓5	17	♈0	12	24	♉5	17	29	♊11	23	♋5
☿	♐0	2	3	4	5	6	7	9	10	10	11	12	13	14	14	14	15	15	15	15	15	14	13	13	12	10	9	8	7	♐5
♀	♎19	20	22	23	24	25	27	28	29	♏0	2	3	4	5	7	8	9	10	12	13	14	16	17	18	19	21	22	23	24	♏26
♂	♎3	3	4	5	5	6	6	7	8	8	9	10	10	11	11	12	13	13	14	15	15	16	16	17	18	18	19	20	20	♎21

	1	6	12	18	24	30		1	6	12	18	24	30		1	15	30		1	15	30		1	15	30		1	15	30
♃	♒8	9	10	10	11	12	♄	♏28	29	29	♐0	1	2	♅	♐16	17	18	♆	♑2	2	2	♇	♏5	5	6	☊	♉9	9	9

DÉCEMBRE

	1	2	3	4	5	6	7	8	9	10	11	12	13	14	15	16	17	18	19	20	21	22	23	24	25	26	27	28	29	30	31
☉	♐9	10	11	12	13	14	15	16	17	18	19	20	21	22	23	24	25	26	27	28	29	♑0	1	2	3	4	5	6	7	8	♑9
☽	♋17	29	♌12	25	♍8	22	♎5	20	♏4	19	♐4	19	♑4	19	♒3	17	♓1	14	26	♈8	20	♉2	14	26	♊8	20	♋2	14	26	♌9	♌22
☿	♐4	3	2	1	0	♏29	29	29	29	29	29	♐0	0	1	2	3	4	5	6	7	8	9	11	12	13	14	16	17	19	20	♐21
♀	♏27	28	29	♐1	2	3	4	6	7	8	9	11	12	13	14	16	17	18	19	21	22	23	24	26	27	28	♑0	1	2	3	♑5
♂	♎21	22	23	23	24	25	25	26	26	27	28	28	29	♏0	0	1	1	2	3	3	4	4	5	6	6	7	8	8	9	9	♏10

	1	6	12	18	24	30		1	6	12	18	24	30		1	15	30		1	15	30		1	15	30		1	15	30
♃	♒12	13	14	15	17	18	♄	♐2	2	3	4	4	5	♅	♐18	18	19	♆	♑2	3	4	♇	♏6	6	7	☊	♉9	8	7

1986

JANVIER

	1	2	3	4	5	6	7	8	9	10	11	12	13	14	15	16	17	18	19	20	21	22	23	24	25	26	27	28	29	30	31
☉	♑10	11	12	13	14	15	16	17	18	19	20	21	22	24	25	26	27	28	29	♒0	1	2	3	4	5	6	7	8	9	10	♒11
☽	♍5	18	♎2	16	♏0	14	28	♐13	28	♑12	27	♒11	25	♓9	22	♈4	16	28	♉10	22	♊4	16	28	♋10	23	♌5	18	♍2	15	29	♎12
☿	♐23	24	26	27	29	♑0	2	3	5	6	8	9	11	12	14	15	17	19	20	22	23	25	27	28	♒0	2	3	5	7	8	♒10
♀	♑6	7	8	10	11	12	13	15	16	17	18	20	21	22	23	25	26	27	28	♒0	1	2	3	5	6	7	9	10	11	12	♒14
♂	♏11	11	12	12	13	14	14	15	15	16	17	17	18	18	19	20	20	21	21	22	23	23	24	24	25	26	26	27	27	28	♏29

	1	6	12	18	24	30
♃	♒18	19	21	22	23	25
♄	♐5	6	6	7	7	8

	1	15	30
♅	♐19	20	21
♆	♑4	4	5
♇	♏7	7	7
☊	♉7	5	4

FÉVRIER

	1	2	3	4	5	6	7	8	9	10	11	12	13	14	15	16	17	18	19	20	21	22	23	24	25	26	27	28
☉	♒12	13	14	15	16	17	18	19	20	21	22	23	24	25	26	27	28	29	♓0	1	2	3	4	5	6	7	8	♓9
☽	♎26	♏10	24	♐9	23	♑7	21	♒6	19	♓3	16	29	♈12	24	♉6	18	♊0	12	24	♋6	18	♌1	14	27	♍11	25	♎9	♎23
☿	♒12	14	15	17	19	21	22	24	26	28	♓0	1	3	5	7	9	10	12	14	16	17	19	21	22	23	25	26	♓27
♀	♒15	16	17	19	20	21	22	24	25	26	27	29	♓0	1	2	4	5	6	7	9	10	11	12	14	15	16	17	♓19
♂	♏29	♐0	0	1	2	2	3	3	4	5	5	6	6	7	7	8	9	9	10	10	11	11	12	13	13	14	14	♐15

	1	6	12	18	24	28
♃	♒25	26	28	29	♓1	2
♄	♐8	8	9	9	9	9

	1	15	28
♅	♐21	22	22
♆	♑5	5	5
♇	♏7	7	7
☊	♉4	2	1

MARS

	1	2	3	4	5	6	7	8	9	10	11	12	13	14	15	16	17	18	19	20	21	22	23	24	25	26	27	28	29	30	31
☉	♓10	11	12	13	14	15	16	17	18	19	20	21	22	23	24	25	26	27	28	29	♈0	1	2	3	4	5	6	7	8	9	♈10
☽	♏7	21	♐5	19	♑4	17	♒1	15	28	♓12	25	♈7	20	♉2	14	26	♊8	20	♋1	14	26	♌9	22	♍5	19	♎3	18	♏2	17	♐2	♐16
☿	♓28	29	♈0	0	1	1	1	1	1	1	0	0	♓29	28	28	27	26	25	24	23	22	21	21	20	19	19	18	18	18	18	♓18
♀	♓20	21	22	24	25	26	27	29	♈0	1	2	4	5	6	7	9	10	11	12	13	15	16	17	18	20	21	22	23	25	26	♈27
♂	♐15	16	17	17	18	18	19	19	20	20	21	22	22	23	23	24	24	25	25	26	26	27	27	28	28	29	29	♑0	0	1	♑1

	1	6	12	18	24	30
♃	♓2	3	5	6	7	9
♄	♐9	10	10	10	10	10

	1	15	30
♅	♐22	22	22
♆	♑5	6	6
♇	♏7	7	7
☊	♉1	0	0

AVRIL

	1	2	3	4	5	6	7	8	9	10	11	12	13	14	15	16	17	18	19	20	21	22	23	24	25	26	27	28	29	30
☉	♈11	12	13	14	15	16	17	18	19	20	21	22	23	24	25	26	27	28	29	♉0	1	2	3	4	4	5	6	7	8	♉9
☽	♑0	14	28	♒12	25	♓8	21	♈4	16	28	♉10	22	♊4	16	28	♋10	22	♌4	17	♍0	13	27	♎11	26	♏11	26	♐11	26	♑10	♑25
☿	♓18	18	19	19	19	20	20	21	22	23	23	24	25	26	27	28	29	♈1	2	3	4	6	7	8	10	11	13	14	16	♈17
♀	♈28	♉0	1	2	3	5	6	7	8	9	11	12	13	14	16	17	18	19	20	22	23	24	25	27	28	29	♊0	1	3	♊4
♂	♑2	2	3	3	4	4	5	5	6	6	7	7	8	8	9	9	9	10	10	11	11	12	12	12	13	13	14	14	14	♑15

	1	6	12	18	24	30
♃	♓9	10	12	13	14	15
♄	♐10	9	9	9	9	8

	1	15	30
♅	♐22	22	22
♆	♑6	6	6
♇	♏7	6	6
☊	♉0	0	0

MAI

	1	2	3	4	5	6	7	8	9	10	11	12	13	14	15	16	17	18	19	20	21	22	23	24	25	26	27	28	29	30	31
☉	♉10	11	12	13	14	15	16	17	18	19	20	21	22	23	24	25	26	27	28	29	♊0	1	2	3	4	4	5	6	7	8	♊9
☽	♒9	22	♓5	18	♈1	13	25	♉7	19	♊1	13	24	♋6	18	♌0	13	25	♍8	22	♎5	20	♏4	19	♐4	20	♑5	20	♒4	18	♓2	♓15
☿	♈19	20	22	24	26	27	29	♉1	3	5	7	8	10	12	14	17	19	21	23	25	27	29	♊2	4	6	8	10	12	15	17	♊19
♀	♊5	6	8	9	10	11	12	14	15	16	17	18	20	21	22	23	24	26	27	28	29	♋1	2	3	4	5	7	8	9	10	♋11
♂	♑15	15	16	16	17	17	17	17	18	18	18	19	19	19	20	20	20	20	21	21	21	21	21	22	22	22	22	22	22	23	♑23

	1	6	12	18	24	30
♃	♓15	16	17	18	19	20
♄	♐8	8	8	7	7	6

	1	15	30
♅	♐22	21	21
♆	♑6	5	5
♇	♏6	5	5
☊	♉0	0	♈0

JUIN

	1	2	3	4	5	6	7	8	9	10	11	12	13	14	15	16	17	18	19	20	21	22	23	24	25	26	27	28	29	30
☉	♊10	11	12	13	14	15	16	17	18	19	20	21	22	23	24	25	26	26	27	28	29	♋0	1	2	3	4	5	6	7	♋8
☽	♓28	♈10	22	♉4	16	28	♊10	21	♋3	15	27	♌10	22	♍5	18	♎1	14	28	♏13	28	♐13	28	♑13	28	♒13	27	♓11	24	♈7	♈19
☿	♊21	23	25	27	29	♋1	3	4	6	8	10	11	13	14	16	17	19	20	22	23	24	25	26	27	28	29	♌0	1	2	♌3
♀	♋12	14	15	16	17	18	20	21	22	23	24	26	27	28	29	♌0	1	3	4	5	6	7	8	10	11	12	13	14	15	♌17
♂	♑23	23	23	23	23	23	23	23	23	23	23	23	23	23	23	23	23	23	22	22	22	22	22	22	22	21	21	21	21	♑20

	1	6	12	18	24	30
♃	♓20	21	21	22	22	23
♄	♐6	6	5	5	5	4

	1	15	30
♅	♐21	20	20
♆	♑5	5	4
♇	♏5	5	5
☊	♈29	28	27

JUILLET

	1	2	3	4	5	6	7	8	9	10	11	12	13	14	15	16	17	18	19	20	21	22	23	24	25	26	27	28	29	30	31
☉	♋9	10	11	12	13	14	15	16	17	17	18	19	20	21	22	23	24	25	26	27	28	29	♌0	1	2	3	4	5	6	7	♌8
☽	♉1	13	25	♊7	18	♋0	12	24	♌7	19	♍2	14	27	♎11	24	♏8	22	♐7	22	♑7	22	♒7	21	♓5	19	♈2	15	27	♉9	21	♊3
☿	♌3	4	5	5	6	6	6	6	6	6	6	6	6	6	5	5	4	4	3	3	2	1	1	0	♋29	29	28	27	27	27	♋26
♀	♌18	19	20	21	22	24	25	26	27	28	29	♍0	1	3	4	5	6	7	8	9	11	12	13	14	15	16	17	18	19	20	♍22
♂	♑20	20	20	19	19	19	19	18	18	18	17	17	17	17	16	16	16	15	15	15	15	14	14	14	14	13	13	13	13	13	♑12

	1	6	12	18	24	30
♃	♓23	23	23	23	23	22
♄	♐4	4	4	3	3	3

	1	15	30
♅	♐20	19	19
♆	♑4	4	4
♇	♏5	5	5
☊	♈27	26	24

AOÛT

	1	2	3	4	5	6	7	8	9	10	11	12	13	14	15	16	17	18	19	20	21	22	23	24	25	26	27	28	29	30	31
☉	♌8	9	10	11	12	13	14	15	16	17	18	19	20	21	22	23	24	25	26	27	28	29	♍0	1	2	2	3	4	5	6	♍7
☽	♊15	27	♋9	21	♌3	16	29	♍11	24	♎8	21	♏5	19	♐3	17	♑2	16	♒1	15	29	♓13	27	♈10	23	♉5	18	29	♊11	23	♋5	♋17
☿	♋26	26	26	26	26	26	27	27	28	28	29	♌0	1	2	3	5	6	8	9	11	13	14	16	18	20	22	24	26	28	♍0	♍2
♀	♍23	24	25	26	27	28	29	♎0	1	2	3	4	5	6	7	9	10	11	12	13	14	15	16	17	18	19	19	20	21	22	♎23
♂	♑12	12	12	12	12	12	12	12	11	11	11	11	11	11	11	12	12	12	12	12	12	12	12	12	13	13	13	13	13	14	♑14

	1	6	12	18	24	30
♃	♓22	22	21	21	20	19
♄	♐3	3	3	3	3	3

	1	15	30
♅	♐19	18	18
♆	♑4	3	3
♇	♏5	5	5
☊	♈24	23	22

SEPTEMBRE

	1	2	3	4	5	6	7	8	9	10	11	12	13	14	15	16	17	18	19	20	21	22	23	24	25	26	27	28	29	30
☉	♍8	9	10	11	12	13	14	15	16	17	18	19	20	21	22	23	24	25	26	27	28	29	♎0	1	2	3	4	5	6	♎7
☽	♋29	♌12	25	♍8	21	♎4	18	♏2	16	♐0	14	28	♑12	26	♒11	25	♓8	22	♈5	18	♉1	13	25	♊7	19	♋1	13	25	♌7	♌20
☿	♍4	6	8	10	11	13	15	17	19	21	23	25	26	28	♎0	2	3	5	7	8	10	12	13	15	16	18	20	21	23	♎24
♀	♎24	25	26	27	28	29	♏0	0	1	2	3	4	5	5	6	7	8	9	9	10	11	11	12	13	13	14	14	15	16	♏16
♂	♑14	14	15	15	15	15	16	16	16	17	17	17	18	18	19	19	19	20	20	21	21	21	22	22	23	23	24	24	25	♑25

	1	6	12	18	24	30
♃	♓19	19	18	17	16	15
♄	♐4	4	4	4	5	5

	1	15	30
♅	♐18	18	19
♆	♑3	3	3
♇	♏5	6	6
☊	♈22	21	21

OCTOBRE

	1	2	3	4	5	6	7	8	9	10	11	12	13	14	15	16	17	18	19	20	21	22	23	24	25	26	27	28	29	30	31
☉	♎8	9	9	10	11	12	13	14	15	16	17	18	19	20	21	22	23	24	25	26	27	28	29	♏0	1	2	3	4	5	6	♏7
☽	♍3	16	29	♎13	27	♏12	26	♐10	25	♑9	23	♒7	21	♓4	18	♈1	14	27	♉9	21	♊3	15	27	♋9	21	♌3	15	28	♍11	24	♎7
☿	♎26	27	29	♏0	1	3	4	6	7	8	10	11	12	14	15	16	17	18	19	21	22	23	24	24	25	26	27	27	28	28	♏29
♀	♏17	17	18	18	18	19	19	19	20	20	20	20	20	20	20	20	20	20	20	20	20	20	19	19	19	18	18	17	17	16	♏16
♂	♑26	26	27	27	28	28	29	29	♒0	1	1	2	2	3	3	4	4	5	6	6	7	7	8	9	9	10	10	11	12	12	♒13

	1	6	12	18	24	30
♃	♓15	15	14	14	13	13
♄	♐5	6	6	7	7	8

	1	15	30
♅	♐19	19	20
♆	♑3	3	4
♇	♏6	7	7
☊	♈21	21	21

NOVEMBRE

	1	2	3	4	5	6	7	8	9	10	11	12	13	14	15	16	17	18	19	20	21	22	23	24	25	26	27	28	29	30
☉	♏8	9	10	11	12	13	14	15	16	17	18	19	20	21	22	23	24	25	26	27	28	29	♐0	1	2	3	4	5	6	♐7
☽	♎21	♏6	21	♐5	20	♑5	20	♒4	18	♓1	15	28	♈10	23	♉5	18	♊0	12	24	♋6	17	29	♌11	23	♍6	19	♎2	15	29	♏14
☿	♏29	29	29	29	29	28	27	27	26	25	23	22	21	19	18	17	16	15	14	14	13	13	13	13	14	14	15	16	16	♏17
♀	♏15	15	14	14	13	12	12	11	11	10	9	9	8	8	7	7	7	6	6	6	5	5	5	5	5	5	5	5	5	♏5
♂	♒14	14	15	15	16	17	17	18	19	19	20	21	21	22	23	23	24	25	25	26	27	27	28	29	29	♓0	1	1	2	♓3

	1	6	12	18	24	30
♃	♓13	13	13	13	13	14
♄	♐8	9	10	10	11	12

	1	15	30
♅	♐20	21	22
♆	♑4	4	5
♇	♏7	8	8
☊	♈21	21	20

DÉCEMBRE

	1	2	3	4	5	6	7	8	9	10	11	12	13	14	15	16	17	18	19	20	21	22	23	24	25	26	27	28	29	30	31
☉	♐8	10	11	12	13	14	15	16	17	18	19	20	21	22	23	24	25	26	27	28	29	♑0	1	2	3	4	5	6	7	8	♑9
☽	♏29	♐14	29	♑14	29	♒14	28	♓11	25	♈8	20	♉2	15	27	♊9	21	♋2	14	26	♌8	20	♍2	15	27	♎10	24	♏7	22	♐7	22	♑7
☿	♏18	20	21	22	23	24	26	27	29	♐0	1	3	4	6	7	9	10	12	13	15	16	18	19	21	22	24	25	27	28	♑0	♑2
♀	♏5	6	6	6	6	7	7	8	8	8	9	9	10	11	11	12	12	13	14	14	15	16	17	17	18	19	20	21	21	22	♏23
♂	♓3	4	5	5	6	7	7	8	9	9	10	11	12	12	13	14	14	15	16	16	17	18	18	19	20	21	21	22	23	23	♓24

	1	6	12	18	24	30
♃	♓14	14	15	16	16	17
♄	♐12	12	13	14	14	15

	1	15	30
♅	♐22	23	23
♆	♑5	5	6
♇	♏9	9	9
☊	♈20	19	17

1987

JANVIER

	1	2	3	4	5	6	7	8	9	10	11	12	13	14	15	16	17	18	19	20	21	22	23	24	25	26	27	28	29	30	31
☉	♑ 10	11	12	13	14	15	16	17	18	19	20	21	22	23	24	25	26	27	28	29	♒ 0	1	2	3	4	5	6	8	9	10	♒ 11
☽	♑ 22	♒ 8	22	♓ 7	21	♈ 4	17	29	♉ 12	24	♊ 6	17	29	♋ 11	23	♌ 5	17	29	♍ 12	24	♎ 7	20	♏ 3	17	♐ 1	15	♑ 0	15	♒ 0	16	♓ 0
☿	♑ 3	5	6	8	9	11	13	14	16	18	19	21	22	24	26	27	29	♒ 1	2	4	6	8	9	11	13	14	16	18	20	21	♒ 23
♀	♏ 24	25	26	27	28	29	♐ 0	1	2	2	3	4	5	6	7	8	9	10	12	13	14	15	16	17	18	19	20	21	22	23	♐ 24
♂	♓ 25	25	26	27	28	28	29	♈ 0	0	1	2	2	3	4	5	5	6	7	7	8	9	9	10	11	12	12	13	14	14	15	♈ 16

	1	6	12	18	24	30
♃	♓ 18	18	19	20	22	23
♄	♐ 15	16	17	17	18	18

	1	15	30
♅	♐ 24	24	25
♆	♑ 6	6	7
♇	♏ 9	10	10
☊	♈ 17	15	14

FÉVRIER

	1	2	3	4	5	6	7	8	9	10	11	12	13	14	15	16	17	18	19	20	21	22	23	24	25	26	27	28
☉	♒ 12	13	14	15	16	17	18	19	20	21	22	23	24	25	26	27	28	29	♓ 0	1	2	3	4	5	6	7	8	♓ 9
☽	♓ 15	29	♈ 12	25	♉ 8	20	♊ 2	14	26	♋ 8	20	♌ 2	14	26	♍ 9	21	♎ 4	17	♏ 0	13	27	♐ 11	25	♑ 10	24	♒ 9	24	♓ 8
☿	♒ 25	27	28	♓ 0	1	3	4	6	7	9	10	11	12	13	13	14	14	14	14	14	14	14	13	12	11	10	9	♓ 8
♀	♐ 25	27	28	29	♑ 0	1	2	3	4	5	7	8	9	10	11	12	13	15	16	17	18	19	20	21	23	24	25	♑ 26
♂	♈ 16	17	18	18	19	20	21	21	22	23	23	24	25	25	26	27	28	28	29	♉ 0	0	1	2	2	3	4	4	♉ 5

	1	6	12	18	24	28
♃	♓ 23	24	26	27	28	29
♄	♐ 18	19	19	20	20	20

	1	15	28
♅	♐ 25	26	26
♆	♑ 7	7	8
♇	♏ 10	10	10
☊	♈ 13	12	12

MARS

	1	2	3	4	5	6	7	8	9	10	11	12	13	14	15	16	17	18	19	20	21	22	23	24	25	26	27	28	29	30	31
☉	♓ 10	11	12	13	14	15	16	17	18	19	20	21	22	23	24	25	26	27	28	29	♈ 0	1	2	3	4	5	6	7	8	9	♈ 10
☽	♓ 23	♈ 7	20	♉ 3	16	28	♊ 10	22	♋ 4	16	28	♌ 10	22	♍ 5	17	♎ 0	13	27	♏ 10	24	♐ 8	22	♑ 6	20	♒ 5	19	♓ 3	17	♈ 1	15	♈ 28
☿	♓ 7	6	5	4	3	3	2	1	1	0	0	0	0	0	0	0	1	1	2	2	3	4	4	5	6	7	8	9	10	11	♓ 12
♀	♑ 27	28	♒ 0	1	2	3	4	5	7	8	9	10	11	13	14	15	16	17	18	20	21	22	23	24	26	27	28	29	♓ 0	2	♓ 3
♂	♉ 6	6	7	8	9	9	10	11	11	12	13	13	14	15	15	16	17	17	18	19	19	20	21	21	22	23	23	24	25	26	♉ 26

	1	6	12	18	24	30
♃	♈ 0	1	2	4	5	7
♄	♐ 20	21	21	21	21	21

	1	15	30
♅	♐ 26	27	27
♆	♑ 8	8	8
♇	♏ 10	10	9
☊	♈ 12	12	12

AVRIL

	1	2	3	4	5	6	7	8	9	10	11	12	13	14	15	16	17	18	19	20	21	22	23	24	25	26	27	28	29	30
☉	♈ 11	12	13	14	15	16	17	18	19	20	21	22	23	24	25	25	26	27	28	29	♉ 0	1	2	3	4	5	6	7	8	♉ 9
☽	♉ 11	24	♊ 6	18	♋ 0	12	24	♌ 6	18	♍ 0	13	26	♎ 9	22	♏ 6	20	♐ 4	18	♑ 3	17	♒ 1	15	29	♓ 13	27	♈ 10	23	♉ 6	19	♊ 2
☿	♓ 14	15	16	17	19	20	21	23	24	26	27	29	♈ 0	2	3	5	7	8	10	12	14	15	17	19	21	23	25	27	29	♉ 1
♀	♓ 4	5	6	8	9	10	11	12	14	15	16	17	18	20	21	22	23	24	26	27	28	29	♈ 0	2	3	4	5	6	8	♈ 9
♂	♉ 27	28	28	29	♊ 0	0	1	2	2	3	4	4	5	6	6	7	8	8	9	10	10	11	12	12	13	14	14	15	15	♊ 16

	1	6	12	18	24	30
♃	♈ 7	8	10	11	13	14
♄	♐ 21	21	21	21	21	20

	1	15	30
♅	♐ 27	27	26
♆	♑ 8	8	8
♇	♏ 9	9	9
☊	♈ 12	12	11

MAI

	1	2	3	4	5	6	7	8	9	10	11	12	13	14	15	16	17	18	19	20	21	22	23	24	25	26	27	28	29	30	31
☉	♉ 10	11	12	13	14	15	16	17	18	19	20	21	22	23	24	25	26	27	28	28	29	♊ 0	1	2	3	4	5	6	7	8	♊ 9
☽	♊ 14	26	♋ 8	20	♌ 2	14	26	♍ 8	21	♎ 4	17	♏ 0	15	29	♐ 14	28	♑ 13	28	♒ 12	26	♓ 10	24	♈ 7	20	♉ 3	15	28	♊ 10	22	♋ 5	♋ 16
☿	♉ 3	5	7	9	11	13	15	18	20	22	24	26	28	♊ 1	3	5	7	9	11	13	15	17	18	20	22	24	25	27	28	♋ 0	♋ 1
♀	♈ 10	11	12	14	15	16	17	19	20	21	22	23	25	26	27	28	29	♉ 1	2	3	4	5	7	8	9	10	12	13	14	15	♉ 16
♂	♊ 17	17	18	19	19	20	21	21	22	23	23	24	25	25	26	27	27	28	29	29	♋ 0	1	1	2	3	3	4	4	5	6	♋ 6

	1	6	12	18	24	30
♃	♈ 14	15	17	18	19	20
♄	♐ 20	20	20	19	19	19

	1	15	30
♅	♐ 26	26	25
♆	♑ 8	8	7
♇	♏ 9	8	8
☊	♈ 11	11	10

JUIN

	1	2	3	4	5	6	7	8	9	10	11	12	13	14	15	16	17	18	19	20	21	22	23	24	25	26	27	28	29	30
☉	♊ 10	11	12	13	14	15	16	17	18	19	20	21	21	22	23	24	25	26	27	28	29	♋ 0	1	2	3	4	5	6	7	♋ 8
☽	♋ 28	♌ 10	22	♍ 4	16	29	♎ 12	25	♏ 9	23	♐ 7	22	♑ 8	23	♒ 8	22	♓ 7	20	♈ 4	17	♉ 0	13	25	♊ 7	19	♋ 1	13	25	♌ 7	♌ 19
☿	♋ 3	4	5	6	7	8	10	10	11	12	13	14	14	15	15	16	16	16	17	17	17	17	17	17	16	16	16	15	15	♋ 14
♀	♉ 18	19	20	21	22	24	25	26	27	29	♊ 0	1	2	3	5	6	7	8	9	11	12	13	14	16	17	18	19	20	22	♊ 23
♂	♋ 7	8	8	9	10	10	11	12	12	13	14	14	15	15	16	17	17	18	19	19	20	21	21	22	23	23	24	24	25	♋ 26

	1	6	12	18	24	30
♃	♈ 21	22	23	24	25	26
♄	♐ 18	18	18	17	17	16

	1	15	30
♅	♐ 25	25	24
♆	♑ 7	7	7
♇	♏ 8	7	7
☊	♈ 9	8	7

JUILLET

	1	2	3	4	5	6	7	8	9	10	11	12	13	14	15	16	17	18	19	20	21	22	23	24	25	26	27	28	29	30	31
☉	♋ 9	10	11	12	12	13	14	15	16	17	18	19	20	21	22	23	24	25	26	27	28	29	♌ 0	1	2	3	3	4	5	6	♌ 7
☽	♍ 1	13	25	♎ 7	20	♏ 3	17	♐ 1	16	♑ 1	16	♒ 1	17	♓ 1	16	♈ 0	14	27	♉ 10	22	♊ 4	16	28	♋ 10	22	♌ 4	16	28	♍ 10	22	♎ 4
☿	♋ 14	13	12	12	11	11	10	9	9	9	8	8	8	7	7	7	8	8	8	8	9	9	10	11	12	13	14	15	16	17	♋ 19
♀	♊ 24	25	27	28	29	♋ 0	1	3	4	5	6	8	9	10	11	12	14	15	16	17	19	20	21	22	23	25	26	27	28	♌ 0	♌ 1
♂	♋ 26	27	28	28	29	♌ 0	0	1	1	2	3	3	4	5	5	6	7	7	8	8	9	10	10	11	12	12	13	14	14	15	♌ 15

	1	6	12	18	24	30
♃	♈ 26	27	27	28	29	29
♄	♐ 16	16	16	15	15	15

	1	15	30
♅	♐ 24	24	23
♆	♑ 7	6	6
♇	♏ 7	7	7
☊	♈ 6	5	4

AOÛT

	1	2	3	4	5	6	7	8	9	10	11	12	13	14	15	16	17	18	19	20	21	22	23	24	25	26	27	28	29	30	31
☉	♌ 8	9	10	11	12	13	14	15	16	17	18	19	20	21	22	23	24	25	25	26	27	28	29	♍ 0	1	2	3	4	5	6	♍ 7
☽	♎ 17	29	♏ 13	26	♐ 10	25	♑ 9	25	♒ 10	25	♓ 10	25	♈ 9	22	♉ 6	19	♊ 1	13	25	♋ 7	19	♌ 1	13	25	♍ 7	19	♎ 1	14	26	♏ 9	♏ 22
☿	♋ 20	22	23	25	27	28	♌ 0	2	4	6	8	10	12	14	16	18	20	22	24	26	28	♍ 0	2	4	6	8	10	12	13	15	♍ 17
♀	♌ 2	3	5	6	7	8	10	11	12	13	14	16	17	18	19	21	22	23	24	26	27	28	29	♍ 1	2	3	4	5	7	8	♍ 9
♂	♌ 16	17	17	18	19	19	20	21	21	22	22	23	24	24	25	26	26	27	28	28	29	29	♍ 0	1	1	2	3	3	4	5	♍ 5

	1	6	12	18	24	30
♃	♈ 29	29	♉ 0	0	0	0
♄	♐ 15	15	15	15	15	15

	1	15	30
♅	♐ 23	23	23
♆	♑ 6	6	5
♇	♏ 7	7	8
☊	♈ 4	3	3

SEPTEMBRE

	1	2	3	4	5	6	7	8	9	10	11	12	13	14	15	16	17	18	19	20	21	22	23	24	25	26	27	28	29	30
☉	♍ 8	9	10	11	12	13	14	15	16	17	18	19	20	21	22	23	24	25	26	27	27	28	29	♎ 0	1	2	3	4	5	♎ 6
☽	♐ 6	20	♑ 4	19	♒ 3	18	♓ 3	18	♈ 3	17	♉ 1	14	27	♊ 9	22	♋ 4	16	28	♌ 9	21	♍ 3	16	28	♎ 10	23	♏ 6	19	♐ 3	17	♑ 0
☿	♍ 19	21	22	24	26	27	29	♎ 1	2	4	5	7	9	10	12	13	14	16	17	19	20	21	23	24	25	27	28	29	♏ 0	♏ 1
♀	♍ 10	12	13	14	15	17	18	19	20	22	23	24	25	27	28	29	♎ 0	2	3	4	5	7	8	9	10	11	13	14	15	♎ 16
♂	♍ 6	6	7	8	8	9	10	10	11	12	12	13	13	14	15	15	16	17	17	18	19	19	20	21	21	22	22	23	24	♍ 24

	1	6	12	18	24	30
♃	♈ 29	29	29	28	28	27
♄	♐ 15	15	15	15	16	16

	1	15	30
♅	♐ 23	23	23
♆	♑ 5	5	5
♇	♏ 8	8	9
☊	♈ 3	2	2

OCTOBRE

	1	2	3	4	5	6	7	8	9	10	11	12	13	14	15	16	17	18	19	20	21	22	23	24	25	26	27	28	29	30	31
☉	♎ 7	8	9	10	11	12	13	14	15	16	17	18	19	20	21	22	23	24	25	26	27	28	29	♏ 0	1	2	3	4	5	6	♏ 7
☽	♑ 15	29	♒ 13	28	♓ 12	27	♈ 11	25	♉ 9	22	♊ 5	17	♋ 0	12	24	♌ 6	18	29	♍ 12	24	♎ 6	19	♏ 2	16	29	♐ 13	27	♑ 11	26	♒ 10	♒ 24
☿	♏ 3	4	5	6	7	8	9	9	10	11	11	12	12	13	13	13	13	13	13	12	12	11	10	10	8	7	6	5	4	2	♏ 1
♀	♎ 18	19	20	21	23	24	25	26	28	29	♏ 0	1	3	4	5	6	8	9	10	11	13	14	15	16	18	19	20	21	23	24	♏ 25
♂	♍ 25	26	26	27	28	28	29	29	♎ 0	1	1	2	3	3	4	5	5	6	7	7	8	8	9	10	10	11	12	12	13	14	♎ 14

	1	6	12	18	24	30
♃	♈ 27	26	26	25	24	23
♄	♐ 16	16	17	17	18	18

	1	15	30
♅	♐ 23	24	24
♆	♑ 5	5	6
♇	♏ 9	9	10
☊	♈ 2	2	2

NOVEMBRE

	1	2	3	4	5	6	7	8	9	10	11	12	13	14	15	16	17	18	19	20	21	22	23	24	25	26	27	28	29	30
☉	♏ 8	9	10	11	12	13	14	15	16	17	18	19	20	21	22	23	24	25	26	27	28	29	♐ 0	1	2	3	4	5	6	♐ 7
☽	♓ 8	22	♈ 6	20	♉ 3	17	♊ 0	13	25	♋ 8	20	♌ 2	13	25	♍ 7	19	♎ 2	14	27	♏ 11	25	♐ 9	23	♑ 8	22	♒ 6	21	♓ 5	19	♈ 2
☿	♏ 0	♎ 29	28	28	28	27	27	28	28	29	29	♏ 0	1	2	3	4	6	7	8	10	11	12	14	15	17	18	20	21	23	♏ 24
♀	♏ 26	28	29	♐ 0	1	3	4	5	6	8	9	10	11	12	14	15	16	17	19	20	21	22	24	25	26	27	29	♑ 0	1	♑ 2
♂	♎ 15	16	16	17	18	18	19	19	20	21	21	22	23	23	24	25	25	26	27	27	28	29	29	♏ 0	1	1	2	3	3	♏ 4

	1	6	12	18	24	30
♃	♈ 23	22	22	21	21	20
♄	♐ 19	19	20	20	21	22

	1	15	30
♅	♐ 24	25	26
♆	♑ 6	6	7
♇	♏ 10	10	11
☊	♈ 2	1	0

DÉCEMBRE

	1	2	3	4	5	6	7	8	9	10	11	12	13	14	15	16	17	18	19	20	21	22	23	24	25	26	27	28	29	30	31
☉	♐ 8	9	10	11	12	13	14	15	16	17	18	19	20	21	22	23	24	26	27	28	29	♑ 0	1	2	3	4	5	6	7	8	♑ 9
☽	♈ 16	29	♉ 13	26	♊ 8	21	♋ 3	16	28	♌ 10	21	♍ 3	15	27	♎ 9	22	♏ 5	19	♐ 3	17	♑ 2	17	♒ 2	16	♓ 1	15	29	♈ 13	26	♉ 9	♉ 22
☿	♏ 26	28	29	♐ 1	2	4	5	7	8	10	12	13	15	16	18	19	21	23	24	26	27	29	♑ 0	2	4	5	7	8	10	12	♑ 13
♀	♑ 4	5	6	7	9	10	11	12	14	15	16	17	19	20	21	22	23	25	26	27	28	♒ 0	1	2	3	5	6	7	8	10	♒ 11
♂	♏ 4	5	6	6	7	8	8	9	10	10	11	12	12	13	14	14	15	16	16	17	18	18	19	20	20	21	22	22	23	24	♏ 24

	1	6	12	18	24	30
♃	♈ 20	20	20	20	20	20
♄	♐ 22	22	23	24	25	25

	1	15	30
♅	♐ 26	27	28
♆	♑ 7	7	8
♇	♏ 11	11	12
☊	♈ 0 ♓ 29		27

1988

JANVIER

	1	2	3	4	5	6	7	8	9	10	11	12	13	14	15	16	17	18	19	20	21	22	23	24	25	26	27	28	29	30	31
☉	♑10	11	12	13	14	15	16	17	18	19	20	21	22	23	24	25	26	27	28	29	♒0	1	2	3	4	5	6	7	8	9	♒10
☽	♊5	18	♋0	12	24	♌6	18	♍0	12	23	♎5	18	♏0	13	27	♐11	25	♑10	25	♒10	25	♓10	25	♈9	23	♉6	19	♊2	15	27	♋9
☿	♑15	16	18	20	21	23	25	26	28	♒0	1	3	5	6	8	9	11	13	14	16	17	19	20	21	23	24	25	26	26	27	♒28
♀	♒12	13	14	16	17	18	19	21	22	23	24	26	27	28	29	♓0	2	3	4	5	6	8	9	10	11	13	14	15	16	17	♓19
♂	♏25	26	26	27	28	28	29	♐0	0	1	2	2	3	4	4	5	6	6	7	8	8	9	10	10	11	12	12	13	14	14	♐15

	1	6	12	18	24	30	1	6	12	18	24	30	1	15	30	1	15	30	1	15	30	1	15	30
	♃ ♈20	21	21	22	22	23	♄ ♐25	26	27	27	28	29	♅ ♐28	28	29	♆ ♑8	8	9	♇ ♏12	12	13	☊ ♓27	25	24

FÉVRIER

	1	2	3	4	5	6	7	8	9	10	11	12	13	14	15	16	17	18	19	20	21	22	23	24	25	26	27	28	29
☉	♒11	12	13	14	15	16	17	18	19	20	21	22	23	25	26	27	28	29	♓0	1	2	3	4	5	6	7	8	9	♓10
☽	♋21	♌3	15	27	♍8	20	♎2	14	27	♏9	22	♐5	19	♑3	18	♒3	18	♓3	18	♈3	18	♉2	15	29	♊11	24	♋6	18	♌0
☿	♒28	28	28	28	27	27	26	25	24	23	22	21	20	18	17	16	15	15	14	14	13	13	13	13	13	13	13	14	♒14
♀	♓20	21	22	23	25	26	27	28	29	♈1	2	3	4	5	6	8	9	10	11	12	13	15	16	17	18	19	20	22	♈23
♂	♐16	16	17	18	18	19	20	20	21	22	22	23	24	24	25	26	26	27	28	28	29	♑0	0	1	2	2	3	4	♑4

	1	6	12	18	24	29	1	6	12	18	24	29	1	15	29	1	15	29	1	15	29	1	15	29
	♃ ♈23	24	25	26	27	28	♄ ♐29	29	♑0	0	1	1	♅ ♐29	♑0	0	♆ ♑9	9	10	♇ ♏13	13	13	☊ ♓24	23	23

MARS

	1	2	3	4	5	6	7	8	9	10	11	12	13	14	15	16	17	18	19	20	21	22	23	24	25	26	27	28	29	30	31
☉	♓11	12	13	14	15	16	17	18	19	20	21	22	23	24	25	26	27	28	29	♈0	1	2	3	4	5	6	7	8	9	10	♈10
☽	♌12	24	♍5	17	29	♎11	24	♏6	19	♐2	15	29	♑13	27	♒12	26	♓11	26	♈11	26	♉10	24	♊7	20	♋2	15	27	♌8	20	♍2	♍14
☿	♒15	15	16	17	18	18	19	20	21	22	23	25	26	27	28	29	♓1	2	3	5	6	8	9	11	12	14	15	17	18	20	♓22
♀	♈24	25	26	27	28	♉0	1	2	3	4	5	6	7	8	9	11	12	13	14	15	16	17	18	19	20	21	22	23	24	25	♉26
♂	♑5	6	6	7	8	8	9	10	11	11	12	13	13	14	15	15	16	17	17	18	19	19	20	21	21	22	23	23	24	25	♑25

	1	6	12	18	24	30	1	6	12	18	24	30	1	15	30	1	15	30	1	15	30	1	15	30
	♃ ♈28	29	♉1	2	3	5	♄ ♑1	1	2	2	2	2	♅ ♑1	1	1	♆ ♑10	10	10	♇ ♏13	12	12	☊ ♓23	23	23

AVRIL

	1	2	3	4	5	6	7	8	9	10	11	12	13	14	15	16	17	18	19	20	21	22	23	24	25	26	27	28	29	30
☉	♈11	12	13	14	15	16	17	18	19	20	21	22	23	24	25	26	27	28	29	♉0	1	2	3	4	5	6	7	8	9	♉10
☽	♍26	♎8	20	♏3	16	29	♐12	25	♑9	23	♒7	21	♓6	20	♈5	20	♉4	18	♊2	15	28	♋10	23	♌5	17	28	♍10	22	♎4	♎17
☿	♓23	25	27	28	♈0	2	4	6	7	9	11	13	15	17	19	21	23	25	27	29	♉2	4	6	8	10	12	14	16	19	♉21
♀	♉27	28	29	♊0	1	2	3	4	5	6	7	8	9	10	11	11	12	13	14	15	16	16	17	18	19	19	20	21	21	♊22
♂	♑26	27	27	28	29	29	♒0	1	1	2	3	3	4	5	5	6	7	7	8	9	9	10	11	11	12	13	13	14	15	♒15

	1	6	12	18	24	30	1	6	12	18	24	30	1	15	30	1	15	30	1	15	30	1	15	30
	♃ ♉5	6	8	9	11	12	♄ ♑2	3	3	3	2	2	♅ ♑1	1	1	♆ ♑10	10	10	♇ ♏12	12	11	☊ ♓23	23	22

MAI

	1	2	3	4	5	6	7	8	9	10	11	12	13	14	15	16	17	18	19	20	21	22	23	24	25	26	27	28	29	30	31
☉	♉11	12	13	14	15	16	17	18	19	20	21	21	22	23	24	25	26	27	28	29	♊0	1	2	3	4	5	6	7	8	9	♊10
☽	♎29	♏12	25	♐8	22	♑6	20	♒4	18	♓2	16	♈0	15	29	♉13	26	♊10	23	♋6	18	♌1	13	24	♍6	18	♎0	12	25	♏7	21	♐4
☿	♉23	25	27	28	♊0	2	4	6	7	9	10	12	13	15	16	17	18	19	20	21	22	23	24	24	25	25	26	26	26	27	♊27
♀	♊23	23	24	25	25	26	26	27	27	28	28	28	29	29	29	♋0	0	0	0	0	0	0	0	0	0	0	0	0	0	♊29	♊29
♂	♒16	17	17	18	19	19	20	21	21	22	23	23	24	25	25	26	27	27	28	29	29	♓0	0	1	2	2	3	4	4	5	♓5

	1	6	12	18	24	30	1	6	12	18	24	30	1	15	30	1	15	30	1	15	30	1	15	30
	♃ ♉12	13	15	16	18	19	♄ ♑2	2	2	1	1	1	♅ ♑1	0	0	♆ ♑10	10	10	♇ ♏11	11	10	☊ ♓22	21	20

JUIN

	1	2	3	4	5	6	7	8	9	10	11	12	13	14	15	16	17	18	19	20	21	22	23	24	25	26	27	28	29	30
☉	♊11	12	13	14	15	16	16	17	18	19	20	21	22	23	24	25	26	27	28	29	♋0	1	2	3	4	5	6	7	7	♋8
☽	♐18	♑2	16	♒0	15	29	♓13	27	♈11	25	♉9	22	♊5	19	♋1	14	26	♌9	21	♍2	14	26	♎8	20	♏3	15	29	♐12	26	♑11
☿	♊27	27	27	26	26	26	25	25	25	24	24	23	22	22	21	21	20	20	19	19	19	18	18	18	18	18	18	19	19	♊19
♀	♊29	28	28	27	27	26	26	25	25	24	23	23	22	22	21	20	20	19	19	18	18	17	17	16	16	15	15	15	15	♊14
♂	♓6	7	7	8	9	9	10	10	11	12	12	13	13	14	15	15	16	16	17	18	18	19	19	20	20	21	21	22	23	♓23

	1	6	12	18	24	30	1	6	12	18	24	30	1	15	30	1	15	30	1	15	30	1	15	30
	♃ ♉20	21	22	23	25	26	♄ ♑1	0	0 ♐29	29	29	29	♅ ♑0	♐0	29	♆ ♑10	9	9	♇ ♏10	10	10	☊ ♓19	18	16

JUILLET

	1	2	3	4	5	6	7	8	9	10	11	12	13	14	15	16	17	18	19	20	21	22	23	24	25	26	27	28	29	30	31
☉	♋9	10	11	12	13	14	15	16	17	18	19	20	21	22	23	24	25	26	27	27	28	29	♌0	1	2	3	4	5	6	7	♌8
☽	♑25	♒10	25	♓9	24	♈8	22	♉5	19	♊2	15	28	♋10	23	♌5	17	29	♍11	22	♎4	16	28	♏11	24	♐7	21	♑5	19	♒4	19	♓4
☿	♊20	20	21	21	22	23	24	25	26	27	28	♋0	1	2	4	5	7	9	10	12	14	16	18	20	22	24	26	28	♌0	2	♌4
♀	♊14	14	14	14	14	14	14	14	14	14	15	15	15	16	16	16	17	17	18	18	19	19	20	20	21	21	22	23	23	24	♊25
♂	♓24	24	25	25	26	26	27	27	28	28	29	29	♈0	0	1	1	1	2	2	3	3	4	4	4	5	5	5	6	6	7	♈7

	1	6	12	18	24	30	1	6	12	18	24	30	1	15	30	1	15	30	1	15	30	1	15	30
	♃ ♉26	27	28	29	♊0	1	♄ ♐28	28	28	27	27	27	♅ ♐29	28	28	♆ ♑9	8	8	♇ ♏10	10	10	☊ ♓16	15	15

AOÛT

	1	2	3	4	5	6	7	8	9	10	11	12	13	14	15	16	17	18	19	20	21	22	23	24	25	26	27	28	29	30	31
☉	♌9	10	11	12	13	14	15	16	17	18	19	20	20	21	22	23	24	25	26	27	28	29	♍0	1	2	3	4	5	6	7	♍8
☽	♓19	♈4	18	♉2	16	29	♊12	25	♋7	20	♌2	14	26	♍7	19	♎1	13	25	♏7	19	♐2	15	29	♑13	27	♒12	27	♓13	28	♈13	♈27
☿	♌7	9	11	13	15	17	19	21	23	25	27	29	♍1	2	4	6	8	10	11	13	15	16	18	20	21	23	24	26	27	29	♎0
♀	♊25	26	27	28	28	29	♋0	1	2	3	3	4	5	6	7	8	9	10	11	11	12	13	14	15	16	17	18	19	20	21	♋22
♂	♈7	7	8	8	8	9	9	9	9	10	10	10	10	10	11	11	11	11	11	11	11	11	11	11	11	11	11	11	11	11	♈11

	1	6	12	18	24	30	1	6	12	18	24	30	1	15	30	1	15	30	1	15	30	1	15	30
	♃ ♊2	2	3	4	5	5	♄ ♐27	26	26	26	26	26	♅ ♐28	27	27	♆ ♑8	8	8	♇ ♏10	10	10	☊ ♓14	14	14

SEPTEMBRE

	1	2	3	4	5	6	7	8	9	10	11	12	13	14	15	16	17	18	19	20	21	22	23	24	25	26	27	28	29	30
☉	♍9	10	11	12	13	14	15	16	17	18	18	19	20	21	22	23	24	25	26	27	28	29	♎0	1	2	3	4	5	6	♎7
☽	♉12	25	♊9	22	♋4	17	29	♌11	23	♍5	16	28	♎10	22	♏4	16	29	♐11	25	♑8	22	♒6	21	♓6	21	♈6	21	♉6	20	♊4
☿	♎2	3	4	6	7	8	10	11	12	13	15	16	17	18	19	20	21	22	23	23	24	25	25	26	26	27	27	27	27	♎27
♀	♋23	24	25	26	27	28	29	♌1	2	3	4	5	6	7	8	9	10	11	12	14	15	16	17	18	19	20	21	23	24	♌25
♂	♈11	11	11	11	11	11	11	10	10	10	10	10	9	9	9	9	8	8	8	8	7	7	7	6	6	6	6	5	5	♈5

	1	6	12	18	24	30	1	6	12	18	24	30	1	15	30	1	15	30	1	15	30	1	15	30
	♃ ♊5	6	6	6	6	6	♄ ♐26	26	26	26	26	27	♅ ♐27	27	27	♆ ♑8	7	7	♇ ♏10	11	11	☊ ♓14	14	14

OCTOBRE

	1	2	3	4	5	6	7	8	9	10	11	12	13	14	15	16	17	18	19	20	21	22	23	24	25	26	27	28	29	30	31
☉	♎8	9	10	11	12	13	14	15	16	17	18	19	20	21	22	23	24	25	26	27	28	29	♏0	1	2	3	4	5	6	7	♏8
☽	♊18	♋1	13	26	♌8	20	♍1	13	25	♎7	19	♏1	13	26	♐8	21	♑5	18	♒2	16	♓0	15	29	♈14	29	♉14	28	♊12	26	♋9	♋22
☿	♎27	26	26	25	25	24	23	22	21	20	18	17	16	15	14	13	13	12	12	12	12	12	12	13	14	14	15	16	18	19	♎20
♀	♌26	27	28	29	♍1	2	3	4	5	6	7	9	10	11	12	13	15	16	17	18	19	20	22	23	24	25	26	28	29	♎0	♎1
♂	♈4	4	4	4	3	3	3	3	2	2	2	2	1	1	1	1	1	1	0	0	0	0	0	0	0	0	0	0	0	0	♈0

	1	6	12	18	24	30	1	6	12	18	24	30	1	15	30	1	15	30	1	15	30	1	15	30
	♃ ♊6	6	6	5	5	4	♄ ♐27	27	27	28	28	29	♅ ♐27	28	28	♆ ♑7	8	8	♇ ♏11	12	12	☊ ♓14	13	12

NOVEMBRE

	1	2	3	4	5	6	7	8	9	10	11	12	13	14	15	16	17	18	19	20	21	22	23	24	25	26	27	28	29	30
☉	♏9	10	11	12	13	14	15	16	17	18	19	20	21	22	23	24	25	26	27	28	29	♐0	1	2	3	4	5	6	7	♐8
☽	♌4	16	28	♍10	22	♎3	15	28	♏10	22	♐5	18	♑2	15	29	♒12	26	♓10	24	♈9	23	♉8	22	♊6	20	♋4	17	♌0	12	♌24
☿	♎22	23	24	26	27	29	♏1	2	4	5	7	9	10	12	13	15	17	18	20	21	23	25	26	28	29	♐1	2	4	6	♐7
♀	♎2	4	5	6	7	8	10	11	12	13	15	16	17	18	19	21	22	23	24	26	27	28	29	♏1	2	3	4	5	7	♏8
♂	♈0	0	0	0	0	0	0	1	1	1	1	1	1	2	2	2	2	3	3	3	3	4	4	4	4	5	5	5	6	♈6

	1	6	12	18	24	30	1	6	12	18	24	30	1	15	30	1	15	30	1	15	30	1	15	30
	♃ ♊4	3	3	2	1	0	♄ ♐29	29	♑0	1	1	2	♅ ♐28	29	♑29	♆ ♑8	8	9	♇ ♏12	13	14	☊ ♓12	11	10

DÉCEMBRE

	1	2	3	4	5	6	7	8	9	10	11	12	13	14	15	16	17	18	19	20	21	22	23	24	25	26	27	28	29	30	31
☉	♐9	10	11	12	13	14	15	16	17	18	19	20	21	22	23	24	25	26	27	28	29	♑0	1	2	3	4	5	6	7	9	♑10
☽	♍6	18	♎0	11	23	♏6	18	♐1	14	28	♑11	25	♒9	23	♓7	21	♈5	19	♉3	17	♊1	15	29	♋12	25	♌7	20	♍2	14	25	♎7
☿	♐9	10	12	14	15	17	18	20	21	23	24	26	28	29	♑1	2	4	6	7	9	10	12	13	15	17	18	20	21	23	24	♑26
♀	♏9	10	12	13	14	15	17	18	19	20	22	23	24	25	27	28	29	♐0	2	3	4	5	7	8	9	10	12	13	14	15	♐17
♂	♈6	7	7	8	8	8	9	9	10	10	10	11	11	12	12	13	13	13	14	14	15	15	16	16	17	17	18	18	19	19	♈20

	1	6	12	18	24	30	1	6	12	18	24	30	1	15	30	1	15	30	1	15	30	1	15	30
	♃ ♊0 ♉29	29	28	27	27	♄ ♑2	3	3	4	5	5	♅ ♑0	1	2	♆ ♑9	9	10	♇ ♏14	14	15	☊ ♓10	8	7

1989

JANVIER

	1	2	3	4	5	6	7	8	9	10	11	12	13	14	15	16	17	18	19	20	21	22	23	24	25	26	27	28	29	30	31
☉	♑11	12	13	14	15	16	17	18	19	20	21	22	23	24	25	26	27	28	29	♒0	1	2	3	4	5	6	7	8	9	10	♒11
☽	♎19	♏1	14	26	♐9	22	♑6	20	♒4	19	♓3	18	♈2	16	♉0	14	28	♊11	25	♋8	20	♌3	16	28	♍10	22	♎3	15	27	♏9	♏21
☿	♑27	29	♒0	2	3	4	6	7	8	9	10	10	11	11	12	12	12	12	11	10	10	9	7	6	5	4	2	1	0	♑29	♑28
♀	♐18	19	20	22	23	24	25	27	28	29	♑0	2	3	4	5	7	8	9	10	12	13	14	15	17	18	19	20	22	23	24	♑25
♂	♈20	21	21	22	22	23	23	24	24	25	25	26	27	27	28	28	29	29	♉0	0	1	1	2	3	3	4	4	5	5	6	♉7

	1	6	12	18	24	30
♃	♉27	26	26	26	26	26
♄	♑6	6	7	8	8	9

	1	15	30
♅	♑2	3	3
♆	♑10	10	11
♇	♏15	15	15
☊	♓7	6	5

FÉVRIER

	1	2	3	4	5	6	7	8	9	10	11	12	13	14	15	16	17	18	19	20	21	22	23	24	25	26	27	28
☉	♒12	13	14	15	16	17	18	19	20	21	22	23	24	25	26	27	28	29	♓0	1	2	3	4	5	6	7	8	♓9
☽	♐4	17	♑0	14	28	♒13	28	♓12	27	♈12	27	♉11	25	♊8	21	♋4	17	♌0	12	24	♍6	18	♎0	12	24	♏5	18	♐0
☿	♑28	27	27	26	26	26	26	26	27	27	27	28	29	29	♒0	1	2	3	4	5	6	7	8	9	11	12	13	♒15
♀	♑27	28	29	♒0	2	3	4	5	7	8	9	10	12	13	14	15	17	18	19	20	22	23	24	25	27	28	29	♓0
♂	♉7	8	8	9	9	10	11	11	12	12	13	14	14	15	15	16	17	17	18	18	19	20	20	21	21	22	23	♉23

	1	6	12	18	24	28
♃	♉26	27	27	27	28	29
♄	♑9	10	10	11	11	12

	1	15	28
♅	♑3	4	5
♆	♑11	11	12
♇	♏15	15	15
☊	♓5	5	5

MARS

	1	2	3	4	5	6	7	8	9	10	11	12	13	14	15	16	17	18	19	20	21	22	23	24	25	26	27	28	29	30	31
☉	♓10	11	12	13	14	15	16	17	18	19	20	21	22	23	24	25	26	27	28	29	♈0	1	2	3	4	5	6	7	8	9	♈10
☽	♐12	25	♑8	22	♒6	21	♓6	21	♈6	21	♉6	20	♊4	18	♋1	14	27	♌9	21	♍3	15	27	♎9	20	♏2	14	26	♐9	21	♑4	♑17
☿	♒16	17	19	20	21	23	24	26	27	29	♓0	2	4	5	7	8	10	12	13	15	17	19	20	22	24	26	28	♈0	2	4	♈6
♀	♓2	3	4	5	7	8	9	10	12	13	14	15	17	18	19	20	22	23	24	25	27	28	29	♈0	2	3	4	5	6	8	♈9
♂	♉24	24	25	26	26	27	27	28	29	29	♊0	0	1	2	2	3	3	4	5	5	6	6	7	8	8	9	10	10	11	11	♊12

	1	6	12	18	24	30
♃	♉29	29	♊0	1	2	3
♄	♑12	12	13	13	13	13

	1	15	30
♅	♑5	5	5
♆	♑12	12	12
♇	♏15	15	15
☊	♓5	5	4

AVRIL

	1	2	3	4	5	6	7	8	9	10	11	12	13	14	15	16	17	18	19	20	21	22	23	24	25	26	27	28	29	30
☉	♈11	12	13	14	15	16	17	18	19	20	21	22	23	24	25	26	27	28	29	♉0	1	2	3	4	5	6	7	8	9	♉10
☽	♒1	15	29	♓14	29	♈14	29	♉14	29	♊13	27	♋11	23	♌6	18	♍0	12	24	♎6	17	29	♏11	24	♐6	18	♑1	14	27	♒10	♒24
☿	♈8	10	12	14	16	18	20	22	24	26	28	♉0	2	4	6	8	10	12	14	16	18	19	21	22	24	25	27	28	29	♊0
♀	♈10	11	13	14	15	16	18	19	20	21	23	24	25	26	28	29	♉0	1	3	4	5	6	7	9	10	11	12	14	15	♉16
♂	♊13	13	14	14	15	16	16	17	18	18	19	19	20	21	21	22	22	23	24	24	25	26	26	27	27	28	29	29	♋0	♋0

	1	6	12	18	24	30
♃	♊3	4	6	7	8	9
♄	♑14	14	14	14	14	14

	1	15	30
♅	♑5	5	5
♆	♑12	12	12
♇	♏15	14	14
☊	♓4	4	2

MAI

	1	2	3	4	5	6	7	8	9	10	11	12	13	14	15	16	17	18	19	20	21	22	23	24	25	26	27	28	29	30	31
☉	♉11	12	13	14	14	15	16	17	18	19	20	21	22	23	24	25	26	27	28	29	♊0	1	2	3	4	5	6	7	8	9	♊10
☽	♓8	23	♈8	23	♉8	23	♊7	22	♋6	19	♌2	14	27	♍9	21	♎2	14	26	♏8	20	♐3	15	28	♑11	24	♒7	21	♓4	18	♈3	♈17
☿	♊1	2	3	4	4	5	6	6	6	7	7	7	7	7	7	6	6	6	5	5	4	4	3	3	2	2	1	0	0	0	♉29
♀	♉17	19	20	21	22	24	25	26	27	28	♊0	1	2	3	5	6	7	8	10	11	12	13	14	16	17	18	19	21	22	23	♊24
♂	♋1	2	2	3	4	4	5	5	6	7	7	8	9	9	10	10	11	12	12	13	13	14	15	15	16	17	17	18	18	19	♋20

	1	6	12	18	24	30
♃	♊10	11	12	13	15	16
♄	♑14	14	14	13	13	13

	1	15	30
♅	♑5	5	4
♆	♑12	12	12
♇	♏14	13	13
☊	♓2	1	0

JUIN

	1	2	3	4	5	6	7	8	9	10	11	12	13	14	15	16	17	18	19	20	21	22	23	24	25	26	27	28	29	30
☉	♊10	11	12	13	14	15	16	17	18	19	20	21	22	23	24	25	26	27	28	29	♋0	1	2	2	3	4	5	6	7	♋8
☽	♉2	17	♊1	16	♋0	14	27	♌10	23	♍5	17	29	♎11	22	♏4	17	29	♐11	24	♑7	21	♒4	18	♓1	15	29	♈14	28	♉12	♉26
☿	♉29	29	28	28	28	28	28	28	29	29	29	♊0	0	1	2	2	3	4	5	6	7	8	9	11	12	13	15	16	18	♊19
♀	♊25	27	28	29	♋0	2	3	4	5	6	8	9	10	11	13	14	15	16	17	19	20	21	22	24	25	26	27	28	♌0	♌1
♂	♋20	21	22	22	23	23	24	25	25	26	27	27	28	28	29	♌0	0	1	1	2	3	3	4	5	5	6	6	7	8	♌8

	1	6	12	18	24	30
♃	♊17	18	19	21	22	23
♄	♑13	12	12	12	11	11

	1	15	30
♅	♑4	4	3
♆	♑12	11	11
♇	♏13	13	13
☊	♒29	28	27

JUILLET

	1	2	3	4	5	6	7	8	9	10	11	12	13	14	15	16	17	18	19	20	21	22	23	24	25	26	27	28	29	30	31
☉	♋9	10	11	12	13	14	15	16	17	18	19	20	21	22	22	23	24	25	26	27	28	29	♌0	1	2	3	4	5	6	7	♌8
☽	♊11	25	♋8	22	♌5	18	♍0	13	25	♎7	19	♏0	12	25	♐7	20	♑3	16	♒0	14	28	♓12	26	♈10	25	♉9	23	♊7	21	♋4	♋18
☿	♊21	23	24	26	28	♋0	2	4	6	8	10	12	14	16	19	21	23	25	27	29	♌1	3	5	7	10	12	13	15	17	19	♌21
♀	♌2	3	4	6	7	8	9	11	12	13	14	15	17	18	19	20	21	23	24	25	26	28	29	♍0	1	2	4	5	6	7	♍8
♂	♌9	10	10	11	11	12	13	13	14	15	15	16	16	17	18	18	19	20	20	21	21	22	23	23	24	25	25	26	26	27	♌28

	1	6	12	18	24	30
♃	♊23	25	26	27	29	♋0
♄	♑11	10	10	10	9	9

	1	15	30
♅	♑3	3	2
♆	♑11	11	10
♇	♏12	12	12
☊	♒27	26	26

AOÛT

	1	2	3	4	5	6	7	8	9	10	11	12	13	14	15	16	17	18	19	20	21	22	23	24	25	26	27	28	29	30	31
☉	♌9	10	11	12	13	14	14	15	16	17	18	19	20	21	22	23	24	25	26	27	28	29	♍0	1	2	3	4	5	6	7	♍8
☽	♌1	14	26	♍9	21	♎3	15	26	♏8	20	♐3	15	28	♑11	24	♒8	22	♓7	21	♈6	21	♉5	20	♊4	17	♋1	14	27	♌10	23	♍5
☿	♌23	25	26	28	♍0	2	3	5	7	8	10	11	13	14	16	17	18	20	21	23	24	25	26	27	29	♎0	1	2	3	4	♎5
♀	♍10	11	12	13	14	16	17	18	19	20	22	23	24	25	26	28	29	♎0	1	2	3	5	6	7	8	9	11	12	13	14	♎15
♂	♌28	29	♍0	0	1	2	2	3	3	4	5	5	6	7	7	8	8	9	10	10	11	12	12	13	14	14	15	15	16	17	♍17

	1	6	12	18	24	30
♃	♋0	1	2	3	5	6
♄	♑9	8	8	8	8	7

	1	15	30
♅	♑2	2	1
♆	♑10	10	10
♇	♏12	13	13
☊	♒26	26	26

SEPTEMBRE

	1	2	3	4	5	6	7	8	9	10	11	12	13	14	15	16	17	18	19	20	21	22	23	24	25	26	27	28	29	30
☉	♍9	10	10	11	12	13	14	15	16	17	18	19	20	21	22	23	24	25	26	27	28	29	♎0	1	2	3	4	5	6	♎7
☽	♍17	29	♎11	23	♏5	17	29	♐11	23	♑6	19	♒2	16	♓1	15	♈0	15	♉0	15	♊0	14	28	♋11	24	♌7	19	♍2	14	26	♎8
☿	♎6	6	7	8	8	9	9	10	10	10	11	11	10	10	10	10	9	8	8	7	6	5	4	3	2	1	0	♍29	28	♍27
♀	♎16	18	19	20	21	22	24	25	26	27	28	29	♏1	2	3	4	5	6	8	9	10	11	12	13	14	16	17	18	19	♏20
♂	♍18	19	19	20	21	21	22	23	23	24	24	25	26	26	27	28	28	29	♎0	0	1	2	2	3	3	4	5	5	6	♎7

	1	6	12	18	24	30
♃	♋6	7	7	8	9	10
♄	♑7	7	7	7	7	8

	1	15	30
♅	♑1	1	2
♆	♑10	10	10
♇	♏13	13	14
☊	♒26	26	25

OCTOBRE

	1	2	3	4	5	6	7	8	9	10	11	12	13	14	15	16	17	18	19	20	21	22	23	24	25	26	27	28	29	30	31
☉	♎8	9	10	11	12	13	14	15	16	17	18	19	20	21	22	23	24	25	26	27	28	29	♏0	1	2	3	4	5	6	7	♏8
☽	♎20	♏2	13	25	♐7	19	♑2	14	27	♒11	24	♓9	23	♈8	24	♉9	24	♊9	23	♋7	21	♌4	17	29	♍11	23	♎5	17	29	♏10	♏22
☿	♍27	26	26	26	26	26	27	27	28	29	♎0	1	2	3	5	6	8	9	11	12	14	16	17	19	21	22	24	26	27	29	♏1
♀	♏21	22	24	25	26	27	28	29	♐0	1	3	4	5	6	7	8	9	10	11	13	14	15	16	17	18	19	20	21	22	23	♐24
♂	♎7	8	9	9	10	11	11	12	13	13	14	15	15	16	17	17	18	19	19	20	21	21	22	23	23	24	25	25	26	27	♎27

	1	6	12	18	24	30
♃	♋10	10	10	11	11	11
♄	♑8	8	8	8	9	9

	1	15	30
♅	♑2	2	2
♆	♑10	10	10
♇	♏14	14	15
☊	♒25	24	23

NOVEMBRE

	1	2	3	4	5	6	7	8	9	10	11	12	13	14	15	16	17	18	19	20	21	22	23	24	25	26	27	28	29	30
☉	♏9	10	11	12	13	14	15	16	17	18	19	20	21	22	23	24	25	26	27	28	29	♐0	1	2	3	4	5	6	7	♐8
☽	♐4	16	29	♑11	24	♒6	20	♓3	17	♈2	17	♉2	17	♊2	17	♋2	16	♌0	13	25	♍8	20	♎2	14	25	♏7	19	♐1	13	♐26
☿	♏2	4	6	7	9	11	12	14	15	17	19	20	22	23	25	27	28	♐0	1	3	4	6	8	9	11	12	14	15	17	♐18
♀	♐25	26	28	29	♑0	1	2	3	4	5	6	7	8	9	10	10	11	12	13	14	15	16	17	18	19	19	20	21	22	♑23
♂	♎28	29	29	♏0	1	1	2	3	3	4	5	5	6	7	7	8	9	9	10	11	11	12	13	13	14	15	15	16	17	♏17

	1	6	12	18	24	30
♃	♋11	11	11	10	10	9
♄	♑9	10	10	11	11	12

	1	15	30
♅	♑2	3	4
♆	♑10	10	11
♇	♏15	15	16
☊	♒22	21	19

DÉCEMBRE

	1	2	3	4	5	6	7	8	9	10	11	12	13	14	15	16	17	18	19	20	21	22	23	24	25	26	27	28	29	30	31
☉	♐9	10	11	12	13	14	15	16	17	18	19	20	21	22	23	24	25	26	27	28	29	♑0	1	2	3	4	5	6	7	8	♑9
☽	♑8	21	♒3	16	♓0	13	27	♈11	26	♉11	25	♊10	25	♋10	24	♌8	21	♍4	16	28	♎10	22	♏4	16	28	♐10	22	♑5	17	♒0	♒13
☿	♐20	21	23	25	26	28	29	♑1	2	4	5	7	8	9	11	12	14	15	16	18	19	20	21	22	23	24	25	25	26	26	♑26
♀	♑24	24	25	26	27	27	28	29	29	♒0	0	1	2	2	3	3	4	4	4	5	5	5	6	6	6	6	6	6	6	6	♒6
♂	♏18	19	19	20	21	22	22	23	24	24	25	26	26	27	28	28	29	♐0	1	1	2	3	3	4	5	5	6	7	8	8	♐9

	1	6	12	18	24	30
♃	♋9	9	8	7	6	5
♄	♑12	13	13	14	15	15

	1	15	30
♅	♑4	5	6
♆	♑11	11	12
♇	♏16	17	17
☊	♒19	18	17

1990

JANVIER

	1	2	3	4	5	6	7	8	9	10	11	12	13	14	15	16	17	18	19	20	21	22	23	24	25	26	27	28	29	30	31
☉	♑10	11	12	13	14	15	16	17	18	19	20	22	23	24	25	26	27	28	29	♒0	1	2	3	4	5	6	7	8	9	10	♒11
☽	♒27	♓10	24	♈8	22	♉6	20	♊5	19	♋4	18	♌2	15	28	♍11	24	♎6	18	♏0	12	24	♐6	18	♑0	13	26	♒9	23	♓6	20	♈4
☿	♑26	26	25	24	23	22	21	20	19	17	16	15	14	13	12	11	10	10	10	10	10	10	10	11	11	12	12	13	14	15	♑16
♀	♒6	6	6	6	6	5	5	5	4	4	3	3	2	2	1	0	0	♑29	29	28	27	27	26	26	25	25	24	24	23	23	♑22
♂	♐10	10	11	12	12	13	14	15	15	16	17	17	18	19	20	20	21	22	22	23	24	25	25	26	27	27	28	29	♑0	0	♑1

	1	6	12	18	24	30
♃	♋5	5	4	3	2	2
♄	♑16	16	17	18	18	19

	1	15	30
♅	♑6	7	7
♆	♑12	13	13
♇	♏17	17	18
☊	♒17	17	16

FÉVRIER

	1	2	3	4	5	6	7	8	9	10	11	12	13	14	15	16	17	18	19	20	21	22	23	24	25	26	27	28
☉	♒12	13	14	15	16	17	18	19	20	21	22	23	24	25	26	27	28	29	♓0	1	2	3	4	5	6	7	8	♓9
☽	♈18	♉3	17	♊1	15	29	♋13	27	♌10	23	♍6	19	♎1	14	26	♏8	20	♐1	13	26	♑8	21	♒4	17	♓1	15	♈0	♈14
☿	♑17	18	19	20	21	22	23	25	26	27	29	♒0	1	3	4	5	7	8	10	11	13	14	16	17	19	21	22	♒24
♀	♑22	22	22	21	21	21	21	21	21	21	21	21	21	22	22	22	22	23	23	23	24	24	25	25	26	26	27	♑28
♂	♑2	2	3	4	5	5	6	7	8	8	9	10	10	11	12	13	13	14	15	16	16	17	18	18	19	20	21	♑21

	1	6	12	18	24	28
♃	♋2	1	1	1	1	1
♄	♑19	20	20	21	22	22

	1	15	28
♅	♑8	8	9
♆	♑13	14	14
♇	♏18	18	18
☊	♒16	16	16

MARS

	1	2	3	4	5	6	7	8	9	10	11	12	13	14	15	16	17	18	19	20	21	22	23	24	25	26	27	28	29	30	31
☉	♓10	11	12	13	14	15	16	17	18	19	20	21	22	23	24	25	26	27	28	29	♈0	1	2	3	4	5	6	7	8	9	♈10
☽	♈29	♉13	28	♊12	26	♋10	23	♌6	19	♍2	15	27	♎10	22	♏4	16	28	♐9	21	♑4	16	29	♒12	25	♓9	24	♈8	23	♉8	23	♊8
☿	♒25	27	29	♓0	2	4	6	7	9	11	13	15	16	18	20	22	24	26	28	♈0	2	4	6	8	10	12	14	16	18	20	♈22
♀	♑28	29	29	♒0	1	2	2	3	4	5	5	6	7	8	9	10	10	11	12	13	14	15	16	17	18	19	20	21	22	23	♒24
♂	♑22	23	24	24	25	26	27	27	28	29	♒0	0	1	2	2	3	4	5	5	6	7	8	8	9	10	11	11	12	13	14	♒14

	1	6	12	18	24	30
♃	♋1	1	1	2	2	3
♄	♑22	23	23	24	24	24

	1	15	30
♅	♑9	9	9
♆	♑14	14	14
♇	♏18	18	17
☊	♒16	16	15

AVRIL

	1	2	3	4	5	6	7	8	9	10	11	12	13	14	15	16	17	18	19	20	21	22	23	24	25	26	27	28	29	30
☉	♈11	12	13	14	15	16	17	18	19	20	21	22	23	24	25	26	27	28	29	♉0	1	2	3	4	5	6	6	7	8	♉9
☽	♊22	♋6	20	♌3	16	29	♍12	24	♎6	18	♏0	12	24	♐6	18	♑0	12	24	♒7	20	♓3	17	♈2	17	♉2	17	♊2	17	♋2	♋16
☿	♈24	26	28	29	♉1	3	4	6	7	9	10	11	12	13	14	15	16	16	17	17	17	17	18	18	17	17	17	17	16	♉16
♀	♒25	26	27	28	29	♓0	1	2	3	4	5	6	7	8	9	10	11	12	13	14	15	17	18	19	20	21	22	23	24	♓25
♂	♒15	16	17	17	18	19	20	20	21	22	23	23	24	25	26	26	27	28	29	29	♓0	1	2	2	3	4	5	5	6	♓7

	1	6	12	18	24	30
♃	♋3	3	4	5	6	7
♄	♑24	25	25	25	25	25

	1	15	30
♅	♑10	10	9
♆	♑15	15	15
♇	♏17	17	17
☊	♒15	13	12

MAI

	1	2	3	4	5	6	7	8	9	10	11	12	13	14	15	16	17	18	19	20	21	22	23	24	25	26	27	28	29	30	31
☉	♉10	11	12	13	14	15	16	17	18	19	20	21	22	23	24	25	26	27	28	29	♊0	1	2	3	4	5	5	6	7	8	♊9
☽	♌0	13	26	♍9	21	♎3	15	27	♏9	21	♐3	15	27	♑9	21	♒3	16	29	♓12	26	♈10	25	♉10	26	♊11	26	♋11	25	♌9	22	♍5
☿	♉15	15	14	13	13	12	11	11	10	10	9	9	9	8	8	8	8	8	8	8	9	9	9	10	10	11	12	12	13	14	♉15
♀	♓26	28	29	♈0	1	2	3	4	5	7	8	9	10	11	12	13	15	16	17	18	19	20	21	23	24	25	26	27	28	♉0	♉1
♂	♓8	8	9	10	11	11	12	13	13	14	15	16	16	17	18	19	19	20	21	22	22	23	24	25	25	26	27	28	28	29	♈0

	1	6	12	18	24	30
♃	♋7	8	9	10	11	12
♄	♑25	25	25	25	25	25

	1	15	30
♅	♑9	9	9
♆	♑15	14	14
♇	♏17	16	16
☊	♒12	10	9

JUIN

	1	2	3	4	5	6	7	8	9	10	11	12	13	14	15	16	17	18	19	20	21	22	23	24	25	26	27	28	29	30
☉	♊10	11	12	13	14	15	16	17	18	19	20	21	22	23	24	25	26	27	27	28	29	♋0	1	2	3	4	5	6	7	♋8
☽	♍18	♎0	12	24	♏6	18	♐0	12	24	♑6	18	♒0	13	26	♓9	22	♈6	20	♉4	19	♊4	19	♋4	19	♌3	17	♍1	14	26	♎9
☿	♉16	17	18	19	20	22	23	24	26	27	28	♊0	2	3	5	7	8	10	12	14	16	18	20	22	24	26	28	♋0	2	♋5
♀	♉2	3	4	5	6	8	9	10	11	12	13	15	16	17	18	19	21	22	23	24	25	26	28	29	♊0	1	2	4	5	♊6
♂	♈1	1	2	3	3	4	5	6	6	7	8	9	9	10	11	11	12	13	14	14	15	16	16	17	18	19	19	20	21	♈21

	1	6	12	18	24	30
♃	♋13	14	15	16	18	19
♄	♑25	25	24	24	23	23

	1	15	30
♅	♑9	8	8
♆	♑14	14	13
♇	♏16	15	15
☊	♒9	8	8

JUILLET

	1	2	3	4	5	6	7	8	9	10	11	12	13	14	15	16	17	18	19	20	21	22	23	24	25	26	27	28	29	30	31
☉	♋9	10	11	12	13	14	15	16	17	18	18	19	20	21	22	23	24	25	26	27	28	29	♌0	1	2	3	4	5	6	7	♌8
☽	♎21	♏3	15	27	♐9	21	♑3	15	27	♒10	23	♓6	19	♈2	16	♉0	15	29	♊14	28	♋13	27	♌11	25	♍9	22	♎5	17	29	♏11	♏23
☿	♋7	9	11	13	15	18	20	22	24	26	28	♌0	2	4	6	8	10	11	13	15	17	18	20	22	23	25	26	28	29	♍1	♍2
♀	♊7	8	9	11	12	13	14	15	17	18	19	20	21	23	24	25	26	27	29	♋0	1	2	3	5	6	7	8	9	11	12	♋13
♂	♈22	23	23	24	25	25	26	27	28	28	29	♉0	0	1	2	2	3	4	4	5	6	6	7	8	8	9	9	10	11	11	♉12

	1	6	12	18	24	30
♃	♋19	20	22	23	24	26
♄	♑23	23	22	22	21	21

	1	15	30
♅	♑8	7	6
♆	♑13	13	13
♇	♏15	15	15
☊	♒8	7	7

AOÛT

	1	2	3	4	5	6	7	8	9	10	11	12	13	14	15	16	17	18	19	20	21	22	23	24	25	26	27	28	29	30	31
☉	♌9	9	10	11	12	13	14	15	16	17	18	19	20	21	22	23	24	25	26	27	28	29	♍0	1	2	3	3	4	5	6	♍7
☽	♐5	17	29	♑11	24	♒6	19	♓2	16	29	♈13	27	♉11	25	♊10	24	♋8	22	♌6	20	♍4	17	♎0	13	25	♏7	19	♐1	13	25	♑7
☿	♍4	5	6	8	9	10	11	12	13	14	15	16	17	18	19	20	20	21	22	22	23	23	23	23	24	24	23	23	23	23	♍22
♀	♋14	16	17	18	19	20	22	23	24	25	26	28	29	♌0	1	3	4	5	6	7	9	10	11	12	14	15	16	17	18	20	♌21
♂	♉13	13	14	15	15	16	16	17	18	18	19	19	20	21	21	22	22	23	23	24	24	25	26	26	27	27	28	28	29	29	♊0

	1	6	12	18	24	30
♃	♋26	27	29	♌0	1	2
♄	♑21	20	20	20	19	19

	1	15	30
♅	♑6	6	6
♆	♑13	12	12
♇	♏15	15	15
☊	♒7	7	7

SEPTEMBRE

	1	2	3	4	5	6	7	8	9	10	11	12	13	14	15	16	17	18	19	20	21	22	23	24	25	26	27	28	29	30
☉	♍8	9	10	11	12	13	14	15	16	17	18	19	20	21	22	23	24	25	26	27	28	29	♎0	1	2	3	4	5	6	♎7
☽	♑19	♒2	15	28	♓11	25	♈9	23	♉8	22	♊6	21	♋5	19	♌2	16	29	♍12	25	♎8	21	♏3	15	27	♐9	21	♑3	15	27	♒9
☿	♍22	21	20	19	18	17	16	15	14	14	13	12	11	11	10	10	10	10	10	10	11	11	12	13	14	15	16	18	19	♍21
♀	♌22	23	25	26	27	28	♍0	1	2	3	5	6	7	8	9	11	12	13	14	16	17	18	19	21	22	23	24	26	27	♍28
♂	♊0	1	1	2	2	3	3	4	4	4	5	5	6	6	7	7	7	8	8	8	9	9	10	10	10	10	11	11	11	♊12

	1	6	12	18	24	30
♃	♌3	4	5	6	7	8
♄	♑19	19	19	19	19	19

	1	15	30
♅	♑6	6	6
♆	♑12	12	12
♇	♏15	16	16
☊	♒7	7	5

OCTOBRE

	1	2	3	4	5	6	7	8	9	10	11	12	13	14	15	16	17	18	19	20	21	22	23	24	25	26	27	28	29	30	31
☉	♎8	9	10	11	11	12	13	14	15	16	17	18	19	20	21	22	23	24	25	26	27	28	29	♏0	1	2	3	4	5	6	♏7
☽	♒22	♓6	20	♈4	18	♉3	18	♊3	17	♋1	16	29	♌13	26	♍9	22	♎4	17	29	♏11	23	♐5	17	29	♑11	23	♒5	17	♓0	14	♓27
☿	♍22	24	25	27	29	♎0	2	4	6	7	9	11	13	15	16	18	20	21	23	25	27	28	♏0	2	3	5	6	8	10	11	♏13
♀	♍29	♎1	2	3	4	6	7	8	9	11	12	13	14	16	17	18	19	21	22	23	24	26	27	28	29	♏1	2	3	4	6	♏7
♂	♊12	12	12	13	13	13	13	13	14	14	14	14	14	14	14	14	14	15	15	15	15	15	15	14	14	14	14	14	14	14	♊14

	1	6	12	18	24	30
♃	♌8	9	10	11	11	12
♄	♑19	19	19	19	19	20

	1	15	30
♅	♑6	6	6
♆	♑12	12	12
♇	♏16	17	17
☊	♒5	4	2

NOVEMBRE

	1	2	3	4	5	6	7	8	9	10	11	12	13	14	15	16	17	18	19	20	21	22	23	24	25	26	27	28	29	30
☉	♏8	9	10	11	12	13	14	15	16	17	18	19	20	21	22	23	24	25	26	27	28	29	♐0	1	2	3	4	5	6	♐8
☽	♈12	27	♉12	27	♊12	27	♋11	26	♌10	23	♍6	19	♎1	14	26	♏8	20	♐2	14	26	♑8	19	♒1	14	26	♓9	22	♈6	20	♉5
☿	♏14	16	18	19	21	22	24	25	27	28	♐0	2	3	5	6	8	9	10	12	13	15	16	18	19	21	22	23	25	26	♐27
♀	♏8	9	11	12	13	14	16	17	18	19	21	22	23	24	26	27	28	29	♐1	2	3	5	6	7	8	10	11	12	13	♐15
♂	♊14	13	13	13	13	13	12	12	12	12	11	11	11	10	10	10	9	9	9	8	8	8	7	7	6	6	6	5	5	♊5

	1	6	12	18	24	30
♃	♌12	13	13	13	14	14
♄	♑20	20	21	21	22	22

	1	15	30
♅	♑7	7	8
♆	♑12	13	13
♇	♏17	18	18
☊	♒2	1	♑1

DÉCEMBRE

	1	2	3	4	5	6	7	8	9	10	11	12	13	14	15	16	17	18	19	20	21	22	23	24	25	26	27	28	29	30	31
☉	♐9	10	11	12	13	14	15	16	17	18	19	20	21	22	23	24	25	26	27	28	29	♑0	1	2	3	4	5	6	7	8	♑9
☽	♉20	♊5	20	♋5	20	♌5	19	♍2	16	28	♎11	23	♏5	17	29	♐11	23	♑5	17	28	♒11	23	♓5	18	♈1	15	29	♉13	28	♊13	♊28
☿	♐29	♑0	1	2	4	5	6	7	7	8	9	9	10	10	10	10	10	9	8	8	6	5	4	3	1	0	♐29	27	26	26	♐25
♀	♐16	17	18	20	21	22	23	25	26	27	28	♑0	1	2	3	5	6	7	8	10	11	12	13	15	16	17	18	20	21	22	♑23
♂	♊4	4	3	3	3	2	2	2	1	1	1	1	0	0	0	0	♉29	29	29	29	29	28	28	28	28	28	28	28	28	28	♉28

	1	6	12	18	24	30
♃	♌14	14	13	13	13	12
♄	♑22	23	23	24	25	25

	1	15	30
♅	♑8	9	10
♆	♑13	13	14
♇	♏19	19	20
☊	♑29	29	28

1991

JANVIER

	1	2	3	4	5	6	7	8	9	10	11	12	13	14	15	16	17	18	19	20	21	22	23	24	25	26	27	28	29	30	31
☉	♑10	11	12	13	14	15	16	17	18	19	20	21	22	23	24	25	26	27	28	29	♒0	1	2	3	5	6	7	8	9	10	♒11
☽	♋13	28	♌13	27	♍11	24	♎7	20	♏2	14	26	♐8	20	♑1	13	25	♒8	20	♓2	15	28	♈11	25	♉9	23	♊7	22	♋7	21	♌6	♌21
☿	♐24	24	24	24	24	24	24	25	26	26	27	28	29	♑0	1	2	3	4	5	6	8	9	10	11	13	14	16	17	18	20	♑21
♀	♑25	26	27	28	♒0	1	2	3	5	6	7	9	10	11	12	14	15	16	17	19	20	21	22	24	25	26	27	29	♓0	1	♓2
♂	♉28	28	28	28	28	28	28	28	28	28	28	28	29	29	29	29	29	29	♊0	0	0	0	0	1	1	1	1	2	2	2	♊3

1	6	12	18	24	30	1	6	12	18	24	30	1	15	30	1	15	30	1	15	30	1	15	30
♃ ♌12	11	11	10	9	8	♄ ♑26	26	27	28	28	29	♅ ♑10	11	11	♆ ♑14	15	15	♇ ♏20	20	20	☊ ♑28	28	28

FÉVRIER

	1	2	3	4	5	6	7	8	9	10	11	12	13	14	15	16	17	18	19	20	21	22	23	24	25	26	27	28
☉	♒12	13	14	15	16	17	18	19	20	21	22	23	24	25	26	27	28	29	♓0	1	2	3	4	5	6	7	8	♓9
☽	♍5	19	♎2	15	28	♏10	22	♐4	16	28	♑10	22	♒4	16	29	♓12	25	♈8	22	♉5	19	♊3	18	♋2	16	♌0	15	♌29
☿	♑23	24	26	27	29	♒0	2	3	5	6	8	9	11	13	14	16	18	19	21	23	25	26	28	♓0	2	3	5	♓7
♀	♓3	5	6	7	8	10	11	12	13	15	16	17	18	20	21	22	23	25	26	27	28	♈0	1	2	3	4	6	♈7
♂	♊3	3	4	4	4	5	5	5	6	6	6	7	7	7	8	8	9	9	9	10	10	11	11	11	12	12	13	♊13

1	6	12	18	24	28	1	6	12	18	24	28	1	15	28	1	15	28	1	15	28	1	15	28
♃ ♌8	8	7	6	5	5	♄ ♑29	♒0	1	1	2	2	♅ ♑12	12	13	♆ ♑15	16	16	♇ ♏20	20	20	☊ ♑28	28	27

MARS

	1	2	3	4	5	6	7	8	9	10	11	12	13	14	15	16	17	18	19	20	21	22	23	24	25	26	27	28	29	30	31
☉	♓10	11	12	13	14	15	16	17	18	19	20	21	22	23	24	25	26	27	28	29	♈0	1	2	3	4	5	6	7	8	9	♈10
☽	♍13	27	♎10	23	♏6	18	♐0	12	24	♑6	18	♒0	12	25	♓7	21	♈4	18	♉2	16	♊0	14	29	♋13	27	♌11	24	♍8	22	♎5	♎18
☿	♓9	11	13	15	17	18	20	22	24	26	28	♈0	2	4	6	8	10	11	13	15	16	18	19	21	22	23	24	25	26	27	♈28
♀	♈8	9	11	12	13	14	16	17	18	19	20	22	23	24	25	26	28	29	♉0	1	3	4	5	6	7	9	10	11	12	13	♉15
♂	♊14	14	15	15	16	16	16	17	17	18	18	19	19	20	20	21	21	22	22	23	23	24	24	25	25	26	26	27	27	28	♊28

1	6	12	18	24	30	1	6	12	18	24	30	1	15	30	1	15	30	1	15	30	1	15	30
♃ ♌5	5	4	4	4	4	♄ ♒2	3	4	4	5	5	♅ ♑13	13	14	♆ ♑16	16	17	♇ ♏20	20	20	☊ ♑27	27	25

AVRIL

	1	2	3	4	5	6	7	8	9	10	11	12	13	14	15	16	17	18	19	20	21	22	23	24	25	26	27	28	29	30
☉	♈11	12	13	14	15	16	17	18	19	20	21	22	23	24	25	26	26	27	28	29	♉0	1	2	3	4	5	6	7	8	♉9
☽	♏1	14	26	♐8	20	♑2	14	25	♒8	20	♓2	16	29	♈13	27	♉11	26	♊11	25	♋9	24	♌7	21	♍5	18	♎1	14	27	♏10	♏22
☿	♈28	29	29	29	29	29	29	28	28	28	27	26	26	25	24	24	23	22	21	21	20	20	19	19	18	18	18	18	18	♈18
♀	♉16	17	18	19	21	22	23	24	25	26	28	29	♊0	1	2	4	5	6	7	8	9	11	12	13	14	15	16	17	19	♊20
♂	♊29	29	♋0	1	1	2	2	3	3	4	4	5	5	6	6	7	8	8	9	9	10	10	11	11	12	13	13	14	14	♋15

1	6	12	18	24	30	1	6	12	18	24	30	1	15	30	1	15	30	1	15	30	1	15	30
♃ ♌4	4	4	4	4	5	♄ ♒5	5	6	6	6	7	♅ ♑14	14	14	♆ ♑17	17	17	♇ ♏20	20	19	☊ ♑25	23	22

MAI

	1	2	3	4	5	6	7	8	9	10	11	12	13	14	15	16	17	18	19	20	21	22	23	24	25	26	27	28	29	30	31
☉	♉10	11	12	13	14	15	16	17	18	19	20	21	22	23	24	25	26	27	28	29	29	♊0	1	2	3	4	5	6	7	8	♊9
☽	♐4	16	28	♑10	22	♒4	16	28	♓11	24	♈7	21	♉5	20	♊5	20	♋5	19	♌4	18	♍2	15	28	♎11	24	♏6	19	♐1	13	25	♑7
☿	♈18	19	19	19	20	20	21	22	22	23	24	25	26	27	28	29	♉0	1	2	4	5	6	8	9	11	12	14	16	17	19	♉21
♀	♊21	22	23	24	25	27	28	29	♋0	1	2	3	4	6	7	8	9	10	11	12	13	14	15	16	17	19	20	21	22	23	♋24
♂	♋15	16	16	17	18	18	19	19	20	20	21	22	22	23	23	24	24	25	26	26	27	27	28	29	29	♌0	0	1	1	2	♌3

1	6	12	18	24	30	1	6	12	18	24	30	1	15	30	1	15	30	1	15	30	1	15	30
♃ ♌5	6	6	7	8	9	♄ ♒7	7	7	7	7	7	♅ ♑14	14	13	♆ ♑17	17	16	♇ ♏19	19	18	☊ ♑21	20	19

JUIN

	1	2	3	4	5	6	7	8	9	10	11	12	13	14	15	16	17	18	19	20	21	22	23	24	25	26	27	28	29	30
☉	♊10	11	12	13	14	15	16	17	18	19	20	21	22	22	23	24	25	26	27	28	29	♋0	1	2	3	4	5	6	7	♋8
☽	♑18	♒0	12	24	♓6	19	♈2	15	29	♉14	28	♊13	29	♋14	29	♌13	28	♍12	25	♎8	21	♏3	16	28	♐10	22	♑4	15	27	♒9
☿	♉22	24	26	28	♊0	2	4	6	8	10	12	14	16	19	21	23	25	27	29	♋2	4	6	8	10	12	14	16	18	20	♋22
♀	♋25	26	27	28	29	♌0	1	2	3	4	5	6	7	8	9	10	11	12	13	13	14	15	16	17	18	19	20	20	21	♌22
♂	♌3	4	4	5	6	6	7	7	8	9	9	10	10	11	12	12	13	13	14	15	15	16	16	17	18	18	19	19	20	♌21

1	6	12	18	24	30	1	6	12	18	24	30	1	15	30	1	15	30	1	15	30	1	15	30
♃ ♌9	10	11	12	13	14	♄ ♒7	7	6	6	6	5	♅ ♑13	13	12	♆ ♑16	16	16	♇ ♏18	18	18	☊ ♑19	19	19

JUILLET

	1	2	3	4	5	6	7	8	9	10	11	12	13	14	15	16	17	18	19	20	21	22	23	24	25	26	27	28	29	30	31
☉	♋9	10	11	12	13	13	14	15	16	17	18	19	20	21	22	23	24	25	26	27	28	29	♌0	1	2	3	3	4	5	6	♌7
☽	♒21	♓3	15	28	♈11	24	♉8	22	♊7	22	♋7	22	♌7	22	♍6	21	♎4	17	♏0	13	25	♐7	19	♑1	12	24	♒6	18	♓0	13	♓25
☿	♋24	26	28	♌0	1	3	5	6	8	10	11	13	14	15	17	18	20	21	22	23	24	26	27	28	29	♍0	0	1	2	3	♍3
♀	♌23	24	24	25	26	27	27	28	29	29	♍0	0	1	2	2	3	3	4	4	5	5	5	6	6	6	7	7	7	7	7	♍7
♂	♌21	22	22	23	24	24	25	25	26	27	27	28	28	29	♍0	0	1	2	2	3	3	4	5	5	6	6	7	8	8	9	♍10

1	6	12	18	24	30	1	6	12	18	24	30	1	15	30	1	15	30	1	15	30	1	15	30
♃ ♌14	15	17	18	19	20	♄ ♒5	5	5	4	4	3	♅ ♑12	11	11	♆ ♑16	15	15	♇ ♏18	18	18	☊ ♑19	19	19

AOÛT

	1	2	3	4	5	6	7	8	9	10	11	12	13	14	15	16	17	18	19	20	21	22	23	24	25	26	27	28	29	30	31
☉	♌8	9	10	11	12	13	14	15	16	17	18	19	20	21	22	23	24	25	26	27	27	28	29	♍0	1	2	3	4	5	6	♍7
☽	♈8	21	♉4	18	♊2	16	♋1	16	♌1	15	♍0	15	29	♎13	26	♏9	21	♐3	15	27	♑9	21	♒3	15	27	♓9	22	♈5	18	♉1	♉15
☿	♍4	4	5	5	6	6	6	6	6	6	6	5	5	4	4	3	2	2	1	0	♌29	28	27	27	26	25	24	24	24	23	♌23
♀	♍7	7	7	7	7	7	7	6	6	6	6	5	5	4	4	3	3	2	2	1	0	0	♌29	29	28	27	27	26	26	25	♌24
♂	♍10	11	11	12	13	13	14	15	15	16	16	17	18	18	19	20	20	21	22	22	23	23	24	25	25	26	27	27	28	29	♍29

1	6	12	18	24	30	1	6	12	18	24	30	1	15	30	1	15	30	1	15	30	1	15	30
♃ ♌21	22	23	25	26	27	♄ ♒3	3	2	2	2	1	♅ ♑11	10	10	♆ ♑15	14	14	♇ ♏18	18	18	☊ ♑19	18	18

SEPTEMBRE

	1	2	3	4	5	6	7	8	9	10	11	12	13	14	15	16	17	18	19	20	21	22	23	24	25	26	27	28	29	30
☉	♍8	9	10	11	12	13	14	15	16	17	18	19	20	21	22	23	24	25	26	27	28	28	29	♎0	1	2	3	4	5	♎6
☽	♉28	♊12	26	♋11	25	♌10	24	♍9	23	♎7	21	♏4	17	29	♐12	24	♑5	17	29	♒11	23	♓6	18	♈1	14	28	♉11	25	♊9	♊23
☿	♌23	23	23	24	24	25	26	27	28	29	♍0	2	3	5	6	8	10	11	13	15	17	19	21	22	24	26	28	♎0	2	♎3
♀	♌24	24	23	23	22	22	22	22	21	21	21	21	21	21	21	21	21	21	22	22	22	22	23	23	23	24	24	25	25	♌26
♂	♎0	0	1	2	2	3	4	4	5	6	6	7	8	8	9	10	10	11	12	12	13	13	14	15	15	16	17	17	18	♎19

1	6	12	18	24	30	1	6	12	18	24	30	1	15	30	1	15	30	1	15	30	1	15	30
♃ ♌28	29	♍0	1	2	4	♄ ♒1	1	1	0	0	0	♅ ♑10	10	10	♆ ♑14	14	14	♇ ♏18	18	19	☊ ♑18	17	15

OCTOBRE

	1	2	3	4	5	6	7	8	9	10	11	12	13	14	15	16	17	18	19	20	21	22	23	24	25	26	27	28	29	30	31
☉	♎7	8	9	10	11	12	13	14	15	16	17	18	19	20	21	22	23	24	25	26	27	28	29	♏0	1	2	3	4	5	6	♏7
☽	♋7	21	♌5	20	♍4	18	♎2	15	29	♏12	25	♐7	19	♑1	13	25	♒7	19	♓1	14	26	♈10	23	♉7	21	♊5	20	♋4	18	♌2	♌16
☿	♎5	7	9	11	12	14	16	17	19	21	22	24	26	27	29	♏1	2	4	5	7	9	10	12	13	15	16	18	19	21	22	♏24
♀	♌26	27	28	28	29	29	♍0	1	1	2	3	4	4	5	6	7	8	9	9	10	11	12	13	14	15	16	17	18	19	20	♍21
♂	♎19	20	21	21	22	23	23	24	25	25	26	27	27	28	29	29	♏0	1	1	2	3	4	4	5	6	6	7	8	8	9	♏10

1	6	12	18	24	30	1	6	12	18	24	30	1	15	30	1	15	30	1	15	30	1	15	30
♃ ♍4	5	6	7	8	9	♄ ♒0	0	0	0	0	1	♅ ♑10	10	11	♆ ♑14	14	14	♇ ♏19	19	20	☊ ♑15	14	12

NOVEMBRE

	1	2	3	4	5	6	7	8	9	10	11	12	13	14	15	16	17	18	19	20	21	22	23	24	25	26	27	28	29	30
☉	♏8	9	10	11	12	13	14	15	16	17	18	19	20	21	22	23	24	25	26	27	28	29	♐0	1	2	3	4	5	6	♐7
☽	♍0	14	28	♎11	24	♏8	20	♐3	15	27	♑9	21	♒3	15	27	♓9	21	♈4	18	♉1	15	♊0	14	29	♋14	28	♌13	27	♍11	♍25
☿	♏25	27	28	29	♐1	2	4	5	6	8	9	10	11	13	14	15	16	17	18	19	20	21	22	23	23	24	24	24	24	♐24
♀	♍22	23	24	25	26	27	28	29	♎0	1	2	3	4	5	6	7	8	9	10	12	13	14	15	16	17	18	19	20	22	♎23
♂	♏10	11	12	12	13	14	15	15	16	17	17	18	19	19	20	21	21	22	23	24	24	25	26	26	27	28	29	29	♐0	♐1

1	6	12	18	24	30	1	6	12	18	24	30	1	15	30	1	15	30	1	15	30	1	15	30
♃ ♍9	10	11	12	13	13	♄ ♒1	1	1	2	2	3	♅ ♑11	11	12	♆ ♑14	15	15	♇ ♏20	20	21	☊ ♑12	11	10

DÉCEMBRE

	1	2	3	4	5	6	7	8	9	10	11	12	13	14	15	16	17	18	19	20	21	22	23	24	25	26	27	28	29	30	31
☉	♐8	9	10	11	12	13	14	15	16	17	18	19	20	21	22	24	25	26	27	28	29	♑0	1	2	3	4	5	6	7	8	♑9
☽	♎8	21	♏4	17	29	♐12	24	♑6	17	29	♒11	23	♓5	17	29	♈12	25	♉9	23	♊8	23	♋8	23	♌8	22	♍7	21	♎5	18	♏1	♏14
☿	♐24	23	23	22	21	20	18	17	15	14	13	12	11	10	9	8	8	8	8	8	8	9	9	10	11	12	13	14	15	16	♐17
♀	♎24	25	26	27	28	♏0	1	2	3	4	5	7	8	9	10	11	13	14	15	16	17	18	20	21	22	23	24	26	27	28	♏29
♂	♐1	2	3	3	4	5	6	6	7	8	9	9	10	11	11	12	13	14	14	15	16	16	17	18	19	19	20	21	22	22	♐23

1	6	12	18	24	30	1	6	12	18	24	30	1	15	30	1	15	30	1	15	30	1	15	30
♃ ♍13	14	14	14	15	15	♄ ♒3	3	4	4	5	6	♅ ♑12	13	14	♆ ♑15	16	16	♇ ♏21	22	22	☊ ♑10	10	10

1992

JANVIER

	1	2	3	4	5	6	7	8	9	10	11	12	13	14	15	16	17	18	19	20	21	22	23	24	25	26	27	28	29	30	31
☉	♑10	11	12	13	14	15	16	17	18	19	20	21	22	23	24	25	26	27	28	29	♒0	1	2	3	4	5	6	7	8	9	♒10
☽	♏26	♐8	20	♑2	14	26	♒8	20	♓2	14	26	♈8	21	♉4	17	♊1	16	♋0	15	♌1	16	♍1	16	♎0	14	28	♏11	23	♐5	18	♐29
☿	♐18	19	21	22	23	24	26	27	29	♑0	1	3	4	6	7	9	10	12	13	15	16	18	19	21	22	24	25	27	29	♒0	♒2
♀	♐0	2	3	4	5	6	8	9	10	11	13	14	15	16	17	19	20	21	22	24	25	26	27	28	♑0	1	2	3	5	6	♑7
♂	♐24	25	25	26	27	27	28	29	♑0	0	1	2	3	3	4	5	6	6	7	8	9	9	10	11	12	12	13	14	15	15	♑16

	1	6	12	18	24	30
♃	♍15	15	14	14	14	13
♄	♒6	6	7	8	9	9

	1	15	30
♅	♑14	15	15
♆	♑16	17	17
♇	♏22	22	23
☊	♑10	10	10

FÉVRIER

	1	2	3	4	5	6	7	8	9	10	11	12	13	14	15	16	17	18	19	20	21	22	23	24	25	26	27	28	29
☉	♒11	12	13	14	15	16	17	18	19	20	22	23	24	25	26	27	28	29	♓0	1	2	3	4	5	6	7	8	9	♓10
☽	♑11	23	♒5	17	29	♓11	23	♈5	17	♉0	13	27	♊10	24	♋9	24	♌9	24	♍9	24	♎8	22	♏6	19	♐2	14	26	♑8	♑20
☿	♒3	5	7	8	10	12	14	15	17	19	20	22	24	26	28	29	♓1	3	5	7	9	11	12	14	16	18	20	22	♓23
♀	♑8	9	11	12	13	14	16	17	18	19	21	22	23	24	25	27	28	29	♒0	2	3	4	5	7	8	9	10	11	♒13
♂	♑17	18	18	19	20	21	21	22	23	24	25	25	26	27	28	28	29	♒0	1	1	2	3	4	4	5	6	7	8	♒8

	1	6	12	18	24	29
♃	♍13	13	12	11	10	10
♄	♒9	10	11	11	12	13

	1	15	29
♅	♑15	16	17
♆	♑17	18	18
♇	♏23	23	23
☊	♑10	9	8

MARS

	1	2	3	4	5	6	7	8	9	10	11	12	13	14	15	16	17	18	19	20	21	22	23	24	25	26	27	28	29	30	31
☉	♓11	12	13	14	15	16	17	18	19	20	21	22	23	24	25	26	27	28	29	♈0	1	2	3	4	5	6	7	8	9	10	♈11
☽	♒2	13	25	♓7	20	♈2	15	27	♉10	23	♊7	20	♋4	18	♌3	18	♍2	17	♎2	16	♏0	14	27	♐10	22	♑4	16	28	♒10	22	♓4
☿	♓25	27	29	♈0	2	3	4	6	7	8	9	10	10	11	11	11	11	11	11	11	10	10	9	8	8	7	6	5	4	3	♈3
♀	♒14	15	16	18	19	20	21	23	24	25	26	28	29	♓0	1	2	4	5	6	7	9	10	11	12	14	15	16	17	19	20	♓21
♂	♒9	10	11	11	12	13	14	14	15	16	17	18	18	19	20	21	21	22	23	24	25	25	26	27	28	28	29	♓0	1	1	♓2

	1	6	12	18	24	30
♃	♍10	9	8	7	7	6
♄	♒13	13	14	15	15	16

	1	15	30
♅	♑17	17	18
♆	♑18	19	19
♇	♏23	23	23
☊	♑8	7	5

AVRIL

	1	2	3	4	5	6	7	8	9	10	11	12	13	14	15	16	17	18	19	20	21	22	23	24	25	26	27	28	29	30
☉	♈12	13	13	14	15	16	17	18	19	20	21	22	23	24	25	26	27	28	29	♉0	1	2	3	4	5	6	7	8	9	♉10
☽	♓16	28	♈11	24	♉7	20	♊4	17	♋1	15	29	♌13	28	♍12	26	♎11	25	♏8	22	♐5	18	♑0	12	24	♒6	18	♓0	12	24	♈7
☿	♈2	1	1	0	0	♓29	29	29	29	29	29	29	29	♈0	0	1	1	2	3	3	4	5	6	7	8	9	10	11	12	♈14
♀	♓22	23	25	26	27	28	♈0	1	2	3	5	6	7	8	9	11	12	13	14	16	17	18	19	21	22	23	24	26	27	♈28
♂	♓3	4	5	5	6	7	8	8	9	10	11	12	12	13	14	15	15	16	17	18	19	19	20	21	22	22	23	24	25	♓25

	1	6	12	18	24	30
♃	♍6	6	5	5	5	5
♄	♒16	16	17	17	18	18

	1	15	30
♅	♑18	18	18
♆	♑19	19	19
♇	♏23	22	22
☊	♑5	3	2

MAI

	1	2	3	4	5	6	7	8	9	10	11	12	13	14	15	16	17	18	19	20	21	22	23	24	25	26	27	28	29	30	31
☉	♉11	12	13	14	15	16	17	18	19	20	21	22	22	23	24	25	26	27	28	29	♊0	1	2	3	4	5	6	7	8	9	♊10
☽	♈20	♉3	16	♊0	14	28	♋12	26	♌10	24	♍8	22	♎6	20	♏4	17	♐0	13	26	♑8	20	♒2	14	26	♓8	20	♈2	15	28	♉11	♉25
☿	♈15	16	18	19	20	22	23	25	26	28	♉0	1	3	5	7	8	10	12	14	16	18	20	22	24	26	28	♊0	2	5	7	♊9
♀	♈29	♉0	2	3	4	5	7	8	9	10	11	13	14	15	16	18	19	20	21	23	24	25	26	27	29	♊0	1	2	4	5	♊6
♂	♓26	27	28	29	29	♈0	1	2	2	3	4	5	5	6	7	8	8	9	10	11	12	12	13	14	15	15	16	17	18	18	♈19

	1	6	12	18	24	30
♃	♍5	5	5	5	5	6
♄	♒18	18	18	18	18	18

	1	15	30
♅	♑18	18	17
♆	♑19	19	19
♇	♏22	21	21
☊	♑2	1	1

JUIN

	1	2	3	4	5	6	7	8	9	10	11	12	13	14	15	16	17	18	19	20	21	22	23	24	25	26	27	28	29	30
☉	♊11	12	13	14	15	16	16	17	18	19	20	21	22	23	24	25	26	27	28	29	♋0	1	2	3	4	5	6	7	8	♋8
☽	♊9	23	♋7	22	♌6	21	♍5	19	♎3	17	♏0	14	27	♐9	22	♑4	16	28	♒10	22	♓4	16	28	♈10	23	♉6	19	♊3	17	♋1
☿	♊11	13	16	18	20	22	24	26	28	♋0	2	4	6	8	10	12	14	16	17	19	21	22	24	25	27	28	♌0	1	2	♌4
♀	♊7	9	10	11	12	13	15	16	17	18	20	21	22	23	25	26	27	28	29	♋1	2	3	4	6	7	8	9	10	12	♋13
♂	♈20	21	21	22	23	24	24	25	26	27	27	28	29	♉0	0	1	2	2	3	4	5	5	6	7	8	8	9	10	10	♉11

	1	6	12	18	24	30
♃	♍6	7	7	8	9	10
♄	♒18	18	18	18	18	18

	1	15	30
♅	♑17	17	16
♆	♑19	18	18
♇	♏21	21	20
☊	♑1	1	1

JUILLET

	1	2	3	4	5	6	7	8	9	10	11	12	13	14	15	16	17	18	19	20	21	22	23	24	25	26	27	28	29	30	31
☉	♋9	10	11	12	13	14	15	16	17	18	19	20	21	22	23	24	25	26	27	28	28	29	♌0	1	2	3	4	5	6	7	♌8
☽	♋16	♌1	16	♍1	15	♎0	14	27	♏11	23	♐6	19	♑1	13	25	♒7	19	♓1	12	24	♈6	19	♉1	14	27	♊11	25	♋10	25	♌10	♌25
☿	♌5	6	7	8	9	10	11	12	13	14	14	15	16	16	16	17	17	17	17	17	17	17	17	17	16	16	16	15	14	14	♌13
♀	♋14	15	17	18	19	20	22	23	24	25	26	28	29	♌0	1	3	4	5	6	8	9	10	11	12	14	15	16	17	19	20	♌21
♂	♉12	13	13	14	15	15	16	17	18	18	19	20	20	21	22	23	23	24	25	25	26	27	27	28	29	29	♊0	1	2	2	♊3

	1	6	12	18	24	30
♃	♍10	11	12	13	14	15
♄	♒18	17	17	17	16	16

	1	15	30
♅	♑16	16	15
♆	♑18	17	17
♇	♏20	20	20
☊	♑1	1	0

AOÛT

	1	2	3	4	5	6	7	8	9	10	11	12	13	14	15	16	17	18	19	20	21	22	23	24	25	26	27	28	29	30	31
☉	♌9	10	11	12	13	14	15	16	17	18	19	20	20	21	22	23	24	25	26	27	28	29	♍0	1	2	3	4	5	6	7	♍8
☽	♍10	25	♎9	24	♏7	20	♐3	16	28	♑10	22	♒4	16	28	♓9	21	♈3	16	28	♉10	23	♊6	20	♋4	18	♌3	18	♍3	19	♎4	♎18
☿	♌12	11	11	10	9	9	8	7	7	7	6	6	6	6	6	6	7	7	8	9	10	11	12	13	14	16	17	19	20	22	♌24
♀	♌22	24	25	26	27	28	♍0	1	2	3	5	6	7	8	10	11	12	13	14	16	17	18	19	21	22	23	24	25	27	28	♍29
♂	♊4	4	5	6	6	7	8	8	9	10	10	11	11	12	13	13	14	15	15	16	17	17	18	18	19	20	20	21	22	22	♊23

	1	6	12	18	24	30
♃	♍15	16	17	19	20	21
♄	♒16	15	15	14	14	14

	1	15	30
♅	♑15	15	14
♆	♑17	17	16
♇	♏20	20	20
☊	♑0	♐0	28

SEPTEMBRE

	1	2	3	4	5	6	7	8	9	10	11	12	13	14	15	16	17	18	19	20	21	22	23	24	25	26	27	28	29	30
☉	♍9	10	11	12	13	14	15	16	17	18	19	19	20	21	22	23	24	25	26	27	28	29	♎0	1	2	3	4	5	6	♎7
☽	♏3	16	♐0	12	25	♑7	19	♒1	13	25	♓6	18	♈0	13	25	♉7	20	♊3	16	29	♋13	27	♌12	27	♍12	27	♎12	27	♏11	♏25
☿	♌26	28	29	♍1	3	5	7	9	11	13	15	17	19	20	22	24	26	28	♎0	1	3	5	7	8	10	12	13	15	17	♎18
♀	♎0	2	3	4	5	7	8	9	10	11	13	14	15	16	18	19	20	21	22	24	25	26	27	29	♏0	1	2	3	5	♏6
♂	♊23	24	25	25	26	26	27	28	28	29	29	♋0	0	1	2	2	3	3	4	4	5	5	6	6	7	8	8	9	9	♋10

	1	6	12	18	24	30
♃	♍21	23	24	25	26	28
♄	♒13	13	13	12	12	12

	1	15	30
♅	♑14	14	14
♆	♑16	16	16
♇	♏20	21	21
☊	♐28	26	25

OCTOBRE

	1	2	3	4	5	6	7	8	9	10	11	12	13	14	15	16	17	18	19	20	21	22	23	24	25	26	27	28	29	30	31
☉	♎8	9	10	11	12	13	14	15	16	17	18	19	20	21	22	23	24	25	26	27	28	29	♏0	1	2	3	4	5	6	7	♏8
☽	♐8	21	♑3	16	28	♒9	21	♓3	15	27	♈9	22	♉4	17	♊0	13	26	♋10	24	♌8	22	♍6	21	♎6	20	♏5	19	♐3	16	29	♑11
☿	♎20	22	23	25	26	28	29	♏1	2	4	5	7	8	10	11	13	14	15	17	18	19	21	22	23	25	26	27	28	29	♐0	♐1
♀	♏7	8	10	11	12	13	14	16	17	18	19	21	22	23	24	25	27	28	29	♐0	2	3	4	5	6	8	9	10	11	12	♐14
♂	♋10	11	11	12	12	13	13	13	14	14	15	15	16	16	17	17	17	18	18	19	19	19	20	20	21	21	21	22	22	22	♋23

	1	6	12	18	24	30
♃	♍28	29	♎0	2	3	4
♄	♒12	12	12	12	12	12

	1	15	30
♅	♑14	14	15
♆	♑16	16	16
♇	♏21	22	22
☊	♐25	23	22

NOVEMBRE

	1	2	3	4	5	6	7	8	9	10	11	12	13	14	15	16	17	18	19	20	21	22	23	24	25	26	27	28	29	30
☉	♏9	10	11	12	13	14	15	16	17	18	19	20	21	22	23	24	25	26	27	28	29	♐0	1	2	3	4	5	6	7	♐8
☽	♑24	♒6	18	29	♓11	23	♈5	18	♉0	13	26	♊10	23	♋7	20	♌4	19	♍3	17	♎1	15	29	♏13	27	♐11	24	♑7	19	♒1	♒13
☿	♐2	3	4	5	6	7	7	8	8	8	8	8	8	8	7	7	6	5	4	2	1	0	♏28	27	26	25	24	23	23	♏22
♀	♐15	16	17	19	20	21	22	23	25	26	27	28	29	♑1	2	3	4	5	7	8	9	10	11	13	14	15	16	17	18	♑20
♂	♋23	23	24	24	24	24	25	25	25	25	26	26	26	26	26	27	27	27	27	27	27	27	27	27	28	28	28	28	28	♋28

	1	6	12	18	24	30
♃	♎4	5	6	8	9	10
♄	♒12	12	12	13	13	13

	1	15	30
♅	♑15	15	16
♆	♑17	17	17
♇	♏22	23	23
☊	♐22	22	22

DÉCEMBRE

	1	2	3	4	5	6	7	8	9	10	11	12	13	14	15	16	17	18	19	20	21	22	23	24	25	26	27	28	29	30	31
☉	♐9	10	11	12	13	14	15	16	17	18	19	20	21	22	23	24	25	26	27	28	29	♑0	1	2	3	4	5	7	8	9	♑10
☽	♒25	♓7	19	♈1	13	26	♉8	21	♊5	18	♋2	16	♌1	15	29	♍14	28	♎12	26	♏9	23	♐6	19	♑2	15	27	♒9	21	♓3	15	♓27
☿	♏22	22	22	23	23	24	25	25	26	27	28	♐0	1	2	3	5	6	7	9	10	11	13	14	16	17	19	20	22	23	25	♐26
♀	♑21	22	23	24	26	27	28	29	♒0	1	3	4	5	6	7	8	10	11	12	13	14	15	17	18	19	20	21	22	23	24	♒26
♂	♋28	28	28	27	27	27	27	27	27	27	27	26	26	26	26	26	25	25	25	25	24	24	24	23	23	23	22	22	22	21	♋21

	1	6	12	18	24	30
♃	♎10	10	11	12	13	13
♄	♒14	14	14	15	16	16

	1	15	30
♅	♑16	17	18
♆	♑17	18	18
♇	♏24	24	25
☊	♐22	21	21

1993

JANVIER

	1	2	3	4	5	6	7	8	9	10	11	12	13	14	15	16	17	18	19	20	21	22	23	24	25	26	27	28	29	30	31
☉	11	12	13	14	15	16	17	18	19	20	21	22	23	24	25	26	27	28	29	0	1	2	3	4	5	6	7	8	9	10	11
☽	9	21	3	16	29	12	26	11	25	10	25	10	24	9	23	6	20	3	16	29	11	23	6	18	0	11	23	5	17	29	11
☿	28	29	1	2	4	5	7	8	10	11	13	15	16	18	19	21	23	24	26	28	29	1	3	4	6	8	9	11	13	15	16
♀	27	28	29	0	1	2	3	4	5	7	8	9	10	11	12	13	14	15	16	17	18	19	20	21	22	23	24	25	26	27	28
♂	20	20	20	19	19	18	18	18	17	17	16	16	16	15	15	15	14	14	14	13	13	13	12	12	12	11	11	11	11	10	10

1 6 12 18 24 30 — 1 6 12 18 24 30 — 1 15 30 — 1 15 30 — 1 15 30 — 1 15 30

♃ ♎13 14 14 15 15 15 ♄ ♒16 17 18 18 19 20 ♅ ♑18 19 19 ♆ ♑18 19 19 ♇ ♏25 25 25 ☊ ♐21 21 20

FÉVRIER

	1	2	3	4	5	6	7	8	9	10	11	12	13	14	15	16	17	18	19	20	21	22	23	24	25	26	27	28
☉	12	13	14	15	16	17	18	19	20	21	22	23	24	25	26	27	28	29	0	1	2	3	4	5	6	7	8	9
☽	24	7	20	4	18	3	18	3	19	4	18	3	17	0	13	26	8	20	2	14	26	8	20	2	14	26	8	20
☿	18	20	22	23	25	27	29	1	2	4	6	8	9	11	12	14	15	17	18	19	20	21	22	23	24	24	24	24
♀	29	0	0	1	2	3	4	5	6	6	7	8	9	9	10	11	12	12	13	13	14	15	15	16	16	17	17	18
♂	10	10	10	10	9	9	9	9	9	9	9	9	9	9	9	9	9	9	9	9	9	9	9	9	9	9	9	10

1 6 12 18 24 28 — 1 6 12 18 24 28 — 1 15 28 — 1 15 28 — 1 15 28 — 1 15 28

♃ ♎15 15 14 14 14 13 ♄ ♒20 20 21 22 23 23 ♅ ♑19 20 21 ♆ ♑20 20 20 ♇ ♏25 25 26 ☊ ♐20 19 17

MARS

	1	2	3	4	5	6	7	8	9	10	11	12	13	14	15	16	17	18	19	20	21	22	23	24	25	26	27	28	29	30	31
☉	10	11	12	13	14	15	16	17	18	19	20	21	22	23	24	25	26	27	28	29	0	1	2	3	4	5	6	7	8	9	10
☽	3	16	29	12	27	11	26	12	27	12	27	12	26	9	22	5	17	0	12	23	5	17	29	11	23	5	17	0	12	25	8
☿	24	24	23	23	22	22	21	20	19	18	17	16	15	14	13	12	12	11	11	11	10	10	10	10	11	11	11	12	12	13	13
♀	18	18	19	19	19	19	20	20	20	20	20	20	20	20	20	20	19	19	19	19	18	18	17	17	16	16	15	15	14	13	13
♂	10	10	10	10	10	11	11	11	11	12	12	12	12	13	13	13	13	14	14	14	15	15	15	16	16	16	17	17	17	18	18

1 6 12 18 24 30 — 1 6 12 18 24 30 — 1 15 30 — 1 15 30 — 1 15 30 — 1 15 30

♃ ♎13 13 12 11 11 10 ♄ ♒23 24 24 25 26 26 ♅ ♑21 21 22 ♆ ♑20 21 21 ♇ ♏26 25 25 ☊ ♐17 16 14

AVRIL

	1	2	3	4	5	6	7	8	9	10	11	12	13	14	15	16	17	18	19	20	21	22	23	24	25	26	27	28	29	30
☉	11	12	13	14	15	16	17	18	19	20	21	22	23	24	25	26	27	28	29	0	1	2	3	4	5	6	7	8	9	10
☽	22	6	20	5	20	5	20	5	20	4	18	1	14	26	8	20	2	14	26	8	20	2	14	27	9	22	5	18	2	16
☿	14	15	16	17	17	18	19	21	22	23	24	25	27	28	29	0	2	3	5	6	8	9	11	13	14	16	18	19	21	23
♀	12	12	11	10	10	9	8	8	7	7	6	6	6	5	5	5	4	4	4	4	4	4	4	4	4	4	4	4	5	5
♂	18	19	19	20	20	20	21	21	22	22	22	23	23	24	24	25	25	25	26	26	27	27	28	28	29	29	0	0	0	1

1 6 12 18 24 30 — 1 6 12 18 24 30 — 1 15 30 — 1 15 30 — 1 15 30 — 1 15 30

♃ ♎10 9 8 8 7 6 ♄ ♒27 27 28 28 29 29 ♅ ♑22 22 22 ♆ ♑21 21 21 ♇ ♏25 25 25 ☊ ♐14 13 13

MAI

	1	2	3	4	5	6	7	8	9	10	11	12	13	14	15	16	17	18	19	20	21	22	23	24	25	26	27	28	29	30	31
☉	11	12	13	14	15	15	16	17	18	19	20	21	22	23	24	25	26	27	28	29	0	1	2	3	4	5	6	7	8	9	10
☽	0	14	29	14	29	13	28	12	26	9	22	4	17	29	10	22	4	16	28	11	23	6	19	2	15	29	13	27	11	25	9
☿	25	26	28	0	2	4	6	8	10	12	14	16	18	21	23	25	27	29	2	4	6	8	10	12	14	16	18	20	22	24	26
♀	5	5	6	6	6	7	7	8	8	9	9	10	11	11	12	13	13	14	15	15	16	17	17	18	19	20	21	22	23	23	24
♂	1	2	2	3	3	4	4	5	5	6	6	7	7	8	8	9	9	10	11	11	12	12	13	13	14	14	15	15	16	16	17

1 6 12 18 24 30 — 1 6 12 18 24 30 — 1 15 30 — 1 15 30 — 1 15 30 — 1 15 30

♃ ♎6 6 5 5 5 5 ♄ ♒29 29 ♓0 0 0 0 ♅ ♑22 22 22 ♆ ♑21 21 21 ♇ ♏25 24 24 ☊ ♐13 12 12

JUIN

	1	2	3	4	5	6	7	8	9	10	11	12	13	14	15	16	17	18	19	20	21	22	23	24	25	26	27	28	29	30
☉	11	11	12	13	14	15	16	17	18	19	20	21	22	23	24	25	26	27	28	29	0	1	2	3	3	4	5	6	7	8
☽	24	8	22	6	20	4	17	0	12	24	7	18	0	12	24	6	19	1	14	28	11	25	9	23	8	22	6	20	4	18
☿	28	0	1	3	5	6	8	9	11	12	14	15	16	17	18	19	21	21	22	23	24	25	25	26	27	27	27	28	28	28
♀	25	26	27	28	29	0	1	1	2	3	4	5	6	7	8	9	10	11	12	13	14	15	16	17	18	19	20	21	23	24
♂	17	18	19	19	20	20	21	21	22	22	23	24	24	25	25	26	26	27	28	28	29	29	0	0	1	2	2	3	3	4

1 6 12 18 24 30 — 1 6 12 18 24 30 — 1 15 30 — 1 15 30 — 1 15 30 — 1 15 30

♃ ♎5 5 5 5 6 6 ♄ ♓0 0 0 0 0 0 ♅ ♑22 21 21 ♆ ♑21 20 20 ♇ ♏24 23 23 ☊ ♐12 12 12

JUILLET

	1	2	3	4	5	6	7	8	9	10	11	12	13	14	15	16	17	18	19	20	21	22	23	24	25	26	27	28	29	30	31
☉	9	10	11	12	13	14	15	16	17	18	19	20	21	22	23	23	24	25	26	27	28	29	0	1	2	3	4	5	6	7	8
☽	2	16	29	12	25	8	20	2	15	26	8	20	2	14	27	10	23	6	20	4	19	3	18	3	17	1	15	29	12	25	8
☿	28	28	28	28	28	28	27	27	26	26	25	25	24	23	23	22	21	21	20	20	19	19	19	18	18	18	18	18	19	19	19
♀	25	26	27	28	29	0	1	2	3	4	5	7	8	9	10	11	12	13	14	15	16	18	19	20	21	22	23	24	26	27	28
♂	4	5	6	6	7	7	8	9	9	10	10	11	12	12	13	13	14	15	15	16	16	17	18	18	19	19	20	21	21	22	22

1 6 12 18 24 30 — 1 6 12 18 24 30 — 1 15 30 — 1 15 30 — 1 15 30 — 1 15 30

♃ ♎6 7 7 8 9 9 ♄ ♓0 0 0 ♒29 29 28 ♅ ♑21 20 20 ♆ ♑20 20 19 ♇ ♏23 23 23 ☊ ♐12 12 11

AOÛT

	1	2	3	4	5	6	7	8	9	10	11	12	13	14	15	16	17	18	19	20	21	22	23	24	25	26	27	28	29	30	31
☉	9	10	11	12	13	14	15	15	16	17	18	19	20	21	22	23	24	25	26	27	28	29	0	1	2	3	4	5	6	7	8
☽	21	4	16	29	11	23	5	16	28	10	22	5	18	1	14	28	13	28	13	28	13	27	12	26	9	22	5	18	1	13	25
☿	20	21	21	22	23	24	26	27	28	0	1	3	4	6	8	10	12	14	15	17	19	21	23	25	27	29	1	3	5	7	9
♀	29	0	1	2	4	5	6	7	8	9	10	12	13	14	15	16	17	19	20	21	22	23	24	26	27	28	29	0	2	3	4
♂	23	24	24	25	26	26	27	27	28	29	29	0	1	1	2	2	3	4	4	5	6	6	7	8	8	9	10	10	11	11	12

1 6 12 18 24 30 — 1 6 12 18 24 30 — 1 15 30 — 1 15 30 — 1 15 30 — 1 15 30

♃ ♎10 11 12 13 14 15 ♄ ♒28 28 28 27 27 26 ♅ ♑19 19 19 ♆ ♑19 19 19 ♇ ♏23 23 23 ☊ ♐11 9 8

SEPTEMBRE

	1	2	3	4	5	6	7	8	9	10	11	12	13	14	15	16	17	18	19	20	21	22	23	24	25	26	27	28	29	30
☉	9	10	11	11	12	13	14	15	16	17	18	19	20	21	22	23	24	25	26	27	28	29	0	1	2	3	4	5	6	7
☽	7	19	1	13	25	7	19	1	13	26	9	23	7	21	6	21	7	22	7	21	5	19	2	15	28	10	22	4	16	28
☿	11	13	15	17	19	20	22	24	26	27	29	1	3	4	6	8	9	11	12	14	15	17	18	20	21	23	24	26	27	29
♀	5	6	8	9	10	11	12	14	15	16	17	18	20	21	22	23	24	26	27	28	29	0	2	3	4	5	7	8	9	10
♂	13	13	14	15	15	16	17	17	18	19	19	20	21	21	22	23	23	24	25	25	26	27	27	28	29	29	0	1	1	2

1 6 12 18 24 30 — 1 6 12 18 24 30 — 1 15 30 — 1 15 30 — 1 15 30 — 1 15 30

♃ ♎15 16 17 19 20 21 ♄ ♒26 26 25 25 25 24 ♅ ♑19 18 18 ♆ ♑19 18 18 ♇ ♏23 23 24 ☊ ♐8 6 5

OCTOBRE

	1	2	3	4	5	6	7	8	9	10	11	12	13	14	15	16	17	18	19	20	21	22	23	24	25	26	27	28	29	30	31
☉	8	9	10	11	12	13	14	15	16	17	18	19	20	21	22	23	24	25	26	27	28	29	0	1	2	3	4	5	6	7	8
☽	10	22	4	16	28	10	22	5	18	1	15	0	14	29	15	0	15	0	14	28	11	24	7	19	1	13	25	7	19	1	13
☿	0	1	3	4	5	6	8	9	10	11	12	13	14	16	16	17	18	19	20	20	21	22	22	22	22	23	22	22	22	21	21
♀	11	13	14	15	16	18	19	20	21	23	24	25	26	28	29	0	1	2	4	5	6	7	9	10	11	12	14	15	16	17	19
♂	3	3	4	5	5	6	7	7	8	9	9	10	11	12	12	13	14	14	15	16	16	17	18	18	19	20	21	21	22	23	23

1 6 12 18 24 30 — 1 6 12 18 24 30 — 1 15 30 — 1 15 30 — 1 15 30 — 1 15 30

♃ ♎21 22 24 25 26 28 ♄ ♒24 24 24 24 24 24 ♅ ♑18 18 19 ♆ ♑18 18 19 ♇ ♏24 24 25 ☊ ♐4 4 3

NOVEMBRE

	1	2	3	4	5	6	7	8	9	10	11	12	13	14	15	16	17	18	19	20	21	22	23	24	25	26	27	28	29	30
☉	9	10	11	12	13	14	15	16	17	18	19	20	21	22	23	24	25	26	27	28	29	0	1	2	3	4	5	6	7	8
☽	25	7	19	2	15	28	11	25	9	23	8	23	8	23	8	22	6	20	3	15	28	10	22	4	16	27	9	21	4	16
☿	20	19	18	17	15	14	13	11	10	9	8	8	7	7	7	7	7	7	8	8	9	10	11	12	13	15	16	17	18	20
♀	20	21	22	24	25	26	27	29	0	1	2	4	5	6	7	9	10	11	12	14	15	16	17	19	20	21	22	24	25	26
♂	24	25	26	26	27	28	28	29	0	1	1	2	3	3	4	5	6	6	7	8	9	9	10	11	11	12	13	14	14	15

1 6 12 18 24 30 — 1 6 12 18 24 30 — 1 15 30 — 1 15 30 — 1 15 30 — 1 15 30

♃ ♎28 29 ♏0 2 3 4 ♄ ♒24 24 24 24 24 25 ♅ ♑19 19 20 ♆ ♑19 19 19 ♇ ♏25 25 26 ☊ ♐3 3 3

DÉCEMBRE

	1	2	3	4	5	6	7	8	9	10	11	12	13	14	15	16	17	18	19	20	21	22	23	24	25	26	27	28	29	30	31
☉	9	10	11	12	13	14	15	16	17	18	19	20	21	22	23	24	25	26	27	28	29	0	1	2	3	4	5	6	7	8	9
☽	29	12	25	8	22	5	19	4	18	2	17	1	16	0	14	27	10	23	6	18	0	12	24	5	17	0	12	25	8	21	5
☿	21	23	24	25	27	28	0	1	3	4	6	7	9	11	12	14	15	17	18	20	21	23	24	26	28	29	1	2	4	5	7
♀	27	29	0	1	3	4	5	6	8	9	10	11	13	14	15	16	18	19	20	21	23	24	25	26	28	29	0	1	3	4	5
♂	16	17	17	18	19	20	20	21	22	22	23	24	25	25	26	27	28	28	29	0	1	1	2	3	4	5	5	6	7	8	8

1 6 12 18 24 30 — 1 6 12 18 24 30 — 1 15 30 — 1 15 30 — 1 15 30 — 1 15 30

♃ ♏4 5 6 7 8 9 ♄ ♒25 25 25 26 26 27 ♅ ♑20 21 21 ♆ ♑19 20 20 ♇ ♏26 26 27 ☊ ♐3 3 3

1994

JANVIER

	1	2	3	4	5	6	7	8	9	10	11	12	13	14	15	16	17	18	19	20	21	22	23	24	25	26	27	28	29	30	31
☉	♑10	11	12	13	14	15	16	17	18	20	21	22	23	24	25	26	27	28	29	♒0	1	2	3	4	5	6	7	8	9	10	♒11
☽	♌18	♍2	16	♎0	14	29	♏13	27	♐11	25	♑8	22	♒5	18	♓1	13	26	♈8	19	♉1	13	25	♊7	20	♋3	16	♌0	14	28	♍12	♍27
☿	♑9	10	12	13	15	17	18	20	22	23	25	27	28	♒0	2	3	5	7	8	10	12	14	15	17	19	20	22	23	25	27	♒28
♀	♑6	8	9	10	12	13	14	15	17	18	19	20	22	23	24	25	27	28	29	♒0	2	3	4	5	7	8	9	10	12	13	♒14
♂	♑9	10	11	11	12	13	14	14	15	16	17	17	18	19	20	21	21	22	23	24	24	25	26	27	28	28	29	♒0	1	1	♒2

1	6	12	18	24	30	1	6	12	18	24	30	1	15	30	1	15	30	1	15	30	1	15	30
♃ ♏10	11	11	12	13	13	♄ ♒27	27	28	29	29	♓0	♅ ♑22	22	23	♆ ♑20	21	22	♇ ♏27	27	28	☊ ♐2	2	0

FÉVRIER

	1	2	3	4	5	6	7	8	9	10	11	12	13	14	15	16	17	18	19	20	21	22	23	24	25	26	27	28
☉	♒12	13	14	15	16	17	18	19	20	21	22	23	24	25	26	27	28	29	♓0	1	2	3	4	5	6	7	8	♓9
☽	♎11	25	♏10	24	♐7	21	♑4	18	♒1	14	27	♓9	21	♈4	16	27	♉9	21	♊3	15	28	♋11	24	♌8	22	♍6	21	♎6
☿	♒29	♓1	2	3	4	5	6	7	7	7	8	8	7	7	6	6	5	4	3	2	1	0	♒29	27	27	26	25	♒24
♀	♒15	17	18	19	20	22	23	24	26	27	28	29	♓1	2	3	4	6	7	8	9	11	12	13	14	16	17	18	♓19
♂	♒3	4	5	5	6	7	8	8	9	10	11	12	12	13	14	15	16	16	17	18	19	19	20	21	22	23	23	♒24

1	6	12	18	24	28	1	6	12	18	24	28	1	15	28	1	15	28	1	15	28	1	15	28
♃ ♏13	14	14	14	15	15	♄ ♓0	1	2	2	3	4	♅ ♑23	24	25	♆ ♑22	22	23	♇ ♏28	28	28	☊ ♐0	♏28	27

MARS

	1	2	3	4	5	6	7	8	9	10	11	12	13	14	15	16	17	18	19	20	21	22	23	24	25	26	27	28	29	30	31
☉	♓10	11	12	13	14	15	16	17	18	19	20	21	22	23	24	25	26	27	28	29	♈0	1	2	3	4	5	6	7	8	9	♈10
☽	♎21	♏6	20	♐4	18	♑1	15	28	♒11	23	♓6	18	♈0	12	24	♉6	17	29	♊11	23	♋6	19	♌2	16	♍0	15	♎0	15	♏0	15	♐0
☿	♒24	23	23	23	23	23	23	23	23	24	24	25	25	26	27	28	29	♓0	0	2	3	4	5	6	7	8	10	11	12	14	♓15
♀	♓21	22	23	24	26	27	28	29	♈0	2	3	4	5	7	8	9	10	12	13	14	15	17	18	19	20	22	23	24	25	27	♈28
♂	♒25	26	26	27	28	29	♓0	0	1	2	3	4	4	5	6	7	8	8	9	10	11	11	12	13	14	15	15	16	17	18	♓18

1	6	12	18	24	30	1	6	12	18	24	30	1	15	30	1	15	30	1	15	30	1	15	30
♃ ♏15	15	14	14	14	13	♄ ♓4	4	5	6	6	7	♅ ♑25	25	26	♆ ♑23	23	23	♇ ♏28	28	28	☊ ♏27	26	25

AVRIL

	1	2	3	4	5	6	7	8	9	10	11	12	13	14	15	16	17	18	19	20	21	22	23	24	25	26	27	28	29	30
☉	♈11	12	13	14	15	16	17	18	19	20	21	22	23	24	25	26	27	28	29	♉0	1	2	3	4	5	6	7	7	8	♉9
☽	♐14	28	♑11	25	♒8	20	♓3	15	27	♈9	21	♉3	14	26	♊8	20	♋2	15	27	♌11	24	♍8	23	♎8	23	♏8	23	♐8	23	♑7
☿	♓17	18	19	21	23	24	26	27	29	♈1	2	4	6	7	9	11	13	15	17	18	20	22	24	26	28	♉0	3	5	7	♉9
♀	♈29	♉0	1	3	4	5	6	8	9	10	11	13	14	15	16	17	19	20	21	22	24	25	26	27	28	♊0	1	2	3	♊5
♂	♓19	20	21	22	22	23	24	25	26	26	27	28	29	29	♈0	1	2	3	3	4	5	6	6	7	8	9	9	10	11	♈12

1	6	12	18	24	30	1	6	12	18	24	30	1	15	30	1	15	30	1	15	30	1	15	30
♃ ♏13	13	12	11	11	10	♄ ♓7	8	8	9	10	10	♅ ♑26	26	26	♆ ♑23	23	23	♇ ♏28	28	27	☊ ♏25	24	24

MAI

	1	2	3	4	5	6	7	8	9	10	11	12	13	14	15	16	17	18	19	20	21	22	23	24	25	26	27	28	29	30	31
☉	♉10	11	12	13	14	15	16	17	18	19	20	21	22	23	24	25	26	27	28	29	♊0	1	2	3	4	5	5	6	7	8	♊9
☽	♑21	♒4	17	♓0	12	24	♈6	18	♉0	11	23	♊5	17	29	♋12	24	♌7	20	♍4	18	♎2	16	♏1	16	♐1	16	♑1	15	29	♒13	♒26
☿	♉11	13	15	18	20	22	24	26	28	♊0	2	4	6	8	10	12	14	15	17	19	20	22	23	24	26	27	28	29	♋0	1	♋2
♀	♊6	7	8	9	11	12	13	14	15	17	18	19	20	22	23	24	25	26	28	29	♋0	1	2	4	5	6	7	8	10	11	♋12
♂	♈13	13	14	15	16	16	17	18	19	19	20	21	22	22	23	24	25	26	26	27	28	29	29	♉0	1	2	2	3	4	5	♉5

1	6	12	18	24	30	1	6	12	18	24	30	1	15	30	1	15	30	1	15	30	1	15	30
♃ ♏10	9	8	8	7	6	♄ ♓10	11	11	11	12	12	♅ ♑26	26	26	♆ ♑23	23	23	♇ ♏27	27	26	☊ ♏24	24	24

JUIN

	1	2	3	4	5	6	7	8	9	10	11	12	13	14	15	16	17	18	19	20	21	22	23	24	25	26	27	28	29	30
☉	♊10	11	12	13	14	15	16	17	18	19	20	21	22	23	24	25	26	27	28	28	29	♋0	1	2	3	4	5	6	7	♋8
☽	♓8	21	♈3	15	26	♉8	20	♊2	14	26	♋9	21	♌4	17	♍0	14	28	♎12	26	♏11	25	♐10	25	♑9	23	♒7	21	♓4	17	♓29
☿	♋3	4	5	6	6	7	7	8	8	8	8	8	8	8	8	8	8	7	7	7	6	6	5	4	4	3	3	2	2	♋1
♀	♋13	14	15	17	18	19	20	21	23	24	25	26	27	28	♌0	1	2	3	4	5	7	8	9	10	11	12	14	15	16	♌17
♂	♉6	7	8	8	9	10	10	11	12	13	13	14	15	16	16	17	18	19	19	20	21	21	22	23	24	24	25	26	26	♉27

1	6	12	18	24	30	1	6	12	18	24	30	1	15	30	1	15	30	1	15	30	1	15	30
♃ ♏6	6	5	5	5	5	♄ ♓12	12	12	12	12	12	♅ ♑26	26	25	♆ ♑23	23	22	♇ ♏26	26	26	☊ ♏24	23	23

JUILLET

	1	2	3	4	5	6	7	8	9	10	11	12	13	14	15	16	17	18	19	20	21	22	23	24	25	26	27	28	29	30	31
☉	♋9	10	11	12	13	14	15	16	17	18	18	19	20	21	22	23	24	25	26	27	28	29	♌0	1	2	3	4	5	6	7	♌8
☽	♈11	23	♉5	17	28	♊10	23	♋5	18	♌1	14	27	♍11	25	♎9	23	♏7	21	♐5	20	♑4	18	♒2	16	29	♓12	25	♈7	19	♉1	♉13
☿	♋1	0	0	0	0	♊29	29	29	♋0	0	0	1	1	2	2	3	4	5	6	7	8	9	11	12	13	15	17	18	20	22	♋24
♀	♌18	19	21	22	23	24	25	26	27	29	♍0	1	2	3	4	5	6	8	9	10	11	12	13	14	15	16	18	19	20	21	♍22
♂	♉28	29	29	♊0	1	1	2	3	4	4	5	6	6	7	8	8	9	10	11	11	12	13	13	14	15	15	16	17	17	18	♊19

1	6	12	18	24	30	1	6	12	18	24	30	1	15	30	1	15	30	1	15	30	1	15	30
♃ ♏5	5	5	5	5	6	♄ ♓12	12	12	12	12	11	♅ ♑25	24	24	♆ ♑22	22	22	♇ ♏26	25	25	☊ ♏23	22	21

AOÛT

	1	2	3	4	5	6	7	8	9	10	11	12	13	14	15	16	17	18	19	20	21	22	23	24	25	26	27	28	29	30	31
☉	♌9	9	10	11	12	13	14	15	16	17	18	19	20	21	22	23	24	25	26	27	28	29	♍0	1	2	3	4	4	5	6	♍7
☽	♉25	♊6	19	♋1	13	26	♌10	23	♍7	21	♎5	19	♏4	18	♐2	16	♑0	14	27	♒11	24	♓7	20	♈3	15	27	♉9	21	♊2	14	♊26
☿	♋26	28	29	♌1	4	6	8	10	12	14	16	18	20	22	24	26	28	♍0	2	4	6	8	9	11	13	15	16	18	20	22	♍23
♀	♍23	24	25	26	27	28	29	♎0	1	3	4	5	6	7	8	9	10	11	12	13	14	15	16	17	18	19	19	20	21	22	♎23
♂	♊19	20	21	21	22	23	24	24	25	26	26	27	27	28	29	29	♋0	1	1	2	3	3	4	5	5	6	7	7	8	9	♋9

1	6	12	18	24	30	1	6	12	18	24	30	1	15	30	1	15	30	1	15	30	1	15	30
♃ ♏6	7	7	8	9	10	♄ ♓11	11	11	10	10	9	♅ ♑24	23	23	♆ ♑22	21	21	♇ ♏25	25	25	☊ ♏21	19	18

SEPTEMBRE

	1	2	3	4	5	6	7	8	9	10	11	12	13	14	15	16	17	18	19	20	21	22	23	24	25	26	27	28	29	30
☉	♍8	9	10	11	12	13	14	15	16	17	18	19	20	21	22	23	24	25	26	27	28	29	♎0	1	2	3	4	5	6	♎7
☽	♋9	22	♌5	18	♍2	16	♎1	15	♏0	14	29	♐13	27	♑10	24	♒7	21	♓3	16	29	♈11	23	♉5	17	29	♊10	22	♋4	17	♌0
☿	♍25	27	28	♎0	1	3	4	6	7	9	10	12	13	14	16	17	18	20	21	22	23	24	26	27	28	29	♏0	1	1	♏2
♀	♎24	25	26	27	28	29	29	♏0	1	2	3	3	4	5	6	7	7	8	9	9	10	11	11	12	12	13	13	14	14	♏15
♂	♋10	10	11	12	12	13	14	14	15	15	16	17	17	18	18	19	20	20	21	21	22	23	23	24	24	25	26	26	27	♋27

1	6	12	18	24	30	1	6	12	18	24	30	1	15	30	1	15	30	1	15	30	1	15	30
♃ ♏10	11	12	13	14	15	♄ ♓9	9	8	8	7	7	♅ ♑23	23	22	♆ ♑21	21	21	♇ ♏25	26	26	☊ ♏18	16	16

OCTOBRE

	1	2	3	4	5	6	7	8	9	10	11	12	13	14	15	16	17	18	19	20	21	22	23	24	25	26	27	28	29	30	31
☉	♎8	9	10	11	12	13	13	14	15	16	17	18	19	20	21	22	23	24	25	26	27	28	29	♏0	1	2	3	4	5	6	♏7
☽	♌13	26	♍10	25	♎9	24	♏9	24	♐9	23	♑7	21	♒4	17	♓0	13	25	♈8	20	♉2	14	25	♊7	19	♋1	13	25	♌8	21	♍4	♍18
☿	♏3	4	4	5	5	6	6	6	6	6	6	6	6	5	4	3	3	1	0	♎29	28	27	25	24	23	22	22	21	21	21	♎21
♀	♏15	16	16	16	17	17	17	17	18	18	18	18	18	18	18	18	18	18	17	17	17	16	16	16	15	15	14	14	13	13	♏12
♂	♋28	28	29	♌0	0	1	1	2	2	3	4	4	5	5	6	6	7	7	8	8	9	9	10	10	11	11	12	12	13	13	♌14

1	6	12	18	24	30	1	6	12	18	24	30	1	15	30	1	15	30	1	15	30	1	15	30
♃ ♏15	16	17	19	20	21	♄ ♓7	7	6	6	6	6	♅ ♑22	22	23	♆ ♑21	21	21	♇ ♏26	27	27	☊ ♏15	15	15

NOVEMBRE

	1	2	3	4	5	6	7	8	9	10	11	12	13	14	15	16	17	18	19	20	21	22	23	24	25	26	27	28	29	30
☉	♏8	9	10	11	12	13	14	15	16	17	18	19	20	21	22	23	24	25	26	27	28	29	♐0	1	2	3	5	6	7	♐8
☽	♎3	17	♏2	17	♐3	18	♑2	17	♒1	14	27	♓10	22	♈5	17	29	♉10	22	♊4	16	28	♋10	22	♌4	17	♍0	13	27	♎11	♎25
☿	♎21	22	22	23	24	25	26	27	28	29	♏1	2	3	5	6	8	9	11	12	14	16	17	19	20	22	23	25	27	28	♐0
♀	♏11	11	10	10	9	8	8	7	7	6	6	5	5	4	4	4	3	3	3	3	3	3	2	2	3	3	3	3	3	♏3
♂	♌14	15	15	16	16	17	17	18	18	19	19	19	20	20	21	21	22	22	22	23	23	24	24	24	25	25	25	26	26	♌26

1	6	12	18	24	30	1	6	12	18	24	30	1	15	30	1	15	30	1	15	30	1	15	30
♃ ♏22	23	24	25	27	28	♄ ♓6	6	6	6	6	6	♅ ♑23	23	24	♆ ♑21	21	21	♇ ♏27	28	28	☊ ♏15	15	15

DÉCEMBRE

	1	2	3	4	5	6	7	8	9	10	11	12	13	14	15	16	17	18	19	20	21	22	23	24	25	26	27	28	29	30	31
☉	♐9	10	11	12	13	14	15	16	17	18	19	20	21	22	23	24	25	26	27	28	29	♑0	1	2	3	4	5	6	7	8	♑9
☽	♏10	25	♐11	26	♑11	25	♒9	23	♓6	19	♈2	14	26	♉7	19	♊1	13	25	♋7	19	♌1	14	27	♍10	23	♎7	20	♏5	19	♐4	♐19
☿	♐1	3	4	6	8	9	11	12	14	15	17	19	20	22	23	25	26	28	♑0	1	3	4	6	8	9	11	12	14	16	17	♑19
♀	♏4	4	4	4	5	5	6	6	7	7	8	8	9	10	10	11	12	12	13	14	15	15	16	17	18	19	19	20	21	22	♏23
♂	♌27	27	27	28	28	28	29	29	29	29	♍0	0	0	0	1	1	1	1	1	1	2	2	2	2	2	2	2	2	2	3	♍3

1	6	12	18	24	30	1	6	12	18	24	30	1	15	30	1	15	30	1	15	30	1	15	30
♃ ♏28	29	♐1	2	3	4	♄ ♓6	6	7	7	7	8	♅ ♑24	25	25	♆ ♑22	22	22	♇ ♏28	29	29	☊ ♏15	14	13

1995

JANVIER

	1	2	3	4	5	6	7	8	9	10	11	12	13	14	15	16	17	18	19	20	21	22	23	24	25	26	27	28	29	30	31
☉	♑10	11	12	13	14	15	16	17	18	19	20	21	22	23	24	25	26	27	28	29	♒0	1	3	4	5	6	7	8	9	10	♒11
☽	♑4	19	♒3	17	♓1	15	27	♈10	22	♉4	16	28	♊9	21	♋3	16	28	♌11	24	♍7	20	♎3	17	♏1	15	29	♐13	28	♑12	27	♒11
☿	♑20	22	24	25	27	29	♒0	2	3	5	6	8	9	11	12	14	15	16	17	18	19	20	20	21	21	21	21	21	20	20	♒19
♀	♏24	25	26	27	28	29	♐0	0	1	2	3	4	5	6	8	9	10	11	12	13	14	15	16	17	18	19	20	21	22	24	♐25
♂	♍3	3	3	3	3	3	3	2	2	2	2	2	2	2	2	2	1	1	1	1	0	0	0	0	♌29	29	29	29	28	28	♌28

	1	6	12	18	24	30
♃	♐5	6	7	8	9	10
♄	♓8	8	9	10	10	11

	1	15	30
♅	♑25	26	27
♆	♑23	23	24
♇	♐0	0	0
☊	♏13	12	10

FÉVRIER

	1	2	3	4	5	6	7	8	9	10	11	12	13	14	15	16	17	18	19	20	21	22	23	24	25	26	27	28
☉	♒12	13	14	15	16	17	18	19	20	21	22	23	24	25	26	27	28	29	♓0	1	2	3	4	5	6	7	8	♓9
☽	♒25	♓9	22	♈5	18	♉0	12	24	♊6	17	29	♋12	24	♌7	20	♍3	16	♎0	14	28	♏12	26	♐10	24	♑8	22	♒6	♒20
☿	♒18	17	16	15	13	12	11	10	9	8	7	7	6	6	6	6	6	6	6	6	7	7	8	9	9	10	11	♒12
♀	♐26	27	28	29	♑0	1	2	4	5	6	7	8	9	10	12	13	14	15	16	17	18	20	21	22	23	24	25	♑27
♂	♌27	27	26	26	26	25	25	25	24	24	23	23	23	22	22	21	21	21	20	20	19	19	19	18	18	18	17	♌17

	1	6	12	18	24	28
♃	♐10	11	12	13	13	14
♄	♓11	12	12	13	14	14

	1	15	28
♅	♑27	28	29
♆	♑24	24	25
♇	♐0	1	1
☊	♏10	8	7

MARS

	1	2	3	4	5	6	7	8	9	10	11	12	13	14	15	16	17	18	19	20	21	22	23	24	25	26	27	28	29	30	31
☉	♓10	11	12	13	14	15	16	17	18	19	20	21	22	23	24	25	26	27	28	29	♈0	1	2	3	4	5	6	7	8	9	♈10
☽	♓4	17	♈0	13	25	♉8	20	♊2	13	25	♋7	19	♌2	15	28	♍11	25	♎9	24	♏8	22	♐7	21	♑5	19	♒3	16	♓0	13	26	♈9
☿	♒13	14	15	16	17	18	20	21	22	23	25	26	27	29	♓0	2	3	5	6	8	9	11	12	14	16	17	19	21	22	24	♓26
♀	♑28	29	♒0	1	2	4	5	6	7	8	10	11	12	13	14	15	17	18	19	20	21	23	24	25	26	27	29	♓0	1	2	♓3
♂	♌17	16	16	16	16	15	15	15	15	15	14	14	14	14	14	14	14	13	13	13	13	13	13	13	13	13	13	13	13	13	♌13

	1	6	12	18	24	30
♃	♐14	14	15	15	15	15
♄	♓14	15	16	16	17	18

	1	15	30
♅	♑29	29	♒0
♆	♑25	25	25
♇	♐1	1	0
☊	♏7	6	6

AVRIL

	1	2	3	4	5	6	7	8	9	10	11	12	13	14	15	16	17	18	19	20	21	22	23	24	25	26	27	28	29	30
☉	♈11	12	13	14	15	16	17	18	19	20	21	22	23	24	25	26	27	28	28	29	♉0	1	2	3	4	5	6	7	8	♉9
☽	♈21	♉4	16	28	♊9	21	♋3	15	27	♌10	23	♍6	19	♎3	18	♏2	17	♐2	17	♑1	16	♒0	13	27	♓10	23	♈5	18	♉0	♉12
☿	♓28	29	♈1	3	5	7	9	11	13	15	17	19	21	23	25	27	29	♉1	4	6	8	10	12	14	16	18	20	22	24	♉26
♀	♓5	6	7	8	9	11	12	13	14	15	17	18	19	20	21	23	24	25	26	27	29	♈0	1	2	3	5	6	7	8	♈9
♂	♌13	14	14	14	14	14	14	14	14	15	15	15	15	15	16	16	16	16	17	17	17	17	18	18	18	19	19	19	20	♌20

	1	6	12	18	24	30
♃	♐15	15	15	15	15	14
♄	♓18	19	19	20	21	21

	1	15	30
♅	♒0	0	0
♆	♑25	26	26
♇	♐0	0	0
☊	♏6	6	6

MAI

	1	2	3	4	5	6	7	8	9	10	11	12	13	14	15	16	17	18	19	20	21	22	23	24	25	26	27	28	29	30	31
☉	♉10	11	12	13	14	15	16	17	18	19	20	21	22	23	24	25	26	27	28	29	29	♊0	1	2	3	4	5	6	7	8	♊9
☽	♉24	♊6	18	♋0	11	23	♌6	18	♍1	14	27	♎11	26	♏11	26	♐11	26	♑11	25	♒10	23	♓7	20	♈2	15	27	♉9	21	♊3	15	♊27
☿	♉27	29	♊1	2	4	5	6	8	9	10	11	12	13	14	15	16	16	17	17	18	18	18	18	18	18	18	18	18	18	17	♊17
♀	♈11	12	13	14	16	17	18	19	20	22	23	24	25	26	28	29	♉0	1	2	4	5	6	7	9	10	11	12	13	15	16	♉17
♂	♌20	21	21	21	22	22	22	23	23	23	24	24	25	25	25	26	26	27	27	27	28	28	29	29	♍0	0	1	1	2	2	♍2

	1	6	12	18	24	30
♃	♐14	14	13	12	12	11
♄	♓21	22	22	23	23	24

	1	15	30
♅	♒0	0	0
♆	♑26	25	25
♇	♐0	♏29	29
☊	♏6	6	5

JUIN

	1	2	3	4	5	6	7	8	9	10	11	12	13	14	15	16	17	18	19	20	21	22	23	24	25	26	27	28	29	30
☉	♊10	11	12	13	14	15	16	17	18	19	20	21	22	22	23	24	25	26	27	28	29	♋0	1	2	3	4	5	6	7	♋8
☽	♋8	20	♌2	15	27	♍10	23	♎6	20	♏4	19	♐4	19	♑4	20	♒4	19	♓3	16	29	♈12	24	♉6	18	♊0	12	24	♋5	17	♋29
☿	♊16	16	15	15	14	14	13	13	12	12	11	11	10	10	10	10	10	10	10	10	10	11	11	12	12	13	13	14	15	♊16
♀	♉18	19	21	22	23	24	26	27	28	29	♊0	2	3	4	5	6	8	9	10	11	13	14	15	16	17	19	20	21	22	♊24
♂	♍3	3	4	4	5	5	6	6	7	7	8	8	9	9	10	10	11	11	12	12	13	13	14	15	15	16	16	17	17	♍18

	1	6	12	18	24	30
♃	♐11	10	9	8	8	7
♄	♓24	24	24	24	25	25

	1	15	30
♅	♒0	0	♑29
♆	♑25	25	25
♇	♏29	29	28
☊	♏5	4	3

JUILLET

	1	2	3	4	5	6	7	8	9	10	11	12	13	14	15	16	17	18	19	20	21	22	23	24	25	26	27	28	29	30	31
☉	♋9	10	11	12	13	13	14	15	16	17	18	19	20	21	22	23	24	25	26	27	28	29	♌0	1	2	3	4	4	5	6	♌7
☽	♌12	24	♍6	19	♎2	16	29	♏13	28	♐13	28	♑13	28	♒13	27	♓11	25	♈8	21	♉3	15	27	♊9	20	♋2	14	26	♌9	21	♍4	♍16
☿	♊17	18	19	20	22	23	24	26	27	29	♋0	2	4	6	8	9	11	13	15	17	20	22	24	26	28	♌0	2	4	6	9	♌11
♀	♊25	26	27	28	♋0	1	2	3	5	6	7	8	9	11	12	13	14	16	17	18	19	20	22	23	24	25	27	28	29	♌0	♌2
♂	♍18	19	19	20	21	21	22	22	23	23	24	25	25	26	26	27	27	28	29	29	♎0	0	1	2	2	3	3	4	5	5	♎6

	1	6	12	18	24	30
♃	♐7	7	6	6	6	6
♄	♓25	25	25	25	24	24

	1	15	30
♅	♑29	29	28
♆	♑25	24	24
♇	♏28	28	28
☊	♏3	2	0

AOÛT

	1	2	3	4	5	6	7	8	9	10	11	12	13	14	15	16	17	18	19	20	21	22	23	24	25	26	27	28	29	30	31
☉	♌8	9	10	11	12	13	14	15	16	17	18	19	20	21	22	23	24	25	26	27	27	28	29	♍0	1	2	3	4	5	6	♍7
☽	♍29	♎12	26	♏9	23	♐8	22	♑7	22	♒6	21	♓5	19	♈3	16	29	♉11	23	♊5	17	29	♋11	23	♌5	17	♍0	13	26	♎9	23	♏6
☿	♌13	15	17	19	21	23	24	26	28	♍0	2	4	5	7	9	10	12	14	15	17	18	20	21	23	24	26	27	29	♎0	1	♎3
♀	♌3	4	5	6	8	9	10	11	13	14	15	16	18	19	20	21	23	24	25	26	27	29	♍0	1	2	4	5	6	7	9	♍10
♂	♎6	7	8	8	9	9	10	11	11	12	12	13	14	14	15	16	16	17	18	18	19	19	20	21	21	22	23	23	24	25	♎25

	1	6	12	18	24	30
♃	♐6	6	6	6	6	7
♄	♓24	24	24	23	23	23

	1	15	30
♅	♑28	28	27
♆	♑24	23	23
♇	♏28	28	28
☊	♏0	♎29	28

SEPTEMBRE

	1	2	3	4	5	6	7	8	9	10	11	12	13	14	15	16	17	18	19	20	21	22	23	24	25	26	27	28	29	30
☉	♍8	9	10	11	12	13	14	15	16	17	18	19	20	21	22	23	24	25	26	27	28	29	♎0	0	1	2	3	4	5	♎6
☽	♏20	♐4	18	♑3	17	♒1	16	♓0	14	28	♈11	24	♉7	19	♊1	13	25	♋7	19	♌1	13	26	♍9	22	♎5	19	♏3	17	♐1	♐15
☿	♎4	5	6	7	9	10	11	12	13	14	15	15	16	17	18	18	19	19	20	20	20	20	20	20	20	19	19	18	18	♎17
♀	♍11	12	14	15	16	17	19	20	21	22	24	25	26	27	29	♎0	1	2	3	5	6	7	8	10	11	12	13	15	16	♎17
♂	♎26	27	27	28	28	29	♏0	0	1	2	2	3	4	4	5	6	6	7	8	8	9	10	11	11	12	13	13	14	15	♏15

	1	6	12	18	24	30
♃	♐7	7	8	9	9	10
♄	♓22	22	22	21	21	20

	1	15	30
♅	♑27	27	27
♆	♑23	23	23
♇	♏28	28	29
☊	♎28	27	27

OCTOBRE

	1	2	3	4	5	6	7	8	9	10	11	12	13	14	15	16	17	18	19	20	21	22	23	24	25	26	27	28	29	30	31
☉	♎7	8	9	10	11	12	13	14	15	16	17	18	19	20	21	22	23	24	25	26	27	28	29	♏0	1	2	3	4	5	6	♏7
☽	♐29	♑14	28	♒12	26	♓9	23	♈6	19	♉2	15	27	♊9	21	♋3	15	27	♌9	21	♍4	17	♎0	14	28	♏12	26	♐11	26	♑10	24	♒9
☿	♎16	15	14	13	11	10	9	8	7	6	6	5	5	5	5	5	6	6	7	8	9	10	11	13	14	15	17	18	20	21	♎23
♀	♎18	20	21	22	23	25	26	27	28	♏0	1	2	3	5	6	7	8	10	11	12	13	15	16	17	18	20	21	22	23	24	♏26
♂	♏16	17	17	18	19	19	20	21	22	22	23	24	24	25	26	27	27	28	29	29	♐0	1	2	2	3	4	4	5	6	7	♐7

	1	6	12	18	24	30
♃	♐10	11	12	13	14	16
♄	♓20	20	19	19	19	18

	1	15	30
♅	♑27	27	27
♆	♑23	23	23
♇	♏29	29	♐0
☊	♎27	27	26

NOVEMBRE

	1	2	3	4	5	6	7	8	9	10	11	12	13	14	15	16	17	18	19	20	21	22	23	24	25	26	27	28	29	30
☉	♏8	9	10	11	12	13	14	15	16	17	18	19	20	21	22	23	24	25	26	27	28	29	♐0	1	2	3	4	5	6	♐7
☽	♒22	♓6	19	♈3	15	28	♉11	23	♊5	17	29	♋11	23	♌5	17	29	♍11	24	♎8	21	♏6	20	♐5	20	♑5	20	♒5	19	♓3	♓16
☿	♎25	26	28	29	♏1	3	4	6	8	9	11	12	14	16	17	19	21	22	24	25	27	28	♐0	2	3	5	6	8	10	♐11
♀	♏27	28	29	♐1	2	3	4	6	7	8	9	11	12	13	14	16	17	18	19	21	22	23	24	26	27	28	29	♑1	2	♑3
♂	♐8	9	9	10	11	12	12	13	14	15	15	16	17	18	18	19	20	21	21	22	23	24	24	25	26	27	27	28	29	♑0

	1	6	12	18	24	30
♃	♐16	17	18	20	21	22
♄	♓18	18	18	18	18	18

	1	15	30
♅	♑27	27	28
♆	♑23	23	24
♇	♐0	0	1
☊	♎26	26	26

DÉCEMBRE

	1	2	3	4	5	6	7	8	9	10	11	12	13	14	15	16	17	18	19	20	21	22	23	24	25	26	27	28	29	30	31
☉	♐8	9	10	11	12	13	14	15	16	17	18	19	20	22	23	24	25	26	27	28	29	♑0	1	2	3	4	5	6	7	8	♑9
☽	♈0	12	25	♉7	20	♊2	14	26	♋8	19	♌1	13	25	♍7	20	♎3	16	29	♏13	28	♐13	28	♑14	29	♒14	28	♓12	26	♈9	22	♉4
☿	♐13	14	16	17	19	20	22	24	25	27	28	♑0	1	3	4	6	8	9	11	12	14	15	17	18	20	21	23	24	25	27	♑28
♀	♑4	6	7	8	9	10	12	13	14	15	17	18	19	20	22	23	24	25	27	28	29	♒0	2	3	4	5	6	8	9	10	♒11
♂	♑0	1	2	3	3	4	5	6	6	7	8	9	9	10	11	12	13	13	14	15	16	16	17	18	19	19	20	21	22	23	♑23

	1	6	12	18	24	30
♃	♐22	24	25	26	28	29
♄	♓18	18	18	19	19	19

	1	15	30
♅	♑28	28	29
♆	♑24	24	25
♇	♐1	1	2
☊	♎26	25	24

1996

JANVIER

	1	2	3	4	5	6	7	8	9	10	11	12	13	14	15	16	17	18	19	20	21	22	23	24	25	26	27	28	29	30	31
☉	♑10	11	12	13	14	15	16	17	18	19	20	21	22	23	24	25	26	27	28	29	♒0	1	2	3	4	5	6	7	8	9	10
☽	♉17	29	♊11	23	♋4	16	28	♌10	22	♍4	17	29	♎12	25	♏8	22	♐6	21	♑6	22	♒7	22	♓7	21	♈5	18	♉1	13	26	♊8	20
☿	♑29	♒0	1	2	3	4	4	5	5	5	5	4	4	3	2	0	♑29	28	27	25	24	23	22	21	20	20	20	19	19	19	19
♀	♒13	14	15	16	18	19	20	21	22	24	25	26	27	29	♓0	1	2	3	5	6	7	8	9	11	12	13	14	16	17	18	19
♂	♑24	25	26	27	27	28	29	♒0	0	1	2	3	4	4	5	6	7	7	8	9	10	11	11	12	13	14	15	15	16	17	18

	1	6	12	18	24	30
♃	♐29	♑1	2	3	5	6
♄	♓19	20	20	21	21	22

	1	15	30
♅	♑29	♒0	1
♆	♑25	25	26
♇	♐2	2	3
☊	♎23	22	20

FÉVRIER

	1	2	3	4	5	6	7	8	9	10	11	12	13	14	15	16	17	18	19	20	21	22	23	24	25	26	27	28	29
☉	♒11	12	13	14	15	16	17	18	20	21	22	23	24	25	26	27	28	29	♓0	1	2	3	4	5	6	7	8	9	10
☽	♋1	13	25	♌7	19	♍1	14	26	♎9	22	♏5	18	♐2	16	♑0	15	♒0	15	♓0	15	29	♈13	26	♉9	22	♊4	16	28	♋10
☿	♑19	20	20	20	21	22	22	23	24	25	26	27	28	29	♒0	1	2	3	5	6	7	9	10	11	13	14	15	17	18
♀	♓20	22	23	24	25	26	28	29	♈0	1	2	3	5	6	7	8	9	10	12	13	14	15	16	17	19	20	21	22	23
♂	♒19	19	20	21	22	22	23	24	25	26	26	27	28	29	♓0	0	1	2	3	4	4	5	6	7	8	8	9	10	11

	1	6	12	18	24	29
♃	♑6	7	8	10	11	12
♄	♓22	23	23	24	25	25

	1	15	29
♅	♒1	2	3
♆	♑26	26	27
♇	♐3	3	3
☊	♎20	19	18

MARS

	1	2	3	4	5	6	7	8	9	10	11	12	13	14	15	16	17	18	19	20	21	22	23	24	25	26	27	28	29	30	31
☉	♓11	12	13	14	15	16	17	18	19	20	21	22	23	24	25	26	27	28	29	♈0	1	2	3	4	5	6	7	8	9	10	11
☽	♋22	♌4	16	28	♍10	23	♎6	18	♏2	15	29	♐12	26	♑11	25	♒10	24	♓9	23	♈7	21	♉4	17	29	♊12	24	♋6	18	♌0	12	24
☿	♓20	21	23	24	26	28	29	♈1	2	4	6	7	9	11	13	14	16	18	20	22	24	25	27	29	♉1	3	5	7	9	11	13
♀	♈24	25	27	28	29	♉0	1	2	3	4	5	7	8	9	10	11	12	13	14	15	16	17	18	19	20	21	22	23	24	25	26
♂	♓11	12	13	14	15	15	16	17	18	19	19	20	21	22	22	23	24	25	26	26	27	28	29	♈0	0	1	2	3	3	4	5

	1	6	12	18	24	30
♃	♑12	13	13	14	15	16
♄	♓25	26	27	28	28	29

	1	15	30
♅	♒3	3	4
♆	♑27	27	28
♇	♐3	3	3
☊	♎18	17	17

AVRIL

	1	2	3	4	5	6	7	8	9	10	11	12	13	14	15	16	17	18	19	20	21	22	23	24	25	26	27	28	29	30
☉	♈12	13	14	15	15	16	17	18	19	20	21	22	23	24	25	26	27	28	29	♉0	1	2	3	4	5	6	7	8	9	10
☽	♍6	19	♎1	14	28	♏11	25	♐9	23	♑7	22	♒6	20	♓4	18	♈2	15	29	♉12	25	♊7	20	♋2	14	26	♌8	20	♍2	14	27
☿	♈15	17	20	22	24	26	28	♉0	2	4	6	7	9	11	13	14	16	17	19	20	21	22	23	24	25	26	26	27	28	28
♀	♉27	28	29	♊0	1	2	3	4	5	6	7	8	9	9	10	11	12	13	14	14	15	16	17	17	18	19	20	20	21	21
♂	♈6	7	7	8	9	10	10	11	12	13	13	14	15	16	17	17	18	19	20	20	21	22	23	23	24	25	26	26	27	28

	1	6	12	18	24	30
♃	♑16	16	17	17	17	18
♄	♓29	♈0	1	1	2	3

	1	15	30
♅	♒4	4	5
♆	♑28	28	28
♇	♐3	3	2
☊	♎17	17	17

MAI

	1	2	3	4	5	6	7	8	9	10	11	12	13	14	15	16	17	18	19	20	21	22	23	24	25	26	27	28	29	30	31
☉	♉11	12	13	14	15	16	17	18	19	20	21	22	23	23	24	25	26	27	28	29	♊0	1	2	3	4	5	6	7	8	9	♊10
☽	♎9	23	♏6	20	♐5	19	♑4	18	♒3	17	♓1	15	28	♈12	25	♉8	21	♊3	16	28	♋10	22	♌4	16	28	♍10	22	♎4	17	♏1	♏15
☿	♉28	28	29	29	29	28	28	28	28	27	27	26	26	25	25	24	23	23	22	22	21	21	20	20	20	20	20	20	20	20	♉20
♀	♊22	23	23	24	24	25	25	26	26	26	27	27	27	28	28	28	28	28	28	28	28	28	28	28	28	28	27	27	27	26	♊26
♂	♈29	29	♉0	1	2	2	3	4	5	5	6	7	8	8	9	10	11	11	12	13	14	14	15	16	17	17	18	19	19	20	♉21

	1	6	12	18	24	30
♃	♑18	18	18	17	17	17
♄	♈3	3	4	4	5	5

	1	15	30
♅	♒5	5	4
♆	♑28	28	28
♇	♐2	2	2
☊	♎17	17	16

JUIN

	1	2	3	4	5	6	7	8	9	10	11	12	13	14	15	16	17	18	19	20	21	22	23	24	25	26	27	28	29	30
☉	♊11	12	13	14	15	16	17	17	18	19	20	21	22	23	24	25	26	27	28	29	♋0	1	2	3	4	5	6	7	8	♋8
☽	♏29	♐14	28	♑13	28	♒13	27	♓12	25	♈9	22	♉5	17	♊0	12	24	♋6	18	♌0	12	24	♍6	18	♎0	13	26	♏9	23	♐7	♐22
☿	♉20	21	21	22	22	23	23	24	25	26	27	28	29	♊0	1	3	4	5	7	8	10	11	13	14	16	18	20	22	23	♊25
♀	♊26	25	25	24	23	23	22	22	21	20	20	19	19	18	17	17	16	16	15	15	14	14	13	13	13	13	12	12	12	♊12
♂	♉22	22	23	24	25	25	26	27	27	28	29	♊0	0	1	2	2	3	4	5	5	6	7	7	8	9	10	10	11	12	♊12

	1	6	12	18	24	30
♃	♑17	16	15	15	14	13
♄	♈6	6	6	7	7	7

	1	15	30
♅	♒4	4	4
♆	♑27	27	27
♇	♐2	1	1
☊	♎16	15	13

JUILLET

	1	2	3	4	5	6	7	8	9	10	11	12	13	14	15	16	17	18	19	20	21	22	23	24	25	26	27	28	29	30	31
☉	♋9	10	11	12	13	14	15	16	17	18	19	20	21	22	23	24	25	26	27	28	29	29	♌0	1	2	3	4	5	6	7	♌8
☽	♑7	22	♒8	23	♓7	21	♈5	19	♉2	14	27	♊9	21	♋3	15	27	♌9	21	♍3	15	27	♎9	22	♏4	18	♐2	16	♑0	15	♒1	♒16
☿	♊27	29	♋1	3	6	8	10	12	14	16	19	21	23	25	27	29	♌1	3	5	7	9	11	13	15	17	19	20	22	24	26	♌27
♀	♊12	12	12	12	12	12	12	12	13	13	13	13	14	14	15	15	16	16	17	17	18	18	19	19	20	21	21	22	23	23	♊24
♂	♊13	14	14	15	16	16	17	18	19	19	20	21	21	22	23	23	24	25	25	26	27	27	28	29	29	♋0	1	2	2	3	♋4

	1	6	12	18	24	30
♃	♑13	13	12	11	10	10
♄	♈7	7	7	7	7	7

	1	15	30
♅	♒4	3	2
♆	♑27	26	26
♇	♐1	1	0
☊	♎13	12	10

AOÛT

	1	2	3	4	5	6	7	8	9	10	11	12	13	14	15	16	17	18	19	20	21	22	23	24	25	26	27	28	29	30	31
☉	♌9	10	11	12	13	14	15	16	17	18	19	20	21	21	22	23	24	25	26	27	28	29	♍0	1	2	3	4	5	6	7	♍8
☽	♓1	16	♈1	15	28	♉11	24	♊6	18	♋1	12	24	♌6	18	♍0	12	24	♎6	19	♏1	14	27	♐11	25	♑9	24	♒9	24	♓10	24	♈9
☿	♌29	♍1	2	4	5	7	8	10	11	12	14	15	16	18	19	20	21	22	23	25	26	27	27	28	29	♎0	1	1	2	2	♎3
♀	♊25	26	27	27	28	29	♋0	1	1	2	3	4	5	6	7	8	9	10	11	12	12	13	14	15	16	17	18	19	20	21	♋22
♂	♋4	5	6	6	7	8	8	9	9	10	11	11	12	13	13	14	15	15	16	17	17	18	19	19	20	21	21	22	23	23	♋24

	1	6	12	18	24	30
♃	♑10	9	9	8	8	8
♄	♈7	7	7	7	6	6

	1	15	30
♅	♒2	2	1
♆	♑26	26	25
♇	♐0	0	0
☊	♎10	9	8

SEPTEMBRE

	1	2	3	4	5	6	7	8	9	10	11	12	13	14	15	16	17	18	19	20	21	22	23	24	25	26	27	28	29	30
☉	♍9	10	11	12	13	14	15	16	17	18	19	20	21	21	22	23	24	25	26	27	28	29	♎0	1	2	3	4	5	6	♎7
☽	♈23	♉7	20	♊3	15	27	♋9	21	♌3	15	27	♍9	21	♎3	16	28	♏11	24	♐8	21	♑5	19	♒4	19	♓3	18	♈3	17	♉1	♉15
☿	♎3	3	3	3	3	3	3	2	2	1	0	♍29	29	28	27	25	24	23	22	22	21	20	20	19	19	19	19	19	19	♍20
♀	♋23	25	26	27	28	29	♌0	1	2	3	4	5	6	7	8	10	11	12	13	14	15	16	17	18	20	21	22	23	24	♌25
♂	♋24	25	26	26	27	28	28	29	29	♌0	1	1	2	3	3	4	4	5	6	6	7	8	8	9	9	10	11	11	12	♌12

	1	6	12	18	24	30
♃	♑8	8	8	8	8	9
♄	♈6	6	5	5	4	4

	1	15	30
♅	♒1	1	1
♆	♑25	25	25
♇	♐0	1	1
☊	♎8	8	8

OCTOBRE

	1	2	3	4	5	6	7	8	9	10	11	12	13	14	15	16	17	18	19	20	21	22	23	24	25	26	27	28	29	30	31
☉	♎8	9	10	11	12	13	14	15	16	17	18	19	20	21	22	23	24	25	26	27	28	29	♏0	1	2	3	4	5	6	7	♏8
☽	♉28	♊11	23	♋5	18	29	♌11	23	♍5	17	29	♎12	25	♏8	21	♐4	18	♑2	16	♒0	14	29	♓13	27	♈11	25	♉9	23	♊6	19	♋1
☿	♍21	21	22	23	24	26	27	28	♎0	1	3	5	6	8	9	11	13	15	16	18	20	21	23	25	27	28	♏0	2	3	5	♏7
♀	♌26	28	29	♍0	1	2	3	4	6	7	8	9	10	12	13	14	15	16	17	19	20	21	22	23	25	26	27	28	29	♎1	♎2
♂	♌13	14	14	15	15	16	17	17	18	18	19	20	20	21	21	22	22	23	24	24	25	25	26	26	27	28	28	29	29	♍0	♍0

	1	6	12	18	24	30
♃	♑9	9	10	11	12	12
♄	♈4	3	3	2	2	2

	1	15	30
♅	♒1	1	1
♆	♑25	25	25
♇	♐1	1	2
☊	♎8	8	8

NOVEMBRE

	1	2	3	4	5	6	7	8	9	10	11	12	13	14	15	16	17	18	19	20	21	22	23	24	25	26	27	28	29	30
☉	♏9	10	11	12	13	14	15	16	17	18	19	20	21	22	23	24	25	26	27	28	29	♐0	1	2	3	4	5	6	7	♐8
☽	♋13	25	♌7	19	♍1	13	25	♎8	20	♏3	17	♐0	14	28	♑13	27	♒11	25	♓9	23	♈7	21	♉4	18	♊1	14	27	♋9	21	♌3
☿	♏8	10	11	13	15	16	18	19	21	23	24	26	27	29	♐0	2	4	5	7	8	10	11	13	14	16	17	19	20	22	23
♀	♎3	4	5	7	8	9	10	12	13	14	15	16	18	19	20	21	23	24	25	26	27	29	♏0	1	2	4	5	6	7	♏9
♂	♍1	1	2	3	3	4	4	5	5	6	6	7	7	8	8	9	10	10	11	11	12	12	13	13	14	14	15	15	15	♍16

	1	6	12	18	24	30
♃	♑13	14	15	16	17	18
♄	♈2	1	1	1	1	1

	1	15	30
♅	♒1	1	2
♆	♑25	25	26
♇	♐2	3	3
☊	♎8	7	6

DÉCEMBRE

	1	2	3	4	5	6	7	8	9	10	11	12	13	14	15	16	17	18	19	20	21	22	23	24	25	26	27	28	29	30	31
☉	♐9	10	11	12	13	14	15	16	17	18	19	20	21	22	23	24	25	26	27	28	29	♑0	1	2	3	4	6	7	8	9	♑10
☽	♌15	27	♍9	21	♎3	15	28	♏11	25	♐9	23	♑8	22	♒7	22	♓6	20	♈4	18	♉1	14	27	♊10	23	♋5	17	29	♌11	23	♍5	♍17
☿	♐25	26	28	29	♑1	2	3	5	6	8	9	10	11	13	14	15	16	17	17	18	19	19	19	19	19	19	18	18	17	16	♑14
♀	♏10	11	12	14	15	16	17	19	20	21	22	23	25	26	27	28	♐0	1	2	3	5	6	7	8	10	11	12	13	15	16	♐17
♂	♍16	17	17	18	18	19	19	20	20	21	21	21	22	22	23	23	24	24	24	25	25	26	26	26	27	27	27	28	28	29	♍29

	1	6	12	18	24	30
♃	♑18	19	21	22	23	25
♄	♈1	1	1	1	1	1

	1	15	30
♅	♒2	2	3
♆	♑26	26	27
♇	♐3	4	4
☊	♎6	4	2

1997

JANVIER

	1	2	3	4	5	6	7	8	9	10	11	12	13	14	15	16	17	18	19	20	21	22	23	24	25	26	27	28	29	30	31
☉	♑ 11	12	13	14	15	16	17	18	19	20	21	22	23	24	25	26	27	28	29	♒ 0	1	2	3	4	5	6	7	8	9	10	♒ 11
☽	♍ 29	♎ 11	23	♏ 6	19	♐ 3	17	♑ 1	16	♒ 1	16	♓ 1	16	♈ 0	14	28	♉ 11	24	♊ 7	19	♋ 2	14	26	♌ 8	20	♍ 2	14	25	♎ 7	19	♏ 2
☿	♑ 13	12	10	9	8	7	6	5	4	4	3	3	3	3	3	4	4	5	5	6	7	8	9	10	11	12	13	14	15	16	♑ 17
♀	♐ 18	20	21	22	23	25	26	27	28	♑ 0	1	2	3	5	6	7	8	10	11	12	13	15	16	17	18	20	21	22	24	25	♑ 26
♂	♍ 29	♎ 0	0	0	1	1	1	1	2	2	2	2	3	3	3	3	4	4	4	4	4	5	5	5	5	5	5	5	6	6	♎ 6

	1	6	12	18	24	30
♃	♑ 25	26	28	29	♒ 1	2
♄	♈ 1	2	2	2	3	3

	1	15	30
♅	♒ 3	4	5
♆	♑ 27	27	28
♇	♐ 4	5	5
☊	♎ 2	1	0

FÉVRIER

	1	2	3	4	5	6	7	8	9	10	11	12	13	14	15	16	17	18	19	20	21	22	23	24	25	26	27	28
☉	♒ 12	13	14	15	16	17	18	19	20	21	22	23	24	25	26	27	28	29	♓ 0	1	2	3	4	5	6	7	8	♓ 9
☽	♏ 14	27	♐ 11	25	♑ 9	24	♒ 9	25	♓ 10	25	♈ 9	24	♉ 7	21	♊ 4	16	29	♋ 11	23	♌ 5	17	29	♍ 11	22	♎ 4	16	28	♏ 11
☿	♑ 19	20	21	23	24	25	27	28	♒ 0	1	3	4	6	7	9	10	12	13	15	16	18	20	21	23	25	26	28	♓ 0
♀	♑ 27	29	♒ 0	1	2	4	5	6	7	9	10	11	12	14	15	16	17	19	20	21	22	24	25	26	27	29	♓ 0	♓ 1
♂	♎ 6	6	6	6	6	6	6	6	6	6	6	6	6	6	5	5	5	5	5	5	4	4	4	4	4	3	3	♎ 3

	1	6	12	18	24	28
♃	♒ 2	4	5	6	8	9
♄	♈ 4	4	5	5	6	6

	1	15	28
♅	♒ 5	6	7
♆	♑ 28	29	29
♇	♐ 5	5	6
☊	♎ 0	♍ 29	29

MARS

	1	2	3	4	5	6	7	8	9	10	11	12	13	14	15	16	17	18	19	20	21	22	23	24	25	26	27	28	29	30	31
☉	♓ 10	11	12	13	14	15	16	17	18	19	20	21	22	23	24	25	26	27	28	29	♈ 0	1	2	3	4	5	6	7	8	9	♈ 10
☽	♏ 24	♐ 7	20	♑ 4	18	♒ 3	17	♓ 3	18	♈ 3	18	♉ 2	16	♊ 0	13	25	♋ 8	20	♌ 2	14	26	♍ 7	19	♎ 1	13	26	♏ 8	21	♐ 3	17	♑ 0
☿	♓ 1	3	5	7	9	10	12	14	16	18	20	22	24	26	28	♈ 0	2	4	6	8	10	12	14	15	17	19	21	23	24	26	♈ 28
♀	♓ 2	4	5	6	7	9	10	11	12	14	15	16	17	19	20	21	22	23	25	26	27	28	♈ 0	1	2	3	5	6	7	8	♈ 10
♂	♎ 3	2	2	2	1	1	1	0	0	0	♍ 29	29	28	28	28	27	27	26	26	26	25	25	25	24	24	23	23	23	22	22	♍ 22

	1	6	12	18	24	30
♃	♒ 9	10	11	12	14	15
♄	♈ 7	7	8	9	9	10

	1	15	30
♅	♒ 7	7	8
♆	♑ 29	29	♒ 0
♇	♐ 6	6	5
☊	♍ 29	29	29

AVRIL

	1	2	3	4	5	6	7	8	9	10	11	12	13	14	15	16	17	18	19	20	21	22	23	24	25	26	27	28	29	30
☉	♈ 11	12	13	14	15	16	17	18	19	20	21	22	23	24	25	26	27	28	29	♉ 0	1	2	3	4	5	6	7	8	9	♉ 10
☽	♑ 14	28	♒ 12	27	♓ 11	26	♈ 11	26	♉ 10	24	♊ 8	21	♋ 4	16	28	♌ 10	22	♍ 4	16	28	♎ 10	22	♏ 5	17	♐ 0	13	27	♑ 10	24	♒ 8
☿	♈ 29	♉ 1	2	3	4	5	6	7	8	8	9	9	9	10	10	10	9	9	9	8	8	7	7	6	6	5	4	4	3	♉ 2
♀	♈ 11	12	13	15	16	17	18	20	21	22	23	25	26	27	28	♉ 0	1	2	3	4	6	7	8	9	11	12	13	14	16	♉ 17
♂	♍ 21	21	21	20	20	20	20	19	19	19	19	18	18	18	18	18	17	17	17	17	17	17	17	17	17	17	17	17	17	♍ 17

	1	6	12	18	24	30
♃	♒ 15	16	17	18	19	19
♄	♈ 10	11	12	13	13	14

	1	15	30
♅	♒ 8	8	9
♆	♒ 0	0	0
♇	♐ 5	5	5
☊	♍ 29	28	28

MAI

	1	2	3	4	5	6	7	8	9	10	11	12	13	14	15	16	17	18	19	20	21	22	23	24	25	26	27	28	29	30	31
☉	♉ 11	12	13	14	15	16	16	17	18	19	20	21	22	23	24	25	26	27	28	29	♊ 0	1	2	3	4	5	6	7	8	9	♊ 10
☽	♒ 22	♓ 7	21	♈ 5	20	♉ 4	18	♊ 2	16	29	♋ 12	24	♌ 6	18	♍ 0	12	24	♎ 6	18	♏ 0	13	26	♐ 10	23	♑ 7	21	♒ 5	19	♓ 3	17	♈ 2
☿	♉ 2	1	1	0	0	0	0	♈ 29	29	♉ 0	0	0	0	1	1	1	2	3	3	4	5	6	7	8	9	10	11	12	13	15	♉ 16
♀	♉ 18	19	20	22	23	24	25	27	28	29	♊ 0	2	3	4	5	6	8	9	10	11	13	14	15	16	18	19	20	21	22	24	♊ 25
♂	♍ 17	17	17	17	17	17	17	17	17	18	18	18	18	18	18	19	19	19	19	20	20	20	20	21	21	21	21	22	22	22	♍ 23

	1	6	12	18	24	30
♃	♒ 20	20	21	21	21	22
♄	♈ 14	15	15	16	17	17

	1	15	30
♅	♒ 9	9	9
♆	♒ 0	0	0
♇	♐ 5	5	4
☊	♍ 28	27	26

JUIN

	1	2	3	4	5	6	7	8	9	10	11	12	13	14	15	16	17	18	19	20	21	22	23	24	25	26	27	28	29	30
☉	♊ 11	12	12	13	14	15	16	17	18	19	20	21	22	23	24	25	26	27	28	29	♋ 0	1	2	3	3	4	5	6	7	♋ 8
☽	♈ 16	♉ 0	13	27	♊ 11	24	♋ 7	20	♌ 2	14	26	♍ 8	20	♎ 2	14	26	♏ 8	21	♐ 5	18	♑ 2	17	♒ 1	15	♓ 0	14	28	♈ 12	26	♉ 10
☿	♉ 17	19	20	22	23	25	27	28	♊ 0	2	4	5	7	9	11	13	15	17	19	22	24	26	28	♋ 0	2	5	7	9	11	♋ 13
♀	♊ 26	27	29	♋ 0	1	2	3	5	6	7	8	10	11	12	13	14	16	17	18	19	21	22	23	24	25	27	28	29	♌ 0	♌ 1
♂	♍ 23	23	24	24	24	25	25	25	26	26	27	27	27	28	28	29	29	29	♎ 0	0	1	1	2	2	3	3	3	4	4	♎ 5

	1	6	12	18	24	30
♃	♒ 22	22	22	22	22	21
♄	♈ 17	18	18	19	19	19

	1	15	30
♅	♒ 9	8	8
♆	♒ 0	♑ 29	29
♇	♐ 4	4	3
☊	♍ 26	24	23

JUILLET

	1	2	3	4	5	6	7	8	9	10	11	12	13	14	15	16	17	18	19	20	21	22	23	24	25	26	27	28	29	30	31
☉	♋ 9	10	11	12	13	14	15	16	17	18	19	20	21	22	23	24	24	25	26	27	28	29	♌ 0	1	2	3	4	5	6	7	♌ 8
☽	♉ 24	♊ 7	20	♋ 3	16	28	♌ 10	22	♍ 4	16	28	♎ 10	22	♏ 4	16	29	♐ 13	27	♑ 11	25	♒ 10	25	♓ 10	25	♈ 9	23	♉ 7	21	♊ 4	17	♋ 0
☿	♋ 15	18	20	22	24	26	28	♌ 0	1	3	5	7	9	10	12	14	15	17	19	20	22	23	25	26	27	29	♍ 0	1	2	4	♍ 5
♀	♌ 3	4	5	6	8	9	10	11	12	14	15	16	17	18	20	21	22	23	25	26	27	28	29	♍ 1	2	3	4	5	7	8	♍ 9
♂	♎ 5	6	6	7	7	8	8	9	9	10	10	11	11	12	12	13	14	14	15	15	16	16	17	17	18	19	19	20	20	21	♎ 21

	1	6	12	18	24	30
♃	♒ 21	21	20	20	19	18
♄	♈ 20	20	20	20	20	20

	1	15	30
♅	♒ 8	7	7
♆	♑ 29	29	28
♇	♐ 3	3	3
☊	♍ 23	22	21

AOÛT

	1	2	3	4	5	6	7	8	9	10	11	12	13	14	15	16	17	18	19	20	21	22	23	24	25	26	27	28	29	30	31
☉	♌ 9	10	11	12	13	14	15	15	16	17	18	19	20	21	22	23	24	25	26	27	28	29	♍ 0	1	2	3	4	5	6	7	♍ 8
☽	♋ 12	25	♌ 7	19	♍ 1	13	24	♎ 6	18	♏ 0	12	25	♐ 8	21	♑ 5	19	♒ 4	19	♓ 4	19	♈ 4	19	♉ 3	17	♊ 1	14	27	♋ 9	22	♌ 4	♌ 16
☿	♍ 6	7	8	9	10	11	12	12	13	14	14	15	15	16	16	16	16	16	16	16	16	15	15	14	14	13	12	11	11	10	♍ 9
♀	♍ 10	11	13	14	15	16	17	19	20	21	22	23	25	26	27	28	29	♎ 0	2	3	4	5	6	8	9	10	11	12	13	15	♎ 16
♂	♎ 22	23	23	24	24	25	26	26	27	27	28	29	29	♏ 0	0	1	2	2	3	3	4	5	5	6	7	7	8	9	9	10	♏ 11

	1	6	12	18	24	30
♃	♒ 18	17	17	16	15	14
♄	♈ 20	20	20	20	20	20

	1	15	30
♅	♒ 7	6	6
♆	♑ 28	28	28
♇	♐ 3	3	3
☊	♍ 20	20	20

SEPTEMBRE

	1	2	3	4	5	6	7	8	9	10	11	12	13	14	15	16	17	18	19	20	21	22	23	24	25	26	27	28	29	30
☉	♍ 9	10	11	12	12	13	14	15	16	17	18	19	20	21	22	23	24	25	26	27	28	29	♎ 0	1	2	3	4	5	6	♎ 7
☽	♌ 28	♍ 10	21	♎ 3	15	27	♏ 9	21	♐ 4	17	♑ 0	13	28	♒ 12	27	♓ 12	27	♈ 12	27	♉ 12	26	♊ 10	23	♋ 6	19	♌ 1	13	25	♍ 7	♍ 18
☿	♍ 8	7	6	5	4	4	3	3	3	3	3	3	3	4	5	5	6	7	8	10	11	13	14	16	17	19	21	22	24	♍ 26
♀	♎ 17	18	19	21	22	23	24	25	26	28	29	♏ 0	1	2	3	5	6	7	8	9	10	11	13	14	15	16	17	18	19	♏ 21
♂	♏ 11	12	12	13	14	14	15	16	16	17	18	18	19	20	20	21	22	22	23	24	25	25	26	27	27	28	29	29	♐ 0	♐ 1

	1	6	12	18	24	30
♃	♒ 14	14	13	13	12	12
♄	♈ 20	19	19	19	18	18

	1	15	30
♅	♒ 5	5	5
♆	♑ 28	27	27
♇	♐ 3	3	3
☊	♍ 20	20	20

OCTOBRE

	1	2	3	4	5	6	7	8	9	10	11	12	13	14	15	16	17	18	19	20	21	22	23	24	25	26	27	28	29	30	31
☉	♎ 8	9	10	11	12	13	14	15	16	17	18	19	20	21	22	23	24	25	26	27	28	29	♏ 0	1	2	3	4	5	6	7	♏ 8
☽	♎ 0	12	24	♏ 6	18	♐ 1	13	26	♑ 9	23	♒ 7	21	♓ 6	20	♈ 5	20	♉ 5	20	♊ 4	18	♋ 2	15	27	♌ 10	22	♍ 3	15	27	♎ 9	21	♏ 3
☿	♍ 28	♎ 0	1	3	5	7	9	10	12	14	16	17	19	21	22	24	26	28	29	♏ 1	2	4	6	7	9	10	12	14	15	17	♏ 18
♀	♏ 22	23	24	25	26	27	28	♐ 0	1	2	3	4	5	6	7	8	10	11	12	13	14	15	16	17	18	19	20	21	22	23	♐ 25
♂	♐ 1	2	3	4	4	5	6	6	7	8	9	9	10	11	11	12	13	14	14	15	16	16	17	18	19	19	20	21	22	22	♐ 23

	1	6	12	18	24	30
♃	♒ 12	12	12	12	12	13
♄	♈ 18	17	17	16	16	15

	1	15	30
♅	♒ 5	5	5
♆	♑ 27	27	27
♇	♐ 3	4	4
☊	♍ 20	19	19

NOVEMBRE

	1	2	3	4	5	6	7	8	9	10	11	12	13	14	15	16	17	18	19	20	21	22	23	24	25	26	27	28	29	30
☉	♏ 9	10	11	12	13	14	15	16	17	18	19	20	21	22	23	24	25	26	27	28	29	♐ 0	1	2	3	4	5	6	7	♐ 8
☽	♏ 15	28	♐ 10	23	♑ 6	20	♒ 3	17	♓ 1	15	♈ 0	14	29	♉ 14	28	♊ 12	26	♋ 10	23	♌ 5	18	♍ 0	12	23	♎ 5	17	29	♏ 11	24	♐ 7
☿	♏ 20	21	23	24	26	27	29	♐ 0	2	3	5	6	8	9	11	12	13	15	16	17	19	20	21	23	24	25	26	27	28	♐ 29
♀	♐ 26	27	28	29	♑ 0	1	2	3	4	5	6	7	7	8	9	10	11	12	13	14	15	16	17	17	18	19	20	21	21	♑ 22
♂	♐ 24	25	25	26	27	28	28	29	♑ 0	1	1	2	3	4	4	5	6	7	7	8	9	10	10	11	12	13	14	14	15	♑ 16

	1	6	12	18	24	30
♃	♒ 13	13	14	15	16	16
♄	♈ 15	15	15	14	14	14

	1	15	30
♅	♒ 5	5	6
♆	♑ 27	28	28
♇	♐ 4	5	6
☊	♍ 19	18	16

DÉCEMBRE

	1	2	3	4	5	6	7	8	9	10	11	12	13	14	15	16	17	18	19	20	21	22	23	24	25	26	27	28	29	30	31
☉	♐ 9	10	11	12	13	14	15	16	17	18	19	20	21	22	23	24	25	26	27	28	29	♑ 0	1	2	3	4	5	6	7	8	♑ 9
☽	♐ 20	♑ 3	16	♒ 0	14	28	♓ 12	26	♈ 10	24	♉ 8	23	♊ 7	21	♋ 4	18	♌ 1	13	25	♍ 8	19	♎ 1	13	25	♏ 7	19	♐ 2	15	28	♑ 12	♑ 26
☿	♑ 0	1	2	2	3	3	3	3	3	3	2	2	1	0	♐ 29	27	26	24	23	22	21	20	19	18	18	17	17	17	17	18	♐ 18
♀	♑ 23	24	24	25	26	26	27	28	28	29	29	♒ 0	0	1	1	2	2	2	3	3	3	3	4	4	4	4	4	4	4	4	♒ 4
♂	♑ 17	17	18	19	20	20	21	22	23	24	24	25	26	27	27	28	29	♒ 0	1	1	2	3	4	4	5	6	7	8	8	9	♒ 10

	1	6	12	18	24	30
♃	♒ 17	17	18	19	21	22
♄	♈ 14	14	14	14	14	14

	1	15	30
♅	♒ 6	6	7
♆	♑ 28	28	29
♇	♐ 6	6	7
☊	♍ 16	14	13

1998

JANVIER

	1	2	3	4	5	6	7	8	9	10	11	12	13	14	15	16	17	18	19	20	21	22	23	24	25	26	27	28	29	30	31
☉	♑10	11	12	13	14	15	16	17	19	20	21	22	23	24	25	26	27	28	29	♒0	1	2	3	4	5	6	7	8	9	10	♒11
☽	♒10	24	♓8	22	♈7	21	♉5	19	♊2	16	♋0	13	26	♌9	21	♍3	15	27	♎9	21	♏3	15	27	♐10	23	♑6	20	♒5	19	♓4	♓18
☿	♐18	19	20	21	22	22	23	25	26	27	28	29	♑0	2	3	4	6	7	8	10	11	13	14	15	17	18	20	21	23	24	♑26
♀	♒3	3	3	3	2	2	1	1	0	0	♑29	29	28	28	27	26	26	25	25	24	23	23	22	22	21	21	20	20	20	19	♑19
♂	♒11	12	12	13	14	15	15	16	17	18	19	19	20	21	22	23	23	24	25	26	27	27	28	29	♓0	0	1	2	3	4	♓4

	Jours	Positions
♃	1 6 12 18 24 30	♒22 23 25 26 27 29
♄	1 6 12 18 24 30	♈14 14 14 14 15 15
♅	1 15 30	♒7 8 9
♆	1 15 30	♑29 29 ♒0
♇	1 15 30	♐7 7 8
☊	1 15 30	♍12 11 11

FÉVRIER

	1	2	3	4	5	6	7	8	9	10	11	12	13	14	15	16	17	18	19	20	21	22	23	24	25	26	27	28
☉	♒12	13	14	15	16	17	18	19	20	21	22	23	24	25	26	27	28	29	♓0	1	2	3	4	5	6	7	8	♓9
☽	♈3	17	♉2	16	29	♊13	26	♋9	22	♌5	17	29	♍11	23	♎5	17	29	♏11	23	♐5	18	♑1	14	28	♒12	27	♓12	♓27
☿	♑27	29	♒1	2	4	5	7	9	10	12	14	15	17	19	20	22	24	26	27	29	♓1	3	5	7	8	10	12	♓14
♀	♑19	19	19	19	18	18	18	19	19	19	19	19	19	20	20	20	21	21	22	22	23	23	24	24	25	25	26	♑27
♂	♓5	6	7	8	8	9	10	11	12	12	13	14	15	15	16	17	18	19	19	20	21	22	22	23	24	25	26	♓26

	Jours	Positions
♃	1 6 12 18 24 28	♒29 ♓0 2 3 5 6
♄	1 6 12 18 24 28	♈15 16 16 17 18 18
♅	1 15 28	♒9 10 10
♆	1 15 28	♒0 1 1
♇	1 15 28	♐8 8 8
☊	1 15 28	♍11 11 11

MARS

	1	2	3	4	5	6	7	8	9	10	11	12	13	14	15	16	17	18	19	20	21	22	23	24	25	26	27	28	29	30	31
☉	♓10	11	12	13	14	15	16	17	18	19	20	21	22	23	24	25	26	27	28	29	♈0	1	2	3	4	5	6	7	8	9	♈10
☽	♈12	27	♉12	26	♊10	23	♋6	19	♌2	14	26	♍8	20	♎2	14	26	♏8	19	♐2	14	26	♑9	23	♒6	20	♓5	20	♈5	20	♉6	♉20
☿	♓16	18	20	22	24	26	27	29	♈1	3	5	6	8	10	11	13	14	15	17	18	19	19	20	21	21	21	21	21	21	21	♈21
♀	♑27	28	29	29	♒0	1	2	3	3	4	5	6	7	8	8	9	10	11	12	13	14	15	16	17	18	19	20	21	22	23	♒24
♂	♓27	28	29	29	♈0	1	2	3	3	4	5	6	6	7	8	9	10	10	11	12	13	13	14	15	16	16	17	18	19	19	♈20

	Jours	Positions
♃	1 6 12 18 24 30	♓6 7 9 10 11 13
♄	1 6 12 18 24 30	♈18 19 19 20 21 22
♅	1 15 30	♒10 11 12
♆	1 15 30	♒1 1 2
♇	1 15 30	♐8 8 8
☊	1 15 30	♍11 11 10

AVRIL

	1	2	3	4	5	6	7	8	9	10	11	12	13	14	15	16	17	18	19	20	21	22	23	24	25	26	27	28	29	30
☉	♈11	12	13	14	15	16	17	18	19	20	21	22	23	24	25	26	27	28	29	♉0	1	2	3	4	5	6	7	8	8	♉9
☽	♊5	19	♋3	16	29	♌11	23	♍5	17	29	♎11	23	♏5	16	29	♐11	23	♑6	19	♒2	15	29	♓14	28	♈13	29	♉14	29	♊13	♊28
☿	♈20	20	19	19	18	17	16	16	15	14	13	13	12	11	11	11	10	10	10	10	10	10	10	10	11	11	12	12	13	♈13
♀	♒25	26	27	28	29	♓0	1	2	3	4	5	6	7	8	9	10	11	13	14	15	16	17	18	19	20	21	22	24	25	♓26
♂	♈21	22	22	23	24	25	25	26	27	28	28	29	♉0	1	1	2	3	4	4	5	6	7	7	8	9	10	10	11	12	♉13

	Jours	Positions
♃	1 6 12 18 24 30	♓13 14 16 17 18 19
♄	1 6 12 18 24 30	♈22 22 23 24 25 25
♅	1 15 30	♒12 12 13
♆	1 15 30	♒2 2 2
♇	1 15 30	♐8 8 7
☊	1 15 30	♍10 10 8

MAI

	1	2	3	4	5	6	7	8	9	10	11	12	13	14	15	16	17	18	19	20	21	22	23	24	25	26	27	28	29	30	31
☉	♉10	11	12	13	14	15	16	17	18	19	20	21	22	23	24	25	26	27	28	29	♊0	1	2	3	4	5	6	6	7	8	♊9
☽	♋11	25	♌8	20	♍2	14	26	♎8	20	♏1	13	26	♐8	20	♑3	16	29	♒12	25	♓9	23	♈8	23	♉7	22	♊7	22	♋6	20	♌3	♌16
☿	♈14	15	16	17	18	19	20	21	22	23	25	26	27	28	♉0	1	3	4	6	7	9	11	12	14	16	18	20	21	23	25	♉27
♀	♓27	28	29	♈0	1	2	4	5	6	7	8	9	10	12	13	14	15	16	17	18	20	21	22	23	24	25	27	28	29	♉0	♉1
♂	♉13	14	15	15	16	17	18	18	19	20	21	21	22	23	23	24	25	26	26	27	28	28	29	♊0	1	1	2	3	3	4	♊5

	Jours	Positions
♃	1 6 12 18 24 30	♓20 20 22 23 24 24
♄	1 6 12 18 24 30	♈26 26 27 28 28 29
♅	1 15 30	♒13 13 13
♆	1 15 30	♒2 2 2
♇	1 15 30	♐7 7 7
☊	1 15 30	♍8 7 6

JUIN

	1	2	3	4	5	6	7	8	9	10	11	12	13	14	15	16	17	18	19	20	21	22	23	24	25	26	27	28	29	30
☉	♊10	11	12	13	14	15	16	17	18	19	20	21	22	23	24	25	26	27	28	28	29	♋0	1	2	3	4	5	6	7	♋8
☽	♌28	♍10	22	♎4	16	28	♏10	22	♐4	17	♑0	12	26	♒9	22	♓6	20	♈4	18	♉3	17	♊2	16	♋0	14	28	♌11	24	♍6	♍18
☿	♉29	♊1	3	6	8	10	12	14	16	19	21	23	25	27	♋0	2	4	6	8	10	12	14	16	18	20	21	23	25	27	♋28
♀	♉2	4	5	6	7	8	9	11	12	13	14	15	16	18	19	20	21	22	23	25	26	27	28	29	♊1	2	3	4	5	♊7
♂	♊6	6	7	8	8	9	10	10	11	12	13	13	14	15	15	16	17	17	18	19	20	20	21	22	22	23	24	24	25	♊26

	Jours	Positions
♃	1 6 12 18 24 30	♓25 25 26 27 27 28
♄	1 6 12 18 24 30	♈29 ♉0 0 1 1 2
♅	1 15 30	♒13 12 12
♆	1 15 30	♒2 2 1
♇	1 15 30	♐7 6 6
☊	1 15 30	♍5 4 3

JUILLET

	1	2	3	4	5	6	7	8	9	10	11	12	13	14	15	16	17	18	19	20	21	22	23	24	25	26	27	28	29	30	31
☉	♋9	10	11	12	13	14	15	16	17	18	19	19	20	21	22	23	24	25	26	27	28	29	♌0	1	2	3	4	5	6	7	♌8
☽	♎0	12	24	♏6	18	♐0	13	25	♑8	22	♒5	19	♓3	17	♈1	15	29	♉13	27	♊12	26	♋9	23	♌6	19	♍2	14	26	♎8	20	♏2
☿	♌0	2	3	5	6	8	9	10	12	13	14	16	17	18	19	20	21	22	23	24	24	25	26	26	27	27	28	28	28	28	♌28
♀	♊8	9	10	11	12	14	15	16	17	18	20	21	22	23	24	26	27	28	29	♋0	2	3	4	5	6	8	9	10	11	13	♋14
♂	♊26	27	28	28	29	♋0	0	1	2	2	3	4	4	5	6	6	7	8	8	9	10	10	11	12	12	13	14	14	15	16	♋16

	Jours	Positions
♃	1 6 12 18 24 30	♓28 28 28 28 28 28
♄	1 6 12 18 24 30	♉2 2 3 3 3 3
♅	1 15 30	♒12 12 11
♆	1 15 30	♒1 1 1
♇	1 15 30	♐6 6 5
☊	1 15 30	♍3 2 2

AOÛT

	1	2	3	4	5	6	7	8	9	10	11	12	13	14	15	16	17	18	19	20	21	22	23	24	25	26	27	28	29	30	31
☉	♌9	10	10	11	12	13	14	15	16	17	18	19	20	21	22	23	24	25	26	27	28	29	♍0	1	2	3	4	5	5	6	♍7
☽	♏14	26	♐8	21	♑4	17	♒0	14	28	♓12	27	♈11	26	♉10	24	♊8	22	♋6	19	♌2	15	28	♍10	22	♎4	16	28	♏10	22	♐4	♐16
☿	♌28	28	28	28	27	27	26	26	25	24	23	23	22	21	20	19	19	18	17	17	16	16	16	16	16	16	17	17	18	18	♌19
♀	♋15	16	17	19	20	21	22	23	25	26	27	28	♌0	1	2	3	4	6	7	8	9	11	12	13	14	15	17	18	19	20	♌22
♂	♋17	18	18	19	20	20	21	22	22	23	24	24	25	26	26	27	28	28	29	29	♌0	1	1	2	3	3	4	5	5	6	♌7

	Jours	Positions
♃	1 6 12 18 24 30	♓28 27 27 27 26 25
♄	1 6 12 18 24 30	♉3 4 4 4 4 3
♅	1 15 30	♒11 10 10
♆	1 15 30	♒1 0 0
♇	1 15 30	♐5 5 5
☊	1 15 30	♍2 1 1

SEPTEMBRE

	1	2	3	4	5	6	7	8	9	10	11	12	13	14	15	16	17	18	19	20	21	22	23	24	25	26	27	28	29	30
☉	♍8	9	10	11	12	13	14	15	16	17	18	19	20	21	22	23	24	25	26	27	28	29	♎0	1	2	3	4	5	6	♎7
☽	♐29	♑12	25	♒8	22	♓7	21	♈6	21	♉6	21	♊5	19	♋3	16	29	♌12	24	♍7	19	♎1	13	25	♏7	19	♐0	12	25	♑7	♑20
☿	♌20	21	23	24	25	27	28	♍0	2	3	5	7	9	11	12	14	16	18	20	22	24	26	27	29	♎1	3	5	6	8	♎10
♀	♌23	24	25	27	28	29	♍0	1	3	4	5	6	8	9	10	11	13	14	15	16	18	19	20	21	23	24	25	26	28	♍29
♂	♌7	8	8	9	10	10	11	12	12	13	14	14	15	15	16	17	17	18	19	19	20	20	21	22	22	23	24	24	25	♌25

	Jours	Positions
♃	1 6 12 18 24 30	♓25 24 24 23 22 21
♄	1 6 12 18 24 30	♉3 3 3 3 2 2
♅	1 15 30	♒10 9 9
♆	1 15 30	♒0 0 ♑29
♇	1 15 30	♐5 6 6
☊	1 15 30	♍1 1 1

OCTOBRE

	1	2	3	4	5	6	7	8	9	10	11	12	13	14	15	16	17	18	19	20	21	22	23	24	25	26	27	28	29	30	31
☉	♎8	9	10	11	12	13	14	15	15	16	17	18	19	20	21	22	23	24	25	26	27	28	29	♏0	1	2	3	4	5	6	♏7
☽	♒3	16	♓0	15	♈0	15	♉0	15	♊0	15	29	♋13	26	♌9	21	♍4	16	28	♎10	22	♏4	16	27	♐9	21	♑4	16	29	♒12	25	♓9
☿	♎12	13	15	17	18	20	22	23	25	27	28	♏0	1	3	5	6	8	9	11	12	14	15	17	18	19	21	22	24	25	26	♏28
♀	♎0	1	3	4	5	6	8	9	10	11	13	14	15	16	18	19	20	21	23	24	25	26	28	29	♏0	1	3	4	5	6	♏8
♂	♌26	27	27	28	28	29	♍0	0	1	2	2	3	3	4	5	5	6	6	7	8	8	9	9	10	11	11	12	12	13	14	♍14

	Jours	Positions
♃	1 6 12 18 24 30	♓21 21 20 19 19 19
♄	1 6 12 18 24 30	♉2 2 1 1 0 0
♅	1 15 30	♒9 9 9
♆	1 15 30	♑29 29 29
♇	1 15 30	♐6 6 7
☊	1 15 30	♍1 0 ♌29

NOVEMBRE

	1	2	3	4	5	6	7	8	9	10	11	12	13	14	15	16	17	18	19	20	21	22	23	24	25	26	27	28	29	30
☉	♏8	9	10	11	12	13	14	15	16	17	18	19	20	21	22	23	24	25	26	27	28	29	♐0	1	3	4	5	6	7	♐8
☽	♓23	♈8	23	♉8	24	♊9	24	♋8	22	♌5	18	♍1	13	25	♎7	19	♏1	13	24	♐6	18	♑1	13	25	♒8	21	♓4	18	♈2	♈17
☿	♏29	♐0	2	3	4	6	7	8	9	10	11	12	13	14	15	16	16	17	17	17	18	18	17	17	17	16	15	14	13	♐11
♀	♏9	10	11	13	14	15	16	18	19	20	21	23	24	25	26	28	29	♐0	1	3	4	5	6	8	9	10	11	13	14	♐15
♂	♍15	15	16	17	17	18	18	19	19	20	21	21	22	22	23	24	24	25	25	26	26	27	28	28	29	29	♎0	0	1	♎1

	Jours	Positions
♃	1 6 12 18 24 30	♓18 18 18 18 18 19
♄	1 6 12 18 24 30	♉0 ♈29 29 28 28 28
♅	1 15 30	♒9 9 10
♆	1 15 30	♒0 0 0
♇	1 15 30	♐7 7 8
☊	1 15 30	♌29 28 26

DÉCEMBRE

	1	2	3	4	5	6	7	8	9	10	11	12	13	14	15	16	17	18	19	20	21	22	23	24	25	26	27	28	29	30	31
☉	♐9	10	11	12	13	14	15	16	17	18	19	20	21	22	23	24	25	26	27	28	29	♑0	1	2	3	4	5	6	7	8	♑9
☽	♉1	16	♊2	17	♋2	16	♌0	14	27	♍9	22	♎4	16	27	♏9	21	♐3	15	27	♑10	22	♒5	18	♓1	15	28	♈12	26	♉11	25	♊10
☿	♐10	9	7	6	5	4	3	2	2	1	1	1	2	2	2	3	4	4	5	6	7	8	10	11	12	13	15	16	17	19	♐20
♀	♐16	18	19	20	22	23	24	25	27	28	29	♑0	2	3	4	5	7	8	9	10	12	13	14	15	17	18	19	20	22	23	♑24
♂	♎2	3	3	4	4	5	5	6	6	7	7	8	9	9	10	10	11	11	12	12	13	13	14	14	15	15	16	16	17	17	♎18

	Jours	Positions
♃	1 6 12 18 24 30	♓19 19 20 20 21 22
♄	1 6 12 18 24 30	♈28 27 27 27 27 27
♅	1 15 30	♒10 10 11
♆	1 15 30	♒0 0 1
♇	1 15 30	♐8 9 9
☊	1 15 30	♌26 24 23

1999

JANVIER

	1	2	3	4	5	6	7	8	9	10	11	12	13	14	15	16	17	18	19	20	21	22	23	24	25	26	27	28	29	30	31
☉	♑10	11	12	13	14	15	16	17	18	19	20	21	22	23	24	25	26	27	28	29	♒0	2	3	4	5	6	7	8	9	10	♒11
☽	♊25	♋10	24	♌8	21	♍4	17	♎0	12	24	♏6	17	29	♐11	24	♑6	19	♒2	15	28	♓11	25	♈9	23	♉7	21	♊6	20	♋4	18	♌2
☿	♐21	23	24	26	27	28	♑0	1	3	4	6	7	9	10	12	13	15	17	18	20	21	23	24	26	28	29	♒1	3	4	6	♒8
♀	♑25	27	28	29	♒0	2	3	4	5	7	8	9	10	12	13	14	15	17	18	19	20	22	23	24	25	27	28	29	♓0	2	♓3
♂	♎18	19	19	20	20	21	21	22	22	23	23	24	24	25	25	25	26	26	27	27	28	28	29	29	29	♏0	0	1	1	1	♏2

	1	6	12	18	24	30
♃	♓22	23	24	25	26	27
♄	♈27	27	27	27	27	28

	1	15	30
♅	♒11	12	13
♆	♒1	2	2
♇	♐9	10	10
☊	♌23	22	22

FÉVRIER

	1	2	3	4	5	6	7	8	9	10	11	12	13	14	15	16	17	18	19	20	21	22	23	24	25	26	27	28
☉	♒12	13	14	15	16	17	18	19	20	21	22	23	24	25	26	27	28	29	♓0	1	2	3	4	5	6	7	8	♓9
☽	♌16	29	♍12	25	♎7	19	♏1	13	25	♐7	19	♑1	14	27	♒10	23	♓7	21	♈5	20	♉4	18	♊2	17	♋0	14	28	♌11
☿	♒9	11	13	15	16	18	20	22	23	25	27	29	♓1	2	4	6	8	10	12	13	15	17	19	20	22	24	25	♓26
♀	♓4	5	7	8	9	10	12	13	14	15	17	18	19	20	22	23	24	25	26	28	29	♈0	1	3	4	5	6	♈8
♂	♏2	3	3	3	4	4	4	5	5	5	6	6	6	7	7	7	8	8	8	8	9	9	9	9	10	10	10	♏10

	1	6	12	18	24	28
♃	♓27	28	♈0	1	2	3
♄	♈28	28	29	29	♉0	0

	1	15	28
♅	♒13	14	14
♆	♒2	3	3
♇	♐10	10	10
☊	♌22	22	22

MARS

	1	2	3	4	5	6	7	8	9	10	11	12	13	14	15	16	17	18	19	20	21	22	23	24	25	26	27	28	29	30	31
☉	♓10	11	12	13	14	15	16	17	18	19	20	21	22	23	24	25	26	27	28	29	♈0	1	2	3	4	5	6	7	8	9	♈10
☽	♌25	♍8	20	♎3	15	27	♏9	21	♐3	15	27	♑9	22	♒5	18	♓1	15	♈0	15	29	♉14	29	♊13	27	♋11	25	♌8	21	♍4	17	♍29
☿	♓28	29	♈0	1	2	3	3	4	4	4	4	4	4	3	3	2	1	0	♓29	29	28	27	26	25	24	23	23	22	22	21	♓21
♀	♈9	10	11	12	14	15	16	17	19	20	21	22	23	25	26	27	28	29	♉1	2	3	4	6	7	8	9	10	12	13	14	♉15
♂	♏10	11	11	11	11	11	11	12	12	12	12	12	12	12	12	12	12	12	12	12	12	12	12	12	12	12	12	12	12	11	♏11

	1	6	12	18	24	30
♃	♈4	5	6	8	9	11
♄	♉0	0	1	2	2	3

	1	15	30
♅	♒14	15	16
♆	♒3	4	4
♇	♐10	11	10
☊	♌22	22	21

AVRIL

	1	2	3	4	5	6	7	8	9	10	11	12	13	14	15	16	17	18	19	20	21	22	23	24	25	26	27	28	29	30
☉	♈11	12	13	14	15	16	17	18	19	20	21	22	23	24	25	26	27	28	29	29	♉0	1	2	3	4	5	6	7	8	♉9
☽	♎11	24	♏6	18	29	♐11	23	♑5	17	♒0	13	26	♓9	24	♈8	23	♉8	23	♊8	23	♋7	21	♌5	18	♍1	14	26	♎8	20	♏2
☿	♓21	21	21	21	21	21	22	22	23	23	24	25	25	26	27	28	29	♈0	1	2	3	5	6	7	8	10	11	13	14	♈15
♀	♉16	18	19	20	21	22	23	25	26	27	28	29	♊1	2	3	4	5	6	8	9	10	11	12	13	14	16	17	18	19	♊20
♂	♏11	11	11	10	10	10	10	10	9	9	9	8	8	8	8	7	7	7	6	6	5	5	5	4	4	4	3	3	2	♏2

	1	6	12	18	24	30
♃	♈11	12	14	15	17	18
♄	♉3	4	5	6	6	7

	1	15	30
♅	♒16	16	17
♆	♒4	4	4
♇	♐10	10	10
☊	♌21	20	19

MAI

	1	2	3	4	5	6	7	8	9	10	11	12	13	14	15	16	17	18	19	20	21	22	23	24	25	26	27	28	29	30	31
☉	♉10	11	12	13	14	15	16	17	18	19	20	21	22	23	24	25	26	27	28	29	♊0	0	1	2	3	4	5	6	7	8	♊9
☽	♏14	26	♐8	20	♑2	14	26	♒8	21	♓4	18	♈2	16	♉1	17	♊2	17	♋2	17	♌1	14	28	♍11	23	♎5	17	29	♏11	23	♐5	♐17
☿	♈17	19	20	22	23	25	27	28	♉0	2	4	6	8	9	11	13	15	17	20	22	24	26	28	♊0	2	5	7	9	11	13	♊16
♀	♊21	22	24	25	26	27	28	29	♋0	1	3	4	5	6	7	8	9	10	11	12	14	15	16	17	18	19	20	21	22	23	♋24
♂	♏2	1	1	1	0	0	0	♎29	29	29	28	28	28	27	27	27	27	26	26	26	26	26	25	25	25	25	25	25	25	25	♎25

	1	6	12	18	24	30
♃	♈18	19	21	22	23	25
♄	♉7	8	9	9	10	11

	1	15	30
♅	♒17	17	17
♆	♒4	4	4
♇	♐10	10	9
☊	♌18	17	15

JUIN

	1	2	3	4	5	6	7	8	9	10	11	12	13	14	15	16	17	18	19	20	21	22	23	24	25	26	27	28	29	30
☉	♊10	11	12	13	14	15	16	17	18	19	20	21	22	23	23	24	25	26	27	28	29	♋0	1	2	3	4	5	6	7	♋8
☽	♐29	♑11	23	♒5	18	♓1	14	27	♈11	25	♉10	25	♊10	25	♋10	25	♌9	23	♍7	19	♎2	14	26	♏8	20	♐2	14	26	♑8	♑20
☿	♊18	20	22	24	26	28	♋0	2	4	6	7	9	11	13	14	16	17	19	20	22	23	24	26	27	28	29	♌0	1	2	♌3
♀	♋25	26	27	28	29	♌0	1	2	3	4	5	6	7	8	9	10	11	12	12	13	14	15	16	17	18	18	19	20	21	♌22
♂	♎24	24	24	24	24	24	24	25	25	25	25	25	25	25	25	25	25	26	26	26	26	26	27	27	27	27	28	28	28	♎28

	1	6	12	18	24	30
♃	♈25	26	27	28	29	♉0
♄	♉11	12	12	13	14	14

	1	15	30
♅	♒17	17	16
♆	♒4	4	4
♇	♐9	9	8
☊	♌15	14	13

JUILLET

	1	2	3	4	5	6	7	8	9	10	11	12	13	14	15	16	17	18	19	20	21	22	23	24	25	26	27	28	29	30	31
☉	♋9	10	11	12	13	14	14	15	16	17	18	19	20	21	22	23	24	25	26	27	28	29	♌0	1	2	3	4	5	5	6	♌7
☽	♒2	15	28	♓10	24	♈7	21	♉5	20	♊4	19	♋4	19	♌3	18	♍1	15	28	♎10	23	♏5	17	29	♐10	22	♑4	17	29	♒12	24	♓7
☿	♌4	5	6	6	7	8	8	9	9	9	9	9	9	9	9	9	9	8	8	8	7	6	6	5	4	4	3	2	2	1	♌0
♀	♌22	23	24	25	25	26	27	27	28	28	29	♍0	0	1	1	2	2	3	3	3	4	4	4	4	5	5	5	5	5	5	♍5
♂	♎29	29	29	♏0	0	0	1	1	1	2	2	2	3	3	4	4	4	5	5	6	6	7	7	7	8	8	9	9	10	10	♏11

	1	6	12	18	24	30
♃	♉0	1	2	3	3	4
♄	♉14	15	15	16	16	16

	1	15	30
♅	♒16	16	15
♆	♒4	3	3
♇	♐8	8	8
☊	♌13	13	13

AOÛT

	1	2	3	4	5	6	7	8	9	10	11	12	13	14	15	16	17	18	19	20	21	22	23	24	25	26	27	28	29	30	31
☉	♌8	9	10	11	12	13	14	15	16	17	18	19	20	21	22	23	24	25	26	27	28	28	29	♍0	1	2	3	4	5	6	♍7
☽	♓21	♈4	18	♉2	16	♊0	14	29	♋13	28	♌12	26	♍9	23	♎6	18	♏1	13	25	♐7	19	♑1	13	25	♒7	20	♓3	17	♈0	14	♈28
☿	♌0	♋29	29	29	29	29	29	29	29	29	♌0	0	1	2	3	4	5	6	8	9	11	12	14	16	17	19	21	23	25	27	♌29
♀	♍5	5	5	5	4	4	4	4	3	3	2	2	1	1	0	0	♌29	29	28	27	27	26	25	25	24	24	23	23	22	22	♌21
♂	♏11	12	12	13	13	14	14	15	16	16	17	17	18	18	19	19	20	21	21	22	22	23	23	24	25	25	26	26	27	28	♏28

	1	6	12	18	24	30
♃	♉4	4	5	5	5	5
♄	♉16	17	17	17	17	17

	1	15	30
♅	♒15	15	14
♆	♒3	2	2
♇	♐8	8	8
☊	♌13	13	13

SEPTEMBRE

	1	2	3	4	5	6	7	8	9	10	11	12	13	14	15	16	17	18	19	20	21	22	23	24	25	26	27	28	29	30
☉	♍8	9	10	11	12	13	14	15	16	17	18	19	20	21	22	23	24	25	26	27	28	29	♎0	1	1	2	3	4	5	♎6
☽	♉13	27	♊11	25	♋9	23	♌7	21	♍5	18	♎1	14	26	♏9	21	♐3	15	26	♑8	20	♒3	15	28	♓12	26	♈10	24	♉9	23	♊8
☿	♍1	3	5	7	9	10	12	14	16	18	20	22	24	25	27	29	♎1	3	4	6	8	9	11	13	14	16	17	19	21	♎22
♀	♌21	20	20	20	19	19	19	19	19	19	19	19	19	19	19	19	19	20	20	20	21	21	21	22	22	23	23	24	24	♌25
♂	♏29	29	♐0	1	1	2	3	3	4	5	5	6	7	7	8	8	9	10	10	11	12	12	13	14	15	15	16	17	17	♐18

	1	6	12	18	24	30
♃	♉5	5	4	4	4	3
♄	♉17	17	17	17	17	16

	1	15	30
♅	♒14	13	13
♆	♒2	2	2
♇	♐8	8	8
☊	♌13	12	11

OCTOBRE

	1	2	3	4	5	6	7	8	9	10	11	12	13	14	15	16	17	18	19	20	21	22	23	24	25	26	27	28	29	30	31
☉	♎7	8	9	10	11	12	13	14	15	16	17	18	19	20	21	22	23	24	25	26	27	28	29	♏0	1	2	3	4	5	6	♏7
☽	♊22	♋6	20	♌4	17	♍1	14	27	♎10	22	♏5	17	29	♐11	23	♑4	16	28	♒11	23	♓6	20	♈4	18	♉3	18	♊3	18	♋2	17	♌1
☿	♎24	25	27	28	♏0	1	3	4	5	7	8	10	11	12	14	15	16	17	19	20	21	22	23	24	25	26	27	28	29	29	♐0
♀	♌25	26	27	27	28	29	29	♍0	1	2	3	3	4	5	6	7	7	8	9	10	11	12	13	14	15	16	17	18	19	20	♍21
♂	♐19	19	20	21	21	22	23	24	24	25	26	26	27	28	29	29	♑0	1	1	2	3	4	4	5	6	6	7	8	9	9	♑10

	1	6	12	18	24	30
♃	♉3	2	2	1	0	♈29
♄	♉16	16	16	15	15	14

	1	15	30
♅	♒13	13	13
♆	♒2	2	2
♇	♐8	9	9
☊	♌11	10	9

NOVEMBRE

	1	2	3	4	5	6	7	8	9	10	11	12	13	14	15	16	17	18	19	20	21	22	23	24	25	26	27	28	29	30
☉	♏8	9	10	11	12	13	14	15	16	17	18	19	20	21	22	23	24	25	26	27	28	29	♐0	1	2	3	4	5	6	♐7
☽	♌14	28	♍11	24	♎6	19	♏1	13	25	♐7	19	♑1	13	25	♒7	19	♓1	14	28	♈12	26	♉11	26	♊11	27	♋12	26	♌10	24	♍8
☿	♐1	1	1	2	2	2	1	1	1	0	♏29	28	27	26	24	23	22	20	19	18	17	17	16	16	16	16	16	16	17	♏17
♀	♍22	23	24	25	26	27	28	29	♎0	1	2	3	4	5	6	7	9	10	11	12	13	14	15	16	17	19	20	21	22	♎23
♂	♑11	12	12	13	14	15	15	16	17	18	18	19	20	21	21	22	23	24	24	25	26	27	27	28	29	♒0	1	1	2	♒3

	1	6	12	18	24	30
♃	♈29	28	27	27	26	26
♄	♉14	14	13	13	12	12

	1	15	30
♅	♒13	13	13
♆	♒2	2	2
♇	♐9	10	10
☊	♌9	7	6

DÉCEMBRE

	1	2	3	4	5	6	7	8	9	10	11	12	13	14	15	16	17	18	19	20	21	22	23	24	25	26	27	28	29	30	31
☉	♐8	9	10	11	12	13	14	15	16	17	18	19	21	22	23	24	25	26	27	28	29	♑0	1	2	3	4	5	6	7	8	♑9
☽	♍21	♎3	16	28	♏10	22	♐4	16	28	♑10	22	♒4	16	28	♓10	23	♈6	20	♉4	19	♊4	19	♋5	20	♌5	19	♍3	17	♎0	13	♎25
☿	♏18	19	20	21	22	23	25	26	27	29	♐0	1	3	4	6	7	8	10	11	13	14	16	17	19	20	22	23	25	26	28	♑0
♀	♎24	25	27	28	29	♏0	1	2	4	5	6	7	8	9	11	12	13	14	15	17	18	19	20	21	23	24	25	26	27	29	♐0
♂	♒4	4	5	6	7	7	8	9	10	11	11	12	13	14	14	15	16	17	17	18	19	20	21	21	22	23	24	24	25	26	♒27

	1	6	12	18	24	30
♃	♈26	25	25	25	25	25
♄	♉12	12	11	11	11	10

	1	15	30
♅	♒13	14	15
♆	♒2	3	3
♇	♐10	11	11
☊	♌6	4	4

2000

JANVIER

	1	2	3	4	5	6	7	8	9	10	11	12	13	14	15	16	17	18	19	20	21	22	23	24	25	26	27	28	29	30	31
☉	♑10	11	12	13	14	15	16	17	18	19	20	21	22	23	24	25	26	27	28	29	♒0	1	2	3	4	5	6	7	8	9	♒10
☽	♏7	19	♐1	13	25	♑7	19	♒1	13	25	♓7	20	♈3	16	♉0	14	28	♊13	27	♋13	28	♌12	27	♍11	25	♎8	21	♏4	16	28	♐10
☿	♑1	3	4	6	7	9	11	12	14	15	17	19	20	22	23	25	27	28	♒0	2	3	5	7	9	10	12	14	16	17	19	♒21
♀	♐1	2	3	5	6	7	8	9	11	12	13	14	16	17	18	19	20	22	23	24	25	27	28	29	♑0	1	3	4	5	6	♑8
♂	♒28	28	29	♓0	1	1	2	3	4	5	5	6	7	8	8	9	10	11	12	12	13	14	15	15	16	17	18	18	19	20	♓21

	1	6	12	18	24	30		1	6	12	18	24	30		1	15	30		1	15	30		1	15	30		1	15	30
♃	♈25	25	26	26	27	28	♄	♉10	10	10	10	10	11	♅	♒15	16	16	♆	♒3	4	4	♇	♐11	12	12	☊	♌4	4	4

FÉVRIER

	1	2	3	4	5	6	7	8	9	10	11	12	13	14	15	16	17	18	19	20	21	22	23	24	25	26	27	28	29
☉	♒11	12	13	14	15	16	18	19	20	21	22	23	24	25	26	27	28	29	♓0	1	2	3	4	5	6	7	8	9	♓10
☽	♐22	♑3	15	27	♒9	22	♓4	17	♈0	13	26	♉10	24	♊8	22	♋7	21	♌6	20	♍5	19	♎3	16	29	♏12	24	♐6	18	♑0
☿	♒23	24	26	28	29	♓1	3	4	6	7	9	10	11	13	14	15	15	16	17	17	17	17	17	17	16	16	15	14	♓13
♀	♑9	10	11	13	14	15	16	17	19	20	21	22	24	25	26	27	29	♒0	1	2	3	5	6	7	8	10	11	12	♒13
♂	♓22	22	23	24	25	25	26	27	28	28	29	♈0	1	1	2	3	4	5	5	6	7	8	8	9	10	11	11	12	♈13

	1	6	12	18	24	29		1	6	12	18	24	29		1	15	29		1	15	29		1	15	29		1	15	29
♃	♈28	29	♉0	1	2	2	♄	♉11	11	11	12	12	12	♅	♒16	17	18	♆	♒4	5	5	♇	♐12	13	13	☊	♌4	4	3

MARS

	1	2	3	4	5	6	7	8	9	10	11	12	13	14	15	16	17	18	19	20	21	22	23	24	25	26	27	28	29	30	31
☉	♓11	12	13	14	15	16	17	18	19	20	21	22	23	24	25	26	27	28	29	♈0	1	2	3	4	5	6	7	8	9	10	♈11
☽	♑11	23	♒5	18	♓0	13	26	♈10	23	♉7	21	♊5	19	♋3	17	♌1	15	♍0	13	27	♎11	24	♏7	19	♐2	14	26	♑7	19	♒1	♒13
☿	♓12	11	10	9	8	7	6	5	5	4	4	3	3	3	3	3	3	3	4	4	5	5	6	6	7	8	9	10	11	12	♓13
♀	♒15	16	17	18	20	21	22	23	24	26	27	28	29	♓1	2	3	4	6	7	8	9	11	12	13	14	15	17	18	19	20	♓22
♂	♈14	14	15	16	17	17	18	19	20	20	21	22	23	23	24	25	26	26	27	28	28	29	♉0	1	1	2	3	4	4	5	♉6

	1	6	12	18	24	30		1	6	12	18	24	30		1	15	30		1	15	30		1	15	30		1	15	30
♃	♉3	4	5	6	7	9	♄	♉12	13	13	14	15	15	♅	♒18	19	20	♆	♒5	6	6	♇	♐13	13	13	☊	♌3	2	1

AVRIL

	1	2	3	4	5	6	7	8	9	10	11	12	13	14	15	16	17	18	19	20	21	22	23	24	25	26	27	28	29	30
☉	♈12	13	14	15	16	16	17	18	19	20	21	22	23	24	25	26	27	28	29	♉0	1	2	3	4	5	6	7	8	9	♉10
☽	♒26	♓8	21	♈5	19	♉3	17	♊1	16	♋0	14	28	♌12	26	♍9	23	♎6	19	♏2	15	27	♐10	22	♑4	15	27	♒9	21	♓4	♓16
☿	♓14	15	16	18	19	20	21	23	24	26	27	28	♈0	2	3	5	6	8	10	11	13	15	16	18	20	22	24	26	28	♉0
♀	♓23	24	25	27	28	29	♈0	2	3	4	5	6	8	9	10	11	13	14	15	16	18	19	20	21	22	24	25	26	27	♈29
♂	♉7	7	8	9	9	10	11	12	12	13	14	15	15	16	17	17	18	19	20	20	21	22	22	23	24	25	25	26	27	♉27

	1	6	12	18	24	30		1	6	12	18	24	30		1	15	30		1	15	30		1	15	30		1	15	30
♃	♉9	10	12	13	15	16	♄	♉16	16	17	18	18	19	♅	♒20	20	21	♆	♒6	6	7	♇	♐13	13	12	☊	♌1	0	♋28

MAI

	1	2	3	4	5	6	7	8	9	10	11	12	13	14	15	16	17	18	19	20	21	22	23	24	25	26	27	28	29	30	31
☉	♉11	12	13	14	15	16	17	18	19	20	21	22	23	24	24	25	26	27	28	29	♊0	1	2	3	4	5	6	7	8	9	♊10
☽	♓29	♈13	27	♉11	26	♊11	26	♋10	25	♌9	23	♍6	20	♎3	16	29	♏11	24	♐6	18	♑0	12	24	♒5	17	29	♓12	25	♈8	21	♉5
☿	♉2	4	6	8	10	12	14	16	18	21	23	25	27	29	♊2	4	6	8	10	12	14	16	18	20	21	23	25	27	28	♋0	♋1
♀	♉0	1	2	4	5	6	7	8	10	11	12	13	15	16	17	18	20	21	22	23	24	26	27	28	29	♊1	2	3	4	6	♊7
♂	♉28	29	29	♊0	1	2	2	3	4	4	5	6	6	7	8	9	9	10	11	11	12	13	13	14	15	15	16	17	17	18	♊19

	1	6	12	18	24	30		1	6	12	18	24	30		1	15	30		1	15	30		1	15	30		1	15	30
♃	♉16	17	19	20	22	23	♄	♉19	20	21	21	22	23	♅	♒21	21	21	♆	♒7	7	6	♇	♐12	12	12	☊	♋28	27	26

JUIN

	1	2	3	4	5	6	7	8	9	10	11	12	13	14	15	16	17	18	19	20	21	22	23	24	25	26	27	28	29	30
☉	♊11	12	13	14	15	16	17	18	18	19	20	21	22	23	24	25	26	27	28	29	♋0	1	2	3	4	5	6	7	8	♋9
☽	♉20	♊5	20	♋5	20	♌4	19	♍3	17	♎0	13	26	♏8	21	♐3	15	27	♑9	20	♒2	14	26	♓8	21	♈3	16	♉0	14	28	♊13
☿	♋3	4	5	7	8	9	10	11	12	13	14	15	16	17	17	18	18	19	19	20	20	20	20	20	20	20	19	19	19	♋18
♀	♊8	9	10	12	13	14	15	17	18	19	20	21	23	24	25	26	28	29	♋0	1	3	4	5	6	7	9	10	11	12	♋14
♂	♊20	20	21	22	22	23	24	24	25	26	26	27	28	28	29	♋0	0	1	2	2	3	4	4	5	6	6	7	8	8	♋9

	1	6	12	18	24	30		1	6	12	18	24	30		1	15	30		1	15	30		1	15	30		1	15	30
♃	♉24	25	26	27	29	♊0	♄	♉23	24	24	25	26	27	♅	♒21	21	20	♆	♒6	6	6	♇	♐12	11	11	☊	♋25	25	25

JUILLET

	1	2	3	4	5	6	7	8	9	10	11	12	13	14	15	16	17	18	19	20	21	22	23	24	25	26	27	28	29	30	31
☉	♋9	10	11	12	13	14	15	16	17	18	19	20	21	22	23	24	25	26	27	28	29	29	♌0	1	2	3	4	5	6	7	♌8
☽	♊28	♋13	28	♌13	28	♍12	26	♎10	23	♏5	18	♐0	12	24	♑6	17	29	♒11	23	♓5	17	♈0	13	26	♉9	23	♊7	22	♋7	22	♌7
☿	♋18	17	17	16	16	15	14	14	13	13	12	12	11	11	11	10	10	10	10	11	11	11	12	12	13	14	15	16	17	18	♋19
♀	♋15	16	17	19	20	21	22	23	25	26	27	28	♌0	1	2	3	5	6	7	8	9	11	12	13	14	16	17	18	19	20	♌22
♂	♋10	10	11	12	12	13	14	14	15	16	16	17	18	18	19	20	20	21	22	22	23	23	24	25	25	26	27	27	28	29	♋29

	1	6	12	18	24	30		1	6	12	18	24	30		1	15	30		1	15	30		1	15	30		1	15	30
♃	♊0	1	2	4	5	6	♄	♉27	27	28	28	29	29	♅	♒20	20	19	♆	♒6	6	5	♇	♐11	11	10	☊	♋25	25	25

AOÛT

	1	2	3	4	5	6	7	8	9	10	11	12	13	14	15	16	17	18	19	20	21	22	23	24	25	26	27	28	29	30	31
☉	♌9	10	11	12	13	14	15	16	17	18	19	20	21	22	22	23	24	25	26	27	28	29	♍0	1	2	3	4	5	6	7	♍8
☽	♌22	♍6	21	♎5	18	♏2	14	27	♐9	21	♑3	14	26	♒8	20	♓2	14	27	♈10	23	♉6	19	♊3	17	♋1	16	♌0	15	♍0	15	♍29
☿	♋20	22	23	25	26	28	♌0	1	3	5	7	9	11	13	15	17	19	21	23	25	27	29	♍1	3	5	7	9	11	13	14	♍16
♀	♌23	24	25	27	28	29	♍0	2	3	4	5	6	8	9	10	11	13	14	15	16	18	19	20	21	22	24	25	26	27	29	♎0
♂	♌0	1	1	2	3	3	4	4	5	6	6	7	8	8	9	10	10	11	12	12	13	13	14	15	15	16	17	17	18	19	♌19

	1	6	12	18	24	30		1	6	12	18	24	30		1	15	30		1	15	30		1	15	30		1	15	30
♃	♊6	7	8	8	9	10	♄	♉29	♊0	0	0	1	1	♅	♒19	19	18	♆	♒5	5	4	♇	♐10	10	10	☊	♋25	25	24

SEPTEMBRE

	1	2	3	4	5	6	7	8	9	10	11	12	13	14	15	16	17	18	19	20	21	22	23	24	25	26	27	28	29	30
☉	♍9	10	11	12	13	14	15	16	17	18	19	20	21	21	22	23	24	25	26	27	28	29	♎0	1	2	3	4	5	6	♎7
☽	♎13	27	♏10	23	♐5	17	29	♑11	23	♒5	17	29	♓11	24	♈6	19	♉3	16	♊0	14	28	♋12	26	♌10	25	♍9	23	♎7	21	♏5
☿	♍18	20	22	23	25	27	28	♎0	2	3	5	7	8	10	11	13	14	16	17	19	20	21	23	24	25	27	28	29	♏1	♏2
♀	♎1	2	4	5	6	7	8	10	11	12	13	15	16	17	18	19	21	22	23	24	26	27	28	29	♏0	2	3	4	5	♏7
♂	♌20	20	21	22	22	23	24	24	25	26	26	27	27	28	29	29	♍0	1	1	2	3	3	4	4	5	6	6	7	8	♍8

	1	6	12	18	24	30		1	6	12	18	24	30		1	15	30		1	15	30		1	15	30		1	15	30
♃	♊10	10	11	11	11	11	♄	♊1	1	1	1	1	1	♅	♒18	18	17	♆	♒4	4	4	♇	♐10	10	11	☊	♋24	23	21

OCTOBRE

	1	2	3	4	5	6	7	8	9	10	11	12	13	14	15	16	17	18	19	20	21	22	23	24	25	26	27	28	29	30	31
☉	♎8	9	10	11	12	13	14	15	16	17	18	19	20	21	22	23	24	25	26	27	28	29	♏0	1	2	3	4	5	6	7	♏8
☽	♏18	♐1	13	25	♑7	19	♒1	13	25	♓7	19	♈2	15	29	♉12	26	♊10	24	♋8	23	♌7	21	♍5	19	♎3	16	♏0	13	26	♐9	♐21
☿	♏3	4	5	6	7	8	9	10	11	12	13	13	14	15	15	15	16	16	16	16	15	15	14	14	13	12	11	10	8	7	♏6
♀	♏8	9	10	11	13	14	15	16	18	19	20	21	22	24	25	26	27	28	♐0	1	2	3	5	6	7	8	9	11	12	13	♐14
♂	♍9	9	10	11	11	12	13	13	14	14	15	16	16	17	18	18	19	19	20	21	21	22	23	23	24	24	25	26	26	27	♍27

	1	6	12	18	24	30		1	6	12	18	24	30		1	15	30		1	15	30		1	15	30		1	15	30
♃	♊11	11	11	11	10	10	♄	♊1	0	0	0	0	♉29	♅	♒17	17	17	♆	♒4	4	4	♇	♐11	11	11	☊	♋21	20	18

NOVEMBRE

	1	2	3	4	5	6	7	8	9	10	11	12	13	14	15	16	17	18	19	20	21	22	23	24	25	26	27	28	29	30
☉	♏9	10	11	12	13	14	15	16	17	18	19	20	21	22	23	24	25	26	27	28	29	♐0	1	2	3	4	5	6	7	♐8
☽	♑3	15	27	♒9	20	♓2	15	27	♈10	24	♉7	21	♊6	20	♋5	19	♌3	18	♍2	15	29	♎13	26	♏9	22	♐4	17	29	♑11	♑23
☿	♏5	3	2	2	1	0	0	0	0	0	1	1	2	3	4	5	6	7	8	10	11	12	14	15	17	18	20	21	23	♏24
♀	♐15	17	18	19	20	21	23	24	25	26	27	29	♑0	1	2	3	5	6	7	8	9	11	12	13	14	15	17	18	19	♑20
♂	♍28	29	29	♎0	1	1	2	2	3	4	4	5	5	6	7	7	8	9	9	10	10	11	12	12	13	13	14	15	15	♎16

	1	6	12	18	24	30		1	6	12	18	24	30		1	15	30		1	15	30		1	15	30		1	15	30
♃	♊10	9	8	8	7	6	♄	♉29	29	28	28	27	27	♅	♒17	17	17	♆	♒4	4	4	♇	♐12	12	13	☊	♋18	17	16

DÉCEMBRE

	1	2	3	4	5	6	7	8	9	10	11	12	13	14	15	16	17	18	19	20	21	22	23	24	25	26	27	28	29	30	31
☉	♐9	10	11	12	13	14	15	16	17	18	19	20	21	22	23	24	25	26	27	28	29	♑0	1	2	3	5	6	7	8	9	♑10
☽	♒5	16	28	♓10	23	♈5	18	♉1	15	29	♊14	29	♋14	29	♌13	28	♍12	26	♎10	23	♏6	19	♐1	13	26	♑8	19	♒1	13	25	♓7
☿	♏26	27	29	♐0	2	3	5	6	8	10	11	13	14	16	17	19	20	22	24	25	27	28	♑0	1	3	5	6	8	9	11	♑13
♀	♑21	23	24	25	26	27	28	♒0	1	2	3	4	5	7	8	9	10	11	12	13	15	16	17	18	19	20	21	23	24	25	♒26
♂	♎16	17	18	18	19	19	20	21	21	22	22	23	24	24	25	25	26	27	27	28	28	29	♏0	0	1	1	2	3	3	4	♏4

	1	6	12	18	24	30		1	6	12	18	24	30		1	15	30		1	15	30		1	15	30		1	15	30
♃	♊6	5	4	4	3	2	♄	♉27	26	26	25	25	25	♅	♒17	18	19	♆	♒4	5	5	♇	♐13	13	14	☊	♋16	16	15

2001

JANVIER

	1	2	3	4	5	6	7	8	9	10	11	12	13	14	15	16	17	18	19	20	21	22	23	24	25	26	27	28	29	30	31
☉	♑ 11	12	13	14	15	16	17	18	19	20	21	22	23	24	25	26	27	28	29	♒ 0	1	2	3	4	5	6	7	8	9	10	♒ 11
☽	♓ 19	♈ 1	13	26	♉ 9	23	♊ 7	22	♋ 7	22	♌ 7	22	♍ 7	22	♎ 6	19	♏ 3	16	28	♐ 10	23	♑ 5	16	28	♒ 10	22	♓ 4	16	28	♈ 10	♈ 22
☿	♑ 14	16	18	19	21	22	24	26	27	29	♒ 1	2	4	6	7	9	11	12	14	15	17	19	20	22	23	24	25	27	28	28	♒ 29
♀	♒ 27	28	29	♓ 0	1	2	4	5	6	7	8	9	10	11	12	13	14	15	16	17	18	19	20	21	22	23	24	25	26	27	♓ 28
♂	♏ 5	6	6	7	7	8	8	9	10	10	11	11	12	12	13	14	14	15	15	16	16	17	18	18	19	19	20	20	21	21	♏ 22

	1	6	12	18	24	30		1	6	12	18	24	30		1	15	30		1	15	30		1	15	30		1	15	30
♃	♊ 2	2	2	1	1	1	♄	♉ 25	24	24	24	24	24	♅	♒ 19	19	20	♆	♒ 5	6	6	♇	♐ 14	14	15	☊	♋ 15	15	15

FÉVRIER

	1	2	3	4	5	6	7	8	9	10	11	12	13	14	15	16	17	18	19	20	21	22	23	24	25	26	27	28
☉	♒ 12	13	14	15	16	17	18	19	20	21	22	23	24	25	26	27	28	29	♓ 0	1	2	3	4	5	6	7	8	♓ 9
☽	♉ 5	18	♊ 2	16	♋ 0	15	♌ 0	15	♍ 0	15	♎ 0	15	28	♏ 12	25	♐ 7	19	♑ 2	13	25	♒ 7	19	♓ 1	13	25	♈ 7	19	♉ 2
☿	♓ 0	0	1	1	1	0	0	♒ 29	29	28	27	26	24	23	22	21	20	19	18	17	17	16	16	16	15	15	16	♒ 16
♀	♓ 28	29	♈ 0	1	2	3	4	4	5	6	7	7	8	9	9	10	11	11	12	13	13	14	14	15	15	15	16	♈ 16
♂	♏ 23	23	24	24	25	25	26	26	27	27	28	29	29	♐ 0	0	1	1	2	2	3	3	4	4	5	5	6	6	♐ 7

	1	6	12	18	24	28		1	6	12	18	24	28		1	15	28		1	15	28		1	15	28		1	15	28
♃	♊ 1	1	2	2	3	3	♄	♉ 24	24	24	25	25	25	♅	♒ 20	21	22	♆	♒ 6	7	7	♇	♐ 15	15	15	☊	♋ 15	15	14

MARS

	1	2	3	4	5	6	7	8	9	10	11	12	13	14	15	16	17	18	19	20	21	22	23	24	25	26	27	28	29	30	31
☉	♓ 10	11	12	13	14	15	16	17	18	19	20	21	22	23	24	25	26	27	28	29	♈ 0	1	2	3	4	5	6	7	8	9	♈ 10
☽	♉ 15	28	♊ 11	25	♋ 9	24	♌ 8	23	♍ 8	23	♎ 8	23	♏ 7	20	♐ 3	16	28	♑ 10	22	♒ 4	15	27	♓ 9	21	♈ 4	16	29	♉ 12	25	♊ 8	♊ 22
☿	♒ 16	16	17	17	18	19	19	20	21	22	23	24	25	26	27	28	♓ 0	1	2	3	5	6	8	9	10	12	13	15	16	18	♓ 20
♀	♈ 16	17	17	17	17	18	18	18	18	18	18	18	17	17	17	17	16	16	16	15	15	14	14	13	13	12	11	11	10	10	♈ 9
♂	♐ 7	8	8	9	9	10	10	11	11	11	12	12	13	13	14	14	15	15	15	16	16	17	17	18	18	18	19	19	20	20	♐ 20

	1	6	12	18	24	30		1	6	12	18	24	30		1	15	30		1	15	30		1	15	30		1	15	30
♃	♊ 3	4	4	5	6	7	♄	♉ 25	26	26	26	27	28	♅	♒ 22	23	23	♆	♒ 7	8	8	♇	♐ 15	15	15	☊	♋ 14	12	11

AVRIL

	1	2	3	4	5	6	7	8	9	10	11	12	13	14	15	16	17	18	19	20	21	22	23	24	25	26	27	28	29	30
☉	♈ 11	12	13	14	15	16	17	18	19	20	21	22	23	24	25	26	27	28	29	♉ 0	1	2	3	4	5	6	7	8	9	♉ 10
☽	♋ 6	19	♌ 4	18	♍ 3	17	♎ 2	16	♏ 1	14	28	♐ 11	24	♑ 6	18	♒ 0	12	24	♓ 5	18	♈ 0	12	25	♉ 8	21	♊ 5	19	♋ 2	16	♌ 0
☿	♓ 21	23	24	26	28	29	♈ 1	3	5	7	8	10	12	14	16	18	20	22	24	26	28	♉ 0	2	5	7	9	11	13	15	♉ 17
♀	♈ 8	8	7	7	6	5	5	4	4	4	3	3	2	2	2	2	2	2	1	1	1	2	2	2	2	2	2	3	3	♈ 3
♂	♐ 21	21	21	22	22	22	23	23	23	24	24	24	25	25	25	25	26	26	26	26	27	27	27	27	27	28	28	28	28	♐ 28

	1	6	12	18	24	30		1	6	12	18	24	30		1	15	30		1	15	30		1	15	30		1	15	30
♃	♊ 8	9	10	11	12	13	♄	♉ 28	28	29	♊ 0	0	1	♅	♒ 23	24	24	♆	♒ 8	9	9	♇	♐ 15	15	15	☊	♋ 11	9	8

MAI

	1	2	3	4	5	6	7	8	9	10	11	12	13	14	15	16	17	18	19	20	21	22	23	24	25	26	27	28	29	30	31
☉	♉ 11	12	13	14	15	16	17	17	18	19	20	21	22	23	24	25	26	27	28	29	♊ 0	1	2	3	4	5	6	7	8	9	♊ 10
☽	♌ 14	29	♍ 13	27	♎ 11	25	♏ 9	23	♐ 6	19	♑ 1	14	26	♒ 8	20	♓ 1	13	26	♈ 8	21	♉ 4	17	♊ 0	14	28	♋ 13	27	♌ 11	25	♍ 10	♍ 24
☿	♉ 20	22	24	26	28	♊ 0	2	3	5	7	9	10	12	13	15	16	18	19	20	21	22	23	24	25	26	27	27	28	28	29	♊ 29
♀	♈ 4	4	4	5	5	6	6	7	7	8	9	9	10	11	11	12	13	13	14	15	16	16	17	18	19	20	21	21	22	23	♈ 24
♂	♐ 28	28	29	29	29	29	29	29	29	29	29	29	29	29	29	29	29	29	29	29	28	28	28	28	28	28	28	27	27	27	♐ 27

	1	6	12	18	24	30		1	6	12	18	24	30		1	15	30		1	15	30		1	15	30		1	15	30
♃	♊ 13	15	16	17	19	20	♄	♊ 1	2	3	3	4	5	♅	♒ 25	25	25	♆	♒ 9	9	9	♇	♐ 15	14	14	☊	♋ 8	7	7

JUIN

	1	2	3	4	5	6	7	8	9	10	11	12	13	14	15	16	17	18	19	20	21	22	23	24	25	26	27	28	29	30
☉	♊ 11	12	12	13	14	15	16	17	18	19	20	21	22	23	24	25	26	27	28	29	♋ 0	1	2	3	4	4	5	6	7	♋ 8
☽	♎ 8	22	♏ 5	19	♐ 2	15	27	♑ 10	22	♒ 4	16	28	♓ 9	21	♈ 4	16	29	♉ 12	25	♊ 9	23	♋ 7	22	♌ 7	22	♍ 6	20	♎ 5	18	♏ 2
☿	♋ 0	0	0	0	0	0	0	♊ 29	29	29	28	28	27	27	26	26	25	25	24	24	23	23	22	22	22	21	21	21	21	♊ 21
♀	♈ 25	26	27	28	29	♉ 0	1	1	2	3	4	5	6	7	8	9	10	11	12	13	14	15	17	18	19	20	21	22	23	♉ 24
♂	♐ 26	26	26	26	25	25	25	25	24	24	24	23	23	23	22	22	22	21	21	21	20	20	20	19	19	19	19	18	18	♐ 18

	1	6	12	18	24	30		1	6	12	18	24	30		1	15	30		1	15	30		1	15	30		1	15	30
♃	♊ 20	22	23	24	26	27	♄	♊ 5	6	7	7	8	9	♅	♒ 25	25	24	♆	♒ 9	8	8	♇	♐ 14	14	13	☊	♋ 7	6	6

JUILLET

	1	2	3	4	5	6	7	8	9	10	11	12	13	14	15	16	17	18	19	20	21	22	23	24	25	26	27	28	29	30	31
☉	♋ 9	10	11	12	13	14	15	16	17	18	19	20	21	22	23	24	24	25	26	27	28	29	♌ 0	1	2	3	4	5	6	7	♌ 8
☽	♏ 15	28	♐ 11	24	♑ 6	18	♒ 0	12	24	♓ 6	18	♈ 0	12	24	♉ 7	20	♊ 3	17	♋ 1	16	♌ 1	16	♍ 1	16	♎ 1	15	29	♏ 12	25	♐ 8	♐ 21
☿	♊ 22	22	22	23	23	24	24	25	26	27	28	29	♋ 0	1	3	4	5	7	8	10	12	13	15	17	19	21	23	25	27	29	♌ 1
♀	♉ 25	26	27	28	29	♊ 0	1	3	4	5	6	7	8	9	10	11	12	14	15	16	17	18	19	20	21	23	24	25	26	27	♊ 28
♂	♐ 18	17	17	17	17	16	16	16	16	16	16	16	15	15	15	15	15	15	15	15	15	15	15	15	15	15	15	16	16	16	♐ 16

	1	6	12	18	24	30		1	6	12	18	24	30		1	15	30		1	15	30		1	15	30		1	15	30
♃	♊ 27	28	♋ 0	1	2	4	♄	♊ 9	10	10	11	11	12	♅	♒ 24	24	24	♆	♒ 8	8	7	♇	♐ 13	13	13	☊	♋ 6	6	6

AOÛT

	1	2	3	4	5	6	7	8	9	10	11	12	13	14	15	16	17	18	19	20	21	22	23	24	25	26	27	28	29	30	31
☉	♌ 9	10	11	12	13	14	15	16	16	17	18	19	20	21	22	23	24	25	26	27	28	29	♍ 0	1	2	3	4	5	6	7	♍ 8
☽	♑ 3	15	27	♒ 9	21	♓ 3	15	26	♈ 8	21	♉ 3	15	28	♊ 12	25	♋ 10	24	♌ 9	24	♍ 10	25	♎ 10	24	♏ 8	22	♐ 5	18	♑ 0	12	24	♒ 6
☿	♌ 3	5	7	10	12	14	16	18	20	22	24	26	28	♍ 0	1	3	5	7	9	11	12	14	16	17	19	21	22	24	25	27	♍ 28
♀	♊ 29	♋ 1	2	3	4	5	6	7	9	10	11	12	13	14	16	17	18	19	20	22	23	24	25	26	27	29	♌ 0	1	2	3	♌ 5
♂	♐ 16	16	16	17	17	17	17	18	18	18	18	19	19	19	20	20	20	21	21	21	22	22	22	23	23	24	24	24	25	25	♐ 26

	1	6	12	18	24	30		1	6	12	18	24	30		1	15	30		1	15	30		1	15	30		1	15	30
♃	♋ 4	5	6	7	9	10	♄	♊ 12	13	13	14	14	14	♅	♒ 23	23	22	♆	♒ 7	7	7	♇	♐ 13	13	13	☊	♋ 6	5	5

SEPTEMBRE

	1	2	3	4	5	6	7	8	9	10	11	12	13	14	15	16	17	18	19	20	21	22	23	24	25	26	27	28	29	30
☉	♍ 9	10	11	12	13	13	14	15	16	17	18	19	20	21	22	23	24	25	26	27	28	29	♎ 0	1	2	3	4	5	6	♎ 7
☽	♒ 18	♓ 0	12	24	♈ 6	18	♉ 0	12	25	♊ 8	21	♋ 4	18	♌ 3	18	♍ 3	18	♎ 3	18	♏ 3	17	♐ 1	14	26	♑ 9	21	♒ 3	15	27	♓ 8
☿	♎ 0	1	3	4	6	7	8	10	11	12	14	15	16	17	18	19	21	22	23	23	24	25	26	27	27	28	28	29	29	♏ 0
♀	♌ 6	7	8	9	11	12	13	14	15	17	18	19	20	21	23	24	25	26	27	29	♍ 0	1	2	4	5	6	7	8	10	♍ 11
♂	♐ 26	27	27	28	28	29	29	♑ 0	0	1	1	2	2	3	3	4	4	5	5	6	7	7	8	8	9	10	10	11	11	♑ 12

	1	6	12	18	24	30		1	6	12	18	24	30		1	15	30		1	15	30		1	15	30		1	15	30
♃	♋ 10	11	12	12	13	14	♄	♊ 14	15	15	15	15	15	♅	♒ 22	22	21	♆	♒ 7	6	6	♇	♐ 13	13	13	☊	♋ 4	3	1

OCTOBRE

	1	2	3	4	5	6	7	8	9	10	11	12	13	14	15	16	17	18	19	20	21	22	23	24	25	26	27	28	29	30	31
☉	♎ 8	9	10	11	12	13	14	15	16	17	18	19	20	21	22	23	24	25	26	27	28	29	♏ 0	1	2	3	4	5	6	7	♏ 8
☽	♓ 20	♈ 2	15	27	♉ 9	22	♊ 5	18	♋ 1	14	28	♌ 12	27	♍ 12	27	♎ 12	26	♏ 11	25	♐ 9	22	♑ 5	17	29	♒ 11	23	♓ 5	17	29	♈ 11	♈ 23
☿	♏ 0	0	0	♎ 29	29	29	28	27	26	25	24	23	22	21	20	19	17	17	16	15	15	14	14	14	15	15	16	16	17	18	♎ 19
♀	♍ 12	13	15	16	17	18	20	21	22	23	24	26	27	28	29	♎ 1	2	3	4	6	7	8	9	11	12	13	14	16	17	18	♎ 19
♂	♑ 13	13	14	14	15	16	16	17	18	18	19	19	20	21	21	22	23	23	24	25	25	26	27	27	28	29	29	♒ 0	1	2	♒ 2

	1	6	12	18	24	30		1	6	12	18	24	30		1	15	30		1	15	30		1	15	30		1	15	30
♃	♋ 14	14	15	15	16	16	♄	♊ 15	15	15	15	14	14	♅	♒ 21	21	21	♆	♒ 6	6	6	♇	♐ 13	13	14	☊	♋ 1	0	♊ 28

NOVEMBRE

	1	2	3	4	5	6	7	8	9	10	11	12	13	14	15	16	17	18	19	20	21	22	23	24	25	26	27	28	29	30
☉	♏ 9	10	11	12	13	14	15	16	17	18	19	20	21	22	23	24	25	26	27	28	29	♐ 0	1	2	3	4	5	6	7	♐ 8
☽	♉ 6	19	♊ 2	15	28	♋ 11	25	♌ 9	23	♍ 7	22	♎ 6	21	♏ 5	19	♐ 3	16	♑ 0	12	25	♒ 7	19	♓ 1	13	25	♈ 7	19	♉ 2	14	♉ 27
☿	♎ 20	22	23	24	26	27	29	♏ 0	2	3	5	6	8	10	11	13	14	16	18	19	21	22	24	26	27	29	♐ 0	2	4	♐ 5
♀	♎ 21	22	23	24	26	27	28	29	♏ 1	2	3	4	6	7	8	9	11	12	13	14	16	17	18	19	21	22	23	24	26	♏ 27
♂	♒ 3	4	4	5	6	6	7	8	8	9	10	11	11	12	13	13	14	15	16	16	17	18	18	19	20	21	21	22	23	♒ 24

	1	6	12	18	24	30		1	6	12	18	24	30		1	15	30		1	15	30		1	15	30		1	15	30
♃	♋ 16	16	16	15	15	14	♄	♊ 14	14	13	13	12	12	♅	♒ 21	21	21	♆	♒ 6	6	7	♇	♐ 14	14	15	☊	♊ 28	27	27

DÉCEMBRE

	1	2	3	4	5	6	7	8	9	10	11	12	13	14	15	16	17	18	19	20	21	22	23	24	25	26	27	28	29	30	31
☉	♐ 9	10	11	12	13	14	15	16	17	18	19	20	21	22	23	24	25	26	27	28	29	♑ 0	1	2	3	4	5	6	7	8	♑ 9
☽	♊ 10	24	♋ 8	22	♌ 6	20	♍ 4	18	♎ 2	16	♏ 0	14	28	♐ 11	25	♑ 8	20	♒ 3	15	27	♓ 9	21	♈ 3	15	27	♉ 9	22	♊ 5	19	♋ 3	♋ 17
☿	♐ 7	8	10	11	13	15	16	18	19	21	22	24	26	27	29	♑ 0	2	3	5	7	8	10	11	13	15	16	18	19	21	22	♑ 24
♀	♏ 28	29	♐ 1	2	3	4	6	7	8	9	11	12	13	15	16	17	18	20	21	22	23	25	26	27	28	♑ 0	1	2	3	5	♑ 6
♂	♒ 24	25	26	26	27	28	29	29	♓ 0	1	2	2	3	4	4	5	6	7	7	8	9	10	10	11	12	12	13	14	15	15	♓ 16

	1	6	12	18	24	30		1	6	12	18	24	30		1	15	30		1	15	30		1	15	30		1	15	30
♃	♋ 14	14	13	13	12	11	♄	♊ 12	11	11	10	10	9	♅	♒ 21	22	22	♆	♒ 7	7	7	♇	♐ 15	15	16	☊	♊ 27	27	27

ANNÉE	JANV	FÉV	MARS	AVRIL	MAI	JUIN	JUIL	AOÛT	SEPT	OCT	NOV	DÉC
1938 1	6 39 57	8 42 10	10 32 34	12 34 47	14 33 3	16 35 17	18 33 33	20 35 47	22 38 0	0 36 16	2 38 30	4 36 46
2	6 43 54	8 46 7	10 36 30	12 38 43	14 37 0	16 39 13	18 37 30	20 39 43	22 41 56	0 40 13	2 42 26	4 40 43
3	6 47 50	8 50 3	10 40 27	12 42 40	14 40 57	16 43 10	18 41 27	20 43 40	22 45 53	0 44 9	2 46 23	4 44 39
4	6 51 47	8 54 0	10 44 23	12 46 37	14 44 53	16 47 6	18 45 23	20 47 36	22 49 49	0 48 6	2 50 19	4 48 36
5	6 55 43	8 57 56	10 48 20	12 50 33	14 48 50	16 51 3	18 49 20	20 51 33	22 53 46	0 52 3	2 54 16	4 52 32
6	6 59 40	9 1 53	10 52 16	12 54 30	14 52 46	16 54 59	18 53 16	20 55 29	22 57 43	0 55 59	2 58 12	4 56 29
7	7 3 36	9 5 50	10 56 13	12 58 26	14 56 43	16 58 56	18 57 13	20 59 26	23 1 39	0 59 56	3 2 9	5 0 26
8	7 7 33	9 9 46	11 0 10	13 2 23	15 0 39	17 2 53	19 1 9	21 3 23	23 5 36	1 3 52	3 6 5	5 4 22
9	7 11 29	9 13 43	11 4 6	13 6 19	15 4 36	17 6 49	19 5 6	21 7 19	23 9 32	1 7 49	3 10 2	5 8 19
10	7 15 26	9 17 39	11 8 3	13 10 16	15 8 32	17 10 46	19 9 2	21 11 16	23 13 29	1 11 45	3 13 59	5 12 15
11	7 19 23	9 21 36	11 11 59	13 14 12	15 12 29	17 14 42	19 12 59	21 15 12	23 17 25	1 15 42	3 17 55	5 16 12
12	7 23 19	9 25 32	11 15 56	13 18 9	15 16 26	17 18 39	19 16 56	21 19 9	23 21 22	1 19 38	3 21 52	5 20 8
13	7 27 16	9 29 29	11 19 52	13 22 5	15 20 22	17 22 35	19 20 52	21 23 5	23 25 18	1 23 35	3 25 48	5 24 5
14	7 31 12	9 33 25	11 23 49	13 26 2	15 24 19	17 26 32	19 24 49	21 27 2	23 29 15	1 27 32	3 29 45	5 28 1
15	7 35 9	9 37 22	11 27 45	13 29 59	15 28 15	17 30 28	19 28 45	21 30 58	23 33 12	1 31 28	3 33 41	5 31 58
16	7 39 5	9 41 19	11 31 42	13 33 55	15 32 12	17 34 25	19 32 42	21 34 55	23 37 8	1 35 25	3 37 38	5 35 55
17	7 43 2	9 45 15	11 35 39	13 37 52	15 36 8	17 38 22	19 36 38	21 38 51	23 41 5	1 39 21	3 41 34	5 39 51
18	7 46 58	9 49 12	11 39 35	13 41 48	15 40 5	17 42 18	19 40 35	21 42 48	23 45 1	1 43 18	3 45 31	5 43 48
19	7 50 55	9 53 8	11 43 32	13 45 45	15 44 1	17 46 15	19 44 31	21 46 45	23 48 58	1 47 14	3 49 28	5 47 44
20	7 54 52	9 57 5	11 47 28	13 49 41	15 47 58	17 50 11	19 48 28	21 50 41	23 52 54	1 51 11	3 53 24	5 51 41
21	7 58 48	10 1 1	11 51 25	13 53 38	15 51 55	17 54 8	19 52 25	21 54 38	23 56 51	1 55 7	3 57 21	5 55 37
22	8 2 45	10 4 58	11 55 21	13 57 34	15 55 51	17 58 4	19 56 21	21 58 34	0 0 47	1 59 4	4 1 17	5 59 34
23	8 6 41	10 8 54	11 59 18	14 1 31	15 59 48	18 2 1	20 0 18	22 2 31	0 4 44	2 3 1	4 5 14	6 3 30
24	8 10 38	10 12 51	12 3 14	14 5 28	16 3 44	18 5 57	20 4 14	22 6 27	0 8 41	2 6 57	4 9 10	6 7 27
25	8 14 34	10 16 48	12 7 11	14 9 24	16 7 41	18 9 54	20 8 11	22 10 24	0 12 37	2 10 54	4 13 7	6 11 24
26	8 18 31	10 20 44	12 11 8	14 13 21	16 11 37	18 13 51	20 12 7	22 14 21	0 16 34	2 14 50	4 17 3	6 15 20
27	8 22 27	10 24 41	12 15 4	14 17 17	16 15 34	18 17 47	20 16 4	22 18 17	0 20 30	2 18 47	4 21 0	6 19 17
28	8 26 24	10 28 37	12 19 1	14 21 14	16 19 30	18 21 44	20 20 0	22 22 14	0 24 27	2 22 43	4 24 57	6 23 13
29	8 30 21		12 22 57	14 25 10	16 23 27	18 25 40	20 23 57	22 26 10	0 28 23	2 26 40	4 28 53	6 27 10
30	8 34 17		12 26 54	14 29 7	16 27 24	18 29 37	20 27 54	22 30 7	0 32 20	2 30 36	4 32 50	6 31 6
31	8 38 14		12 30 50		16 31 20		20 31 50	22 34 3		2 34 33		6 35 3
1939 1	6 38 59	8 41 13	10 31 36	12 33 49	14 32 6	16 34 19	18 32 36	20 34 49	22 37 2	0 35 19	2 37 32	4 35 49
2	6 42 56	8 45 9	10 35 33	12 37 46	14 36 2	16 38 16	18 36 32	20 38 46	22 40 59	0 39 15	2 41 29	4 39 45
3	6 46 53	8 49 6	10 39 29	12 41 42	14 39 59	16 42 12	18 40 29	20 42 42	22 44 55	0 43 12	2 45 25	4 43 42
4	6 50 49	8 53 2	10 43 26	12 45 39	14 43 56	16 46 9	18 44 26	20 46 39	22 48 52	0 47 8	2 49 22	4 47 38
5	6 54 46	8 56 59	10 47 22	12 49 36	14 47 52	16 50 5	18 48 22	20 50 35	22 52 48	0 51 5	2 53 18	4 51 35
6	6 58 42	9 0 56	10 51 19	12 53 32	14 51 49	16 54 2	18 52 19	20 54 32	22 56 45	0 55 2	2 57 15	4 55 31
7	7 2 39	9 4 52	10 55 16	12 57 29	14 55 45	16 57 58	18 56 15	20 58 28	23 0 42	0 58 58	3 1 11	4 59 28
8	7 6 35	9 8 49	10 59 12	13 1 25	14 59 42	17 1 55	19 0 12	21 2 25	23 4 38	1 2 55	3 5 8	5 3 24
9	7 10 32	9 12 45	11 3 9	13 5 22	15 3 38	17 5 52	19 4 8	21 6 22	23 8 35	1 6 51	3 9 4	5 7 21
10	7 14 28	9 16 42	11 7 5	13 9 18	15 7 35	17 9 48	19 8 5	21 10 18	23 12 31	1 10 48	3 13 1	5 11 18
11	7 18 25	9 20 38	11 11 2	13 13 15	15 11 31	17 13 45	19 12 1	21 14 15	23 16 28	1 14 44	3 16 57	5 15 14
12	7 22 22	9 24 35	11 14 58	13 17 11	15 15 28	17 17 41	19 15 58	21 18 11	23 20 24	1 18 41	3 20 54	5 19 11
13	7 26 18	9 28 31	11 18 55	13 21 8	15 19 25	17 21 38	19 19 55	21 22 8	23 24 21	1 22 37	3 24 51	5 23 7
14	7 30 15	9 32 28	11 22 51	13 25 5	15 23 21	17 25 34	19 23 51	21 26 4	23 28 17	1 26 34	3 28 47	5 27 4
15	7 34 11	9 36 24	11 26 48	13 29 1	15 27 18	17 29 31	19 27 48	21 30 1	23 32 14	1 30 31	3 32 44	5 31 0
16	7 38 8	9 40 21	11 30 45	13 32 58	15 31 14	17 33 27	19 31 44	21 33 57	23 36 11	1 34 27	3 36 40	5 34 57
17	7 42 4	9 44 18	11 34 41	13 36 54	15 35 11	17 37 24	19 35 41	21 37 54	23 40 7	1 38 24	3 40 37	5 38 54
18	7 46 1	9 48 14	11 38 38	13 40 51	15 39 7	17 41 21	19 39 37	21 41 51	23 44 4	1 42 20	3 44 33	5 42 50
19	7 49 57	9 52 11	11 42 34	13 44 47	15 43 4	17 45 17	19 43 34	21 45 47	23 48 0	1 46 17	3 48 30	5 46 47
20	7 53 54	9 56 7	11 46 31	13 48 44	15 47 0	17 49 14	19 47 30	21 49 44	23 51 57	1 50 13	3 52 26	5 50 43
21	7 57 51	10 0 4	11 50 27	13 52 40	15 50 57	17 53 10	19 51 27	21 53 40	23 55 53	1 54 10	3 56 23	5 54 40
22	8 1 47	10 4 0	11 54 24	13 56 37	15 54 54	17 57 7	19 55 24	21 57 37	23 59 50	1 58 6	4 0 20	5 58 36
23	8 5 44	10 7 57	11 58 20	14 0 33	15 58 50	18 1 3	19 59 20	22 1 33	0 3 46	2 2 3	4 4 16	6 2 33
24	8 9 40	10 11 53	12 2 17	14 4 30	16 2 47	18 5 0	20 3 17	22 5 30	0 7 43	2 6 0	4 8 13	6 6 29
25	8 13 37	10 15 50	12 6 13	14 8 27	16 6 43	18 8 57	20 7 13	22 9 26	0 11 40	2 9 56	4 12 9	6 10 26
26	8 17 33	10 19 47	12 10 10	14 12 23	16 10 40	18 12 53	20 11 10	22 13 23	0 15 36	2 13 53	4 16 6	6 14 23
27	8 21 30	10 23 43	12 14 7	14 16 20	16 14 36	18 16 50	20 15 6	22 17 20	0 19 33	2 17 49	4 20 2	6 18 19
28	8 25 26	10 27 40	12 18 3	14 20 16	16 18 33	18 20 46	20 19 3	22 21 16	0 23 29	2 21 46	4 23 59	6 22 16
29	8 29 23		12 22 0	14 24 13	16 22 29	18 24 43	20 22 59	22 25 13	0 27 26	2 25 42	4 27 55	6 26 12
30	8 33 20		12 25 56	14 28 9	16 26 26	18 28 39	20 26 56	22 29 9	0 31 22	2 29 39	4 31 52	6 30 9
31	8 37 16		12 29 53		16 30 23		20 30 53	22 33 6		2 33 35		6 34 5
1940 1	6 38 2	8 40 15	10 34 35	12 36 48	14 35 5	16 37 18	18 35 35	20 37 48	22 40 1	0 38 18	2 40 31	4 38 48
2	6 41 58	8 44 12	10 38 32	12 40 45	14 39 1	16 41 15	18 39 31	20 41 45	22 43 58	0 42 14	2 44 27	4 42 44
3	6 45 55	8 48 8	10 42 28	12 44 41	14 42 58	16 45 11	18 43 28	20 45 41	22 47 54	0 46 11	2 48 24	4 46 41
4	6 49 52	8 52 5	10 46 25	12 48 38	14 46 55	16 49 8	18 47 24	20 49 38	22 51 51	0 50 7	2 52 21	4 50 37
5	6 53 48	8 56 1	10 50 21	12 52 35	14 50 51	16 53 4	18 51 21	20 53 34	22 55 47	0 54 4	2 56 17	4 54 34
6	6 57 45	8 59 58	10 54 18	12 56 31	14 54 48	16 57 1	18 55 18	20 57 31	22 59 44	0 58 0	3 0 14	4 58 30
7	7 1 41	9 3 54	10 58 15	13 0 28	14 58 44	17 0 57	18 59 14	21 1 27	23 3 40	1 1 57	3 4 10	5 2 27
8	7 5 38	9 7 51	11 2 11	13 4 24	15 2 41	17 4 54	19 3 11	21 5 24	23 7 37	1 5 54	3 8 7	5 6 23
9	7 9 34	9 11 48	11 6 8	13 8 21	15 6 37	17 8 51	19 7 7	21 9 20	23 11 34	1 9 50	3 12 3	5 10 20
10	7 13 31	9 15 44	11 10 4	13 12 17	15 10 34	17 12 47	19 11 4	21 13 17	23 15 30	1 13 47	3 16 0	5 14 17
11	7 17 27	9 19 41	11 14 1	13 16 14	15 14 30	17 16 44	19 15 0	21 17 14	23 19 27	1 17 43	3 19 56	5 18 13
12	7 21 24	9 23 37	11 17 57	13 20 10	15 18 27	17 20 40	19 18 57	21 21 10	23 23 23	1 21 40	3 23 53	5 22 10
13	7 25 21	9 27 34	11 21 54	13 24 7	15 22 24	17 24 37	19 22 53	21 25 7	23 27 20	1 25 36	3 27 50	5 26 6
14	7 29 17	9 31 30	11 25 50	13 28 3	15 26 20	17 28 33	19 26 50	21 29 3	23 31 16	1 29 33	3 31 46	5 30 3
15	7 33 14	9 35 27	11 29 47	13 32 0	15 30 17	17 32 30	19 30 47	21 33 0	23 35 13	1 33 29	3 35 43	5 33 59
16	7 37 10	9 39 23	11 33 43	13 35 57	15 34 13	17 36 26	19 34 43	21 36 56	23 39 9	1 37 26	3 39 39	5 37 56
17	7 41 7	9 43 20	11 37 40	13 39 53	15 38 10	17 40 23	19 38 40	21 40 53	23 43 6	1 41 23	3 43 36	5 41 52
18	7 45 3	9 47 17	11 41 37	13 43 50	15 42 6	17 44 20	19 42 36	21 44 49	23 47 3	1 45 19	3 47 32	5 45 49
19	7 49 0	9 51 13	11 45 33	13 47 46	15 46 3	17 48 16	19 46 33	21 48 46	23 50 59	1 49 16	3 51 29	5 49 46
20	7 52 56	9 55 10	11 49 30	13 51 43	15 49 59	17 52 13	19 50 29	21 52 43	23 54 56	1 53 12	3 55 25	5 53 42
21	7 56 53	9 59 6	11 53 26	13 55 39	15 53 56	17 56 9	19 54 26	21 56 39	23 58 52	1 57 9	3 59 22	5 57 39
22	8 0 50	10 3 3	11 57 23	13 59 36	15 57 53	18 0 6	19 58 22	22 0 36	0 2 49	2 1 5	4 3 19	6 1 35
23	8 4 46	10 6 59	12 1 19	14 3 32	16 1 49	18 4 2	20 2 19	22 4 32	0 6 45	2 5 2	4 7 15	6 5 32
24	8 8 43	10 10 56	12 5 16	14 7 29	16 5 46	18 7 59	20 6 16	22 8 29	0 10 42	2 8 58	4 11 12	6 9 28
25	8 12 39	10 14 52	12 9 12	14 11 26	16 9 42	18 11 55	20 10 12	22 12 25	0 14 38	2 12 55	4 15 8	6 13 25
26	8 16 36	10 18 49	12 13 9	14 15 22	16 13 39	18 15 52	20 14 9	22 16 22	0 18 35	2 16 52	4 19 5	6 17 21
27	8 20 32	10 22 46	12 17 6	14 19 19	16 17 35	18 19 49	20 18 5	22 20 18	0 22 32	2 20 48	4 23 1	6 21 18
28	8 24 29	10 26 42	12 21 2	14 23 15	16 21 32	18 23 45	20 22 2	22 24 15	0 26 28	2 24 45	4 26 58	6 25 15
29	8 28 25	10 30 39	12 24 59	14 27 12	16 25 28	18 27 42	20 25 58	22 28 12	0 30 25	2 28 41	4 30 54	6 29 11
30	8 32 22		12 28 55	14 31 8	16 29 25	18 31 38	20 29 55	22 32 8	0 34 21	2 32 38	4 34 51	6 33 8
31	8 36 19		12 32 52		16 33 22		20 33 51	22 36 5		2 36 34		6 37 4
1941 1	6 41 1	8 43 14	10 33 38	12 35 51	14 34 7	16 36 20	18 34 37	20 36 50	22 39 4	0 37 20	2 39 33	4 37 50
2	6 44 57	8 47 11	10 37 34	12 39 47	14 38 4	16 40 17	18 38 34	20 40 47	22 43 0	0 41 17	2 43 30	4 41 46
3	6 48 54	8 51 7	10 41 31	12 43 44	14 42 0	16 44 14	18 42 30	20 44 43	22 46 57	0 45 13	2 47 26	4 45 43
4	6 52 50	8 55 4	10 45 27	12 47 40	14 45 57	16 48 10	18 46 27	20 48 40	22 50 53	0 49 10	2 51 23	4 49 40
5	6 56 47	8 59 0	10 49 24	12 51 37	14 49 53	16 52 7	18 50 23	20 52 37	22 54 50	0 53 6	2 55 19	4 53 36
6	7 0 44	9 2 57	10 53 20	12 55 33	14 53 50	16 56 3	18 54 20	20 56 33	22 58 46	0 57 3	2 59 16	4 57 33
7	7 4 40	9 6 53	10 57 17	12 59 30	14 57 47	17 0 0	18 58 16	21 0 30	23 2 43	1 0 59	3 3 13	5 1 29
8	7 8 37	9 10 50	11 1 13	13 3 27	15 1 43	17 3 56	19 2 13	21 4 26	23 6 39	1 4 56	3 7 9	5 5 26
9	7 12 33	9 14 46	11 5 10	13 7 23	15 5 40	17 7 53	19 6 10	21 8 23	23 10 36	1 8 52	3 11 6	5 9 22
10	7 16 30	9 18 43	11 9 7	13 11 20	15 9 36	17 11 49	19 10 6	21 12 19	23 14 32	1 12 49	3 15 2	5 13 19
11	7 20 26	9 22 40	11 13 3	13 15 16	15 13 33	17 15 46	19 14 3	21 16 16	23 18 29	1 16 46	3 18 59	5 17 15
12	7 24 23	9 26 36	11 17 0	13 19 13	15 17 29	17 19 43	19 17 59	21 20 12	23 22 26	1 20 42	3 22 55	5 21 12
13	7 28 19	9 30 33	11 20 56	13 23 9	15 21 26	17 23 39	19 21 56	21 24 9	23 26 22	1 24 39	3 26 52	5 25 9
14	7 32 16	9 34 29	11 24 53	13 27 6	15 25 22	17 27 36	19 25 52	21 28 6	23 30 19	1 28 35	3 30 48	5 29 5
15	7 36 13	9 38 26	11 28 49	13 31 2	15 29 19	17 31 32	19 29 49	21 32 2	23 34 15	1 32 32	3 34 45	5 33 2
16	7 40 9	9 42 22	11 32 46	13 34 59	15 33 16	17 35 29	19 33 45	21 35 59	23 38 12	1 36 28	3 38 42	5 36 58
17	7 44 6	9 46 19	11 36 42	13 38 55	15 37 12	17 39 25	19 37 42	21 39 55	23 42 8	1 40 25	3 42 38	5 40 55
18	7 48 2	9 50 15	11 40 39	13 42 52	15 41 9	17 43 22	19 41 39	21 43 52	23 46 5	1 44 21	3 46 35	5 44 51
19	7 51 59	9 54 12	11 44 35	13 46 49	15 45 5	17 47 18	19 45 35	21 47 48	23 50 1	1 48 18	3 50 31	5 48 48
20	7 55 55	9 58 9	11 48 32	13 50 45	15 49 2	17 51 15	19 49 32	21 51 45	23 53 58	1 52 15	3 54 28	5 52 44
21	7 59 52	10 2 5	11 52 29	13 54 42	15 52 58	17 55 12	19 53 28	21 55 41	23 57 55	1 56 11	3 58 24	5 56 41
22	8 3 48	10 6 2	11 56 25	13 58 38	15 56 55	17 59 8	19 57 25	21 59 38	0 1 51	2 0 8	4 2 21	6 0 38
23	8 7 45	10 9 58	12 0 22	14 2 35	16 0 51	18 3 5	20 1 21	22 3 35	0 5 48	2 4 4	4 6 17	6 4 34
24	8 11 42	10 13 55	12 4 18	14 6 31	16 4 48	18 7 1	20 5 18	22 7 31	0 9 44	2 8 1	4 10 14	6 8 31
25	8 15 38	10 17 51	12 8 15	14 10 28	16 8 45	18 10 58	20 9 14	22 11 28	0 13 41	2 11 57	4 14 11	6 12 27
26	8 19 35	10 21 48	12 12 11	14 14 24	16 12 41	18 14 54	20 13 11	22 15 24	0 17 37	2 15 54	4 18 7	6 16 24
27	8 23 31	10 25 44	12 16 8	14 18 21	16 16 38	18 18 51	20 17 8	22 19 21	0 21 34	2 19 50	4 22 4	6 20 20
28	8 27 28	10 29 41	12 20 4	14 22 18	16 20 34	18 22 47	20 21 4	22 23 17	0 25 30	2 23 47	4 26 0	6 24 17
29	8 31 24		12 24 1	14 26 14	16 24 31	18 26 44	20 25 1	22 27 14	0 29 27	2 27 44	4 29 57	6 28 13
30	8 35 21		12 27 58	14 30 11	16 28 27	18 30 41	20 28 57	22 31 10	0 33 24	2 31 40	4 33 53	6 32 10
31	8 39 17		12 31 54		16 32 24		20 32 54	22 35 7		2 35 37		6 36 7

ANNÉE	JANV	FÉV	MARS	AVRIL	MAI	JUIN	JUIL	AOÛT	SEPT	OCT	NOV	DÉC
1942 1	6 40 3	8 42 16	10 32 40	12 34 53	14 33 10	16 35 23	18 33 40	20 35 53	22 38 6	0 36 22	2 38 36	4 36 52
2	6 44 0	8 46 13	10 36 36	12 38 50	14 37 6	16 39 19	18 37 36	20 39 49	22 42 2	0 40 19	2 42 32	4 40 49
3	6 47 56	8 50 9	10 40 33	12 42 46	14 41 3	16 43 16	18 41 33	20 43 46	22 45 59	0 44 16	2 46 29	4 44 45
4	6 51 53	8 54 6	10 44 30	12 46 43	14 44 59	16 47 12	18 45 29	20 47 42	22 49 56	0 48 12	2 50 25	4 48 42
5	6 55 49	8 58 3	10 48 26	12 50 39	14 48 56	16 51 9	18 49 26	20 51 39	22 53 52	0 52 9	2 54 22	4 52 38
6	6 59 46	9 1 59	10 52 23	12 54 36	14 52 52	16 55 6	18 53 22	20 55 35	22 57 49	0 56 5	2 58 18	4 56 35
7	7 3 42	9 5 56	10 56 19	12 58 32	14 56 49	16 59 2	18 57 19	20 59 32	23 1 45	1 0 2	3 2 15	5 0 32
8	7 7 39	9 9 52	11 0 16	13 2 29	15 0 45	17 2 59	19 1 15	21 3 29	23 5 42	1 3 58	3 6 11	5 4 28
9	7 11 36	9 13 49	11 4 12	13 6 25	15 4 42	17 6 55	19 5 12	21 7 25	23 9 38	1 7 55	3 10 8	5 8 25
10	7 15 32	9 17 45	11 8 9	13 10 22	15 8 39	17 10 52	19 9 8	21 11 22	23 13 35	1 11 51	3 14 5	5 12 21
11	7 19 29	9 21 42	11 12 5	13 14 19	15 12 35	17 14 48	19 13 5	21 15 18	23 17 31	1 15 48	3 18 1	5 16 18
12	7 23 25	9 25 38	11 16 2	13 18 15	15 16 32	17 18 45	19 17 2	21 19 15	23 21 28	1 19 45	3 21 58	5 20 14
13	7 27 22	9 29 35	11 19 59	13 22 12	15 20 28	17 22 41	19 20 58	21 23 11	23 25 25	1 23 41	3 25 54	5 24 11
14	7 31 18	9 33 32	11 23 55	13 26 8	15 24 25	17 26 38	19 24 55	21 27 8	23 29 21	1 27 38	3 29 51	5 28 7
15	7 35 15	9 37 28	11 27 52	13 30 5	15 28 21	17 30 35	19 28 51	21 31 4	23 33 18	1 31 34	3 33 47	5 32 4
16	7 39 11	9 41 25	11 31 48	13 34 1	15 32 18	17 34 31	19 32 48	21 35 1	23 37 14	1 35 31	3 37 44	5 36 1
17	7 43 8	9 45 21	11 35 45	13 37 58	15 36 14	17 38 28	19 36 44	21 38 58	23 41 11	1 39 27	3 41 40	5 39 57
18	7 47 5	9 49 18	11 39 41	13 41 54	15 40 11	17 42 24	19 40 41	21 42 54	23 45 7	1 43 24	3 45 37	5 43 54
19	7 51 1	9 53 14	11 43 38	13 45 51	15 44 8	17 46 21	19 44 38	21 46 51	23 49 4	1 47 20	3 49 34	5 47 50
20	7 54 58	9 57 11	11 47 34	13 49 47	15 48 4	17 50 17	19 48 34	21 50 47	23 53 0	1 51 17	3 53 30	5 51 47
21	7 58 54	10 1 7	11 51 31	13 53 44	15 52 1	17 54 14	19 52 31	21 54 44	23 56 57	1 55 14	3 57 27	5 55 43
22	8 2 51	10 5 4	11 55 27	13 57 41	15 55 57	17 58 10	19 56 27	21 58 40	0 0 53	1 59 10	4 1 23	5 59 40
23	8 6 47	10 9 1	11 59 24	14 1 37	15 59 54	18 2 7	20 0 24	22 2 37	0 4 50	2 3 7	4 5 20	6 3 37
24	8 10 44	10 12 57	12 3 21	14 5 34	16 3 50	18 6 4	20 4 20	22 6 33	0 8 47	2 7 3	4 9 16	6 7 33
25	8 14 40	10 16 54	12 7 17	14 9 30	16 7 47	18 10 0	20 8 17	22 10 30	0 12 43	2 11 0	4 13 13	6 11 30
26	8 18 37	10 20 50	12 11 14	14 13 27	16 11 43	18 13 57	20 12 13	22 14 27	0 16 40	2 14 56	4 17 9	6 15 26
27	8 22 34	10 24 47	12 15 10	14 17 23	16 15 40	18 17 53	20 16 10	22 18 23	0 20 36	2 18 53	4 21 6	6 19 23
28	8 26 30	10 28 43	12 19 7	14 21 20	16 19 37	18 21 50	20 20 7	22 22 20	0 24 33	2 22 49	4 25 3	6 23 19
29	8 30 27		12 23 3	14 25 16	16 23 33	18 25 46	20 24 3	22 26 16	0 28 29	2 26 46	4 28 59	6 27 16
30	8 34 23		12 27 0	14 29 13	16 27 30	18 29 43	20 28 0	22 30 13	0 32 26	2 30 42	4 32 56	6 31 12
31	8 38 20		12 30 56		16 31 26		20 31 56	22 34 9		2 34 39		6 35 9
1943 1	6 39 6	8 41 19	10 31 42	12 33 55	14 32 12	16 34 25	18 32 42	20 34 55	22 37 8	0 35 25	2 37 38	4 35 55
2	6 43 2	8 45 15	10 35 39	12 37 52	14 36 9	16 38 22	18 36 38	20 38 52	22 41 5	0 39 21	2 41 35	4 39 51
3	6 46 59	8 49 12	10 39 35	12 41 48	14 40 5	16 42 18	18 40 35	20 42 48	22 45 1	0 43 18	2 45 31	4 43 48
4	6 50 55	8 53 8	10 43 32	12 45 45	14 44 2	16 46 15	18 44 32	20 46 45	22 48 58	0 47 15	2 49 28	4 47 44
5	6 54 52	8 57 5	10 47 28	12 49 42	14 47 58	16 50 11	18 48 28	20 50 41	22 52 55	0 51 11	2 53 24	4 51 41
6	6 58 48	9 1 2	10 51 25	12 53 38	14 51 55	16 54 8	18 52 25	20 54 38	22 56 51	0 55 8	2 57 21	4 55 37
7	7 2 45	9 4 58	10 55 22	12 57 35	14 55 51	16 58 5	18 56 21	20 58 34	23 0 48	0 59 4	3 1 17	4 59 34
8	7 6 41	9 8 55	10 59 18	13 1 31	14 59 48	17 2 1	19 0 18	21 2 31	23 4 44	1 3 1	3 5 14	5 3 31
9	7 10 38	9 12 51	11 3 15	13 5 28	15 3 44	17 5 58	19 4 14	21 6 28	23 8 41	1 6 57	3 9 10	5 7 27
10	7 14 35	9 16 48	11 7 11	13 9 24	15 7 41	17 9 54	19 8 11	21 10 24	23 12 37	1 10 54	3 13 7	5 11 24
11	7 18 31	9 20 44	11 11 8	13 13 21	15 11 38	17 13 51	19 12 7	21 14 21	23 16 34	1 14 50	3 17 4	5 15 20
12	7 22 28	9 24 41	11 15 4	13 17 17	15 15 34	17 17 47	19 16 4	21 18 17	23 20 30	1 18 47	3 21 0	5 19 17
13	7 26 24	9 28 37	11 19 1	13 21 14	15 19 31	17 21 44	19 20 1	21 22 14	23 24 27	1 22 43	3 24 57	5 23 13
14	7 30 21	9 32 34	11 22 57	13 25 11	15 23 27	17 25 40	19 23 57	21 26 10	23 28 23	1 26 40	3 28 53	5 27 10
15	7 34 17	9 36 31	11 26 54	13 29 7	15 27 24	17 29 37	19 27 54	21 30 7	23 32 20	1 30 37	3 32 50	5 31 6
16	7 38 14	9 40 27	11 30 51	13 33 4	15 31 20	17 33 34	19 31 50	21 34 3	23 36 17	1 34 33	3 36 46	5 35 3
17	7 42 10	9 44 24	11 34 47	13 37 0	15 35 17	17 37 30	19 35 47	21 38 0	23 40 13	1 38 30	3 40 43	5 39 0
18	7 46 7	9 48 20	11 38 44	13 40 57	15 39 13	17 41 27	19 39 43	21 41 57	23 44 10	1 42 26	3 44 39	5 42 56
19	7 50 4	9 52 17	11 42 40	13 44 53	15 43 10	17 45 23	19 43 40	21 45 53	23 48 6	1 46 23	3 48 36	5 46 53
20	7 54 0	9 56 13	11 46 37	13 48 50	15 47 6	17 49 20	19 47 36	21 49 50	23 52 3	1 50 19	3 52 33	5 50 49
21	7 57 57	10 0 10	11 50 33	13 52 46	15 51 3	17 53 16	19 51 33	21 53 46	23 55 59	1 54 16	3 56 29	5 54 46
22	8 1 53	10 4 6	11 54 30	13 56 43	15 55 0	17 57 13	19 55 30	21 57 43	23 59 56	1 58 12	4 0 26	5 58 42
23	8 5 50	10 8 3	11 58 26	14 0 40	15 58 56	18 1 9	19 59 26	22 1 39	0 3 52	2 2 9	4 4 22	6 2 39
24	8 9 46	10 11 59	12 2 23	14 4 36	16 2 53	18 5 6	20 3 23	22 5 36	0 7 49	2 6 6	4 8 19	6 6 35
25	8 13 43	10 15 56	12 6 20	14 8 33	16 6 49	18 9 3	20 7 19	22 9 32	0 11 46	2 10 2	4 12 15	6 10 32
26	8 17 39	10 19 53	12 10 16	14 12 29	16 10 46	18 12 59	20 11 16	22 13 29	0 15 42	2 13 59	4 16 12	6 14 29
27	8 21 36	10 23 49	12 14 13	14 16 26	16 14 42	18 16 56	20 15 12	22 17 26	0 19 39	2 17 55	4 20 8	6 18 25
28	8 25 33	10 27 46	12 18 9	14 20 22	16 18 39	18 20 52	20 19 9	22 21 22	0 23 35	2 21 52	4 24 5	6 22 22
29	8 29 29		12 22 6	14 24 19	16 22 36	18 24 49	20 23 5	22 25 19	0 27 32	2 25 48	4 28 2	6 26 18
30	8 33 26		12 26 2	14 28 15	16 26 32	18 28 45	20 27 2	22 29 15	0 31 28	2 29 45	4 31 58	6 30 15
31	8 37 22		12 29 59		16 30 29		20 30 59	22 33 12		2 33 41		6 34 11
1944 1	6 38 8	8 40 21	10 34 41	12 36 54	14 35 11	16 37 24	18 35 41	20 37 54	22 40 7	0 38 24	2 40 37	4 38 54
2	6 42 5	8 44 18	10 38 38	12 40 51	14 39 8	16 41 21	18 39 37	20 41 51	22 44 4	0 42 20	2 44 34	4 42 50
3	6 46 1	8 48 14	10 42 34	12 44 48	14 43 4	16 45 17	18 43 34	20 45 47	22 48 0	0 46 17	2 48 30	4 46 47
4	6 49 58	8 52 11	10 46 31	12 48 44	14 47 1	16 49 14	18 47 31	20 49 44	22 51 57	0 50 14	2 52 27	4 50 43
5	6 53 54	8 56 7	10 50 27	12 52 41	14 50 57	16 53 10	18 51 27	20 53 40	22 55 54	0 54 10	2 56 23	4 54 40
6	6 57 51	9 0 4	10 54 24	12 56 37	14 54 54	16 57 7	18 55 24	20 57 37	22 59 50	0 58 7	3 0 20	4 58 37
7	7 1 47	9 4 1	10 58 21	13 0 34	14 58 50	17 1 4	18 59 20	21 1 34	23 3 47	1 2 3	3 4 16	5 2 33
8	7 5 44	9 7 57	11 2 17	13 4 30	15 2 47	17 5 0	19 3 17	21 5 30	23 7 43	1 6 0	3 8 13	5 6 30
9	7 9 40	9 11 54	11 6 14	13 8 27	15 6 43	17 8 57	19 7 13	21 9 27	23 11 40	1 9 56	3 12 10	5 10 26
10	7 13 37	9 15 50	11 10 10	13 12 23	15 10 40	17 12 53	19 11 10	21 13 23	23 15 36	1 13 53	3 16 6	5 14 23
11	7 17 34	9 19 47	11 14 7	13 16 20	15 14 37	17 16 50	19 15 7	21 17 20	23 19 33	1 17 49	3 20 3	5 18 19
12	7 21 30	9 23 43	11 18 3	13 20 16	15 18 33	17 20 46	19 19 3	21 21 16	23 23 29	1 21 46	3 23 59	5 22 16
13	7 25 27	9 27 40	11 22 0	13 24 13	15 22 30	17 24 43	19 23 0	21 25 13	23 27 26	1 25 43	3 27 56	5 26 12
14	7 29 23	9 31 36	11 25 56	13 28 10	15 26 26	17 28 39	19 26 56	21 29 9	23 31 23	1 29 39	3 31 52	5 30 9
15	7 33 20	9 35 33	11 29 53	13 32 6	15 30 23	17 32 36	19 30 53	21 33 6	23 35 19	1 33 36	3 35 49	5 34 6
16	7 37 16	9 39 30	11 33 50	13 36 3	15 34 19	17 36 33	19 34 49	21 37 3	23 39 16	1 37 32	3 39 45	5 38 2
17	7 41 13	9 43 26	11 37 46	13 39 59	15 38 16	17 40 29	19 38 46	21 40 59	23 43 12	1 41 29	3 43 42	5 41 59
18	7 45 9	9 47 23	11 41 43	13 43 56	15 42 12	17 44 26	19 42 42	21 44 56	23 47 9	1 45 25	3 47 39	5 45 55
19	7 49 6	9 51 19	11 45 39	13 47 52	15 46 9	17 48 22	19 46 39	21 48 52	23 51 5	1 49 22	3 51 35	5 49 52
20	7 53 3	9 55 16	11 49 36	13 51 49	15 50 6	17 52 19	19 50 36	21 52 49	23 55 2	1 53 18	3 55 32	5 53 48
21	7 56 59	9 59 12	11 53 32	13 55 45	15 54 2	17 56 15	19 54 32	21 56 45	23 58 58	1 57 15	3 59 28	5 57 45
22	8 0 56	10 3 9	11 57 29	13 59 42	15 57 59	18 0 12	19 58 29	22 0 42	0 2 55	2 1 12	4 3 25	6 1 41
23	8 4 52	10 7 5	12 1 25	14 3 39	16 1 55	18 4 8	20 2 25	22 4 38	0 6 52	2 5 8	4 7 21	6 5 38
24	8 8 49	10 11 2	12 5 22	14 7 35	16 5 52	18 8 5	20 6 22	22 8 35	0 10 48	2 9 5	4 11 18	6 9 35
25	8 12 45	10 14 59	12 9 19	14 11 32	16 9 48	18 12 2	20 10 18	22 12 31	0 14 45	2 13 1	4 15 14	6 13 31
26	8 16 42	10 18 55	12 13 15	14 15 28	16 13 45	18 15 58	20 14 15	22 16 28	0 18 41	2 16 58	4 19 11	6 17 28
27	8 20 38	10 22 52	12 17 12	14 19 25	16 17 41	18 19 55	20 18 11	22 20 25	0 22 38	2 20 54	4 23 8	6 21 24
28	8 24 35	10 26 48	12 21 8	14 23 21	16 21 38	18 23 51	20 22 8	22 24 21	0 26 34	2 24 51	4 27 4	6 25 21
29	8 28 32	10 30 45	12 25 5	14 27 18	16 25 35	18 27 48	20 26 5	22 28 18	0 30 31	2 28 47	4 31 1	6 29 17
30	8 32 28		12 29 1	14 31 14	16 29 31	18 31 44	20 30 1	22 32 14	0 34 27	2 32 44	4 34 57	6 33 14
31	8 36 25		12 32 58		16 33 28		20 33 58	22 36 11		2 36 41		6 37 11
1945 1	6 41 7	8 43 20	10 33 44	12 35 57	14 34 14	16 36 27	18 34 44	20 36 57	22 39 10	0 37 27	2 39 40	4 37 56
2	6 45 4	8 47 17	10 37 40	12 39 54	14 38 10	16 40 23	18 38 40	20 40 53	22 43 7	0 41 23	2 43 36	4 41 53
3	6 49 0	8 51 13	10 41 37	12 43 50	14 42 7	16 44 20	18 42 37	20 44 50	22 47 3	0 45 20	2 47 33	4 45 50
4	6 52 57	8 55 10	10 45 33	12 47 47	14 46 3	16 48 16	18 46 33	20 48 46	22 51 0	0 49 16	2 51 29	4 49 46
5	6 56 53	8 59 7	10 49 30	12 51 43	14 50 0	16 52 13	18 50 30	20 52 43	22 54 56	0 53 13	2 55 26	4 53 43
6	7 0 50	9 3 3	10 53 27	12 55 40	14 53 56	16 56 10	18 54 26	20 56 40	22 58 53	0 57 9	2 59 22	4 57 39
7	7 4 46	9 7 0	10 57 23	12 59 36	14 57 53	17 0 6	18 58 23	21 0 36	23 2 49	1 1 6	3 3 19	5 1 36
8	7 8 43	9 10 56	11 1 20	13 3 33	15 1 49	17 4 3	19 2 19	21 4 33	23 6 46	1 5 2	3 7 16	5 5 32
9	7 12 40	9 14 53	11 5 16	13 7 29	15 5 46	17 7 59	19 6 16	21 8 29	23 10 42	1 8 59	3 11 12	5 9 29
10	7 16 36	9 18 49	11 9 13	13 11 26	15 9 43	17 11 56	19 10 13	21 12 26	23 14 39	1 12 56	3 15 9	5 13 25
11	7 20 33	9 22 46	11 13 9	13 15 23	15 13 39	17 15 52	19 14 9	21 16 22	23 18 36	1 16 52	3 19 5	5 17 22
12	7 24 29	9 26 42	11 17 6	13 19 19	15 17 36	17 19 49	19 18 6	21 20 19	23 22 32	1 20 49	3 23 2	5 21 19
13	7 28 26	9 30 39	11 21 2	13 23 16	15 21 32	17 23 46	19 22 2	21 24 15	23 26 29	1 24 45	3 26 58	5 25 15
14	7 32 22	9 34 36	11 24 59	13 27 12	15 25 29	17 27 42	19 25 59	21 28 12	23 30 25	1 28 42	3 30 55	5 29 12
15	7 36 19	9 38 32	11 28 56	13 31 9	15 29 25	17 31 39	19 29 55	21 32 9	23 34 22	1 32 38	3 34 52	5 33 8
16	7 40 15	9 42 29	11 32 52	13 35 5	15 33 22	17 35 35	19 33 52	21 36 5	23 38 18	1 36 35	3 38 48	5 37 5
17	7 44 12	9 46 25	11 36 49	13 39 2	15 37 18	17 39 32	19 37 48	21 40 2	23 42 15	1 40 31	3 42 45	5 41 1
18	7 48 9	9 50 22	11 40 45	13 42 58	15 41 15	17 43 28	19 41 45	21 43 58	23 46 11	1 44 28	3 46 41	5 44 58
19	7 52 5	9 54 18	11 44 42	13 46 55	15 45 12	17 47 25	19 45 42	21 47 55	23 50 8	1 48 25	3 50 38	5 48 54
20	7 56 2	9 58 15	11 48 38	13 50 51	15 49 8	17 51 21	19 49 38	21 51 51	23 54 4	1 52 21	3 54 34	5 52 51
21	7 59 58	10 2 11	11 52 35	13 54 48	15 53 5	17 55 18	19 53 35	21 55 48	23 58 1	1 56 18	3 58 31	5 56 48
22	8 3 55	10 6 8	11 56 31	13 58 45	15 57 1	17 59 15	19 57 31	21 59 44	0 1 58	2 0 14	4 2 27	6 0 44
23	8 7 51	10 10 5	12 0 28	14 2 41	16 0 58	18 3 11	20 1 28	22 3 41	0 5 54	2 4 11	4 6 24	6 4 41
24	8 11 48	10 14 1	12 4 25	14 6 38	16 4 54	18 7 8	20 5 24	22 7 38	0 9 51	2 8 7	4 10 21	6 8 37
25	8 15 44	10 17 58	12 8 21	14 10 34	16 8 51	18 11 4	20 9 21	22 11 34	0 13 47	2 12 4	4 14 17	6 12 34
26	8 19 41	10 21 54	12 12 18	14 14 31	16 12 47	18 15 1	20 13 17	22 15 31	0 17 44	2 16 0	4 18 14	6 16 30
27	8 23 38	10 25 51	12 16 14	14 18 27	16 16 44	18 18 57	20 17 14	22 19 27	0 21 40	2 19 57	4 22 10	6 20 27
28	8 27 34	10 29 47	12 20 11	14 22 24	16 20 41	18 22 54	20 21 11	22 23 24	0 25 37	2 23 54	4 26 7	6 24 23
29	8 31 31		12 24 7	14 26 20	16 24 37	18 26 50	20 25 7	22 27 20	0 29 33	2 27 50	4 30 3	6 28 20
30	8 35 27		12 28 4	14 30 17	16 28 34	18 30 47	20 29 4	22 31 17	0 33 30	2 31 47	4 34 0	6 32 17
31	8 39 24		12 32 0		16 32 30		20 33 0	22 35 13		2 35 43		6 36 13

ANNÉE	JANV	FÉV	MARS	AVRIL	MAI	JUIN	JUIL	AOÛT	SEPT	OCT	NOV	DÉC
1946 1	6 40 10	8 42 23	10 32 47	12 35 0	14 33 16	16 35 30	18 33 46	20 36 0	22 38 13	0 36 29	2 38 42	4 36 59
2	6 44 6	8 46 20	10 36 43	12 38 56	14 37 13	16 39 26	18 37 43	20 39 56	22 42 9	0 40 26	2 42 39	4 40 56
3	6 48 3	8 50 16	10 40 40	12 42 53	14 41 9	16 43 23	18 41 39	20 43 53	22 46 6	0 44 22	2 46 36	4 44 52
4	6 51 59	8 54 13	10 44 36	12 46 49	14 45 6	16 47 19	18 45 36	20 47 49	22 50 2	0 48 19	2 50 32	4 48 49
5	6 55 56	8 58 9	10 48 33	12 50 46	14 49 2	16 51 16	18 49 32	20 51 46	22 53 59	0 52 16	2 54 29	4 52 45
6	6 59 53	9 2 6	10 52 29	12 54 42	14 52 59	16 55 12	18 53 29	20 55 42	22 57 55	0 56 12	2 58 25	4 56 42
7	7 3 49	9 6 2	10 56 26	12 58 39	14 56 56	16 59 9	18 57 26	20 59 39	23 1 52	1 0 9	3 2 22	5 0 39
8	7 7 46	9 9 59	11 0 22	13 2 36	15 0 52	17 3 5	19 1 22	21 3 35	23 5 49	1 4 5	3 6 18	5 4 35
9	7 11 42	9 13 55	11 4 19	13 6 32	15 4 49	17 7 2	19 5 19	21 7 32	23 9 45	1 8 2	3 10 15	5 8 32
10	7 15 39	9 17 52	11 8 15	13 10 29	15 8 45	17 10 59	19 9 15	21 11 29	23 13 42	1 11 58	3 14 11	5 12 28
11	7 19 35	9 21 49	11 12 12	13 14 25	15 12 42	17 14 55	19 13 12	21 15 25	23 17 38	1 15 55	3 18 8	5 16 25
12	7 23 32	9 25 45	11 16 9	13 18 22	15 16 38	17 18 52	19 17 8	21 19 22	23 21 35	1 19 51	3 22 5	5 20 21
13	7 27 28	9 29 42	11 20 5	13 22 18	15 20 35	17 22 48	19 21 5	21 23 18	23 25 31	1 23 48	3 26 1	5 24 18
14	7 31 25	9 33 38	11 24 2	13 26 15	15 24 31	17 26 45	19 25 2	21 27 15	23 29 28	1 27 44	3 29 58	5 28 14
15	7 35 22	9 37 35	11 27 58	13 30 11	15 28 28	17 30 41	19 28 58	21 31 11	23 33 24	1 31 41	3 33 54	5 32 11
16	7 39 18	9 41 31	11 31 55	13 34 8	15 32 25	17 34 38	19 32 55	21 35 8	23 37 21	1 35 38	3 37 51	5 36 8
17	7 43 15	9 45 28	11 35 51	13 38 5	15 36 21	17 38 34	19 36 51	21 39 4	23 41 18	1 39 34	3 41 47	5 40 4
18	7 47 11	9 49 24	11 39 48	13 42 1	15 40 18	17 42 31	19 40 48	21 43 1	23 45 14	1 43 31	3 45 44	5 44 1
19	7 51 8	9 53 21	11 43 44	13 45 58	15 44 14	17 46 28	19 44 44	21 46 58	23 49 11	1 47 27	3 49 41	5 47 57
20	7 55 4	9 57 18	11 47 41	13 49 54	15 48 11	17 50 24	19 48 41	21 50 54	23 53 7	1 51 24	3 53 37	5 51 54
21	7 59 1	10 1 14	11 51 38	13 53 51	15 52 7	17 54 21	19 52 37	21 54 51	23 57 4	1 55 20	3 57 34	5 55 50
22	8 2 57	10 5 11	11 55 34	13 57 47	15 56 4	17 58 17	19 56 34	21 58 47	0 1 0	1 59 17	4 1 30	5 59 47
23	8 6 54	10 9 7	11 59 31	14 1 44	16 0 1	18 2 14	20 0 31	22 2 44	0 4 57	2 3 13	4 5 27	6 3 43
24	8 10 51	10 13 4	12 3 27	14 5 40	16 3 57	18 6 10	20 4 27	22 6 40	0 8 53	2 7 10	4 9 23	6 7 40
25	8 14 47	10 17 0	12 7 24	14 9 37	16 7 54	18 10 7	20 8 24	22 10 37	0 12 50	2 11 7	4 13 20	6 11 37
26	8 18 44	10 20 57	12 11 20	14 13 34	16 11 50	18 14 3	20 12 20	22 14 33	0 16 47	2 15 3	4 17 16	6 15 33
27	8 22 40	10 24 53	12 15 17	14 17 30	16 15 47	18 18 0	20 16 17	22 18 30	0 20 43	2 19 0	4 21 13	6 19 30
28	8 26 37	10 28 50	12 19 13	14 21 27	16 19 43	18 21 57	20 20 13	22 22 27	0 24 40	2 22 56	4 25 10	6 23 26
29	8 30 33		12 23 10	14 25 23	16 23 40	18 25 53	20 24 10	22 26 23	0 28 36	2 26 53	4 29 6	6 27 23
30	8 34 30		12 27 7	14 29 20	16 27 36	18 29 50	20 28 6	22 30 20	0 32 33	2 30 49	4 33 3	6 31 19
31	8 38 26		12 31 3		16 31 33		20 32 3	22 34 16		2 34 46		6 35 16
1947 1	6 39 12	8 41 26	10 31 49	12 34 2	14 32 19	16 34 32	18 32 49	20 35 2	22 37 16	0 35 32	2 37 45	4 36 2
2	6 43 9	8 45 22	10 35 46	12 37 59	14 36 16	16 38 29	18 36 46	20 38 59	22 41 12	0 39 29	2 41 42	4 39 59
3	6 47 6	8 49 19	10 39 42	12 41 56	14 40 12	16 42 25	18 40 42	20 42 55	22 45 9	0 43 25	2 45 38	4 43 55
4	6 51 2	8 53 15	10 43 39	12 45 52	14 44 9	16 46 22	18 44 39	20 46 52	22 49 5	0 47 22	2 49 35	4 47 52
5	6 54 59	8 57 12	10 47 36	12 49 49	14 48 5	16 50 19	18 48 35	20 50 49	22 53 2	0 51 18	2 53 32	4 51 48
6	6 58 55	9 1 9	10 51 32	12 53 45	14 52 2	16 54 15	18 52 32	20 54 45	22 56 58	0 55 15	2 57 28	4 55 45
7	7 2 52	9 5 5	10 55 29	12 57 42	14 55 58	16 58 12	18 56 28	20 58 42	23 0 55	0 59 12	3 1 25	4 59 41
8	7 6 48	9 9 2	10 59 25	13 1 38	14 59 55	17 2 8	19 0 25	21 2 38	23 4 51	1 3 8	3 5 21	5 3 38
9	7 10 45	9 12 58	11 3 22	13 5 35	15 3 52	17 6 5	19 4 22	21 6 35	23 8 48	1 7 5	3 9 18	5 7 35
10	7 14 42	9 16 55	11 7 18	13 9 31	15 7 48	17 10 1	19 8 18	21 10 31	23 12 45	1 11 1	3 13 14	5 11 31
11	7 18 38	9 20 51	11 11 15	13 13 28	15 11 45	17 13 58	19 12 15	21 14 28	23 16 41	1 14 58	3 17 11	5 15 28
12	7 22 35	9 24 48	11 15 11	13 17 25	15 15 41	17 17 54	19 16 11	21 18 24	23 20 38	1 18 54	3 21 7	5 19 24
13	7 26 31	9 28 44	11 19 8	13 21 21	15 19 38	17 21 51	19 20 8	21 22 21	23 24 34	1 22 51	3 25 4	5 23 21
14	7 30 28	9 32 41	11 23 5	13 25 18	15 23 34	17 25 48	19 24 4	21 26 18	23 28 31	1 26 47	3 29 1	5 27 17
15	7 34 24	9 36 38	11 27 1	13 29 14	15 27 31	17 29 44	19 28 1	21 30 14	23 32 27	1 30 44	3 32 57	5 31 14
16	7 38 21	9 40 34	11 30 58	13 33 11	15 31 27	17 33 41	19 31 57	21 34 11	23 36 24	1 34 40	3 36 54	5 35 10
17	7 42 17	9 44 31	11 34 54	13 37 7	15 35 24	17 37 37	19 35 54	21 38 7	23 40 20	1 38 37	3 40 50	5 39 7
18	7 46 14	9 48 27	11 38 51	13 41 4	15 39 21	17 41 34	19 39 51	21 42 4	23 44 17	1 42 34	3 44 47	5 43 4
19	7 50 11	9 52 24	11 42 47	13 45 0	15 43 17	17 45 30	19 43 47	21 46 0	23 48 14	1 46 30	3 48 43	5 47 0
20	7 54 7	9 56 20	11 46 44	13 48 57	15 47 14	17 49 27	19 47 44	21 49 57	23 52 10	1 50 27	3 52 40	5 50 57
21	7 58 4	10 0 17	11 50 40	13 52 54	15 51 10	17 53 24	19 51 40	21 53 53	23 56 7	1 54 23	3 56 36	5 54 53
22	8 2 0	10 4 13	11 54 37	13 56 50	15 55 7	17 57 20	19 55 37	21 57 50	0 0 3	1 58 20	4 0 33	5 58 50
23	8 5 57	10 8 10	11 58 33	14 0 47	15 59 3	18 1 17	19 59 33	22 1 47	0 4 0	2 2 16	4 4 30	6 2 46
24	8 9 53	10 12 7	12 2 30	14 4 43	16 3 0	18 5 13	20 3 30	22 5 43	0 7 56	2 6 13	4 8 26	6 6 43
25	8 13 50	10 16 3	12 6 27	14 8 40	16 6 56	18 9 10	20 7 26	22 9 40	0 11 53	2 10 9	4 12 23	6 10 39
26	8 17 46	10 20 0	12 10 23	14 12 36	16 10 53	18 13 6	20 11 23	22 13 36	0 15 49	2 14 6	4 16 19	6 14 36
27	8 21 43	10 23 56	12 14 20	14 16 33	16 14 50	18 17 3	20 15 20	22 17 33	0 19 46	2 18 3	4 20 16	6 18 33
28	8 25 40	10 27 53	12 18 16	14 20 29	16 18 46	18 20 59	20 19 16	22 21 29	0 23 43	2 21 59	4 24 12	6 22 29
29	8 29 36		12 22 13	14 24 26	16 22 43	18 24 56	20 23 13	22 25 26	0 27 39	2 25 56	4 28 9	6 26 26
30	8 33 33		12 26 9	14 28 23	16 26 39	18 28 53	20 27 9	22 29 22	0 31 36	2 29 52	4 32 5	6 30 22
31	8 37 29		12 30 6		16 30 36		20 31 6	22 33 19		2 33 49		6 34 19
1948 1	6 38 15	8 40 29	10 34 49	12 37 2	14 35 19	16 37 32	18 35 49	20 38 2	22 40 15	0 38 32	2 40 45	4 39 2
2	6 42 12	8 44 25	10 38 45	12 40 58	14 39 15	16 41 28	18 39 45	20 41 58	22 44 12	0 42 28	2 44 41	4 42 58
3	6 46 9	8 48 22	10 42 42	12 44 55	14 43 12	16 45 25	18 43 42	20 45 55	22 48 8	0 46 25	2 48 38	4 46 55
4	6 50 5	8 52 18	10 46 38	12 48 52	14 47 8	16 49 21	18 47 38	20 49 52	22 52 5	0 50 21	2 52 35	4 50 51
5	6 54 2	8 56 15	10 50 35	12 52 48	14 51 5	16 53 18	18 51 35	20 53 48	22 56 1	0 54 18	2 56 31	4 54 48
6	6 57 58	9 0 11	10 54 32	12 56 45	14 55 1	16 57 15	18 55 31	20 57 45	22 59 58	0 58 14	3 0 28	4 58 44
7	7 1 55	9 4 8	10 58 28	13 0 41	14 58 58	17 1 11	18 59 28	21 1 41	23 3 54	1 2 11	3 4 24	5 2 41
8	7 5 51	9 8 5	11 2 25	13 4 38	15 2 54	17 5 8	19 3 24	21 5 38	23 7 51	1 6 8	3 8 21	5 6 38
9	7 9 48	9 12 1	11 6 21	13 8 34	15 6 51	17 9 4	19 7 21	21 9 34	23 11 48	1 10 4	3 12 17	5 10 34
10	7 13 44	9 15 58	11 10 18	13 12 31	15 10 48	17 13 1	19 11 18	21 13 31	23 15 44	1 14 1	3 16 14	5 14 31
11	7 17 41	9 19 54	11 14 14	13 16 27	15 14 44	17 16 57	19 15 14	21 17 27	23 19 41	1 17 57	3 20 10	5 18 27
12	7 21 38	9 23 51	11 18 11	13 20 24	15 18 41	17 20 54	19 19 11	21 21 24	23 23 37	1 21 54	3 24 7	5 22 24
13	7 25 34	9 27 47	11 22 7	13 24 21	15 22 37	17 24 51	19 23 7	21 25 21	23 27 34	1 25 50	3 28 4	5 26 20
14	7 29 31	9 31 44	11 26 4	13 28 17	15 26 34	17 28 47	19 27 4	21 29 17	23 31 30	1 29 47	3 32 0	5 30 17
15	7 33 27	9 35 40	11 30 1	13 32 14	15 30 30	17 32 44	19 31 0	21 33 14	23 35 27	1 33 43	3 35 57	5 34 13
16	7 37 24	9 39 37	11 33 57	13 36 10	15 34 27	17 36 40	19 34 57	21 37 10	23 39 23	1 37 40	3 39 53	5 38 10
17	7 41 20	9 43 34	11 37 54	13 40 7	15 38 23	17 40 37	19 38 54	21 41 7	23 43 20	1 41 37	3 43 50	5 42 7
18	7 45 17	9 47 30	11 41 50	13 44 3	15 42 20	17 44 33	19 42 50	21 45 3	23 47 16	1 45 33	3 47 46	5 46 3
19	7 49 13	9 51 27	11 45 47	13 48 0	15 46 17	17 48 30	19 46 47	21 49 0	23 51 13	1 49 30	3 51 43	5 50 0
20	7 53 10	9 55 23	11 49 43	13 51 56	15 50 13	17 52 26	19 50 43	21 52 56	23 55 10	1 53 26	3 55 39	5 53 56
21	7 57 7	9 59 20	11 53 40	13 55 53	15 54 10	17 56 23	19 54 40	21 56 53	23 59 6	1 57 23	3 59 36	5 57 53
22	8 1 3	10 3 16	11 57 36	13 59 50	15 58 6	18 0 20	19 58 36	22 0 50	0 3 3	2 1 19	4 3 33	6 1 49
23	8 5 0	10 7 13	12 1 33	14 3 46	16 2 3	18 4 16	20 2 33	22 4 46	0 6 59	2 5 16	4 7 29	6 5 46
24	8 8 56	10 11 9	12 5 30	14 7 43	16 5 59	18 8 13	20 6 29	22 8 43	0 10 56	2 9 12	4 11 26	6 9 42
25	8 12 53	10 15 6	12 9 26	14 11 39	16 9 56	18 12 9	20 10 26	22 12 39	0 14 52	2 13 9	4 15 22	6 13 39
26	8 16 49	10 19 3	12 13 23	14 15 36	16 13 52	18 16 6	20 14 23	22 16 36	0 18 49	2 17 6	4 19 19	6 17 36
27	8 20 46	10 22 59	12 17 19	14 19 32	16 17 49	18 20 2	20 18 19	22 20 32	0 22 45	2 21 2	4 23 15	6 21 32
28	8 24 42	10 26 56	12 21 16	14 23 29	16 21 46	18 23 59	20 22 16	22 24 29	0 26 42	2 24 59	4 27 12	6 25 29
29	8 28 39	10 30 52	12 25 12	14 27 25	16 25 42	18 27 55	20 26 12	22 28 25	0 30 39	2 28 55	4 31 8	6 29 25
30	8 32 36		12 29 9	14 31 22	16 29 39	18 31 52	20 30 9	22 32 22	0 34 35	2 32 52	4 35 5	6 33 22
31	8 36 32		12 33 5		16 33 35		20 34 5	22 36 19		2 36 48		6 37 18
1949 1	6 41 15	8 43 28	10 33 52	12 36 5	14 34 22	16 36 35	18 34 52	20 37 5	22 39 18	0 37 35	2 39 48	4 38 5
2	6 45 11	8 47 25	10 37 48	12 40 1	14 38 18	16 40 31	18 38 48	20 41 1	22 43 15	0 41 31	2 43 44	4 42 1
3	6 49 8	8 51 21	10 41 45	12 43 58	14 42 15	16 44 28	18 42 45	20 44 58	22 47 11	0 45 28	2 47 41	4 45 58
4	6 53 5	8 55 18	10 45 41	12 47 55	14 46 11	16 48 25	18 46 41	20 48 55	22 51 8	0 49 24	2 51 38	4 49 54
5	6 57 1	8 59 14	10 49 38	12 51 51	14 50 8	16 52 21	18 50 38	20 52 51	22 55 4	0 53 21	2 55 34	4 53 51
6	7 0 58	9 3 11	10 53 35	12 55 48	14 54 4	16 56 18	18 54 34	20 56 48	22 59 1	0 57 17	2 59 31	4 57 47
7	7 4 54	9 7 8	10 57 31	12 59 44	14 58 1	17 0 14	18 58 31	21 0 44	23 2 57	1 1 14	3 3 27	5 1 44
8	7 8 51	9 11 4	11 1 28	13 3 41	15 1 57	17 4 11	19 2 27	21 4 41	23 6 54	1 5 11	3 7 24	5 5 41
9	7 12 47	9 15 1	11 5 24	13 7 37	15 5 54	17 8 7	19 6 24	21 8 37	23 10 51	1 9 7	3 11 20	5 9 37
10	7 16 44	9 18 57	11 9 21	13 11 34	15 9 51	17 12 4	19 10 21	21 12 34	23 14 47	1 13 4	3 15 17	5 13 34
11	7 20 40	9 22 54	11 13 17	13 15 30	15 13 47	17 16 0	19 14 17	21 16 30	23 18 44	1 17 0	3 19 13	5 17 30
12	7 24 37	9 26 50	11 17 14	13 19 27	15 17 44	17 19 57	19 18 14	21 20 27	23 22 40	1 20 57	3 23 10	5 21 27
13	7 28 34	9 30 47	11 21 10	13 23 24	15 21 40	17 23 54	19 22 10	21 24 24	23 26 37	1 24 53	3 27 7	5 25 23
14	7 32 30	9 34 43	11 25 7	13 27 20	15 25 37	17 27 50	19 26 7	21 28 20	23 30 33	1 28 50	3 31 3	5 29 20
15	7 36 27	9 38 40	11 29 4	13 31 17	15 29 33	17 31 47	19 30 3	21 32 17	23 34 30	1 32 46	3 35 0	5 33 16
16	7 40 23	9 42 37	11 33 0	13 35 13	15 33 30	17 35 43	19 34 0	21 36 13	23 38 26	1 36 43	3 38 56	5 37 13
17	7 44 20	9 46 33	11 36 57	13 39 10	15 37 26	17 39 40	19 37 57	21 40 10	23 42 23	1 40 40	3 42 53	5 41 10
18	7 48 16	9 50 30	11 40 53	13 43 6	15 41 23	17 43 36	19 41 53	21 44 6	23 46 20	1 44 36	3 46 49	5 45 6
19	7 52 13	9 54 26	11 44 50	13 47 3	15 45 20	17 47 33	19 45 50	21 48 3	23 50 16	1 48 33	3 50 46	5 49 3
20	7 56 10	9 58 23	11 48 46	13 50 59	15 49 16	17 51 29	19 49 46	21 51 59	23 54 13	1 52 29	3 54 42	5 52 59
21	8 0 6	10 2 19	11 52 43	13 54 56	15 53 13	17 55 26	19 53 43	21 55 56	23 58 9	1 56 26	3 58 39	5 56 56
22	8 4 3	10 6 16	11 56 39	13 58 53	15 57 9	17 59 23	19 57 39	21 59 53	0 2 6	2 0 22	4 2 36	6 0 52
23	8 7 59	10 10 12	12 0 36	14 2 49	16 1 6	18 3 19	20 1 36	22 3 49	0 6 2	2 4 19	4 6 32	6 4 49
24	8 11 56	10 14 9	12 4 33	14 6 46	16 5 2	18 7 16	20 5 32	22 7 46	0 9 59	2 8 15	4 10 29	6 8 45
25	8 15 52	10 18 6	12 8 29	14 10 42	16 8 59	18 11 12	20 9 29	22 11 42	0 13 55	2 12 12	4 14 25	6 12 42
26	8 19 49	10 22 2	12 12 26	14 14 39	16 12 55	18 15 9	20 13 26	22 15 39	0 17 52	2 16 9	4 18 22	6 16 39
27	8 23 45	10 25 59	12 16 22	14 18 35	16 16 52	18 19 5	20 17 22	22 19 35	0 21 48	2 20 5	4 22 18	6 20 35
28	8 27 42	10 29 55	12 20 19	14 22 32	16 20 49	18 23 2	20 21 19	22 23 32	0 25 45	2 24 2	4 26 15	6 24 32
29	8 31 39		12 24 15	14 26 28	16 24 45	18 26 58	20 25 15	22 27 28	0 29 42	2 27 58	4 30 12	6 28 28
30	8 35 35		12 28 12	14 30 25	16 28 42	18 30 55	20 29 12	22 31 25	0 33 38	2 31 55	4 34 8	6 32 25
31	8 39 32		12 32 8		16 32 38		20 33 8	22 35 22		2 35 51		6 36 21
1950 1	6 40 18	8 42 31	10 32 55	12 35 8	14 33 25	16 35 38	18 33 55	20 36 8	22 38 21	0 36 38	2 38 51	4 37 8
2	6 44 14	8 46 28	10 36 51	12 39 5	14 37 21	16 39 34	18 37 51	20 40 4	22 42 18	0 40 34	2 42 48	4 41 4
3	6 48 11	8 50 24	10 40 48	12 43 1	14 41 18	16 43 31	18 41 48	20 44 1	22 46 14	0 44 31	2 46 44	4 45 1
4	6 52 8	8 54 21	10 44 44	12 46 58	14 45 14	16 47 28	18 45 44	20 47 58	22 50 11	0 48 27	2 50 41	4 48 57
5	6 56 4	8 58 17	10 48 41	12 50 54	14 49 11	16 51 24	18 49 41	20 51 54	22 54 7	0 52 24	2 54 37	4 52 54
6	7 0 1	9 2 14	10 52 38	12 54 51	14 53 7	16 55 21	18 53 37	20 55 51	22 58 4	0 56 21	2 58 34	4 56 50
7	7 3 57	9 6 11	10 56 34	12 58 47	14 57 4	16 59 17	18 57 34	20 59 47	23 2 0	1 0 17	3 2 30	5 0 47
8	7 7 54	9 10 7	11 0 31	13 2 44	15 1 1	17 3 14	19 1 31	21 3 44	23 5 57	1 4 14	3 6 27	5 4 44
9	7 11 50	9 14 4	11 4 27	13 6 40	15 4 57	17 7 10	19 5 27	21 7 40	23 9 54	1 8 10	3 10 23	5 8 40
10	7 15 47	9 18 0	11 8 24	13 10 37	15 8 54	17 11 7	19 9 24	21 11 37	23 13 50	1 12 7	3 14 20	5 12 37
11	7 19 44	9 21 57	11 12 20	13 14 34	15 12 50	17 15 3	19 13 20	21 15 33	23 17 47	1 16 3	3 18 16	5 16 33
12	7 23 40	9 25 53	11 16 17	13 18 30	15 16 47	17 19 0	19 17 17	21 19 30	23 21 43	1 20 0	3 22 13	5 20 30
13	7 27 37	9 29 50	11 20 13	13 22 27	15 20 43	17 22 57	19 21 13	21 23 27	23 25 40	1 23 56	3 26 10	5 24 26
14	7 31 33	9 33 46	11 24 10	13 26 23	15 24 40	17 26 53	19 25 10	21 27 23	23 29 36	1 27 53	3 30 6	5 28 23
15	7 35 30	9 37 43	11 28 7	13 30 20	15 28 36	17 30 50	19 29 6	21 31 20	23 33 33	1 31 50	3 34 3	5 32 20
16	7 39 26	9 41 40	11 32 3	13 34 16	15 32 33	17 34 46	19 33 3	21 35 16	23 37 29	1 35 46	3 37 59	5 36 16
17	7 43 23	9 45 36	11 36 0	13 38 13	15 36 29	17 38 43	19 37 0	21 39 13	23 41 26	1 39 43	3 41 56	5 40 13
18	7 47 19	9 49 33	11 39 56	13 42 9	15 40 26	17 42 39	19 40 56	21 43 9	23 45 23	1 43 39	3 45 52	5 44 9
19	7 51 16	9 53 29	11 43 53	13 46 6	15 44 23	17 46 36	19 44 53	21 47 6	23 49 19	1 47 36	3 49 49	5 48 6
20	7 55 13	9 57 26	11 47 49	13 50 2	15 48 19	17 50 32	19 48 49	21 51 2	23 53 16	1 51 32	3 53 46	5 52 2
21	7 59 9	10 1 22	11 51 46	13 53 59	15 52 16	17 54 29	19 52 46	21 54 59	23 57 12	1 55 29	3 57 42	5 55 59
22	8 3 6	10 5 19	11 55 42	13 57 56	15 56 12	17 58 26	19 56 42	21 58 56	0 1 9	1 59 25	4 1 39	5 59 55
23	8 7 2	10 9 15	11 59 39	14 1 52	16 0 9	18 2 22	20 0 39	22 2 52	0 5 5	2 3 22	4 5 35	6 3 52
24	8 10 59	10 13 12	12 3 36	14 5 49	16 4 5	18 6 19	20 4 35	22 6 49	0 9 2	2 7 19	4 9 32	6 7 49
25	8 14 55	10 17 9	12 7 32	14 9 45	16 8 2	18 10 15	20 8 32	22 10 45	0 12 58	2 11 15	4 13 28	6 11 45
26	8 18 52	10 21 5	12 11 29	14 13 42	16 11 59	18 14 12	20 12 29	22 14 42	0 16 55	2 15 12	4 17 25	6 15 42
27	8 22 48	10 25 2	12 15 25	14 17 38	16 15 55	18 18 8	20 16 25	22 18 38	0 20 52	2 19 8	4 21 21	6 19 38
28	8 26 45	10 28 58	12 19 22	14 21 35	16 19 52	18 22 5	20 20 22	22 22 35	0 24 48	2 23 5	4 25 18	6 23 35
29	8 30 42		12 23 18	14 25 31	16 23 48	18 26 2	20 24 18	22 26 31	0 28 45	2 27 1	4 29 15	6 27 31
30	8 34 38		12 27 15	14 29 28	16 27 45	18 29 58	20 28 15	22 30 28	0 32 41	2 30 58	4 33 11	6 31 28
31	8 38 35		12 31 11		16 31 41		20 32 11	22 34 25		2 34 54		6 35 24
1951 1	6 39 21	8 41 34	10 31 58	12 34 11	14 32 28	16 34 41	18 32 58	20 35 11	22 37 24	0 35 41	2 37 54	4 36 11
2	6 43 18	8 45 31	10 35 54	12 38 8	14 36 24	16 38 37	18 36 54	20 39 8	22 41 21	0 39 37	2 41 51	4 40 7
3	6 47 14	8 49 27	10 39 51	12 42 4	14 40 21	16 42 34	18 40 51	20 43 4	22 45 17	0 43 34	2 45 47	4 44 4
4	6 51 11	8 53 24	10 43 48	12 46 1	14 44 17	16 46 31	18 44 47	20 47 1	22 49 14	0 47 30	2 49 44	4 48 0
5	6 55 7	8 57 21	10 47 44	12 49 57	14 48 14	16 50 27	18 48 44	20 50 57	22 53 10	0 51 27	2 53 40	4 51 57
6	6 59 4	9 1 17	10 51 41	12 53 54	14 52 10	16 54 24	18 52 40	20 54 54	22 57 7	0 55 24	2 57 37	4 55 54
7	7 3 0	9 5 14	10 55 37	12 57 50	14 56 7	16 58 20	18 56 37	20 58 50	23 1 3	0 59 20	3 1 33	4 59 50
8	7 6 57	9 9 10	10 59 34	13 1 47	15 0 4	17 2 17	19 0 34	21 2 47	23 5 0	1 3 17	3 5 30	5 3 47
9	7 10 53	9 13 7	11 3 30	13 5 43	15 4 0	17 6 13	19 4 30	21 6 43	23 8 57	1 7 13	3 9 26	5 7 43
10	7 14 50	9 17 3	11 7 27	13 9 40	15 7 57	17 10 10	19 8 27	21 10 40	23 12 53	1 11 10	3 13 23	5 11 40
11	7 18 47	9 21 0	11 11 23	13 13 37	15 11 53	17 14 7	19 12 23	21 14 37	23 16 50	1 15 6	3 17 20	5 15 36
12	7 22 43	9 24 56	11 15 20	13 17 33	15 15 50	17 18 3	19 16 20	21 18 33	23 20 46	1 19 3	3 21 16	5 19 33
13	7 26 40	9 28 53	11 19 16	13 21 30	15 19 46	17 22 0	19 20 16	21 22 30	23 24 43	1 22 59	3 25 13	5 23 29
14	7 30 36	9 32 50	11 23 13	13 25 26	15 23 43	17 25 56	19 24 13	21 26 26	23 28 39	1 26 56	3 29 9	5 27 26
15	7 34 33	9 36 46	11 27 10	13 29 23	15 27 39	17 29 53	19 28 9	21 30 23	23 32 36	1 30 53	3 33 6	5 31 23
16	7 38 29	9 40 43	11 31 6	13 33 19	15 31 36	17 33 49	19 32 6	21 34 19	23 36 33	1 34 49	3 37 2	5 35 19
17	7 42 26	9 44 39	11 35 3	13 37 16	15 35 33	17 37 46	19 36 3	21 38 16	23 40 29	1 38 46	3 40 59	5 39 16
18	7 46 22	9 48 36	11 38 59	13 41 12	15 39 29	17 41 42	19 39 59	21 42 12	23 44 26	1 42 42	3 44 55	5 43 12
19	7 50 19	9 52 32	11 42 56	13 45 9	15 43 26	17 45 39	19 43 56	21 46 9	23 48 22	1 46 39	3 48 52	5 47 9
20	7 54 16	9 56 29	11 46 52	13 49 6	15 47 22	17 49 36	19 47 52	21 50 6	23 52 19	1 50 35	3 52 49	5 51 5
21	7 58 12	10 0 25	11 50 49	13 53 2	15 51 19	17 53 32	19 51 49	21 54 2	23 56 15	1 54 32	3 56 45	5 55 2
22	8 2 9	10 4 22	11 54 45	13 56 59	15 55 15	17 57 29	19 55 45	21 57 59	0 0 12	1 58 28	4 0 42	5 58 58
23	8 6 5	10 8 19	11 58 42	14 0 55	15 59 12	18 1 25	19 59 42	22 1 55	0 4 8	2 2 25	4 4 38	6 2 55
24	8 10 2	10 12 15	12 2 39	14 4 52	16 3 8	18 5 22	20 3 39	22 5 52	0 8 5	2 6 22	4 8 35	6 6 52
25	8 13 58	10 16 12	12 6 35	14 8 48	16 7 5	18 9 18	20 7 35	22 9 48	0 12 1	2 10 18	4 12 31	6 10 48
26	8 17 55	10 20 8	12 10 32	14 12 45	16 11 2	18 13 15	20 11 32	22 13 45	0 15 58	2 14 15	4 16 28	6 14 45
27	8 21 52	10 24 5	12 14 28	14 16 41	16 14 58	18 17 11	20 15 28	22 17 41	0 19 55	2 18 11	4 20 24	6 18 41
28	8 25 48	10 28 1	12 18 25	14 20 38	16 18 55	18 21 8	20 19 25	22 21 38	0 23 51	2 22 8	4 24 21	6 22 38
29	8 29 45		12 22 21	14 24 35	16 22 51	18 25 5	20 23 21	22 25 35	0 27 48	2 26 4	4 28 18	6 26 34
30	8 33 41		12 26 18	14 28 31	16 26 48	18 29 1	20 27 18	22 29 31	0 31 44	2 30 1	4 32 14	6 30 31
31	8 37 38		12 30 14		16 30 44		20 31 14	22 33 28		2 33 57		6 34 27
1952 1	6 38 24	8 40 37	10 34 57	12 37 11	14 35 27	16 37 41	18 35 57	20 38 11	22 40 24	0 38 40	2 40 54	4 39 10
2	6 42 21	8 44 34	10 38 54	12 41 7	14 39 24	16 41 37	18 39 54	20 42 7	22 44 20	0 42 37	2 44 50	4 43 7
3	6 46 17	8 48 30	10 42 51	12 45 4	14 43 20	16 45 34	18 43 50	20 46 4	22 48 17	0 46 33	2 48 47	4 47 3
4	6 50 14	8 52 27	10 46 47	12 49 0	14 47 17	16 49 30	18 47 47	20 50 0	22 52 13	0 50 30	2 52 43	4 51 0
5	6 54 10	8 56 24	10 50 44	12 52 57	14 51 13	16 53 27	18 51 43	20 53 57	22 56 10	0 54 27	2 56 40	4 54 57
6	6 58 7	9 0 20	10 54 40	12 56 53	14 55 10	16 57 23	18 55 40	20 57 53	23 0 7	0 58 23	3 0 36	4 58 53
7	7 2 3	9 4 17	10 58 37	13 0 50	14 59 7	17 1 20	18 59 37	21 1 50	23 4 3	1 2 20	3 4 33	5 2 50
8	7 6 0	9 8 13	11 2 33	13 4 46	15 3 3	17 5 16	19 3 33	21 5 46	23 8 0	1 6 16	3 8 29	5 6 46
9	7 9 56	9 12 10	11 6 30	13 8 43	15 7 0	17 9 13	19 7 30	21 9 43	23 11 56	1 10 13	3 12 26	5 10 43
10	7 13 53	9 16 6	11 10 26	13 12 40	15 10 56	17 13 10	19 11 26	21 13 40	23 15 53	1 14 9	3 16 23	5 14 39
11	7 17 50	9 20 3	11 14 23	13 16 36	15 14 53	17 17 6	19 15 23	21 17 36	23 19 49	1 18 6	3 20 19	5 18 36
12	7 21 46	9 23 59	11 18 20	13 20 33	15 18 49	17 21 3	19 19 19	21 21 33	23 23 46	1 22 2	3 24 16	5 22 32
13	7 25 43	9 27 56	11 22 16	13 24 29	15 22 46	17 24 59	19 23 16	21 25 29	23 27 42	1 25 59	3 28 12	5 26 29
14	7 29 39	9 31 53	11 26 13	13 28 26	15 26 42	17 28 56	19 27 13	21 29 26	23 31 39	1 29 56	3 32 9	5 30 26
15	7 33 36	9 35 49	11 30 9	13 32 22	15 30 39	17 32 52	19 31 9	21 33 22	23 35 36	1 33 52	3 36 5	5 34 22
16	7 37 32	9 39 46	11 34 6	13 36 19	15 34 36	17 36 49	19 35 6	21 37 19	23 39 32	1 37 49	3 40 2	5 38 19
17	7 41 29	9 43 42	11 38 2	13 40 15	15 38 32	17 40 45	19 39 2	21 41 15	23 43 29	1 41 45	3 43 58	5 42 15
18	7 45 26	9 47 39	11 41 59	13 44 12	15 42 29	17 44 42	19 42 59	21 45 12	23 47 25	1 45 42	3 47 55	5 46 12
19	7 49 22	9 51 35	11 45 55	13 48 9	15 46 25	17 48 39	19 46 55	21 49 9	23 51 22	1 49 38	3 51 52	5 50 8
20	7 53 19	9 55 32	11 49 52	13 52 5	15 50 22	17 52 35	19 50 52	21 53 5	23 55 18	1 53 35	3 55 48	5 54 5
21	7 57 15	9 59 28	11 53 49	13 56 2	15 54 18	17 56 32	19 54 48	21 57 2	23 59 15	1 57 31	3 59 45	5 58 1
22	8 1 12	10 3 25	11 57 45	13 59 58	15 58 15	18 0 28	19 58 45	22 0 58	0 3 11	2 1 28	4 3 41	6 1 58
23	8 5 8	10 7 22	12 1 42	14 3 55	16 2 11	18 4 25	20 2 42	22 4 55	0 7 8	2 5 25	4 7 38	6 5 55
24	8 9 5	10 11 18	12 5 38	14 7 51	16 6 8	18 8 21	20 6 38	22 8 51	0 11 4	2 9 21	4 11 34	6 9 51
25	8 13 1	10 15 15	12 9 35	14 11 48	16 10 5	18 12 18	20 10 35	22 12 48	0 15 1	2 13 18	4 15 31	6 13 48
26	8 16 58	10 19 11	12 13 31	14 15 44	16 14 1	18 16 14	20 14 31	22 16 44	0 18 58	2 17 14	4 19 27	6 17 44
27	8 20 55	10 23 8	12 17 28	14 19 41	16 17 58	18 20 11	20 18 28	22 20 41	0 22 54	2 21 11	4 23 24	6 21 41
28	8 24 51	10 27 4	12 21 24	14 23 38	16 21 54	18 24 8	20 22 24	22 24 38	0 26 51	2 25 7	4 27 21	6 25 37
29	8 28 48	10 31 1	12 25 21	14 27 34	16 25 51	18 28 4	20 26 21	22 28 34	0 30 47	2 29 4	4 31 17	6 29 34
30	8 32 44		12 29 17	14 31 31	16 29 47	18 32 1	20 30 17	22 32 31	0 34 44	2 33 0	4 35 14	6 33 30
31	8 36 41		12 33 14		16 33 44		20 34 14	22 36 27		2 36 57		6 37 27
1953 1	6 41 24	8 43 37	10 34 0	12 36 14	14 34 30	16 36 43	18 35 0	20 37 13	22 39 27	0 37 43	2 39 56	4 38 13
2	6 45 20	8 47 33	10 37 57	12 40 10	14 38 27	16 40 40	18 38 57	20 41 10	22 43 23	0 41 40	2 43 53	4 42 10
3	6 49 17	8 51 30	10 41 54	12 44 7	14 42 23	16 44 37	18 42 53	20 45 7	22 47 20	0 45 36	2 47 50	4 46 6
4	6 53 13	8 55 27	10 45 50	12 48 3	14 46 20	16 48 33	18 46 50	20 49 3	22 51 16	0 49 33	2 51 46	4 50 3
5	6 57 10	8 59 23	10 49 47	12 52 0	14 50 16	16 52 30	18 50 46	20 53 0	22 55 13	0 53 30	2 55 43	4 53 59
6	7 1 6	9 3 20	10 53 43	12 55 56	14 54 13	16 56 26	18 54 43	20 56 56	22 59 9	0 57 26	2 59 39	4 57 56
7	7 5 3	9 7 16	10 57 40	12 59 53	14 58 10	17 0 23	18 58 40	21 0 53	23 3 6	1 1 23	3 3 36	5 1 53
8	7 8 59	9 11 13	11 1 36	13 3 49	15 2 6	17 4 19	19 2 36	21 4 49	23 7 3	1 5 19	3 7 32	5 5 49
9	7 12 56	9 15 9	11 5 33	13 7 46	15 6 3	17 8 16	19 6 33	21 8 46	23 10 59	1 9 16	3 11 29	5 9 46
10	7 16 53	9 19 6	11 9 29	13 11 43	15 9 59	17 12 12	19 10 29	21 12 43	23 14 56	1 13 12	3 15 25	5 13 42
11	7 20 49	9 23 2	11 13 26	13 15 39	15 13 56	17 16 9	19 14 26	21 16 39	23 18 52	1 17 9	3 19 22	5 17 39
12	7 24 46	9 26 59	11 17 23	13 19 36	15 17 52	17 20 6	19 18 22	21 20 36	23 22 49	1 21 5	3 23 19	5 21 35
13	7 28 42	9 30 56	11 21 19	13 23 32	15 21 49	17 24 2	19 22 19	21 24 32	23 26 45	1 25 2	3 27 15	5 25 32
14	7 32 39	9 34 52	11 25 16	13 27 29	15 25 45	17 27 59	19 26 15	21 28 29	23 30 42	1 28 58	3 31 12	5 29 28
15	7 36 35	9 38 49	11 29 12	13 31 25	15 29 42	17 31 55	19 30 12	21 32 25	23 34 38	1 32 55	3 35 8	5 33 25
16	7 40 32	9 42 45	11 33 9	13 35 22	15 33 39	17 35 52	19 34 9	21 36 22	23 38 35	1 36 52	3 39 5	5 37 22
17	7 44 29	9 46 42	11 37 5	13 39 18	15 37 35	17 39 48	19 38 5	21 40 18	23 42 32	1 40 48	3 43 1	5 41 18
18	7 48 25	9 50 38	11 41 2	13 43 15	15 41 32	17 43 45	19 42 2	21 44 15	23 46 28	1 44 45	3 46 58	5 45 15
19	7 52 22	9 54 35	11 44 58	13 47 12	15 45 28	17 47 42	19 45 58	21 48 11	23 50 25	1 48 41	3 50 54	5 49 11
20	7 56 18	9 58 31	11 48 55	13 51 8	15 49 25	17 51 38	19 49 55	21 52 8	23 54 21	1 52 38	3 54 51	5 53 8
21	8 0 15	10 2 28	11 52 51	13 55 5	15 53 21	17 55 35	19 53 51	21 56 5	23 58 18	1 56 34	3 58 48	5 57 4
22	8 4 11	10 6 25	11 56 48	13 59 1	15 57 18	17 59 31	19 57 48	22 0 1	0 2 14	2 0 31	4 2 44	6 1 1
23	8 8 8	10 10 21	12 0 45	14 2 58	16 1 14	18 3 28	20 1 44	22 3 58	0 6 11	2 4 27	4 6 41	6 4 57
24	8 12 4	10 14 18	12 4 41	14 6 54	16 5 11	18 7 24	20 5 41	22 7 54	0 10 7	2 8 24	4 10 37	6 8 54
25	8 16 1	10 18 14	12 8 38	14 10 51	16 9 8	18 11 21	20 9 38	22 11 51	0 14 4	2 12 21	4 14 34	6 12 51
26	8 19 58	10 22 11	12 12 34	14 14 47	16 13 4	18 15 17	20 13 34	22 15 47	0 18 1	2 16 17	4 18 30	6 16 47
27	8 23 54	10 26 7	12 16 31	14 18 44	16 17 1	18 19 14	20 17 31	22 19 44	0 21 57	2 20 14	4 22 27	6 20 44
28	8 27 51	10 30 4	12 20 27	14 22 41	16 20 57	18 23 11	20 21 27	22 23 40	0 25 54	2 24 10	4 26 24	6 24 40
29	8 31 47		12 24 24	14 26 37	16 24 54	18 27 7	20 25 24	22 27 37	0 29 50	2 28 7	4 30 20	6 28 37
30	8 35 44		12 28 20	14 30 34	16 28 50	18 31 4	20 29 20	22 31 34	0 33 47	2 32 3	4 34 17	6 32 33
31	8 39 40		12 32 17		16 32 47		20 33 17	22 35 30		2 36 0		6 36 30

ANNÉE		JANV	FÉV	MARS	AVRIL	MAI	JUIN	JUIL	AOÛT	SEPT	OCT	NOV	DÉC
1954	1	6 40 26	8 42 40	10 33 3	12 35 16	14 33 33	16 35 46	18 34 3	20 36 16	22 38 30	0 36 46	2 38 59	4 37 16
	2	6 44 23	8 46 36	10 37 0	12 39 13	14 37 30	16 39 43	18 38 0	20 40 13	22 42 26	0 40 43	2 42 56	4 41 13
	3	6 48 20	8 50 33	10 40 56	12 43 10	14 41 26	16 43 39	18 41 56	20 44 9	22 46 23	0 44 39	2 46 52	4 45 9
	4	6 52 16	8 54 29	10 44 53	12 47 6	14 45 23	16 47 36	18 45 53	20 48 6	22 50 19	0 48 36	2 50 49	4 49 6
	5	6 56 13	8 58 26	10 48 50	12 51 3	14 49 19	16 51 33	18 49 49	20 52 3	22 54 16	0 52 32	2 54 46	4 53 2
	6	7 0 9	9 2 23	10 52 46	12 54 59	14 53 16	16 55 29	18 53 46	20 55 59	22 58 12	0 56 29	2 58 42	4 56 59
	7	7 4 6	9 6 19	10 56 43	12 58 56	14 57 12	16 59 26	18 57 42	20 59 56	23 2 9	1 0 25	3 2 39	5 0 55
	8	7 8 2	9 10 16	11 0 39	13 2 52	15 1 9	17 3 22	19 1 39	21 3 52	23 6 5	1 4 22	3 6 35	5 4 52
	9	7 11 59	9 14 12	11 4 36	13 6 49	15 5 6	17 7 19	19 5 36	21 7 49	23 10 2	1 8 19	3 10 32	5 8 48
	10	7 15 56	9 18 9	11 8 32	13 10 45	15 9 2	17 11 15	19 9 32	21 11 45	23 13 59	1 12 15	3 14 28	5 12 45
	11	7 19 52	9 22 5	11 12 29	13 14 42	15 12 59	17 15 12	19 13 29	21 15 42	23 17 55	1 16 12	3 18 25	5 16 42
	12	7 23 49	9 26 2	11 16 25	13 18 39	15 16 55	17 19 8	19 17 25	21 19 38	23 21 52	1 20 8	3 22 21	5 20 38
	13	7 27 45	9 29 58	11 20 22	13 22 35	15 20 52	17 23 5	19 21 22	21 23 35	23 25 48	1 24 5	3 26 18	5 24 35
	14	7 31 42	9 33 55	11 24 19	13 26 32	15 24 48	17 27 2	19 25 18	21 27 32	23 29 45	1 28 1	3 30 15	5 28 31
	15	7 35 38	9 37 52	11 28 15	13 30 28	15 28 45	17 30 58	19 29 15	21 31 28	23 33 41	1 31 58	3 34 11	5 32 28
	16	7 39 35	9 41 48	11 32 12	13 34 25	15 32 41	17 34 55	19 33 11	21 35 25	23 37 38	1 35 54	3 38 8	5 36 24
	17	7 43 31	9 45 45	11 36 8	13 38 21	15 36 38	17 38 51	19 37 8	21 39 21	23 41 34	1 39 51	3 42 4	5 40 21
	18	7 47 28	9 49 41	11 40 5	13 42 18	15 40 35	17 42 48	19 41 5	21 43 18	23 45 31	1 43 48	3 46 1	5 44 17
	19	7 51 25	9 53 38	11 44 1	13 46 14	15 44 31	17 46 44	19 45 1	21 47 14	23 49 28	1 47 44	3 49 57	5 48 14
	20	7 55 21	9 57 34	11 47 58	13 50 11	15 48 28	17 50 41	19 48 58	21 51 11	23 53 24	1 51 41	3 53 54	5 52 11
	21	7 59 18	10 1 31	11 51 54	13 54 8	15 52 24	17 54 37	19 52 54	21 55 7	23 57 21	1 55 37	3 57 50	5 56 7
	22	8 3 14	10 5 27	11 55 51	13 58 4	15 56 21	17 58 34	19 56 51	21 59 4	0 1 17	1 59 34	4 1 47	6 0 4
	23	8 7 11	10 9 24	11 59 47	14 2 1	16 0 17	18 2 31	20 0 47	22 3 1	0 5 14	2 3 30	4 5 44	6 4 0
	24	8 11 7	10 13 21	12 3 44	14 5 57	16 4 14	18 6 27	20 4 44	22 6 57	0 9 10	2 7 27	4 9 40	6 7 57
	25	8 15 4	10 17 17	12 7 41	14 9 54	16 8 10	18 10 24	20 8 40	22 10 54	0 13 7	2 11 23	4 13 37	6 11 53
	26	8 19 0	10 21 14	12 11 37	14 13 50	16 12 7	18 14 20	20 12 37	22 14 50	0 17 3	2 15 20	4 17 33	6 15 50
	27	8 22 57	10 25 10	12 15 34	14 17 47	16 16 4	18 18 17	20 16 34	22 18 47	0 21 0	2 19 17	4 21 30	6 19 47
	28	8 26 54	10 29 7	12 19 30	14 21 43	16 20 0	18 22 13	20 20 30	22 22 43	0 24 56	2 23 13	4 25 26	6 23 43
	29	8 30 50		12 23 27	14 25 40	16 23 57	18 26 10	20 24 27	22 26 40	0 28 53	2 27 10	4 29 23	6 27 40
	30	8 34 47		12 27 23	14 29 37	16 27 53	18 30 7	20 28 23	22 30 36	0 32 50	2 31 6	4 33 19	6 31 36
	31	8 38 43		12 31 20		16 31 50		20 32 20	22 34 33		2 35 3		6 35 33
1955	1	6 39 29	8 41 43	10 32 6	12 34 19	14 32 36	16 34 49	18 33 6	20 35 19	22 37 32	0 35 49	2 38 2	4 36 19
	2	6 43 26	8 45 39	10 36 3	12 38 16	14 36 32	16 38 46	18 37 2	20 39 16	22 41 29	0 39 45	2 41 59	4 40 15
	3	6 47 22	8 49 36	10 39 59	12 42 12	14 40 29	16 42 42	18 40 59	20 43 12	22 45 25	0 43 42	2 45 55	4 44 12
	4	6 51 19	8 53 32	10 43 56	12 46 9	14 44 26	16 46 39	18 44 55	20 47 9	22 49 22	0 47 38	2 49 52	4 48 8
	5	6 55 16	8 57 29	10 47 52	12 50 5	14 48 22	16 50 35	18 48 52	20 51 5	22 53 18	0 51 35	2 53 48	4 52 5
	6	6 59 12	9 1 25	10 51 49	12 54 2	14 52 19	16 54 32	18 52 49	20 55 2	22 57 15	0 55 32	2 57 45	4 56 1
	7	7 3 9	9 5 22	10 55 45	12 57 59	14 56 15	16 58 28	18 56 45	20 58 58	23 1 12	0 59 28	3 1 41	4 59 58
	8	7 7 5	9 9 18	10 59 42	13 1 55	15 0 12	17 2 25	19 0 42	21 2 55	23 5 8	1 3 25	3 5 38	5 3 55
	9	7 11 2	9 13 15	11 3 39	13 5 52	15 4 8	17 6 22	19 4 38	21 6 52	23 9 5	1 7 21	3 9 34	5 7 51
	10	7 14 58	9 17 12	11 7 35	13 9 48	15 8 5	17 10 18	19 8 35	21 10 48	23 13 1	1 11 18	3 13 31	5 11 48
	11	7 18 55	9 21 8	11 11 32	13 13 45	15 12 1	17 14 15	19 12 31	21 14 45	23 16 58	1 15 14	3 17 28	5 15 44
	12	7 22 51	9 25 5	11 15 28	13 17 41	15 15 58	17 18 11	19 16 28	21 18 41	23 20 54	1 19 11	3 21 24	5 19 41
	13	7 26 48	9 29 1	11 19 25	13 21 38	15 19 55	17 22 8	19 20 24	21 22 38	23 24 51	1 23 7	3 25 21	5 23 37
	14	7 30 45	9 32 58	11 23 21	13 25 34	15 23 51	17 26 4	19 24 21	21 26 34	23 28 47	1 27 4	3 29 17	5 27 34
	15	7 34 41	9 36 54	11 27 18	13 29 31	15 27 48	17 30 1	19 28 18	21 30 31	23 32 44	1 31 1	3 33 14	5 31 30
	16	7 38 38	9 40 51	11 31 14	13 33 28	15 31 44	17 33 57	19 32 14	21 34 27	23 36 41	1 34 57	3 37 10	5 35 27
	17	7 42 34	9 44 47	11 35 11	13 37 24	15 35 41	17 37 54	19 36 11	21 38 24	23 40 37	1 38 54	3 41 7	5 39 24
	18	7 46 31	9 48 44	11 39 8	13 41 21	15 39 37	17 41 51	19 40 7	21 42 21	23 44 34	1 42 50	3 45 3	5 43 20
	19	7 50 27	9 52 41	11 43 4	13 45 17	15 43 34	17 45 47	19 44 4	21 46 17	23 48 30	1 46 47	3 49 0	5 47 17
	20	7 54 24	9 56 37	11 47 1	13 49 14	15 47 30	17 49 44	19 48 0	21 50 14	23 52 27	1 50 43	3 52 57	5 51 13
	21	7 58 20	10 0 34	11 50 57	13 53 10	15 51 27	17 53 40	19 51 57	21 54 10	23 56 23	1 54 40	3 56 53	5 55 10
	22	8 2 17	10 4 30	11 54 54	13 57 7	15 55 24	17 57 37	19 55 54	21 58 7	0 0 20	1 58 36	4 0 50	5 59 6
	23	8 6 14	10 8 27	11 58 50	14 1 3	15 59 20	18 1 33	19 59 50	22 2 3	0 4 16	2 2 33	4 4 46	6 3 3
	24	8 10 10	10 12 23	12 2 47	14 5 0	16 3 17	18 5 30	20 3 47	22 6 0	0 8 13	2 6 30	4 8 43	6 7 0
	25	8 14 7	10 16 20	12 6 43	14 8 57	16 7 13	18 9 26	20 7 43	22 9 56	0 12 10	2 10 26	4 12 39	6 10 56
	26	8 18 3	10 20 16	12 10 40	14 12 53	16 11 10	18 13 23	20 11 40	22 13 53	0 16 6	2 14 23	4 16 36	6 14 53
	27	8 22 0	10 24 13	12 14 36	14 16 50	16 15 6	18 17 20	20 15 36	22 17 50	0 20 3	2 18 19	4 20 32	6 18 49
	28	8 25 56	10 28 10	12 18 33	14 20 46	16 19 3	18 21 16	20 19 33	22 21 46	0 23 59	2 22 16	4 24 29	6 22 46
	29	8 29 53		12 22 30	14 24 43	16 22 59	18 25 13	20 23 29	22 25 43	0 27 56	2 26 12	4 28 26	6 26 42
	30	8 33 49		12 26 26	14 28 39	16 26 56	18 29 9	20 27 26	22 29 39	0 31 52	2 30 9	4 32 22	6 30 39
	31	8 37 46		12 30 23		16 30 53		20 31 23	22 33 36		2 34 5		6 34 35
1956	1	6 38 32	8 40 45	10 35 5	12 37 18	14 35 35	16 37 48	18 36 5	20 38 18	22 40 31	0 38 48	2 41 1	4 39 18
	2	6 42 29	8 44 42	10 39 2	12 41 15	14 39 32	16 41 45	18 40 2	20 42 15	22 44 28	0 42 45	2 44 58	4 43 14
	3	6 46 25	8 48 38	10 42 58	12 45 12	14 43 28	16 45 41	18 43 58	20 46 11	22 48 25	0 46 41	2 48 54	4 47 11
	4	6 50 22	8 52 35	10 46 55	12 49 8	14 47 25	16 49 38	18 47 55	20 50 8	22 52 21	0 50 38	2 52 51	4 51 8
	5	6 54 18	8 56 31	10 50 52	12 53 5	14 51 21	16 53 35	18 51 51	20 54 4	22 56 18	0 54 34	2 56 47	4 55 4
	6	6 58 15	9 0 28	10 54 48	12 57 1	14 55 18	16 57 31	18 55 48	20 58 1	23 0 14	0 58 31	3 0 44	4 59 1
	7	7 2 11	9 4 25	10 58 45	13 0 58	14 59 14	17 1 28	18 59 44	21 1 58	23 4 11	1 2 27	3 4 40	5 2 57
	8	7 6 8	9 8 21	11 2 41	13 4 54	15 3 11	17 5 24	19 3 41	21 5 54	23 8 7	1 6 24	3 8 37	5 6 54
	9	7 10 4	9 12 18	11 6 38	13 8 51	15 7 7	17 9 21	19 7 37	21 9 51	23 12 4	1 10 20	3 12 34	5 10 50
	10	7 14 1	9 16 14	11 10 34	13 12 47	15 11 4	17 13 17	19 11 34	21 13 47	23 16 0	1 14 17	3 16 30	5 14 47
	11	7 17 58	9 20 11	11 14 31	13 16 44	15 15 1	17 17 14	19 15 31	21 17 44	23 19 57	1 18 14	3 20 27	5 18 43
	12	7 21 54	9 24 7	11 18 27	13 20 41	15 18 57	17 21 10	19 19 27	21 21 40	23 23 54	1 22 10	3 24 23	5 22 40
	13	7 25 51	9 28 4	11 22 24	13 24 37	15 22 54	17 25 7	19 23 24	21 25 37	23 27 50	1 26 7	3 28 20	5 26 37
	14	7 29 47	9 32 0	11 26 21	13 28 34	15 26 50	17 29 4	19 27 20	21 29 33	23 31 47	1 30 3	3 32 16	5 30 33
	15	7 33 44	9 35 57	11 30 17	13 32 30	15 30 47	17 33 0	19 31 17	21 33 30	23 35 43	1 34 0	3 36 13	5 34 30
	16	7 37 40	9 39 54	11 34 14	13 36 27	15 34 43	17 36 57	19 35 13	21 37 27	23 39 40	1 37 56	3 40 9	5 38 26
	17	7 41 37	9 43 50	11 38 10	13 40 23	15 38 40	17 40 53	19 39 10	21 41 23	23 43 36	1 41 53	3 44 6	5 42 23
	18	7 45 33	9 47 47	11 42 7	13 44 20	15 42 37	17 44 50	19 43 6	21 45 20	23 47 33	1 45 49	3 48 3	5 46 19
	19	7 49 30	9 51 43	11 46 3	13 48 16	15 46 33	17 48 46	19 47 3	21 49 16	23 51 29	1 49 46	3 51 59	5 50 16
	20	7 53 27	9 55 40	11 50 0	13 52 13	15 50 30	17 52 43	19 51 0	21 53 13	23 55 26	1 53 42	3 55 56	5 54 12
	21	7 57 23	9 59 36	11 53 56	13 56 10	15 54 26	17 56 39	19 54 56	21 57 9	23 59 22	1 57 39	3 59 52	5 58 9
	22	8 1 20	10 3 33	11 57 53	14 0 6	15 58 23	18 0 36	19 58 53	22 1 6	0 3 19	2 1 36	4 3 49	6 2 6
	23	8 5 16	10 7 29	12 1 49	14 4 3	16 2 19	18 4 33	20 2 49	22 5 2	0 7 16	2 5 32	4 7 45	6 6 2
	24	8 9 13	10 11 26	12 5 46	14 7 59	16 6 16	18 8 29	20 6 46	22 8 59	0 11 12	2 9 29	4 11 42	6 9 59
	25	8 13 9	10 15 23	12 9 43	14 11 56	16 10 12	18 12 26	20 10 42	22 12 56	0 15 9	2 13 25	4 15 38	6 13 55
	26	8 17 6	10 19 19	12 13 39	14 15 52	16 14 9	18 16 22	20 14 39	22 16 52	0 19 5	2 17 22	4 19 35	6 17 52
	27	8 21 2	10 23 16	12 17 36	14 19 49	16 18 6	18 20 19	20 18 35	22 20 49	0 23 2	2 21 18	4 23 32	6 21 48
	28	8 24 59	10 27 12	12 21 32	14 23 45	16 22 2	18 24 15	20 22 32	22 24 45	0 26 58	2 25 15	4 27 28	6 25 45
	29	8 28 56	10 31 9	12 25 29	14 27 42	16 25 59	18 28 12	20 26 29	22 28 42	0 30 55	2 29 12	4 31 25	6 29 41
	30	8 32 52		12 29 25	14 31 39	16 29 55	18 32 8	20 30 25	22 32 38	0 34 51	2 33 8	4 35 21	6 33 38
	31	8 36 49		12 33 22		16 33 52		20 34 22	22 36 35		2 37 5		6 37 35
1957	1	6 41 31	8 43 44	10 34 8	12 36 21	14 34 38	16 36 51	18 35 8	20 37 21	22 39 34	0 37 51	2 40 4	4 38 20
	2	6 45 28	8 47 41	10 38 4	12 40 18	14 38 34	16 40 47	18 39 4	20 41 17	22 43 30	0 41 47	2 44 0	4 42 17
	3	6 49 24	8 51 37	10 42 1	12 44 14	14 42 31	16 44 44	18 43 1	20 45 14	22 47 27	0 45 44	2 47 57	4 46 13
	4	6 53 21	8 55 34	10 45 58	12 48 11	14 46 27	16 48 40	18 46 57	20 49 10	22 51 24	0 49 40	2 51 53	4 50 10
	5	6 57 17	8 59 31	10 49 54	12 52 7	14 50 24	16 52 37	18 50 54	20 53 7	22 55 20	0 53 37	2 55 50	4 54 7
	6	7 1 14	9 3 27	10 53 51	12 56 4	14 54 20	16 56 34	18 54 50	20 57 4	22 59 17	0 57 33	2 59 46	4 58 3
	7	7 5 10	9 7 24	10 57 47	13 0 0	14 58 17	17 0 30	18 58 47	21 1 0	23 3 13	1 1 30	3 3 43	5 2 0
	8	7 9 7	9 11 20	11 1 44	13 3 57	15 2 13	17 4 27	19 2 43	21 4 57	23 7 10	1 5 26	3 7 40	5 5 56
	9	7 13 4	9 15 17	11 5 40	13 7 53	15 6 10	17 8 23	19 6 40	21 8 53	23 11 6	1 9 23	3 11 36	5 9 53
	10	7 17 0	9 19 13	11 9 37	13 11 50	15 10 7	17 12 20	19 10 37	21 12 50	23 15 3	1 13 19	3 15 33	5 13 49
	11	7 20 57	9 23 10	11 13 33	13 15 47	15 14 3	17 16 16	19 14 33	21 16 46	23 18 59	1 17 16	3 19 29	5 17 46
	12	7 24 53	9 27 6	11 17 30	13 19 43	15 18 0	17 20 13	19 18 30	21 20 43	23 22 56	1 21 13	3 23 26	5 21 42
	13	7 28 50	9 31 3	11 21 27	13 23 40	15 21 56	17 24 9	19 22 26	21 24 39	23 26 53	1 25 9	3 27 22	5 25 39
	14	7 32 46	9 35 0	11 25 23	13 27 36	15 25 53	17 28 6	19 26 23	21 28 36	23 30 49	1 29 6	3 31 19	5 29 36
	15	7 36 43	9 38 56	11 29 20	13 31 33	15 29 49	17 32 3	19 30 19	21 32 33	23 34 46	1 33 2	3 35 15	5 33 32
	16	7 40 39	9 42 53	11 33 16	13 35 29	15 33 46	17 35 59	19 34 16	21 36 29	23 38 42	1 36 59	3 39 12	5 37 29
	17	7 44 36	9 46 49	11 37 13	13 39 26	15 37 42	17 39 56	19 38 12	21 40 26	23 42 39	1 40 55	3 43 9	5 41 25
	18	7 48 33	9 50 46	11 41 9	13 43 22	15 41 39	17 43 52	19 42 9	21 44 22	23 46 35	1 44 52	3 47 5	5 45 22
	19	7 52 29	9 54 42	11 45 6	13 47 19	15 45 36	17 47 49	19 46 6	21 48 19	23 50 32	1 48 48	3 51 2	5 49 18
	20	7 56 26	9 58 39	11 49 2	13 51 16	15 49 32	17 51 45	19 50 2	21 52 15	23 54 28	1 52 45	3 54 58	5 53 15
	21	8 0 22	10 2 35	11 52 59	13 55 12	15 53 29	17 55 42	19 53 59	21 56 12	23 58 25	1 56 42	3 58 55	5 57 11
	22	8 4 19	10 6 32	11 56 55	13 59 9	15 57 25	17 59 38	19 57 55	22 0 8	0 2 22	2 0 38	4 2 51	6 1 8
	23	8 8 15	10 10 29	12 0 52	14 3 5	16 1 22	18 3 35	20 1 52	22 4 5	0 6 18	2 4 35	4 6 48	6 5 5
	24	8 12 12	10 14 25	12 4 49	14 7 2	16 5 18	18 7 32	20 5 48	22 8 2	0 10 15	2 8 31	4 10 44	6 9 1
	25	8 16 8	10 18 22	12 8 45	14 10 58	16 9 15	18 11 28	20 9 45	22 11 58	0 14 11	2 12 28	4 14 41	6 12 58
	26	8 20 5	10 22 18	12 12 42	14 14 55	16 13 11	18 15 25	20 13 41	22 15 55	0 18 8	2 16 24	4 18 38	6 16 54
	27	8 24 2	10 26 15	12 16 38	14 18 51	16 17 8	18 19 21	20 17 38	22 19 51	0 22 4	2 20 21	4 22 34	6 20 51
	28	8 27 58	10 30 11	12 20 35	14 22 48	16 21 5	18 23 18	20 21 35	22 23 48	0 26 1	2 24 17	4 26 31	6 24 47
	29	8 31 55		12 24 31	14 26 44	16 25 1	18 27 14	20 25 31	22 27 44	0 29 57	2 28 14	4 30 27	6 28 44
	30	8 35 51		12 28 28	14 30 41	16 28 58	18 31 11	20 29 28	22 31 41	0 33 54	2 32 11	4 34 24	6 32 40
	31	8 39 48		12 32 24		16 32 54		20 33 24	22 35 37		2 36 7		6 36 37

ANNÉE		JANV	FÉV	MARS	AVRIL	MAI	JUIN	JUIL	AOÛT	SEPT	OCT	NOV	DÉC
1958	1	6 40 34	8 42 47	10 33 10	12 35 23	14 33 40	16 35 53	18 34 10	20 36 23	22 38 36	0 36 53	2 39 6	4 37 23
	2	6 44 30	8 46 43	10 37 7	12 39 20	14 37 37	16 39 50	18 38 7	20 40 20	22 42 33	0 40 49	2 43 3	4 41 19
	3	6 48 27	8 50 40	10 41 3	12 43 17	14 41 33	16 43 46	18 42 3	20 44 16	22 46 29	0 44 46	2 46 59	4 45 16
	4	6 52 23	8 54 37	10 45 0	12 47 13	14 45 30	16 47 43	18 46 0	20 48 13	22 50 26	0 48 43	2 50 56	4 49 12
	5	6 56 20	8 58 33	10 48 57	12 51 10	14 49 26	16 51 39	18 49 56	20 52 9	22 54 23	0 52 39	2 54 52	4 53 9
	6	7 0 16	9 2 30	10 52 53	12 55 6	14 53 23	16 55 36	18 53 53	20 56 6	22 58 19	0 56 36	2 58 49	4 57 5
	7	7 4 13	9 6 26	10 56 50	12 59 3	14 57 19	16 59 33	18 57 49	21 0 3	23 2 16	1 0 32	3 2 45	5 1 2
	8	7 8 9	9 10 23	11 0 46	13 2 59	15 1 16	17 3 29	19 1 46	21 3 59	23 6 12	1 4 29	3 6 42	5 4 59
	9	7 12 6	9 14 19	11 4 43	13 6 56	15 5 12	17 7 26	19 5 42	21 7 56	23 10 9	1 8 25	3 10 38	5 8 55
	10	7 16 3	9 18 16	11 8 39	13 10 52	15 9 9	17 11 22	19 9 39	21 11 52	23 14 5	1 12 22	3 14 35	5 12 52
	11	7 19 59	9 22 12	11 12 36	13 14 49	15 13 6	17 15 19	19 13 36	21 15 49	23 18 2	1 16 18	3 18 32	5 16 48
	12	7 23 56	9 26 9	11 16 32	13 18 46	15 17 2	17 19 15	19 17 32	21 19 45	23 21 58	1 20 15	3 22 28	5 20 45
	13	7 27 52	9 30 5	11 20 29	13 22 42	15 20 59	17 23 12	19 21 29	21 23 42	23 25 55	1 24 12	3 26 25	5 24 41
	14	7 31 49	9 34 2	11 24 26	13 26 39	15 24 55	17 27 8	19 25 25	21 27 38	23 29 52	1 28 8	3 30 21	5 28 38
	15	7 35 45	9 37 59	11 28 22	13 30 35	15 28 52	17 31 5	19 29 22	21 31 35	23 33 48	1 32 5	3 34 18	5 32 35
	16	7 39 42	9 41 55	11 32 19	13 34 32	15 32 48	17 35 2	19 33 18	21 35 32	23 37 45	1 36 1	3 38 14	5 36 31
	17	7 43 38	9 45 52	11 36 15	13 38 28	15 36 45	17 38 58	19 37 15	21 39 28	23 41 41	1 39 58	3 42 11	5 40 28
	18	7 47 35	9 49 48	11 40 12	13 42 25	15 40 41	17 42 55	19 41 11	21 43 25	23 45 38	1 43 54	3 46 7	5 44 24
	19	7 51 32	9 53 45	11 44 8	13 46 21	15 44 38	17 46 51	19 45 8	21 47 21	23 49 34	1 47 51	3 50 4	5 48 21
	20	7 55 28	9 57 41	11 48 5	13 50 18	15 48 35	17 50 48	19 49 5	21 51 18	23 53 31	1 51 47	3 54 1	5 52 17
	21	7 59 25	10 1 38	11 52 1	13 54 14	15 52 31	17 54 44	19 53 1	21 55 14	23 57 27	1 55 44	3 57 57	5 56 14
	22	8 3 21	10 5 34	11 55 58	13 58 11	15 56 28	17 58 41	19 56 58	21 59 11	0 1 24	1 59 41	4 1 54	6 0 10
	23	8 7 18	10 9 31	11 59 54	14 2 8	16 0 24	18 2 37	20 0 54	22 3 7	0 5 21	2 3 37	4 5 50	6 4 7
	24	8 11 14	10 13 28	12 3 51	14 6 4	16 4 21	18 6 34	20 4 51	22 7 4	0 9 17	2 7 34	4 9 47	6 8 4
	25	8 15 11	10 17 24	12 7 48	14 10 1	16 8 17	18 10 31	20 8 47	22 11 0	0 13 14	2 11 30	4 13 43	6 12 0
	26	8 19 7	10 21 21	12 11 44	14 13 57	16 12 14	18 14 27	20 12 44	22 14 57	0 17 10	2 15 27	4 17 40	6 15 57
	27	8 23 4	10 25 17	12 15 41	14 17 54	16 16 10	18 18 24	20 16 40	22 18 54	0 21 7	2 19 23	4 21 36	6 19 53
	28	8 27 1	10 29 14	12 19 37	14 21 50	16 20 7	18 22 20	20 20 37	22 22 50	0 25 3	2 23 20	4 25 33	6 23 50
	29	8 30 57		12 23 34	14 25 47	16 24 4	18 26 17	20 24 34	22 26 47	0 29 0	2 27 16	4 29 30	6 27 46
	30	8 34 54		12 27 30	14 29 43	16 28 0	18 30 13	20 28 30	22 30 43	0 32 56	2 31 13	4 33 26	6 31 43
	31	8 38 50		12 31 27		16 31 57		20 32 27	22 34 40		2 35 9		6 35 39
1959	1	6 39 36	8 41 49	10 32 13	12 34 26	14 32 42	16 34 56	18 33 12	20 35 26	22 37 39	0 35 55	2 38 8	4 36 25
	2	6 43 33	8 45 46	10 36 9	12 38 22	14 36 39	16 38 52	18 37 9	20 39 22	22 41 35	0 39 52	2 42 5	4 40 22
	3	6 47 29	8 49 42	10 40 6	12 42 19	14 40 36	16 42 49	18 41 5	20 43 19	22 45 32	0 43 48	2 46 1	4 44 18
	4	6 51 26	8 53 39	10 44 2	12 46 15	14 44 32	16 46 45	18 45 2	20 47 15	22 49 28	0 47 45	2 49 58	4 48 15
	5	6 55 22	8 57 35	10 47 59	12 50 12	14 48 29	16 50 42	18 48 59	20 51 12	22 53 25	0 51 41	2 53 55	4 52 11
	6	6 59 19	9 1 32	10 51 55	12 54 9	14 52 25	16 54 38	18 52 55	20 55 8	22 57 21	0 55 38	2 57 51	4 56 8
	7	7 3 15	9 5 29	10 55 52	12 58 5	14 56 22	16 58 35	18 56 52	20 59 5	23 1 18	0 59 35	3 1 48	5 0 4
	8	7 7 12	9 9 25	10 59 49	13 2 2	15 0 18	17 2 32	19 0 48	21 3 1	23 5 15	1 3 31	3 5 44	5 4 1
	9	7 11 8	9 13 22	11 3 45	13 5 58	15 4 15	17 6 28	19 4 45	21 6 58	23 9 11	1 7 28	3 9 41	5 7 58
	10	7 15 5	9 17 18	11 7 42	13 9 55	15 8 11	17 10 25	19 8 41	21 10 55	23 13 8	1 11 24	3 13 37	5 11 54
	11	7 19 2	9 21 15	11 11 38	13 13 51	15 12 8	17 14 21	19 12 38	21 14 51	23 17 4	1 15 21	3 17 34	5 15 51
	12	7 22 58	9 25 11	11 15 35	13 17 48	15 16 4	17 18 18	19 16 34	21 18 48	23 21 1	1 19 17	3 21 30	5 19 47
	13	7 26 55	9 29 8	11 19 31	13 21 44	15 20 1	17 22 14	19 20 31	21 22 44	23 24 57	1 23 14	3 25 27	5 23 44
	14	7 30 51	9 33 4	11 23 28	13 25 41	15 23 58	17 26 11	19 24 28	21 26 41	23 28 54	1 27 10	3 29 24	5 27 40
	15	7 34 48	9 37 1	11 27 24	13 29 38	15 27 54	17 30 7	19 28 24	21 30 37	23 32 50	1 31 7	3 33 20	5 31 37
	16	7 38 44	9 40 58	11 31 21	13 33 34	15 31 51	17 34 4	19 32 21	21 34 34	23 36 47	1 35 4	3 37 17	5 35 33
	17	7 42 41	9 44 54	11 35 18	13 37 31	15 35 47	17 38 1	19 36 17	21 38 30	23 40 44	1 39 0	3 41 13	5 39 30
	18	7 46 37	9 48 51	11 39 14	13 41 27	15 39 44	17 41 57	19 40 14	21 42 27	23 44 40	1 42 57	3 45 10	5 43 27
	19	7 50 34	9 52 47	11 43 11	13 45 24	15 43 40	17 45 54	19 44 10	21 46 24	23 48 37	1 46 53	3 49 6	5 47 23
	20	7 54 31	9 56 44	11 47 7	13 49 20	15 47 37	17 49 50	19 48 7	21 50 20	23 52 33	1 50 50	3 53 3	5 51 20
	21	7 58 27	10 0 40	11 51 4	13 53 17	15 51 33	17 53 47	19 52 3	21 54 17	23 56 30	1 54 46	3 56 59	5 55 16
	22	8 2 24	10 4 37	11 55 0	13 57 13	15 55 30	17 57 43	19 56 0	21 58 13	0 0 26	1 58 43	4 0 56	5 59 13
	23	8 6 20	10 8 33	11 58 57	14 1 10	15 59 27	18 1 40	19 59 57	22 2 10	0 4 23	2 2 39	4 4 53	6 3 9
	24	8 10 17	10 12 30	12 2 53	14 5 7	16 3 23	18 5 36	20 3 53	22 6 6	0 8 19	2 6 36	4 8 49	6 7 6
	25	8 14 13	10 16 27	12 6 50	14 9 3	16 7 20	18 9 33	20 7 50	22 10 3	0 12 16	2 10 33	4 12 46	6 11 2
	26	8 18 10	10 20 23	12 10 47	14 13 0	16 11 16	18 13 30	20 11 46	22 13 59	0 16 13	2 14 29	4 16 42	6 14 59
	27	8 22 6	10 24 20	12 14 43	14 16 56	16 15 13	18 17 26	20 15 43	22 17 56	0 20 9	2 18 26	4 20 39	6 18 56
	28	8 26 3	10 28 16	12 18 40	14 20 53	16 19 9	18 21 23	20 19 39	22 21 52	0 24 6	2 22 22	4 24 35	6 22 52
	29	8 30 0		12 22 36	14 24 49	16 23 6	18 25 19	20 23 36	22 25 49	0 28 2	2 26 19	4 28 32	6 26 49
	30	8 33 56		12 26 33	14 28 46	16 27 3	18 29 16	20 27 32	22 29 46	0 31 59	2 30 15	4 32 28	6 30 45
	31	8 37 53		12 30 29		16 30 59		20 31 29	22 33 42		2 34 12		6 34 42
1960	1	6 38 38	8 40 52	10 35 12	12 37 25	14 35 41	16 37 55	18 36 11	20 38 24	22 40 38	0 38 54	2 41 7	4 39 24
	2	6 42 35	8 44 48	10 39 8	12 41 21	14 39 38	16 41 51	18 40 8	20 42 21	22 44 34	0 42 51	2 45 4	4 43 21
	3	6 46 31	8 48 45	10 43 5	12 45 18	14 43 34	16 45 48	18 44 4	20 46 18	22 48 31	0 46 47	2 49 0	4 47 17
	4	6 50 28	8 52 41	10 47 1	12 49 14	14 47 31	16 49 44	18 48 1	20 50 14	22 52 27	0 50 44	2 52 57	4 51 14
	5	6 54 25	8 56 38	10 50 58	12 53 11	14 51 28	16 53 41	18 51 57	20 54 11	22 56 24	0 54 40	2 56 54	4 55 10
	6	6 58 21	9 0 34	10 54 54	12 57 7	14 55 24	16 57 37	18 55 54	20 58 7	23 0 20	0 58 37	3 0 50	4 59 7
	7	7 2 18	9 4 31	10 58 51	13 1 4	14 59 21	17 1 34	18 59 51	21 2 4	23 4 17	1 2 33	3 4 47	5 3 3
	8	7 6 14	9 8 27	11 2 47	13 5 1	15 3 17	17 5 30	19 3 47	21 6 0	23 8 13	1 6 30	3 8 43	5 7 0
	9	7 10 11	9 12 24	11 6 44	13 8 57	15 7 14	17 9 27	19 7 44	21 9 57	23 12 10	1 10 27	3 12 40	5 10 56
	10	7 14 7	9 16 21	11 10 41	13 12 54	15 11 10	17 13 24	19 11 40	21 13 53	23 16 7	1 14 23	3 16 36	5 14 53
	11	7 18 4	9 20 17	11 14 37	13 16 50	15 15 7	17 17 20	19 15 37	21 17 50	23 20 3	1 18 20	3 20 33	5 18 50
	12	7 22 0	9 24 14	11 18 34	13 20 47	15 19 3	17 21 17	19 19 33	21 21 47	23 24 0	1 22 16	3 24 29	5 22 46
	13	7 25 57	9 28 10	11 22 30	13 24 43	15 23 0	17 25 13	19 23 30	21 25 43	23 27 56	1 26 13	3 28 26	5 26 43
	14	7 29 54	9 32 7	11 26 27	13 28 40	15 26 57	17 29 10	19 27 26	21 29 40	23 31 53	1 30 9	3 32 23	5 30 39
	15	7 33 50	9 36 3	11 30 23	13 32 36	15 30 53	17 33 6	19 31 23	21 33 36	23 35 49	1 34 6	3 36 19	5 34 36
	16	7 37 47	9 40 0	11 34 20	13 36 33	15 34 50	17 37 3	19 35 20	21 37 33	23 39 46	1 38 2	3 40 16	5 38 32
	17	7 41 43	9 43 56	11 38 16	13 40 30	15 38 46	17 40 59	19 39 16	21 41 29	23 43 42	1 41 59	3 44 12	5 42 29
	18	7 45 40	9 47 53	11 42 13	13 44 26	15 42 43	17 44 56	19 43 13	21 45 26	23 47 39	1 45 56	3 48 9	5 46 25
	19	7 49 36	9 51 50	11 46 10	13 48 23	15 46 39	17 48 53	19 47 9	21 49 22	23 51 36	1 49 52	3 52 5	5 50 22
	20	7 53 33	9 55 46	11 50 6	13 52 19	15 50 36	17 52 49	19 51 6	21 53 19	23 55 32	1 53 49	3 56 2	5 54 19
	21	7 57 29	9 59 43	11 54 3	13 56 16	15 54 32	17 56 46	19 55 2	21 57 16	23 59 29	1 57 45	3 59 58	5 58 15
	22	8 1 26	10 3 39	11 57 59	14 0 12	15 58 29	18 0 42	19 58 59	22 1 12	0 3 25	2 1 42	4 3 55	6 2 12
	23	8 5 23	10 7 36	12 1 56	14 4 9	16 2 26	18 4 39	20 2 55	22 5 9	0 7 22	2 5 38	4 7 52	6 6 8
	24	8 9 19	10 11 32	12 5 52	14 8 5	16 6 22	18 8 35	20 6 52	22 9 5	0 11 18	2 9 35	4 11 48	6 10 5
	25	8 13 16	10 15 29	12 9 49	14 12 2	16 10 19	18 12 32	20 10 49	22 13 2	0 15 15	2 13 31	4 15 45	6 14 1
	26	8 17 12	10 19 25	12 13 45	14 15 59	16 14 15	18 16 28	20 14 45	22 16 58	0 19 11	2 17 28	4 19 41	6 17 58
	27	8 21 9	10 23 22	12 17 42	14 19 55	16 18 12	18 20 25	20 18 42	22 20 55	0 23 8	2 21 25	4 23 38	6 21 54
	28	8 25 5	10 27 19	12 21 39	14 23 52	16 22 8	18 24 22	20 22 38	22 24 51	0 27 5	2 25 21	4 27 34	6 25 51
	29	8 29 2	10 31 15	12 25 35	14 27 48	16 26 5	18 28 18	20 26 35	22 28 48	0 31 1	2 29 18	4 31 31	6 29 48
	30	8 32 58		12 29 32	14 31 45	16 30 1	18 32 15	20 30 31	22 32 44	0 34 58	2 33 14	4 35 27	6 33 44
	31	8 36 55		12 33 28		16 33 58		20 34 28	22 36 41		2 37 11		6 37 41
1961	1	6 41 37	8 43 50	10 34 14	12 36 27	14 34 44	16 36 57	18 35 14	20 37 27	22 39 40	0 37 57	2 40 10	4 38 26
	2	6 45 34	8 47 47	10 38 11	12 40 24	14 38 40	16 40 53	18 39 10	20 41 23	22 43 37	0 41 53	2 44 6	4 42 23
	3	6 49 30	8 51 44	10 42 7	12 44 20	14 42 37	16 44 50	18 43 7	20 45 20	22 47 33	0 45 50	2 48 3	4 46 19
	4	6 53 27	8 55 40	10 46 4	12 48 17	14 46 33	16 48 47	18 47 3	20 49 16	22 51 30	0 49 46	2 51 59	4 50 16
	5	6 57 23	8 59 37	10 50 0	12 52 13	14 50 30	16 52 43	18 51 0	20 53 13	22 55 26	0 53 43	2 55 56	4 54 13
	6	7 1 20	9 3 33	10 53 57	12 56 10	14 54 26	16 56 40	18 54 56	20 57 10	22 59 23	0 57 39	2 59 52	4 58 9
	7	7 5 17	9 7 30	10 57 53	13 0 6	14 58 23	17 0 36	18 58 53	21 1 6	23 3 19	1 1 36	3 3 49	5 2 6
	8	7 9 13	9 11 26	11 1 50	13 4 3	15 2 20	17 4 33	19 2 49	21 5 3	23 7 16	1 5 32	3 7 46	5 6 2
	9	7 13 10	9 15 23	11 5 46	13 8 0	15 6 16	17 8 29	19 6 46	21 8 59	23 11 12	1 9 29	3 11 42	5 9 59
	10	7 17 6	9 19 19	11 9 43	13 11 56	15 10 13	17 12 26	19 10 43	21 12 56	23 15 9	1 13 26	3 15 39	5 13 55
	11	7 21 3	9 23 16	11 13 39	13 15 53	15 14 9	17 16 22	19 14 39	21 16 52	23 19 6	1 17 22	3 19 35	5 17 52
	12	7 24 59	9 27 13	11 17 36	13 19 49	15 18 6	17 20 19	19 18 36	21 20 49	23 23 2	1 21 19	3 23 32	5 21 48
	13	7 28 56	9 31 9	11 21 33	13 23 46	15 22 2	17 24 16	19 22 32	21 24 45	23 26 59	1 25 15	3 27 28	5 25 45
	14	7 32 52	9 35 6	11 25 29	13 27 42	15 25 59	17 28 12	19 26 29	21 28 42	23 30 55	1 29 12	3 31 25	5 29 42
	15	7 36 49	9 39 2	11 29 26	13 31 39	15 29 55	17 32 9	19 30 25	21 32 39	23 34 52	1 33 8	3 35 21	5 33 38
	16	7 40 46	9 42 59	11 33 22	13 35 35	15 33 52	17 36 5	19 34 22	21 36 35	23 38 48	1 37 5	3 39 18	5 37 35
	17	7 44 42	9 46 55	11 37 19	13 39 32	15 37 49	17 40 2	19 38 18	21 40 32	23 42 45	1 41 1	3 43 15	5 41 31
	18	7 48 39	9 50 52	11 41 15	13 43 28	15 41 45	17 43 58	19 42 15	21 44 28	23 46 41	1 44 58	3 47 11	5 45 28
	19	7 52 35	9 54 48	11 45 12	13 47 25	15 45 42	17 47 55	19 46 12	21 48 25	23 50 38	1 48 54	3 51 8	5 49 24
	20	7 56 32	9 58 45	11 49 8	13 51 22	15 49 38	17 51 51	19 50 8	21 52 21	23 54 34	1 52 51	3 55 4	5 53 21
	21	8 0 28	10 2 42	11 53 5	13 55 18	15 53 35	17 55 48	19 54 5	21 56 18	23 58 31	1 56 48	3 59 1	5 57 17
	22	8 4 25	10 6 38	11 57 2	13 59 15	15 57 31	17 59 45	19 58 1	22 0 14	0 2 28	2 0 44	4 2 57	6 1 14
	23	8 8 21	10 10 35	12 0 58	14 3 11	16 1 28	18 3 41	20 1 58	22 4 11	0 6 24	2 4 41	4 6 54	6 5 11
	24	8 12 18	10 14 31	12 4 55	14 7 8	16 5 24	18 7 38	20 5 54	22 8 8	0 10 21	2 8 37	4 10 50	6 9 7
	25	8 16 15	10 18 28	12 8 51	14 11 4	16 9 21	18 11 34	20 9 51	22 12 4	0 14 17	2 12 34	4 14 47	6 13 4
	26	8 20 11	10 22 24	12 12 48	14 15 1	16 13 18	18 15 31	20 13 47	22 16 1	0 18 14	2 16 30	4 18 44	6 17 0
	27	8 24 8	10 26 21	12 16 44	14 18 57	16 17 14	18 19 27	20 17 44	22 19 57	0 22 10	2 20 27	4 22 40	6 20 57
	28	8 28 4	10 30 17	12 20 41	14 22 54	16 21 11	18 23 24	20 21 41	22 23 54	0 26 7	2 24 23	4 26 37	6 24 53
	29	8 32 1		12 24 37	14 26 51	16 25 7	18 27 20	20 25 37	22 27 50	0 30 3	2 28 20	4 30 33	6 28 50
	30	8 35 57		12 28 34	14 30 47	16 29 4	18 31 17	20 29 34	22 31 47	0 34 0	2 32 17	4 34 30	6 32 47
	31	8 39 54		12 32 31		16 33 0		20 33 30	22 35 43		2 36 13		6 36 43

ANNÉE	JANV	FÉV	MARS	AVRIL	MAI	JUIN	JUIL	AOÛT	SEPT	OCT	NOV	DÉC
1962 1	6 40 40	8 42 53	10 33 16	12 35 30	14 33 46	16 35 59	18 34 16	20 36 29	22 38 42	0 36 59	2 39 12	4 37 29
2	6 44 36	8 46 49	10 37 13	12 39 26	14 37 43	16 39 56	18 38 13	20 40 26	22 42 39	0 40 56	2 43 9	4 41 25
3	6 48 33	8 50 46	10 41 9	12 43 23	14 41 39	16 43 52	18 42 9	20 44 22	22 46 36	0 44 52	2 47 5	4 45 22
4	6 52 29	8 54 43	10 45 6	12 47 19	14 45 36	16 47 49	18 46 6	20 48 19	22 50 32	0 48 49	2 51 2	4 49 18
5	6 56 26	8 58 39	10 49 3	12 51 16	14 49 32	16 51 46	18 50 2	20 52 15	22 54 29	0 52 45	2 54 58	4 53 15
6	7 0 22	9 2 36	10 52 59	12 55 12	14 53 29	16 55 42	18 53 59	20 56 12	22 58 25	0 56 42	2 58 55	4 57 12
7	7 4 19	9 6 32	10 56 56	12 59 9	14 57 25	16 59 39	18 57 55	21 0 9	23 2 22	1 0 38	3 2 51	5 1 8
8	7 8 16	9 10 29	11 0 52	13 3 5	15 1 22	17 3 35	19 1 52	21 4 5	23 6 18	1 4 35	3 6 48	5 5 5
9	7 12 12	9 14 25	11 4 49	13 7 2	15 5 19	17 7 32	19 5 48	21 8 2	23 10 15	1 8 31	3 10 45	5 9 1
10	7 16 9	9 18 22	11 8 45	13 10 58	15 9 15	17 11 28	19 9 45	21 11 58	23 14 11	1 12 28	3 14 41	5 12 58
11	7 20 5	9 22 18	11 12 42	13 14 55	15 13 12	17 15 25	19 13 42	21 15 55	23 18 8	1 16 25	3 18 38	5 16 54
12	7 24 2	9 26 15	11 16 38	13 18 52	15 17 8	17 19 21	19 17 38	21 19 51	23 22 5	1 20 21	3 22 34	5 20 51
13	7 27 58	9 30 12	11 20 35	13 22 48	15 21 5	17 23 18	19 21 35	21 23 48	23 26 1	1 24 18	3 26 31	5 24 48
14	7 31 55	9 34 8	11 24 32	13 26 45	15 25 1	17 27 15	19 25 31	21 27 44	23 29 58	1 28 14	3 30 27	5 28 44
15	7 35 51	9 38 5	11 28 28	13 30 41	15 28 58	17 31 11	19 29 28	21 31 41	23 33 54	1 32 11	3 34 24	5 32 41
16	7 39 48	9 42 1	11 32 25	13 34 38	15 32 54	17 35 8	19 33 24	21 35 38	23 37 51	1 36 7	3 38 20	5 36 37
17	7 43 45	9 45 58	11 36 21	13 38 34	15 36 51	17 39 4	19 37 21	21 39 34	23 41 47	1 40 4	3 42 17	5 40 34
18	7 47 41	9 49 54	11 40 18	13 42 31	15 40 48	17 43 1	19 41 17	21 43 31	23 45 44	1 44 0	3 46 14	5 44 30
19	7 51 38	9 53 51	11 44 14	13 46 27	15 44 44	17 46 57	19 45 14	21 47 27	23 49 40	1 47 57	3 50 10	5 48 27
20	7 55 34	9 57 47	11 48 11	13 50 24	15 48 41	17 50 54	19 49 11	21 51 24	23 53 37	1 51 54	3 54 7	5 52 23
21	7 59 31	10 1 44	11 52 7	13 54 21	15 52 37	17 54 50	19 53 7	21 55 20	23 57 33	1 55 50	3 58 3	5 56 20
22	8 3 27	10 5 41	11 56 4	13 58 17	15 56 34	17 58 47	19 57 4	21 59 17	0 1 30	1 59 47	4 2 0	6 0 17
23	8 7 24	10 9 37	12 0 1	14 2 14	16 0 30	18 2 44	20 1 0	22 3 13	0 5 27	2 3 43	4 5 56	6 4 13
24	8 11 20	10 13 34	12 3 57	14 6 10	16 4 27	18 6 40	20 4 57	22 7 10	0 9 23	2 7 40	4 9 53	6 8 10
25	8 15 17	10 17 30	12 7 54	14 10 7	16 8 23	18 10 37	20 8 53	22 11 7	0 13 20	2 11 36	4 13 49	6 12 6
26	8 19 14	10 21 27	12 11 50	14 14 3	16 12 20	18 14 33	20 12 50	22 15 3	0 17 16	2 15 33	4 17 46	6 16 3
27	8 23 10	10 25 23	12 15 47	14 18 0	16 16 17	18 18 30	20 16 46	22 19 0	0 21 13	2 19 29	4 21 43	6 19 59
28	8 27 7	10 29 20	12 19 43	14 21 56	16 20 13	18 22 26	20 20 43	22 22 56	0 25 9	2 23 26	4 25 39	6 23 56
29	8 31 3		12 23 40	14 25 53	16 24 10	18 26 23	20 24 40	22 26 53	0 29 6	2 27 22	4 29 36	6 27 52
30	8 35 0		12 27 36	14 29 50	16 28 6	18 30 19	20 28 36	22 30 49	0 33 2	2 31 19	4 33 32	6 31 49
31	8 38 56		12 31 33		16 32 3		20 32 33	22 34 46		2 35 16		6 35 46
1963 1	6 39 42	8 41 55	10 32 19	12 34 32	14 32 49	16 35 2	18 33 19	20 35 32	22 37 45	0 36 2	2 38 15	4 36 31
2	6 43 39	8 45 52	10 36 15	12 38 29	14 36 45	16 38 58	18 37 15	20 39 28	22 41 42	0 39 58	2 42 11	4 40 28
3	6 47 35	8 49 48	10 40 12	12 42 25	14 40 42	16 42 55	18 41 12	20 43 25	22 45 38	0 43 55	2 46 8	4 44 25
4	6 51 32	8 53 45	10 44 9	12 46 22	14 44 38	16 46 51	18 45 8	20 47 21	22 49 35	0 47 51	2 50 4	4 48 21
5	6 55 28	8 57 42	10 48 5	12 50 18	14 48 35	16 50 48	18 49 5	20 51 18	22 53 31	0 51 48	2 54 1	4 52 18
6	6 59 25	9 1 38	10 52 2	12 54 15	14 52 31	16 54 45	18 53 1	20 55 15	22 57 28	0 55 44	2 57 57	4 56 14
7	7 3 21	9 5 35	10 55 58	12 58 11	14 56 28	16 58 41	18 56 58	20 59 11	23 1 24	0 59 41	3 1 54	5 0 11
8	7 7 18	9 9 31	10 59 55	13 2 8	15 0 24	17 2 38	19 0 54	21 3 8	23 5 21	1 3 37	3 5 51	5 4 7
9	7 11 15	9 13 28	11 3 51	13 6 4	15 4 21	17 6 34	19 4 51	21 7 4	23 9 17	1 7 34	3 9 47	5 8 4
10	7 15 11	9 17 24	11 7 48	13 10 1	15 8 18	17 10 31	19 8 48	21 11 1	23 13 14	1 11 31	3 13 44	5 12 0
11	7 19 8	9 21 21	11 11 44	13 13 58	15 12 14	17 14 27	19 12 44	21 14 57	23 17 11	1 15 27	3 17 40	5 15 57
12	7 23 4	9 25 17	11 15 41	13 17 54	15 16 11	17 18 24	19 16 41	21 18 54	23 21 7	1 19 24	3 21 37	5 19 54
13	7 27 1	9 29 14	11 19 37	13 21 51	15 20 7	17 22 21	19 20 37	21 22 50	23 25 4	1 23 20	3 25 33	5 23 50
14	7 30 57	9 33 11	11 23 34	13 25 47	15 24 4	17 26 17	19 24 34	21 26 47	23 29 0	1 27 17	3 29 30	5 27 47
15	7 34 54	9 37 7	11 27 31	13 29 44	15 28 0	17 30 14	19 28 30	21 30 44	23 32 57	1 31 13	3 33 26	5 31 43
16	7 38 50	9 41 4	11 31 27	13 33 40	15 31 57	17 34 10	19 32 27	21 34 40	23 36 53	1 35 10	3 37 23	5 35 40
17	7 42 47	9 45 0	11 35 24	13 37 37	15 35 53	17 38 7	19 36 23	21 38 37	23 40 50	1 39 6	3 41 20	5 39 36
18	7 46 44	9 48 57	11 39 20	13 41 33	15 39 50	17 42 3	19 40 20	21 42 33	23 44 46	1 43 3	3 45 16	5 43 33
19	7 50 40	9 52 53	11 43 17	13 45 30	15 43 47	17 46 0	19 44 17	21 46 30	23 48 43	1 47 0	3 49 13	5 47 29
20	7 54 37	9 56 50	11 47 13	13 49 27	15 47 43	17 49 56	19 48 13	21 50 26	23 52 39	1 50 56	3 53 9	5 51 26
21	7 58 33	10 0 46	11 51 10	13 53 23	15 51 40	17 53 53	19 52 10	21 54 23	23 56 36	1 54 53	3 57 6	5 55 23
22	8 2 30	10 4 43	11 55 6	13 57 20	15 55 36	17 57 50	19 56 6	21 58 19	0 0 33	1 58 49	4 1 2	5 59 19
23	8 6 26	10 8 40	11 59 3	14 1 16	15 59 33	18 1 46	20 0 3	22 2 16	0 4 29	2 2 46	4 4 59	6 3 16
24	8 10 23	10 12 36	12 3 0	14 5 13	16 3 29	18 5 43	20 3 59	22 6 13	0 8 26	2 6 42	4 8 56	6 7 12
25	8 14 19	10 16 33	12 6 56	14 9 9	16 7 26	18 9 39	20 7 56	22 10 9	0 12 22	2 10 39	4 12 52	6 11 9
26	8 18 16	10 20 29	12 10 53	14 13 6	16 11 22	18 13 36	20 11 52	22 14 6	0 16 19	2 14 35	4 16 49	6 15 5
27	8 22 13	10 24 26	12 14 49	14 17 2	16 15 19	18 17 32	20 15 49	22 18 2	0 20 15	2 18 32	4 20 45	6 19 2
28	8 26 9	10 28 22	12 18 46	14 20 59	16 19 16	18 21 29	20 19 46	22 21 59	0 24 12	2 22 29	4 24 42	6 22 58
29	8 30 6		12 22 42	14 24 56	16 23 12	18 25 25	20 23 42	22 25 55	0 28 8	2 26 25	4 28 38	6 26 55
30	8 34 2		12 26 39	14 28 52	16 27 9	18 29 22	20 27 39	22 29 52	0 32 5	2 30 22	4 32 35	6 30 52
31	8 37 59		12 30 35		16 31 5		20 31 35	22 33 48		2 34 18		6 34 48
1964 1	6 38 45	8 40 58	10 35 18	12 37 31	14 35 48	16 38 1	18 36 18	20 38 31	22 40 44	0 39 1	2 41 14	4 39 31
2	6 42 41	8 44 55	10 39 15	12 41 28	14 39 44	16 41 58	18 40 14	20 42 28	22 44 41	0 42 57	2 45 11	4 43 27
3	6 46 38	8 48 51	10 43 11	12 45 24	14 43 41	16 45 54	18 44 11	20 46 24	22 48 37	0 46 54	2 49 7	4 47 24
4	6 50 34	8 52 48	10 47 8	12 49 21	14 47 37	16 49 51	18 48 7	20 50 21	22 52 34	0 50 50	2 53 4	4 51 20
5	6 54 31	8 56 44	10 51 4	12 53 17	14 51 34	16 53 47	18 52 4	20 54 17	22 56 30	0 54 47	2 57 0	4 55 17
6	6 58 27	9 0 41	10 55 1	12 57 14	14 55 31	16 57 44	18 56 1	20 58 14	23 0 27	0 58 44	3 0 57	4 59 13
7	7 2 24	9 4 37	10 58 57	13 1 10	14 59 27	17 1 40	18 59 57	21 2 10	23 4 24	1 2 40	3 4 53	5 3 10
8	7 6 21	9 8 34	11 2 54	13 5 7	15 3 24	17 5 37	19 3 54	21 6 7	23 8 20	1 6 37	3 8 50	5 7 7
9	7 10 17	9 12 30	11 6 50	13 9 4	15 7 20	17 9 33	19 7 50	21 10 3	23 12 17	1 10 33	3 12 46	5 11 3
10	7 14 14	9 16 27	11 10 47	13 13 0	15 11 17	17 13 30	19 11 47	21 14 0	23 16 13	1 14 30	3 16 43	5 15 0
11	7 18 10	9 20 24	11 14 44	13 16 57	15 15 13	17 17 27	19 15 43	21 17 57	23 20 10	1 18 26	3 20 40	5 18 56
12	7 22 7	9 24 20	11 18 40	13 20 53	15 19 10	17 21 23	19 19 40	21 21 53	23 24 6	1 22 23	3 24 36	5 22 53
13	7 26 3	9 28 17	11 22 37	13 24 50	15 23 6	17 25 20	19 23 36	21 25 50	23 28 3	1 26 19	3 28 33	5 26 49
14	7 30 0	9 32 13	11 26 33	13 28 46	15 27 3	17 29 16	19 27 33	21 29 46	23 31 59	1 30 16	3 32 29	5 30 46
15	7 33 57	9 36 10	11 30 30	13 32 43	15 31 0	17 33 13	19 31 30	21 33 43	23 35 56	1 34 13	3 36 26	5 34 42
16	7 37 53	9 40 6	11 34 26	13 36 39	15 34 56	17 37 9	19 35 26	21 37 39	23 39 53	1 38 9	3 40 22	5 38 39
17	7 41 50	9 44 3	11 38 23	13 40 36	15 38 53	17 41 6	19 39 23	21 41 36	23 43 49	1 42 6	3 44 19	5 42 36
18	7 45 46	9 47 59	11 42 19	13 44 33	15 42 49	17 45 3	19 43 19	21 45 32	23 47 46	1 46 2	3 48 15	5 46 32
19	7 49 43	9 51 56	11 46 16	13 48 29	15 46 46	17 48 59	19 47 16	21 49 29	23 51 42	1 49 59	3 52 12	5 50 29
20	7 53 39	9 55 52	11 50 13	13 52 26	15 50 42	17 52 56	19 51 12	21 53 26	23 55 39	1 53 55	3 56 9	5 54 25
21	7 57 36	9 59 49	11 54 9	13 56 22	15 54 39	17 56 52	19 55 9	21 57 22	23 59 35	1 57 52	4 0 5	5 58 22
22	8 1 32	10 3 46	11 58 6	14 0 19	15 58 35	18 0 49	19 59 5	22 1 19	0 3 32	2 1 48	4 4 2	6 2 18
23	8 5 29	10 7 42	12 2 2	14 4 15	16 2 32	18 4 45	20 3 2	22 5 15	0 7 28	2 5 45	4 7 58	6 6 15
24	8 9 25	10 11 39	12 5 59	14 8 12	16 6 29	18 8 42	20 6 59	22 9 12	0 11 25	2 9 42	4 11 55	6 10 12
25	8 13 22	10 15 35	12 9 55	14 12 8	16 10 25	18 12 38	20 10 55	22 13 8	0 15 21	2 13 38	4 15 51	6 14 8
26	8 17 19	10 19 32	12 13 52	14 16 5	16 14 22	18 16 35	20 14 52	22 17 5	0 19 18	2 17 35	4 19 48	6 18 5
27	8 21 15	10 23 28	12 17 48	14 20 2	16 18 18	18 20 32	20 18 48	22 21 1	0 23 15	2 21 31	4 23 44	6 22 1
28	8 25 12	10 27 25	12 21 45	14 23 58	16 22 15	18 24 28	20 22 45	22 24 58	0 27 11	2 25 28	4 27 41	6 25 58
29	8 29 8	10 31 21	12 25 42	14 27 55	16 26 11	18 28 25	20 26 41	22 28 55	0 31 8	2 29 24	4 31 38	6 29 54
30	8 33 5		12 29 38	14 31 51	16 30 8	18 32 21	20 30 38	22 32 51	0 35 4	2 33 21	4 35 34	6 33 51
31	8 37 1		12 33 35		16 34 4		20 34 34	22 36 48		2 37 17		6 37 47
1965 1	6 41 44	8 43 57	10 34 21	12 36 34	14 34 51	16 37 4	18 35 21	20 37 34	22 39 47	0 38 4	2 40 17	4 38 33
2	6 45 41	8 47 54	10 38 17	12 40 30	14 38 47	16 41 0	18 39 17	20 41 30	22 43 44	0 42 0	2 44 13	4 42 30
3	6 49 37	8 51 50	10 42 14	12 44 27	14 42 44	16 44 57	18 43 14	20 45 27	22 47 40	0 45 57	2 48 10	4 46 27
4	6 53 34	8 55 47	10 46 10	12 48 24	14 46 40	16 48 53	18 47 10	20 49 23	22 51 37	0 49 53	2 52 6	4 50 23
5	6 57 30	8 59 43	10 50 7	12 52 20	14 50 37	16 52 50	18 51 7	20 53 20	22 55 33	0 53 50	2 56 3	4 54 20
6	7 1 27	9 3 40	10 54 4	12 56 17	14 54 33	16 56 47	18 55 3	20 57 17	22 59 30	0 57 46	3 0 0	4 58 16
7	7 5 23	9 7 37	10 58 0	13 0 13	14 58 30	17 0 43	18 59 0	21 1 13	23 3 26	1 1 43	3 3 56	5 2 13
8	7 9 20	9 11 33	11 1 57	13 4 10	15 2 26	17 4 40	19 2 56	21 5 10	23 7 23	1 5 39	3 7 53	5 6 9
9	7 13 16	9 15 30	11 5 53	13 8 6	15 6 23	17 8 36	19 6 53	21 9 6	23 11 19	1 9 36	3 11 49	5 10 6
10	7 17 13	9 19 26	11 9 50	13 12 3	15 10 20	17 12 33	19 10 50	21 13 3	23 15 16	1 13 33	3 15 46	5 14 2
11	7 21 10	9 23 23	11 13 46	13 15 59	15 14 16	17 16 29	19 14 46	21 16 59	23 19 13	1 17 29	3 19 42	5 17 59
12	7 25 6	9 27 19	11 17 43	13 19 56	15 18 13	17 20 26	19 18 43	21 20 56	23 23 9	1 21 26	3 23 39	5 21 56
13	7 29 3	9 31 16	11 21 39	13 23 53	15 22 9	17 24 22	19 22 39	21 24 52	23 27 6	1 25 22	3 27 35	5 25 52
14	7 32 59	9 35 12	11 25 36	13 27 49	15 26 6	17 28 19	19 26 36	21 28 49	23 31 2	1 29 19	3 31 32	5 29 49
15	7 36 56	9 39 9	11 29 33	13 31 46	15 30 2	17 32 16	19 30 32	21 32 46	23 34 59	1 33 15	3 35 29	5 33 45
16	7 40 52	9 43 6	11 33 29	13 35 42	15 33 59	17 36 12	19 34 29	21 36 42	23 38 55	1 37 12	3 39 25	5 37 42
17	7 44 49	9 47 2	11 37 26	13 39 39	15 37 55	17 40 9	19 38 25	21 40 39	23 42 52	1 41 8	3 43 22	5 41 38
18	7 48 45	9 50 59	11 41 22	13 43 35	15 41 52	17 44 5	19 42 22	21 44 35	23 46 48	1 45 5	3 47 18	5 45 35
19	7 52 42	9 54 55	11 45 19	13 47 32	15 45 49	17 48 2	19 46 19	21 48 32	23 50 45	1 49 2	3 51 15	5 49 32
20	7 56 39	9 58 52	11 49 15	13 51 28	15 49 45	17 51 58	19 50 15	21 52 28	23 54 42	1 52 58	3 55 11	5 53 28
21	8 0 35	10 2 48	11 53 12	13 55 25	15 53 42	17 55 55	19 54 12	21 56 25	23 58 38	1 56 55	3 59 8	5 57 25
22	8 4 32	10 6 45	11 57 8	13 59 22	15 57 38	17 59 51	19 58 8	22 0 21	0 2 35	2 0 51	4 3 4	6 1 21
23	8 8 28	10 10 41	12 1 5	14 3 18	16 1 35	18 3 48	20 2 5	22 4 18	0 6 31	2 4 48	4 7 1	6 5 18
24	8 12 25	10 14 38	12 5 1	14 7 15	16 5 31	18 7 45	20 6 1	22 8 15	0 10 28	2 8 44	4 10 58	6 9 14
25	8 16 21	10 18 35	12 8 58	14 11 11	16 9 28	18 11 41	20 9 58	22 12 11	0 14 24	2 12 41	4 14 54	6 13 11
26	8 20 18	10 22 31	12 12 55	14 15 8	16 13 24	18 15 38	20 13 54	22 16 8	0 18 21	2 16 37	4 18 51	6 17 7
27	8 24 14	10 26 28	12 16 51	14 19 4	16 17 21	18 19 34	20 17 51	22 20 4	0 22 17	2 20 34	4 22 47	6 21 4
28	8 28 11	10 30 24	12 20 48	14 23 1	16 21 18	18 23 31	20 21 48	22 24 1	0 26 14	2 24 31	4 26 44	6 25 1
29	8 32 8		12 24 44	14 26 57	16 25 14	18 27 27	20 25 44	22 27 57	0 30 10	2 28 27	4 30 40	6 28 57
30	8 36 4		12 28 41	14 30 54	16 29 11	18 31 24	20 29 41	22 31 54	0 34 7	2 32 24	4 34 37	6 32 54
31	8 40 1		12 32 37		16 33 7		20 33 37	22 35 50		2 36 20		6 36 50

ANNÉE	JANV	FÉV	MARS	AVRIL	MAI	JUIN	JUIL	AOÛT	SEPT	OCT	NOV	DÉC
1966 1	6 40 47	8 43 0	10 33 24	12 35 37	14 33 53	16 36 7	18 34 23	20 36 37	22 38 50	0 37 6	2 39 20	4 37 36
2	6 44 43	8 46 57	10 37 20	12 39 33	14 37 50	16 40 3	18 38 20	20 40 33	22 42 46	0 41 3	2 43 16	4 41 33
3	6 48 40	8 50 53	10 41 17	12 43 30	14 41 46	16 44 0	18 42 17	20 44 30	22 46 43	0 45 0	2 47 13	4 45 30
4	6 52 36	8 54 50	10 45 13	12 47 26	14 45 43	16 47 56	18 46 13	20 48 26	22 50 40	0 48 56	2 51 9	4 49 26
5	6 56 33	8 58 46	10 49 10	12 51 23	14 49 40	16 51 53	18 50 10	20 52 23	22 54 36	0 52 53	2 55 6	4 53 23
6	7 0 30	9 2 43	10 53 6	12 55 20	14 53 36	16 55 49	18 54 6	20 56 19	22 58 33	0 56 49	2 59 2	4 57 19
7	7 4 26	9 6 39	10 57 3	12 59 16	14 57 33	16 59 46	18 58 3	21 0 16	23 2 29	1 0 46	3 2 59	5 1 16
8	7 8 23	9 10 36	11 0 59	13 3 13	15 1 29	17 3 43	19 1 59	21 4 13	23 6 26	1 4 42	3 6 56	5 5 12
9	7 12 19	9 14 33	11 4 56	13 7 9	15 5 26	17 7 39	19 5 56	21 8 9	23 10 22	1 8 39	3 10 52	5 9 9
10	7 16 16	9 18 29	11 8 53	13 11 6	15 9 22	17 11 36	19 9 52	21 12 6	23 14 19	1 12 35	3 14 49	5 13 5
11	7 20 12	9 22 26	11 12 49	13 15 2	15 13 19	17 15 32	19 13 49	21 16 2	23 18 15	1 16 32	3 18 45	5 17 2
12	7 24 9	9 26 22	11 16 46	13 18 59	15 17 16	17 19 29	19 17 46	21 19 59	23 22 12	1 20 29	3 22 42	5 20 59
13	7 28 5	9 30 19	11 20 42	13 22 55	15 21 12	17 23 25	19 21 42	21 23 55	23 26 9	1 24 25	3 26 38	5 24 55
14	7 32 2	9 34 15	11 24 39	13 26 52	15 25 9	17 27 22	19 25 39	21 27 52	23 30 5	1 28 22	3 30 35	5 28 52
15	7 35 59	9 38 12	11 28 35	13 30 49	15 29 5	17 31 18	19 29 35	21 31 48	23 34 2	1 32 18	3 34 31	5 32 48
16	7 39 55	9 42 8	11 32 32	13 34 45	15 33 2	17 35 15	19 33 32	21 35 45	23 37 58	1 36 15	3 38 28	5 36 45
17	7 43 52	9 46 5	11 36 28	13 38 42	15 36 58	17 39 12	19 37 28	21 39 42	23 41 55	1 40 11	3 42 25	5 40 41
18	7 47 48	9 50 2	11 40 25	13 42 38	15 40 55	17 43 8	19 41 25	21 43 38	23 45 51	1 44 8	3 46 21	5 44 38
19	7 51 45	9 53 58	11 44 22	13 46 35	15 44 51	17 47 5	19 45 21	21 47 35	23 49 48	1 48 4	3 50 18	5 48 34
20	7 55 41	9 57 55	11 48 18	13 50 31	15 48 48	17 51 1	19 49 18	21 51 31	23 53 44	1 52 1	3 54 14	5 52 31
21	7 59 38	10 1 51	11 52 15	13 54 28	15 52 44	17 54 58	19 53 15	21 55 28	23 57 41	1 55 58	3 58 11	5 56 28
22	8 3 35	10 5 48	11 56 11	13 58 24	15 56 41	17 58 54	19 57 11	21 59 24	0 1 38	1 59 54	4 2 7	6 0 24
23	8 7 31	10 9 44	12 0 8	14 2 21	16 0 38	18 2 51	20 1 8	22 3 21	0 5 34	2 3 51	4 6 4	6 4 21
24	8 11 28	10 13 41	12 4 4	14 6 17	16 4 34	18 6 47	20 5 4	22 7 17	0 9 31	2 7 47	4 10 0	6 8 17
25	8 15 24	10 17 37	12 8 1	14 10 14	16 8 31	18 10 44	20 9 1	22 11 14	0 13 27	2 11 44	4 13 57	6 12 14
26	8 19 21	10 21 34	12 11 57	14 14 11	16 12 27	18 14 41	20 12 57	22 15 11	0 17 24	2 15 40	4 17 54	6 16 10
27	8 23 17	10 25 30	12 15 54	14 18 7	16 16 24	18 18 37	20 16 54	22 19 7	0 21 20	2 19 37	4 21 50	6 20 7
28	8 27 14	10 29 27	12 19 51	14 22 4	16 20 20	18 22 34	20 20 50	22 23 4	0 25 17	2 23 33	4 25 47	6 24 3
29	8 31 10		12 23 47	14 26 0	16 24 17	18 26 30	20 24 47	22 27 0	0 29 13	2 27 30	4 29 43	6 28 0
30	8 35 7		12 27 44	14 29 57	16 28 14	18 30 27	20 28 44	22 30 57	0 33 10	2 31 27	4 33 40	6 31 57
31	8 39 3		12 31 40		16 32 10		20 32 40	22 34 53		2 35 23		6 35 53
1967 1	6 39 50	8 42 3	10 32 27	12 34 40	14 32 56	16 35 10	18 33 26	20 35 40	22 37 53	0 36 9	2 38 23	4 36 39
2	6 43 46	8 46 0	10 36 23	12 38 36	14 36 53	16 39 6	18 37 23	20 39 36	22 41 49	0 40 6	2 42 19	4 40 36
3	6 47 43	8 49 56	10 40 20	12 42 33	14 40 49	16 43 3	18 41 19	20 43 33	22 45 46	0 44 3	2 46 16	4 44 32
4	6 51 39	8 53 53	10 44 16	12 46 29	14 44 46	16 46 59	18 45 16	20 47 29	22 49 43	0 47 59	2 50 12	4 48 29
5	6 55 36	8 57 49	10 48 13	12 50 26	14 48 43	16 50 56	18 49 13	20 51 26	22 53 39	0 51 56	2 54 9	4 52 26
6	6 59 32	9 1 46	10 52 9	12 54 22	14 52 39	16 54 52	18 53 9	20 55 22	22 57 36	0 55 52	2 58 5	4 56 22
7	7 3 29	9 5 42	10 56 6	12 58 19	14 56 36	16 58 49	18 57 6	20 59 19	23 1 32	0 59 49	3 2 2	5 0 19
8	7 7 26	9 9 39	11 0 2	13 2 16	15 0 32	17 2 45	19 1 2	21 3 16	23 5 29	1 3 45	3 5 59	5 4 15
9	7 11 22	9 13 35	11 3 59	13 6 12	15 4 29	17 6 42	19 4 59	21 7 12	23 9 25	1 7 42	3 9 55	5 8 12
10	7 15 19	9 17 32	11 7 56	13 10 9	15 8 25	17 10 39	19 8 55	21 11 9	23 13 22	1 11 38	3 13 52	5 12 8
11	7 19 15	9 21 29	11 11 52	13 14 5	15 12 22	17 14 35	19 12 52	21 15 5	23 17 18	1 15 35	3 17 48	5 16 5
12	7 23 12	9 25 25	11 15 49	13 18 2	15 16 18	17 18 32	19 16 48	21 19 2	23 21 15	1 19 32	3 21 45	5 20 2
13	7 27 8	9 29 22	11 19 45	13 21 58	15 20 15	17 22 28	19 20 45	21 22 58	23 25 12	1 23 28	3 25 41	5 23 58
14	7 31 5	9 33 18	11 23 42	13 25 55	15 24 12	17 26 25	19 24 42	21 26 55	23 29 8	1 27 25	3 29 38	5 27 55
15	7 35 2	9 37 15	11 27 38	13 29 51	15 28 8	17 30 21	19 28 38	21 30 51	23 33 5	1 31 21	3 33 34	5 31 51
16	7 38 58	9 41 11	11 31 35	13 33 48	15 32 5	17 34 18	19 32 35	21 34 48	23 37 1	1 35 18	3 37 31	5 35 48
17	7 42 55	9 45 8	11 35 31	13 37 45	15 36 1	17 38 15	19 36 31	21 38 45	23 40 58	1 39 14	3 41 28	5 39 44
18	7 46 51	9 49 4	11 39 28	13 41 41	15 39 58	17 42 11	19 40 28	21 42 41	23 44 54	1 43 11	3 45 24	5 43 41
19	7 50 48	9 53 1	11 43 24	13 45 38	15 43 54	17 46 8	19 44 24	21 46 38	23 48 51	1 47 7	3 49 21	5 47 37
20	7 54 44	9 56 58	11 47 21	13 49 34	15 47 51	17 50 4	19 48 21	21 50 34	23 52 47	1 51 4	3 53 17	5 51 34
21	7 58 41	10 0 54	11 51 18	13 53 31	15 51 47	17 54 1	19 52 18	21 54 31	23 56 44	1 55 1	3 57 14	5 55 31
22	8 2 37	10 4 51	11 55 14	13 57 27	15 55 44	17 57 57	19 56 14	21 58 27	0 0 40	1 58 57	4 1 10	5 59 27
23	8 6 34	10 8 47	11 59 11	14 1 24	15 59 41	18 1 54	20 0 11	22 2 24	0 4 37	2 2 54	4 5 7	6 3 24
24	8 10 31	10 12 44	12 3 7	14 5 20	16 3 37	18 5 50	20 4 7	22 6 20	0 8 34	2 6 50	4 9 3	6 7 20
25	8 14 27	10 16 40	12 7 4	14 9 17	16 7 34	18 9 47	20 8 4	22 10 17	0 12 30	2 10 47	4 13 0	6 11 17
26	8 18 24	10 20 37	12 11 0	14 13 14	16 11 30	18 13 44	20 12 0	22 14 14	0 16 27	2 14 43	4 16 57	6 15 13
27	8 22 20	10 24 33	12 14 57	14 17 10	16 15 27	18 17 40	20 15 57	22 18 10	0 20 23	2 18 40	4 20 53	6 19 10
28	8 26 17	10 28 30	12 18 53	14 21 7	16 19 23	18 21 37	20 19 53	22 22 7	0 24 20	2 22 36	4 24 50	6 23 6
29	8 30 13		12 22 50	14 25 3	16 23 20	18 25 33	20 23 50	22 26 3	0 28 16	2 26 33	4 28 46	6 27 3
30	8 34 10		12 26 47	14 29 0	16 27 17	18 29 30	20 27 47	22 30 0	0 32 13	2 30 30	4 32 43	6 31 0
31	8 38 6		12 30 43		16 31 13		20 31 43	22 33 56		2 34 26		6 34 56
1968 1	6 38 53	8 41 6	10 35 26	12 37 39	14 35 56	16 38 9	18 36 26	20 38 39	22 40 52	0 39 9	2 41 22	4 39 39
2	6 42 49	8 45 3	10 39 23	12 41 36	14 39 52	16 42 6	18 40 22	20 42 36	22 44 49	0 43 6	2 45 19	4 43 36
3	6 46 46	8 48 59	10 43 19	12 45 32	14 43 49	16 46 2	18 44 19	20 46 32	22 48 46	0 47 2	2 49 15	4 47 32
4	6 50 42	8 52 56	10 47 16	12 49 29	14 47 46	16 49 59	18 48 16	20 50 29	22 52 42	0 50 59	2 53 12	4 51 29
5	6 54 39	8 56 52	10 51 12	12 53 25	14 51 42	16 53 55	18 52 12	20 54 25	22 56 39	0 54 55	2 57 8	4 55 25
6	6 58 35	9 0 49	10 55 9	12 57 22	14 55 39	16 57 52	18 56 9	20 58 22	23 0 35	0 58 52	3 1 5	4 59 22
7	7 2 32	9 4 45	10 59 5	13 1 19	14 59 35	17 1 49	19 0 5	21 2 19	23 4 32	1 2 48	3 5 2	5 3 18
8	7 6 29	9 8 42	11 3 2	13 5 15	15 3 32	17 5 45	19 4 2	21 6 15	23 8 28	1 6 45	3 8 58	5 7 15
9	7 10 25	9 12 38	11 6 59	13 9 12	15 7 28	17 9 42	19 7 58	21 10 12	23 12 25	1 10 41	3 12 55	5 11 11
10	7 14 22	9 16 35	11 10 55	13 13 8	15 11 25	17 13 38	19 11 55	21 14 8	23 16 21	1 14 38	3 16 51	5 15 8
11	7 18 18	9 20 32	11 14 52	13 17 5	15 15 21	17 17 35	19 15 52	21 18 5	23 20 18	1 18 35	3 20 48	5 19 5
12	7 22 15	9 24 28	11 18 48	13 21 1	15 19 18	17 21 31	19 19 48	21 22 1	23 24 15	1 22 31	3 24 44	5 23 1
13	7 26 11	9 28 25	11 22 45	13 24 58	15 23 15	17 25 28	19 23 45	21 25 58	23 28 11	1 26 28	3 28 41	5 26 58
14	7 30 8	9 32 21	11 26 41	13 28 54	15 27 11	17 29 24	19 27 41	21 29 54	23 32 8	1 30 24	3 32 37	5 30 54
15	7 34 5	9 36 18	11 30 38	13 32 51	15 31 8	17 33 21	19 31 38	21 33 51	23 36 4	1 34 21	3 36 34	5 34 51
16	7 38 1	9 40 14	11 34 34	13 36 48	15 35 4	17 37 18	19 35 34	21 37 48	23 40 1	1 38 17	3 40 31	5 38 47
17	7 41 58	9 44 11	11 38 31	13 40 44	15 39 1	17 41 14	19 39 31	21 41 44	23 43 57	1 42 14	3 44 27	5 42 44
18	7 45 54	9 48 7	11 42 28	13 44 41	15 42 57	17 45 11	19 43 27	21 45 41	23 47 54	1 46 10	3 48 24	5 46 40
19	7 49 51	9 52 4	11 46 24	13 48 37	15 46 54	17 49 7	19 47 24	21 49 37	23 51 50	1 50 7	3 52 20	5 50 37
20	7 53 47	9 56 1	11 50 21	13 52 34	15 50 51	17 53 4	19 51 21	21 53 34	23 55 47	1 54 4	3 56 17	5 54 34
21	7 57 44	9 59 57	11 54 17	13 56 30	15 54 47	17 57 0	19 55 17	21 57 30	23 59 44	1 58 0	4 0 13	5 58 30
22	8 1 40	10 3 54	11 58 14	14 0 27	15 58 44	18 0 57	19 59 14	22 1 27	0 3 40	2 1 57	4 4 10	6 2 27
23	8 5 37	10 7 50	12 2 10	14 4 23	16 2 40	18 4 53	20 3 10	22 5 23	0 7 37	2 5 53	4 8 7	6 6 23
24	8 9 34	10 11 47	12 6 7	14 8 20	16 6 37	18 8 50	20 7 7	22 9 20	0 11 33	2 9 50	4 12 3	6 10 20
25	8 13 30	10 15 43	12 10 3	14 12 17	16 10 33	18 12 47	20 11 3	22 13 17	0 15 30	2 13 46	4 16 0	6 14 16
26	8 17 27	10 19 40	12 14 0	14 16 13	16 14 30	18 16 43	20 15 0	22 17 13	0 19 26	2 17 43	4 19 56	6 18 13
27	8 21 23	10 23 36	12 17 57	14 20 10	16 18 26	18 20 40	20 18 56	22 21 10	0 23 23	2 21 39	4 23 53	6 22 10
28	8 25 20	10 27 33	12 21 53	14 24 6	16 22 23	18 24 36	20 22 53	22 25 6	0 27 19	2 25 36	4 27 49	6 26 6
29	8 29 16	10 31 30	12 25 50	14 28 3	16 26 20	18 28 33	20 26 50	22 29 3	0 31 16	2 29 33	4 31 46	6 30 3
30	8 33 13		12 29 46	14 31 59	16 30 16	18 32 29	20 30 46	22 32 59	0 35 13	2 33 29	4 35 42	6 33 59
31	8 37 9		12 33 43		16 34 13		20 34 43	22 36 56		2 37 26		6 37 56
1969 1	6 41 52	8 44 6	10 34 29	12 36 42	14 34 59	16 37 12	18 35 29	20 37 42	22 39 55	0 38 12	2 40 25	4 38 42
2	6 45 49	8 48 2	10 38 26	12 40 39	14 38 55	16 41 9	18 39 26	20 41 39	22 43 52	0 42 9	2 44 22	4 42 39
3	6 49 45	8 51 59	10 42 22	12 44 35	14 42 52	16 45 5	18 43 22	20 45 35	22 47 49	0 46 5	2 48 18	4 46 35
4	6 53 42	8 55 55	10 46 19	12 48 32	14 46 49	16 49 2	18 47 19	20 49 32	22 51 45	0 50 2	2 52 15	4 50 32
5	6 57 39	8 59 52	10 50 15	12 52 29	14 50 45	16 52 58	18 51 15	20 53 28	22 55 42	0 53 58	2 56 12	4 54 28
6	7 1 35	9 3 48	10 54 12	12 56 25	14 54 42	16 56 55	18 55 12	20 57 25	22 59 38	0 57 55	3 0 8	4 58 25
7	7 5 32	9 7 45	10 58 8	13 0 22	14 58 38	17 0 52	18 59 8	21 1 22	23 3 35	1 1 51	3 4 5	5 2 21
8	7 9 28	9 11 41	11 2 5	13 4 18	15 2 35	17 4 48	19 3 5	21 5 18	23 7 31	1 5 48	3 8 1	5 6 18
9	7 13 25	9 15 38	11 6 2	13 8 15	15 6 31	17 8 45	19 7 1	21 9 15	23 11 28	1 9 45	3 11 58	5 10 14
10	7 17 21	9 19 35	11 9 58	13 12 11	15 10 28	17 12 41	19 10 58	21 13 11	23 15 24	1 13 41	3 15 54	5 14 11
11	7 21 18	9 23 31	11 13 55	13 16 8	15 14 25	17 16 38	19 14 55	21 17 8	23 19 21	1 17 38	3 19 51	5 18 8
12	7 25 14	9 27 28	11 17 51	13 20 4	15 18 21	17 20 34	19 18 51	21 21 4	23 23 18	1 21 34	3 23 47	5 22 4
13	7 29 11	9 31 24	11 21 48	13 24 1	15 22 18	17 24 31	19 22 48	21 25 1	23 27 14	1 25 31	3 27 44	5 26 1
14	7 33 8	9 35 21	11 25 44	13 27 58	15 26 14	17 28 27	19 26 44	21 28 58	23 31 11	1 29 27	3 31 41	5 29 57
15	7 37 4	9 39 17	11 29 41	13 31 54	15 30 11	17 32 24	19 30 41	21 32 54	23 35 7	1 33 24	3 35 37	5 33 54
16	7 41 1	9 43 14	11 33 37	13 35 51	15 34 7	17 36 21	19 34 37	21 36 51	23 39 4	1 37 20	3 39 34	5 37 50
17	7 44 57	9 47 11	11 37 34	13 39 47	15 38 4	17 40 17	19 38 34	21 40 47	23 43 0	1 41 17	3 43 30	5 41 47
18	7 48 54	9 51 7	11 41 31	13 43 44	15 42 0	17 44 14	19 42 30	21 44 44	23 46 57	1 45 14	3 47 27	5 45 44
19	7 52 50	9 55 4	11 45 27	13 47 40	15 45 57	17 48 10	19 46 27	21 48 40	23 50 53	1 49 10	3 51 23	5 49 40
20	7 56 47	9 59 0	11 49 24	13 51 37	15 49 54	17 52 7	19 50 24	21 52 37	23 54 50	1 53 7	3 55 20	5 53 37
21	8 0 43	10 2 57	11 53 20	13 55 33	15 53 50	17 56 3	19 54 20	21 56 33	23 58 47	1 57 3	3 59 16	5 57 33
22	8 4 40	10 6 53	11 57 17	13 59 30	15 57 47	18 0 0	19 58 17	22 0 30	0 2 43	2 1 0	4 3 13	6 1 30
23	8 8 37	10 10 50	12 1 13	14 3 27	16 1 43	18 3 57	20 2 13	22 4 27	0 6 40	2 4 56	4 7 10	6 5 26
24	8 12 33	10 14 46	12 5 10	14 7 23	16 5 40	18 7 53	20 6 10	22 8 23	0 10 36	2 8 53	4 11 6	6 9 23
25	8 16 30	10 18 43	12 9 6	14 11 20	16 9 36	18 11 50	20 10 6	22 12 20	0 14 33	2 12 49	4 15 3	6 13 19
26	8 20 26	10 22 39	12 13 3	14 15 16	16 13 33	18 15 46	20 14 3	22 16 16	0 18 29	2 16 46	4 18 59	6 17 16
27	8 24 23	10 26 36	12 17 0	14 19 13	16 17 29	18 19 43	20 17 59	22 20 13	0 22 26	2 20 43	4 22 56	6 21 13
28	8 28 19	10 30 33	12 20 56	14 23 9	16 21 26	18 23 39	20 21 56	22 24 9	0 26 22	2 24 39	4 26 52	6 25 9
29	8 32 16		12 24 53	14 27 6	16 25 23	18 27 36	20 25 53	22 28 6	0 30 19	2 28 36	4 30 49	6 29 6
30	8 36 12		12 28 49	14 31 2	16 29 19	18 31 32	20 29 49	22 32 2	0 34 16	2 32 32	4 34 45	6 33 2
31	8 40 9		12 32 46		16 33 16		20 33 46	22 35 59		2 36 29		6 36 59

ANNÉE	JANV	FÉV	MARS	AVRIL	MAI	JUIN	JUIL	AOÛT	SEPT	OCT	NOV	DÉC
1970 1	6 40 55	8 43 9	10 33 32	12 35 45	14 34 2	16 36 15	18 34 32	20 36 45	22 38 59	0 37 15	2 39 28	4 37 45
2	6 44 52	8 47 5	10 37 29	12 39 42	14 37 59	16 40 12	18 38 29	20 40 42	22 42 55	0 41 12	2 43 25	4 41 42
3	6 48 48	8 51 2	10 41 25	12 43 38	14 41 55	16 44 8	18 42 25	20 44 38	22 46 52	0 45 8	2 47 21	4 45 38
4	6 52 45	8 54 58	10 45 22	12 47 35	14 45 52	16 48 5	18 46 22	20 48 35	22 50 48	0 49 5	2 51 18	4 49 35
5	6 56 42	8 58 55	10 49 18	12 51 32	14 49 48	16 52 2	18 50 18	20 52 32	22 54 45	0 53 1	2 55 15	4 53 31
6	7 0 38	9 2 51	10 53 15	12 55 28	14 53 45	16 55 58	18 54 15	20 56 28	22 58 41	0 56 58	2 59 11	4 57 28
7	7 4 35	9 6 48	10 57 12	12 59 25	14 57 41	16 59 55	18 58 11	21 0 25	23 2 38	1 0 54	3 3 8	5 1 24
8	7 8 31	9 10 45	11 1 8	13 3 21	15 1 38	17 3 51	19 2 8	21 4 21	23 6 34	1 4 51	3 7 4	5 5 21
9	7 12 28	9 14 41	11 5 5	13 7 18	15 5 34	17 7 48	19 6 4	21 8 18	23 10 31	1 8 48	3 11 1	5 9 18
10	7 16 24	9 18 38	11 9 1	13 11 14	15 9 31	17 11 44	19 10 1	21 12 14	23 14 28	1 12 44	3 14 57	5 13 14
11	7 20 21	9 22 34	11 12 58	13 15 11	15 13 28	17 15 41	19 13 58	21 16 11	23 18 24	1 16 41	3 18 54	5 17 11
12	7 24 18	9 26 31	11 16 54	13 19 7	15 17 24	17 19 37	19 17 54	21 20 7	23 22 21	1 20 37	3 22 50	5 21 7
13	7 28 14	9 30 27	11 20 51	13 23 4	15 21 21	17 23 34	19 21 51	21 24 4	23 26 17	1 24 34	3 26 47	5 25 4
14	7 32 11	9 34 24	11 24 47	13 27 1	15 25 17	17 27 31	19 25 47	21 28 1	23 30 14	1 28 30	3 30 44	5 29 0
15	7 36 7	9 38 20	11 28 44	13 30 57	15 29 14	17 31 27	19 29 44	21 31 57	23 34 10	1 32 27	3 34 40	5 32 57
16	7 40 4	9 42 17	11 32 41	13 34 54	15 33 10	17 35 24	19 33 40	21 35 54	23 38 7	1 36 23	3 38 37	5 36 53
17	7 44 0	9 46 14	11 36 37	13 38 50	15 37 7	17 39 20	19 37 37	21 39 50	23 42 3	1 40 20	3 42 33	5 40 50
18	7 47 57	9 50 10	11 40 34	13 42 47	15 41 3	17 43 17	19 41 34	21 43 47	23 46 0	1 44 17	3 46 30	5 44 47
19	7 51 53	9 54 7	11 44 30	13 46 43	15 45 0	17 47 13	19 45 30	21 47 43	23 49 56	1 48 13	3 50 26	5 48 43
20	7 55 50	9 58 3	11 48 27	13 50 40	15 48 57	17 51 10	19 49 27	21 51 40	23 53 53	1 52 10	3 54 23	5 52 40
21	7 59 47	10 2 0	11 52 23	13 54 36	15 52 53	17 55 6	19 53 23	21 55 36	23 57 50	1 56 6	3 58 19	5 56 36
22	8 3 43	10 5 56	11 56 20	13 58 33	15 56 50	17 59 3	19 57 20	21 59 33	0 1 46	2 0 3	4 2 16	6 0 33
23	8 7 40	10 9 53	12 0 16	14 2 30	16 0 46	18 3 0	20 1 16	22 3 30	0 5 43	2 3 59	4 6 13	6 4 29
24	8 11 36	10 13 49	12 4 13	14 6 26	16 4 43	18 6 56	20 5 13	22 7 26	0 9 39	2 7 56	4 10 9	6 8 26
25	8 15 33	10 17 46	12 8 9	14 10 23	16 8 39	18 10 53	20 9 9	22 11 23	0 13 36	2 11 52	4 14 6	6 12 22
26	8 19 29	10 21 43	12 12 6	14 14 19	16 12 36	18 14 49	20 13 6	22 15 19	0 17 32	2 15 49	4 18 2	6 16 19
27	8 23 26	10 25 39	12 16 3	14 18 16	16 16 32	18 18 46	20 17 3	22 19 16	0 21 29	2 19 46	4 21 59	6 20 16
28	8 27 22	10 29 36	12 19 59	14 22 12	16 20 29	18 22 42	20 20 59	22 23 12	0 25 25	2 23 42	4 25 55	6 24 12
29	8 31 19		12 23 56	14 26 9	16 24 26	18 26 39	20 24 56	22 27 9	0 29 22	2 27 39	4 29 52	6 28 9
30	8 35 16		12 27 52	14 30 5	16 28 22	18 30 35	20 28 52	22 31 5	0 33 19	2 31 35	4 33 48	6 32 5
31	8 39 12		12 31 49		16 32 19		20 32 49	22 35 2		2 35 32		6 36 2
1971 1	6 39 58	8 42 12	10 32 35	12 34 48	14 33 5	16 35 18	18 33 35	20 35 48	22 38 2	0 36 18	2 38 31	4 36 48
2	6 43 55	8 46 8	10 36 32	12 38 45	14 37 2	16 39 15	18 37 32	20 39 45	22 41 58	0 40 15	2 42 28	4 40 45
3	6 47 51	8 50 5	10 40 28	12 42 42	14 40 58	16 43 11	18 41 28	20 43 41	22 45 55	0 44 11	2 46 24	4 44 41
4	6 51 48	8 54 1	10 44 25	12 46 38	14 44 55	16 47 8	18 45 25	20 47 38	22 49 51	0 48 8	2 50 21	4 48 38
5	6 55 45	8 57 58	10 48 21	12 50 35	14 48 51	16 51 4	18 49 21	20 51 35	22 53 48	0 52 4	2 54 18	4 52 34
6	6 59 41	9 1 54	10 52 18	12 54 31	14 52 48	16 55 1	18 53 18	20 55 31	22 57 44	0 56 1	2 58 14	4 56 31
7	7 3 38	9 5 51	10 56 15	12 58 28	14 56 44	16 58 58	18 57 14	20 59 28	23 1 41	0 59 57	3 2 11	5 0 27
8	7 7 34	9 9 48	11 0 11	13 2 24	15 0 41	17 2 54	19 1 11	21 3 24	23 5 37	1 3 54	3 6 7	5 4 24
9	7 11 31	9 13 44	11 4 8	13 6 21	15 4 37	17 6 51	19 5 8	21 7 21	23 9 34	1 7 51	3 10 4	5 8 20
10	7 15 27	9 17 41	11 8 4	13 10 17	15 8 34	17 10 47	19 9 4	21 11 17	23 13 31	1 11 47	3 14 0	5 12 17
11	7 19 24	9 21 37	11 12 1	13 14 14	15 12 31	17 14 44	19 13 1	21 15 14	23 17 27	1 15 44	3 17 57	5 16 14
12	7 23 21	9 25 34	11 15 57	13 18 10	15 16 27	17 18 40	19 16 57	21 19 10	23 21 24	1 19 40	3 21 53	5 20 10
13	7 27 17	9 29 30	11 19 54	13 22 7	15 20 24	17 22 37	19 20 54	21 23 7	23 25 20	1 23 37	3 25 50	5 24 7
14	7 31 14	9 33 27	11 23 50	13 26 4	15 24 20	17 26 34	19 24 50	21 27 4	23 29 17	1 27 33	3 29 47	5 28 3
15	7 35 10	9 37 23	11 27 47	13 30 0	15 28 17	17 30 30	19 28 47	21 31 0	23 33 13	1 31 30	3 33 43	5 32 0
16	7 39 7	9 41 20	11 31 44	13 33 57	15 32 13	17 34 27	19 32 43	21 34 57	23 37 10	1 35 26	3 37 40	5 35 56
17	7 43 3	9 45 17	11 35 40	13 37 53	15 36 10	17 38 23	19 36 40	21 38 53	23 41 6	1 39 23	3 41 36	5 39 53
18	7 47 0	9 49 13	11 39 37	13 41 50	15 40 6	17 42 20	19 40 37	21 42 50	23 45 3	1 43 20	3 45 33	5 43 50
19	7 50 56	9 53 10	11 43 33	13 45 46	15 44 3	17 46 16	19 44 33	21 46 46	23 48 59	1 47 16	3 49 29	5 47 46
20	7 54 53	9 57 6	11 47 30	13 49 43	15 48 0	17 50 13	19 48 30	21 50 43	23 52 56	1 51 13	3 53 26	5 51 43
21	7 58 50	10 1 3	11 51 26	13 53 39	15 51 56	17 54 9	19 52 26	21 54 39	23 56 53	1 55 9	3 57 22	5 55 39
22	8 2 46	10 4 59	11 55 23	13 57 36	15 55 53	17 58 6	19 56 23	21 58 36	0 0 49	1 59 6	4 1 19	5 59 36
23	8 6 43	10 8 56	11 59 19	14 1 33	15 59 49	18 2 3	20 0 19	22 2 33	0 4 46	2 3 2	4 5 16	6 3 32
24	8 10 39	10 12 52	12 3 16	14 5 29	16 3 46	18 5 59	20 4 16	22 6 29	0 8 42	2 6 59	4 9 12	6 7 29
25	8 14 36	10 16 49	12 7 13	14 9 26	16 7 42	18 9 56	20 8 12	22 10 26	0 12 39	2 10 55	4 13 9	6 11 25
26	8 18 32	10 20 46	12 11 9	14 13 22	16 11 39	18 13 52	20 12 9	22 14 22	0 16 35	2 14 52	4 17 5	6 15 22
27	8 22 29	10 24 42	12 15 6	14 17 19	16 15 35	18 17 49	20 16 6	22 18 19	0 20 32	2 18 49	4 21 2	6 19 19
28	8 26 25	10 28 39	12 19 2	14 21 15	16 19 32	18 21 45	20 20 2	22 22 15	0 24 28	2 22 45	4 24 58	6 23 15
29	8 30 22		12 22 59	14 25 12	16 23 29	18 25 42	20 23 59	22 26 12	0 28 25	2 26 42	4 28 55	6 27 12
30	8 34 19		12 26 55	14 29 8	16 27 25	18 29 38	20 27 55	22 30 8	0 32 22	2 30 38	4 32 51	6 31 8
31	8 38 15		12 30 52		16 31 22		20 31 52	22 34 5		2 34 35		6 35 5
1972 1	6 39 1	8 41 15	10 35 35	12 37 48	14 36 4	16 38 18	18 36 35	20 38 48	22 41 1	0 39 18	2 41 31	4 39 47
2	6 42 58	8 45 11	10 39 31	12 41 44	14 40 1	16 42 14	18 40 31	20 42 44	22 44 58	0 43 14	2 45 27	4 43 44
3	6 46 54	8 49 8	10 43 28	12 45 41	14 43 58	16 46 11	18 44 28	20 46 41	22 48 54	0 47 11	2 49 24	4 47 41
4	6 50 51	8 53 4	10 47 24	12 49 38	14 47 54	16 50 7	18 48 24	20 50 37	22 52 51	0 51 7	2 53 20	4 51 37
5	6 54 48	8 57 1	10 51 21	12 53 34	14 51 51	16 54 4	18 52 21	20 54 34	22 56 47	0 55 4	2 57 17	4 55 34
6	6 58 44	9 0 57	10 55 17	12 57 31	14 55 47	16 58 1	18 56 17	20 58 31	23 0 44	0 59 0	3 1 14	4 59 30
7	7 2 41	9 4 54	10 59 14	13 1 27	14 59 44	17 1 57	19 0 14	21 2 27	23 4 40	1 2 57	3 5 10	5 3 27
8	7 6 37	9 8 51	11 3 11	13 5 24	15 3 40	17 5 54	19 4 10	21 6 24	23 8 37	1 6 53	3 9 7	5 7 23
9	7 10 34	9 12 47	11 7 7	13 9 20	15 7 37	17 9 50	19 8 7	21 10 20	23 12 33	1 10 50	3 13 3	5 11 20
10	7 14 30	9 16 44	11 11 4	13 13 17	15 11 34	17 13 47	19 12 4	21 14 17	23 16 30	1 14 47	3 17 0	5 15 16
11	7 18 27	9 20 40	11 15 0	13 17 13	15 15 30	17 17 43	19 16 0	21 18 13	23 20 27	1 18 43	3 20 56	5 19 13
12	7 22 23	9 24 37	11 18 57	13 21 10	15 19 27	17 21 40	19 19 57	21 22 10	23 24 23	1 22 40	3 24 53	5 23 10
13	7 26 20	9 28 33	11 22 53	13 25 7	15 23 23	17 25 36	19 23 53	21 26 6	23 28 20	1 26 36	3 28 49	5 27 6
14	7 30 17	9 32 30	11 26 50	13 29 3	15 27 20	17 29 33	19 27 50	21 30 3	23 32 16	1 30 33	3 32 46	5 31 3
15	7 34 13	9 36 26	11 30 46	13 33 0	15 31 16	17 33 30	19 31 46	21 34 0	23 36 13	1 34 29	3 36 43	5 34 59
16	7 38 10	9 40 23	11 34 43	13 36 56	15 35 13	17 37 26	19 35 43	21 37 56	23 40 9	1 38 26	3 40 39	5 38 56
17	7 42 6	9 44 20	11 38 40	13 40 53	15 39 9	17 41 23	19 39 39	21 41 53	23 44 6	1 42 22	3 44 36	5 42 52
18	7 46 3	9 48 16	11 42 36	13 44 49	15 43 6	17 45 19	19 43 36	21 45 49	23 48 2	1 46 19	3 48 32	5 46 49
19	7 49 59	9 52 13	11 46 33	13 48 46	15 47 3	17 49 16	19 47 33	21 49 46	23 51 59	1 50 16	3 52 29	5 50 45
20	7 53 56	9 56 9	11 50 29	13 52 42	15 50 59	17 53 12	19 51 29	21 53 42	23 55 56	1 54 12	3 56 25	5 54 42
21	7 57 52	10 0 6	11 54 26	13 56 39	15 54 56	17 57 9	19 55 26	21 57 39	23 59 52	1 58 9	4 0 22	5 58 39
22	8 1 49	10 4 2	11 58 22	14 0 36	15 58 52	18 1 5	19 59 22	22 1 35	0 3 49	2 2 5	4 4 18	6 2 35
23	8 5 46	10 7 59	12 2 19	14 4 32	16 2 49	18 5 2	20 3 19	22 5 32	0 7 45	2 6 2	4 8 15	6 6 32
24	8 9 42	10 11 55	12 6 15	14 8 29	16 6 45	18 8 59	20 7 15	22 9 29	0 11 42	2 9 58	4 12 12	6 10 28
25	8 13 39	10 15 52	12 10 12	14 12 25	16 10 42	18 12 55	20 11 12	22 13 25	0 15 38	2 13 55	4 16 8	6 14 25
26	8 17 35	10 19 49	12 14 9	14 16 22	16 14 38	18 16 52	20 15 8	22 17 22	0 19 35	2 17 51	4 20 5	6 18 21
27	8 21 32	10 23 45	12 18 5	14 20 18	16 18 35	18 20 48	20 19 5	22 21 18	0 23 31	2 21 48	4 24 1	6 22 18
28	8 25 28	10 27 42	12 22 2	14 24 15	16 22 32	18 24 45	20 23 2	22 25 15	0 27 28	2 25 45	4 27 58	6 26 15
29	8 29 25	10 31 38	12 25 58	14 28 11	16 26 28	18 28 41	20 26 58	22 29 11	0 31 24	2 29 41	4 31 54	6 30 11
30	8 33 22		12 29 55	14 32 8	16 30 25	18 32 38	20 30 55	22 33 8	0 35 21	2 33 38	4 35 51	6 34 8
31	8 37 18		12 33 51		16 34 21		20 34 51	22 37 4		2 37 34		6 38 4
1973 1	6 42 1	8 44 14	10 34 38	12 36 51	14 35 7	16 37 21	18 35 37	20 37 51	22 40 4	0 38 20	2 40 34	4 38 50
2	6 45 57	8 48 11	10 38 34	12 40 47	14 39 4	16 41 17	18 39 34	20 41 47	22 44 0	0 42 17	2 44 30	4 42 47
3	6 49 54	8 52 7	10 42 31	12 44 44	14 43 0	16 45 14	18 43 30	20 45 44	22 47 57	0 46 13	2 48 27	4 46 43
4	6 53 50	8 56 4	10 46 27	12 48 40	14 46 57	16 49 10	18 47 27	20 49 40	22 51 53	0 50 10	2 52 23	4 50 40
5	6 57 47	9 0 0	10 50 24	12 52 37	14 50 54	16 53 7	18 51 24	20 53 37	22 55 50	0 54 7	2 56 20	4 54 36
6	7 1 44	9 3 57	10 54 20	12 56 33	14 54 50	16 57 3	18 55 20	20 57 33	22 59 47	0 58 3	3 0 16	4 58 33
7	7 5 40	9 7 53	10 58 17	13 0 30	14 58 47	17 1 0	18 59 17	21 1 30	23 3 43	1 2 0	3 4 13	5 2 30
8	7 9 37	9 11 50	11 2 13	13 4 27	15 2 43	17 4 57	19 3 13	21 5 26	23 7 40	1 5 56	3 8 9	5 6 26
9	7 13 33	9 15 46	11 6 10	13 8 23	15 6 40	17 8 53	19 7 10	21 9 23	23 11 36	1 9 53	3 12 6	5 10 23
10	7 17 30	9 19 43	11 10 7	13 12 20	15 10 36	17 12 50	19 11 6	21 13 20	23 15 33	1 13 49	3 16 3	5 14 19
11	7 21 26	9 23 40	11 14 3	13 16 16	15 14 33	17 16 46	19 15 3	21 17 16	23 19 29	1 17 46	3 19 59	5 18 16
12	7 25 23	9 27 36	11 18 0	13 20 13	15 18 29	17 20 43	19 18 59	21 21 13	23 23 26	1 21 42	3 23 56	5 22 12
13	7 29 19	9 31 33	11 21 56	13 24 9	15 22 26	17 24 39	19 22 56	21 25 9	23 27 22	1 25 39	3 27 52	5 26 9
14	7 33 16	9 35 29	11 25 53	13 28 6	15 26 23	17 28 36	19 26 53	21 29 6	23 31 19	1 29 36	3 31 49	5 30 5
15	7 37 13	9 39 26	11 29 49	13 32 2	15 30 19	17 32 32	19 30 49	21 33 2	23 35 16	1 33 32	3 35 45	5 34 2
16	7 41 9	9 43 22	11 33 46	13 35 59	15 34 16	17 36 29	19 34 46	21 36 59	23 39 12	1 37 29	3 39 42	5 37 59
17	7 45 6	9 47 19	11 37 42	13 39 56	15 38 12	17 40 26	19 38 42	21 40 55	23 43 9	1 41 25	3 43 38	5 41 55
18	7 49 2	9 51 15	11 41 39	13 43 52	15 42 9	17 44 22	19 42 39	21 44 52	23 47 5	1 45 22	3 47 35	5 45 52
19	7 52 59	9 55 12	11 45 36	13 47 49	15 46 5	17 48 19	19 46 35	21 48 49	23 51 2	1 49 18	3 51 32	5 49 48
20	7 56 55	9 59 9	11 49 32	13 51 45	15 50 2	17 52 15	19 50 32	21 52 45	23 54 58	1 53 15	3 55 28	5 53 45
21	8 0 52	10 3 5	11 53 29	13 55 42	15 53 58	17 56 12	19 54 28	21 56 42	23 58 55	1 57 11	3 59 25	5 57 41
22	8 4 48	10 7 2	11 57 25	13 59 38	15 57 55	18 0 8	19 58 25	22 0 38	0 2 51	2 1 8	4 3 21	6 1 38
23	8 8 45	10 10 58	12 1 22	14 3 35	16 1 52	18 4 5	20 2 22	22 4 35	0 6 48	2 5 5	4 7 18	6 5 35
24	8 12 42	10 14 55	12 5 18	14 7 31	16 5 48	18 8 1	20 6 18	22 8 31	0 10 45	2 9 1	4 11 14	6 9 31
25	8 16 38	10 18 51	12 9 15	14 11 28	16 9 45	18 11 58	20 10 15	22 12 28	0 14 41	2 12 58	4 15 11	6 13 28
26	8 20 35	10 22 48	12 13 11	14 15 25	16 13 41	18 15 55	20 14 11	22 16 24	0 18 38	2 16 54	4 19 7	6 17 24
27	8 24 31	10 26 44	12 17 8	14 19 21	16 17 38	18 19 51	20 18 8	22 20 21	0 22 34	2 20 51	4 23 4	6 21 21
28	8 28 28	10 30 41	12 21 5	14 23 18	16 21 34	18 23 48	20 22 4	22 24 18	0 26 31	2 24 47	4 27 1	6 25 17
29	8 32 24		12 25 1	14 27 14	16 25 31	18 27 44	20 26 1	22 28 14	0 30 27	2 28 44	4 30 57	6 29 14
30	8 36 21		12 28 58	14 31 11	16 29 27	18 31 41	20 29 57	22 32 11	0 34 24	2 32 40	4 34 54	6 33 10
31	8 40 17		12 32 54		16 33 24		20 33 54	22 36 7		2 36 37		6 37 7

ANNÉE	JANV	FÉV	MARS	AVRIL	MAI	JUIN	JUIL	AOÛT	SEPT	OCT	NOV	DÉC
1974 1	6 41 4	8 43 17	10 33 40	12 35 53	14 34 10	16 36 23	18 34 40	20 36 53	22 39 6	0 37 23	2 39 36	4 37 53
2	6 45 0	8 47 13	10 37 37	12 39 50	14 38 7	16 40 20	18 38 37	20 40 50	22 43 3	0 41 20	2 43 33	4 41 49
3	6 48 57	8 51 10	10 41 33	12 43 47	14 42 3	16 44 16	18 42 33	20 44 46	22 47 0	0 45 16	2 47 29	4 45 46
4	6 52 53	8 55 6	10 45 30	12 47 43	14 46 0	16 48 13	18 46 30	20 48 43	22 50 56	0 49 13	2 51 26	4 49 43
5	6 56 50	8 59 3	10 49 27	12 51 40	14 49 56	16 52 10	18 50 26	20 52 40	22 54 53	0 53 9	2 55 22	4 53 39
6	7 0 46	9 3 0	10 53 23	12 55 36	14 53 53	16 56 6	18 54 23	20 56 36	22 58 49	0 57 6	2 59 19	4 57 36
7	7 4 43	9 6 56	10 57 20	12 59 33	14 57 49	17 0 3	18 58 19	21 0 33	23 2 46	1 1 2	3 3 16	5 1 32
8	7 8 39	9 10 53	11 1 16	13 3 29	15 1 46	17 3 59	19 2 16	21 4 29	23 6 42	1 4 59	3 7 12	5 5 29
9	7 12 36	9 14 49	11 5 13	13 7 26	15 5 43	17 7 56	19 6 12	21 8 26	23 10 39	1 8 55	3 11 9	5 9 25
10	7 16 33	9 18 46	11 9 9	13 11 22	15 9 39	17 11 52	19 10 9	21 12 22	23 14 35	1 12 52	3 15 5	5 13 22
11	7 20 29	9 22 42	11 13 6	13 15 19	15 13 36	17 15 49	19 14 6	21 16 19	23 18 32	1 16 49	3 19 2	5 17 18
12	7 24 26	9 26 39	11 17 2	13 19 16	15 17 32	17 19 45	19 18 2	21 20 15	23 22 29	1 20 45	3 22 58	5 21 15
13	7 28 22	9 30 35	11 20 59	13 23 12	15 21 29	17 23 42	19 21 59	21 24 12	23 26 25	1 24 42	3 26 55	5 25 12
14	7 32 19	9 34 32	11 24 56	13 27 9	15 25 25	17 27 39	19 25 55	21 28 9	23 30 22	1 28 38	3 30 51	5 29 8
15	7 36 15	9 38 29	11 28 52	13 31 5	15 29 22	17 31 35	19 29 52	21 32 5	23 34 18	1 32 35	3 34 48	5 33 5
16	7 40 12	9 42 25	11 32 49	13 35 2	15 33 18	17 35 32	19 33 48	21 36 2	23 38 15	1 36 31	3 38 45	5 37 1
17	7 44 8	9 46 22	11 36 45	13 38 58	15 37 15	17 39 28	19 37 45	21 39 58	23 42 11	1 40 28	3 42 41	5 40 58
18	7 48 5	9 50 18	11 40 42	13 42 55	15 41 12	17 43 25	19 41 42	21 43 55	23 46 8	1 44 24	3 46 38	5 44 54
19	7 52 2	9 54 15	11 44 38	13 46 51	15 45 8	17 47 21	19 45 38	21 47 51	23 50 4	1 48 21	3 50 34	5 48 51
20	7 55 58	9 58 11	11 48 35	13 50 48	15 49 5	17 51 18	19 49 35	21 51 48	23 54 1	1 52 18	3 54 31	5 52 47
21	7 59 55	10 2 8	11 52 31	13 54 45	15 53 1	17 55 14	19 53 31	21 55 44	23 57 58	1 56 14	3 58 27	5 56 44
22	8 3 51	10 6 4	11 56 28	13 58 41	15 56 58	17 59 11	19 57 28	21 59 41	0 1 54	2 0 11	4 2 24	6 0 41
23	8 7 48	10 10 1	12 0 24	14 2 38	16 0 54	18 3 8	20 1 24	22 3 37	0 5 51	2 4 7	4 6 20	6 4 37
24	8 11 44	10 13 58	12 4 21	14 6 34	16 4 51	18 7 4	20 5 21	22 7 34	0 9 47	2 8 4	4 10 17	6 8 34
25	8 15 41	10 17 54	12 8 18	14 10 31	16 8 47	18 11 1	20 9 17	22 11 31	0 13 44	2 12 0	4 14 14	6 12 30
26	8 19 37	10 21 51	12 12 14	14 14 27	16 12 44	18 14 57	20 13 14	22 15 27	0 17 40	2 15 57	4 18 10	6 16 27
27	8 23 34	10 25 47	12 16 11	14 18 24	16 16 41	18 18 54	20 17 11	22 19 24	0 21 37	2 19 53	4 22 7	6 20 23
28	8 27 31	10 29 44	12 20 7	14 22 20	16 20 37	18 22 50	20 21 7	22 23 20	0 25 33	2 23 50	4 26 3	6 24 20
29	8 31 27		12 24 4	14 26 17	16 24 34	18 26 47	20 25 4	22 27 17	0 29 30	2 27 47	4 30 0	6 28 17
30	8 35 24		12 28 0	14 30 14	16 28 30	18 30 43	20 29 0	22 31 13	0 33 27	2 31 43	4 33 56	6 32 13
31	8 39 20		12 31 57		16 32 27		20 32 57	22 35 10		2 35 40		6 36 10
1975 1	6 40 6	8 42 19	10 32 43	12 34 56	14 33 13	16 35 26	18 33 43	20 35 56	22 38 9	0 36 26	2 38 39	4 36 55
2	6 44 3	8 46 16	10 36 39	12 38 53	14 37 9	16 39 22	18 37 39	20 39 52	22 42 6	0 40 22	2 42 35	4 40 52
3	6 47 59	8 50 13	10 40 36	12 42 49	14 41 6	16 43 19	18 41 36	20 43 49	22 46 2	0 44 19	2 46 32	4 44 49
4	6 51 56	8 54 9	10 44 33	12 46 46	14 45 2	16 47 16	18 45 32	20 47 46	22 49 59	0 48 15	2 50 28	4 48 45
5	6 55 52	8 58 6	10 48 29	12 50 42	14 48 59	16 51 12	18 49 29	20 51 42	22 53 55	0 52 12	2 54 25	4 52 42
6	6 59 49	9 2 2	10 52 26	12 54 39	14 52 55	16 55 9	18 53 25	20 55 39	22 57 52	0 56 8	2 58 22	4 56 38
7	7 3 46	9 5 59	10 56 22	12 58 35	14 56 52	16 59 5	18 57 22	20 59 35	23 1 48	1 0 5	3 2 18	5 0 35
8	7 7 42	9 9 55	11 0 19	13 2 32	15 0 49	17 3 2	19 1 19	21 3 32	23 5 45	1 4 1	3 6 15	5 4 31
9	7 11 39	9 13 52	11 4 15	13 6 28	15 4 45	17 6 58	19 5 15	21 7 28	23 9 41	1 7 58	3 10 11	5 8 28
10	7 15 35	9 17 48	11 8 12	13 10 25	15 8 42	17 10 55	19 9 12	21 11 25	23 13 38	1 11 55	3 14 8	5 12 24
11	7 19 32	9 21 45	11 12 8	13 14 22	15 12 38	17 14 51	19 13 8	21 15 21	23 17 35	1 15 51	3 18 4	5 16 21
12	7 23 28	9 25 42	11 16 5	13 18 18	15 16 35	17 18 48	19 17 5	21 19 18	23 21 31	1 19 48	3 22 1	5 20 18
13	7 27 25	9 29 38	11 20 2	13 22 15	15 20 31	17 22 45	19 21 1	21 23 15	23 25 28	1 23 44	3 25 57	5 24 14
14	7 31 21	9 33 35	11 23 58	13 26 11	15 24 28	17 26 41	19 24 58	21 27 11	23 29 24	1 27 41	3 29 54	5 28 11
15	7 35 18	9 37 31	11 27 55	13 30 8	15 28 24	17 30 38	19 28 54	21 31 8	23 33 21	1 31 37	3 33 51	5 32 7
16	7 39 15	9 41 28	11 31 51	13 34 4	15 32 21	17 34 34	19 32 51	21 35 4	23 37 17	1 35 34	3 37 47	5 36 4
17	7 43 11	9 45 24	11 35 48	13 38 1	15 36 18	17 38 31	19 36 48	21 39 1	23 41 14	1 39 30	3 41 44	5 40 0
18	7 47 8	9 49 21	11 39 44	13 41 57	15 40 14	17 42 27	19 40 44	21 42 57	23 45 10	1 43 27	3 45 40	5 43 57
19	7 51 4	9 53 17	11 43 41	13 45 54	15 44 11	17 46 24	19 44 41	21 46 54	23 49 7	1 47 24	3 49 37	5 47 53
20	7 55 1	9 57 14	11 47 37	13 49 51	15 48 7	17 50 20	19 48 37	21 50 50	23 53 4	1 51 20	3 53 33	5 51 50
21	7 58 57	10 1 11	11 51 34	13 53 47	15 52 4	17 54 17	19 52 34	21 54 47	23 57 0	1 55 17	3 57 30	5 55 47
22	8 2 54	10 5 7	11 55 31	13 57 44	15 56 0	17 58 14	19 56 30	21 58 44	0 0 57	1 59 13	4 1 26	5 59 43
23	8 6 50	10 9 4	11 59 27	14 1 40	15 59 57	18 2 10	20 0 27	22 2 40	0 4 53	2 3 10	4 5 23	6 3 40
24	8 10 47	10 13 0	12 3 24	14 5 37	16 3 53	18 6 7	20 4 23	22 6 37	0 8 50	2 7 6	4 9 20	6 7 36
25	8 14 44	10 16 57	12 7 20	14 9 33	16 7 50	18 10 3	20 8 20	22 10 33	0 12 46	2 11 3	4 13 16	6 11 33
26	8 18 40	10 20 53	12 11 17	14 13 30	16 11 47	18 14 0	20 12 17	22 14 30	0 16 43	2 14 59	4 17 13	6 15 29
27	8 22 37	10 24 50	12 15 13	14 17 26	16 15 43	18 17 56	20 16 13	22 18 26	0 20 39	2 18 56	4 21 9	6 19 26
28	8 26 33	10 28 46	12 19 10	14 21 23	16 19 40	18 21 53	20 20 10	22 22 23	0 24 36	2 22 53	4 25 6	6 23 22
29	8 30 30		12 23 6	14 25 20	16 23 36	18 25 50	20 24 6	22 26 19	0 28 33	2 26 49	4 29 2	6 27 19
30	8 34 26		12 27 3	14 29 16	16 27 33	18 29 46	20 28 3	22 30 16	0 32 29	2 30 46	4 32 59	6 31 16
31	8 38 23		12 31 0		16 31 29		20 31 59	22 34 12		2 34 42		6 35 12
1976 1	6 39 9	8 41 22	10 35 42	12 37 55	14 36 12	16 38 25	18 36 42	20 38 55	22 41 8	0 39 25	2 41 38	4 39 54
2	6 43 5	8 45 19	10 39 39	12 41 52	14 40 8	16 42 22	18 40 38	20 42 51	22 45 5	0 43 21	2 45 34	4 43 51
3	6 47 2	8 49 15	10 43 35	12 45 48	14 44 5	16 46 18	18 44 35	20 46 48	22 49 1	0 47 18	2 49 31	4 47 48
4	6 50 58	8 53 12	10 47 32	12 49 45	14 48 1	16 50 15	18 48 31	20 50 45	22 52 58	0 51 14	2 53 27	4 51 44
5	6 54 55	8 57 8	10 51 28	12 53 41	14 51 58	16 54 11	18 52 28	20 54 41	22 56 54	0 55 11	2 57 24	4 55 41
6	6 58 51	9 1 5	10 55 25	12 57 38	14 55 55	16 58 8	18 56 24	20 58 38	23 0 51	0 59 7	3 1 21	4 59 37
7	7 2 48	9 5 1	10 59 21	13 1 34	14 59 51	17 2 4	19 0 21	21 2 34	23 4 47	1 3 4	3 5 17	5 3 34
8	7 6 45	9 8 58	11 3 18	13 5 31	15 3 48	17 6 1	19 4 18	21 6 31	23 8 44	1 7 0	3 9 14	5 7 30
9	7 10 41	9 12 54	11 7 14	13 9 28	15 7 44	17 9 57	19 8 14	21 10 27	23 12 40	1 10 57	3 13 10	5 11 27
10	7 14 38	9 16 51	11 11 11	13 13 24	15 11 41	17 13 54	19 12 11	21 14 24	23 16 37	1 14 54	3 17 7	5 15 23
11	7 18 34	9 20 47	11 15 8	13 17 21	15 15 37	17 17 51	19 16 7	21 18 20	23 20 34	1 18 50	3 21 3	5 19 20
12	7 22 31	9 24 44	11 19 4	13 21 17	15 19 34	17 21 47	19 20 4	21 22 17	23 24 30	1 22 47	3 25 0	5 23 17
13	7 26 27	9 28 41	11 23 1	13 25 14	15 23 30	17 25 44	19 24 0	21 26 14	23 28 27	1 26 43	3 28 56	5 27 13
14	7 30 24	9 32 37	11 26 57	13 29 10	15 27 27	17 29 40	19 27 57	21 30 10	23 32 23	1 30 40	3 32 53	5 31 10
15	7 34 20	9 36 34	11 30 54	13 33 7	15 31 23	17 33 37	19 31 53	21 34 7	23 36 20	1 34 36	3 36 50	5 35 6
16	7 38 17	9 40 30	11 34 50	13 37 3	15 35 20	17 37 33	19 35 50	21 38 3	23 40 16	1 38 33	3 40 46	5 39 3
17	7 42 14	9 44 27	11 38 47	13 41 0	15 39 17	17 41 30	19 39 47	21 42 0	23 44 13	1 42 29	3 44 43	5 42 59
18	7 46 10	9 48 23	11 42 43	13 44 57	15 43 13	17 45 26	19 43 43	21 45 56	23 48 9	1 46 26	3 48 39	5 46 56
19	7 50 7	9 52 20	11 46 40	13 48 53	15 47 10	17 49 23	19 47 40	21 49 53	23 52 6	1 50 23	3 52 36	5 50 52
20	7 54 3	9 56 16	11 50 36	13 52 50	15 51 6	17 53 20	19 51 36	21 53 49	23 56 3	1 54 19	3 56 32	5 54 49
21	7 58 0	10 0 13	11 54 33	13 56 46	15 55 3	17 57 16	19 55 33	21 57 46	23 59 59	1 58 16	4 0 29	5 58 46
22	8 1 56	10 4 10	11 58 30	14 0 43	15 58 59	18 1 13	19 59 29	22 1 43	0 3 56	2 2 12	4 4 25	6 2 42
23	8 5 53	10 8 6	12 2 26	14 4 39	16 2 56	18 5 9	20 3 26	22 5 39	0 7 52	2 6 9	4 8 22	6 6 39
24	8 9 49	10 12 3	12 6 23	14 8 36	16 6 52	18 9 6	20 7 22	22 9 36	0 11 49	2 10 5	4 12 19	6 10 35
25	8 13 46	10 15 59	12 10 19	14 12 32	16 10 49	18 13 2	20 11 19	22 13 32	0 15 45	2 14 2	4 16 15	6 14 32
26	8 17 43	10 19 56	12 14 16	14 16 29	16 14 46	18 16 59	20 15 16	22 17 29	0 19 42	2 17 58	4 20 12	6 18 28
27	8 21 39	10 23 52	12 18 12	14 20 26	16 18 42	18 20 55	20 19 12	22 21 25	0 23 38	2 21 55	4 24 8	6 22 25
28	8 25 36	10 27 49	12 22 9	14 24 22	16 22 39	18 24 52	20 23 9	22 25 22	0 27 35	2 25 52	4 28 5	6 26 21
29	8 29 32	10 31 45	12 26 5	14 28 19	16 26 35	18 28 49	20 27 5	22 29 18	0 31 32	2 29 48	4 32 1	6 30 18
30	8 33 29		12 30 2	14 32 15	16 30 32	18 32 45	20 31 2	22 33 15	0 35 28	2 33 45	4 35 58	6 34 15
31	8 37 25		12 33 59		16 34 28		20 34 58	22 37 11		2 37 41		6 38 11
1977 1	6 42 8	8 44 21	10 34 44	12 36 58	14 35 14	16 37 27	18 35 44	20 37 57	22 40 10	0 38 27	2 40 40	4 38 57
2	6 46 4	8 48 17	10 38 41	12 40 54	14 39 11	16 41 24	18 39 41	20 41 54	22 44 7	0 42 24	2 44 37	4 42 53
3	6 50 1	8 52 14	10 42 38	12 44 51	14 43 7	16 45 20	18 43 37	20 45 50	22 48 4	0 46 20	2 48 33	4 46 50
4	6 53 57	8 56 11	10 46 34	12 48 47	14 47 4	16 49 17	18 47 34	20 49 47	22 52 0	0 50 17	2 52 30	4 50 46
5	6 57 54	9 0 7	10 50 31	12 52 44	14 51 0	16 53 14	18 51 30	20 53 43	22 55 57	0 54 13	2 56 26	4 54 43
6	7 1 50	9 4 4	10 54 27	12 56 40	14 54 57	16 57 10	18 55 27	20 57 40	22 59 53	0 58 10	3 0 23	4 58 40
7	7 5 47	9 8 0	10 58 24	13 0 37	14 58 53	17 1 7	18 59 23	21 1 37	23 3 50	1 2 6	3 4 19	5 2 36
8	7 9 44	9 11 57	11 2 20	13 4 33	15 2 50	17 5 3	19 3 20	21 5 33	23 7 46	1 6 3	3 8 16	5 6 33
9	7 13 40	9 15 53	11 6 17	13 8 30	15 6 47	17 9 0	19 7 16	21 9 30	23 11 43	1 9 59	3 12 13	5 10 29
10	7 17 37	9 19 50	11 10 13	13 12 27	15 10 43	17 12 56	19 11 13	21 13 26	23 15 39	1 13 56	3 16 9	5 14 26
11	7 21 33	9 23 46	11 14 10	13 16 23	15 14 40	17 16 53	19 15 10	21 17 23	23 19 36	1 17 53	3 20 6	5 18 22
12	7 25 30	9 27 43	11 18 7	13 20 20	15 18 36	17 20 49	19 19 6	21 21 19	23 23 33	1 21 49	3 24 2	5 22 19
13	7 29 26	9 31 40	11 22 3	13 24 16	15 22 33	17 24 46	19 23 3	21 25 16	23 27 29	1 25 46	3 27 59	5 26 15
14	7 33 23	9 35 36	11 26 0	13 28 13	15 26 29	17 28 43	19 26 59	21 29 12	23 31 26	1 29 42	3 31 55	5 30 12
15	7 37 19	9 39 33	11 29 56	13 32 9	15 30 26	17 32 39	19 30 56	21 33 9	23 35 22	1 33 39	3 35 52	5 34 9
16	7 41 16	9 43 29	11 33 53	13 36 6	15 34 22	17 36 36	19 34 52	21 37 6	23 39 19	1 37 35	3 39 48	5 38 5
17	7 45 13	9 47 26	11 37 49	13 40 2	15 38 19	17 40 32	19 38 49	21 41 2	23 43 15	1 41 32	3 43 45	5 42 2
18	7 49 9	9 51 22	11 41 46	13 43 59	15 42 16	17 44 29	19 42 46	21 44 59	23 47 12	1 45 28	3 47 42	5 45 58
19	7 53 6	9 55 19	11 45 42	13 47 55	15 46 12	17 48 25	19 46 42	21 48 55	23 51 8	1 49 25	3 51 38	5 49 55
20	7 57 2	9 59 15	11 49 39	13 51 52	15 50 9	17 52 22	19 50 39	21 52 52	23 55 5	1 53 22	3 55 35	5 53 51
21	8 0 59	10 3 12	11 53 35	13 55 49	15 54 5	17 56 18	19 54 35	21 56 48	23 59 1	1 57 18	3 59 31	5 57 48
22	8 4 55	10 7 9	11 57 32	13 59 45	15 58 2	18 0 15	19 58 32	22 0 45	0 2 58	2 1 15	4 3 28	6 1 44
23	8 8 52	10 11 5	12 1 29	14 3 42	16 1 58	18 4 12	20 2 28	22 4 41	0 6 55	2 5 11	4 7 24	6 5 41
24	8 12 48	10 15 2	12 5 25	14 7 38	16 5 55	18 8 8	20 6 25	22 8 38	0 10 51	2 9 8	4 11 21	6 9 38
25	8 16 45	10 18 58	12 9 22	14 11 35	16 9 51	18 12 5	20 10 21	22 12 35	0 14 48	2 13 4	4 15 17	6 13 34
26	8 20 42	10 22 55	12 13 18	14 15 31	16 13 48	18 16 1	20 14 18	22 16 31	0 18 44	2 17 1	4 19 14	6 17 31
27	8 24 38	10 26 51	12 17 15	14 19 28	16 17 45	18 19 58	20 18 15	22 20 28	0 22 41	2 20 57	4 23 11	6 21 27
28	8 28 35	10 30 48	12 21 11	14 23 24	16 21 41	18 23 54	20 22 11	22 24 24	0 26 37	2 24 54	4 27 7	6 25 24
29	8 32 31		12 25 8	14 27 21	16 25 38	18 27 51	20 26 8	22 28 21	0 30 34	2 28 50	4 31 4	6 29 20
30	8 36 28		12 29 4	14 31 18	16 29 34	18 31 47	20 30 4	22 32 17	0 34 30	2 32 47	4 35 0	6 33 17
31	8 40 24		12 33 1		16 33 31		20 34 1	22 36 14		2 36 44		6 37 14

ANNÉE	JANV	FÉV	MARS	AVRIL	MAI	JUIN	JUIL	AOÛT	SEPT	OCT	NOV	DÉC
1978 1	6 41 10	8 43 23	10 33 47	12 36 0	14 34 17	16 36 30	18 34 46	20 37 0	22 39 13	0 37 29	2 39 42	4 37 59
2	6 45 7	8 47 20	10 37 43	12 39 56	14 38 13	16 40 26	18 38 43	20 40 56	22 43 9	0 41 26	2 43 39	4 41 56
3	6 49 3	8 51 16	10 41 40	12 43 53	14 42 10	16 44 23	18 42 40	20 44 53	22 47 6	0 45 22	2 47 36	4 45 52
4	6 53 0	8 55 13	10 45 36	12 47 50	14 46 6	16 48 19	18 46 36	20 48 49	22 51 2	0 49 19	2 51 32	4 49 49
5	6 56 56	8 59 10	10 49 33	12 51 46	14 50 3	16 52 16	18 50 33	20 52 46	22 54 59	0 53 16	2 55 29	4 53 45
6	7 0 53	9 3 6	10 53 30	12 55 43	14 53 59	16 56 12	18 54 29	20 56 42	22 58 56	0 57 12	2 59 25	4 57 42
7	7 4 49	9 7 3	10 57 26	12 59 39	14 57 56	17 0 9	18 58 26	21 0 39	23 2 52	1 1 9	3 3 22	5 1 38
8	7 8 46	9 10 59	11 1 23	13 3 36	15 1 52	17 4 6	19 2 22	21 4 36	23 6 49	1 5 5	3 7 18	5 5 35
9	7 12 43	9 14 56	11 5 19	13 7 32	15 5 49	17 8 2	19 6 19	21 8 32	23 10 45	1 9 2	3 11 15	5 9 32
10	7 16 39	9 18 52	11 9 16	13 11 29	15 9 45	17 11 59	19 10 15	21 12 29	23 14 42	1 12 58	3 15 11	5 13 28
11	7 20 36	9 22 49	11 13 12	13 15 25	15 13 42	17 15 55	19 14 12	21 16 25	23 18 38	1 16 55	3 19 8	5 17 25
12	7 24 32	9 26 45	11 17 9	13 19 22	15 17 39	17 19 52	19 18 9	21 20 22	23 22 35	1 20 51	3 23 5	5 21 21
13	7 28 29	9 30 42	11 21 5	13 23 19	15 21 35	17 23 48	19 22 5	21 24 18	23 26 31	1 24 48	3 27 1	5 25 18
14	7 32 25	9 34 38	11 25 2	13 27 15	15 25 32	17 27 45	19 26 2	21 28 15	23 30 28	1 28 45	3 30 58	5 29 14
15	7 36 22	9 38 35	11 28 59	13 31 12	15 29 28	17 31 41	19 29 58	21 32 11	23 34 25	1 32 41	3 34 54	5 33 11
16	7 40 18	9 42 32	11 32 55	13 35 8	15 33 25	17 35 38	19 33 55	21 36 8	23 38 21	1 36 38	3 38 51	5 37 7
17	7 44 15	9 46 28	11 36 52	13 39 5	15 37 21	17 39 35	19 37 51	21 40 5	23 42 18	1 40 34	3 42 47	5 41 4
18	7 48 12	9 50 25	11 40 48	13 43 1	15 41 18	17 43 31	19 41 48	21 44 1	23 46 14	1 44 31	3 46 44	5 45 1
19	7 52 8	9 54 21	11 44 45	13 46 58	15 45 14	17 47 28	19 45 44	21 47 58	23 50 11	1 48 27	3 50 40	5 48 57
20	7 56 5	9 58 18	11 48 41	13 50 54	15 49 11	17 51 24	19 49 41	21 51 54	23 54 7	1 52 24	3 54 37	5 52 54
21	8 0 1	10 2 14	11 52 38	13 54 51	15 53 8	17 55 21	19 53 38	21 55 51	23 58 4	1 56 20	3 58 34	5 56 50
22	8 3 58	10 6 11	11 56 34	13 58 47	15 57 4	17 59 17	19 57 34	21 59 47	0 2 0	2 0 17	4 2 30	6 0 47
23	8 7 54	10 10 7	12 0 31	14 2 44	16 1 1	18 3 14	20 1 31	22 3 44	0 5 57	2 4 14	4 6 27	6 4 43
24	8 11 51	10 14 4	12 4 27	14 6 41	16 4 57	18 7 11	20 5 27	22 7 40	0 9 53	2 8 10	4 10 23	6 8 40
25	8 15 47	10 18 1	12 8 24	14 10 37	16 8 54	18 11 7	20 9 24	22 11 37	0 13 50	2 12 7	4 14 20	6 12 36
26	8 19 44	10 21 57	12 12 21	14 14 34	16 12 50	18 15 4	20 13 20	22 15 33	0 17 47	2 16 3	4 18 16	6 16 33
27	8 23 41	10 25 54	12 16 17	14 18 30	16 16 47	18 19 0	20 17 17	22 19 30	0 21 43	2 20 0	4 22 13	6 20 30
28	8 27 37	10 29 50	12 20 14	14 22 27	16 20 43	18 22 57	20 21 13	22 23 27	0 25 40	2 23 56	4 26 9	6 24 26
29	8 31 34		12 24 10	14 26 23	16 24 40	18 26 53	20 25 10	22 27 23	0 29 36	2 27 53	4 30 6	6 28 23
30	8 35 30		12 28 7	14 30 20	16 28 37	18 30 50	20 29 7	22 31 20	0 33 33	2 31 49	4 34 3	6 32 19
31	8 39 27		12 32 3		16 32 33		20 33 3	22 35 16		2 35 46		6 36 16
1979 1	6 40 12	8 42 26	10 32 49	12 35 2	14 33 19	16 35 32	18 33 49	20 36 2	22 38 15	0 36 32	2 38 45	4 37 1
2	6 44 9	8 46 22	10 36 46	12 38 59	14 37 15	16 39 29	18 37 45	20 39 59	22 42 12	0 40 28	2 42 41	4 40 58
3	6 48 6	8 50 19	10 40 42	12 42 55	14 41 12	16 43 25	18 41 42	20 43 55	22 46 8	0 44 25	2 46 38	4 44 55
4	6 52 2	8 54 15	10 44 39	12 46 52	14 45 9	16 47 22	18 45 38	20 47 52	22 50 5	0 48 21	2 50 34	4 48 51
5	6 55 59	8 58 12	10 48 35	12 50 48	14 49 5	16 51 18	18 49 35	20 51 48	22 54 1	0 52 18	2 54 31	4 52 48
6	6 59 55	9 2 8	10 52 32	12 54 45	14 53 2	16 55 15	18 53 32	20 55 45	22 57 58	0 56 14	2 58 28	4 56 44
7	7 3 52	9 6 5	10 56 28	12 58 42	14 56 58	16 59 11	18 57 28	20 59 41	23 1 54	1 0 11	3 2 24	5 0 41
8	7 7 48	9 10 2	11 0 25	13 2 38	15 0 55	17 3 8	19 1 25	21 3 38	23 5 51	1 4 8	3 6 21	5 4 37
9	7 11 45	9 13 58	11 4 22	13 6 35	15 4 51	17 7 4	19 5 21	21 7 34	23 9 48	1 8 4	3 10 17	5 8 34
10	7 15 41	9 17 55	11 8 18	13 10 31	15 8 48	17 11 1	19 9 18	21 11 31	23 13 44	1 12 1	3 14 14	5 12 31
11	7 19 38	9 21 51	11 12 15	13 14 28	15 12 44	17 14 58	19 13 14	21 15 28	23 17 41	1 15 57	3 18 10	5 16 27
12	7 23 35	9 25 48	11 16 11	13 18 24	15 16 41	17 18 54	19 17 11	21 19 24	23 21 37	1 19 54	3 22 7	5 20 24
13	7 27 31	9 29 44	11 20 8	13 22 21	15 20 37	17 22 51	19 21 7	21 23 21	23 25 34	1 23 50	3 26 3	5 24 20
14	7 31 28	9 33 41	11 24 4	13 26 17	15 24 34	17 26 47	19 25 4	21 27 17	23 29 30	1 27 47	3 30 0	5 28 17
15	7 35 24	9 37 37	11 28 1	13 30 14	15 28 31	17 30 44	19 29 1	21 31 14	23 33 27	1 31 43	3 33 57	5 32 13
16	7 39 21	9 41 34	11 31 57	13 34 11	15 32 27	17 34 40	19 32 57	21 35 10	23 37 23	1 35 40	3 37 53	5 36 10
17	7 43 17	9 45 31	11 35 54	13 38 7	15 36 24	17 38 37	19 36 54	21 39 7	23 41 20	1 39 37	3 41 50	5 40 6
18	7 47 14	9 49 27	11 39 51	13 42 4	15 40 20	17 42 34	19 40 50	21 43 3	23 45 17	1 43 33	3 45 46	5 44 3
19	7 51 10	9 53 24	11 43 47	13 46 0	15 44 17	17 46 30	19 44 47	21 47 0	23 49 13	1 47 30	3 49 43	5 48 0
20	7 55 7	9 57 20	11 47 44	13 49 57	15 48 13	17 50 27	19 48 43	21 50 57	23 53 10	1 51 26	3 53 39	5 51 56
21	7 59 4	10 1 17	11 51 40	13 53 53	15 52 10	17 54 23	19 52 40	21 54 53	23 57 6	1 55 23	3 57 36	5 55 53
22	8 3 0	10 5 13	11 55 37	13 57 50	15 56 6	17 58 20	19 56 36	21 58 50	0 1 3	1 59 19	4 1 32	5 59 49
23	8 6 57	10 9 10	11 59 33	14 1 46	16 0 3	18 2 16	20 0 33	22 2 46	0 4 59	2 3 16	4 5 29	6 3 46
24	8 10 53	10 13 6	12 3 30	14 5 43	16 4 0	18 6 13	20 4 30	22 6 43	0 8 56	2 7 12	4 9 26	6 7 42
25	8 14 50	10 17 3	12 7 26	14 9 40	16 7 56	18 10 9	20 8 26	22 10 39	0 12 52	2 11 9	4 13 22	6 11 39
26	8 18 46	10 20 59	12 11 23	14 13 36	16 11 53	18 14 6	20 12 23	22 14 36	0 16 49	2 15 6	4 17 19	6 15 35
27	8 22 43	10 24 56	12 15 19	14 17 33	16 15 49	18 18 3	20 16 19	22 18 32	0 20 45	2 19 2	4 21 15	6 19 32
28	8 26 39	10 28 53	12 19 16	14 21 29	16 19 46	18 21 59	20 20 16	22 22 29	0 24 42	2 22 59	4 25 12	6 23 29
29	8 30 36		12 23 13	14 25 26	16 23 42	18 25 56	20 24 12	22 26 25	0 28 39	2 26 55	4 29 8	6 27 25
30	8 34 33		12 27 9	14 29 22	16 27 39	18 29 52	20 28 9	22 30 22	0 32 35	2 30 52	4 33 5	6 31 22
31	8 38 29		12 31 6		16 31 36		20 32 5	22 34 19		2 34 48		6 35 18
1980 1	6 39 15	8 41 28	10 35 48	12 38 1	14 36 18	16 38 31	18 36 48	20 39 1	22 41 14	0 39 31	2 41 44	4 40 0
2	6 43 11	8 45 25	10 39 45	12 41 58	14 40 14	16 42 28	18 40 44	20 42 57	22 45 11	0 43 27	2 45 40	4 43 57
3	6 47 8	8 49 21	10 43 41	12 45 54	14 44 11	16 46 24	18 44 41	20 46 54	22 49 7	0 47 24	2 49 37	4 47 54
4	6 51 4	8 53 18	10 47 38	12 49 51	14 48 7	16 50 21	18 48 37	20 50 51	22 53 4	0 51 20	2 53 33	4 51 50
5	6 55 1	8 57 14	10 51 34	12 53 47	14 52 4	16 54 17	18 52 34	20 54 47	22 57 0	0 55 17	2 57 30	4 55 47
6	6 58 58	9 1 11	10 55 31	12 57 44	14 56 1	16 58 14	18 56 30	20 58 44	23 0 57	0 59 13	3 1 27	4 59 43
7	7 2 54	9 5 7	10 59 27	13 1 40	14 59 57	17 2 10	19 0 27	21 2 40	23 4 53	1 3 10	3 5 23	5 3 40
8	7 6 51	9 9 4	11 3 24	13 5 37	15 3 54	17 6 7	19 4 24	21 6 37	23 8 50	1 7 7	3 9 20	5 7 36
9	7 10 47	9 13 0	11 7 20	13 9 34	15 7 50	17 10 3	19 8 20	21 10 33	23 12 47	1 11 3	3 13 16	5 11 33
10	7 14 44	9 16 57	11 11 17	13 13 30	15 11 47	17 14 0	19 12 17	21 14 30	23 16 43	1 15 0	3 17 13	5 15 29
11	7 18 40	9 20 54	11 15 14	13 17 27	15 15 43	17 17 57	19 16 13	21 18 26	23 20 40	1 18 56	3 21 9	5 19 26
12	7 22 37	9 24 50	11 19 10	13 21 23	15 19 40	17 21 53	19 20 10	21 22 23	23 24 36	1 22 53	3 25 6	5 23 23
13	7 26 33	9 28 47	11 23 7	13 25 20	15 23 36	17 25 50	19 24 6	21 26 20	23 28 33	1 26 49	3 29 2	5 27 19
14	7 30 30	9 32 43	11 27 3	13 29 16	15 27 33	17 29 46	19 28 3	21 30 16	23 32 29	1 30 46	3 32 59	5 31 16
15	7 34 27	9 36 40	11 31 0	13 33 13	15 31 30	17 33 43	19 32 0	21 34 13	23 36 26	1 34 42	3 36 56	5 35 12
16	7 38 23	9 40 36	11 34 56	13 37 9	15 35 26	17 37 39	19 35 56	21 38 9	23 40 22	1 38 39	3 40 52	5 39 9
17	7 42 20	9 44 33	11 38 53	13 41 6	15 39 23	17 41 36	19 39 53	21 42 6	23 44 19	1 42 36	3 44 49	5 43 5
18	7 46 16	9 48 29	11 42 49	13 45 3	15 43 19	17 45 32	19 43 49	21 46 2	23 48 15	1 46 32	3 48 45	5 47 2
19	7 50 13	9 52 26	11 46 46	13 48 59	15 47 16	17 49 29	19 47 46	21 49 59	23 52 12	1 50 29	3 52 42	5 50 58
20	7 54 9	9 56 23	11 50 43	13 52 56	15 51 12	17 53 26	19 51 42	21 53 55	23 56 9	1 54 25	3 56 38	5 54 55
21	7 58 6	10 0 19	11 54 39	13 56 52	15 55 9	17 57 22	19 55 39	21 57 52	0 0 5	1 58 22	4 0 35	5 58 52
22	8 2 2	10 4 16	11 58 36	14 0 49	15 59 5	18 1 19	19 59 35	22 1 49	0 4 2	2 2 18	4 4 31	6 2 48
23	8 5 59	10 8 12	12 2 32	14 4 45	16 3 2	18 5 15	20 3 32	22 5 45	0 7 58	2 6 15	4 8 28	6 6 45
24	8 9 56	10 12 9	12 6 29	14 8 42	16 6 59	18 9 12	20 7 28	22 9 42	0 11 55	2 10 11	4 12 25	6 10 41
25	8 13 52	10 16 5	12 10 25	14 12 38	16 10 55	18 13 8	20 11 25	22 13 38	0 15 51	2 14 8	4 16 21	6 14 38
26	8 17 49	10 20 2	12 14 22	14 16 35	16 14 52	18 17 5	20 15 22	22 17 35	0 19 48	2 18 4	4 20 18	6 18 34
27	8 21 45	10 23 58	12 18 18	14 20 32	16 18 48	18 21 1	20 19 18	22 21 31	0 23 44	2 22 1	4 24 14	6 22 31
28	8 25 42	10 27 55	12 22 15	14 24 28	16 22 45	18 24 58	20 23 15	22 25 28	0 27 41	2 25 58	4 28 11	6 26 28
29	8 29 38	10 31 52	12 26 12	14 28 25	16 26 41	18 28 55	20 27 11	22 29 24	0 31 38	2 29 54	4 32 7	6 30 24
30	8 33 35		12 30 8	14 32 21	16 30 38	18 32 51	20 31 8	22 33 21	0 35 34	2 33 51	4 36 4	6 34 21
31	8 37 31		12 34 5		16 34 34		20 35 4	22 37 18		2 37 47		6 38 17
1981 1	6 42 14	8 44 27	10 34 51	12 37 4	14 35 20	16 37 33	18 35 50	20 38 3	22 40 17	0 38 33	2 40 46	4 39 3
2	6 46 10	8 48 24	10 38 47	12 41 0	14 39 17	16 41 30	18 39 47	20 42 0	22 44 13	0 42 30	2 44 43	4 43 0
3	6 50 7	8 52 20	10 42 44	12 44 57	14 43 13	16 45 27	18 43 43	20 45 57	22 48 10	0 46 26	2 48 39	4 46 56
4	6 54 3	8 56 17	10 46 40	12 48 53	14 47 10	16 49 23	18 47 40	20 49 53	22 52 6	0 50 23	2 52 36	4 50 53
5	6 58 0	9 0 13	10 50 37	12 52 50	14 51 6	16 53 20	18 51 36	20 53 50	22 56 3	0 54 19	2 56 33	4 54 49
6	7 1 57	9 4 10	10 54 33	12 56 46	14 55 3	16 57 16	18 55 33	20 57 46	22 59 59	0 58 16	3 0 29	4 58 46
7	7 5 53	9 8 6	10 58 30	13 0 43	14 59 0	17 1 13	18 59 30	21 1 43	23 3 56	1 2 12	3 4 26	5 2 42
8	7 9 50	9 12 3	11 2 26	13 4 39	15 2 56	17 5 9	19 3 26	21 5 39	23 7 52	1 6 9	3 8 22	5 6 39
9	7 13 46	9 15 59	11 6 23	13 8 36	15 6 53	17 9 6	19 7 23	21 9 36	23 11 49	1 10 6	3 12 19	5 10 35
10	7 17 43	9 19 56	11 10 19	13 12 33	15 10 49	17 13 2	19 11 19	21 13 32	23 15 46	1 14 2	3 16 15	5 14 32
11	7 21 39	9 23 53	11 14 16	13 16 29	15 14 46	17 16 59	19 15 16	21 17 29	23 19 42	1 17 59	3 20 12	5 18 29
12	7 25 36	9 27 49	11 18 13	13 20 26	15 18 42	17 20 56	19 19 12	21 21 26	23 23 39	1 21 55	3 24 8	5 22 25
13	7 29 32	9 31 46	11 22 9	13 24 22	15 22 39	17 24 52	19 23 9	21 25 22	23 27 35	1 25 52	3 28 5	5 26 22
14	7 33 29	9 35 42	11 26 6	13 28 19	15 26 35	17 28 49	19 27 5	21 29 19	23 31 32	1 29 48	3 32 2	5 30 18
15	7 37 26	9 39 39	11 30 2	13 32 15	15 30 32	17 32 45	19 31 2	21 33 15	23 35 28	1 33 45	3 35 58	5 34 15
16	7 41 22	9 43 35	11 33 59	13 36 12	15 34 29	17 36 42	19 34 59	21 37 12	23 39 25	1 37 41	3 39 55	5 38 11
17	7 45 19	9 47 32	11 37 55	13 40 8	15 38 25	17 40 38	19 38 55	21 41 8	23 43 21	1 41 38	3 43 51	5 42 8
18	7 49 15	9 51 28	11 41 52	13 44 5	15 42 22	17 44 35	19 42 52	21 45 5	23 47 18	1 45 35	3 47 48	5 46 4
19	7 53 12	9 55 25	11 45 48	13 48 2	15 46 18	17 48 31	19 46 48	21 49 1	23 51 15	1 49 31	3 51 44	5 50 1
20	7 57 8	9 59 22	11 49 45	13 51 58	15 50 15	17 52 28	19 50 45	21 52 58	23 55 11	1 53 28	3 55 41	5 53 58
21	8 1 5	10 3 18	11 53 42	13 55 55	15 54 11	17 56 25	19 54 41	21 56 54	23 59 8	1 57 24	3 59 37	5 57 54
22	8 5 1	10 7 15	11 57 38	13 59 51	15 58 8	18 0 21	19 58 38	22 0 51	0 3 4	2 1 21	4 3 34	6 1 51
23	8 8 58	10 11 11	12 1 35	14 3 48	16 2 4	18 4 18	20 2 34	22 4 48	0 7 1	2 5 17	4 7 31	6 5 47
24	8 12 55	10 15 8	12 5 31	14 7 44	16 6 1	18 8 14	20 6 31	22 8 44	0 10 57	2 9 14	4 11 27	6 9 44
25	8 16 51	10 19 4	12 9 28	14 11 41	16 9 58	18 12 11	20 10 28	22 12 41	0 14 54	2 13 10	4 15 24	6 13 40
26	8 20 48	10 23 1	12 13 24	14 15 37	16 13 54	18 16 7	20 14 24	22 16 37	0 18 50	2 17 7	4 19 20	6 17 37
27	8 24 44	10 26 57	12 17 21	14 19 34	16 17 51	18 20 4	20 18 21	22 20 34	0 22 47	2 21 4	4 23 17	6 21 33
28	8 28 41	10 30 54	12 21 17	14 23 31	16 21 47	18 24 0	20 22 17	22 24 30	0 26 44	2 25 0	4 27 13	6 25 30
29	8 32 37		12 25 14	14 27 27	16 25 44	18 27 57	20 26 14	22 28 27	0 30 40	2 28 57	4 31 10	6 29 27
30	8 36 34		12 29 11	14 31 24	16 29 40	18 31 54	20 30 10	22 32 23	0 34 37	2 32 53	4 35 6	6 33 23
31	8 40 30		12 33 7		16 33 37		20 34 7	22 36 20		2 36 50		6 37 20

ANNÉE	JANV	FÉV	MARS	AVRIL	MAI	JUIN	JUIL	AOÛT	SEPT	OCT	NOV	DÉC
1982 1	6 41 16	8 43 30	10 33 53	12 36 6	14 34 23	16 36 36	18 34 53	20 37 6	22 39 19	0 37 36	2 39 49	4 38 6
2	6 45 13	8 47 26	10 37 50	12 40 3	14 38 19	16 40 33	18 38 49	20 41 3	22 43 16	0 41 32	2 43 45	4 42 2
3	6 49 9	8 51 23	10 41 46	12 43 59	14 42 16	16 44 29	18 42 46	20 44 59	22 47 12	0 45 29	2 47 42	4 45 59
4	6 53 6	8 55 19	10 45 43	12 47 56	14 46 12	16 48 26	18 46 42	20 48 56	22 51 9	0 49 25	2 51 39	4 49 55
5	6 57 2	8 59 16	10 49 39	12 51 52	14 50 9	16 52 22	18 50 39	20 52 52	22 55 5	0 53 22	2 55 35	4 53 52
6	7 0 59	9 3 12	10 53 36	12 55 49	14 54 6	16 56 19	18 54 36	20 56 49	22 59 2	0 57 19	2 59 32	4 57 48
7	7 4 56	9 7 9	10 57 32	12 59 45	14 58 2	17 0 15	18 58 32	21 0 45	23 2 58	1 1 15	3 3 28	5 1 45
8	7 8 52	9 11 5	11 1 29	13 3 42	15 1 59	17 4 12	19 2 29	21 4 42	23 6 55	1 5 12	3 7 25	5 5 42
9	7 12 49	9 15 2	11 5 25	13 7 39	15 5 55	17 8 8	19 6 25	21 8 38	23 10 52	1 9 8	3 11 21	5 9 38
10	7 16 45	9 18 59	11 9 22	13 11 35	15 9 52	17 12 5	19 10 22	21 12 35	23 14 48	1 13 5	3 15 18	5 13 35
11	7 20 42	9 22 55	11 13 19	13 15 32	15 13 48	17 16 2	19 14 18	21 16 32	23 18 45	1 17 1	3 19 14	5 17 31
12	7 24 38	9 26 52	11 17 15	13 19 28	15 17 45	17 19 58	19 18 15	21 20 28	23 22 41	1 20 58	3 23 11	5 21 28
13	7 28 35	9 30 48	11 21 12	13 23 25	15 21 41	17 23 55	19 22 11	21 24 25	23 26 38	1 24 54	3 27 8	5 25 24
14	7 32 32	9 34 45	11 25 8	13 27 21	15 25 38	17 27 51	19 26 8	21 28 21	23 30 34	1 28 51	3 31 4	5 29 21
15	7 36 28	9 38 41	11 29 5	13 31 18	15 29 35	17 31 48	19 30 5	21 32 18	23 34 31	1 32 48	3 35 1	5 33 17
16	7 40 25	9 42 38	11 33 1	13 35 14	15 33 31	17 35 44	19 34 1	21 36 14	23 38 27	1 36 44	3 38 57	5 37 14
17	7 44 21	9 46 34	11 36 58	13 39 11	15 37 28	17 39 41	19 37 58	21 40 11	23 42 24	1 40 41	3 42 54	5 41 11
18	7 48 18	9 50 31	11 40 54	13 43 8	15 41 24	17 43 37	19 41 54	21 44 7	23 46 21	1 44 37	3 46 50	5 45 7
19	7 52 14	9 54 28	11 44 51	13 47 4	15 45 21	17 47 34	19 45 51	21 48 4	23 50 17	1 48 34	3 50 47	5 49 4
20	7 56 11	9 58 24	11 48 48	13 51 1	15 49 17	17 51 31	19 49 47	21 52 1	23 54 14	1 52 30	3 54 43	5 53 0
21	8 0 7	10 2 21	11 52 44	13 54 57	15 53 14	17 55 27	19 53 44	21 55 57	23 58 10	1 56 27	3 58 40	5 56 57
22	8 4 4	10 6 17	11 56 41	13 58 54	15 57 10	17 59 24	19 57 40	21 59 54	0 2 7	2 0 23	4 2 37	6 0 53
23	8 8 1	10 10 14	12 0 37	14 2 50	16 1 7	18 3 20	20 1 37	22 3 50	0 6 3	2 4 20	4 6 33	6 4 50
24	8 11 57	10 14 10	12 4 34	14 6 47	16 5 4	18 7 17	20 5 34	22 7 47	0 10 0	2 8 16	4 10 30	6 8 46
25	8 15 54	10 18 7	12 8 30	14 10 43	16 9 0	18 11 13	20 9 30	22 11 43	0 13 56	2 12 13	4 14 26	6 12 43
26	8 19 50	10 22 3	12 12 27	14 14 40	16 12 57	18 15 10	20 13 27	22 15 40	0 17 53	2 16 10	4 18 23	6 16 40
27	8 23 47	10 26 0	12 16 23	14 18 37	16 16 53	18 19 7	20 17 23	22 19 36	0 21 50	2 20 6	4 22 19	6 20 36
28	8 27 43	10 29 56	12 20 20	14 22 33	16 20 50	18 23 3	20 21 20	22 23 33	0 25 46	2 24 3	4 26 16	6 24 33
29	8 31 40		12 24 17	14 26 30	16 24 46	18 27 0	20 25 16	22 27 30	0 29 43	2 27 59	4 30 12	6 28 29
30	8 35 36		12 28 13	14 30 26	16 28 43	18 30 56	20 29 13	22 31 26	0 33 39	2 31 56	4 34 9	6 32 26
31	8 39 33		12 32 10		16 32 39		20 33 9	22 35 23		2 35 52		6 36 22
1983 1	6 40 19	8 42 32	10 32 56	12 35 9	14 33 25	16 35 39	18 33 55	20 36 9	22 38 22	0 36 38	2 38 52	4 37 8
2	6 44 15	8 46 29	10 36 52	12 39 5	14 37 22	16 39 35	18 37 52	20 40 5	22 42 18	0 40 35	2 42 48	4 41 5
3	6 48 12	8 50 25	10 40 49	12 43 2	14 41 19	16 43 32	18 41 49	20 44 2	22 46 15	0 44 32	2 46 45	4 45 1
4	6 52 9	8 54 22	10 44 45	12 46 58	14 45 15	16 47 28	18 45 45	20 47 58	22 50 12	0 48 28	2 50 41	4 48 58
5	6 56 5	8 58 18	10 48 42	12 50 55	14 49 12	16 51 25	18 49 42	20 51 55	22 54 8	0 52 25	2 54 38	4 52 55
6	7 0 2	9 2 15	10 52 38	12 54 52	14 53 8	16 55 21	18 53 38	20 55 51	22 58 5	0 56 21	2 58 34	4 56 51
7	7 3 58	9 6 12	10 56 35	12 58 48	14 57 5	16 59 18	18 57 35	20 59 48	23 2 1	1 0 18	3 2 31	5 0 48
8	7 7 55	9 10 8	11 0 32	13 2 45	15 1 1	17 3 15	19 1 31	21 3 45	23 5 58	1 4 14	3 6 28	5 4 44
9	7 11 51	9 14 5	11 4 28	13 6 41	15 4 58	17 7 11	19 5 28	21 7 41	23 9 54	1 8 11	3 10 24	5 8 41
10	7 15 48	9 18 1	11 8 25	13 10 38	15 8 54	17 11 8	19 9 24	21 11 38	23 13 51	1 12 7	3 14 21	5 12 37
11	7 19 44	9 21 58	11 12 21	13 14 34	15 12 51	17 15 4	19 13 21	21 15 34	23 17 47	1 16 4	3 18 17	5 16 34
12	7 23 41	9 25 54	11 16 18	13 18 31	15 16 48	17 19 1	19 17 18	21 19 31	23 21 44	1 20 1	3 22 14	5 20 30
13	7 27 38	9 29 51	11 20 14	13 22 27	15 20 44	17 22 57	19 21 14	21 23 27	23 25 41	1 23 57	3 26 10	5 24 27
14	7 31 34	9 33 47	11 24 11	13 26 24	15 24 41	17 26 54	19 25 11	21 27 24	23 29 37	1 27 54	3 30 7	5 28 24
15	7 35 31	9 37 44	11 28 7	13 30 21	15 28 37	17 30 51	19 29 7	21 31 20	23 33 34	1 31 50	3 34 3	5 32 20
16	7 39 27	9 41 40	11 32 4	13 34 17	15 32 34	17 34 47	19 33 4	21 35 17	23 37 30	1 35 47	3 38 0	5 36 17
17	7 43 24	9 45 37	11 36 1	13 38 14	15 36 30	17 38 44	19 37 0	21 39 14	23 41 27	1 39 43	3 41 57	5 40 13
18	7 47 20	9 49 34	11 39 57	13 42 10	15 40 27	17 42 40	19 40 57	21 43 10	23 45 23	1 43 40	3 45 53	5 44 10
19	7 51 17	9 53 30	11 43 54	13 46 7	15 44 23	17 46 37	19 44 53	21 47 7	23 49 20	1 47 36	3 49 50	5 48 6
20	7 55 13	9 57 27	11 47 50	13 50 3	15 48 20	17 50 33	19 48 50	21 51 3	23 53 16	1 51 33	3 53 46	5 52 3
21	7 59 10	10 1 23	11 51 47	13 54 0	15 52 17	17 54 30	19 52 47	21 55 0	23 57 13	1 55 30	3 57 43	5 56 0
22	8 3 7	10 5 20	11 55 43	13 57 56	15 56 13	17 58 26	19 56 43	21 58 56	0 1 10	1 59 26	4 1 39	5 59 56
23	8 7 3	10 9 16	11 59 40	14 1 53	16 0 10	18 2 23	20 0 40	22 2 53	0 5 6	2 3 23	4 5 36	6 3 53
24	8 11 0	10 13 13	12 3 36	14 5 50	16 4 6	18 6 20	20 4 36	22 6 49	0 9 3	2 7 19	4 9 32	6 7 49
25	8 14 56	10 17 9	12 7 33	14 9 46	16 8 3	18 10 16	20 8 33	22 10 46	0 12 59	2 11 16	4 13 29	6 11 46
26	8 18 53	10 21 6	12 11 30	14 13 43	16 11 59	18 14 13	20 12 29	22 14 43	0 16 56	2 15 12	4 17 26	6 15 42
27	8 22 49	10 25 3	12 15 26	14 17 39	16 15 56	18 18 9	20 16 26	22 18 39	0 20 52	2 19 9	4 21 22	6 19 39
28	8 26 46	10 28 59	12 19 23	14 21 36	16 19 52	18 22 6	20 20 22	22 22 36	0 24 49	2 23 5	4 25 19	6 23 35
29	8 30 43		12 23 19	14 25 32	16 23 49	18 26 2	20 24 19	22 26 32	0 28 45	2 27 2	4 29 15	6 27 32
30	8 34 39		12 27 16	14 29 29	16 27 46	18 29 59	20 28 16	22 30 29	0 32 42	2 30 59	4 33 12	6 31 29
31	8 38 36		12 31 12		16 31 42		20 32 12	22 34 25		2 34 55		6 35 25
1984 1	6 39 22	8 41 35	10 35 55	12 38 8	14 36 25	16 38 38	18 36 55	20 39 8	22 41 21	0 39 38	2 41 51	4 40 8
2	6 43 18	8 45 32	10 39 52	12 42 5	14 40 21	16 42 35	18 40 51	20 43 5	22 45 18	0 43 34	2 45 48	4 44 4
3	6 47 15	8 49 28	10 43 48	12 46 1	14 44 18	16 46 31	18 44 48	20 47 1	22 49 14	0 47 31	2 49 44	4 48 1
4	6 51 11	8 53 25	10 47 45	12 49 58	14 48 14	16 50 28	18 48 44	20 50 58	22 53 11	0 51 28	2 53 41	4 51 57
5	6 55 8	8 57 21	10 51 41	12 53 54	14 52 11	16 54 24	18 52 41	20 54 54	22 57 7	0 55 24	2 57 37	4 55 54
6	6 59 4	9 1 18	10 55 38	12 57 51	14 56 8	16 58 21	18 56 38	20 58 51	23 1 4	0 59 21	3 1 34	4 59 51
7	7 3 1	9 5 14	10 59 34	13 1 47	15 0 4	17 2 17	19 0 34	21 2 47	23 5 1	1 3 17	3 5 30	5 3 47
8	7 6 58	9 9 11	11 3 31	13 5 44	15 4 1	17 6 14	19 4 31	21 6 44	23 8 57	1 7 14	3 9 27	5 7 44
9	7 10 54	9 13 7	11 7 27	13 9 41	15 7 57	17 10 11	19 8 27	21 10 41	23 12 54	1 11 10	3 13 23	5 11 40
10	7 14 51	9 17 4	11 11 24	13 13 37	15 11 54	17 14 7	19 12 24	21 14 37	23 16 50	1 15 7	3 17 20	5 15 37
11	7 18 47	9 21 0	11 15 21	13 17 34	15 15 50	17 18 4	19 16 20	21 18 34	23 20 47	1 19 3	3 21 17	5 19 33
12	7 22 44	9 24 57	11 19 17	13 21 30	15 19 47	17 22 0	19 20 17	21 22 30	23 24 43	1 23 0	3 25 13	5 23 30
13	7 26 40	9 28 54	11 23 14	13 25 27	15 23 43	17 25 57	19 24 13	21 26 27	23 28 40	1 26 57	3 29 10	5 27 26
14	7 30 37	9 32 50	11 27 10	13 29 23	15 27 40	17 29 53	19 28 10	21 30 23	23 32 36	1 30 53	3 33 6	5 31 23
15	7 34 33	9 36 47	11 31 7	13 33 20	15 31 37	17 33 50	19 32 7	21 34 20	23 36 33	1 34 50	3 37 3	5 35 20
16	7 38 30	9 40 43	11 35 3	13 37 16	15 35 33	17 37 46	19 36 3	21 38 16	23 40 30	1 38 46	3 40 59	5 39 16
17	7 42 27	9 44 40	11 39 0	13 41 13	15 39 30	17 41 43	19 40 0	21 42 13	23 44 26	1 42 43	3 44 56	5 43 13
18	7 46 23	9 48 36	11 42 56	13 45 10	15 43 26	17 45 40	19 43 56	21 46 10	23 48 23	1 46 39	3 48 53	5 47 9
19	7 50 20	9 52 33	11 46 53	13 49 6	15 47 23	17 49 36	19 47 53	21 50 6	23 52 19	1 50 36	3 52 49	5 51 6
20	7 54 16	9 56 29	11 50 50	13 53 3	15 51 19	17 53 33	19 51 49	21 54 3	23 56 16	1 54 32	3 56 46	5 55 2
21	7 58 13	10 0 26	11 54 46	13 56 59	15 55 16	17 57 29	19 55 46	21 57 59	0 0 12	1 58 29	4 0 42	5 58 59
22	8 2 9	10 4 23	11 58 43	14 0 56	15 59 12	18 1 26	19 59 42	22 1 56	0 4 9	2 2 26	4 4 39	6 2 55
23	8 6 6	10 8 19	12 2 39	14 4 52	16 3 9	18 5 22	20 3 39	22 5 52	0 8 5	2 6 22	4 8 35	6 6 52
24	8 10 2	10 12 16	12 6 36	14 8 49	16 7 6	18 9 19	20 7 36	22 9 49	0 12 2	2 10 19	4 12 32	6 10 49
25	8 13 59	10 16 12	12 10 32	14 12 45	16 11 2	18 13 15	20 11 32	22 13 45	0 15 59	2 14 15	4 16 28	6 14 45
26	8 17 56	10 20 9	12 14 29	14 16 42	16 14 59	18 17 12	20 15 29	22 17 42	0 19 55	2 18 12	4 20 25	6 18 42
27	8 21 52	10 24 5	12 18 25	14 20 39	16 18 55	18 21 9	20 19 25	22 21 39	0 23 52	2 22 8	4 24 22	6 22 38
28	8 25 49	10 28 2	12 22 22	14 24 35	16 22 52	18 25 5	20 23 22	22 25 35	0 27 48	2 26 5	4 28 18	6 26 35
29	8 29 45	10 31 58	12 26 19	14 28 32	16 26 48	18 29 2	20 27 18	22 29 32	0 31 45	2 30 1	4 32 15	6 30 31
30	8 33 42		12 30 15	14 32 28	16 30 45	18 32 58	20 31 15	22 33 28	0 35 41	2 33 58	4 36 11	6 34 28
31	8 37 38		12 34 12		16 34 41		20 35 12	22 37 25		2 37 55		6 38 25
1985 1	6 42 21	8 44 34	10 34 58	12 37 11	14 35 28	16 37 41	18 35 58	20 38 11	22 40 24	0 38 41	2 40 54	4 39 11
2	6 46 18	8 48 31	10 38 54	12 41 8	14 39 24	16 41 38	18 39 54	20 42 8	22 44 21	0 42 37	2 44 51	4 43 7
3	6 50 14	8 52 27	10 42 51	12 45 4	14 43 21	16 45 34	18 43 51	20 46 4	22 48 17	0 46 34	2 48 47	4 47 4
4	6 54 11	8 56 24	10 46 48	12 49 1	14 47 17	16 49 31	18 47 47	20 50 1	22 52 14	0 50 30	2 52 44	4 51 0
5	6 58 7	9 0 21	10 50 44	12 52 57	14 51 14	16 53 27	18 51 44	20 53 57	22 56 10	0 54 27	2 56 40	4 54 57
6	7 2 4	9 4 17	10 54 41	12 56 54	14 55 10	16 57 24	18 55 41	20 57 54	23 0 7	0 58 24	3 0 37	4 58 54
7	7 6 0	9 8 14	10 58 37	13 0 50	14 59 7	17 1 20	18 59 37	21 1 50	23 4 4	1 2 20	3 4 33	5 2 50
8	7 9 57	9 12 10	11 2 34	13 4 47	15 3 4	17 5 17	19 3 34	21 5 47	23 8 0	1 6 17	3 8 30	5 6 47
9	7 13 54	9 16 7	11 6 30	13 8 43	15 7 0	17 9 13	19 7 30	21 9 43	23 11 57	1 10 13	3 12 26	5 10 43
10	7 17 50	9 20 3	11 10 27	13 12 40	15 10 57	17 13 10	19 11 27	21 13 40	23 15 53	1 14 10	3 16 23	5 14 40
11	7 21 47	9 24 0	11 14 23	13 16 37	15 14 53	17 17 7	19 15 23	21 17 37	23 19 50	1 18 6	3 20 20	5 18 36
12	7 25 43	9 27 56	11 18 20	13 20 33	15 18 50	17 21 3	19 19 20	21 21 33	23 23 46	1 22 3	3 24 16	5 22 33
13	7 29 40	9 31 53	11 22 17	13 24 30	15 22 46	17 25 0	19 23 16	21 25 30	23 27 43	1 25 59	3 28 13	5 26 29
14	7 33 36	9 35 50	11 26 13	13 28 26	15 26 43	17 28 56	19 27 13	21 29 26	23 31 39	1 29 56	3 32 9	5 30 26
15	7 37 33	9 39 46	11 30 10	13 32 23	15 30 39	17 32 53	19 31 10	21 33 23	23 35 36	1 33 53	3 36 6	5 34 23
16	7 41 29	9 43 43	11 34 6	13 36 19	15 34 36	17 36 49	19 35 6	21 37 19	23 39 33	1 37 49	3 40 2	5 38 19
17	7 45 26	9 47 39	11 38 3	13 40 16	15 38 33	17 40 46	19 39 3	21 41 16	23 43 29	1 41 46	3 43 59	5 42 16
18	7 49 23	9 51 36	11 41 59	13 44 12	15 42 29	17 44 42	19 42 59	21 45 12	23 47 26	1 45 42	3 47 55	5 46 12
19	7 53 19	9 55 32	11 45 56	13 48 9	15 46 26	17 48 39	19 46 56	21 49 9	23 51 22	1 49 39	3 51 52	5 50 9
20	7 57 16	9 59 29	11 49 52	13 52 6	15 50 22	17 52 36	19 50 52	21 53 6	23 55 19	1 53 35	3 55 49	5 54 5
21	8 1 12	10 3 25	11 53 49	13 56 2	15 54 19	17 56 32	19 54 49	21 57 2	23 59 15	1 57 32	3 59 45	5 58 2
22	8 5 9	10 7 22	11 57 46	13 59 59	15 58 15	18 0 29	19 58 45	22 0 59	0 3 12	2 1 28	4 3 42	6 1 58
23	8 9 5	10 11 19	12 1 42	14 3 55	16 2 12	18 4 25	20 2 42	22 4 55	0 7 8	2 5 25	4 7 38	6 5 55
24	8 13 2	10 15 15	12 5 39	14 7 52	16 6 9	18 8 22	20 6 39	22 8 52	0 11 5	2 9 22	4 11 35	6 9 52
25	8 16 58	10 19 12	12 9 35	14 11 48	16 10 5	18 12 18	20 10 35	22 12 48	0 15 2	2 13 18	4 15 31	6 13 48
26	8 20 55	10 23 8	12 13 32	14 15 45	16 14 2	18 16 15	20 14 32	22 16 45	0 18 58	2 17 15	4 19 28	6 17 45
27	8 24 52	10 27 5	12 17 28	14 19 41	16 17 58	18 20 11	20 18 28	22 20 41	0 22 55	2 21 11	4 23 24	6 21 41
28	8 28 48	10 31 1	12 21 25	14 23 38	16 21 55	18 24 8	20 22 25	22 24 38	0 26 51	2 25 8	4 27 21	6 25 38
29	8 32 45		12 25 21	14 27 35	16 25 51	18 28 5	20 26 21	22 28 35	0 30 48	2 29 4	4 31 18	6 29 34
30	8 36 41		12 29 18	14 31 31	16 29 48	18 32 1	20 30 18	22 32 31	0 34 44	2 33 1	4 35 14	6 33 31
31	8 40 38		12 33 15		16 33 44		20 34 14	22 36 28		2 36 57		6 37 27

TEMPS SIDÉRAUX

ANNÉE	JANV	FÉV	MARS	AVRIL	MAI	JUIN	JUIL	AOÛT	SEPT	OCT	NOV	DÉC
1986 1	6 41 24	8 43 37	10 34 1	12 36 14	14 34 31	16 36 44	18 35 1	20 37 14	22 39 27	0 37 44	2 39 57	4 38 14
2	6 45 21	8 47 34	10 37 57	12 40 11	14 38 27	16 40 41	18 38 57	20 41 11	22 43 24	0 41 40	2 43 54	4 42 10
3	6 49 17	8 51 30	10 41 54	12 44 7	14 42 24	16 44 37	18 42 54	20 45 7	22 47 20	0 45 37	2 47 50	4 46 7
4	6 53 14	8 55 27	10 45 51	12 48 4	14 46 20	16 48 34	18 46 50	20 49 4	22 51 17	0 49 33	2 51 47	4 50 3
5	6 57 10	8 59 24	10 49 47	12 52 0	14 50 17	16 52 30	18 50 47	20 53 0	22 55 13	0 53 30	2 55 43	4 54 0
6	7 1 7	9 3 20	10 53 44	12 55 57	14 54 13	16 56 27	18 54 43	20 56 57	22 59 10	0 57 27	2 59 40	4 57 57
7	7 5 3	9 7 17	10 57 40	12 59 53	14 58 10	17 0 23	18 58 40	21 0 53	23 3 7	1 1 23	3 3 36	5 1 53
8	7 9 0	9 11 13	11 1 37	13 3 50	15 2 7	17 4 20	19 2 37	21 4 50	23 7 3	1 5 20	3 7 33	5 5 50
9	7 12 57	9 15 10	11 5 33	13 7 46	15 6 3	17 8 16	19 6 33	21 8 46	23 11 0	1 9 16	3 11 29	5 9 46
10	7 16 53	9 19 6	11 9 30	13 11 43	15 10 0	17 12 13	19 10 30	21 12 43	23 14 56	1 13 13	3 15 26	5 13 43
11	7 20 50	9 23 3	11 13 26	13 15 40	15 13 56	17 16 10	19 14 26	21 16 40	23 18 53	1 17 9	3 19 23	5 17 39
12	7 24 46	9 26 59	11 17 23	13 19 36	15 17 53	17 20 6	19 18 23	21 20 36	23 22 49	1 21 6	3 23 19	5 21 36
13	7 28 43	9 30 56	11 21 20	13 23 33	15 21 49	17 24 3	19 22 19	21 24 33	23 26 46	1 25 2	3 27 16	5 25 32
14	7 32 39	9 34 53	11 25 16	13 27 29	15 25 46	17 27 59	19 26 16	21 28 29	23 30 42	1 28 59	3 31 12	5 29 29
15	7 36 36	9 38 49	11 29 13	13 31 26	15 29 42	17 31 56	19 30 12	21 32 26	23 34 39	1 32 56	3 35 9	5 33 26
16	7 40 32	9 42 46	11 33 9	13 35 22	15 33 39	17 35 52	19 34 9	21 36 22	23 38 36	1 36 52	3 39 5	5 37 22
17	7 44 29	9 46 42	11 37 6	13 39 19	15 37 36	17 39 49	19 38 6	21 40 19	23 42 32	1 40 49	3 43 2	5 41 19
18	7 48 26	9 50 39	11 41 2	13 43 15	15 41 32	17 43 45	19 42 2	21 44 15	23 46 29	1 44 45	3 46 58	5 45 15
19	7 52 22	9 54 35	11 44 59	13 47 12	15 45 29	17 47 42	19 45 59	21 48 12	23 50 25	1 48 42	3 50 55	5 49 12
20	7 56 19	9 58 32	11 48 55	13 51 9	15 49 25	17 51 39	19 49 55	21 52 9	23 54 22	1 52 38	3 54 52	5 53 8
21	8 0 15	10 2 28	11 52 52	13 55 5	15 53 22	17 55 35	19 53 52	21 56 5	23 58 18	1 56 35	3 58 48	5 57 5
22	8 4 12	10 6 25	11 56 49	13 59 2	15 57 18	17 59 32	19 57 48	22 0 2	0 2 15	2 0 31	4 2 45	6 1 1
23	8 8 8	10 10 22	12 0 45	14 2 58	16 1 15	18 3 28	20 1 45	22 3 58	0 6 11	2 4 28	4 6 41	6 4 58
24	8 12 5	10 14 18	12 4 42	14 6 55	16 5 11	18 7 25	20 5 42	22 7 55	0 10 8	2 8 25	4 10 38	6 8 55
25	8 16 1	10 18 15	12 8 38	14 10 51	16 9 8	18 11 21	20 9 38	22 11 51	0 14 4	2 12 21	4 14 34	6 12 51
26	8 19 58	10 22 11	12 12 35	14 14 48	16 13 5	18 15 18	20 13 35	22 15 48	0 18 1	2 16 18	4 18 31	6 16 48
27	8 23 55	10 26 8	12 16 31	14 18 44	16 17 1	18 19 14	20 17 31	22 19 44	0 21 58	2 20 14	4 22 27	6 20 44
28	8 27 51	10 30 4	12 20 28	14 22 41	16 20 58	18 23 11	20 21 28	22 23 41	0 25 54	2 24 11	4 26 24	6 24 41
29	8 31 48		12 24 24	14 26 38	16 24 54	18 27 8	20 25 24	22 27 38	0 29 51	2 28 7	4 30 21	6 28 37
30	8 35 44		12 28 21	14 30 34	16 28 51	18 31 4	20 29 21	22 31 34	0 33 47	2 32 4	4 34 17	6 32 34
31	8 39 41		12 32 17		16 32 47		20 33 17	22 35 31		2 36 0		6 36 30
1987 1	6 40 27	8 42 40	10 33 4	12 35 17	14 33 34	16 35 47	18 34 4	20 36 17	22 38 30	0 36 47	2 39 0	4 37 17
2	6 44 24	8 46 37	10 37 0	12 39 14	14 37 30	16 39 44	18 38 0	20 40 14	22 42 27	0 40 43	2 42 57	4 41 13
3	6 48 20	8 50 33	10 40 57	12 43 10	14 41 27	16 43 40	18 41 57	20 44 10	22 46 23	0 44 40	2 46 53	4 45 10
4	6 52 17	8 54 30	10 44 54	12 47 7	14 45 23	16 47 37	18 45 53	20 48 7	22 50 20	0 48 37	2 50 50	4 49 6
5	6 56 13	8 58 27	10 48 50	12 51 3	14 49 20	16 51 33	18 49 50	20 52 3	22 54 16	0 52 33	2 54 46	4 53 3
6	7 0 10	9 2 23	10 52 47	12 55 0	14 53 17	16 55 30	18 53 47	20 56 0	22 58 13	0 56 30	2 58 43	4 57 0
7	7 4 6	9 6 20	10 56 43	12 58 56	14 57 13	16 59 26	18 57 43	20 59 56	23 2 10	1 0 26	3 2 39	5 0 56
8	7 8 3	9 10 16	11 0 40	13 2 53	15 1 10	17 3 23	19 1 40	21 3 53	23 6 6	1 4 23	3 6 36	5 4 53
9	7 12 0	9 14 13	11 4 36	13 6 50	15 5 6	17 7 19	19 5 36	21 7 50	23 10 3	1 8 19	3 10 33	5 8 49
10	7 15 56	9 18 9	11 8 33	13 10 46	15 9 3	17 11 16	19 9 33	21 11 46	23 13 59	1 12 16	3 14 29	5 12 46
11	7 19 53	9 22 6	11 12 29	13 14 43	15 12 59	17 15 13	19 13 29	21 15 43	23 17 56	1 16 12	3 18 26	5 16 42
12	7 23 49	9 26 2	11 16 26	13 18 39	15 16 56	17 19 9	19 17 26	21 19 39	23 21 52	1 20 9	3 22 22	5 20 39
13	7 27 46	9 29 59	11 20 23	13 22 36	15 20 52	17 23 6	19 21 22	21 23 36	23 25 49	1 24 6	3 26 19	5 24 35
14	7 31 42	9 33 56	11 24 19	13 26 32	15 24 49	17 27 2	19 25 19	21 27 32	23 29 45	1 28 2	3 30 15	5 28 32
15	7 35 39	9 37 52	11 28 16	13 30 29	15 28 45	17 30 59	19 29 16	21 31 29	23 33 42	1 31 59	3 34 12	5 32 29
16	7 39 35	9 41 49	11 32 12	13 34 25	15 32 42	17 34 55	19 33 12	21 35 25	23 37 39	1 35 55	3 38 8	5 36 25
17	7 43 32	9 45 45	11 36 9	13 38 22	15 36 39	17 38 52	19 37 9	21 39 22	23 41 35	1 39 52	3 42 5	5 40 22
18	7 47 29	9 49 42	11 40 5	13 42 18	15 40 35	17 42 48	19 41 5	21 43 18	23 45 32	1 43 48	3 46 2	5 44 18
19	7 51 25	9 53 38	11 44 2	13 46 15	15 44 32	17 46 45	19 45 2	21 47 15	23 49 28	1 47 45	3 49 58	5 48 15
20	7 55 22	9 57 35	11 47 58	13 50 12	15 48 28	17 50 42	19 48 58	21 51 12	23 53 25	1 51 41	3 53 55	5 52 11
21	7 59 18	10 1 31	11 51 55	13 54 8	15 52 25	17 54 38	19 52 55	21 55 8	23 57 21	1 55 38	3 57 51	5 56 8
22	8 3 15	10 5 28	11 55 52	13 58 5	15 56 21	17 58 35	19 56 51	21 59 5	0 1 18	1 59 34	4 1 48	6 0 5
23	8 7 11	10 9 25	11 59 48	14 2 1	16 0 18	18 2 31	20 0 48	22 3 1	0 5 14	2 3 31	4 5 44	6 4 1
24	8 11 8	10 13 21	12 3 45	14 5 58	16 4 15	18 6 28	20 4 45	22 6 58	0 9 11	2 7 28	4 9 41	6 7 58
25	8 15 4	10 17 18	12 7 41	14 9 54	16 8 11	18 10 24	20 8 41	22 10 54	0 13 8	2 11 24	4 13 37	6 11 54
26	8 19 1	10 21 14	12 11 38	14 13 51	16 12 8	18 14 21	20 12 38	22 14 51	0 17 4	2 15 21	4 17 34	6 15 51
27	8 22 58	10 25 11	12 15 34	14 17 47	16 16 4	18 18 18	20 16 34	22 18 47	0 21 1	2 19 17	4 21 31	6 19 47
28	8 26 54	10 29 7	12 19 31	14 21 44	16 20 1	18 22 14	20 20 31	22 22 44	0 24 57	2 23 14	4 25 27	6 23 44
29	8 30 51		12 23 27	14 25 41	16 23 57	18 26 11	20 24 27	22 26 41	0 28 54	2 27 10	4 29 24	6 27 40
30	8 34 47		12 27 24	14 29 37	16 27 54	18 30 7	20 28 24	22 30 37	0 32 50	2 31 7	4 33 20	6 31 37
31	8 38 44		12 31 21		16 31 50		20 32 20	22 34 34		2 35 4		6 35 34
1988 1	6 39 30	8 41 43	10 36 4	12 38 17	14 36 33	16 38 47	18 37 3	20 39 17	22 41 30	0 39 46	2 42 0	4 40 16
2	6 43 27	8 45 40	10 40 0	12 42 13	14 40 30	16 42 43	18 41 0	20 43 13	22 45 26	0 43 43	2 45 56	4 44 13
3	6 47 23	8 49 37	10 43 57	12 46 10	14 44 26	16 46 40	18 44 56	20 47 10	22 49 23	0 47 40	2 49 53	4 48 9
4	6 51 20	8 53 33	10 47 53	12 50 6	14 48 23	16 50 36	18 48 53	20 51 6	22 53 20	0 51 36	2 53 49	4 52 6
5	6 55 16	8 57 30	10 51 50	12 54 3	14 52 20	16 54 33	18 52 50	20 55 3	22 57 16	0 55 33	2 57 46	4 56 3
6	6 59 13	9 1 26	10 55 46	12 57 59	14 56 16	16 58 29	18 56 46	20 58 59	23 1 13	0 59 29	3 1 42	4 59 59
7	7 3 9	9 5 23	10 59 43	13 1 56	15 0 13	17 2 26	19 0 43	21 2 56	23 5 9	1 3 26	3 5 39	5 3 56
8	7 7 6	9 9 19	11 3 39	13 5 53	15 4 9	17 6 23	19 4 39	21 6 53	23 9 6	1 7 22	3 9 36	5 7 52
9	7 11 3	9 13 16	11 7 36	13 9 49	15 8 6	17 10 19	19 8 36	21 10 49	23 13 2	1 11 19	3 13 32	5 11 49
10	7 14 59	9 17 12	11 11 32	13 13 46	15 12 2	17 14 16	19 12 32	21 14 46	23 16 59	1 15 15	3 17 29	5 15 45
11	7 18 56	9 21 9	11 15 29	13 17 42	15 15 59	17 18 12	19 16 29	21 18 42	23 20 55	1 19 12	3 21 25	5 19 42
12	7 22 52	9 25 6	11 19 26	13 21 39	15 19 55	17 22 9	19 20 25	21 22 39	23 24 52	1 23 9	3 25 22	5 23 39
13	7 26 49	9 29 2	11 23 22	13 25 35	15 23 52	17 26 5	19 24 22	21 26 35	23 28 49	1 27 5	3 29 18	5 27 35
14	7 30 45	9 32 59	11 27 19	13 29 32	15 27 49	17 30 2	19 28 19	21 30 32	23 32 45	1 31 2	3 33 15	5 31 32
15	7 34 42	9 36 55	11 31 15	13 33 28	15 31 45	17 33 58	19 32 15	21 34 28	23 36 42	1 34 58	3 37 11	5 35 28
16	7 38 38	9 40 52	11 35 12	13 37 25	15 35 42	17 37 55	19 36 12	21 38 25	23 40 38	1 38 55	3 41 8	5 39 25
17	7 42 35	9 44 48	11 39 8	13 41 22	15 39 38	17 41 52	19 40 8	21 42 22	23 44 35	1 42 51	3 45 5	5 43 21
18	7 46 32	9 48 45	11 43 5	13 45 18	15 43 35	17 45 48	19 44 5	21 46 18	23 48 31	1 46 48	3 49 1	5 47 18
19	7 50 28	9 52 41	11 47 1	13 49 15	15 47 31	17 49 45	19 48 1	21 50 15	23 52 28	1 50 44	3 52 58	5 51 14
20	7 54 25	9 56 38	11 50 58	13 53 11	15 51 28	17 53 41	19 51 58	21 54 11	23 56 24	1 54 41	3 56 54	5 55 11
21	7 58 21	10 0 35	11 54 55	13 57 8	15 55 24	17 57 38	19 55 55	21 58 8	0 0 21	1 58 38	4 0 51	5 59 8
22	8 2 18	10 4 31	11 58 51	14 1 4	15 59 21	18 1 34	19 59 51	22 2 4	0 4 18	2 2 34	4 4 47	6 3 4
23	8 6 14	10 8 28	12 2 48	14 5 1	16 3 18	18 5 31	20 3 48	22 6 1	0 8 14	2 6 31	4 8 44	6 7 1
24	8 10 11	10 12 24	12 6 44	14 8 57	16 7 14	18 9 27	20 7 44	22 9 57	0 12 11	2 10 27	4 12 40	6 10 57
25	8 14 8	10 16 21	12 10 41	14 12 54	16 11 11	18 13 24	20 11 41	22 13 54	0 16 7	2 14 24	4 16 37	6 14 54
26	8 18 4	10 20 17	12 14 37	14 16 51	16 15 7	18 17 21	20 15 37	22 17 51	0 20 4	2 18 20	4 20 34	6 18 50
27	8 22 1	10 24 14	12 18 34	14 20 47	16 19 4	18 21 17	20 19 34	22 21 47	0 24 0	2 22 17	4 24 30	6 22 47
28	8 25 57	10 28 10	12 22 30	14 24 44	16 23 0	18 25 14	20 23 30	22 25 44	0 27 57	2 26 13	4 28 27	6 26 43
29	8 29 54	10 32 7	12 26 27	14 28 40	16 26 57	18 29 10	20 27 27	22 29 40	0 31 53	2 30 10	4 32 23	6 30 40
30	8 33 50		12 30 24	14 32 37	16 30 54	18 33 7	20 31 24	22 33 37	0 35 50	2 34 7	4 36 20	6 34 37
31	8 37 47		12 34 20		16 34 50		20 35 20	22 37 33		2 38 3		6 38 33
1989 1	6 42 30	8 44 43	10 35 7	12 37 20	14 35 36	16 37 50	18 36 6	20 38 20	22 40 33	0 38 49	2 41 3	4 39 19
2	6 46 26	8 48 40	10 39 3	12 41 16	14 39 33	16 41 46	18 40 3	20 42 16	22 44 29	0 42 46	2 44 59	4 43 16
3	6 50 23	8 52 36	10 43 0	12 45 13	14 43 29	16 45 43	18 44 0	20 46 13	22 48 26	0 46 43	2 48 56	4 47 13
4	6 54 19	8 56 33	10 46 56	12 49 9	14 47 26	16 49 39	18 47 56	20 50 9	22 52 23	0 50 39	2 52 52	4 51 9
5	6 58 16	9 0 29	10 50 53	12 53 6	14 51 23	16 53 36	18 51 53	20 54 6	22 56 19	0 54 36	2 56 49	4 55 6
6	7 2 12	9 4 26	10 54 49	12 57 2	14 55 19	16 57 32	18 55 49	20 58 2	23 0 16	0 58 32	3 0 45	4 59 2
7	7 6 9	9 8 22	10 58 46	13 0 59	14 59 16	17 1 29	18 59 46	21 1 59	23 4 12	1 2 29	3 4 42	5 2 59
8	7 10 6	9 12 19	11 2 42	13 4 56	15 3 12	17 5 26	19 3 42	21 5 56	23 8 9	1 6 25	3 8 39	5 6 55
9	7 14 2	9 16 15	11 6 39	13 8 52	15 7 9	17 9 22	19 7 39	21 9 52	23 12 5	1 10 22	3 12 35	5 10 52
10	7 17 59	9 20 12	11 10 36	13 12 49	15 11 5	17 13 19	19 11 35	21 13 49	23 16 2	1 14 18	3 16 32	5 14 48
11	7 21 55	9 24 9	11 14 32	13 16 45	15 15 2	17 17 15	19 15 32	21 17 45	23 19 58	1 18 15	3 20 28	5 18 45
12	7 25 52	9 28 5	11 18 29	13 20 42	15 18 58	17 21 12	19 19 29	21 21 42	23 23 55	1 22 12	3 24 25	5 22 41
13	7 29 48	9 32 2	11 22 25	13 24 38	15 22 55	17 25 8	19 23 25	21 25 38	23 27 52	1 26 8	3 28 21	5 26 38
14	7 33 45	9 35 58	11 26 22	13 28 35	15 26 52	17 29 5	19 27 22	21 29 35	23 31 48	1 30 5	3 32 18	5 30 35
15	7 37 42	9 39 55	11 30 18	13 32 31	15 30 48	17 33 1	19 31 18	21 33 31	23 35 45	1 34 1	3 36 14	5 34 31
16	7 41 38	9 43 51	11 34 15	13 36 28	15 34 45	17 36 58	19 35 15	21 37 28	23 39 41	1 37 58	3 40 11	5 38 28
17	7 45 35	9 47 48	11 38 11	13 40 25	15 38 41	17 40 55	19 39 11	21 41 25	23 43 38	1 41 54	3 44 8	5 42 24
18	7 49 31	9 51 44	11 42 8	13 44 21	15 42 38	17 44 51	19 43 8	21 45 21	23 47 34	1 45 51	3 48 4	5 46 21
19	7 53 28	9 55 41	11 46 5	13 48 18	15 46 34	17 48 48	19 47 4	21 49 18	23 51 31	1 49 47	3 52 1	5 50 17
20	7 57 24	9 59 38	11 50 1	13 52 14	15 50 31	17 52 44	19 51 1	21 53 14	23 55 28	1 53 44	3 55 57	5 54 14
21	8 1 21	10 3 34	11 53 58	13 56 11	15 54 28	17 56 41	19 54 58	21 57 11	23 59 24	1 57 41	3 59 54	5 58 11
22	8 5 17	10 7 31	11 57 54	14 0 7	15 58 24	18 0 37	19 58 54	22 1 7	0 3 21	2 1 37	4 3 50	6 2 7
23	8 9 14	10 11 27	12 1 51	14 4 4	16 2 21	18 4 34	20 2 51	22 5 4	0 7 17	2 5 34	4 7 47	6 6 4
24	8 13 11	10 15 24	12 5 47	14 8 0	16 6 17	18 8 30	20 6 47	22 9 0	0 11 14	2 9 30	4 11 43	6 10 0
25	8 17 7	10 19 20	12 9 44	14 11 57	16 10 14	18 12 27	20 10 44	22 12 57	0 15 10	2 13 27	4 15 40	6 13 57
26	8 21 4	10 23 17	12 13 40	14 15 54	16 14 10	18 16 24	20 14 40	22 16 54	0 19 7	2 17 23	4 19 37	6 17 53
27	8 25 0	10 27 13	12 17 37	14 19 50	16 18 7	18 20 20	20 18 37	22 20 50	0 23 3	2 21 20	4 23 33	6 21 50
28	8 28 57	10 31 10	12 21 34	14 23 47	16 22 3	18 24 17	20 22 33	22 24 47	0 27 0	2 25 16	4 27 30	6 25 46
29	8 32 53		12 25 30	14 27 43	16 26 0	18 28 13	20 26 30	22 28 43	0 30 56	2 29 13	4 31 26	6 29 43
30	8 36 50		12 29 27	14 31 40	16 29 57	18 32 10	20 30 27	22 32 40	0 34 53	2 33 9	4 35 23	6 33 40
31	8 40 46		12 33 23		16 33 53		20 34 23	22 36 36		2 37 6		6 37 36

ANNÉE	JANV	FÉV	MARS	AVRIL	MAI	JUIN	JUIL	AOÛT	SEPT	OCT	NOV	DÉC
1990 1	6 41 33	8 43 46	10 34 10	12 36 23	14 34 39	16 36 53	18 35 9	20 37 23	22 39 36	0 37 52	2 40 6	4 38 22
2	6 45 29	8 47 43	10 38 6	12 40 19	14 38 36	16 40 49	18 39 6	20 41 19	22 43 32	0 41 49	2 44 2	4 42 19
3	6 49 26	8 51 39	10 42 3	12 44 16	14 42 32	16 44 46	18 43 2	20 45 16	22 47 29	0 45 46	2 -7 59	4 46 15
4	6 53 22	8 55 36	10 45 59	12 48 12	14 46 29	16 48 42	18 46 59	20 49 12	22 51 26	0 49 42	2 51 55	4 50 12
5	6 57 19	8 59 32	10 49 56	12 52 9	14 50 26	16 52 39	18 50 56	20 53 9	22 55 22	0 53 39	2 55 52	4 54 9
6	7 1 15	9 3 29	10 53 52	12 56 5	14 54 22	16 56 35	18 54 52	20 57 5	22 59 19	0 57 35	2 59 48	4 58 5
7	7 5 12	9 7 25	10 57 49	13 0 2	14 58 19	17 0 32	18 58 49	21 1 2	23 3 15	1 1 32	3 3 45	5 2 2
8	7 9 9	9 11 22	11 1 45	13 3 59	15 2 15	17 4 29	19 2 45	21 4 59	23 7 12	1 5 28	3 7 42	5 5 58
9	7 13 5	9 15 18	11 5 42	13 7 55	15 6 12	17 8 25	19 6 42	21 8 55	23 11 8	1 9 25	3 11 38	5 9 55
10	7 17 2	9 19 15	11 9 39	13 11 52	15 10 8	17 12 22	19 10 38	21 12 52	23 15 5	1 13 21	3 15 35	5 13 51
11	7 20 58	9 23 12	11 13 35	13 15 48	15 14 5	17 16 18	19 14 35	21 16 48	23 19 1	1 17 18	3 19 31	5 17 48
12	7 24 55	9 27 8	11 17 32	13 19 45	15 18 1	17 20 15	19 18 31	21 20 45	23 22 58	1 21 15	3 23 28	5 21 44
13	7 28 51	9 31 5	11 21 28	13 23 41	15 21 58	17 24 11	19 22 28	21 24 41	23 26 54	1 25 11	3 27 24	5 25 41
14	7 32 48	9 35 1	11 25 25	13 27 38	15 25 55	17 28 8	19 26 25	21 28 38	23 30 51	1 29 8	3 31 21	5 29 38
15	7 36 45	9 38 58	11 29 21	13 31 34	15 29 51	17 32 4	19 30 21	21 32 34	23 34 48	1 33 4	3 35 17	5 33 34
16	7 40 41	9 42 54	11 33 18	13 35 31	15 33 48	17 36 1	19 34 18	21 36 31	23 38 44	1 37 1	3 39 14	5 37 31
17	7 44 38	9 46 51	11 37 14	13 39 28	15 37 44	17 39 58	19 38 14	21 40 28	23 42 41	1 40 57	3 43 11	5 41 27
18	7 48 34	9 50 47	11 41 11	13 43 24	15 41 41	17 43 54	19 42 11	21 44 24	23 46 37	1 44 54	3 47 7	5 45 24
19	7 52 31	9 54 44	11 45 8	13 47 21	15 45 37	17 47 51	19 46 7	21 48 21	23 50 34	1 48 50	3 51 4	5 49 20
20	7 56 27	9 58 41	11 49 4	13 51 17	15 49 34	17 51 47	19 50 4	21 52 17	23 54 30	1 52 47	3 55 0	5 53 17
21	8 0 24	10 2 37	11 53 1	13 55 14	15 53 30	17 55 44	19 54 1	21 56 14	23 58 27	1 56 44	3 58 57	5 57 14
22	8 4 20	10 6 34	11 56 57	13 59 10	15 57 27	17 59 40	19 57 57	22 0 10	0 2 23	2 0 40	4 2 53	6 1 10
23	8 8 17	10 10 30	12 0 54	14 3 7	16 1 24	18 3 37	20 1 54	22 4 7	0 6 20	2 4 37	4 6 50	6 5 7
24	8 12 14	10 14 27	12 4 50	14 7 3	16 5 20	18 7 33	20 5 50	22 8 3	0 10 17	2 8 33	4 10 46	6 9 3
25	8 16 10	10 18 23	12 8 47	14 11 0	16 9 17	18 11 30	20 9 47	22 12 0	0 14 13	2 12 30	4 14 43	6 13 0
26	8 20 7	10 22 20	12 12 43	14 14 57	16 13 13	18 15 27	20 13 43	22 15 57	0 18 10	2 16 26	4 18 40	6 16 56
27	8 24 3	10 26 16	12 16 40	14 18 53	16 17 10	18 19 23	20 17 40	22 19 53	0 22 6	2 20 23	4 22 36	6 20 53
28	8 28 0	10 30 13	12 20 36	14 22 50	16 21 6	18 23 20	20 21 36	22 23 50	0 26 3	2 24 19	4 26 33	6 24 49
29	8 31 56		12 24 33	14 26 46	16 25 3	18 27 16	20 25 33	22 27 46	0 29 59	2 28 16	4 30 29	6 28 46
30	8 35 53		12 28 30	14 30 43	16 29 0	18 31 13	20 29 30	22 31 43	0 33 56	2 32 13	4 34 26	6 32 43
31	8 39 49		12 32 26		16 32 56		20 33 26	22 35 39		2 36 9		6 36 39
1991 1	6 40 36	8 42 49	10 33 12	12 35 26	14 33 42	16 35 56	18 34 12	20 36 26	22 38 39	0 36 55	2 39 8	4 37 25
2	6 44 32	8 46 45	10 37 9	12 39 22	14 37 39	16 39 52	18 38 9	20 40 22	22 42 35	0 40 52	2 43 5	4 41 22
3	6 48 29	8 50 42	10 41 6	12 43 19	14 41 35	16 43 49	18 42 5	20 44 19	22 46 32	0 44 48	2 47 2	4 45 18
4	6 52 25	8 54 39	10 45 2	12 47 15	14 45 32	16 47 45	18 46 2	20 48 15	22 50 28	0 48 45	2 50 58	4 49 15
5	6 56 22	8 58 35	10 48 59	12 51 12	14 49 28	16 51 42	18 49 58	20 52 12	22 54 25	0 52 42	2 54 55	4 53 11
6	7 0 18	9 2 32	10 52 55	12 55 8	14 53 25	16 55 38	18 53 55	20 56 8	22 58 21	0 56 38	2 58 51	4 57 8
7	7 4 15	9 6 28	10 56 52	12 59 5	14 57 22	16 59 35	18 57 52	21 0 5	23 2 18	1 0 35	3 2 48	5 1 5
8	7 8 12	9 10 25	11 0 48	13 3 2	15 1 18	17 3 31	19 1 48	21 4 1	23 6 15	1 4 31	3 6 44	5 5 1
9	7 12 8	9 14 21	11 4 45	13 6 58	15 5 15	17 7 28	19 5 45	21 7 58	23 10 11	1 8 28	3 10 41	5 8 58
10	7 16 5	9 18 18	11 8 41	13 10 55	15 9 11	17 11 24	19 9 41	21 11 55	23 14 8	1 12 24	3 14 37	5 12 54
11	7 20 1	9 22 14	11 12 38	13 14 51	15 13 8	17 15 21	19 13 38	21 15 51	23 18 4	1 16 21	3 18 34	5 16 51
12	7 23 58	9 26 11	11 16 35	13 18 48	15 17 4	17 19 18	19 17 34	21 19 48	23 22 1	1 20 17	3 22 31	5 20 47
13	7 27 54	9 30 8	11 20 31	13 22 44	15 21 1	17 23 14	19 21 31	21 23 44	23 25 57	1 24 14	3 26 27	5 24 44
14	7 31 51	9 34 4	11 24 28	13 26 41	15 24 57	17 27 11	19 25 28	21 27 41	23 29 54	1 28 11	3 30 24	5 28 40
15	7 35 47	9 38 1	11 28 24	13 30 37	15 28 54	17 31 7	19 29 24	21 31 37	23 33 50	1 32 7	3 34 20	5 32 37
16	7 39 44	9 41 57	11 32 21	13 34 34	15 32 51	17 35 4	19 33 21	21 35 34	23 37 47	1 36 4	3 38 17	5 36 34
17	7 43 41	9 45 54	11 36 17	13 38 30	15 36 47	17 39 0	19 37 17	21 39 30	23 41 44	1 40 0	3 42 13	5 40 30
18	7 47 37	9 49 50	11 40 14	13 42 27	15 40 44	17 42 57	19 41 14	21 43 27	23 45 40	1 43 57	3 46 10	5 44 27
19	7 51 34	9 53 47	11 44 10	13 46 24	15 44 40	17 46 54	19 45 10	21 47 24	23 49 37	1 47 53	3 50 6	5 48 23
20	7 55 30	9 57 43	11 48 7	13 50 20	15 48 37	17 50 50	19 49 7	21 51 20	23 53 33	1 51 50	3 54 3	5 52 20
21	7 59 27	10 1 40	11 52 4	13 54 17	15 52 33	17 54 47	19 53 3	21 55 17	23 57 30	1 55 46	3 58 0	5 56 16
22	8 3 23	10 5 37	11 56 0	13 58 13	15 56 30	17 58 43	19 57 0	21 59 13	0 1 26	1 59 43	4 1 56	6 0 13
23	8 7 20	10 9 33	11 59 57	14 2 10	16 0 26	18 2 40	20 0 57	22 3 10	0 5 23	2 3 39	4 5 53	6 4 9
24	8 11 16	10 13 30	12 3 53	14 6 6	16 4 23	18 6 36	20 4 53	22 7 6	0 9 19	2 7 36	4 9 49	6 8 6
25	8 15 13	10 17 26	12 7 50	14 10 3	16 8 20	18 10 33	20 8 50	22 11 3	0 13 16	2 11 33	4 13 46	6 12 3
26	8 19 10	10 21 23	12 11 46	14 13 59	16 12 16	18 14 29	20 12 46	22 14 59	0 17 12	2 15 29	4 17 42	6 15 59
27	8 23 6	10 25 19	12 15 43	14 17 56	16 16 13	18 18 26	20 16 43	22 18 56	0 21 9	2 19 26	4 21 39	6 19 56
28	8 27 3	10 29 16	12 19 39	14 21 53	16 20 9	18 22 23	20 20 39	22 22 53	0 25 6	2 23 22	4 25 36	6 23 52
29	8 30 59		12 23 36	14 25 49	16 24 6	18 26 19	20 24 36	22 26 49	0 29 2	2 27 19	4 29 32	6 27 49
30	8 34 56		12 27 33	14 29 46	16 28 2	18 30 16	20 28 32	22 30 46	0 32 59	2 31 15	4 33 29	6 31 45
31	8 38 52		12 31 29		16 31 59		20 32 29	22 34 42		2 35 12		6 35 42
1992 1	6 39 38	8 41 52	10 36 12	12 38 25	14 36 42	16 38 55	18 37 12	20 39 25	22 41 38	0 39 55	2 42 8	4 40 24
2	6 43 35	8 45 48	10 40 8	12 42 22	14 40 38	16 42 51	18 41 8	20 43 21	22 45 35	0 43 51	2 46 4	4 44 21
3	6 47 32	8 49 45	10 44 5	12 46 18	14 44 35	16 46 48	18 45 5	20 47 18	22 49 31	0 47 48	2 50 1	4 48 18
4	6 51 28	8 53 41	10 48 2	12 50 15	14 48 31	16 50 45	18 49 1	20 51 14	22 53 28	0 51 44	2 53 57	4 52 14
5	6 55 25	8 57 38	10 51 58	12 54 11	14 52 28	16 54 41	18 52 58	20 55 11	22 57 24	0 55 41	2 57 54	4 56 11
6	6 59 21	9 1 35	10 55 55	12 58 8	14 56 24	16 58 38	18 56 54	20 59 8	23 1 21	0 59 37	3 1 51	5 0 7
7	7 3 18	9 5 31	10 59 51	13 2 4	15 0 21	17 2 34	19 0 51	21 3 4	23 5 17	1 3 34	3 5 47	5 4 4
8	7 7 14	9 9 28	11 3 48	13 6 1	15 4 17	17 6 31	19 4 47	21 7 1	23 9 14	1 7 30	3 9 44	5 8 0
9	7 11 11	9 13 24	11 7 44	13 9 57	15 8 14	17 10 27	19 8 44	21 10 57	23 13 10	1 11 27	3 13 40	5 11 57
10	7 15 7	9 17 21	11 11 41	13 13 54	15 12 11	17 14 24	19 12 41	21 14 54	23 17 7	1 15 24	3 17 37	5 15 53
11	7 19 4	9 21 17	11 15 37	13 17 51	15 16 7	17 18 20	19 16 37	21 18 50	23 21 4	1 19 20	3 21 33	5 19 50
12	7 23 1	9 25 14	11 19 34	13 21 47	15 20 4	17 22 17	19 20 34	21 22 47	23 25 0	1 23 17	3 25 30	5 23 47
13	7 26 57	9 29 10	11 23 30	13 25 44	15 24 0	17 26 14	19 24 30	21 26 44	23 28 57	1 27 13	3 29 26	5 27 43
14	7 30 54	9 33 7	11 27 27	13 29 40	15 27 57	17 30 10	19 28 27	21 30 40	23 32 53	1 31 10	3 33 23	5 31 40
15	7 34 50	9 37 4	11 31 24	13 33 37	15 31 53	17 34 7	19 32 23	21 34 37	23 36 50	1 35 6	3 37 20	5 35 36
16	7 38 47	9 41 0	11 35 20	13 37 33	15 35 50	17 38 3	19 36 20	21 38 33	23 40 46	1 39 3	3 41 16	5 39 33
17	7 42 43	9 44 57	11 39 17	13 41 30	15 39 46	17 42 0	19 40 16	21 42 30	23 44 43	1 42 59	3 45 13	5 43 29
18	7 46 40	9 48 53	11 43 13	13 45 26	15 43 43	17 45 56	19 44 13	21 46 26	23 48 39	1 46 56	3 49 9	5 47 26
19	7 50 37	9 52 50	11 47 10	13 49 23	15 47 40	17 49 53	19 48 10	21 50 23	23 52 36	1 50 53	3 53 6	5 51 22
20	7 54 33	9 56 46	11 51 6	13 53 19	15 51 36	17 53 49	19 52 6	21 54 19	23 56 33	1 54 49	3 57 2	5 55 19
21	7 58 30	10 0 43	11 55 3	13 57 16	15 55 33	17 57 46	19 56 3	21 58 16	0 0 29	1 58 46	4 0 59	5 59 16
22	8 2 26	10 4 39	11 58 59	14 1 13	15 59 29	18 1 43	19 59 59	22 2 12	0 4 26	2 2 42	4 4 55	6 3 12
23	8 6 23	10 8 36	12 2 56	14 5 9	16 3 26	18 5 39	20 3 56	22 6 9	0 8 22	2 6 39	4 8 52	6 7 9
24	8 10 19	10 12 33	12 6 53	14 9 6	16 7 22	18 9 36	20 7 52	22 10 6	0 12 19	2 10 35	4 12 49	6 11 5
25	8 14 16	10 16 29	12 10 49	14 13 2	16 11 19	18 13 32	20 11 49	22 14 2	0 16 15	2 14 32	4 16 45	6 15 2
26	8 18 12	10 20 26	12 14 46	14 16 59	16 15 15	18 17 29	20 15 45	22 17 59	0 20 12	2 18 28	4 20 42	6 18 58
27	8 22 9	10 24 22	12 18 42	14 20 55	16 19 12	18 21 25	20 19 42	22 21 55	0 24 8	2 22 25	4 24 38	6 22 55
28	8 26 6	10 28 19	12 22 39	14 24 52	16 23 9	18 25 22	20 23 39	22 25 52	0 28 5	2 26 22	4 28 35	6 26 52
29	8 30 2	10 32 15	12 26 35	14 28 48	16 27 5	18 29 18	20 27 35	22 29 48	0 32 1	2 30 18	4 32 31	6 30 48
30	8 33 59		12 30 32	14 32 45	16 31 2	18 33 15	20 31 32	22 33 45	0 35 58	2 34 15	4 36 28	6 34 45
31	8 37 55		12 34 28		16 34 58		20 35 28	22 37 41		2 38 11		6 38 41
1993 1	6 42 38	8 44 51	10 35 15	12 37 28	14 35 44	16 37 57	18 36 14	20 38 27	22 40 41	0 38 57	2 41 10	4 39 27
2	6 46 34	8 48 48	10 39 11	12 41 24	14 39 41	16 41 54	18 40 11	20 42 24	22 44 37	0 42 54	2 45 7	4 43 24
3	6 50 31	8 52 44	10 43 8	12 45 21	14 43 37	16 45 51	18 44 7	20 46 21	22 48 34	0 46 50	2 49 3	4 47 20
4	6 54 27	8 56 41	10 47 4	12 49 17	14 47 34	16 49 47	18 48 4	20 50 17	22 52 30	0 50 47	2 53 0	4 51 17
5	6 58 24	9 0 37	10 51 1	12 53 14	14 51 30	16 53 44	18 52 0	20 54 14	22 56 27	0 54 43	2 56 57	4 55 13
6	7 2 21	9 4 34	10 54 57	12 57 10	14 55 27	16 57 40	18 55 57	20 58 10	23 0 23	0 58 40	3 0 53	4 59 10
7	7 6 17	9 8 30	10 58 54	13 1 7	14 59 24	17 1 37	18 59 54	21 2 7	23 4 20	1 2 37	3 4 50	5 3 6
8	7 10 14	9 12 27	11 2 50	13 5 4	15 3 20	17 5 33	19 3 50	21 6 3	23 8 17	1 6 33	3 8 46	5 7 3
9	7 14 10	9 16 23	11 6 47	13 9 0	15 7 17	17 9 30	19 7 47	21 10 0	23 12 13	1 10 30	3 12 43	5 11 0
10	7 18 7	9 20 20	11 10 44	13 12 57	15 11 13	17 13 27	19 11 43	21 13 57	23 16 10	1 14 26	3 16 39	5 14 56
11	7 22 3	9 24 17	11 14 40	13 16 53	15 15 10	17 17 23	19 15 40	21 17 53	23 20 6	1 18 23	3 20 36	5 18 53
12	7 26 0	9 28 13	11 18 37	13 20 50	15 19 6	17 21 20	19 19 37	21 21 50	23 24 3	1 22 19	3 24 32	5 22 49
13	7 29 56	9 32 10	11 22 33	13 24 46	15 23 3	17 25 16	19 23 33	21 25 46	23 27 59	1 26 16	3 28 29	5 26 46
14	7 33 53	9 36 6	11 26 30	13 28 43	15 27 0	17 29 13	19 27 29	21 29 43	23 31 56	1 30 12	3 32 26	5 30 42
15	7 37 50	9 40 3	11 30 26	13 32 39	15 30 56	17 33 9	19 31 26	21 33 39	23 35 52	1 34 9	3 36 22	5 34 39
16	7 41 46	9 43 59	11 34 23	13 36 36	15 34 53	17 37 6	19 35 23	21 37 36	23 39 49	1 38 6	3 40 19	5 38 35
17	7 45 43	9 47 56	11 38 19	13 40 33	15 38 49	17 41 2	19 39 19	21 41 32	23 43 46	1 42 2	3 44 15	5 42 32
18	7 49 39	9 51 52	11 42 16	13 44 29	15 42 46	17 44 59	19 43 16	21 45 29	23 47 42	1 45 59	3 48 12	5 46 29
19	7 53 36	9 55 49	11 46 13	13 48 26	15 46 42	17 48 56	19 47 12	21 49 25	23 51 39	1 49 55	3 52 8	5 50 25
20	7 57 32	9 59 46	11 50 9	13 52 22	15 50 39	17 52 52	19 51 9	21 53 22	23 55 35	1 53 52	3 56 5	5 54 22
21	8 1 29	10 3 42	11 54 6	13 56 19	15 54 35	17 56 49	19 55 5	21 57 19	23 59 32	1 57 48	4 0 2	5 58 18
22	8 5 25	10 7 39	11 58 2	14 0 15	15 58 32	18 0 45	19 59 2	22 1 15	0 3 28	2 1 45	4 3 58	6 2 15
23	8 9 22	10 11 35	12 1 59	14 4 12	16 2 28	18 4 42	20 2 58	22 5 12	0 7 25	2 5 41	4 7 55	6 6 11
24	8 13 19	10 15 32	12 5 55	14 8 8	16 6 25	18 8 38	20 6 55	22 9 8	0 11 21	2 9 38	4 11 51	6 10 8
25	8 17 15	10 19 28	12 9 52	14 12 5	16 10 22	18 12 35	20 10 52	22 13 5	0 15 18	2 13 35	4 15 48	6 14 4
26	8 21 12	10 23 25	12 13 48	14 16 1	16 14 18	18 16 31	20 14 48	22 17 1	0 19 14	2 17 31	4 19 44	6 18 1
27	8 25 8	10 27 21	12 17 45	14 19 58	16 18 15	18 20 28	20 18 45	22 20 58	0 23 11	2 21 28	4 23 41	6 21 58
28	8 29 5	10 31 18	12 21 41	14 23 55	16 22 11	18 24 25	20 22 41	22 24 55	0 27 8	2 25 24	4 27 37	6 25 54
29	8 33 1		12 25 38	14 27 51	16 26 8	18 28 21	20 26 38	22 28 51	0 31 4	2 29 21	4 31 34	6 29 51
30	8 36 58		12 29 35	14 31 48	16 30 4	18 32 18	20 30 34	22 32 48	0 35 1	2 33 17	4 35 30	6 33 47
31	8 40 54		12 33 31		16 34 1		20 34 31	22 36 44		2 37 14		6 37 44

TEMPS SIDÉRAUX

JAHR		JANV	FÉV	MARS	AVRIL	MAI	JUIN	JUIL	AOÛT	SEPT	OCT	NOV	DÉC
1994	1	6 41 38	8 43 52	10 34 15	12 36 28	14 34 45	16 36 58	18 35 15	20 37 28	22 39 41	0 37 58	2 40 11	4 38 28
	2	6 45 35	8 47 48	10 38 12	12 40 25	14 38 42	16 40 55	18 39 11	20 41 25	22 43 38	0 41 54	2 44 8	4 42 24
	3	6 49 31	8 51 45	10 42 8	12 44 21	14 42 38	16 44 51	18 43 8	20 45 21	22 47 34	0 45 51	2 48 4	4 46 21
	4	6 53 28	8 55 41	10 46 5	12 48 18	14 46 35	16 48 48	18 47 5	20 49 18	22 51 31	0 49 48	2 52 1	4 50 17
	5	6 57 25	8 59 38	10 50 1	12 52 15	14 50 31	16 52 44	18 51 1	20 53 14	22 55 27	0 53 44	2 55 57	4 54 14
	6	7 1 21	9 3 34	10 53 58	12 56 11	14 54 28	16 56 41	18 54 58	20 57 11	22 59 24	0 57 41	2 59 54	4 58 11
	7	7 5 18	9 7 31	10 57 54	13 0 8	14 58 24	17 0 38	18 58 54	21 1 7	23 3 21	1 1 37	3 3 50	5 2 7
	8	7 9 14	9 11 27	11 1 51	13 4 4	15 2 21	17 4 34	19 2 51	21 5 4	23 7 17	1 5 34	3 7 47	5 6 4
	9	7 13 11	9 15 24	11 5 48	13 8 1	15 6 17	17 8 31	19 6 47	21 9 0	23 11 14	1 9 30	3 11 44	5 10 0
	10	7 17 7	9 19 21	11 9 44	13 11 57	15 10 14	17 12 27	19 10 44	21 12 57	23 15 10	1 13 27	3 15 40	5 13 57
	11	7 21 4	9 23 17	11 13 41	13 15 54	15 14 11	17 16 24	19 14 40	21 16 54	23 19 7	1 17 23	3 19 37	5 17 53
	12	7 25 0	9 27 14	11 17 37	13 19 50	15 18 7	17 20 20	19 18 37	21 20 50	23 23 3	1 21 20	3 23 33	5 21 50
	13	7 28 57	9 31 10	11 21 34	13 23 47	15 22 4	17 24 17	19 22 34	21 24 47	23 27 0	1 25 17	3 27 30	5 25 46
	14	7 32 54	9 35 7	11 25 30	13 27 44	15 26 0	17 28 13	19 26 30	21 28 43	23 30 56	1 29 13	3 31 26	5 29 43
	15	7 36 50	9 39 3	11 29 27	13 31 40	15 29 57	17 32 10	19 30 27	21 32 40	23 34 53	1 33 10	3 35 23	5 33 40
	16	7 40 47	9 43 0	11 33 23	13 35 37	15 33 53	17 36 7	19 34 23	21 36 36	23 38 50	1 37 6	3 39 19	5 37 36
	17	7 44 43	9 46 56	11 37 20	13 39 33	15 37 50	17 40 3	19 38 20	21 40 33	23 42 46	1 41 3	3 43 16	5 41 33
	18	7 48 40	9 50 53	11 41 17	13 43 30	15 41 46	17 44 0	19 42 16	21 44 29	23 46 43	1 44 59	3 47 13	5 45 29
	19	7 52 36	9 54 50	11 45 13	13 47 26	15 45 43	17 47 56	19 46 13	21 48 26	23 50 39	1 48 56	3 51 9	5 49 26
	20	7 56 33	9 58 46	11 49 10	13 51 23	15 49 40	17 51 53	19 50 9	21 52 23	23 54 36	1 52 52	3 55 6	5 53 22
	21	8 0 29	10 2 43	11 53 6	13 55 19	15 53 36	17 55 49	19 54 6	21 56 19	23 58 32	1 56 49	3 59 2	5 57 19
	22	8 4 26	10 6 39	11 57 3	13 59 16	15 57 33	17 59 46	19 58 3	22 0 16	0 2 29	2 0 46	4 2 59	6 1 15
	23	8 8 23	10 10 36	12 0 59	14 3 13	16 1 29	18 3 42	20 1 59	22 4 12	0 6 25	2 4 42	4 6 55	6 5 12
	24	8 12 19	10 14 32	12 4 56	14 7 9	16 5 26	18 7 39	20 5 56	22 8 9	0 10 22	2 8 39	4 10 52	6 9 9
	25	8 16 16	10 18 29	12 8 52	14 11 6	16 9 22	18 11 36	20 9 52	22 12 5	0 14 19	2 12 35	4 14 48	6 13 5
	26	8 20 12	10 22 25	12 12 49	14 15 2	16 13 19	18 15 32	20 13 49	22 16 2	0 18 15	2 16 32	4 18 45	6 17 2
	27	8 24 9	10 26 22	12 16 46	14 18 59	16 17 15	18 19 29	20 17 45	22 19 58	0 22 12	2 20 28	4 22 42	6 20 58
	28	8 28 5	10 30 19	12 20 42	14 22 55	16 21 12	18 23 25	20 21 42	22 23 55	0 26 8	2 24 25	4 26 38	6 24 55
	29	8 32 2		12 24 39	14 26 52	16 25 9	18 27 22	20 25 38	22 27 52	0 30 5	2 28 21	4 30 35	6 28 51
	30	8 35 58		12 28 35	14 30 48	16 29 5	18 31 18	20 29 35	22 31 48	0 34 1	2 32 18	4 34 31	6 32 48
	31	8 39 55		12 32 32		16 33 2		20 33 31	22 35 45		2 36 15		6 36 44
1995	1	6 40 41	8 42 54	10 33 18	12 35 31	14 33 48	16 36 1	18 34 18	20 36 31	22 38 44	0 37 1	2 39 14	4 37 31
	2	6 44 38	8 46 51	10 37 14	12 39 28	14 37 44	16 39 57	18 38 14	20 40 27	22 42 41	0 40 57	2 43 10	4 41 27
	3	6 48 34	8 50 47	10 41 11	12 43 24	14 41 41	16 43 54	18 42 11	20 44 24	22 46 37	0 44 54	2 47 7	4 45 24
	4	6 52 31	8 54 44	10 45 7	12 47 21	14 45 37	16 47 51	18 46 7	20 48 20	22 50 34	0 48 50	2 51 4	4 49 20
	5	6 56 27	8 58 40	10 49 4	12 51 17	14 49 34	16 51 47	18 50 4	20 52 17	22 54 30	0 52 47	2 55 0	4 53 17
	6	7 0 24	9 2 37	10 53 1	12 55 14	14 53 30	16 55 44	18 54 0	20 56 14	22 58 27	0 56 43	2 58 57	4 57 13
	7	7 4 20	9 6 34	10 56 57	12 59 10	14 57 27	16 59 40	18 57 57	21 0 10	23 2 23	1 0 40	3 2 53	5 1 10
	8	7 8 17	9 10 30	11 0 54	13 3 7	15 1 24	17 3 37	19 1 53	21 4 7	23 6 20	1 4 37	3 6 50	5 5 6
	9	7 12 13	9 14 27	11 4 50	13 7 3	15 5 20	17 7 33	19 5 50	21 8 3	23 10 16	1 8 33	3 10 46	5 9 3
	10	7 16 10	9 18 23	11 8 47	13 11 0	15 9 17	17 11 30	19 9 47	21 12 0	23 14 13	1 12 30	3 14 43	5 13 0
	11	7 20 7	9 22 20	11 12 43	13 14 57	15 13 13	17 15 26	19 13 43	21 15 56	23 18 10	1 16 26	3 18 39	5 16 56
	12	7 24 3	9 26 16	11 16 40	13 18 53	15 17 10	17 19 23	19 17 40	21 19 53	23 22 6	1 20 23	3 22 36	5 20 53
	13	7 28 0	9 30 13	11 20 36	13 22 50	15 21 6	17 23 20	19 21 36	21 23 49	23 26 3	1 24 19	3 26 33	5 24 49
	14	7 31 56	9 34 9	11 24 33	13 26 46	15 25 3	17 27 16	19 25 33	21 27 46	23 29 59	1 28 16	3 30 29	5 28 46
	15	7 35 53	9 38 6	11 28 30	13 30 43	15 28 59	17 31 13	19 29 29	21 31 43	23 33 56	1 32 12	3 34 26	5 32 42
	16	7 39 49	9 42 3	11 32 26	13 34 39	15 32 56	17 35 9	19 33 26	21 35 39	23 37 52	1 36 9	3 38 22	5 36 39
	17	7 43 46	9 45 59	11 36 23	13 38 36	15 36 53	17 39 6	19 37 22	21 39 36	23 41 49	1 40 6	3 42 19	5 40 35
	18	7 47 42	9 49 56	11 40 19	13 42 32	15 40 49	17 43 2	19 41 19	21 43 32	23 45 45	1 44 2	3 46 15	5 44 32
	19	7 51 39	9 53 52	11 44 16	13 46 29	15 44 46	17 46 59	19 45 16	21 47 29	23 49 42	1 47 59	3 50 12	5 48 29
	20	7 55 36	9 57 49	11 48 12	13 50 26	15 48 42	17 50 55	19 49 12	21 51 25	23 53 39	1 51 55	3 54 8	5 52 25
	21	7 59 32	10 1 45	11 52 9	13 54 22	15 52 39	17 54 52	19 53 9	21 55 22	23 57 35	1 55 52	3 58 5	5 56 22
	22	8 3 29	10 5 42	11 56 5	13 58 19	15 56 35	17 58 49	19 57 5	21 59 18	0 1 32	1 59 48	4 2 2	6 0 18
	23	8 7 25	10 9 38	12 0 2	14 2 15	16 0 32	18 2 45	20 1 2	22 3 15	0 5 28	2 3 45	4 5 58	6 4 15
	24	8 11 22	10 13 35	12 3 59	14 6 12	16 4 28	18 6 42	20 4 58	22 7 12	0 9 25	2 7 41	4 9 55	6 8 11
	25	8 15 18	10 17 32	12 7 55	14 10 8	16 8 25	18 10 38	20 8 55	22 11 8	0 13 21	2 11 38	4 13 51	6 12 8
	26	8 19 15	10 21 28	12 11 52	14 14 5	16 12 22	18 14 35	20 12 51	22 15 5	0 17 18	2 15 35	4 17 48	6 16 4
	27	8 23 11	10 25 25	12 15 48	14 18 1	16 16 18	18 18 31	20 16 48	22 19 1	0 21 14	2 19 31	4 21 44	6 20 1
	28	8 27 8	10 29 21	12 19 45	14 21 58	16 20 15	18 22 28	20 20 45	22 22 58	0 25 11	2 23 28	4 25 41	6 23 58
	29	8 31 5		12 23 41	14 25 55	16 24 11	18 26 24	20 24 41	22 26 54	0 29 8	2 27 24	4 29 37	6 27 54
	30	8 35 1		12 27 38	14 29 51	16 28 8	18 30 21	20 28 38	22 30 51	0 33 4	2 31 21	4 33 34	6 31 51
	31	8 38 58		12 31 34		16 32 4		20 32 34	22 34 47		2 35 17		6 35 47
1996	1	6 39 44	8 41 57	10 36 17	12 38 30	14 36 47	16 39 0	18 37 17	20 39 30	22 41 43	0 40 0	2 42 13	4 40 30
	2	6 43 40	8 45 54	10 40 14	12 42 27	14 40 43	16 42 57	18 41 13	20 43 27	22 45 40	0 43 56	2 46 10	4 44 26
	3	6 47 37	8 49 50	10 44 10	12 46 23	14 44 40	16 46 53	18 45 10	20 47 23	22 49 36	0 47 53	2 50 6	4 48 23
	4	6 51 33	8 53 47	10 48 7	12 50 20	14 48 37	16 50 50	18 49 6	20 51 20	22 53 33	0 51 50	2 54 3	4 52 19
	5	6 55 30	8 57 43	10 52 3	12 54 16	14 52 33	16 54 46	18 53 3	20 55 16	22 57 29	0 55 46	2 57 59	4 56 16
	6	6 59 27	9 1 40	10 56 0	12 58 13	14 56 30	16 58 43	18 57 0	20 59 13	23 1 26	0 59 43	3 1 56	5 0 13
	7	7 3 23	9 5 36	10 59 56	13 2 10	15 0 26	17 2 39	19 0 56	21 3 9	23 5 23	1 3 39	3 5 52	5 4 9
	8	7 7 20	9 9 33	11 3 53	13 6 6	15 4 23	17 6 36	19 4 53	21 7 6	23 9 19	1 7 36	3 9 49	5 8 6
	9	7 11 16	9 13 29	11 7 49	13 10 3	15 8 19	17 10 33	19 8 49	21 11 2	23 13 16	1 11 32	3 13 46	5 12 2
	10	7 15 13	9 17 26	11 11 46	13 13 59	15 12 16	17 14 29	19 12 46	21 14 59	23 17 12	1 15 29	3 17 42	5 15 59
	11	7 19 9	9 21 23	11 15 43	13 17 56	15 16 12	17 18 26	19 16 42	21 18 56	23 21 9	1 19 25	3 21 39	5 19 55
	12	7 23 6	9 25 19	11 19 39	13 21 52	15 20 9	17 22 22	19 20 39	21 22 52	23 25 5	1 23 22	3 25 35	5 23 52
	13	7 27 2	9 29 16	11 23 36	13 25 49	15 24 6	17 26 19	19 24 35	21 26 49	23 29 2	1 27 19	3 29 32	5 27 48
	14	7 30 59	9 33 12	11 27 32	13 29 45	15 28 2	17 30 15	19 28 32	21 30 45	23 32 58	1 31 15	3 33 28	5 31 45
	15	7 34 56	9 37 9	11 31 29	13 33 42	15 31 59	17 34 12	19 32 29	21 34 42	23 36 55	1 35 12	3 37 25	5 35 42
	16	7 38 52	9 41 5	11 35 25	13 37 39	15 35 55	17 38 8	19 36 25	21 38 38	23 40 52	1 39 8	3 41 21	5 39 38
	17	7 42 49	9 45 2	11 39 22	13 41 35	15 39 52	17 42 5	19 40 22	21 42 35	23 44 48	1 43 5	3 45 18	5 43 35
	18	7 46 45	9 48 58	11 43 18	13 45 32	15 43 48	17 46 2	19 44 18	21 46 31	23 48 45	1 47 1	3 49 15	5 47 31
	19	7 50 42	9 52 55	11 47 15	13 49 28	15 47 45	17 49 58	19 48 15	21 50 28	23 52 41	1 50 58	3 53 11	5 51 28
	20	7 54 38	9 56 51	11 51 12	13 53 25	15 51 41	17 53 55	19 52 11	21 54 25	23 56 38	1 54 54	3 57 8	5 55 24
	21	7 58 35	10 0 48	11 55 8	13 57 21	15 55 38	17 57 51	19 56 8	21 58 21	0 0 34	1 58 51	4 1 4	5 59 21
	22	8 2 31	10 4 45	11 59 5	14 1 18	15 59 35	18 1 48	20 0 4	22 2 18	0 4 31	2 2 48	4 5 1	6 3 17
	23	8 6 28	10 8 41	12 3 1	14 5 14	16 3 31	18 5 44	20 4 1	22 6 14	0 8 27	2 6 44	4 8 57	6 7 14
	24	8 10 25	10 12 38	12 6 58	14 9 11	16 7 28	18 9 41	20 7 58	22 10 11	0 12 24	2 10 41	4 12 54	6 11 11
	25	8 14 21	10 16 34	12 10 54	14 13 8	16 11 24	18 13 37	20 11 54	22 14 7	0 16 21	2 14 37	4 16 50	6 15 7
	26	8 18 18	10 20 31	12 14 51	14 17 4	16 15 21	18 17 34	20 15 51	22 18 4	0 20 17	2 18 34	4 20 47	6 19 4
	27	8 22 14	10 24 27	12 18 47	14 21 1	16 19 17	18 21 31	20 19 47	22 22 0	0 24 14	2 22 30	4 24 44	6 23 0
	28	8 26 11	10 28 24	12 22 44	14 24 57	16 23 14	18 25 27	20 23 44	22 25 57	0 28 10	2 26 27	4 28 40	6 26 57
	29	8 30 7	10 32 20	12 26 41	14 28 54	16 27 10	18 29 24	20 27 40	22 29 54	0 32 7	2 30 23	4 32 37	6 30 53
	30	8 34 4		12 30 37	14 32 50	16 31 7	18 33 20	20 31 37	22 33 50	0 36 3	2 34 20	4 36 33	6 34 50
	31	8 38 0		12 34 34		16 35 4		20 35 33	22 37 47		2 38 17		6 38 46
1997	1	6 42 43	8 44 56	10 35 20	12 37 33	14 35 50	16 38 3	18 36 20	20 38 33	22 40 46	0 39 3	2 41 16	4 39 32
	2	6 46 40	8 48 53	10 39 16	12 41 30	14 39 46	16 41 59	18 40 16	20 42 29	22 44 43	0 42 59	2 45 12	4 43 29
	3	6 50 36	8 52 49	10 43 13	12 45 26	14 43 43	16 45 56	18 44 13	20 46 26	22 48 39	0 46 56	2 49 9	4 47 26
	4	6 54 33	8 56 46	10 47 9	12 49 23	14 47 39	16 49 53	18 48 9	20 50 22	22 52 36	0 50 52	2 53 5	4 51 22
	5	6 58 29	9 0 42	10 51 6	12 53 19	14 51 36	16 53 49	18 52 6	20 54 19	22 56 32	0 54 49	2 57 2	4 55 19
	6	7 2 26	9 4 39	10 55 3	12 57 16	14 55 32	16 57 46	18 56 2	20 58 16	23 0 29	0 58 45	3 0 59	4 59 15
	7	7 6 22	9 8 36	10 58 59	13 1 12	14 59 29	17 1 42	18 59 59	21 2 12	23 4 25	1 2 42	3 4 55	5 3 12
	8	7 10 19	9 12 32	11 2 56	13 5 9	15 3 26	17 5 39	19 3 55	21 6 9	23 8 22	1 6 38	3 8 52	5 7 8
	9	7 14 15	9 16 29	11 6 52	13 9 5	15 7 22	17 9 35	19 7 52	21 10 5	23 12 18	1 10 35	3 12 48	5 11 5
	10	7 18 12	9 20 25	11 10 49	13 13 2	15 11 19	17 13 32	19 11 49	21 14 2	23 16 15	1 14 32	3 16 45	5 15 1
	11	7 22 9	9 24 22	11 14 45	13 16 59	15 15 15	17 17 28	19 15 45	21 17 58	23 20 12	1 18 28	3 20 41	5 18 58
	12	7 26 5	9 28 18	11 18 42	13 20 55	15 19 12	17 21 25	19 19 42	21 21 55	23 24 8	1 22 25	3 24 38	5 22 55
	13	7 30 2	9 32 15	11 22 38	13 24 52	15 23 8	17 25 22	19 23 38	21 25 51	23 28 5	1 26 21	3 28 34	5 26 51
	14	7 33 58	9 36 11	11 26 35	13 28 48	15 27 5	17 29 18	19 27 35	21 29 48	23 32 1	1 30 18	3 32 31	5 30 48
	15	7 37 55	9 40 8	11 30 32	13 32 45	15 31 1	17 33 15	19 31 31	21 33 45	23 35 58	1 34 14	3 36 28	5 34 44
	16	7 41 51	9 44 5	11 34 28	13 36 41	15 34 58	17 37 11	19 35 28	21 37 41	23 39 54	1 38 11	3 40 24	5 38 41
	17	7 45 48	9 48 1	11 38 25	13 40 38	15 38 55	17 41 8	19 39 24	21 41 38	23 43 51	1 42 7	3 44 21	5 42 37
	18	7 49 44	9 51 58	11 42 21	13 44 34	15 42 51	17 45 4	19 43 21	21 45 34	23 47 47	1 46 4	3 48 17	5 46 34
	19	7 53 41	9 55 54	11 46 18	13 48 31	15 46 48	17 49 1	19 47 18	21 49 31	23 51 44	1 50 1	3 52 14	5 50 30
	20	7 57 38	9 59 51	11 50 14	13 52 28	15 50 44	17 52 57	19 51 14	21 53 27	23 55 40	1 53 57	3 56 10	5 54 27
	21	8 1 34	10 3 47	11 54 11	13 56 24	15 54 41	17 56 54	19 55 11	21 57 24	23 59 37	1 57 54	4 0 7	5 58 24
	22	8 5 31	10 7 44	11 58 7	14 0 21	15 58 37	18 0 51	19 59 7	22 1 20	0 3 34	2 1 50	4 4 3	6 2 20
	23	8 9 27	10 11 40	12 2 4	14 4 17	16 2 34	18 4 47	20 3 4	22 5 17	0 7 30	2 5 47	4 8 0	6 6 17
	24	8 13 24	10 15 37	12 6 1	14 8 14	16 6 30	18 8 44	20 7 0	22 9 14	0 11 27	2 9 43	4 11 57	6 10 13
	25	8 17 20	10 19 34	12 9 57	14 12 10	16 10 27	18 12 40	20 10 57	22 13 10	0 15 23	2 13 40	4 15 53	6 14 10
	26	8 21 17	10 23 30	12 13 54	14 16 7	16 14 24	18 16 37	20 14 53	22 17 7	0 19 20	2 17 36	4 19 50	6 18 6
	27	8 25 13	10 27 27	12 17 50	14 20 3	16 18 20	18 20 33	20 18 50	22 21 3	0 23 16	2 21 33	4 23 46	6 22 3
	28	8 29 10	10 31 23	12 21 47	14 24 0	16 22 17	18 24 30	20 22 47	22 25 0	0 27 13	2 25 30	4 27 43	6 25 59
	29	8 33 7		12 25 43	14 27 57	16 26 13	18 28 26	20 26 43	22 28 56	0 31 9	2 29 26	4 31 39	6 29 56
	30	8 37 3		12 29 40	14 31 53	16 30 10	18 32 23	20 30 40	22 32 53	0 35 6	2 33 23	4 35 36	6 33 53
	31	8 41 0		12 33 36		16 34 6		20 34 36	22 36 49		2 37 19		6 37 49

ANNÉE		JANV	FÉV	MARS	AVRIL	MAI	JUIN	JUIL	AOÛT	SEPT	OCT	NOV	DÉC
1998	1	6 41 46	8 43 59	10 34 22	12 36 36	14 34 52	16 37 6	18 35 22	20 37 35	22 39 49	0 38 5	2 40 19	4 38 35
	2	6 45 42	8 47 55	10 38 19	12 40 32	14 38 49	16 41 2	18 39 19	20 41 32	22 43 45	0 42 2	2 44 15	4 42 32
	3	6 49 39	8 51 52	10 42 16	12 44 29	14 42 45	16 44 59	18 43 15	20 45 29	22 47 42	0 45 58	2 48 12	4 46 28
	4	6 53 35	8 55 49	10 46 12	12 48 25	14 46 42	16 48 55	18 47 12	20 49 25	22 51 38	0 49 55	2 52 8	4 50 25
	5	6 57 32	8 59 45	10 50 9	12 52 22	14 50 39	16 52 52	18 51 8	20 53 22	22 55 35	0 53 52	2 56 5	4 54 21
	6	7 1 28	9 3 42	10 54 5	12 56 18	14 54 35	16 56 48	18 55 5	20 57 18	22 59 31	0 57 48	3 0 1	4 58 18
	7	7 5 25	9 7 38	10 58 2	13 0 15	14 58 32	17 0 45	18 59 2	21 1 15	23 3 28	1 1 45	3 3 58	5 2 15
	8	7 9 22	9 11 35	11 1 58	13 4 12	15 2 28	17 4 41	19 2 58	21 5 11	23 7 25	1 5 41	3 7 54	5 6 11
	9	7 13 18	9 15 31	11 5 55	13 8 8	15 6 25	17 8 38	19 6 55	21 9 8	23 11 21	1 9 38	3 11 51	5 10 8
	10	7 17 15	9 19 28	11 9 51	13 12 5	15 10 21	17 12 35	19 10 51	21 13 4	23 15 18	1 13 34	3 15 48	5 14 4
	11	7 21 11	9 23 24	11 13 48	13 16 1	15 14 18	17 16 31	19 14 48	21 17 1	23 19 14	1 17 31	3 19 44	5 18 1
	12	7 25 8	9 27 21	11 17 45	13 19 58	15 18 14	17 20 28	19 18 44	21 20 58	23 23 11	1 21 27	3 23 41	5 21 57
	13	7 29 4	9 31 18	11 21 41	13 23 54	15 22 11	17 24 24	19 22 41	21 24 54	23 27 7	1 25 24	3 27 37	5 25 54
	14	7 33 1	9 35 14	11 25 38	13 27 51	15 26 8	17 28 21	19 26 37	21 28 51	23 31 4	1 29 21	3 31 34	5 29 50
	15	7 36 57	9 39 11	11 29 34	13 31 47	15 30 4	17 32 17	19 30 34	21 32 47	23 35 0	1 33 17	3 35 30	5 33 47
	16	7 40 54	9 43 7	11 33 31	13 35 44	15 34 1	17 36 14	19 34 31	21 36 44	23 38 57	1 37 14	3 39 27	5 37 44
	17	7 44 51	9 47 4	11 37 27	13 39 41	15 37 57	17 40 10	19 38 27	21 40 40	23 42 54	1 41 10	3 43 23	5 41 40
	18	7 48 47	9 51 0	11 41 24	13 43 37	15 41 54	17 44 7	19 42 24	21 44 37	23 46 50	1 45 7	3 47 20	5 45 37
	19	7 52 44	9 54 57	11 45 20	13 47 34	15 45 50	17 48 4	19 46 20	21 48 33	23 50 47	1 49 3	3 51 17	5 49 33
	20	7 56 40	9 58 53	11 49 17	13 51 30	15 49 47	17 52 0	19 50 17	21 52 30	23 54 43	1 53 0	3 55 13	5 53 30
	21	8 0 37	10 2 50	11 53 14	13 55 27	15 53 43	17 55 57	19 54 13	21 56 27	23 58 40	1 56 56	3 59 10	5 57 26
	22	8 4 33	10 6 47	11 57 10	13 59 23	15 57 40	17 59 53	19 58 10	22 0 23	0 2 36	2 0 53	4 3 6	6 1 23
	23	8 8 30	10 10 43	12 1 7	14 3 20	16 1 37	18 3 50	20 2 6	22 4 20	0 6 33	2 4 50	4 7 3	6 5 19
	24	8 12 26	10 14 40	12 5 3	14 7 16	16 5 33	18 7 46	20 6 3	22 8 16	0 10 29	2 8 46	4 10 59	6 9 16
	25	8 16 23	10 18 36	12 9 0	14 11 13	16 9 30	18 11 43	20 10 0	22 12 13	0 14 26	2 12 43	4 14 56	6 13 13
	26	8 20 20	10 22 33	12 12 56	14 15 10	16 13 26	18 15 39	20 13 56	22 16 9	0 18 23	2 16 39	4 18 52	6 17 9
	27	8 24 16	10 26 29	12 16 53	14 19 6	16 17 23	18 19 36	20 17 53	22 20 6	0 22 19	2 20 36	4 22 49	6 21 6
	28	8 28 13	10 30 26	12 20 49	14 23 3	16 21 19	18 23 33	20 21 49	22 24 2	0 26 16	2 24 32	4 26 46	6 25 2
	29	8 32 9		12 24 46	14 26 59	16 25 16	18 27 29	20 25 46	22 27 59	0 30 12	2 28 29	4 30 42	6 28 59
	30	8 36 6		12 28 43	14 30 56	16 29 12	18 31 26	20 29 42	22 31 56	0 34 9	2 32 25	4 34 39	6 32 55
	31	8 40 2		12 32 39		16 33 9		20 33 39	22 35 52		2 36 22		6 36 52
1999	1	6 40 48	8 43 2	10 33 25	12 35 38	14 33 55	16 36 8	18 34 25	20 36 38	22 38 51	0 37 8	2 39 21	4 37 38
	2	6 44 45	8 46 58	10 37 22	12 39 35	14 37 52	16 40 5	18 38 21	20 40 35	22 42 48	0 41 5	2 43 18	4 41 34
	3	6 48 42	8 50 55	10 41 18	12 43 32	14 41 48	16 44 1	18 42 18	20 44 31	22 46 44	0 45 1	2 47 14	4 45 31
	4	6 52 38	8 54 51	10 45 15	12 47 28	14 45 45	16 47 58	18 46 15	20 48 28	22 50 41	0 48 58	2 51 11	4 49 28
	5	6 56 35	8 58 48	10 49 11	12 51 25	14 49 41	16 51 54	18 50 11	20 52 24	22 54 38	0 52 54	2 55 7	4 53 24
	6	7 0 31	9 2 44	10 53 8	12 55 21	14 53 38	16 55 51	18 54 8	20 56 21	22 58 34	0 56 51	2 59 4	4 57 21
	7	7 4 28	9 6 41	10 57 5	12 59 18	14 57 34	16 59 48	18 58 4	21 0 17	23 2 31	1 0 47	3 3 1	5 1 17
	8	7 8 24	9 10 38	11 1 1	13 3 14	15 1 31	17 3 44	19 2 1	21 4 14	23 6 27	1 4 44	3 6 57	5 5 14
	9	7 12 21	9 14 34	11 4 58	13 7 11	15 5 27	17 7 41	19 5 57	21 8 11	23 10 24	1 8 40	3 10 54	5 9 10
	10	7 16 17	9 18 31	11 8 54	13 11 7	15 9 24	17 11 37	19 9 54	21 12 7	23 14 20	1 12 37	3 14 50	5 13 7
	11	7 20 14	9 22 27	11 12 51	13 15 4	15 13 21	17 15 34	19 13 50	21 16 4	23 18 17	1 16 34	3 18 47	5 17 3
	12	7 24 11	9 26 24	11 16 47	13 19 1	15 17 17	17 19 30	19 17 47	21 20 0	23 22 13	1 20 30	3 22 43	5 21 0
	13	7 28 7	9 30 20	11 20 44	13 22 57	15 21 14	17 23 27	19 21 44	21 23 57	23 26 10	1 24 27	3 26 40	5 24 57
	14	7 32 4	9 34 17	11 24 40	13 26 54	15 25 10	17 27 23	19 25 40	21 27 53	23 30 7	1 28 23	3 30 36	5 28 53
	15	7 36 0	9 38 13	11 28 37	13 30 50	15 29 7	17 31 20	19 29 37	21 31 50	23 34 3	1 32 20	3 34 33	5 32 50
	16	7 39 57	9 42 10	11 32 34	13 34 47	15 33 3	17 35 17	19 33 33	21 35 46	23 38 0	1 36 16	3 38 30	5 36 46
	17	7 43 53	9 46 7	11 36 30	13 38 43	15 37 0	17 39 13	19 37 30	21 39 43	23 41 56	1 40 13	3 42 26	5 40 43
	18	7 47 50	9 50 3	11 40 27	13 42 40	15 40 56	17 43 10	19 41 26	21 43 40	23 45 53	1 44 9	3 46 23	5 44 39
	19	7 51 46	9 54 0	11 44 23	13 46 36	15 44 53	17 47 6	19 45 23	21 47 36	23 49 49	1 48 6	3 50 19	5 48 36
	20	7 55 43	9 57 56	11 48 20	13 50 33	15 48 50	17 51 3	19 49 19	21 51 33	23 53 46	1 52 3	3 54 16	5 52 32
	21	7 59 40	10 1 53	11 52 16	13 54 29	15 52 46	17 54 59	19 53 16	21 55 29	23 57 42	1 55 59	3 58 12	5 56 29
	22	8 3 36	10 5 49	11 56 13	13 58 26	15 56 43	17 58 56	19 57 13	21 59 26	0 1 39	1 59 56	4 2 9	6 0 26
	23	8 7 33	10 9 46	12 0 9	14 2 23	16 0 39	18 2 52	20 1 9	22 3 22	0 5 36	2 3 52	4 6 5	6 4 22
	24	8 11 29	10 13 42	12 4 6	14 6 19	16 4 36	18 6 49	20 5 6	22 7 19	0 9 32	2 7 49	4 10 2	6 8 19
	25	8 15 26	10 17 39	12 8 3	14 10 16	16 8 32	18 10 46	20 9 2	22 11 15	0 13 29	2 11 45	4 13 59	6 12 15
	26	8 19 22	10 21 36	12 11 59	14 14 12	16 12 29	18 14 42	20 12 59	22 15 12	0 17 25	2 15 42	4 17 55	6 16 12
	27	8 23 19	10 25 32	12 15 56	14 18 9	16 16 25	18 18 39	20 16 55	22 19 9	0 21 22	2 19 38	4 21 52	6 20 8
	28	8 27 15	10 29 29	12 19 52	14 22 5	16 20 22	18 22 35	20 20 52	22 23 5	0 25 18	2 23 35	4 25 48	6 24 5
	29	8 31 12		12 23 49	14 26 2	16 24 19	18 26 32	20 24 48	22 27 2	0 29 15	2 27 32	4 29 45	6 28 1
	30	8 35 9		12 27 45	14 29 58	16 28 15	18 30 28	20 28 45	22 30 58	0 33 11	2 31 28	4 33 41	6 31 58
	31	8 39 5		12 31 42		16 32 12		20 32 42	22 34 55		2 35 25		6 35 55
2000	1	6 39 51	8 42 4	10 36 24	12 38 38	14 36 54	16 39 8	18 37 24	20 39 37	22 41 51	0 40 7	2 42 21	4 40 37
	2	6 43 48	8 46 1	10 40 21	12 42 34	14 40 51	16 43 4	18 41 21	20 43 34	22 45 47	0 44 4	2 46 17	4 44 34
	3	6 47 44	8 49 57	10 44 18	12 46 31	14 44 47	16 47 1	18 45 17	20 47 31	22 49 44	0 48 0	2 50 14	4 48 30
	4	6 51 41	8 53 54	10 48 14	12 50 27	14 48 44	16 50 57	18 49 14	20 51 27	22 53 40	0 51 57	2 54 10	4 52 27
	5	6 55 37	8 57 51	10 52 11	12 54 24	14 52 41	16 54 54	18 53 10	20 55 24	22 57 37	0 55 54	2 58 7	4 56 23
	6	6 59 34	9 1 47	10 56 7	12 58 20	14 56 37	16 58 50	18 57 7	20 59 20	23 1 33	0 59 50	3 2 3	5 0 20
	7	7 3 30	9 5 44	11 0 4	13 2 17	15 0 34	17 2 47	19 1 4	21 3 17	23 5 30	1 3 47	3 6 0	5 4 16
	8	7 7 27	9 9 40	11 4 0	13 6 14	15 4 30	17 6 43	19 5 0	21 7 13	23 9 27	1 7 43	3 9 56	5 8 13
	9	7 11 24	9 13 37	11 7 57	13 10 10	15 8 27	17 10 40	19 8 57	21 11 10	23 13 23	1 11 40	3 13 53	5 12 10
	10	7 15 20	9 17 33	11 11 53	13 14 7	15 12 23	17 14 37	19 12 53	21 15 6	23 17 20	1 15 36	3 17 50	5 16 6
	11	7 19 17	9 21 30	11 15 50	13 18 3	15 16 20	17 18 33	19 16 50	21 19 3	23 21 16	1 19 33	3 21 46	5 20 3
	12	7 23 13	9 25 26	11 19 47	13 22 0	15 20 16	17 22 30	19 20 46	21 23 0	23 25 13	1 23 29	3 25 43	5 23 59
	13	7 27 10	9 29 23	11 23 43	13 25 56	15 24 13	17 26 26	19 24 43	21 26 56	23 29 9	1 27 26	3 29 39	5 27 56
	14	7 31 6	9 33 20	11 27 40	13 29 53	15 28 10	17 30 23	19 28 39	21 30 53	23 33 6	1 31 23	3 33 36	5 31 52
	15	7 35 3	9 37 16	11 31 36	13 33 49	15 32 6	17 34 19	19 32 36	21 34 49	23 37 2	1 35 19	3 37 32	5 35 49
	16	7 38 59	9 41 13	11 35 33	13 37 46	15 36 3	17 38 16	19 36 33	21 38 46	23 40 59	1 39 16	3 41 29	5 39 45
	17	7 42 56	9 45 9	11 39 29	13 41 43	15 39 59	17 42 12	19 40 29	21 42 42	23 44 56	1 43 12	3 45 25	5 43 42
	18	7 46 53	9 49 6	11 43 26	13 45 39	15 43 56	17 46 9	19 44 26	21 46 39	23 48 52	1 47 9	3 49 22	5 47 39
	19	7 50 49	9 53 2	11 47 22	13 49 36	15 47 52	17 50 6	19 48 22	21 50 35	23 52 49	1 51 5	3 53 18	5 51 35
	20	7 54 46	9 56 59	11 51 19	13 53 32	15 51 49	17 54 2	19 52 19	21 54 32	23 56 45	1 55 2	3 57 15	5 55 32
	21	7 58 42	10 0 55	11 55 16	13 57 29	15 55 45	17 57 59	19 56 15	21 58 29	0 0 42	1 58 58	4 1 12	5 59 28
	22	8 2 39	10 4 52	11 59 12	14 1 25	15 59 42	18 1 55	20 0 12	22 2 25	0 4 38	2 2 55	4 5 8	6 3 25
	23	8 6 35	10 8 49	12 3 9	14 5 22	16 3 39	18 5 52	20 4 8	22 6 22	0 8 35	2 6 52	4 9 5	6 7 21
	24	8 10 32	10 12 45	12 7 5	14 9 18	16 7 35	18 9 48	20 8 5	22 10 18	0 12 31	2 10 48	4 13 1	6 11 18
	25	8 14 28	10 16 42	12 11 2	14 13 15	16 11 32	18 13 45	20 12 2	22 14 15	0 16 28	2 14 45	4 16 58	6 15 14
	26	8 18 25	10 20 38	12 14 58	14 17 12	16 15 28	18 17 41	20 15 58	22 18 11	0 20 25	2 18 41	4 20 54	6 19 11
	27	8 22 22	10 24 35	12 18 55	14 21 8	16 19 25	18 21 38	20 19 55	22 22 8	0 24 21	2 22 38	4 24 51	6 23 8
	28	8 26 18	10 28 31	12 22 51	14 25 5	16 23 21	18 25 35	20 23 51	22 26 4	0 28 18	2 26 34	4 28 47	6 27 4
	29	8 30 15	10 32 28	12 26 48	14 29 1	16 27 18	18 29 31	20 27 48	22 30 1	0 32 14	2 30 31	4 32 44	6 31 1
	30	8 34 11		12 30 45	14 32 58	16 31 14	18 33 28	20 31 44	22 33 58	0 36 11	2 34 27	4 36 41	6 34 57
	31	8 38 8		12 34 41		16 35 11		20 35 41	22 37 54		2 38 24		6 38 54
2001	1	6 42 50	8 45 4	10 35 27	12 37 40	14 35 57	16 38 10	18 36 27	20 38 40	22 40 53	0 39 10	2 41 23	4 39 40
	2	6 46 47	8 49 0	10 39 24	12 41 37	14 39 54	16 42 7	18 40 23	20 42 37	22 44 50	0 43 7	2 45 20	4 43 36
	3	6 50 43	8 52 57	10 43 20	12 45 33	14 43 50	16 46 3	18 44 20	20 46 33	22 48 46	0 47 3	2 49 16	4 47 33
	4	6 54 40	8 56 53	10 47 17	12 49 30	14 47 47	16 50 0	18 48 17	20 50 30	22 52 43	0 51 0	2 53 13	4 51 30
	5	6 58 37	9 0 50	10 51 13	12 53 27	14 51 43	16 53 56	18 52 13	20 54 26	22 56 40	0 54 56	2 57 9	4 55 26
	6	7 2 33	9 4 46	10 55 10	12 57 23	14 55 40	16 57 53	18 56 10	20 58 23	23 0 36	0 58 53	3 1 6	4 59 23
	7	7 6 30	9 8 43	10 59 6	13 1 20	14 59 36	17 1 50	19 0 6	21 2 19	23 4 33	1 2 49	3 5 3	5 3 19
	8	7 10 26	9 12 39	11 3 3	13 5 16	15 3 33	17 5 46	19 4 3	21 6 16	23 8 29	1 6 46	3 8 59	5 7 16
	9	7 14 23	9 16 36	11 7 0	13 9 13	15 7 29	17 9 43	19 7 59	21 10 13	23 12 26	1 10 42	3 12 56	5 11 12
	10	7 18 19	9 20 33	11 10 56	13 13 9	15 11 26	17 13 39	19 11 56	21 14 9	23 16 22	1 14 39	3 16 52	5 15 9
	11	7 22 16	9 24 29	11 14 53	13 17 6	15 15 23	17 17 36	19 15 52	21 18 6	23 20 19	1 18 36	3 20 49	5 19 5
	12	7 26 12	9 28 26	11 18 49	13 21 2	15 19 19	17 21 32	19 19 49	21 22 2	23 24 15	1 22 32	3 24 45	5 23 2
	13	7 30 9	9 32 22	11 22 46	13 24 59	15 23 16	17 25 29	19 23 46	21 25 59	23 28 12	1 26 29	3 28 42	5 26 59
	14	7 34 6	9 36 19	11 26 42	13 28 56	15 27 12	17 29 25	19 27 42	21 29 55	23 32 9	1 30 25	3 32 38	5 30 55
	15	7 38 2	9 40 15	11 30 39	13 32 52	15 31 9	17 33 22	19 31 39	21 33 52	23 36 5	1 34 22	3 36 35	5 34 52
	16	7 41 59	9 44 12	11 34 35	13 36 49	15 35 5	17 37 19	19 35 35	21 37 48	23 40 2	1 38 18	3 40 32	5 38 48
	17	7 45 55	9 48 8	11 38 32	13 40 45	15 39 2	17 41 15	19 39 32	21 41 45	23 43 58	1 42 15	3 44 28	5 42 45
	18	7 49 52	9 52 5	11 42 29	13 44 42	15 42 58	17 45 12	19 43 28	21 45 42	23 47 55	1 46 11	3 48 25	5 46 41
	19	7 53 48	9 56 2	11 46 25	13 48 38	15 46 55	17 49 8	19 47 25	21 49 38	23 51 51	1 50 8	3 52 21	5 50 38
	20	7 57 45	9 59 58	11 50 22	13 52 35	15 50 52	17 53 5	19 51 21	21 53 35	23 55 48	1 54 5	3 56 18	5 54 34
	21	8 1 41	10 3 55	11 54 18	13 56 31	15 54 48	17 57 1	19 55 18	21 57 31	23 59 44	1 58 1	4 0 14	5 58 31
	22	8 5 38	10 7 51	11 58 15	14 0 28	15 58 45	18 0 58	19 59 15	22 1 28	0 3 41	2 1 58	4 4 11	6 2 28
	23	8 9 35	10 11 48	12 2 11	14 4 25	16 2 41	18 4 54	20 3 11	22 5 24	0 7 38	2 5 54	4 8 7	6 6 24
	24	8 13 31	10 15 44	12 6 8	14 8 21	16 6 38	18 8 51	20 7 8	22 9 21	0 11 34	2 9 51	4 12 4	6 10 21
	25	8 17 28	10 19 41	12 10 4	14 12 18	16 10 34	18 12 48	20 11 4	22 13 17	0 15 31	2 13 47	4 16 1	6 14 17
	26	8 21 24	10 23 37	12 14 1	14 16 14	16 14 31	18 16 44	20 15 1	22 17 14	0 19 27	2 17 44	4 19 57	6 18 14
	27	8 25 21	10 27 34	12 17 58	14 20 11	16 18 27	18 20 41	20 18 57	22 21 11	0 23 24	2 21 40	4 23 54	6 22 10
	28	8 29 17	10 31 31	12 21 54	14 24 7	16 22 24	18 24 37	20 22 54	22 25 7	0 27 20	2 25 37	4 27 50	6 26 7
	29	8 33 14		12 25 51	14 28 4	16 26 21	18 28 34	20 26 50	22 29 4	0 31 17	2 29 34	4 31 47	6 30 3
	30	8 37 10		12 29 47	14 32 0	16 30 17	18 32 30	20 30 47	22 33 0	0 35 13	2 33 30	4 35 43	6 34 0
	31	8 41 7		12 33 44		16 34 14		20 34 44	22 36 57		2 37 27		6 37 57

LATITUDE NORD

		0°N	4°N	8°N	12°N	16°N	20°N	22°N	24°N	26°N	28°N	30°N	32°N	34°N	36°N	38°N	40°N	42°N	44°N	46°N	48°N	50°N	52°N	54°N	56°N	58°N	60°N
ST	MC	ASC	ASC	ASC	ASC	ASC	ASC	ASC	ASC	ASC	ASC	ASC	ASC	ASC	ASC	ASC	ASC	ASC	ASC	ASC	ASC	ASC	ASC	ASC	ASC	ASC	ASC
0 0 0	0 ♈	0 ♋ 0	1 ♋ 36	3 ♋ 12	4 ♋ 50	6 ♋ 31	8 ♋ 14	9 ♋ 8	10 ♋ 3	10 ♋ 59	11 ♋ 57	12 ♋ 56	13 ♋ 58	15 ♋ 1	16 ♋ 7	17 ♋ 16	18 ♋ 28	19 ♋ 43	21 ♋ 1	22 ♋ 24	23 ♋ 51	25 ♋ 22	26 ♋ 59	28 ♋ 43	0 ♌ 32	2 ♌ 29	4 ♌ 35
0 3 40	1	0 51	2 26	4 2	5 40	7 20	9 4	9 57	10 52	11 48	12 45	13 44	14 45	15 48	16 54	18 2	19 13	20 27	21 45	23 7	24 33	26 3	27 39	29 21	1 10	3 5	5 9
0 7 20	2	1 41	3 17	4 53	6 30	8 10	9 53	10 46	11 41	12 36	13 33	14 32	15 33	16 35	17 40	18 48	19 58	21 12	22 29	23 50	25 15	26 44	28 19	0 ♌ 0	1 47	3 41	5 43
0 11 1	3	2 32	4 7	5 43	7 20	9 0	10 43	11 35	12 29	13 25	14 21	15 20	16 20	17 22	18 27	19 34	20 44	21 56	23 13	24 33	25 57	27 25	28 59	0 39	2 24	4 17	6 17
0 14 41	4	3 22	4 57	6 33	8 10	9 50	11 32	12 24	13 18	14 13	15 9	16 7	17 7	18 9	19 13	20 19	21 29	22 41	23 56	25 15	26 39	28 6	29 39	1 17	3 1	4 53	6 51
0 18 21	5	4 13	5 48	7 24	9 0	10 39	12 21	13 13	14 7	15 1	15 57	16 55	17 54	18 56	19 59	21 5	22 14	23 25	24 40	25 58	27 20	28 47	0 ♌ 19	1 56	3 39	5 28	7 25
0 22 2	6	5 3	6 38	8 14	9 50	11 29	13 10	14 2	14 55	15 49	16 45	17 42	18 41	19 42	20 45	21 50	22 58	24 9	25 23	26 41	28 2	29 28	0 58	2 34	4 16	6 4	7 59
0 25 42	7	5 54	7 29	9 4	10 40	12 18	13 59	14 51	15 44	16 38	17 33	18 30	19 28	20 29	21 31	22 36	23 43	24 53	26 6	27 23	28 44	0 ♌ 8	1 38	3 12	4 53	6 39	8 33
0 29 23	8	6 45	8 20	9 54	11 30	13 8	14 48	15 40	16 32	17 26	18 21	19 17	20 15	21 15	22 17	23 21	24 28	25 37	26 50	28 5	29 25	0 49	2 17	3 51	5 30	7 15	9 7
0 33 4	9	7 36	9 10	10 45	12 20	13 58	15 37	16 29	17 21	18 14	19 9	20 5	21 2	22 1	23 3	24 6	25 12	26 21	27 33	28 48	0 ♌ 7	1 29	2 57	4 29	6 7	7 50	9 41
0 36 45	10	8 26	10 1	11 35	13 10	14 47	16 27	17 17	18 9	19 2	19 56	20 52	21 49	22 48	23 49	24 52	25 57	27 5	28 16	29 30	0 48	2 10	3 36	5 7	6 43	8 26	10 15
0 40 27	11	9 17	10 52	12 26	14 1	15 37	17 16	18 6	18 58	19 50	20 44	21 39	22 36	23 34	24 34	25 37	26 41	27 49	28 59	0 ♌ 12	1 29	2 50	4 15	5 45	7 20	9 1	10 49
0 44 8	12	10 9	11 43	13 16	14 51	16 27	18 5	18 55	19 46	20 38	21 32	22 26	23 23	24 20	25 20	26 22	27 26	28 33	29 42	0 55	2 11	3 30	4 54	6 23	7 57	9 37	11 23
0 47 50	13	11 0	12 33	14 7	15 41	17 16	18 54	19 44	20 35	21 26	22 19	23 14	24 9	25 7	26 6	27 7	28 10	29 16	0 ♌ 25	1 37	2 52	4 11	5 34	7 1	8 34	10 12	11 57
0 51 32	14	11 51	13 25	14 58	16 31	18 6	19 43	20 33	21 23	22 14	23 7	24 1	24 56	25 53	26 52	27 52	28 55	0 ♌ 0	1 8	2 19	3 33	4 51	6 13	7 39	9 11	10 48	12 31
0 55 15	15	12 43	14 16	15 48	17 22	18 56	20 32	21 22	22 12	23 3	23 55	24 48	25 43	26 39	27 37	28 37	29 39	0 44	1 51	3 1	4 14	5 31	6 52	8 17	9 48	11 23	13 5
0 58 57	16	13 34	15 7	16 39	18 12	19 46	21 22	22 10	23 0	23 51	24 42	25 35	26 30	27 25	28 23	29 22	0 ♌ 24	1 28	2 34	3 43	4 56	6 12	7 31	8 56	10 25	11 59	13 39
1 2 40	17	14 26	15 58	17 30	19 3	20 36	22 11	22 59	23 49	24 39	25 30	26 23	27 16	28 12	29 9	0 ♌ 7	1 8	2 11	3 17	4 25	5 37	6 52	8 11	9 34	11 1	12 34	14 13
1 6 24	18	15 18	16 50	18 21	19 53	21 26	23 0	23 49	24 37	25 27	26 18	27 10	28 3	28 58	29 54	0 52	1 53	2 55	4 0	5 7	6 18	7 32	8 50	10 12	11 38	13 10	14 47
1 10 7	19	16 10	17 42	19 13	20 44	22 16	23 50	24 38	25 26	26 16	27 6	27 57	28 50	29 44	0 ♌ 40	1 38	2 37	3 39	4 43	5 50	6 59	8 12	9 29	10 50	12 15	13 46	15 22
1 13 52	20	17 2	18 33	20 4	21 35	23 6	24 39	25 27	26 15	27 4	27 54	28 45	29 37	0 ♌ 31	1 26	2 23	3 22	4 22	5 26	6 32	7 41	8 53	10 8	11 28	12 52	14 21	15 56
1 17 36	21	17 54	19 25	20 56	22 26	23 57	25 29	26 16	27 4	27 52	28 42	29 32	0 ♌ 24	1 17	2 12	3 8	4 6	5 6	6 9	7 14	8 22	9 33	10 48	12 6	13 29	14 57	16 30
1 21 21	22	18 47	20 17	21 47	23 17	24 47	26 19	27 5	27 53	28 41	29 30	0 ♌ 20	1 11	2 4	2 58	3 53	4 51	5 50	6 52	7 56	9 3	10 13	11 27	12 45	14 6	15 33	17 4
1 25 6	23	19 40	21 10	22 39	24 8	25 38	27 9	27 55	28 42	29 29	0 ♌ 18	1 7	1 58	2 50	3 43	4 38	5 35	6 34	7 35	8 38	9 45	10 54	12 6	13 23	14 43	16 8	17 39
1 28 52	24	20 33	22 2	23 31	24 59	26 28	27 59	28 44	29 31	0 ♌ 18	1 6	1 55	2 45	3 37	4 29	5 24	6 20	7 18	8 18	9 21	10 26	11 34	12 46	14 1	15 20	16 44	18 13
1 32 39	25	21 26	22 55	24 23	25 51	27 19	28 49	29 34	0 ♌ 20	1 7	1 54	2 43	3 32	4 23	5 15	6 9	7 5	8 2	9 1	10 3	11 8	12 15	13 25	14 40	15 58	17 20	18 48
1 36 26	26	22 19	23 48	25 15	26 43	28 10	29 39	0 ♌ 24	1 9	1 56	2 43	3 31	4 20	5 10	6 2	6 55	7 49	8 46	9 45	10 46	11 49	12 55	14 5	15 18	16 35	17 56	19 22
1 40 13	27	23 13	24 41	26 8	27 34	29 1	0 ♌ 29	1 14	1 59	2 45	3 31	4 19	5 7	5 57	6 48	7 40	8 34	9 30	10 28	11 28	12 31	13 36	14 45	15 56	17 12	18 32	19 57
1 44 1	28	24 7	25 34	27 1	28 26	29 53	1 20	2 4	2 48	3 34	4 20	5 7	5 55	6 44	7 34	8 26	9 19	10 14	11 11	12 11	13 12	14 17	15 24	16 35	17 50	19 8	20 32
1 47 49	29	25 1	26 28	27 53	29 19	0 ♌ 44	2 10	2 54	3 38	4 23	5 9	5 55	6 42	7 31	8 20	9 11	10 4	10 58	11 55	12 53	13 54	14 58	16 4	17 14	18 27	19 45	21 7
1 51 38	30	25 55	27 21	28 47	0 ♌ 11	1 36	3 1	3 44	4 28	5 12	5 57	6 43	7 30	8 18	9 7	9 57	10 49	11 43	12 38	13 36	14 36	15 38	16 44	17 52	19 5	20 21	21 42

		0°N	4°N	8°N	12°N	16°N	20°N	22°N	24°N	26°N	28°N	30°N	32°N	34°N	36°N	38°N	40°N	42°N	44°N	46°N	48°N	50°N	52°N	54°N	56°N	58°N	60°N
ST	MC	ASC	ASC	ASC	ASC	ASC	ASC	ASC	ASC	ASC	ASC	ASC	ASC	ASC	ASC	ASC	ASC	ASC	ASC	ASC	ASC	ASC	ASC	ASC	ASC	ASC	ASC
1 51 38	0 ♉	25 ♋ 55	27 ♋ 21	28 ♋ 47	0 ♌ 11	1 ♌ 36	3 ♌ 1	3 ♌ 44	4 ♌ 28	5 ♌ 12	5 ♌ 57	6 ♌ 43	7 ♌ 30	8 ♌ 18	9 ♌ 7	9 ♌ 57	10 ♌ 49	11 ♌ 43	12 ♌ 38	13 ♌ 36	14 ♌ 36	15 ♌ 38	16 ♌ 44	17 ♌ 52	19 ♌ 5	20 ♌ 21	21 ♌ 42
1 55 28	1	26 50	28 15	29 40	1 4	2 27	3 52	4 35	5 18	6 2	6 46	7 32	8 18	9 5	9 53	10 43	11 34	12 27	13 22	14 19	15 18	16 19	17 24	18 31	19 42	20 57	22 17
1 59 18	2	27 44	29 10	0 ♌ 33	1 56	3 19	4 43	5 25	6 8	6 51	7 35	8 20	9 6	9 52	10 40	11 29	12 20	13 12	14 6	15 2	16 0	17 0	18 4	19 10	20 20	21 34	22 52
2 3 9	3	28 40	0 ♌ 4	1 27	2 49	4 12	5 34	6 16	6 58	7 41	8 25	9 9	9 54	10 40	11 27	12 15	13 5	13 56	14 49	15 44	16 42	17 41	18 44	19 49	20 58	22 10	23 27
2 7 0	4	29 35	0 59	2 21	3 43	5 4	6 26	7 7	7 49	8 31	9 14	9 58	10 42	11 27	12 14	13 1	13 50	14 41	15 33	16 28	17 24	18 23	19 24	20 28	21 36	22 47	24 2
2 10 52	5	0 ♌ 31	1 54	3 15	4 36	5 56	7 17	7 58	8 39	9 21	10 3	10 46	11 30	12 15	13 1	13 48	14 36	15 26	16 17	17 11	18 6	19 4	20 4	21 7	22 14	23 24	24 38
2 14 44	6	1 27	2 49	4 10	5 30	6 49	8 9	8 49	9 30	10 11	10 53	11 36	12 19	13 3	13 48	14 34	15 22	16 11	17 1	17 54	18 48	19 45	20 45	21 47	22 52	24 0	25 13
2 18 38	7	2 23	3 45	5 5	6 24	7 42	9 1	9 41	10 21	11 2	11 43	12 25	13 7	13 51	14 35	15 21	16 8	16 56	17 46	18 37	19 31	20 27	21 25	22 26	23 30	24 37	25 49
2 22 32	8	3 20	4 41	6 0	7 18	8 35	9 53	10 33	11 12	11 52	12 33	13 14	13 56	14 39	15 23	16 8	16 54	17 41	18 30	19 21	20 14	21 8	22 6	23 5	24 8	25 15	26 24
2 26 26	9	4 17	5 37	6 55	8 12	9 29	10 46	11 24	12 4	12 43	13 23	14 4	14 45	15 27	16 10	16 54	17 40	18 26	19 15	20 4	20 56	21 50	22 46	23 45	24 47	25 52	27 0
2 30 21	10	5 14	6 33	7 50	9 7	10 22	11 38	12 16	12 55	13 34	14 13	14 53	15 34	16 16	16 58	17 41	18 26	19 12	19 59	20 48	21 39	22 32	23 27	24 25	25 25	26 29	27 36
2 34 17	11	6 11	7 30	8 46	10 1	11 16	12 31	13 9	13 47	14 25	15 4	15 43	16 23	17 4	17 46	18 28	19 12	19 57	20 44	21 32	22 22	23 14	24 8	25 5	26 4	27 6	28 12
2 38 14	12	7 9	8 27	9 42	10 57	12 10	13 24	14 1	14 39	15 16	15 55	16 33	17 13	17 53	18 34	19 16	19 59	20 43	21 29	22 16	23 5	23 56	24 49	25 44	26 43	27 44	28 49
2 42 11	13	8 8	9 24	10 39	11 52	13 5	14 17	14 54	15 31	16 8	16 45	17 24	18 2	18 42	19 22	20 3	20 45	21 29	22 14	23 0	23 48	24 38	25 30	26 25	27 22	28 22	29 25
2 46 9	14	9 6	10 22	11 35	12 48	13 59	15 11	15 47	16 23	17 0	17 36	18 14	18 52	19 31	20 10	20 51	21 32	22 15	22 59	23 44	24 31	25 20	26 11	27 5	28 1	28 59	0 ♍ 1
2 50 8	15	10 5	11 20	12 32	13 43	14 54	16 4	16 40	17 15	17 51	18 28	19 5	19 42	20 20	20 59	21 38	22 19	23 1	23 44	24 29	25 15	26 3	26 53	27 45	28 40	29 37	0 38
2 54 8	16	11 4	12 18	13 30	14 40	15 49	16 58	17 33	18 8	18 43	19 19	19 55	20 32	21 9	21 47	22 26	23 6	23 47	24 30	25 13	25 58	26 45	27 34	28 25	29 19	0 ♍ 15	1 15
2 58 8	17	12 4	13 17	14 27	15 36	16 44	17 52	18 27	19 1	19 36	20 11	20 46	21 22	21 59	22 36	23 14	23 54	24 34	25 15	25 58	26 42	27 28	28 16	29 6	29 58	0 53	1 51
3 2 9	18	13 4	14 16	15 25	16 33	17 40	18 47	19 20	19 54	20 28	21 3	21 37	22 13	22 49	23 25	24 3	24 41	25 20	26 1	26 43	27 26	28 11	28 58	29 47	0 ♍ 38	1 32	2 28
3 6 10	19	14 4	15 15	16 23	17 30	18 36	19 41	20 14	20 48	21 21	21 55	22 29	23 3	23 39	24 14	24 51	25 29	26 7	26 47	27 28	28 10	28 54	29 40	0 ♍ 28	1 18	2 10	3 5
3 10 13	20	15 5	16 14	17 22	18 27	19 32	20 36	21 9	21 41	22 14	22 47	23 20	23 54	24 29	25 4	25 40	26 16	26 54	27 33	28 13	28 54	29 37	0 ♍ 22	1 8	1 57	2 49	3 43
3 14 16	21	16 6	17 14	18 20	19 25	20 28	21 31	22 3	22 35	23 7	23 39	24 12	24 45	25 19	25 53	26 28	27 4	27 41	28 19	28 58	29 38	0 ♍ 20	1 4	1 50	2 37	3 27	4 20
3 18 20	22	17 8	18 15	19 19	20 23	21 25	22 27	22 58	23 29	24 0	24 32	25 4	25 36	26 9	26 43	27 17	27 52	28 28	29 5	29 43	0 ♍ 23	1 4	1 46	2 31	3 17	4 6	4 57
3 22 24	23	18 10	19 15	20 19	21 21	22 22	23 22	23 53	24 23	24 54	25 25	25 56	26 28	27 0	27 33	28 6	28 40	29 15	29 52	0 ♍ 29	1 7	1 47	2 29	3 12	3 57	4 45	5 35
3 26 29	24	19 12	20 16	21 18	22 19	23 19	24 18	24 48	25 18	25 48	26 18	26 48	27 19	27 51	28 23	28 55	29 29	0 ♍ 3	0 ♍ 38	1 15	1 52	2 31	3 11	3 54	4 38	5 24	6 13
3 30 35	25	20 15	21 18	22 18	23 18	24 16	25 14	25 43	26 12	26 42	27 11	27 41	28 11	28 42	29 13	29 45	0 ♍ 17	0 51	1 25	2 0	2 37	3 15	3 54	4 35	5 18	6 3	6 51
3 34 42	26	21 17	22 19	23 19	24 17	25 14	26 10	26 39	27 7	27 36	28 4	28 34	29 3	29 33	0 ♍ 3	0 ♍ 34	1 6	1 38	2 12	2 46	3 22	3 59	4 37	5 17	5 59	6 42	7 29
3 38 50	27	22 21	23 21	24 19	25 16	26 12	27 7	27 35	28 2	28 30	28 58	29 26	29 55	0 ♍ 24	0 54	1 24	1 55	2 26	2 59	3 32	4 7	4 43	5 20	5 59	6 39	7 22	8 7
3 42 58	28	23 25	24 24	25 20	26 16	27 10	28 4	28 31	28 58	29 25	29 52	0 ♍ 20	0 ♍ 47	1 16	1 45	2 14	2 44	3 15	3 46	4 19	4 52	5 27	6 3	6 41	7 20	8 1	8 45
3 47 7	29	24 29	25 26	26 22	27 15	28 8	29 1	29 27	29 53	0 ♍ 20	0 ♍ 46	1 13	1 40	2 7	2 35	3 4	3 33	4 3	4 34	5 5	5 38	6 11	6 46	7 23	8 1	8 41	9 23
3 51 16	30	25 33	26 29	27 23	28 16	29 7	29 58	0 ♍ 23	0 ♍ 49	1 15	1 40	2 6	2 33	2 59	3 27	3 54	4 22	4 51	5 21	5 52	6 23	6 56	7 30	8 5	8 42	9 21	10 2

		0°N	4°N	8°N	12°N	16°N	20°N	22°N	24°N	26°N	28°N	30°N	32°N	34°N	36°N	38°N	40°N	42°N	44°N	46°N	48°N	50°N	52°N	54°N	56°N	58°N	60°N
ST	MC	ASC	ASC	ASC	ASC	ASC	ASC	ASC	ASC	ASC	ASC	ASC	ASC	ASC	ASC	ASC	ASC	ASC	ASC	ASC	ASC	ASC	ASC	ASC	ASC	ASC	ASC
3 51 16	0 ♊	25 ♌ 33	26 ♌ 29	27 ♌ 23	28 ♌ 16	29 ♌ 7	29 ♌ 58	0 ♍ 23	0 ♍ 49	1 ♍ 15	1 ♍ 40	2 ♍ 6	2 ♍ 33	2 ♍ 59	3 ♍ 27	3 ♍ 54	4 ♍ 22	4 ♍ 51	5 ♍ 21	5 ♍ 52	6 ♍ 23	6 ♍ 56	7 ♍ 30	8 ♍ 5	8 ♍ 42	9 ♍ 21	10 ♍ 2
3 55 26	1	26 38	27 32	28 25	29 16	0 ♍ 6	0 ♍ 55	1 20	1 45	2 10	2 35	3 0	3 26	3 51	4 18	4 45	5 12	5 40	6 9	6 38	7 9	7 41	8 13	8 48	9 23	10 1	10 40
3 59 37	2	27 43	28 36	29 27	0 ♍ 17	1 5	1 53	2 17	2 41	3 5	3 29	3 54	4 19	4 44	5 9	5 35	6 2	6 29	6 57	7 25	7 55	8 25	8 57	9 30	10 5	10 41	11 19
4 3 49	3	28 49	29 40	0 ♍ 30	1 18	2 5	2 51	3 14	3 38	4 1	4 24	4 48	5 12	5 36	6 1	6 26	6 51	7 18	7 44	8 12	8 41	9 10	9 41	10 13	10 46	11 21	11 58
4 8 1	4	29 54	0 ♍ 44	1 32	2 19	3 4	3 49	4 12	4 34	4 57	5 19	5 42	6 5	6 29	6 52	7 17	7 41	8 7	8 33	8 59	9 27	9 55	10 25	10 56	11 28	12 1	12 37
4 12 14	5	1 ♍ 1	1 49	2 35	3 20	4 4	4 48	5 9	5 31	5 53	6 15	6 37	6 59	7 21	7 44	8 8	8 31	8 56	9 21	9 47	10 13	10 40	11 9	11 39	12 10	12 42	13 16
4 16 27	6	2 7	2 54	3 39	4 22	5 4	5 46	6 7	6 28	6 49	7 10	7 31	7 53	8 14	8 36	8 59	9 22	9 45	10 9	10 34	10 59	11 26	11 53	12 22	12 51	13 22	13 55
4 20 41	7	3 14	3 59	4 42	5 24	6 5	6 45	7 5	7 25	7 45	8 6	8 26	8 47	9 7	9 29	9 50	10 12	10 35	10 58	11 21	11 46	12 11	12 37	13 5	13 33	14 3	14 34
4 24 56	8	4 21	5 5	5 46	6 26	7 5	7 44	8 3	8 23	8 42	9 1	9 21	9 41	10 1	10 21	10 42	11 3	11 24	11 46	12 9	12 33	12 57	13 22	13 48	14 15	14 44	15 14
4 29 11	9	5 29	6 11	6 50	7 29	8 6	8 43	9 2	9 20	9 39	9 57	10 16	10 35	10 54	11 13	11 33	11 53	12 14	12 35	12 57	13 19	13 42	14 6	14 31	14 57	15 25	15 53
4 33 26	10	6 37	7 17	7 55	8 31	9 7	9 43	10 0	10 18	10 36	10 53	11 11	11 29	11 48	12 6	12 25	12 44	13 4	13 24	13 45	14 6	14 28	14 51	15 15	15 40	16 6	16 33
4 37 43	11	7 45	8 23	8 59	9 34	10 9	10 42	10 59	11 16	11 33	11 50	12 7	12 24	12 41	12 59	13 17	13 35	13 54	14 13	14 33	14 53	15 14	15 36	15 58	16 22	16 47	17 13
4 41 59	12	8 53	9 30	10 4	10 38	11 10	11 42	11 58	12 14	12 30	12 46	13 2	13 19	13 35	13 52	14 9	14 26	14 44	15 2	15 21	15 40	16 0	16 21	16 42	17 4	17 28	17 53
4 46 17	13	10 2	10 36	11 9	11 41	12 12	12 42	12 57	13 12	13 27	13 43	13 58	14 13	14 29	14 45	15 1	15 17	15 34	15 51	16 9	16 27	16 46	17 6	17 26	17 47	18 9	18 32
4 50 34	14	11 11	11 44	12 15	12 44	13 14	13 42	13 57	14 11	14 25	14 39	14 54	15 8	15 23	15 38	15 53	16 9	16 25	16 41	16 57	17 15	17 32	17 51	18 10	18 30	18 51	19 12
4 54 52	15	12 20	12 51	13 20	13 48	14 16	14 43	14 56	15 9	15 23	15 36	15 50	16 3	16 17	16 31	16 46	17 0	17 15	17 30	17 46	18 2	18 19	18 36	18 54	19 12	19 32	19 52
4 59 11	16	13 30	13 59	14 26	14 52	15 18	15 43	15 56	16 8	16 21	16 33	16 46	16 59	17 12	17 25	17 38	17 52	18 5	18 20	18 34	18 49	19 5	19 21	19 38	19 55	20 13	20 33
5 3 30	17	14 40	15 6	15 32	15 56	16 20	16 44	16 55	17 7	17 19	17 30	17 42	17 54	18 6	18 18	18 31	18 43	18 56	19 9	19 23	19 37	19 51	20 6	20 22	20 38	20 55	21 13
5 7 49	18	15 50	16 14	16 38	17 1	17 23	17 44	17 55	18 6	18 17	18 28	18 38	18 49	19 1	19 12	19 23	19 35	19 47	19 59	20 12	20 25	20 38	20 52	21 6	21 21	21 37	21 53
5 12 9	19	17 0	17 22	17 44	18 5	18 25	18 45	18 55	19 5	19 15	19 25	19 35	19 45	19 55	20 5	20 16	20 27	20 38	20 49	21 0	21 12	21 24	21 37	21 50	22 4	22 18	22 33
5 16 29	20	18 10	18 31	18 50	19 9	19 28	19 46	19 55	20 4	20 13	20 22	20 31	20 41	20 50	20 59	21 9	21 19	21 29	21 39	21 49	22 0	22 11	22 23	22 35	22 47	23 0	23 14
5 20 49	21	19 21	19 39	19 57	20 14	20 31	20 47	20 55	21 3	21 12	21 20	21 28	21 36	21 45	21 53	22 2	22 11	22 19	22 29	22 38	22 48	22 58	23 8	23 19	23 30	23 42	23 54
5 25 10	22	20 31	20 48	21 4	21 19	21 34	21 48	21 56	22 3	22 10	22 17	22 25	22 32	22 39	22 47	22 55	23 3	23 10	23 19	23 27	23 36	23 45	23 54	24 3	24 13	24 24	24 35
5 29 30	23	21 42	21 57	22 10	22 24	22 37	22 50	22 56	23 2	23 9	23 15	23 21	23 28	23 34	23 41	23 48	23 55	24 2	24 9	24 16	24 24	24 31	24 39	24 48	24 57	25 6	25 15
5 33 51	24	22 53	23 5	23 17	23 29	23 40	23 51	23 56	24 2	24 7	24 13	24 18	24 24	24 29	24 35	24 41	24 47	24 53	24 59	25 5	25 12	25 18	25 25	25 32	25 40	25 48	25 56
5 38 13	25	24 4	24 14	24 24	24 34	24 43	24 52	24 57	25 1	25 6	25 11	25 15	25 20	25 24	25 29	25 34	25 39	25 44	25 49	25 54	26 0	26 5	26 11	26 17	26 23	26 30	26 37
5 42 34	26	25 15	25 23	25 31	25 39	25 47	25 54	25 57	26 1	26 5	26 8	26 12	26 16	26 19	26 23	26 27	26 31	26 35	26 39	26 43	26 48	26 52	26 57	27 2	27 7	27 12	27 17
5 46 55	27	26 26	26 33	26 38	26 44	26 50	26 55	26 58	27 1	27 4	27 6	27 9	27 12	27 15	27 17	27 20	27 23	27 26	27 29	27 32	27 36	27 39	27 43	27 46	27 50	27 54	27 58
5 51 17	28	27 37	27 42	27 46	27 49	27 53	27 57	27 59	28 1	28 2	28 4	28 6	28 8	28 10	28 12	28 14	28 15	28 17	28 20	28 22	28 24	28 26	28 28	28 31	28 33	28 36	28 39
5 55 38	29	28 49	28 51	28 53	28 55	28 57	28 58	28 59	29 0	29 1	29 2	29 3	29 4	29 5	29 6	29 7	29 8	29 9	29 10	29 11	29 12	29 13	29 14	29 15	29 17	29 18	29 19
6 0 0	30	0 ♎ 0	0 ♎ 0	0 ♎ 0	0 ♎ 0	0 ♎ 0	0 ♎ 0	0 ♎ 0	0 ♎ 0	0 ♎ 0	0 ♎ 0	0 ♎ 0	0 ♎ 0	0 ♎ 0	0 ♎ 0	0 ♎ 0	0 ♎ 0	0 ♎ 0	0 ♎ 0	0 ♎ 0	0 ♎ 0	0 ♎ 0	0 ♎ 0	0 ♎ 0	0 ♎ 0	0 ♎ 0	0 ♎ 0

N = LATITUDE NORD   ST = TEMPS SIDÉRAL   MC = MILIEU DU CIEL   ASC = ASCENDANT

LATITUDE NORD

		0°N	4°N	8°N	12°N	16°N	20°N	22°N	24°N	26°N	28°N	30°N	32°N	34°N	36°N	38°N	40°N	42°N	44°N	46°N	48°N	50°N	52°N	54°N	56°N	58°N	60°N
ST	MC	ASC	ASC	ASC	ASC	ASC	ASC	ASC	ASC	ASC	ASC	ASC	ASC	ASC	ASC	ASC	ASC	ASC	ASC	ASC	ASC	ASC	ASC	ASC	ASC	ASC	ASC
6 0 0	0 ♋	0 ♎ 0	0 ♎ 0	0 ♎ 0	0 ♎ 0	0 ♎ 0	0 ♎ 0	0 ♎ 0	0 ♎ 0	0 ♎ 0	0 ♎ 0	0 ♎ 0	0 ♎ 0	0 ♎ 0	0 ♎ 0	0 ♎ 0	0 ♎ 0	0 ♎ 0	0 ♎ 0	0 ♎ 0	0 ♎ 0	0 ♎ 0	0 ♎ 0	0 ♎ 0	0 ♎ 0	0 ♎ 0	0 ♎ 0
6 4 22	1	1 11	1 9	1 7	1 5	1 3	1 2	1 1	1 0	0 59	0 58	0 57	0 56	0 55	0 54	0 53	0 52	0 51	0 50	0 49	0 48	0 47	0 46	0 45	0 43	0 42	0 41
6 8 43	2	2 23	2 18	2 14	2 11	2 7	2 3	2 1	1 59	1 58	1 56	1 54	1 52	1 50	1 48	1 46	1 45	1 43	1 40	1 38	1 36	1 34	1 32	1 29	1 27	1 24	1 21
6 13 5	3	3 34	3 27	3 22	3 16	3 10	3 5	3 2	2 59	2 56	2 54	2 51	2 48	2 45	2 43	2 40	2 37	2 34	2 31	2 28	2 24	2 21	2 17	2 14	2 10	2 6	2 2
6 17 26	4	4 45	4 37	4 29	4 21	4 13	4 6	4 3	3 59	3 55	3 52	3 48	3 44	3 41	3 37	3 33	3 29	3 25	3 21	3 17	3 12	3 8	3 3	2 58	2 53	2 48	2 43
6 21 47	5	5 56	5 46	5 36	5 26	5 17	5 8	5 3	4 59	4 54	4 49	4 45	4 40	4 36	4 31	4 26	4 21	4 16	4 11	4 6	4 0	3 55	3 49	3 43	3 37	3 30	3 23
6 26 9	6	7 7	6 55	6 43	6 31	6 20	6 9	6 4	5 58	5 53	5 47	5 42	5 36	5 31	5 25	5 19	5 13	5 7	5 1	4 55	4 48	4 42	4 35	4 28	4 20	4 12	4 4
6 30 30	7	8 18	8 3	7 50	7 36	7 23	7 10	7 4	6 58	6 51	6 45	6 39	6 32	6 26	6 19	6 12	6 5	5 58	5 51	5 44	5 36	5 29	5 21	5 12	5 3	4 54	4 45
6 34 50	8	9 29	9 12	8 56	8 41	8 26	8 12	8 4	7 57	7 50	7 43	7 35	7 28	7 21	7 13	7 5	6 57	6 50	6 41	6 33	6 24	6 15	6 6	5 57	5 47	5 36	5 25
6 39 11	9	10 39	10 21	10 3	9 46	9 29	9 13	9 5	8 57	8 48	8 40	8 32	8 24	8 15	8 7	7 58	7 49	7 41	7 31	7 22	7 12	7 2	6 52	6 41	6 30	6 18	6 6
6 43 31	10	11 50	11 29	11 10	10 51	10 32	10 14	10 5	9 56	9 47	9 38	9 29	9 19	9 10	9 1	8 51	8 41	8 31	8 21	8 11	8 0	7 49	7 37	7 25	7 13	7 0	6 46
6 47 51	11	13 0	12 38	12 16	11 55	11 35	11 15	11 5	10 55	10 45	10 35	10 25	10 15	10 5	9 55	9 44	9 33	9 22	9 11	9 0	8 48	8 36	8 23	8 10	7 56	7 42	7 27
6 52 11	12	14 10	13 46	13 22	12 59	12 37	12 16	12 5	11 54	11 43	11 32	11 22	11 11	10 59	10 48	10 37	10 25	10 13	10 1	9 48	9 35	9 22	9 8	8 54	8 39	8 23	8 7
6 56 30	13	15 20	14 54	14 28	14 4	13 40	13 16	13 5	12 53	12 41	12 30	12 18	12 6	11 54	11 42	11 29	11 17	11 4	10 51	10 37	10 23	10 9	9 54	9 38	9 22	9 5	8 47
7 0 49	14	16 30	16 1	15 34	15 8	14 42	14 17	14 4	13 52	13 39	13 27	13 14	13 1	12 48	12 35	12 22	12 8	11 55	11 40	11 26	11 11	10 55	10 39	10 22	10 5	9 47	9 27
7 5 8	15	17 40	17 9	16 40	16 12	15 44	15 17	15 4	14 51	14 37	14 24	14 10	13 57	13 43	13 29	13 14	13 0	12 45	12 30	12 14	11 58	11 41	11 24	11 6	10 48	10 28	10 8
7 9 26	16	18 49	18 16	17 45	17 16	16 46	16 18	16 3	15 49	15 35	15 21	15 6	14 52	14 37	14 22	14 7	13 51	13 35	13 19	13 3	12 45	12 28	12 9	11 50	11 30	11 9	10 48
7 13 43	17	19 58	19 24	18 51	18 19	17 48	17 18	17 3	16 48	16 33	16 17	16 2	15 47	15 31	15 15	14 59	14 43	14 26	14 9	13 51	13 33	13 14	12 54	12 34	12 13	11 51	11 28
7 18 1	18	21 7	20 30	19 56	19 22	18 50	18 18	18 2	17 46	17 30	17 14	16 58	16 41	16 25	16 8	15 51	15 34	15 16	14 58	14 39	14 20	14 0	13 39	13 18	12 56	12 32	12 7
7 22 17	19	22 15	21 37	21 1	20 26	19 51	19 18	19 1	18 44	18 27	18 10	17 53	17 36	17 19	17 1	16 43	16 25	16 6	15 47	15 27	15 7	14 46	14 24	14 2	13 38	13 13	12 47
7 26 34	20	23 23	22 43	22 5	21 29	20 53	20 17	20 0	19 42	19 24	19 7	18 49	18 31	18 12	17 54	17 35	17 16	16 56	16 36	16 15	15 54	15 32	15 9	14 45	14 20	13 54	13 27
7 30 49	21	24 31	23 49	23 10	22 31	21 54	21 17	20 58	20 40	20 21	20 3	19 44	19 25	19 6	18 47	18 27	18 7	17 46	17 25	17 3	16 41	16 18	15 54	15 29	15 3	14 35	14 7
7 35 4	22	25 39	24 55	24 14	23 34	22 55	22 16	21 57	21 37	21 18	20 59	20 39	20 19	19 59	19 39	19 18	18 57	18 36	18 14	17 51	17 27	17 3	16 38	16 12	15 45	15 16	14 46
7 39 19	23	26 46	26 1	25 18	24 36	23 55	23 15	22 55	22 35	22 15	21 54	21 34	21 13	20 53	20 31	20 10	19 48	19 25	19 2	18 39	18 14	17 49	17 23	16 55	16 27	15 57	15 26
7 43 33	24	27 53	27 6	26 21	25 38	24 56	24 14	23 53	23 32	23 11	22 50	22 29	22 7	21 46	21 24	21 1	20 38	20 15	19 51	19 26	19 1	18 34	18 7	17 38	17 9	16 38	16 5
7 47 46	25	28 59	28 11	27 25	26 40	25 56	25 12	24 51	24 29	24 7	23 45	23 23	23 1	22 39	22 16	21 52	21 29	21 4	20 39	20 13	19 47	19 20	18 51	18 21	17 50	17 18	16 44
7 51 59	26	0 ♏ 6	29 16	28 28	27 41	26 56	26 11	25 48	25 26	25 3	24 41	24 18	23 55	23 31	23 8	22 43	22 19	21 53	21 27	21 1	20 33	20 5	19 35	19 4	18 32	17 59	17 23
7 56 11	27	1 11	0 ♏20	29 30	28 42	27 55	27 9	26 46	26 22	25 59	25 36	25 12	24 48	24 24	23 59	23 34	23 9	22 42	22 16	21 48	21 19	20 50	20 19	19 47	19 14	18 39	18 2
8 0 23	28	2 17	1 24	0 ♏33	29 43	28 55	28 7	27 43	27 19	26 55	26 31	26 6	25 41	25 16	24 51	24 25	23 58	23 31	23 3	22 35	22 5	21 35	21 3	20 30	19 55	19 19	18 41
8 4 34	29	3 22	2 28	1 35	0 ♏44	29 54	29 5	28 40	28 15	27 50	27 25	27 0	26 34	26 9	25 42	25 15	24 48	24 20	23 51	23 22	22 51	22 19	21 47	21 12	20 37	19 59	19 20
8 8 44	30	4 27	3 31	2 37	1 44	0 ♏53	0 ♏ 2	29 37	29 11	28 45	28 20	27 54	27 27	27 1	26 33	26 6	25 38	25 9	24 39	24 8	23 37	23 4	22 30	21 55	21 18	20 39	19 58

		0°N	4°N	8°N	12°N	16°N	20°N	22°N	24°N	26°N	28°N	30°N	32°N	34°N	36°N	38°N	40°N	42°N	44°N	46°N	48°N	50°N	52°N	54°N	56°N	58°N	60°N
ST	MC	ASC	ASC	ASC	ASC	ASC	ASC	ASC	ASC	ASC	ASC	ASC	ASC	ASC	ASC	ASC	ASC	ASC	ASC	ASC	ASC	ASC	ASC	ASC	ASC	ASC	ASC
8 8 44	0 ♌	4 ♏27	3 ♏31	2 ♏37	1 ♏44	0 ♏53	0 ♏ 2	29 ♎37	29 ♎11	28 ♎45	28 ♎20	27 ♎54	27 ♎27	27 ♎ 1	26 ♎33	26 ♎ 6	25 ♎38	25 ♎ 9	24 ♎39	24 ♎ 8	23 ♎37	23 ♎ 4	22 ♎30	21 ♎55	21 ♎18	20 ♎39	19 ♎58
8 12 53	1	5 31	4 34	3 38	2 45	1 52	0 59	0 ♏33	0 ♏ 7	29 40	29 14	28 47	28 20	27 53	27 25	26 56	26 27	25 57	25 26	24 55	24 22	23 49	23 14	22 37	21 59	21 19	20 37
8 17 2	2	6 35	5 36	4 40	3 44	2 50	1 56	1 29	1 2	0 ♏35	0 ♏ 8	29 40	29 13	28 44	28 15	27 46	27 16	26 45	26 14	25 41	25 8	24 33	23 57	23 19	22 40	21 59	21 15
8 21 10	3	7 39	6 39	5 41	4 44	3 48	2 53	2 25	1 58	1 30	1 2	0 ♏34	0 ♏ 5	29 36	29 6	28 36	28 5	27 34	27 1	26 28	25 53	25 17	24 40	24 1	23 21	22 38	21 53
8 25 18	4	8 43	7 41	6 41	5 43	4 46	3 50	3 21	2 53	2 24	1 56	1 26	0 57	0 ♏27	29 57	29 26	28 54	28 22	27 48	27 14	26 38	26 1	25 23	24 43	24 1	23 18	22 31
8 29 25	5	9 45	8 42	7 42	6 42	5 44	4 46	4 17	3 48	3 18	2 49	2 19	1 49	1 18	0 ♏47	0 ♏15	29 43	29 9	28 35	28 0	27 23	26 45	26 6	25 25	24 42	23 57	23 9
8 33 31	6	10 48	9 44	8 42	7 41	6 41	5 42	5 12	4 42	4 12	3 42	3 12	2 41	2 9	1 37	1 5	0 ♏31	29 57	29 22	28 45	28 8	27 29	26 49	26 6	25 22	24 36	23 47
8 37 36	7	11 50	10 45	9 41	8 39	7 38	6 38	6 7	5 37	5 6	4 35	4 4	3 32	3 0	2 27	1 54	1 20	0 ♏45	0 ♏ 8	29 31	28 53	28 13	27 31	26 48	26 3	25 15	24 25
8 41 40	8	12 52	11 45	10 41	9 37	8 35	7 33	7 2	6 31	6 0	5 28	4 56	4 24	3 51	3 17	2 43	2 8	1 32	0 55	0 ♏17	29 37	28 56	28 14	27 29	26 43	25 54	25 3
8 45 44	9	13 54	12 46	11 40	10 35	9 32	8 29	7 57	7 25	6 53	6 21	5 48	5 15	4 41	4 7	3 32	2 56	2 19	1 41	1 2	0 ♏22	29 40	28 56	28 10	27 23	26 33	25 40
8 49 47	10	14 55	13 46	12 38	11 33	10 28	9 24	8 51	8 19	7 46	7 13	6 40	6 6	5 31	4 56	4 20	3 44	3 6	2 27	1 47	1 6	0 ♏23	29 38	28 52	28 3	27 11	26 17
8 53 50	11	15 56	14 45	13 37	12 30	11 24	10 19	9 46	9 12	8 39	8 5	7 31	6 57	6 21	5 46	5 9	4 31	3 53	3 13	2 32	1 50	1 6	0 ♏20	29 32	28 42	27 50	26 55
8 57 51	12	16 56	15 44	14 35	13 27	12 20	11 13	10 40	10 6	9 32	8 57	8 23	7 47	7 11	6 35	5 57	5 19	4 40	3 59	3 17	2 34	1 49	1 2	0 ♏13	29 22	28 28	27 32
9 1 52	13	17 56	16 43	15 33	14 24	13 16	12 8	11 33	10 59	10 24	9 49	9 14	8 38	8 1	7 24	6 46	6 6	5 26	4 45	4 2	3 18	2 32	1 44	0 54	0 ♏ 2	29 7	28 9
9 5 52	14	18 56	17 42	16 30	15 20	14 11	13 2	12 27	11 52	11 17	10 41	10 5	9 28	8 51	8 13	7 34	6 54	6 13	5 30	4 47	4 2	3 15	2 26	1 35	0 41	29 45	28 45
9 9 52	15	19 55	18 40	17 28	16 17	15 6	13 56	13 20	12 45	12 9	11 32	10 55	10 18	9 40	9 1	8 22	7 41	6 59	6 16	5 31	4 45	3 57	3 7	2 15	1 20	0 ♏23	29 22
9 13 51	16	20 54	19 38	18 25	17 12	16 1	14 49	14 13	13 37	13 0	12 24	11 46	11 8	10 29	9 50	9 9	8 28	7 45	7 1	6 16	5 29	4 40	3 49	2 55	1 59	1 1	29 59
9 17 49	17	21 52	20 36	19 21	18 8	16 55	15 43	15 6	14 29	13 52	13 15	12 36	11 58	11 18	10 38	9 57	9 15	8 31	7 46	7 0	6 12	5 22	4 30	3 35	2 38	1 38	0 ♏35
9 21 46	18	22 51	21 33	20 18	19 3	17 50	16 36	15 59	15 21	14 44	14 5	13 27	12 47	12 7	11 26	10 44	10 1	9 17	8 31	7 44	6 55	6 4	5 11	4 16	3 17	2 16	1 11
9 25 43	19	23 49	22 30	21 14	19 59	18 44	17 29	16 51	16 13	15 35	14 56	14 17	13 37	12 56	12 14	11 32	10 48	10 3	9 16	8 28	7 38	6 46	5 52	4 55	3 56	2 54	1 48
9 29 39	20	24 46	23 27	22 10	20 53	19 38	18 22	17 44	17 5	16 26	15 47	15 7	14 26	13 44	13 2	12 19	11 34	10 48	10 1	9 12	8 21	7 28	6 33	5 35	4 35	3 31	2 24
9 33 34	21	25 43	24 23	23 5	21 48	20 31	19 14	18 36	17 56	17 17	16 37	15 56	15 15	14 33	13 50	13 6	12 20	11 34	10 45	9 56	9 4	8 10	7 14	6 15	5 13	4 8	3 0
9 37 28	22	26 40	25 19	24 0	22 42	21 25	20 7	19 27	18 48	18 8	17 27	16 46	16 4	15 21	14 37	13 52	13 6	12 19	11 30	10 39	9 46	8 52	7 54	6 55	5 52	4 45	3 36
9 41 22	23	27 37	26 15	24 55	23 36	22 18	20 59	20 19	19 39	18 58	18 17	17 35	16 53	16 9	15 25	14 39	13 52	13 4	12 14	11 23	10 29	9 33	8 35	7 34	6 30	5 23	4 11
9 45 16	24	28 33	27 11	25 50	24 30	23 11	21 51	21 11	20 30	19 49	19 7	18 24	17 41	16 57	16 12	15 26	14 38	13 49	12 59	12 6	11 12	10 15	9 15	8 13	7 8	6 0	4 47
9 49 8	25	29 29	28 6	26 45	25 24	24 4	22 43	22 2	21 21	20 39	19 57	19 14	18 30	17 45	16 59	16 12	15 24	14 34	13 43	12 49	11 54	10 56	9 56	8 53	7 46	6 36	5 22
9 53 0	26	0 ♐25	29 1	27 39	26 17	24 56	23 34	22 53	22 11	21 29	20 46	20 2	19 18	18 33	17 46	16 59	16 10	15 19	14 27	13 32	12 36	11 37	10 36	9 32	8 24	7 13	5 58
9 56 51	27	1 20	29 56	28 33	27 11	25 48	24 26	23 44	23 2	22 19	21 35	20 51	20 6	19 20	18 33	17 45	16 55	16 4	15 11	14 16	13 18	12 19	11 16	10 11	9 2	7 50	6 33
10 0 42	28	2 16	0 ♐50	29 27	28 4	26 41	25 17	24 35	23 52	23 9	22 25	21 40	20 54	20 8	19 20	18 31	17 40	16 48	15 54	14 58	14 0	13 0	11 56	10 50	9 40	8 26	7 8
10 4 32	29	3 10	1 45	0 ♐20	28 56	27 33	26 8	25 25	24 42	23 58	23 14	22 28	21 42	20 55	20 7	19 17	18 26	17 33	16 38	15 41	14 42	13 41	12 36	11 29	10 18	9 3	7 43
10 8 22	30	4 5	2 39	1 13	29 49	28 24	26 59	26 16	25 32	24 48	24 3	23 17	22 30	21 42	20 53	20 3	19 11	18 17	17 22	16 24	15 24	14 22	13 16	12 8	10 55	9 39	8 18

		0°N	4°N	8°N	12°N	16°N	20°N	22°N	24°N	26°N	28°N	30°N	32°N	34°N	36°N	38°N	40°N	42°N	44°N	46°N	48°N	50°N	52°N	54°N	56°N	58°N	60°N
ST	MC	ASC	ASC	ASC	ASC	ASC	ASC	ASC	ASC	ASC	ASC	ASC	ASC	ASC	ASC	ASC	ASC	ASC	ASC	ASC	ASC	ASC	ASC	ASC	ASC	ASC	ASC
10 8 22	0 ♍	4 ♐ 5	2 ♐39	1 ♐13	29 ♏49	28 ♏24	26 ♏59	26 ♏16	25 ♏32	24 ♏48	24 ♏ 3	23 ♏17	22 ♏30	21 ♏42	20 ♏53	20 ♏ 3	19 ♏11	18 ♏17	17 ♏22	16 ♏24	15 ♏24	14 ♏22	13 ♏16	12 ♏ 8	10 ♏55	9 ♏39	8 ♏18
10 12 11	1	4 59	3 32	2 7	0 ♐41	29 16	27 50	27 6	26 22	25 37	24 51	24 5	23 18	22 29	21 40	20 49	19 56	19 2	18 5	17 7	16 6	15 2	13 56	12 46	11 33	10 15	8 53
10 15 59	2	5 53	4 26	2 59	1 34	0 ♐ 7	28 40	27 56	27 12	26 26	25 40	24 53	24 5	23 16	22 26	21 34	20 41	19 46	18 49	17 49	16 48	15 43	14 36	13 25	12 10	10 52	9 28
10 19 47	3	6 47	5 19	3 52	2 26	0 59	29 31	28 46	28 1	27 15	26 29	25 41	24 53	24 3	23 12	22 20	21 26	20 30	19 32	18 32	17 29	16 24	15 15	14 4	12 48	11 28	10 3
10 23 34	4	7 41	6 12	4 45	3 17	1 50	0 ♐21	29 36	28 51	28 4	27 17	26 29	25 40	24 50	23 58	23 5	22 11	21 14	20 15	19 14	18 11	17 5	15 55	14 42	13 25	12 4	10 38
10 27 21	5	8 34	7 5	5 37	4 9	2 41	1 11	0 ♐26	29 40	28 53	28 6	27 17	26 28	25 37	24 45	23 51	22 55	21 58	20 59	19 57	18 52	17 45	16 35	15 20	14 2	12 40	11 12
10 31 8	6	9 27	7 58	6 29	5 1	3 32	2 1	1 16	0 ♐29	29 42	28 54	28 5	27 15	26 23	25 31	24 36	23 40	22 42	21 42	20 39	19 34	18 26	17 14	15 59	14 40	13 16	11 47
10 34 54	7	10 20	8 50	7 21	5 52	4 22	2 51	2 5	1 18	0 ♐31	29 42	28 53	28 2	27 10	26 17	25 22	24 25	23 26	22 25	21 22	20 15	19 6	17 54	16 37	15 17	13 52	12 21
10 38 39	8	11 13	9 43	8 13	6 43	5 13	3 41	2 55	2 7	1 19	0 ♐30	29 40	28 49	27 56	27 2	26 7	25 9	24 10	23 8	22 4	20 57	19 47	18 33	17 15	15 54	14 27	12 56
10 42 24	9	12 6	10 35	9 4	7 34	6 3	4 31	3 44	2 56	2 8	1 18	0 ♐28	29 36	28 43	27 48	26 52	25 54	24 54	23 51	22 46	21 38	20 27	19 12	17 54	16 31	15 3	13 30
10 46 8	10	12 58	11 27	9 56	8 25	6 54	5 21	4 33	3 45	2 56	2 6	1 15	0 ♐23	29 29	28 34	27 37	26 38	25 38	24 34	23 28	22 19	21 7	19 52	18 32	17 8	15 39	14 4
10 49 53	11	13 50	12 18	10 47	9 16	7 44	6 10	5 22	4 34	3 44	2 54	2 3	1 10	0 ♐16	29 20	28 22	27 23	26 21	25 17	24 10	23 1	21 48	20 31	19 10	17 45	16 14	14 38
10 53 36	12	14 42	13 10	11 39	10 7	8 34	7 0	6 11	5 23	4 33	3 42	2 50	1 57	1 2	0 ♐ 6	29 8	28 7	27 5	26 0	24 53	23 42	22 28	21 10	19 48	18 22	16 50	15 13
10 57 20	13	15 34	14 2	12 30	10 57	9 24	7 49	7 1	6 11	5 21	4 30	3 37	2 44	1 48	0 51	29 53	28 52	27 49	26 43	25 35	24 23	23 8	21 49	20 26	18 59	17 26	15 47
11 1 3	14	16 26	14 53	13 21	11 48	10 14	8 38	7 50	7 0	6 9	5 18	4 25	3 30	2 35	1 37	0 ♐38	29 36	28 32	27 26	26 17	25 4	23 48	22 29	21 4	19 35	18 1	16 21
11 4 45	15	17 17	15 44	14 12	12 38	11 4	9 28	8 38	7 48	6 57	6 5	5 12	4 17	3 21	2 23	1 23	0 ♐21	29 16	28 9	26 59	25 46	24 29	23 8	21 43	20 12	18 37	16 55
11 8 28	16	18 9	16 35	15 2	13 29	11 54	10 17	9 27	8 37	7 46	6 53	5 59	5 4	4 7	3 8	2 8	1 5	0 ♐ 0	28 52	27 41	26 27	25 9	23 47	22 21	20 49	19 12	17 29
11 12 10	17	19 0	17 27	15 53	14 19	12 44	11 6	10 16	9 25	8 34	7 41	6 46	5 51	4 53	3 54	2 53	1 50	0 44	29 35	28 23	27 8	25 49	24 26	22 59	21 26	19 48	18 3
11 15 52	18	19 51	18 17	16 44	15 9	13 33	11 55	11 5	10 14	9 22	8 28	7 34	6 37	5 40	4 40	3 38	2 34	1 27	0 ♐18	29 5	27 49	26 30	25 6	23 37	22 3	20 23	18 37
11 19 33	19	20 43	19 8	17 34	15 59	14 23	12 44	11 54	11 2	10 10	9 16	8 21	7 24	6 26	5 26	4 23	3 19	2 11	1 1	29 48	28 31	27 10	25 45	24 15	22 40	20 59	19 11
11 23 15	20	21 34	19 59	18 25	16 50	15 13	13 33	12 43	11 51	10 58	10 4	9 8	8 11	7 12	6 11	5 8	4 3	2 55	1 44	0 ♐30	29 12	27 50	26 24	24 53	23 17	21 34	19 45
11 26 56	21	22 24	20 50	19 15	17 40	16 2	14 23	13 31	12 39	11 46	10 51	9 55	8 58	7 59	6 57	5 54	4 48	3 39	2 27	1 12	29 53	28 31	27 3	25 31	23 53	22 10	20 19
11 30 37	22	23 15	21 40	20 6	18 30	16 52	15 12	14 20	13 28	12 34	11 39	10 43	9 45	8 45	7 43	6 39	5 32	4 23	3 10	1 55	0 ♐35	29 11	27 43	26 9	24 30	22 45	20 53
11 34 18	23	24 6	22 31	20 56	19 20	17 42	16 1	15 9	14 16	13 22	12 27	11 30	10 32	9 31	8 29	7 24	6 17	5 7	3 54	2 37	1 16	29 52	28 22	26 48	25 7	23 21	21 27
11 37 58	24	24 57	23 22	21 46	20 10	18 31	16 50	15 58	15 5	14 11	13 15	12 18	11 19	10 18	9 15	8 10	7 2	5 51	4 37	3 19	1 58	0 ♐32	29 2	27 26	25 44	23 56	22 1
11 41 39	25	25 47	24 12	22 36	21 0	19 21	17 39	16 47	15 53	14 59	14 3	13 5	12 6	11 4	10 1	8 55	7 46	6 35	5 20	4 2	2 40	1 13	29 41	28 4	26 21	24 32	22 35
11 45 19	26	26 38	25 3	23 27	21 50	20 10	18 28	17 36	16 42	15 47	14 51	13 53	12 53	11 51	10 47	9 41	8 31	7 19	6 4	4 45	3 21	1 54	0 ♐21	28 43	26 59	25 7	23 9
11 48 59	27	27 28	25 53	24 17	22 40	21 0	19 17	18 25	17 31	16 35	15 39	14 40	13 40	12 38	11 33	10 26	9 16	8 4	6 47	5 27	4 3	2 35	1 1	29 21	27 36	25 43	23 43
11 52 40	28	28 19	26 43	25 7	23 30	21 50	20 7	19 14	18 19	17 24	16 27	15 28	14 27	13 25	12 20	11 12	10 2	8 48	7 31	6 10	4 45	3 16	1 41	0 ♐ 0	28 13	26 19	24 17
11 56 20	29	29 9	27 34	25 58	24 20	22 40	20 56	20 3	19 8	18 12	17 15	16 16	15 15	14 12	13 6	11 58	10 47	9 33	8 15	6 53	5 27	3 57	2 21	0 39	28 50	26 55	24 51
12 0 0	30	0 ♑ 0	28 24	26 48	25 10	23 29	21 46	20 52	19 57	19 1	18 3	17 4	16 2	14 59	13 53	12 44	11 32	10 17	8 59	7 36	6 9	4 38	3 1	1 17	29 28	27 31	25 25

N = LATITUDE NORD ST = TEMPS SIDÉRAL MC = MILIEU DU CIEL ASC = ASCENDANT

LATITUDE NORD

		0°N	4°N	8°N	12°N	16°N	20°N	22°N	24°N	26°N	28°N	30°N	32°N	34°N	36°N	38°N	40°N	42°N	44°N	46°N	48°N	50°N	52°N	54°N	56°N	58°N	60°N
ST	MC	ASC	ASC	ASC	ASC	ASC	ASC	ASC	ASC	ASC	ASC	ASC	ASC	ASC	ASC	ASC	ASC	ASC	ASC	ASC	ASC	ASC	ASC	ASC	ASC	ASC	ASC
12 0 0	0 ♎	0 ♑ 0	28 ♐ 24	26 ♐ 48	25 ♐ 10	23 ♐ 29	21 ♐ 46	20 ♐ 52	19 ♐ 57	19 ♐ 1	18 ♐ 3	17 ♐ 4	16 ♐ 2	14 ♐ 59	13 ♐ 53	12 ♐ 44	11 ♐ 32	10 ♐ 17	8 ♐ 59	7 ♐ 36	6 ♐ 9	4 ♐ 38	3 ♐ 1	1 ♐ 17	29 ♏ 28	27 ♏ 31	25 ♏ 25
12 3 40	1	0 51	29 15	27 38	26 0	24 19	22 35	21 41	20 46	19 50	18 52	17 52	16 50	15 46	14 39	13 30	12 18	11 2	9 43	8 20	6 52	5 19	3 41	1 56	0 ♐ 5	28 7	26 0
12 7 20	2	1 41	0 ♑ 5	28 29	26 50	25 9	23 25	22 31	21 35	20 39	19 40	18 40	17 38	16 33	15 26	14 16	13 3	11 47	10 27	9 3	7 34	6 0	4 21	2 35	0 43	28 43	26 34
12 11 1	3	2 32	0 56	29 19	27 41	25 59	24 14	23 20	22 25	21 28	20 29	19 28	18 25	17 20	16 13	15 3	13 49	12 32	11 11	9 47	8 17	6 42	5 1	3 15	1 21	29 19	27 8
12 14 41	4	3 22	1 46	0 ♑ 10	28 31	26 49	25 4	24 10	23 14	22 17	21 18	20 17	19 14	18 8	17 0	15 49	14 35	13 18	11 56	10 30	9 0	7 24	5 42	3 54	1 58	29 55	27 43
12 18 21	5	4 13	2 37	1 0	29 21	27 40	25 54	24 59	24 3	23 6	22 6	21 5	20 2	18 56	17 47	16 36	15 21	14 3	12 41	11 14	9 43	8 6	6 23	4 33	2 36	0 ♐ 31	28 18
12 22 2	6	5 3	3 28	1 51	0 ♑ 12	28 30	26 44	25 49	24 53	23 55	22 56	21 54	20 50	19 44	18 35	17 23	16 8	14 49	13 26	11 58	10 26	8 48	7 4	5 13	3 15	1 8	28 52
12 25 42	7	5 54	4 19	2 42	1 3	29 21	27 34	26 39	25 43	24 45	23 45	22 43	21 39	20 32	19 23	18 10	16 54	15 35	14 11	12 42	11 9	9 30	7 45	5 53	3 53	1 45	29 27
12 29 23	8	6 45	5 9	3 33	1 53	0 ♑ 11	28 25	27 29	26 33	25 34	24 34	23 32	22 27	21 20	20 10	18 57	17 41	16 21	14 56	13 27	11 53	10 12	8 26	6 33	4 31	2 21	0 ♐ 2
12 33 4	9	7 36	6 0	4 23	2 44	1 2	29 15	28 20	27 23	26 24	25 24	24 21	23 16	22 9	20 58	19 45	18 28	17 7	15 42	14 12	12 36	10 55	9 8	7 13	5 10	2 58	0 37
12 36 45	10	8 26	6 51	5 15	3 35	1 53	0 ♑ 6	29 10	28 13	27 14	26 14	25 11	24 6	22 58	21 47	20 33	19 15	17 53	16 27	14 57	13 20	11 38	9 49	7 53	5 49	3 35	1 12
12 40 27	11	9 17	7 42	6 6	4 27	2 44	0 57	0 ♑ 1	29 4	28 5	27 4	26 1	24 55	23 47	22 35	21 21	20 3	18 40	17 14	15 42	14 5	12 21	10 31	8 34	6 28	4 12	1 47
12 44 8	12	10 9	8 34	6 57	5 18	3 35	1 48	0 52	29 54	28 55	27 54	26 51	25 45	24 36	23 24	22 9	20 50	19 27	18 0	16 27	14 49	13 5	11 13	9 14	7 7	4 50	2 23
12 47 50	13	11 0	9 25	7 49	6 9	4 27	2 39	1 43	0 ♑ 45	29 46	28 45	27 41	26 34	25 25	24 13	22 58	21 38	20 15	18 46	17 13	15 34	13 48	11 56	9 55	7 46	5 27	2 58
12 51 32	14	11 51	10 17	8 40	7 1	5 18	3 30	2 34	1 37	0 ♑ 37	29 35	28 31	27 25	26 15	25 3	23 47	22 27	21 2	19 33	17 59	16 19	14 32	12 38	10 37	8 26	6 5	3 34
12 55 15	15	12 43	11 8	9 32	7 53	6 10	4 22	3 26	2 28	1 28	0 ♑ 26	29 22	28 15	27 5	25 52	24 36	23 15	21 50	20 21	18 45	17 4	15 16	13 21	11 18	9 6	6 43	4 10
12 58 57	16	13 34	12 0	10 24	8 45	7 2	5 14	4 18	3 20	2 20	1 18	0 ♑ 13	29 6	27 56	26 42	25 25	24 4	22 39	21 8	19 32	17 50	16 1	14 5	12 0	9 46	7 21	4 46
13 2 40	17	14 26	12 52	11 16	9 37	7 54	6 6	5 10	4 12	3 11	2 9	1 4	29 57	28 46	27 32	26 15	24 53	23 27	21 56	20 19	18 36	16 46	14 48	12 42	10 26	8 0	5 22
13 6 24	18	15 18	13 44	12 8	10 30	8 47	6 59	6 2	5 4	4 4	3 1	1 56	0 ♑ 48	29 37	28 23	27 5	25 43	24 16	22 44	21 6	19 22	17 31	15 32	13 24	11 7	8 39	5 59
13 10 7	19	16 10	14 36	13 1	11 22	9 39	7 51	6 55	5 56	4 56	3 53	2 48	1 40	0 ♑ 29	29 14	27 56	26 33	25 5	23 33	21 54	20 9	18 17	16 16	14 7	11 48	9 18	6 35
13 13 52	20	17 2	15 29	13 54	12 15	10 32	8 44	7 48	6 49	5 49	4 46	3 40	2 32	1 20	0 ♑ 5	28 46	27 23	25 55	24 22	22 42	20 56	19 3	17 1	14 50	12 29	9 57	7 12
13 17 36	21	17 54	16 22	14 47	13 8	11 26	9 37	8 41	7 42	6 41	5 38	4 33	3 24	2 12	0 57	29 38	28 14	26 45	25 11	23 31	21 43	19 49	17 46	15 33	13 11	10 36	7 49
13 21 21	22	18 47	17 15	15 40	14 2	12 19	10 31	9 34	8 36	7 35	6 32	5 26	4 17	3 5	1 49	0 ♑ 29	29 5	27 36	26 1	24 19	22 31	20 36	18 31	16 17	13 53	11 16	8 27
13 25 6	23	19 40	18 8	16 33	14 55	13 13	11 25	10 28	9 29	8 28	7 25	6 19	5 10	3 58	2 41	1 21	29 56	28 26	26 51	25 9	23 20	21 23	19 17	17 1	14 35	11 56	9 4
13 28 52	24	20 33	19 1	17 27	15 49	14 7	12 19	11 22	10 23	9 22	8 19	7 13	6 4	4 51	3 34	2 14	0 ♑ 48	29 18	27 41	25 58	24 8	22 10	20 3	17 46	15 17	12 37	9 42
13 32 39	25	21 26	19 55	18 21	16 43	15 1	13 13	12 17	11 18	10 17	9 13	8 7	6 57	5 44	4 28	3 7	1 41	0 ♑ 10	28 32	26 49	24 58	22 58	20 50	18 31	16 0	13 18	10 21
13 36 26	26	22 19	20 48	19 15	17 38	15 56	14 8	13 11	12 13	11 12	10 8	9 1	7 52	6 39	5 21	4 0	2 34	1 2	29 24	27 39	25 47	23 47	21 37	19 16	16 44	13 59	10 59
13 40 13	27	23 13	21 43	20 10	18 33	16 51	15 3	14 7	13 8	12 7	11 3	9 56	8 47	7 33	6 16	4 54	3 27	1 55	0 ♑ 16	28 31	26 37	24 36	22 24	20 2	17 28	14 40	11 38
13 44 1	28	24 7	22 37	21 4	19 28	17 46	15 59	15 2	14 3	13 2	11 59	10 52	9 42	8 28	7 10	5 48	4 21	2 48	1 9	29 22	27 28	25 25	23 12	20 48	18 12	15 22	12 17
13 47 49	29	25 1	23 31	21 59	20 23	18 42	16 55	15 58	14 59	13 58	12 54	11 48	10 37	9 24	8 6	6 43	5 15	3 42	2 2	0 ♑ 15	28 19	26 15	24 1	21 35	18 57	16 5	12 57
13 51 38	30	25 55	24 26	22 55	21 19	19 38	17 51	16 55	15 56	14 55	13 51	12 44	11 34	10 20	9 1	7 38	6 10	4 36	2 55	1 8	29 11	27 6	24 50	22 23	19 42	16 48	13 37

		0°N	4°N	8°N	12°N	16°N	20°N	22°N	24°N	26°N	28°N	30°N	32°N	34°N	36°N	38°N	40°N	42°N	44°N	46°N	48°N	50°N	52°N	54°N	56°N	58°N	60°N
ST	MC	ASC	ASC	ASC	ASC	ASC	ASC	ASC	ASC	ASC	ASC	ASC	ASC	ASC	ASC	ASC	ASC	ASC	ASC	ASC	ASC	ASC	ASC	ASC	ASC	ASC	ASC
13 51 38	0 ♏	25 ♑ 55	24 ♑ 26	22 ♑ 55	21 ♑ 19	19 ♑ 38	17 ♑ 51	16 ♑ 55	15 ♑ 56	14 ♑ 55	13 ♑ 51	12 ♑ 44	11 ♑ 34	10 ♑ 20	9 ♑ 1	7 ♑ 38	6 ♑ 10	4 ♑ 36	2 ♑ 55	1 ♑ 8	29 ♐ 11	27 ♐ 6	24 ♐ 50	22 ♐ 23	19 ♐ 42	16 ♐ 48	13 ♐ 37
13 55 28	1	26 50	25 22	23 50	22 15	20 35	18 48	17 51	16 53	15 52	14 48	13 41	12 30	11 16	9 58	8 34	7 6	5 31	3 50	2 1	0 ♑ 4	27 57	25 40	23 11	20 28	17 31	14 17
13 59 18	2	27 44	26 17	24 46	23 12	21 31	19 45	18 49	17 50	16 49	15 45	14 38	13 28	12 13	10 54	9 31	8 2	6 27	4 45	2 55	0 57	28 49	26 30	23 59	21 14	18 15	14 58
14 3 9	3	28 40	27 13	25 43	24 8	22 29	20 42	19 46	18 48	17 47	16 43	15 36	14 25	13 11	11 52	10 28	8 58	7 23	5 40	3 50	1 51	29 41	27 21	24 48	22 1	18 59	15 39
14 7 0	4	29 35	28 9	26 39	25 5	23 26	21 40	20 44	19 46	18 45	17 41	16 34	15 24	14 9	12 50	11 26	9 56	8 20	6 36	4 45	2 45	0 ♑ 34	28 13	25 38	22 49	19 44	16 21
14 10 52	5	0 ♒ 31	29 5	27 36	26 3	24 24	22 39	21 43	20 45	19 44	18 40	17 33	16 22	15 8	13 48	12 24	10 54	9 17	7 33	5 41	3 40	1 28	29 5	26 28	23 37	20 29	17 3
14 14 44	6	1 27	0 ♒ 2	28 34	27 1	25 23	23 38	22 42	21 44	20 43	19 40	18 33	17 22	16 7	14 48	13 23	11 52	10 15	8 31	6 38	4 36	2 23	29 58	27 20	24 26	21 15	17 46
14 18 38	7	2 23	0 59	29 31	27 59	26 22	24 37	23 41	22 44	21 43	20 39	19 33	18 22	17 7	15 47	14 22	12 52	11 14	9 29	7 36	5 32	3 18	0 ♑ 52	28 11	25 15	22 2	18 29
14 22 32	8	3 20	1 56	0 ♒ 29	28 58	27 21	25 37	24 42	23 44	22 43	21 40	20 33	19 22	18 8	16 48	15 23	13 52	12 14	10 28	8 34	6 30	4 14	1 46	29 4	26 6	22 49	19 13
14 26 26	9	4 17	2 54	1 28	29 57	28 21	26 37	25 42	24 45	23 44	22 41	21 34	20 24	19 9	17 49	16 24	14 53	13 14	11 28	9 33	7 28	5 11	2 42	29 58	26 57	23 37	19 58
14 30 21	10	5 14	3 52	2 27	0 ♒ 57	29 21	27 38	26 43	25 46	24 46	23 43	22 36	21 26	20 11	18 51	17 26	15 54	14 15	12 29	10 33	8 27	6 9	3 38	0 ♑ 52	27 49	24 26	20 43
14 34 17	11	6 11	4 50	3 26	1 57	0 ♒ 21	28 39	27 45	26 48	25 48	24 45	23 39	22 28	21 13	19 54	18 28	16 56	15 17	13 30	11 34	9 27	7 8	4 35	1 47	28 41	25 16	21 28
14 38 14	12	7 9	5 49	4 25	2 57	1 23	29 41	28 47	27 50	26 51	25 48	24 42	23 31	22 17	20 57	19 31	17 59	16 20	14 33	12 36	10 28	8 7	5 33	2 43	29 35	26 6	22 15
14 42 11	13	8 8	6 48	5 25	3 58	2 24	0 ♒ 43	29 50	28 53	27 54	26 52	25 46	24 35	23 21	22 1	20 36	19 3	17 24	15 36	13 38	11 29	9 8	6 32	3 40	0 ♑ 29	26 57	23 2
14 46 9	14	9 6	7 48	6 26	4 59	3 26	1 46	0 ♒ 53	29 57	28 58	27 56	26 50	25 40	24 26	23 6	21 40	20 8	18 29	16 40	14 42	12 32	10 10	7 32	4 38	1 25	27 49	23 50
14 50 8	15	10 5	8 48	7 27	6 1	4 29	2 50	1 57	1 ♒ 1	0 ♒ 2	29 1	27 55	26 46	25 31	24 12	22 46	21 14	19 34	17 45	15 46	13 36	11 12	8 33	5 37	2 21	28 43	24 39
14 54 8	16	11 4	9 48	8 28	7 3	5 32	3 54	3 1	2 6	1 8	0 ♒ 6	29 1	27 52	26 38	25 18	23 53	22 21	20 41	18 51	16 52	14 41	12 16	9 36	6 37	3 19	29 37	25 29
14 58 8	17	12 4	10 49	9 30	8 6	6 36	4 58	4 6	3 11	2 13	1 12	0 ♒ 8	28 59	27 45	26 26	25 0	23 28	21 48	19 59	17 59	15 47	13 21	10 39	7 39	4 17	0 ♑ 32	26 19
15 2 9	18	13 4	11 50	10 32	9 9	7 40	6 3	5 12	4 17	3 20	2 19	1 15	0 ♒ 6	28 53	27 34	26 9	24 37	22 56	21 7	19 7	16 54	14 27	11 44	8 41	5 17	1 28	27 11
15 6 10	19	14 4	12 51	11 34	10 12	8 44	7 9	6 18	5 24	4 27	3 27	2 23	1 15	0 ♒ 2	28 43	27 18	25 46	24 6	22 16	20 16	18 2	15 35	12 50	9 45	6 18	2 26	28 4
15 10 13	20	15 5	13 53	12 37	11 16	9 50	8 15	7 25	6 31	5 35	4 35	3 32	2 24	1 11	29 53	28 29	26 57	25 17	23 27	21 26	19 12	16 43	13 57	10 51	7 21	3 24	28 58
15 14 16	21	16 6	14 55	13 41	12 21	10 55	9 22	8 32	7 39	6 44	5 44	4 41	3 34	2 22	1 ♒ 4	29 40	28 8	26 28	24 38	22 37	20 23	17 53	15 6	11 57	8 25	4 24	29 53
15 18 20	22	17 8	15 58	14 44	13 26	12 2	10 30	9 40	8 48	7 53	6 54	5 52	4 45	3 33	2 16	0 ♒ 52	29 21	27 41	25 51	23 50	21 35	19 5	16 16	13 5	9 30	5 26	0 ♑ 49
15 22 24	23	18 10	17 1	15 49	14 32	13 9	11 38	10 49	9 57	9 3	8 5	7 3	5 57	4 46	3 29	2 6	0 ♒ 35	28 55	27 5	25 4	22 49	20 18	17 28	14 15	10 37	6 29	1 47
15 26 29	24	19 12	18 5	16 54	15 38	14 16	12 46	11 58	11 7	10 14	9 16	8 15	7 10	5 59	4 43	3 20	1 50	0 ♒ 10	28 21	26 19	24 4	21 32	18 41	15 27	11 46	7 34	2 46
15 30 35	25	20 15	19 9	17 59	16 44	15 24	13 56	13 8	12 18	11 25	10 28	9 28	8 23	7 13	5 58	4 35	3 5	1 27	29 38	27 36	25 21	22 48	19 56	16 40	12 56	8 40	3 47
15 34 42	26	21 17	20 13	19 4	17 51	16 32	15 6	14 19	13 30	12 37	11 41	10 42	9 38	8 28	7 14	5 52	4 23	2 44	0 ♒ 56	28 54	26 39	24 6	21 12	17 55	14 8	9 48	4 49
15 38 50	27	22 21	21 18	20 11	18 59	17 41	16 16	15 30	14 42	13 50	12 55	11 56	10 53	9 45	8 30	7 10	5 41	4 3	2 15	0 ♒ 14	27 58	25 25	22 31	19 12	15 22	10 58	5 53
15 42 58	28	23 25	22 23	21 17	20 7	18 51	17 27	16 42	15 55	15 4	14 10	13 12	12 9	11 2	9 48	8 28	7 1	5 24	3 36	1 35	29 20	26 46	23 51	20 30	16 39	12 10	6 59
15 47 7	29	24 29	23 28	22 24	21 16	20 1	18 39	17 55	17 8	16 18	15 25	14 28	13 26	12 20	11 7	9 48	8 21	6 45	4 58	2 58	0 ♒ 43	28 9	25 14	21 51	17 57	13 25	8 8
15 51 16	30	25 33	24 34	23 32	22 25	21 12	19 52	19 8	18 22	17 33	16 41	15 45	14 44	13 39	12 28	11 9	9 43	8 8	6 22	4 23	2 8	29 34	26 38	23 15	19 18	14 42	9 18

		0°N	4°N	8°N	12°N	16°N	20°N	22°N	24°N	26°N	28°N	30°N	32°N	34°N	36°N	38°N	40°N	42°N	44°N	46°N	48°N	50°N	52°N	54°N	56°N	58°N	60°N
ST	MC	ASC	ASC	ASC	ASC	ASC	ASC	ASC	ASC	ASC	ASC	ASC	ASC	ASC	ASC	ASC	ASC	ASC	ASC	ASC	ASC	ASC	ASC	ASC	ASC	ASC	ASC
15 51 16	0 ♐	25 ♒ 33	24 ♒ 34	23 ♒ 32	22 ♒ 25	21 ♒ 12	19 ♒ 52	19 ♒ 8	18 ♒ 22	17 ♒ 33	16 ♒ 41	15 ♒ 45	14 ♒ 44	13 ♒ 39	12 ♒ 28	11 ♒ 9	9 ♒ 43	8 ♒ 8	6 ♒ 22	4 ♒ 23	2 ♒ 8	29 ♑ 34	26 ♑ 38	23 ♑ 15	19 ♑ 18	14 ♑ 42	9 ♑ 18
15 55 26	1	26 38	25 41	24 40	23 34	22 23	21 5	20 22	19 37	18 49	17 58	17 3	16 3	14 59	13 49	12 32	11 7	9 33	7 47	5 49	3 35	1 ♒ 1	28 5	24 40	20 41	16 1	10 31
15 59 37	2	27 43	26 47	25 48	24 44	23 35	22 18	21 37	20 53	20 6	19 16	18 22	17 23	16 20	15 11	13 55	12 31	10 58	9 14	7 17	5 3	2 30	29 34	26 8	22 7	17 23	11 47
16 3 49	3	28 49	27 54	26 57	25 55	24 47	23 33	22 52	22 9	21 23	20 34	19 41	18 44	17 42	16 34	15 20	13 57	12 25	10 43	8 46	6 34	4 2	1 ♒ 5	27 39	23 36	18 48	13 5
16 8 1	4	29 54	29 2	28 6	27 6	26 0	24 47	24 8	23 26	22 41	21 53	21 2	20 6	19 5	17 59	16 46	15 25	13 54	12 13	10 18	8 6	5 35	2 39	29 12	25 7	20 16	14 26
16 12 14	5	1 ♓ 1	0 ♓ 10	29 16	28 17	27 13	26 3	25 25	24 44	24 0	23 14	22 23	21 29	20 29	19 24	18 13	16 53	15 24	13 44	11 51	9 41	7 11	4 15	0 ♒ 48	26 42	21 47	15 51
16 16 27	6	2 7	1 18	0 ♓ 26	29 29	28 27	27 19	26 42	26 2	25 20	24 34	23 45	22 52	21 54	20 51	19 41	18 23	16 56	15 18	13 26	11 17	8 48	5 54	2 27	28 20	23 21	17 19
16 20 41	7	3 14	2 27	1 36	0 ♓ 42	29 42	28 36	28 0	27 21	26 40	25 56	25 9	24 17	23 21	22 19	21 10	19 54	18 29	16 53	15 3	12 56	10 29	7 36	4 10	0 ♒ 1	25 0	18 51
16 24 56	8	4 21	3 36	2 47	1 54	0 ♓ 57	29 53	29 18	28 41	28 1	27 19	26 32	25 42	24 48	23 47	22 41	21 27	20 4	18 29	16 41	14 37	12 12	9 20	5 55	1 47	26 43	20 28
16 29 11	9	5 29	4 45	3 58	3 8	2 12	1 ♓ 11	0 ♓ 37	0 ♓ 1	29 23	28 42	27 57	27 9	26 16	25 17	24 13	23 1	21 40	20 8	18 22	16 20	13 57	11 7	7 44	3 36	28 30	22 9
16 33 26	10	6 37	5 55	5 10	4 21	3 28	2 29	1 57	1 22	0 ♓ 45	0 ♓ 6	29 23	28 36	27 45	26 48	25 46	24 36	23 17	21 48	20 5	18 5	15 45	12 58	9 36	5 29	0 ♒ 21	23 55
16 37 43	11	7 45	7 5	6 22	5 36	4 45	3 48	3 17	2 44	2 9	1 30	0 ♓ 49	0 ♓ 4	29 15	28 20	27 20	26 12	24 56	23 29	21 49	19 53	17 35	14 51	11 32	7 26	2 18	25 47
16 41 59	12	8 53	8 15	7 34	6 50	6 1	5 7	4 38	4 6	3 32	2 56	2 16	1 33	0 ♓ 46	29 53	28 55	27 50	26 37	25 13	23 36	21 43	19 29	16 48	13 32	9 28	4 20	27 44
16 46 17	13	10 2	9 26	8 47	8 5	7 19	6 27	5 59	5 29	4 57	4 22	3 44	3 3	2 17	1 ♓ 27	0 ♓ 32	29 29	28 19	26 58	25 24	23 34	21 24	18 48	15 35	11 34	6 27	29 49
16 50 34	14	11 11	10 37	10 0	9 20	8 36	7 48	7 21	6 52	6 22	5 49	5 13	4 33	3 50	3 2	2 9	1 ♓ 10	0 ♓ 2	28 44	27 14	25 29	23 23	20 51	17 43	13 46	8 41	2 ♒ 0
16 54 52	15	12 20	11 48	11 13	10 36	9 55	9 9	8 43	8 16	7 47	7 16	6 42	6 5	5 24	4 38	3 48	2 51	1 47	0 ♓ 32	29 6	27 25	25 24	22 57	19 54	16 2	11 1	4 19
16 59 11	16	13 30	13 0	12 27	11 52	11 13	10 30	10 6	9 41	9 13	8 44	8 12	7 37	6 58	6 15	5 28	4 34	3 33	2 22	1 ♓ 0	29 24	27 28	25 6	22 10	18 24	13 27	6 47
17 3 30	17	14 40	14 11	13 41	13 8	12 32	11 52	11 29	11 6	10 40	10 12	9 42	9 9	8 33	7 53	7 8	6 18	5 20	4 14	2 56	1 ♓ 24	29 34	27 19	24 29	20 51	16 1	9 24
17 7 49	18	15 50	15 23	14 55	14 25	13 51	13 14	12 53	12 31	12 7	11 42	11 14	10 43	10 9	9 32	8 50	8 3	7 9	6 6	4 54	3 27	1 ♓ 43	29 35	26 53	23 23	18 42	12 11
17 12 9	19	17 0	16 36	16 10	15 42	15 11	14 36	14 17	13 57	13 35	13 11	12 45	12 17	11 46	11 11	10 32	9 48	8 58	8 0	6 53	5 32	3 55	1 ♓ 54	29 21	26 1	21 31	15 8
17 16 29	20	18 10	17 48	17 25	16 59	16 31	15 59	15 42	15 23	15 3	14 41	14 18	13 52	13 23	12 51	12 16	11 35	10 49	9 56	8 53	7 39	6 8	4 16	1 ♓ 53	28 45	24 27	18 17
17 20 49	21	19 21	19 1	18 39	18 16	17 51	17 22	17 6	16 50	16 31	16 12	15 50	15 27	15 1	14 32	14 0	13 23	12 41	11 53	10 56	9 47	8 24	6 41	4 29	1 ♓ 34	27 31	21 37
17 25 10	22	20 31	20 14	19 55	19 34	19 11	18 46	18 32	18 17	18 0	17 43	17 24	17 3	16 39	16 14	15 45	15 12	14 34	13 50	12 59	11 58	10 43	9 9	7 8	4 28	0 ♓ 43	25 10
17 29 30	23	21 42	21 27	21 10	20 52	20 32	20 9	19 57	19 44	19 30	19 14	18 57	18 39	18 18	17 56	17 30	17 1	16 28	15 49	15 4	14 9	13 3	11 39	9 51	7 27	4 3	28 55
17 33 51	24	22 53	22 40	22 25	22 10	21 53	21 33	21 23	21 11	20 59	20 46	20 31	20 15	19 58	19 38	19 16	18 51	18 22	17 49	17 10	16 22	15 25	14 12	12 38	10 30	7 29	2 ♓ 53
17 38 13	25	24 4	23 53	23 41	23 28	23 14	22 57	22 49	22 39	22 29	22 18	22 6	21 52	21 38	21 21	21 3	20 42	20 18	19 50	19 17	18 37	17 48	16 47	15 27	13 38	11 3	7 2
17 42 34	26	25 15	25 6	24 57	24 46	24 35	24 22	24 15	24 7	23 59	23 50	23 40	23 29	23 18	23 4	22 50	22 33	22 13	21 51	21 24	20 52	20 13	19 23	18 18	16 50	14 42	11 23
17 46 55	27	26 26	26 20	26 12	26 5	25 56	25 46	25 41	25 35	25 29	25 22	25 15	25 7	24 58	24 48	24 37	24 24	24 10	23 53	23 33	23 8	22 39	22 1	21 12	20 5	18 27	15 53
17 51 17	28	27 37	27 33	27 28	27 23	27 17	27 11	27 7	27 3	26 59	26 55	26 50	26 44	26 39	26 32	26 24	26 16	26 6	25 55	25 41	25 25	25 5	24 40	24 7	23 22	22 16	20 31
17 55 38	29	28 49	28 46	28 44	28 41	28 39	28 35	28 34	28 32	28 30	28 27	28 25	28 22	28 19	28 16	28 12	28 8	28 3	27 57	27 51	27 42	27 32	27 20	27 3	26 40	26 7	25 14
18 0 0	30	0 ♈ 0	0 ♈ 0	0 ♈ 0	0 ♈ 0	0 ♈ 0	0 ♈ 0	0 ♈ 0	0 ♈ 0	0 ♈ 0	0 ♈ 0	0 ♈ 0	0 ♈ 0	0 ♈ 0	0 ♈ 0	0 ♈ 0	0 ♈ 0	0 ♈ 0	0 ♈ 0	0 ♈ 0	0 ♈ 0	0 ♈ 0	0 ♈ 0	0 ♈ 0	0 ♈ 0	0 ♈ 0	0 ♈ 0

N = LATITUDE NORD   ST = TEMPS SIDÉRAL   MC = MILIEU DU CIEL   ASC = ASCENDANT

LATITUDE NORD

		0°N	4°N	8°N	12°N	16°N	20°N	22°N	24°N	26°N	28°N	30°N	32°N	34°N	36°N	38°N	40°N	42°N	44°N	46°N	48°N	50°N	52°N	54°N	56°N	58°N	60°N
ST	MC	ASC	ASC	ASC	ASC	ASC	ASC	ASC	ASC	ASC	ASC	ASC	ASC	ASC	ASC	ASC	ASC	ASC	ASC	ASC	ASC	ASC	ASC	ASC	ASC	ASC	ASC
18 0 0	0 ♑	0 ♈ 0	0 ♈ 0	0 ♈ 0	0 ♈ 0	0 ♈ 0	0 ♈ 0	0 ♈ 0	0 ♈ 0	0 ♈ 0	0 ♈ 0	0 ♈ 0	0 ♈ 0	0 ♈ 0	0 ♈ 0	0 ♈ 0	0 ♈ 0	0 ♈ 0	0 ♈ 0	0 ♈ 0	0 ♈ 0	0 ♈ 0	0 ♈ 0	0 ♈ 0	0 ♈ 0	0 ♈ 0	0 ♈ 0
18 4 22	1	1 11	1 14	1 16	1 19	1 21	1 25	1 26	1 28	1 30	1 33	1 35	1 38	1 41	1 44	1 48	1 52	1 57	2 3	2 9	2 18	2 28	2 40	2 57	3 20	3 53	4 46
18 8 43	2	2 23	2 27	2 32	2 37	2 43	2 49	2 53	2 57	3 1	3 5	3 10	3 16	3 21	3 28	3 36	3 44	3 54	4 5	4 19	4 35	4 55	5 20	5 53	6 38	7 44	9 29
18 13 5	3	3 34	3 40	3 48	3 55	4 4	4 14	4 19	4 25	4 31	4 38	4 45	4 53	5 2	5 12	5 23	5 36	5 50	6 7	6 27	6 52	7 21	7 59	8 48	9 55	11 33	14 7
18 17 26	4	4 45	4 54	5 3	5 14	5 25	5 38	5 45	5 53	6 1	6 10	6 20	6 31	6 42	6 56	7 10	7 27	7 47	8 9	8 36	9 8	9 47	10 37	11 42	13 10	15 18	18 37
18 21 47	5	5 56	6 7	6 19	6 32	6 46	7 3	7 11	7 21	7 31	7 42	7 54	8 8	8 22	8 39	8 57	9 18	9 42	10 10	10 43	11 23	12 12	13 13	14 33	16 22	18 57	22 58
18 26 9	6	7 7	7 20	7 35	7 50	8 7	8 27	8 37	8 49	9 1	9 14	9 29	9 45	10 2	10 22	10 44	11 9	11 38	12 11	12 50	13 38	14 35	15 48	17 22	19 30	22 31	27 7
18 30 30	7	8 18	8 33	8 50	9 8	9 28	9 51	10 3	10 16	10 30	10 46	11 3	11 21	11 42	12 4	12 30	12 59	13 32	14 11	14 56	15 51	16 57	18 21	20 9	22 33	25 57	1 ♉ 5
18 34 50	8	9 29	9 46	10 5	10 26	10 49	11 14	11 28	11 43	12 0	12 17	12 36	12 57	13 21	13 46	14 15	14 48	15 26	16 10	17 1	18 2	19 17	20 51	22 52	25 32	29 17	4 50
18 39 11	9	10 39	10 59	11 21	11 44	12 9	12 38	12 54	13 10	13 29	13 48	14 10	14 33	14 59	15 28	16 0	16 37	17 19	18 7	19 4	20 13	21 36	23 19	25 31	28 26	2 ♉29	8 23
18 43 31	10	11 50	12 12	12 35	13 1	13 29	14 1	14 18	14 37	14 57	15 19	15 42	16 8	16 37	17 9	17 44	18 25	19 11	20 4	21 7	22 21	23 52	25 44	28 7	1 ♉15	5 33	11 43
18 47 51	11	13 0	13 24	13 50	14 18	14 49	15 24	15 43	16 3	16 25	16 49	17 15	17 43	18 14	18 49	19 28	20 12	21 2	22 0	23 7	24 28	26 5	28 6	0 ♉39	3 59	8 29	14 52
18 52 11	12	14 10	14 37	15 5	15 35	16 9	16 46	17 7	17 29	17 53	18 18	18 46	19 17	19 51	20 28	21 10	21 57	22 51	23 54	25 6	26 33	28 17	0 ♉25	3 7	6 37	11 18	17 49
18 56 30	13	15 20	15 49	16 19	16 52	17 28	18 8	18 31	18 54	19 20	19 48	20 18	20 51	21 27	22 7	22 52	23 42	24 40	25 46	27 4	28 36	0 ♉26	2 41	5 31	9 9	13 59	20 36
19 0 49	14	16 30	17 0	17 33	18 8	18 47	19 30	19 54	20 19	20 47	21 16	21 48	22 23	23 2	23 45	24 32	25 26	26 27	27 38	29 0	0 ♉36	2 32	4 54	7 50	11 36	16 33	23 13
19 5 8	15	17 40	18 12	18 47	19 24	20 5	20 51	21 17	21 44	22 13	22 44	23 18	23 55	24 36	25 22	26 12	27 9	28 13	29 28	0 ♉54	2 35	4 36	7 3	10 6	13 58	18 59	25 41
19 9 26	16	18 49	19 23	20 0	20 40	21 24	22 12	22 39	23 8	23 38	24 11	24 47	25 27	26 10	26 58	27 51	28 50	29 58	1 ♉16	2 46	4 31	6 37	9 9	12 17	16 14	21 19	28 0
19 13 43	17	19 58	20 34	21 13	21 55	22 41	23 33	24 1	24 31	25 3	25 38	26 16	26 57	27 43	28 33	29 28	0 ♉31	1 ♉41	3 2	4 36	6 26	8 36	11 12	14 25	18 26	23 33	0 ♊11
19 18 1	18	21 7	21 45	22 26	23 10	23 59	24 53	25 22	25 54	26 28	27 4	27 44	28 27	29 14	0 ♉ 7	1 ♉ 5	2 10	3 23	4 47	6 24	8 17	10 31	13 12	16 28	20 32	25 40	2 16
19 22 17	19	22 15	22 55	23 38	24 24	25 15	26 12	26 43	27 16	27 51	28 30	29 11	29 56	0 ♉45	1 40	2 40	3 48	5 4	6 31	8 11	10 7	12 25	15 9	18 28	22 34	27 42	4 13
19 26 34	20	23 23	24 5	24 50	25 39	26 32	27 31	28 3	28 38	29 15	29 54	0 ♉37	1 ♉24	2 15	3 12	4 14	5 24	6 43	8 12	9 55	11 55	14 15	17 2	20 24	24 31	29 39	6 5
19 30 49	21	24 31	25 15	26 2	26 52	27 48	28 49	29 23	29 59	0 ♉37	1 ♉18	2 3	2 51	3 44	4 43	5 47	6 59	8 20	9 52	11 38	13 40	16 3	18 53	22 16	26 24	1 ♊30	7 51
19 35 4	22	25 39	26 24	27 13	28 6	29 3	0 ♉ 7	0 ♉42	1 ♉19	1 59	2 41	3 28	4 18	5 12	6 13	7 19	8 33	9 56	11 31	13 19	15 23	17 48	20 40	24 5	28 13	3 17	9 32
19 39 19	23	26 46	27 33	28 24	29 18	0 ♉18	1 24	2 0	2 39	3 20	4 4	4 51	5 43	6 39	7 41	8 50	10 6	11 31	13 7	14 57	17 4	19 31	22 24	25 50	29 59	5 0	11 9
19 43 33	24	27 53	28 42	29 34	0 ♉31	1 33	2 41	3 18	3 58	4 40	5 26	6 15	7 8	8 6	9 9	10 19	11 37	13 4	14 42	16 34	18 43	21 12	24 6	27 33	1 ♊40	6 39	12 41
19 47 46	25	28 59	29 50	0 ♉44	1 43	2 47	3 57	4 35	5 16	6 0	6 46	7 37	8 31	9 31	10 36	11 47	13 7	14 36	16 16	18 9	20 19	22 49	25 45	29 12	3 18	8 13	14 9
19 51 59	26	0 ♉ 6	0 ♉58	1 54	2 54	4 0	5 13	5 52	6 34	7 19	8 7	8 58	9 54	10 55	12 1	13 14	14 35	16 6	17 47	19 42	21 54	24 25	27 21	0 ♊48	4 53	9 44	15 34
19 56 11	27	1 11	2 6	3 3	4 5	5 13	6 27	7 8	7 51	8 37	9 26	10 19	11 16	12 18	13 26	14 40	16 3	17 35	19 17	21 14	23 26	25 58	28 55	2 21	6 24	11 12	16 55
20 0 23	28	2 17	3 13	4 12	5 16	6 25	7 42	8 23	9 7	9 54	10 44	11 38	12 37	13 40	14 49	16 5	17 29	19 2	20 46	22 43	24 57	27 30	0 ♊26	3 52	7 53	12 37	18 13
20 4 34	29	3 22	4 19	5 20	6 26	7 37	8 55	9 38	10 23	11 11	12 2	12 57	13 57	15 1	16 11	17 28	18 53	20 27	22 13	24 11	26 25	28 59	1 55	5 20	9 19	13 59	19 29
20 8 44	30	4 27	5 26	6 28	7 35	8 48	10 8	10 52	11 38	12 27	13 19	14 15	15 16	16 21	17 32	18 51	20 17	21 52	23 38	25 37	27 52	0 ♊26	3 22	6 45	10 42	15 18	20 42

		0°N	4°N	8°N	12°N	16°N	20°N	22°N	24°N	26°N	28°N	30°N	32°N	34°N	36°N	38°N	40°N	42°N	44°N	46°N	48°N	50°N	52°N	54°N	56°N	58°N	60°N
ST	MC	ASC	ASC	ASC	ASC	ASC	ASC	ASC	ASC	ASC	ASC	ASC	ASC	ASC	ASC	ASC	ASC	ASC	ASC	ASC	ASC	ASC	ASC	ASC	ASC	ASC	ASC
20 8 44	0 ♒	4 ♉27	5 ♉26	6 ♉28	7 ♉35	8 ♉48	10 ♉ 8	10 ♉52	11 ♉38	12 ♉27	13 ♉19	14 ♉15	15 ♉16	16 ♉21	17 ♉32	18 ♉51	20 ♉17	21 ♉52	23 ♉38	25 ♉37	27 ♉52	0 ♊26	3 ♊22	6 ♊45	10 ♊42	15 ♊18	20 ♊42
20 12 53	1	5 31	6 32	7 36	8 44	9 59	11 21	12 5	12 52	13 42	14 35	15 32	16 34	17 40	18 53	20 12	21 39	23 15	25 2	27 2	29 17	1 51	4 46	8 9	12 3	16 35	21 52
20 17 2	2	6 35	7 37	8 43	9 53	11 9	12 33	13 18	14 5	14 56	15 50	16 48	17 51	18 58	20 12	21 32	22 59	24 36	26 24	28 25	0 ♊40	3 14	6 9	9 30	13 21	17 50	23 1
20 21 10	3	7 39	8 42	9 49	11 1	12 19	13 44	14 30	15 18	16 10	17 5	18 4	19 7	20 15	21 30	22 50	24 19	25 57	27 45	29 46	2 2	4 35	7 29	10 48	14 38	19 2	24 7
20 25 18	4	8 43	9 47	10 56	12 9	13 28	14 54	15 41	16 30	17 23	18 19	19 18	20 22	21 32	22 46	24 8	25 37	27 16	29 4	1 ♊ 6	3 21	5 54	8 48	12 5	15 52	20 12	25 11
20 29 25	5	9 45	10 51	12 1	13 16	14 36	16 4	16 52	17 42	18 35	19 32	20 32	21 37	22 47	24 2	25 25	26 55	28 33	0 ♊22	2 24	4 39	7 12	10 4	13 20	17 4	21 20	26 13
20 33 31	6	10 48	11 55	13 6	14 22	15 44	17 14	18 2	18 53	19 46	20 44	21 45	22 50	24 1	25 17	26 40	28 10	29 50	1 39	3 41	5 56	8 28	11 19	14 33	18 14	22 26	27 14
20 37 36	7	11 50	12 59	14 11	15 28	16 51	18 22	19 11	20 3	20 57	21 55	22 57	24 3	25 14	26 31	27 54	29 25	1 ♊ 5	2 55	4 56	7 11	9 42	12 32	15 45	19 23	23 31	28 13
20 41 40	8	12 52	14 2	15 16	16 34	17 58	19 30	20 20	21 12	22 7	23 6	24 8	25 15	26 27	27 44	29 8	0 ♊39	2 19	4 9	6 10	8 25	10 55	13 44	16 55	20 30	24 34	29 11
20 45 44	9	13 54	15 5	16 19	17 39	19 5	20 38	21 28	22 21	23 16	24 16	25 19	26 26	27 38	28 56	0 ♊20	1 52	3 32	5 22	7 23	9 37	12 7	14 54	18 3	21 35	25 36	0 ♋ 7
20 49 47	10	14 55	16 7	17 23	18 44	20 10	21 45	22 35	23 29	24 25	25 25	26 28	27 36	28 49	0 ♊ 7	1 31	3 3	4 43	6 33	8 34	10 48	13 17	16 3	19 9	22 39	26 36	1 2
20 53 50	11	15 56	17 9	18 26	19 48	21 16	22 51	23 42	24 36	25 33	26 33	27 37	28 45	29 58	1 17	2 42	4 14	5 54	7 44	9 44	11 58	14 25	17 10	20 15	23 42	27 34	1 56
20 57 51	12	16 56	18 10	19 28	20 51	22 20	23 57	24 48	25 43	26 40	27 41	28 45	29 54	1 ♊ 7	2 26	3 51	5 23	7 4	8 53	10 53	13 6	15 33	18 16	21 19	24 43	28 32	2 49
21 1 52	13	17 56	19 11	20 30	21 54	23 24	25 2	25 54	26 49	27 47	28 48	29 52	1 ♊ 1	2 15	3 34	5 0	6 32	8 12	10 1	12 1	14 13	16 39	19 21	22 21	25 43	29 28	3 41
21 5 52	14	18 56	20 12	21 32	22 57	24 28	26 6	26 59	27 54	28 52	29 54	0 ♊59	2 8	3 22	4 42	6 7	7 39	9 19	11 9	13 8	15 19	17 44	20 24	23 23	26 41	0 ♋23	4 31
21 9 52	15	19 55	21 12	22 33	23 59	25 31	27 10	28 3	28 59	29 58	0 ♊59	2 5	3 14	4 29	5 48	7 14	8 46	10 26	12 15	14 14	16 24	18 48	21 27	24 23	27 39	1 17	5 21
21 13 51	16	20 54	22 12	23 34	25 1	26 34	28 14	29 7	0 ♊ 3	1 ♊ 2	2 4	3 10	4 20	5 34	6 54	8 20	9 52	11 31	13 20	15 18	17 28	19 50	22 28	25 22	28 35	2 11	6 10
21 17 49	17	21 52	23 12	24 35	26 2	27 36	29 17	0 ♊10	1 7	2 6	3 8	4 14	5 25	6 39	7 59	9 24	10 57	12 36	14 24	16 22	18 31	20 52	23 28	26 20	29 31	3 3	6 58
21 21 46	18	22 51	24 11	25 35	27 3	28 37	0 ♊19	1 13	2 10	3 9	4 12	5 18	6 29	7 43	9 3	10 29	12 1	13 40	15 27	17 24	19 32	21 53	24 27	27 17	0 ♋25	3 54	7 45
21 25 43	19	23 49	25 10	26 34	28 3	29 39	1 21	2 15	3 12	4 12	5 15	6 21	7 32	8 47	10 6	11 32	13 4	14 43	16 30	18 26	20 33	22 52	25 25	28 13	1 19	4 44	8 32
21 29 39	20	24 46	26 8	27 33	29 3	0 ♊39	2 22	3 17	4 14	5 14	6 17	7 24	8 34	9 49	11 9	12 34	14 6	15 45	17 31	19 27	21 33	23 51	26 22	29 8	2 11	5 34	9 17
21 33 34	21	25 43	27 6	28 32	0 ♊ 3	1 39	3 23	4 18	5 15	6 16	7 19	8 26	9 36	10 51	12 11	13 36	15 7	16 46	18 32	20 27	22 32	24 49	27 18	0 ♋ 2	3 3	6 23	10 2
21 37 28	22	26 40	28 4	29 31	1 2	2 39	4 23	5 18	6 16	7 17	8 20	9 27	10 38	11 52	13 12	14 37	16 8	17 46	19 32	21 26	23 30	25 46	28 14	0 56	3 54	7 11	10 47
21 41 22	23	27 37	29 1	0 ♊29	2 1	3 38	5 23	6 19	7 16	8 17	9 21	10 27	11 38	12 53	14 13	15 38	17 8	18 46	20 31	22 24	24 28	26 42	29 8	1 49	4 45	7 58	11 31
21 45 16	24	28 33	29 58	1 26	2 59	4 37	6 22	7 18	8 16	9 17	10 20	11 27	12 38	13 53	15 12	16 37	18 8	19 45	21 29	23 22	25 24	27 37	0 ♋ 2	2 40	5 34	8 45	12 14
21 49 8	25	29 29	0 ♊55	2 24	3 57	5 36	7 21	8 17	9 15	10 16	11 20	12 27	13 38	14 52	16 12	17 36	19 6	20 43	22 27	24 19	26 20	28 32	0 55	3 32	6 23	9 31	12 57
21 53 0	26	0 ♊25	1 51	3 21	4 55	6 34	8 20	9 16	10 14	11 15	12 19	13 26	14 36	15 51	17 10	18 34	20 4	21 40	23 24	25 15	27 15	29 26	1 47	4 22	7 11	10 16	13 39
21 56 51	27	1 20	2 47	4 17	5 52	7 31	9 18	10 14	11 12	12 13	13 17	14 24	15 35	16 49	18 8	19 32	21 2	22 37	24 20	26 10	28 9	0 ♋19	2 39	5 12	7 59	11 1	14 21
22 0 42	28	2 16	3 43	5 14	6 48	8 29	10 15	11 11	12 10	13 11	14 15	15 22	16 32	17 47	19 6	20 29	21 58	23 33	25 15	27 5	29 3	1 11	3 30	6 1	8 46	11 45	15 2
22 4 32	29	3 10	4 38	6 10	7 45	9 25	11 12	12 9	13 7	14 8	15 12	16 19	17 30	18 44	20 2	21 26	22 54	24 29	26 10	27 59	29 56	2 3	4 20	6 49	9 32	12 29	15 43
22 8 22	30	4 5	5 34	7 5	8 41	10 22	12 9	13 5	14 4	15 5	16 9	17 16	18 26	19 40	20 59	22 22	23 50	25 24	27 5	28 52	0 ♋49	2 54	5 10	7 37	10 18	13 12	16 23

		0°N	4°N	8°N	12°N	16°N	20°N	22°N	24°N	26°N	28°N	30°N	32°N	34°N	36°N	38°N	40°N	42°N	44°N	46°N	48°N	50°N	52°N	54°N	56°N	58°N	60°N
ST	MC	ASC	ASC	ASC	ASC	ASC	ASC	ASC	ASC	ASC	ASC	ASC	ASC	ASC	ASC	ASC	ASC	ASC	ASC	ASC	ASC	ASC	ASC	ASC	ASC	ASC	ASC
22 8 22	0 ♓	4 ♊ 5	5 ♊34	7 ♊ 5	8 ♊41	10 ♊22	12 ♊ 9	13 ♊ 5	14 ♊ 4	15 ♊ 5	16 ♊ 9	17 ♊16	18 ♊26	19 ♊40	20 ♊59	22 ♊22	23 ♊50	25 ♊24	27 ♊ 5	28 ♊52	0 ♋49	2 ♋54	5 ♋10	7 ♋37	10 ♋18	13 ♋12	16 ♋23
22 12 11	1	4 59	6 29	8 1	9 37	11 18	13 5	14 2	15 1	16 2	17 6	18 12	19 23	20 36	21 54	23 17	24 45	26 18	27 58	29 45	1 41	3 45	5 59	8 25	11 3	13 55	17 3
22 15 59	2	5 53	7 23	8 56	10 32	12 14	14 1	14 58	15 57	16 58	18 1	19 8	20 18	21 32	22 50	24 12	25 39	27 12	28 51	0 ♋38	2 32	4 35	6 48	9 12	11 48	14 38	17 43
22 19 47	3	6 47	8 17	9 50	11 27	13 9	14 57	15 53	16 52	17 53	18 57	20 4	21 13	22 27	23 44	25 6	26 33	28 5	29 44	1 29	3 23	5 24	7 36	9 58	12 32	15 20	18 22
22 23 34	4	7 41	9 12	10 45	12 22	14 4	15 52	16 49	17 47	18 48	19 52	20 59	22 8	23 21	24 39	26 0	27 26	28 58	0 ♋36	2 21	4 13	6 13	8 23	10 44	13 16	16 1	19 1
22 27 21	5	8 34	10 5	11 39	13 17	14 59	16 47	17 43	18 42	19 43	20 47	21 53	23 3	24 16	25 32	26 53	28 19	29 50	1 28	3 11	5 2	7 2	9 10	11 29	14 0	16 42	19 39
22 31 8	6	9 27	10 59	12 33	14 11	15 53	17 41	18 38	19 37	20 38	21 41	22 47	23 56	25 9	26 26	27 46	29 12	0 ♋42	2 19	4 2	5 52	7 50	9 57	12 14	14 43	17 23	20 18
22 34 54	7	10 20	11 52	13 27	15 5	16 47	18 35	19 32	20 31	21 32	22 35	23 41	24 50	26 2	27 19	28 39	0 ♋ 4	1 34	3 9	4 51	6 40	8 37	10 43	12 59	15 25	18 4	20 56
22 38 39	8	11 13	12 45	14 20	15 58	17 41	19 29	20 26	21 24	22 25	23 28	24 34	25 43	26 55	28 11	29 31	0 55	2 24	3 59	5 41	7 29	9 24	11 29	13 43	16 7	18 44	21 33
22 42 24	9	12 6	13 38	15 13	16 52	18 34	20 23	21 19	22 18	23 19	24 22	25 27	26 36	27 48	29 3	0 ♋22	1 46	3 15	4 49	6 29	8 17	10 11	12 14	14 27	16 49	19 24	22 11
22 46 8	10	12 58	14 31	16 6	17 45	19 28	21 16	22 12	23 11	24 11	25 14	26 20	27 28	28 40	29 55	1 14	2 37	4 5	5 38	7 18	9 4	10 57	12 59	15 10	17 31	20 3	22 48
22 49 53	11	13 50	15 24	16 59	18 38	20 21	22 9	23 5	24 4	25 4	26 7	27 12	28 20	29 31	0 ♋46	2 4	3 27	4 55	6 27	8 6	9 51	11 43	13 44	15 53	18 12	20 42	23 25
22 53 36	12	14 42	16 16	17 52	19 30	21 13	23 1	23 58	24 56	25 56	26 59	28 4	29 12	0 ♋23	1 37	2 55	4 17	5 44	7 16	8 54	10 38	12 29	14 28	16 36	18 53	21 21	24 1
22 57 20	13	15 34	17 8	18 44	20 23	22 6	23 54	24 50	25 48	26 49	27 51	28 56	0 ♋ 3	1 14	2 28	3 45	5 7	6 33	8 4	9 41	11 24	13 14	15 12	17 18	19 34	22 0	24 38
23 1 3	14	16 26	18 0	19 36	21 15	22 58	24 46	25 42	26 40	27 40	28 42	29 47	0 54	2 4	3 18	4 35	5 56	7 21	8 52	10 28	12 10	13 59	15 55	18 0	20 14	22 39	25 14
23 4 45	15	17 17	18 52	20 28	22 7	23 50	25 38	26 34	27 32	28 32	29 34	0 ♋38	1 45	2 55	4 8	5 24	6 45	8 10	9 39	11 15	12 56	14 44	16 39	18 42	20 54	23 17	25 50
23 8 28	16	18 9	19 43	21 20	22 59	24 42	26 30	27 26	28 23	29 23	0 ♋25	1 29	2 35	3 45	4 57	6 13	7 33	8 58	10 27	12 1	13 41	15 28	17 22	19 23	21 34	23 55	26 26
23 12 10	17	19 0	20 35	22 11	23 51	25 33	27 21	28 17	29 15	0 ♋14	1 15	2 19	3 26	4 35	5 47	7 2	8 22	9 45	11 14	12 47	14 26	16 12	18 4	20 5	22 14	24 33	27 2
23 15 52	18	19 51	21 26	23 3	24 42	26 25	28 12	29 8	0 ♋ 6	1 5	2 6	3 9	4 15	5 24	6 36	7 51	9 10	10 33	12 0	13 33	15 11	16 55	18 47	20 46	22 53	25 10	27 37
23 19 33	19	20 43	22 18	23 54	25 33	27 16	29 3	29 59	0 56	1 55	2 56	3 59	5 5	6 13	7 25	8 39	9 57	11 20	12 46	14 18	15 55	17 39	19 29	21 26	23 32	25 48	28 13
23 23 15	20	21 34	23 9	24 45	26 25	28 7	29 54	0 ♋50	1 47	2 46	3 46	4 49	5 54	7 2	8 13	9 27	10 45	12 7	13 33	15 3	16 40	18 22	20 11	22 7	24 11	26 25	28 48
23 26 56	21	22 24	24 0	25 37	27 16	28 58	0 ♋45	1 40	2 37	3 36	4 36	5 39	6 44	7 51	9 2	10 15	11 32	12 53	14 18	15 48	17 24	19 5	20 52	22 47	24 50	27 2	29 23
23 30 37	22	23 15	24 51	26 27	28 7	29 49	1 35	2 31	3 27	4 26	5 26	6 28	7 33	8 40	9 50	11 3	12 19	13 39	15 4	16 33	18 7	19 48	21 34	23 27	25 29	27 39	29 58
23 34 18	23	24 6	25 41	27 18	28 57	0 ♋39	2 26	3 21	4 17	5 15	6 15	7 17	8 21	9 28	10 37	11 50	13 6	14 25	15 49	17 18	18 51	20 30	22 15	24 7	26 7	28 15	0 ♌33
23 37 58	24	24 57	26 32	28 9	29 48	1 30	3 16	4 11	5 7	6 5	7 4	8 6	9 10	10 16	11 25	12 37	13 52	15 11	16 34	18 2	19 34	21 12	22 56	24 47	26 45	28 52	1 8
23 41 39	25	25 47	27 23	29 0	0 ♋39	2 20	4 6	5 1	5 57	6 54	7 54	8 55	9 58	11 4	12 13	13 24	14 39	15 57	17 19	18 46	20 17	21 54	23 37	25 27	27 24	29 29	1 42
23 45 19	26	26 38	28 14	29 50	1 29	3 11	4 56	5 50	6 46	7 43	8 42	9 43	10 46	11 52	13 0	14 11	15 25	16 42	18 4	19 30	21 0	22 36	24 18	26 6	28 2	0 ♌ 5	2 17
23 48 59	27	27 28	29 4	0 ♋41	2 19	4 1	5 46	6 40	7 35	8 32	9 31	10 32	11 35	12 40	13 47	14 57	16 11	17 28	18 49	20 13	21 43	23 18	24 59	26 45	28 39	0 41	2 52
23 52 40	28	28 19	29 55	1 31	3 10	4 51	6 35	7 29	8 25	9 21	10 20	11 20	12 22	13 27	14 34	15 44	16 57	18 13	19 33	20 57	22 26	24 0	25 39	27 25	29 17	1 17	3 26
23 56 20	29	29 9	0 ♋45	2 22	4 0	5 41	7 25	8 19	9 14	10 10	11 8	12 8	13 10	14 14	15 21	16 30	17 42	18 58	20 17	21 40	23 8	24 41	26 19	28 4	29 55	1 53	4 0
0 0 0	30	0 ♋ 0	1 36	3 12	4 50	6 31	8 14	9 8	10 3	10 59	11 57	12 56	13 58	15 1	16 7	17 16	18 28	19 43	21 1	22 24	23 51	25 22	26 59	28 43	0 ♌32	2 29	4 35

N = LATITUDE NORD ST = TEMPS SIDÉRAL MC = MILIEU DU CIEL ASC = ASCENDANT

ANNÉE	JANV	FÉV	MARS	AVRIL	MAI	JUIN	JUIL	AOÛT	SEPT	OCT	NOV	DÉC
1938	20♒16:58	19♓ 7:19	21♈ 6:43	20♉18:15	21♊17:50	22♋ 2:04	23♌12:57	23♍19:46	23♎17:00	24♏ 1:54	22♐23:06	22♑12:13
1939	20♒22:51	19♓13:09	21♈12:28	20♉23:55	21♊23:26	22♋ 7:39	23♌18:36	24♍ 1:31	23♎22:49	24♏ 7:46	23♐ 4:58	22♑18:05
1940	21♒ 4:43	19♓19:03	20♈18:24	20♉ 5:51	21♊ 5:23	21♋13:36	23♌ 0:34	23♍ 7:28	23♎ 4:45	23♏13:39	22♐10:48	21♑23:54
1941	20♒10:33	19♓ 0:56	21♈ 0:20	20♉11:51	21♊11:23	21♋19:33	23♌ 6:26	23♍13:17	23♎10:32	23♏19:27	22♐16:37	22♑ 5:44
1942	20♒16:23	19♓ 6:46	21♈ 6:10	20♉17:39	21♊17:09	22♋ 1:16	23♌12:07	23♍18:58	23♎16:16	24♏ 1:15	22♐22:30	22♑11:39
1943	20♒22:19	19♓12:40	21♈12:03	20♉23:32	21♊23:03	22♋ 7:13	23♌18:04	24♍ 0:55	23♎22:11	24♏ 7:08	23♐ 4:21	22♑17:28
1944	21♒ 4:06	19♓18:27	20♈17:48	20♉ 5:17	21♊ 4:50	21♋13:02	22♌23:56	23♍ 6:46	23♎ 4:01	23♏12:55	22♐10:07	21♑23:14
1945	20♒ 9:53	19♓ 0:14	20♈23:37	20♉11:07	21♊10:41	21♋18:52	23♌ 5:46	23♍12:35	23♎ 9:49	23♏18:43	22♐15:55	22♑ 5:03
1946	20♒15:44	19♓ 6:08	21♈ 5:32	20♉17:02	21♊16:34	22♋ 0:45	23♌11:37	23♍18:27	23♎15:41	24♏ 0:35	22♐21:46	22♑10:53
1947	20♒21:31	19♓11:52	21♈11:12	20♉22:39	21♊22:09	22♋ 6:19	23♌17:14	24♍ 0:09	23♎21:29	24♏ 6:26	23♐ 3:37	22♑16:42
1948	21♒ 3:18	19♓17:37	20♈16:57	20♉ 4:25	21♊ 3:57	21♋12:10	22♌23:07	23♍ 6:02	23♎ 3:21	23♏12:18	22♐ 9:29	21♑22:33
1949	20♒ 9:09	18♓23:27	20♈22:48	20♉10:17	21♊ 9:51	21♋18:02	23♌ 4:57	23♍11:48	23♎ 9:06	23♏18:03	22♐15:16	22♑ 4:23
1950	20♒15:00	19♓ 5:18	21♈ 4:35	20♉15:59	21♊15:27	21♋23:36	23♌10:29	23♍17:23	23♎14:43	23♏23:44	22♐21:02	22♑10:13
1951	20♒20:52	19♓11:10	21♈10:26	20♉21:48	21♊21:15	22♋ 5:25	23♌16:21	23♍23:16	23♎20:37	24♏ 5:36	23♐ 2:51	22♑16:00
1952	21♒ 2:38	19♓16:56	20♈16:14	20♉ 3:36	21♊ 3:04	21♋11:12	22♌22:08	23♍ 5:03	23♎ 2:23	23♏11:22	22♐ 8:35	21♑21:43
1953	20♒ 8:21	18♓22:41	20♈22:00	20♉ 9:25	21♊ 8:53	21♋17:00	23♌ 3:52	23♍10:45	23♎ 8:06	23♏17:06	22♐14:22	22♑ 3:31
1954	20♒14:11	19♓ 4:32	21♈ 3:53	20♉15:19	21♊14:48	21♋22:54	23♌ 9:45	23♍16:36	23♎13:55	23♏22:56	22♐20:14	22♑ 9:24
1955	20♒20:01	19♓10:18	21♈ 9:35	20♉20:57	21♊20:24	22♋ 4:32	23♌15:25	23♍22:19	23♎19:41	24♏ 4:43	23♐ 2:01	22♑15:11
1956	21♒ 1:49	19♓16:05	20♈15:21	20♉ 2:44	21♊ 2:13	21♋10:24	22♌21:20	23♍ 4:15	23♎ 1:35	23♏10:34	22♐ 7:50	21♑21:00
1957	20♒ 7:39	18♓21:58	20♈21:16	20♉ 8:41	21♊ 8:10	21♋16:20	23♌ 3:15	23♍10:08	23♎ 7:26	23♏16:24	22♐13:39	22♑ 2:49
1958	20♒13:29	19♓ 3:49	21♈ 3:06	20♉14:27	21♊13:51	21♋21:57	23♌ 8:50	23♍15:46	23♎13:08	23♏22:11	22♐19:29	22♑ 8:40
1959	20♒19:19	19♓ 9:38	21♈ 8:55	20♉20:17	21♊19:42	22♋ 3:49	23♌14:45	23♍21:43	23♎19:08	24♏ 4:11	23♐ 1:27	22♑14:34
1960	21♒ 1:10	19♓15:27	20♈14:43	20♉ 2:06	21♊ 1:34	21♋ 9:42	22♌20:37	23♍ 3:34	23♎ 0:58	23♏10:01	22♐ 7:18	21♑20:26
1961	20♒ 7:01	18♓21:17	20♈20:32	20♉ 7:55	21♊ 7:22	21♋15:30	23♌ 2:23	23♍ 9:18	23♎ 6:42	23♏15:47	22♐13:07	22♑ 2:19
1962	20♒12:58	19♓ 3:15	21♈ 2:30	20♉13:51	21♊13:17	21♋21:25	23♌ 8:18	23♍15:13	23♎12:36	23♏21:40	22♐19:01	22♑ 8:15
1963	20♒18:54	19♓ 9:09	21♈ 8:20	20♉19:36	21♊18:58	22♋ 3:04	23♌13:59	23♍20:57	23♎18:23	24♏ 3:29	23♐ 0:49	22♑14:02
1964	21♒ 0:41	19♓14:57	20♈14:10	20♉ 1:27	21♊ 0:50	21♋ 8:57	22♌19:53	23♍ 2:51	23♎ 0:17	23♏ 9:20	22♐ 6:39	21♑19:50
1965	20♒ 6:29	18♓20:48	20♈20:05	20♉ 7:26	21♊ 6:51	21♋14:56	23♌ 1:48	23♍ 8:42	23♎ 6:06	23♏15:10	22♐12:29	22♑ 1:41
1966	20♒12:20	19♓ 2:38	21♈ 1:53	20♉13:12	21♊12:32	21♋20:34	23♌ 7:23	23♍14:18	23♎11:43	23♏20:51	22♐18:14	22♑ 7:28
1967	20♒18:08	19♓ 8:24	21♈ 7:37	20♉18:56	21♊18:18	22♋ 2:23	23♌13:16	23♍20:12	23♎17:38	24♏ 2:44	23♐ 0:05	22♑13:16
1968	20♒23:54	19♓14:09	20♈13:22	20♉ 0:42	21♊ 0:06	21♋ 8:13	22♌19:08	23♍ 2:03	22♎23:26	23♏ 8:29	22♐ 5:49	21♑19:00
1969	20♒ 5:39	18♓19:55	20♈19:09	20♉ 6:27	21♊ 5:50	21♋13:56	23♌ 0:48	23♍ 7:43	23♎ 5:06	23♏14:10	22♐11:31	22♑ 0:44
1970	20♒11:24	19♓ 1:42	21♈ 0:57	20♉12:16	21♊11:38	21♋19:43	23♌ 6:37	23♍13:34	23♎10:59	23♏20:04	22♐17:24	22♑ 6:35
1971	20♒17:13	19♓ 7:27	21♈ 6:38	20♉17:54	21♊17:15	22♋ 1:20	23♌12:15	23♍19:15	23♎16:45	24♏ 1:53	22♐23:13	22♑12:23
1972	20♒22:59	19♓13:11	20♈12:21	19♉23:38	20♊23:00	21♋ 7:06	22♌18:03	23♍ 1:03	22♎22:33	23♏ 7:41	22♐ 5:02	21♑18:13
1973	20♒ 4:49	18♓19:02	20♈18:13	20♉ 5:31	21♊ 4:55	21♋13:01	22♌23:56	23♍ 6:54	23♎ 4:21	23♏13:30	22♐10:54	22♑ 0:08
1974	20♒10:46	19♓ 0:59	21♈ 0:07	20♉11:19	21♊10:36	21♋18:38	23♌ 5:31	23♍12:29	23♎ 9:59	23♏19:11	22♐16:39	22♑ 5:56
1975	20♒16:36	19♓ 6:50	21♈ 5:57	20♉17:08	21♊16:24	22♋ 0:27	23♌11:22	23♍18:24	23♎15:55	24♏ 1:06	22♐22:31	22♑11:46
1976	20♒22:25	19♓12:40	20♈11:50	19♉23:03	20♊22:21	21♋ 6:24	22♌17:19	23♍ 0:19	22♎21:48	23♏ 6:58	22♐ 4:22	21♑17:35
1977	20♒ 4:15	18♓18:31	20♈17:43	20♉ 4:58	21♊ 4:15	21♋12:15	22♌23:04	23♍ 6:01	23♎ 3:30	23♏12:41	22♐10:07	21♑23:23
1978	20♒10:04	19♓ 0:21	20♈23:34	20♉10:50	21♊10:10	21♋18:11	23♌ 5:01	23♍11:57	23♎ 9:26	23♏18:37	22♐16:04	22♑ 5:21
1979	20♒16:00	19♓ 6:13	21♈ 5:22	20♉16:36	21♊15:55	21♋23:57	23♌10:49	23♍17:47	23♎15:17	24♏ 0:28	22♐21:54	22♑11:10
1980	20♒21:49	19♓12:02	20♈11:10	19♉22:23	20♊21:43	21♋ 5:47	22♌16:42	22♍23:41	22♎21:09	23♏ 6:17	22♐ 3:41	21♑16:56
1981	20♒ 3:36	18♓17:52	20♈17:03	20♉ 4:19	21♊ 3:40	21♋11:46	22♌22:40	23♍ 5:39	23♎ 3:06	23♏12:13	22♐ 9:36	21♑22:51
1982	20♒ 9:31	18♓23:46	20♈22:56	20♉10:08	21♊ 9:23	21♋17:24	23♌ 4:16	23♍11:16	23♎ 8:47	23♏17:58	22♐15:24	22♑ 4:38
1983	20♒15:17	19♓ 5:31	21♈ 4:39	20♉15:50	21♊15:07	21♋23:09	23♌10:05	23♍17:08	23♎14:42	23♏23:55	22♐21:19	22♑10:31
1984	20♒21:06	19♓11:17	20♈10:25	19♉21:38	20♊20:58	21♋ 5:03	22♌15:59	22♍23:01	22♎20:33	23♏ 5:46	22♐ 3:11	21♑16:23
1985	20♒ 2:58	18♓17:08	20♈16:14	20♉ 3:26	21♊ 2:43	21♋10:45	22♌21:37	23♍ 4:36	23♎ 2:08	23♏11:22	22♐ 8:51	21♑22:08
1986	20♒ 8:47	18♓22:58	20♈22:03	20♉ 9:13	21♊ 8:28	21♋16:30	23♌ 3:25	23♍10:26	23♎ 7:59	23♏17:14	22♐14:44	22♑ 4:02
1987	20♒14:40	19♓ 4:50	21♈ 3:52	20♉14:58	21♊14:11	21♋22:11	23♌ 9:07	23♍16:10	23♎13:45	23♏23:01	22♐20:30	22♑ 9:46
1988	20♒20:25	19♓10:36	20♈ 9:40	19♉20:46	20♊19:57	21♋ 3:57	22♌14:51	22♍21:55	22♎19:29	23♏ 4:44	22♐ 2:12	21♑15:28
1989	20♒ 2:07	18♓16:21	20♈15:29	20♉ 2:39	21♊ 1:54	21♋ 9:54	22♌20:46	23♍ 3:47	23♎ 1:20	23♏10:36	22♐ 8:05	21♑21:22
1990	20♒ 8:02	18♓22:14	20♈21:20	20♉ 8:27	21♊ 7:38	21♋15:33	23♌ 2:22	23♍ 9:21	23♎ 6:56	23♏16:15	22♐13:47	22♑ 3:07
1991	20♒13:47	19♓ 3:58	21♈ 3:02	20♉14:09	21♊13:20	21♋21:19	23♌ 8:11	23♍15:13	23♎12:49	23♏22:06	22♐19:36	22♑ 8:54
1992	20♒19:33	19♓ 9:44	20♈ 8:49	19♉19:57	20♊19:13	21♋ 3:15	22♌14:09	22♍21:11	22♎18:43	23♏ 3:58	22♐ 1:26	21♑14:44
1993	20♒ 1:24	18♓15:36	20♈14:41	20♉ 1:49	21♊ 1:02	21♋ 9:00	22♌19:51	23♍ 2:51	23♎ 0:23	23♏ 9:38	22♐ 7:07	21♑20:26
1994	20♒ 7:08	18♓21:22	20♈20:29	20♉ 7:37	21♊ 6:49	21♋14:48	23♌ 1:42	23♍ 8:44	23♎ 6:20	23♏15:37	22♐13:06	22♑ 2:23
1995	20♒13:01	19♓ 3:12	21♈ 2:15	20♉13:22	21♊12:35	21♋20:35	23♌ 7:30	23♍14:35	23♎12:13	23♏21:32	22♐19:02	22♑ 8:18
1996	20♒18:54	19♓ 9:02	20♈ 8:04	19♉19:11	20♊18:24	21♋ 2:24	22♌13:19	22♍20:23	22♎18:00	23♏ 3:19	22♐ 0:50	21♑14:07
1997	20♒ 0:44	18♓14:53	20♈13:56	20♉ 1:04	21♊ 0:19	21♋ 8:21	22♌19:16	23♍ 2:19	22♎23:56	23♏ 9:15	22♐ 6:48	21♑20:08
1998	20♒ 6:47	18♓20:56	20♈19:55	20♉ 6:58	21♊ 6:06	21♋14:03	23♌ 0:56	23♍ 8:00	23♎ 5:38	23♏14:59	22♐12:35	22♑ 1:57
1999	20♒12:38	19♓ 2:47	21♈ 1:47	20♉12:47	21♊11:53	21♋19:50	23♌ 6:45	23♍13:52	23♎11:32	23♏20:53	22♐18:25	22♑ 7:44
2000	20♒18:24	19♓ 8:34	20♈ 7:36	19♉18:40	20♊17:50	21♋ 1:48	22♌12:43	22♍19:49	22♎17:28	23♏ 2:48	22♐ 0:20	21♑13:38
2001	20♒ 0:17	18♓14:28	20♈13:32	20♉ 0:37	20♊23:45	21♋ 7:38	22♌18:27	23♍ 1:28	22♎23:05	23♏ 8:26	22♐ 6:01	21♑19:22

Les changements de signe solaire
Cette table indique l'heure et le jour de chaque mois où le Soleil change de signe. L'année est donnée dans la colonne de gauche, et les mois figurent en haut du tableau. Pour chaque mois, le jour est donné à gauche ; le symbole du signe dans lequel entre le Soleil est indiqué au centre ; l'heure est inscrite à droite. Le temps est donné en heure GMT Par exemple : en janvier 1960, le Soleil entrait en Verseau le vingt et unième jour du mois, à 1 h 10 du matin.

GLOSSAIRE

ANGULAIRE Se dit d'une planète située à l'un des quatre angles de l'horoscope : Ascendant, Fond du Ciel, Descendant et Milieu du Ciel.
ASCENDANT Le degré du Zodiaque se levant à l'horizon est. C'est le point qui se situe à l'intersection de cet horizon avec l'écliptique. Pour le déterminer, il faut connaître l'heure et le lieu de naissance du sujet.
ASPECT C'est la distance précise entre deux planètes sur la roue du Zodiaque. Il existe cinq aspects principaux : la conjonction, le sextile, le carré, le trigone et l'opposition.
ASTROLOGIE C'est l'observation et l'interprétation des phénomènes célestes, et plus particulièrement du mouvement des planètes. On leur attribue des significations qui touchent à la vie sur terre, aux événements sociaux et aux remous de la psyché humaine. L'astrologue tente d'analyser les faits et de prévoir l'avenir.
ASTRONOMIE C'est l'étude physique des phénomènes célestes et du mouvement des galaxies, sans idée d'interprétation événementielle ou psychologique.
CHARTE (ou horoscope) Diagramme du ciel au moment où se produit un événement particulier (naissance, fait historique, création d'entreprise, etc.).
CUSPIDE Point de division entre deux signes ou deux Maisons.
DÉCLINAISON Angle formé entre une planète et l'équateur céleste.
DEGRÉ Unité de base utilisée pour mesurer le cercle du Zodiaque, qui comprend en tout 360°.
DEMANDEUR C'est le consultant, la personne qui questionne l'astrologue à propos d'un problème.
DESCENDANT Point situé exactement à l'opposé de l'Ascendant, c'est-à-dire le degré du Zodiaque s'enfonçant à l'horizon ouest. Il marque le début de la Maison VII.
DIRECT C'est le mouvement en avant d'une planète à travers le Zodiaque, par opposition à « rétrograde ».
ÉCLIPTIQUE Mouvement apparent dans la course du Soleil autour de la Terre en 365 jours, 5 h et 49'. C'est sur ce mouvement que sont mesurés les signes du Zodiaque.
ÉLÉMENT Symbolisme qui engendre quatre types de signe : le Feu, l'Air, la Terre et l'Eau.
ÉPHÉMÉRIDES Tableaux donnant, pour une période déterminée, la position des planètes dans le Zodiaque.
ÉQUATEUR Cercle fictif qui divise la Terre en hémisphères Nord et Sud. Élargi aux dimensions de l'Univers, on obtient l'équateur céleste.
ÉQUINOXE Point où le Soleil coupe l'horizon, c'est-à-dire le 21 mars et le 21 septembre de chaque année.
ÉTOILE Corps physique de l'espace utilisé en astrologie. On distingue les « étoiles fixes » des planètes, qui, elles, vagabondent dans tout le Zodiaque.
FOND DU CIEL C'est le point le plus bas sur la roue de l'horoscope. Il ouvre sur la Maison IV.
FUSEAU HORAIRE Division du globe terrestre en zones qui, tel un melon, relient les deux pôles. Ces « tranches » sont au nombre de 24. Le fuseau numéro 0 se situe sur le méridien de Greenwich. A l'intérieur d'un même fuseau, tous les territoires observent en principe la même heure.
HOROSCOPE (ou charte) Diagramme du ciel établi au moment d'un événement.
LUMINAIRES Désignation des deux planètes pourvoyeuses de lumière sur terre : le Soleil et la Lune.
MAISON Une des douze divisions de l'espace zodiacal qui partent de l'Ascendant. La Maison porte parfois le nom général de « secteur ». Chaque Maison représente un domaine précis de l'expérience humaine, ses conditions, ses activités : les biens, les épreuves, les voyages, les amitiés, etc.
MILIEU DU CIEL Point culminant du Zodiaque situé au zénith. Il donne naissance à la Maison X.
MINUTE Le soixantième d'un degré.
NŒUDS DE LA LUNE Points où la course apparente de la Lune autour de la Terre traverse la course apparente du Soleil.
PLANÈTE Un des dix corps célestes qui apparaissent dans l'orbite de la Terre. Les planètes sont (en termes d'astrologie) : le Soleil, la Lune, Mercure, Vénus, Mars, Jupiter, Saturne, Uranus, Neptune et Pluton. En 1977, une onzième planète est découverte : Chiron, dont le symbolisme n'est pas encore déchiffrable.
POINT INTERMÉDIAIRE (ou mi-point) La demi-distance qui sépare deux planètes.
POLARITÉ Division des signes du Zodiaque en deux groupes opposés. Par exemple, les signes mâles et les signes femelles ; les signes positifs et les signes négatifs.
PROGRESSION Le mouvement symbolique des planètes autour de l'horoscope. On utilise cette notion pour faire des prédictions.
QUALITÉ Symbolisme appliqué aux signes. Il existe trois qualités : cardinale, fixe et mutable.
QUESTION L'objet d'étude de l'astrologue et sur lequel s'établit un horoscope.
RÉTROGRADE Mouvement de recul apparent des planètes dans le Zodiaque.
SIGNE Une des douze divisions du Zodiaque. Les signes sont les suivants : Bélier, Taureau, Gémeaux, Cancer, Lion, Vierge, Balance, Scorpion, Sagittaire, Capricorne, Verseau et Poissons.
SOLSTICE Point où le Soleil atteint son éloignement maximal au nord et au sud, le 21 juin et le 21 décembre.
TRANSIT Mouvement des planètes à travers le Zodiaque. On se sert des transits pour effectuer des prédictions.
VITESSE Les planètes sont divisées en planètes lentes et en planètes rapides, selon la durée de leur révolution autour du Soleil. Sont considérées comme rapides : la Lune, Mercure, Vénus et Mars. Les planètes dites lentes sont : Jupiter, Saturne, Uranus, Neptune et Pluton.
ZODIAQUE Ruban de ciel qui se déploie de chaque côté de l'écliptique.